Dieser See ist eingetrucknet
anjezo ein Grasboden
ADT
Hoff Binderey
Seegaßen
Thor
Siechen
Thor
Printzens Gebäu
Kirche
Die Reitbahn
Neue Bau
Das Fürstl. lusthaus
Die Renn Bahn
Die Kunst Kamer
Das Comedien Hauß
Der Pferd Stall
Pfister Thörlein
Nesenbach fl.
Waysen Hauß
ADT
Eslinger Thor
und Straße
STUTGARD ist des Würtenbergl. Lands Hauptstatt u. Hochfürstl. Residenz, mitte im Land u. nicht weit võ dem Fluß Neckar in einẽ angenehmẽ Grund ligend. Vor alters war Sie meistens ein Maÿer Hof od. Stuttereÿ, u. ist daher an sich selb: nicht sonderl. groß, zu dessẽ Andenckẽ führet sie ein Mutter Pferd in ihrẽ Wappẽ. Margr. Rudolph v. Badẽ soll sie aõ 1119 zu bauẽ angef. u. nach dasig: Zeit art befest. habẽ. aõ 1141 ist sie durch Heÿrath an das Haus Würteb. gekom̃en. Sie hat 2 große Vorstätte, etlich 1000. jauchert Weinb: u. fruchtbare Bäume genug; woraus zum theil d. dasigẽ Burger Arbeit u. Nahrung zu erkeñen. 1435 hat Graf Ulrich dasiges Rath Haus worã sein Bildn. stehet erbauet, unter welchẽ die Mezgd. nebẽ d. hies: Stiffts Kirche worin die Gräfl: u: einiger Fürst: begräbn: wie auch die im Bebẽhaus: Hof u: im altẽ Spit. sind auch die 2 Kirchẽ in besagtẽ Vorstättẽ, in welchẽ d. Gottes Dienst nach Norm d. Augsp. Conf. verrichtet wird, als welche schõ 1599. zu Prag besonders ratihabirt, aufs vollkom̃ste ab. im Westph. Friedẽ mit allẽ zugehör confirm. wordẽ. die Burgers Häus. sind nicht sonderl. wohl angelegt, ab. das Fürstl. Schloß hat sehr viel Merckwürdigkeitẽ. allhier gehaltene Turnier werdẽ bis 30 gezählt. d. Kays. Rud. I hat sie belagert; wie dañ diesẽ gute St. im 30 Jähr. Kr. u: nach diesẽ durch vielfält. Frantzös. invasionẽ viel erlitten.
STUTGARDIA
Würtenbergensis Ducatus Metropolis
arcem habens elegantissimam, multasq3 amöenitates.
exhibita à M. SEUTTER, S.C. et Cath. Maj. Geogr. August. Vind.
STUTGARD
Die Hoch Fürstlich u: annehmliche Haupt und Residentz Stadt
des Herzogthums Würtenberg nicht weit vom Neckar;
ausgefertigt u: verlegt von MATTH. SEUTTER, Kaÿserl.
u: Königl. Cathol. Majest. Geogr: in Augspurg.

Paul Sauer

Geschichte der Stadt Stuttgart.
Vom Beginn des 18. Jahrhunderts bis zum
Abschluß des Verfassungsvertrags für das
Königreich Württemberg 1819

Paul Sauer

Geschichte der Stadt Stuttgart

Band 3

Vom Beginn des 18. Jahrhunderts bis zum Abschluß des Verfassungsvertrags für das Königreich Württemberg 1819

Herausgegeben
von der Landesgirokasse
öffentliche Bank und Landessparkasse

Verlag W. Kohlhammer

Die Deutsche Bibliothek – CIP-Einheitsaufnahme

Sauer, Paul:
Geschichte der Stadt Stuttgart/Paul Sauer.
Hrsg. von der Landesgirokasse, öffentliche Bank und
Landessparkasse. – Stuttgart; Berlin; Köln: Kohlhammer.

Bd. 3. Vom Beginn des 18. Jahrhunderts bis zum Abschluß
des Verfassungsvertrags für das Königreich Württemberg
1819. – 1995
ISBN 3-17-013571-6

Umschlag:
Das Königliche Residenzschloß in Stuttgart, 1809/10.
Kolorierter Kupferstich von Friedrich Müller, 1809/10.
(Original und Foto: Stadtarchiv Stuttgart).

Verlag: W. Kohlhammer GmbH Stuttgart Berlin Köln
Verlagsort: Stuttgart
Layout, Satz und Repro: „types" GmbH, Stuttgart
Druck und Bindung: W. Kohlhammer
Druckerei GmbH + Co, Stuttgart
Printed in Germany

Geleitwort

In einer Zeit knapper öffentlicher Kassen besteht die Gefahr, daß größere wissenschaftliche Projekte nicht in hinreichendem Maß gefördert werden können und darum bereits im Stadium des Planens und Konzipierens steckenbleiben. Dies trifft beispielsweise für wichtige stadt- und landesgeschichtliche Arbeiten zu. Sie bedürfen, wenn sie sorgsam recherchiert, gut lesbar geschrieben und in angemessener Form veröffentlicht werden sollen, finanzieller Zuschüsse. Hier haben sich erfreulicherweise immer wieder Wirtschaftsunternehmen und Privatpersonen gefunden, die diese Notwendigkeit erkannt und großzügig geholfen haben. Sicherlich wäre auch ein so umfassendes und ausgezeichnet illustriertes Werk wie die von Herrn Professor Dr. Hansmartin Decker-Hauff begonnene und von Herrn Professor Dr. Paul Sauer fortgeführte »Geschichte der Stadt Stuttgart« niemals entstanden, hätte die Landesgirokasse nicht dieses Werk angeregt und von Anfang an nachhaltig finanziell und ideell unterstützt. Ich bin deshalb dem Vorstand der Landesgirokasse und namentlich seinem Vorsitzenden, Herrn Dr. Dr. h. c. Walther Zügel, sehr dankbar, daß sie durch ihr vorbildliches Engagement der Geschichtswissenschaft einen hervorragenden Dienst geleistet haben, freilich nicht nur ihr, sondern vor allem auch der Stadt Stuttgart und ihren Bürgern. Die nunmehr auf drei Bände angewachsene Geschichte unserer Stadt aus der Feder von Hansmartin Decker-Hauff und von Paul Sauer ist heute schon, obwohl sie noch nicht abgeschlossen ist, ein Standardwerk der Stadtgeschichtsforschung, zugleich aber für alle historisch Interessierten ein ungemein ansprechendes Kaleidoskop der Stuttgarter Geschichte.

Mit Freude und Überraschung begrüße ich es, daß knapp zwei Jahre nach dem zweiten Band nunmehr bereits der dritte vorliegt. Die Zeit, die dieser Band behandelt, ist für unsere Stadt besonders bedeutsam. Ich will nur wenige Stichworte nennen, die dies offenkundig machen: lutherische Orthodoxie, aufkommender Pietismus, Aufklärung, Französische Revolution, napoleonische Kriege, Verfassung für das junge Königreich Württemberg. Eine langwährende geistige Stagnation wird überwunden. Stuttgart wird nicht zuletzt durch die von Herzog Carl Eugen von Württemberg gegründete Hohe Carlsschule zu einem Zentrum kulturellen Lebens. Doch auch politisch ändert sich vieles. Die Stadt hat seit 1806 den Hof eines Königs, der sich seiner Würde sehr bewußt ist, in ihren Mauern, und etwas vom Abglanz der Königskrone von Napoleons Gnaden fällt trotz fortwährender Kriege und teilweise bedrückender Not auch auf die Bürger der Residenz. In zunehmender Zahl lassen sich in dem seit der Reformation fast rein evangelischen und noch beinahe kleinstädtisch anmutenden Gemeinwesen Fremde nieder, unter ihnen viele Katholiken, ebenso Juden. Der Alltag wird bunter, verliert manches von seiner bisherigen Eintönigkeit. Die Bürgerschaft lernt, mit dem Wandel zu leben, öffnet sich Neuem, Zukunftweisendem.

Ich danke Herrn Professor Dr. Paul Sauer herzlich, daß er diese uns allen zugute kommende Arbeit auf sich genommen hat, daß er uns wiederum einen Einblick in seine Geschichtswerkstatt gewährt und vor allem daß er unser Wissen über die Vergangenheit unserer Stadt vertieft. Der neue Band spricht in gleicher Weise, wie dies seine Vorgängerbände getan haben, schon durch seine äußere Gestalt, seine vielen sachkundig ausgewählten Bilder an. Er wird sich – ich bin sicher – in Stuttgart und weit darüber hinaus rasch zahlreiche Freunde erwerben.

Stuttgart, im Dezember 1994

Manfred Rommel
Oberbürgermeister der Landeshauptstadt Stuttgart

Widmung

»Geschichte, im höheren Sinne des Wortes, ist einzig jene Vergangenheit, welche noch gegenwärtig im Bewußtsein des Menschen gestaltend weiterlebt.«

Arthur Neville Chamberlain
(1869 – 1940)

Bücher sammeln Wissen. Sie beleuchten Vergangenheit, Gegenwart und Zukunft. Mit dem englischen Philosophen und Staatsmann Francis Bacon gesprochen, sind Bücher Schiffe, welche die weiten Meere der Zeit durcheilen. Ihre Fracht, so mag man an dieser Stelle hinzufügen, besteht aus Erinnerungen, und in Erinnerungen begegnen sich Menschen, Epochen, Zeitalter.

Aus Anlaß des Jubiläums eines Vorgängerinstituts gab die Landesgirokasse 1966 den ersten Band der seit langem vermißten »Geschichte der Stadt Stuttgart« heraus. Der Autor des ersten Bandes war Professor Dr. Hansmartin Decker-Hauff. Sein Buch ist inzwischen zum begehrten Klassiker geraten. Gegenstand war Stuttgarts Entwicklung von der Frühzeit bis zur Reformation.

Nach dem Tod des Autors gelang es, Professor Dr. Paul Sauer, Direktor des Stuttgarter Stadtarchivs, für die Fortführung des von Decker-Hauff begonnenen Werks zu gewinnen. Im Jubiläumsjahr 1993, in dem die Landesgirokasse der 1818 erfolgten Gründung durch Königin Katharina von Württemberg gedachte, konnte Band 2 der »Geschichte der Stadt Stuttgart« der Öffentlichkeit präsentiert werden. Der Autor setzte bei der Reformation ein und richtete sein Augenmerk zunächst auf die Zeit bis zum Ausgang des 17. Jahrhunderts.

Der jetzt vorgelegte Band 3 führt diese Arbeit bis zum Abschluß des Verfassungsvertrags für das Königreich Württemberg im Jahr 1819 fort. Im Ergebnis können Öffentlichkeit wie Fachkreise auf eine in sich geschlossene Trilogie zur Stadtgeschichte Stuttgarts zurückgreifen. Der Dank der Herausgeber gilt Professor Dr. Paul Sauer, der sich dieser großen Aufgabe gestellt und sie mit bemerkenswerter Eloquenz und Konsequenz bewältigt hat.

Die Landesgirokasse ist eine öffentlich-rechtliche Institution in der Trägerschaft des Landes Baden-Württemberg und der Stadt Stuttgart. Als solche sieht sie eine Hauptaufgabe in der wirtschaftlichen Weiterentwicklung der Region. Die Wurzeln unseres Hauses reichen weit in die Geschichte von Stadt und Land zurück. Seit Generationen begleiten wir die Menschen hierzulande.

Unser intensives Engagement für Gesellschaft, Kunst, Kultur und Umwelt begreifen wir als Teil unseres öffentlich-rechtlichen Auftrags. So widmen wir dieses Buch wiederum der Stadt Stuttgart, ihren Bürgern und dem Land Baden-Württemberg. Wir erhoffen freundliche Aufnahme und wünschen diesem Schiff der Erinnerungen mit Francis Bacons Worten eine gute Fahrt durch die Meere der Zeit.

Dr. Walther Zügel
Vorsitzender des Vorstands
der Landesgirokasse

Vorwort

Es freut mich, daß ich zwei Jahre nach dem Erscheinen von Band 2 der Geschichte der Stadt Stuttgart den Folgeband der Öffentlichkeit übergeben kann. Er umfaßt die Zeit vom Beginn des 18. Jahrhunderts bis zum Abschluß des Verfassungsvertrags für das Königreich Württemberg 1819. Wie in Band 2 habe ich mich bemüht, ein möglichst anschauliches und zugleich facettenreiches Bild von unserer Stadt zu zeichnen. Dabei wurden die verschiedensten Themenbereiche einbezogen: Unwetter und andere Naturkatastrophen, politische und militärische Ereignisse, die württembergischen Landesherren, ihre Regierungstätigkeit, ihr Hof, die bauliche Entwicklung der Stadt einschließlich Wasserversorgung, Feuerlöschwesen und Straßenbeleuchtung, die Wege- und Straßenverhältnisse, das Post- und Botenwesen, die Stadtverwaltung, die Bevölkerungsentwicklung, das Gerichtswesen, die Gesundheitsfür- und vorsorge, die wirtschaftlichen und sozialen Verhältnisse, das kirchliche Leben, das Schul- und Bildungswesen, das Kultur- und Geistesleben, Sitten und Bräuche sowie Aberglauben und anderes mehr. Im Mittelpunkt steht die Alltagsgeschichte, werden die Fragen beantwortet: Wie lebten die Stuttgarter im 18. und zu Beginn des 19. Jahrhunderts? Welches Welt- und Menschenbild besaßen sie? Wo lagen ihre Hauptinteressen? Wie reagierten sie auf neue Herausforderungen, so vor allem auf den durch die Französische Revolution bewirkten gesellschaftlichen und politischen Wandel?

Zwischen 1700 und 1819 änderte sich in Stuttgart vieles. Aus dem zeitweise seines Haupt- und Residenzstadtcharakters beraubten, beinahe kleinstädtischen bürgerlichen Gemeinwesen wird 1806 eine königliche Residenzstadt und die Hauptstadt eines deutschen Mittelstaates. Freilich, manches Alte hält sich zäh. Insgesamt aber öffnet sich die Stadt Neuem. Jetzt erlangen die Katholiken in der bislang rein evangelischen Stadt die uneingeschränkte staatsbürgerliche Gleichberechtigung; die ihrem Zuzug, der freien Entfaltung ihres kirchlichen Lebens und ihrer wirtschaftlichen Betätigung entgegenstehenden Hindernisse werden beseitigt. Selbst die Juden sind nicht länger bloß widerwillig Geduldete. Sie dürfen sich nunmehr in Stuttgart niederlassen. Zögernd wird der Weg zu ihrer allerdings erst Jahrzehnte später erreichten vollen Emanzipation freigegeben.

Die Bevormundung der Bürger bleibt zwar bestehen, doch wird die obrigkeitliche Reglementierung des Alltagslebens nach und nach gelockert. Die Bildungschancen des einzelnen verbessern sich. Neue Schul- und Bildungseinrichtungen entstehen. Die vom Ballast traditionellen Gelehrtentums freie Hohe Carlsschule wird, obwohl sie 1794, gute zwei Jahrzehnte nach ihrer Gründung, bereits wiederaufgehoben wird, zu einer geistigen Kaderschmiede Württembergs; sie befruchtet in mannigfacher Weise das Kultur- und Geistesleben Stuttgarts. Die bisher arg verhockte, Neuerungen weithin verschlossene herzogliche Residenzstadt wird – wie zeitweise schon der Hof – zu einem Zentrum von bildender Kunst, Literatur und Musik. Dichter, Schriftsteller und bildende Künstler (Maler, Bildhauer und Architekten) lassen sich hier nieder. Verleger vom Rang eines Johann Friedrich Cotta machen Stuttgart zu einer Stadt des Buches. Johann Wolfgang von Goethe ist 1797 bei einem mehrtägigen Aufenthalt von dem regen geistigen Leben, das er hier antrifft, fasziniert. Er bekennt, er habe in Stuttgart Tage wie in Rom erlebt.

Schwach bleiben die wirtschaftlichen Auftriebskräfte. Das Handwerk, der Weinbau und der allmählich sich ausweitende, auch entferntere Märkte erschließende Handel geben der Stadt das Gepräge. Die Einwohnerzahl wächst langsam. Der Wohlstand der bürgerlichen Oberschicht bewegt sich in bescheidenen Grenzen. Daneben gibt es viel Armut. Der Hof des Landesherrn behält bis zum Tod König Friedrichs 1816 seine dominierende Stellung, er verschafft einem nicht geringen Teil der Einwohner Arbeit und Brot. Noch deutet kaum etwas darauf hin, daß Stuttgart wenige Jahrzehnte später im Zug der Industrialisierung einen rasanten Aufstieg nehmen und zur bedeutendsten Wirtschaftsmetropole in Südwestdeutschland werden sollte.

Wie bei Band 2 bildeten die Akten des Hauptstaatsarchivs Stuttgart das grundlegende Quellenreservoir auch für diesen Band. Sie wurden ergänzt durch die einschlägigen Unterlagen unseres Stadtarchivs sowie des Staatsarchivs Ludwigsburg. Wichtige Aufschlüsse zu einzelnen Sachthemen vermittelten Spezialuntersuchungen, zudem Zeitungsberichte sowie Briefe, Tagebücher und persönliche Erinnerungen von Stuttgartern und von Fremden, die Stuttgart besucht oder gar längere Zeit im 18. und zu Beginn des 19. Jahrhunderts hier gelebt haben.

Auch bei der Arbeit an diesem dritten Band zur Stuttgarter Stadtgeschichte habe ich vielfältige, mir sehr förderliche Hilfe erfahren, für die ich herzlich danke. An erster Stelle nenne ich meinen Kollegen Heinz H. Poker. Er hat das Manuskript kritisch gelesen, den größten Teil der Bilder ausgewählt und beschafft. Ohne sein unermüdliches Mitwirken und Mitdenken hätte die Drucklegung des Bandes nicht so rasch und so problemlos erfolgen können. Engagierten Anteil an dieser Arbeit hat von Anfang an meine Sekretärin Frau Margarete Krause genommen. Tatkräftige Hilfe erhielt ich ferner von Frau Jutta Kreklow aus unserem Haus.

Einen entscheidenden Beitrag hat wiederum meine Frau geleistet. Sie hat mich bei meinen Archivrecherchen und bei der Auswertung der einschlägigen Literatur unterstützt. Außerdem verdanke ich ihr die Computerfassung des Manuskripts und manchen sachdienlichen Rat.

Die Durchsicht und Auswertung der einschlägigen Archivalien des Hauptstaatsarchivs Stuttgart wurde mir durch das ebenso großzügige wie verständnisvolle Entgegenkommen von Herrn Professor Dr. Hans-Martin Maurer, bis 30. Juni 1994 Leiter des Hauptstaatsarchivs, sehr erleichtert.

Herrn Dr. Walther Zügel, dem Vorsitzenden des Vorstands der Landesgirokasse, deren Vorgängerin, die Württembergische Sparkasse, 1818 gegründet wurde, war die Fortsetzung der von Herrn Professor Dr. Hansmartin Decker-Hauff begonnenen »Geschichte der Stadt Stuttgart« ein besonderes Anliegen. Er hat deshalb nicht nur die Anregung zu den Bänden 2 und 3 gegeben, sondern auch die Arbeit mit freundlichem Wohlwollen begleitet und sie nachhaltig gefördert. Ihm und seinen Kollegen im Vorstand sowie Herrn Direktor Hans M. Hambücher danke ich aufs herzlichste. Wenn dieser Band in gleicher Weise wie seine Vorgängerbände eine so hervorragende Ausstattung bekommen hat und damit die Stadt Stuttgart ein ebenso reich wie sachkundig illustriertes, bislang dreibändiges Geschichtswerk ihr eigen nennen kann, dann ist dies dem vorbildlichen Mäzenatentum der Landesgirokasse auf historisch-kulturellem Gebiet zuzuschreiben. Möge ihr Beispiel Nachahmung finden.

Stuttgart, im Dezember 1994

Paul Sauer

Inhalt

Vom Beginn des 18. Jahrhunderts bis zum Abschluß des Verfassungsvertrages für das Königreich Württemberg 1819

Anhang

Unwetter, Mißernten und Teuerungsjahre, Brände und sonstige Elementarereignisse

Wie in früherer Zeit gingen auch im 18. Jahrhundert und zu Beginn des 19. Jahrhunderts auf der Stuttgarter Gemarkung wiederholt schwere Unwetter nieder, die Gärten, Felder und Weinbergfluren verheerten. Am 12. Juli 1702 richteten ein Wolkenbruch und Hagelschlag, die sich über dem Heslacher Tal entluden, große Schäden an. Die Esslinger Vorstadt und weite Teile der Inneren Stadt wurden überschwemmt, Häuser und Keller mit Unrat angefüllt, ganze Weinbergdistrikte verwüstet. Die notdürftigsten Aufräumungsarbeiten in der Stadt nahmen acht Tage in Anspruch[1]. Sieben Jahre später, am 21. Juni 1709, gegen Mitternacht, ausgelöst durch ein heftiges Gewitter, wurde die Stadt erneut von einer plötzlichen Überschwemmung heimgesucht. Ein Wolkenbruch im Sommer 1740 ließ den Nesenbach in kürzester Zeit zu einem reißenden Strom anschwellen. Die Wassermassen brachten die Stadt in Bedrängnis, doch konnte das schlimmste Unheil abgewendet werden, weil das Unwetter bei Tag hereinbrach, die Bürger bei der Hand waren, die von der Flut herangeflößten Balken, Stege, Bäume usw. auffangen und mit Stangen, Haken und Seilen auf die Wiesen vor dem Hauptstätter Tor ziehen konnten. Nicht verhindern ließ sich indessen, daß zahlreiche Keller in der Esslinger Vorstadt durch die von den »Sonnenbergen« (Sonnenberg) und von der Flur Dobel herabstürzenden Wassermassen in Mitleidenschaft gezogen wurden[2]. Überhaupt war der Dobelbach damals nicht ungefährlich. Auf seinem nicht allzu langen Lauf ein beträchtliches Gefälle aufweisend, spülte er bei heftigen Gewitterregen viel Geröll zu Tal. 1768 riß er am Sonnenberg eine 8 bis 10 Ruten (ca. 25 m) hohe Wand weg und beförderte Steinblöcke von ein bis zwei Zentner Gewicht hinab in die Stadt. Das Waisenhaus und die Kaserne (die nachmalige Hohe Carlsschule) bekamen sein Ungestüm etliche Male zu spüren, ebenso die Uferbefestigungen des Nesenbachs in diesem Bereich. 1772 beispielsweise brachte sein Hochwasser die Bachmauer beim Waisenhaus zum Einsturz, und fünf Jahre später verursachte er hier neue schwere Schäden. Erst mit dem Bau eines Wehrs oberhalb des heutigen Charlottenplatzes und der Wegverlegung des Bachbetts von der Kaserne konnten die Launen des Dobelbachs einigermaßen gezähmt werden[3].

Katastrophale Auswirkungen hatte nach dem Bau einer Chaussee ein Wolkenbruch am 21. Juni 1772 auf die Weinberge am Hasenberg. Erde und Rebstöcke wurden weggeflößt[4]. Nicht selten brachten schwere Hagelschläge die Weingärtner um den

Stuttgart um 1720.

Ertrag ihrer mühseligen Arbeit, so 1709, 1747, 1755, 1756, 1763, 1773, 1775, 1777 und 1787. Im Herbst 1747 wurde der kümmerliche Restertrag auf ganze 8 Imi Wein je Morgen geschätzt. Nach dem Unwetter am 16. Juni 1773 waren die Fluren mit taubeneiergroßen Hagelkörnern bedeckt. Am 25. August 1775 verwüstete ein Hagelunwetter nicht nur die Weingärten und Gärten, sondern es zertrümmerte auch viele Fenster[5]. 1743 traf ein Blitz sechs Heslacher Einwohner; sie kamen aber glücklicherweise mit dem Leben davon[6]. Dagegen wurde am 15. Mai 1767 eine Frau – sehr wahrscheinlich in der Stadt – und am 2. Mai 1777 wiederum eine Frau im Falkert vom Blitz erschlagen[7]. Frühjahrs- und Herbstfröste, aber auch lang anhaltendes kaltes und regnerisches Wetter setzten den Weingärten sehr zu und hatten immer wieder Fehlherbste zur Folge. Um 1710 machte eine Reihe von »Fehljahren im Rebwerk« den Weingärtnern arg zu schaffen. Selbst die wohlhabenderen Bürger besaßen nicht das Geld, um die Taglöhner zu bezahlen. Die Steuerschulden bei der Einwohnerschaft wuchsen an[8]. In der Nacht vom 19. auf den 20. Oktober 1777 froren bei einem vorzeitigen extremen Kälteeinbruch die Wasserleitungen zu, ebenso die Pferdeschwemmen, die Trauben wurden steinhart. Ende Mai 1781 erfroren auf der Stadtgemarkung 1500 Morgen Weinberge vollständig, 113 Morgen zum Teil[9].

Mißernten bewirkten wie früher Not und Teuerung. Anfang November 1762 untersagte ein herzogliches Reskript wegen des in Württemberg herrschenden Getreidemangels die Fruchtausfuhr aus Württemberg[10]. Schlimme Ausmaße nahm die Teuerung im Jahr 1770 an. Das Frühjahr und der Sommer waren extrem naß und kalt. Getreide und Wein mißrieten. Da schon die vorhergehenden drei Ernten schlecht ausgefallen waren, kletterten die Getreidepreise nach oben. Bereits 1768 wurden für einen Scheffel Dinkel 5 fl bezahlt, ein sechspfündiger Brotlaib kostete 15 kr. Den trotz wachsenden Mangels an Nahrungs- und Futtermitteln lebhaften Verkauf von Getreide ins »Ausland« suchte die Regierung erst im Juni 1770 durch ein Verbot der Ausfuhr von Heu, Öhmd, Getreide und Vieh zu unterbinden. Im Oktober jenes Jahres wurde durch eine Erhebung festgestellt, daß die in der Stadt befindlichen Fruchtvorräte auf ein Minimum geschrumpft waren. Der Magistrat ersuchte die Regierung, die Beamten zu veranlassen, ihre »Besoldungsfrüchte« ausschließlich in der Stadt zu veräußern und zugleich die Bauern der umliegenden Ämter anzuweisen, ihren Dinkel zum Verkauf in die Stadt zu bringen. Entsprechende Regierungsanordnungen und die Festlegung von Höchstpreisen für Getreide und andere Nahrungsmittel waren indes untaugliche Notbehelfe. Die Bäcker mußten schließlich wegen Mehlmangels zeitweise das Backen einstellen. Der Kirchenrat überließ ihnen daraufhin einige tausend Scheffel Getreide. Außerdem stellte die Regierung Sicherheitswachen auf, um die Bäckereien vor gewaltsamen Übergriffen zu schützen. Die herrschaftlichen Getreidezuweisungen halfen nur kurzfristig. Der Magistrat kaufte in großen Mengen Getreide, Hülsenfrüchte und Reis in weit entfernten Gegenden des Herzogtums sowie im »Ausland« auf und veräußerte die »Früchte« zum festgesetzten Taxpreis. Er mußte hierzu in beträchtlichem Umfang Geld aufnehmen. Die Landschaft stellte ein zinsloses Darlehen von 8 000 fl zur Verfügung. Infolge der teilweise großen Differenz zwischen Kauf- und Verkaufspreis und wegen der aufzubringenden Transportkosten erlitt die Stadtkasse einen Verlust von 22 000 fl. Immerhin gelang es aber der Stadt durch ihre Nahrungsmittelbeschaffungsmaßnahmen, Hunger und Not der ärmeren Bevölkerungsschichten in Grenzen zu halten. Ihre Erwartungen, die Regierung werde ihr einen Teil der finanziellen Aufwendungen ersetzen, zumal diese gewährleistet hatten, daß nicht nur die Bürgerschaft, sondern auch die Hofbediensteten und das Militär im Gegensatz zu anderen Städten während der Notzeit Brot zu mäßigen Preisen hatten kaufen können, wurden enttäuscht. Die Regierung begnügte sich mit der Zusicherung, den Antrag des Magistrats wohlwollend zu prüfen. Ein finanzieller Zuschuß blieb aus.

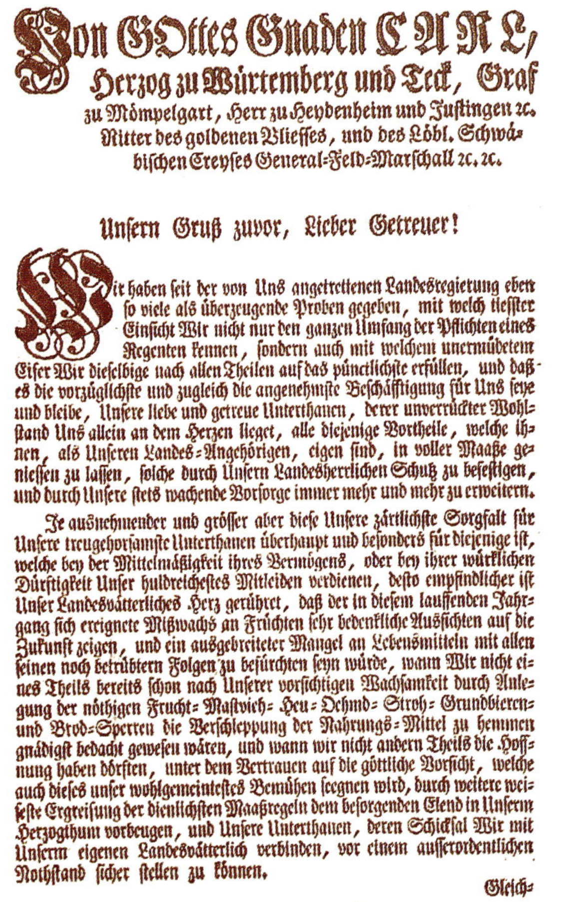

Von GOttes Gnaden CARL, Herzog zu Würtemberg und Teck, Graf zu Mömpelgart, Herr zu Heydenheim und Justingen 2c. Ritter des goldenen Vliesses, und des Löbl. Schwäbischen Creyses General-Feld-Marschall 2c. 2c.

Unsern Gruß zuvor, Lieber Getreuer!

Wir haben seit der von Uns angetrettenen Landesregierung eben so viele als überzeugende Proben gegeben, mit welch tiefster Einsicht Wir nicht nur den ganzen Umfang der Pflichten eines Regenten kennen, sondern auch mit welchem unermüdetem Eifer Wir dieselbige nach allen Theilen auf das pünctlichste erfüllen, und daß es die vorzüglichste und zugleich die angenehmste Beschäfftigung für Uns seye und bleibe, Unsere liebe und getreue Unterthanen, derer unverruckter Wohlstand Uns allein an dem Herzen lieget, alle diejenige Vortheile, welche ihnen, als Unseren Landes-Angehörigen, eigen sind, in voller Maaße geniessen zu lassen, solche durch Unsern Landesherrlichen Schutz zu befestigen, und durch Unsere stets wachende Vorsorge immer mehr und mehr zu erweitern.

Je ausnehmender und grösser aber diese Unsere zärtlichste Sorgfalt für Unsere treugehorsamste Unterthanen überhaupt und besonders für diejenige ist, welche bey der Mittelmäßigkeit ihres Vermögens, oder bey ihrer würklichen Dürftigkeit Unser huldreichestes Mitleiden verdienen, desto empfindlicher ist Unser Landesvätterliches Herz gerühret, daß der in diesem lauffenden Jahrgang sich ereignete Mißwachs an Früchten sehr bedenkliche Aussichten auf die Zukunft zeigen, und ein ausgebreiteter Mangel an Lebensmitteln mit allen seinen noch betrübtern Folgen zu befürchten seyn würde, wann Wir nicht eines Theils bereits schon nach Unserer vorsichtigen Wachsamkeit durch Anlegung der nöthigen Frucht- Mastvieh- Heu- Oehmd- Stroh- Grundbieren- und Brod-Sperren die Verschleppung der Nahrungs-Mittel zu hemmen gnädigst bedacht gewesen wären, und wann wir nicht andern Theils die Hoffnung haben dörften, unter dem Vertrauen auf die göttliche Vorsicht, welche auch dieses unser wohlgemeintestes Bemühen seegnen wird, durch weitere weiseste Ergreifung der dienlichsten Maaßregeln dem besorgenden Elend in Unserm Herzogthum vorbeugen, und Unsere Unterthanen, deren Schicksal Wir mit Unserm eigenen Landesvätterlich verbinden, vor einem ausserordentlichen Nothstand sicher stellen zu können.

Gleich-

Reskript Herzog Carl Eugens von Württemberg vom 5. Dezember 1770; Maßnahmen gegen die durch den »Mißwachs an Früchten« verursachte Teuerung.

Hohes Ansehen erwarb sich während der Teuerung der Bäcker Philipp Weiß. Er beteiligte sich maßgeblich an der Beschaffung von Getreide aus dem »Ausland«, und er bemühte sich mit bemerkenswertem Erfolg, die sozial Schwachen in der Stadt mit preiswertem Mehl und Brot zu versorgen. So gab er ein Simri Weißmehl um 1 fl 40 kr bis 2 fl ab, ein Simri Welschkornmehl (Maismehl) um 1 fl 52 kr, ein Simri Erbsen um 2 fl 40 kr und ein Simri Gerste um 2 fl 24 kr. Außerdem buk er je zur Hälfte aus Kernen- und Gerstenmehl »geringeres Brot« und verkaufte es um 2 kr unter der »Schatzung«, d. h. unter dem festgesetzten Preis.

Wahrscheinlich hätte die Getreideversorgung durch den einheimischen Markt zu einigermaßen befriedigenden Bedingungen aufrechterhalten werden können, wäre sie besser organisiert worden und hätte man nicht durch zu niedrig angesetzte Höchstpreise die Bauern geradezu gezwungen, ihr Getreide heimlich aus dem Land zu schaffen, wo ihnen lukrative Preise geboten wurden. Freilich nutzten auch Wucherer den Getreidemangel für ihre eigensüchtigen Zwecke aus. Sie hielten Getreide zurück und heizten dadurch die Nachfrage noch zusätzlich an. Zu Recht hieß deshalb diese Teuerung später auch die Geizteuerung. Jedenfalls normalisierten sich nach der recht gut ausgefallenen Ernte des Jahres 1771 die Verhältnisse rasch. Das Getreideangebot stieg an, die Preise fielen. Einen positiven Effekt hatte die Teuerung von 1770/71. Das Mißtrauen gegen das neue Grundnahrungsmittel »Kartoffel«, das bisher einem Anbau in großem Umfang im Wege gestanden hatte, schwand. Arg strapaziert hatte die Teuerung die städtischen Finanzen. Im November 1772 beklagte der Magistrat »den äußerst entkräfteten Zustand« und die drückende Schuldenlast des Stuttgarter »Stadtwesens«[11].

Im Jahr des Ausbruchs der Französischen Revolution, 1789, fiel die Ernte schlecht aus. Um in dieser unruhigen Zeit – auch Stuttgart blieb, wie noch zu zeigen sein wird, von den revolutionären Einflüssen aus dem westlichen Nachbarland nicht unberührt – die Teuerung in Grenzen zu halten, stellten Herzog, Rentkammer und Kirchenrat der Stadt etliche tausend Scheffel Getreide zu einem mäßigen Preis zur Verfügung. Nachdem dieses Getreide verbraucht worden war, drohte erneut eine Preisexplosion. Die Stadt griff zur Selbsthilfe. Mit Getreide, das die Rentkammer zu gleichbleibenden Preisen lieferte, ließ der Magistrat Brot backen, das er dann um 2 kr unter dem Taxwert verkaufte. Insgesamt kamen von Ende November 1789 bis Mitte September 1790 73 709 sechspfündige Laibe zum Verkauf. Diesmal hatte die Stadtkasse keinen Verlust, sondern sogar einen geringen Gewinn zu verbuchen: ohne Zweifel eine sozialpolitische Maßnahme, die sich in verschiedener Hinsicht bezahlt machte[12].

Von Kälte, Regengüssen und Hagelschlägen bestimmte extreme Witterungsverhältnisse im Frühjahr und Sommer 1816, die möglicherweise in einem ursächlichen Zusammenhang mit dem Ausbruch des Vulkans Tambora auf der Insel Sumbawa in Holländisch-Ostindien 1815, einer der größten bekannten Vulkanexplosionen, standen, hatten eine katastrophale Mißernte und einen gänzlichen Ausfall des Weinherbstes zur Folge. Die Lebensmittelpreise erhöhten sich sprunghaft und erreichten Rekordmarken. Der Scheffel Dinkel beispielsweise stieg von 4 fl auf 15 fl und schließlich auf 45 fl und mehr an, der Scheffel Hafer bis auf 44 fl, der Scheffel Gerste bis auf 66 fl, der Scheffel Kernen auf 70 bis 90 fl. Für ein Simri Kartoffeln mußten zeitweise 2 bis 3 fl, für einen sechspfündigen Laib Brot 52 kr, für ein Pfund Butter 30 bis 52 kr,

Zum Gedenken an die Notzeit von 1816/17 geprägte Zinnmedaillen. Eindrucksvoller als die einfachen Bildmotive sind die Preise von Nahrungsmitteln auf dem Höhepunkt der Teuerung, die auf den Medaillen dokumentiert sind.

für ein Pfund Rindfleisch 17 kr, für ein Pfund Schweinefleisch 20 kr, für ein junges Huhn 48 kr, für ein Ei 2 bis 3 kr, für die Maß Milch 8 bis 9 kr bezahlt werden. Solche Preise waren für die ärmeren Einwohner unerschwinglich. Sie litten bittere Not und mußten ihr Leben oft mit Gras, Klee, Heu und Wurzeln, die sie anstelle des fehlenden Gemüses abkochten, fristen. Zur Brotzubereitung verwendeten sie Mehl, das sie mit Kleie, Mehlstaub oder Sägmehl vermischten. Um den Bedürftigsten zu helfen, gründete Königin Katharina den Wohltätigkeitsverein. Durch Verordnungen wurde die Ausfuhr von Nahrungsmitteln sehr erschwert, schließlich ganz verboten, die Einfuhr dagegen erleichtert. Zugleich bemühte sich die Regierung, das Horten von Lebensmitteln und deren Veräußerung zu Wucherpreisen zu unterbinden. Im Rheinland und in Holland, später auch in noch entfernteren Gegenden, so an der Ostseeküste, wurde Getreide aufgekauft und wie auch die staatlichen Getreidevorräte zu exakt festgelegten Preisen an die Verbraucher abgegeben. Geringbemittelten Einwohnern ließ die Regierung den sechspfündigen Brotlaib zu 30 kr zukommen. Sie tat auch alles, um die Bauern und die Bäcker auf dem Land dazu zu bewegen, Getreide und Brot nach Stuttgart zu bringen, wobei sie ihnen nicht nur Abgabenfreiheit zusicherte, sondern für die leistungsfähigsten Lieferanten auch Preise zwischen 4 und 16 fl aussetzte. Im Januar 1817 errichtete die Stadt eine Suppenanstalt. Um deren Funktionsfähigkeit zu gewährleisten, verpflichteten sich die Stuttgarter Bäcker, ihr während drei Monaten wöchentlich 15 Pfund Mehl und 448 Pfund Brot zu überlassen. Anfang 1817 zwang die ihrem Tiefpunkt zustrebende Notsituation zu einer Erfassung und Registrierung aller privaten Getreidevorräte und zu einer erneuten Festsetzung der Höchstpreise. Daß die Ernte des Jahres 1817 gut ausfiel, wurde in Stuttgart wie im ganzen Land mit großer Erleichterung und Dankbarkeit begrüßt. Das Einbringen des ersten Erntewagens am 28. Juli jenes Jahres gab der Bürgerschaft Anlaß zu einem Freudenfest. Die Fahrt des mit Inschriften und Kränzen geschmückten Wagens durch die Straßen der Stadt zum alten Schloßplatz gestaltete sich zu einer Art Triumphzug: Musik, Gesang der Schuljugend, Glockengeläut, Empfang durch die geistlichen und weltlichen Behörden, Dankgottesdienste in allen Kirchen[13].

Der erste Erntewagen wird am 28. Juli 1817 von der Bürgerschaft freudig begrüßt.

Zwei in der Stadt tiefe Spuren hinterlassende große Brände suchten im 18. Jahrhundert Stuttgart heim: der Brand am alten Hafenmarkt 1716 und der Hirschgassenbrand 1761. Am 21. Juli 1716, nachts zwischen 1 und 2 Uhr, brach im Haus des Handelsmanns Samuel Schöps auf dem Hafenmarkt Feuer aus. Der durch leicht entzündliche Gegenstände genährte Brand verbreitete sich mit Windeseile, die Hausbewohner konnten kaum das nackte Leben retten. Rasch griff das Feuer auf die Nachbargebäude über. Innerhalb von fünf Stunden sanken zwischen der Markt- und der Karlsstraße an die vierzig Häuser in Schutt und Asche, einige andere mußten, um ein weiteres Ausbreiten des Brandes zu verhindern, eingerissen werden. Ein Glück, daß völlige Windstille herrschte, sonst hätte die Katastrophe noch erheblich schlimmere Ausmaße angenommen. Die Stuttgarter Bürger und die vielen Auswärtigen, unter ihnen allein über tausend Esslinger – auf dem Rathaus wurden an 7433 Fremde je ein Pfund Brot und ein Schoppen Wein ausgeteilt – suchten nach Kräften dem Feuer Einhalt zu gebieten, vermochten aber gegen die entfesselte Naturgewalt mit ihren recht primitiven Löschgeräten, Wassereimern und sonstigen Feuerbekämpfungsutensilien wenig auszurichten[14]. Am 24. Juli 1716 erstattete der Magistrat dem Herzog einen eingehenden Bericht über das Brandunglück: 34 Häuser, so schrieb er, seien völlig eingeäschert, vier vom Brand ruiniert worden, außerdem hätten fünf Gebäude »zur Dämpfung des Feuers und zur Rettung der noch stehenden Häuser« eingerissen werden müssen. Als Ursache für das schnelle Ausbreiten des Feuers nannte er die Anhäufung leicht brennbaren Materials im Haus des Schöps, u. a. Öl, Schwefel, Pulver, Branntwein. Durch die ungeheure Hitze, die sich, noch begünstigt durch die warme Jahreszeit, auf solche Weise entwickelt habe, seien sofort auch die benachbarten Häuser in Brand geraten. Nicht unwesentlich zur Ausbreitung des Feuers hätten »die zur Unzierde der Stadt vorhandenen Schaltläden« (Schiebläden) beigetragen, die zuvor »zur Gleißnerei« (zur Heuchelei! d. h. um damit zu protzen) mit Ölfarben angestrichen gewesen seien. So habe ein derartiger verderblicher Schaltladen nahe der »Krone«, obwohl er 20 Schritte entfernt gewesen sei, von selbst zu brennen begonnen, und hätte man ihn nicht mit großer Mühe gelöscht, wäre die ganze Hauptstätter Straße den Nesenbach hinauf ein Raub der Flammen geworden. Daß die Innere Stadt vor dem Feuer habe bewahrt werden können, sei der klugen und emsigen »Direktion« (Leitung) des Geheimen Rats von Sittmann zu verdanken gewesen. Der Stadtvogt war sich über die Brandursache nicht ganz im klaren. Er nannte zwei mögliche Ursachen: das vom Lehrjungen zusammen mit einem Boßler im Laboratorium des Schöpsschen Hauses vorgenommene Zuckerbacken oder das Auspacken frischer Waren im Laden durch den Ladendiener bis 11 Uhr nachts. Daß der Brand so rasch um sich gegriffen hatte, schrieb er den engen Gassen und den dort stehenden alten Gebäuden zu, aber auch der Tatsache, daß die Stuttgarter, als das Feuer ausbrach, im ersten Schlaf lagen. Kritisch vermerkte er, daß sich die Bürger hauptsächlich um die Rettung ihres Mobiliars gekümmert und das Löschen vernachlässigt hätten. Dies habe sich nachteilig auf die Stimmung der in großer Zahl in die Stadt geströmten Bauern ausgewirkt. Diese hätten sich gefragt, warum sie löschen sollten, wenn sich die Bürger davor drückten. Ein Mann aus Rohracker habe ihn, den Stadtvogt, sogar tätlich angegriffen und ihm mit den Fingernägeln das Gesicht zerkratzt. Als der Übeltäter daraufhin auf die Wache gebracht worden sei, hätten seine Kameraden seine Freilassung erzwungen. Leider mußte auch festgestellt werden, daß das nächtliche Durcheinander nach dem Ausbruch des Brandes offenbar einer ganzen Reihe von Einwohnern und sich zufällig in der Stadt aufhaltenden Menschen willkommene Gelegenheit zum Plündern bot. Nach der Meinung des Stadtvogts hatte die Stadt noch Glück im Unglück gehabt. Hätten drei bereits brennende Häuser, darunter das Haus des Becherwirts, so stellte er fest, nicht gelöscht werden können, wäre die ganze Stadt, zumindest aber der größte Teil einschließlich der fürstlichen Gebäude, ein Raub der Flammen geworden. Ein Bürger, der Metzger Peter Glaser, hatte übrigens bei dem Brand durch einen herabfallenden Balken, der ihn am Kopf getroffen hatte, sein Leben verloren. Die vom Herzog angeordnete Untersuchung der Brandursache führte zu keinem konkreten Ergebnis. Ein Verschulden des Handelsmannes Schöps oder seiner Dienstboten war nicht nachzu-

Situationsplan des Brandes am 21. Juli 1716 in der Esslinger Vorstadt. Die durch den Brand zerstörten Häuser sind durch Nummern gekennzeichnet.

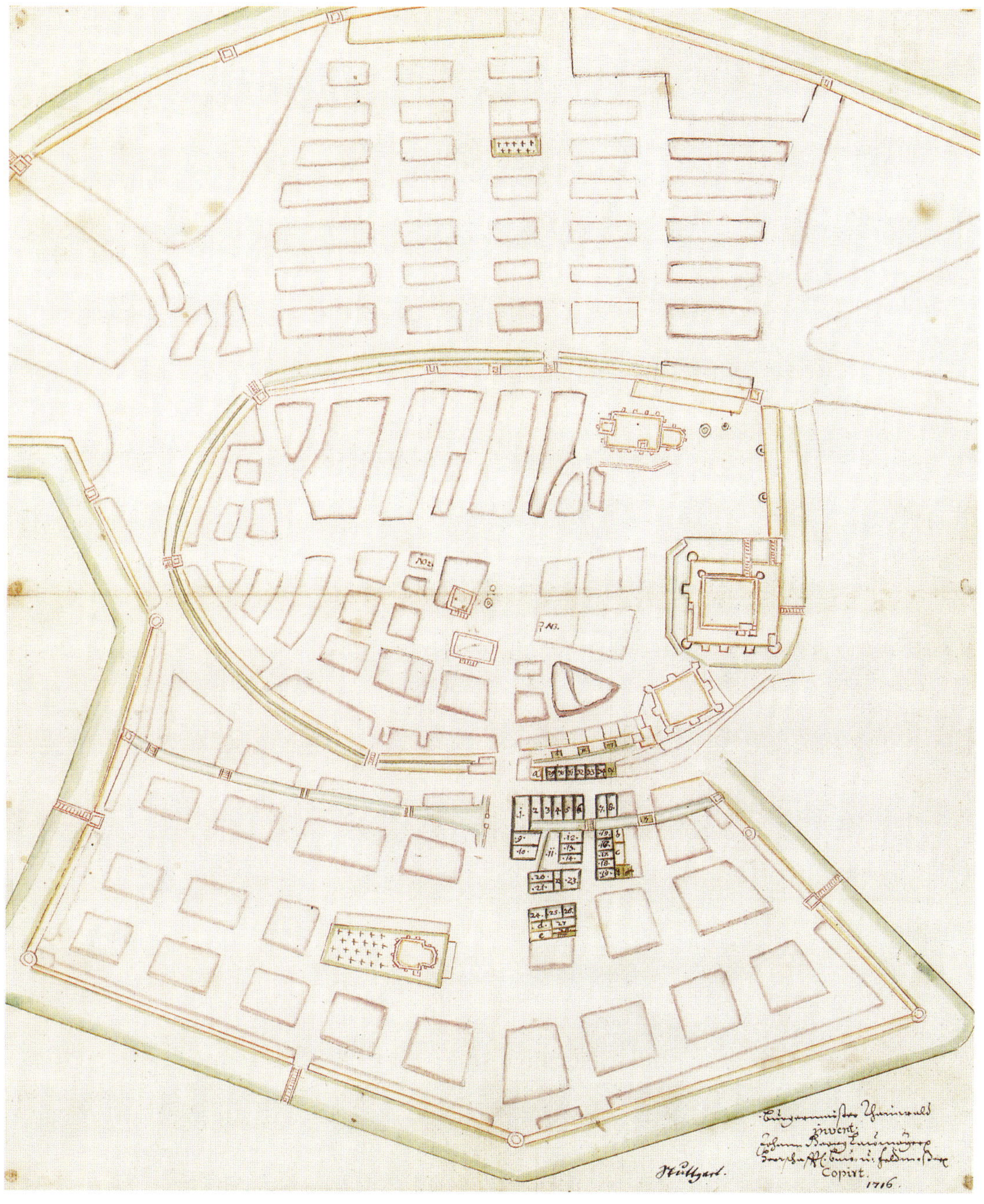

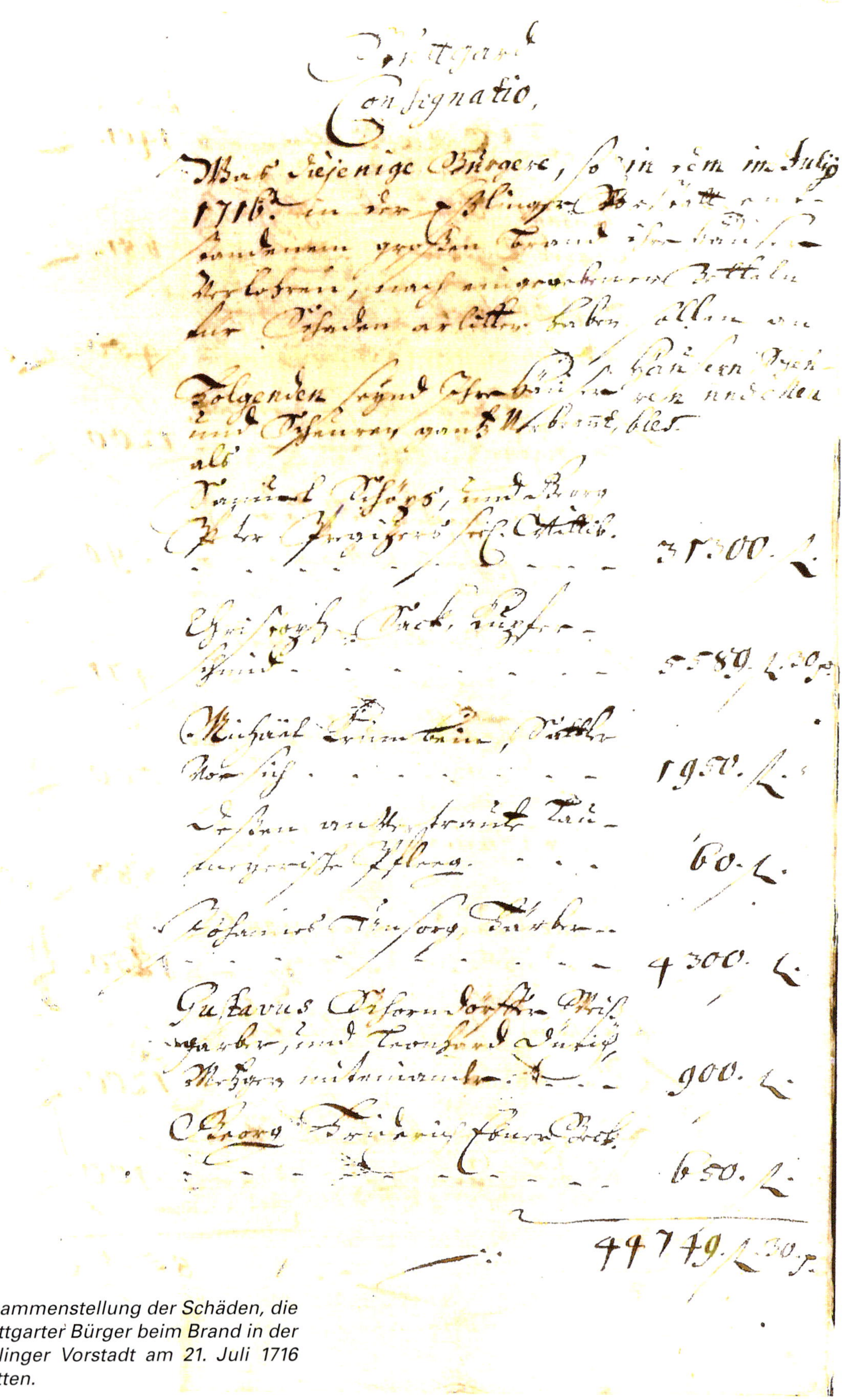
Consignatio

1716

Gustavus

35.000 fl.

5.580 fl.

1950 fl.

60 fl.

4300 fl.

900 fl.

650 fl.

44749 fl.

Zusammenstellung der Schäden, die Stuttgarter Bürger beim Brand in der Esslinger Vorstadt am 21. Juli 1716 erlitten.

weisen. Herzog Eberhard Ludwig befahl daraufhin, Schöps und seine »Domestiken« (Dienstboten) sollten sich durch einen Eid von dem Verdacht der fahrlässigen Brandstiftung reinigen. Hiervon riet aber die Geistlichkeit vor allem im Fall Schöps wegen der »Seelengefahr« dringend ab. Ob jemand und gegebenenfalls wer den Reinigungseid leisten mußte, läßt sich den Akten leider nicht entnehmen[15].

Der durch den Brand verursachte Schaden wurde auf insgesamt 70 000 fl beziffert. Für einen Großteil der Bürger, die von der Feuersbrust betroffen waren, hatte der Verlust ihrer Häuser, Wohnungseinrichtungen und Warenlager katastrophale wirtschaftliche Auswirkungen. Eine Brandversicherung gab es noch nicht. Die Brandgeschädigten waren deshalb beim Wiederaufbau ihrer Häuser auf öffentliche Unterstützung und auf milde Gaben angewiesen. Der Magistrat stellte eichenes Bauholz aus den städtischen Waldungen und Steine aus den städtischen Steinbrüchen zur Verfügung. Die Brandgeschädigten hatten für die ihnen überlassenen Steine lediglich den »Brecherlohn« zu bezahlen. Einige benachbarte Kommunen leisteten in der Erwartung, bei entsprechenden Unglücksfällen, die sie heimsuchen sollten, in gleicher Weise bedacht zu werden, Geldbeihilfen. So übergab die Reichsstadt Esslingen den Stuttgarter Brandgeschädigten eine Beihilfe von 100 fl. Herzog Eberhard Ludwig stellte den »verunglückten« Bürgern seiner Residenzstadt das übliche Sammelpatent aus, das ihnen gestattete, in und außerhalb des Landes eine »Brandsteuer«, d. h. milde Gaben, zu erbitten. Im Mai 1717 kamen allein an Kollektengeldern rund 5 500 fl (davon 5 100 fl aus dem Herzogtum) zusammen. Einige auswärtige Herrschaften widersetzten sich der Brandsteuererhebung, wobei sie wohl hauptsächlich die derzeitigen ungünstigen wirtschaftlichen Verhältnisse ihrer Untertanen als Grund angaben. Manchmal bedurfte es auch einer zweiten Aufforderung, um die Regierungen anderer Territorien solchen Sammelaktionen, wie sie damals alltäglich waren, geneigt zu machen. So hatte die Regierung der Markgrafschaft Brandenburg-Bayreuth den Stuttgartern zunächst die Sammelerlaubnis verweigert, dann aber auf ein Schreiben der württembergischen Regierung hin diese doch erteilt. Sie wünschte allerdings keine Sammlung von Haus zu Haus, sondern die Aufstellung von Becken zu diesem Zweck an den Kirchtüren. Daß der Ortsherr des nahen Stammheim, Schertel von Burtenbach, die Sammlung einer Brandsteuer in seiner Herrschaft ablehnte, nahm ihm sein Lehensherr, Herzog Eberhard Ludwig von Württemberg, sehr übel. Der Herzog ließ es an deutlichen Worten nicht fehlen[16].

Der Hirschgassenbrand in der Nacht vom 2. auf den 3. August 1761 hatte ähnlich verheerende Auswirkungen wie der Brand am alten Hafenmarkt: 41 Gebäude zwischen Hirschgasse, Breite und Schmale Straße sowie Neue Brücke fielen ihm zum Opfer[17]. Verschuldet hatte diese Brandkatastrophe der 23jährige Metzger Friedrich Reuß, den der Magistrat als Erzbösewicht und Trunkenbold bezeichnete. Er kam an jenem 2. August wie üblich spätabends betrunken nach Hause und mißhandelte seine Frau, die Mutter eines sieben Wochen alten Kindes. Der Frau gelang es schließlich, sich vor seinen Schlägen in Sicherheit zu bringen. Sie im ganzen Haus suchend, zündete er im Zorn einen auf der Bühne liegenden Haufen Heu an. Vergeblich bemühte er sich, die rasch hochlodernden Flammen zu ersticken. Nachts um 1 Uhr wurden die Bewohner der Hirschgasse durch den Feueralarm aus dem Schlaf aufgeschreckt. Das Haus des Metzgers brannte lichterloh, und das Feuer griff bereits auf die benachbarten Anwesen über. Wohnungseinrichtungen, Getreidevorräte, Heu und Stroh sowie Kaufmannswaren wurden ein Raub der Flammen. Nur durch das vorsorgliche Einreißen mehrerer Häuser konnte verhindert werden, daß die ganze Innere Stadt in Schutt und Asche sank. Löschmannschaften aus der Stadt sowie aus der näheren und weiteren Umgebung – es sollen Männer aus zehn bis zwölf Stunden entfernten Orten darunter gewesen sein – kämpften, allerdings mit mäßigem Erfolg, gegen das Zerstörungswerk an. Unter den vernichteten Gebäuden befanden sich ein Schulhaus und ein Stadtmagazin. Der Gesamtschaden belief sich nach verläßlichen Schätzungen auf 212 237 fl 24 kr. 123 Familien gehörten zum Kreis der »Abgebrannten«. Mindestens zwei von ihnen verloren sogar zwei Häuser: die Hofkammerratswitwe Hilch und der Bebenhäuser Kastenpfleger Johann Jakob Lieb, der Stammvater der angesehenen Stuttgarter Familie Lieb. Etliche Bürger hatten versucht, einen Teil ihrer Habe dadurch zu retten, daß sie ihn in die Keller brachten. Doch das Feuer verschonte auch die dort verstauten Habseligkeiten nicht, es machte selbst vor den Fässern nicht halt. Eine im Herzogtum veranstaltete Kollekte zugunsten der Brandgeschädigten ergab den ansehnlichen Betrag von rund 40 000 fl. Hierzu hatte die Stadt gut 10 000 fl, die Rentkammer und der Kirchenrat je 6 000 fl und die Landschaft 2 000 fl beigesteuert.

Anders als 1716/17 wurde eine Brandsteuerkollekte außerhalb Württembergs mit der Begründung untersagt, »sie laufe der Ehre des Fürstlichen Hauses zuwider«. Hart bestraft wurde eine Frau, die sich während des Brandes an fremdem Eigentum vergriffen hatte: sie wurde »an der Geige« durch die Straßen geführt und für vier Jahre ins Zuchthaus gesperrt[18].

Friedrich Reuß, der Urheber des Brandes, hatte mit seiner Frau und mit seinen gleichfalls im Haus wohnenden Schwiegereltern nach Aussage des »Hauswirts«, des Weingärtners Kurz, in ständigem Unfrieden gelebt. Lautstarke Auseinandersetzungen und Fluchen seien an der Tagesordnung gewesen. Auch Frau und Schwiegereltern besaßen einen wenig guten Leumund. Wenn man der Ehefrau glauben durfte, dann hatte sich Reuß einige Zeit vor dem Brand erhängen wollen, sie hatte dies

Von Feldmesser Johann Ludwig Roth gezeichneter Plan, der eine genaue Vorstellung von dem durch den sogenannten Hirschgassenbrand am 2./3. August 1761 zerstörten Teil der Altstadt vermittelt.

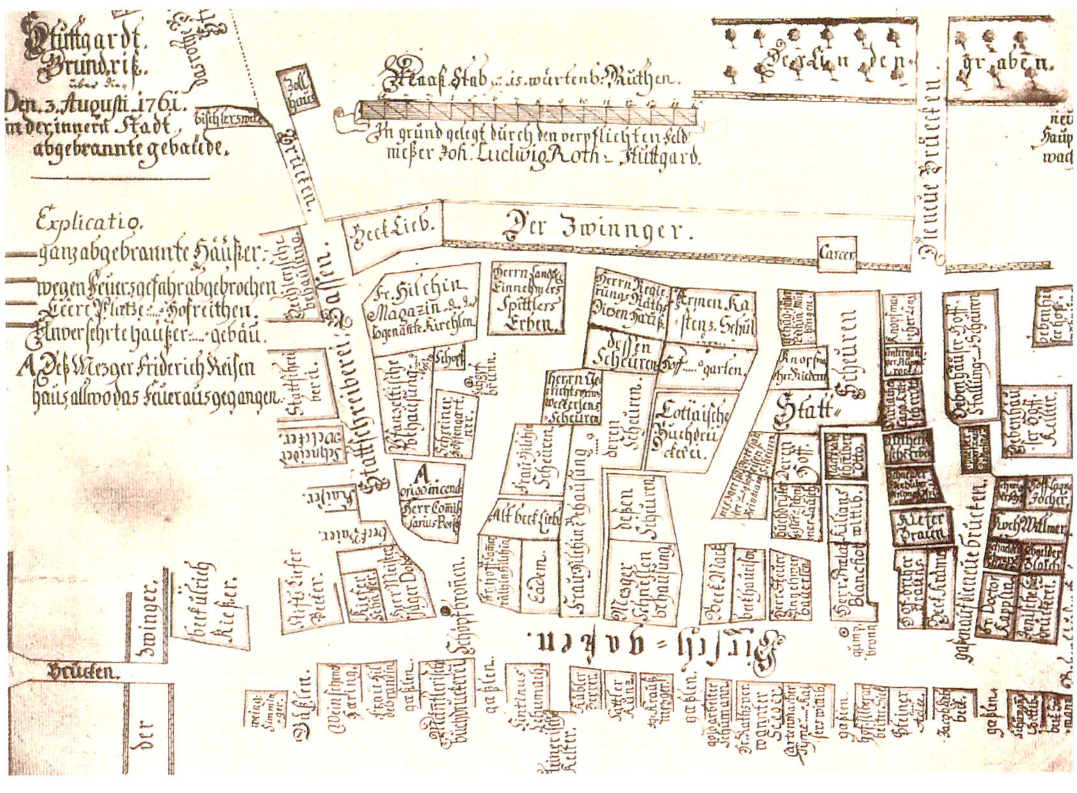

aber noch rechtzeitig verhindert, und ein im Haus einquartierter Feldwebel hatte Reuß, um ihm derartige Absichten ein für allemal auszutreiben, verprügelt. Nach dem Brand wurde der Metzger festgenommen und im Turm inhaftiert. Obwohl an Händen und Füßen gefesselt, gelang es ihm, sich mit einem Schnappmesser, das er sich irgendwie hatte beschaffen können, die Kehle durchzuschneiden. Er wurde noch lebend angetroffen, der herbeigerufene Chirurg konnte aber nicht mehr helfen. Der Oberrat wollte an dem Trunkenbold, Selbstmörder, vor allem aber an dem Mann, der in verbrecherischer Leichtfertigkeit eine Brandkatastrophe ausgelöst hatte, ein abschrekkendes Exempel statuieren, das zugleich den vielen anderen damals in Stuttgart lebenden Trunkenbolden zur Warnung dienen sollte. Entsprechend dem Mehrheitsvotum des Oberratsgremiums wurde der Leichnam, mit abwärts gerichtetem Kopf auf einer Kuhhaut liegend, am hellen Tag durch den Kleemeister aus dem Lazaretthaus durch die Hauptstätter Straße über die Brandstätte zur Stadt hinausgeschleift und sofort unter dem Galgen begraben[19].

Neben diesen beiden spektakulären Bränden von 1716 und 1761 kam es im 18. Jahrhundert und zu Beginn des 19. Jahrhunderts zu einer Reihe kleinerer Brände, bei denen jeweils nur einzelne Gebäude, Gebäudeteile oder Wohnungen zerstört wurden. So wurden bei einem ersten Hirschgassenbrand am 25. März 1725 lediglich zwei Häuser eingeäschert[20]. Um ein Haar hätte 1726 der Leichtsinn eines Knechts »auf dem Stock«, in dem drei vornehme Familien wohnten, eine Katastrophe ausgelöst. Der Knecht war trotz des immer wieder eingeschärften strengen Verbots mit offenem Licht in den Stall gegangen und dort eingeschlafen. Hierbei war das Licht heruntergefallen und hatte die dort befindlichen leicht entzündbaren Utensilien (Heu, Stroh usw.) in Brand gesetzt. Glücklicherweise hatte der Stiftsverwalter das im Entstehen begriffene Feuer bemerkt und es erstickt. Der Knecht wurde sofort entlassen und für sein leichtfertiges Verhalten mit einem Monat öffentlicher Arbeiten bestraft[21].

Der von Heinrich Schickhardt von 1600 bis 1609 errichtete Neue Bau, ein Juwel der Renaissancebaukunst. Das Gebäude brannte im Dezember 1757 ab. Die Ruine wurde später abgetragen.

Im Dezember 1757 brannte der Neue Bau, ein Juwel der Renaissancebaukunst, ab. Mit ihm gingen die dort untergebrachten unersetzlichen Sammlungen an Waffen, Rüstungen, Kuriositäten usw. zugrunde. Die Ruinen des berühmten Bauwerks wurden später abgetragen[22]. Durch die Unvorsichtigkeit eines im rechten Flügel des im Bau befindlichen Neuen Schlosses arbeitenden Malers wurde am 13. November 1762 der Gartenflügel des Schlosses zerstört. Nicht zuletzt der Anwesenheit von Herzog Carl Eugen war es zu verdanken, daß nicht der ganze Hauptbau (Corps des Logis) ein Raub der Flammen wurde. Carl Eugen spornte die Löschmannschaften zu großen Anstrengungen an[23]. Am 17. September 1802 vernichtete ein Feuer das Kleine Theater an der Planie[24].

Wiederholt wurden Erdbeben registriert, die indes in der Stadt keine Schäden anrichteten: 5. August 1738, 4. August 1769 und 10. September 1775. Kosmische Erscheinungen erregten große Aufmerksamkeit. Wie früher neigte man dazu, sie als Warnzeichen Gottes zu deuten: Hinweise auf Kriege, Hungersnöte, Seuchen. Im Februar und März 1721 wurden »Nordlichter« beobachtet. Mitte März jenes Jahres zeigte sich ein Meteor mit Blutregen, sehr wahrscheinlich ein Himmelskörper, der beim Eintritt in die Erdatmosphäre verglühte. Das Erscheinen von Kometen hielten die Chronisten immer wieder fest: 1737, im Dezember 1747, am 25. Dezember 1758, im Juni/Juli 1770 und 1775. Am 15. November 1812 war über Stuttgart ein Komet sichtbar, »welcher einem mehrere Sekunden dauernden starken Blitz glich, der den ganzen Horizont mit bläulichem Licht erfüllte«[25]. Angesichts des ungewissen Schicksals der württembergischen Truppen, die damals am Rußland-Abenteuer Napoleons teilnehmen mußten und, wie sich wenige Wochen später herausstellte, in eben jenen Tagen auf dem Rückzug in den Eiswüsten des Ostens Tod und Verderben preisgegeben waren, verwundert es nicht, wenn diese Himmelserscheinung zu düsteren Spekulationen den Anstoß gab. Jahrzehnte früher, im Dezember 1769, hatte »die große Zusammenkunft der Planeten« vom 24. bis 26. jenes Monats, in der Bevölkerung »große Furcht« bewirkt. Man glaubte, der Weltuntergang stehe unmittelbar bevor. Eine diesem Ereignis gewidmete Schrift vermittelte die entsprechende »Belehrung«[26].

Lang in Erinnerung blieb den Stuttgartern der »Wirbelwind« am 21. Juni 1787, eine Art Windhose. Dieser »Wirbelwind« nahm seinen Ausgang von Heslach und der Spitalmühle, raste »unter großem Geräusch und dichtem Nebel« über den Hasenberg und die Afterhalde, wobei er in einer Breite von etwa hundert Schritt schreckliche Verwüstungen anrichtete. Mehrere Menschen wurden zu Boden geworfen, Weinbergpfähle ausgerissen, mehr als fünfzig Obstbäume entwurzelt, an anderen Bäumen, die nur am Rande von der Sturmbö erfaßt wurden, die Äste abgeschlagen. In wenigen Minuten war der grausige Spuk vorüber. Die Stadt selbst wurde von dem »Wirbelwind«, der sich über den Bopser in Richtung Heumaden und Hedelfingen entfernte, nicht berührt[27].

*Seite 23
Herzogin Magdalene Sybille, geb. Prinzessin von Hessen-Darmstadt (1652–1712), Gattin von Herzog Wilhelm Ludwig von Württemberg.*

Politische und militärische Ereignisse

Am Spanischen Erbfolgekrieg (1701 bis 1713) nahm Herzog Eberhard Ludwig an der Seite des Kaisers aktiven Anteil. Die großen militärischen Anstrengungen, die er unternahm, um dem Herzogtum im Kreis der gegen Frankreich verbündeten Mächte Anerkennung zu verschaffen, waren nicht im Sinne der Landstände; sie hätten einem geringeren Engagement des Landesherrn den Vorzug gegeben, zumal befürchtet werden mußte, daß ein kriegführendes Württemberg die feindlichen Armeen auf sich zog[28]. Zunächst war dies glücklicherweise nicht der Fall. Fremde wurden mit großem Argwohn beobachtet, vermutete man doch in dem einen oder anderen von ihnen einen französischen Spion. Drei Jahre, von 1703 bis 1706, saß der aus dem Elsaß gebürtige Paul Ludwig von Stein auf der Feste Hohenneuffen. Der Nachweis, er habe für die Franzosen Spionage getrieben, konnte nicht geführt werden. Er mußte schließlich, nachdem er von der katholischen zur evangelischen Konfession übergetreten war, entlassen werden. In einer Urfehde hatte er zu versprechen, seine Haft an niemandem zu rächen[29]. Im Jahr 1704 gelang es dann, in der Person des 36jährigen reformierten Franzosen Antoni d'Amour aus Saint Denis einen von einem Landsmann angezeigten französischen Spion zu fassen. Der sich auf der Reise in die Schweiz befindende d'Amour lebte schon seit 16 Jahren in Deutschland. Frau und Kinder hielten sich in Augsburg auf. Man fand bei ihm in die Kleidung eingenähte französische Briefe. Er wurde gleichfalls auf die Festung Hohenneuffen gebracht und dort zum Abverdienen seiner Verpflegungskosten mit öffentlichen Arbeiten beschäftigt. Die Absicht, ihn bis Kriegsende in Haft zu halten, durchkreuzte er durch seine Flucht nach viermonatiger Gefangenschaft[30]. Im selben Jahr 1704 konnten 8 000 Dublonen (etwa 56 000 fl), die in Papierballen versteckt und für die französischen Truppen in Bayern bestimmt gewesen waren, in Stuttgart sichergestellt werden. Der Schweizer Fuhrmann Johann Huber, der den Geldtransport übernommen hatte, gab einen

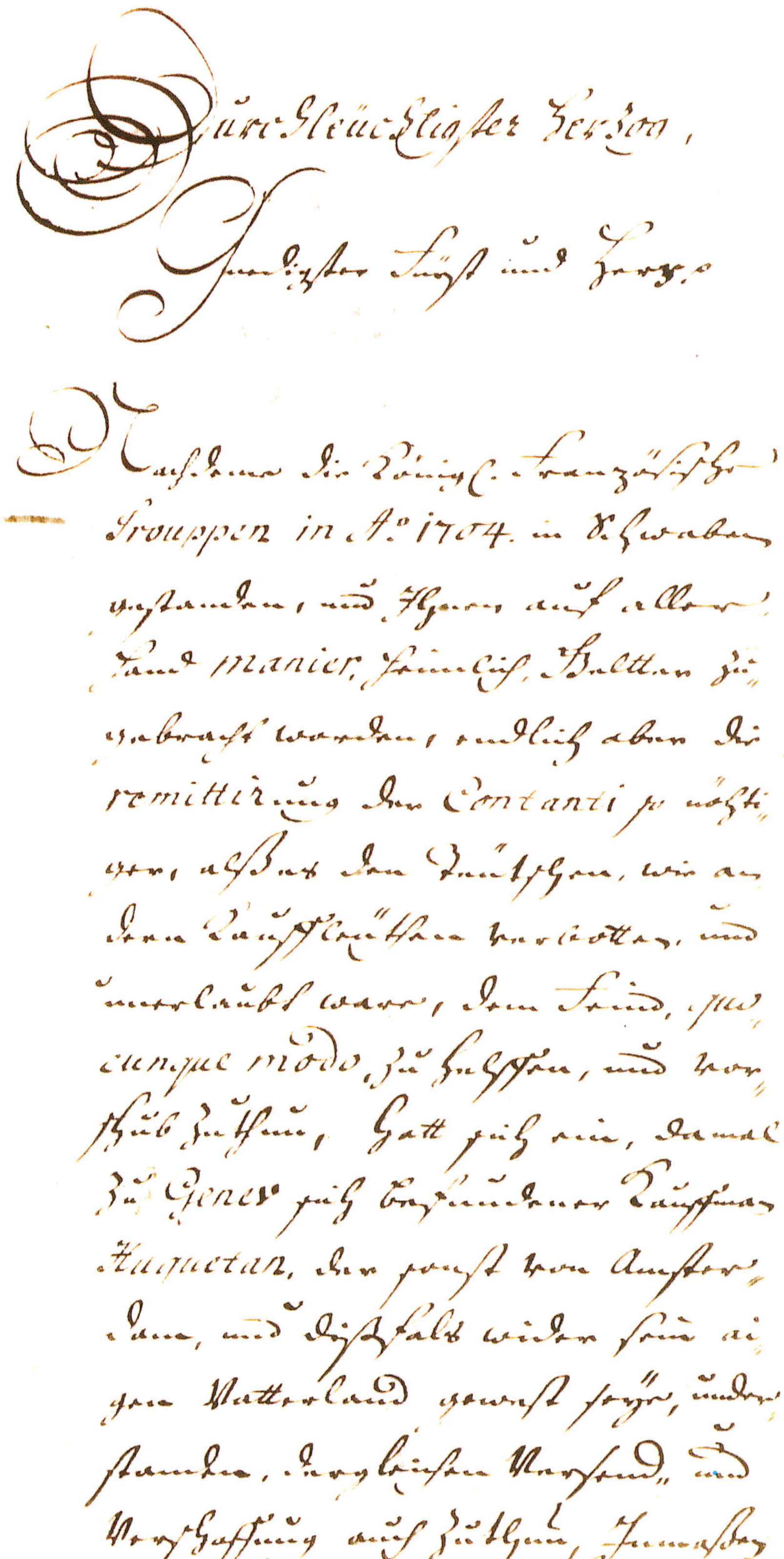
Durchleuchtigster Herzog,
Gnädigster Fürst und Herr.

Sicherstellung von achttausend in Papierballen versteckten Dublonen, die für die feindlichen französischen Truppen in Bayern bestimmt waren, in Stuttgart 1704.

Schlacht bei Höchstädt an der Donau (Bayerisch Schwaben) am 13. August 1704: Glänzender Sieg des Prinzen Eugen von Savoyen und des Herzogs John Churchill von Marlborough über das bayerisch-französische Heer.

Empfänger mit französischem Namen in Augsburg an. Daß die stattliche Summe an die französischen Truppen weitergegeben werden sollte, wußte er anscheinend nicht, zumindest konnte ihm dies nicht nachgewiesen werden. Trotz der Intervention der Stadt Bern und des Königs von Preußen blieb das Geld beschlagnahmt[31]. Wie in früheren Kriegen wurden Stadt und Amt Stuttgart zu Verpflegungstransporten für die alliierten Armeen herangezogen. Ende August 1704 beschwerten sie sich, daß sie für einen ihnen anbefohlenen Mehltransport für die englischen Truppen noch keine finanzielle Entschädigung bekommen hätten[32]. Die durchreisenden oder vorübergehend hier einquartierten Militärpersonen brachten viel Unruhe in die Stadt. Am Abend des 31. August 1704 gerieten zwei Quartiermeister lüneburgischer Regimenter in Streit. Hierbei wurde einer erstochen. Der Täter blieb unerkannt. Auf herzoglichen Befehl wurde der Tote in aller Stille auf dem Lazarettfriedhof begraben[33]. In der Bevölkerung staute sich mancher Unmut auf. 1705 tauchte auf dem Markt in Stuttgart und in Bietigheim ein »Pasquill«, eine Schmähschrift, auf, sie richtete sich gegen den Kurfürsten von Bayern, den kaiserlichen Generalleutnant Markgraf Ludwig von Baden sowie gegen andere Generäle in Stuttgart und an anderen Orten. Ob die Nachforschungen nach den Urhebern des illustrierten gedruckten Flugblatts zum Erfolg führten, geht aus den Akten nicht hervor[34]. Am 1. September 1704, wenige Wochen nach der für die Verbündeten siegreichen Schlacht bei Höchstädt am 13. August jenes Jahres, stattete von den triumphierenden Feldherren der englische Heerführer, der Herzog von Marlborough, Stuttgart einen Besuch ab. Er wurde mit hohen Ehren empfangen. Sein Waffengefährte Prinz Eugen von Savoyen, der kaiserliche Feldherr, besuchte die Stadt erst knapp zehn Jahre später, im März 1714, als der Krieg bereits beendet war[35].

Ende Mai/Anfang Juni 1707 stieß der französische Marschall Villars von Straßburg aus mit starken Truppenverbänden nach Württemberg vor. Um Raub und Brandschatzung möglichst in Grenzen zu halten, verpflichtete sich die herzogliche Regierung auf Veranlassung der besonnenen, auf das Wohl ihres wehrlosen Landes bedachten Herzoginmutter Magdalene Sybille zur Bezahlung einer Kontribution von einer Million Gulden. Leider hielt dies die fran-

Von Kriegsrat Andreas Kieser 1685 gezeichnete Ortsansicht von Cannstatt.

zösischen Generäle nicht überall von Übergriffen und Gewalttaten ab. Am 8. Juni fiel Stuttgart in die Hand der Franzosen. Marschall Villars schlug sein Hauptquartier im neuerbauten Haus des Hofmarschalls Staffhorst am Schulgraben auf. Die Anwesenheit des Marschalls war ein Glück für die Stadt; sie kam glimpflich über die mehrwöchige Besetzung hinweg: einige tausend Gulden für Sicherheitswachen und Geschenke sowie die Stellung einer Geisel, des Ratsverwandten Ruopp. Die im Schloß verbliebene Herzoginmutter wurde von Villars mit großer Höflichkeit und Zuvorkommenheit behandelt. Sehr viel schlechter erging es den Orten der näheren und weiteren Umgebung, ebenso der Stadt Cannstatt. Sie hatten anfänglich, als das Gros der französischen Armee auf den Wiesen zwischen Stuttgart und Cannstatt lagerte, aber auch beim Abzug der Franzosen schwer unter Plünderungen zu leiden[36]. Fast neunzig Jahre sollte es dauern, bis Stuttgart wiederum von feindlichen französischen Truppen besetzt wurde. Der Spanische Erbfolgekrieg spielte sich in seiner letzten Phase vorwiegend in Belgien ab. Stuttgart und Württemberg blieben von weiteren französischen Vorstößen bewahrt. Dabei war aber ständig zu befürchten, daß sich das Kriegsgeschehen wiederum nach Südwestdeutschland verlagerte und das Herzogtum in seinen Strudel hineinzog. Weit über das Kriegsende hinaus hatten übrigens eine österreichische Kriegskanzlei und ein Feldpostamt ihren Sitz in Stuttgart[37].

Im 16. und 17. Jahrhundert war die Residenz- und Hauptstadtfunktion Stuttgarts in Frage gestellt worden. Der Vorschlag des Philosophen Leibniz gegen Ende des 17. Jahrhunderts, Cannstatt anstelle von Stuttgart zum Zentrum des Herzogtums zu machen, war eine rein akademische Überlegung geblieben. Mit dem Bau von Schloß und Stadt Ludwigsburg änderte sich dies. 1717 entschloß sich Herzog Eberhard Ludwig zur Verlegung des Hofes nach Ludwigsburg. Im Jahr darauf erhob er seine Neugründung zur Residenz und zur dritten Hauptstadt seines Landes. 1724 erklärte er sie zu seiner »alleinigen und beständigen Residenz«. 1727 verlor Stuttgart auch seinen Charakter als Landeshauptstadt und Regierungssitz. Der Herzog befahl die Verlegung fast aller Regierungsbehörden nach Ludwigsburg. Lediglich die politisch recht machtlosen Landstände behielten ihren Tagungsort in Stuttgart. 1731 erbaute Eberhard Ludwig in seiner Gründung eine neue Familiengruft, und im Jahr darauf suchte er in seinem Testament alle seine Nachfolger darauf zu verpflichten, Ludwigsburg als ständige Residenz beizubehalten und auch die zentralen Landesbehörden dort zu belassen[38].

Schloß Ludwigsburg um 1820.

Für die Stadt Stuttgart bedeutete die Wegverlegung der Residenz und der Regierungsbehörden einen nicht auszugleichenden wirtschaftlichen Verlust. Zahlreiche Handwerker, die bisher vorwiegend oder zu einem Teil für den Hof und für die Beamtenschaft gearbeitet hatten, waren in ihrer Existenz gefährdet. Eine in der folgenden Tabelle wiedergegebene Erhebung des Magistrats vom Jahr 1730 ergab, daß zahlreiche Handwerksberufe überbesetzt waren.

Zu den nicht überbesetzten Berufen rechnete der Magistrat die Apotheker (3), die Barbiere (16), die Bader (9), die Besetzer und Feldmaurer (9), die Kaminfeger (4), die Dreher (4), die Feld-, Heu- und Holzmesser (10), die Hafner (4), die Kannengießer (4), die Strumpfweber (14), die Weingärtner (697), den Zinkenisten (1) und die Zeugmacher (11). Freilich, auch die Berufszweige, die nicht in der Überzahl vorhanden waren und deren Vertreter sich wirtschaftlich einigermaßen behaupten konnten, litten unter der verminderten Nachfrage nach gewerblichen und landwirtschaftlichen Produkten, so die 697 Weingärtner, die zahlenmäßig bei weitem wichtigste Berufsgruppe, von denen allerdings 13 keine Stuttgarter waren[39].

In einem Bericht an den Herzog vom 3. März 1730 analysierte der Magistrat die wirtschaftlichen und sozialen Probleme des seines exzeptionellen Rangs unter den württembergischen Städten beraubten Stuttgarts, und er machte Vorschläge, wie diese einigermaßen in den Griff gebracht werden konnten. Der Überbesetzung eines Großteils der Berufe in Gewerbe und Handel war seiner Ansicht nach dadurch zu begegnen, daß bei den einzelnen Zünften erst dann wieder neue Meister zugelassen werden sollten, wenn die Zahl der Meister auf die in der Tabelle festgesetzte Höchstzahl abgesunken war. Auch sollten Bürgertöchter mit auswärtigen Männern kein Eheverlöbnis eingehen, ehe diese zu Bürgern angenommen worden waren. Taten sie es dennoch, hatten sie an den Wohnort ihrer Männer zu übersiedeln. Das Bürgerrecht aber wollte der Magistrat nur solchen Auswärtigen zuerkennen, die über ein

Handwerksberufe in Stuttgart und ihre wirtschaftliche Situation 1730

Handwerksberufe	Gesamtzahl	Gesicherte Existenz	Nichtgesicherte Existenz (überbesetzt)
Bäcker	56	30	26
Bortenwirker	12	5	7
Büchsenmacher Schlosser	6 15	2 8	11
Buchbinder	13	6	7
Färber	6	3	3
Flaschner	4	3	1
Glaser	14	8	6
Gold- und Silberarbeiter	18	10	8
Gürtler	6	3	3
Handelsleute	50	22	28
Hutmacher	8	4	4
Ipser (Gipser)	7	5	2
Kammacher	6	3	3
Kübler	11	6	5
Küfer	47	36	11
Kürschner	6	3	3
Knopfmacher	14	3	11
Kupferschmiede	6	4	2
Leinen-, Band- und Bildweber	15	8	7
Metzger	51	50	1
Rotgerber	12	6	6
Seifensieder	12	3	9
Seiler	8	5	3
Sattler	9	4	5
Seckler	12	6	6
Schmiede	12	6	6
Wagner	10	6	4
Schneider	34	15	19
Schuhmacher	137	68	68 (richtig wohl 69!)
Schwertfeger Messerschmiede	3 2	2	3
Steinmetzen, Steinhauer und Maurer	5 9	6	2 (richtig wohl 8!)
Stricker	6	4	1 (richtig wohl 2!)
Tuchmacher	13	5	8
Tuchscherer	6	3	3
Weißgerber	5	4	1
Zimmerleute	13	6	7

Vermögen von etlichen tausend Gulden verfügten, ebenso lediglich solchen »Künstlern«, von denen mit Sicherheit anzunehmen war, daß sie dem »Publikum«, d. h. der Stadt, nicht zur Last fielen. Für dringend geboten hielt der Magistrat auch die Verringerung der Zahl der in der Stadt befindlichen Beisitzer. Diese betätigten sich im

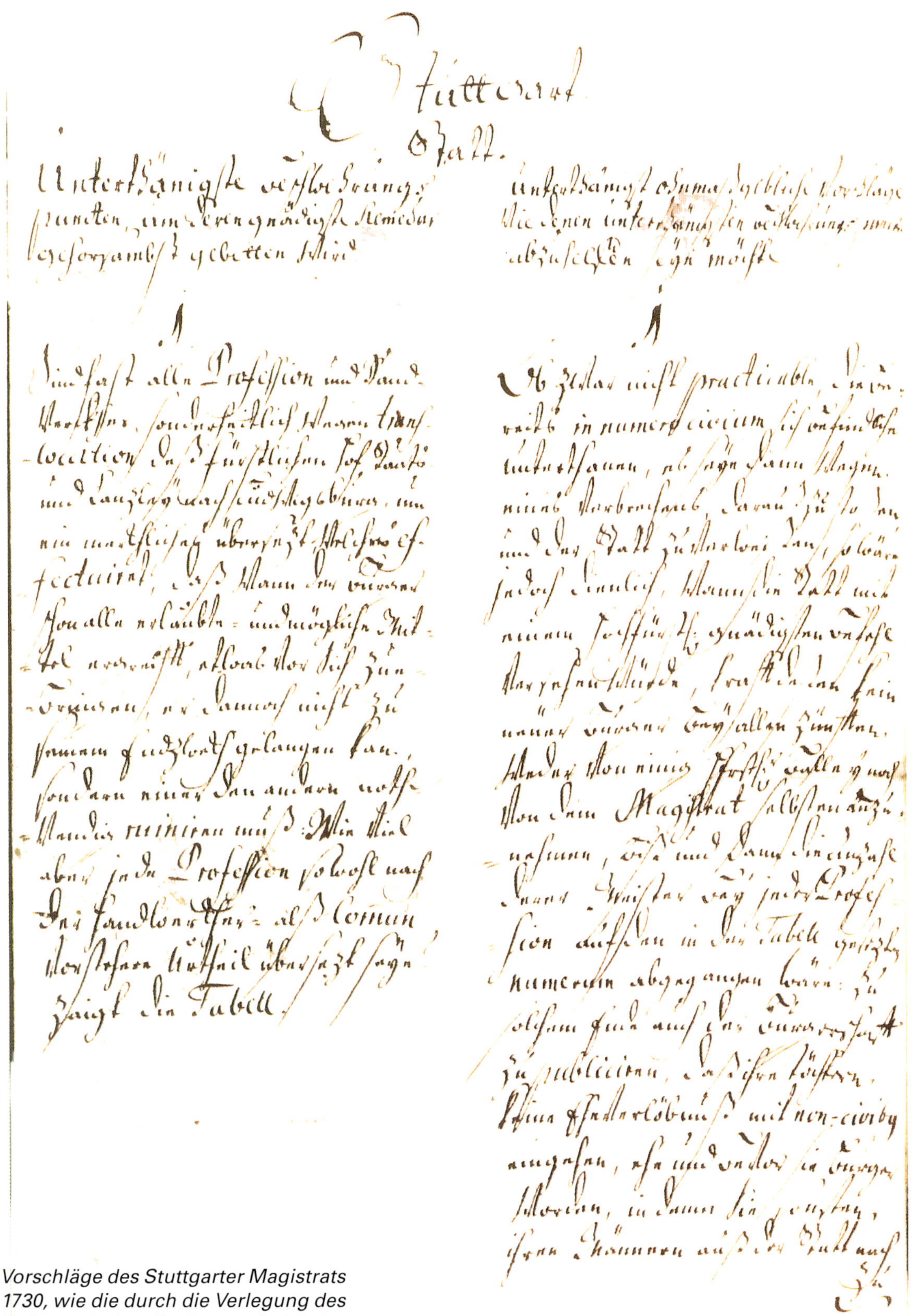

Vorschläge des Stuttgarter Magistrats 1730, wie die durch die Verlegung des Hofs und der Regierungsbehörden (Kanzlei) nach Ludwigsburg entstandenen sozialen und wirtschaftlichen Schwierigkeiten der Stadt gemildert werden könnten.

Handel, nahmen Almosen in Anspruch und trugen zur Verteuerung der Lebensmittel bei. Da sie keinen Anteil an den bürgerlichen Beschwerden hatten, andererseits aber die Vorteile des bürgerlichen Gemeinwesens genossen, wollte der Magistrat künftig möglichst bloß noch Beisitzer dulden, die als evangelische Glaubensflüchtlinge hierhergekommen waren oder denen als Angehörigen der Reformierten Konfession die Aufenthaltserlaubnis erteilt worden war, ferner solche Beisitzer, die wie beispielsweise einspännige Kärcher und Fuhrleute für die Stadt unentbehrlich waren. Wohlhabende Beisitzer, die nicht unter die genannten Kategorien fielen, hatten sich um das Bürgerrecht zu bewerben oder aber Stuttgart zu verlassen. Die »mehrere hundert unverbürgerte Arme«, die großenteils aus öffentlichen Mitteln unterstützt wurden und die auch keine Beisitzer waren, wollte der Magistrat in »ihr Heimwesen« schicken, also in ihre Heimatorte abschieben, zumal die Stadt durch den Unterhalt ihrer eigenen Armen bereits sehr stark belastet war. Überhaupt wünschte die Stadt, daß ihr künftig keine auswärtigen Armen, wie dies bisher häufig geschehen war, zur Aufnahme in ihre Armenhäuser zugewiesen würden und daß ihr auch künftig nicht mehr zugemutet werde, Unterstützungsbeträge aus den Stiftungsfonds dieser Häuser auswärtigen Hilfsbedürftigen zukommen zu lassen. Sehr nachteilig für die Stadt und für die Armenhäuser war, daß viele auswärtige Zins- und Steuerzahler mit ihren Zahlungen im Rückstand waren. Durch Zwangsmaßnahmen, Geldpresser usw. sollte zuwege gebracht werden, daß die Säumigen ihre Schulden beglichen. Der Magistrat hatte hierbei vor allem Hof- und Kanzleibedienstete im Auge, die sich weigerten, ihre Häuser und Güter in Stuttgart zu versteuern. Die Stadt, deren Kassenlage in den 1680er Jahren noch ausgesprochen günstig gewesen war (über 20 000 fl Barmittel), hatte jetzt 65 000 fl Schulden.

Ein knappes Jahr später erklärte Herzog Eberhard Ludwig zu einem Teil der ihm unterbreiteten Vorschläge sein Einverständnis, andere modifizierte er, oder aber er wies sie zurück. So lehnte er den Vorschlag des Magistrats ab, die Zahl der Meister allmählich auf eine bestimmte Zahl zu vermindern; er verlangte, die Stadt solle darauf sehen, daß die Handwerksberufe nicht überbesetzt seien[40].

Ein in den 1720er Jahren erwogener Plan, die Universität von Tübingen in die wirtschaftlich schwer geschädigte Stadt zu bringen, wurde offenbar nicht weiter verfolgt[41].

Ob die damals recht kleine Hochschule ein adäquater Ersatz für den Verlust des Hofes und der Regierungsbehörden gewesen wäre, erscheint freilich höchst fraglich. Ins Gewicht fiel auch nicht, daß zumindest ein kleiner Teil der Beamten seinen Wohnsitz in Stuttgart beibehielt, weil er in dem noch recht »unfertigen Ludwigsburg« keine ordentliche Wohnung fand. Beispielsweise blieb der nachmals berühmte Rechtsgelehrte und Landschaftskonsulent Johann Jakob Moser, damals Regierungsrat, in Stuttgart, weil er es bei seinem prekären Gesundheitszustand nicht wagen wollte, in »ein feuchtes, erst halb ausgebautes Haus« in Ludwigsburg zu ziehen[42]. Ein klein wenig fürstlicher Glanz fiel auf das beinahe zur Landstadt abgesunkene Stuttgart im Jahr 1730, als König Friedrich Wilhelm I. von Preußen, der Soldatenkönig, mit seinem Sohn, dem späteren König Friedrich II., dem Großen, der Stadt einen Besuch abstattete. Der König und sein Gefolge wurden im Schloß empfangen[43].

Carl Alexander (1733–1737), der Nachfolger Herzog Eberhard Ludwigs, fühlte sich an dessen testamentarische Verfügung nicht gebunden. Er verlegte 1734 die Residenz und die Regierungsbehörden nach Stuttgart zurück. Die Landstände und der Magistrat honorierten den Willensentschluß des neuen Regenten: Die Landschaft bewilligte 120 000 fl, eine überaus stattliche Summe, damit Carl Alexander das Stuttgarter Residenzschloß zu einem repräsentativen Fürstensitz umwandeln konnte. Die Stadt Stuttgart ließ sich die Zusage des neuen Regenten, sie wieder zur ständigen Residenz zu machen, 5 000 fl kosten[44]. Die Rückkehr des Herzogs feierten die Stuttgarter als ein triumphales Ereignis. Die gesamte Bürgerschaft empfing Carl Alexander, als er am 16. Dezember 1733 von Esslingen her über den Berg durch den Tiergarten in die Stadt einzog, »unter Gewehr stehend«, in respektvoller Haltung. Am 24. Januar 1734, dem Geburtstag des Herzogs, fand eine große Illumination statt. Drei Tage darauf huldigten in altgewohnter Weise der Magistrat und die Bürger dem Landesherrn. Der feierlichen Huldigungszeremonie folgte eine Predigt in der Stiftskirche. Hoftafel, Komödie und Ball beschlossen den bedeutsamen Tag[45]. Die Rückverlegung von Hof und Regierungsbehörden freilich stellte die Stadt vor neue Probleme. Die Nachfrage nach Häusern und Wohnungen stieg sprunghaft an; sie war nur schwer zu befriedigen. Die Mieten erhöhten sich. Die Einführung einer »Mietzinstax«, d. h. die Festsetzung von Miethöchstpreisen, wie sie der Magistrat wünschte, erschien dem Herzog nicht sinnvoll. Er hielt es für ausreichend, wenn gegen offenkundigen Mietwucher eingeschritten wurde[46].

Der Polnische Erbfolgekrieg (1733 bis 1735/38), den Herzog Carl Alexander zu großen militärischen Rüstungen nutzte, bewirkte einige Unruhe, glücklicherweise aber blieb die Stadt von fremden und erst recht von feindlichen Truppen verschont. Aufsehen erregte 1734 ein Franzose namens Antoine Gronier, der in Vaihingen an der Enz unter Spionageverdacht verhaftet und hierhergebracht wurde. Obwohl man ihn der Tortur unterwarf, konnte er der Spionage nicht überführt werden. Auf herzoglichen Befehl wurde er deshalb für ein halbes Jahr auf der Festung Hohenneuffen inhaftiert, um dann nach dem Ablegen einer Urfehde »auf ewig« des Landes verwiesen zu werden[47].

Bereitwillig gab der 16jährige Herzog Carl Eugen (1744–1793) bei der Übernahme der Herrschaft im Herzogtum Württemberg am 8. April 1744 die Zusicherung, daß Stuttgart »beständiger Sitz« des Hofes und der Regierung bleiben solle. Er versprach der Stadt für seine Person und für seine »fürstlichen Nachfolger im Regiment« »das unwiderruflich gnädigst Privilegium und die Gerechtigkeit einer ordentlichen fürstlichen Residenz«. »Hof und Regiment« des Landes sollten »zu allen Zeiten und vor beständig allhier in Stuttgart bleiben und gehalten werden«, ausgenommen »Sterbensläufe« oder andere nicht vorausgesehene »Fatalitäten« und Unglücksfälle, die möglicherweise eine vorübergehende Ortsveränderung erzwangen. Die Stadt zeigte sich für diese Zusicherung erkenntlich; sie ließ dem jungen Landesherrn die beachtliche Summe von 30 000 fl zukommen[48].

Der Einzug Herzog Carl Eugens mit seiner neuvermählten Frau Friederike Sophie Wilhelmine, einer geborenen Prinzessin von Brandenburg-Bayreuth, am 12. Oktober 1748 in seine Residenzstadt gab den Anlaß zu großen Feierlichkeiten. Öffentliche Gebäude, Straßen und Brücken wurden instand gesetzt. Die Stadt war bestrebt, sich von ihrer besten Seite zu präsentieren. An der Hospitalkirche begrüßte eine 60 Fuß hohe und 20 Fuß breite reichgeschmückte Ehrenpforte das junge Fürstenpaar. Eine zweite Ehrenpforte befand sich am Eingang der Kirchgasse. Unter Glockengeläut und Geschützdonner zog Carl Eugen mit seiner Frau, geleitet von einem großen Gefolge und unter militärischer Bedeckung, in die Stadt ein. Am Büchsentor streuten blau und weiß gekleidete Kinder Blumen, die Stadtkompanien bildeten Spalier, und an der ersten Ehrenpforte hießen Stadt- und Amtsvogt zusammen mit dem Magistrat das Fürstenpaar willkommen. Die Feierlichkeiten mit Festmählern, Bällen, Konzerten, einer Illumination, einem kostspieligen Feuerwerk, nahmen fünf Tage in Anspruch. Mit großem Aufwand wurden in den folgenden Jahren die Geburtstage des Herzogs und der Herzogin (11. Februar und 30. August) gefeiert. Neben dem Hof waren stets auch die Stadt und die Bürgerschaft beteiligt. Im Februar 1761 wurden die Geburtstagsfeierlichkeiten für den Herzog besonders verschwenderisch inszeniert; sie dauerten acht Tage. Den Untertanen, vernehmlich in der Stadt, wurden zwei gebratene Ochsen gestiftet, ebenso roter und weißer Wein. Einen ähnlichen Rahmen gab man dem Geburtstag Carl Eugens im folgenden Jahr. Doch diesmal beeinträchtigte ein Unglücksfall das unbeschwerte festliche Treiben: Ein Gerüst stürzte ein, fünf Menschen verloren ihr Leben[49].

Das Willkürregiment Herzog Carl Eugens belastete schon bald das Verhältnis zwischen Landesherrn und Residenzstadt. Nach Ausbruch des Siebenjährigen Kriegs 1756 brachte der Herzog das militärische Kontingent, das er nach dem von ihm mit Frankreich geschlossenen Subsidienvertrag ins Feld zu stellen hatte, durch gewaltsame Werbungen auf Kriegsfuß. Kaum eine List war ihm zu unredlich, wenn es galt, junge Männer zum Kriegsdienst zu »pressen« (zwingen). Die auf solch üble Weise rekrutierten Soldaten suchten nach Wegen, sich der militärischen Zwangsjacke wieder zu entledigen. Am 1. Juni 1757 kam es in der Kaserne am Rotenbildtor zu einem Aufruhr. Mehr als die Hälfte der Zwangsrekrutierten lief davon, konnte dann aber großenteils durch die Zusicherung der Straffreiheit zur Rückkehr bewegt werden. Mehr Glück hatten die Muß-Soldaten auf dem Marsch ins Feld und im Feld selbst. Trotz drakonischer Strafen griff die Desertion wie eine Seuche um sich. Einem nicht unerheblichen Teil der Soldaten gelang die Flucht. Der Mannschaftsbestand der württembergischen Einheiten schrumpfte[50]. Bestürzung löste im November 1763 die Nachricht aus, die Preußen seien in Fran-

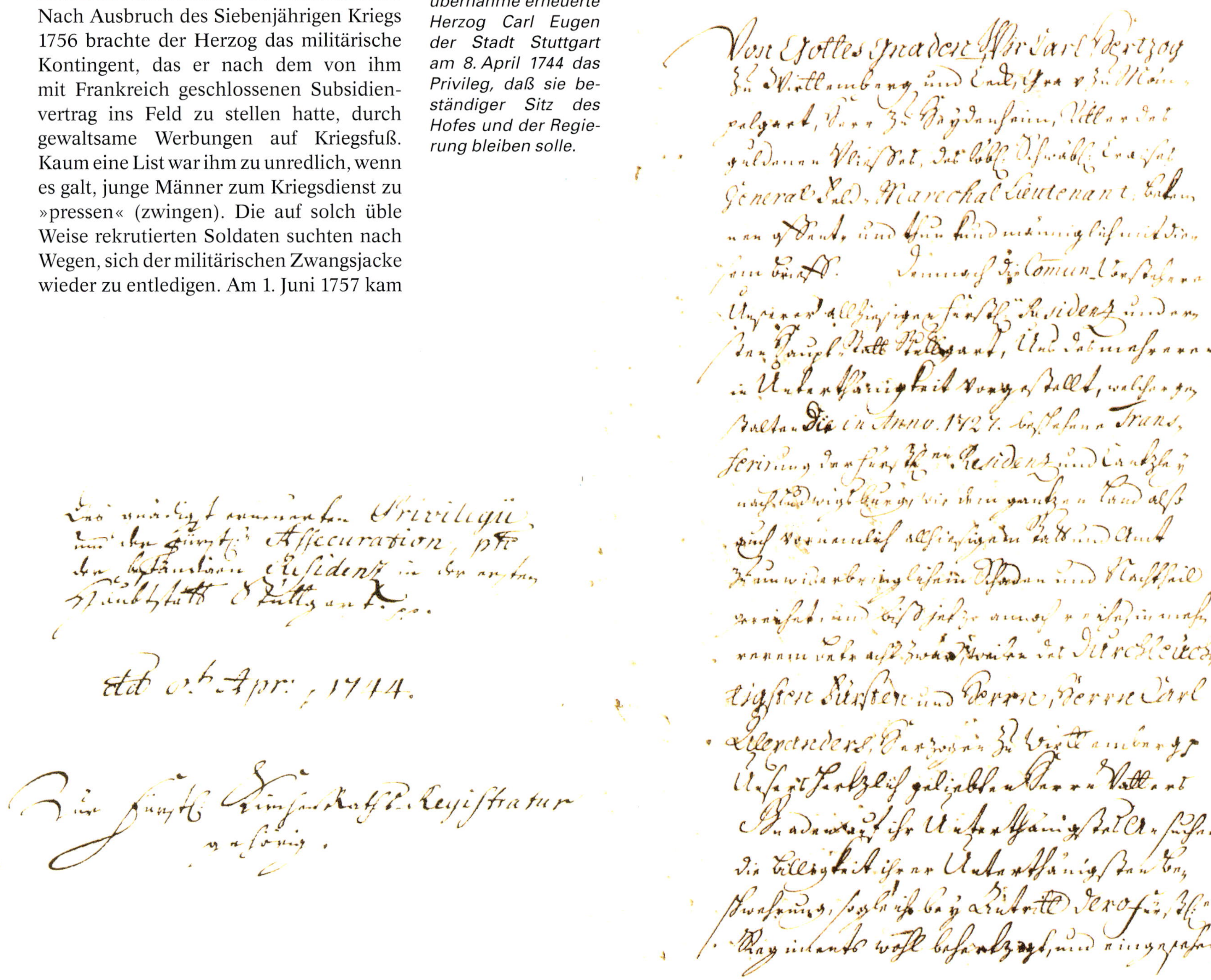

Nach der Regierungsübernahme erneuerte Herzog Carl Eugen der Stadt Stuttgart am 8. April 1744 das Privileg, daß sie beständiger Sitz des Hofes und der Regierung bleiben solle.

ken eingefallen und näherten sich Stuttgart. Am Hof brachte man Silbergeschirr sowie andere Kostbarkeiten in Sicherheit und traf Vorbereitungen zur Flucht. Dies taten auch die wohlhabendsten Bürger. Doch die Preußen kamen nicht; sie kehrten schon weit vor den Grenzen Württembergs um[51].

Die langjährigen Auseinandersetzungen zwischen Carl Eugen und der Landschaft wurden vorwiegend in Stuttgart ausgetragen. Ungeheures Aufsehen erregte es, als der Herzog am 31. Januar 1759 die gesamte Stuttgarter Garnison aufbot, um das Landschaftsgebäude abzuriegeln und so die Landstände seinen finanziellen Forderungen geneigt zu machen. Er kam zu seinem Ziel: Der bislang verweigerte Kammerbeitrag von 30 000 fl wurde ihm ausgehändigt. Der Preis für das Land, auch für den Herzog selbst, war hoch. Die Landschaft büßte sehr an Kreditwürdigkeit ein. Viele auswärtige Gläubiger kündigten ihre der Landschaft geliehenen Kapitalien, und neue Gelder konnte man bloß zu einem wesentlich höheren Zinsfuß aufnehmen. Einige Monate später wiederholte Carl Eugen den Griff in die Landschaftskasse. Außerdem ließ er am 12. Juli 1759 Johann Jakob Moser, den Landschaftskonsulenten, einen gebürtigen Stuttgarter, verhaften und mehrere Jahre auf dem Hohentwiel zu zeitweise sehr harten Bedingungen einkerkern. Der Herzog und seine engsten Berater sahen in Moser – sicher nicht zu Unrecht – die Seele des Landschaftlichen Widerstandes[52].

1763/64 kam es zu einer Machtprobe zwischen Carl Eugen und seiner Haupt- und Residenzstadt. Ständige Geldnot veranlaßte den Herzog auf den Rat seines allmächtigen Ministers, des Grafen Montmartin, 1764 zur Einführung einer allgemeinen Vermögenssteuer. In Stuttgart war die Empörung groß. Die Bürgerschaft mußte davor gewarnt werden, sich zu »Zusammenrottung und üblem Räsonnieren« hinreißen zu lassen. Wie der Tübinger Oberamtmann Friedrich Ludwig Huber protestierte auch der Stuttgarter Magistrat beim Landschaftlichen Ausschuß und beim Landesherrn gegen eine solche verfassungswidrige Maßnahme. Herzog Carl Eugen zeigte sich über den Einspruch seiner Residenzstadt sehr ungehalten. Die Abordnung des Magistrats, die ihn aufsuchte, bekam harte Worte zu hören. »Ich bin viel zu gerecht«, ließ sich der Herzog vernehmen, »als daß ich es die Unschuldigen mit den Schuldigen vergelten ließe, allein die Un-

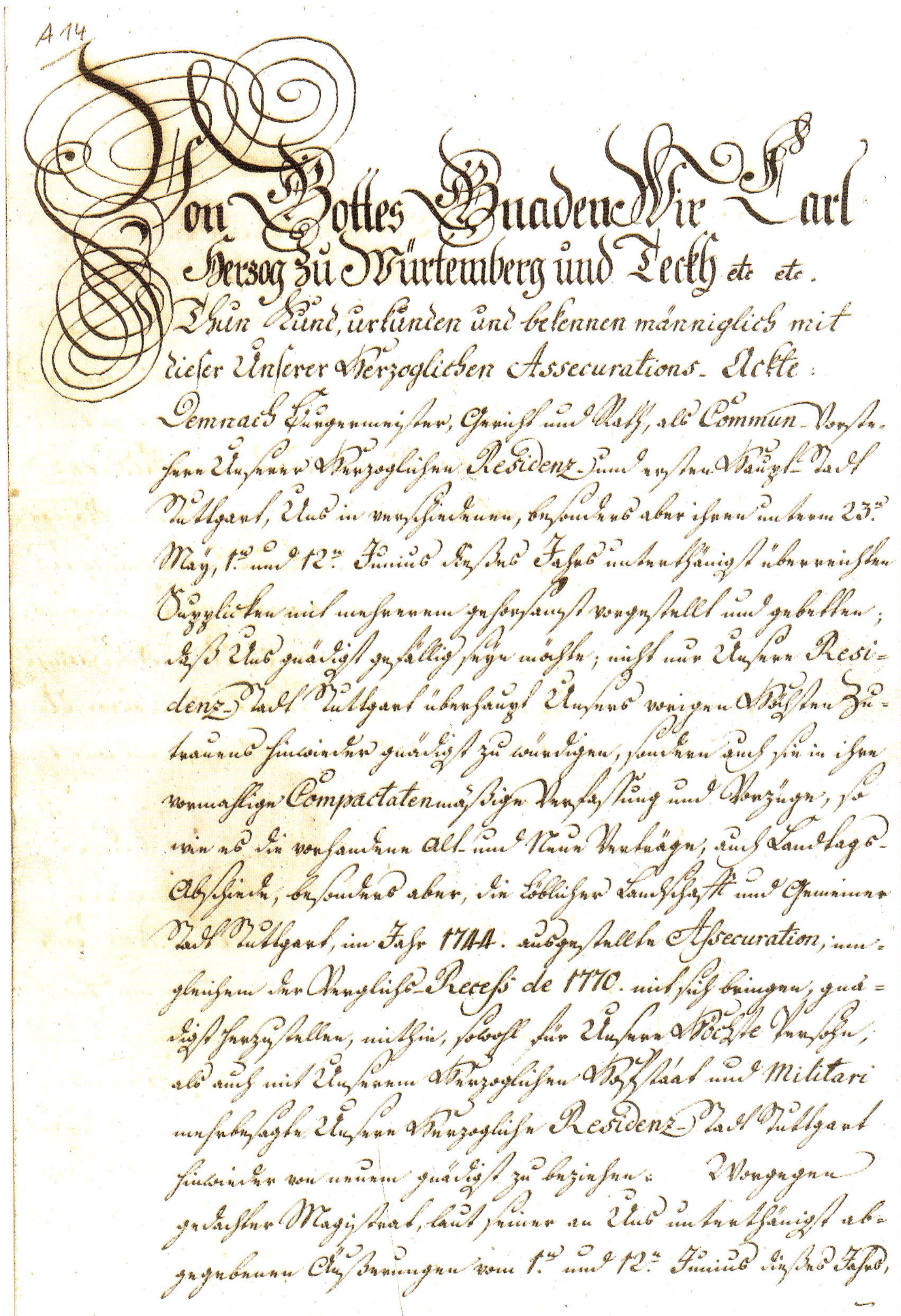
A 14
Von Gottes Gnaden Wir Carl
Herzog zu Würtemberg und Teckh etc. etc.
Thun kund, urkunden und bekennen männiglich mit
dieser Unserer Herzoglichen Assecurations-Acte:

schuldigen müssen es sich selbst zuschreiben, wenn sie sich von den Schuldigen haben verführen lassen. Ich weiß die Schuldigen gar wohl und Er, Herr Bürgermeister Schweizer, ist einer der ärgsten«. Zwei Tage darauf erklärte Carl Eugen in einem schriftlichen Bescheid, er müsse die Bewohner von Stuttgart die Wirkung ihrer strafbaren Ausschreitungen fühlen lassen, bis sie ihm »durch die überzeugendsten Proben« ihre »ungeheuchelte und werktätige Reue« nachgewiesen hätten. Ungeachtet seiner

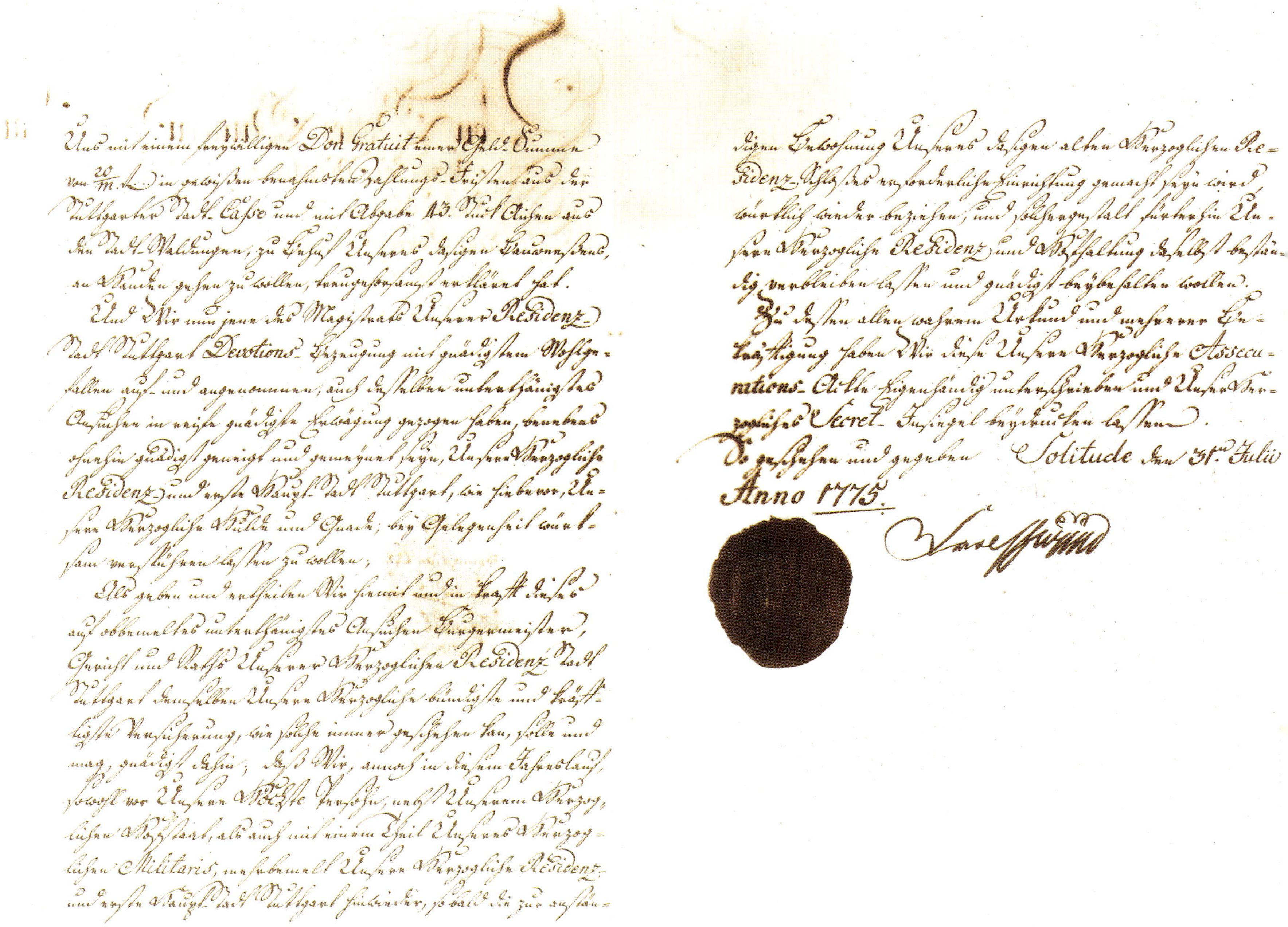

Seite 31/32
Im Reskript vom 31. Juli 1775 sichert Herzog Carl Eugen der Stadt Stuttgart die Rückverlegung des Hofes zu.

feierlichen Zusicherung von 1744, daß Stuttgart die ständige Residenz des Herzogtums für alle Zeiten sein solle, verlegte er den Hof und das Militär nach Ludwigsburg. Anderthalb Jahre setzte er keinen Fuß mehr in die Stadt, die allerdings der Sitz der zentralen Landesbehörden blieb. Es scheint indes, daß die oppositionelle Haltung der Stadt in der Frage der herzoglichen Steuerpolitik nicht den alleinigen Anstoß zur Entscheidung des Herzogs gab, seinen glanzvollen Hof nach Ludwigsburg zu verlegen. Die Auseinandersetzungen mit den Landständen und die von diesen lancierten Forderungen der drei Garantiemächte der württembergischen Verfassung, Preußen, England und Dänemark, Carl Eugen solle den inhaftierten Landschaftskonsulenten Johann Jakob Moser freilassen und einen Landtag einberufen, waren hierbei mindestens von demselben, wenn nicht von größerem Gewicht[53].

Der Verlust des Hofes bedeutete für Stuttgart erneut schwere wirtschaftliche Einbußen. Handel und Handwerk entging eine Vielzahl lukrativer Aufträge. Stuttgart gab jedoch seinen Anspruch auf die herzogliche Residenz nicht kampflos preis, zumal es hier mit den Landständen an einem Strang zog. Im Erbvergleich von 1770, der die langwierigen Verfassungskämpfe zwischen Landesherrn und Landschaft beendete, erhielt die Stadt die Eigenschaft als erste Haupt- und Residenzstadt des Herzogtums bestätigt[54]. Es dauerte jedoch noch weitere fünf Jahre, bis sich der Herzog zu einer Rückverlegung seines Hofes nach Stuttgart entschließen konnte, und er ließ sich diesen Willensentschluß teuer bezahlen. Die Stadt wollte zunächst zum Umzug des Hofes und des Militärs 15 000 fl beisteuern, erhöhte dann aber diese Summe auf 20 000 fl und versprach außerdem noch 43 Eichen aus dem Stadtwald zum Bau des neuen Residenzschlosses. Jetzt sicherte der Herzog schriftlich und verbindlich die Rückverlegung des Hofes zu. Im nachhinein suchte er freilich seine finanziellen Forderungen noch erheblich heraufzusetzen. Doch die Landstände stellten sich der Stadt zur Seite, und Carl Eugen mußte sich mit den vereinbarten 20 000 fl begnügen[55]. Im November 1775 kam das Militär nach Stuttgart zurück, ebenso wurden die bisher auf der Solitude untergebrachten herzoglichen Bildungsanstalten, die Militärakademie sowie die »Ecole des Demoiselles« hierherverlegt. Besonders feierlich war der Einzug der Militärakademie, der nachmaligen Hohen Carlsschule, in die Stadt. In militärischer Ordnung marschierten die Zöglinge am 18. November 1775, angeführt von ihren Vorgesetzten und Lehrern, auf der Solitude ab. Eine halbe Stunde vor der Stadt empfing sie der Herzog. Er setzte sich zu Pferd an ihre Spitze und führte sie in die Stadt. Hier erwartete die im Paradeschritt einmarschierenden Eleven eine große Menge. In der bisherigen Kaserne hinter dem Neuen Schloß bezogen sie ihre nunmehrigen Unterkünfte. Nicht so spektakulär gestaltete sich die am selben Tag erfolgte Übersiedlung der »Ecole des Demoiselles«, der im Alten Schloß Wohn- und Unterrichtsräume zugewiesen waren[56].

Pfarrer Philipp Matthäus Hahn (1739–1790).

Von jetzt an hatte Stuttgart in seiner Funktion als erste Haupt- und Residenzstadt keine ernsthafte Rivalin mehr. Der von König Wilhelm I. (1816–1864) kurzfristig favorisierte Gedanke, die Idee des Philosophen Leibniz aufgreifend, Cannstatt zum Sitz von Hof und Regierung zu machen, verschwand rasch. Stuttgart hatte die eindeutig besseren Karten. Außerdem hatten in einer konstitutionellen Monarchie, wie dies Württemberg seit 1819 war, die Landstände in der Hauptstadtfrage ein gewichtiges Mitspracherecht. Das Schicksal des Hauses und Landes Württemberg blieb bis zum Ende der Monarchie 1918 aufs engste mit Stuttgart verbunden.

Obwohl der Hof Herzog Carl Eugens Mitte der 1770er Jahre mit dem der 1740er und 1750er Jahre nicht zu vergleichen war, er einen recht bescheidenen Zuschnitt

Schloß Solitude, 1785.

Große Truppenschau in Stuttgart anläßlich des Besuchs von Großfürst Paul von Rußland und seiner Gattin Maria Feodorowna, einer Schwester des Prinzen Friedrich, des späteren Königs Friedrich von Württemberg, am 26. September 1782.

hatte, profitierte die Stadt dennoch von ihm: in geistiger und kultureller Hinsicht mindestens in gleichem Maße wie in wirtschaftlicher. Besucher von Rang, die nach Württemberg kamen, erwiesen stets auch Stuttgart ihre Reverenz. Im April 1777 unterbrach hier Kaiser Joseph II. seine Reise nach Paris, wo er seine Schwester, die französische Königin Marie Antoinette, besuchen wollte. In Begleitung von 24 Personen stieg Joseph inkognito unter dem Namen eines Grafen von Falkenstein im Gasthof »Ritter St. Georg«, dem späteren »St. Petersburger Hof«, ab, der damals als der erste Gasthof der württembergischen Haupt- und Residenzstadt galt. Der Kaiser hatte ausdrücklich darum gebeten, daß am Hof Carl Eugens von seiner Anwesenheit kein Aufhebens gemacht und keinesfalls ihm zu Ehren irgendwelche Feierlichkeiten veranstaltet würden. Indes erregte insbesondere die Militärakademie sein Interesse. Sofort nach seiner Ankunft fuhr er in einer Mietkutsche, die der verkleidete herzogliche Leibkutscher lenkte, zu der Akademie. Dort empfing ihn Herzog Carl Eugen. Joseph II. besichtigte eingehend die einzelnen Einrichtungen, hörte sich ein Konzert an und wohnte dem »Nachtessen« der Zöglinge bei. Anschließend begab er sich zur Tafel ins Schloß. Er aß allerdings nichts, wie dies abends auch sonst seine Gewohnheit war. Am nächsten Morgen wanderte er in Begleitung des Herzogs durch die Hauptstraßen der Stadt zur Bibliothek, zum Marstall und dann wiederum zur Akademie. Dort hörte er einige Vorlesungen. Hierauf sah er sich die Wachparade an. Seine Anwesenheit war offensichtlich trotz des Inkognito bekannt geworden, denn beim Gang durch die Straßen wurde er von vielen Schaulustigen begrüßt. Er unterließ es auch nicht, der Geliebten des Herzogs und späteren zweiten Frau, Franziska von Hohenheim, seine Aufwartung zu machen. Die Militärakademie beeindruckte ihn. Er sparte deshalb nicht mit Lob für die Anstalt, ihre Einrichtungen, ihre »ganze Ordnung«. Nachmittags stand ein Besuch im Schloß Solitude auf dem Programm und abends die Teilnahme an der Aufführung der Oper »La Didone abandonnata«[57]. Auch mit dem genialen technischen Erfinder Pfarrer Philipp Matthäus Hahn traf sich der Kaiser. Er ließ sich dessen astronomische Uhr erklären[58]. Vor seiner Abreise bedachte Joseph II. den Gastwirt, bei dem er abgestiegen war, und das Personal, das ihn und sein Gefolge bedient hatte, mit großzügigen Geldgeschenken[59].

Am 22. Dezember 1781 erhob Kaiser Joseph II. die Militärakademie zur Universität. Das Bild, das er sich etliche Jahre zuvor bei seinem Abstecher in Stuttgart von diesem Institut verschafft hatte, dürfte zweifellos seinen Entschluß erleichtert haben. Herzog Carl Eugen gab seiner Freude über die Erhebung seiner Schöpfung, der nunmehrigen Hohen Carlsschule, zur Universität in großen Festveranstaltungen Ausdruck, die ihren Höhepunkt an seinem 54. Geburtstag, dem 11. Februar 1782, hatten[60]. Stuttgart war jetzt nicht nur Haupt- und Residenzstadt des Herzogtums Württemberg, sondern neben Tübingen auch Universitätsstadt. Freilich wurde schon zwölf Jahre später die Hohe Carlsschule wieder aufgehoben. – Auf die hervorragende Bedeutung dieser Hochschule für die geistige Kultur Stuttgarts und Württembergs wird noch in anderem Zusammenhang einzugehen sein. – Den Rang als Hochschulstadt gewann Stuttgart in der zweiten Hälfte des 19. Jahrhunderts mit der aus der Polytechnischen Schule hervorgegangenen Technischen Hochschule zurück, Universitätsstadt wurde es erst wieder lange nach dem Zweiten Weltkrieg.

Ein großes Ereignis für Stuttgart war der Besuch des Großfürsten Paul von Rußland, des Sohnes der Kaiserin Katharina der Großen und nachmaligen Zaren Paul I., mit seiner Frau Maria Feodorowna, der Tochter Sophie Dorothee von Herzog Friedrich Eugen, dem Bruder von Herzog Carl Eugen, im September 1782. Um dem Großfürstenpaar eine standesgemäße Unterkunft zu bieten, ließ Herzog Carl Eugen mit erheblichem Geldaufwand das noch recht unfertige Neue Schloß notdürftig herrichten, die Planie mit den Kastanienalleen vollends anlegen[61]. Das Fürstenhaus, das das Gefolge der russischen Herrschaften aufnehmen sollte, wurde von Hofbaumeister Fischer umgebaut. Dieses Gebäude befand sich auf dem Platz des späteren Kronprinzenpalais[62]. Während des Aufenthalts des Großfürstenpaars entfaltete der Hof Herzog Carl Eugens verschwenderische Pracht. Glanzvolle Feste wurden arrangiert, Bälle, Konzerte, Opernabende und eine Jagd am Bärensee veranstaltet. Auch die Stadt präsentierte sich im Festgewand. In Erinnerung blieb dieser Besuch vor allem deshalb, weil der frühere Carlsschüler und nunmehrige Regimentsmedikus Friedrich Schiller den Festreigen dazu benutzte, um aus dem Herzogtum in das kurpfälzische Mannheim zu entfliehen[63].

Von Nikolaus Guibal anläßlich des Besuchs von Großfürst Paul von Rußland und seiner Gattin Maria Feodorowna für den Marmorsaal des Neuen Schlosses gemaltes Deckengemälde (1944 zerstört). Das Gemälde stellt die Huldigung des großfürstlichen Paars durch Württemberg dar.

Des Todes Kaiser Josephs II. 1790 wurde in Stuttgart wie im ganzen Herzogtum Württemberg in gleicher Weise wie des Ablebens der früheren Oberhäupter des Heiligen Römischen Reichs Deutscher Nation mit einem viertägigen halbstündigen Glockengeläut zwischen 11 und 12 Uhr und mit einem Trauergottesdienst gedacht[64]. Das den Untertanen des Herzogtums recht ferngerückte Reich war in der Person des Kaisers noch immer eine Realität, die man sich bei solch traurigen Anlässen, freilich auch bei der Wahl des Deutschen Königs und bei der Kaiserkrönung in Frankfurt vergegenwärtigte.

Der Ausbruch der Revolution in Frankreich im Jahr 1789 ließ auch Stuttgart nicht unberührt. Bereits Anfang September jenes Jahres übte Carl Eugen in einem Reskript Kritik an den beiden damals in Stuttgart erscheinenden Zeitungen wegen »allerhand verfänglicher und zu gefährlicher Mißdeutung besonders bei dem gemeinen Mann« Anlaß gebenden Artikeln. Er warf ihnen vor, Nachrichten von den in den Niederlanden, in Frankreich, Lüttich und sonstwo ausgebrochenen »traurigen Unruhen« zu verbreiten. Der Geheime Rat, so wünschte er, solle diese zwei Presseorgane streng beaufsichtigen, damit durch sie kein Anstoß »zu Unruhen, Unbotmäßigkeiten und anderen Unordnungen« gegeben werde[65]. Indes ließ sich durch repressive Anordnungen und Polizeimaßnahmen das Land gegen das freiheitliche Gedankengut von jenseits des Rheins nicht abschotten. Bereits am 4. Januar 1790 entdeckte man am Kanzleitor und am Landschaftsgebäude Flugschriften, in denen für den Fall, daß der Herzog wiederum eine Reise ins Ausland unternehme, ein Aufruhr angedroht wurde. Am 11. und 24. Januar 1791 fand sich an einem Baum auf der Planie, dann an dem diesem gegenüber befindlichen Fenster der Oberamtei ein Brief angeheftet. In ihm wurde dem Oberamtmann mitgeteilt, es habe sich eine Verschwörung mit dem Ziel gebildet, die Stadt anzuzünden, den Magistrat abzusetzen und die Kanzlei mit vier schon vorhandenen Zentnern Pulver in die Luft zu sprengen, eine Unterstützung durch 200 Reiter aus dem Amt Kirchheim stehe in Aussicht[66].

Anfang Mai 1791 war Herzog Carl Eugen erneut sehr ungehalten über die Stuttgarter Zeitungen. Ihm mißfiel ihre »immer mehr überhandnehmende Freiheitssprache«, die beim Volk, wie er behauptete, »verkehrte Begriffe« wecke. Ausländer äußerten ihr Befremden darüber. Einen Monat später wünschte der Herzog eine gutachtliche Stellungnahme des Geheimen Rats zu der Frage, auf welche Weise »der frechen Schreibart der Zeitungs- und anderer Schreiber« durch ein zu errichtendes Zensurkollegium Grenzen zu setzen wären. Der Geheime Rat hielt die Bildung eines solchen Gremiums für das geeignete Instrument zur wirksamen Überwachung der Presse. Am 13. Juli 1791 übertrug Herzog Carl Eugen den Professoren Baz, Goeriz und Schmidlin die Zensur der Zeitungen. Offenbar aber übten die Zensoren ihr Amt in seinen Augen zunächst nicht mit der gebotenen Strenge aus, denn am 11. Oktober jenes Jahres befahl er ihnen ausdrücklich, den Druck von anstößigen Artikeln in Presseorganen nicht mehr zuzulassen[67].

Eine begeisterte Aufnahme fanden die Freiheitsideen der Französischen Revolution an der Hohen Carlsschule. Am 31. Januar 1791 nahmen die »Akademisten« einen Maskenball, eine Maskerade, zum Anlaß, um in Anwesenheit von emigrierten französischen Prinzen und Edelleuten die Abschaffung des Adels zu fordern. Damals hielt sich auch der Prinz von Condé mit Gefolge in Stuttgart auf. Es ist nicht unwahrscheinlich, daß der Prinz bei dem Ball zugegen war. Zwei Tage später zeigte sich eine Balletttänzerin demonstrativ in den französischen Farben[68]. Die Carlsschüler suchten auch die Bürgerschaft für ihre freiheitlichen Anliegen zu gewinnen. Auf einem Maskenball am 7. März 1791 – die Verkleidung kam ihnen sehr zustatten – verteilten sie Flugblätter mit revolutionären Parolen[69]. Bereits 1790 bestanden Beziehungen zwischen Carlsschülern und dem Straßburger Jakobinerclub. Georg Kerner (1770–1812), der Bruder des Dichters Justinus Kerner, reiste an Ostern und wiederum im Herbst 1790 nach Straßburg. Nach seiner ordnungsgemäßen Entlassung aus der Carlsschule im Mai 1791 siedelte er ganz nach Straßburg über, um dann im November jenes Jahres seinen Wohnsitz in das Zentrum des revolutionären Geschehens, nach Paris, zu verlegen. Von Frankreich aus unterhielt Kerner weiterhin Kontakte zur Hohen Carlsschule in Stuttgart. Sein Freund Josef Anton Koch (1768–1839) war schon im Januar 1791 Mitglied des Straßburger Jakobinerclubs. Im Dezember jenes Jahres floh der Carlsschüler Koch nach Frankreich. In der Folgezeit hielt er sich in Straßburg auf[70]. Am 6. März 1792 folgte ihm der Eleve Karl Gottlieb Schweikert (1772–1855), auch er kehrte unerlaubt der Anstalt den Rücken. Im Herbst 1792 »setzten sich« zwei weitere Eleven, Christian Roos und Augustin Molter, in die Schweiz »ab«[71].

Am 14. Juli 1791 gedachten die Carlsschüler in Stuttgart in einer heimlichen Revolutionsfeier des zwei Jahre zuvor erfolgten Sturms auf die Bastille. Eine an der Schule gegründete »Gesellschaft der Wahrheit«, die zum Straßburger Club Verbindung unterhielt, wandte sich im November 1791 an die Mitstudierenden, um sie für ihre politischen Ziele zu gewinnen. Wie lange diese Gesellschaft bestanden hat, ist nicht bekannt[72].

Mit ihrer Revolutionsbegeisterung standen die Carlsschüler nicht allein. Einige ihrer noch recht jungen Lehrer teilten sie, waren zum Teil sogar von ihr schon früher erfaßt. Vornean stand Christoph Friedrich Cotta (1758–1838), ein Angehöriger der bekannten Verlegerfamilie. Cotta hatte die Carlsschule durchlaufen und war seit 1788 an ihr als Dozent für Reichs- und württembergisches Territorialrecht tätig. Er gehörte mindestens seit dem 14. Juli 1790 als korrespondierendes Mitglied der Straßburger Gesellschaft der Konstitutionsfreunde an. Sein Plan, ein »Journal für Menschenrechte, Volksrechte und Volksglück« herauszugeben, wurde von der württembergischen Regierung vereitelt. Diese erließ schon vor Erscheinen der ersten Nummer, ohne eine Ahnung von dem Verfasser zu haben, ein Verbot. Cotta erkannte, daß er die ihm vorschwebende Verbreitung revolutionärer Ideen in Süddeutschland von Stuttgart aus nicht ins Werk setzen konnte. Hinzu kam, daß er sich durch die aufmüpfige Tonart in der von ihm herausgegebenen Monatsschrift »Teutsche Staatsliteratur« die Ungnade seines Landesherrn zugezogen hatte. Er gab deshalb seine bürgerliche Existenz auf und emigrierte im Oktober 1791 nach Frankreich. Auf der Rheinbrücke bei Kehl warf er die Urkunde seiner Ernennung zum Regierungsassessor und sein Doktordiplom in den Strom, um damit kundzutun, daß er mit der Vergangenheit gebrochen hatte. Im Doktordiplom sah er nicht den Nachweis wissenschaftlicher Befähigung, sondern ein dem Adel entsprechendes ständisches Attribut, das ihm im Land der Freiheit und Gleichheit antiquiert erschien. In Straßburg konnte er seine lange gehegte Absicht verwirklichen, eine Zeitschrift herauszugeben; er nannte sie »Straßburger politisches Journal«. Die württembergische Regierung verbot ein Einschleusen des »Journals« in das Herzogtum. Trotzdem gelang es anscheinend, etliche Exemplare durchzuschmuggeln. In Straßburg und zeitweise auch in Mainz entfaltete Cotta nun eine rege Wirksamkeit als revolutionärer Publizist und Agitator, außerdem übernahm er vor allem im Bereich der Post wichtige Verwaltungsfunktionen[73].

Schon Ende 1790 war Professor Friedrich Christian Franz, der seit 1780 an der Hohen Carlsschule Erdkunde und Geschichte lehrte, eine Vorlesung über die Jahre 1788 bis 1790 untersagt worden, weil Franz den amerikanischen Unabhängigkeitskrieg in einem Buch sehr positiv beurteilt hatte und zu befürchten war, daß er auch ein günstiges Bild über die Revolution in Frankreich entwerfen würde[74]. Im Oktober 1791 wurde Jean Charles de la Veaux (auch Delaveaux und Laveaux geschrieben), Professor für Französische Sprache und Literatur, aus nicht eindeutig ersichtlichen Gründen seines Lehramts enthoben. Er suchte in Straßburg Zuflucht, wurde dort Mitglied des Jakobinerclubs und Herausgeber von Zeitungen. Im Frühjahr 1793 ging er nach Paris. Dort gab er in einer achtseitigen Schrift darüber Rechenschaft, warum er so lange seinem französischen Vaterland ferngeblieben sei. In der Schrift behauptete er, er sei in seinen Vorlesungen vor 300 jungen Leuten für die Menschen- und Bürgerrechte eingetreten. Außerdem habe er auf einem öffentlichen Ball revolutionäre Propaganda betrieben. Es sei ihm gelungen, nicht nur die Studenten, d. h. die Carlsschüler, für die Ideen der Revolution zu gewinnen, sondern auch einen Teil der Professoren und sehr viele Stuttgarter Bürger[75]. Nun mag de la Veaux in seiner Rechtfertigungsschrift übertrieben haben; sicher ist, daß nicht bloß an der Hohen Carlsschule, wie wir bereits gehört haben, ein revolutionärer Geist herrschte, sondern daß sich auch zahlreiche Bürger für die Ideen der Französischen Revolution begeisterten oder sich ihnen gegenüber zumindest aufgeschlossen zeigten. Am

24. Februar 1792 berichtete der Bibliothekar Karl Philipp Conz in einem Brief an den aus Schorndorf stammenden Karl Friedrich Reinhard nach Paris, daß es in Stuttgart eine »Demokratenpartei« gebe[76]. 1793 zeigten sich Besucher darüber überrascht, welch große Freiheit der Diskussion in Stuttgart herrsche. Ein entsprechend hoher Grad von freier Rede sei nirgendwo sonst in Deutschland anzutreffen[77].

Die Carlsschule, namentlich einige ihrer Professoren, wirkte mit ihrer freiheitlichen Gesinnung weiterhin stark auf die Stuttgarter Bürgerschaft. Aufsehen erregte der Juraprofessor Wilhelm August Friedrich Danz mit seiner anläßlich des Geburtstags von Herzog Carl Eugen am 11. Februar 1792 gehaltenen Rede über »Deutschland, wie es war, wie es ist und wie es vielleicht werden wird«. In dieser Rede, deren Gedanken auch über das Schulauditorium, für das sie bestimmt waren, hinausdrangen, bezeichnete Danz die Französische Revolution als den »wunderbaren und einzigartigen« Anlaß, über Vor- und Nachteile der deutschen Staatsverfassung nachzudenken. Er scheute sich nicht, die bisherige absolutistische Machtfülle der Fürsten in Frage zu stellen. Seine Ausführungen ließen an seiner freiheitlichen politischen Einstellung keinen Zweifel. Er fiel in Ungnade, verlor zwar nicht sein Amt, mußte dann aber nach Aufhebung der Carlsschule empfindliche Nachteile in Kauf nehmen. Erst nach Jahren wurde er wieder voll rehabilitiert[78]. Der Sache der Revolution war auch der Jugendfreund Schillers, Johann Wilhelm Petersen (1758–1815), zugetan. Der einstige Carlsschüler und nunmehrige Bibliothekar sowie Professor an seiner früheren Bildungsanstalt hielt, nachdem er schon zuvor durch seine revolutionäre Einstellung aufgefallen war, am 22. September 1792 im »Römischen Kaiser« aufrührerische Reden, in denen er kriegerische Aktionen gegen die Französische Republik verurteilte. Es scheint, daß er enge Kontakte zu freiheitlich gesinnten Kreisen in der Stadt hatte. Eine gegen ihn angestrengte Untersuchung hatte zunächst für ihn beruflich keine nachteiligen Folgen. Gegenüber seinem Landesherrn, Herzog Carl Eugen, berief er sich auf das Recht der Redefreiheit, wie dies auch in anderen Ländern üblich sei. Nach dem Tod des Herzogs wurde er entlassen, anderthalb Jahre später aber als Bibliothekar wieder eingestellt[79].

Zu einem radikalen Vertreter der Revolution wurde Eulogius Schneider (1756–1794), von April 1786 bis Januar 1789 Hofprediger in Stuttgart und katholischer Religionslehrer an der Hohen Carlsschule, anschließend zwei Jahre Professor der »schönen Wissenschaften« und der griechischen Sprache in Bonn. Seit 1791 spielte Schneider im Straßburger Jakobinerclub eine herausragende Rolle. 1794 endete der revolutionäre Eiferer in Paris unter der Guillotine[80]. Zu Stuttgart hatte Schneider nach 1789 wohl kaum noch Beziehungen unterhalten. Doch war er hier bekannt, und sein Weg in den politischen Radikalismus wurde am Hof, in der Carlsschule und in der Stadt sicher registriert. Zu seiner ungewöhnlichen Biographie wird in anderem Zusammenhang noch einiges zu sagen sein[81].

Auch wenn in Stuttgart noch im Herbst 1794 eine recht unruhige Stimmung vorherrschte, sich die Unzufriedenheit mit den bestehenden politischen Verhältnissen wiederholt im Anschlagen und Verbreiten von Schmäh- und Drohschriften Luft machte[82], so hielt sich das revolutionäre Feuer in der Bürgerschaft doch sehr in Grenzen. Die politisch aktiven Zirkel bildeten, wie bereits erwähnt, Studenten und Professoren der Hohen Carlsschule. Nach der Aufhebung dieser bedeutenden Hochschule verschwanden sie großenteils. Die Radikalisierung der revolutionären Bewegung in Frankreich und die militärische Expansion der Französischen Republik verminderten zudem die Zahl der Anhänger und Sympathisanten der Revolution in Stuttgart.

Das Näherrücken der Franzosen zwang die Stadt 1794, militärische Abwehrmaßnahmen zu organisieren, zumal das kleine herzogliche Heer an der Westgrenze des Landes zur Bekämpfung französischer Streifkorps gebraucht wurde. Zu der als zusätzliche Verteidigungstruppe aufgestellten Landmiliz leistete die Stadt nicht nur ihren Beitrag an Fußsoldaten, sondern sie errichtete auch eine Artilleriekompanie. Die zunächst drei Schwadronen bildende, 191 Mann starke Bürgergarde, die soge-

»Ansichten der durch Schwaben im Monat Juni 1796 marschierenden Neufranken« (Soldaten der französischen Republik).

nannten Ludwigsreiter, wurde durch Bürger, die sich ihr freiwillig anschlossen, auf 300 Köpfe angehoben; sie übernahm den Schutz der Haupt- und Residenzstadt. Am 15. Mai 1794 gab ihr Herzog Ludwig Eugen, als sie zum ersten Mal vor ihm im Schloßhof zur Inspizierung Aufstellung genommen hatte, ein Reglement. Den Major von Gemmingen ernannte er zum Kommandanten. Als Anerkennung dafür, daß die Bürgergarde bei einem durch die Schustergesellen verursachten Volksauflauf im Juni 1794 Ruhe und Ordnung wiederherstellte, verlieh er ihr eine Standarte und den Offizieren das Portepee. Indes blieb der Bürgergarde und ebenso der Landmiliz die kriegerische Bewährungsprobe erspart und dies auch, obgleich schon bald die Franzosen nach Württemberg einfielen[83]. Im Juni 1796 drang ein französisches Heer unter General Moreau über den Rhein nach Württemberg vor. Vergeblich suchten es die Württemberger und die Österreicher am Überschreiten der Schwarzwaldpässe zu hindern. Um das Herzogtum nicht der Willkür einer wenig disziplinierten feindlichen Armee preiszugeben, schloß die württembergische Regierung mit General Moreau am 17. Juli einen Waffenstillstand. In diesem Vertrag verpflichtete sich Württemberg, die Feindseligkeiten einzustellen, seine noch bei den Truppen des Schwäbischen Kreises stehenden Militäreinheiten abzuziehen, den Franzosen freien Durchzug zu gestatten, hierbei für deren Verpflegung aufzukommen und 4 Millionen Francs Kriegskontribution zu leisten. Ein Teil der für ein armes, kleines Land nur schwer aufzubringenden Kontribution sollte durch die Beschaffung von 42 000 Pferden, 5 000 Sack Hafer, 100 000 Zentner Heu und 50 000 Paar Schuhen abgegolten werden[84]. Als am 18. Juli in Stuttgart die Nachricht vom Abschluß des Waffenstillstands bekannt wurde, waren die Franzosen im Begriff, vom Hasenberg herunter in die Stadt vor-

Der Kampf zwischen österreichischen und französischen Truppen um die Neckarbrücke bei Cannstatt am 21. Juli 1796.

zudringen und die hier noch befindlichen Kaiserlichen zu vertreiben. Dem tapferen Regierungspräsidenten von Taubenheim gelang es unter Lebensgefahr, dem kommandierenden General St. Cyr die Mitteilung von dem abgeschlossenen Waffenstillstand zu übermitteln und so die Stadt vor dem Schlimmsten zu bewahren. Die Österreicher zogen sich kämpfend aus Stuttgart in Richtung Cannstatt zurück. Die zeitweise recht heftigen Gefechte, bei denen zwei Einwohner ihr Leben verloren, ebbten erst nach mehreren Stunden ab. Um Zusammenstöße mit den Franzosen zu vermeiden, wurden die hier liegenden württembergischen Einheiten in den Kasernen festgehalten. Die französischen Truppen entwaffneten die Württemberger, die die Schloß-, Haupt- und Torwachen versahen, schickten die Soldaten in die Kasernen zurück und übernahmen die Wachen zunächst selbst, später teilten sie sich mit den Württembergern »freundschaftlich« in den Wachdienst. Einige Sympathisanten des revolutionären Frankreichs erlitten, als sie den die Stadt in ihre Gewalt bringenden Franzosen ihren »Willkomm« entbieten wollten, eine üble Abfuhr; sie wurden ihrer Schuhe beraubt. Bürger, die den Soldaten auf deren Verlangen gutwillig Wein und Brot reichten, büßten Uhren, Börsen, Schnallen usw. ein. Insgesamt allerdings sahen die Franzosen auf Manneszucht. Im Gegensatz zu den umliegenden Dörfern kam es in Stuttgart kaum zu Plünderungen und sonstigen Übergriffen. Bei der großen Zahl französischer Soldaten und dem ständigen Wechsel der Truppenverbände gab es namentlich beim Brot Versorgungsengpässe. Vom 19. bis 21. Juli schlug General Moreau sein Hauptquartier in der Stadt auf. Er und seine Offiziere wünschten, obgleich die Kaiserlichen sich noch bei Berg und Cannstatt verschanzt hatten und die Stadt anfänglich noch unter freilich recht schwachem Geschützfeuer lag, Ballett- und Opernaufführungen durch das Hoftheater. Mindestens zweimal wurde »Die Zauberflöte« gegeben. Am 21. Juli kam es zu heftigen Gefechten zwischen Österreichern und Franzosen bei Cannstatt. Besonders hart umkämpft war die dortige Neckarbrücke. Erst am Abend gelang es den Franzosen, sich der Vorstadt zu bemächtigen. Der österreichische Feldherr, Erzherzog Karl, entschloß sich, sich mit seinen Truppen in Richtung Donauwörth abzusetzen, um dort eine neue Verteidigungsstellung aufzubauen und den Franzosen den Vorstoß in die österreichischen Stammlande zu verwehren. Stuttgart wurde seine Besatzer los. Die Plünderungsschäden der Stadt wurden auf 24 807 fl beziffert, die Flurschäden auf 49 231 fl. Dabei war Stuttgart im Vergleich zu vielen seiner Amtsorte noch sehr glimpflich weggekommen. Sein Glück war es ohne Zweifel gewesen, daß General Moreau sowie mehrere andere Generale Quartier in seinen Mauern genommen und einigermaßen für die Aufrechterhaltung von Ruhe und Ordnung gesorgt hatten. Die französischen Soldaten machten übrigens nach den strapaziösen Verfolgungsmärschen und der großen Hitze, die sie zu ertragen gehabt hatten, einen heruntergekommenen Eindruck. Daß ihre Kräfte erlahmten und die militärischen Trümpfe allmählich an die Österreicher übergingen, war offenkundig. Nach dem Bericht eines Augenzeugen hingen ihnen die Uniformen in Fetzen vom Leib, ihr Schuhwerk war zerrissen, ihre Bewaffnung in einem miserablen Zustand. Sie glichen eher Schnapphähnen als regulären Soldaten. Statt der Grenadiermützen trugen sie weiße Kappen nach Bauernart oder Hüte aller Formen und Herstellungsarten, statt mit Gewehren waren sie häufig bloß mit Stöcken bewaffnet. Die Kavallerie behalf sich bei ihren abgemagerten, zerschundenen Pferden mit Halfterstricken anstelle von Zaumzeug, richtige Sättel waren kaum vorhanden. Es verwundert deshalb nicht, wenn sich die Begehrlichkeit der französischen Soldaten auf Kleidungsstücke, Hemden und Schuhe richtete[85]. Bereits im September 1796 gelang es Erzherzog Karl, den Eroberungszug der Franzosen zu stoppen. Er schlug bei Amberg und Würzburg die Armee des Generals Jourdan und vertrieb sie aus Franken. Die Niederlage Jourdans zwang General Moreau, Südwestdeutschland zu räumen und sich hinter den Rhein zurückzuziehen. Württemberg, das inzwischen einen Sonderfrieden mit der Französischen Republik geschlossen hatte, geriet damit wiederum in den Machtbereich der Österreicher, und diese ließen das Land seine Friedenspolitik hart büßen. Es hatte starken Truppenverbänden Quartier zu schaffen und hohe Kontributionen zu zahlen[86]. In Stuttgart erschien am 16. September 1796 ein österreichisches Streifkorps von etwa 120 Husaren und 30 Ulanen. Dieses nahm hier, in Berg und Cannstatt sowie auf dem Weg nach Esslingen gegen 200 Franzosen, insbesondere Angehörige des französischen Kommissariats und der Feldbäckerei, ferner einen Adjutanten von General Moreau, gefangen. Weitere österreichische Truppen folgten[87]. Am 20. September kehrte Herzog Friedrich Eugen, der beim Einfall der Franzosen mit seiner Familie und seinem Hofstaat nach Ansbach geflüchtet war, in seine Residenzstadt zurück[88]. Daß er das Herzogtum in den Monaten äußerster Bedrängnis seinem Schicksal überlassen hatte, trug nicht gerade zur Festigung der Position des erst kurze Zeit regierenden Fürsten bei den Untertanen bei.

Im Januar 1800 sorgte eine in Stuttgart verbreitete Flugschrift mit der als Frage formulierten provozierenden Überschrift »Was gewonnen wird, wenn Schwaben eine Republik wird?« für Aufregung. Herzog Friedrich II., der Sohn des im Dezember 1797 verstorbenen Herzogs Friedrich Eugen, war empört. Hinweise von österreichischer Seite ließen ihn eine weitverzweigte republikanische Verschwörung vermuten. Da er mit den Landständen in heftige Auseinandersetzungen verwickelt war, sah er dort vor allem die Rädelsführer. Etliche Verdächtige, unter ihnen der Beisitzer des Größeren Landschaftlichen Ausschusses, der Gerichtsverwandte Gerst aus Balingen, wurden verhaftet und auf den Hohenasperg gebracht. Im Februar 1800 ließ der Herzog das Zimmer des Landtagsgesandten Baz durchsuchen und diesen selbst in Wien, wo er sich im Auftrag der Landstände aufhielt, verhaften und nach Stuttgart ausliefern[89].

In dem bereits entbrannten Zweiten Koalitionskrieg, in dem Österreich im Verein mit anderen europäischen Mächten wiederum der Französischen Republik gegenüberstand, ergriffen im Frühjahr 1800 die Franzosen die Initiative. In kurzer Zeit verdrängten sie die kaiserliche Armee aus Südwestdeutschland. Herzog Friedrich II. schloß sich mit seinem Truppenkorps dem Rückzug der Österreicher an. In Stuttgart kam es zu einem Volksauflauf, als in der Nacht vom 11. auf den 12. Mai die »herr- und landschaftlichen Kassen« nach Franken in Sicherheit gebracht werden sollten. Das Stadtreiterkorps stellte rasch Ruhe und Ordnung wieder her. Der Herzog dirigierte nunmehr einen Teil des Hofs und die Kassen nach Erlangen, wo er selbst zeitweise seinen Aufenthalt nahm. Im Juli 1800 erhielt die Stadt vorübergehend französische Besatzer und dann erneut vom Oktober 1800 bis Mai 1801. Vom 6. August bis 1. September 1800 lag hier General Richepanse mit seinem Stab. Die frankreichfreundlichen Landstände waren mit Erfolg um ein gutes Verhältnis zur französischen Besatzungsmacht bemüht. Diese hielt sich mit ihren Kontributionsforderungen zunächst an die herrschaftlichen Einkünfte und Vermögenswerte. General St. Suzanne, der Stuttgart zu seinem Hauptquartier gewählt hatte, legte den fünf Ministern Chasseurs (Jäger) ins Haus und erpreßte aus herrschaftlichen Kassen 1½ Millionen Gulden. Dennoch hatten die Untertanen an der Württemberg auferlegten Kontribution von 6 Millionen Gulden in Geld und 2 Millionen Gulden in Naturalien, die nachträglich um eine halbe Million Gulden vermindert wurde, den Löwenanteil aufzubringen. Im April 1801 bezog General Moreau mit Ehefrau und großem Gefolge Quartier in Stuttgart. Stadt und Land litten unter dem harten Regiment der feindlichen Besatzungsmacht, die erst drei Monate nach Abschluß des Friedens von Lunéville das Herzogtum wieder freigab. Am 25. Mai kehrte der Herzog zurück. Das Volk begrüßte ihn mit verhaltenem Jubel. Nicht nur die Untertanen, auch Friedrich selbst empfand es im nachhinein als einen schlimmen politischen Fehler, daß er sein Land in einer Zeit des Ausgeliefertseins an einen übermächtigen Feind im Stich gelassen hatte. Niemals wieder, so nahm er sich vor, wollte er sein Land und seine Untertanen der Willkür einer feindlichen Armee preisgeben, und er hielt in der Folgezeit an diesem Vorsatz unverbrüchlich fest[90].

Sehr zu schätzen wußte Friedrich, daß ihm die Stuttgarter Weingärtnerzunft aus Anlaß der Rückkehr der herzoglichen Familie beim Friedensfest am 25. Juni 1801 ein Huldigungsgedicht übergab. Er honorierte die Anhänglichkeit der zahlenmäßig stärksten, aber nicht mit irdischen Gütern gesegneten Berufsgruppe an ihr Regentenhaus mit einem großzügigen Geldgeschenk von 3 Karolin oder 33 fl[91].

Groß gefeiert wurde die Erhebung Württembergs zum Kurfürstentum auf Anordnung Friedrichs II. am 6. Mai 1803 im ganzen Land. Um 7 Uhr morgens mußte eine Stunde lang mit allen Glocken geläutet werden. Das Kurfürstliche Manifest war der versammelten Bürgerschaft durch die Ortsvorsteher im Wortlaut bekanntzugeben. Für die Festgottesdienste wurde als Predigttext Psalm 21, die Verse 6 bis 8, vorgeschrieben und als wichtigstes der von der Gemeinde zu singenden Lieder »Herr Gott, Dich loben wir«. In Stuttgart – die Stadt war nunmehr der Mittelpunkt eines wesentlich größeren Landes – wurde der 6. Mai besonders feierlich begangen. Ihren Anfang nahmen die Festlichkeiten morgens um 7 Uhr mit dem Geläut sämtlicher Glocken. Auf der Gänsheide postierte Geschütze feuerten hundert Schüsse ab. Um 8 Uhr verließ ein Herold zu Pferd, begleitet von Leutnant von Mylius, zwei Unteroffizieren sowie 20 Mann »Garde du Corps« das Alte Schloß. Dem Zug schlossen sich die Pauker und Trompeter der »Garde du Corps« sowie die Trompeter des Cheveaux-Legers-Regiments an; sie umgaben einen Heerwagen, auf dem der Hofpauker und die Hoftrompeter saßen. An 14 Plätzen der Stadt verlas der Herold, jeweils angekündigt durch Pauken- und Trompetenschall, das Manifest über die Erhebung Württembergs zum Kurfürstentum. Da für den Festgottesdienst um 10 Uhr die Schloßkirche zu klein war, wurde er in der Stiftskirche abgehalten. Vom Schloß bis zum Gotteshaus bildete die Stuttgarter Garnison Spalier, in der Kirche selbst die Leibjäger. In der Stiftskirche war für den Kurfürsten ein Thronhimmel aufgeschlagen. Die Kurfürstin, die Prinzessinnen und das Diplomatische Korps nahmen rechts und links auf den Tribünen die Plätze ein. Während des Tedeums wurden um 11 Uhr nochmals 100 Kanonenschüsse abgefeuert. Um 1 Uhr mittags war große Tafel, an der wie schon beim Kirchgang auch die Witwen der Herzöge Carl Eugen und Ludwig Eugen teilnahmen. Abends um 7 Uhr folgte die Gratulationscour im Audienzzimmer des Residenzschlosses, wobei zuerst die fremden Gesandten »ihr Kompliment machten«, dann die Damen, die von der »Frau Kurfürstin« zum Handkuß zugelassen wurden. Auf die Gratulationscour folgten ein Konzert und die Abendtafel mit 100 Gedecken. Am 7. Mai war wiederum »große Gala« mit Wachparade. Den Höhepunkt bildete an diesem Tag ein Theaterabend im kurfürstlichen Opernhaus. Nach einem eigens für den Abend geschriebenen Vorspiel »Das Bundesfest« folgte die Aufführung des Schauspiels »Octavia« von Kotzebue. Am dritten Tag war nochmals Wachparade und am Abend »ein glänzend maskierter Freiball«, zu dem 1800 Billetts ausgegeben wurden. Seit vielen Jahren hatte Stuttgart keine so aufwendigen Festveranstaltungen mehr erlebt[92]. Den Bürgern gewährte der Kurfürst während der dreitägigen Feiern eine besondere Vergünstigung: Sie durften sich »ausnahmsweise« bis 12 Uhr nachts ohne Laterne außerhalb ihrer Wohnungen aufhalten und durch die Gassen gehen[93].

Ende September 1805 erschien Kaiser Napoleon, im Begriff, gegen Österreich zu Felde zu ziehen, mit einem gewaltigen Heer in Württemberg, um Kurfürst Friedrich in seine politische und militärische Gefolgschaft zu zwingen. Obwohl nach einer mit dem französischen Gesandten Didelot getroffenen Absprache die Residenzstädte Stuttgart und Ludwigsburg von Truppendurchmärschen und -einquartierungen freibleiben sollten, setzte am 30. September 1805 Marschall Ney durch, daß ihm Stuttgart die Tore öffnete. Ney hatte Kanonen auffahren lassen und gedroht, die Stadt zusammenschießen zu lassen und sie anschließend seinen Soldaten zur Plünderung freizugeben. Mit solch massiven Drohungen hatte er den Stadtgouverneur von Hügel zum Nachgeben veranlaßt. Kurfürst Friedrich war von dem Gewaltstreich Neys zutiefst betroffen, mußte aber angesichts der realen Machtverhältnisse gute Miene zum bösen Spiel machen. Seine Beschwerde wies Marschall Berthier als unbegründet zurück. Besonders verärgert war Friedrich darüber, daß der sehr anmaßend auftretende französische Gesandte angeblich auf Anweisung Napoleons den österreichischen und russischen Gesandten unter Hausarrest hatte stellen lassen. Er setzte die Freilassung der beiden Diplomaten durch und ermöglichte ihre ungehinderte Ausreise aus Württemberg. Ney quartierte nicht nur seine 8 000 Mann in der Stadt ein, sondern ließ auch noch weitere vier Regimenter einrücken. Vereinzelt kam es zu Übergriffen. Husaren im Gefolge des Generals Dupont erbrachen die kurfürstlichen Marställe und verwundeten mehrere Stallknechte durch Säbelhiebe. Die Stadt mußte der französischen Armee 100 000 Brotportionen liefern. Am 1. Oktober trafen Prinz Murat und General Lannes mit ihrem Generalstab in Stuttgart ein. Marschall Ney inspizierte das in der Stadt befindliche, in Dreierreihen formierte Armeekorps. Am Tag darauf nahm Prinz Murat am Balkon des Cafés Silber den Vorbeimarsch von 16 Dragonerregimentern und am Nachmittag von drei Divisionen Fußvolk ab. Diese Einheiten verließen Stuttgart in Richtung Göppingen. Am Abend bezogen vorübergehend 5 000 Dragoner hier Quartier[94].

Nachdem Napoleon dem in seiner Sommerresidenz Ludwigsburg weilenden Kurfürsten Friedrich II. am 3. Oktober 1805 in einem langen, hart und offen geführten Gespräch unter vier Augen das Ja zu einer Allianz abgerungen hatte, stattete er am folgenden Tag Stuttgart einen Kurzbesuch ab. Unter dem Donner der Kanonen und dem Geläut aller Glocken fuhr der Kaiser der Franzosen im offenen Wagen in Begleitung des Prinzen Paul in die Stadt ein,

Treffen zwischen Franz II., Kaiser des Heiligen Römischen Reichs Deutscher Nation und zugleich (als Franz I.) Kaiser von Österreich, mit Napoleon, Kaiser der Franzosen, am 4. Dezember 1804 nach der Dreikaiserschlacht bei Austerlitz (2. Dezember). Zwischen den beiden Kaisern Erzherzog Johann.

um im Schloß dem vorausgeeilten Kurfürsten seine Aufwartung zu machen. Bereits eine Stunde später trat er die Rückfahrt nach Ludwigsburg an[95].

Auf der Reise zu ihrem Mann machte Kaiserin Josephine am 30. November 1805 in Stuttgart Station. Kurfürst Friedrich, im Bestreben, sich in besonderer Weise das Wohlwollen seines übermächtigen Verbündeten Napoleon zu erwerben, bereitete der ersten Dame Frankreichs einen glanzvollen Empfang. Er befahl, bei der Ankunft der Kaiserin mit allen Glocken zu läuten. Der Magistrat hatte sie an dem Tor, durch das sie in die Stadt einzog, zu begrüßen und für die Illumination Stuttgarts zu sorgen. Am 1. Dezember wohnte Josephine einer Aufführung der Oper »Achilles« von Ferdinand Paër im Großen Opernhaus bei und anschließend einem auf dem Schloßplatz veranstalteten Feuerwerk. Am folgenden Tag besuchte sie Ludwigsburg und Schloß Monrepos. Abends fand im Opernhaus die Erstaufführung der Oper »Romeo und Julia« von Nicola Antonio Zingarelli statt. Bei der Abreise der Kaiserin am Morgen des 3. Dezember nach München hatte das Militär Paradeaufstellung genommen, die Kanonen schossen Salut, und wiederum läuteten alle Kirchenglocken. Als sehr schmeichelhaft empfand Friedrich die Bemerkung Josephines gegenüber seiner Frau beim Anblick der recht bescheidenen Residenzstadt Stuttgart. Sie hoffe, sagte sie, die Kurfürstin in einer Residenz wiederzusehen, die größer sei und mehr den Absichten entspreche, die Napoleon für Kurfürst Friedrich hege[96].

Am 1. Januar 1806 nahm Friedrich die Königswürde an, die ihm in dem wenige Tage zuvor abgeschlossenen Frieden von Preßburg zuerkannt worden war. Um 9 Uhr morgens kündigten in Stuttgart 100 Kanonenschüsse das denkwürdige Ereignis an. Sämtliche Kirchenglocken läuteten. Ein von Trompetern begleiteter Herold gab eine Stunde später das entsprechende königliche Manifest bekannt. In der Schloßkirche wohnte der König einem feierlichen Tedeum bei. Auch in anderen Kirchen fanden Dankgottesdienste statt. Eine Gratulationscour und andere festliche Veranstaltungen füllten den Tag aus. Am Abend erstrahlte die Stadt im Lichterglanz. Theater und Redoute gewährten freien Eintritt. König Friedrich bestätigte seiner ersten Haupt- und Residenzstadt die Befreiung von der militärischen »Auswahl« (der Rekrutierung). Wie bisher beschränkte sich der Beitrag Stuttgarts zum Heer des Königreichs auf drei Reiter und zwei Fußsoldaten, die angeworbene junge Bürger oder Fremde sein konnten[97]. Am 14. Januar 1806 hatte der Magistrat auf die »Allerhöchste Person des Königs«, den »unbedingten Eid der Treue und Untertänigkeit« abzulegen[98].

Am 18. Januar 1806 kam der Sieger über die Kaisermächte Österreich und Rußland mit seiner Gattin Josephine auf der Durchreise nach Paris erneut nach Stuttgart. König Friedrich zog alle Register auf-

Von Baumeister Nikolaus Friedrich Thouret 1806 in Stuttgart für Kaiser Napoleon errichteter Triumphbogen.

wendiger höfischer und staatlicher Repräsentation, um das Kaiserpaar angemessen zu empfangen: Glockengeläut, Geschützsalut, festliche Beleuchtung von Stadt und Residenzschloß. Sehr gnädig nahm Friedrich das Angebot der Bürgerschaft auf, den großen Stadtkirchturm zu der Ankunft der kaiserlichen Herrschaften zu »illuminieren«. Er nannte dies »einen Beweis der Teilnahme an dem großen Ereignis, welches Württembergs Herrscher von nun an zu der Zahl der Könige gesellet« und zugleich »einen Beweis der Anhänglichkeit an seine Person«. Freilich, die »Illumination« des Stadtkirchturms während des dreitägigen Aufenthalts des Kaiserpaars kostete die nicht reiche Stadt die stolze Summe von 2257 fl 1 1/2 kr. König Friedrich und seine Gemahlin stellten Napoleon und Josephine für die Dauer ihres Aufenthalts ihre eigenen Wohntrakte im Schloß zur Verfügung. Kronprinz Friedrich Wilhelm und Prinz Paul waren den erlauchten Gästen mit einer Abteilung Cheveauxlegers bis Göppingen entgegengeritten und hatten sie feierlich nach Stuttgart geleitet. Am 19. Januar arrangierte Friedrich zu Ehren des Kaiserpaars eine festliche Opernaufführung und einen Ball, am nächsten Tag eine große Wildschweinjagd auf der Schlotwiese bei Zuffenhausen. Bei der Abreise gaben württembergische Leibjäger und die »Garde du Corps« Napoleon und seiner Gattin das Geleit bis zur Landesgrenze[99].

Schlacht bei Jena und Auerstedt am 14. Oktober 1806.

Wie andere Rheinbundfürsten mußte König Friedrich auch enge verwandtschaftliche Bindungen an Napoleon eingehen. Nach langem Hin und Her kam 1807 eine Einigung über eine Ehe seiner Tochter Katharina mit Jérôme, dem jüngsten Bruder Napoleons und nunmehrigen König von Westfalen, zustande. Am 10. August jenes Jahres wurde der Brautwerber Jérômes, Marschall Jean B. Bessières, Herzog von Istrien, nach einem eigens vom König ausgeklügelten Zeremoniell am Stuttgarter Hof empfangen. Zwei Tage später fand in der Akademiekirche die Trauung der Prinzessin »par procuration« statt, d. h. in Abwesenheit des Bräutigams führte Kronprinz Friedrich Wilhelm seine Schwester zum Traualtar. Die eigentliche Hochzeit wurde zwei Wochen darauf in Paris mit großem Pomp gefeiert. Diese Art von Trauung »par procuration« (durch Vollmacht) in ihrem Regentenhaus erlebten die Stuttgarter zum ersten Mal[100].

Nach dem Ende des Kriegs gegen Österreich im Sommer 1809, während dem Württemberg durch die Aufstände in Tirol und Vorarlberg zeitweise selbst in Bedrängnis geraten war und in Oberschwaben die militärische Abwehr hatte organisieren müssen, machte Napoleon auf der Rückreise nach Paris am 23. Oktober für einige Stunden Station in Stuttgart. Er nahm an diesem seinem letzten Abstecher nach Württemberg wenig Notiz von der Stadt. Zweck seines Kurzaufenthalts in Stuttgart waren politische Gespräche mit König Friedrich. Im Mittelpunkt dieser Gespräche standen die Gebietswünsche des württembergischen Monarchen und ihre Abstimmung mit den territorialen Interessen der süddeutschen Nachbarstaaten. Ein halbes Jahr später, im März 1810, bereitete König Friedrich Erzherzogin Marie Luise, der Tochter von Kaiser Franz I. von Österreich, die auf der Reise zu ihrem künftigen Mann, Napoleon, auch Stuttgart einen Besuch abstattete, einen glänzenden Empfang. Der König wußte, was er der zweiten Frau seines übermächtigen Alliierten schuldig war, zumal die Gunst Marie Luises ihm und seinem Land nur vorteilhaft sein konnte[101].

Am 26. Januar 1811 verlieh König Friedrich Stuttgart nach französischem Vorbild das Prädikat »Gute Stadt«. Dasselbe Prädikat erkannte er auch den Städten Ludwigsburg, Tübingen, Ellwangen, Ulm, Heilbronn und Reutlingen zu. Der Vorrang Stuttgarts als Haupt- und Residenzstadt des Königreichs wurde dadurch nicht gemindert. Es war ohne Zweifel die erste »gute Stadt des Reiches«, wie dies im Sprachgebrauch Friedrichs hieß[102].

Der Rückzug der Großen Armee 1812 aus Rußland: Der von den Russen massiv behinderte, mit riesigen Verlusten erkaufte Übergang über die Beresina.

Der Rußlandfeldzug Napoleons 1812, zu dem Württemberg ein Militärkontingent von 15 800 Mann zu stellen hatte, erregte und beunruhigte die Bevölkerung. König Friedrich suchte durch strenge politische Überwachung und durch eine rigorose Pressezensur jede kritische Äußerung über die politischen Verhältnisse und insbesondere die zunehmende napoleonfeindliche Stimmung zu unterdrücken. An dem Perückenmacher Schumacher ließ er ein Exempel statuieren. Schumacher wurde wegen »unwahrer und unschicklicher Äußerungen über die neuen Kriegsereignisse und politischen Konjunkturen« »zum abschreckenden Beispiel für alle in den Tag hinein räsonierenden Schwätzer mit Festungshaft auf unbestimmte Zeit belegt«[103]. Um die Jahreswende 1812/13 wurden das Desaster der Großen Armee Napoleons in den Weiten Rußlands und der Untergang des württembergischen Truppenkorps bekannt. Der Einwohnerschaft bemächtigte sich tiefe Niedergeschlagenheit und Trauer. Hunderte von Soldaten aus Stuttgart waren umgekommen. Allein das kleine Heslach hatte einen Gefallenen und sieben »Verschollene« zu beklagen[104]. Auch König Friedrich machte keinen Hehl daraus, wie sehr ihn der durch das vermessene politisch-militärische Vabanquespiel eines einzelnen verursachte Tod Tausender von Landeskindern bedrückte[105].

Daß Friedrich im Herbst 1813 nach der Völkerschlacht bei Leipzig endlich die Möglichkeit hatte, die Front zu wechseln, begrüßten die Stuttgarter. Das napoleonische Joch, insbesondere die hohen Opfer an Gut und Blut in den Jahren 1812 und 1813, hatten sie als schwere Last empfunden. Der französische Gesandte, der lange eine politisch gewichtige Rolle am Hof und in der Stadt eingenommen hatte, fühlte sich nach der Katastrophe des Rußlandfeldzugs und wegen der verlustreichen Kämpfe gegen Preußen und Russen in Schlesien, Brandenburg und Sachsen zunehmend an den Rand gedrängt und diskreditiert[106]. Den Übertritt Württembergs in das Lager der Alliierten bekam die Einwohnerschaft durch neue militärische Anstrengungen, namentlich auch durch die Erfassung und Aushebung zahlreicher Männer und junger Burschen, die bisher vom Kriegsdienst verschont geblieben waren, empfindlich zu spüren. Um die Jahreswende 1813/14 war Württemberg das Durchmarschgebiet alliierter Truppen auf deren Weg nach Frankreich. Durch Stuttgart zogen »ungeheure Massen« russischer Reiterei[107]. Für die Stuttgarter bot die bunte Vielfalt fremder Truppenkorps manches Interessante. Im Dezember 1813 passierten russische und preußische Garden die Stadt. Am 23. Dezember ließ der König die russische Reitergarde in den Anlagen bewirten. Auch Angehörige der alliierten fürstlichen Häuser machten Friedrich in Stuttgart ihre Aufwartung: am 8. Dezember 1813 Prinz

Heinrich von Preußen, am 16. und 17. Dezember die Geschwister Großfürstin Katharina und Großfürst Konstantin von Rußland[108].

Die Nachricht über die Einnahme von Paris durch die Truppen der Alliierten am 31. März 1814 wurde durch Kanonendonner und Glockengeläut am 7. April angekündigt. Ein von der Leibgarde zu Pferd begleiteter Herold unterrichtete sodann die Einwohnerschaft von dem Ereignis, das zugleich das siegreiche Ende des Kampfes gegen Napoleon bedeutete. Vier Tage später, am 11. April, fand ein allgemeines Dankfest statt. Dem aus dem Feld zurückkehrenden Kronprinzen Friedrich Wilhelm, der als Befehlshaber eines alliierten Truppenkorps militärische Lorbeeren erworben hatte, sehr populär war und auf den sich die Hoffnungen der mit dem harten Regiment König Friedrichs unzufriedenen Bürger richteten, bereiteten die Stuttgarter am 13. Juli 1814 einen triumphalen Empfang. Die Häuser der Königstraße und das Kronprinzenpalais sowie das Königstor, durch das der Kronprinz einziehen sollte, waren reich geschmückt. Die Stadtreiter und eine große Schar in der gleichen Art uniformierter Bürger zu Pferd empfingen den nachmaligen König Wilhelm I. an der Grenze der Stadtgemarkung. Zu seiner Begrüßung hatte sich in und außerhalb der Stadt eine riesige Menschenmenge eingefunden. Am Königstor erwartete ihn der Stadtrat. Ein langer Zug junger Weingärtner geleitete den Kronprinzen von dort zum Schloß. Am Abend erstrahlte Stuttgart in einem bis dahin einzigartigen Lichterglanz. Bei der Beleuchtung ihrer Häuser wetteiferten die einzelnen Bürger miteinander[109].

Die Rückkehr Napoleons nach Frankreich im Frühjahr 1815 machte einen neuen Waffengang erforderlich. Am 6. Mai 1815 reiste Kronprinz Friedrich Wilhelm, von den Stuttgarter Bürgern mit einem Gedicht verabschiedet, ins Feld. Auf dem Weg zu ihren Truppen besuchten im Juni 1815 Kaiser Alexander I. von Rußland, der Neffe König Friedrichs, Kaiser Franz I. von Österreich und seine Gemahlin Marie Ludovica Stuttgart. Den Sieg der Alliierten über Napoleon in der Schlacht bei Waterloo feierten die Stuttgarter am 22. Juni 1815 in einem Dankgottesdienst[110].

Nachdem Kronprinz Friedrich Wilhelm am 24. Januar 1816 in St. Petersburg seine Kusine Großfürstin Katharina geheiratet hatte, hielt das junge Paar am 23. April jenes Jahres seinen feierlichen Einzug in Stuttgart. Als Wohnsitz wurde ihm das Palais der Herzogin Franziska in der Königstraße angewiesen und darin, weil die Kronprinzessin an ihrer bisherigen Konfession festhielt, eine russisch-orthodoxe Hauskapelle eingerichtet. Schon wenige Monate später, am 30. Oktober 1816, be-

Dem aus dem Feld zurückkehrenden Kronprinzen Friedrich Wilhelm, dem späteren König Wilhelm I. von Württemberg, wird bei seinem Einzug in Stuttgart am 13. Juli 1814 von der Bürgerschaft ein triumphaler Empfang bereitet.

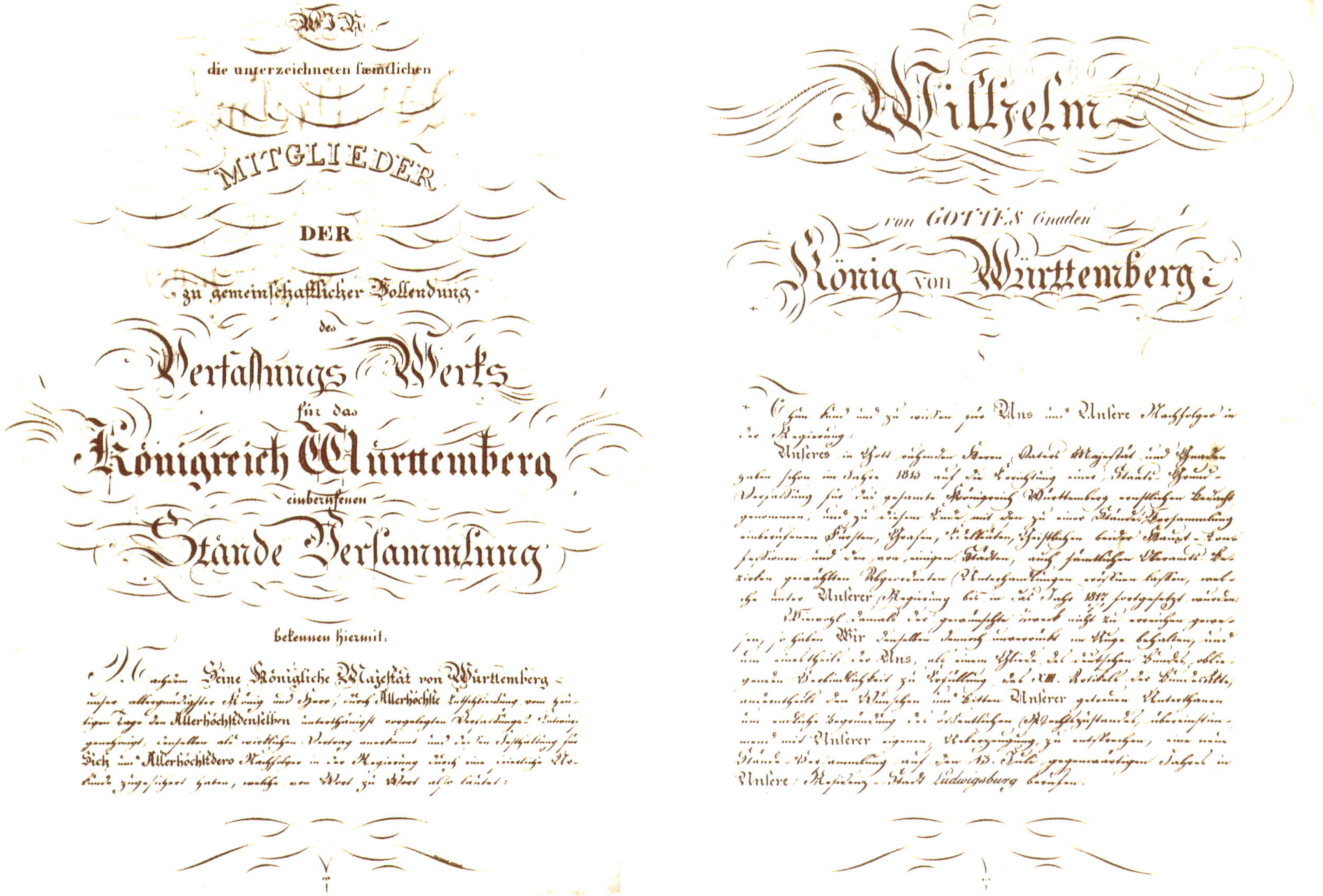

Verfassungsvertrag für das Königreich Württemberg vom 25. September 1819.

stieg Kronprinz Friedrich Wilhelm als König Wilhelm I. den Thron. Zwei Jahre danach besuchte nach 36 Jahren die russische Kaiserinmutter Maria Feodorowna, die Schwester König Friedrichs und Mutter Katharinas, zum ersten Mal wieder Stuttgart. Sie wurde mit großen Ehren empfangen: Glockengeläut, Kanonendonner, Geleit ihres Wagens durch die Stadtreiter. Während ihres vierzehntägigen Aufenthalts wurden ihr zahlreiche Aufmerksamkeiten erwiesen: Opernaufführungen, Bälle, eine Weinlese im königlichen Weinberg bei Cannstatt, ein Maskenball, auf dem sich Bewohner des Landes in ihren unterschiedlichen Trachten präsentierten. Im Monat darauf kamen Kaiser Alexander I. von Rußland und sein Bruder Großfürst Michael zum Besuch ihrer Schwester Katharina hierher. Von der Bevölkerung allgemein betrauert, starb die junge Königin bereits am 9. Januar 1819[111].

Der nach jahrelangen Verfassungskämpfen zustande gekommene Verfassungsvertrag, unter den König und Landstände am 25. September 1819 im Schloß in Ludwigsburg ihre Unterschriften setzten, räumte Stuttgart als »Guter Stadt« das Recht ein, einen besonderen Abgeordneten in die Zweite Kammer, die Kammer der Abgeordneten, zu wählen. Der Vertrag wurde hier wie im ganzen Land überschwenglich gefeiert. Am 29. September veranstalteten die Bürger einen Fackelzug zum Schloßhof, um dem König mit einem Lebehoch ihre Reverenz zu erweisen. Aufs neue huldigten sie ihrem Landesherrn am 25. Oktober bei dessen Rückkehr aus Warschau. Am Königstor hatten sie Obelisken sowie einen Altar aufgestellt, an denen Spruchbänder mit hymnischen Lobpreisungen für den »Beschirmer des Vaterlandes« und »Beglücker seines Volkes« prangten. Dem Herrscher, den »ein liebend Volk« umgab, wie zu lesen stand, wurden Attribute wie Weisheit, Milde und Gerechtigkeit beigelegt, zugleich wurde die unverbrüchliche Einheit zwischen Fürst und Volk beschworen. Doch damit nicht genug. Das Haupt-Verfassungsfest fand erst am 29. Oktober statt. Es stellte die Errungenschaft des Verfassungsvertrags groß heraus. Im »Hof- und Nationaltheater« wurde Uhlands Trauerspiel »Ernst, Herzog von Schwaben« aufgeführt[112]. Der feierliche Überschwang jener Tage und Wochen vermittelt fast den Eindruck, als hätte das Volk die großen Freiheits- und Menschenrechte des modernen Verfassungsstaats im wesentlichen bereits errungen. In Wahrheit freilich stand Württemberg erst am Anfang eines langen und beschwerlichen Wegs, der gekennzeichnet war durch viele Rückschläge und Enttäuschungen.

Die württembergischen Landesherren und ihr Hof

Herzog Eberhard Ludwig (1693–1733)

Herzog Eberhard Ludwig von Württemberg (1676–1733, regiert seit 1693).

Herzogin Johanna Elisabeth, geb. Prinzessin von Baden-Durlach (1680–1757), Gattin Herzog Eberhard Ludwigs von Württemberg.

1697 heiratete der seit vier Jahren regierende Herzog Eberhard Ludwig die Prinzessin Johanna Elisabeth von Baden-Durlach. Er nahm nun sein Leben ganz in die eigene Hand, der mäßigende Einfluß der Mutter schwand. Der Hang des jungen Fürsten zu Glanz und zu übertriebener Prachtentfaltung war keinen Beschränkungen mehr unterworfen. Der Stuttgarter Hof erlangte ein zunehmend luxuriöses, ja verschwenderisches Gepräge. Zahlreiche Heiducken, Kroaten, Ungarn, Türken und Mohren verliehen ihm einen fantastischen und exotischen Glanz. 1699/1700 mußte der Kammerdiener Josef Schmidt in Paris für die stattliche Summe von 9 111 fl Galanterien und Modewaren einkaufen. 1703/04 wurden für denselben Zweck sogar 23 119 fl ausgegeben – und dies während des Württemberg stark belastenden Spanischen Erbfolgekriegs[113].

Die kriegerischen Verwicklungen in den achtziger und neunziger Jahren hatten Eberhard Ludwig daran gehindert, die übliche Kavalierstour durch Europa zu unternehmen. Im Sommer 1700, als das wüste Waffengetöse in Mitteleuropa wenigstens für kurze Zeit verstummt war, holte er dies, inzwischen bereits regierender Herzog und Ehemann, nach. Inkognito besuchte er die Höfe in den Spanischen Niederlanden, in Holland, England und Frankreich. Besonders tiefe Eindrücke vermittelte ihm offensichtlich der Hof Ludwigs XIV. in Versailles; ihn nahm er sich nach seiner Rückkehr in manchem zum Vorbild[114]. Französische Sitte und Lebensart entsprachen seinem Geschmack. Er zog mit Vorliebe Franzosen als Bedienstete an seinen Hof. 1705 waren hier beispielsweise der französische Leibschneider Turiot und der Sprachmeister Delipery tätig[115]. 1710 mußten im Zuge einer allgemeinen Verminderung des Hofpersonals die Köche Jean Maillard und André Chée entlassen werden[116].

Der Spanische Erbfolgekrieg (1701 bis 1713/14) kam dem militärischen Ehrgeiz des jungen Herzogs sehr entgegen. Innerhalb weniger Jahre stieg er zum Feldmarschall des Schwäbischen Kreises auf. 1713 erlangte er nach dem Tod Christian Ernsts von Brandenburg-Bayreuth vom Reich die Position eines evangelischen Generalfeldmarschalls. Obwohl er sich auf den verschiedenen Kriegsschauplätzen umsah und auch zeitweise höhere Kommandostellen bekleidete, verdankte er sein schnelles Avancement nicht seinen militärischen Fähigkeiten und Leistungen, sondern seinem fürstlichen Rang. Die Kaisermacht, die in Politik und Kriegführung immer mehr den Interessen Österreichs gegenüber denen des Reichs den Vorrang gab, honorierte,

Für Herzog Eberhard Ludwig von Württemberg und seine Gattin Johanna Elisabeth 1705 geprägte Ehemedaille. Inschrift: »COGIT IN UNUM« (Er bindet sie in eins).

ohne irgendwelche Verpflichtungen einzugehen, damit auf die ihr angenehmste Weise die Bündnistreue Württembergs. Dieses hielt trotz gravierender Nachteile an der Allianz fest, und es wurden ihm dafür auch später nicht die geringsten territorialen oder finanziellen Entschädigungen zuerkannt. Selbst der Aufstieg in den Kreis der Kurfürstentümer wurde ihm versperrt. Freilich hatte Herzog Eberhard Ludwig auch keinen ernsthaften Versuch unternommen, die Kurwürde an sein Haus zu bringen[117].

Die Ehe Eberhard Ludwigs mit Prinzessin Johanna Elisabeth von Baden-Durlach war eine von der Staatsräson bestimmte Vernunftehe. Die beiden Ehegatten blieben einander fremd. Der junge Barockfürst fand in Wilhelmine von Grävenitz, der Schwester eines aus Mecklenburg nach Württemberg gekommenen Offiziers, die Geliebte, mit der er während vieler Jahre aufs engste verbunden blieb. Der mächtigste Mann am Stuttgarter Hof, Johann Friedrich von Staffhorst, sein einstiger Hofmeister, nunmehr Hofmarschall und Geheimer Rat, hatte ihm die attraktive und hochintelligente

Herzogin Johanna Elisabeth von Württemberg (1680–1757), Gattin Herzog Eberhard Ludwigs, mit Erbprinz Friedrich Ludwig, Erbprinzessin Henriette Maria und Prinzessin Luise Friederike.

Frau zugeführt. Indes, Wilhelmine von Grävenitz, die selbstbewußte Tochter eines mecklenburgischen Kammerpräsidenten und Hofmarschalls, begnügte sich nicht mit der ihr zugedachten Rolle als Mätresse. Sie wollte die Ehefrau des Herzogs werden, und sie setzte 1707 die kirchliche Trauung durch. Es blieb jedoch nicht bei der damals auch sonst bei Fürsten üblichen Ehe zur linken Hand oder der morganatischen Ehe. Als die rechtmäßige Gattin Eberhard Ludwigs die Scheidung verweigerte, bestand der Herzog auf der Doppelehe. Hierbei mußte er sich aber über das große persönliche Risiko, das er damit einging, im klaren sein. Der Kaiser konnte den Bigamisten in die Reichsacht erklären und absetzen. Im Land gingen, als die Doppelehe bekannt wurde, die Wogen der Empörung hoch. Der Synodus fühlte sich in seinem Urteil bestätigt, daß der Hof die Brutstätte allen Übels sei. Das Konsistorium schloß Eberhard Ludwig von der Teilnahme am Abendmahl aus. Die Landschaft nutzte die fatale Situation des Landesherrn, um verlorenes Terrain zurückzugewinnen. Der Kaiser griff ein und zwang Eberhard Ludwig, seine zweite Ehe zu annullieren, Wilhelmine von Grävenitz aber verbannte er aus Württemberg. Damit war allerdings die Affäre nicht aus der Welt geschafft. Durch die von Dr. jur. Johann Heinrich Schütz, dem Residenten der Hansestädte in Wien, vermittelte Scheinehe mit einem Grafen Würben, dem seine Bereitschaft hierzu die Ernennung zum württembergischen Landhofmeister und weitere hohe Ämter eintrug, konnte es die »Landhofmeisterin« wagen, in das Herzogtum zurückzukehren. Schütz gelang es, in langwierigen Verhandlungen Wien davon abzuhalten, die Grävenitz wegen des Bruchs der vom Kaiser über sie verhängten Verbannung zur Rechenschaft zu ziehen. Die Gräfin Würben, geborene Grävenitz, blieb die Mätresse Eberhard Ludwigs. Zusammen mit ihrem Bruder Wilhelm Friedrich und dem ihr nach wie vor sehr hilfreichen Schütz übte sie bestimmenden Einfluß auf die Regierung des Herzogtums aus. Angehörige der Familien Grävenitz und Schütz besetzten die wichtigsten Ämter am Hof und in der Verwaltung; sie verdrängten die bisher herrschenden, meist in Stuttgart ansässigen Familien der Ehrbarkeit aus ihren Schlüsselpositionen[118].

Christiane Wilhelmine Friederike von Grävenitz, verheiratete Gräfin von Würben (1686–1744), langjährige Geliebte Herzog Eberhard Ludwigs von Württemberg.

1711 wies Herzog Eberhard Ludwig der Gräfin Würben den Neuen Bau zur Wohnung an[119]. Freilich schon vier Jahre später übersiedelte sie in das neue Schloß nach Ludwigsburg. Dorthin folgte ihr auch der Herzog: 1717 verlegte er, wie wir gehört haben, den Hof nach Ludwigsburg. 1718 machte er seine Neugründung zur Stadt, zugleich erhob er sie zur Residenz und zur dritten Hauptstadt des Herzogtums, 1724 zur »alleinigen und beständigen Residenz«. Die Stuttgarter gaben der Gräfin Würben die Hauptschuld daran, daß ihre Stadt gegenüber Ludwigsburg zunehmend ins Hintertreffen geriet. Die »Landesverderberin«, wie sie in Württemberg mit Vorliebe, wenn auch keineswegs zutreffend, genannt wurde, war ihnen deshalb besonders verhaßt. Herzog Eberhard Ludwig mißfiel, daß seine Geliebte und ebenso sein Verhältnis zu ihr in weiten Bevölkerungskreisen mit Spott und Verachtung bedacht wurden. Bereits 1713 untersagte er »ungebührliches Räsonnieren« über seine Person[120]. Am 12. August 1716 erregte ein »famoses Libell« oder »Pasquill« Aufsehen, das auf dem Schloßplatz in Stuttgart an dem Fußgestell des dort stehenden Esels angeklebt war. Es enthielt scharfe Angriffe gegen die Gräfin Würben. Herzog Eberhard Ludwig fühlte sich in seiner »landesfürstlichen Autorität und Hoheit« zutiefst verletzt und ordnete sorgsame Ermittlungen gegen den oder die Urheber der »schändlichen Schrift« an, damit dieser Bösewicht bzw. diese Bösewichter an Leib und Leben bestraft würden.

Empfangssaal der herzoglich württembergischen Landhofmeisterin Gräfin Christiane Wilhelmine Friederike von Würben, geborene von Grävenitz, im Seitenpavillon des alten Corps de Logis des Ludwigsburger Schlosses.

Die gereimte Schmähschrift selbst sollte durch den Scharfrichter verbrannt werden. Für die Ergreifung des Verfassers und für die des Übeltäters, der sie angeheftet hatte, setzte der Herzog die exorbitante Summe von 1 000 fl als Belohnung aus. Meldete sich aber derjenige, der das »Pasquill« angeheftet hatte, freiwillig und machte er den Verfasser namhaft, sollte er nicht nur von jeder Strafe verschont bleiben, sondern er sollte auch ungeschmälert die ausgesetzte Belohnung ausgezahlt erhalten. Andererseits wurde demjenigen eine Strafe an Leib und Leben angedroht, der den Urheber der Schmähschrift kannte und nicht zur Anzeige brachte. Am 15. August 1716 wurde das »Pasquill« durch den Scharfrichter auf dem Pranger verbrannt. Der Kanzleibote Hans Jakob Schmid, ein armer Mann, der die Schmähschrift vom Esel abgenommen hatte, bekam auf seine Bitte eine »Gnadensteuer«, d. h. ein herrschaftliches Geschenk, von 1 fl. In schweren Verdacht, die Schrift verfaßt zu haben, geriet im Oktober 1716 der einige Monate zuvor aus dem herzoglichen Dienst entwichene Georg Friedrich von Forstner. Freilich wurde dieser ehemalige Hofmarschall auch des Diebstahls, des Ehebruchs und der Giftmischerei bezichtigt. Obwohl strenger Befehl gegeben wurde, ihn »zu Handen« zu bringen und vor Gericht zu stellen, er selbst aufgefordert wurde, sich am 30. Januar 1717 »zu recht früher Tageszeit« auf dem Herrenhaus einzufinden und zu den ihm zur Last gelegten Vergehen Rede und Antwort zu stehen, auch die von ihm entwendeten Akten des Hofmarschallamts zurückzugeben, gelang es offenbar nicht, seiner habhaft zu werden. Im Jahr 1722 wurden wiederum zwei inhaltlich übereinstimmende, gegen die »Landhofmeisterin« gerichtete »Pasquills« entdeckt. Eines befand sich am Eybschen Haus, eines am Prinzenbau. Die Suche nach dem Urheber der beiden Schmähschriften blieb allem Anschein nach erfolglos[121].

Daß sich Eberhard Ludwig schließlich im Frühjahr 1731 nach 24jährigem eheähnlichem Verhältnis von seiner Geliebten trennte und sich mit seiner Frau aussöhnte, wurde in Stuttgart mit großer Befriedigung zur Kenntnis genommen. Vielleicht erhoffte sich die Bürgerschaft von der »Rekonziliation« der beiden Ehegatten die Rückkehr des Landesherrn in seine alte Haupt- und Residenzstadt. Sie bemühte sich jedenfalls sehr, den Herzog günstig zu stimmen. An seinem Namenstag wurde der Marktplatz »auf das schönste illuminiert«, auf dem Rathaus hielt der Magistrat ein Festmahl, und, sooft man »auf die fürstliche Gesundheit trank«, wurden auf der Gänsheide Kanonenschüsse abgefeuert[122]. Indes erfüllte Eberhard Ludwig den Wunsch der Stuttgarter nicht: Hof und Regierung blieben bis zu seinem Tod 1733 in Ludwigsburg.

In den 20 Jahren, die ihm als Regenten des Herzogtums nach dem Ende des Spanischen Erbfolgekriegs noch beschieden waren, vermochte Eberhard Ludwig seine landesherrliche Position auszubauen. Sein absolutistisches Regiment wurde durch die Landschaft kaum gestört, ihre politischen Aktivitäten beschränkten sich auf die dem Herzog recht gefügigen Ausschüsse. Zur Berufung eines Landtags kam es während der Regierungszeit Eberhard Ludwigs nicht mehr. Dem auch den Ständen verpflichteten Geheimen Rat stellte der Herzog das 1717 gegründete Konferenzministerium zur Seite, in der Landespolitik spielte dieser kaum noch eine Rolle. 1724 erreichte Eberhard Ludwig, daß die Landschaft einen jährlichen Militärbeitrag von 360 000fl bewilligte. Damit war die Beibehaltung der herzoglichen Haustruppen auch in Friedenszeiten gewährleistet, ein stehendes Heer in Württemberg von den Landständen anerkannt, andererseits das auf den Krieg beschränkte Landesaufgebot als nicht mehr zeitgemäß aufgegeben. Freilich war der militärische Wert der kleinen Truppe gering. Sie erhöhte mit ihren bunten Uniformen und mit einem vor allem durch Adlige repräsentierten Offizierskorps den Glanz des Hofes, gab darüber hinaus dem Landesfürsten die Möglichkeit, seinen Hang zur Soldatenspielerei zu befriedigen.

Sehr bemüht war Eberhard Ludwig, die finanziellen Einnahmequellen des Landes zu vermehren. 1713 nahm er eine Steuerreform in Angriff; ihre Durchführung zog sich lange hin, führte aber insgesamt zu mehr Steuergerechtigkeit. Bereits 1709 hatte er einen Kommerzienrat ins Leben gerufen, der Handel und Handwerk belebende Impulse vermitteln, Manufakturen und Bergbau, überhaupt das wirtschaftliche Leben fördern sollte. Allerdings hatten alle diese Maßnahmen nur einen recht bescheidenen Erfolg[123].

Obwohl Herzog Eberhard Ludwig seit 1715 nicht mehr in Stuttgart residierte, nahm er doch auf die Stadt weiterhin starken Einfluß – freilich mehr im negativen denn im positiven Sinn. Wie seine Vorgänger war er ein passionierter Jäger. Die Untertanen

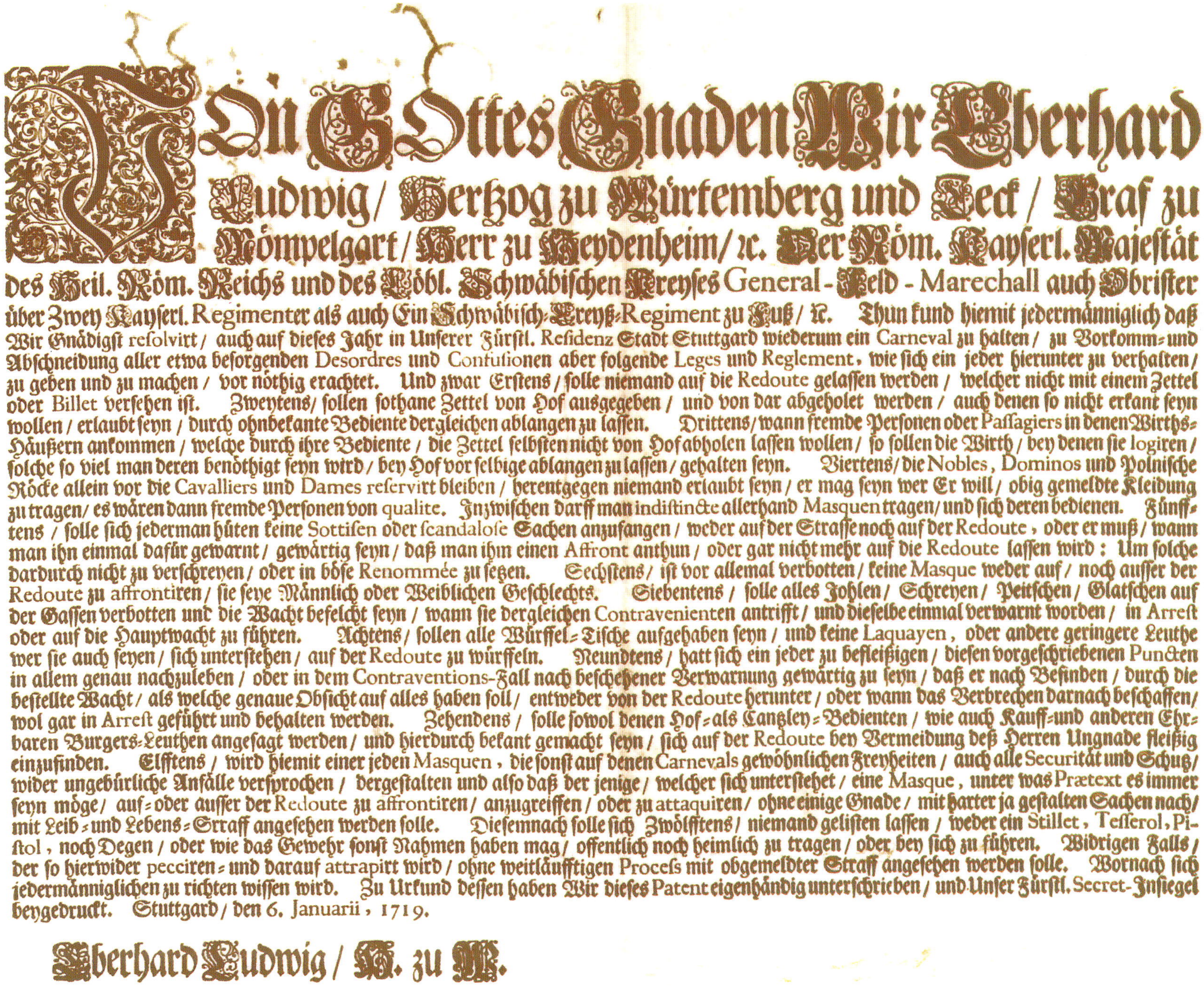

Von Gottes Gnaden Wir Eberhard Ludwig / Hertzog zu Würtemberg und Teck / Graf zu Mömpelgart / Herr zu Heydenheim / rc. Der Röm. Kayserl. Majestät des Heil. Röm. Reichs und des Löbl. Schwäbischen Creyses General-Feld-Marechall auch Obrister über Zwey Kayserl. Regimenter als auch Ein Schwäbisch-Creyß-Regiment zu Fuß / rc. Thun kund hiemit jedermänniglich daß Wir Gnädigst resolvirt / auch auf dieses Jahr in Unserer Fürstl. Residenz Stadt Stuttgard wiederum ein Carneval zu halten / zu Vorkomm- und Abschneidung aller etwa besorgenden Desordres und Confusionen aber folgende Leges und Reglement, wie sich ein jeder hierunter zu verhalten / zu geben und zu machen / vor nöthig erachtet. Und zwar Erstens / solle niemand auf die Redoute gelassen werden / welcher nicht mit einem Zettel oder Billet versehen ist. Zweytens / sollen sothane Zettel von Hof ausgegeben / und von dar abgeholet werden / auch denen so nicht erkant seyn wollen / erlaubt seyn / durch ohnbekante Bediente dergleichen ablangen zu lassen. Drittens / wann fremde Personen oder Passagiers in denen Wirths-Häußern ankommen / welche durch ihre Bediente / die Zettel selbsten nicht von Hof abholen lassen wollen / so sollen die Wirth / bey denen sie logiren / solche so viel man deren benöthigt seyn wird / bey Hof vor selbige ablangen zu lassen / gehalten seyn. Viertens / die Nobles, Dominos und Polnische Röcke allein vor die Cavalliers und Dames reservirt bleiben / herentgegen niemand erlaubt seyn / er mag seyn wer Er will / obig gemeldte Kleidung zu tragen / es wären dann fremde Personen von qualite. Inzwischen darff man indistincte allerhand Masquen tragen / und sich deren bedienen. Fünfftens / solle sich jederman hüten keine Sottisen oder scandalose Sachen anzufangen / weder auf der Strasse noch auf der Redoute, oder er muß / wann man ihn einmal dafür gewarnt / gewärtig seyn / daß man ihm einen Affront anthun / oder gar nicht mehr auf die Redoute lassen wird: Um solche dardurch nicht zu verschreyen / oder in böse Renommée zu setzen. Sechstens / ist vor allemal verbotten / keine Masque weder auf / noch ausser der Redoute zu affrontiren / sie seye Männlich oder Weiblichen Geschlechts. Siebentens / solle alles Johlen / Schreyen / Peitschen / Glatschen auf der Gassen verbotten und die Wacht befelcht seyn / wann sie dergleichen Contravenienten antrifft / und dieselbe einmal verwarnt worden / in Arrest oder auf die Hauptwacht zu führen. Achtens / sollen alle Würffel-Tische aufgehaben seyn / und keine Laquayen, oder andere geringere Leuthe wer sie auch seyen / sich unterstehen / auf der Redoute zu würffeln. Neundtens / hatt sich ein jeder zu befleißigen / diesen vorgeschriebenen Puncten in allem genau nachzuleben / oder in dem Contraventions-Fall nach beschehener Verwarnung gewärtig zu seyn / daß er nach Befinden / durch die bestellte Wacht / als welche genaue Obsicht auf alles haben soll / entweder von der Redoute herunter / oder wann das Verbrechen darnach beschaffen / wol gar in Arrest geführt und behalten werden. Zehendens / solle sowol denen Hof- als Cantzley-Bedienten / wie auch Kauff- und anderen Ehrbaren Burgers-Leuthen angesagt werden / und hierdurch bekant gemacht seyn / sich auf der Redoute bey Vermeidung deß Herren Ungnade fleißig einzufinden. Elfftens / wird hiemit einer jeden Masquen, die sonst auf denen Carnevals gewöhnlichen Freyheiten / auch alle Securität und Schutz / wider ungebürliche Anfälle versprochen / dergestalten und also daß der jenige / welcher sich unterstehet / eine Masque, unter was Prætext es immer seyn möge / auf- oder ausser der Redoute zu affrontiren / anzugreiffen / oder zu attaquiren / ohne einige Gnade / mit harter ja gestalten Sachen nach / mit Leib- und Lebens-Straff angesehen werden solle. Diesemnach solle sich Zwölfftens / niemand gelisten lassen / weder ein Stillet, Tesserol, Pistol, noch Degen / oder wie das Gewehr sonst Nahmen haben mag / offentlich noch heimlich zu tragen / oder bey sich zu führen. Widrigen Falls / der so hierwider pecciren- und darauf attrapirt wird / ohne weitläufftigen Procefs mit obgemeldter Straff angesehen werden solle. Wornach sich jedermänniglichen zu richten wissen wird. Zu Urkund dessen haben Wir dieses Patent eigenhändig unterschrieben / und Unser Fürstl. Secret-Insiegel beygedruckt. Stuttgard / den 6. Januarii, 1719.

Eberhard Ludwig / H. zu W.

Anweisung Herzog Eberhard Ludwigs von Württemberg vom 6. Januar 1719 über die Karnevalsveranstaltungen in Stuttgart.

mußten ihre wirtschaftlichen Interessen dem herrschaftlichen Jagdvergnügen unterordnen. Das im Übermaß gehegte Wild richtete in den Weinbergen und Feldfluren erheblichen Schaden an. Um diesen in Grenzen zu halten, mußte die Stadt wie früher Wildzäune unterhalten[124]. Als dem Herzog im Februar 1723 zu Ohren kam, einige Stuttgarter hätten mit Flinten und Hunden in Stadtnähe gejagt, untersagte er dies streng[125].

Unwillen in der Bürgerschaft erregte der Entschluß des Herzogs, Stuttgart 1719 das Abhalten des Karnevals zu befehlen, obwohl er seinen Hof nach Ludwigsburg verlegt hatte. Als ganz besonders ärgerlich aber empfanden es die Einwohner, daß er die Hof- und Kanzleibediensteten, ebenso »die ehrbaren Bürgersleut« zwang, sich auf der »Redoute«(auf dem Maskenball, hier richtiger: auf den Maskenbällen) »fleißig einzufinden«. Die Einlaßzettel oder -billetts gab der Hof aus. Bestimmte Kleidungsstücke, »die Nobles, Dominos und Polnischen Röcke«, waren ausschließlich den Kavalieren und Damen, d. h. den Adligen, vorbehalten. Exakte Anweisungen erteilte der Herzog über die Beachtung von Sittlichkeit und Ordnung während der Karnevalsveranstaltungen[126].

Solange der Hof in Stuttgart war, profitierte die Stadt, wenn auch zum Teil nur indirekt, von dem sich dort entfaltenden kulturellen Leben. 1698 hatte Herzog Eberhard Ludwig den hervorragenden Dirigenten Johann Sigismund Cousser (1657 – 1727) nach Stuttgart geholt. Cousser wirkte nur sechs Jahre am hiesigen Hof, doch diese genügten, um die tief abgesunkene württembergische Hofmusik auf ein bemerkenswert hohes Niveau anzuheben. Der Stuttgarter Hof wurde zu einer der engagiertesten und erfolgreichsten Pflegestätten der Oper in Deutschland. Der Kirchenrat vermochte indes dem Aufschwung der Hofmusik kaum positive Seiten abzugewinnen. – Der Aufwand für Oper und Orchester war aus Mitteln des Kirchenrats zu bestreiten. – Nachdrücklich wies das kirchliche Leitungsgremium auf die geringe Finanzkraft des verarmten Landes hin. Mit Mißfallen registrierte es auch, daß sich unter den Sängern und Bläsern zahlreiche Katholiken befanden. Seine unentwegten Klagen bewirkten schließlich, daß der Herzog den genialen Komponisten, Dirigenten, Organisten und Kapellmeister entließ. Damit gewann in der Musikpflege am Hof das Mittelmaß wieder die Oberhand. Freilich, Eberhard Ludwig verfolgte bereits neue Wege. Ihm schwebte vor, in Stuttgart die italienische Barockmusik heimisch zu machen, und dies gelang. Er zog den schon in München durch sein musikalisches Talent hervorgetretenen Christoph Pez, der sich auch gerne Gian-Cristoforo Pezi nannte, nach Stuttgart. Die hoffnungsvollen Anfänge der deutschen Oper endeten mit dem Weggang Coussers, an ihrer Stelle setzte sich die italienische Musik durch[127]. 1716 wurde Philippo Scandalibene, ein Kastrat, zuvor Direktor der Bayreuther Oper, als Kammermusiker und Opernleiter nach Stuttgart berufen. Er blieb nur wenige Monate hier. An seine Stelle trat Giuseppe Antonio Brescianello, gleichfalls ein Italiener. Durch ihn gelangte die italienische Oper am württembergischen Hof vollends zur Alleinherrschaft[128]. Das kurze Intermezzo, das Reinhart Keiser, der berühmte Vorkämpfer der deutschen Musik, hier gab, bewirkte wenig. Seine Erfolge in Hamburg verschafften der Hansestadt den Ruf, eine Stadt von hoher Musikkultur zu sein. In Stuttgart hingegen vermochte er sich musikalisch nicht durchzusetzen, und dies erstaunlicherweise auch nicht, obwohl er Protestant und Deutscher war, dadurch Rückhalt bei der Geistlichkeit besaß und er als Mecklenburger von der Grävenitz protegiert wurde[129].

Herzog Eberhard Ludwig hatte eine Vorliebe für französische Komödianten. 1714 gelang es ihm, erstmals solche an seinen Hof zu verpflichten. Es war die zwölfköpfige Truppe von Madame Anne Jouvenot. Die Besoldung hatte die herzogliche Rentkammer zu übernehmen. Allerdings erfolgte, weil in der Kasse der Rentkammer ständig Ebbe herrschte, die Bezahlung der Gelder mit großen Verzögerungen. Entsprechend schlecht war die wirtschaftliche Situation der Schauspieler. Zunächst hatten sie laut Vertrag freie Wohnung zu beanspruchen. Der Herzog machte kurzen Prozeß. Er legte sie zum Mißfallen der Einwohner in Bürgerquartiere. Dies hatte Reibereien zur Folge. Seit 1715 erhielten sie zu ihrer Gage ein Wohngeld, ebenso eine Verpflegungspauschale; sie hatten jetzt für ihre Unterkunft und Verpflegung in der jeweiligen Residenzstadt, zunächst in Stuttgart, dann in Ludwigburg, selbst zu sorgen. Nach der Auflösung der Truppe von Madame Jouvenot zögerte sich aus finanziellen Gründen die Anwerbung einer neuen Komödiantentruppe bis 1719 hinaus[130]. Im Mittelpunkt des Spielplans der französischen Komödianten standen die Tragödien von Corneille und Racine, später auch die von Voltaire, die Komödien von Molière und die Werke anderer Franzosen. Jede Truppe verfügte über einige im Tanz geübte Mitglieder sowie über einen Tanzmeister. Eberhard Ludwig behielt sich bei der Gestaltung des Spielplans ein wesentliches Mitspracherecht vor, mitunter sogar bei der Verteilung der Rollen. Die Schauspieler waren sehr gefordert. Sie mußten im Jahr an hundert und mehr Aufführungen mitwirken. Gewöhnlich wurde dreimal in der Woche, am Montag, Mittwoch und Freitag, Beginn jeweils 5 Uhr nachmittags, gespielt. Als Publikum war der gesamte Hofstaat zugelassen, auch die Beamtenfamilien hatten Zutritt. Da sich zeitweise aus Schaulust »Pöbelvolk und gemeines Gesindel« einstellte, das von den Aufführungen in französischer Sprache nichts verstand und daher mit Schwätzen, Lachen und sonstigem ungebührlichem Verhalten Ärgernis verursachte, wurde die Stadt wiederholt angewiesen, die Türen zum Aufführungsraum besser unter Kontrolle zu halten. Nur geringes Interesse für die fremdsprachigen Schauspiele zeigten die Bürger, deren Anwesenheit bei den Aufführungen durchaus erwünscht war. Deutsche Stücke, die sie sehr wahrscheinlich mehr angesprochen hätten, kamen nicht mehr zur Aufführung[131].

Herzog Carl Alexander (1733–1737) und die vormundschaftliche Regierung nach seinem Tod (1737–1744)

Da Erbprinz Friedrich Ludwig bereits 1731 gestorben war, fiel die Herrschaft im Herzogtum Württemberg nach dem Tod Herzog Eberhard Ludwigs am 31. Oktober 1733 an seinen 49jährigen Vetter Carl Alexander, den Sohn des einstigen Herzog-Administrators Friedrich Karl, des Begründers der Linie Württemberg-Winnental. Carl Alexander, der langjährige Waffengefährte des Prinzen Eugen von Savoyen, hatte sich in hervorragender Weise als kaiserlicher General ausgezeichnet und war zeitweise Statthalter in Serbien gewesen. Ohne Zweifel gehörte er zu den kraftvollsten württembergischen Herrscherpersönlichkeiten. Seine hohe politisch-militärische Befähigung konnte er freilich während der dreieinhalb Jahre, die ihm als Regierungszeit beschieden waren, nicht voll zur Geltung bringen. Im kaiserlichen Dienst war er zur katholischen Kirche übergetreten. 1727 hatte er Prinzessin Maria Augusta von Thurn und Taxis geheiratet. Die katholische Konfession des Thronfolgers hatte das Land schon zu Lebzeiten Eberhard Ludwigs mit Sorge erfüllt. Carl Alexander gab beruhigende Zusicherungen ab, die jedoch die Landstände nicht befriedigten. Nach der Regierungsübernahme rangen diese ihm deshalb das bindende Versprechen ab, an das Monopol der evangelisch-lutherischen Landesreligion nicht zu rühren und sich selbst auf katholische Privatgottesdienste im Schloßbereich zu beschränken[132]. Hierbei sollte die bisherige Hofkapelle auch weiterhin dem evangelischen Gottesdienst vorbehalten bleiben. Der katholische Herzog wollte sich im Schloß für seine religiösen Bedürfnisse eine zusätzliche Kapelle erbauen. Da Eberhard Ludwig viele Jahre in Ludwigsburg residiert, Stuttgart gemieden und vernachlässigt hatte, mußten beträchtliche Mittel aufgewendet werden, um dem hiesigen Schloß wieder zum Rang einer repräsentativen fürstlichen Residenz zu verhelfen. Die Landschaft stellte zu diesem Zweck 12 000 fl zur Verfügung, die Stadt, nachdem ihr Carl Alexander bestätigt hatte, sie werde ständige Residenz bleiben, 5 000 fl und später außerdem noch ein mit 3 Prozent zu verzinsendes Darlehen von 10 000 fl[133]. Allgemeinen Beifall fand die Anordnung Carl Alexanders, kein Untertan solle vor ihm einen Fußfall tun, Gott allein gebühre eine solche »Ehrerbietung«[134]. Freilich, die Leutseligkeit des neuen Herzogs hatte Grenzen. Er war ein selbstherrlicher Regent und erwartete von seinen Untertanen Gehorsam und völlige Unterordnung. So befahl er etwa, daß die Beamten mit ihren erwachsenen Töchtern am Karneval auf der »Redoute« erschienen, also an den Maskenbällen teilnahmen[135].

Herzog Carl Alexander von Württemberg (1684–1737, regiert seit 1733).

Herzogin Maria Augusta, geborene Prinzessin von Thurn und Taxis (1706–1756), Gattin Herzog Carl Alexanders von Württemberg.

Bei seinem Regierungsantritt sah sich Carl Alexander mit einer ihn, den kriegserfahrenen General, in besonderer Weise herausfordernden Situation konfrontiert. In dem kurz zuvor ausgebrochenen Polnischen Erbfolgekrieg standen sich Frankreich und der Kaiser gegenüber. Eberhard Ludwig hatte neutral bleiben wollen, zumal der Streit um die polnische Krone für Württemberg ohne Belang war. Carl Alexander dagegen stellte sich dem Kaiser zur Seite. Mit geringer Mühe erlangte er im Schwäbischen Kreis wie im Reich mit dem Rang des Generalfeldmarschalls die angestrebten höchsten Befehlshaberstellen. Im Feldzug gegen die Franzosen tat er sich durch persönliche Tapferkeit hervor. Auch gelang es ihm, das Herzogtum Württemberg durch vorsorgliche Verteidigungsmaßnahmen (Ettlinger Linien, Schanzen auf dem Kniebis) vor einer französischen Invasion zu bewahren. Solange der Krieg währte, stellten die Landstände, ungeachtet der Klagen des »gemeinen Mannes« über die ihm aufgebürdeten hohen Kriegssteuern, ohne Schwierigkeiten die vom Herzog für militärische Zwecke geforderten Geldmittel bereit. Mit Friedensschluß änderte sich dies. Carl Alexander wollte 12 000 Mann unter Waffen behalten. Ein 3 Prozent der Landesbevölkerung umfassendes Friedensheer stand jedoch nach

Joseph Süß Oppenheimer (1692–1738), Geheimer Finanzrat Herzog Carl Alexanders von Württemberg.

Auffassung des Großen Ausschusses der Landschaft in einem krassen Mißverhältnis zu der geringen Wirtschaftskraft des Herzogtums. Er weigerte sich, dem Verlangen des Herzogs zu entsprechen. Andererseits lehnte es Carl Alexander ab, einen Landtag einzuberufen, um diesen über seine Pläne entscheiden zu lassen. Durch agitatorische Einwirkungen auf die Amtsversammlungen und durch säbelrasselnde Drohungen seiner Generale heizte er die Stimmung noch weiter an. Zusätzliches Öl ins Feuer goß er durch die selbstherrliche Art, mit der er sich über die ihm von der Landschaft bewilligten Mittel hinaus Gelder für den Unterhalt des Militärs, für die Bezahlung der von Eberhard Ludwig hinterlassenen riesigen Kammerschulden sowie für seine aufwendige Hofhaltung beschaffte. Hierbei bediente er sich des genialen jüdischen Finanzmannes Süß Oppenheimer, den er zum Geheimen Finanzrat sowie zum Kabinettsfiskal ernannte und dem er maßgeblichen Einfluß auf die Finanzverwaltung des Landes einräumte. Der Erschließung von Finanzquellen, wie sie Süß Oppenheimer ins Werk setzte, lag eine den wirtschaftlichen Verhältnissen Rechnung tragende Konzeption zugrunde, auch hatte diese einen durchaus fortschrittlichen Charakter. Die Bevölkerung aber sah in ihr nur die unstillbare Geldgier des Herzogs. Noch mehr aufgebracht war sie über die brutalen Praktiken, das zynisch-selbstsüchtige Gebaren des jüdischen Geheimen Finanzrats. Ihn betrachtete sie als den eigentlichen Landesverderber.

Daß für Carl Alexander die starke politische Stellung der Landstände schwer erträglich war und daß er sich Gedanken über eine Verfassungsänderung machte, die den fürstlichen Absolutismus in Württemberg von den ihm bislang angelegten lästigen Fesseln befreite, ist keine Frage. Einer seiner engsten Vertrauten, General von Remchingen, der Chef des neuen Generalkriegsdirektoriums, erschreckte in provozierenden Auftritten die Stände wiederholt mit der Möglichkeit ihrer Entmachtung. Indes besaß der Herzog hinreichend politisches Gespür, um sich nicht unüberlegt zum gewaltsamen Staatsstreich hinreißen zu lassen. Am 12. März 1737 starb er gänzlich unerwartet. Seine noch wenig konkreten Pläne, durch die Beseitigung der verfassungsmäßigen Hemmnisse ein ihm auf den Leib geschnittenes absolutistisches Regiment aufzurichten, wurden gegenstandslos, ebenso die die Bevölkerung zutiefst beunruhigenden, freilich jeder realen Grundlage entbehrenden Gerüchte einer Rekatholisierung des Landes. Carl Alexander hatte sich strikt an die Vereinbarung mit den Landständen über den ihm und seiner Familie zugestandenen Privatgottesdienst gehalten. Zu irgendwelchen Rekatholisierungsversuchen hatte er nie die Hand geboten. Daß er als Landesherr die Beschränkung auf Privatgottesdienste im Schloßbereich als demütigend empfand und für die Konfession, der er angehörte, zumindest dieselben Freiheiten wünschte, wie sie die Reformierten im Land besaßen, wird man ihm wohl kaum verdenken können. Ebenso war es sein gutes Recht, wenn er eine andere Auffassung von der Herrscherrolle des Landesfürsten hatte als die Stände[136].

Die nicht eindeutig festgelegte Zuständigkeit der Hofgerichtsbarkeit hatte für die Stadt Stuttgart manche Nachteile im Gefolge gehabt. Das herzogliche Obermarschallamt bestätigte noch am 22. Januar 1735, daß Entscheidungen in Jurisdiktionssachen der Hofbediensteten bisher recht willkürlich gewesen seien. Herzog Carl Alexander schuf klare Verhältnisse. Am 15. Februar 1735 bestimmte er, daß der Hofjurisdiktion auch weiterhin die wirklichen Hofbediensteten, deren Ehefrauen, Kinder und »Domestiken« (Dienstboten) unterstünden. Dagegen erstreckte sich die vogtamtliche Gerichtsbarkeit auf Hofbedienstete, die sich nicht mehr im aktiven Dienst befanden, und Hofhandwerker, wenn diese nicht »in wirklichen Pflichten und Besoldung« des Hofes standen, ferner auf Hofangehörige, die das Stuttgarter Bürgerrecht besaßen und jährlich 2 fl Bürgersteuer entrichteten, wenn es um eine rechtliche Entscheidung in Angelegenheiten ging, die mit der jeweiligen Hoffunktion des Betreffenden nichts zu tun hatten. Auch die Rechte der nächtlichen Patrouillen gegenüber Hofbediensteten wurden ausgedehnt. Künftig konnten solche Patrouillen »geringere Hofbedienstete« wie Lakaien oder Stallknechte ohne weiteres »visitieren«. Eine nachträgliche Unterrichtung des Oberhofmarschallamts durch den Stadtvogt genügte. Wer von jetzt an im Winter nachts nach 9 Uhr, im Sommer nach 10 Uhr ohne Licht auf der Gasse angetroffen wurde, war festzunehmen und auf die Hauptwache zu bringen, um dann am folgenden Tag »seiner Instanz«, d. h. seiner zuständigen Gerichtsbehörde zur Bestrafung übergeben zu werden. Den »Umgang«, den Kontrollgang, in den Häusern der Hofbediensteten hatten zwei Angehörige des städtischen Rats in Person vorzunehmen. Bei Händeln zwischen »Hofleuten« und Bürgern oblag die rechtliche Entscheidung dem Oberhofmarschallamt[137]. Herzog Carl Alexander wollte durch die klare Abgrenzung der Hof- und der vogtamtlichen Gerichtsbarkeit und durch eine strengere Aufsicht über unruhige Elemente unter den Hofbediensteten ein höheres Maß an Ordnung und Sicherheit in der Residenzstadt gewährleisten. Hofangehörige sollten sich nicht länger Sonderrechte anmaßen und sich als Anstifter und Rädelsführer nächtlicher Ruhestörungen hervortun, weil ihnen gegenüber der städtischen Obrigkeit die Hände gebunden waren.

Carl Alexander und seine Frau waren sehr musikalisch. Der württembergische Hof blieb unter ihnen ein Mittelpunkt musikalischen Lebens und des Theaters. Das nach dem Tod Herzog Eberhard Ludwigs reduzierte Musik- und Theaterbudget erhöhte sich rasch wieder. 1737 zählten Kapelle und Oper 63 Mitglieder. Personell gut ausgestattet war das Orchester. 1736 standen dem Oberkapellmeister vier Konzertmeister zur Seite. In jenem Jahr wurde sehr wahrscheinlich erstmals wieder eine Oper aufgeführt. Wie wir bereits gehört haben, gab sich Carl Alexander, ungeachtet seines ausgeprägten fürstlichen Standesbewußtseins und seines selbstherrlichen Auftretens, untertanenfreundlicher als sein Vorgänger. So ließ er, ein Novum für den Stuttgarter Hof, bei den Opern- und Konzertaufführungen Publikum gegen Eintrittsgelder zu. Freilich konnten sich nur wohlhabende Bürger den Besuch solcher Hofveranstaltungen leisten: die Loge in der ersten Etage kostete 3 fl, die in der zweiten 2 fl, die in der dritten 1½ fl, ein Parterreplatz 20 kr. 1736 gelang es Carl Alexander, eine zehnköpfige italienische Operntruppe an seinen Hof zu ziehen und Ricardo Broschi, den älteren Bruder des gefeierten Kastraten und Opernhelden Carlo Broschi (Farinelli) als »Compositori di musica« und zweiten Kapellmeister zu engagieren. Aus Frankfurt kam der Theatermaler Innocente Bellavite nach Stuttgart, um das hiesige Opernhaus, das lange leergestanden hatte, neu herzurichten und künstlerisch auszugestalten. Der bekannte Kunstmaler Carlo Carlone arbeitete 15 Wochen an Fresken zur Ausschmückung dieses Theaters[138].

Die französischen Schauspieler, die im Dienst Eberhard Ludwigs gestanden hatten, übernahm Carl Alexander. Er schätzte ihre Kunst und wohnte gerne den Theateraufführungen bei. 1734 nahm er seine Hofkomödianten mit in die Reichsstadt Heilbronn, wo sich das Hauptquartier des Prinzen Eugen von Savoyen befand. Sie durften dort vor einem erlesenen Publikum spielen[139].

Carl Alexander und seine Umgebung hatten Freude an aufwendigen, aber unbeschwerten Formen musikalischer Darbietungen und Theaterinszenierungen. Es wurden musikalische Schlittenfahrten, Karussells, Serenaden und Maskeraden veranstaltet. Am Hof favorisierte man »die leichte Muse«.

Der jähe Tod Herzog Carl Alexanders beraubte die Hofmusik und das Hoftheater ihres großzügigen und kunstsinnigen Förderers. Die Aufwendungen für sie wurden drastisch zusammengestrichen. Die »Operisten« und französischen Komödianten mußten ihren Dienst quittieren. Die gesamte Hofkapelle nebst Kammer- und Tafelmusik fiel dem Rotstift zum Opfer. Diesen künstlerischen Kahlschlag begründete die maßgeblich von den Landständen beeinflußte regentschaftliche Regierung einerseits mit der Landes- und Hoftrauer, dann auch – und dies sicher zutreffend – mit zwingenden finanziellen Erfordernissen. Freilich bot sich den sittenstrengen evangelischen Prälaten und der im Herzogtum tonangebenden geistlichen Obrigkeit insgesamt damit zugleich die willkommene Gelegenheit, sich der »welschen« und überwiegend katholischen Musiker zu entledigen und das besondere Ärgernis, die Tänzerinnen, die schlimme »Augen-Lust«, vom Hof zu entfernen. Als kümmerliche Überreste des zuvor blühenden musikalischen Lebens erhielten sich für kirchliche Bedürfnisse die Orgelmusik und der Chorgesang, ebenso eine bescheidene Kammermusik für repräsentative höfische Anlässe. An die Stelle Broschis trat als Kapellmeister der mäßig begabte 41jährige Johann Daniel Hardt, ein gebürtiger Frankfurter, der seit langem am württembergischen Hof als Musiker (Virtuose auf der Viola da Gamba, Konzertmeister und Musikinformator) wirkte. Die gesamte Instrumentalmusik war auf 20 Mann geschrumpft, die Vokalmusik bestand aus einigen altgedienten Sängern beiderlei Geschlechts. 1738 wurde der Besoldungsetat auf ein Siebtel der Ausgaben zur Zeit Carl Alexanders begrenzt[140].

Für die engsten Vertrauten Carl Alexanders kam sein Tod einer Katastrophe gleich. Sie büßten nicht nur ihre einflußreichen Positionen ein, sondern sie sahen sich schutzlos der Rache und Verfolgung preisgegeben. General von Remchingen vermochte noch zu fliehen, Süß Oppenheimer aber, der verhaßte Jude, mußte »die volle Zeche bezahlen«, und dies auch für etliche christliche Komplizen, die frei ausgingen. Das über ihn gefällte Todesurteil und die schimpfliche Hinrichtung in einem Käfig am Stuttgarter eisernen Galgen waren ein Akt grausamer Rache, mit unparteiischer Gerechtigkeit hatten sie nichts gemein. Unter die Ära Carl Alexanders, die im nachhinein ausschließlich negativ gesehen wurde, zogen die wieder erstarkenden Landstände einen gewaltsamen Schlußstrich.

Anläßlich des Todes von Herzog Carl Alexander von Württemberg 1737 geprägte Gedenkmünze.

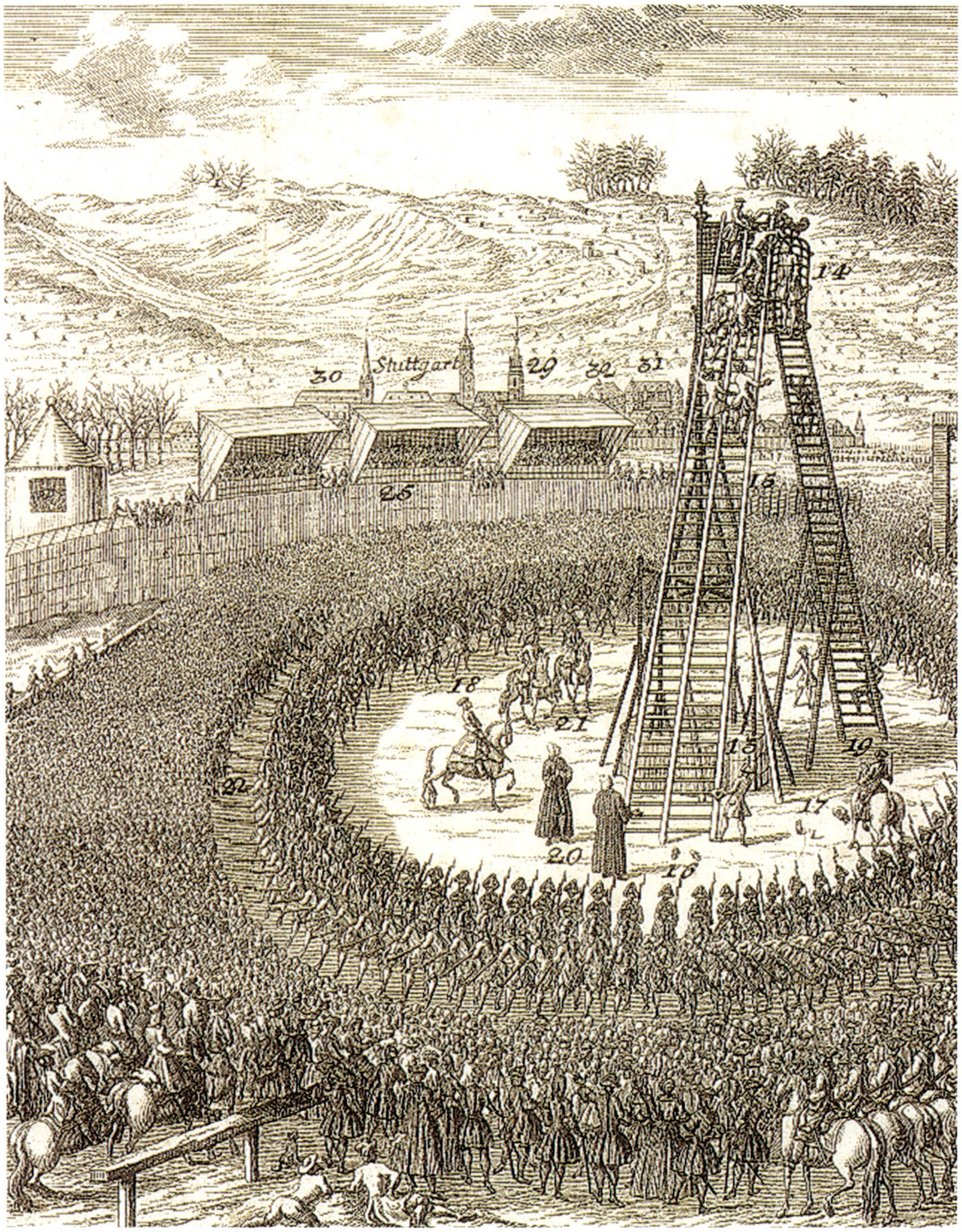

Die Hinrichtung von Joseph Süß Oppenheimer, dem Geheimen Finanzrat Herzog Carl Alexanders von Württemberg, am 4. Februar 1738.

Von den drei Söhnen Carl Alexanders war der älteste, Carl Eugen, 1737 gerade neun Jahre alt. Wie schon so oft in der Geschichte des württembergischen Fürstenhauses mußte die Zeit bis zur Mündigkeit des Thronfolgers durch eine Regentschaft überbrückt werden. Das Testament des verstorbenen Herzogs hatte neben Herzog Karl Rudolf von Württemberg-Neuenstadt, dem nächsten fürstlichen Agnaten, der Herzoginwitwe Maria Augusta sowie Friedrich Karl Graf von Schönborn, dem Bischof von Würzburg und Freund Carl Alexanders, die Vormundschaft übertragen und sie zugleich als Mitregenten vorgesehen. Auf die Aufforderung des Geheimen Rats und des engeren Landschaftsausschusses übernahm Karl Rudolf sofort die Administration des Herzogtums. Mit Hilfe der Landschaft gelang es, das zunächst der Herzoginwitwe zuneigende Offizierskorps auf die Seite des Administrators zu ziehen. Trotz der Intervention des Kaisers erlangte Maria Augusta keinen Einfluß auf die Regierung; sie mußte sich mit der Übertragung der Vormundschaft über ihre drei Söhne zufriedengeben. Völlig ausgeschaltet wurde der Würzburger Bischof[141].

Die Übernahme der Regierung durch den Herzog-Administrator Karl Rudolf hielten die Stuttgarter Bürger für günstig, ihre »Gravamina« (Beschwerden) bei einer privaten Zusammenkunft der »Professionen und Handwerker« zu formulieren und das »Exhibitum«, die Zusammenstellung dieser Beschwerden, dem »Landtagskonvent« zu übergeben. Das ohne Wissen des Magistrats zustandegekommene »Exhibitum« brachte die Sorge um die Erhaltung der evangelischen Landesreligion zum Ausdruck – die durch Gerüchte angefachte Angst vor einer Rekatholisierung Württembergs, wie sie Carl Alexander ohne ausreichenden Grund angelastet worden war, fand hier ihren Niederschlag. Die Stuttgarter forderten, es solle kein Nichtevangelischer als Bürger im Land aufgenommen oder als Soldat bzw. Offizier in die »Miliz«, d. h. in das Heer, eingereiht werden. Sie verlangten ferner eine Stärkung der Stellung des Landtags, die Beachtung der Rechte der Untertanen sowie die Verringerung der Ausgaben für den Hof. Es störte sie, daß das Kammerschreibereigut, eine Art herzoglicher privater Vermögenskomplex, dem Land nicht inkorporiert war, ja nicht einmal zur Bezahlung der Landesschulden herangezogen wurde. Eine Änderung erschien ihnen hier dringend geboten. Wichtige Anliegen waren für sie außerdem: ein höheres Maß an Steuergerechtigkeit, die Wiederherstellung der

Herzog Karl Rudolf von Württemberg-Neuenstadt (1667 – 1742), Herzog-Administrator 1737 – 1738.

Privilegien der Städte und Dörfer, die Verminderung der Zahl der »Milizeinheiten«, die Abschaffung der militärischen Einquartierungen in Bürgerhäusern durch den Bau von Kasernen, der Ausschluß von Nichtwürttembergern von der Betätigung im Handel im Herzogtum[142].

Herzog-Administrator Karl Rudolf war bemüht, allen diesen »Gravamina«, die auch von anderer Seite erhoben wurden, Rechnung zu tragen. Indes überforderte die Regierung des Landes die Kräfte des 70jährigen. An seine Stelle trat bereits im Sommer 1738 Herzog Karl Friedrich von Württemberg-Oels. Wie sein Vorgänger zeigte

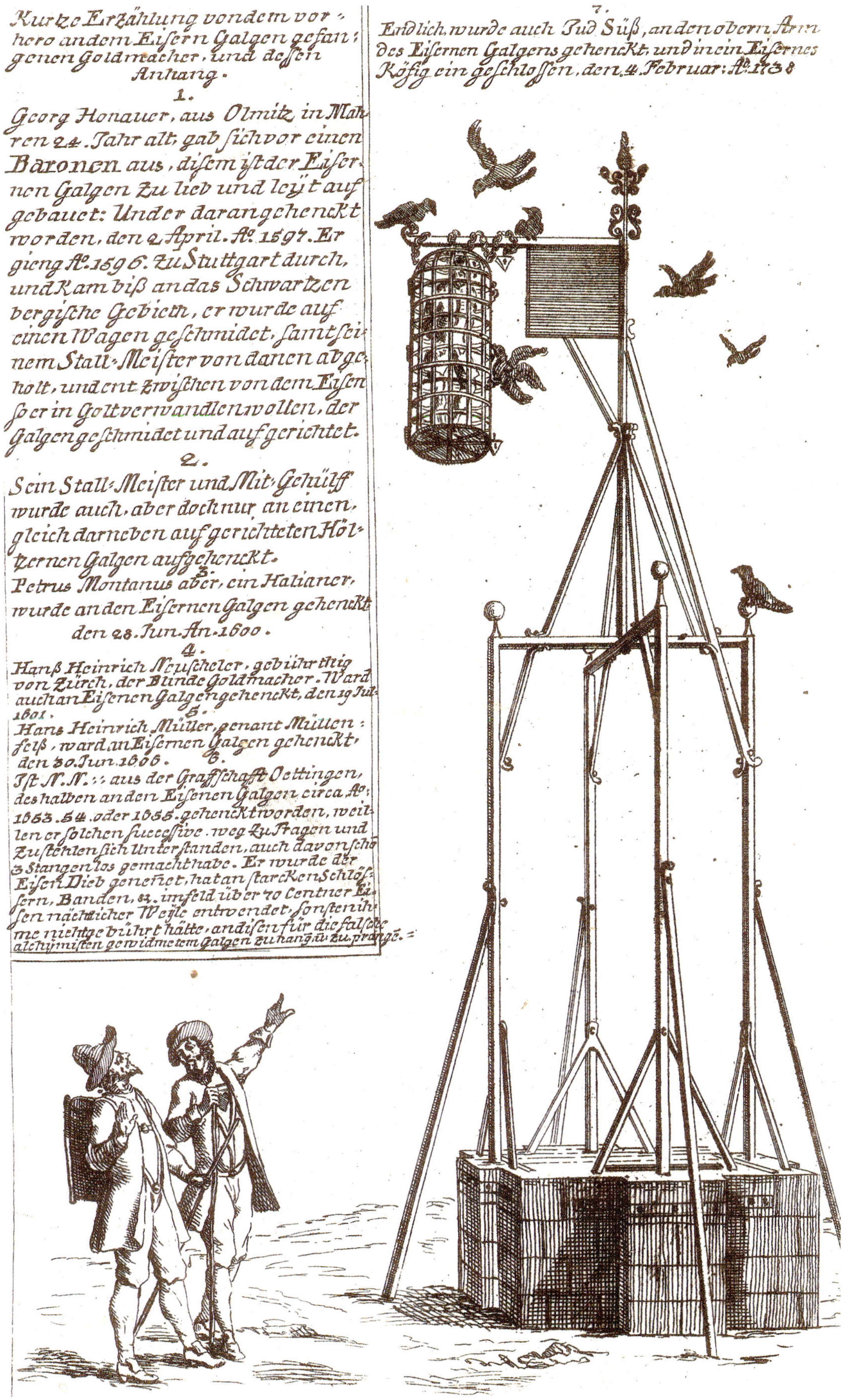

Joseph Süß Oppenheimer wird in einem sechs Schuh hohen Käfig am Stuttgarter eisernen Galgen durch Erhängen hingerichtet.

sich Karl Friedrich den Landständen gegenüber allzu nachgiebig und ermöglichte so, daß diese ihre Machtposition im Herzogtum stetig weiter ausbauen konnten. Obwohl er im Österreichischen Erbfolgekrieg einige tausend Württemberger in österreichischen Sold gab, machte er aus seiner Vorliebe für Preußen keinen Hehl. Politisch kam ihm dies nicht sonderlich zustatten. Er brachte es deshalb auch nicht fertig, sich der 1599 vertraglich festgelegten Anwartschaft Österreichs auf Württemberg zu entledigen, obwohl dafür gute Voraussetzungen bestanden. Die württembergischen Regimenter, die in Österreich frei wurden, trat er, da deren Unterhalt im Herzogtum nicht gesichert war und die Landstände eine drastische zahlenmäßige Verminderung der Haustruppen forderten, an Preußen ab. Er setzte zudem durch, daß der Erbprinz und seine beiden Brüder zur weiteren Ausbildung an den Hof des Preußenkönigs Friedrich nach Berlin geschickt wurden[143].

Der rigorose Sparkurs der Regierung unter Herzog-Administrator Karl Friedrich hatte auch seine Schattenseiten. Sehr empfindlich bekamen ihn die sozial Schwachen zu spüren. Beispielsweise baten am 13. August 1739 die 30 Stuttgarter Lohnkutscher und Fuhrleute, ihnen die auf 500 fl angewachsenen herrschaftlichen Fronfuhrdienste zu ersetzen. Die Rentkammer vertröstete sie. 1740 wiederholten sie ihre Eingabe. Ihre Ausstände beliefen sich jetzt auf 760 fl[144].

Herzog Carl Eugen (1744–1793)

Die verwitwete Herzogin Maria Augusta war mit Erfolg bestrebt, sich trotz ihres Ausschlusses von der Regentschaft in der Landespolitik ein Mitspracherecht zu sichern. Sie setzte hierbei vor allem auf die Landstände. Es gelang ihr, zu diesen ein gutes Verhältnis herzustellen. Im April 1739 gab ihr die Landschaft während des Landtags im Landschaftsbau ein großes

Herzog Karl Friedrich von Württemberg-Oels (1690–1761), Herzog-Administrator 1738–1744.

Festmahl. Dies war ungewöhnlich, ohne Zweifel aber ein Gradmesser für die Wertschätzung, der sich die Fürstin damals bei den Ständen erfreute[145].

Die Erziehung ihrer Söhne am Hof des Preußenkönigs mißfiel Maria Augusta. Sie verleidete ihnen deshalb den Aufenthalt in Berlin, so daß diese ungestüm nach der Rückkehr in die Heimat verlangten. Friedrich II. von Preußen, dem aus politischen Gründen daran gelegen war, einen stärkeren Einfluß auf den Erbprinzen zu behaupten, sah, nachdem er ihn nicht länger an seinem Hof halten konnte, keine andere Möglichkeit, als beim Kaiser die Mündigerklärung des 16jährigen zu erreichen. Anfang Januar 1744 konnte er ihm in einem feierlichen Rahmen die entsprechende Urkunde des Reichsoberhaupts überreichen. Gleichzeitig erteilte er ihm in einem »Fürstenspiegel« im Sinne des aufgeklärten Absolutismus Ratschläge für eine verantwortungsbewußte, dem Wohl der Untertanen verpflichtete Regierung.

Bereitwillig bestätigte der junge Herzog nach seiner Ankunft in Stuttgart die Landesverfassung einschließlich der Religionsreversalien. Der Politik vermochte er wenig abzugewinnen. Die Regierung überließ er dem Geheimen Rat, dessen Kopf der hochbefähigte August von Hardenberg war. Sein Hauptinteresse galt dem höfischen Leben, das er in Berlin und am markgräflichen Hof in Bayreuth kennengelernt hatte. Hierzu brauchte er die Landstände. Seine Zusicherung, Stuttgart solle beständige Residenz bleiben, honorierten diese mit einem großzügigen finanziellen Beitrag zu dem von ihm ins Werk gesetzten Bau eines neuen Residenzschlosses in Stuttgart[146]. Gleich bei seinem Regierungsantritt hatte Carl Eugen »eine standesgemäße, Unserer Fürstlichen Dignität konvenable und dem Umfang Unseres Hofstaats hinlängliche Wohnung« gefordert. Das bisherige Residenzschloß sei unzureichend, schadhaft und mit großen Mängeln behaftet. Er beauftragte den Fürstlich Brandenburg-Onolzbachischen Oberbaudirektor Leopold Retti, der schon in Ludwigsburg als Baumeister tätig gewesen war, mit der Ausarbeitung eines Bauplans. Die von seinem Oberbaudirektor Johann Christoph von Leger vorgelegten, eine ältere architektonische Stilrichtung bevorzugenden Entwürfe hatten weder seinen Vorstellungen noch seinem Geschmack entsprochen[147]. Am 3. September 1746 wurde mit großem Pomp die Grundsteinlegung des Neuen Schlosses gefeiert. An ihr nahmen die Mitglieder der herzoglichen Familie, die fremden Gesandtschaften, die »Dames und Cavalliers« des Hofes sowie zahlreiche andere »Personen höheren oder geringeren Standes«, darunter auch Vertreter der Stuttgarter Bürgerschaft, teil. Den symbolischen Akt der Grundsteinlegung, den Herzog Carl Eugen, assistiert von Oberbaudirektor von Leger, mit silbernem Werkzeug vollzog, begleiteten Pauken und Trompeten, Kanonen schossen Salut, und das Militär gab Gewehrsalven ab. Die »Kalkspeise«, die zum Einmauern des Steins diente, war mit Wein angerührt. Auch den Stein selbst hatte Carl Eugen zuvor mit Rotwein bestrichen. Aktiv einbezogen in die feierliche Handlung wurden auch die Prinzen und Prinzessinnen des herzoglichen Hauses, der Gesandte des Kaisers sowie der

Herzog Carl Eugen von Württemberg (1728–1793, regiert seit 1744).

des Königs von Frankreich, ebenso der Geheime Rat, der Hofstaat, die Regierung (Kanzlei), das Konsistorium, die Landschaft, der Kriegsrat, die Rentkammer, der Kirchenrat sowie »die erste Haupt- und Residenzstadt Stuttgart«, sie alle durften durch zwei Deputierte etliche Schläge mit dem auf einer silbernen Schale liegenden Hammer, den schon der Herzog benutzt hatte, auf den Grundstein tun. In den Grundstein eingelegt wurden eine silberne Platte mit dem Grundriß des Bauwerks und einer Inschrift, etliche Gold- und Silbermedaillen der Herrschaft, der Landschaft und der Stadt Stuttgart, je eine Flasche roter und weißer Wein, eine Flasche mit verschiedenen Getreidesorten und ein Verzeichnis der für diese damals gültigen Preise[148].

Nur kurze Zeit lag die Leitung des Schloßbauwesens in den Händen von Oberbaudirektor Johann Christoph von Leger (1701 – 1791). 1748 übertrug sie Carl Eugen Leopold Retti (1705 – 1751), der sein besonderes Vertrauen besaß. Retti siedelte von Ansbach nach Stuttgart über und machte sich mit großem Elan ans Werk. Doch starb er bereits am 18. September 1751. Carl Eugen, in der Architektur wie in anderen Bereichen der Kunst ganz nach Frankreich orientiert, holte sich seinen neuen Baumeister direkt aus Paris: Philippe de la Guêpière (1715 – 1773). Beim Tod Rettis waren Corps de Logis und Gartenflügel im Rohbau vollendet. La Guêpière begann mit der Errichtung des Stadtflügels. Er baute schon in frühklassizistischen Stilformen. Auch beim Innenausbau bediente er sich ihrer, lediglich die Wohnräume gestaltete er in reinstem Rokoko – so hatte dies auch bereits Retti vorgesehen. 1762 brannte der rechte Flügel des Schlosses ab, ein erheblicher Teil des Werks von La Guêpière wurde vernichtet. Der Herzog hatte inzwischen das Interesse am Stuttgarter Schloßbau weitgehend verloren. Andere Projekte waren für ihn in den Vordergrund getreten. La Guêpière fand bei seinen Plänen für einen Weiter- bzw. Wiederaufbau kaum noch seine Unterstützung. 1767 mußte er die letzten Arbeiten einstellen. Stuttgart, dem die Errichtung des neuen Residenzschlosses zu einem architektonischen Juwel verhelfen sollte, mußte sich viele Jahre mit einer Art Bauruine abfinden[149].

Leopold Retti (1705 – 1751), Oberbaudirektor.

Im Herbst 1748 heiratete Carl Eugen die erst 16jährige Prinzessin Elisabeth Friederike von Brandenburg-Bayreuth, die Nichte Friedrichs des Großen. Die Stadt unternahm große Anstrengungen, die junge Herzogin würdig zu empfangen. Sie erstellte das Esslinger und das Büchsentor neu, setzte öffentliche Gebäude, Brücken, Mauern und Straßen instand. Zur Begrüßung des Fürstenpaars ließ sie eine 60 Fuß hohe, reichverzierte Ehrenpforte aus korinthischen Säulen an der Hospitalkirche und eine zweite, etwas kleinere Ehrenpforte am Eingang der Kirchgasse errichten, den Zugängen zu den Nebenstraßen gab sie durch »grüne, mit Blumenwerk umwundene Portale« ein festlich-einladendes Aussehen. Glockengeläut und Geschützdonner kündigten dann am 12. Oktober, nachmittags 2 Uhr, den Einzug Carl Eugens und seiner Gattin an. An der ersten Ehrenpforte hießen Stadt- und Amtsvogt mit dem Magistrat das Fürstenpaar willkommen. Auf dem Hospitalplatz hatten die Stadtreiter Aufstellung genommen, von dort bis zum

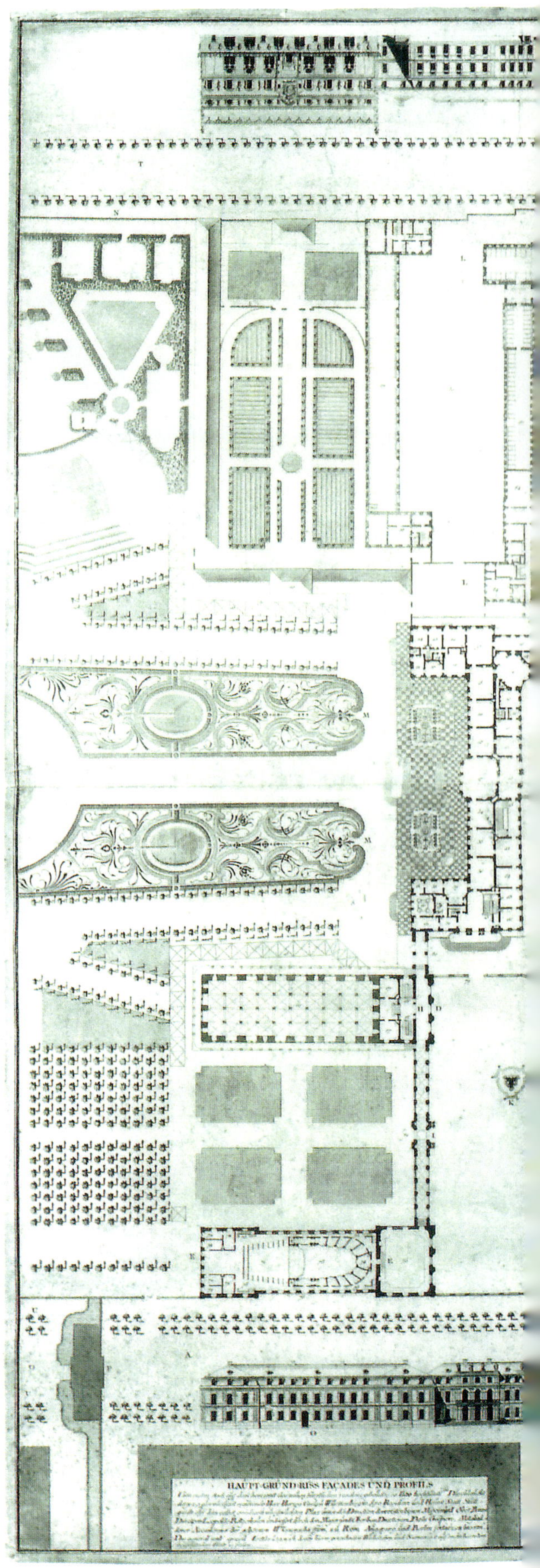

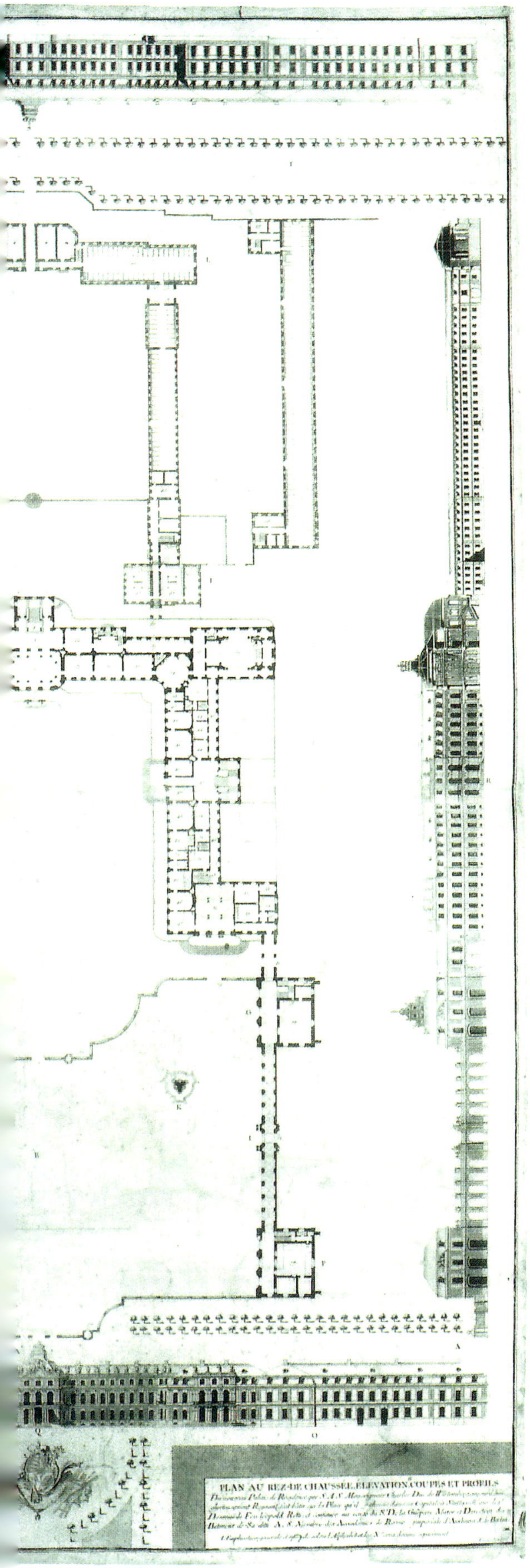

Markt säumten 1000 bewaffnete und uniformierte Bürger die Straßen, anschließend bis zum Schloß die Leibwache zu Fuß. Einen so prachtvollen, meisterhaft inszenierten Einzug, zu dem neben dem Militär alles aufgeboten worden war, was am Hof und in der Regierung Rang und Namen besaß, hatte Stuttgart seit vielen Jahren nicht gesehen. Der »Heimführung« schlossen sich in einem fünftägigen Festreigen Bälle, Konzerte, eine Stadtbeleuchtung, ein aufwendiges Feuerwerk und anderes an[150].

Die Ehe des Herzogs schien unter einem guten Stern zu stehen. Carl Eugen war seiner Frau sehr zugetan. Ihr zuliebe, aber auch um die Attraktivität des Stuttgarter Hofs zu erhöhen gründete er eine stehende Opernbühne; sie wurde am 31. August 1750, dem 18. Geburtstag Elisabeth Friederikes, eingeweiht. Für seine Oper gewann er Spitzenkräfte, so die berühmte Sopranistin Marianne Pirker, eine gebürtige Stuttgarterin. Von Rom, das er 1753 zusammen mit seiner Frau und dem Geheimen Rat von Hardenberg besuchte, brachte er den Kapellmeister von St. Peter, Niccolo Jomelli, mit. Unter der Leitung dieses ungemein produktiven Komponisten erlangte die Oper in Stuttgart, später, nach der Verlegung des Hofes, in Ludwigsburg einen hervorragenden Ruf[151].

Mit der Übernahme der Regierung im Herzogtum durch ihren Sohn hatte die verwitwete Herzogin Maria Augusta ihr Ziel erreicht. Sie nahm weiterhin interessierten Anteil am politischen Geschehen, führte aber sonst ein zurückgezogenes Leben. Im Februar 1748 wurde ihr das um 50000 fl einschließlich Mobilien gekaufte Rödersche, ehemals Sittmannsche Haus mit Nebengebäuden und Garten in der Siechengasse als Witwensitz eingeräumt[152]. Bei ihrem Tod 1756 ordnete die Regierung in ähnlicher Weise wie beim Ableben anderer Angehöriger der herzoglichen Familie eine sechswöchige Landestrauer an. Instrumentalmusik in und außerhalb der Kirchen hatte während dieser Zeit zu unterbleiben, ebenso war Aufspielen bei Hochzeiten und Tänzen untersagt[153].

Der von Leopold Retti 1750 entworfene Generalplan für das Neue Schloß in Stuttgart.

Herzogin Elisabeth Sophie Friederike, geborene Prinzessin von Brandenburg-Bayreuth (1732–1780), Gattin Herzog Carl Eugens von Württemberg.

Schon früh trat die Vorliebe Carl Eugens zu verschwenderischem Prunk hervor. Obwohl nur der Regent eines kleinen Landes, zählte doch sein Hof schon bald zu den glanzvollsten Fürstensitzen Europas. Die heiteren Musen hatten hier eine Heimstatt; sie wurden vom Herzog in jeder Weise gefördert. Auf stellungsuchende Adlige übte der Stuttgarter Hof eine große Anziehungskraft aus, zumal sich rasch herumsprach, hier könne man sich ebensogut wie in Paris amüsieren. In den ersten Regierungsjahren Carl Eugens sollen an seinem Hof rund 200 Angehörige von Adelsfamilien, unter ihnen 20 Prinzen und Reichsgrafen, eine standesgemäße Betätigung gefunden haben. Wenn es um seine Liebhabereien ging, spielte für den jungen Herzog Geld keine Rolle. Bei Festen verschwendete er oft Riesensummen. So soll er bei einem Fest einmal Schmuck im Wert von 50000 Talern

Hochzeitszug des Herzogs Carl Eugen von Württemberg und seiner Gattin Elisabeth Sophie Friederike 1748. Oben im Bild das Brautpaar, darunter Stuttgart mit Gänsheide und Bopser im Hintergrund.

unter den anwesenden Damen ausgeteilt haben. Der berühmte Ballettmeister Vestris aus Paris, den er alljährlich für die Karnevalszeit verpflichtete, erhielt für seinen dreimonatigen Aufenthalt in Stuttgart jeweils 12 000 fl. Einzelne Feuerwerke, die er inszenierte, ließ er sich bis zu 50 000 fl kosten. Seinen Marstall stattete er mit einer großen Zahl erlesener Reitpferde aus. Zur Kurzweil ließ er immer wieder luxuriöse Gebäude erstellen, die nicht selten schon nach wenigen Tagen wieder abgerissen wurden[154]. Zu den groß aufgezogenen Hofveranstaltungen gehörten die Jagden, die gewöhnlich in ein wüstes Abschlachten der zusammengetriebenen Tiere ausarteten. Bei einem »Brunst- und Hatzjagen« in der Wasserhalde bei Leonberg am 8. Oktober 1748 beispielsweise wurden das schwarze und das rote Wild »von einer Höhe von 14 Schuh in den See gesprengt« und während des Schwimmens vom fürstlichen Jagdschirm aus niedergeschossen. Von 700 bis 800 Tieren fielen 400 der fürstlichen Jagdleidenschaft zum Opfer[155]. Die Untertanen mußten für die vielen und teilweise recht ausgedehnten Jagden Herzog Carl Eugens in einem bisher nicht gekannten Ausmaß Treiber- und Fuhrdienste leisten. Am 6. Dezember 1752 wandte sich der Stuttgarter Stadtvogt mit der Bitte an den Herzog, den hiesigen Fuhrleuten den etliche hundert Gulden betragenden rückständigen Jagdfuhrlohn auszuzahlen. Er wies darauf hin, daß lediglich die Kärcher »auf eine gewisse Art zu fronen verpflichtet«, die übrigen Fuhrleute aber ganz fronfrei seien. Bisher seien die Jagdfuhrlöhne von der Rentkammer oder von der herzoglichen Jagdkasse bezahlt worden. Die meist unbemittelten Stuttgarter Fuhrleute benötigten das Geld dringend, sie könnten sonst keine dergleichen Fuhren mehr übernehmen. Das Schreiben blieb unbeantwortet. Am 22. Januar 1753 wandte sich der Stadtvogt in der leidigen Angelegenheit erneut an den Herzog – offenbar wieder erfolglos. Die Stadt beharrte auf ihrem Standpunkt, die Fuhrleute seien für die von ihnen geforderten Jagdfuhren zu entschädigen. Die Rentkammer dagegen bezeichnete diese Fuhren als den Bürgern auferlegte Frondienste, für die die Herrschaft eine Bezahlung nicht zu leisten habe. Es kam zu jahrelangen Streitigkeiten. Die Stadt verwies auf das Ehaftenbuch, nach dessen Bestimmungen die Bürger, abgesehen von herrschaftlichen Neubauten, bei denen sie nicht zu fronen brauchten, im Jahr zu zwei bis höchstens drei jeweils halbtägigen Frondiensten für die Herrschaft verpflichtet seien. Deshalb habe man es auch zugelassen, daß die Kärcher auf herrschaftliches Ansuchen jährlich drei halbe Tage »mit Roß und Geschirr« gefront hätten. Eine entsprechende Fuhrfrondienstverpflichtung für die Fuhrleute habe es nie gegeben. Zu einer Entscheidung über die Lohnforderungen der Fuhrleute für die von ihnen geleisteten Jagdfuhren ließ sich die Rentkammer bzw. die herzogliche Regierung nicht herbei. Noch 1756 warteten die Fuhrleute auf eine finanzielle Entschädigung durch die Herrschaft[156].

Ohne Frage wurden die vielen Hofbediensteten für die verhältnismäßig kleine Stadt Stuttgart zum Problem, zumal manche von ihnen nicht gewillt waren, die für die Bürger geltenden Vorschriften zur Aufrechterhaltung von Ruhe und Ordnung für ihre Person anzuerkennen. Es hat allerdings den Anschein, als hätten Herzog und Hofverwaltung im Gegensatz zu den Zeiten Carl Alexanders den Übermut junger Bediensteter kaum gezügelt. Im Februar 1748 beispielsweise warfen einige Hofangehörige einer armen Familie die Fenster ein. Der Herzog ließ sich auf das Gesuch der Familie zu einer Entschädigung herbei, war aber sehr ungehalten darüber, daß man ihn mit einer solchen Lapalie belästigt hatte. In einem Dekret herrschte er die Supplikanten an, künftig »aus Kleinigkeiten kein so großes Wesen zu machen oder weiterer Ahndung gewärtig zu sein«[157]. 1762 wagte es Stadtoberamtmann Stockmaier, die Frau des herrschaftlichen Stallknechts wegen heimlicher Aufnahme von Juden um 10 fl zu bestrafen. Ein herzogliches Dekret verwies ihm einen solchen Eingriff in die Jurisdiktion des Oberhofmarschallamts[158].

Herzog Carl Eugen konnte sich dem einfachen Mann gegenüber, so sehr er erwartete, daß ihm dieser, wann immer er seiner bedurfte, zu Diensten stand, auch recht leutselig geben. An manchem seiner

Von Herzog Carl Eugen von Württemberg am 8. Oktober 1748 bei Leonberg veranstaltete Hirschjagd.

glanzvollen Feste war er ihm nicht nur in der Rolle des bewundernden Zaungastes willkommen, sondern er ließ ihn auch an den dort gebotenen Wohltaten teilnehmen. Dies war etwa bei seinen mit großem Pomp gefeierten Geburtstagen der Fall. Im Februar 1761 währten die Geburtstagsfeierlichkeiten acht Tage, dem Volk wurden zwei gebratene Ochsen sowie roter und weißer Wein spendiert. Dasselbe geschah im folgenden Jahr. Leider wurden diesmal die unbeschwerten Lustbarkeiten durch ein Unglück jäh unterbrochen: Beim Einsturz eines Gerüsts verloren fünf Menschen ihr Leben[159].

Das gute Einvernehmen zwischen Herzog Carl Eugen und seiner Frau währte nur kurze Zeit. Carl Eugen ließ sich in eine Vielzahl galanter Abenteuer ein und entfremdete sich so Elisabeth Friederike. Seit Beginn der fünfziger Jahre verschlechterte sich auch das Verhältnis des Herzogs zu den Landständen. Schuld daran waren seine wachsenden Geldwünsche. Da diese durch die Rentkammer und die ständischen Finanzzuwendungen nicht befriedigt werden konnten, erschloß sich Carl Eugen eigenmächtig neue Geldquellen. 1752 ging er, nachdem ein entsprechendes Abkommen mit Preußen gescheitert war, mit Frankreich einen Subsidienvertrag ein, der ihn gegen eine hohe finanzielle Entschädigung im Kriegsfall zur Stellung von 6 000 Soldaten verpflichtete. 1756 brach der Siebenjährige Krieg aus. Carl Eugen hatte das zugesagte Subsidienkorps ins Feld zu stellen. Doch diese Truppe mußte erst gebildet werden, es standen kaum die Kader zur Verfügung. Mit den übelsten Tricks wurden junge Männer, Landwirtssöhne, Handwerker, aber auch kriminelle Elemente angeworben bzw. zwangsrekrutiert. Ohne Grundausbildung und undiszipliniert wurde das Kontingent in Marsch gesetzt. Ein erheblicher Teil der Mannschaft lief, wie wir bereits früher gehört haben, davon. Brutal wurde eine Meuterei unterdrückt. Die Franzosen verzichteten bald auf die stark dezimierten kriegsuntüchtigen württembergischen Hilfstruppen, stellten die Subsidienzahlungen ein. Ein Subsidienvertrag mit Österreich schlug gleichfalls fehl. Die Württemberger waren für ihre Verbündeten bloß eine Last. Carl Eugen zog verärgert seine Soldaten zurück und begnügte sich damit, zu Hause höfisch friedlich Krieg zu spielen.

Die fortwährenden amourösen Eskapaden des Herzogs zerstörten seine Ehe. Seit 1756 lebte Elisabeth Friederike wieder bei ihren Eltern in Bayreuth; sie kehrte nicht mehr nach Stuttgart zurück. Mitten im Krieg reorganisierte Carl Eugen den Regierungsapparat. An die Spitze des Geheimen Rats, nunmehr sein gefügiges Machtinstrument, stellte er den Grafen Montmartin, eine höchst fragwürdige Persönlichkeit. Montmartin verstand es, sich unentbehrlich zu machen. Der Herzog überließ ihm die Zügel der Regierung, zumal er in ihm einen schlagkräftigen Mitstreiter in dem an Härte ständig zunehmenden Kampf gegen die Landstände sah. Er selbst konnte sich so weitgehend seinen künstlerischen Neigungen widmen. 1757 ließ er sich durch den früheren Bayreuther Schauspieler Uriot eine Schauspielbühne errichten, zwei Jahre später rief er die Ludwigsburger Porzellanmanufaktur ins Leben, 1761 die »Académie des arts«, ein Bildungsinstitut für Maler und Bildhauer, später auch für Tänzer. Der bekannte Bildhauer Lejeune, der bis 1753 an der französischen Akademie in der Villa Medici gewirkt hatte, nahm nicht nur entscheidenden Anteil an der Gründung der Ludwigsburger Porzellanmanufaktur, sondern zusammen mit dem Maler Guibal bestimmte er auch maßgeblich die Entwicklung der herzoglichen Kunstschule.

Ansicht der 1759 gegründeten Ludwigsburger Porzellanmanufaktur auf einer um 1780 hergestellten Teekanne.

Johann Jakob Moser (1701–1785), Staats- und Völkerrechtler, seit 1751 württembergischer Landschaftskonsulent.

Montmartin suchte sich derweilen die Landstände gefügig zu machen. Hierbei scheute er sich im Einvernehmen mit dem Herzog nicht, seine immensen Geldforderungen gegenüber der Landschaft, wenn er es für angebracht hielt, durch Militäreinsatz gewaltsam durchzusetzen. Der berühmte Staatsrechtler und Landschaftskonsulent Johann Jakob Moser, der gegen solche kriminellen Praktiken scharfen Protest einlegte, mußte 1759 sein »Aufbegehren« mit einer mehrjährigen, anfänglich sehr harten Haft auf dem Hohentwiel büßen. Er war übrigens nicht der erste völlig Unschuldige, den Carl Eugen auf schlimmste Art mißhandelte und seiner Freiheit beraubte. Bereits im Jahr zuvor war es der großen Sängerin Marianne Pirker, einer Vertrauten der Gattin Carl Eugens, nicht besser ergangen. Und wenige Jahre später bekam der Oberst Rieger, der über die Maßen dienstwillige Gehilfe des Herzogs bei der Zwangsrekrutierung der französischen Subsidientruppe 1756, wegen angeblicher landesverräterischer Kontakte zu dem preußischen Feind eine vierjährige Festungsstrafe zudiktiert. In der Landeswohlfahrt und Wirtschaft neue Wege einschlagend, umging Herzog Carl Eugen bei der Beschaffung des dafür erforderlichen Geldes und bei der zugleich von ihm ins Werk gesetzten Steuerreform die Landstände. Allein, die Ämter weigerten sich, die vom Landesherrn selbstherrlich verfügten Steuererhebungen durchzuführen. Die Stadt Stuttgart, die sich hierbei besonders widerspenstig zeigte, wurde 1764 mit der Verlegung des Hofes nach Ludwigsburg bestraft. Die aufs übelste brüskierte Landschaft verklagte den Herzog wegen fortgesetzten Verfassungsbruchs beim Reichshofrat in Wien. Das nach jahrelangen rechtlichen Auseinandersetzungen schließlich verkündete Urteil des Reichshofrats von 1770, der bekannte »Erbvergleich«, gab der Landschaft in ihren sämtlichen Klagepunkten recht. Die württembergische Verfassung war damit vom Reich bestätigt. Die herzogliche Regierung mußte alle Gelder, die sie sich ohne die Zustimmung der Landstände beschafft hatte, innerhalb einer bestimmten Frist zurückerstatten. Das absolutistische Regiment Herzog Carl Eugens hatte sich nicht zu behaupten vermocht. Die lange so hart gebeutelten Landstände hatten die Oberhand behalten.

Indes vollzog sich in eben jenen Jahren ein tiefgreifender Wandel in der Lebens- und Weltsicht des Herzogs. Das Gewalttätig-Cholerische in seinem Charakter brachte er zwar nie ganz unter Kontrolle, doch vermochte er es jetzt durch den Intellekt zu zügeln. Mehr und mehr wurde er der aufgeklärte Regent, der auf das Wohl seiner Untertanen bedacht war, Kunst und Wissenschaft in seinem Land eine Heimstatt schaffen wollte. 1770 legte er auf dem soeben fertiggestellten Schloß Solitude, in ländlicher Zurückgezogenheit lebend, die Grundlagen für die fünf Jahre später nach Stuttgart verlegte Hohe Carlsschule, eine Bildungseinrichtung, die sich, wie noch zu zeigen sein wird, an zukunftweisenden pädagogischen Ideen orientierte und sich unvoreingenommen neuen Erkenntnissen auf geistes- und naturwissenschaftlichem Gebiet öffnete[160].

Fleiß, Gewissenhaftigkeit, reges Interesse für alles, was in seinem Land vorging, sowie Aufgeschlossenheit für die Sorgen und Nöte der Untertanen traten jetzt als bestimmende Wesenszüge Carl Eugens hervor. Zu Pferd und in der Kutsche ständig unterwegs, kannte er sein Land besser als irgend jemand sonst. Er kümmerte sich um alles und jedes. Viel Zeit wandte er auf, um Streitigkeiten von Untertanen zu schlichten. Brach in der Nähe seiner Residenz oder seines zufälligen Aufenthalts eine Feuersbrunst aus, eilte er sofort zum Brandort, organisierte die Brandbekämpfungsmaßnahmen und legte oft selbst mit Hand an. Seine Hauptarbeit leistete er im Kabinett. Er unterzog alle Akten einem gründlichen Studium und traf umgehend seine Entscheidungen. In manchen Jahren erledigte er auf solche Weise mehr als 12 000 Aktenvorgänge[161].

Zu Beginn der siebziger Jahre begegnete Herzog Carl Eugen der Frau, die seinem weiteren Leben Richtung und Ziel gab: Franziska von Leutrum, geborene von Bernerdin, die nachmalige Gräfin von Hohenheim. Kein flüchtiges Liebesabenteuer wie zuvor unzählige andere, sondern eine Entscheidung auf Dauer, eine feste Bindung. Auch wenn Carl Eugen Franziska erst nach dem Tod seiner ersten Frau (1780) heiraten und erst wenige Jahre vor seinem Tod noch zur Herzogin erheben konnte, so

Schloß Solitude um 1835.

Gräfin Franziska Therese von Hohenheim (1748–1811), die Geliebte und spätere zweite Frau Herzog Carl Eugens von Württemberg.

Herzog Carl Eugen von Württemberg inspiziert den Bau von Schloß Hohenheim 1785.

lebte er doch von Anfang an mit ihr in engster menschlicher Gemeinschaft und Vertrautheit. Franziska wurde sein guter Geist; sie stand ihm zur Seite und bestärkte ihn in seinem Bemühen, die Wohlfahrt des Landes zu fördern. Als Protektorin der von ihm gegründeten »Ecole des demoiselles« erwarb sie sich bleibende Verdienste um das höhere Mädchenschulwesen[162].

Seinen 50. Geburtstag am 11. Februar 1778 nahm Carl Eugen zum Anlaß, um in einem von den Kanzeln zu verlesenden aufsehenerregenden Manifest persönliche und politische Verfehlungen in seinem bisherigen Leben öffentlich einzugestehen und für die Zukunft Besserung zu geloben[163]. Zugleich ließ er 1000 fl an die Armen verteilen. Seine Geburtstage in den folgenden Jahren feierte er mit einem Gottesdienst. Anschließend bedachte er die Armen mit Geldspenden, Speisen und Getränken. Franziska übte auf andere Weise tätige Armenfürsorge: Alljährlich an ihrem Geburtstag (10. Januar) »steuerte« sie 15 bedürftige junge Stuttgarter Paare, die an diesem Tag getraut wurden, vollständig »aus«, ferner ließ sie »vier Paar Ehejubilanten« neu kleiden und mit Geld beschenken sowie alle diese Ehepaare zusammen mit etlichen hundert Armen speisen[164].

Solange sich der glanzvolle Hof Carl Eugens in Stuttgart befand, war der Herzog der größte Bauherr. Den mit Schwierigkeiten und Rückschlägen verbundenen langwierigen Bau des neuen Residenzschlosses haben wir bereits erwähnt. Andere herrschaftliche Projekte, die zwischen 1744 und 1764 realisiert wurden, hatten einen bescheideneren Rang. Im Frühjahr 1757 richtete La Guêpière im unteren Saal des Neuen Baus eine kleine Bühne für die französische Komödie ein. Doch knapp zwei Wochen nach der ersten Aufführung, die dort stattfand, wurde der Neue Bau ein Raub der Flammen. Bei dem durch die Unvorsichtigkeit einiger Handwerker entstandenen Brand gingen die meisten dort verwahrten Kostbarkeiten in der Rüst- und Kunstkammer zugrunde. 1778 wurde die Ruine des einst von Heinrich Schickhardt errichteten Neuen Baus, eines der schönsten Renaissancegebäude Stuttgarts, vollends beseitigt[165].

1758 gab la Guêpière im Neuen Lusthaus der Oper Carl Eugens einen grandiosen baulichen Rahmen. Der von ihm geschaffene Einbau, der sich durch seine klaren frühklassizistischen Formen von den barocken Theatersälen sehr vorteilhaft unterschied, muß an Galaabenden, wenn er durch viele tausend Kerzen beleuchtet und mit Blumengehängen reich geschmückt war, für Besucher ein überwältigendes ästhetisches Erlebnis gewesen sein[166].

Die großen Erwartungen, die die Stuttgarter 1775 in die Rückkehr des Hofes gesetzt hatten, erfüllten sich nur zu einem geringen Teil. Der höfische Glanz, der jetzt auf die Landeshauptstadt fiel, war eher bescheiden. Nur beim Besuch hochgestellter Persönlichkeiten, so beim Besuch von Großfürst Paul von Rußland und seiner Gattin Maria Feodorowna im September 1782, geizte Carl Eugen nicht mit verschwenderischem Prunk. Gerne zog er sich auf die Solitude zurück, später nach Hohenheim,

Das Neue Schloß in Stuttgart um 1820.

dem Lieblingsaufenthalt Franziskas. Dort begann er 1785 nach den Plänen des aus der »Académie des arts« hervorgegangenen Baumeisters Reinhard Ferdinand Heinrich Fischer mit dem Bau eines repräsentativen Schlosses, das das herzogliche Paar allerdings nicht mehr bewohnen konnte[167].

Die baulichen Aktivitäten des Herzogs, von denen sich der Magistrat nach der Rückkehr des Hofes belebende Impulse für das Bau- und Kunsthandwerk versprach, hielten sich in der Stadt in engen Grenzen. An der einen tristen Anblick bietenden Bauruine des neuen Residenzschlosses tat sich auch jetzt jahrelang so gut wie nichts. Erst kurz vor dem Besuch des russischen Großfürstenpaars 1782 änderte sich dies. Architekt Fischer mußte im Auftrag Carl Eugens zur »Instandstellung« des Schlosses nach Straßburg und Paris reisen, um dort für 48 000 fl vor allem Bildhauer- und Vergolderarbeiten sowie Möbel zu kaufen[168]. Unter großem Zeitdruck gelang es dann, die wichtigsten Paraderäume bis zum Eintreffen der russischen Herrschaften herzurichten. In den nächsten Jahren wurden dann die Bauarbeiten in gemäßigtem Tempo fortgesetzt. 1790 war der Rohbau vollendet. Der Innenausbau zog sich noch lange hin; er wurde erst unter König Friedrich zum Abschluß gebracht. Herzog Carl Eugen hat das Neue Schloß selbst nie bewohnt. Die standesgemäße Wohnung, deren Bau er bei seinem Regierungsantritt gefordert hatte, kam erst seinen Nachfolgern zugute[169].

Reinhard Ferdinand Heinrich Fischer (1746–1813), Major und Oberbaudirektor.

Das Neue Schloß in Stuttgart um 1810.

In der ersten Hälfte seiner Regierungszeit hatte Carl Eugen, was Orchester, Oper und Ballett anbetraf, mit den Höfen von München, Mannheim und Wien in jeder Hinsicht wetteifern, ja sie zum Teil in künstlerischer Beziehung noch überbieten können. Im Bereich der Musik stand er selbst hinter den Königen von Frankreich, Portugal, Neapel und England nicht zurück[170]. 1775 konnte von alldem keine Rede mehr sein. Bereits 1767 hatte er der französischen Komödiantentruppe gekündigt. Auch sonst hatte er in den folgenden Jahren den Kunstetat in personeller Hinsicht stark vermindert. »Ausländer« hatten ihren Abschied nehmen müssen. Er war statt dessen dazu übergegangen, Künstler in seinen eigenen Bildungsanstalten wie der Militärakademie/Hohen Carlsschule heranzuziehen. Mitte der siebziger Jahre vermochte man den Bedarf bereits mit diesen Kräften zu befriedigen. Lediglich die künstlerische Leitung und zum Teil auch der Unterricht an der Musik- und der Theaterschule befanden sich noch in der Hand von Fremden. Doch auch hier rückten zunehmend Landeskinder nach. Oberkapellmeister war von 1770 bis 1777 Antonio Boroni (1738–1797), später Kapellmeister an der Peterskirche in Rom. Unter Boroni behaupteten sich die Leistungen der Oper auf einem ansehnlichen Niveau.

Hatte das herzogliche Theater bislang als eine Art Luxuseinrichtung des Hofes fungiert, von der die Bürger weithin ausgeschlossen gewesen waren, so entschloß sich Herzog Carl Eugen 1777 zu einer grundlegenden Änderung. Der freie Eintritt wurde auf besonders festliche Anlässe beschränkt, für alle anderen Vorstellungen galten nunmehr feste Eintrittsgelder und Abonnements. Da aber für die im Spielplan stark bevorzugten kleineren Singspiele und bürgerlichen Schauspiele das Große Opernhaus nicht den geeigneten Rahmen abgab und es sich mit einem zahlenden Publikum nur schwer füllen ließ, erbaute Architekt Fischer mit dem Holz des ungenützten Teinacher Komödienhauses am Ende der Planie ein kleines Theaterhaus mit einem rund 650 Personen fassenden, aus Parterre und drei Galerien bestehenden Zuschauerraum. In der Mitte des ersten Ranges befand sich die große Hofloge, zu beiden Seiten waren die Logen der Gesandten, rechts seitwärts, unmittelbar an der Bühne, die kleine herzogliche Loge plaziert. Zur ersten Galerie hatten nur der Adel, die Geheimen Räte, die Regierungsräte und die Offiziere jeweils mit ihren Familien Zutritt.

Ungeachtet bemerkenswerter Leistungen der meist jungen Künstler wurde das Hoftheater nunmehr zu einer Alltagsbühne, die mit dem Stuttgarter Hoftheater unter dem jungen Carl Eugen und dessen herausragendem künstlerischem Niveau kaum mehr etwas gemein hatte. Der alternde Herzog besaß bloß noch geringes Interesse für das Theater. Selten nur fand er sich mit seiner »Franzel« bei Vorstellungen in Stuttgart ein, und dies wohl vor allem deshalb, weil er sich seinen Untertanen zeigen wollte.

Die italienischen Opern und französischen Komödien waren dem elitären Kreis der Hofgesellschaft und allenfalls noch den obersten Beamtenkategorien, den Offizieren und vermögenden Einwohnern vorbehalten gewesen. Der Durchschnittsbürger hätte mit ihnen wenig anzufangen vermocht, selbst wenn ihm die Möglichkeit geboten gewesen wäre, sie im Theater zu sehen. Er fühlte sich wie früher mehr zu derben Volksbelustigungen hingezogen, wie sie auf Jahrmärkten üblich waren, zum Marionettentheater, zu Vorführungen mechanischer Figuren und Automaten, zu Darbietungen von Zauberkünstlern, Kunstreitern und Seiltänzern. Bei Theateraufführungen schätzte er das Spiel deutscher Wandertruppen, in denen der Hanswurst noch immer im Mittelpunkt stand. Daß von dem verschwenderischen Luxus, den sich Carl Eugen in seinen ersten 20 Regierungsjahren erlaubt hatte, zahlreiche Handwerker und andere Einwohner wirtschaftlich profitiert hatten, war keine Frage. Ebenso hatte der starke Zulauf von Fremden während der Karnevalszeit Gewerbe und Handel zusätzliche Verdienstmöglichkeiten verschafft. Auf der anderen Seite hatte der aufwendige Lebensstil der landfremden Künstler und Höflinge, ebenso ihre lockeren Sitten Anstoß erregt und die ohnehin vorhandenen Vorurteile der in den strengen Moralvorstellungen der evangelischen Landeskirche erzogenen Einheimischen noch verstärkt. Abneigung und Mißstimmung gegen den Hof waren stetig angewachsen. Daß dort jetzt ein anderer Geist eingekehrt war, daß an die Stelle landfremder Künstler zunehmend im eigenen Land herangebildete Kräfte traten und daß sich das Hoftheater zudem dem Bürger öffnete und ihm in seinem Spielplan entgegenkam, fand eine durchaus positive Resonanz.

1787 ernannte Carl Eugen den zuvor zehn Jahre auf dem Hohenasperg inhaftiert gewesenen Christian Friedrich Daniel Schubart zum Hof- und Theaterdichter und betraute ihn mit der künstlerischen Leitung des Schauspiels und der deutschen Oper. Die vierjährige Amtszeit Schubarts wurde der letzte bedeutsame Abschnitt in der Geschichte des Hoftheaters unter Carl Eugen, selbst wenn der einfallsreiche, umtriebige Exponent der Sturm-und-Drang-Lyrik nur einen kleinen Teil seiner Ideen verwirklichen konnte. Der Plan des neuen Hoftheater-Direktors, die Stuttgarter Schaubühne nach dem Vorbild der Mannheimer zu einem Nationaltheater umzugestalten, blieb infolge widriger Umstände in den ersten Ansätzen stecken. Andererseits war es Schubart zu verdanken, wenn das Theater jetzt den Kontakt zum Publikum zu gewinnen suchte. Er brachte Voranzeigen mit teilweise kritischen Anmerkungen zu Aufführungen und unternahm die ersten Versuche, Theaterkritiken in Stuttgart heimisch zu machen.

Der Spielplan des Hoftheaters zwischen 1779 und 1793 war recht vielgestaltig, er entsprach dem der mittleren deutschen Bühnen. Oper und Schauspiel wurden in regelmäßigem Wechsel geboten. Insgesamt kamen 50 verschiedene Opern und andere Tonwerke sowie mehr als hundert verschiedene Schauspiele zur Aufführung. In der Oper hatte das deutsche Singspiel die Werke romanischer Meister überflügelt, wobei letztere teils in deutscher, teils in italienischer oder französischer Sprache dargeboten wurden. An der Militärakademie/Hohen Carlsschule ausgebildete Musiker, so Rudolf Zumsteeg, schrieben für das Hoftheater Opern und Operetten, die sich großer Beliebtheit erfreuten, aber selten auch außerhalb Württembergs Aufmerksamkeit erregten. Als erste Mozart-Oper kam am 16. Juli 1790 »Die Hochzeit des Figaro« zur Aufführung. Indes sollte es noch Jahre dauern, bis die Werke des genialen Komponisten den ihnen gebührenden Stellenwert im Repertoire des Hoftheaters erhielten. Beliebt waren noch immer ausländische Opernkomponisten, beispielsweise Sacchini, Paisiello, Antonio Salieri, Pasquale Anfossi, Vincente Martin, Gretry. Im Bereich des Schauspiels wurden bereits 1784 Schillers »Räuber« aufgeführt und in den folgenden Jahren mit großem Erfolg

Christian Friedrich Daniel Schubart (1739–1791), Dichter.

Der allhiesigen Innwohnerschaft werden auf Herzoglich gnädigste Verordnung folgende Punkten zur genauen Befolgung auf die- in künftiger Woche angestellte feyerliche Einweihung der Herzoglichen Carls-Academie bekannt gemacht:

1.) Da sich aus diesem erfreulichen Anlaß eine grosse Anzahl fremder Personen sowohl von dem Land als ausserhalb demselben bey dieser Feyerlichkeit einfinden wird: So hat man nach Serenissimi gnädigster Anweisung einen besondern Speißtax für die Schildwirthe und Traiteurs entworfen, welcher in denen Wirthshäusern angeschlagen- auch sonsten in der Stadt bekannt gemacht werden wird, und worauf man sich also hier beziehet.

2.) Die Innwohnerschaft wird hiebey verwarnet, keine fremde Personen ohne Stadt-Oberamtliche Erlaubnuß bey der darauf gesezten legal-Strafe à 10. fl. zu beherbergen, oder sonsten verdächtigen Personen Aufenthalt zu geben; wie dann

3.) ein jeder Burger und Innwohner, daferne er wahrnehmen sollte, daß sich bey seinem Nachbar dergleichen verdächtige Personen aufhalten, bey seinen Unterthanen- und burgerlichen Pflichten schuldig und gehalten sein solle, dem Herzoglichen Stadt-Oberamt die gleichbaldige Anzeige zu machen, unter der Versicherung, daß sein Nahme verschwiegen bleiben solle.

An die Stuttgarter Einwohnerschaft gerichtete Bekanntmachung über die feierliche Einweihung der herzoglichen Carlsakademie im Februar 1782.

wiederholt. 1792 wagte sich das Hoftheater an »Kabale und Liebe«; es blieb hier aber vorläufig bei einer Aufführung. Goethe war lediglich mit dem Singspiel »Klaudine und Villabella« (1784) vertreten. Lessings »Minna von Barnhelm« und sein Lustspiel »Der Schatz« gehörten zu den ersten deutschen Stücken, die das Hoftheater in den siebziger Jahren dem Publikum vorstellte. 1779 gesellten sich »Die Juden« und 1781 »Emilia Galotti« hinzu. Auch Schauspiele weniger bekannter deutscher Dramatiker wurden mit Erfolg aufgeführt. Selten nur bekam das Stuttgarter Publikum Werke großer ausländischer dramatischer Dichter zu sehen: Shakespeare, Sheridan, Molière und Voltaire. Der überwiegende Teil der damals gespielten Stücke ist heute längst vergessen.

Erinnerungen an die Glanzzeit der Stuttgarter Oper weckten die seltenen, nur im Großen Opernhaus veranstalteten Theaterabende. Bei ihnen wurde an Aufwand nicht gespart. So verursachten die Opernaufführungen an den Geburtstagen Franziskas 1781 und 1782 jeweils Kosten in Höhe von 15 000 fl. Glanzvoll waren auch die Festabende anläßlich der Erhebung der Hohen Carlsschule zur Universität im Februar 1782, die zusammen mit dem Geburtstag des Herzogs gefeiert wurde, sowie die Theaterveranstaltungen während des Besuchs des russischen Großfürstenpaars im September 1782[171].

Die Kunstkammer mit ihren reichhaltigen Sammlungen, bisher Privatbesitz des Landesherrn, zog in wachsendem Maß das Interesse der Öffentlichkeit auf sich. Herzog Carl Eugen erkannte die Verpflichtung, die er mit diesen Sammlungen der Wissenschaft gegenüber hatte. Deshalb entschloß er sich 1791, sie grundlegend neu zu organisieren und zu wissenschaftlichen Einrichtungen zu machen. Er gliederte sie nach Fachgebieten (drei naturwissenschaftliche Sammlungsbereiche und ein historischer) und übertrug deren wissenschaftliche Betreuung Professoren der Hohen Carlsschule. In der Praxis bedeutete dies die Trennung des Münz-, Kunst- und Antiquitätenkabinetts (historischer Sammlungsbereich) von dem Naturalienkabinett. Für alle Fachbereiche gewann Carl Eugen ausgezeichnete Fachleute, in dem Zoologen Karl Friedrich Kielmeyer sogar einen überragenden Gelehrten. Für die Kunstkammer und die Antiquitäten erwies sich der Bibliothekar und Professor für Münzkunde und Diplomatik Karl Friedrich Lebret besonders geeignet. Lebret blieb bis zu seinem Tod 1829 Inspektor des Münz-, Medaillen- und Kunstkabinetts (wie der historische Fachbereich nunmehr hieß). Als sicher kann gelten, daß sich Carl Eugen bei der Neuorganisation der Kunstkammer und bei der Umwandlung ihrer verschiedenen Sammlungsteile in wissenschaftliche Institute auch über die volkswirtschaftliche Bedeutung seiner Entscheidung bewußt war, erwartete er doch wie andere Fürsten des aufgeklärten Absolutismus der Zeit von den Naturwissenschaften eine Förderung von Wohlstand und gewerblichem Fortschritt[172].

Karl Friedrich Kielmeyer (1765–1844), Professor für Naturwissenschaften an der Hohen Carlsschule, später an der Universität Tübingen, Leiter der naturwissenschaftlichen Sammlungen in Stuttgart.

Seitdem 1772 Montmartin endgültig von der politischen Bühne Württembergs abgetreten war, kam es zwischen Herzog und Landständen zu keinen größeren Turbulenzen mehr. Carl Eugen nahm zwar weiterhin regen Anteil an der Regierung, den Verkehr mit der Landschaft aber überließ er seinen vertrauten Ratgebern im Geheimen Rat[173]. Im Volk erlangte der jetzt verhältnismäßig bescheiden, beinahe im Stil eines Landedelmannes lebende Fürst große Popularität. Er konnte sich recht gut in der Sprache des »gemeinen Mannes« unterhalten, und er tat dies nicht ungern. Auch nahm er sich der Nöte und Sorgen seiner Untertanen an, wenn ihm dies angebracht erschien. Als beispielsweise 1791 der unbemittelte Lohnkutscher Jakob Krupp bei einer Herrschaftsfron ein Pferd im Wert von 50 fl einbüßte, versprach er, ihm beim nächsten Pferdeverkauf ein anderes Pferd zukommen zu lassen[174]. Freilich, seine Leutseligkeit hatte Grenzen. Er erwartete, daß ihm als Landesherrn der schuldige Respekt erwiesen wurde. In einem Reskript vom 22. Juli 1785 rügte er »das irrespektuöse Verhalten« von Kutschern, Fuhrleuten und Karrenbauern. Sie wichen mit ihren Fahrzeugen nicht aus und hielten auch nicht »still«(an), wenn sich der Herzog, angekündigt durch vorausreitende »Kavaliers oder Stallmeister«, auf der Straße näherte. Er ließ sie deshalb streng ermahnen, sowohl außerhalb wie innerhalb der Stadt ordentlich auszuweichen und auf der Seite stillzuhalten, bis »Serenissimus« vorübergefahren war. Zuwiderhandelnde sollten künftig empfindlich gestraft werden. Diese herzogliche Willensbekundung wurde gleichzeitig auch den Metzgern eingeschärft. Eine entsprechende Anordnung hatten die Fuhrleute und Kutscher übrigens schon im Vorjahr unterschriftlich zur Kenntnis nehmen müssen, anscheinend hatten sie diese aber nicht beachtet[175].

Der Ausbruch der Französischen Revolution erregte Herzog Carl Eugen sehr. Zweimal, gleich 1789 und nochmals 1791, reiste er nach Paris, um sich aus eigener Anschauung ein Bild von den dortigen weltbewegenden Ereignissen zu machen. Vor allem der zweite Aufenthalt in Paris erschütterte ihn. Er sah sich als Augenzeuge der Zerrüttung, des Niedergangs Frankreichs. 1792 gingen die linksrheinischen württembergischen Territorien verloren. Carl Eugen hoffte auf die Rückgewinnung dieser Gebiete bzw. auf angemessene Entschädigungen, die der Pariser Nationalkonvent auch in Aussicht stellte. Er setzte deshalb auf Neutralität, und dies auch dann noch, als der Reichskrieg gegen die Französische Republik erklärt worden war. Sein Tod am 24. Oktober 1793 enthob ihn der Entscheidung, sich der antifranzösischen Kriegsallianz anschließen zu müssen[176].

Die Herzöge Ludwig Eugen und Friedrich Eugen (1793–1797)

Für Herzog Ludwig Eugen, den Bruder und Nachfolger Carl Eugens, hingegen war die Teilnahme Württembergs am Reichskrieg gegen Frankreich keine Frage. Er lehnte sich politisch eng an Österreich an. Große Anstrengungen unternahm er, die militärische Abwehr zu organisieren. Nur zögernd gab er, nachdem Preußen im April 1795 mit der Französischen Republik Frieden geschlossen hatte, dem Drängen der Landschaft nach, in Friedensverhandlungen einzutreten, um weiteres kriegerisches Unheil von seinem Land abzuwenden. Doch ehe es zu konkreten Ergebnissen kam, erlag Ludwig Eugen am 20. Mai 1795 einem Schlaganfall. Die kurze Regierungszeit des rechtlich denkenden, leutseligen, aber zur Bequemlichkeit neigenden, leicht beeinflußbaren, vom Urteil anderer abhängigen Fürsten hat wenig Spuren hinterlassen. Er war ein Übergangsregent, der sich in dem Amt, das ihm im fortgeschrittenen Lebensalter zuteil wurde, überfordert fühlte und es in der Tat auch war. Geschadet hat ihm in

Herzog Ludwig Eugen von Württemberg (1731–1795, regiert seit 1793).

der Erinnerung der Nachgeborenen wohl am meisten die bereits 1794 von ihm verfügte Aufhebung der Hohen Carlsschule[177].

Ludwig Eugen war der erste regierende Herzog, der das Neue Schloß zum Wohnsitz erkor. 1794 ließ er bekanntgeben, daß dort niemand eine Logis gestattet werde. Dies hieß indes wohl kaum, daß Hofbedienstete, deren der Herzog und seine Familie ständig bedurften, dort keine Zimmer erhielten. Das Alte Schloß hingegen war dem Pagengouverneur, den Pagen, zwei Kammerdienern, sämtlichen katholischen Hofkaplänen und -vikaren, dem Küchenmeister, dem Hofökonomen, dem Hofkonditor, dem Haussilberkämmerling und anderen als Wohnung angewiesen. An herrschaftlichen Gebäuden gab es damals in Stuttgart neben den beiden Schlössern das Fürstenhaus, das herzogliche Palais, das Opernhaus, das Komödienhaus, die Kanzlei, den Prinzenbau, den Leibkorpsbau, das Jägerhaus, das Gebäude am Ludwigsburger Tor, die Wildmeisterei, das Hühnerhaus, das Cannstatter Tor, die Tragtierstallung, das Jerusalemer Tor, die Münz, den Marstall, die Bauverwaltung, den Bauhof, die Alte Hofmetzig (neben dem Bauhof), die Rauchkammer- und Salzkochwohnung, die Gärtnereiwohnung vor dem Rotebildtor, die Scharfrichterwohnung, das Herrenhaus (jetzt Bibliothek), die Stadtoberamtei, die Carlsakademie, die Kammerschreiberei, die Kammerschreiberei-Küferei, die Kastkellerei, die Hofküferei, die Hofbronnenmacherei, das Seegassentor, das herrschaftliche Bierhaus, die Seeltorkaserne, die Rotebildtorkaserne, die Büchsentorkaserne[178]. Bei der Aufzählung der Gebäude wird zwischen Hof-, Regierungs- und Militärbauten nicht unterschieden; sie ist dennoch für die Präsenz der Herrschaft in der Residenzstadt, für ihre Ansprüche an kulturellen und wirtschaftlichen Einrichtungen, ihre Liebhabereien (z. B. den Jagdbetrieb) aufschlußreich. Nachdem Herzog Carl Eugen trotz gegenteiliger Zusicherung bei seinem Regierungsantritt 1744, dann im Jahr 1764 für elf Jahre den Hof nach Ludwigsburg verlegt hatte, wollte sich der Stuttgarter Magistrat gegen ähnlich unliebsame Überraschungen, die

Herzog Friedrich Eugen von Württemberg (1732–1797, regiert seit 1795).

Herzogin Friederike Sophie Dorothee, geb. Prinzessin von Brandenburg-Schwedt (1736–1798), Gattin Herzog Friedrich Eugens von Württemberg.

für die Stadt höchst nachteilige Folgen in wirtschaftlicher und kultureller Hinsicht haben konnten, absichern. Er hatte deshalb am 28. November 1793 den neuen Landesherrn Ludwig Eugen gebeten, der Stadt »eine Assekurationsurkunde wegen Beständigkeit der Residenz« zu erteilen. Hierbei hatte er sich auf den Münsinger Vertrag von 1482, den Landtagsabschied von 1520 sowie den »Vergleichs-Rezeß« von 1770, den Erbvergleich, berufen. Damals sei, so hatte er festgestellt, vereinbart worden, daß »die hiesige erste Residenzstadt der beständige Sitz von Hof und Kanzleiwesen sein und bleiben, auch alle Ausrichtungen des Landes und Regiments ... allhier gehalten werden sollten«. Ludwig Eugen hatte diese urkundliche Versicherung bereitwillig abgegeben. Dasselbe tat auch sein Bruder und Nachfolger Friedrich Eugen, nachdem die Stadt am 9. Juli 1795 an ihn dieselbe Bitte gerichtet hatte[179].

Daß Herzog Friedrich Eugen, der jüngste Bruder Carl Eugens, gleichfalls nur ein Übergangsregent war, konnte bei seinem Alter – er zählte bei der Regierungsübernahme bereits 63 Jahre – kaum zweifelhaft sein. Der ehemalige preußische General, der sich im Siebenjährigen Krieg ausgezeichnet hatte und später Statthalter seines Bruders Carl Eugen in Mömpelgard gewesen war, tat sich nicht leicht, mit den politischen Gegebenheiten eines Landes zurechtzukommen, das ihm weithin fremd war. Er gab sich jedoch redlich Mühe. Freilich, noch immer befand sich Württemberg im Krieg. 1796 drangen die Franzosen, wie wir gehört haben, nach Südwestdeutschland ein und brachten Württemberg in ihre Gewalt. Friedrich Eugen mußte zeitweise Zuflucht in Ansbach suchen. Der Sonderfriede, den er im Einvernehmen mit den auf die französische Karte setzenden Landständen am 7. August 1796 schloß, bürdete dem Land harte Bedingungen auf. Allein schon bald darauf gewannen die Österreicher die Oberhand. Sie drängten die Franzosen aus Südwestdeutschland zurück. Württemberg aber ließen sie seine Friedenspolitik büßen. Kaiserliche Truppen bedrückten das Land kaum weniger schlimm als zuvor die französischen Besatzer. Erbprinz Friedrich gelang es, während eines längeren Aufenthalts am Wiener Hof, Württemberg beim Kaiser wieder eine günstigere Position zu verschaffen. Im April 1797 kam in Leoben der Vorfriede, im Oktober desselben Jahres in Campo Formio der endgültige Friede zwischen Österreich und Frankreich zustande. Für den Friedensschluß mit dem Reich wurde ein Kongreß in Rastatt in Aussicht genommen, der dann Anfang Dezember 1797 seine Verhandlungen begann. Kurz nach dem Zusammentritt dieses Kongresses starb am 23. Dezember jenes Jahres Herzog Friedrich Eugen. Bereits wenige Wochen später folgte ihm seine Gattin Friederike Sophie Dorothee, eine geborene Prinzessin von Brandenburg-Schwedt, im Tod nach[180].

Herzog, Kurfürst (1803) und König (1806) Friedrich von Württemberg (1754–1816, regiert seit 1797).

Herzogin, Kurfürstin und Königin Charlotte Auguste Mathilde, geborene Prinzessin von Großbritannien (1766–1828), zweite Frau von König Friedrich von Württemberg.

Herzog, Kurfürst und König Friedrich (1797–1816)

Der Ende 1797 43jährig zur Regierung gelangte Herzog Friedrich II., der älteste Sohn von Herzog Friedrich Eugen, war ein hochbegabter, selbstbewußter und willensstarker Regent. Sein politisches Handeln orientierte sich am Wohl seiner Untertanen und seines Landes, auch wenn seine osteuropäischen Denkvorstellungen entlehnte Auffassung vom Gottesgnadentum des Herrschers und seine cholerische Natur häufig einen gegenteiligen Eindruck vermittelten. Das militärische und politische Handwerk hatte er im Dienst seines Großonkels Friedrich des Großen von Preußen und der Kaiserin Katharina der Großen von Rußland erlernt[181]. Im streng lutherischen Württemberg begrüßte man es sehr, daß mit Friedrich erstmals wieder seit Eberhard Ludwig ein evangelischer Herzog an der Spitze des Landes stand. Friedrich war wie seine elf Geschwister in der Konfession der Mutter erzogen worden. Große Freude löste es in Stuttgart aus, daß er am Karfreitag 1795, damals noch Erbprinz, am Abendmahl in der Stiftskirche teilnahm. Nachdem seit 65 Jahren kein evangelisch-lutherischer Prinz mehr dieses Gotteshaus, seinem Rang nach die vornehmste Kirche im Herzogtum, mit seinem Besuch beehrt hatte und erst recht keiner mehr öffentlich zum Abendmahl gegangen war, machte die Entscheidung Friedrichs, in der Stiftskirche das Abendmahl zu feiern, einen, wie berichtet wird, »außerordentlichen und rührenden Eindruck«[182].

Prinzessin Auguste Karoline Friederike Luise, geborene Prinzessin von Braunschweig-Wolfenbüttel (1764–1788), erste Frau von Prinz Friedrich (dem späteren König) von Württemberg.

Als Erbprinz erhielt Friedrich 1795 das baulich vergrößerte »Hohenheimische Palais« als Wohnung zugewiesen. Das nunmehr »Herzoglich Erbprinzische Haus« bewohnte später Kronprinz Friedrich Wilhelm bis zu seiner Thronbesteigung als König Wilhelm I. im Jahr 1816[183]. Nach der Regierungsübernahme siedelte Herzog Friedrich II. in das Neue Residenzschloß über, dessen weiteren Ausbau er tatkräftig förderte. 1807 war dieser im wesentlichen abgeschlossen. Entscheidenden Anteil hieran hatte Friedrichs Baumeister Nikolaus Friedrich Thouret[184].

Wie schon seinem Vater fiel es auch ihm nicht leicht, sich in die Verhältnisse des rund 600 000 Einwohner zählenden Herzogtums Württemberg, in dem er erst seit wenigen Jahren lebte, hineinzufinden, die Mentalität seiner Untertanen zu verstehen. Das Mitregieren der Landschaft kam ihn hart an. Doch die Landstände besaßen einen starken Rückhalt in der Bevölkerung. Diese war auf die Verfassung ihres Landes stolz und stellte sie zum Erstaunen auswär-

Nikolaus Friedrich Thouret (1767–1845), Hofbaumeister König Friedrichs und König Wilhelms I. von Württemberg.

tiger Besucher wie des Berliner Buchhändlers Nicolai als hervorragende Errungenschaft der Sklaverei absolutistisch regierter Staaten gegenüber[185]. In den Auseinandersetzungen mit den Landständen gewann deshalb Friedrich nur wenig politisches Terrain. Lediglich ihre frankreichfreundlichen Aktivitäten in der Außenpolitik, die eine der seinigen entgegengesetzte Zielrichtung hatten, vermochte er mit Hilfe des Reichsoberhaupts wiederholt zu dämpfen. Verheiratet war Friedrich in erster Ehe mit Prinzessin Auguste Karoline Friederike Luise von Braunschweig-Wolfenbüttel gewesen. Aus dieser sehr unglücklichen Verbindung waren mehrere Kinder hervorgegangen, darunter Prinz Friedrich Wilhelm Karl, der spätere König Wilhelm I., und Prinzessin Katharina, die nachmalige Königin von Westfalen. Erst zehn Jahre nach dem Tod seiner ersten Frau in Estland (1787) – sie lebte zuletzt von ihm getrennt – heiratete Friedrich ein zweites Mal: Prinzessin Auguste Mathilde von Großbritannien. Diese Ehe blieb kinderlos.

Die 19jährige Regierungszeit Friedrichs war überschattet von Kriegen. Von Anfang an erfuhr er schmerzlich die militärisch-politische Ohnmacht seines kleinen Landes. Vergeblich bemühte er sich, Württemberg aus dem 1799 ausgebrochenen Zweiten Koalitionskrieg herauszuhalten. Weder Frankreich noch das diesem feindlich gegenüberstehende Österreich respektierten die Neutralität des Herzogtums Württemberg. Notgedrungen schloß sich Friedrich der habsburgischen Kaisermacht an. Allein, sein militärisches Engagement wurde von Wien nicht honoriert. Er mußte im Frühjahr 1800 sein Land den Franzosen preisgeben und sich mit seinen Truppen dem Rückzug der kaiserlichen Armee in die österreichischen Stammlande anschließen. Erst ein Jahr später, einige Monate nach Friedensschluß, konnte er nach Württemberg zurückkehren. Enttäuscht und gedemütigt wurde er sich bewußt, daß er seinem Land mit der Preisgabe an feindliche Besatzer zuviel zugemutet hatte. Hinfort war seine Politik darauf gerichtet, das Herzogtum niemals wieder in eine ähnlich fatale Situation zu bringen.

Um Württemberg ein stärkeres politisches Gewicht zu verschaffen, erschien ihm dessen territoriale Vergrößerung dringend geboten. Er setzte daher hohe Erwartungen in das Ergebnis der Verhandlungen über Entschädigungen für die von Frankreich annektierten württembergischen linksrheinischen Herrschaften. Solche Entschädigungen waren bereits 1797 im Frieden von Campo Formio zugesagt worden. Zur Disposition standen nach französischer Auffassung rechtsrheinische geistliche Territorien sowie Reichsstädte. Im Reichsdeputationshauptschluß vom 25. Februar 1803 erlangte Herzog Friedrich II., der alle diplomatischen Kanäle und namentlich auch seine verwandtschaftlichen Beziehungen zum russischen Zarenhaus genutzt hatte, mit einem Bevölkerungszuwachs von 120 000 Menschen Ersatz für seine linksrheinischen Verluste: eine Reihe Klöster und Stifte mit ausgedehntem Landbesitz sowie neun Reichsstädte. Außerdem durfte er sich wie sein badischer Nachbar, Markgraf Karl Friedrich, die Kurfürstenwürde beilegen; er stieg damit in den Kreis der ersten Fürsten des Reichs auf. Die neuerworbenen Gebiete gliederte er nicht dem altwürttembergischen dualistischen Ständestaat ein, sondern faßte sie zu einem absolutistisch regierten Staat Neuwürttemberg mit dem Regierungssitz Ellwangen zusammen. Für die Landstände des Herzogtums, die ihre Mitregierung auch auf die Entschädigungslande hatten ausdehnen wollen, war dies ein schwerer Schlag.

Im Begriff, gegen Österreich und Rußland zu Felde zu ziehen, zwang Napoleon im Oktober 1805 den württembergischen Kurfürsten in seine militärische Gefolgschaft. Schon nach wenigen Wochen hatte der geniale französische Usurpator den Feldzug zu seinen Gunsten entschieden, und obwohl das kleine württembergische Kontingent hieran so gut wie keinen Anteil gehabt hatte, trug Friedrich reichen Gewinn davon. Er durfte den größten Teil der österreichischen Gebiete in Schwaben mit den Zentren Horb und Rottenburg seinem Land einverleiben und sich den Königstitel beilegen. Als nunmehr souveräner Monarch – bei der engen Bindung an den übermächtigen französischen Alliierten war es lediglich eine Souveränität nach innen – konnte er sich der Mitregierung der Stände entledigen, und er säumte nicht, dies zu tun. Seit Anfang 1806 galt im Gesamtland ausschließlich der Wille des absolutistischen Herrschers. König Friedrich fügte die vielen heterogenen Territorien durch die Vereinheitlichung und zweckmäßige Organisation der Verwaltung und des Gerichtswesens zu einem modernen Staat zusammen. Durch das Religionsedikt vom 15. Oktober 1806 erhielten die Angehörigen der römisch-katholischen und der reformierten Kirche neben der evangelisch-lutherischen Konfession die volle staatsbürgerliche Gleichberechtigung[186].

Über die geringen Machtmittel seines Staates machte sich König Friedrich keine Illusionen. Trotzdem war er alles andere denn ein willfähriger Vasall. Selbst gegenüber dem übermächtigen Alliierten, dem

Kaiser der Franzosen, beharrte er auf Gleichrangigkeit. Mit Würde und Selbstachtung vertrat er die Belange Württembergs. Ein Mittel, den Anspruch auf Gleichrangigkeit nachdrücklich zu demonstrieren, bildete für ihn die höfische Repräsentation. Sie sollte wahrhaft königlich sein. Daß jedoch ein kleines, armes Land wie Württemberg an verschwenderischem höfischem Prunk schwer trug, kümmerte Friedrich wenig. Ihm schien er staatspolitisch gerechtfertigt. Das Land hatte für den Aufstieg in den erlauchten Kreis der Königreiche Opfer zu bringen. Nur so konnte es sich in seinem neuen Rang behaupten. Freilich kam die höfische Repräsentation auch der Prachtliebe Friedrichs und seiner Vorstellung vom Gottesgnadentum des Herrschers entgegen. Schon als Herzog und Kurfürst hatte er glanzvoll hofgehalten, seitdem er aber König war, wetteiferte er an höfischer Prachtentfaltung mit den ersten Höfen Europas. Er umgab sich mit einem Heer von adligen Kammerherren, Kammerjunkern und Pagen. Offizianten und Diener der verschiedensten Art, so ein Trabantenkorps, harrten seiner Befehle sowie der Anordnungen der obersten Hofchargen. Der Hof bildete den beherrschenden Mittelpunkt des Staates. Verwaltung und Militär waren ihm zugeordnet, in vielfältiger Weise mit ihm verbunden. Leitende Staatsbeamte und Offiziere hatten Ehrenchargen am Hof inne und waren hier mit wichtigen Repräsentationsaufgaben betraut. Klangvolle, zum Teil superlativische Titulaturen sollten den Glanz des Stuttgarter Hofs vermehren, der so manchem fremden Beobachter parvenühaft übersteigert vorkam. Viel Zeit und einen erstaunlichen Ideenreichtum widmete König Friedrich Fragen der Etikette und des Zeremoniells. Da es ein festes Zeremoniell in Württemberg nicht gab, konnte er den zeitüblichen Rahmen nach eigenem Gutdünken ausfüllen. Für größere Feierlichkeiten, Empfänge und Besuche fremder gekrönter Häupter erließ er ins einzelne gehende Vorschriften. Hierbei legte er Wert darauf, daß die Würde seines Königtums außen- und innenpolitisch voll zur Geltung kam. Im Zeremoniell-Reglement von 1806 bestimmte er, welcher Rang fremden Diplomaten zustand, auf welche Anrede sie Anspruch hatten, wann und wie sie zu empfangen waren. 1809 ersetzte Friedrich dieses Reglement durch ein neues Zeremoniell, das strenger höfischer Etikette noch mehr Raum gab. Alles war bis ins Detail ausgeklügelt, vorgeschrieben. Jede Audienz eines fremden Gesandten wurde zu einem ungewöhnlich gewichtigen, feierlichen Ereignis hochstilisiert. Der König nahm für sich Attribute eines Großherrschers in Anspruch. Der Erhöhung des Königtums dienten auch die vier Kronämter, die Friedrich 1808 anläßlich der Hochzeit des Kronprinzen schuf: das Reichserbmarschallamt, das Reichsoberhofmeisteramt, das Reichskammerherrenamt sowie das Reichserbpanneramt. Diese wurden den 1806 mediatisierten Fürstenhäusern Hohenlohe, Waldburg und Löwenstein sowie der neugräflichen Familie von Zeppelin übertragen[187].

Daß der Hof, der 1807/08 1130, 1812 gar 1510 Personen zählte, einen unverhältnismäßig hohen Aufwand verursachte, liegt auf der Hand. Glanzvolle Repräsentation sowie Höchstansprüche an Küche und Keller forderten ihren Preis. Hinzu kam noch, daß die Hofverwaltung den Gesichtspunkt der Wirtschaftlichkeit bei ihren Ausgaben häufig außer acht ließ und daß manche Bedienstete der Versuchung nicht zu widerstehen vermochten, sich wenigstens in bescheidenem Maß am Überfluß des Hofes zu bereichern, zumal es an einer wirksamen Kontrolle des Verbrauchs an Lebensmitteln und an Gütern des täglichen Bedarfs fehlte[188].

Zur glanzvollen höfischen Repräsentation trug entscheidend die große Zahl adliger Namen bei, die am Hof vertreten war. Bereits in der Herzogszeit gab es am württembergischen Hof die Hofchargen der Pagen oder Edelknaben, der Kammerjunker und der Kammerherren; sie waren Angehörigen adliger Familien vorbehalten. Seit der Übernahme der Regierungsgewalt im Herzogtum 1797 war Friedrich bestrebt, diese Chargen zu vermehren. Im Staatshandbuch von 1809 und 1810 sind vier Leibpagen sowie 14 »ordinäre« Pagen auf-

Wir Friderich,

von Gottes Gnaden

König von Württemberg,

des heil. Römischen Reichs Erz = Panner und Churfürst, Herzog von Tek, Fürst zu Schwaben, Landgraf zu Tübingen und Nellenburg, Fürst zu Ellwangen und Zwiefalten, Graf zu Limpurg, Schmiedelfeld, Sontheim, Hohenberg und Bondorf, Herr zu Heidenheim, Justingen, Rottweil, Heilbronn, Hall, Altdorf und Adelmannsfelden ꝛc. ꝛc.

entbieten allen Unseren lieben und getreuen Dienern und Unterthanen Unsere Königliche Gnade.

Nachdem Wir zu Folge eines mit Sr. Majestät dem Kaiser von Frankreich und König von Italien unter dem 12. Decbr. 1805. errichteten Staats=Vertrags, der einen integrirenden Haupttheil des, zwischen gedachter Kaiserl. Königl. Majestät und Sr. Majestät dem Kaiser von Teutschland und Oesterreich abgeschlossenen Friedens=Tractats ausmacht, die Königliche Würde für Uns und Unsere Nachkommen an der Regierung angenommen haben, so wird solches anmit von Uns Kraft dieses öffentlich und zur allgemeinen Nachachtung bekannt gemacht.

Wir finden in diesem höchstwichtigen, für jeden treuen Würtemberger auf die denkwürdigste Art sich auszeichnenden Ereigniß einen neuen Beweis der über Unserem Königlichen Hause wachenden Göttlichen Vorsehung, und können Uns versichert halten, daß auch Unsere sämtliche Diener und Unterthanen bei dieser großen und unerwartet glüklichen Entwiklung des damit so innig verbundenen Wohls des Vaterlandes von eben denselben Empfindungen der Freude und des Danks durchdrungen seyn werden.

Die neuen hienach eintretenden Verhältnisse eröfnen Uns zugleich die frohe Aussicht, den Wohlstand Unserer sämtlichen sowohl angestammten als erworbenen Lande und das Unserem Herzen so nahe liegende Glük Unserer sämtlichen Unterthanen immer mehr erhöhen und befestigen zu können.

Unser hierauf rastlos gerichtetes Bestreben wird aber auch durch die sichere Hoffnung belebt, in dem Danke, der aufrichtigen Treue und unerschütterlichen Anhänglichkeit Unserer gesamten Unterthanen eine stete Belohnung zu finden, und bleiben Wir denselben mit Königlicher Huld und Gnade zugethan.

Gegeben in Unserer Königlichen Residenz Stuttgart, den 1 Jan. 1806

Friderich.

L. S.

Graf von Winzingerode.

Königliches Manifest zur Erhebung Württembergs zum Königreich am 1. Januar 1806.

geführt. Die Zahl der Kammerjunker stieg zwischen 1806 und 1812 von 57 auf 107, die der Kammerherren von 106 auf 206 an. Die einem Gouverneur unterstehenden Pagen bekamen eine höfische und eine militärische Ausbildung[189].

Das Wohl und das Wehe der einzelnen Hofbediensteten lag ausschließlich im Ermessen des Regenten. Er entschied über Anstellung, Beförderung und Entlassung. Ein 1801 nach 38jähriger Dienstzeit vom Hof entfernter »Hauskeller« fand sich nicht widerspruchslos mit seiner Entlassung ab, an der er offensichtlich nicht ganz unschuldig war. Er bat um eine kommissarische Untersuchung. Herzog Friedrich II. lehnte dies brüsk ab. Über die Entlassung eines Hofdieners habe allein er zu befinden, erklärte er[190].

Der Hof bildete eine hierarchisch gegliederte, geschlossene Gesellschaft. Die Bürger der beiden Residenzen Stuttgart und Ludwigsburg – Friedrich hatte Ludwigsburg zu seiner Sommerresidenz bestimmt – hatten an ihr keinen Anteil. Sie profitierten vom Hof lediglich wirtschaftlich – dies aber in beträchtlichem Maß – und zum Teil auch kulturell durch Oper- und Schauspielhaus, deren Besuch ihnen in der Regel wie früher gegen eine Eintrittsgebühr gestattet war. Über das Hofleben selbst waren sie recht gut unterrichtet. König Friedrich legte nämlich größten Wert darauf, daß das Oberhofmarschallamt den Zeitungen ausführliche Berichte über alle wichtigen Hofbegebenheiten lieferte. Solche offiziösen Berichte unterlagen nicht der sonst praktizierten rigorosen Pressezensur.

Feiern und Feste brachten Abwechslung in den Hofalltag. Vornean standen Familienfeiern: Feierlichkeiten bei Geburtstagen, Taufen, Verlobungen, Vermählungen usw., aber auch bei besonderen Ereignissen im Königshaus, so beim Empfang des neuvermählten Kronprinzenpaars 1808 oder beim ersten Kirchgang der »Prinzessin Paul«, der Frau des Prinzen Paul (Prinzessin Charlotte von Sachsen-Hildburghausen), nach der Geburt ihres ersten Kindes 1807. Für jede dieser Feiern legte der König den zeremoniellen Rahmen fest und benannte die Einzuladenden.

Seit Ende 1806 veranstaltete König Friedrich ein- oder zweimal in der Woche Empfänge, zu denen der ganze Hof Zutritt hatte und bei denen ihm gewöhnlich Fremde vorgestellt wurden. Mit den »Cercles« und »Levers« waren Konzerte, Schauspielaufführungen und Mahlzeiten verbunden. Die Kammerherren hatten an solchen »Courtagen« die ihnen verliehenen Kammerherrenschlüssel zu tragen. Einen hohen Stellenwert maß der erste württembergische König dem Hoftheater bei. Er nahm entscheidenden Einfluß auf das Engagement der Künstler, die Rollenverteilung und das Repertoire. Außerdem betätigte er sich als Theaterbauherr. Gewöhnlich besuchte der König wenigstens eine der vier Vorstellungen in der Woche. Auch die Hofgesellschaft hielt er zum regelmäßigen Besuch an. Kunstverständnis und Geschmack besaß Friedrich in hohem Maß. Oper und Schauspiel erlebten unter ihm eine Blütezeit. Bekannte Künstler hielten sich zeitweise an seinem Hof auf. Während des Sommeraufenthalts des Hofes in Ludwigsburg lud er die fremden Gesandten, ihre Frauen sowie die hoffähigen Fremden regelmäßig zur Teilnahme am »Spectacle« ein. Anschließend zog er sie zur »Nachttafel«. Ein Teil der hoffähigen Untertanen und leitenden Hofbediensteten durfte dazu »ungebeten« erscheinen. Zu den Hofbällen wurden Angehörige der obersten Rangklassen, des Diplomatischen Korps sowie hoffähige Fremde, vor allem aber Kammerherren, Kammerjunker und jüngere Offiziere, eingeladen, damit es nicht an Tänzern fehlte[191].

Die Einwohner Stuttgarts und mehr noch die Bewohner der ländlichen Siedlungen der näheren und weiteren Umgebung litten unter dem vom König im Übermaß gehegten Wild. Eine harte Fron waren im wahrsten Sinne des Wortes auch die Fuhr- und Treiberdienste, die die Untertanen bei den großen Hofjagden zu leisten hatten. König Friedrich liebte es, sich bei seinen zahlreichen Jagdpartien mit großem Gefolge zu umgeben und sie als glanzvolle Hofveranstaltungen aufzuziehen. Die Jagden selbst, zu denen das Rot- und Schwarzwild in großer Zahl zusammengetrieben wurde, arteten häufig in ein wüstes Gemetzel aus. Hunderte von Tieren wurden von günstig postierten Schießständen aus abgeschossen. Kein Wunder, wenn die königliche Jagdleidenschaft 1815 einen gewichtigen Punkt bei den Beschwerden der Landstände bildete[192]. Harmloserer Art waren die vom Hof im Winter veranstalteten, stets bestens organisierten Schlittenfahrten, freilich auch bei ihnen wurde an Aufwand nicht gespart. Am 28. Januar 1812 nahmen an einer solchen Lustfahrt über 80 Personen teil. An der Spitze und am Schluß des aus insgesamt 32 Schlitten bestehenden Konvois fuhr jeweils ein Musikschlitten. Außerdem gab dem Schlitten des Königs ein stattliches Gefolge zu Pferd das Geleit: vier Flügeladjutanten, sechs Reise- und Stallmeister, sechs Ordonnanzoffiziere, vier Leibpagen, acht Jäger, je vier Husaren und Jokeys, je zwei Stallmeister und Bereiter, ein Zug Garde du Corps mit »Superwesten« sowie ein Zug Leibjägergarde, gleichfalls mit »Superwesten«[193].

Keinen Spaß verstand König Friedrich, wenn Untertanen, und seien es auch Geistliche, öffentlich Kritik an den Verhältnissen am Hof oder am Lebenswandel von Hofangehörigen übten. 1812 befahl er die Strafversetzung von Christian Adam Dann, Diakon an der Hospitalkirche, auf die Pfarrstelle Oeschingen bei Tübingen. Der 54jährige Dann hatte den »allerhöchsten Unwillen« erregt, weil er es gewagt hatte, in einer Leichenrede auf einen verstorbenen Schauspieler auf dessen Wunsch das leichtsinnige Stuttgarter Hofleben anzuprangern. Er durfte erst wieder unter Wilhelm I. nach Stuttgart zurückkehren und starb 1837 als Stadtpfarrer an der St. Leonhardskirche[194].

Seite 76/77
Das bekannteste und zugleich letzte große Jagdfest König Friedrichs, das sogenannte Dianenfest bei Bebenhausen, Ende 1812.

Im Sommer 1806 mußte sich König Friedrich dem von Napoleon geschaffenen Rheinbund anschließen. Er tat dies mit äußerstem Widerstreben. Nicht zuletzt ihm war es zuzuschreiben, wenn der innere Ausbau der Föderation unterblieb. Immerhin ermöglichte der Rheinbund Friedrich wie den anderen süddeutschen Alliierten des Kaisers der Franzosen die Mediatisierung der Territorien der kleineren Reichsfürsten wie der Hohenlohe, der Thurn und Taxis, der Truchsesse von Waldburg oder der von Fürstenberg sowie der Gebiete der Reichsgrafen. Durch die Einverleibung dieser Fürstentümer und Grafschaften erfuhr der König von Württemberg einen weiteren Machtzuwachs. In den Feldzügen gegen Preußen 1806/07 und gegen Österreich 1809 zeigte sich das württembergische Heer den französischen Streitkräften ebenbürtig. 1809, als Württemberg infolge des Aufstands der Tiroler und Vorarlberger selbst zum Kriegsschauplatz zu werden drohte, organisierte Friedrich in Oberschwaben eine wirksame Abwehr und hielt so den siegreich nach Österreich vordringenden Armeen Napoleons den Rücken frei. Mit unbarmherziger Härte schlug er in Mergentheim einen gegen die württembergische Herrschaft ausgebrochenen Aufstand nieder. Auch im Nellenburgischen erstickte er aufflackernde Unruhen.

Nach langwierigen Verhandlungen in Paris wurden 1810 die Grenzen der süddeutschen Staaten endgültig festgelegt. Württemberg mußte einige Gebietsteile im Westen, darunter auch etliche Städte und Landgemeinden, die seit Jahrhunderten Bestandteile des Herzogtums gewesen waren, an Baden abtreten. Es konnte dafür seine Landeshoheit nach Osten erweitern. So wurde jetzt die alte Reichsstadt Ulm württembergisch. Insgesamt erhielt das Königreich 120 000 zusätzliche Einwohner. Im Vergleich zu der vornapoleonischen Zeit hatten sich die Bevölkerung und das Staatsgebiet Württembergs ungefähr verdoppelt. Dennoch war König Friedrich enttäuscht. Er hatte sich einen wesentlich größeren Gebietszuwachs versprochen. Doch diesen konnte und wollte ihm Napoleon, der in gleicher Weise auch die Territorialwünsche Badens und Bayerns zu befriedigen hatte, nicht zugestehen. Württemberg blieb ein kleines Land, angewiesen auf den Schutzschild einer Großmacht oder den eines Staatenbundes, in den es eingebunden war.

Nur mit Mühe hatte sich Friedrich der Aufforderung Napoleons, dessen Machtbesessenheit zunehmend zum politisch-militärischen Hasardspiel wurde, widersetzen können, Truppen nach Spanien in den dort gegen die französische Herrschaft entbrannten Volkskrieg zu entsenden. Ein Gleiches war ihm nicht mehr möglich, als der Kaiser der Franzosen im Frühjahr 1812 mit einem gewaltigen Truppenaufgebot gegen das russische Zarenreich zu Felde zog. Die Katastrophe der Großen Armee im Spätherbst jenes Jahres traf Württemberg hart. Bis auf wenige hundert Überlebende gingen die 15 800 Mann der württembergischen Felddivision in den Eiswüsten Rußlands elend zugrunde. König Friedrich machte, wie wir bereits in anderem Zusammenhang gehört haben, aus seiner tiefen Betroffenheit – zum großen Ärger Napoleons – keinen Hehl. Dennoch mußte er im Frühjahr und im Sommer 1813 mit neuaufgestellten Truppenverbänden dem Kaiser der Franzosen bei den Kämpfen in Sachsen, Schlesien und in der Mark Brandenburg militärische Gefolgschaft leisten. Erst nach der Völkerschlacht bei Leipzig im Oktober 1813 und nach dem Rückzug der Franzosen hinter den Rhein konnte es Friedrich

Von Nikolaus Friedrich Thouret 1806 gefertigter Entwurf für die Anlage des Schloßparks.

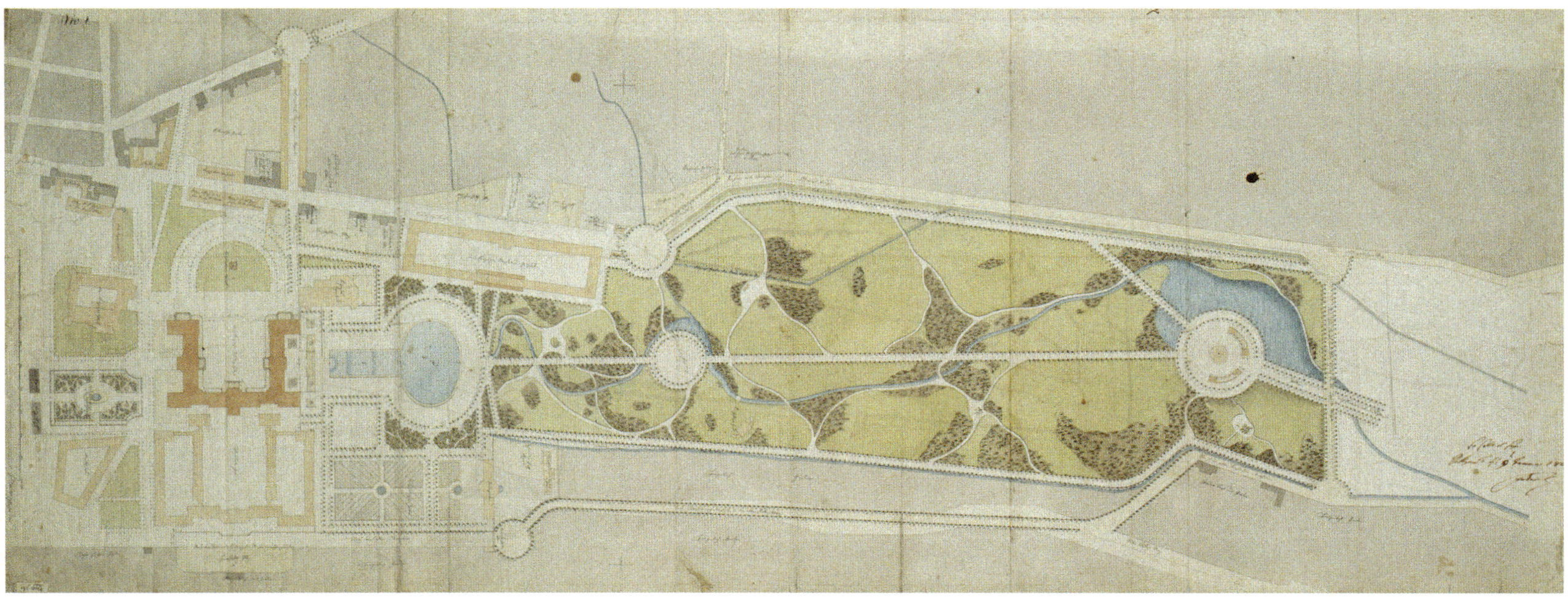

Einer der Lieblingsaufenthalte König Friedrichs von Württemberg in seinen letzten Lebensjahren, die »Retraite«, ein Land- und Gartenhaus beim Neckartor.

wagen, sich aus der ungleichen Allianz zu lösen und sich den alliierten Mächten zur endgültigen Niederringung Napoleons anzuschließen. Auf dem Wiener Kongreß wurde die territoriale Integrität Württembergs bestätigt. Mit seinen Vergrößerungswünschen hatte König Friedrich indes auch jetzt keinen Erfolg. Seine Vorstellungen von einem zwei bis zweieinhalb Millionen Einwohner zählenden Staat, der stark genug war, um bei einem französischen Angriff hinhaltenden Widerstand zu leisten, bis die Armeen Österreichs und Preußens herangerückt waren, blieben ein Wunschtraum[195].

Friedrich unternahm große Anstrengungen, in architektonischer Hinsicht seiner Haupt- und Residenzstadt ein repräsentatives Aussehen zu verleihen. Freilich zogen die ständigen Kriege und Feldzüge, an denen er sich zu beteiligen hatte, seinen städtebaulichen Aktivitäten enge Grenzen. Immerhin ist es ihm zu verdanken, daß im Anschluß an das Neue Schloß entlang des Nesenbachs eine großzügige Gartenlandschaft im englischen Stil entstand. Allgemein begrüßt wurde, daß der König den oberen Teil der Anlagen bereits am 1. Oktober 1808 für die Öffentlichkeit freigab[196]. Friedrich ließ einen Teil der Königstraße und die Neckarstraße, die Paulinenstraße, die Friedrichvorstadt, die sogenannte Tübinger Vorstadt, das Gebiet um die untere Tübinger Straße sowie die Landstraße nach Böblingen über Heslach und Kaltental anlegen. Er veranlaßte, daß die dem Wachstum der Stadt hinderlichen Mauern beseitigt, die Stadtgräben eingeebnet und die Tore weiter nach außen verlegt wurden, um Platz für neue Straßen und Wohngebiete zu gewinnen[197]. Im Bestreben, den Ausbau der Königstraße voranzutreiben, befahl er bereits 1805, den 1771 auf der Solitude als »Langer Stall« von Architekt Fischer erbauten Marstall dorthin zu versetzen. Das bis dahin dort befindliche, schon 1350 erwähnte Siechenhaus vor dem Tunzhofer Tor mit einer 1452 erbauten Kapelle, der Siechenkapelle, mußte abgerissen werden[198]. 1811 erwarb König Friedrich am Neckartor gegenüber der die oberen von den unteren Anlagen trennenden Querstraße ein Land- und Gartenhaus. Dieses Haus, dem er den Namen »Retraite« (Zurückgezogenheit, Ruhe) gab, wurde während seiner letzten Lebensjahre einer seiner Lieblingsaufenthalte. Das zu ebener Erde gelegene »Sommerquartier« bestand lediglich aus zwei Zimmern und einem Gartensaal. Der Garten ging in ein großes Baumgut über. Das den ersten Stock einnehmende »Winterquartier« enthielt sechs Zimmer sowie einen kleinen Speisesaal. In der Nähe, »im Stöckach«, hatte Friedrich eine »Menagerie«, ein Tiergehege, eingerichtet. Es war dies der erste Stuttgarter Zoologische Garten. In direkter Nachbarschaft zur »Retraite« befand sich das Badgebäude des Andreä-Bads. Der König ließ dieses von ihm 1810 gekaufte Gebäude abbrechen und an dessen Stelle das zweistöckige Königsbad erstellen, das dann am 1. Juli 1811 eröffnet wurde. Der von einem großen Hof umgebene Bau umfaßte 60 Zimmer. Er trug die Inschrift »Friedrich der leidenden Menschheit«. Seine Säulengänge boten den Besuchern angenehme Promenademöglichkeiten. Das für das Bad benötigte Wasser wurde von Quellen hergeleitet, die in den Wiesen zwischen dem Badgebäude und der herrschaftlichen Meierei entsprangen[199].

1815 scheiterte der Versuch König Friedrichs, dem Königreich eine Verfassung zu oktroyieren, ehe ihm der in der Bildung begriffene Bund deutscher Staaten, der nachmalige Deutsche Bund, möglicherweise eine solche aufzwang. Freilich hatte er auch erkannt, daß nach dem Wegfall des äußeren Drucks durch das napoleonische Frankreich das Volk an der Mitverantwortung für den Staat beteiligt werden mußte. Der absolutistische Herrscherwille reichte jetzt nicht mehr aus, um dem aus vielen heterogenen Bestandteilen gewaltsam zusammengefügten künstlichen Staatsgebilde ein festgefügtes dauerhaftes Fundament zu geben. Die altwürttembergische Ehrbarkeit solidarisierte sich mit dem Bürgertum der ehemaligen Reichsstädte und dem mediatisierten Adel. Die Ständevertreter lehnten das Gnadengeschenk des Monarchen ab, sie forderten die Rückkehr zum guten alten Recht, d. h. die Wiederherstellung der altwürttembergischen Verfassung mit gewissen zeitgemäßen Veränderungen und der Ausdehnung dieses Staatsgrundrechtes auf die neuwürttembergischen Gebiete. Die Standpunkte von König und Ständen standen sich schroff gegenüber. Die Folge waren jahrelange Verfassungskämpfe. Ihr Ende erlebte Friedrich nicht mehr. Er starb nach kurzer Krankheit am 30. Oktober 1816. Seinem Sohn und Nachfolger Wilhelm I. gelang schließlich unter dem Druck der maßgeblich von den beiden deutschen Großmächten Österreich und Preußen bestimmten verfassungsfeindlichen Entwicklung eine Einigung mit den Landständen. Am 25. September 1819 wurde im Ludwigsburger Schloß der Verfassungsvertrag vom König und von den Repräsentanten der Bevölkerung feierlich unterzeichnet. Württemberg besaß nunmehr einen aus zwei Kammern, der Kammer der Standesherren und der Kammer der Abgeordneten, bestehenden Landtag. Obwohl die Kammer der Abgeordneten erst durch die Verfassungsreform von 1906 zur echten Volkskammer wurde – zuvor gehörten ihr neben den gewählten Vertretern der Oberamtsbezirke und der sieben »guten Städte« die sogenannten Privilegierten an: Vertreter der Ritterschaft, der Kirchen und der Universität Tübingen-, bildete sie doch fast von Anfang an das offizielle Forum, auf dem über die Rechte der Staatsbürger diskutiert, Übergriffe der Regierung und Verwaltung zur Sprache kamen, kulturelle, soziale und wirtschaftliche Probleme erörtert wurden[200].

König Wilhelm I.
(1816–1864)

König Wilhelm I. (geboren 1781) hatte sich als Heerführer in den Feldzügen von 1814 und 1815 gegen Napoleon ausgezeichnet und genoß im Volk hohes Ansehen. Als Kronprinz hatte er sich sehr liberal gegeben und sich gegenüber gesamtdeutschen Bestrebungen aufgeschlossen gezeigt. Indes war er noch stark den Denkkategorien des aufgeklärten Absolutismus verhaftet, und als König standen für ihn die Interessen seines Landes vornean. Er mißtraute den beiden deutschen Großmächten Österreich und Preußen. Als Ideal schwebte ihm ein engerer Zusammenschluß der deutschen Mittel- und Kleinstaaten, des sogenannten Dritten Deutschlands, vor, wobei den Königreichen Bayern, Sachsen, Hannover und Württemberg eine Schlüssel- und Leitungsfunktion zufallen sollte. Allein, die Interessen der Staaten des Dritten Deutschlands waren zu unterschiedlich, um sie auf einen Nenner bringen zu können. Der 1815 gegründete Deutsche Bund, dem König Friedrich nur widerstrebend beigetreten war, weil er sich seine mühsam errungene Souveränität nicht hatte beschneiden lassen wollen, blieb während der 48 Jahre umfassenden Regierungszeit Wilhelms I. die politische Organisation, die insbesondere die deutschen Mittel- und Kleinstaaten vor dem Ausgeliefertsein an fremde Mächte, wie dies zur Zeit Napoleons der Fall gewesen war, bewahrte.

Der zweite württembergische König war um einen ihm gemäßen Regierungsstil bemüht. Dies brachte er schon dadurch zum Ausdruck, daß er sich, obwohl er dieselben Taufnamen wie sein Vater – Friedrich Wilhelm Karl – hatte, als Regentennamen nicht Friedrich II., sondern Wilhelm I. beilegte. Er verminderte den Aufwand des Hofes, paßte das Militär der Leistungskraft des kleinen Königreichs an, organisierte die staatliche Verwaltung sowie das Gerichtswesen neu und zweckmäßig, räumte den Kommunen eine weitgehende Selbstverwaltung ein. Da er für die Jagd wenig übrig hatte, fiel es ihm leicht, die berechtigten Klagen der Untertanen über übermäßige Wildschäden und Jagddienste abzustellen. 1817 beseitigte er die Leibeigenschaft. Seine Reformen gewährleisteten dem Land ein hohes Maß an Ordnung und Sicherheit[201].

König Wilhelm I. von Württemberg (1781–1864, regiert seit 1816).

Königin Katharina, geb. Großfürstin von Rußland (1788 – 1819), zweite Frau König Wilhelms I. von Württemberg.

Königin Pauline, geb. Prinzessin von Württemberg (1800 – 1873), dritte Frau König Wilhelms I. von Württemberg.

Verheiratet war Wilhelm I. seit Anfang 1816 mit seiner Kusine Katharina, der Witwe des Prinzen Georg von Oldenburg und Tochter von Zar Paul und Zarin Maria Feodorowna (einer Schwester König Friedrichs) von Rußland. Durch ihr ungewöhnliches soziales Engagement erwarb sich Katharina bleibende Verdienste um ihr neues Heimatland. Sie gründete Ende 1816 den Wohltätigkeitsverein, dessen »Zentralleitung« sie bis zu ihrem frühen Tod im Januar 1819 vorstand. Auf ihre Initiative geht auch die Errichtung der Württembergischen Landessparkasse, ursprünglich »Sparkasse zum Besten der ärmeren Volksklassen«, im Jahr 1818 zurück. 1820 ging Wilhelm I. mit seiner 19 Jahre jüngeren Kusine Pauline von Württemberg, der Tochter von Herzog Ludwig, eine neue Ehe ein[202].

König Wilhelm I. widerstrebte es, wie sein Vater ständig von einem großen Gefolge umgeben und dadurch gewissermaßen von seinen Untertanen, ihren Sorgen und Nöten abgeschirmt zu sein. Die glanzvolle höfische Repräsentation, auf die er sich durchaus verstand, wollte er auf besonders bedeutsame Anlässe beschränkt wissen. Im Hofalltag sollte es vergleichsweise bescheiden zugehen. Wenig Sinn hatte Wilhelm I. für das ausgeklügelte, gestelzte Zeremoniell, wie es Friedrich bei Audienzen fremder Gesandter angewandt hatte. Bereits wenige Wochen nach seinem Regierungsantritt ersetzte er es durch ein einfacheres, schlichteres. Auch der bisherige pompöse Rahmen der Neujahrsfeierlichkeiten, die die Erinnerung an die Erhebung Württembergs zum Königreich wachhalten sollten, mißfiel ihm. Er beschränkte solche Feierlichkeiten auf das zeremoniell Unerläßliche. Dasselbe geschah beim Besuch fremder Fürstlichkeiten. Für die Eröffnung des Landtags wählte er ein Zeremoniell, das weit einfacher war als das in Karlsruhe oder München eingeführte. In Fragen der Etikette legte sich Wilhelm I. überhaupt nicht gerne fest, er behielt sich vielmehr eine gewisse Freiheit vor, um im Bedarfsfall nach Gutdünken entscheiden zu können. Die Kronämter hob er zwar nicht auf, sie bedeuteten ihm aber kaum mehr etwas, ihre Träger brauchten am Hof selbst bei staatspolitisch wichtigen Anlässen nicht mehr in Erscheinung zu treten. Die Zahl und Funktion der Hofchargen verminderte er drastisch. Pagen und Kammerjunker gab es hinfort nicht mehr. Geeignete Kammerjunker rückten in den Rang von Kammerräten

Das Volksfest in Cannstatt im 19. Jahrhundert.

auf. Seit 1824 wurden auch keine Zeremonienmeister mehr ernannt. Von den Kammerherren behielten nur die tatsächlich dienstleistenden ihre Ämter. Dies waren etwa 75. 1812 hatte die Zahl der adligen Hofchargen 369 betragen, 1824 waren es nur noch 86[203].

König Wilhelm I. übernahm die Regierung in einer Zeit großer wirtschaftlicher Bedrängnis. Die Bevölkerung war in stetigem Ansteigen begriffen. Da die Landwirtschaft noch immer die Haupterwerbsquelle bildete, fanden die ins Erwerbsleben tretenden jungen Menschen häufig keine Existenzmöglichkeit mehr. Die meisten Handwerksberufe, zumal in den Landgemeinden, waren überbesetzt. Deshalb fristete auch ein erheblicher Teil der Handwerker ein kärgliches Dasein. Die Aussichten auf eine grundlegende Verbesserung der wirtschaftlichen Situation waren ungünstig. Das durch anormale Witterungsverhältnisse und eine katastrophale Mißernte verursachte Hungerjahr 1816/17, das vielen Menschen harte Entbehrungen auferlegte, konnte überwunden werden. König Wilhelm I. und seine Frau Katharina hatten tatkräftig mitgeholfen, die schlimmen Auswirkungen der Hungerkatastrophe zu lindern. Doch auch nach 1817 blieb die Not groß. Tausende suchten sich der wirtschaftlichen Misere durch die Auswanderung nach Osteuropa und nach Amerika zu entziehen. Sie hofften, sich in den Zufluchtsländern eine gesicherte Existenz aufbauen zu können. Einem Teil gelang dies unter harten Mühen – manchmal erst in der zweiten Generation. Andere freilich »starben oder verdarben«, ehe sie in der Fremde Fuß gefaßt hatten. Indes nicht alle Auswanderer verließen Württemberg aus wirtschaftlichen Gründen. Für viele, schwärmerischen Richtungen des Pietismus anhängend und davon überzeugt, daß das Ende der Welt bevorstehe, standen, so vor allem 1817, als König Wilhelm I. das von seinem Vater ein Jahrzehnt zuvor verschlossene Tor zur Auswanderung wieder öffnete, religiöse Motive im Vordergrund. Sie wollten ungehindert ihrer christlichen Glaubensüberzeugung leben und im Osten der Wiederkunft Christi, die aller Wahrscheinlichkeit nach in Palästina, dem Heiligen Land, erfolgte, näher sein. Das von den Türken beherrschte Palästina war Einwanderern noch verschlossen, aber Südrußland bis jenseits des Kaukasus stand ihnen offen. Kein Wunder, wenn damals große Scharen nach dem Osten zogen, in Bessarabien, in der Ukraine und im Gebiet des Kaukasus Siedlungen gründeten, die bald aufblühten und trotz eines wechselvollen Schicksals bis in den Zweiten Weltkrieg hinein Bestand hatten.

Von den rund zwei Dritteln der Gesamtbevölkerung, die sich zur evangelisch-lutherischen Konfession bekannten, war die Mehrheit Altwürttemberger. Die evangelische Landeskirche des Königreichs stand deshalb sehr stark in der Tradition des Kirchenwesens des früheren Herzogtums. Das vom Staat 1806 an sich gezogene Kirchengut bekam sie allerdings nicht mehr zurück. Im wesentlichen auf die altwürttembergischen Landesteile beschränkt blieb der Pietismus. Die Rechtsverhältnisse der römisch-katholischen Kirche mit dem Königreich Württemberg regelte das Konkordat von 1827. Wie schon unter König Friedrich behielten die beiden großen Kirchen den Charakter von Staatsanstalten; die Geistlichen waren Staatsbeamte.

Die Verfassung von 1819 tat der politischen Führungsrolle König Wilhelms I. keinen Abbruch. Im Gegenteil: Sie war gewissermaßen auf seine Bedürfnisse zugeschnitten. Virtuos nutzte er ihr Instrumentarium, um selbst bei wechselnden politischen Konstellationen seinem Herrscherwillen uneingeschränkt Geltung zu verschaffen. Die Untertanen hatten Anteil am Staat, sie trugen ihn mit, die entscheidenden Direktiven gingen aber vom Monarchen aus. Er ernannte die Minister; nur ihm, nicht dem Landtag, waren sie verantwortlich. Seinem engsten Beratergremium, dem Geheimen Rat, gehörten zwar auch die Minister, doch daneben auch Persönlichkeiten an, die er in dieses Gremium berufen hatte.

Wilhelm I. förderte nachhaltig die Landwirtschaft. 1818 rief der »König der Landwirte« (»rex agricolarum«), wie er respektvoll genannt wurde, als landwirtschaftliche Leistungsschau das Cannstatter Volksfest ins Leben, im selben Jahr errichtete er das Landwirtschaftliche Institut Hohenheim, das 1847 zur Akademie, 1904 zur Hochschule erhoben wurde. Eine bedeutsame Wirksamkeit entfaltete die 1817 auf Initiative des Königs gegründete Zentralstelle des Landwirtschaftlichen Vereins (seit 1848 Zentralstelle für die Landwirtschaft).

Auf kulturellem Gebiet galt die besondere LiebeWilhelms I. Oper und Schauspiel. Das Hoftheater behielt unter ihm sein hohes künstlerisches Niveau. Auch für die Bildende Kunst hatte er viel übrig. Daß der Erwerb der Gemäldesammlung der Brüder Boisserée für Stuttgart mißlang, ist weniger ihm als den ihn in Kunstangelegenheiten beratenden Sachverständigen anzulasten. Ohne Zweifel gehörte er zu den Kunstkennern und -sammlern von Format. Viel und gern betätigte er sich als Bauherr. Stuttgart verdankt ihm eine große Zahl von den Architekten Salucci, Thouret, Barth, Leins und Zanth geschaffener repräsentativer Bauten; sie erst machten die württembergische Landeshauptstadt auch in architektonischer Hinsicht zur Königsresidenz. Diesen herausragenden Rang machte ihr jetzt keine andere Stadt mehr streitig. Ludwigsburg, unter König Friedrich noch Sommerresidenz, hatte sich damit zu begnügen, die wichtigste Garnisonsstadt des Landes, das schwäbische Potsdam, zu sein. Den Gedanken, den Wilhelm I. in seinen ersten Regierungsjahren hegte, seinen Lieblingsaufenthalt Cannstatt zur Residenz zu erheben, gab er bald wieder auf. Cannstatt, das seit den zwanziger Jahren als Badestadt einen europäischen Ruf erlangte, bot nicht die Möglichkeit, den Hof, die beiden Kammern des Landtags, die Regierungsbehörden sowie die diplomatischen Vertretungen deutscher und nichtdeutscher Staaten in seinen Mauern unterzubringen[204]. In den ersten Regierungsjahren Wilhelms I. hemmten freilich die katastrophalen wirtschaftlichen Verhältnisse die Aktivitäten des königlichen Bauherrn in Stuttgart. Doch konnte er immerhin die von seinem Vater begonnenen Projekte abschließen, so 1818 die unteren Anlagen ihrer Bestimmung übergeben, und an die Verwirklichung neuer Vorhaben gehen[205].

Schloß Hohenheim.

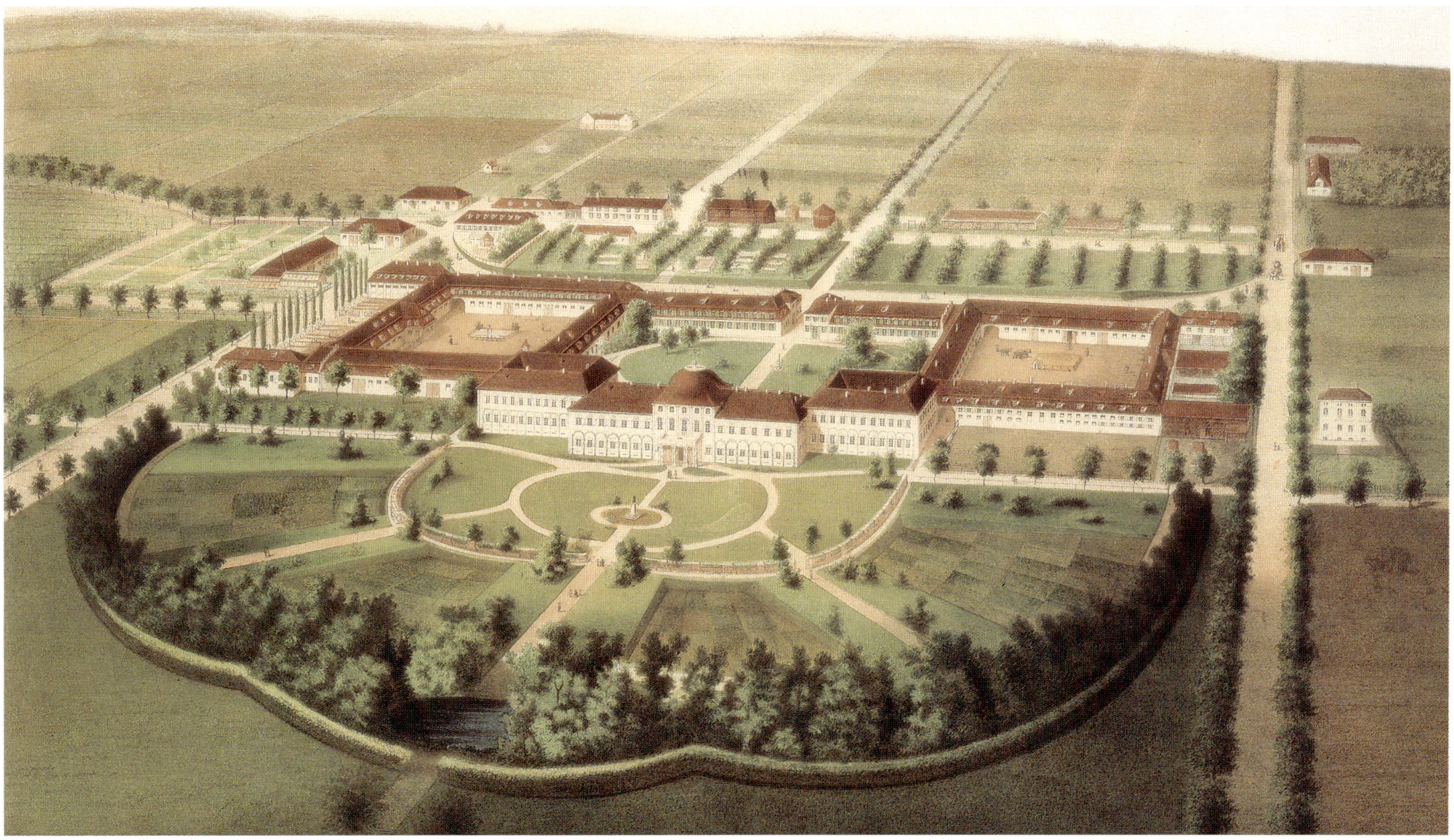

Militärische Einrichtungen

Für das kleine stehende Heer, die sogenannten Haustruppen, die die württembergischen Herzöge seit der zweiten Hälfte des 17. Jahrhunderts unterhielten, gab es keine Sammelunterkünfte, d. h. keine Kasernen; sie wurden deshalb bei den Bürgern einquartiert[206], soweit diesen nicht ausdrücklich die Befreiung von der militärischen Einquartierung zugestanden war. Die sogenannte Personalfreiheit, d. h. die Befreiung von Wachdiensten, Fronen und anderen Dienstleistungen, schloß die Befreiung von militärischen Einquartierungen nicht ein, sie mußte gesondert gewährt werden. 1698 erhielt der Geistliche Werkmeister Johann Ulrich Heim wegen häufiger Reisen die »Einquartierungsfreiheit« zugestanden. Unter Hinweis auf die vielen herrschaftlichen Geschäfte, die sie zu verrichten hatten, wurde 1705 dem Wachbieter Johann Wilhelm Seltenreich und dem Wiesenknecht Andreas Schmölzer dieselbe Vergünstigung eingeräumt, doch wurde ihnen die »sonst zu leiden habende Quartier zu Geld gerechnet« und dieses Geld von ihnen eingezogen. 1712 erlangten mit Rücksicht auf die von ihnen zu leistenden herrschaftlichen Arbeiten der Stiftsverwaltungsküfer und der Kastenknecht in gleicher Weise wie die Bediensteten der Rentkammer die »Quartier-Befreiung«, sie mußten dafür aber einen entsprechenden Geldbetrag an die Herrschaft abführen. Dieselbe Auflage wurde dem Handelsmann, Eisenfaktor und Tabakbeschauer Johann Seiblen für die Gewährung der Befreiung von der Einquartierung gemacht. Dagegen waren offensichtlich die Hofhandwerker zu keinem finanziellen Ersatz verpflichtet, denen damals neben der Personalfreiheit auch die »Einquartierungsfreiheit« zugestanden wurde[207].

1719 fühlte sich die Stadt Stuttgart vor anderen Städten und Dörfern durch Soldateneinquartierungen beschwert. Im Winter, so stellte der Magistrat fest, müsse fast jeder Bürger einen Soldaten ins Quartier nehmen und ihn, weil »die Soldaten des Mitessens nunmehr gewohnt«, auch verpflegen. Der »arme Mann« habe dadurch Ausgaben, die beträchtlich über dem Satz lägen, den er abrechnen könne. Stuttgart habe im letzten Krieg allein 36 000 fl an Holz und Lichtern den Winter über für die von der »hereingezogenen Miliz«, also von den Haustruppen, versehenen Wachen (Hauptwache, Wache im Tiergarten und andere »Pfosten« = Posten) aufbringen müssen[208]. Seit 1730 konnte die Einquartierungsverpflichtung generell durch Geld abgelöst werden. Der »Quartiermann« hatte nunmehr die Wahl, den ihm zugewiesenen Soldaten entweder bei sich aufzunehmen und ihm die »Hausmannskost« zu reichen oder für ihn täglich 7 kr zu zahlen und damit dessen anderweitige Unterbringung zu ermöglichen. Viele Bürger entschieden sich nunmehr für das »Kost-« bzw. Unterbringungsgeld von 7 kr, weil sie in ihm die geringere Last und das geringere Übel sahen. In den eingemeindeten Weilern Heslach und Gablenberg waren es 96 und 76 Bürger, also die überwiegende Mehrheit der Einwohner, die der Kostgeldzahlung den Vorzug gaben. Die zuständige Behörde nannte als Grund für diese Entscheidung den Mangel an »übrigen Bettern« in den beiden Orten[209]. In der Stadt war es nicht viel anders. Nach einem Bericht des Magistrats aus dem Jahr 1734 besaßen die Stuttgarter Weingärtner nicht einmal für sich ein Bett, dennoch mußten sie die Einquartierung »in natura« dulden oder aber das für sie gleichfalls nur schwer aufzubringende tägliche »Kostgeld« von 7 kr entrichten[210]. So ist es nicht verwunderlich, wenn Klagen über die militärische Einquartierung an der Tagesordnung waren und wenn sich die Stadtverwaltung den beschwerdeführenden Einwohnern zur Seite stellte. Andererseits fanden jedoch Bürger, die sich ungerechtfertigt ihrer Einquartierungsverpflichtung zu entziehen suchten, beim Magistrat keine Unterstützung. Diesem war daran gelegen, die Last der Soldatenunterbringung auf möglichst viele Schultern zu verteilen und sie nicht bloß einem kleinen Kreis, hauptsächlich den ärmeren Einwohnern, zuzumuten.

1733 protestierte die Wirtin der Geistlichen Herberge gegen die Zuweisung eines Soldaten. Sie behauptete, stets »quartierfrei« gewesen zu sein, wobei sie sich auf das im Jahr 1685 dem damaligen Inhaber der Geistlichen Herberge erteilte Privileg der Befreiung von Personallasten berief. Außerdem wies sie auf die mit dem Betreiben ihrer Gaststätte verbundene Verpflichtung zur Aufnahme von Proselyten (Konvertiten), von Geistlichen, die zur Bestätigung (ad confirmationem) in ihren Ämtern nach Stuttgart zitiert wurden, von Stipendiaten, die im Zuge ihrer Prüfung bei dem hier wohnenden ältesten Konsistorialtheologen die Texte ihrer Predigten abzuholen hatten. Der Magistrat hielt den Protest der Wirtin, obwohl die Oberräte den Standpunkt der resoluten Frau teilten, für unangebracht. Die Wirtin, so erklärte er, habe eine gut gehende Zuckerbäckerei und verfüge zudem über ansehnlichen Grundbesitz, wogegen viele andere Bürger, die Soldaten aufzunehmen hätten, verarmt seien. Der Herzog entschied jedoch im Sinne der Wirtin. Der Magistrat gab auch jetzt nicht klein bei. Er bestand auf der Verpflichtung der Wirtin zur Aufnahme von Soldaten. Die Oberräte schlugen schließlich dem Herzog einen Kompromiß vor: Die Wirtin solle »im Genuß« der Einquartierungsfreiheit bleiben, ihrem Nachfolger wäre dagegen aufzuerlegen, falls die Geistliche Herberge dann noch bestehe, statt der Aufnahme von Soldaten ein Geldäquivalent zu entrichten. Ob es dazu kam, läßt sich den Akten nicht entnehmen[211].

Ein Problem war die Versorgung der invalid gewordenen Soldaten der Haustruppen. Der Herzog machte sich darüber wenig Gedanken. Er wies solche Invaliden den Kommunen zu. Diese konnten die dazu noch Befähigten für kleinere Dienstleistungen in Anspruch nehmen, hatten aber in jedem Fall für den Lebensunterhalt und den Hauszins der ehemaligen Soldaten aufzukommen. 1713/14 hatte die Stadt Stuttgart zwölf invalide Militärpersonen zu versorgen. Neben dem Hauszins mußte sie für jeden der zwölf Männer ein wöchentliches Verpflegungsgeld von 30 kr, das damals üb-

Seite 84/85
Königliche Anlagen um 1810: Unterer See und Vogelhaus.

liche »Invalidentraktament«, berappen[212]. Im September 1762 mußte Stuttgart auf herzoglichen Befehl zwei kränkliche Soldaten als Stadtsoldaten übernehmen und ihnen das Invalidentraktament zahlen[213].

Daß die Einquartierung der Haustruppen in Bürgerhäusern auf die Dauer auch vom militärischen Standpunkt aus gesehen keine Lösung war, erkannte bereits Herzog Eberhard Ludwig. 1705 begann er in Stuttgart am Nesenbach auf dem Gelände des späteren Waisenhauses mit dem Bau der ersten Kaserne; sie sollte die 40 Mann starke herzogliche Leibgarde aufnehmen. Dazu kam es aber nicht. Die Leibgarde erhielt ein Domizil in der neugegründeten herzoglichen Residenz Ludwigsburg. Den Neubau am Nesenbach übernahm nach seiner Fertigstellung das 1710 gegründete und 1712 eröffnete Waisenhaus[214].

Die Verlegung des Hofs nach Ludwigsburg brachte 1715/18 eine zeitweilige Verringerung der Zahl der in Stuttgart einquartierten Soldaten. Allein, nach dem Regierungsantritt von Herzog Carl Alexander 1733 sowie der Rückkehr des Hofes und der Regierungsbehörden nach Stuttgart häuften sich wiederum die Klagen der Einwohner, aber auch die der Offiziere und Soldaten über die Zuweisung von Bürgerquartieren. Am 28. November 1733 bezeichnete es Bürgermeister Rheinwald in einem Gutachten als eine Wohltat für die Soldaten wie für die Bürger, wenn die Errichtung von Kasernen den Landesherrn in die Lage versetze, auf die Inanspruchnahme von Bürgerquartieren für das Militär zu verzichten. Die Soldaten wüßten dann, wo sich ihr richtiges Quartier und ihre »Liegerstatt« befänden, und die Bürger wären von der Bezahlung des lästigen Quartiergelds befreit, insbesondere aber wäre den Armen geholfen, die außerstande seien, den Soldaten ein Bett, das erforderliche Stroh und anderes zu bieten. Bürgermeister Rheinwald setzte sich mit Nachdruck für den Bau einer Kaserne in Stuttgart ein. In der Stadt gebe es viele »kostbare« (wertvolle) Gebäude. Auch halte sich hier die herzogliche Familie auf. 150 bis 200 in einer Kaserne untergebrachte Soldaten könnten einen wirksamen Schutz gewähren. Als geeignetes Areal für einen Kasernenbau empfahl Rheinwald den gut zwei Morgen großen Garten des Geheimen Rats Schütz auf dem Bollwerk. Dieser zum Verkauf stehende Garten sei mit einer Mauer umgeben, verfüge über ein Portal mit Kutschen- und Wagenzufahrten, »ein Röhrlein frisches Wasser« (d. h. eine Wasserzuleitung) sowie einen tiefen Kaltbrunnen, aus dem mit einem Tretrad und einem »dreiimigen Eimer« Wasser geschöpft werde. Das Regen- und Abwasser, ebenso der Kloakenunrat könnten durch die Stadtmauer mittels einer dort befindlichen Dole abgeführt werden. Der Bürgermeister schlug zur Finanzierung des Kasernenbaus vor, daß jeder von der Einquartierung befreite Bürger einen jährlichen Beitrag von 1 fl 30 kr leisten solle, außerdem hätte jeder Bürger anstelle der »wieder abgeschafften Stadtbeleuchtung« 3 fl beizusteuern, jeder neuangenommene Handwerksmeister 1 fl 30 kr. Schließlich stünden 2200 fl von den seit 1713 eingesparten Kosten für die Stadtbeleuchtung zur Verfügung. Soweit diese Mittel für den Bau nicht ausreichten, könnten Darlehen aufgenommen werden. Nach der Fertigstellung der Kaserne hätte die Landschaft für den

Bürgermeister Christian Rheinwald (1656–1737).

Das Stuttgarter Waisenhaus.

Unterhalt des Gebäudes aufzukommen. Ein knappes halbes Jahr später bestätigte der Magistrat auf die Aufforderung der Oberräte, daß die Bürgerschaft schon seit langem die Befreiung von der Quartierlast wünsche. Er regte an, zum Zweck des Kasernenbaus eine Deputation (Kommission) aus Regierungs- und Kriegsräten sowie Vertretern der Stadt zu bilden. Indes war die Zeit des Polnischen Erbfolgekriegs nicht dazu angetan, das Kasernenbauprojekt in Angriff zu nehmen. Herzog Carl Alexander entschied, es vorläufig auszusetzen[215].

Im Jahr 1739 verpflichteten sich die Landstände im Bestreben, die Bürgerschaft von der Quartierlast zu befreien, zum Bau einer Kaserne für die gesamte Stuttgarter Garnison. In den Jahren 1740 bis 1745 errichtete dann Oberbaudirektor David von Leger auf der Reiherwiese zwischen Lustgarten und Nesenbach die »Untere Kaserne«. Sie war nach dem Vorbild von Versailles hufeisenförmig gestaltet und ähnelte einem spätbarocken Schloß. Doch wie schon die erste in Stuttgart erstellte Kaserne wurde auch sie zweckentfremdet genutzt. Zunächst nahm sie Herzog Carl Eugen als Nebengebäude des Neuen Schlosses in Anspruch. 1775 baute sie dann Reinhard Ferdinand Heinrich Fischer für die von der Solitude hierher verlegte Militärakademie, die spätere Hohe Carlsschule, um. Sie beherbergte dieses berühmte Bildungsinstitut bis zu dessen Aufhebung im Jahr 1794 und wurde zur »Akademie«[216]. Im Zuge der Errichtung der Unteren Kaserne erhielt Stuttgart seine erste am 30. September 1742 eingeweihte Garnisonskirche. Diese »Kasernenkirche« wurde im ersten Stock des Mittelbaus der Unteren Kaserne oberhalb der Schloßwache eingerichtet. Der Militärakademie diente sie nach der Umgestaltung durch Fischer zuerst als Disziplinarsaal, seit der Erhebung der Anstalt zur Hochschule 1782 als Kirche und Festsaal. 1799 wurde sie den Stuttgarter Katholiken vorübergehend als Gotteshaus eingeräumt[217]. Die Einweihung der Garnisonskirche 1742 nahm Herzog-Administrator Karl Friedrich zum Anlaß, den ersten Garnisonsprediger zu berufen[218].

Die vom Militär auch tatsächlich bezogenen Kasernen in Stuttgart entstanden erst in den fünfziger Jahren. Herzog Carl Eugen erkannte, daß aus Gründen der militärischen Disziplin und Ordnung und nicht nur wegen der ständigen Klagen der Bürger, die sich infolge der stark angewachsenen Garnison noch erheblich mehr als früher durch die Quartierlast beschwert fühlten, Sammelunterkünfte der Soldaten unerläßlich seien. 1750 wandelte er das 1597 von den Baumeistern Beer und Schickhardt errichtete herrschaftliche Viehhaus auf dem heutigen Schloßplatz (bei der Einmündung der Fürsten- in die Königstraße) in eine Kaserne um und brachte dort sein Leibkorps unter[219]. Im Jahr darauf ließ er das 1716 von der Büchsengesellschaft erstellte Schießhaus vor dem Büchsentor zur Husarenkaserne, der »Büchsenkaserne«, umbauen. Angeschlossen an das Kasernengebäude waren in Hufeisenform entlang der Kasernenstraße (zuletzt Kasernenstraße 4) Stallungen für 150 Pferde[220]. Bereits 1749 befahl der Herzog den Umbau der 1735 errichteten Seidenfabrik am Rotebildtor zu einer Kaserne; sie sollte gewissermaßen den Ersatz für die einer anderen Zweckbestimmung zugeführte »Untere Kaserne« bilden. Der linke Flügel dieser 1752 fertiggestellten und bezogenen »Oberen Kaserne« brannte 1791 ab; er wurde nicht wieder

Rotebühlkaserne.

Legionskaserne (rechts), um 1820.

aufgebaut. Auf dem Areal der »Oberen Kaserne« entstand zwischen 1827 und 1847 die Rotebühlkaserne[221].

Zu einem Kasernenneubau am Seeltor auf dem Platz vor dem heutigen Wilhelmsbau entschloß sich Carl Eugen 1753; ihm mußten das städtische Waaghaus sowie das Gasthaus zur Bretzel weichen. Die von Leger erbaute Kaserne sollte nach dem Willen des Herzogs seine Lieblingstruppe, die aus einem Infanterieregiment, je einer Schwadron Leibjägergarde, Dragonergarde und Husarengarde sowie einer Kompanie reitender Artillerie bestehende »Gardelegion« aufnehmen. Tatsächlich untergebracht wurden in der »Legionskaserne« das Infanterieregiment der Legion, die Garde zu Fuß. Es ist anzunehmen, daß der Militärarzt Friedrich Schiller nach der Absolvierung der Militärakademie im Dezember 1780 vorübergehend dort seine Unterkunft hatte, mußte er doch das aus 240 halbinvaliden Soldaten bestehende Regiment Augé medizinisch betreuen. Die von Fischer Ende des 18. Jahrhunderts erneuerte Kaserne wurde bis 1843 militärisch genutzt[222].

Der Bau bzw. die Errichtung von Kasernen, zu denen die Stadt finanzielle Beiträge leistete, hatte für die Bürger lediglich vorübergehend eine Befreiung von Einquartierungen zur Folge. Bereits 1751 wurde die 1749 aufgehobene Verpflichtung der Einwohner, Soldaten ins Quartier zu nehmen, erneut in Kraft gesetzt. In den Jahren des Siebenjährigen Kriegs (1756–1763) stieg die Zahl der in Bürgerquartiere gelegten Soldaten trotz der zur Verfügung stehenden Kasernen wiederum steil an. Um Stuttgart wenigstens in begrenztem Maß entgegenzukommen, erließ Herzog Carl Eugen am 26. August 1760 für seine Residenzstadt ein spezielles »Quartier-Servis-Reglement«. Sämtliche Quartierpflichtigen wurden nach ihrem Vermögen in drei Klassen eingeteilt, wobei der dritten Klasse zuletzt Soldaten zugewiesen werden sollten. Hausbesitzer und Mieter hatten in gleicher Weise jeweils eine Kammer für Unteroffiziere und gemeine Soldaten bereitzuhalten. Wer von der Einquartierungsverpflichtung befreit war, mußte, falls er über ein entbehrliches Zimmer verfügte, dieses, wenn erforderlich, Offizieren überlassen. In Miete wohnende Bürger, die keine Feldgüter ihr eigen nannten, durften die auf sie entfallende Quartierlast in Geld bezahlen. Grundsätzlich ausgenommen von der Einquartierungsverpflichtung waren lediglich die Geistlichen. An den Quartierlasten hatte sich das Amt Stuttgart mit einem Drittel zu beteiligen. 1770 wurde das Spezialreglement wieder aufgehoben und die für Stuttgart gültigen Einquartierungsbestimmungen denen des Landes angeglichen. Die Quartierlast der Bürgerschaft blieb, auch wenn jetzt die Soldaten meist in Kasernen untergebracht wurden, bis gegen Ende des 18. Jahrhunderts bestehen. Erst am 2. Mai 1797 sicherte der Geheime Rat der Stadt völlige »Quartierfreiheit« zu[223].

Eine Einquartierungsverpflichtung hatten die württembergischen Kommunen auch gegenüber dem Militär des Schwäbischen Kreises. Stuttgart mußte den Generalstab und die erforderlichen Ordonnanzen in seinen Mauern unterbringen, ihnen Unterkünfte und Stallungen beschaffen. Die Stadt erwarb deshalb 1712 um 675 fl ein Haus beim Hauptstätter Tor zur Aufnahme der Ordonnanzen, und sie räumte einem Bürger, der das Ordonnanzhaus zu beaufsichtigen hatte, darin eine freie Wohnung ein[224].

Nach der Einbeziehung der Garnisonskirche in die Militärakademie 1775 bestimmte Herzog Carl Eugen zunächst einen Saal im Herrenhaus auf dem Marktplatz, dann im »Fürstenhaus« in der Fürstenstraße und schließlich den Öhrn im Neuen Schloß als Interimsgottesdienstraum für das Militär. 1777 ließ er durch Baumeister Fischer die einstige Herrschaftsscheune des Bauhofs (Ecke Hospital-/Kanzleistraße) auf dem Areal des heutigen Hauses der Wirtschaft zu einer Garnisonskirche umbauen. Diese 1827 baulich erweiterte Kirche diente der evangelischen Militärgemeinde bis 1879 als Gotteshaus, sie wurde dann zehn Jahre vom Ulanenregiment als Futtermagazin verwendet und 1889 abgebrochen. An ihre Stelle trat als evangelische Garnisonskirche das 1875 bis 1879 durch Dollinger zwischen Holzgarten- und Lindenstraße erbaute Gotteshaus[225].

Anfang 1743 übernahm das reguläre Militär die Bewachung der Stadttore und die nächtlichen Patrouillen. Damit waren die Bürger, die seit Jahrhunderten für die Aufrechterhaltung von Ordnung, Ruhe und Sicherheit an den Toren und in der Stadt hatten sorgen müssen, einer als lästige Pflicht empfundenen Last entledigt, der sich die Wohlhabenden meist durch Geldzahlungen entzogen hatten. Freilich fiel dem Militär oder, wie es damals auch hieß, der regulären Miliz, keine leichte Aufgabe zu. Bürger, die nachts von Militärpatrouillen wegen Ordnungswidrigkeiten festgenommen wurden, waren empört, daß sie sich den Anweisungen der verachteten Soldaten fügen, ihnen auf die Wache folgen mußten und von ihnen sogar vorübergehend in den »Arrest« gesperrt wurden. Sie ließen sich zu üblen Beschimpfungen und anzüglichen Bemerkungen hinreißen. Die Regierung und die Stadtobrigkeit sahen sich gezwungen, sie durch Strafen zur Räson zu bringen und ihnen so klarzumachen, daß sie Militärpatrouillen zu gehorchen hatten[226]. 1756 mußte das Bürgerwachhaus (Königstraße 21) dem Militär überlassen werden[227]. 1760/61 ließ die Stadt mit einem Kostenaufwand von 7 000 fl auf dem Großen Graben (bei der Einmündung der Gymnasiumstraße in die Königstraße) die Hauptwache errichten. Vor dem mit Arkaden verzierten Bau standen auf dem »Wachhausplatz« unter Schutzdächern (Kanonenhäuslein) zwei Geschütze[228]. 1775/76 waren diese Hauptwache sowie acht Torwachen vom Militär besetzt. Der Stadt oblag es, die Wachen mit dem erforderlichen Brennholz und mit Lichtern zu versehen. Der Magistrat versuchte, sich von dieser für die Stadt recht aufwendigen Verpflichtung zu befreien. Die Regierung hatte hierfür kein Verständnis, sie wies auf die Vorteile hin, die Stuttgart von einer starken Garnison habe[229].

Seit der Regierungsübernahme durch Herzog Carl Eugen war das württembergische Heer nach preußischem Muster uniformiert. An die Stelle der zuvor weißen, gelben und roten Uniformen war eine einheitliche dunkelblaue Montur getreten[230]. Diese trug das württembergische Militär noch 1781. Dem Berliner Buchhändler Nicolai, der damals Stuttgart besuchte, fiel nicht nur die »verhältnismäßig starke Präsens« des Militärs in der Stadt auf, sondern auch sein der preußischen Armee ähnelndes äußeres Erscheinungsbild. »Die blaue Uniform mit den weißen Unterkleidern«, so berichtete er, »hat preußischen Schnitt, ebenso die spitzen Mützen der Grenadiere. Die Soldaten arbeiten allenthalben in den Häusern und auf den Straßen, was, so viel ich weiß, nur beim preußischen und württembergischen Militär üblich ist«[231]. Die Soldaten verschafften sich also durch Arbeiten in den Bürgerhäusern und auf den Straßen einen Nebenverdienst. Aus dem 19. Jahrhundert wissen wir, daß man damals in den Garnisonsstädten Stuttgart und Ludwigsburg überall Soldaten antreffen konnte, die sich mit Nähen, Stricken oder irgendwelchen Gelegenheitsarbeiten, als Handlanger usw. ein wenig Geld verdienten[232].

Die Anwesenheit des Militärs brachte manche Unruhe in die Stadt. Viele Soldaten nahmen es mit Mein und Dein nicht so genau, zettelten Händel an, störten durch lärmendes Umherziehen auf den Gassen die Nachtruhe der Bürger oder schlugen sonstwie über die Stränge. 1716 beispielsweise begegnete der Füsilier Suffel vom Gardefüsilierregiment nachts zwischen 10 und 11 Uhr auf der Straße dem Stadtvogteiskribenten (Stadtvogteischreiber) Christian Heinrich Ströhlen. Nach den später durchgeführten Ermittlungen hatte Ströhlen dem Soldaten offenbar keinen Anlaß zum Streit gegeben, dennoch entriß ihm dieser den Degen, den er trug, und erstach ihn. Der Delinquent wurde verhaftet und auf die Stadtwache gebracht. Das Urteil des Kriegsgerichts, vor das er gestellt wurde, fiel bei den damaligen drakonischen Strafgesetzen sicher sehr hart aus. Indes geben die nur bruchstückhaft erhaltenen Akten darüber keine Auskunft[233]. In der Neujahrsnacht 1737 kam es unter dem Militär zu einem Auflauf. Hierbei wurde ein Leutnant von Schammer, der Ruhe gebot, von den erregten Soldaten totgeschlagen. Die militärische Führung statuierte ein Exempel: Ein Husar und ein Grenadier wurden mit Spießrutenlaufen bestraft; sie hatten 16mal durch die Gasse zu laufen, was beinahe einem Todesurteil gleichkam. Zwei Husaren erhielten eine lebenslange Haft zudiktiert. Ein anderer Husar wurde enthauptet[234]. 1747 richteten Soldaten bei Nacht an Zäunen, Brettern und Pfählen großen Schaden an. Herzog Carl Eugen verhängte daraufhin für das Militär eine nächtliche Ausgangssperre[235]. Doch es gab auch später ähnliche unliebsame Vorkommnisse. 1763 beispielsweise rissen Grenadiere den Zaun des an die Obere Kaserne angrenzenden Seubertschen Gartens ein und entwendeten das »Holzwerk«. Möglicherweise wollten sie sich zusätzliches Brennholz verschaffen. Die Täter konnten jedoch nicht festgestellt werden. Der Kriegsrat veranlaßte die Wiederherstellung des Zaunes, und der Herzog versprach, künftig solch groben Unfug abzustellen[236].

Mit Vorliebe steckte man Tunichtgute, Habenichtse, ebenso Bettler und Landfahrer ins Militär. Auf solche Weise hatte man schwierige Burschen unter Kontrolle, andererseits sorgte der militärische Drill dafür – man hoffte es wenigstens –, daß sich diese ein wenig an Zucht und Ordnung gewöhnten. In Heslach hatte 1759 »ein übler Hauser« den bunten Rock des Herzogs anzuziehen. Daß seine Frau und seine noch unversorgten Kinder damit der Armenfürsorge zur Last fielen, kümmerte die Obrigkeit nicht. Wer sich einigermaßen selbst versorgen konnte, den reizte das Soldatenleben nicht. Selbst einer kärglichen bürgerlichen Existenz gab man gewöhnlich den Vorzug vor dem angeblich sorgenfreien Dasein im Militär. Zu den eindrücklichsten Drohungen, mit denen man im 18. Jahrhundert einem Tunichtgut Angst zu machen suchte, gehörte die Ankündigung, man werde ihn ins Militär stecken, wenn er sich nicht bessere[237]. Die zu einem guten Teil mit List und Tücke angeworbenen oder auch zwangsrekrutierten Soldaten neigten trotz der drakonischen Militärjustiz zur Desertion. Gelegentlich fanden sie dabei auch Helfershelfer. 1746 wurde der Heslacher Weinschenk Johannes Locher vierzehn Tage auf dem Hohenasperg eingesperrt, weil er zwei Deserteuren nicht nur zu trinken gegeben, sondern sie auch noch über Nacht behalten hatte, ohne dem Heimbürgen, dem Ortsvorsteher, davon Anzeige zu erstatten[238].

Eine größere Garnison zog gewöhnlich auch leichte Mädchen an. Für den Magistrat der streng evangelisch-lutherischen Stadt Stuttgart war dies ein Greuel. Er tat alles, solche »Frauenspersonen« von hier fernzuhalten. Als im Februar 1731 zwei Soldatendirnen, die sich unerlaubt in der Stadt aufgehalten hatten, aufgegriffen wurden, ließ er sie mit Zustimmung der Regierung öffentlich mit Ruten »aushauen« und des Landes verweisen[239].

Einen sehr viel höheren Stellenwert als zuvor erhielt das Militär unter Herzog, Kurfürst und König Friedrich. Hatte der Soldat in den Zeiten Herzog Carl Eugens auf einer sehr niedrigen sozialen Stufe rangiert, so bemühte sich Friedrich mit Erfolg, den Angehörigen der bewaffneten Macht zu einem größeren Ansehen in der Öffentlichkeit zu verhelfen. Er organisierte sein Heer neu und zweckmäßig, auch sah er darauf, daß der Soldat nicht länger durch seine äußere Erscheinung, so durch eine zerlumpte und verschmutzte Uniform, den Argwohn und die Verachtung des Bürgers erregte. Die Vergrößerung Württembergs ermöglichte es ihm dann auch, seine Streitkräfte zu vermehren und sie zu einem schlagkräftigen Heerwesen auszubauen, das sich in den Kriegen der napoleonischen Zeit bewährte und Hervorragendes leistete. Stuttgart wurde Sitz des württembergischen Kriegsministeriums und der höchsten Kommandobehörden. Auch behauptete es seinen Rang als wichtige Garnisonstadt.

Zur zweckmäßigen Ausbildung des Offiziersnachwuchses gründete Kurfürst Friedrich 1805 ein Kadetteninstitut, in das 40 Offiziersanwärter und 16 Edelknaben aufgenommen wurden. Seine Unterbringung erhielt es im Gebäude der ehemaligen Carlsakademie. Das Institut bestand bis 1817[240].

Die Königliche Öffentliche Bibliothek, die spätere Württembergische Landesbibliothek.

Sehr am Herzen lag es Friedrich, das beklagenswerte Los der invalid gewordenen Soldaten zu verbessern. Künftig war es Sache des Staates, für die Versorgung der als dienstuntauglich ausgeschiedenen Militärpersonen aufzukommen. Um seinen Untertanen zu zeigen, wie hoch er die Dienste schätzte, die die durch Verwundungen oder Krankheiten wehruntauglich gewordenen Soldaten ihrem Vaterland geleistet hatten, befahl er am 29. Dezember 1806 den Bau eines Invalidenhauses in der Neckarstraße. In ihm sollten sechs Offiziere, zwölf Unteroffiziere sowie 150 Soldaten Aufnahme finden. Knapp vier Jahre nach der am 27. Juni 1807 erfolgten Grundsteinlegung wurde das von Thouret erstellte Haus am 5. März 1811 mit großen Feierlichkeiten im Rahmen eines Militärordensfestes eingeweiht. 1817 ordnete König Wilhelm I. die Verlegung des Ehreninvalidenkorps, wie diese aus dienstuntauglichen Militärangehörigen gebildete Sondereinheit des würt-

Schloßplatz in Stuttgart 1863.

Bürgermilitär, Schützengesellschaft

tembergischen Heeres jetzt hieß, auf das Schloß Comburg bei Schwäbisch Hall an. Das bisherige Stuttgarter Invalidenhaus bekam eine neue Zweckbestimmung. Es hatte die Königliche Öffentliche Bibliothek, die nachmalige Württembergische Landesbibliothek, aufzunehmen[241].

Im Jahr 1807 ließ König Friedrich für die ledigen Offiziere seiner beiden Garderegimenter, der Garde zu Fuß und der Garde zu Pferd, an der Königstraße (12) ein Wohngebäude, den »Offizierspavillon« oder »Kavaliersbau«, errichten. Die offenen Arkaden des Erdgeschosses wurden später zugebaut und als Remisen für Staatswagen benutzt[242].

Daß auch die vorhandenen Kasernen für die stark angewachsene Garnison nicht ausreichten, liegt auf der Hand. Besonderen Wert legte König Friedrich auf eine gute Unterbringung seiner aus den württembergischen Husaren hervorgegangenen, 1798 errichteten Garde du Corps, der späteren Königlichen Leibgarde zu Pferd. 1810 verfügte er für diese Eliteeinheit den Bau einer Kaserne an der Fürstenstraße auf dem Areal des heutigen Postgiroamtes. Zuvor hatte dort das Gewächshaus des früheren Botanischen Gartens gestanden[243]. Gleichzeitig erhielt die Kavallerie auf dem Gelände des Neuen Bauhofs, heute Haus der Wirtschaft, an der Hospitalstraße eine zusätzliche Kaserne[244].

Streng sah König Friedrich bei seinen Soldaten auf Manneszucht. Jede Ordnungswidrigkeit bestrafte er. 1808 gab er bekannt, daß sich die Militärangehörigen einschließlich der Offiziere den Polizeigesetzen zu unterwerfen hatten. Militärabteilungen, die zur Aufrechterhaltung von Ruhe und Ordnung einem Polizeikommissar beigegeben wurden, mußten sich an die polizeilichen Anordnungen halten[245]. 1812 untersagte der König den Wirten, an Soldaten nach der auf 8 Uhr abends festgesetzten »Retraite« (Zapfenstreich) noch Wein und Bier auszuschenken[246].

Während des Spanischen Erbfolgekriegs, insbesondere in den Jahren 1703 und 1714, wurde die Stadtreiterkompanie zu vielen Diensten herangezogen; sie hatte zeitweise Aufgaben des regulären Militärs zu übernehmen. So wurde sie wiederholt für längere Zeit an die Landesgrenze kommandiert, mußte Ordonnanzritte durchführen, sich an Streifen beteiligen, Konvois bewaffneten Schutz geben und sich zu anderen Aktionen verwenden lassen[247]. Dennoch äußerte der Magistrat im Juli 1707 seine Unzufriedenheit mit ihren Dienstleistungen, und, weil sie die Stadt finanziell belaste, ohne ihr im Fall der Not von Nutzen zu sein, forderte er ihre Abschaffung. Die Stadt, so erklärte er, habe hohe Schulden und andere Aufgaben. Außerdem besäßen die Stadtreiter die Personalfreiheit. Dies habe zur Folge, daß die übrigen Bürger durch Fronen und sonstige Dienste um so stärker belastet würden[248]. Indes fand der Magistrat mit seiner Forderung beim Herzog kein Gehör. Am 14. Oktober 1711 erhielt die Kompanie ihr erstes Reglement. Dieses vermittelt interessante Einblicke in Aufbau und Organisation der kleinen Truppe. Wie schon bisher blieben die Angehörigen der Kompanie »fron- und wachfrei«. Allerdings fielen künftig die Tagegelder für Offiziere und Mannschaften weg. Teilnahme an Übungen und sämtlichen Dienstobliegenheiten war Pflicht. Wer dem »Ausrücken« fernblieb, zahlte 10 Taler Strafe. Bei Kommandos und Ritten außerhalb der Stadtgemarkung hatten die Offiziere, weil sie die Pferde selbst stellen mußten, an Tag- und Hufschlaggeld, Roßlohn, Zehrung und Fütterung zu beanspruchen: ein Rittmeister 4 fl, ein Leutnant 3 fl 15 kr und ein Kornett 3 fl. Für die Mannschaften, denen die Obrigkeit die Pferde besorgte, lagen diese Entschädigungen niedriger: ein Wachtmeister 1 fl 40 kr, ein Quartiermeister 1 fl, ein Trompeter 1 fl, ein Korporal 50 kr, ein Musterschreiber, ein Feldscher, ein Fahnenschmied, ein Sattler, ebenso ein Gemeiner je 40 kr. Im ganzen Herzogtum war der Kompanie freies

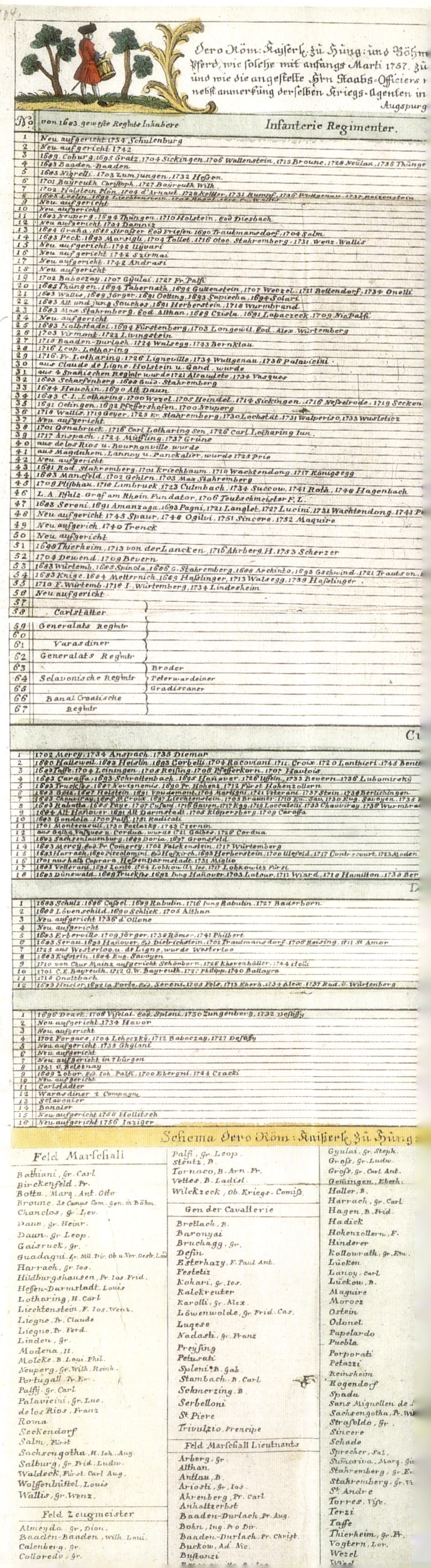

Kolorierter Organisationsplan der Regimenter zu Fuß und zu Pferd mit Nennung der Stabsoffiziere 1757.

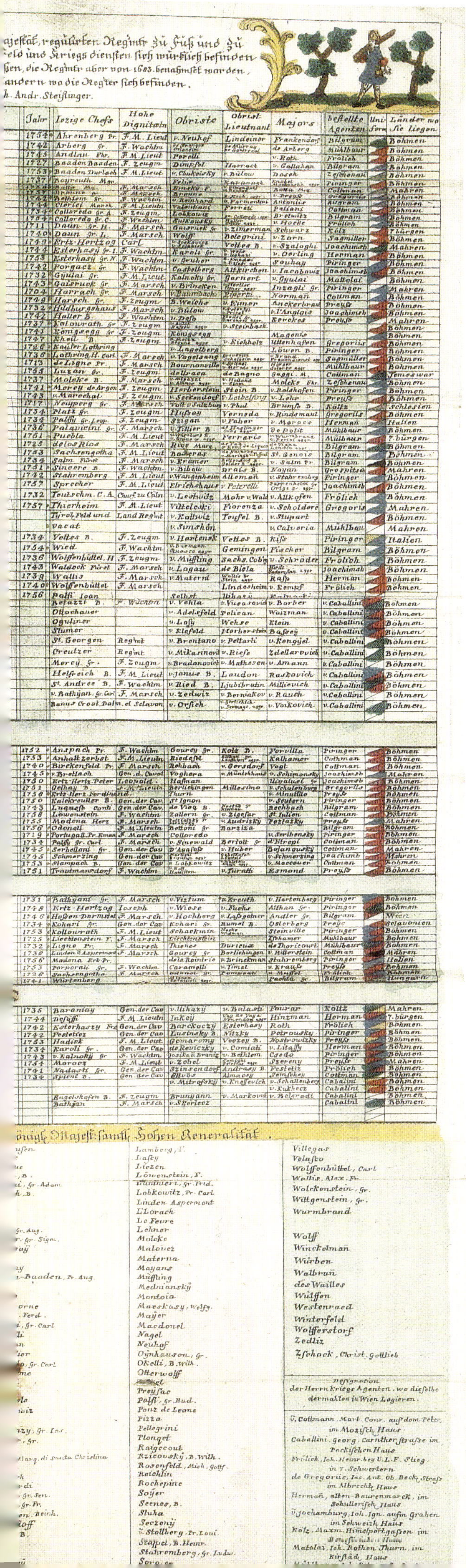

Quartier einzuräumen, und es mußte ihr um 15 kr 4 Vierling Hafer sowie 10 Pfund Heu und Stroh geliefert werden. Die Kompanie bestand aus einem Rittmeister, einem Leutnant, einem Kornett, einem Wachtmeister, einem Quartiermeister, einem Trompeter, drei Korporälen, 36 Gemeinen, unter ihnen ein Musterschreiber, ein Feldscher, ein Schmied und ein Sattler. Ihre Personalabgänge glich die Truppe durch tüchtige Bürger aus, die mit Pferden und Gewehren umzugehen verstanden. Im Vierteljahr hatte die Kompanie einmal zum Exerzieren auszurücken[249].

Der Magistrat betrieb nach wie vor eine Auflösung der Stadtreiterkompanie. Er behauptete, sie tue keinen Dienst, sei aber andererseits der Bürgerschaft sehr beschwerlich. 1716 schien es, als habe er sein Ziel erreicht. Die Kompanie wurde aufgehoben, allerdings nur für vier Monate. Herzog Eberhard Ludwig bestand auf ihrer Reorganisation. Er schätzte ihren Dienst, stand sie ihm doch bei Abwesenheit seiner Leibwache zu Gebot[250]. Im Januar 1719 verfügte der Herzog, daß die Stadtreiter nur mit seiner Zustimmung oder der des Kriegsrats zu Wachdiensten unter den Toren verwendet werden durften. Dagegen hatten sie bei Abwesenheit des herzoglichen Militärs die Schloßwache zu versehen. Sie wurden dafür wie die Angehörigen des Hofs »gespeist«. Später trat allerdings an die Stelle des Essens bei Hof die Verpflegung mit Brot und Wein[251]. Herzog Eberhard Ludwig behielt sich im wesentlichen die Entscheidung über die Verwendung der Kompanie vor. 1722 verfügte er, daß die Stadtreiter nächtlichen Patrouillen namentlich an Sonn- und Feiertagen zur Verstärkung beigegeben wurden. Er übertrug ihnen damit eine wichtige Funktion bei der Aufrechterhaltung von Ruhe und Ordnung in der Stadt. Weil der Magistrat nunmehr die 4 fl betragenden Wartgelder nicht mehr zahlte, entschied der Herzog, daß die Stadt, solange sie die Wartgelder einbehielt, die Stadtreiter »beritten« machen, also ihnen die erforderlichen Reitpferde beschaffen mußte[252]. Nachdem der Magistrat die Aufhebung nicht hatte durchsetzen können, versuchte er größeren Einfluß auf diese Kompanie zu bekommen. So wollte er 1722 das Recht der Offiziersernennungen an sich ziehen, doch er scheiterte am Einspruch des Herzogs. Dieser hielt an der Ernennung der drei »Oberoffiziere« der Stadtreiterkompanie, des Rittmeisters, des Leutnants und des Kornetts, fest. Hingegen überließ er wie bisher die Bestellung der Unteroffiziere sowie der Gemeinen der Stadt »in Gemeinschaft mit dem Rittmeister«[253].

Für die Stadtreiter galt ein hoher Ehrenkodex. Zwei Reiter, die sich während einer Streife zu Exzessen hatten hinreißen lassen, wurden »kassiert« und unter die Fußkompanie »gestoßen«. Im Feld waren die Angehörigen der Stadtreiterkompanie stillschweigend den Kriegsgesetzen unterworfen, im Frieden unterstanden sie dem Magistrat[254].

Neben der Stadtreiterkompanie bestanden in den ersten Jahrzehnten des 18. Jahrhunderts drei aus Bürgern gebildete Stadtkompanien zu Fuß. Ihnen oblagen die zahlreichen Wachdienste. 1716 zählte jede dieser drei Kompanien 180 Mann. Täglich wurden 34 Mann zu Wachdiensten kommandiert, dies hieß, daß ein in diesen Kompanien Dienst leistender Bürger jeden 13. Tag zur Wache eingeteilt wurde, zuvor war dies sogar alle zehn Tage der Fall gewesen[255]. Den Wachdienst empfanden die Bürger als schwere Last; verpflichtet waren sie dazu bis zum vollendeten 65. Lebensjahr, in anderen Städten aber lediglich bis zum vollendeten 60. Lebensjahr. Befreit von dieser lästigen Pflicht waren die Hofhandwerker. Der Magistrat betrachtete es als einen Skandal, daß sich zunehmend mehr vermögliche Bürger, die bei Hof oder in anderen »Corporibus« (öffentlichen Einrichtungen) arbeiteten, durch Geldzahlungen den Fronen und Wachen entzogen. Dem »armen Mann« wurde deshalb ein Übermaß an solchen Diensten aufgebürdet. Er mußte Wache schieben, hatte während dieser Zeit keinen Verdienst, seine Familie litt Mangel[256]. Ein Bürger klagte 1723 darüber, daß die Stadtkompanien »eine Sache der Armen« seien. Ihm erschien es grotesk, daß gerade die in bedrängten wirtschaftlichen Verhältnissen befindlichen Bürger bei Feierlichkeiten,

Stuttgarter Bürgergarden vor dem Katharinenhospital um 1830.

wenn die Stadtkompanien aufgeboten wurden, Hab und Gut der Reichen retten sollten, während diese selbst vom Dienst in den Kompanien freiblieben[257].

Eine wichtige Rolle bei den Stadtkompanien spielte Stadthauptmann Johann Heinrich Seitzer. Er hatte lange in Afrika und Asien in englischen Kriegsdiensten gestanden und bei seiner Rückkehr und bürgerlichen Niederlassung in Stuttgart ums Jahr 1705 dem Herzog einige exotische Raritäten übergeben. Seine großen militärischen Erfahrungen hatten den Magistrat bewogen, ihm die Stelle eines Stadthauptmanns und Stadtwachtmeisters zu übertragen. Auf die Gunst Herzog Eberhard Ludwigs bauend, für den er sich als erfolgreicher Soldatenwerber betätigt hatte, strebte er aber eine noch höhere Position an. Im November 1721 ersuchte er den Herzog, ihm das Oberkommando über die Stadtwache zu übertragen und ihn zudem mit einem Pferd auszustatten. Doch der derzeitige Stelleninhaber, Hauptmann Reinhart, wehrte sich. Reinhart wies auf seine 34jährige Dienstzeit hin, aber auch auf seine dreieinhalbjährige Geiselhaft in Frankreich nach dem Franzoseneinfall von 1693. Seitzer mußte sich zunächst mit der »Expektans« auf die angestrebte Stelle begnügen, die ihm dann einige Jahre später übertragen wurde[258].

Daß einen Mann wie Seitzer der Personalmangel und die schlechte Verfassung der Stadtkompanien beunruhigte, liegt nahe. Im Juli 1723 berichtete er dem Magistrat, bei jeder der drei Kompanien fehlten am kompletten Stand 30 bis 40 Mann. Manchmal könnten nicht einmal die Stadttore und die Hauptwache ordnungsgemäß besetzt werden. Bei den Kompanien leisteten alte und kranke Leute Dienst, obwohl sie hierzu nicht mehr tauglich seien, wogegen sich junge gesunde Männer durch die Übernahme städtischer Ämter wie die der Feldsteußler, Platzmeister, Holzmesser usw. dem Dienst in den Stadtkompanien entzögen. Diese sähen sich gezwungen, auf Lahme, Krüppel und Taube zurückzugreifen. Seitzer regte an, von den Nichtdienstleistenden eine Abgabe von 10 bis 12 fl zu erheben. Seiner Ansicht nach würde eine solche Abgabe manchen zum Eintritt in die Stadtkompanien veranlassen und damit zur Beseitigung des Personalmangels im Wachdienst beitragen[259]. Es scheint indes, daß er mit seinem Vorschlag keinen Erfolg hatte. Im gleichen Jahr mußten die Stadtkompanien vorübergehend eine zusätzliche Aufgabe übernehmen. Sie hatten wegen einer in Stuttgart grassierenden Seuche Kontrollgänge durch die Stadt zu unternehmen, um die Einhaltung der getroffenen gesundheitspolizeilichen Maßnahmen zu überwachen[260].

Stadthauptmann Seitzer machten auch die zahlreichen Wachversäumnisse Sorgen. Im Oktober 1724 forderte er unter Berufung auf eine herzogliche Entscheidung von 1691, die ungehorsam von den täglichen Wachen wegbleibenden Dienstpflichtigen um 1 fl bestrafen und die Strafgelder zum Nutzen der drei Kompanien verwenden zu dürfen. Ebenso sollte jeder Bürger, der nicht zu den zwei- bis dreimal im Jahr angesetzten Übungen erschien, um 10 kr bestraft werden. Leider läßt sich den Akten nicht entnehmen, ob der Herzog im Sinne Seitzers entschied[261]. 1727 verlangte Herzog Eberhard Ludwig, die Stadtkompanien mit kalibermäßigen Gewehren und Bajonetten zu versehen und sie »nach Kriegsmanier zu exerzieren«. Um dieser landesherrlichen Willensbekundung zu entsprechen, schlug Stadthauptmann Seitzer vor, die drei Kompanien neu zu formieren. Die erste Kompanie sollte die verheirateten Bürger unter 40 Jahren umfassen, die zweite die 40- bis 50jährigen und die dritte die 50- bis 60jährigen Bürger. Die erste Kompanie wäre gründlicher als die beiden anderen Kompanien zu Exerzierübungen heranzuziehen, ebenso wären, um den armen Bürgern Kosten zu ersparen, die kalibermäßigen Gewehre der dritten Kompanie der ersten zu überlassen[262]. Der Gedanke des Stadthauptmanns zielte darauf ab, die erste Kompanie für einen möglichen kriegerischen Einsatz auszubilden, galt doch in Württemberg trotz des kleinen stehenden Heeres noch immer der Grundsatz, daß im Kriegsfall jeder Untertan dem Landesherrn bewaffnet zur Seite zu stehen habe. Deshalb wurde auch nach wie vor Wert auf Schießübungen gelegt. Die Bürger sollten mit Handfeuerwaffen umgehen können. Der Vorschlag des Stadthauptmanns wurde nicht realisiert. Immerhin nahm man aber 1730 auf dem Papier eine altersmäßige Gliederung der Stuttgarter wehrpflichtigen Bürger vor[263].

Ihre Übungen im Scheibenschießen führten die Stadtkompanien im allgemeinen vor dem Büchsentor durch. Dort wurde 1716 für die Büchsenschützengesellschaft ein neues Schießhaus errichtet[264]. 1712 kam es übrigens beim Scheibenschießen der Stadtkompanien zu Fuß zu einem folgenschweren Unfall. Der junge Schuhmacher Wolfgang Jung erschoß versehentlich seinen Berufskollegen Christian Scherner. Der Unfall hatte sich so zugetragen: Weil die Flinte Jungs zweimal versagte, hantierte der junge Handwerker, um die Ursache für die Ladehemmung herauszufinden, an ihr herum. Hierbei löste sich ein Schuß, er traf, da Jung das Gewehr nicht vorschriftsmäßig hielt, Scherner tödlich. Ob Jung an den Abzug gekommen war oder ob sich der Schuß sonstwie gelöst hatte, ließ sich nicht feststellen. Jedenfalls wurde dem jungen Schuhmacher grobe Fahrlässigkeit attestiert, und er mußte eine für ihn kaum erschwingliche Geldstrafe von 75 fl (50 Reichstaler) aufbringen. 50 fl sollte die Witwe des Erschossenen bekommen, 25 fl das Waisenhaus. Die Bemühungen Jungs, einen Strafnachlaß zu erlangen, waren erfolglos. Wirtschaftlich kam er wohl kaum mehr auf einen grünen Zweig[265].

Im Juli 1723 wurde eine 123 Mann starke Bürgerkompanie zu Fuß errichtet. Sie erhielt Militärmonturen und war militärischen Strafen unterworfen[266]. Da wir später nichts mehr von ihr hören, ist anzunehmen, daß sie als weitere Kompanie den drei Stadtkompanien angegliedert wurde. Jedenfalls bestand das Stuttgarter Bürgermilitär 1725 aus vier Kompanien; 1730 sogar aus fünf[267]. Im Jahr 1726, vielleicht auch schon früher, wurde aus den Stuttgarter Metzgern eine Dragonerkompanie gebildet[268]. Ihr gehörten 1730 59 Mann einschließlich der Offiziere und Unteroffiziere an. Bewaffnet war sie mit neuen Karabinern und Pistolen desselben Kalibers. Ihre übrige Bewaffnung war jedoch unvollständig, so besaß sie unterschiedliche »Untergewehre«[269].

Die Bereitschaft der Stuttgarter, im Rahmen des Bürgermilitärs eine notdürftige militärische Ausbildung zu absolvieren, um ihren Part bei der Landesverteidigung übernehmen zu können, war in der ersten Hälfte des 18. Jahrhunderts gering. In einem Bericht vom 4. Juni 1727 stellte der Stadtvogtei-Adjunkt (Gehilfe des Stadtvogts) mißbilligend fest, bei einem großen Teil der Einwohner habe »untertänig Botmäßigkeit, gute Zucht und Ordnung und Respekt gegen Vorgesetzte« fast ganz aufgehört oder doch sehr nachgelassen. Unordnung, Widersetzlichkeit und »Unlust zur Erfüllung der gemein Lasten« seien die Regel. Besonders widersetzlich gebärdeten sich neben Weingärtnern, Schuhknechten (Schuhmachergesellen), Schlosser- und Kaufmannsdienern die Metzger. Keine Zunft werde so häufig straffällig. Nachdem ein herzogliches Reskript verfügt habe, daß »sämtliche Landmiliz und Untertanen« in den Waffen geübt werden sollten, habe er die Bürgerschaft umgehend bestimmten Kompanien zugeteilt. Aus der Verpflichtung der Bürger zur Landesverteidigung ergebe sich zwangsläufig das militärische Exerzitium. Seit alters sei den Bürgern im Herzogtum Württemberg bei ihrer Annahme die Anschaffung eines Gewehrs vorgeschrieben. Dies schließe zweifelsfrei ein, daß sie sich auch im Gebrauch einer solchen Waffe übten. Die Metzger nun verweigerten die Teilnahme am Exerzieren mit dem Hinweis, sie hätten das ganze Jahr hindurch viele Postritte zu übernehmen, zudem seien viele von ihnen arm und verfügten nicht über die Mittel, um sich Montur und Gewehr anschaffen zu können. Der Adjunkt ließ die Argumente nicht gelten. Die Metzger hätten keinen Grund, sich dem Exerzieren zu entziehen, zumal sie für ihre Postritte meist bezahlt würden[270].

Es waren indes, wie wir bereits früher gehört haben, nicht allein die Metzger, die sich gegen das Exerzieren wehrten. Auch andere Bürger suchten nach wie vor Schlupfwinkel, um sich vor militärischen Übungen drücken und insbesondere um den Dienst in den Stadtkompanien herummogeln zu können. Der Kreis der Wachdienste leistenden Bürger schrumpfte weiter. 1730 standen für diese Dienste im Durchschnitt lediglich noch 300 Mann zur Verfügung gegenüber 540 Mann in früherer Zeit. Da die Wachen in der Stadt jeweils 30 Mann erforderten, mußten die Pflichtigen jetzt alle acht bis zehn Tage zum Dienst antreten[271].

Die Musterung der Stadtkompanien zu Pferd und zu Fuß, die der Stadtvogt am 17. August 1730 vornahm, machte offenkundig, daß sich das Bürgermilitär in einem wenig erfreulichen Zustand befand. Höchst mangelhaft waren die Bewaffnung und Ausrüstung der Kompanien. Dies hatte seinen Grund hauptsächlich in der »Ohnvermöglichkeit«, der Armut, der Wehrpflichtigen, zu einem Teil aber auch in der »Ohnvermöglichkeit« des »öffentlichen Ärars«, also der Stadt. Der Herzog verlangte, daß die bürgerliche Mannschaft im Alter zwischen 18 und 36 Jahren »militärisch exerziert«, ausgebildet, werden sollte, um im Kriegsfall das Kräftepotential des kleinen stehenden Heeres zu verstärken. Eine solche Trennung zwischen jüngerer und älterer Wehrmannschaft, wie sie etliche Jahre zuvor mit Blick auf die Stadtkompanien schon Stadthauptmann Seitzer angeregt hatte, war bis jetzt nicht gemacht worden. Sämtliche Kompanien, seien es nun Reiter, Dragoner oder Fußsoldaten, hatten jeweils alle Altersgruppen zwischen18 und 60 Jahren in ihren Reihen. Eine gewisse Ausnahme bildete allein bei der Bürgerinfanterie die Kompanie der ledigen Wehrfähigen; sie umfaßte vorwiegend junge Männer. Der Stadtvogt plädierte für eine Beschränkung der Personalfreiheit, um eine Truppe von rund 1000 tüchtigen Männern formieren zu können. Nachdrücklich verlangte er, daß namentlich bei den Stadtreitern und -dragonern unter Hinweis auf ihre »Immunität« von Personal-

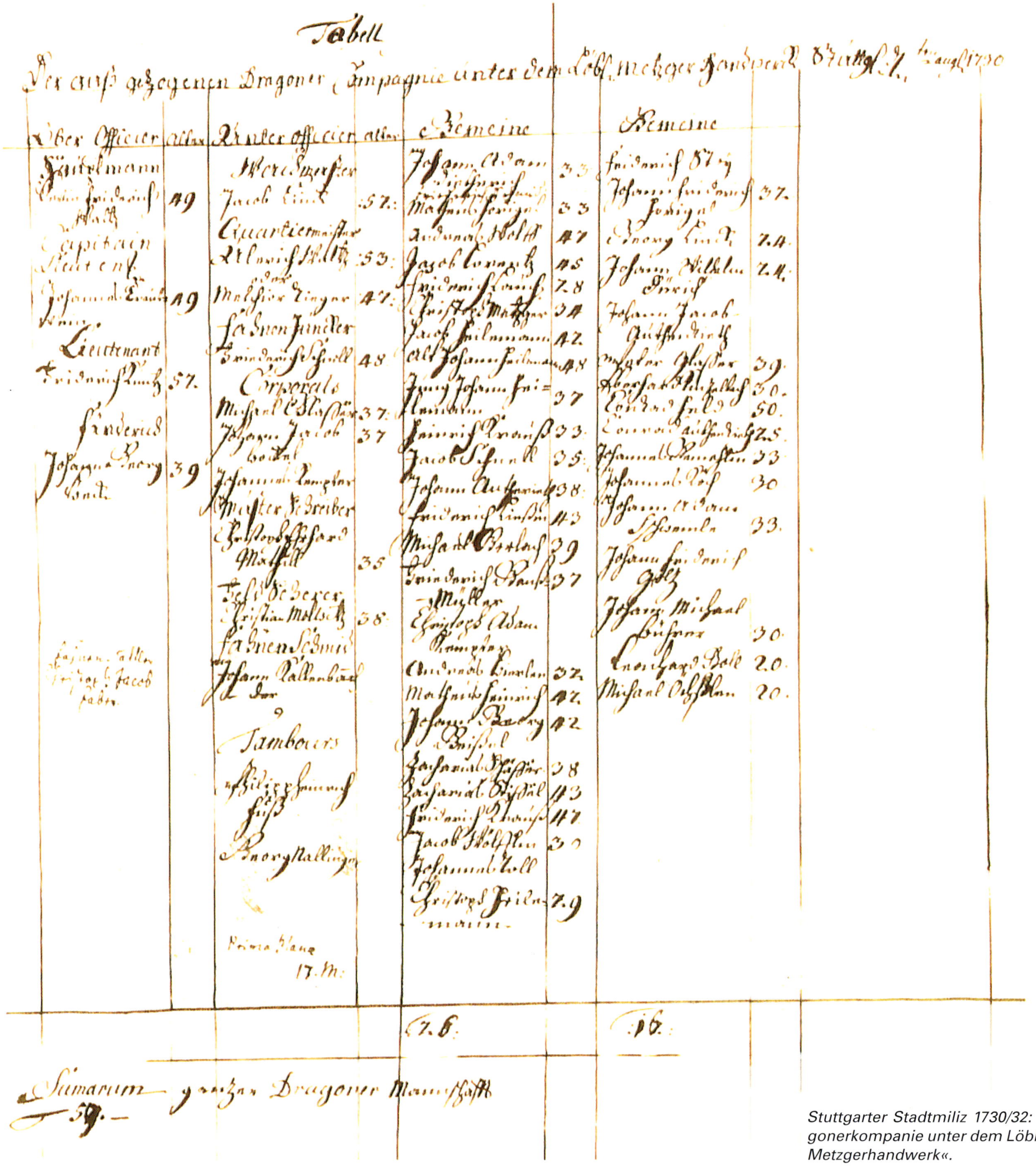

Stuttgarter Stadtmiliz 1730/32: »Dragonerkompanie unter dem Löblichen Metzgerhandwerk«.

beschwerden auf gleiche Gewehre und Montur gedrungen werde. Außerdem sollte den Eltern auferlegt werden, für ihre über 18 Jahre alten Söhne Gewehre anzuschaffen, ebenso sollte bei der Aufnahme in das Bürgerrecht künftig darauf gesehen werden, daß die Neubürger im Besitz von Gewehren waren oder daß sie sich umgehend solche beschafften. Wichtig erschien dem Stadtvogt die Ausstattung der Kompanien mit gleichförmigen Gewehren. Deshalb empfahl er, daß man sich bei Gewehrkäufen möglichst auf einen Lieferanten einigte. Ähnliches schlug er für die Beschaffung von Patronentaschen, Bajonetten, Untergewehren und Monturen vor. Seiner Ansicht nach mußte den Unvermöglichen beim Kauf von Waffen und sonstigen Ausrüstungsgegenständen geholfen werden. Freilich war ihm bewußt, daß die Stadt nur über sehr beschränkte finanzielle Möglichkeiten verfügte; daß also eine zweckmäßige Ausrüstung und Uniformierung des Bürgermilitärs durch die Stadt gefördert, aber keineswegs aus städtischen Kassen finanziert werden konnte[272].

Daß im Bürgermilitär kaum noch wohlhabende Bürger vertreten waren, stellte der Magistrat Ende März 1734 als ein Grundübel heraus, das Unzufriedenheit in die Einwohnerschaft hineintrage. Hierbei wies er darauf hin, daß seit einigen Jahren viele und gerade die vermögendsten Kaufleute zu Kommerzienräten »deklariert« und damit von der Verpflichtung zur Soldateneinquartierung und zu Wachdiensten sowie von anderen bürgerlichen Lasten befreit worden seien. Seiner Meinung nach bestand allerdings jetzt, nachdem das Kommerzienratskollegium wieder aufgehoben worden sei, eine solche Exemtion nicht mehr zu Recht. Ein herzogliches Reskript vom 25. Mai 1734 hob dann auch die Befreiung der bisherigen Kommerzienräte von den Personalbeschwerden und anderen Reallasten auf, es sei denn, die Betreffenden konnten nachweisen, daß sie eine solche Befreiung aus anderen Gründen »genossen«. Im Hinblick auf »die gegenwärtigen gefährlichen Kriegszeiten«, die dem »ohnehin sehr erarmten gemeinen Mann« ein Übermaß an Wach- und Frondiensten abverlangten und drückende andere Beschwerden auferlegten, erklärte Herzog Carl Alexander nunmehr alle dergleichen Exemtionen für ungültig. Die Personalfreiheit sollte künftig auf diejenigen Einwohner beschränkt werden, die in herrschaftlichen »wirklichen Pflichten und Diensten« standen. Mit der Beseitigung der Exemtionen wollte Carl Alexander mehr »Gleichheit unter den Untertanen« herstellen und den seit einiger Zeit sich häufenden Klagen von Bürgern wegen der Überbürdung durch Wachen und Fronen abhelfen[273].

Um »den vielen Desordres und Inkonvenzien zwischen Offizieren und Gemeinen zu steuern«, entwarf der Magistrat im Oktober 1734 eine revidierte Wachordnung. Hierbei legte er Wert darauf, daß die Heranziehung der Bürger zu Wachdiensten auf der Basis möglichster Gleichbehandlung erfolgte. Diese Ordnung bestimmte u. a.: Kein Bürger, Torwart oder Lohnwächter darf zwei Wachdienste hintereinander versehen. Geschieht dies dennoch, hat der Stadtwachtmeister diesen abzuweisen und den Namen des Wachpflichtigen, dessen Vertretung er hätte übernehmen sollen, im »Absentenzettel« (Abwesenheitszettel) zu vermerken. Der wachhabende »Oberoffizier« hat tagsüber wenigstens ein paarmal die Wachen auf der Hauptwache und unter den Toren zu visitieren, auch sich bei Nacht am Hauptrundgang zu beteiligen. Wer seinen Dienst wegen Krankheit oder aus anderen stichhaltigen Gründen nicht ausüben kann, muß einen tüchtigen Stellvertreter benennen. Die Unteroffiziere dürfen lediglich aus ganz triftigen Gründen einen Ersatzmann stellen, doch muß dies in jedem Fall gleichfalls ein Unteroffizier sein. Der tatsächliche Aufzug der Wache hat das ganze Jahr über eine Stunde vor Einbruch der Dunkelheit vom Rathaus aus zu erfolgen. Wachpflichtige, die zu spät erscheinen, werden um 10 kr bestraft. Diese Strafgelder werden zum Instandhalten von Fahnen und Trommeln verwendet. Als »überflüssig« untersagt sind die von Oberoffizieren und Gemeinen bei sämtlichen Kompanien eingeführten »Verehrungen« (Geschenke), Neujahrs- und Einstandsgelder sowie die Neujahrsmahlzeiten, weil sie leicht Anlaß zu Exzessen geben. Bürger, die wahrnehmen, daß Oberoffiziere eigenmächtig Wachpflichtige vom Dienst befreien, haben dies ungesäumt dem Vogtamt oder dem Magistrat anzuzeigen. Streng verboten ist den auf der Hauptwache dienstleistenden Bürgern alles Zechen und Spielen. Die ihnen übergebenen Arrestanten haben sie wohl zu verwahren. Wer sich von Arrestanten bestechen läßt, hat eine »Turm-am-Boden-Strafe« (Turmstrafe, bei der der Gefangene an den Boden gefesselt wurde) zu erwarten. Wer betrunken zum Wachdienst erscheint oder sich während des Dienstes betrinkt, erhält »unter Speisung mit Wasser und Brot« eine 24stündige Turmstrafe. Nachts darf es nicht bei einem Patrouillengang bleiben, sondern es müssen die ganze Nacht hindurch, sooft es »die Notdurft erfordert«, Patrouillengänge unternommen werden. Die Patrouillen sind ermächtigt, Tumultuanten auf den Gassen festzunehmen und auf die Hauptwache zu bringen. Widersetzen sich solche Menschen ihrer Festnahme mit Schmähworten oder Gewalt, so ist ohne Ansehen der Person Gegengewalt anzuwenden, wobei auch Schläge oder Stöße erlaubt sind. Auf der Hauptwache festgehaltene Arrestanten dürfen nur mit Zustimmung des Stadtvogteiamts wieder auf freien Fuß gesetzt werden. Die Patrouillen haben alle Personen, die im Sommerhalbjahr nach 10 Uhr und im Winterhalbjahr nach 9 Uhr abends ohne Licht auf der Gasse angetroffen werden, in Gewahrsam zu nehmen und auf der Hauptwache abzuliefern. Sie haben auch darauf zu sehen, daß die Wirte und Weinschenken nach 10 bzw. 9 Uhr abends keinen Wein mehr ausschenken und Gäste bei sich dulden. Zeigen ehrliche Bürger oder andere glaubwürdige Personen der Hauptwache schlimme Tumulte, Schlägereien, Händel usw. an, müssen so viel Wächter, als notwendig erachtet werden, mit Springstöcken dorthin eilen, »Fried machen« und die Täter arretieren. Handwerksburschen, die sich das Degentragen anmaßen, sind diese Stoßwaffen abzunehmen und an das Stadtvogteiamt abzuliefern, diese selbst um 20 kr zu bestrafen.

Ein wachsames Auge sollen die Patrouillen auf das Neujahrsschießen haben. Obwohl dieses Schießen wiederholt verboten wurde, finden sich immer wieder Einwohner, die sich nicht davon abhalten lassen. Auch die Torwachen haben ihre Dienstobliegenheiten mit allem Ernst wahrzunehmen. Die Torschlüssel sind nach dem Schließen der Tore am Abend auf die Hauptwache zu bringen und dem dort diensttuenden Oberoffizier zu übergeben. Jeder ankommende Fremde ist nach Herkunft, dem mitgeführten Reisepaß und der vorgesehenen »Logis« (Unterkunft) zu fragen. Erst wenn diese Fragen beantwortet sind, darf der herabgezogene Schlagbaum wieder geöffnet werden. Den Zutritt in die Stadt erhalten ohne Vorwissen des Vogteiamts nur Fremde, die mit einem ordentlichen, unverdächtigen Paß versehen sind. Die Wachen haben sich gegenüber anreisenden Fremden höflich zu verhalten. Soldaten, die keinen von ihren Offizieren ausgestellten Paß vorweisen können, sind auf die Soldatenwache zu bringen und, wenn sich keine »regulierte Miliz« (Militär) in Stuttgart befindet, dem Vogteiamt vorzuführen. Bettlern wird der Einlaß in die Stadt verwehrt. Wenn sie ein Almosen begehren, müssen sie sich außerhalb der Stadtmauern zum Hauptstätter Tor begeben oder, wenn sie übernachten wollen, im Seelhaus vorsprechen. Wachpflichtige, die sich hier nachlässig zeigen, werden für jeden Bettler, den sie in die Stadt lassen, mit 24 Stunden Turm bestraft. »Vaganten, Jauner, Stappler oder verdächtiges Gesind« sind festzunehmen und dem Vogteiamt vorzuführen. An Sonn- und Feiertagen sind erst nach Beendigung des Abendgottesdienstes die Tore zu öffnen, zuvor dürfen nur fremde Reisende ein- und ausgelassen werden, ebenso Personen, die in herrschaftlichem Auftrag unterwegs sind. Geschlossen bleiben die Tore auch bei Aufläufen von Handwerksburschen und bei Feuersbrünsten. Die Wachen verschaffen den Torwarten bei der Ausübung ihres Dienstes Sicherheit und Schutz vor gewaltsamen Übergriffen; sie unterstützen sie bei der Eintreibung des Weg- und Weineinlaßgeldes. Verboten ist, Wagen mit Hausrat ohne das Vorweisen eines vom Bürgermeisteramt ausgestellten Zettels aus der Stadt heraus oder in sie hinein zu lassen. Keinesfalls darf ein Wachpflichtiger von den die Tore passierenden Wagen mit Besoldungsholz oder anderem Holz für sich Scheite herunterziehen. Wird er bei einer solchen Freveltat ertappt, erhält er für jeden von ihm gestohlenen Scheit eine 24stündige Turmstrafe zudiktiert.

Der Kriegsrat war mit dem Entwurf der revidierten Wachtordnung einverstanden. Er verschärfte lediglich das Verbot der Annahme von Neujahrs- und Einstandsgeldern sowie das Abhalten von Neujahrsmahlzeiten. Oberoffiziere, die gegen dieses Verbot verstießen, sollten »kassiert«, d. h. entlassen, werden. Außerdem wünschte der Kriegsrat, daß die kommandierenden Unteroffiziere von Patrouillen, die nachts auf der Gasse ohne Licht angetroffene Personen festnahmen und auf die Hauptwache brachten, »die Diskretion« (Verschwiegenheit) nicht außer acht ließen. Da auch die herzoglichen Regierungsräte diesen geringfügigen Änderungen zustimmten, erlangte die revidierte Wachtordnung im wesentlichen so, wie sie der Magistrat konzipiert hatte, die Billigung des Landesherrn[274].

Das im 16. und 17. Jahrhundert blühende Schützenwesen geriet im 18. Jahrhundert zunehmend in Verfall. 1726 wies die Schützenkompanie (Schützengesellschaft) in einer Eingabe auf die desolaten Verhältnisse hin. Nach einem herzoglichen Reskript vom 5. Januar 1715 sollten, um im Fall der Not über »exerzierte Schützen« verfügen zu können, wie die Schützenkompanie schrieb, die sämtlichen Bürgern auferlegten »Leggelder« (Schießgelder) ordnungsgemäß eingezogen werden, ein Drittel dieser Gelder war allerdings den Stadtkompanien zu Pferd und zu Fuß zum Flintenschießen zu überlassen. Außerdem zahlte die Rentkammer das gewöhnliche »Vorteilgeld«, d. h. das Geld zur Förderung des Schützenwesens. Schließlich war vom Herzog befohlen worden, daß von jeder Zunft, die Weingärtner ausgenommen, drei bis sechs Mann mit den gebräuchlichen Gewehren nach »Avenant« (Advent) zu den »Herrengab-Schießen«, zu den Schießveranstaltungen, für die herzogliche Schützenpreise ausgesetzt waren, gestellt werden sollten. Jedoch wurde die herzogliche Anordnung in Stuttgart, freilich meist auch sonst im Land, nicht beachtet. Seit einigen Jahren nun stockte der Einzug der Leggelder, die Zünfte benannten keine Schützen mehr. Mit Müh und Not ließ sich nach dem Bericht der Schützenkompanie das An- und Endschießen aufrechterhalten, nicht mehr aber ein »Herrengab-Schießen« bestreiten. Abgesehen von »etlichen wenigen Liebhabern« von der Kanzlei (Kanzleibediensteten), die Freude am Scheibenschießen und Schützenwesen hatten, beteiligten sich am Standschießen allenfalls zwei bis drei Bürger. Das vor nicht allzu langer Zeit (1716) erbaute Schützenhaus wurde kaum noch gebraucht. Die Schützenkompanie ersuchte den Herzog, dem zerrütteten »Schießwesen« durch den ordnungsgemäßen Einzug und die ordnungsgemäße Verteilung der »Schießgelder/Leggelder« wieder aufzuhelfen. Herzog Eberhard Ludwig trug dem Anliegen der Kompanie in einem Reskript Rechnung, doch der erhoffte Aufschwung blieb aus. Im Oktober 1738 stellte die Schützenkompanie in einer erneuten Eingabe in Stuttgart »eine gänzliche Dekadenz« des Schützenwesens fest. Es fehlten die Mittel, um die unerläßlichen Ausgaben finanzieren zu können. Der Einzug des seit hundert Jahren mit 10 kr unverändert gebliebenen Leggelds je Bürger sei schon seit einigen Jahren unterblieben. Ein herzogliches Reskript befahl daraufhin am 30. Januar 1739, von jetzt an die Leggelder wieder überall sorgsam einzuziehen, lediglich die armen Bürger, insbesondere die Weingärtner, auszunehmen. Von einer Erhebung der bereits früher fällig gewesenen Gelder sollte jedoch abgesehen werden[275]. Indes vermochte auch dieses Reskript wenig zu bewirken. Das Schützenwesen verharrte in einem recht unerfreulichen Zustand. 1751 wurde das Schießhaus der Büchsenschützengesellschaft, wie bereits in anderem Zusammenhang erwähnt, in eine Husarenkaserne umgewandelt[276].

Weiterhin eine bedeutsame Rolle in der Stadt spielte das Bürgermilitär, obgleich auch bei ihm nicht alles zum besten stand. Wachdienste nahmen es nach wie vor stark in Anspruch. Herzog Carl Alexander verwendete die Stadtkompanien, namentlich die Stadtreiter, auch zu militärischen Dienstleistungen, ebenso zur Schloßwache[277]. Nach seinem Tod traten sie wiederholt bei repräsentativen Gelegenheiten in Erscheinung, so bei der Huldigung der Bürgerschaft auf dem Rathaus für Herzog-Administrator Karl Rudolf am 14. März 1737. In Paradeaufstellung und mit wiederholten Gewehrsalven begrüßte das Bürgermilitär den 16jährigen Herzog Carl Eugen, als dieser am 10. März 1744 nach seiner Volljährigkeitserklärung feierlich in seine Haupt- und Residenzstadt einzog. Ebenso erwies das Bürgermilitär der jungen Gattin Carl Eugens, Friederike Sophie Wilhelmine bei deren Einzug in Stuttgart im Oktober 1748 die militärischen Honneurs[278]. Freilich auch zu Anlässen ganz anderer Art wurde es aufgeboten: zur Wahrnehmung von Schutz- und Sicherheitsfunktionen. Beispielsweise bei der Hinrichtung von Süß Oppenheimer 1738 hatte es den Marktplatz und die Schulstraße zu besetzen, um zudringende Schaulustige zurückzuhalten, den zum Tod Verurteilten vor Belästigungen und Handgreiflichkeiten zu schützen und dessen ungestörte Abfahrt zur Hinrichtungsstätte auf der Prag zu gewährleisten[279].

Der Große Graben 1785: links die Hauptwache, im Hintergrund die Legionskaserne (heute dort der Wilhelmsbau).

1748 erteilte Herzog Carl Eugen der Stadtreiterkompanie, die damals aus 74 Köpfen, unter ihnen vier Offiziere, bestand, ein neues, ihr drittes Reglement. Es bestätigte im wesentlichen die Bestimmungen der beiden ersten Reglements von 1711 und 1725, so das Privileg, daß die Mannschaft fron- und wachfrei blieb und daß für die Offiziere und Mannschaften die vor 1711 üblichen Taggelder wegfielen. Neu aufgenommen war die Bestimmung, wonach dem Rittmeister die militärische Strafgewalt zustand[280].

1750 erschien dem Herzog die Zahl der Offiziere bei den Stadtkompanien zu Pferd und zu Fuß zu hoch. Um sie zu vermindern, wollte er die vier Füsilierstadtkompanien auf zwei beschränken. Die Offiziere und Unteroffiziere sollten ihren Rang behalten, die überzähligen aber jährlich 3 fl zur Wachtkasse entrichten und zu Einquartierungen herangezogen werden. Die Offiziere und Unteroffiziere stimmten dem Plan zu[281], der dann im folgenden Jahr, wenn auch auf andere Weise, verwirklicht wurde. Anfang 1751 setzten sich die vier Stadtkompanien zu Fuß aus der 150 Mann starken ersten Grenadierkompanie, der Auswahlkompanie, die im Kriegsfall für den militärischen Einsatz vorgesehen war, der zweiten Grenadierkompanie, die über 100 Mann in ihren Reihen hatte, der ersten Füsilierkompanie, die 150 Mann zählte, und der zweiten Füsilierkompanie, die 180 Mann umfaßte, zusammen. Diese vier Kompanien führten jeweils eine durch die Farbe unterschiedene Fahne: eine rote, weiße, blaue und gelbe Fahne[282]. Aus diesen vier Kompanien bildete man nun im Mai jenes Jahres in einer Art Auswahlverfahren die Stadtwachtkompanie. Seit der Übernahme der wichtigsten Wachfunktionen durch das reguläre Militär Anfang 1743 mußten die Bürger erheblich weniger Wachdienste als zuvor leisten. Das Bürgermilitär konnte daher vermindert werden. Eine vom Stadthauptmann und einem Wachtmeisterleutnant befehligte Stadtwachtkompanie, der ein Feldwebel, zwei Korporale sowie 50 Gemeine angehörten, reichte jetzt aus[283]. – Die einschlägigen Akten führen neben den Offizieren und Unteroffizieren 32 »ordinäre Gemeine« sowie eine 14köpfige Reservemannschaft auf[284]–. Die Stadtkompanie hatte die Hauptwache sowie sonstige Wachen und Posten, zu denen sie »beordert« wurde, zu versehen, auf den Jahrmärkten polizeiliche Aufsichtsfunktionen auszuüben, an Sonn- und Feiertagen den Kirchumgang (Patrouillen während des Gottesdienstes) zu übernehmen. Sämtliche Haupt- und Nebentore wurden dagegen vom Militär besetzt. Täglich hatten 16 Mann der Stadtwachtkompanie auf der Hauptwache aufzuziehen. Von ihnen mußten abwechslungsweise zwei Mann auf der Prager Straße innerhalb der Stadtgemarkung patrouillieren, um Vaganten, Bettler und anderes »verdächtiges, liederliches Gesindel abzutreiben« oder zu arretieren, zwei weitere Mann hatten den Kiesweg und das auf diesem von Berg nach Stuttgart transportierte herrschaftliche Holz, Besoldungsholz und Privatholz, weil von ihm immer wieder Scheiter entwendet wurden, unter Kontrolle zu halten, zwei Mann mußten vor dem Esslinger und Hauptstätter Tor sowie ein Mann vor dem Pfistertörlein dafür sorgen, daß das »liederliche Bettelvolk« nicht in die Stadt hereinschleichen konnte. Die übrigen acht Mann hatten ihren Posten auf der Hauptwache; sie patrouillierten von dieser aus, um die Ordnung aufrechtzuerhalten den ganzen Tag durch die Hauptstraßen und Gassen. Wenn »die reguläre Miliz«, das reguläre Militär, abwesend war, übernahm die Stadtwachtkompanie die Wachen an sämtlichen Toren, oder sie besetzte wenigstens einige der Haupt- und Nebentore. Zu diesem Dienst wurde die Reservemannschaft herangezogen, die dafür je Mann und Tag 15 kr Vergütung erhielt. Streng untersagt war den Wachen, an Sonn- und Feiertagen Vieh oder Mehltransporte von außerhalb der Stadt die Tore passieren zu lassen. Bei Feuersbrünsten hatten sich die Angehörigen der Kompanie zur Bildung von Gassenpatrouillen und zur Verstärkung der Torwachen auf der Hauptwache einzufinden[285].

Die Mannschaft der Stadtkompanie rekrutierte sich aus armen Bürgern und Beisitzern, die das Wachtgeld nicht bezahlen konnten[286]. Die anderen Bürger und Beisitzer, die nicht zum Dienst in dieser Kompanie verpflichtet wurden, hatten ein jährliches Wachtgeld zwischen 45 kr und 4 fl zu zahlen. Dies fiel nicht wenigen Einwohnern sehr schwer. 1751 sahen sich zahlreiche Bürger und Beisitzer außerstande, das ihnen auferlegte Wachtgeld aufzubringen. Unter ihnen befanden sich in größerer Zahl Handwerker, u. a. Küfer, Schneider, Strumpfwirker, Bortenmacher, Bäcker, Flaschner, Rotgerber, Gipser, Hutmacher, Schuhmacher, vor allem aber viele Weingärtner. Da offenkundig war, daß bei einem Großteil der säumigen Zahler selbst ein gewaltsames Eintreiben des Wachtgelds nichts bewirkte, zog man solche Einwohner zum Aufwarten, zum Brieftragen und zum Hundeführen bei herrschaftlichen Jagden heran[287]. 1752 drohte eine Verfügung des Magistrats den Einwohnern, die mit ihren vierteljährlich zur Wachtkasse zu entrichtenden Geldbeiträgen im Rückstand waren, dennoch die »unnachlässige Exekution« an[288]. Es erscheint indes zweifelhaft, daß die Stadtobrigkeit, falls sie tatsächlich zu diesem äußersten Mittel griff, einen nennenswerten Erfolg hatte. 1773 stellte ein herzogliches Reskript nachdrücklich fest, daß die Beitragspflichtigkeit zur Stadtwachtkasse für die Bürger erst mit der Vollendung des 65. Lebensjahres ende. – Allem Anschein nach hatte es in der Einwohnerschaft bezüglich der Altersobergrenze beim Stadtwachtgeld Mißverständnisse gegeben –. Um die Armen nicht über Gebühr zu belasten, wies das Reskript den Magistrat an, künftig bei der Besetzung freier Stellen in der Stadtwachtkompanie vornehmlich hiesige unbemittelte und »dienstbedürftige« Bürger zu berücksichtigen. Auch sollte der Magistrat die Stadtsoldaten während ihrer Dienststunden ausschließlich zu »Stadtdiensten« gebrauchen. Ferner sollte er durch eine zweckmäßige Verwendung der Beiträge zur Stadtwachtkasse alles daransetzen, daß diese nicht erhöht werden mußten und damit die Bürgerschaft zusätzlich beschwerten[289]. Nachteilig für die Stadt war es, daß Herzog Carl Eugen der Stadtwachtkompanie wiederholt kranke oder »blessierte« (verwundete) dienstunfähige Soldaten seines regulären Militärs zur Übernahme vakanter Stellen zuwies. Einen Fall (1761) begründete er damit, er wolle den Invaliden nicht ohne Versorgung lassen. In einem anderen Fall konnte der Magistrat mit guten Gründen das herzogliche Ansinnen abweisen. Der der Stadtkompanie zugeteilte Invalide sei, so ließ er den Herzog wissen, kränklich und für die vorgesehene Stelle nicht geeignet. Carl Eugen hatte ein Einsehen. Er bestand nicht auf einer »Versorgung« des untauglich gewordenen Soldaten durch dessen Einreihung in die Stadtwachtkompanie[290].

Der Dienst in der Stadtwachtkompanie nahm die ihr angehörenden Bürger und Beisitzer zeitweise sehr in Anspruch. 1752 hatten die »Stadtsoldaten« jeden zweiten Tag Dienst zu leisten. Stellvertretung war untersagt. Die berufliche Betätigung, selbst die Verdingung als Tagelöhner litten unter solch übermäßiger Inanspruchnahme. Eine anonyme und undatierte Beschwerdeschrift »armer Bürger« verlieh dieser Unzufriedenheit Ausdruck. Sie, die Angehörigen der Stadtwacht, so hieß es in der Schrift, würden mit »Wachten« gequält, daß es eine »Himmelschreiete« sei. Alle acht bis zehn Tage müßten sie auf die Wache ziehen, im Sommer werde ihnen außerdem das »Exerzieren« zugemutet. Ihnen würden im Jahr 30 Wachdienste abverlangt, den Soldaten, die dem armen Bürger »seinen Schweiß abnähmen«, hingegen nur 15. »Es geht uns armen Bürgern bald ärger als den Kindern Israel in Ägypten«, ließen sich die Beschwerdeführenden vernehmen. Als Sold erhielten die gemeinen Stadtsoldaten täglich 11 kr, die Unteroffiziere 12 kr, außerdem hatten sie alle vier Jahre Anspruch auf eine Montur (Uniform). Der Magistrat zog die Angehörigen der Kompanie neben den üblichen Wachen auch zur Aufsicht über Wege und Straßen sowie zu anderen ihm wichtig erscheinenden Dienstleistungen heran[291].

Daß es mitunter Probleme gab, wenn arme Schlucker mit Ordnungs- und Sicherheitsfunktionen betraut wurden, verwundert kaum. Sie besaßen oft nicht das Geld, um sich Brennholz für den Winter kaufen zu können, andererseits mußten sie aber darauf sehen, daß die für die Herrschaft, die Beamten oder für wohlhabende Privatleute bestimmten Holztransporte »ungeplündert« ihre Ziele in der Stadt erreichten. Einige von ihnen konnten der Versuchung nicht widerstehen, sich einige Scheiter anzueignen, wenn die Holzwagen die Tore passierten. Im Oktober 1767 geschah dies am Ludwigsburger und am Calwer Tor. Neben den Stadtsoldaten stahlen allerdings auch Dienstmägde auf solche Weise Holz für ihre Herrschaften. Ein herzogliches Reskript prangerte diese Diebstähle an und wiederholte die entsprechenden früher ergangenen strengen Verbote[292]. Etwas zuverlässiger erwiesen sich die Stadtreiter, die dem Kreis der besser situierten Bürger zuzurechnen waren. Sie wurden beispielsweise 1757 wegen des Überhandnehmens von nächtlichen Diebstählen zu Nachtwachen und Patrouillenritten eingesetzt. Auch hatten sie wie schon früher in Abwesenheit des Militärs die Schloßwachen zu übernehmen[293].

Am 1. Februar 1769 erteilte Herzog Carl Eugen der Stadtreiterkompanie ein neues Reglement bzw. eine Instruktion für den Führer der Kompanie, Stadtrittmeister Huber[294]. Danach umfaßte die Kompanie wie schon bisher einen Rittmeister, einen Premier- und Sekondleutnant, einen Kornett, einen Adjutanten, zwei Wachtmeister, einen Estandarte-Junker (Fahnenjunker), einen Quartiermeister, einen Pauker, drei Trompeter, einen Musterschreiber (Protokollanten bei der Musterung), einen Feldscher, sechs Korporale sowie 53 Gemeine (unter ihnen einen Fahnensattler und einen Fahnenschmied). Das Reglement schrieb vor, daß die zu Dienstleistungen kommandierten Reiter bei einer Strafe von 10 Reichstalern »völlig montiert« (völlig ausgerüstet) zu erscheinen hatten. Die Unteroffiziere und die Gemeinen mußten ihre Montur, Gewehre, Sättel und »Zeug« (Zaumzeug?) selbst kaufen, nicht jedoch die Pferde; sie wurden von der Stadt gestellt. Der Kompaniekommandant hielt eine jährliche Übung der Truppe ab. Da die Offiziere ihre Pferde selbst zu beschaffen hatten, erhielten sie für Dienstleistungen außerhalb der Stadtgemarkung Tagegelder von 3 bis 4 fl, die Unteroffiziere und Gemeinen dagegen nur solche von 40 kr bis 1 fl 40 kr. Wenn eine Stelle vakant wurde, war diese mit einem Bürger zu besetzen, der mit Pferden umgehen konnte und im Schießen mit Gewehren geübt war. Vakante Plätze in der »prima plana« (herausgehobene Stellung mit erhöhtem Sold) sollten den ältesten Reitern, soweit sie dafür geeignet waren, vorbehalten bleiben[295].

1781 befand sich die Stadtreiterkompanie in einem wenig erfreulichen Zustand. Obwohl der Herzog den Stadtreitern im Vorjahr den Beitrag zur Wachtkasse nachgelassen hatte, interessierten sich kaum Bürger für den Dienst in der Kompanie. Auch die Bemühungen des Magistrats, durch Werbungen neue Stadtreiter zu gewinnen, hatten keinen Erfolg. Stadtrittmeister Huber nannte einen gravierenden Grund für die geringe Attraktivität des Korps. Seiner Ansicht nach taten sich Männer, die Gewerbe oder Hantierungen betrieben, schwer, die für die Dienstleistungen der Stadtreiter erforderliche Zeit zu erübrigen. Einige Angehörige der Kompanie hatten deshalb auch um ihre Entlassung gebeten. Der Magistrat regte an, die Kompanie dadurch wieder auf ihren kompletten Stand zu bringen, daß man wehrfähigen jungen »Ausländern«, die das Stuttgarter Bürgerrecht anstrebten, dieses unter der Bedingung ihrer Bereitschaft zum Eintritt in die Truppe verleihe. Die Oberräte räumten in ihrer Stellungnahme ein, daß die Stadtreiter durch ihre Dienstleistungen nicht nur berufliche Nachteile in Kauf zu nehmen, sondern daß sie auch durch die Anschaffung von Montur und Gewehr, zusammen einen Betrag von etwa 100 fl, und durch die Bestreitung des Roßlohns erhebliche finanzielle Kosten zu tragen hätten. Sie schlugen deshalb vor, den Stadtreitern ein »dem Publikum und anderen Bürgern unschädliches Benefizium«, d.h. eine Vergünstigung oder Entschädigung finanzieller Art, zu gewähren. Dieser Vorschlag fand die Unterstützung des Herzogs, dagegen lehnte er die Verquickung des Dienstes im Stadtreiterkorps mit der Zuerkennung des Bürgerrechts ab. Der Magistrat hatte gegen das »Benefizium« Bedenken, weil es in jedem Fall das »Aerarium publicum«, die Stadtkasse, bzw. die Steuerzahler belaste. Im Januar 1782 präzisierte der Herzog seine Vorstellungen. Er wünschte, daß die Stadtreiter einen Geldbeitrag zu ihrer »Equipierung«, d.h. zu ihrer Ausrüstung, bekamen. Da die Akten hier abbrechen, läßt sich nicht sagen, ob die Stadt einen solchen Equipierungsbeitrag bewilligte. Es spricht aber einiges dafür, daß sie sich der herzoglichen Willensbekundung nicht verschloß[296].

Am 3. November 1793 hielt Herzog Ludwig Eugen nach der Regierungsübernahme seinen Einzug in Stuttgart. Von der Gemarkungsgrenze an gaben die Stadtreiter neben 93 uniformierten Bürgern zu Pferd dem Wagen des Herzogs das Geleit in die Stadt. Die Stadtreiter trugen damals und auch noch später gelblederne Kolletts und Beinkleider, rote Westen und silberbedreßte Hüte, außerdem Reitstiefel; bewaffnet waren sie mit Karabinern und Pistolen[297].

Im Frühjahr 1794 herrschte Krieg, Stuttgart hatte kein Militär in seinen Mauern. Wie üblich versahen die Stadtreiter die Schloßwachen. Um der Stadt mehr Schutz und Sicherheit zu geben, riefen auf Initiative der Stadtreiter diejenigen Bürger, die sich ein halbes Jahr zuvor beim Einzug des Herzogs auf eigene Kosten uniformiert und bewaffnet hatten –, es handelte sich um die angesehensten und wohlhabendsten Einwohner –, eine Art herzogliche »Leibwache«, die »Ludwigsritter«, ebenso eine Artilleriekompanie ins Leben. Herzog Ludwig Eugen zeigte sich von solch patriotischem Bürgersinn beeindruckt. Am 14. April 1794 sprach er dem im Hof des Neuen Schlosses versammelten Bürgerkorps, den Stadtreitern und Ludwigsrittern mit Artilleriekompanie, Dank und Anerkennung für ihre Dienste als Ordnungs- und Sicherheitskräfte aus. In seiner Ansprache ließ er es an anfeuernden, begeisternden Worten nicht fehlen. »Bürger von Stuttgart«, so schloß er, »vergesset nicht, daß Ihr eine Konstitution (Verfassung) habt, bei welcher jeder Rechtschaffene glücklich sein kann. Ihr habt sie beschworen so wie ich; erfüllet Euren Eid, so wie ich den meinigen erfüllen werde, und liebet mich, so wie ich Euch liebe.«[298]

Wenige Wochen später gab Ludwig Eugen den Ludwigsrittern ein Reglement. In ihm erteilte er ihnen zu ihrem Zusammenschluß zu einem freiwilligen Bürgerkorps nochmals ausdrücklich seine Genehmigung. Im einzelnen verfügte er: Der Eintritt in das Korps wie das Ausscheiden aus ihm steht jedem Bürger frei. Die Annahme eines neuen Mitglieds erfolgt durch Stimmenmehrheit in jeder Kompanie. Gewählt werden auch die Offiziere und Unteroffiziere, wobei die Offiziere noch der herzoglichen

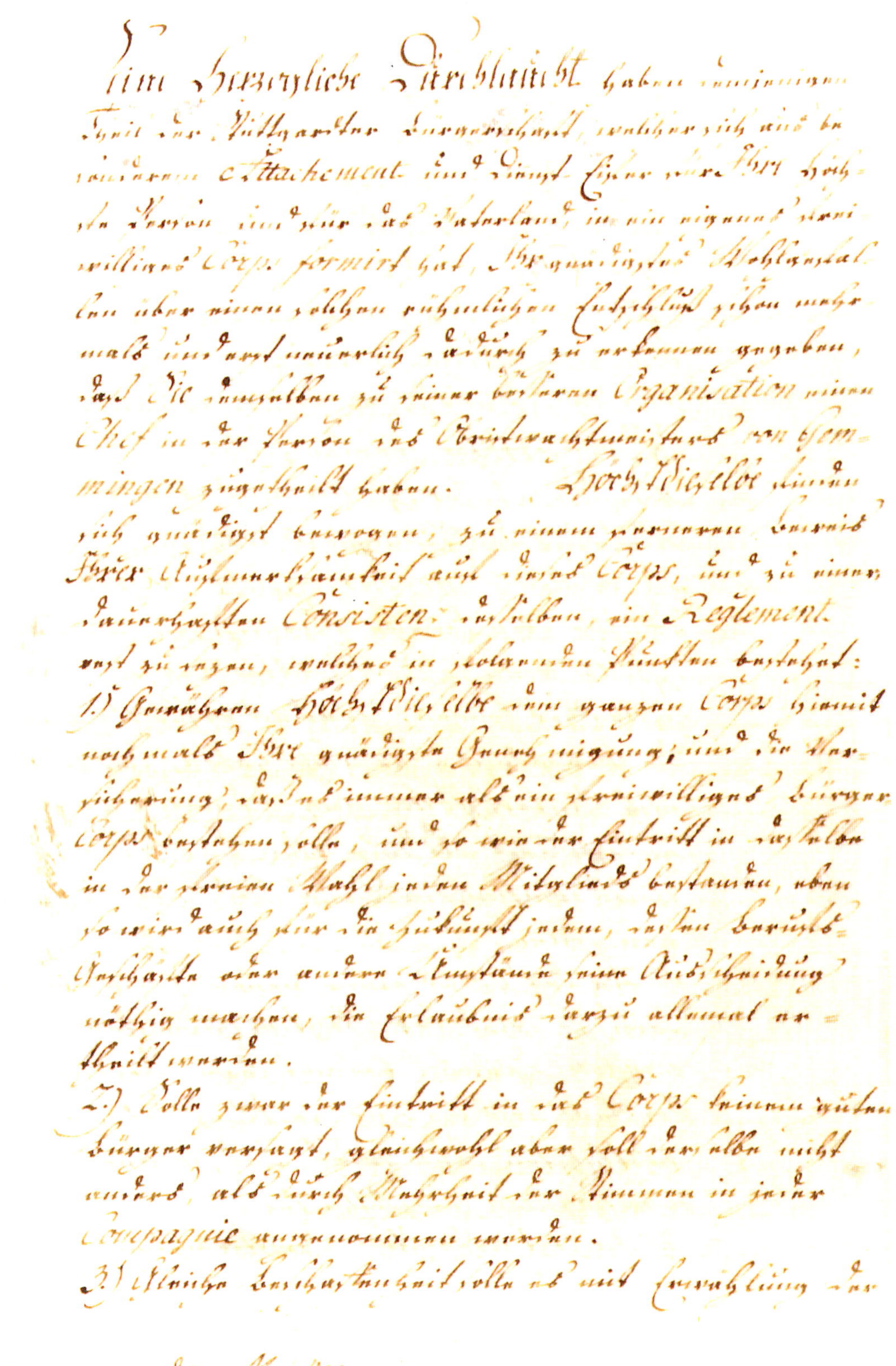

Herzog Ludwig Eugen gibt im Frühjahr 1794 dem freiwilligen Stuttgarter Bürgerkorps ein Reglement.

Bestätigung bedürfen. Die Offiziere tragen dasselbe Ehrenzeichen wie ihre Kameraden beim Stadtreiterkorps. Unteroffiziere und Gemeine dürfen nur während des Dienstes mit Waffen angetroffen werden.

Den Befehl über das Korps übernimmt Oberstwachtmeister von Gemmingen. Für das Exerzieren, das im ersten Jahr wegen der erforderlichen Grundausbildung der Mannschaft häufiger anzusetzen ist als später, sollen Zeiten festgelegt werden, die die Mitglieder in ihrer beruflichen bzw. gewerblichen Betätigung möglichst wenig behindern. Um das Korps rasch im Exerzieren einzuüben, ordnet der Herzog sechs bis acht erfahrene Unteroffiziere des regulären Militärs als Ausbilder für etwa sechs Monate zum Korps ab. Um den Eifer der Mannschaft im Scharfschießen anzuspornen, wird bei der herzoglichen Generalkasse für jede der drei Kompanien, aus denen das Korps besteht, eine jährliche Prämie von 25 fl ausgesetzt. Bei Abwesenheit des Militärs und in »anderen dringenden Fällen« übernimmt das Korps den Schutz des Landesherrn und die Bewachung des Residenzschlosses[299]. – Eine militärische Dienstleistung bei einer feindlichen Bedrohung Stuttgarts blieb den blauuniformierten Ludwigsrittern erspart. Nach dem Tod Herzog Ludwig Eugens löste sich das Korps schnell wieder auf[300].

Die Bedrohung Württembergs durch die Armeen des revolutionären Frankreichs veranlaßte Herzog Ludwig Eugen auch, im Februar 1794 im Einvernehmen mit der Landschaft eine umfassende »Landesdefensionsanstalt« ins Leben zu rufen. Er stützte sich hierbei auf den in der Landesverfassung verankerten Grundsatz, wonach »auf den Fall eines wirklichen feindlichen Einfalls... alle taugliche Mannschaft zu Rettung und Befreiung des Vaterlandes zu Hilfe zu eilen schuldig sei«. Sämtliche wehrfähigen Männer im Alter von 17 bis 50 Jahren hatten sich in den Dienst der Verteidigung der Heimat zu stellen. Sie wurden in drei Rotten oder Aufgebote eingeteilt. Die erste Rotte oder das erste Aufgebot umfaßte die Mannschaft vom 17. bis 30. Lebensjahr, das zweite

Aufgebot die Männer zwischen 30 und 40 Jahren und das dritte die Männer zwischen 40 und 50 Jahren. Sofort nach der Feststellung der Wehrpflichtigen und ihrer rottenmäßigen Einteilung begannen die damit beauftragten Offiziere mit der Bildung von Kompanien und Bataillonen sowie mit der militärischen Ausbildung der Mannschaft. Es war vorgeschrieben, daß sich an die vierzehntägige Grundausbildung Übungen während zwei Tagen in der Woche anschlossen. War dann die Truppe einigermaßen mit dem militärischen Drill vertraut, sollte sich das Exerzieren wie früher beim allgemeinen Landesaufgebot auf die Sonn- und Feiertage nach dem Gottesdienst beschränken. Ein knappes Fünftel der Wehrpflichtigen wurde für die Zwecke der Landesverteidigung ausgewählt, als Landmiliz organisiert und ausgebildet; es hatte das kleine stehende Heer zu ergänzen und zu verstärken. Schwierig war es, für die Landmiliz hinreichend qualifizierte Offiziere zu gewinnen. Es mußte deshalb neben aktiven Berufsoffizieren und pensionierten Offizieren auf Honoratioren zurückgegriffen werden. Der vor allem in den Städten anfänglich wahrnehmbare Eifer, sich der militärischen Ausbildung und der soldatischen Disziplin zu unterwerfen, ebbte bald ab. Die Bereitschaft zur Verteidigung der Heimat ließ auch in Stuttgart zu wünschen übrig. Freilich fehlte es von Anfang an an geeigneten Ausbildern im Offiziers- und Unteroffiziersrang. Die Uniformen der Milizmänner waren unansehnlich, ihre Bewaffnung unzweckmäßig. Auf die Nachricht, daß die Franzosen den Rhein überschritten hätten, ließ Herzog Friedrich Eugen, der Bruder des inzwischen verstorbenen Herzogs Ludwig Eugen, im Juni 1796 einen Teil der Landmiliz mobilisieren und zur Verteidigung der Westgrenze des Herzogtums zusammen mit einem Verband der regulären Truppen in Marsch setzen. Der rasche Abschluß eines Waffenstillstands zwischen Württemberg und Frankreich ersparte indes den Milizeinheiten einen kriegerischen Einsatz. Nach Hause entlassen, beschränkte sich ihr Dienst beim Durchzug der französischen Truppen im Sommer 1796 auf Wach- und Aufsichtsfunktionen. Herzog Friedrich II. löste die zuletzt nur noch ein Schattendasein führende Landmiliz 1799 auf und übergab ihre Waffen dem regulären Heer[301].

Einigermaßen unbeschadet überstand das Stadtreiterkorps die turbulenten Jahre des Ersten Koalitionskriegs gegen die Französische Republik. Es leistete Stadt und Bürgerschaft weiterhin wichtige Dienste. Bei der Eröffnung des ersten seit 27 Jahren stattfindenden Landtags am 17. März 1797 übernahm es, wie dies schon früher üblich gewesen war, die Ehrenwache. Am Ende jenes Jahres, beim Regierungsantritt Herzog Friedrichs II., bestand es aus16 »Primaplanisten« (Reiter der ersten Wahl, der vordersten Linie) und 31 Reitern (vermutlich Angehörige der zweiten Wahl, Reservemannschaft), insgesamt also aus 47 Mann[302]. Damit verfügte es in etwa wieder über die zahlenmäßige Stärke des Jahres 1769.

Herzog Friedrich II. war den Stadtreitern sehr gewogen. Besonders hoch rechnete er dem Korps an, daß es auf seine Aufforderung am 10. Mai 1800 einen Volksauflauf, der durch die »Flüchtung« der öffentlichen Kassen wegen der zu befürchtenden französischen Besetzung der Stadt verursacht worden war, unterdrückt hatte. Die »Treue, Aufmerksamkeit und Genauigkeit in Erfüllung ihres Dienstes« belohnte er den Stadtreitern großmütig. Er räumte ihnen und ihren Kindern für die Dauer seiner Regierung die Befreiung von der Rekrutenauswahl ein. Außerdem bestimmte er seinen jeweiligen Generaladjutanten zum Oberbefehlshaber des Korps, dem er damit einen leibgardeähnlichen Status zuerkannte. Die Stadtreiter wußten diese ihnen zuteil gewordene Auszeichnung zu schätzen. Als im Mai 1801 Herzog Friedrich II. nach zehnmonatiger kriegsbedingter Abwesenheit in sein Land zurückkehrte, empfingen sie ihn an der Gemarkungsgrenze Stuttgarts und geleiteten ihn durch die von Bürgern gebildeten Spaliere in die Stadt. Bei der Feier anläßlich der Annahme der Kurfürstenwürde am 6. Mai 1803 übernahmen sie gleichfalls militärische Ehrenfunktionen, ebenso bei der Erhebung Württembergs zum Königreich am 1. Januar 1806. Freilich hatten sie nach wie vor auch andere Aufgaben wahrzunehmen. So mußten sie im März 1804 bei einer Hinrichtung für die erforderliche Ordnung und Sicherheit sorgen[303].

Die Befreiung von der Aushebung zum Militärdienst in einer Zeit fortwährender Kriege war für die Stadtreiter bzw. für deren Söhne ein recht angenehmer Vorzug gegenüber der übrigen Einwohnerschaft. Möglicherweise trug sie zur Attraktivität des Korps bei. Im März 1808 zählten die Stadtreiter jedenfalls 121 Mann: 97 Reiter, 24 »Primaplanisten«. Für die Rekrutenaushebungskommission war dies ein Grund, das Korps kritisch unter die Lupe zu nehmen. Hierbei stellte diese fest, daß immerhin elf Stadtreitersöhne eine Körpergröße von 6 Fuß und mehr hatten und wehrfähig waren, daß zudem die Zahl der Stadtreiter erheblich über dem Stand im Jahr des Regierungsantritts von König Friedrich (1797) lag. Der König befahl daraufhin, das Korps auf den zahlenmäßigen Stand von 1797 zurückzuführen und die Söhne aller übrigen Stadtreiter künftig nicht mehr von der Rekrutenaushebung auszunehmen. 1813 umfaßte das Korps noch immer 113 Mann. König Friedrich nahm weiterhin die Dienste der »Stadtreitergarde«, wie er sie nannte, gerne in Anspruch. Im Sommer 1813 beispielsweise übertrug er ihr während des Aufenthalts des Hofs in Ludwigsburg »die Mitwirkung zur Sicherung« sowie zur Aufrechterhaltung der Ruhe und Ordnung in der Stadt Stuttgart, seiner ersten Residenz. Am 2. Mai 1815 gestand er eine Vermehrung des Korps auf 160 Mann zu, wobei allerdings die Zahl der von der Rekrutierung befreiten Reiter auf dem bisherigen Stand verbleiben sollte. Im September 1818 gehörten dem Korps 142 Mann, die bis dahin höchste Zahl, an. Nach dem Inkrafttreten des Verfassungsvertrags am 25. September 1819 ließ sich die Befreiung eines Teils der Stadtreiter und ihrer Söhne von der Aushebung zum Militär nicht mehr aufrechterhalten. König Wilhelm I. gewährte deshalb den Angehörigen des Korps, die in Anbetracht ihres Alters nicht mehr zum Heer ausgehoben werden konnten, im Kriegsfall Befreiung vom Landwehrdienst[304].

Ehrenvolle Repräsentationsaufgaben brachten Glanz in die Eintönigkeit des Alltagsdienstes. Am 13. Juli 1814 hatten die Stadtreiter wesentlichen Anteil an dem grandiosen Empfang, den die Bürgerschaft Kronprinz Friedrich Wilhelm bei dessen Rückkehr aus dem Krieg gegen Napoleon bereitete. Im April 1816 erwiesen die Stadtreiter dem neuvermählten Kronprinzenpaar Friedrich Wilhelm und Katharina bei dessen Einzug in Stuttgart einen Teil der Honneurs. Auch bei der Leichenfeier anläßlich des Todes von König Friedrich am 30. Oktober 1816 wirkten sie mit. Ebenso geleiteten sie die russische Kaiserinmutter Maria Feodorowna und Mutter von Königin Katharina bei deren Besuch in Stuttgart im Oktober 1818 feierlich in die Stadt. Mit der Gründung des Landwirtschaftlichen Festes in Cannstatt 1818, des Volksfestes, erhielten die Stadtreiter eine neue ehrenvolle Funktion. Sie begleiteten den König nach Cannstatt und übernahmen gemeinschaftlich mit der dortigen Bürgergarde die Wachen. Schließlich waren sie mit von der Partie, als die Stuttgarter Bürgerschaft zum Zeichen ihrer Dankbarkeit über das Zustandekommen des Verfassungswerks für den König am Abend des 29. September 1819 einen Fackelzug veranstaltete[305].

Im Jahr 1809 verfügte König Friedrich für das Gesamtland eine allgemeine Volksentwaffnung. Sämtliche in den alt- wie in den neuwürttembergischen Landesteilen bestehenden Schützengesellschaften und Bürgergarden mußten aufgelöst werden, unter ihnen viele traditionsreiche Vereinigungen, so selbst die Stuttgarter Schützengesellschaft. Indes vermochte der König in seiner ersten Haupt- und Residenzstadt nicht ganz auf die Waffendienste der Bürgerschaft zu verzichten. In Abwesenheit des Militärs reichten die Polizeikräfte für die nächtlichen Patrouillen nicht aus, die Torwachen konnten nicht besetzt werden. Dies war bereits im Juni 1809 der Fall. Die Regierung mußte deshalb Bürgerwachen aufstellen. Von 600 Einwohnern, die sich zu diesem Dienst meldeten, wurden 240 ausgewählt und in zwei Kompanien formiert. Das Arsenal stellte für die Bürgerwache, die bis zur Rückkehr des Militärs Dienst leistete, 24 Gewehre und Säbel zur Verfügung[306]. Während allenthalben im Land an dem strikten Verbot der Bildung von Schützengesellschaften und Bürgergarden festgehalten wurde, befahl König Friedrich im Frühjahr 1813 die Neuorganisation der Stuttgarter Stadtmiliz. Der Chef der Miliz und die Hauptleute wurden aus Mitgliedern des Magistrats gewählt, die Leutnante und Unteroffiziere hingegen ernannten die Stadtdirektion und der Magistrat. Die Gemeinen wurden vom Magistrat unter Mitwirkung der Obmänner und Obmeister der verschiedenen Handwerke und Zünfte »aus der Bürgerschaft gezogen«, wobei man auf »rechtliche und sittliche Männer Bedacht nahm«. Auch die Weingärtner waren durch eine Anzahl Freiwilliger vertreten. Die Miliz bestand aus einem Chef, einem Adjutanten, fünf Hauptleuten, zehn Leutnanten, 50 Unteroffizieren und 600 Gemeinen. König Friedrich ordnete an, daß die Bürgermiliz die Torwachen übernehmen und zu diesem Zweck 200 Säbel mit Gehänge aus dem Arsenal erhalten sollte. Neben dem Stadtreiterkorps hatte die Bürgermiliz während der Abwesenheit der königlichen Truppen die Schloß- und die Hauptwache sowie die Torwachen zu übernehmen, für Ordnung, Ruhe und Sicherheit sowie für die Befolgung der Polizeiverfügungen zu sorgen. Hierbei erwarb sie sich die Anerkennung des Monarchen. Dieser ordnete am 4. Mai 1814 an, daß sie wie das Stadtreiterkorps zu einer ständigen Einrichtung seiner Haupt- und Residenzstadt werden und auch nach der Rückkehr des Militärs in die Garnison Stuttgart funktionsfähig bleiben sollte, so daß sie jederzeit wieder zu Ordnungs- und Sicherheitsaufgaben herangezogen werden konnte. Für ihre Uniformierung und Ausrüstung kam der Staat auf. Von den aus dem Feld zurückkehrenden Truppen sollte jeder Kompanie ein beim Heer während des Einsatzes im Feld mit Offiziersfunktionen betraut gewesener »Qua-Leutnant« zur Leitung der Exerzierübungen zugewiesen werden. Zudem war beabsichtigt, das Kommando über das Bürgermilitär-Bataillon einem Kapitän (Hauptmann) der Armee zu übertragen. Die Mannschaft des Bataillons bekam als Uniform dunkelgraue Röcke mit gleichförmigen Gilets und langen Beinkleidern, Schnürstiefel sowie mit der Kokarde geschmückte Tschakos aus Filz. Bewaffnet waren die Milizmänner mit Seitengewehren und Gewehren nebst Bajonetten. Uniformen und Waffen durften sie nur bei Exerzierübungen und bei Wachen tragen. Während ihrer Grundausbildungszeit sollten die Milizmänner täglich zwei Stunden kompanieweise exerzieren und anschließend ihre Übungen mit geringerem Zeitaufwand im Bataillonsverband fortsetzen[307]. Das Stuttgarter Bürgermilitär blieb während der letzten Regierungsjahre König Friedrichs in Württemberg eine exzeptionelle Einrichtung. Es hatte primär Sicherheitsaufgaben wahrzunehmen, wurde deshalb straff organisiert, militärischem Kommando unterstellt und im Waffengebrauch geübt. Der Magistrat behielt bei der Organisation des Korps und seiner personellen Zusammensetzung ein beschränktes Mitspracherecht. Andere württembergische Städte bemühten sich vergeblich, die königliche Genehmigung zur Gründung von Bürgerwachen zu erlangen. So lehnte König Friedrich ein diesbezügliches Gesuch der Stadt Heilbronn am 5. Mai 1815 ab[308]. Erst nach der Regierungsübernahme durch König Wilhelm I. Ende Oktober 1816 bekamen die Städte und größeren Landgemeinden die Ermächtigung, wenn sie dies wünschten, die 1809 aufgelösten Bürgergarden, Schützengesellschaften usw. wieder zu errichten oder auch neue bürgerliche Wehrorganisationen, Schützenvereine und dergleichen ins Leben zu rufen[309].

Das äußere Bild der Stadt

Allgemeine Urteile über Stuttgart und die Stuttgarter

Der später berühmt gewordene Schweizer Arzt, Botaniker und Dichter Albrecht von Haller (1708–1777) besuchte während seines Studiums in Tübingen 1724/25 zweimal Stuttgart. Er fand, daß es besser gebaut sei als viele andere Städte in Deutschland und daß es etliche schöne Straßen besitze. Ihm fiel auf, daß die Stadt unter dem herzoglichen Hof sehr litt. Herzog und Hofbedienstete, berichtete er, nähmen ihren Weg – wohl vor allem während Jagdveranstaltungen – mitten durch Äcker und Wiesen auf sogenannten Herrschaftswegen. Die Untertanen ertrügen die herrschaftliche Willkür ohne Murren, sähen in ihr eine Strafe des Himmels. Die Bevölkerung sei sehr kirchlich, die Geistlichen stünden in hohem Ansehen[310]. Ungewöhnlich negativ äußerte sich 1765 der Franzose Maubert über Stuttgart. Er nannte es die »allerhäßlichste, schmutzigste und unbequemste Stadt in Deutschland«, die Häuser seien sehr schlecht, die Gasthöfe ganz elend[311]. Ungünstig war auch das Urteil eines Anselmus Rabiosus, eines vagierenden Literaten und Journalisten, der eigentlich W. R. Weckherlin hieß. Er schrieb 1778: »Die Stadt Stuttgart hat keinen Anteil an den Wohltaten der Künste genommen, während sie sich im Lande aufhielten. Sie bestehet aus einer Masse häßlicher Gebäude. Die Manieren und Lebensart der Inwohner sind ungebildet. Die Stuttgarter verstehen die Regeln der Verbeugung, aber in den Regeln der Höflichkeit sind sie unwissend. Das Temperament der Inwohner ist zum Prachte und, wenn man will, selbst zur Schwelgerei geneigt. Aber da ihnen jenes fehlt, was diese Neigungen beseelt, so begünstigen (begnügen?) sie sich mit einer Sorte spießbürgerlicher Galanterie.«[312]

1781 besuchte der Berliner Buchhändler Friedrich Nicolai Stuttgart. Er vermittelt ein recht anschauliches Bild von der damaligen Stadt: »Die Bauart der Häuser ist sehr verschieden, und die Straßen sind hin und wieder ziemlich uneben; denn nach der sogenannten Reichen Vorstadt steigt man mehrere Fuß hinauf. In der eigentlichen Stadt sind die meisten Gassen krumm und unangenehm, und es gibt da mehrere enge und finstere Kehrwieder [Sackgassen]. Die Reiche Vorstadt dagegen hat lauter winkelrecht gehende Gassen, welches um so merkwürdiger ist, da diese Anlage schon im 15. Jahrhundert gemacht worden ist. Indes haben doch die Häuser, obgleich zum Teil modern, eben kein vorzügliches Ansehen. Die schönste Straße ist der sogenannte Obere Graben [Königstraße], die sehenswertesten Häuser, die mir ins Auge fielen, waren das Gräflich-Hohenheimische, das von Madeweißsche und das Tritschlersche Haus, desgleichen die Niederlassung der Calwschen Handelsgesellschaft. Aber selbst an diesen wirklich schönen Häusern fällt einem Fremden doch auf, daß in einer Stadt, wo eine ›Académie des arts‹ ist, sich so wenig gute Architektur findet. Was Stuttgart am meisten verschönert, sind die nahegelegenen grünbewachsenen Hügel, der Hasenberg auf dem Weg zur Solitude und nach Ludwigsburg, die herrliche Weinsteige und der Bopserberg. In der eigentlichen Stadt ist

Stuttgart um 1710. Im Vordergrund eine von Herzog Eberhard Ludwig veranstaltete Heerschau.

Der Hasenberg im 19. Jahrhundert.

ein großer Teil der Häuser noch hölzern, dabei sehr unförmig und schlecht ...« Recht schmeichelhaft sind die Äußerungen Nicolais über die Stuttgarter: »Auch daß bei aller Neigung zur Sinnlichkeit und zum Tanzen viel denkende Köpfe unter ihnen sind, haben sie mit den Ägyptern gemein. Das schöne Blut, das ich am schwäbischen Frauenzimmer rühmte, verleugnet sich auch in Stuttgart nicht. Man wird hier, so wie in Ulm, schwerlich ein schönes und zugleich bedeutungsloses Gesicht finden. Besonders ist gemeiniglich bei der Jugend das Bild der Gesundheit mit unverkennbaren Zügen der Naivität vermischt ... Es ist etwas so Ehrliches und Festes in den schwäbischen Physiognomien, daß die veränderlichen französischen Moden nicht recht dazu passen wollen.«[313]

1784 berichtete der Kurländer Johann Ferdinand Gaum über seine Eindrücke von Stuttgart: »Die Stadt ist mehr volkreich als groß. Sie liegt fast mitten im Lande in einer der gesegnetsten Gegenden desselben und ist mit lauter Bergen, bis auf die Seite gegen Morgen, Cannstatt zu, umgeben, die mit den besten Weingärten angepflanzt sind. Die Anzahl der Einwohner wird auf 22 000 geschätzt. Man kann dieses hier, so wie im ganzen Herzogtum, ganz genau wissen, da die Lebenden alle Jahre, auf obrigkeitliche Verordnung gezählt ... werden. Diese Residenz hatte ehemal mehrere Jahre hindurch das Unglück, den Hof nicht bei sich zu sehen. Eine Zeit, der sich die Bürger, zu deren Nahrung der Hof und das Militär ein Großes beiträgt, noch immer mit Schrecken erinnern ... Desto mehr sind sie aber hernach durch die huldreiche Rückkehr ihres Landesherrn zu ihnen wieder getröstet worden, und, ungeachtet sich dieser den allergrößten Teil des Jahres nicht in Stuttgart, sondern anderthalb Meilen davon, in Hohenheim, einem neuerbauten prächtigen Schlosse, aufhält und selten auch nur in Stuttgart übernachtet, so haben sie doch den Hof und genießen das Glück, den Herzog alle Wochen wenigstens ein paarmal zu sehen.«[314]

1789 besuchte Wilhelm von Humboldt Stuttgart. Er schrieb: »Die Stadt liegt mitten in einem Kessel von Bergen und nur die Seite nach Cannstatt zu, von der ich kam, ist ebener und läßt eine freie Aussicht. Die Berge sind größtenteils Weinberge. An einigen Orten sieht man Steinbrüche, und ganz auf dem Gipfel, wie auf der linken Seite, sind die Berge mit dichten Waldungen besetzt. Alles dies zusammengenommen, gewährt einen sehr malerischen Anblick. Nur Wasser fehlt, um die Gegend lebhafter zu machen. Die Altstadt ist eng und schlecht gebaut, allein die Neustadt hat breite Straßen und schöne Häuser. Die schönste Straße ist der Graben und der schönste Platz die Planie, die nur zu voll mit Bäumen bepflanzt ist. Auf derselben sind das Alte und Neue Schloß, die Akademie und das Komödienhaus.«[315]

Sehr informativ ist eine 1789 in Leipzig und Klagenfurt bei L. S. Crusius und Friedrich Karl Walliser veröffentlichte Beschreibung von Stuttgart, Teil eines umfassenden Reiseberichts über Süddeutschland. Dem fremden Besucher fiel zunächst die große »Menge Gärten, Lusthäuslein und andere zerstreute einzelne Häuser« auf, die um die Stadt hin lagen und das »ganz von Weingebirgen eingeschlossene Tal« »ungemein lebendig, abwechselnd und unterhaltend« machten. Den »ersten Eintritt« in die Stadt empfand er nicht gerade als schön, weil, wie er schrieb, man zunächst durch eine lange krumme Straße komme, die nur einige geringe Häuslein aufweise. Habe man jedoch diese Straße hinter sich, treffe man auf eine ansehnliche lange und gerade Straße und zur Linken auf einen großartigen Platz oder eigentlich auf zwei aneinanderstoßende regelmäßige, mit Alleen bepflanzte Plätze. Diese Plätze seien mit schönen Palästen umgeben, ausgenommen das alte Residenzschloß, das einen häßlichen Anblick biete, weil es rostig genug sei, um die beiden Plätze zu verunstalten. – Ähnlich geringschätzig äußerte sich übrigens Johann Wolfgang von Goethe wenige Jahre später über das Alte Schloß. Es sei, so meinte er, »kaum zu einer Theaterdekoration gut«[316]. Großen Gefallen hingegen fand der fremde Tourist am Neuen Schloß. Er nannte das noch nicht vollendete Bauwerk einen »prächtigen Palast«. Über die bürgerliche Stadt äußerte er sich folgendermaßen: »Stuttgart hat einige 20 000 Einwohner. Die Häuser sind von Holz gebaut, und dies macht das Vergipsen oder Bewerfen derselben nötig, das Äußere wird dann meist mit bunten Farben bemalt, welches demjenigen, der aus Österreich oder Italien kommt, wo man keine (?) bemalte Häuser sieht, lange Zeit unangenehm (!) vorkommt ... Die Altstadt Stuttgart ist ganz häßlich, gotisch sind ihre Häuser und winklig ihre Gassen, zum Glück ist sie klein, die Vorstädte sind viel größer und schöner. Die Straßen der neuen Vorstadt sind recht gut durchschnitten, gerade und breit. Die Häuser sind – so viel unbemalte Häuser schön sein können – schön und meist neu ...« Der fremde Besucher verstand nicht recht, warum man in einer Gegend, in der Steine hinreichend zur Verfügung standen, die Häuser noch immer aus Holz baute, zumal dieses teuer war. Er stellte fest, daß man die herzoglichen Paläste aus Steinen errichtet habe, überraschenderweise aber das neue Theater ganz aus Holz. Die Stuttgarter Steinbauten erschienen ihm solide und schön. Die Steine würden, so berichtete er, alle zu Vierecken gehauen und nicht »wie in vielen anderen Ländern in unregelmäßigen Figuren aufeinander gehäuft«. Die Straßenbeleuchtung hielt er für nicht sonderlich zweckmäßig. Die Laternen hingen nach seiner Schilderung an über die Straßen gehängten Seilen. Dadurch werde nur die Mitte der Straße beleuchtet, die, wie er meinte, gerade von Fußgängern nicht gebraucht werde. Dagegen seien die Seitenwege an den Häusern, die eigentlich beleuchtet sein sollten, besonders in den breiten Straßen finster[317].

Goethe mißfiel bei seinem Besuch in Stuttgart 1797 nicht nur das Alte Schloß, sondern auch die verwinkelte Innenstadt. Mehr sagte ihm die neue Stadt zu, unter der er sehr wahrscheinlich die Reiche Vorstadt verstand. Angetan war er von den Alleen und schattigen Plätzen in der Umgebung des Neuen Schlosses[318].

Karl Julius Weber (1767–1832), vielseitig begabter Hofrat aus Hohenlohe, hatte den Eindruck, die Haupt- und Residenzstadt Stuttgart sei wenig entwicklungsfähig. »Stuttgart«, äußerte er, »sollte eigentlich da liegen, wo das weit ältere Cannstatt liegt, am schönen Neckar, der Nesenbach verdirbt alles.«[319] Andere Besucher lobten die Sauberkeit der Straßen, kritisierten aber die mangelhaften Aborte und Abwasserkanäle. Es gebe, stellten sie fest, nur wenig stattliche Häuser; der bürgerliche Wohnkomfort sei insgesamt sehr bescheiden[320].

Hermann von Pückler-Muskau, der Stuttgart um 1810 besuchte, fand die »in einer schönen, von Bergen umschlossenen Gegend« gelegene Stadt zwar nicht so groß wie München, aber freundlicher und hübscher gebaut. Wesentlich zur Verschönerung Stuttgarts trug seiner Ansicht nach König Friedrich durch die Errichtung neuer, vom Geschmack ihres Erbauers zeugender Gebäude bei. Ein »in jeder Hinsicht interessanter Mann« war für ihn der königliche Oberbaumeister Thouret, den er sehr hoch schätzte. Thouret unterstütze, schrieb er, die Pläne des Königs und verwirkliche dessen Ideen »mit ebensoviel Kenntnis wie Geschicklichkeit«. Es fehle in Stuttgart nicht an Luxus, der Hof belebe die Stadt auf mancherlei Art, man sehe hier mehr schöne Pferde und Equipagen als in München, und das hier stehende Militär zeichne sich durch Eleganz, ein schönes Offizierskorps und geschmackvolle Uniformen aus[321].

Enttäuscht zeigte sich 1818 der Engländer Thomas Frognall Dibdin: »Alles in allem ist Stuttgart eine durch und durch langweilige Stadt. Die unmittelbare Umgebung setzt sich aus weinbebauten Hügeln zusammen, die in dieser Jahreszeit höchst pittoresk wirken, im Winter aber, wenn nichts als fahle Erde zu sehen ist, muß das einen traurigen Eindruck machen. Die Stadt ist groß und die Straßen – vor allem die Königstraße – breit und im allgemeinen gut gepflastert...Wer alte Bauten sucht, wird bitter enttäuscht sein; mit Ausnahme des in der Nähe einer Kirche liegenden Rathauses und einem Kruzifix gibt es wenig oder nichts, was einen eingefleischten englischen Liebhaber von Altertümern befriedigen könnte.«[322]

Die bauliche Entwicklung der Stadt

Im Jahr 1724 verfügte Stuttgart über insgesamt 1596 Gebäude, darunter 1333 steuerbare Häuser und 143 steuerbare Scheunen, vier privilegierte (»in privilegiis stehende«) Gebäude (in der Innenstadt der Adelberger, der Lorcher und der Bebenhäuser Hof, in der Turnierackervorstadt das Haus des Herrn von Graevenitz), 115 steuerfreie (»exemte«) Gebäude, die im Eigentum vor allem der Herrschaft und der Stadt waren, und ein Gebäude »in lite« (d. h. ein Gebäude, wegen dessen Rechtsstatus prozessiert wurde). Von den 1596 Gebäuden befanden sich 454 in der Innenstadt, 546 in der Esslinger Vorstadt und 596 (darunter allein 74 steuerfreie) in der Turnierackervorstadt. Außerhalb der Stadt zählte man acht Häuser, zwei Scheunen und neun steuerfreie Gebäude, zusammen 19 Gebäude (darunter Ziegelhütten, Mühlen), in Gablenberg 43 Gebäude (38 Häuser, drei Scheunen sowie zwei steuerfreie Gebäude), in Heslach und Böhmisreute 52 Gebäude (42 Häuser, acht Scheunen und zwei steuerfreie Gebäude), in Berg acht Gebäude (ein Haus, eine Scheune und sechs steuerfreie Gebäude)[323].

Nach Pfaff belief sich die Zahl der Gebäude in Stuttgart im Jahr 1757, dem Jahr, in dem die Häusernumerierung eingeführt wurde, auf 1504[324]. Obwohl in Stuttgart zwischen 1724 und 1757 wegen der zeitweiligen Verlegung des Hofes und der Regierungsbehörden nach Ludwigsburg wenig gebaut wurde, ist kaum wahrscheinlich, daß die Zahl der Gebäude abnahm. Vermutlich war 1757 die Zählweise eine andere, wurden möglicherweise nur »Hauptgebäude« (vorwiegend Wohnhäuser) berücksichtigt. Für 1780 gibt Pfaff die Zahl der Häuser in Stuttgart mit 1527, im Jahr darauf mit 1651 und 1789 mit 2072 an. Nun dürfte zutreffen, daß Stuttgart während der zweiten Verlegung des Hofes nach Ludwigsburg (1764–1775) auch auf dem Bausektor eine schwere Rezession zu durchstehen hatte, die erst nach 1780 durch einen starken Aufschwung abgelöst wurde. Jedenfalls erhöhte sich die Zahl der Häuser zwischen 1780 und 1789 um über 500, also um rund ein Viertel. Die bauliche Expansion setzte sich, wenn auch erheblich abgeschwächt, in den folgenden Jahrzehnten fort. 1817 wies Stuttgart 1976 Wohnhäuser und 656 Nebengebäude, zusammen also 2632 Gebäude, auf[325].

In den Jahren 1743 und 1745 zeichnete Johann Adam Riediger (1680–1756) die ersten, modernen Anforderungen entsprechenden Grundrißpläne von Stuttgart. Zuvor hatte es nur Schrägansichten von der Stadt gegeben. Besonders informativ war Riedigers Plan von 1743. Er enthielt nicht nur sehr viele schriftliche Eintragungen, sondern ihm war auch eine Abbildung der Stadt beigegeben, in der 45 Objekte gekennzeichnet und in einer Legende erklärt waren[326]. Riediger bestätigte in seiner exakten kartographischen Darstellung, was uns

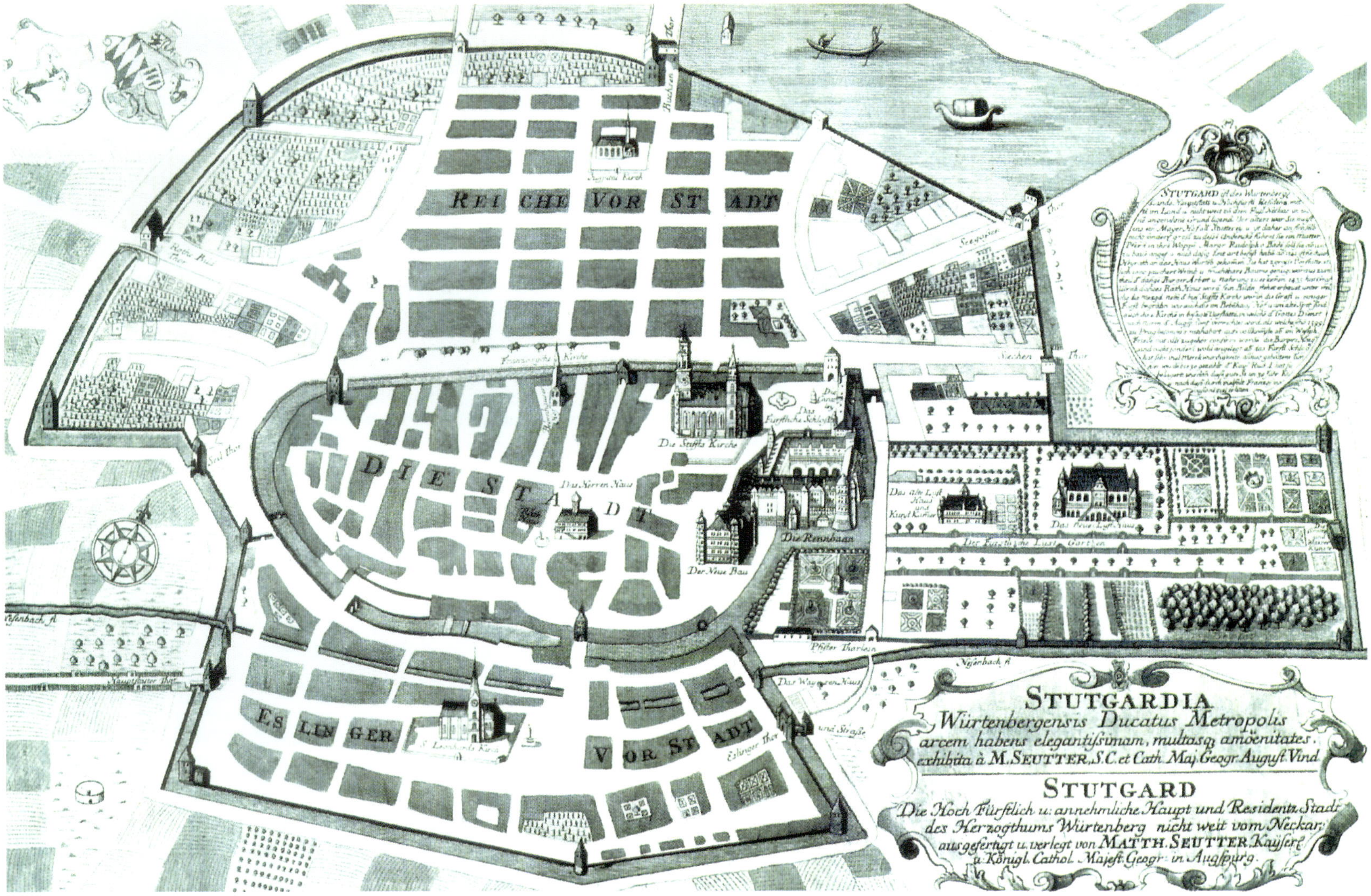

Vogelschauplan von Stuttgart um 1720.

Besucher über die unterschiedliche Bauweise der drei Stadtteile berichten: Die Innere Stadt war eng und winkelig gebaut, die Breite der Straßen wechselte, es gab zahlreiche Sackgassen. Gärten fehlten gänzlich. Die Esslinger Vorstadt zeichnete sich gleichfalls durch eine gedrängte Bauweise aus; ihr Straßennetz war wenig entwickelt, in den äußeren Bereichen befanden sich noch etliche Gärten hinter den Häusern. Die Reiche Vorstadt besaß ein gleichförmig ausgerichtetes Straßennetz, war großzügiger bebaut, die Häuserareale waren größer als in den beiden anderen Stadtteilen, es gab hier noch zahlreiche Gärten und Freiflächen. Ohne Zweifel war dereinst die Reiche Vorstadt unabhängig von der Altstadt geplant und gebaut worden. Dies zeigte sich etwa daran, daß keine der senkrecht zum Großen Graben, der späteren Königstraße, angelegten Straßen unmittelbar einem Zugang zur Inneren Stadt gegenüberlag. Hingegen verfügte die Esslinger Vorstadt beim Inneren Esslinger Tor, heute Marktstraße, über eine direkte Verbindung zum alten Stadtkern[327]. Die ausgedehnten Zerstörungen beim Hirschgassenbrand von 1761 nutzte die Stadt, um dem Viertel zwischen Hirschgasse, Schmaler, Breiter Straße und Neuer Brücke ein moderneres Aussehen zu verleihen; sie gestaltete es weiträumiger und stattete es mit mehr Freiflächen aus[328].

Nach der Rückverlegung des Hofes von Ludwigsburg 1775 schwebte Herzog Carl Eugen offenbar vor, Stuttgart zu einer repräsentativen spätbarocken Residenzstadt umzugestalten. 1782 legte sein Baumeister Fischer einen Residenzbauplan vor, der dieser Idee Rechnung trug. Fischer sah große Prachtstraßen vor. Die untere Königstraße sollte die von mehreren Baumreihen gesäumte 60 Meter breite Hauptstraße der Residenz werden und ihren Abschluß in einem Ludwigsburger Tor bekommen. Innerhalb dieses Tores wollte Fischer die Straße zu einem querovalen Platz erweitern (etwa an der Stelle des späteren Königstors und der Schillerstraße). Parallel zur Königstraße sollte an der Talseite des Schlosses eine zweite große, allerdings nicht ganz so breite Straße angelegt werden, die spätere Neckarstraße. Zwischen beiden Straßen sollte ein Park entstehen, dessen Breite der der Tuilerien in Paris entsprach. Freilich, in der projektierten Länge konnte er sich nicht mit den Tuilerien messen. Die Mittelachse des Parks fand ihren Abschluß in einem Gehölz, das auf der Höhe der Schillerstraße begann und als englischer Garten in freierer Gestaltung fortgeführt wurde. Die dem Park zugekehrten Seiten seiner beiden Residenzhauptstraßen wollte Fischer von einer Bebauung freihalten.

Die zwischen 1775 und 1778 angelegte Planie beruhte auf der Fischerschen Grundkonzeption; sie wurde damit bereits zu einer Zeit baulich realisiert, als der herzogliche Baumeister die Arbeit an seinem Residenzbauplan aufnahm. Kaum lag indes der große Plan zu einer baulichen Neugestaltung der Herzogsresidenz Stuttgart vor, kam auch schon ein erster seine Umsetzung blockierender Rückschlag. Der für den Frühherbst 1782 angekündigte Besuch des russischen Großfürstenpaars zwang Herzog Carl Eugen, dem Ambiente seines im Bau befindlichen Residenzschlosses ein ansprechendes Aussehen zu geben. Unter großem Zeitdruck wurde der bis dahin noch völlig gestaltlose Schloßplatz hergerichtet. Sein Charakteristikum war ein Halbrund von Bäumen, von dem der Rothsche Stadtplan von 1794 eine Vorstellung vermittelt. Als Provisorium von Fischer gedacht, dessen Handschrift es trägt, hielt es sich doch ungewöhnlich lange. Es überdauerte die Regierungszeit König Friedrichs und die Anfänge König Wilhelms I. Erst 1823 wurde es beseitigt. Der große Wurf Fischers, der Stuttgart in städtebaulicher Hinsicht den Rang einer fürstlichen Residenz verleihen sollte, blieb im wesentlichen auf dem Papier[329].

Nur wenig geschah im 18. Jahrhundert, um die Verkehrs- und Wohnverhältnisse in der Stadt zu verbessern. Die bedeutendste Veränderung im Bereich der Innenstadt war die bereits erwähnte Neugestaltung der vom großen Hirschgassenbrand 1761 betroffenen Wohnviertel.

1745 wurde die Alte Brücke (die spätere Neue Brücke) erneuert; sie bildete den Zugang von der Inneren Stadt zur Langen Straße in der Reichen Vorstadt. Nach der Anlage des Alten Postplatzes 1746 erhielt die neue Legionskaserne mit dem Bau einer Brücke beim Oberen Tor einen Zugang zur Innenstadt[330]. Längst überfällig war im Zuge der Errichtung der Hauptwache die Beseitigung der Stockwette (vor dem Stockgebäude). Das offenbar recht große Wasserreservoir hatte als Pferdeschwemme gedient[331], hatte aber vor allem in sommerlichen Hitzeperioden durch sein übelriechendes brackiges Wasser und durch die unzähligen Mücken, die hier eine Brutstätte fanden, den Anwohnern schlimm zugesetzt. Der Große Graben, Bestandteil der alten Innenstadtbefestigung, erschwerte das Zusammenwachsen der Inneren Stadt mit der Reichen Vorstadt. Er wurde deshalb nach und nach zugeschüttet und zur Verkehrsachse umgestaltet. Um 1760 erfolgte das Auffüllen des Lindengrabens, des obersten Teils der nachmaligen Königstraße[332]. Der besseren Anbindung der Esslinger Vorstadt an die Innenstadt diente 1762 der Bau einer Brücke in der Geißgasse über den Langen Graben (die spätere Eberhardstraße) zur Torstraße[333]. Noch immer umgab ein Graben das Alte Schloß; er wurde 1777 bis auf geringe Reste zugeschüttet[334]. 1762 entstand auf dem Gelände des 1737 trockengelegten Unteren oder Großen Sees, den Seewiesen, die Stadtallee. Die zwischen Büchsen- und Seegassentor sich hinziehende Allee, die Vorläuferin des Stadtgartens, übte schon bald eine große Anziehungskraft auf die Stuttgarter aus. Als angenehmer, kühler Zufluchtsort an heißen Tagen, aber auch als erfrischend wohltuender Aufenthalt an warmen Sommerabenden wurde sie der Hauptpromenadenweg außerhalb der Stadt. Nachdem Herzog Carl Eugen 1787 einen Teil der Seewiesen der Stadt geschenkt hatte, konnte die beliebte Allee noch erweitert werden[335]. Zuvor hatten die Stuttgarter, wenn sie spazierengehen wollten, gerne den schon in anderem Zusammenhang erwähnten Lindengraben, den oberen Teil des Großen Grabens, aufgesucht, eine aus großen Linden und Akazien bestehende »herrliche Allee« zwischen Schulgasse und Gasthaus zum Löwen. 1772 wurden die Alleebäume gefällt, die Promenade planiert und zu einer Straße hergerichtet[336].

Knapp 300 Jahre befand sich hinter dem Alten Schloß der »Garten der Herzogin«, der für Barbara von Mantua, der Frau Eberhards im Bart, angelegte Garten. 1778 wurde er im Zuge der Gestaltung der Planie eingeebnet, planiert und das Areal mit Kastanien von der Solitude bepflanzt sowie mit Rasen besät. Das Gartenhaus der Herzogin, das etwa an der Stelle des heutigen Kaiser-Wilhelm-Denkmals stand, entfernte man erst 1791. Seit 1794 führt der Platz den Namen Karlsplatz nach dem im Vorjahr verstorbenen Herzog Carl Eugen. Die Baumaßnahme des Jahres 1778, die »Planierung« des Gartens, gab übrigens der Planie den Namen[337].

Wie in anderen Städten boten die Stuttgarter Gassen vor allem in der Inneren Stadt und in der Esslinger Vorstadt um 1770 einen wenig einladenden Anblick. Es gab noch keine Trottoirs oder Bürgersteige. Die Steine, mit denen die Gassen gepflastert waren, hatten für die Fußgänger manche Tücken. Der Wasserabfluß, die Gosse, verlief mitten in der Straße. Die oberen Stockwerke der Häuser ragten über die unteren vor. Die Wasserspeier der Dächer waren auf die Straßen gerichtet. Immer noch befanden sich zahlreiche Dungstätten vor den Häusern; sie behinderten nicht nur die Passanten, sondern verpesteten mit dem von ihnen ausgehenden Gestank auch die Luft[338]. Im Jahr 1780 führte ein Stadtplan 83 Straßen/Gassen im Stuttgarter Stadtbereich auf[339].

Ende 1794 fertigte der Geometer Christian Friedrich Roth einen »Grundriß« (Stadtplan), in den er sämtliche 1374 Wohnhäuser Stuttgarts (Innere Stadt 379, Esslinger Vorstadt 509 und Reiche Vorstadt 486) nach einer in der Reichen Vorstadt beginnenden fortlaufenden Numerierung eintrug. Diese Zählung wurde der von Herzog Friedrich

Eugen am 13. Mai 1796 angeordneten Erneuerung der 1757 erstmals vorgenommenen Numerierung der Häuser zugrunde gelegt. Das Anbringen der Hausnummern hatte der Gipsermeister Schönnagel um 4 kr je Hausnummer zu besorgen[340].

Bis gegen Ende des 18. Jahrhunderts beschränkte sich die Bautätigkeit der Stuttgarter Bürgerschaft auf das durch Mauern umschlossene Stadtareal. Erst mit der Jahrhundertwende setzte gewissermaßen antipodisch zum Bereich des Residenzviertels eine von der Esslinger Vorstadt ausgehende bauliche Expansion talaufwärts entlang des Nesenbachs ein. Es waren vornehmlich Handwerker, die Wohnhäuser und Werkstätten brauchten, diese aber innerhalb des alten Stadtgebiets nicht finden bzw. erstellen konnten, weil ihre Betriebe, Schlossereien, Nagel- und Zeugschmieden, Gerbereien, Färbereien usw. zur Gattung der »lästigen Anlagen« gehörten. Ihr »wildes Bauen« hatte für die Stadt teilweise unerfreuliche Auswirkungen. Der Magistrat befürchtete, daß auf solche Weise »Vorstädte von der widrigsten Irregularität« entstünden. Er beschloß deshalb in einer Sitzung am 1. Februar 1802, eine Ordnung für das Bauwesen außerhalb der Tore zu entwerfen. Bürgermeister Hehl wurde ermächtigt, durch Baumeister Johann Jakob Azel (Etzel) einen entsprechenden Bauplan mit unmißverständlichen Vorschriften ausarbeiten zu lassen, damit die Bauherren von Neubaugebieten Anweisungen und Auflagen erhielten, die für sie verbindlich waren[341].

Im Jahr darauf legte Hehl Kurfürst Friedrich drei unterschiedliche Entwürfe vor. Aufschlußreich waren die baulichen Perspektiven, die er hierbei für Stuttgart aufzeigte. Die Einwohnerschaft habe sich, so führte er aus, von 1783 bis 1803 um 2565 Menschen vermehrt. Die Württemberg im Reichsdeputationshauptschluß zugefallenen Gebiete und der mit der Übertragung der Kurfürstenwürde dem Land zuteil gewordene größere Glanz, aber auch die Einführung der Pockenschutzimpfung lasse den sicheren Schluß zu, daß die Bevölkerung Stuttgarts weiter anwachsen werde. Hinzu komme, daß die vermöglicheren Bürger neuerdings höhere Ansprüche an den Wohnkomfort stellten; so wünschten sie geräumigere Wohnungen, mehr Platz für das Abstellen von Equipagen usw. Dies habe ein Ansteigen der Mietzinsen und der Preise für Wohnungen zur Folge. Bereits jetzt fehle es in der Stadt an Werkstätten für Schlosser, für Nagel- und Zeugschmiede, für Zimmerleute und Steinhauer. Die Fuhrleute vermißten Plätze für Wagen- und Kutschenremisen. Viel »Unlust« (Geruchsbelästigung) verursachten die in der Stadt befindlichen Keltern. Vergeblich habe sich bislang die Polizeideputation bemüht, die mit »Unlust« verbundenen Handwerksbetriebe aus den wichtigeren Straßen zu entfernen. Immer wieder habe der Magistrat gefordert, den Rotgerbern hinter dem Waisenhaus einen anderen Platz zuzuweisen. Viele Weingärtner müßten im »Hauszins« (in der Miete) leben, weil sie zu einem mittleren Preis kein Haus kaufen könnten. Dringend notwendig wären Bauplätze für Scheunen und Magazine. Die beengten Wohnverhältnisse hätten schon viele Einwohner veranlaßt, Häuser außerhalb der Stadt zu erstellen und Gartenhäuser in Wohnungen umzubauen. Da es außerhalb der Mauern keine Bauvorschriften gebe, baue jeder nach Gutdünken, der eine nach einer geraden Linie, der andere in die Quere. Auf solche Weise entstünden nach und nach »Vorstädte von der widrigsten Irregularität«. Um dem wilden Bauen einen Riegel vorzuschieben, müßte die Obrigkeit den Baulustigen Plätze vor den Toren anweisen, einen Situationsplan für einen bestimmten an die Stadt angrenzenden Bezirk entwerfen und rechtsverbindlich anordnen, daß ihr alle Baupläne zur Genehmigung vorzulegen seien. Das Hauptaugenmerk sei indes auf die Anlage einer Vorstadt zu richten. Schon Herzog Carl Eugen habe den Magistrat dazu ermuntert. Daraufhin sei der Straße hinter der Akademie der Name Karlstraße beigelegt und die Bürgerschaft aufgerufen worden, dort Häuser zu erstellen. Leider habe der Mangel an Wasserquellen sowie der mit erheblichen Kosten verbundene Bau eines Kanals zur Ableitung des vom Kühnleswald und Dobel herabfließenden Wassers die Durchführung dieses Projekts verhindert. Lediglich ein einziges Gebäude, das des Schönfärbers Ploucquet, sei dort erstellt worden. Ploucquet habe für dieses Haus eine Weinausschank- und eine Billardkonzession sowie eine 30jährige Steuerbefreiung bekommen. Überhaupt könne an die Projektierung einer Vorstadt in diesem Bereich, aber auch unterhalb des herrschaftlichen Gartens bis hinunter zum Ludwigsburger Weg nicht in Angriff genommen werden, solange die Herrschaft keine Entscheidung über die künftige Nutzung dieses Gartens getroffen habe. Was das Gelände zwischen dem Ludwigsburger Tor und dem Seegassen- und Büchsentor betreffe, so verhindere dort die sumpfige Bodenbeschaffenheit den Bau von unterkellerten Gebäuden. Ähnliches gelte für das anschließende Areal bis zum Rotebildtor, wobei dort noch hinzukomme, daß dieses Areal zu tief gelegen und für Gewerbebetriebe schlecht geeignet sei. So bleibe für die Anlage einer Vorstadt lediglich der Bezirk zwischen dem Rotebild- und dem Hauptstätter Tor bis hin zum Esslinger Tor übrig. Dorthin flössen nicht nur die meisten Quellen vom Vogelsang, dem Heslacher Tal, vom Fangelsbach und vom Bopser in die Stadt, sondern dort habe auch der Nesenbach seinen Lauf. Es sei dort also eine wichtige Voraussetzung für den Bau einer Vorstadt mit Rotgerberwerkstätten, Färbereien und anderen gewerblichen Betrieben, nämlich eine ausreichende Versorgung mit Trink- und Brauchwasser gegeben. Außerdem reizten die belebten Straßen, der Bopser, die Weinsteige und der Hasenberg manche Gewerbetreibenden zur Ansiedlung.

Der Magistrat vertrat die Ansicht, daß die Errichtung einer Vorstadt oberhalb der Stadt am Nesenbach nicht von heute auf morgen zu realisieren sei, sondern mehrere Menschenalter erfordere. Wegen des jetzt schon großen Mangels an Bauplätzen in der Stadt selbst und bei dem zu erwartenden weiteren Einwohnerwachstum hielt er eine weitschauende und zugleich exakte Planung für notwendig. Zudem plädierte er dafür, neben den Keltern auch die Fruchtkästen, Küfereien usw., die an den Hauptstraßen lagen und die Stadt verunstalteten, in die projektierte Vorstadt zu verlegen. Ferner trat er für eine Beseitigung des »Käs«, der Hinrichtungsstätte vor dem Hauptstätter Tor, ein, weil sie ihm »ohnehin unschicklich« erschien, ebenso für den Abbruch des Nachrichterturms, den der Nachrichter zum Trocknen von Fellen benutzte. Er schlug vor, Katholiken und Reformierten auf eine landesverfassungsmäßige Art die Niederlassung in der Stadt zu gestatten und wie bisher allen Einwohnern, die Häuser erstellten, Steuerfreiheit zu gewähren, solchen auch, wenn sie sich zu mehreren beim Steinebrechen zusammentäten, den städtischen Steinbruch zu diesem Zweck unentgeltlich einzuräumen. Innerhalb eines Zeitraums von zehn Jahren wollte er sogar, soweit dies möglich war, für den Häuserbau Bauholz aus dem Stadtwald abgeben. Er trug auch keine Bedenken, Auswärtigen, die in Stuttgart bauten, nach Ablauf von zehn Jahren unentgeltlich das Bürgerrecht zu erteilen.

Kurfürst Friedrich lehnte jedoch die Entwürfe und Vorschläge des Magistrats allesamt ab. Er verlangte, daß sich die baulichen Aktivitäten auf das Residenzviertel konzentrierten. Diese kurfürstliche Willensbekundung brachte die bauwilligen Handwerker in arge Verlegenheit. Kurfürst und Hof konnten und wollten Gewerbebetriebe, mit denen für die Anwohner mancherlei durch Schmutz, Lärm und üblen Geruch verursachte Belästigungen verbunden waren, mit Sicherheit nicht im Baubereich der Residenz haben. Eine sonstige praktikable Lösung für die Standortprobleme der Handwerker hatten aber auch sie nicht parat[342].

»Grundriß« der Königlichen Haupt- und Residenzstadt Stuttgart aus dem Jahr 1807.

Zunächst setzte Friedrich, ungeachtet der Einwände des Magistrats, seine städtebaulichen Vorstellungen durch: Erweiterung der Stadt im Anschluß an das neue Residenzschloß nach Süden, Osten, Norden und Nordosten. Der alte Residenzbauplan von Fischer wurde wieder hervorgeholt, 1806 von Baumeister Nikolaus Thouret den realen Möglichkeiten angepaßt und entsprechend umgestaltet. Der auf solche Weise revidierte Fischersche Residenzplan fand 1807 die Zustimmung König Friedrichs. »So soll es sein«, äußerte der Monarch beifällig. Freilich, der Plan stellte nur einen Ausschnitt dar. Er war begrenzt in der Breite durch die spätere König- und die nachmalige Neckarstraße, in der Länge durch das Neue Schloß und den See um die spätere Hylas-Gruppe[343].

Ein eindrückliches Bild vom Stand der Stadtentwicklung vermittelt 1807 der »Grundriß der Königlich Württembergischen Haupt- und Ersten Residenzstadt Stuttgart und ihrer Feldmarkung«. Es ist dies die erste Karte von Stuttgart, auf der die Stadt einschließlich der Gesamtgemarkung und deren Nutzung dargestellt ist. Sie zeigt die ersten zaghaften Ansätze der Stadt, sich mit neuen Siedlungen zu umgeben[344]. Konkrete städtebauliche Maßnahmen griffen nunmehr über den alten Mauerring hinaus.Vor dem Esslinger Tor wurde die Erschließung eines Erweiterungsgebiets in Angriff genommen. 1807 begann Thouret an der Stelle der späteren Landesbibliothek mit dem Bau des Invalidenhauses. Die »Neue Straße«, ein Teil der Neckarstraße (Konrad-Adenauer-Straße), wurde 1807 angelegt. Im Winkel zwischen der unteren Königstraße und der Reichen Vorstadt entstand die Friedrichstadt. 1808 erfolgte nach exaktem Plan die Trassierung der Kronenstraße. Gleichzeitig wurde mit der Planierung einer Verlängerung der Seegasse, der Friedrichstraße, vom Unteren Seetor aus (Friedrichsbau) begonnen. Den Bau der Schloßstraße vom späteren Hotel Marquardt bis zum Friedrichsbau befahl der König 1811. In der Friedrichstraße ließen sich vor allem Hoflieferanten, Kaufleute, Offiziere und andere angesehene Persönlichkeiten nieder[345]. Nach und nach schrumpfte durch Überbauung auch die Zahl der freien Plätze und Gartengrundstücke in der Reichen Vorstadt[346]. 1807 erklärte ein königliches Dekret alle an und neben Häusern befindlichen Gärten zu Bauplätzen[347].

Daß König Friedrich auf seinem Nein zu dem Plan der Stadt, vornehmlich für Handwerksbetriebe Bauland oberhalb der Esslinger Vorstadt zu erschließen, beharrte, war angesichts der jeder baulichen Ausdehnungs- und neuen Niederlassungsmöglichkeit innerhalb der Mauern beraubten Gerber, Schlosser, Schmiede usw. kaum zu erwarten. Zudem war dem König selbst daran gelegen, daß in der Nähe seiner Residenz keine Gewerbe betrieben wurden, die durch Lärm oder Geruch die Umgebung belästigten und für die wegen der »Arbeit im Feuer« besondere Sicherheitsvorkehrungen getroffen werden mußten. 1808 beauftragte er den Wasserbauinspektor Seeger sowie die beiden königlichen Baumeister von Thouret und Uber im Zusammenwirken mit Deputierten der Stadt Stuttgart, einen Plan für die Anlage einer Vorstadt vor dem Hauptstätter Tor zu entwerfen. Die Rede war von zehn Straßen, die projektiert werden sollten. Anfang 1809 lag der Plan vor. Im Frühjahr 1810 hatten sich in dem neuen Gewerbegebiet bereits einige Gerber niedergelassen, weitere wollten ihre Betriebe dorthin verlegen, warteten aber noch darauf, daß der König zu dieser Stadterweiterung seine Zustimmung erteilte. Auch andere Bürger zeigten Interesse, sich dort anzusiedeln. Am 27. Juni 1810 entschied König Friedrich. Um seine Pläne einer Ausdehnung der Stadt in der Nähe des Residenzschlosses nicht zu gefährden, verfügte er, daß in der vor dem Seel- und dem Hauptstätter Tor angelegten Vorstadt lediglich »Weiß- und Rotgerbern, Hafnern und im Feuer arbeitenden Handwerkern« die Niederlassung zu gestatten sei. Diesen

Schloßplatz mit Altem Schloß und Stiftskirche um 1790.

Seite 112/113
Das Alte Schloß um 1840.

Das 1762 von Reinhard Ferdinand Heinrich Fischer im klassizistischen Stil erbaute Haus Königstraße 43 B, das »Calwer Haus«.

Handwerkern durften beim Bau ihrer Häuser auch Ausnahmen von der Bauordnung zugestanden werden. So war ihnen nicht wie allen übrigen »Baulustigen« zwingend vorgeschrieben, den Unterstock aus Stein aufzuführen. Wer nicht zum Kreis der in der neuen Vorstadt zugelassenen Handwerker zählte, der mußte seinen Neubau an den vom König bestimmten Straßen in Residenzschloßnähe errichten: in der neuen Esslinger Straße, in der verlängerten Seegasse, in der von der Mitte des neuen Marstalls ausgehenden Straße, in der hinter dem vormaligen Botanischen Garten auf die verlängerte Seegasse zuführenden Straße. König Friedrich reservierte lediglich in der von der Mitte des neuen Marstalls ausgehenden Straße vier Bauplätze, jeweils zwei auf jeder Straßenseite, jeder 120 Fuß lang, direkt beim Marstall, für die Ministerien des Innern, der Finanzen, der Justiz und des Kultus. Erlaubt war ferner die Erstellung von Privathäusern in der »Cannstatter Straße« und in der neuen Straße hinter dem Waisenhaus, sonst aber in keiner anderen Straße. Wie bisher verlangte der König, daß ihm sämtliche Risse von Neubauten zur Einsichtnahme und Genehmigung vorgelegt wurden. Ferner befahl er die Vorlage eines »neuen Grundrisses über die Vergrößerung der Stadt«. Schon wenige Wochen später kamen Stadtoberamt und Magistrat dem königlichen Befehl nach und übergaben dem Monarchen den von Hofbaumeister von Thouret und Geometer Roth entworfenen Plan[348].

Der 1803 von dem Bäcker und Gastgeber Mühlbach erbaute Kleine Bazar, Königstraße 45, in dem im folgenden Jahr der Cafetier Silber, der spätere Gründer der Silberburg, ein Kaffeehaus einrichtete.

Auch weiterhin kümmerte sich Friedrich bis in alle Details um die bauliche Entwicklung Stuttgarts, und er achtete strikt darauf, daß sich Baumaßnahmen an seinen Direktiven orientierten. Am 14. März 1811 verfügte er eine Neunumerierung der Häuser und eine Neubenennung der Straßen. Die Kosten hatte die Stadt zu tragen, ausgenommen die Hausnumerierung, sie mußten die Hausbesitzer bezahlen. Ein großer Teil der damaligen neuen Straßennamen hat sich bis heute erhalten: u. a. Königstraße, Kronprinzstraße, Friedrichstraße, Calwer Straße, Hospitalstraße, Hohe Straße, Büchsenstraße, Lange Straße, Marienstraße, Dorotheenstraße, Karlstraße. 1812 wurde zu dem Zweck, die Stadt vom Durchmarsch fremder Truppen freizuhalten, als eine Art Umgehungsstraße die Militärstraße angelegt[349].

Eine Polizeiverordnung vom 1. Juli 1811 erlegte den Besitzern aller vor Jahresfrist erbauten Häuser auf, diese verblenden zu lassen[350]. Im August 1812 bestimmte der König als Mindestfrontlänge für neu aufzuführende Gebäude: in den Hauptstraßen 50 Fuß, in den Nebenstraßen

30 Fuß, in kleinen und unbedeutenden Straßen 25 Fuß, in den Vorstädten 30 bis 50 Fuß[351]. Einen wichtigen Fortschritt bedeutete es, daß am 5. Oktober 1812 die Regierung bei neuen Straßen, aber auch bei baulichen Veränderungen an bereits vorhandenen Straßen die Anlage von Trottoirs befahl. Die Trottoirs sollten je nach Straßenbreite in 3 bis 5 Fuß breiten, in gleicher Höhe mit der Straße liegenden Steinplatten bestehen, doch bei Gebäuden, die nicht als Wohnungen dienten, wegbleiben. Indes hinderten die Trottoirs manchen Hausbesitzer nicht, Haus- und Ladentreppen bis zur Straße vorzuschieben[352]. 1815 belief sich die überbaute Fläche Stuttgarts auf 315 Morgen (rund 100 Hektar). Um die Stadt zu umschreiten, benötigte ein Fußgänger mehr als eine Stunde[353]. Die Bevölkerung nahm weiterhin stark zu. 1815 mußten deshalb in Berg neue Bauplätze ermittelt werden[354].

1816 bot die Königstraße einen repräsentativen Eindruck. Eine Reihe stattlicher Gebäude säumte sie: das Gebäude des Schwäbischen Merkur, die beiden Eckhäuser der Stifts- und Schulstraße (21 und 27), das von Madeweißsche Haus (35), das Calwer, später Dörtenbachsche Haus (43 b) und das Silbersche Kaffeehaus, später der Kleine Bazar (45). Noch immer störten im Bereich des nachmaligen Bazars drei in die Straße vorspringende Häuser das Bild; sie wurden erst einige Jahre später beseitigt und durch zurückgesetzte Neubauten ersetzt. Auch der von einer halbrunden Kastanienallee umschlossene Schloßplatz war gegenüber dem heutigen Königsbau noch durch drei große Gebäude verunstaltet; sie fielen bereits zwei Jahre darauf der Spitzhacke zum Opfer. Die untere Königstraße war schon weitgehend bebaut, dagegen wies die Kronenstraße erst zwei an der Einmündung in die Königstraße befindliche Häuser auf. Auch die Bebauung der Friedrichstraße hatte erst begonnen. An der Tübinger Straße, der Gerber- und der Sophienstraße standen erst wenige Gebäude. Ähnlich präsentierte sich die Neckarstraße. Die Akademie, das an der Stelle des heutigen Wilhelmspalais stehende Gebäude sowie weiter unten das Invalidenhaus markierten ihren Verlauf[355].

König Wilhelm I. führte nach seinem Regierungsantritt den Ausbau von Stuttgart fort. Freilich setzte hier die anfänglich desolate Wirtschaftslage des Landes seinen Aktivitäten enge Grenzen. Der maßgebliche Stadtplaner blieb Thouret. Er erarbeitete auf Anweisung des Königs 1817 einen Plan für die weitere Ausgestaltung der noch recht unfertigen Südstadt und in den folgenden Jahren einen »Generalplan über die Verschönerung und Vergrößerung der königlichen Residenzstadt Stuttgart«. Insbesondere der »Generalplan« wies die Richtung für die städtebauliche Entwicklung in den nächsten Jahrzehnten[356].

Zu Beginn des 18. Jahrhunderts setzte sich die Einsicht durch, daß die Abschottung der Inneren Stadt gegenüber der Esslinger und der Reichen Vorstadt durch Mauern, Gräben und Türme nicht mehr zeitgemäß sei. Sie hemmte Handel und Wandel in der Stadt und entzog wertvolles Terrain im Stadtzentrum der baulichen Nutzung. Außerdem war die Instandhaltung des innerstädtischen Befestigungsrings mit einem nicht unerheblichen finanziellen Aufwand verbunden. Sicher nicht ohne Einwilligung des Landesherrn machte sich der Magistrat daran, die Stadt von diesem jahrhundertealten Korsett zu befreien. Er begann mit dem Abbruch der Tore. 1706 ließ er das Kanzleitor abreißen, 1712 das Innere Esslinger Tor, 1715 das Schultor[357]. 1735 beantragten die »Interessenten« an der zu errichtenden Seidenfabrik die Beseitigung der inneren Stadtmauer zwischen der Stadtvogtei und dem Haus des Expeditionsrats Boger. In einem Bericht an den Herzog erklärte der Magistrat, den Abbruch der inneren Stadtmauer beabsichtige er schon lange, doch wolle er vermeiden, daß hieraus der Stadt Kosten entstünden. Die Mauer, so schrieb er, diene nicht mehr wie früher als »Befestigungswerk«, durch ihren Abriß verbessere sich die bauliche Situation für mehrere herrschaftliche Gebäude, so für die des Bebenhäusischen Pfleghauses (Pfleghofes), insbesondere aber hätten die Bewohner der Inneren Stadt Vorteile aus dem Niederlegen der Mauer: mehr Luft und Licht und damit verbesserte gesundheitliche Verhältnisse. Der Magistrat schlug vor, die Teilhaber der Seidenfabrik zu ermächtigen, die Abbrucharbeiten durchzuführen und ihnen für ihren Neubau die Steine und den Sand zu überlassen, die bei der Beseitigung der inneren Stadtmauer anfielen[358].

Eine wichtige Funktion erfüllte im 18. Jahrhundert nach wie vor die äußere Stadtbefestigung. Militärisch kam ihr freilich nur noch geringe Bedeutung zu. Die fortschreitende Waffentechnik hätte ein erheblich stärkeres und moderneres Befestigungssystem, als dies Stuttgart besaß, erforderlich gemacht. Mauern, Tore und Türme hatten nunmehr den Hauptzweck, durch die Kontrolle aller die Stadttore passierenden Personen und Fuhrwerke sowie durch das Fernhalten unliebsamer Elemente wie Bettler und Landstreicher die öffentliche Sicherheit in der Stadt zu gewährleisten. Paßzwang und nächtliches Absperren der Tore waren hierbei wirksame Ordnungsinstrumentarien[359].

Da für die Instandhaltung einzelner Partien der Stadtmauer die Herrschaft eine Verpflichtung anerkannte, kam es, wenn größere Reparaturen notwendig waren, wie schon früher, wegen der Übernahme der Kosten gelegentlich zu Streitigkeiten zwischen Stadt und Herzog. 1721 fiel ein Teil der Zwingermauer hinter der herzoglichen Oberstallmeisterei, dem 1553 von Herzog Christoph erbauten früheren Harnischhaus, ein. Die Stadt weigerte sich, die Reparatur zu übernehmen. Sie vertrat den Standpunkt, die Herrschaft habe im Jahr 1684 den Platz vom Harnischhaus bis zum Falkentor um 400 fl gekauft und sich damit auch zur Instandsetzung der eingefallenen Zwingermauer verpflichtet. Hierbei stellte sie nicht in Frage, daß die bauliche Unterhaltung der inneren und der äußeren Stadtmauern im allgemeinen in ihre Zuständigkeit falle. Leider ist den Akten nicht zu entnehmen, wie der Herzog entschied. Wir erfahren nur, daß er die Forderung der Stadt nicht von vornherein zurückwies, sondern die Rentkammer mit der Erstattung einer gutachtlichen Stellungnahme beauftragte[360]. Mitunter wurden bei Mauerreparaturen auch Privatleute zur Kasse gebeten. So wurde einmal festgestellt, daß nach uraltem Herkommen die Besitzer der Häuser »unter der Mauer von der Propstei bis zum Kleinen Törlein« – es handelte sich um einen Teil der inneren Stadtmauer – den Zwinger (Stadtgraben) genutzt hätten, daß sie deshalb stets auch verpflichtet gewesen seien, in diesem Bereich Schäden an der Mauer zu reparieren. Über den größten Teil des Zwingers besaß die Stadt das Verfügungsrecht. Sie lagerte dort Holz, Steine und Sand, ebenso Tucherrahmen, Tucherschleifsteine, hielt dort das »rugbare Vieh«, und sie gestattete, daß die Metzger fremdes Vieh, das sie zum Schlachten in die Stadt brachten, dort vorübergehend weiden ließen. Daß die Stadt für die Instandhaltung der Mauern in den Bereichen des Zwingers, in denen sie die Nutzung beanspruchte, zu sorgen hatte, war nie strittig[361]. Mit der Beseitigung und dem Zuschütten der Zwingergräben der innerstädtischen Befestigung im Lauf des 18. Jahrhunderts fielen die mit der Zwingernutzung zusammenhängenden Interessenkonflikte zwischen Herzog und Stadt weg.

Das 1807 von Nikolaus Friedrich Thouret erbaute und 1810 eingeweihte Königstor.

Eindeutig festgelegt waren der Bau und die Unterhaltung der Tore bzw. Türme der Stadtbefestigung: Sie oblagen der Herrschaft. Für eine Residenzstadt waren gut bewehrte ansehnliche Türme im System der äußeren Stadtbefestigung von großem Belang; sie vermittelten fremden Besuchern von Rang und Stand einen ersten Eindruck von der Stadt, die sie betraten. Der Herzog sah deshalb darauf, daß sich die Stadttürme stets in ordnungsgemäßem Zustand befanden. So gab die Hochzeit Herzog Carl Eugens 1748 den Anstoß, daß das Äußere Esslinger Tor und das Büchsentor neu aus Stein aufgeführt wurden[362].

Mit der Projektierung bzw. dem Bau neuer Stadtteile außerhalb der alten Stadtbefestigung zu Beginn des19. Jahrhunderts verloren die Mauern auch ihre Schutz- und Sicherheitsfunktion für die Stadt und ihre Bewohner. König Friedrich erwog nie, den Mauerring auf die neuen Stadtbezirke auszudehnen. Im Gegenteil, er erschien ihm entbehrlich. Der Gedanke, ihn aus historischen Gründen zu erhalten, lag ihm fern. Lediglich den Stadttoren an der Einmündung wichtiger und belebter Straßen legte er im Hinblick auf Stuttgart als Königsresidenz einen gewissen Repräsentationswert bei. Deshalb gab er einer Verlegung der Tore bzw. ihrem Hinausschieben an die Peripherie des expandierenden überbauten Stadtgebiets wie schon seine Vorgänger den Vorzug vor dem Abbruch. Die letzten neuen oder an weiter vom Stadtzentrum entfernten Standorten neuerrichteten Tore wurden zwischen 1793 und 1811 erbaut. Das 1793 erstellte Akademie-Tor in der späteren Neckarstraße ersetzte das bisherige Äußere Esslinger Tor. 1806 wurde dieses Tor weiter straßenabwärts verlegt, etwa an die Stelle, wo die heutige Ulrichstraße in die Konrad-Adenauer-Straße einmündet; es erhielt 1811 den Namen »Cannstatter Tor«[363]. Nur zögernd kam »wegen der kriegerischen Zeiten« der Neubau des weiter stadtauswärts verlegten Seegassentors voran. Er konnte 1797 fertiggestellt werden, der Altbau fiel der Spitzhacke zum Opfer[364]. Allerdings hatte auch das neue Tor keinen langen Bestand. Schon 1810 wurde es wieder abgerissen. Das seit 1704 die Bezeichnung Ludwigsburger Tor führende alte Siechentor stand der Ausdehnung der Stadt im Wege; es wurde 1804 abgebrochen[365]. Am unteren Ende der Königstraße ließ König Friedrich zwischen 1807 und 1810 das Königstor erbauen. Für das am Eingang des Residenzschlosses stehende Tor wurden Steine und Barocktrophäen vom alten Esslinger Tor verwendet[366]. Friedrich hatte diesem Tor einen hauptsächlich repräsentativen Zweck zugedacht: Es sollte ein würdiges Eingangs- und Empfangsportal zu seiner Haupt- und Residenzstadt sein. 1811 ließ er an der Esslinger Steige bei der heutigen Olgaecke das neue Esslinger oder Charlottentor errichten. Es bekam seinen Namen von Charlotte von

Bayern, der ersten Frau von Kronprinz Friedrich Wilhelm[367]. Andere Tore bewertete König Friedrich weniger hoch. Soweit sie der Bebauung im Wege standen, ließ er sie abtragen, weiter stadtauswärts ersetzte er sie gewöhnlich durch Staketentore, die lediglich provisorischen Charakter hatten und schon bald verschwanden[368].

Im Zuge der Straßenbenennungen erhielten 1811 auch die noch vorhandenen Tore großenteils neue Bezeichnungen. Das Hauptstätter Tor wurde zum Herrenberger Tor, das Seeltor zum Tübinger Tor, das Rotebildtor zum Calwer Tor und, wie bereits erwähnt, das Akademie-Tor zum Cannstatter Tor[369]. Indes setzte sich das »Sterben« von Toren und Türmen fort. 1811 wurden das Ledergerber- oder Wäschertor, der Lederturm, der Schellenturm, das Ilgentor und das Untere Tor abgebrochen[370]. 1816 standen nur noch acht Stadttore, zum Teil erheblich weiter an die Peripherie gerückt. Wie früher wurde jeder ankommende Fremde kontrolliert und ihm der Paß abverlangt, weil dieser der Oberpolizeidirektion vorgelegt werden mußte[371]. Nach der Regierungsübernahme durch König Wilhelm I. wurden dann allerdings die Fremdenkontrollen liberaler gehandhabt. Auch Wilhelm I. hatte keinen Sinn für die Erhaltung historischer Stadttore und -türme. Unter ihm wurden nach und nach die letzten dieser Bauwerke beseitigt. 1818 gab er seine Zustimmung zum Abbruch des Herrenberger (Hauptstätter) Tors und des Tübinger Tors sowie des Pulverturms[372]. Das Tübinger Tor wurde indes vier Jahre später an anderer Stelle, in der heutigen Hauptstätter Straße wiedererstellt und erst 1864 abgerissen. Von den alten Stadttoren behauptete sich das Rotebildtor (Calwer Tor) noch am längsten; es wurde erst 1836 abgebrochen[373]. Als letzter Turm der Innenstadtbefestigung fiel 1846 der Turm an der Münze (Dorotheenplatz 4) der Spitzhacke anheim[374].

Innerhalb kurzer Zeit und ohne viel Aufhebens wurden die alten Stadtgräben vollends aufgefüllt und eingeebnet: 1806 der Große Graben, 1811 der Kleine Graben und ebenfalls 1811 der Lange Graben (Eberhardstraße). Bis 1819 waren, abgesehen von wenigen Resten, die letzten Abschnitte der inneren Stadtmauer beseitigt. Der Abriß der äußeren Stadtmauern schloß sich an. Lediglich kümmerliche Überbleibsel haben sich bis zur Gegenwart erhalten[375].

Wesentlich zur Verschönerung Stuttgarts trugen ohne Zweifel die von Thouret geschaffenen Anlagen bei. Die oberen Anlagen hatte der königliche Baumeister in der Rekordzeit von anderthalb Jahren und mit Hilfe von etwa 50 Taglöhnern, 250 Gallioten (Festungsgefangenen) sowie vier bis sechs Kompanien Soldaten – dem Oberhofgärtner Höllwarth war die gärtnerische Oberleitung übertragen gewesen – buchstäblich aus dem Boden gestampft; sie wurden am 6. Oktober 1808 für die Bevölkerung freigegeben. Jedermann durfte sich in diesem im englischen Gartenstil gestalteten Park im Sommer bis 9 Uhr, im Winter bis 7 Uhr abends aufhalten, spazierengehen oder -fahren. Seit 1817 standen dann auch die ausgedehnten unteren Anlagen Ruhe und Entspannung suchenden Bürgern offen[376].

Wohnverhältnisse, privater Wohnungsbau

Zu Beginn des 18. Jahrhunderts herrschte in Stuttgart große Wohnungsnot. Die Folge war eine fortgesetzte Steigerung der Mieten oder, wie es damals hieß, der Hauszinsen. Im August 1706 übte Herzog Eberhard Ludwig Kritik an dieser vor allem auch zu Lasten der herrschaftlichen Bediensteten gehenden Entwicklung. Er forderte den Magistrat auf, dafür Sorge zu tragen, daß Mietwohnungen wieder zu erträglichen Bedingungen verfügbar waren. Doch dieser bezweifelte, daß sich eine Senkung der Hauszinse durchsetzen lasse. Um jedoch dem Herzog seinen guten Willen zu beweisen, schlug er vor, durch eine gemeinsame Deputation von Stadt und herzoglicher Kanzlei (Regierung) die Möglichkeiten einer Abhilfe zu prüfen[377]. Anfang 1707 beschäftigten sich die Oberräte eingehend mit der Situation auf dem Stuttgarter Wohnungsmarkt[378]. In einem Bericht an den Herzog vom 20. Januar 1707 faßten sie das Ergebnis ihrer Beratungen, an denen der Magistrat teilgenommen hatte, in zwei zu beantwortenden Hauptfragen zusammen: Welches sind die Ursachen der Hauszinssteigerung, und wie kann diesen fortwährenden Mieterhöhungen begegnet werden?

Zum ersten Punkt stellten sie fest: Der herzogliche Hofstaat sei im Vergleich zu früher an Kavaliers, Offizianten usw. stark angewachsen. Dies habe auch eine große Zahl von »Laufleuten«, Handwerkern und Bedienten veranlaßt, mit ihren Familien hierherzuziehen. Ferner hätten sich viele Landadlige mit Familien und Bediensteten hier niedergelassen. Sehr belastet sei die Stadt durch die »Einquartierung der Soldateska von Offiziers und Gemeinen« sowie deren Angehörigen, ebenso durch viele verheiratete Herrendiener wie Kutscher, Lakaien und Knechte, die in Stuttgart ihren Wohnsitz genommen hätten, schließlich durch die in den letzten Jahren aufgenommenen Refugiés (Glaubensflüchtlinge), Beisitzer und Eigenbrötler, die einen nicht geringen Teil des Wohnraums in der Stadt beanspruchten, für die Allgemeinheit aber besonders deshalb beschwerlich seien, weil sie kaum Anteil an den öffentlichen Lasten hätten. Die Hauptursache für die Hauszinssteigerung liege in der ungewöhnlich starken Bevölkerungszunahme. Vor acht bis zehn Jahren habe Stuttgart 8 000 Einwohner gezählt, und die »Losamenter« (Wohnungen) seien um einen billigen Mietpreis zu bekommen gewesen, jetzt aber lebten hier über 16 000 Menschen. Für zwei bis drei Zimmer oder ein Stockwerk müsse man heute so viel bezahlen wie früher für ein ganzes Haus. Für ein »gemeines Weingärtner- oder Bürgerhäuslein« seien früher 600 bis 800 fl zu berappen gewesen, jetzt aber seien es ohne weiteres 1 000 fl oder Taler. Die Jahresmietkosten für ein vornehmes Haus seien von 2 000 bis 3 000 fl auf 5 000 fl und höher angestiegen. Das rasche Bevölkerungswachstum habe auch zu einer Verteuerung aller

Nahrungsmittel, des Brennholzes und anderer Güter des täglichen Bedarfs geführt. In den engen Häuslein und Gäßlein säßen die Leute »einander auf dem Hals«. Die Katastrophe bei einem Brand sowie das Elend bei Mißwachs und beim Ausbruch einer Seuche seien nicht auszudenken.

Die zweite Frage beantworteten die Oberräte so: Das angemessenste Mittel, den explodierenden Hauszinsen entgegenzuwirken, sei eine Verminderung der Bevölkerung. Es sei aber zweifelhaft, daß der Herzog einer solchen Verminderung der Einwohnerschaft zustimme, zumal hiervon vor allem auch der Hof und das Militär betroffen wären. Eine Festlegung von Miethöchstsätzen erscheine nicht praktikabel. Einmal seien die Mietwohnungen nicht oder allenfalls mit einem unverhältnismäßig hohen Verwaltungsaufwand angemessen zu bewerten, dann seien die wirtschaftlichen Verhältnisse der Hausbesitzer zu unterschiedlich. Wohlhabende seien auf Mieteinnahmen kaum angewiesen, andere benötigten sie dringend. Auch würden bei der Festlegung der Mietpreise Betrügereien Tür und Tor geöffnet, eine Nachprüfung sei im einzelnen schwer möglich. Eine allgemeine Herabsetzung der Mieten würde viele Bürger vom Bauen oder Vermieten abhalten. In begrenztem Umfang könnte der Wohnungsnot durch Neubauten begegnet werden. Auf dem Turnieracker gebe es noch viele freie Flächen. Allein, es fehle an Kapital. Die beiden herzoglichen Kammern (Rentkammer und Kirchenrat) klagten, sie seien mit vielen finanziell aufwendigen herrschaftlichen Gebäuden belastet, für Neubauten stehe ihnen kein Geld zur Verfügung. Auch die städtischen Kassen seien erschöpft. Hinzu komme der Mangel an Baufloßholz und anderen Baumaterialien. Beim Niederbrennen einer einzigen Gasse wäre man in absehbarer Zeit außerstande, diese wiederaufzubauen. Privatleuten stehe der Hausbau frei. Die Stadt fördere ihn durch die Bereitstellung von Baumaterialien und durch andere Vergünstigungen. Doch die fortwährenden harten Kriegslasten und der gänzlich daniederliegende Weinhandel lähmten auch den privaten Wohnungsbau.

Insgesamt wußten die Oberräte kein Rezept, wie den Hauszinssteigerungen wirkungsvoll begegnet werden konnte. Eine Handhabe für ein amtliches Einschreiten sahen sie lediglich bei offenkundigem Mietwucher. Herzog Eberhard Ludwig hielt eine »Taxierung des Hauszinses« gleichfalls für nicht praktikabel. Er verlangte aber, daß der »Steigerung der Hauszinse so gut wie möglich gesteuert werde«. Deshalb wies er den Magistrat an, die Bürgerschaft zusammenzurufen und sie eindringlich daran zu erinnern, daß sie sich mit ihren Hauszinsforderungen vor allem gegenüber der geringen Dienerschaft, deren Besoldung in keinem Verhältnis zu den gestiegenen Mieten stand, in einem »billigmäßigen Rahmen« hielt[379].

Sehr wahrscheinlich blieb die Situation auf dem Wohnungsmarkt auch noch in den nächsten Jahren angespannt. Eine grundlegende Änderung trat mit der Verlegung des Hofes und der Regierungsbehörden nach Ludwigsburg ein. Jetzt standen preiswerte Wohnungen zur Verfügung, die Mietpreise fielen. Freilich nur für kurze Zeit. Mit der Rückkehr des Hofes und der Regierungsbehörden nach Stuttgart nach der Regierungsübernahme durch Herzog Carl Alexander 1733/34 schnellten die Mietpreise erneut in die Höhe. Wohnungen waren Mangelware. Verschiedene Beamte taten sich bei der Wohnungssuche schwer. Diesmal empfahlen Magistrat und Oberräte die Festsetzung von Höchstmieten durch städtische und staatliche Sachverständige. Da sich indessen die Wohnungsmarktsituation bei weitem nicht so dramatisch entwickelte wie zuerst befürchtet, verwarf der Herzog die vorgeschlagene allgemeine »Taxation der Hauszinse«. Die Mietpreise sollten nur in Beschwerdefällen überprüft und »taxiert« werden[380].

Die erneute Verlegung des Hofes nach Ludwigsburg 1764 stellte die Wohnungssituation Stuttgarts nochmals auf den Kopf. Plötzlich standen Wohnungen leer, die Hauszinse rutschten in den Keller. Die Verhältnisse normalisierten sich erst nach der Rückkehr des Hofes im Jahr 1775 wieder[381].

Ein Anliegen war dem jungen Herzog Carl Eugen eine Belebung des privaten Wohnungsbaus. Am 1. Juni 1746 sicherte er jedem Untertanen, der ein Haus von drei Stockwerken baute oder der ein kleineres Haus in ein solches umwandelte, für 25 Jahre zu, ihm die bisherige Steuer nicht zu erhöhen. Bei einem zweistöckigen Haus galt diese Vergünstigung für einen Zeitraum von 15 Jahren. Carl Eugen unterstützte private Bauherren auch durch die Überlassung von Bauholz. Größere Bauten förderte er durch eine befristete Steuerbefreiung. 1779 gestand er einem Gerbermeister für dessen zwei »neue schöne Häuser« eine vierzigjährige Steuerfreiheit zu. Im Januar 1786 stellte er Bauherren sogar Baukostenzuschüsse in Aussicht, deren Höhe sich nach der Größe der Gebäude richtete. Statt des bisher gewährten Bauholzes erhielt ein Bürger, der ein Haus von 30 bis 40 Fuß Länge erstellte, 6 fl. Wer sich zu einem Neubau von 40 bis 60 Fuß entschloß, durfte mit einem Zuschuß von 12 fl, bei einem noch längeren Gebäude mit einem solchen von 20 fl rechnen. Wer den ersten Stock aus Stein aufführte, hatte Anspruch auf den doppelten Zuschuß. König Friedrich gewährte für jeden Neubau eine Steuerfreiheit von 25 Jahren, bei besonders stattlichen Häusern eine noch längere[382].

Streng sah der Magistrat darauf, daß die Bürger selbst bei geringeren baulichen Veränderungen an ihren Häusern um eine Genehmigung einkamen. Die Bauschau nahm eine genaue Prüfung der vorgesehenen Veränderungen vor. In der engbebauten Inneren Stadt und in der Esslinger Vorstadt war dies wegen der Feuergefahr und nachteiliger gesundheitlicher Auswirkungen auf die Nachbarn besonders wichtig, doch auch in der großzügiger angelegten Turnierackervorstadt ließen sich solche Prüfungen nicht umgehen, wollte man schlimmeren Schäden vorbeugen[383].

Wiederholt kam es auch zu Auseinandersetzungen zwischen Bürgern, die sich durch bauliche Veränderungen an Nachbarhäusern gefährdet fühlten. So bezichtigten 1755 der Regierungsrat Hochstetter und der Kaufmann Spreng den Antiquarius Hallberger der »gefährlichen Veränderung seiner Logis«[384].

Die Mehrzahl der Häuser in Stuttgart war auch im 18. Jahrhundert, den ungünstigen Vermögensverhältnissen seiner Eigentümer entsprechend, klein und unansehnlich. 1730 fiel dem preußischen Baron Karl Ludwig von Pöllnitz auf, daß die Häuser in Stuttgart »von Holz«, also einfache Fachwerkbauten, waren. Offenbar wurden auch die Anreize, die Herzog Carl Eugen, wie wir gehört haben, für das Erstellen größerer Gebäude gegeben hatte, nur wenig genutzt, denn noch gegen Ende des Jahrhunderts charakterisierten fremde Besucher die hiesigen Häuser als »unförmig und schlecht«. Christoph Meiners schrieb 1793: Das Stuttgarter Haus besitzt »noch weniger innere Bequemlichkeit als äußere Schönheit«[385]. Glücklicherweise fehlten ansehnliche Häuser nicht ganz. Sie waren vor allem in der Turnierackervorstadt vertreten und gehörten der Herrschaft sowie Hof- und Kanzleibediensteten, aber auch wohlhabenden Bürgern[386].

Seit den 1770er Jahren stieg der Wohlstand eines Teils der Bürgerschaft. Dies schlug sich in einer Anzahl von stattlichen Privathäusern nieder. Reinhard Ferdinand Heinrich Fischer, der Baumeister Herzog Carl Eugens, erbaute etliche von ihnen, so das Calwer Haus, das Haus des Rotgerbers Schmid, das des Hofsilberarbeiters Sick, das Haus des preußischen Gesandten Madeweiß (Madeweis), die Häuser des Hofrats Tritschler, des Schönfärbers Ploucquet und des Hofschreiners Schweikle[387]. 1779 gründete der Bäcker Georg Philipp Weiß außerhalb der Stadt auf der Feuerbacher Heide den Weißenhof, der später ein beliebtes Ausflugsziel der Stuttgarter wurde[388]. Wohlhabende Bürger namentlich in der Reichen Vorstadt konnten sich auch noch um 1810 größere Gärten bei ihren Häusern leisten. In einer Beschreibung von 1811/15 hieß es: »Die Anzahl der Gärten in der Stadt ist beträchtlich, es gibt ganze Straßen, in denen jedes Haus einen größeren oder kleineren Garten hinter sich hat, der gewöhnlich mit einer Laube oder, wenn er von größerem Umfang ist, mit einem Gartenhaus geziert ist. Der Hofraum ist aber dafür meistens eng und dumpf.«[389]

Um die Wende vom 18. zum 19. Jahrhundert nahm die Nachfrage nach Wohnungen stetig zu. Trotz zahlreicher Neubauten vermochte sie nicht befriedigt zu werden. Der glanzvolle Hof von Herzog, Kurfürst und König Friedrich sowie die wachsende Zahl von Regierungsbehörden und fremden diplomatischen Vertretungen trugen wesentlich zum Wohnungsmangel in Stuttgart bei. Im Februar 1800 stellte das Hofdepartement »täglich steigende Hauszinse« fest[390]. Der Bau von Wohnungen wurde ein lohnendes Unterfangen. Wie wir gehört haben, wurde, da eine Baulinie nicht bestand, nach Willkür und an den unterschiedlichsten Orten gebaut. Dem Magistrat mißfiel dies, er wurde beim Landesherrn vorstellig, um einer Zersiedelung des an die Stadtmauern angrenzenden Landes vorzubeugen[391]. 1807 und 1810 kam dann einige Ordnung in den Wohnungsbauwirrwarr. Am 23. März 1807 wurde der Begriff »Bauplatz« definiert. Alle an und neben Häusern befindlichen Gärten waren von jetzt an als Bauplätze zu betrachten. Am 23. Juli 1808 schrieb ein königliches Dekret zwingend vor, daß der untere Stock von neuerrichteten Häusern aus Stein aufgeführt sein müsse[392].

Im September des folgenden Jahres verfügte der König, daß künftig neue oder »von Grund auf zu reparierende Gebäude« keinen Vorsprung in den oberen Stockwerken mehr haben durften[393]. Schließlich machte die königliche Verordnung vom 22. Juli 1810 dem willkürlichen Bauen ein Ende. Sie bestimmte exakt die Straßen, an denen gebaut werden durfte. Die Bauinteressenten mußten sich rechtzeitig wegen der Zuweisung der Bauplätze melden, und sie hatten ihre Risse in doppelter Ausfertigung der Oberpolizeidirektion vorzulegen[394]. Noch exaktere Vorschriften für den Bau neuer Gebäude und die Renovierung schon bestehender Häuser enthielt dann die Verordnung vom 22. Oktober 1810[395]. Im Bestreben, »ein regelmäßigeres, solideres und geschmackvolleres Bauwesen in der Königlichen Residenzstadt« zu gewährleisten, wies die Oberpolizeidirektion die Hof- und Landbaumeister an, bei neuen »Privatbauten und Hauptreparationen« streng auf die gültigen Bauvorschriften zu achten. Insbesondere mußten neue Gebäude, auch Neben- und Hintergebäude, falls diese eine »Feuerwerk-Einrichtung« bekamen, auf allen vier Seiten einen steinernen Unterstock aufweisen. Bei umfassenden Sanierungsarbeiten an älteren Häusern waren die Besitzer anzuhalten, die unteren »Stöcke« von Holz, wenn sie schadhaft waren, durch solche von Stein zu ersetzen. »Die das Auge so sehr beleidigenden Vorstöße« sollten nach und nach beseitigt werden. Die Abtritte durften, wenn sie in keinem Winkel untergebracht werden konnten, nur noch innerhalb der Gebäude eingerichtet werden. Wo dies jedoch die Konstruktion des Hauses nicht zuließ, mußten sie »gehörig maskiert« werden. Senkrechte, nach unten sich entleerende Dachrinnen waren nicht nur bei Neubauten zu installieren, sondern auch bei älteren Häusern, an denen größere oder kleinere Reparaturen vorgenommen wurden. Vor jedem Haus, »wenigstens an den ansehnlicheren Straßen«, mußten fünf Fuß breite Trottoirs angelegt werden[396].

Im Oktober 1812 wurde für Stuttgart ein unter der unmittelbaren Aufsicht der Oberpolizeidirektion stehender »Wohnungsmiete- und -vermietungs-Comptoir« eröffnet. Seine Leitung übernahm der pensionierte Oberpolizeikommissär Esenwein. Der Zweck dieser neuen Einrichtung war, Wohnungsuchenden oder Hauseigentümern, die Wohnungen vermieten wollten, Gelegenheit zu geben, schnell und bequem eine Wohnung zu finden oder eine solche zu vermieten. Damit sollten Mieter und Vermieter nicht länger »den wucherischen Absichten und Anschlägen der Wohnungsmäkler« ausgesetzt sein. Wer indes eine Wohnung in freier Vereinbarung, d. h. auf dem freien Markt, mieten oder vermieten wollte, konnte dies auch weiterhin tun. Verboten war aber künftig in jedem Fall die Einschaltung von »Wohnungsmäklern«. Vermieter durften ihre zu vermietenden Wohnungen in öffentlichen Blättern anzeigen. Für nähere Angaben über das »Quartier« und über die Mietbedingungen war jedoch auf die Hauseigentümer selbst oder auf den »Comptoir« zu verweisen. Der »Comptoir« führte über die ihm gemeldeten Wohnungen (Größe, Beschaffenheit, Mietpreise usw.) ein Register[397].

Die bauliche Expansion der Stadt trieb die Baulandpreise in die Höhe. 1817 kostete ein Dreiviertelmorgen (etwa 24 Ar) großer Bauplatz an der Königstraße 12 550 fl, in anderen Stadtbezirken »verhältnismäßig noch mehr«. Auch die Wohnungsmieten stiegen trotz dämpfender Maßnahmen von Magistrat und Regierung wie des soeben erwähnten »Comptoirs« weiter an. Als einer der Gründe, die für die »unmäßig hohen Hausmieten« von Belang waren, wurde angeführt, daß jeder Angestellte mit der »Vermehrung seiner Besoldung« auch seine »häusliche Bequemlichkeit« zu vermehren wünsche[398]. König und Regierung legten Wert darauf, daß die Neubauten der Haupt- und Residenzstadt »gut zu Gesicht standen«, d. h. daß sie eine stattliche Größe hatten. Es sollten deshalb ausschließlich Häuser mit drei und mehr Stockwerken erstellt werden. Um auch weniger bemittelten Bürgern den Bau von Wohngebäuden zu ermöglichen, wurde 1818 die Erbauung von bloß zweistöckigen Häusern gestattet, doch sollten diese eine Länge von wenigstens 40 Fuß haben, ferner sollte ihr Erdgeschoß ganz aus Stein aufgeführt sein[399].

Hygienische Verhältnisse, Reinhaltung der Stadt

Zu Beginn des 18. Jahrhunderts war es um die Reinhaltung der Stadt noch immer schlecht bestellt. Die Bemühungen von Herzog und Magistrat um eine Verbesserung der hygienischen Verhältnisse stießen bei der Mehrheit der Bürgerschaft auf geringes Verständnis. Ein eindrückliches Bild von den damaligen Zuständen vermittelt ein herzogliches Reskript aus dem Jahr 1714. Nach ihm befanden sich selbst in den vornehmsten Gassen und Straßen Mist- und Erdhaufen, und niemand nahm daran Anstoß. Die »Kloaken und Winkel« wurden größtenteils nicht rechtzeitig geleert, der Regen flößte sie aus, doch selbst bei trockenem Wetter ergossen sich einzelne auf die Straßen, vor allem solche, die eine Schräglage hatten. Der »Unflat« verpestete die Luft, verursachte Krankheiten und Seuchen. Der Herzog befahl nunmehr, dem »garstigen Unwesen mit Ernst und Nachdruck zu steuern« und in der in einem tiefen Tal gelegenen Stadt die »hochnötige Reinlichkeit zu Erhaltung frischen gesunden Lufts wieder einzuführen«. Hierzu erteilte er detaillierte Direktiven: Der »Gassenkutter« ist künftig allein in das Rapenloch (Rappenloch)[400], der Unrat von den Kloaken ausschließlich in das Heusteigloch zu bringen. Der Abtransport der Fäkalien muß bei Nacht erfolgen. Deshalb sollen am Hauptstätter Tor, das zu diesem Zweck nachts wiederholt geöffnet werden muß, während des ganzen Jahres aus Sicherheitsgründen dem Torwärter zwei Bürger beigegeben werden. Der Gassenkutter aber ist während des Tages durch das Rotebildtor mit den dazu bestellten fünf Pferden aus der Stadt zu schaffen. Mit der Kloakensäuberung werden drei Karrenfuhrleute betraut, die Fronbefreiung und außerdem für ihre Tätigkeit einen hinlänglichen Lohn bekommen. Die von ihnen benutzten Truhenkarren müssen ziemlich hoch, gut abgedichtet und mit verschließbaren Deckeln versehen sein. Die Tag- oder Kutterkarren sollen größer als die gewöhnlichen Karren sein, und sie sind mit einem Glöcklein auszustatten. Wer künftig den Unrat aus den Winkeln oder Kloaken selbst ausflößt, wird, er sei Bürger, Hof- oder Kanzleibediensteter, um 1 fl bestraft. Zur Obliegenheit der Fäkalienkärcher gehört es, die Kloaken, sooft es erforderlich ist, zu säubern. Ein den Kärchern übergeordneter Inspektor sorgt in jedem Fall für die ordnungsgemäße und zeitgerechte Durchführung. Die Hausbesitzer haben ihre Winkel so zu bauen, daß sie nicht vor-

Von Gottes Gnaden/
Eberhard Ludwig/
Herzog zu Würtemberg/ rc.
Der Römischen Kayserl. Majestät/ deß H. Röm. Reichs/ und deß Löbl. Schwäbischen Craises General-Feld-Marschall, und Obrister sowohl über ein Käyserl. Dragoner- als auch Schwäbisch Creyß-Regiment zu Fuß/ rc.

Unsern Gruß zuvor/ Liebe Getreue.

Obwohlen von Unsern Vorfordern im Regiment Glorwürdiger Erinnerung unter andern gemachten heilsamen Satz- und Ordnungen/ auch sonderheitlich wegen Reinlichhaltung dieser Haupt- und Residentz-Stadt/ von Zeit zu Zeiten dienliche Fürsehung geschehen; So müssen Wir doch sowohl selbst den Verdrießlichen Augenschein mehrmahlen einnehmen/ als auch Uns noch ferner von Unseren Räthen mißliebig berichten lassen/ wie gar solche nutzliche Verordnungen nun bey geraumen Jahren her aus den Augen gesetzt/ in denen vornehmsten Gassen und Strassen/ Dung- Mist- und Erden-Hauffen angeschlagen/ und wohl Jahr und Tag nach eigenem Belieben der Burger und Innwohner geduldet/ über das die Cloacken und Winckel/ wann sie angefüllt/ nicht durch darzu bestellte Leuth bey Nacht aus- und der Unrath an sein gehörig Orth geführt; sondern grösten Theils bey einfallendem Regen ausgeflötzt/ auch wohl gar zum Theil bey truckenem Wetter: (Wann sie sonderlich etwas abhängig gebaut/ und selbst auslauffen) Ausgeraumt und die Gassen mit solchem Unflath zu jedermanns höchsten Unlust und entsetzen angefüllt werden; Woraus dann anderst nichts erfolgen kan/ als daß wie schon öffters die leidige Erfahrung bezeugt/ durch solchen Gestanck die Lufft angesteckt und verunreiniget/ mithin allerhand Seuch und Kranckheiten verursacht werden: Wann aber diesem garstigen Unwesen mit Ernst und Nachdruck einest zu steuren und die wie aller Orthen wohlständige/ also vornehmlich dieser in einem tieffen Thal gelegenen Stadt hochnöthige Reinlichkeit/ zu Erhaltung frischen gesunden Luffts wieder einzuführen/ eine ohnumgängliche Nothdurfft seyn will; Als haben Wir obangeregte hierunter gemachte vorige Ordnungen und ertheilte Befelch mit Fleiß durchgehen lassen/ und auf vorherige Reiffe der Sachen Erwegung Uns Gnädigst entschlossen/ wie ihr umständlich hiernach zu vernehmen habt.

Erstlich zwar so viel die Säuberung der Cloacken und Winckel auch Gassen betrifft/ nachdem bißher der Unrath aus denselben in eine Gruben geführt worden: Als soll hinkünfftig der Gassen-Kutter allein in das Rapenloch der Unrath von den Cloacken aber auch allein in das Heustaigloch geführt werden/ um wenigern Unlusts willen/ aber solche Ausführung deß Cloack-Wusts/ wie ohne das Herkommens/ bey Nacht verrichtet und das Hauptstätter Thor/ darmit durch dessen öfftern Oeffnung keine Gefahr entsteht/ durch zwey Burger neben dem Thorwarth das gantze Jahr hindurch fleissig und sorgfältig verwahrt werde/ der Gassen-Kutter aber durch die darzu bestellte fünff Pferd zu dem Rothen Bild-Thor deß Tags ausgeführt werden.

Zweytens/ Auf daß auch niemand mit Säuberung der Cloacken gehindert werde/ sollen drey eigene Karren darauf bestellet/ die nebst einem gewissen Staat- und Frohn-Befreyung einen zulänglichen Lohn empfangen sollen/ damit Sie die Leuth mit keiner Forderung weiters beschwehren/ zu gleich auferlegt werden/ ihre zu der Nacht-Arbeit brauchende Truchen-Karren zimlich hoch und beheb machen/ auch mit wohlbeschlossenen Deckel versehen zu lassen. Die Tag- oder Kutter-Karren aber auch grösser als sonsten die ordinari Karren und mit Glöcklein versehen seyn/ gleich wie nun auf vorbeschriebene Weiß die Cloacken oder Winckel von Zeit zu Zeit nebst der Gassen-Säuberung ohne sonderbahre Ungelegenheit gesäubert werden können und sollen/ Also wollen Wir

Drittens/ Hergegen alles Ernsts und bey Straff eines Gulden/ welche von den Ubertrettern/ es seyen Hof- oder Cantzley-Verwandte/ Burger oder Beysitzer/ ohne Unterschied und ohnnachlässig einzuziehen/ verbotten haben/ daß hinführo von Zeit der Pub-

Reskript Herzog Eberhard Ludwigs von Württemberg vom 12. Januar 1714 über die Reinhaltung der Stadt.

zeitig auslaufen. Stadtknechte, Weinzieher, Bettelvögte und andere städtische Bedienstete sowie bestimmte Bürger müssen über die strikte Einhaltung dieser Vorschrift wachen. In den wichtigsten Straßen und Gassen sowie auf den vornehmsten Plätzen wird kein Mist oder Unrat mehr geduldet. Von anderen Gassen und Plätzen sind der Dung und Unrat alle vierzehn Tage, in Ausnahmefällen jeden Monat einmal abzufahren. Bürger, die an unerlaubten Orten Dunghaufen anlegen oder die an anderer Stelle ihren Unrat nicht rechtzeitig abtransportieren lassen, müssen sich damit abfinden, daß ihr Dung auf die Güter der Stadt oder in bestimmte Müllgruben gebracht wird, und sie haben obendrein noch einen Kleinen Frevel als Strafe zu entrichten[401].

Als ein schlimmer Unfug wurde auch empfunden, daß zu Beginn des 18. Jahrhunderts noch immer vielerorts Abwasser auf die Gassen und öffentlichen Straßen geschüttet wurde. 1707 waren sich Regierung und Magistrat einig, diesen Übelstand abzustellen[402]. Sie hatten aber offenbar nur geringen Erfolg. Auch die Misthaufen in vielen Gassen und auf zahlreichen Plätzen blieben ein Ärgernis. 1718 beispielsweise fiel ein betrunkener Stadtknecht über einen Misthaufen in der Wagnergasse[403]. Schlimmer noch war, daß die Metzger Eingeweide und Unrat von geschlachtetem Vieh auf solche Misthaufen warfen. Ein herzogliches Reskript vom 9. Juni 1711 drohte für derartige Vergehen harte Strafen an. Es befahl, diesen Unrat schleunigst aus der Stadt zu schaffen und an »gehörige abgelegene Orte« zu bringen[404]. Im Dezember 1705 beschwerte sich der Präzeptor G. Schmied über unzumutbare, sein Haus ruinierende sanitäre Verhältnisse. Auf der einen Seite des Hauses befinde sich ein bereits zweimal amtlich »weggesprochenes Heimliches Gemach«, auf der anderen Seite ein hoher Dachtrauf und zwei Schweineställe. Der dort entstehende Unrat könne nicht abfließen und dringe deshalb in seinen Keller ein. Eine Nachprüfung ergab, daß die Beschwerde Schmieds berechtigt war. In einem zwischen ihm und seinen Nachbarn getroffenen Vergleich wurde festgelegt: Die Kloake wird baulich verändert und durch einen Kasten sicher verwahrt (offenbar lag sie im Winkel zwischen dem Haus von Schmied und dem Nachbarhaus, das der Amtsvogt bewohnte, und wurde von den Bewohnern beider Häuser benutzt). Die Schweineställe werden gleichfalls umgebaut und so gesichert, daß der Kot nicht mehr in den Schmiedschen Keller läuft[405].

Um 1718/20 flossen trotz der herzoglichen Verordnung von 1714 die Fäkalien von »etlichen und zwanzig Kloaken« in die Wette am Nesenbach. Der Bader und andere Haushaltungen schütteten Blut hinein. Auch wurden junge Hunde und Katzen, die ertränkt werden sollten, in die Wette geworfen[406]. Am 21. April 1718 prangerte Stadtphysikus Dr. Matthias Winter die ordnungswidrigen Einleitungen in die Wette am Nesenbach scharf an. Es werde, so schrieb er, nicht allein alles Blut von den Aderlässen »und andere Unreinigkeiten« hineingegossen, sondern ebenso von den benachbarten Färbereien aller »Abgang« hineingeflößt. Die Folge sei, daß, wenn man dort auch nur ein Pferd schwemme, der ganze Unrat aufgerührt werde, daß aber selbst wenn dies nicht geschehe, am Abend nach Untergang der Sonne aus der Wette ein für die ganze Nachbarschaft »unleidentlicher Gestank« aufsteige. Für eine Stadt wie Stuttgart, die ringsum von Bergen eingeschlossen sei, habe dies vor allem bei der gegenwärtig herrschenden großen Hitze schlimme gesundheitsgefährdende Auswirkungen[407]. Zur gleichen Zeit wurde darüber geklagt, daß die »Becken zu viele Schweine hielten und dadurch zum Gestank und Unlust« in der Stadt beitrugen. Obwohl die Zahl der den einzelnen Betrieben erlaubten Schweine vier nicht überschreiten durfte, gab es zehn Bäcker, die mehr als diese Höchstzahl besaßen. Sie wurden jeweils um einen Kleinen Frevel bestraft. Auf ihre Bitte ermäßigte aber die Herrschaft die Strafen jeweils um die Hälfte[408]. 1721 wurde in Erfahrung gebracht, daß fünf Anlieger des Marstalls ihre Kloaken eigenmächtig verändert hatten. Die Folge war, daß auf solche Weise »ein gar übler Geruch« entstand und in die Pferdestallungen getrieben wurde. Weil dies den Pferden sehr schädlich und auch »sonsten gar ohnanständig war«, veranlaßte der Magistrat die Anlieger, sich an ein 1645 ergangenes Untergangsurteil zu halten und ihre Kloaken entsprechend einzurichten[409]. Im März 1727 beschwerte sich der Wagenmeister und Weinschenk Johann Peter Treuttel über eine Kloake an dem von ihm 1711 gekauften »vormals adeligen Janowizischen Haus«. Diese Kloake, in der der Unrat von drei benachbarten Gefängnissen gesammelt werde, verbreite einen scheußlichen Gestank. Bei der Entleerung der Gefängniskübel durch die Stadtknechte werde häufig sein halbes Gärtlein überschwemmt, so daß kein »honneter Mann« mehr dorthin gehen und ein Glas Wein trinken wolle, ja daß es selbst im Wohnhaus kein ehrlicher Mensch mehr vor Gestank aushalten könne. Seine Bitten, hier Abhilfe zu schaffen, seien bislang vergeblich gewesen[410].

In manchen Stadtbezirken befanden sich die Straßen und Wege in schlechtem Zustand. Ende 1723 klagten die Bewohner des Bollwerks über das unzureichende Pflaster an den Häusern: Das Wasser könne nicht ablaufen und sammle sich in den Pfützen. Diese verbreiteten einen großen Gestank, trügen zu einer ungesunden Luft bei, verursachten Krankheiten und anderes Ungemach. Besonders schlimm sei es, daß man wegen der Gräben weder mit Wagen noch mit Karren zu einem Haus gelangen könne. Bei der Schneeschmelze im Frühjahr reiche das Wasser bis an die Häuser heran, so daß man die Toten nicht fortbringen könne. Es gebe in der ganzen Stadt keine anderen ähnlich »unflätigen und erbärmlichen Gassen« wie hier auf dem Bollwerk. Die Bewohner seien übler dran als die geringsten Bauern in den Dörfern. Wenn das sieben- bis achtschuhige Pflaster zum Zweck der Teichelreparatur entfernt werden müsse, dauere es oft lange, bis man die Wege wieder herrichte. Der Magistrat bestätigte in seinem Bericht im wesentlichen die Angaben der Bewohner. Früher, so legte er dar, hätten beim Landhaus nur kleine Hütten und Scheunen gestanden, deren Besitzer Dunggruben vor ihren Häusern dem Pflaster vorgezogen hätten. Deshalb habe man sich bei der Pflasterung auf wenige Schuh des »Traufs und Wandels« beschränkt. Als dann später der Kammerrat Weinmar auf die Wölflingsche Scheune eine Wohnung gebaut habe, habe man ihm »einen kommoden Wandel« zu seinem Haus pflastern lassen. Sonst sei aber in diesem Bezirk alles beim alten geblieben. Es seien allerdings auch andere Gassen nicht gepflastert, so die Gasse neben der Spitalkirche vom Kirchgäßlein bis zum Spital hinauf, obwohl diese von Kutschen und »Leichkondukten« viel gebraucht werde. Dringend notwendig wäre auch die Pflasterung der Straße von der Kurrerischen Wette bis zum Rotebildtor, zumal dieses eines der vier Haupttore der Stadt sei. Der Magistrat versicherte, er werde sich, soweit Mittel vorhanden seien, bemühen, das Bollwerk mit einem neuen Pflaster zu versehen, freilich müßten dort zuvor »die Miststätten weggesprochen werden«[411]. In derselben Zeit mußte durch die Anbringung eines »kleinen hölzernen Stöckleins« (wahrscheinlich eines hölzernen Handlaufs) unter der Mauer vor allem alten Leuten und schwangeren Frauen von der Esslinger oder der Turnierackervorstadt her ein sicherer Zugang zur Stiftskirche geschaffen werden. Die Kutscher hatten zuvor die Kirchgänger stark gefährdet[412]. Die Unsauberkeit der Gassen bewog wohl auch 1737 die Hofverwaltung, Portechaisen oder Sänften einzuführen, über deren Verwendung dann das Oberhofmarschallamt verfügte[413]. 1744 befahl ein herzogliches Reskript den Hausbesitzern, sie sollten nach Eintritt des Tauwetters das Eis vor ihren Häusern entfernen und den Weg so herrichten, daß man allenthalben ohne Gefahr zu Fuß fortkommen könne[414].

1734 erregten die vielen in der Stadt vorhandenen Misthaufen den Unwillen des Magistrats. So befanden sich jetzt wieder Dungstätten in Straßen und Gassen, in denen sie nach der Gassenordnung verboten waren, und dort, wo die Anlage von Dunghaufen erlaubt war, wurde der Mist nicht innerhalb der vorgeschriebenen Frist abgefahren. Die Stadtobrigkeit konnte gegen die Bürger, die sich hier ordnungswidrig verhielten, nichts ausrichten, weil sie keine Handhabe besaß, die Hof- und Kanzleibediensteten, die sich noch weit weniger als die Bürger um die Beachtung der Gassenordnung kümmerten, zu belangen. Der Herzog ermächtigte daher den Magistrat, mit Zwangsmaßnahmen gegen alle Bewohner vorzugehen, die die Reinhaltung der Straßen mißachteten: Entfernung des Mists aus der Straße auf Kosten der säumigen Hausbesitzer[415]. 1739 führten Sachverständige in Stuttgart gravierende epidemische Krankheiten vor allem auf die mangelnde Reinlichkeit zurück. Sie wiesen u. a. auf die Misthaufen in der Stadt, auf den verlandenden See vor dem Büchsentor, auf verfaulte und stinkende Kadaver von Hunden, Katzen, Ratten oder Geflügel auf den Straßen, auf die gesundheitswidrige und ungenügende Ernährung der Armen sowie auf deren kalte Wohnungen im Winter hin[416]. Gesundheitsgefährdend waren auch die unmittelbar vor den Mauern angelegten »Kutterhaufen« (Müllkippen), so 1745 neben dem »Käs«, der Hinrichtungsstätte vor dem Hauptstätter Tor, und beim Büchsensee[417].

1746 erließ Herzog Carl Eugen für Stuttgart eine revidierte Gassenordnung; sie löste die erst sechs Jahre zuvor in Kraft gesetzte Ordnung ab. Nach dieser neuen Gassenordnung waren die Bewohner verpflichtet, die Gassen »das ganze Jahr hindurch säuberlich und reinlich zu halten«. Jeden Mittwoch und Samstag oder, falls ein Feiertag auf diese Wochentage fiel, am Tag zuvor, während der sechs Sommermonate um 5 Uhr und winters um 3 Uhr nachmittags mußten sie sie fleißig fegen und bei trockenem Wetter, um »Unlust und Staub« zu vermeiden, zuvor hinlänglich mit Wasser besprengen. Wer diese Säuberung seines Gassenanteils unterließ, wurde beim ersten Verstoß um 15 kr, im Wiederholungsfall aber bis zu 1 fl bestraft. Um den Marktplatz rechtzeitig zu säubern, mußten die Handelsleute und Krämer, die die hiesigen Wochenmärkte besuchten, ihre Stände und Buden zu einem bestimmten Zeitpunkt wegräumen. Die öffentlichen Plätze (der Schloßplatz, die Plätze um die Kirchen, die Marktplätze, der Platz beim Neuen Bau), die Brücken, die in die Stadt hereinführenden Heerstraßen waren vom Esslinger, Hauptstätter und Siechentor an durch körperlich dazu geeignete Almosenempfänger unter der Aufsicht der Unterinspektoren, der Bettelvögte und Seelknechte zu säubern. Widersetzten sich diese, wurde ihnen das Almosen entzogen. Bei Strafe verboten war, Kutterfäßlein und -zainen (Körbe), Spreuersäcke und anderen Unrat auf die öffentlichen Straßen, unter die Mauer oder gar in die Wette zu schütten. Solcher Unrat mußte dem Stadtkärcher übergeben werden, wenn dieser den Müll in der Stadt abtransportierte. Die bereits früher erlassenen Vorschriften über die Dungstätten in der Stadt wurden verschärft, die Gassen, in denen solche weiterhin gestattet waren, im einzelnen aufgelistet. Bauschutt durfte nicht mehr, wie dies bisher häufig geschehen war, mitten auf die Straße geschüttet werden, sondern er mußte direkt an den Häusern aufgehäuft und spätestens nach drei bis vier Tagen abtransportiert werden. Wiederholt und verschärft wurde das Verbot, Bau- oder anderes Holz, Reifstangen, Faßdauben, Materialien aus Holz oder Stein, die Zimmerleute, Küfer, Maurer, Steinhauer, Wagner und andere Handwerker benötigten, auf öffentlichen Plätzen oder Straßen zu lagern oder Kutschen, Wagen und Karren dort abzustellen. Es sollten dazu ausschließlich die Örtlichkeiten, an denen dies gestattet war, genutzt werden. In Erinnerung gebracht wurde auch die Vorschrift über die bauliche Anlage und die Entleerung der Kloaken und Winkel. Das Reskript untersagte für den Winter das Abdichten von Kellertüren und -löchern mit Dung. Es sollten vielmehr Bretterverschläge angebracht und die Löcher sowie Türlein mit Heu, Stroh und Öhmd verstopft werden. Die Aufsicht über die Gassen oblag einem vom Magistrat zu bestellenden und zu entlohnenden Gasseninspektor. Er hatte alle Ordnungswidrigkeiten in einem Protokoll festzuhalten sowie von solchen Vorkommnissen den Magistrat und über diesen den herzoglichen Regierungsrat zu unterrichten. Der Magistrat mußte zur Gassenreinigung eine ausreichende Zahl von Kärchern, ebenso die erforderlichen »Kloakputzer« »unterhalten«. Die Kärcher waren anzuweisen, jeden Mittwoch und Samstag in der Stadt herumzufahren und den »Kutter« einzusammeln. Damit sie die Leute hörten, trug ihr Pferd ein Glöcklein. Den Abtransport von Dung, »Urbau« und dergleichen hatten sie den Bewohnern in Rechnung zu stellen. Bestimmte Fuhrleute sollten beauftragt werden, verbotene Dungstätten samt den Gestellen, ferner den Mist von erlaubten Dungstätten, der nicht rechtzeitig abgefahren wurde, wegzubringen, wobei sie den Dung entweder als Fuhrlohn behalten durften oder aber ihn zum Nutzen der Stadt zu verwenden hatten. Instandzuhalten durch die Stadt und die Rentkammer waren schließlich die Haupt- und anderen Abwasserdolen[418].

1754 wurde bereits wieder eine Gassenordnung publiziert. An ihre Stelle trat 1774 eine neue Gassenordnung, die zugleich auch eine Regelung über die Brunnen einschloß. Wesentliche Bestimmungen der früheren Ordnungen wurden übernommen oder bestätigt, zum Teil präzisiert oder auch geringfügig abgeändert. Zudem gab es eine Reihe neuer oder ergänzender Vorschriften. So hatten die Bewohner eines Hauses, vor dem ein Tierkadaver gefunden wurde, dies umgehend der Bürgerwache zu melden. Diese veranlaßte dann den Scharfrichter, den Kadaver wegzuschaffen. Das Verrichten der Notdurft an Häusern war untersagt. Geschah es dennoch, hatten die Besitzer oder Mieter des betreffenden Hauses für die umgehende Beseitigung der »Unreinigkeit« zu sorgen. Im Winter bei Schnee und Eis mußten die Bewohner einen Fußweg vor ihren Häusern mit »Kutter« oder Sägespänen streuen, auf öffentlichen Plätzen und vor den Kirchen war dies auf Kosten des Armenkastens zu besorgen. Dungstätten in der Turnierackervorstadt, dem vornehmsten Stadtbezirk, wurden jetzt mit zwei unerheblichen Ausnahmen gänzlich untersagt. Dagegen blieben im Bereich der Inneren Stadt und der Esslinger Vorstadt bei einer Anzahl Gassen »Dunglegen« gestattet. Um nun »Personen höheren und niederen Standes, welche Pferde und anderes Vieh halten und keine eigenen Gärten und Höflein in der Stadt haben«, die Möglichkeit zu geben, den Dung so lange aufzubewahren, bis er weggeschafft werden konnte, wurde diesen mit Ausnahme der Hauptstraßen in der Reichen Vorstadt und in der Inneren Stadt sowie in den engen Gassen, in denen solcher wegen des »Wandels mit Reiten und Fahren nicht tunlich« erschien, erlaubt, ausgemauerte, mit »Drilling« (dicken Brettern) bedeckte Gruben in einer Breite von vier und einer Länge von fünf Schuh mit Genehmigung des Magistrats zu bauen, doch mußten die Gruben alle vierzehn Tage, jeweils spätestens morgens um acht Uhr, geleert werden. Innerhalb von drei bis vier Tagen waren die Trester aus den Keltern und von den Hefebrennern aus der Stadt zu bringen. Wer seine Kloaken und Winkel nicht durch die von der Stadt angestellten Kloakenputzer reinigen lassen wollte, durfte dies auch selbst tun und die Fäkalien auf seine Güter transportieren, doch sollte er diese Arbeit keinesfalls vor nachts elf Uhr vornehmen. Einwohnern, die in ihren Häusern, Höfen und Gärten in der Stadt eigene Brunnen besaßen, wurde zur Auflage gemacht, zur Wegleitung des Abwassers Teicheln zu legen und Senklöcher zu graben, damit das Wasser im Winter nicht auf die offene Straße lief und zu Eis gefror. Wer dies nicht tat oder aber dazu außerstande war, dessen Brunnen sollte während der kalten Jahreszeit »abgeschlagen« (stillgelegt) werden. Auch für das Abwasser von öffentlichen Brunnen mußte eine entsprechende Vorsorge getroffen werden. Bei 10 fl Strafe, von denen der Anzeigende ein Drittel erhielt, wurde untersagt, totes Geflügel, krepierte Hunde und Katzen sowie andere Tierkadaver in den Furt- und Nesenbach oder in die öffentlichen Wetten zu werfen[419].

Wegen einer nicht mehr intakten Hauptdole verursachte 1778 nach einem Wolkenbruch ein »starkes Gewässer« einer Reihe von Bürgern erheblichen Schaden. Herzog Carl Eugen befahl daraufhin, sämtliche Dolen, sowohl die herrschaftlichen als auch die städtischen, einer gründlichen

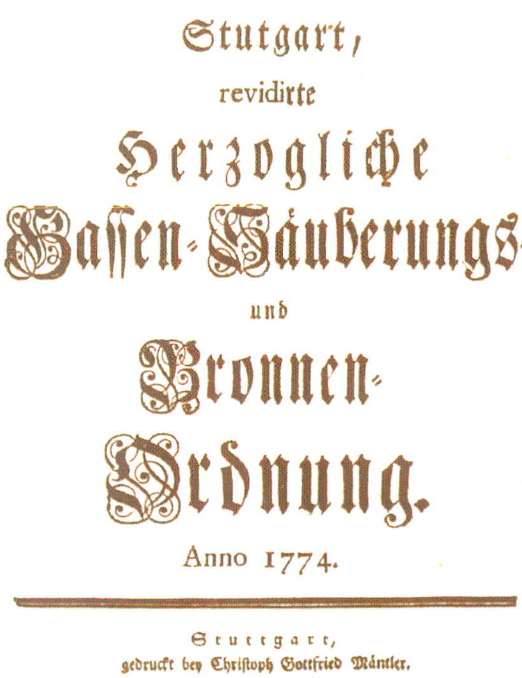
Stutgart, revidirte Herzogliche Gassen-Säuberungs- und Bronnen-Ordnung. Anno 1774.

Stuttgart, gedruckt bey Christoph Gottfried Mäntler.

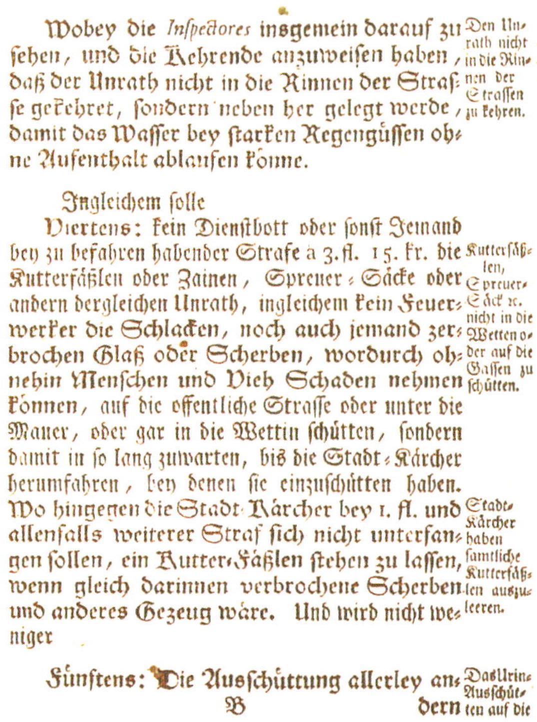
Wobey die *Inspectores* insgemein darauf zu sehen, und die Kehrende anzuweisen haben, daß der Unrath nicht in die Rinnen der Strasse gekehret, sondern neben her gelegt werde, damit das Wasser bey starken Regengüssen ohne Aufenthalt ablaufen könne. — Den Unrath nicht in die Rinnen der Strassen zu kehren.

Ingleichem solle

Viertens: kein Dienstbott oder sonst Jemand bey zu befahren habender Strafe a 3. fl. 15. kr. die Kutterfäßlen oder Zainen, Spreuer-Säcke oder andern dergleichen Unrath, ingleichem kein Feuerwerker die Schlacken, noch auch jemand zerbrochen Glaß oder Scherben, wordurch ohnehin Menschen und Vieh Schaden nehmen können, auf die offentliche Strasse oder unter die Mauer, oder gar in die Wettin schütten, sondern damit in so lang zuwarten, bis die Stadt-Kärcher herumfahren, bey denen sie einzuschütten haben. — Kutterfäßlen, Spreuer-Säck rc. nicht in die Wetten oder auf die Gassen zu schütten.

Wo hingegen die Stadt-Kärcher bey 1. fl. und allenfalls weiterer Straf sich nicht unterfangen sollen, ein Kutter-Fäßlen stehen zu lassen, wenn gleich darinnen verbrochene Scherben und anderes Gezeug wäre. Und wird nicht weniger — Stadt-Kärcher haben sämtliche Kutterfäßlen auszuleeren.

Fünftens: Die Ausschüttung allerley andern — Das Urin-Ausschütten auf die

B

Gedruckte Revidierte Herzogliche Gassensäuberungs- und Bronnenordnung für Stuttgart 1774.

Reparatur zu unterziehen. In den Jahren 1783 und 1784 mußten am Dolensystem erneut umfassende Ausbesserungs- und Reinigungsarbeiten durchgeführt werden[420]. 1785 übernahm die Stadt von den Kosten der Säuberung der Hirschgassendole in Höhe von 165 fl 52 kr die Hälfte, die andere Hälfte wurde auf die Hausbesitzer umgelegt, die ihr Abwasser in die Dole leiteten[421].

Schwer anzugehen war gegen die Unsitte, »unreines Wasser« und anderen Unrat auf die Straßen zu schütten bzw. zu werfen. 1788 mußte die Obrigkeit zugeben, alle diesbezüglichen Verbote hätten bisher wenig gefruchtet[422]. Im Jahr darauf hielt ein Kirchenratsprotokoll folgenden Tatbestand fest: Aus den Häusern eines Schneiders und eines Barbiers war in den zur Kanzlei führenden Durchgang bei Tag schon mehrmals allerhand Unrat herausgeworfen worden. Dieser hatte erst heute wieder Kanzleibediensteten nicht nur die Kleider verdorben, sondern ihnen auch »sehr viel Unlust« verursacht. Der Kirchenrat ersuchte die Polizeideputation, gegen solche »Sünder« mit aller Strenge einzuschreiten[423].

1806 hielt der Magistrat einen längeren Verbleib der Keltern in der Stadt nicht für vertretbar. »Der große Unlust«, hervorgerufen durch das »viele Fuhrwerk in der schmutzigsten Jahreszeit«, sei unerträglich. Sechs Wochen seien durch den Kelterbetrieb die Gassen blockiert[424]. Die Verlegung der Keltern an geeignete Plätze außerhalb der Mauern in der Folgezeit wirkte sich für Handel und Wandel in der Stadt neben einer Verbesserung der hygienischen Verhältnisse günstig aus. 1808 erregten das Ausklopfen und Reinigen von Fußteppichen und Betten auf der Planie Anstoß. Eine Ministerialverfügung untersagte nachdrücklich diesen Mißbrauch des beliebten öffentlichen Promenadenplatzes[425].

Am 6. August 1811 erließ König Friedrich in der Absicht, »Reinlichkeit und Sicherheit in den Straßen der Königlichen Residenzen zu erzielen«, für Stuttgart und Ludwigsburg eine erneuerte Straßenpolizeiordnung. In ihr verpflichtete er die Hausinhaber, vor ihren Anwesen regelmäßig zu kehren, überhaupt die Straßen vor ihren Häusern sauberzuhalten. Streng verboten war, Kutterfässer, Spreusäcke, sonstigen Unrat oder auch »Nachtwasser« auf die Straßen zu werfen oder zu schütten. Hühner und anderes Federvieh durfte nicht auf den Straßen angetroffen werden. Schnee und Eis vor den Häusern waren unverzüglich wegzuräumen. Für die öffentlichen Plätze und Straßen wurden Kehrerinnen und Arbeiter sowie Karrenfuhrleute angestellt. Untersagt war das Auslegen von Betten zum Sonnen oder das Trocknen von Wäsche auf den Straßen. Kein Metzger durfte sein Handwerk auf der Straße ausüben. Haupt- und Nebenstraßen mußten von »Dunglegen« freibleiben, lediglich in den Höfen hinter den Häusern waren Pferde- und Viehbesitzern solche »Dunglegen« gestattet. Hauseigentümer hatten ihre Gebäude in gutem Zustand zu erhalten, damit von ihnen keine Gefahr für die Sicherheit der Bürger ausgehe. Verboten war das Tabakrauchen auf Straßen und öffentlichen Plätzen, ebenso der Gebrauch von Wachs- und Pechfackeln[426].

König Wilhelm I. fand die von seinem Vater angedrohten Strafen bei Nichteinhaltung der Reinlichkeit und der Sicherheit der Straßen zu hoch; er ermäßigte sie. Einige sprechende Beispiele: 3 fl (bisher 5 fl) für das Ausgießen reinen Wassers aus dem Fenster auf die Straße; 5 fl (bisher 10 fl) für das Ausgießen von »Nachtwasser«; 14 fl (bisher 45 fl) und Schadenersatz für Metzger, deren bissige Hunde jemand anfielen; 30 kr (bisher 2 fl) für das unberechtigte Stehenlassen eines Wagens auf der Straße; 30 kr (bisher 1 fl 30 kr) für unterlassenes Streuen bei Glatteis; 1 fl (bisher 3 fl und Konfiskation der Pfeife) für öffentliches Tabakrauchen in der Stadt; 5 fl nur noch für das Hineinwerfen größerer lebender und toter Tiere in den Nesenbach, dagegen für das Hineinwerfen kleiner Tiere 1 fl 30 kr; 3 fl 15 kr (10 fl) für das Führen eines ungefesselten Ochsens zur Schlachtbank; 1 fl 30 kr (5 fl) für Hauseigentümer oder Mieter, die ihre Fensterläden ungenügend befestigten[427]. Freilich auch die ermäßigten Strafen bedeuteten für die häufig nicht sehr wohlhabenden Bürger empfindliche Geldbußen.

Recht aufschlußreich ist ein Bericht aus den Jahren 1811/15 über die damaligen Stuttgarter Straßenverhältnisse: »Das Pflaster ist gut, das Ausbessern derselben [!] ist aber oft notwendig, weil die Steine klein und besonders hie und da nicht tief genug gelegt sind. Der Staub, der sich im Sommer, ungeachtet des fleißigen Begießens in den Hauptstraßen, ziemlich stark erhebt, wird besonders dadurch sehr vermehrt, daß das neue Pflaster mit Kies und Sand überdeckt ist, was auch zur schnelleren Abnützung desselben noch beiträgt. Den Häusern entlang sind in den Hauptstraßen einige Schuh breite Platten gelegt, an deren Grenzen steinerne Pfosten in bald größern, bald kleinern Entfernungen stehen und den Weg für die Fußgehenden bezeichnen. An vielen Orten, besonders in der alten Stadt, sind diese Platten so ausgetreten, daß man im Winter sich nicht genug vor dem Ausgleiten schützen kann, ungeachtet die Polizei das Streuen mit Sägespänen oder Asche, bei Strafe im Übertretungsfall, geboten hat und man besser tut, in der Mitte der Straße zu gehen. Die Polizeiordnung, daß alle Dachrinnen an den Häusern bis auf die Straße herabgeleitet werden sollten, war sehr wohltätig, weil der Fußgänger durch eine Wasserflut oft überrascht wurde. Übrigens werden die Straßen durch fleißiges Kehren und Wegführen des Gekehrten sowie im Winter des Eises rein und trocken gehalten.«[428]

König Friedrich störte der mit der Dolenreinigung verbundene »Unlust«. Er wünschte deshalb, daß solche leidigen Arbeiten, die fast Jahr für Jahr anfielen, möglichst auf die Sommermonate gelegt wurden, während denen er nicht in Stuttgart weilte. Am 3. Februar 1813 wies beispielsweise das Innenministerium die Stadtdirektion an, die Reinigung einer Dole bis »zum Antritt des Sommeraufenthalts Seiner Königlichen Majestät in Ludwigsburg zu sistieren«[429].

Wie schon im 16. und 17. Jahrhundert war die Verschmutzung des Nesenbachs für die Stadt ein drängendes Problem. 1725 berichtete Bürgermeister Rheinwald, »etliche und zwanzig Kloaken« würden in den Bach geleitet, der Schwarzfärber Kettinger spüle die scharfe Farbe in den Nesenbach, der Bader und andere Haushaltungen schütteten Blutabfälle hinein, auch würden junge Hunde und Katzen dort ertränkt[430]. Die Verbote, Unrat in den Bach zu werfen, nutzten wenig[431]. 1731 war der Wassergraben vom Furtbach bis zum Esslinger Tor derart mit Schleim und Unrat angefüllt, daß das Wasser seinen ordentlichen Lauf zu den herrschaftlichen Gärten nicht mehr nehmen konnte. Auch gebrauchten die Inhaber des Stadtgrabens Wasser zur Besprengung ihrer Güter. Diesen Grundbesitzern wurde nunmehr auferlegt, den Graben »auszuschlagen« und »bei herrschaftlicher Strafe« das Wasser nicht mehr zu »schwellen«, d. h. aufzustauen[432]. Genauso trug aber auch die herzogliche Hofverwaltung zur Verunreinigung des Nesenbachs bei. 1737 war der Bach vom »Urbau« (Schutt), der beim Umbau des herrschaftlichen Komödienhauses anfiel, »ganz angefüllt«[433]. Der stinkende Schlamm und Unrat, ein gefährlicher Krankheitsherd, veranlaßte die Regierung am 27. September 1740 zu dem Befehl an den Magistrat, täglich 40 Handfroner und Fuhrleute zum »Ausschlagen«, zur Säuberung, des Nesenbachs bei der Kaserne für sechs Tage zu stellen. Der Magistrat entschied, daß hierzu auch Beisitzer herangezogen werden sollten, die bei der Stadt finanzielle Ausstände hatten. Bereits zehn Jahre später mußte der Bach erneut »ausgeschlagen« werden. Im Sommer 1754 konnte man wegen des Gestanks, den der »mit allen Unreinigkeiten« angefüllte Nesenbach verbreitete, den Kiesweg nach Berg nicht ohne »sehr große Incommodität« begehen. Für den Herzog war es keine Frage, daß die üblen »Ausdünstungen« nicht nur in Stuttgart, sondern auch in Berg Krankheiten verursachten, er befahl deshalb die Säuberung des Bachs. Sieben Jahre später mußte wiederum eine gründliche Reinigung des Nesenbachs vorgenommen werden. Man befürchtete, daß sonst bei Hochwasser die teuren Steingewölbe und Dolen, insbesondere aber die herzoglichen Gebäude, die Kasernen, das Waisenhaus, aber auch die Stadt selbst aufs schlimmste gefährdet seien. Die Arbeiten teilten sich wie früher Herrschaft und Stadt. Die Herrschaft nahm für sich Fronen in Anspruch, die Stadt dingte Taglöhner, denen sie jeweils 20 kr pro Tag bezahlte. Die Metzger erhielten für jeden Karren, den sie mit Unrat wegfuhren, 5 kr[434].

Um der ständigen Verunreinigung vorzubeugen, sah Herzog Carl Eugen bereits 1778 die Überwölbung des Nesenbachs vor. Dagegen erhoben zahlreiche Bürger Einspruch; sie befürchteten, daß eine Überwölbung des Bachs bei Hochwasser schwere Schäden zur Folge hätte. Bürgermeister und Gericht teilten diese Besorgnis. Der Herzog beauftragte daraufhin Sachverständige, im Rahmen einer Untersuchung zu klären, ob die Befürchtungen der Stuttgarter gerechtfertigt seien[435]. Offensichtlich kamen die Sachverständigen zu der Ansicht, daß dies nicht der Fall war, denn 1788 war der Nesenbach innerhalb der Stadt nicht nur gepflastert und ausgemauert (was möglicherweise schon früher geschehen war), sondern auch beim Waisenhaus »überdeckt«. Bereits 1779 war übrigens der Dobelbach vom Esslinger Tor an überwölbt gewesen[436].

1784 gab es noch immer viele Abtritte, die direkte Zuleitungen zum Nesenbach hatten. Am 11. Oktober jenes Jahres befahl deshalb der Herzog dem Magistrat, nicht nur für die Reinigung der Dolen und des Bachs innerhalb der Stadt, sondern auch für die Beseitigung der Abtritte zu sorgen, deren Unrat direkt in den Bach eingeleitet wurde. Dieser Unrat, erklärte Carl Eugen mißbilligend, verbreite im Sommer einen unerträglichen Gestank und gefährde außerdem die Gesundheit der Bürgerschaft. Ferner ordnete der Herzog an, außerhalb der Stadt im Bach Rechen anzubringen und Senklöcher anzulegen, die dann von Zeit zu Zeit »ausgeschlagen« und gesäubert werden sollten. Auf solche Weise werde verhindert, daß Schlamm, Geröll und anderer Unrat von den Gärten des Heslacher Tals geschwemmt würden und den Bach sowie die Abwasserdolen verstopften[437].

Anscheinend blieben sämtliche zur Reinhaltung des Nesenbachs ergriffene Maßnahmen ziemlich wirkungslos. Die Klagen über den fast unerträglichen Gestank, den der Bach verbreite, verstummten nicht. 1802 wurde von dem »Unlust« berichtet, der bei Regenarmut durch das in Fäulnis übergehende Wasser entstehe[438]. Im Oktober 1807 stellte König Friedrich fest, der Gestank, der in sommerlichen Trockenzeiten vom Nesenbach ausgehe, mache den unteren Stock des königlichen Residenzschlosses zeitweise beinahe unbewohnbar. Er schlug daher vor, oberhalb der Stadt einen Stausee anzulegen und ein- bis zweimal am Tag durch eine stärkere Flut »die Unreinigkeiten« hinwegzuschwemmen. Dieser Plan wurde dann auch 1811/12 durch den Bau eines Wasserbehälters vor dem Tübinger Tor verwirklicht. Um aber dem Nesenbach hinreichend Wasser zuzuführen, wurde gleichzeitig am Katzenbach ein Stausee angelegt und durch einen Graben mit dem Pfaffensee verbunden. Dies bedeutete allerdings, daß der Glems aufs neue (wie schon im 16./17. Jahrhundert) Wasser entzogen wurde. 1828 erfolgte eine solche Durchspülung des Baches zweimal in der Woche, am Mittwoch und am Samstag, wobei einige städtische Bedienstete beim Reinigungswerk des Wassers unterstützend mitwirkten[439]. Bereits 1808 hatte König Friedrich, wie dies schon früher oft genug geschehen war, verboten, Abfall in den Nesenbach zu werfen oder zu schütten. Für Tierkadaver, deren sich Einwohner auf solche Weise entledigten, hatte er 3 fl Strafe angedroht[440]. Drei Jahre später hatte er verfügt, daß die Pferdeschwemme am Nesenbach wenigstens alle vierzehn Tage gereinigt werde[441].

Das 1812 angelegte Wasserrückhaltebecken oder -reservoir gab Anstoß zu neuem Verdruß. Kinder und Jugendliche entdeckten es als Badeplatz. Das Baden dort nahm »auf eine höchst sittenlose Weise« so sehr überhand, daß sich der Oberpolizeidirektor zum Eingreifen gezwungen glaubte. In den Zeitungen wurde bekanntgemacht, daß jeder, der in dem neuen Stausee bade, um 1 fl bestraft werde, und den Schülern wurde gesagt, sie würden, wenn sie solches täten, in der Schule körperlich gezüchtigt werden[442]. Indes hatte der Magistrat ein Einsehen. Wenn das Baden, was einleuchte, im Stausee verboten sei, dann müsse man der Jugend anderweitig eine Badegelegenheit schaffen. Staatsrat von Seeger, der bereits das Wasserrückhaltebecken angelegt hatte, wußte Rat. Oberhalb dieses Beckens, meinte er, sei ein zur Errichtung eines Bades tauglicher Platz. Man müsse dort lediglich zwei Stellfallen anbringen sowie einige »Graben- und Geflechtarbeiten« durchführen. Die Kosten veranschlagte Seeger auf den bescheidenen Betrag von 73 fl 52 kr. Am 31. August 1812 genehmigte die zuständige Regierungsbehörde die Errichtung des Badplatzes[443].

1815 war der Nesenbach nach einem Bericht noch immer eine Kloake. Er wurde jetzt zusätzlich verunreinigt durch die Gerber, die sich in den letzten Jahren in der neuen Tübinger Vorstadt angesiedelt hatten[444]. Die im Stadtbereich befindliche Pferdeschwemme, die so viel Ärger und »Unlust« verursacht hatte, war inzwischen auf polizeiliche Anweisung verboten worden. Den Pferdehaltern sollte dafür ein neugegrabenes Bassin vor dem Tübinger Tor als Ersatz angeboten werden[445].

1819/20 forderten mehrere Hausbesitzer in der unteren Bachstraße die Überwölbung des Nesenbachs. Die Regierung hatte eine solche Verbannung des »einen schmutzigen und häßlichen Anblick« bietenden und durch seine stinkenden Ausdünstungen die Gesundheit schädigenden Bachs in den Untergrund bereits zuvor ins Auge gefaßt, und Wasserbaudirektor Oberst von Duttenhofer hatte 1816 ein entsprechendes Gutachten vorgelegt. Unter Zugrundelegung dieses Gutachtens erzielten der der Stadtdirektion für das Straßen- und Wasserbauwesen beigegebene Baurat Etzel und die Königliche Wasserleitungskommission in folgenden Punkten Übereinstimmung:

1. Der Nesenbach wird, ehe er in die Stadt eintritt, durch einen Läuterungsbehälter, eine Art Kläranlage, gereinigt. Die am Nesenbach gelegenen Häuser erhalten besondere »Kloakkästen«, und an der dem Bach zugekehrten Wand dieser Häuser wird eine die »Kloakkästen« verbindende fortlaufende Futtermauer erstellt.

2. Die Pferdewette beim Gasthaus zum Wilden Mann wird beseitigt und außerhalb der alten Stadt unweit der Tübinger Straße und dem Rückstaubehälter eine solche Wette neu angelegt.

3. Das Nesenbachbett wird, um es »in ein gleichförmiges Gefäll und Visier zu legen«, muldenförmig ausgestaltet.

Gottlieb Christian Eberhard Etzel (1784–1840), Oberbaurat in Stuttgart, Erbauer der Neuen Weinsteige.

Andere Punkte blieben strittig. Um auch hier einen Konsens zu erreichen, wurden Stadtoberamt, Stadtrat und Bürgerausschuß gleichfalls zu einer Stellungnahme aufgefordert[446]. Die Entscheidung verzögerte sich jedoch. Erst Jahrzehnte später wurde das Werk der »Überwölbung« des Nesenbachs zum Abschluß gebracht[447].

Wasserversorgung

Wie bereits in früherer Zeit gab es in Stuttgart – Pläne von 1703 und 1704 zeigen dies sehr anschaulich[448] – zwei voneinander unabhängige Wasserversorgungssysteme: ein herrschaftliches und ein städtisches System. 1707 wurden 16 öffentliche Brunnen (28 Rohre) und 104 Privatbrunnen mit städtischem Wasser beliefert[449]. Reiche Bürger hatten häufig Schöpfbrunnen in ihren Gärten. Sie nutzten das Wasser dieser Brunnen teils zur »Lust- und Springkunst«, teils zur Bewässerung ihrer Küchengewächse[450]. Die Armen mußten ihren Wasserbedarf an öffentlichen Brunnen befriedigen. Wer keinen eigenen Brunnen besaß, dem wurde für das Gießen seines Gartens allenfalls Bach- oder Abwasser zugestanden[451]. 1700 bekam der Geheime Rat und Kirchenratsdirektor Johann Rudolf Seubert die Genehmigung, von dem aus dem Furtbach in den Garten des Geheimen Rats und Hofmarschalls von Staffhorst geleiteten Wasser für seinen unfern des Rotebildtors gelegenen Garten Wasser »eines Erbis groß« (d.h. in einer Zuleitung vom Durchmesser einer Erbse) abzuzweigen. Seubert hielt in dem in seinem Garten befindlichen Brunnen Fische und Krebse. Die erforderliche Abwasserleitung bis zur Wette mit rund 200 Teicheln ließ er auf eigene Kosten bauen[452]. Für die Erstellung von Gartenbrunnen war in jedem Fall eine amtliche Konzession erforderlich. Doch geschah es immer wieder, daß solche Brunnen eigenmächtig eingerichtet wurden. 1782 mußten zwei städtische Deputierte die »eigenmächtig extendierten Wassergerechtigkeiten« unter Zuziehung der Brunnenmeister untersuchen und ein Verzeichnis aller Privatbrunnen erstellen. Für ständig laufende Brunnen war einem »eine Erbis großen Kaliber« (Durchmesser) eine Gebühr von 1 fl 30 kr anzusetzen, für Brunnen mit größerem »Kaliber« entsprechend mehr. Soweit eine Brunnenkonzession nicht erteilt war oder wurde, mußten ohne obrigkeitliche Genehmigung gegrabene Brunnen wieder entfernt werden. Beim Graben von Brunnen und Zisternen auf privatem Grund und Boden war stets die Bestimmung der Württembergischen Bauordnung zu beachten, nach der dem »gemeinen Nutzen« und dem Nachbarn durch ein solches Projekt weder über noch unter der Erde Nachteil oder Schaden erwachsen durfte[453]. Ein trotz der Androhung empfindlicher Strafen nicht auszurottendes Vergehen war das Anzapfen von Teichelleitungen auf den Feldern und in den Weingärten, um das Wasser zum Gießen von Gemüse zu verwenden. Gelegentlich erfolgte das Ausgraben oder Aufschlagen von Teichelleitungen auch aus reinem Mutwillen[454]. 1717 wurde für die vorsätzliche Beschädigung von Brunnenstuben und Teicheln die Strafe des »Gißibels« bestimmt. Außerdem hatte der Übeltäter Schadenersatz zu leisten. Mägde, die Brunnen verunreinigten, wenn sie dort Wäsche wuschen, Fenster putzten oder andere verbotene Dinge taten, hatten, gleichgültig ob sie bei Bürgern oder bei Hof- und Kanzleiangehörigen im Dienst standen, nicht nur das Zerschlagen der Gölten, Fenster usw. zu gewärtigen, sondern sie mußten auch mit einer empfindlichen Bestrafung rechnen. Die Strafandrohungen taten jedoch wenig Wirkung. Nach einem Bericht von Bürgermeister Rheinwald vom 8. Februar 1724 häuften sich neuerdings wieder auf dem Feld die Brunnenfrevel. Brunnenstuben wurden gewaltsam erbrochen, Schrauben abgeschlagen, die Stangen »bei der Hälfte abgewirkt«. Insgesamt waren so an die 30 Brunnenstuben beschädigt worden. In wasserreichen Jahren gebe es keine Exzesse, wohl aber in trockenen. Dann würden mit Schlüsseln die Brunnenstuben geöffnet, die Hähne verdreht und das Wasser dadurch den öffentlichen und privaten Brunnen entzogen. Wenn Brunnenbedienstete einzuschreiten versuchten, würden sie mit Schlägen bedroht[455].

1719/20 waren die Brunnenstuben schlecht verwahrt, überhaupt befand sich damals das »Brunnenwesen« in schlechtem Zustand. Die Teichel waren teilweise verfault. »Grotten, Frösche, Schlangen und Ungeziefer« gelangten ins Wasser. Die Rentkammer drängte auf umfassende Reparaturen und auf mehr Sorgfalt im Bereich der Wasserversorgung[456]. Bis 1727 änderte sich indes nichts. Der Brunnenmacher sprach von einem miserablen Zustand des »Brunnenwesens«. Bei einer Feuersbrunst geriete die Stadt Stuttgart in eine üble Lage. Die Rentkammer forderte erneut gründliche Reparaturmaßnahmen[457]. Daß es zumindest um die herrschaftlichen Brunnen nicht zum

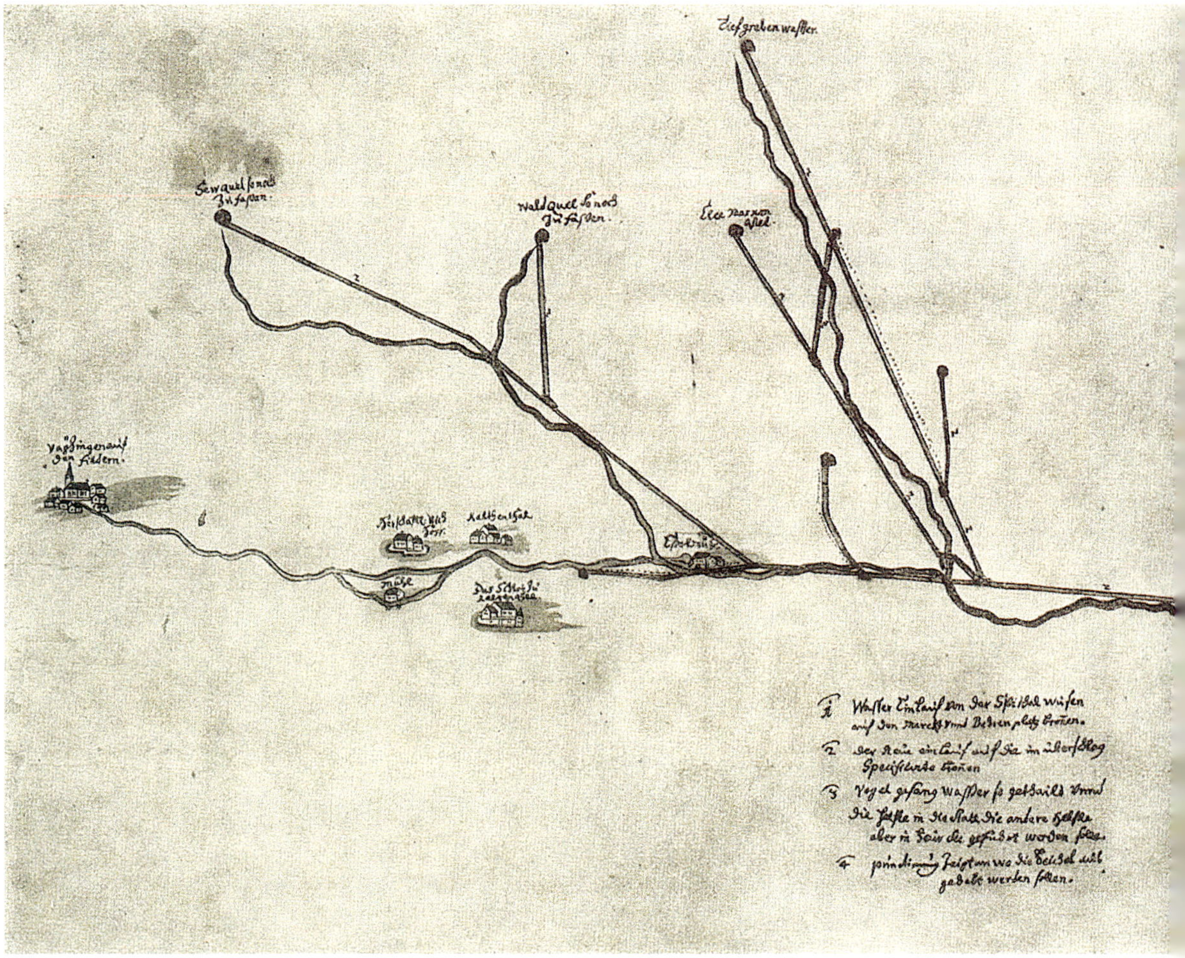

Plan der Wasserleitungen der Stadt Stuttgart um 1720.

besten stand, hatte zu einem Teil seinen Grund darin, daß die Herrschaft dem Brunnenmeister und dessen vier Knechten den schuldigen Lohn nicht auszahlte. Im September 1729 war sie mit 550 fl im Rückstand. Die Rentkammer schlug vor, 10 bis 12 Eimer Wein von geringer Qualität zu »versilbern« und mit dem Gelderlös diese Lohnschuld zu begleichen. Sie riet, das »Brunnenwesen« keinesfalls zu vernachlässigen. Vordringlich sei das Teichelbohren, das der Magistrat 1724 als »ein hartes und schweres Geschäft« bezeichnet hatte. Das aus dem Schwarzwald herangeschaffte Teichelholz liege bereit. Herzog Eberhard Ludwig entschied, den Wein als solchen und nicht das Geld an die Brunnenknechte abzugeben. Diese waren verärgert. Der Wein, erklärten sie, sei so schlecht, daß sie ihn nicht verkaufen könnten. Sie baten, ihre Lohnforderungen in Geld zu begleichen oder ihnen wenigstens den Wein um einen erträglichen Preis zu überlassen. Zu diesem Zeitpunkt hatten sie bereits ihren Arbeitsplatz bei der Herrschaft aufgegeben und waren nunmehr für Privatpersonen tätig, die sie bar bezahlten[458].

Im Juli 1741 regelte ein herzogliches Dekret die herrschaftlichen Brunnenkonzessionen neu. Wer künftig Brunnen mit herrschaftlichem Wasser wünschte, hatte für die Konzession gemäß der Fürstlichen Taxordnung 3 Goldgulden zu entrichten, außerdem eine jährliche Rekognitionsgebühr (Anerkennungsgebühr) von 1 fl sowie als Beitrag zur Unterhaltung der Hauptwasserleitung ebenfalls 1 fl, vom Abwasser für Gärten, sowohl was die Tax als auch was das Rekognitionsgeld anbelangte, die

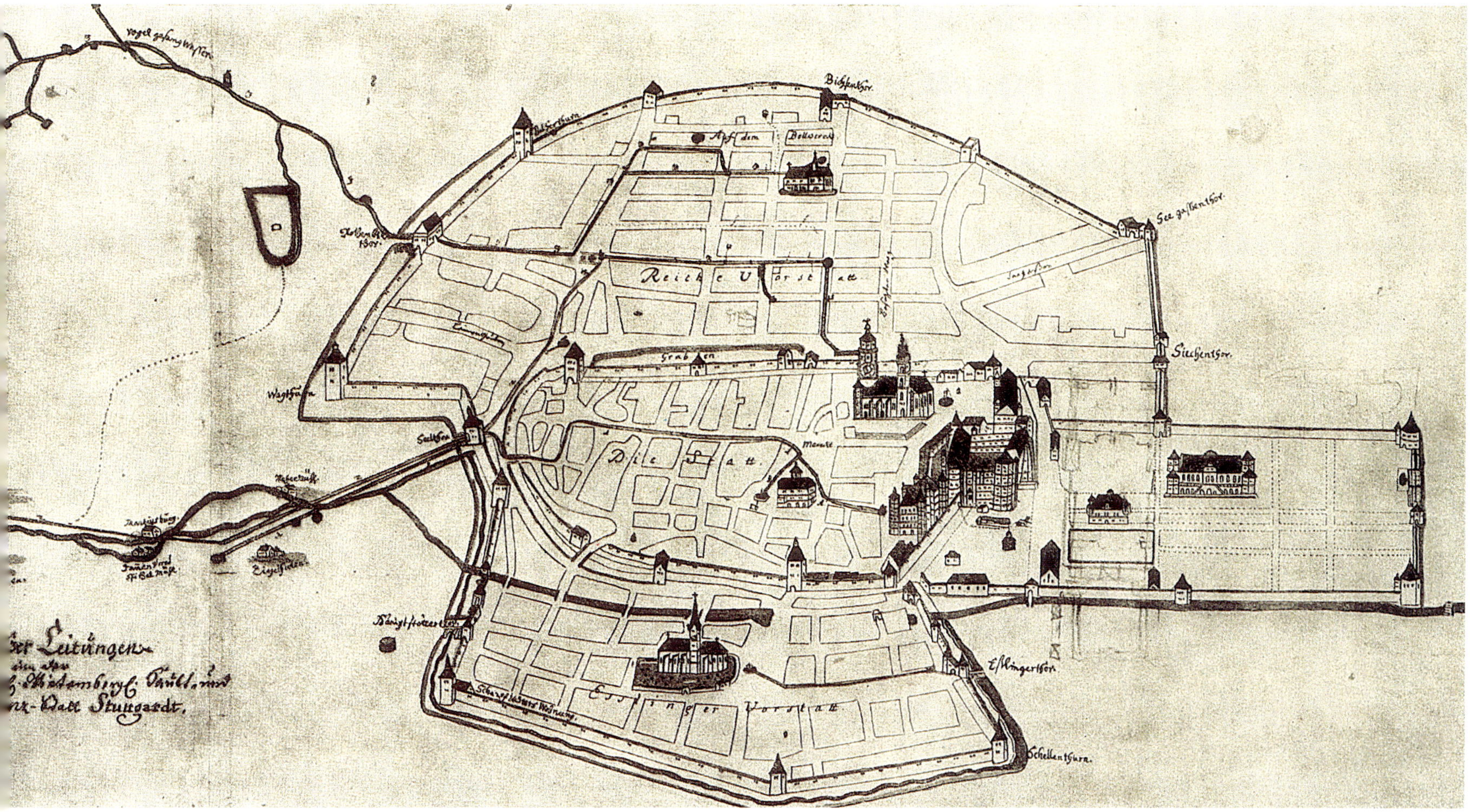

Hälfte. Das Brunnenkaliber sollte überall dasselbe sein, in Ausnahmefällen galt ein doppeltes, dreifaches oder entsprechend größeres Kaliber. Bei den bereits vorhandenen Brunnen wurden keine neuen Taxen und Konzessionsgelder gefordert, wenn diese als Lehen oder sonstwie unkündbar waren. Dagegen sollten Privatpersonen, die ihre Brunnen nur widerruflich erlangt hatten, die Hälfte der Taxen und Konzessionsgelder geben. Unterhaltsgeld, für das einfache Kaliber 1 fl, sollte nur entrichten, wer seinen Brunnen nicht als Lehen oder in Verbindung mit seiner Amtswohnung »genoß« oder ihn von der Herrschaft unwiderruflich erhalten hatte[459]. Daß eine Brunnenkonzession auch wieder entzogen werden konnte, erfuhr 1763 zu seinem großen Leidwesen der Sattlermeister Voit. Er hatte seit 40 Jahren in seinem Haus einen mit herrschaftlichem Wasser gespeisten Brunnen, für den er im Jahr eine Gebühr von 2 fl zu entrichten gehabt hatte. Jetzt wurde ihm diese Konzession offensichtlich ohne nähere Begründung aberkannt[460].

Aus kulturgeschichtlichen Gründen sollte nicht unerwähnt bleiben, daß die Herrschaft 1765 eine Eisgrube unterhielt. Für diese mußte im Winter Eis in den Wasserbehältern bei der Näheren Mühle gebrochen und durch Fuhrleute gegen Bezahlung dorthin gebracht werden[461].

Stuttgart war im 18. Jahrhundert trotz des herrschaftlichen und des städtischen Wasserversorgungssystems noch recht unzureichend mit Wasser versehen. Namentlich in trockenen Sommern kam es vor allem in höher gelegenen Stadtteilen, so in der Turnierackervorstadt, zu Wassermangel. 1705 beispielsweise nahmen Hitze und Trockenheit ein solches Ausmaß an, daß sogar die Bäche austrockneten, die das Wasser für die mit Hechten und Karpfen besetzten herrschaftlichen Stadtgräben lieferten[462]. In demselben Jahr erlaubte die Reichsstadt Esslingen dem Herzog von Württemberg, auf Esslinger Spitalgrundbesitz unweit von Vaihingen im sogenannten Sautal eine Quelle für die Stuttgarter Wasserversorgung zu fassen und das Wasser in die Stadt zu leiten[463]. Im Januar 1712, in demselben Jahr, als auf dem (alten) Schloßplatz der bisherige Brunnen durch einen neuen repräsentativeren ersetzt wurde[464], ordnete Herzog Eberhard Ludwig die Einrichtung eines Brunnens auf dem besonders wasserarmen Bollwerk für den Secretarius Schäfer an. Schäfer hatte die

Wasserzuleitung in seinen Garten von der nächstgelegenen Brunnenleitung auf eigene Kosten machen zu lassen. Um möglichst Wasser zu sparen, sollte der Brunnen, dem ein erbsengroßes Kaliber oder Rohr zugestanden war, mit einem verschließbaren Hahnen ausgestattet werden, damit ihm nur dann Wasser entnommen wurde, wenn es tatsächlich auch gebraucht wurde. Außerdem sollte das Wasser in einem eigens dazu anzufertigenden Trog aufgefangen werden[465]. Dieser Privatbrunnen eines Beamten nutzte freilich den übrigen Bewohnern des Bollwerks wenig. 1723 forderten sie einen öffentlichen Brunnen mit ein bis zwei Röhren an der Kreuzstraße. Sie begründeten ihre Eingabe mit den dort ansässigen 80 Familien, die unter chronischem Wassermangel zu leiden hatten. Auch wiesen sie auf die große Brandgefahr hin, gegen die sie gänzlich machtlos seien. Der Magistrat bestätigte das katastrophale Wasserdefizit auf dem Bollwerk. Seine erhöhte Lage lasse eine Zuleitung von Wasser nicht zu. Andererseits würde in der Stadt durch unsachgemäße Nutzung der Brunnen wertvolles Wasser vergeudet. Indes geschah nichts. Nach geraumer Zeit erneuerten die Bürger auf dem Bollwerk ihren Antrag. Hierbei erwähnten sie, daß sie ihr Wasser aus dem Hospital beischaffen müßten. Der Magistrat ging auf ihr Anliegen nicht ausdrücklich ein, er brachte vielmehr wiederum die Wasservergeudung in anderen Stadtbezirken zur Sprache. Es seien, so behauptete er, die Kaliber von genehmigten Brunnen eigenmächtig vergrößert oder auch neue Brunnen ohne jede Konzession errichtet worden. Manche Bürger hätten dadurch Wasser im Überfluß. Der Magistrat verlangte, die Privatbrunnen grundsätzlich auf das zulässige Kaliber zu reduzieren und den Brunnenbesitzern nach Proportion der Wasserentnahme einen jährlichen »Kanon« (bestimmte Abgabe) in Geld anzusetzen und diese Einahmen zum Ausbau der Brunneneinrichtungen zu verwenden. Nur so könne die Brunnen- und damit die Wasserfrage gelöst werden. Für die Bürger auf dem Bollwerk war dies freilich kaum mehr als ein papierener Kanzleitrost[466]. Auch in der Esslinger Vorstadt war es, obwohl sie erheblich tiefer als das Bollwerk lag, um die Wasserversorgung nicht sonderlich gut bestellt. Im Sommer wurde dort, wie in einem Dokument von 1716 zu lesen ist, das Wasser wegen fehlender Brunnen »gar klemm« (rar). Am Esslinger Tor gab es nur einen einzigen Röhrenbrunnen, den auch das Vieh, das durch dieses Tor hinaus- und hereingetrieben wurde, stark frequentierte[467]. Im November 1764 befaßte sich ein an den Oberpolizeidirektor gerichteter Bericht mit den winterlichen Wasserproblemen in Stuttgart. Im vorletzten Winter seien, so wurde hier festgestellt, die städtischen öffentlichen Brunnen, die »Gemeinds-Stadtbrunnen«, eingefroren, weil ihnen durch die vielen Privatbrunnen größtenteils das Wasser entzogen worden sei. Es wurde deshalb vorgeschlagen, die Privatbrunnen während des Winters »abzuschlagen«, d.h. stillzulegen, damit die öffentlichen Brunnen einen stärkeren Wasserzufluß hatten und nicht so leicht einfroren[468].

1774 erließ Herzog Carl Eugen zusammen mit der Gassenordnung, von der schon die Rede war, eine Brunnenordnung für Stuttgart; sie bestimmte im einzelnen: Die öffentlichen Brunnen müssen aufs reinlichste gehalten werden. Deshalb dürfen in ihnen keine Gölten, Fenster oder andere Gegenstände eingetaucht und abgewaschen, auch kein Wasser, in dem Salat, Gemüse usw. gewaschen worden ist, in sie zurückgeschüttet werden. Wer dies dennoch tut, dem wird nicht nur das Geschirr abgenommen, sondern er wird auch noch um 1 fl bestraft. Wer Unrat, ein lebendes oder totes Tier in offene Gump- oder Schöpfbrunnen wirft, wird mit dem »Gißübel« (Gißibel) bestraft. Die Brunnenaufseher haben für die fleißige Reinigung der Brunnenstuben zu sorgen und sie haben sich, falls sie zu tief liegen oder »zugeflößt« sind, darum zu bemühen, daß sie höher gelegt werden. Der Strafe des Gißübels und weiterer Leibesstrafe verfällt, wer Brunnenstuben auf dem Feld öffnet und beschädigt, ebenso wer Hahnen anhaut oder die Hahnen verdreht. Geld- oder Turmstrafen erhält, wer Stadtbrunnen beschädigt. Buben werden für solche Vergehen körperlich gezüchtigt. Die Konzessionen für widerruflich erlaubte Privatbrunnen sollen nach und nach entzogen und neue Privatbrunnen nur mit Vorwissen der Polizeideputation genehmigt werden. Dagegen sind mehr öffentliche Brunnen in den Gassen in gehörigem Abstand voneinander anzulegen. Die Inhaber von Privatbrunnen tragen die Unterhaltungskosten für ihre Brunnenstuben; sie dürfen die Brunnen (Kaliber usw.) keineswegs eigenmächtig verändern. Ein Einwohner, der eine gut zu fassende Brunnenquelle entdeckt, erhält von »Gemeiner Stadt« eine Belohnung. In »dürren kargen Zeiten« sind die Brunnenmacher befugt, die Wasserzuleitungen an Privatbrunnen zugunsten der öffentlichen Brunnen zu vermindern oder ganz zu sperren. Das Ausschöpfen von Brunnen ist verboten, weil sonst das Vieh im Brandfall unter Wassermangel leidet. Während des Winters sind die Brunnen mit Dung zu »verwahren«. Zudem sollen nach und nach über alle Brunnen »Mäntel« mit starken Brettern und Anschlagläden gemacht werden, um ein Einfrieren zu verhindern. Sämtliche Brunnenstuben in der Stadt sind im Winter mit warmem Roßdung auszustopfen. Die über dem Boden liegenden Teichel werden bei Winterbeginn mit Erdreich bedeckt. Die Brunnenmacher sind aber angewiesen, daß sie solche über dem Boden verlegte Teichel möglichst in die Erde bringen. Die Wasserleitungen müssen etliche Mal im Jahr visitiert und die erforderlichen Reparaturen vorgenommen werden. Die Bolzhäuslein sind vor dem Einfrieren zu schützen, die Rinnen tunlichst vom Eis zu befreien. Großer Wert ist auf die Instandhaltung der Teichel zu legen. Schadhafte Teichel müssen umgehend ersetzt werden. Die Gasseninspektoren und Gassenpatrouillen, die schadhafte Teichel entdecken, haben darüber den mit der Aufsicht über das Brunnenwesen betrauten Magistratspersonen sofort Anzeige zu erstatten. Privatbrunnen, die ihren Ablauf nur auf die »gemeine Straße« haben, müssen beseitigt werden[469]. Die Brunnenordnung vom 9. Oktober 1790 wiederholte im wesentlichen die Bestimmungen der Brunnenordnung vom 17. Januar 1774[470].

Auch noch gegen Ende des 18. Jahrhunderts hielten Regierung und Magistrat bei der Konzession von Privatbrunnen an ihrer zurückhaltenden Politik fest. 1793 wurde einem Gerbermeister gestattet, für sein Handwerk Wasser aus dem Furtbach zu entnehmen, und zwar »ein Röhrlein Wassers eines kleinen Fingers dick« gegen einen jährlichen Zins von 2 fl. Er mußte aber wie andere Einwohner, die Wasser aus dem Furtbach ableiteten, einen »beschlossenen« (verschließbaren) Hahnen führen[471]. Verweigert wurde hingegen dem Handelsmann Jakob Friedrich Liesching 1795 die Wasserentnahme aus der herrschaftlichen Wasserleitung für seinen Springbrunnen in dem von ihm erworbenen Garten an der Furt vor dem Seeltor. Begründet wurde diese negative Entscheidung damit, daß die Wasserzuleitung zum Bauhof spärlich und in trockenen Sommern gänzlich gefährdet sei. Der Vorbesitzer hatte in den Jahren 1707 bis 1761 die widerrufliche herrschaftliche Wasserkonzession innegehabt[472].

Im Jahr 1810 wurden in Stuttgart 26 Rohrbrunnen (Laufbrunnen), 17 Pumpbrunnen sowie 60 Privatbrunnen gezählt[473]. In der Zeit König Friedrichs verschwanden einige bedeutsame ältere Brunnen, oder sie veränderten ihren Standort. Neue repräsentative Brunnen entstanden. 1804 wurde der auf der rechten Seite des Marktplatzes stehende Marktbrunnen abgebrochen. Der Brunnen, der bislang auf dem späteren Schillerplatz gestanden hatte, fand mit einem von Thouret geschaffenen Stock auf der linken Seite des Rathauses eine neue Aufstellung[474]. Im Jahr 1811 errichtete Thouret einen Brunnen im Hof der ehemaligen Akademie[475].

Der Stuttgarter Marktbrunnen.

Der Wasserbedarf der zahlenmäßig stark angestiegenen und weiter zunehmenden Einwohnerschaft war mit dem bestehenden Wasserversorgungssystem nicht mehr zu befriedigen. 1802 plante der Magistrat den Bau einer Wasserleitung von einer im Metzgerhau-Stadtwald in der Gegend von Botnang entspringenden Wasserquelle, um den gravierenden Wassermangel in der Reichen Vorstadt zu beheben. Die Quelle war nach der Feststellung von Sachverständigen beim Nachgraben in der Tiefe so ergiebig, daß mit ihrem Wasser acht einröhrige und vier zweiröhrige Brunnen selbst bei trockenstem Wetter gespeist werden konnten. Das Projekt, zu dem der Kirchenrat einen finanziellen Beitrag leisten sollte, wurde damals offenbar nicht realisiert[476]. Zur Verbesserung der Wasserversorgung Stuttgarts ließ König Friedrich 1812/13 den 5 Morgen großen Steinbachsee und den 10 Morgen großen Katzenbachsee anlegen und mit dem Pfaffen- und dem Bärensee verbinden. Wegen der fehlerhaften Beschaffenheit des Christophstollens erfüllten sich jedoch die in das Projekt gesetzten hohen Erwartungen nicht[477]. Wenig günstig beurteilten Cless und Schübler 1814 in ihrer »Medizinischen Topographie« die Wasserversorgung der Stadt. Stuttgart verfüge, schrieben sie, teils über Rohr-, teils über Pumpbrunnen. Den Rohrbrunnen fließe das Wasser aus einer Entfernung von einer bis mehreren Stunden in hölzernen und bleiernen Leitungsrohren zu, die in letzter Zeit teilweise durch eiserne ersetzt worden seien. Die Pumpbrunnen lieferten meist mattes Wasser, ausgenommen der Bebenhäuser Hofbrunnen und der Brunnen auf dem Friedrichsplatz. Dieses bekomme, wenn es eine Zeitlang stehe, einen »fauligen Geschmack«. Das Wasser aus den Pumpbrunnen sei hart, weil es viele aufgelöste Kalkerde und Gips enthalte, es tauge deshalb nicht zum Waschen der Hülsenfrüchte und zum Kochen. Nach chemischen Untersuchungen sei das Wasser der Brunnen in der Königstraße und in der Wilhelmstraße das unreinste[478]. Wegen der schlechten Wasserqualität waren übrigens, wie Pfaff berichtet, zahlreiche wohlhabende Bürger dazu übergegangen, ihren Bedarf an Trinkwasser aus den Mineralquellen in Berg und Cannstatt zu befriedigen[479].

Kurz vor seiner Ernennung zum Wasserbaudirektor im April 1795 legte Karl August Friedrich Duttenhofer, der ehemalige Schüler und Lehrer an der Hohen Carlsschule, der Freund Friedrich Schillers, ein Gutachten über die Verbesserung der Stuttgarter Wasserversorgung vor. Allerdings wurden die darin enthaltenen Vorschläge nicht weiter verfolgt[480]. Fünf Jahre später erhielt der inzwischen zum Major und Oberbaudirektor Avancierte erneut den Auftrag, Kameral-, aber auch Stadtwasserleitungen zu untersuchen und hydrostatisch aufzunehmen sowie Vorschläge zur Verbesserung beider Systeme zu machen. Als Zweck dieser Expertise nannte das herzogliche Reskript vom 20. Januar 1800 die Prüfung darüber, ob nicht die der Stadt obliegenden beträchtlichen Brunnenunterhaltungskosten durch eine Verbindung des herrschaftlichen und des städtischen Brunnenwesens wesentlich vermindert werden könnten[481]. Es ist anzunehmen, daß Duttenhofer bei der Erarbeitung der Expertise auf sein Gutachten von 1795 zurückgriff. Allein, auch aus dieser sachkundigen Untersuchung wurden, falls sie überhaupt vorgelegt wurde, keine praktischen Folgerungen gezogen; sie blieb ein Stück Papier. 1818 beauftragte König Wilhelm I. Duttenhofer sowie Johann Gottfried Tulla, den nachmals durch die Regulierung des Oberrheins bekanntgewordenen badischen Wasserbauer, Pläne für den Bau eines Neckarstollens von Neckartenzlingen nach Stuttgart zu entwerfen. Der Stollen sollte unter den Fildern durchführen und einen Teil des Neckarwassers in das Nesenbachtal oberhalb Stuttgarts leiten, von wo aus dieses Wasser oberirdisch durch die Stadt hindurch bis nach Berg in sein altes Bett zurückzuleiten war. Auf solche Weise sollte Stuttgart einen ansehnlichen Wasserzufluß erlangen, der zugleich die Wasserkraft für gewerbliche Zwecke lieferte. Die Realisierung des ehrgeizigen Projekts scheiterte indes an den Kosten. Acht Jahre später legte Tulla einen Plan vor, der vorsah, bei Berg ein Druckwerk zu erstellen, das dazu dienen sollte, Neckarwasser auf die Höhe der späteren Villa Berg und von dort in den Anlagensee und in die Tübinger Vorstadt zu leiten[482].

Der
Fürſtlichen Reſidenz - Stadt
Stuttgart/
Publicirte
Feuer-Ordnung/

STUTTGART/
Gedruckt und zu finden bey Chriſtian Gottlieb Rößlin/ Hochfürſtl. Würtembergiſch Hof- und Cantzley-Buchdruckern/ 1703.

[19]

Wann aber Fünfftens es mit denen/ von Privatis und deren Inwohnerſchafft in Vorrath zum Feuer-Löſchen haltenden Inſtrumenten allein nicht außgerichtet iſt/ ſondern das Publicum hierzu auch das Seinige in vorkommenden Nothfall in Bereitſchafft zu halten hat; So ordnen und befehlen Wir gnädigſt/ daß nicht allein die/ bey gemeiner Stadt vorhandene/ auf Wägen und Rädern liegende groſſe Feuer-Spritzen in guten Eſſe erhalten werden ſollen/ damit ſie in Zeit der Noth/ nutzlich gebraucht werden können; Wie dann zu deſto mehrern und ſchnelleren Beyhülff Wir die fernere gnädigſte Veranſtaltung gemacht/ daß auch die in Unſern Fürſtl. Zeughauß allhier vorhandene groſſe- und neu-erfundene Spritzen fleißig in acht genommen/ und zu dem Ende parat gehalten werden/ weßwegen ſonderheitlichen dem Hof-Kieffer die darzu behörige Schläuch in guter Verwahrung und Schmieren zu erhalten/ anbefohlen worden/ damit kein Ungezieffer von Ratten oder Mäuß dieſelbe beſchädige/ oder ſie ſonſten zum Gebrauch durch andere Wege im Fall der Noth untüchtig erfunden werden möchten. Abſonderlich aber ſollen ſowohl bey denen gnädigſter Herrſchafft als gemeiner Stadt zugehörigen Wagen-Spritzen durchgehends

5. Groſſe auf Rädern führende Feuer-Spritzen/ Keſſel und darzu nöthige Schläuch.

E 2 Sechſtens/

Gedruckte Feuerordnung für Stuttgart von 1703.

Feuerlöschwesen

1703 erließ Herzog Eberhard Ludwig für Stuttgart eine neue Feuerordnung. Sie löste die Ordnung aus dem Jahr 1662 ab. Der Herzog sah in ihr zugleich eine Art Musterordnung für andere Städte und Gemeinden im Herzogtum Württemberg. Den Anstoß zu dieser neuen Feuerordnung hatte die Anlage eines Feuersees vor dem Rotebildtor 1701 sowie der Bau von Kanälen gegeben, die, vom Büchsensee ausgehend, so geführt wurden, daß das in ihnen stehende Wasser »durchgehends in alle Straßen (der Stadt) gebracht und geleitet« werden konnte. Einen starken Einfluß auf das Zustandekommen dieser Ordnung hat aber auch der Großbrand gehabt, der gleichfalls 1701 die Reichsstadt Esslingen heimgesucht hatte. Vornean in der Feuerordnung von 1703 standen die Vorschriften über Brandverhütungsmaßnahmen; sie stimmten im wesentlichen mit den früheren Vorschriften überein, waren aber zum Teil verschärft oder detaillierter. Da sich beim Brand in Esslingen »die große Hitze in fliegende Flammen« an die Fensteraufzugsläden »angehängt und manchen Bau in Asche gelegt« hatte, wurde den »Honoratioren und Vermöglichen« dringend nahegelegt, diese ohnehin unnützen Läden abzuschaffen und ihre Häuser ähnlich wie andere Gebäude »renovieren und verblenden« zu lassen. Bei Neubauten waren die Fensteraufzugsläden verboten. Im Hinblick auf die Gerätschaften, Wasserwagen usw., die für den Brandfall in Bereitschaft gehalten wurden, hatte sich gegenüber 1662 wenig geändert. Ständig einsatzbereit mußten die im Gewahrsam der Stadt befindlichen großen Feuerspritzen sein, ebenso die im herzoglichen Zeughaus untergebrachten großen neuen Spritzen. Der Hofküfer hatte dafür zu sorgen, daß die zugehörigen Schläuche in gutem Zustand waren, daß Ratten und Mäuse sie nicht beschädigten. Es mußte gewährleistet sein, daß die Brunnen raschestens an die Schläuche der Spritzen angeschlossen werden konnten. Nachdem sich herausgestellt hatte, daß in Gebäuden aufgestellte kleine Spritzen einen wirksamen Part in der Brandbekämpfung zu übernehmen vermochten, befahl der Herzog die Aufstellung derartiger Spritzen in allen größeren herrschaftlichen und städtischen Gebäuden, vor allem aber auf den Kirchtürmen, außerdem das Bereithalten eines größeren Wasservorrats. Die Einteilung der Löschmannschaften war exakt geregelt. Einzelne Berufsgruppen erhielten bei der Brandbekämpfung bestimmte Funktionen übertragen. Um die Ausdehnung eines Brandes zu verhindern, mußten notfalls Häuser eingerissen werden. Dazu waren jetzt auch Böller zum Sprengen zu beschaffen und im Vorrat zu halten. Da sich Einwohner häufig einem vorsorglichen Niederreißen ihrer Häuser widersetzten, obwohl es eine zwingende Notwendigkeit war, wurde solchen indirekt Brandgeschädigten, um sie dieser Präventivmaßnahme geneigter zu machen, der Wert ihrer Häuser durch Umlage unter den Besitzern der vom Feuer verschont gebliebenen herrschaftlichen und anderen Gebäude in der Stadt ersetzt.

Wie früher wurde bei Feueralarm zwischen Bränden in der Stadt und solchen in den benachbarten Orten unterschieden. Bei einem auswärtigen Brand durfte nur mit Erlaubnis des Vogtamts geläutet werden, und zwar auf dem Rathaus, sodann auf dem

Inneren Esslinger Tor und dem Seeltor sowie im Spital mit dem über dem Tor befindlichen Uhrglöcklein. Bei der Wahrnehmung eines Brandes in der Stadt aber mußte ohne weitere Rückfrage sofort auf beiden Kirchtürmen (der Stifts- und der St. Leonhardskirche) geläutet werden. Außerdem hatten zwei dazu bestellte Personen zu der neuerbauten Hochwacht auf der Gänsheide zu reiten und die zwei dort befindlichen kleinen Kanonen abzufeuern, damit auch die Nachbarorte von dem Feuerausbruch erfuhren. Besonderer Wert wurde darauf gelegt, daß Pferde für Brunnenmeister und Brunnenknechte verfügbar waren, damit diese raschmöglichst zum Feuersee vor dem Rotebildtor und zum Büchsensee ritten, um dort die in die Stadt führenden Wasserleitungen zu öffnen. Bis jedoch das Wasser der Feuerseen zur Verfügung stand, mußten alle irgendwie zugänglichen Privatbrunnen für Löschzwecke genutzt werden. Die Brunneneigentümer hatten sich den getroffenen Anordnungen zu fügen. Die Brandbekämpfung ging alle Bewohner der Stadt an, so auch sämtliche Hof- und Kanzleibedienstete, ebenso das herzogliche Militär, dem bestimmte Aufgaben und Verhaltensmaßregeln zugewiesen waren. Die Bewohner hatten sich je nach Stadtbezirk auf bestimmten Sammelplätzen einzufinden. Für ihre Mitwirkung bei der Brandbekämpfung wie auch für die Beteiligung der in der Stadt anwesenden oder aber hierher kommenden Fremden waren die organisatorischen Voraussetzungen getroffen. Harte Strafen wurden Personen angedroht, die einen Brand zu Diebstählen und Plünderungen nutzten.

Damit die neue Feuerordnung die gebührende Beachtung fand, verfügte der Herzog die Bildung einer aus Hof- und Kanzleipersonen sowie aus Magistratsangehörigen bestehenden Feuerschau. Diese hatte zusammen mit den hierzu besonders verpflichteten Maurern und Zimmerleuten zweimal im Jahr die Feuerseekanäle, Wasserleitungen und Feuerspritzen mit den zugehörigen Schläuchen zu visitieren und bei festgestellten Mängeln auf umgehende Abhilfe zu dringen. Als oberste Instanz für den Stadtbereich in allen Brand- und Brandbekämpfungsangelegenheiten rief der Herzog eine Deputation ins Leben. Sie bestand aus einem Oberrat, je einem Expeditionsrat von der Rentkammer und vom Kirchenrat, dem jeweiligen Hofkammerrat, dem Stadtvogt, einem Bürgermeister sowie dem herzoglichen Baumeister. Die Feuerordnung wurde, um bei allen in Frage kommenden Stellen schnell greifbar zu sein, gedruckt, sie mußte aber auch, damit sie in steter Erinnerung blieb, alljährlich um Martini der gesamten Einwohnerschaft im Wortlaut vorgelesen werden[483].

Der Fürstlichen
RESIDENZ-
Stadt Stuttgart/
Erneuert- Publicirte
Feuer-Ordnung /

STUTTGART/
Gedruckt und zu finden bey Christian Gottlieb Rößlin / Hoch Fürstlich
Württembergisch privilegirten Hoff- und Cantzley-Buchdruckern
M. DCC. XVI.

Gedruckte Feuerordnung für die Stadt Stuttgart von 1716.

Der große Brand vom 21. Juli 1716 zeigte, daß die Ordnung von 1703 gewisse Mängel hatte. Ihnen sollte durch die Bestimmungen der am 15. Dezember 1716 erlassenen revidierten Feuerordnung abgeholfen werden. Wiederum standen vorbeugende Brandschutzmaßnahmen vornean: die Abschaffung aller unerlaubten oder an gefährlichen Orten befindlichen Feuerstätten, die fleißige und sorgsame Reinigung der Kamine sowie der erlaubten Feuerstätten usw. Nachdrücklich betont wurde, daß sich Hauseigentümer bei einem Brand mit dem Niederreißen ihrer Häuser abzufinden hatten, wenn dies zur Eindämmung des Brandes angeordnet wurde. Sie sollten dafür wie die »Verbrannten« in billigmäßiger Weise entschädigt werden. Von einer Umlage unter den vom Brand verschonten Hausbesitzern in der Stadt war nicht mehr die Rede. Die Anordnungen über die zu organisierenden Löschmaßnahmen waren präziser als in der Feuerordnung von 1703 gefaßt. Sonst aber hatte die revidierte Ordnung die bewährten Vorschriften ihrer Vorgängerin übernommen[484].

Am 9. Oktober 1750 ratifizierte Herzog Carl Eugen eine von der »Fürstlichen Polizeideputation« bearbeitete »Erneuerte Feuerordnung« für Stuttgart. Er bezeichnete sie gegenüber der Feuerordnung von 1716 als »verbessert und vermehrt«. In ihr hatten die Erkenntnisse und Erfahrungen der letzten Jahrzehnte auf dem Gebiet des Feuerlöschwesens Berücksichtigung gefunden. Sie gliederte sich in vier Hauptabschnitte: 1. Vorbeugender Brandschutz, 2. Technische Brandbekämpfung, 3. Organisation der Löschmaßnahmen, 4. Maßnahmen nach der »Dämpfung des Feuers«.

Im Vergleich zu den früheren Feuerordnungen war der vorbeugende Brandschutz noch breiter abgehandelt. Er suchte den verschiedensten Eventualitäten der Brandverhütung Rechnung zu tragen. Neu aufgenommen war beispielsweise das Verbot, in oder außerhalb der Häuser »irgendein Gewehr loszuschießen, Granaten, Schwärmer, Raketen und andere Feuerwerkskörper anzubrennen und zu werfen«. Wer gegen dieses Verbot verstieß, hatte 10 fl als Strafe zu berappen. Die Gastwirte wurden »ernstlich ermahnt«, kein liederliches Volk zu beherbergen, weil zu befürchten war, daß dieses leichtfertig mit dem Feuer umging oder gar vorsätzlich Brände legte; sie mußten deshalb jeden Abend ein Verzeichnis der bei ihnen eingekehrten Fremden dem »Nachtzettelschreiber« zustellen. Einwohner, die eine »Herbergsgerechtigkeit« nicht besaßen, durften nur auf Anzeige und nach Empfang eines vom Stadtvogtamt ausgestellten gedruckten Zettels Fremde über Nacht bei sich aufnehmen.

Auch die Vorschriften über die technische Brandbekämpfung wiederholten die Bestimmungen der früheren Feuerordnungen und erweiterten sie. Statt der bisher bei nächtlichen Bränden angeordneten Beleuchtung der teilweise sehr engen Gassen mit Pechpfannen, die jetzt selbst als feuergefährlich bezeichnet wurden, hatten die Hausbesitzer Laternen mit brennenden Lichtern an eigens dafür am unteren Stockwerk vorgesehenen Trägern aufzuhängen. Sämtliche Feuerlöschgeräte, namentlich die Feuerspritzen und Schläuche sowie die sonstigen Brandbekämpfungsutensilien waren instandzuhalten und mußten jederzeit verfügbar bzw. einsatzfähig sein. Nachdem man andernorts bei Bränden mit nassen Segeltüchern, die vor den Wänden der vom Feuer bedrohten Häuser aufgespannt worden waren, gute Erfahrungen gemacht hatte, sollte auch der Stuttgarter Magistrat solche in erklecklicher Zahl anschaffen. Ebenso hatte der Magistrat dafür zu sorgen, daß die zum Einreißen von Häusern geeigneten Werkzeuge zur Verfügung standen. Wer sich dem durch die Feuersnot gebotenen Niederreißen seines Hauses widersetzte, hatte übrigens eine empfindliche Geld- oder Leibesstrafe zu erwarten.

An der Organisation der Löschmaßnahmen hatte sich gegenüber früher nicht sehr viel geändert, doch war auch hier das Bestreben deutlich, durch detaillierte Vorschriften im Ernstfall raschestens mit einer möglichst effektiven Brandbekämpfung einsetzen zu können. Um den Maßnahmen, die nach der erfolgreichen Brandbekämpfung zu ergreifen waren, ein verstärktes Gewicht zu verleihen, waren sie nunmehr unter einem eigenen Hauptabschnitt subsummiert. Die wesentlichen Bestimmungen dieses Hauptabschnitts: Eine Wache sichert die Brandstätte, bis gewährleistet ist, daß das Feuer zweifelsfrei gelöscht ist. Ausgewählte »gewissenhafte und treue Leute« haben den Brandort abzuräumen und zu durchsuchen. Was sie dabei noch an Brauchbarem finden, müssen sie den hierzu Deputierten abliefern, die es den Eigentümern übergeben. Das auf bestimmte Fluchtplätze (öffentliche Plätze, Kirchplätze usw.) in Sicherheit gebrachte Vieh und andere bewegliche Habe ist den Eigentümern unter Aufsicht zweier Magistratspersonen in guter Ordnung zurückzugeben. Strittige Gegenstände sollen so lange auf dem Rathaus aufbewahrt werden, bis der Besitzer zweifelsfrei ermittelt ist. Die bei der Brandbekämpfung eingesetzt gewesenen Feuerspritzen und sonstigen Geräte sind, soweit sie Schaden gelitten haben, instand zu setzen und ordnungsgemäß zu magazinieren. Die Balken und Bretter, die zur »Anschwellung« (zum Aufstauen) des vom Feuersee und auf andere Weise in die Stadt geleiteten Wassers gebraucht worden sind, müssen an die dafür bestimmten Lagerorte zurückgebracht, der Dung, der zum gleichen Zweck benutzt worden ist, ebenso der auf den Straßen und Gassen befindliche Kot müssen entfernt werden. Die Wasserstuben am Pfaffen- und Feuersee sowie die übrigen Wasserstuben und Kanäle sind wieder zu schließen bzw. zu verwahren. Am Tag nach dem Brand versammeln sich Stadtvogt, Bürgermeister und Gericht sowie die »Feuerschauverordneten«, um sich über die Wirksamkeit der Brandbekämpfungsmaßnahmen ein klares Bild zu machen, Fehler und Versäumnisse festzustellen sowie Verbesserungen zu beraten. Das Protokoll dieser »Examination« ist dem herzoglichen Regierungsrat oder der Polizeideputation vorzulegen.

Damit sich jeder Bürger, Hof- und Kanzleibedienstete Kenntnis von dieser erneuerten Feuerordnung verschaffen konnte, wurde sie in größerer Auflage gedruckt, bei öffentlichen Stellen aufgelegt, aber auch unter die Einwohnerschaft, insbesondere auch bei den Zünften, verteilt. Zur leichteren Orientierung war der Ordnung ein alphabetischer Schlagwortindex angeschlossen[485].

Die Feuerordnungen der Jahre 1703, 1716 und 1750 machen deutlich, daß in Stuttgart der Wassermangel eine wirksame Brandbekämpfung sehr erschwerte. Um wenigstens im Notfall über bescheidene, gut erreichbare Wasserreservoirs zu verfügen, hatte die Stadt, wie wir gehört haben, schon im Mittelalter Wetten angelegt, die zugleich als Pferdeschwemmen dienten. Zu Beginn des 18. Jahrhunderts waren es drei: eine Wette am Nesenbach (bei der Marktstraße), eine auf dem Großen Graben vor dem Stockgebäude, die »Stockwette«, und eine auf dem Postplatz, die »Schellenwette«[486]. Die »Stockwette« wurde beim Bau der Hauptwache 1761 beseitigt[487]. Bereits 1683 wurden erste Überlegungen angestellt, durch die Anlage eines Feuersees für Brandkatastrophen besser gerüstet zu sein; sie blieben jedoch ohne konkretes Ergebnis. Im Jahr 1698 legten die Bausachverständigen Gabriel Moser und Matthias Weiß erneut einen Plan über den Bau eines Feuersees vor. Der Feldmesser Johann Georg Lawmayer fertigte einen Riß über das in Betracht kommende Gelände. Noch im gleichen Jahr wurden 3 Morgen Gärten und Wiesen aufgekauft. Am 1. August 1701 genehmigte der Herzog das Projekt. Der im folgenden Jahr ausgegrabene See hatte ein Fassungsvermögen von 38 280 württembergischen Eimern (rund 100 000 Hektolitern). Um ihm das erforderliche Wasser zuzuleiten, verband man ihn durch Teichelleitungen mit Quellen im Nesenbachtal. Da man jedoch dieses Wasser für die Wasserversorgung der Stadt benötigte, zapfte man den Vogelsangbach an. Allein, auch das Wasser dieses Baches war zur Sicherung der Wasserversorgung der Bevölkerung erforderlich. Man kam deshalb erneut auf das Nesenbachtal zurück, stieß dabei aber wie schon 1701 auf den Protest der dortigen Müller. So blieb zuletzt als Hauptwasserlieferant des Sees der Regen übrig. Durch Leitungen – 1737 waren es fünf – wurde der Feuersee mit der Stadt verbunden. Diese ermöglichten, wie schon in anderem Zusammenhang erwähnt, im Brandfall die rasche Zufuhr von Wasser, waren jedoch so angelegt, daß das von ihnen zugeführte Wasser auch zur Straßenreinigung verwendet werden konnte. 1751 gab es in der Reichen Vorstadt zehn Wasserstuben oder -kästen, die vom Feuersee gespeist wurden[488]. Daß Anlieger dem See Wasser zum Gießen ihrer Gärten entnahmen, fiel in Zeiten reichlicher Wasservorräte nicht ins Gewicht, wohl aber in Trockenperioden. Im Sommer 1714 war der Feuersee leer. Als Ursache wurde die langanhaltende Trockenheit genannt, dann aber auch das Ablassen des Sees auf herzoglichen Befehl »zur Unzeit«. Gartenbesitzer hatten, solange noch Wasservorräte im See vorhanden gewesen waren, diese für ihre Bedürfnisse genutzt[489].

Wie bereits im Zusammenhang mit der Feuerordnung von 1703 erwähnt, postierte die Stadt zur Alarmierung der benachbarten Orte beim Ausbruch eines Brandes zwei kleine Kanonen auf der Höhe der Gänsheide. Zur Unterbringung dieser »Lärmkanonen« errichtete sie 1702 ein Hochwachthäuslein, »Stückhäusle« (Stück = Kanone) oder »Lärmhäusle« genannt, zuletzt unter der Bezeichnung »Kanonenhäusle« bekannt. Im Herbst wurden die beiden Kanonen den Wengertern zur Abhaltung ihres Herbstfestes überlassen. Das »Kanonenhäusle« stand bis 1862 und wurde dann durch ein rotes Backsteingebäude ersetzt, das als Aussichtspunkt diente[490].

Das auf der Gänsheide 1702 errichtete und mit zwei Lärmkanonen ausgestattete Hochwachthäuschen, das »Stuckhäusle« oder »Lärmenhäusle«, zuletzt meist »Kanonenhäusle« genannt (1862 abgebrochen). Es diente im Brandfall zur Alarmierung der benachbarten Ortschaften.

Blinden Feueralarm gab es am 23. April 1706. Ein junger Bursche zündete aus Mutwillen auf einem Grundstück vor der Stadt dürre Äste und dürres Laub an. Zwei Bürgern, die ihn deswegen zur Rede stellten, erklärte er, er schade mit seinem Feuer niemandem, im übrigen habe er dies auch schon im Stöckach gemacht. Weil indes die Flammen ziemlich hochschlugen, glaubte der Hochwächter, den die Abendsonne angeblich geblendet hatte, das Feuer sei in der Stadt beim Haus des Obersten von Phul ausgebrochen. Er schlug Alarm, vergaß aber, den Stadtvogt zu unterrichten. Dieser wußte nun nicht, wo sich der Brandort befand, zumal ihm widersprüchliche Meldungen zukamen, und konnte deshalb auch nicht die erforderlichen Brandbekämpfungsbefehle erteilen. Das Durcheinander war schlimm. Auf den Gassen liefen die Menschen zusammen, meist jedoch um ihre Neugierde zu befriedigen und nicht um sich an den Löscharbeiten zu beteiligen. Für Reiter oder mit Feuereimern versehene Löschmannschaften wäre es unmöglich gewesen, sich einen Weg durch das Menschengewühl zu bahnen. Glücklicherweise stellte sich rasch alles als blinder Alarm heraus. Bei einem tatsächlichen Brand hätte eine derartige Konfusion verhängnisvolle Folgen gehabt. Herzog Eberhard Ludwig diktierte dem jungen Burschen eine viertägige und dem Turmwächter eine zweitägige Turmstrafe zu. Dem Turmwächter sollte zwar ausdrücklich bestätigt werden, daß sein »Sturmschlagen« in Ordnung gewesen sei, bestraft werde er jedoch deshalb, weil er die Anzeige beim Stadtvogt unterlassen habe. Da die Oberräte festgestellt hatten, daß entgegen den Bestimmungen die Feuerordnung seit geraumer Zeit der Bürgerschaft nicht mehr bekanntgemacht worden war, wurde der Stadtvogt vom Herzog angewiesen, die Bürgerschaft zusammenzurufen, ihr die Ordnung vorzulesen und sie dringend zu ermahnen, bei einer Feuersbrunst durch Herumstehen keinesfalls die Löschmaßnahmen zu behindern. Die Miliz und namentlich die herzogliche Garde du Corps, die beim letzten Brand den Löschmannschaften den Weg versperrt hatten, erhielten gleichfalls die entsprechenden Befehle[491].

In der engbebauten Innenstadt sah der Magistrat in besonderer Weise auf die strikte Einhaltung der feuerpolizeilichen Vorschriften. 1720/21 untersagte er mit Billigung des Herzogs dem Bäcker Leonhard Reichert auf den Einspruch der Nachbarn hin die Einrichtung eines Backofens in seinem neugekauften Haus in der Schulgasse. Die baulichen Verhältnisse in der Schulgasse, so hatten die Untergänger bestätigt, ließen dies nicht zu. Die Schulgasse gehöre, so argumentierte der Magistrat, zu den engsten Gassen der Stadt, Haus dränge sich hier an Haus. Nur wenige Schritte vom Haus des Bäckers entfernt seien das Fürstliche Amtshaus, die Fürstliche Münze sowie die beiden Rathäuser. Eine hier ausbrechende Feuersbrunst hätte verheerende Auswirkungen, sie würde beinahe die ganze Stadt zugrunde richten. Außerdem stehe an günstigerer Stelle in der Schulgasse bereits ein Backhaus, das neue werde bloß zu einem weiteren »Saufhaus« ausarten, weil Reichert das ganze Jahr über Wein ausschenken und jedermann damit Verdruß bereiten werde. Das Haus sei zwar bislang als Seifensiederei genutzt worden, doch könne der Kamin nicht in der Weise erweitert werden, daß er für die Zwecke eines Backofens ausreiche[492].

Im Jahr 1724 lehnte der Magistrat zweimal das Gesuch des Hafners Neef ab, in seinem Neubau auf dem Hafenmarkt einen Hafnerofen installieren zu dürfen. Die Feuersicherheit schien ihm nicht gewährleistet. Dennoch genehmigte die herzogliche Kanzlei das Gesuch, sie machte allerdings zur Auflage, daß Neef bei der Einrichtung seines Hafnerofens alle erforderlichen Sicherheitsvorkehrungen traf, daß er beispielsweise einen hohen Kamin erstellte. Indes hielt sich der Hafner nicht an die ihm gemachten Auflagen. Er verwendete für seinen Kamin keine Backsteine, sondern schlechte Riegelsteine, außerdem benutzte er zum Ausmauern und Ausfugen ausschließlich Lehm. Der gleichfalls schlecht gebaute obere Teil des Kamins entsprach zudem nicht der vorgeschriebenen Mindesthöhe. Die Nachbarn hatten nach dem Brand von 1716 ihre Häuser neu erstellt und hierbei, weil sie einen Teil ihres Vermögens eingebüßt hatten, eine erhebliche Schuldenlast auf sich genommen, die sie auch jetzt noch drückte. Sie beklagten sich über den dem Kamin Neefs entströmenden stinkenden Rauch. Wegen der beim Brennen und Glasieren der Hafnerwaren benutzten giftigen Materialien befürchteten sie gesundheitliche Schäden. Als Unrecht empfanden sie, daß wegen der »Bequemlichkeit« eines einzelnen die ganze Nachbarschaft »große Gefahren und Inkommoditäten« auf sich nehmen mußte. Indes durfte Neef seinen Ofen weiter betreiben. Die Regierung begnügte sich mit einer gutachtlichen Äußerung darüber, ob sich der Hafner einigermaßen an die gültigen Vorschriften gehalten hatte. Diese fiel offensichtlich nicht ganz negativ aus. Jedenfalls versuchte der Magistrat erst acht Jahre später wieder, beim Herzog den Entzug der Neef erteilten Konzession zu erwirken. Er begründete seinen Schritt mit einem akuten Vorkommnis: Bei der Glasur von Hafnerwaren, zu der Materialien wie Grünspan und Silberglätte erforderlich waren, sei es bei Neef kürzlich zu einer ungewöhnlich starken Dampf- und Rauchentwicklung gekommen. Mit dem aus dem Kamin entströmenden Rauch habe sich ein entsetzlich ungesunder Gestank verquickt, der die ganze Umgebung in Mitleidenschaft gezogen habe. Die Nachbarn empfänden, wie ihre ständigen Klagen bewiesen, den Betrieb des Hafnerofens als unerträglich. Da Neef noch über einen zweiten Ofen beim Hauptstätter Tor verfüge, sollte er seine Produktion ganz dorthin verlagern. Die Oberräte bestätigten die Angaben des Magistrats. Jetzt stellte sich der Herzog der Stadt zur Seite. Neef mußte am Hafenmarkt seinen Betrieb einstellen. Seine Eingaben um Revision der Entscheidung blieben unbeachtet[493].

Nach der Feuerordnung mußte zweimal jährlich eine Feuerschau durch ein sachkundiges Gremium vorgenommen werden. Diese Vorschrift wurde jedoch mißachtet. Wegen der hohen Kosten, die sich 1724 beispielsweise auf 627 fl 53 kr beliefen, fand eine Feuerschau nur alle zwei oder gar nur alle vier Jahre statt. Damit war einem nachlässigen und ordnungswidrigen Verhalten Tür und Tor geöffnet. 1728 sollte nun wiederum eine Feuerschau erfolgen. Das hierzu benötigte Gremium bestand aus einem Kaminfeger, einem Zimmermann und einem Maurer. Außerdem wurden ihm drei Hof- und Kanzleibedienstete sowie drei Angehörige des Rats zugeordnet. Die Hof- und Kanzleibediensteten konnte der Magistrat nicht benennen. Um das Feuerschaugremium zu vervollständigen, wandte er sich deshalb, wie er dies auch schon früher getan hatte, mit einer entsprechenden Bitte an den Herzog. Dieser traf im Interesse einer ordnungsgemäßen und fristgerechten Feuerschau eine Neuregelung. Er übertrug dem Kommerzienrat Egidius Böhm gegen ein geringes »Salarium« (Gehalt) die Leitung der Stuttgarter Feuerschau – Böhm hatte darum ersucht. Der neue Chef der Feuerschau wurde ermächtigt, die erforderlichen Handwerksleute, die von der Stadt ohnehin besoldet wurden, beizuziehen. Hof- und Kanzleibedienstete sowie »Ratsverwandte« gehörten dem Gremium künftig nicht mehr an. Auf solche Weise konnten die Kosten der Feuerschau nach Auffassung des Herzogs wesentlich gesenkt werden[494].

Daß die Feuerschau, die Böhm dann im Mai 1728 durchführte, dringend notwendig gewesen war, ergaben einige dabei aufgedeckte, der Feuerordnung zuwiderlaufende Mißbräuche. Nach der Feuerordnung war das »Bauch- und Seifenwaschen« in den Küchen verboten. Dennoch geschah das erstere in den meisten, das letztere in allen Häusern. Eine besondere »Waschgerechtigkeit« besaß nur jedes zehnte Haus. Böhm schlug vor, das Bauchwaschen künftig nur noch in Häusern mit privilegierten Feuerstellen zu gestatten. In der Inneren Stadt standen die Häuser derart dicht aneinander, daß bei einem Brand einer Ausbreitung des Feuers nur durch das Niederreißen von Gebäuden gewehrt werden konnte. Die Feuerordnung schrieb vor, daß Heu- und Strohvorräte ausschließlich unter Dächern im Hof oder Garten oder aber in Scheunen aufbewahrt wurden. Tatsächlich aber lagerten auf den meisten Hausbühnen Heu und Stroh. Böhm regte an, an der Stadtmauer auf städtische Kosten, wie dies auch in anderen Städten üblich sei, einige Scheunen zu bauen und in ihnen gegen »einen leidentlichen Zins« Heu und Stroh der Bürger unterzubringen. – Ein ähnlicher Vorschlag war übrigens schon zehn Jahre früher gemacht, damals aber anscheinend nicht weiter verfolgt worden. Der Herzog entschied: Das Seifenwaschen soll, wenn es sich im Rahmen hält, toleriert werden. Wer jedoch übermäßig viel wäscht und so die Brandgefahr steigert, ist zu verwarnen. Für das Bauchwaschen sind die Bestimmungen der Feuerordnung strikt anzuwenden. Wer gegen sie verstößt, wird bestraft. Künftig ist sorgsam darauf zu achten, daß auf den Bühnen keine dergleichen »Combustibilien« (brennbare Materialien) aufbewahrt werden. Die Stadt soll auf ihre Kosten an der Stadtmauer einige Scheunen bauen zum Einlagern von Heu und Stroh der Bürger[495].

Im Reskript vom 4. Mai 1734 griff die Regierung eine andere Beanstandung der Feuerschau auf. Sie verbot, Wohnungen unter dem Dach mit Öfen zu versehen oder dort andere Feuerstätten einzurichten. Alle bereits direkt unter Hausdächern befindlichen Feuerstätten waren zu überprüfen, die nicht hinreichend gesicherten »hinwegzusprechen«[496].

1738 gab es in Stuttgart mehr als hundert Windöfen. Der in ihnen erzeugte Rauch wurde durch Rohre in die normalen Kamine geleitet. Eine besondere Feuergefahr ging von ihnen nicht aus. Deshalb durfte sich der Kaufmann Tobias Friedrich Lotter auch einen solchen Ofen in dem unter seiner Behausung in der Schulgasse befindlichen Kauflädlein einrichten. Lotter wollte, nachdem er eine Kaufmannswitwe geheiratet hatte, sein Kauflädlein erweitern und ausbauen. Der Unterstock sollte aus sauber behauenen Steinen aufgeführt und auf drei Seiten mit einer Feuermauer umgeben werden. Bisher hatte der Laden lediglich eine offene »Kohlhafenglut« besessen, jetzt sollte er mit einem kleinen Ofen aus Gußeisen ausgestattet werden[497].

1739 brach im Haus des Adlerwirts Weckherlin ein Brand aus, er konnte jedoch, ehe er größeren Schaden anrichtete, gelöscht werden. Bei der Untersuchung stellte sich heraus, daß das Feuer durch einen schlecht gereinigten Kamin entstanden war. Der Kaminfeger wurde wegen seiner schlampigen Arbeit um einen Kleinen Frevel bestraft[498].

1752 übernahm Kammerrat und Gerichtsverwandter Duvernoy als Nachfolger Böhms die Leitung der Feuerschau. Ihm folgte 1775 der Polizeikommissar und Ratsverwandte Heugelin. Im Lauf der Jahre verfiel die Feuerschau in Stuttgart wiederum in einen gewissen Schlendrian. 1785 übte die herr- und landschaftliche Brandschadensversicherungsdeputation an ihren Aktivitäten Kritik. Die Visitationen wurden lediglich noch alle drei Jahre vorgenommen. Polizeikommissar Heugelin trat von seinem Amt zurück. Ein herzogliches Reskript vom 5. Dezember 1785 ordnete an, die Feuerstätten wieder wie früher zweimal jährlich zu visitieren. Die Feuerschau arbeitete künftig in drei Rotten. Jede Rotte hatte ein Feuerschaupräsidium sowie einige tüchtige Handwerker (wenigstens einen Zimmermann, einen Maurer- oder Steinhauermeister und einen Kaminfegermeister). Die Präsidien übernahmen die Polizeikommissare und Ratsverwandten Magirus, Kapf und Scholp[499].

Nachdem in Stuttgart aus Gründen des Feuerschutzes die Benutzung von Holzfackeln untersagt worden war, dehnte ein herzogliches Reskript dieses Verbot auch auf Fremde aus, die die Stadt besuchten[500]. Bereits 1783 und 1784 erhielten die beiden ersten Gebäude in Stuttgart einen Blitzableiter: das Haus des Majors und Architekten Fischer sowie das des Leibmedikus' Klein[501]. Zwei Jahre darauf berieten Regierungsstellen darüber, die Wetter- und Blitzableiter generell auf den öffentlichen Gebäuden zu installieren[502]. 1789 wurde der Sekretär Groß beauftragt, die Kanzlei und den Prinzenbau mit Blitzableitern zu versehen. Die Dächer des Alten und des Neuen Schlosses zierte diese technische Erfindung des Amerikaners Franklin seit 1796[503].

Im Jahr 1790 erließ die Regierung für Stuttgart Anordnungen zur Verbesserung und Ausweitung des vorbeugenden Brandschutzes. Sie untersagte das »höchst feuergefährliche Räuchern« in Stallungen. Künftig durften lediglich noch Markthändler im Winter zum Aufwärmen kupferne, eiserne oder blecherne, mit durchlöcherten Deckeln versehene »Glutgeschirre« benutzen. Streng verboten waren solche Geräte in Kirchen (wo man sich ihrer bislang häufig bedient hatte) und in Häusern. In jedem Haus mußte zu Löschzwecken ständig ein Wasservorrat verfügbar sein. Den Hausvätern wurde nahegelegt, an Jahrmärkten, bei Hochzeiten, die in ihren Häusern stattfanden, oder bei sonstigen Zusammenkünften ein Züberlein mit Wasser vor dem Haus oder im Hausinnern möglichst in der Nähe der Haustüre bereitzustellen. Gastwirte und andere vermögliche Einwohner sollten Hand- und Tragspritzen anschaffen. Empfohlen wurde jedem Hausbesitzer außerdem der Kauf von Tüchern aus grober Leinwand oder Zwilch, die, mit Wasser getränkt, bei einem in der Nachbarschaft ausgebrochenen Brand zum Schutz vor die Hausaußenwände gehängt wurden. Sämtliche Öffnungen und Löcher auf den Böden und Dächern waren mit Fenstern oder Läden zu versehen und nach Möglichkeit geschlossen zu halten. Grundsätzlich sollte Öhmd nicht in Häusern, sondern in Scheunen und Magazinen verwahrt werden. Überhaupt war allenfalls ein geringer Vorrat an Heu, Stroh, Öhmd usw. auf den Böden der Häuser zu lagern. Bestrafung hatte der Hauseigentümer zu gewärtigen, bei dem schlecht gedörrtes Öhmd oder »achtlos verwahrtes Futter«, Stroh usw. entdeckt wurde[504]. Ein Einzelfall veranlaßte die Regierung am 24. September 1808, das Verbot des »unbefugten und unvorsichtigen Obstdörrens« in den Wohnungen in Erinnerung zu bringen[505]. Im Jahr darauf verfügte sie die Abschaffung aller Vorherde wegen ihrer Schädlichkeit und Feuergefährlichkeit[506].

Am 25. Januar 1818, ein gutes Jahr nach dem Regierungsantritt König Wilhelms I., erhielt Stuttgart unter dem Titel »Erneuerte Vorschriften, die Löschanstalten betreffend« eine neue Feuerordnung. Die erste Nachricht über den Ausbruch eines Brandes in Stuttgart oder auf dem Land erfolgte nunmehr vom Rotenberg aus durch »Stuckschüsse« (Kanonenschüsse), und zwar wurden drei Schüsse abgefeuert, wenn es in Stuttgart selbst brannte, zwei Schüsse, wenn ein Brand in einer Entfernung von vier bis sechs Stunden entstanden war, und ein Schuß, wenn der Brandherd noch weiter entfernt lag. Dasselbe geschah vom Hohenasperg aus. Der Beamte in Untertürkheim, den die Kanoniere auf dem Rotenberg unverzüglich zu unterrichten hatten, sandte sofort einen Reiter mit den ihm zum Brandort bzw. zur Brandgegend übermittelten Angaben zur Polizeidirektion nach Stuttgart, die dann die weiteren Maßnahmen verfügte. Nahmen die Hauptwächter auf den Türmen der Stadt ein auswärts entstandenes Feuer wahr, mußten sie dies gleichfalls raschestens der Polizeidirektion melden. Bei einem Brandausbruch in der Stadt hatten sie in ähnlicher Weise wie früher Sturm zu schlagen. Auf den Haupttürmen der Stadt war bei Tag die Feuerfahne aufzuziehen, bei Nacht eine Laterne mit brennendem Licht in Richtung des Brandherds aufzustecken. Die Tamboure des königlichen Militärs schlugen auf Befehl des Militärgouverneurs Alarm. Sonst oblagen dem Militär bei einer Feuersbrunst lediglich Ordnungs- und Sicherheitsaufgaben. Die auf der Gänsheide aufgestellten zwei Kanonen wurden durch Vertreter der Bürgerschaft bedient und abgefeuert. Bis in alle Details legte die Ordnung die Löschmaßnahmen sowie die Einteilung der Löschmannschaften fest. Solange die Feuersbrunst wütete, blieben die Haupttore, d. h. das Königstor, das Herrenberger, das Tübinger und das Calwer Tor, offen, dagegen wurden beim Ausbruch eines Brandes die übrigen Tore sofort geschlossen, doch mußten die außerhalb wohnenden Bürger jederzeit durch die kleinen Türen eingelassen werden, ohne daß sie deshalb Schließgeld zu entrichten hatten. Die Löschmaßnahmen leitete der Polizei- und Stadtdirektor. Ihm waren vier Magistratspersonen sowie der älteste Feuerschaupräses als Oberaufseher über die Löschgerätschaften beigegeben. Der Polizeidirektor und der Baumeister entschieden, ob ein in Brand geratenes Gebäude niederzureißen war. Die Aufgabe des ersten Feuerschaupräses war es, für die rasche Beischaffung des Wassers und dessen zweckmäßige Verwendung zu sorgen, den Einsatz der Spritzen und sonstigen Brandbekämpfungsgeräte zu organisieren[507].

Wenige Monate später, im November 1818, wurden die »Erneuerten Vorschriften, die Löschanstalten betreffend« durch eine »Hof-Feuer-Polizei- und Feuer-Lösch-Ordnung« ergänzt. Diese traf Vorsorge für den Fall, daß ein Feuer in einem unter der Aufsicht der Bau- und Gartendirektion stehenden Krongebäude in Stuttgart, Berg, Cannstatt oder aber in einem anderen von der Hof- und Domänenkammer verwalteten Gebäude ausbrach. Zu den Stuttgarter Krongebäuden zählten u. a. das Neue Residenzschloß, die ehemalige Carlsakademie, der Marstall, das Opernhaus, der Redoutesaal mit dem Hintergebäude, das Hofwaschgebäude oberhalb der Garnisonskirche, das alte Kanzleigebäude, das Alte Schloß, das Hofpfarrhaus, das Eisgrubgebäude bei der Münze, der Hühnerhof bei der Allee außerhalb des Wilhelmstors, das ebenfalls dort befindliche Teichelmagazingebäude, die Gebäude im Botanischen Garten. Die Aufsicht über die vorbeugenden Brandmaßnahmen oblag einer besonderen Hoffeuerschau. Aus einem Hofbaumeister, dem Bauinspektor sowie aus einem Zimmermann, einem Maurermeister und einem Kaminfeger und einem Hafnermeister bestehend, hatte sie zweimal jährlich sämtliche Feuerstätten, Öfen, Einheizwinkel, Kamine usw. zu visitieren und »alles dasjenige, was auf Feuer und Licht irgendeinen Bezug hatte«, auf das genaueste zu untersuchen. Eine Nachtwache, der ein Kaminfeger, der Obereinbrenner und ein Schloßportier angehörten, hatte jeden Abend, insbesondere im Winter, vor allem im Neuen Schloß, im Schloßbau und im Alten Schloß einen Rundgang zu machen und zu prüfen, ob alle feuerpolizeilichen Vorschriften strikt beachtet wurden. Die technische Überprüfung der Blitzschutzanlagen auf den Kron- und Hofkammergebäuden mußte zweimal im Jahr erfolgen. Da Theater- und Redoutegebäude besonders feuergefährdet waren, sollte die Theaterdirektion diesem Tatbestand durch die Aufstellung von Wachen und durch sonstige Sicherheitsvorkehrungen Rechnung tragen. Die Vorschriften für die bei einem Brand zu treffenden Löschmaßnahmen lehnten sich wesentlich den für die Stadt geltenden Vorschriften an. Genau bestimmt waren die Plätze, auf die bei einer Feuersbrunst die »Effekten« der Krongebäude zu bringen waren. Großzügige Belohnungen sicherte die Hoffeuerlöschordnung allen zu, die sich bei einer Feuersbrunst im Bereich des königlichen Hofs besonders hervortaten. Wer als erster beim Ausbruch eines Feuers Alarm schlug, zuerst mit einem Butten voll Wasser auf dem Brandplatz erschien oder das Feuer »wirklich dämpfte«, erhielt eine Belohnung von 10 Reichstalern aus der Oberhofkasse. Außerdem wollte der König Hofbediensteten und sonstigen Untertanen, die sich bei der Bekämpfung eines Brandes in hervorragender Weise auszeichneten, auch andere Gunstbeweise zukommen lassen. Hingegen hatten alle, die sich bei der Brandbekämpfung nachlässig oder saumselig zeigten, mit empfindlichen Strafen zu rechnen[508].

Damit bei einem Feuerausbruch nicht wertvolle Zeit unnütz vertan wurde, bekamen die Turmwächter am 27. November 1818 die Erlaubnis, künftig Sturmzeichen ohne polizeiliche Anweisung geben zu dürfen. Es wurde ihnen gestattet, ohne polizeiliche Anordnung, wie es damals hieß, »stürmen zu lassen«. Allerdings mußten sie anschließend sofort, wie dies auch früher vorgeschrieben gewesen war, der Polizei über den Brand Meldung machen[509].

Straßenbeleuchtung

Bis zum Beginn des 18. Jahrhunderts besaß Stuttgart keine Straßenbeleuchtung. Die Beleuchtung durch Pechpfannen beschränkte sich auf Notfälle. So mußten, wie wir gehört haben, bei nächtlichen Feuersbrünsten die an Häusern angebrachten Pechpfannen angezündet werden, um durch eine notdürftige Beleuchtung die Löschmaßnahmen zu erleichtern. Die Stadt deckte sich mit einem Vorrat an Pechringen ein, damit sie im Bedarfsfall über sie verfügen konnte. 1639 beispielsweise erwarb sie 2 200 Pechringe zum Gesamtpreis von 22 fl[510]. »Abgehende Pechpfannen« ersetzte sie durch neue[511].

Herzog Eberhard Ludwig mißfiel, daß seine Haupt- und Residenzstadt ohne jede Straßenbeleuchtung war, und dies auch während der langen Winternächte. Nachdem andere Städte ähnlichen Rangs bereits zur nächtlichen »Illumination« übergegangen waren, hielt er es für billig, daß Stuttgart gleichfalls eine Straßenbeleuchtung einführe. Am 13. Februar 1714 setzte er den Stadtvogt von seinem Entschluß in Kenntnis, auf dem Schloßplatz zwölf Laternen aufzuhängen, die künftig jede Nacht brennen sollten. Die Kosten für die Beleuchtung hatte die Stadt zu übernehmen[512]. Der Magistrat zögerte. Im Oktober desselben Jahres befahl ihm der Herzog, seinem Wunsch endlich nachzukommen. Doch die Stadtobrigkeit verhielt sich weiterhin ablehnend, verwies auf die Holzlieferungen der Stadt für die Hauptwache und den Lustgarten sowie auf die große Schuldenlast, die sie vom letzten Krieg her noch hatte. Auch stand ihrer Meinung nach der Aufwand an Öl und Lichtern für die Laternen in keinem Verhältnis zu ihrem Nutzen. Eberhard Ludwig beauftragte Oberhofmarschall von Forstner und die Rentkammer mit der Erarbeitung eines Gutachtens. Diese stellten dann auch im Sinne des Herzogs die Vorteile einer nächtlichen Straßenbeleuchtung heraus, empfahlen die Kosten für den Kauf der Laternen und für ihre Installierung durch eine Kollekte von Haus zu Haus aufzubringen und die Mittel für die Unterhaltung der Beleuchtung durch eine Steuerumlage zu finanzieren. Landbaudirektor Professor Jenisch regte an, mit etwa zehn Laternen während einiger Nächte eine Art Probebeleuchtung zu veranstalten und dann endgültig über die Einführung einer Straßenbeleuchtung zu entscheiden. Die Kommission, der neben je einem Vertreter des Oberrats, der Rentkammer und des Kirchenrats zwei Bürgermeister angehörten,

Straßenbeleuchtung am Tübinger Tor um 1830.

bezifferte die Zahl der Laternen, die für die Stadt erforderlich waren, auf 253. Sie schlug aber vor, sich zunächst mit 106 zu begnügen, was in den beiden ersten Jahren Ausgaben in Höhe von 2 200 fl verursachen würde. Die Wartung der mit eisernen Stangen an Häusern zu befestigenden Laternen sollte den zwölf Stadtwächtern gegen eine bescheidene Erhöhung ihrer Besoldung übertragen werden. Zur Bestreitung der laufenden Kosten der Straßenbeleuchtung regte die Kommission an, die Stadtreiterkompanie ganz aufzulösen sowie die drei Stadtkompanien zu Fuß personell erheblich zu vermindern, den bisherigen Stadtreitern und den entlassenen Angehörigen der Stadtkompanien zu Fuß aber für die Personalfreiheit, die sie weiterhin »genießen« sollten, eine jährliche Abgabe aufzuerlegen. Diese Abgaben sowie die Abgaben der Metzger, die keine Pferde hielten, und die der drei Wirte, denen die Personalfreiheit zugestanden war, ferner fixe Geldbeträge, die bisher steuerfreie Personen, Hofbedienstete, Künstler usw. zu entrichten hatten, ein bestimmter Zusatzbetrag zum Bürgergeld und zum jährlichen Beisitzgeld sowie eine von neuen Handwerksmeistern zu erhebende Gebühr sollten den Fonds einer Beleuchtungskasse bilden. Falls weitere Mittel erforderlich waren, konnte auf die Strafgelder für Laternenbeschädigungen zurückgegriffen, aber auch Rentkammer und Kirchenrat sowie die Landschaft um Beiträge ersucht werden. Die Kommission legte dem Magistrat nahe, für eine erste Erprobungsphase zehn Laternen anzuschaffen. Allein, dieser weigerte sich und ließ die Sache auf sich beruhen. Der Herzog verlor die Geduld. Anfang Januar 1716 befahl er, bis zum Beginn des Karnevals am 14. Januar 106 Laternen zu kaufen und zu installieren. Dies geschah. Die Laternen, die der Herzog »wegen der Verhütung von Desordres und Ohngebühren« in den engen Gäßlein als »höchst notwendig und inevitable« bezeichnet hatte, brannten während der ganzen Karnevalszeit. Da jedoch ihre Anschaffung und Unterhaltung größere Kosten als erwartet verursacht hatten, etliche auch mutwillig beschädigt oder zertrümmert worden waren, die Bürgerschaft sich zudem für die neumodische Straßenbeleuchtung nicht zu erwärmen vermochte, bat der Magistrat im Juli den Herzog, die Stadt von dieser zusätzlichen Last zu befreien. Er erklärte, die Einwohner könnten sich mit ihren Hauslaternen und Fackeln, auch mit »der uralten natürlichen Illumination« – sehr wahrscheinlich dem Mondschein – »wohl kontentieren« (zufriedengeben). Eberhard Ludwig lehnte die Abschaffung der Straßenbeleuchtung ab, er gestand lediglich zu, daß die Beleuchtung auf die Monate zwischen 1. Oktober und 31. März beschränkt blieb und daß zu dem Grundbestand von 106 Laternen jährlich weitere sechs hinzukommen sollten, bis die Zahl von 253 erreicht war. Offenbar hielt es Eberhard Ludwig für durchaus sinnvoll, daß sich Mond und Laternen keine Konkurrenz machten. Solange der Mond schien, blieben – so seine Anweisung – die Laternen aus. Ebenso brauchte man nachts nach 2 Uhr, gleichgültig wie das Wetter war, keine Straßenbeleuchtung mehr. Der Landschaftliche Engere Ausschuß stellte sich auf den Standpunkt, eine Notwendigkeit zur Einführung einer Straßenbeleuchtung bestehe hier nicht. Stuttgart sei mit keiner der großen Residenz- und Universitätsstädte zu vergleichen. Die Lichter, die die nächtlichen Straßenpassanten tragen müßten, reichten aus.

Am 9. Dezember 1716 ordnete der Magistrat, wenn auch widerstrebend, die erneute Straßenbeleuchtung an. Indes bereitete die Finanzierung Schwierigkeiten. Die Beiträge der bislang steuerfreien Einwohner gingen höchst spärlich ein. Klagen der mit 6 bis 8 fl im Jahr veranlagten »Illuminationspflichtigen« häuften sich. Im Frühjahr 1717 unternahm der Magistrat wiederum einen Versuch, den Herzog von der Nutzlosigkeit des Beleuchtungsprojekts für die Stadt zu überzeugen. Eine Beleuchtung des Schloßplatzes erschien ihm ausreichend, zumal sich auch Rentkammer, Kirchenrat und Landschaft nicht bereitfanden, einen ihnen von Eberhard Ludwig nahegelegten Kostenbeitrag zu leisten. Am 23. September 1717 behauptete der Magistrat in einer Eingabe, »der größere Teil der Einwohnerschaft hohen und niederen Standes erkenne, was für schlechten oder gar keinen Nutzen die bei zwei Jahren in der Stadt auf Probe eingeführten Laternen dem Publikum gebracht, welch große Kosten sie dagegen verursacht hätten, wie unzulänglich und zum Teil unbillig die dazu anfänglich ausgesonnenen Fundus et media (Fonds und Mittel) seien«. Der Herzog beharrte auf der Straßenbeleuchtung, und er ging auch von der einmal getroffenen Entscheidung nicht ab, nachdem er den Hof nach Ludwigsburg verlegt hatte. In der Bürgerschaft herrschte Unwille, ja Empörung. »Das verfluchte Laternengeld« erregte die Gemüter. Die ärmeren Einwohner sahen sich durch ein Übermaß an Wachen, Exerzieren usw. übel ausgenutzt, zumal sich viele Wohlhabende ihre Personalfreiheit, die die Befreiung von Wachen einschloß, durch das »Laternengeld« erkauften. Ein im Mai 1720, wahrscheinlich aber erst im März 1730 den drei Bürgermeistern an die Häuser geheftetes Pasquill gab dieser explosiven Stimmung Ausdruck. Den armen Bürgern, so stand darin zu lesen, gehe es »ärger als den Kindern Israel in Ägypten«. Nirgendwo im Reich behandle man sie so »gottlos« wie hier[513].

Erst 1730 wagte der Magistrat in der leidigen Straßenbeleuchtungsangelegenheit einen erneuten Vorstoß. Auch diesmal hatte er keinen Erfolg. Herzog Eberhard Ludwig vermochte die Ansicht nicht zu teilen, die Straßenbeleuchtung sei eine für die Stadt schier unerträgliche Last. Er empfahl eine bessere »Administration und Ökonomie«. Dem widersprach der Magistrat am 21. Januar 1732 in einer weiteren Eingabe. Kurios mutet sein Argument an, die Straßenbeleuchtung verhindere nächtliche Exzesse nicht, begünstige sie vielmehr, weil die Diebe Personen, die sie berauben wollten, beim Schein der Laternen erst recht ins Auge fassen und dann an dunklen Stellen plündern könnten. Eine ähnliche Behauptung hatte ein Stuttgarter Bürger bereits 1723 aufgestellt. Seiner Ansicht nach brachten die Laternen den Nachtschwärmern Vorteile und leisteten Dieben Vorschub. Die Spitzbuben könnten sehen, so meinte er, welche Personen vorübergingen und beispielsweise nach Kleidung und Kopfbedeckung beurteilen, ob es sich lohne, sie anzugreifen. Auch bei der Sicherung ihrer Diebstähle wären die Laternen den Dieben von Nutzen, weil sie eine anrückende Wachabteilung leicht erkennen könnten. Größeres Gewicht kam einer anderen vom Magistrat getroffenen Feststellung zu: Seitdem der Herzog mit seinem Hof in Ludwigsburg residiere, habe der Karneval aufgehört, einen Grund für die Aufrechterhaltung der Beleuchtung gebe es nicht, man könne die dafür erforderlichen Mittel zweckmäßiger zum Kauf eines für die Stadt dringend benötigten Schulhauses verwenden. Da sich die Regierung dem Magistrat zur Seite stellte, gab der Herzog nach. Am 29. Oktober 1732 verfügte er die Aufhebung der Beleuchtung. Die »Illuminationsbeiträge«, wenn sie auch jetzt in die Schulkasse und nicht mehr in die »Illuminationskasse« flossen, mußten aber weiterhin entrichtet werden; sie beseitigte Herzog Carl Eugen erst im Jahr 1744.

Fast dreißig Jahre blieb Stuttgart ohne Straßenbeleuchtung. Erst im Oktober 1761 führte sie die Stadt auf Wunsch Herzog Carl Eugens wieder ein. Sie beschaffte 770 Laternen zum Preis von 2 392 fl, von dem der Herzog 2 000 fl übernahm. Nach der erneuten Verlegung des Hofs nach Ludwigsburg im Jahr 1764 kehrte Stuttgart allerdings nochmals zum nächtlichen Dunkel zurück. Am 8. Februar 1776 nahm die Stadt mit Erlaubnis Carl Eugens ihre Straßenbeleuchtung wieder in Betrieb, beschränkte sie aber auf die Zeit der Anwesenheit des Landesherrn in ihren Mauern. Den Buchhändler Nicolai erinnerten 1781 die dreieckigen Laternen an seine Heimatstadt Berlin. Es kam ihm aber etwas verwunderlich vor, daß die Stuttgarter ihre Straßenlichter nur dann anzündeten, wenn sie der Herzog mit seiner Gegenwart beehrte. Im Juni 1786 stellte die Stadt den ersten Versuch mit sogenannten »Reverbères« an, mit mitten über die Straße hängenden, mit Hohlspiegeln versehenen Laternen – bislang waren die Laternen durch Stangen an den Häusern befestigt gewesen. Die neuen Beleuchtungskörper fanden Anklang. Deshalb kaufte die Stadt im nächsten Jahr 80 dieser Laternen zum Gesamtpreis von knapp 2 700 fl, in den Jahren darauf weitere 23[514]. Es scheint indes, daß der Straßenbeleuchtungsstandard Stuttgarts nicht mit dem vergleichbarer Städte Schritt hielt. Im Mai 1790 verlangte Herzog Carl Eugen jedenfalls ein verbessertes »Illuminationswesen«. Er begründete seine Forderung mit einem höheren Grad von Sicherheit, den er für seine Residenz für unverzichtbar hielt. Die Stadt geriet mit ihrer Illuminationskasse ins Defizit. 1794 entschied daher Herzog Ludwig Eugen, den auf 2 200 fl angestiegenen Fehlbedarf durch Zuwendungen aus den Mitteln von Kirchenrat und Landschaft sowie Rentkammer zu decken. Er selbst wollte aus seiner Privatschatulle 1 000 fl beisteuern. Doch der Kirchenrat und auch die Landschaft sträubten sich gegen den ihnen abgeforderten Beitrag. Wegen des fortdauernden Krieges und der nicht nachlassenden Teuerung gestand Herzog Friedrich Eugen im November 1796 der Stadt zu, die Straßenbeleuchtung abzustellen, bis die Illuminationskasse und die Stadtkasse wieder zu Kräften kämen[515]. Der nochmalige Rückfall in die »unerleuchtete« nächtliche Dunkelheit währte trotz der angespannten Finanzsituation nur kurze Zeit. Unter Herzog, Kurfürst und König Friedrich wurde die Straßenbeleuchtung für Stuttgart zu einer ständigen Einrichtung. Im Jahr 1811 erleuchteten 251 Laternen bei Nacht die Straßen und Gassen der Stadt. Der Verbrauch an Öl belief sich auf 568 Zentner 13 Pfund, die Gesamtbeleuchtungskosten schlugen im Jahr mit 29 000 fl zu Buch[516].

Wege- und Straßenverhältnisse

Der unter den Toren erhobene Wegzoll (Weggeld), den die Herrschaft der Stadt überlassen hatte, mußte zur Unterhaltung des Straßenpflasters in der Stadt verwendet werden[517]. Die Einnahmen aus ihm waren ansehnlich; sie beliefen sich beispielsweise in den Jahren 1687 bis 1695 auf insgesamt 2 050 fl 1 kr (in den einzelnen Jahren auf 190 bis 451 fl)[518]. Dennoch reichten sie nicht aus, um das Straßenpflaster in gutem Zustand zu erhalten. 1707 war das Pflaster fast in allen Gassen »löcherig«, »übel zu begehen und zu befahren«. Ein herzogliches Reskript ordnete umgehende Reparaturen an. Um der Stadt die Mittel dafür an die Hand zu geben, gestand der Landesherr eine Erhöhung des Weggelds je Wagen von 4 auf 8 und je Karren von 2 auf 4 Pfennig zu. Allein, vier Jahre später bemängelte der Herzog erneut den »schlechten Stand« des Pflasters: Neben den mitten auf den Straßen befindlichen Misthaufen bilde er den Grund, wenn mit Kutschen oder Wagen in den Gassen fast nicht mehr fortzukommen sei[519]. Um seinen Straßenunterhaltungspflichten nachkommen zu können, ersuchte der Magistrat 1723 um die Erlaubnis, das Weggeld wiederum erhöhen zu dürfen. Doch der Herzog hielt den gegenwärtigen Zeitpunkt für unangebracht. Der Weinhandel, so argumentierte er, liege danieder, eine Anhebung des Weggelds würde ihn nur noch mehr beeinträchtigen. Er untersagte dem Magistrat auch, von Herrschaftsfuhren Weggeld zu beanspruchen. Daß am Hauptstätter Tor zwei Wagen und zehn Karren, die Holz in den herrschaftlichen Hofgarten transportieren sollten, die Durchfahrt verweigert worden war, weil sie das ihnen abverlangte Weggeld nicht entrichtet hatten, hatte seinen besonderen Unwillen erregt[520]. 1727 gestand er dann doch eine Verdoppelung des Weggeldes (auf 8 und 4 kr) zu. Die Erhöhung sollte zunächst für neun Jahre gelten, wurde dann aber mehrmals verlängert. Allerdings mußte sich die Stadt verpflichten, außer dem Pflaster der Straßen in der Stadt auch die Zufahrtsstraßen nach Stuttgart, insbesondere die Weinsteige und die Gaisburger Steige, in gutem Zustand zu erhalten. Der bisher von der Kastkellerei geleistete Beitrag fiel weg. Für die herrschaftlichen Wein- und Fruchtfuhren galt weiterhin das alte Weggeld. Da es die Rentkammer jetzt ablehnte, sich an den Unterhaltungskosten des Pflasters der Straßen in und um Stuttgart zu beteiligen, ja nicht einmal die »Plästerung« von herrschaftlichen Gärten, Höfen und Häusern übernahm, hatte die Stadt eine schwere finanzielle Bürde zu tragen. Eine Klage des Magistrats wies der Herzog-Administrator 1740 mit der Bemerkung zurück, die Stadt solle ihre drei »Wegknechte« (Straßenwarte) wieder abschaffen. Diese kosteten, weil sie feste Gehälter bezögen, zu viel, hätten andererseits wenig zu tun, zumal nachdem sich jetzt das Deichselfuhrwesen durchgesetzt habe[521]. Der Magistrat wehrte sich: Das neue Deichselfuhrwesen mache das »Einhacken« der Fahrgleise nicht überflüssig, und dies vor allem deshalb nicht, weil die meisten Fuhrleute die beiden hintersten Rosse deichselmäßig, die drei oder vier vorderen Pferde aber nach alter Gabelfuhrmanier anspannten, mithin das, was die hinteren Pferde »am Weg konservierten«, die vorausgehenden wieder ruinierten. Die Wegknechte müßten zudem bei Regenwetter das Straßenpflaster vom Kot reinigen. Sie könnten überhaupt sehr viel effektiver eingesetzt werden als Taglöhner, die unter einem Obmann arbeiteten[522]. Dennoch mußte sich der Magistrat schließlich der herzoglichen Willensbekundung fügen. 1745 beschäftigte die Stadt lediglich noch zwei Wegknechte, und diese entlohnte sie auf Taglöhnerbasis: Taglohn 20 kr im Sommer und 18 kr im Winter aus der Weggeldkasse[523]. Die Rentkammer leistete jetzt einen verminderten Beitrag in die wohl mit der Weggeldkasse identische »Plästerkasse«: 300 fl (früher waren es 600 fl gewesen)[524]. Waren zu Beginn des 18. Jahrhunderts noch viele »Orte« in der Stadt nicht gepflastert, so konnte dieses »Defizit« in den folgenden Jahrzehnten trotz mangelnder finanzieller Ressourcen zu einem gut Teil abgetragen werden[525]. Ganz verstummten jedoch auch dann die Klagen über Gassen und Straßen nicht, die sich in schlechtem Zustand befanden. So war 1747 der Weg vom Schloß zum Lusthaus so schlimm, daß er kaum mehr zu befahren war. Immer wieder wurde festgestellt, daß überladene Wagen, namentlich herrschaftliche und andere Holzfuhrwerke, das Straßenpflaster ruinierten[526].

Mit dem Beginn einer stärkeren Ausdehnung der Stadt zu Anfang des 19. Jahrhunderts hinkte der verkehrssichere Ausbau der Straßen ihrer Trassierung zum Teil erheblich hinterher. 1809 war die »Neue Straße«, die heutige Konrad-Adenauer-Straße, so »grundlos«, daß sie von Fußgängern »nicht ohne Gefahr passiert werden« konnte. Die Regierung wies deshalb den Magistrat an, bis zur ordnungsgemäßen Pflasterung der Straße einen hinreichend breiten Fußweg anzulegen und diesen von Zeit zu Zeit mit grobem Kies zu beschütten. Die »Chaussierung« der Neuen Straße erfolgte dann 1811/12[527].

Das Problem des zu schnellen Fahrens beschäftigte schon im Jahr 1790 die Behörden. Am 9. Oktober jenen Jahres wurde den Kutschern zur Pflicht gemacht, bei Fahrten von und zur »Komödie und Redoute«, aber auch bei sonstigen Fahrten, vor allem bei Nacht, bestimmte Wege einzuhalten, eine gewisse Geschwindigkeit nicht zu überschreiten, auf Fußgänger und »Porte-Chaisen« (Sänften) Rücksicht zu nehmen[528]. Daß die Bewohner im Winter bei Schnee und Eis streuen mußten, haben wir schon gehört[529]. Im Februar 1804 verbot eine Polizeiverfügung den Kutschern, sich beim Halten von ihren Pferden zu entfernen. »Der ruhige Fußgänger« sollte nicht »in die größte Unsicherheit gesetzt werden«[530]. Seit Januar 1808 mußten Pferde, die in der Stadt zum Fahren benutzt wurden, bei Schnee mit Geläut ausgestattet sein, um Unglücksfälle zu vermeiden. Ausnahmen galten lediglich für Fahrzeuge, die durch Vorreiter oder Läufer angekündigt wurden[531]. Seit November 1815 waren beim Reiten und Fahren in Stuttgart und Ludwigsburg Höchstgeschwindigkeiten vorgeschrieben: »Reiten nur im Schritt« und »Fahren bis zum kurzen Trott«[532].

Daß Untertanen auf den Straßen dem Landesherrn nicht den gebührenden Respekt erwiesen, ja ihn durch rücksichtsloses Fahren sogar in Gefahr brachten, registrierte König Friedrich mit »gerechtem Befremden und Mißfallen«. Statt stillzuhalten und auszuweichen, fuhren Kutscher und andere Fuhrleute schnell am Wagen des Königs vorbei. Am 18. August 1809 verfügte er, daß jedermann, der ein Gefährt lenkte, sobald er dem Wagen des Königs begegnete, sofort auf die Seite fahren und stehenbleiben sollte, bis »Seine Königliche Majestät vorüberpassiert« war[533].

Die wichtigsten von Stuttgart ausgehenden Straßen waren zu Beginn des 18. Jahrhunderts die Weinsteige nach Degerloch, die Straßen nach Berg/Cannstatt, Esslingen, Zuffenhausen, Botnang/Feuerbach/Weilimdorf. Die Straße nach Esslingen führte nicht wie heute über Berg und den Neckar entlang, sondern über die Esslinger Steige auf die Höhe, dann nach Gablenberg und weiter über die Wangener Höhe nach Hedelfingen. In Richtung Zuffenhausen gingen von Stuttgart zwei Straßen aus: die Straße über die Feuerbacher Heide und die Straße am Galgen vorbei über den Pragsattel. Der Weg über die Doggenburg teilte sich in mehrere Zweige. Einer führte nach Botnang/Bergheim/Gerlingen, ein zweiter nach Feuerbach und ein dritter – über die Hohe Warte – nach Weilimdorf[534].

Die für Stuttgart bedeutendste Straße war nach wie vor die Weinsteige. Die seit 1550 mit dem Status einer Geleitstraße ausgestattete Straße wurde von der Thurn-und-Taxisschen Reichspost benutzt, außerdem verkehrten auf ihr seit 1697 die Landkutschen von Frankfurt nach Schaffhausen[535]. Wegen des großen Höhenunterschieds, der auf ihr zu bewältigen war, stellte ihre Instandhaltung hohe Anforderungen. Am 11. August 1700 berichtete der Stuttgarter Stadtvogt, die Weinsteige befinde sich zwischen der Stuttgarter Gemarkungsgrenze und Degerloch in einem erbärmlichen Zustand. Wenn nicht umgehend gründliche Reparaturen durchgeführt würden, könne sie nicht mehr benutzt werden. Dies hätte katastrophale Auswirkungen, weil dann der für die Stadt lebensnotwendige Handelsverkehr mit Getreide, Wein, Holz und anderen Erzeugnissen, an dem nicht nur die nächsten, sondern auch weiter entfernte württembergische Oberämter Anteil hätten, weitgehend lahmgelegt wäre. Der Stadtvogt hielt eine Pflasterung der Steige für unumgänglich. An den von ihm mit 1084 fl bezifferten Kosten sollten die Stadt und Degerloch je 300 fl übernehmen, der Rest wäre auf 17 Ämter aufzuteilen. Die Instandsetzung des Straßenabschnitts auf der Degerlocher Gemarkung wollte der Stadtvogt den Flecken des Stuttgarter Amts übertragen. Damit aber waren diese nicht einverstanden. Sie erklärten, Stuttgart erhebe unter seinen Toren Wegzoll und erlange so ansehnliche Einnahmen, die bei den Straßenreparaturkosten zu berücksichtigen seien. Bei einer Besprechung von Vertretern der Stadt und des Amtes in Gegenwart einer herzoglichen Deputation am 26. Juni 1700 beharrte die Stadt auf ihrem Standpunkt. Sie sei, so erklärte sie, nicht verpflichtet, zur Reparatur der Straße außerhalb ihrer Gemarkung einen Beitrag zu leisten. Wenn sie sich in der Vergangenheit dazu bereitgefunden habe, dann nur freiwillig und vom Willen zur Erhaltung guter Nachbarschaft beseelt. Dem widersprach der Amtsvogt: Die Stadt habe stets die Reparatur übernommen, wenn die Straße nicht mehr befahrbar gewesen sei, Degerloch habe mit der Instandhaltung der Straße nie etwas zu tun gehabt. Oberrat Bardili von der herzoglichen Deputation suchte die leidige Angelegenheit pragmatisch anzugehen. Hier, stellte er fest, gehe es nicht um Rechtsfragen, sondern um den Tatbestand, daß eine Reparatur der Straße unerläßlich sei. Der Amtsvogt verstand sich jetzt zu einem freiwilligen Beitrag des sehr armen Dorfes Degerloch und der übrigen Amtsflecken in Höhe von 200 fl, allerdings »ohne Präjudiz«. Stuttgart machte geltend, die Weinsteige sei durch den Krieg ruiniert worden. An Kosten für Pflästern und für andere Instandhaltungsarbeiten an seinen Straßen habe es zwischen 1687 und 1695 beinahe doppelt soviel aufgewandt, als es Einnahmen aus dem Wegzoll während dieses Zeitraums erlangt habe. Die Fürstliche Landesordnung lege eindeutig fest, daß die Straßenunterhaltung der Gemeinde obliege, über deren Gemarkung die betreffende Straße führe. Die Stadt Stuttgart sehe sich gänzlich außerstande, sämtliche Straßen auf fremden Gemarkungen, die zu ihr hinführten, zu reparieren. Um Degerloch künftig die Unterhaltung der Weinsteige in seinem Gemarkungsbereich zu ermöglichen, schlug der Stadtvogt vor, dem Dorf die Erhebung eines Weggelds (2 Pfennig für einen Wagen und 1 Pfennig für einen Karch) zu gestatten. Die Deputation erreichte schließlich, daß sich Stadt und Amt zu je einem Beitrag von 325 fl an den Reparaturkosten bereitfanden. Der Herzog billigte diesen Kompromiß und entschied, daß der an der Finanzierung der Gesamtkosten noch fehlende Teilbetrag auf die »Tricesimationskasse« (Kriegssteuerkasse) übernommen werden sollte. Außerdem genehmigte er Degerloch die Erhebung eines Weggelds sowie die Bestellung eines Wegknechts. Jetzt konnte die Pflästerung in Angriff genommen werden; sie war bis zum Juli 1702 abgeschlossen[536].

Indes war Degerloch keineswegs damit einverstanden, daß es künftig die Weinsteige auf seiner Gemarkung instand zu halten hatte. Es weigerte sich daher auch, das ihm zugestandene Weggeld zu erheben. Gegen eine Unterhaltungspflicht von Gemeindewegen und -straßen, schrieb es in einer Eingabe an den Herzog, sei nichts einzuwenden, wohl aber gegen eine solche von allgemeinen großen und vielbefahrenen Straßen. Straßen dieses Rangs würden stets von der Herrschaft oder von den Amtsstädten unterhalten, die Zoll und Weggeld erheben würden. Degerloch sei ein armer Ort. Man nenne es den »Stümpplenflecken«, weil sich seine Bewohner zum Teil vom Ausgraben von Holzstumpen ernährten, die sie nach Stuttgart verkauften. Der Stuttgarter Magistrat zeigte sich beunruhigt. Am 2. Juni 1704 wandte er sich beschwerdeführend an den Herzog. Dieser stellte klar, Degerloch habe sich an die getroffenen Vereinbarungen zu halten, das Weggeld einzuziehen und einen Wegknecht zu bestellen. Doch selbst der herzogliche Befehl fruchtete nichts. Der Amtsvogt stellte sich der Gemeinde Degerloch zur Seite und verteidigte deren kompromißlos ablehnende Haltung. Er forderte sogar aus der Tricesimationskasse die 138 fl 37 kr zurück, die seiner Ansicht nach das Dorf bei der letzten Straßenreparatur zuviel bezahlt hatte.

1709 war das Pflaster der Weinsteige auf Degerlocher Gemarkung, abgesehen von einigen schadhaften Stellen, in einem insgesamt noch recht guten Zustand. Drei Jahre später hatte sich die Situation grundlegend geändert. Nach einem Bericht des Forstmeisters in Stuttgart war die Weinsteige als Fahrstraße kaum mehr zu gebrauchen. Herzog Eberhard Ludwig ordnete eine ungesäumte Reparatur an. Offenbar erfolgte sie entweder überhaupt nicht oder allenfalls im Stuttgarter Gemarkungsbereich. 1715 gab der Magistrat der »Morosität« Degerlochs die Schuld, daß die Straße »abermals totaliter ruiniert« war. Im September 1728 wiederholte er seine Vorwürfe an die Adresse der Nachbargemeinde. Auf der Stuttgarter Gemarkung seien die erforderlichen Reparaturen durchgeführt worden, erklärte er. Der Herzog bestand auf einer Instandsetzung der Weinsteige auch in ihrem oberen Teil. Allein, Degerloch beharrte auf seinem Standpunkt, die Weinsteige sei eine Hauptstraße mit einem sich bis in die Schweiz erstreckenden starken Fernverkehr, ihre Instandhaltung könne ihm deshalb nicht zugemutet werden. Es war nach wie vor nicht bereit, ein Weggeld zu erheben oder einen Wegknecht anzustellen[537].

Die bauliche Unterhaltung der Weinsteige blieb ein Zankapfel zwischen Stuttgart und Degerloch. Dringend notwendige Reparaturen wurden unterlassen oder allenfalls widerwillig in Angriff genommen. Eine umfassende Instandsetzung der Straße, die stellenweise eine Neutrassierung bedeutete – 43 Grundbesitzer mußten insgesamt 5 Morgen Wiesen und Weingärten abtreten –, erfolgte 1751/52[538]. Freilich, knapp vier Jahre später befand sich die Weinsteige, weil die Reparaturen anscheinend schlecht ausgeführt worden waren, wiederum in einer ruinösen Verfassung. Diesmal hielt der Herzog auch gegenüber Stuttgart mit seiner Verärgerung nicht zurück. Er verfügte, die erforderlichen Ausbesserungsarbeiten umgehend vorzunehmen[539].

Links neben der Weinsteige führte übrigens auf einer Länge von 900 Metern ein serpentinenartig angelegter Herrschaftsweg einher. Ihn benutzte Herzog Eberhard Ludwig, wenn er in sein Jagdhaus nach Ittinghausen fahren, reiten oder auch wenn er größere Reisen in Richtung Süden, etwa nach Tübingen oder Balingen, unternehmen wollte. 1745 war dieser Herrschaftsweg »verfallen« und vom Wasser ziemlich zerrissen. Eine Reparatur tat not[540].

Gustav Wais behauptet, daß von den beiden nach Zuffenhausen führenden Straßen (Straße vom Büchsentor über die Feuerbacher Heide und den Herdweg sowie die Straße über die Galgensteige und die Prag) die erstere, bis weit hinein ins 18. Jahrhundert die wichtigere gewesen und erst 1750 mit dem chausseemäßigen Ausbau der anderen Straße auf den zweiten Rang zurückgefallen sei[541]. Dies mag zutreffen, auch wenn die sogenannte Prager Straße die bequemere, leichter zu befahrende Straße war. Allein, diese Prager Straße befand sich meist in einem »ziemlich ruinösen Zustand«, so 1711 durch »den allzu strengen Gebrauch der Fuhr- und Güterwagen«, vor allem aber durch den Krieg mit vielen Truppendurchzügen. Eine Reparatur der Straße, d. h. ihre Pflästerung, wurde 1712 auf die enorme Summe von 20 000 fl veranschlagt. Der Kommerzienrat hatte Bedenken, in der gegenwärtigen Kriegszeit wegen der hohen Kosten die Pflästerung vorzunehmen. Doch der Herzog bestand darauf. Allem Anschein nach kam es trotzdem nicht dazu. Ein Unternehmer, der in der Lage gewesen wäre, die Straßenbauarbeiten durchzuführen, fand sich nicht. Die daraufhin vom Herzog angeordnete Reparatur durch die dazu nach den Lagerbüchern verpflichteten Orte ging über eine kümmerliche Flickschusterei nicht hinaus[542]. 1722 war »der Weg über die sogenannte Prager Straß hinaus« »bös und grundlos«, der Regen verwandelte ihn in Morast und machte ihn für die Reiter und Fuhrwerke unpassierbar. Die Beschwerden der Reisenden, der Kaufleute und der Fuhrunternehmer häuften sich. Ein Großteil von ihnen mied die in einem katastrophalen Zustand befindliche Straße, die die Regierung als eine Hauptstraße des Landes bezeichnete, weil sie Stuttgart mit Heilbronn und Frankfurt verbinde. Die Folge war, daß viele Reisende »bis auf einen kleinen Distrikt« das Herzogtum umgingen. Für die »Fürstlichen Regalien« wie Zoll, Umgeld, Akzise usw. wirkte sich dies sehr nachteilig aus. Seit Jahren, so stellte die Regierung fest, fordere Herzog Eberhard Ludwig eine grundlegende Verbesserung der zu seiner Residenzstadt Ludwigsburg führenden Straßen. Deshalb müsse der sogenannte Kiesweg bis zur Höhe gegen Zuffenhausen gepflastert und in gutem Zustand erhalten werden. Nach der Ansicht von Sachverständigen wären die »Ordinari-Straß« und auch der Herrschaftsweg (der sich vermutlich parallel zu dieser Straße hinzog) »gänzlich abzutun« und an ihrer Stelle durch einen Unternehmer eine neue Straße zu bauen. Die neue Straße sollte vom Siechentor zur Maille führen, von dort bis zur Brücke über den Nesenbach und weiter zur Cannstatter Höhe bei dem »Bettelmann«. Der tiefgelegene Wegabschnitt müßte gepflastert werden. Damit der »Entrepreneur« dieses große Werk beginnen könne, sollten ihm von der Landschaft sowie von den Städten und Ämtern umgehend 12 000 fl, von der Rentkammer 6 000 fl und von der »Visitation« (Kirchenrat) 4 000 fl zur Verfügung gestellt werden. Die hohen Baukosten rechtfertigten die Erhebung eines Weggelds. Dieses werde dem »Entrepreneur« zufallen, da er für die Dauer von 20 Jahren die Verantwortung für die Straße behalte. Erst danach werde die Herrschaft die Verwaltung der Straße und die Erhebung des Weggelds in eigene Regie übernehmen, dem Unternehmer oder seinen Erben aber wäre durch die Rentkammer eine Entschädigung von 7 500 fl zu zahlen. Um der Straße ein Verkehrsmonopol zu sichern, müßten sämtliche Fuhrleute und Reiter, namentlich die von Cannstatt kommenden, bei 20 fl Strafe die neue Straße benutzen. Die Wege zu den Gütern im Einzugsbereich dieser Straße dürften allenfalls 10 Schuh breit sein und nur für landwirtschaftliche Zwecke in Anspruch genommen werden. Dem Unternehmer, der die Straße baue und unterhalte, müßten lukrative Anreize gegeben werden, so sollten ihm Privilegien beim Steinebrechen, beim Wagenabstellen oder auch bei der Einrichtung einer Wohnung (etwa im neuen Zollhaus) eingeräumt werden[543]. Indes blieb das große Projekt auf dem Papier. An den desolaten Straßenverhältnissen in Richtung Prag/Zuffenhausen änderte sich nichts. Die Ausweichstraße über den Herdweg und die Feuerbacher Heide war weiterhin unentbehrlich[544]. 1738 leistete die Stadt Stuttgart zur notdürftigen Reparatur der Straße zur Prag Geldbeiträge und stellte mit Hauen und Schaufeln ausgerüstete Arbeiter (sehr wahrscheinlich Froner)[545]. In demselben Jahr begann man in Württemberg, von Ludwigsburg ausgehend, mit dem Bau der ersten Kunststraße seit der Römerzeit. Die bis Kornwestheim reichende erste Teilstrecke konnte bereits 1739 fertiggestellt werden, die Gesamtchaussee Ludwigsburg – Stuttgart, die sich im Stuttgarter Gemarkungsbereich mit der Trassenführung der alten Straße deckte, jedoch erst 1750[546].

In Jahr 1725 bat die Stadt Stuttgart die Herrschaft, die »gepflästerte Straße« nach Esslingen in »brauchbaren Stand« zu setzen. Der Stadt oblag lediglich die bauliche Unterhaltung der Straße innerhalb ihrer Gemarkung, und dieser Straßenabschnitt war offensichtlich nicht zu beanstanden. Dagegen befand sich die Straße außerhalb der Stuttgarter Gemarkung, wo sie die Herrschaft zu unterhalten hatte, in einer derart schlechten Verfassung, daß ihre Benutzung für Fuhrleute, die sie noch zu befahren wagten, ein geradezu halsbrecherisches Unterfangen war. Der Magistrat wies auf die Nachteile hin, die die Stadt erlitt, wenn ihr »einziges Commercium«, das ihr ein Stück Geld einbrachte, nämlich der Weinhandel, durch miserable Wegverhältnisse abgewürgt werde. Freilich, so meinte sie, auch die Herrschaft tue sich keinen Dienst, wenn sie ihre mit der Esslinger Straße verbundenen Zollinteressen vernachlässige[547].

Probleme gab es auch anderwärts, wenn die Unterhaltung oder die Instandsetzung einer Straße aus unterschiedlichen Kassen bestritten werden mußte. 1725 beispielsweise waren die Städte und Ämter Backnang, Winnenden und Lorch noch immer mit den ihnen 1706 zugewiesenen Anteilen von je 56 fl 15 kr an den Reparaturkosten des Stöckachwegs im Rückstand. Der Stuttgarter Magistrat mahnte nunmehr die umgehende Zahlung an. Doch im Gegensatz zu den Städten und Ämtern Murrhardt, Schorndorf, Waiblingen und Cannstatt, die sehr wahrscheinlich anstandslos ihren Anteil entrichtet hatten, weigerten sich Backnang, Lorch und Winnenden, namentlich aber die beiden letzteren, ihre finanziellen Verbindlichkeiten einzulösen. Sie erklärten, zum einen benutzten sie die Straße kaum, zum anderen seien sie mit Steuern und Anlagen, in hohem Maß aber mit Straßenunterhaltungskosten in ihrem eigenen Bereich stark belastet[548].

In schlechtem Zustand befand sich 1743 der Kiesweg nach Berg und Cannstatt. Die Reparatur oblag der Rentkammer. Doch diese wollte wegen mangelnder Aufsicht zunächst den Zoller zur Rechenschaft ziehen, zumal dieser zusätzlich zu seiner Besoldung ein Pferd und »Fourage« (Futter) bekomme[549]. Damit drang sie aber wohl kaum durch. Indes, eine Rüge dürfte der Zoller, wie dann auch 1765 der Berger Amtmann, erhalten haben. In jenem Jahr war nämlich die »sehr frequentierte« Berger Straße voller Löcher und nur mit der größten Beschwerlichkeit zu befahren. Der Herzog ordnete die umgehende Reparatur des Weges an, und er verfügte zugleich, das auf dieser Straße anfallende beträchtliche Weggeld zu ihrer »Konservation« zu verwenden[550].

Herzog Carl Eugen erkannte die Vorteile eines gut ausgebauten modernen Straßennetzes. Unter ihm wurden entscheidende Weichen für die Zukunft gestellt. Der Bau der Straße Ludwigsburg – Stuttgart stand am Beginn der Schaffung chausseemäßig ausgebauter Straßen nach französischem Vorbild. Der Herzog bediente sich hierbei der Erfahrungen und des technischen Sachverstands französischer Ingenieure[551]. Im Juni 1752 erließ er die erste Wegeordnung für das Herzogtum Württemberg. Die Unterhaltung der Straßen blieb auch weiterhin Sache der Gemeinden, doch sollten Gemeinden mit unverhältnismäßig großen Straßenabschnitten an stark befahrenen Straßen bei deren Instandhaltung durch benachbarte Gemeinden unterstützt werden. Vorsorge mußte getroffen werden für die ständige Instandhaltung der Straßen und für die umgehende Beseitigung von Schäden auf den Fahrbahnen. Im Erbvergleich von 1770 verpflichtete sich die Landschaft zu einem jährlichen Beitrag von 22 000 fl zum Straßenbau und zur Straßenunterhaltung. Rentkammer und Kirchenrat hatten zusammen 11 000 fl beizusteuern. Die zweite verbesserte Wegeordnung vom 28. Januar 1772 führte das Chausseegeld ein, eine Abgabe für die chausseemäßig ausgebauten Straßen. Mit ihrer Erhebung wurden Chausseegeldeinbringer betraut. Das Land beteiligte sich jetzt maßgeblich am Bau und an der Unterhaltung überörtlicher Straßen[552]. Am 4. November 1771 übernahm die neueingerichtete herzogliche Straßenkasse außerhalb der Tore die Unterhaltung der Ludwigsburger Straße, des Kieswegs, der Weinsteige und der Gaisburger Steige. Trotzdem reichte auch jetzt der Ertrag des Weggelds zur Instandhaltung der Straßen nicht aus. 1797 wurde deshalb der Stadt ein Pflastergeld von 2 kr je Stück Zugvieh bewilligt und diese Gebühr zwei Jahre später auch auf auswärtige Kutschen, Chaisen und Reitpferde einschließlich der Postwagen und Landkutschen ausgedehnt. Außerdem wurde im November 1799 noch ein Torsperrgeld eingeführt, das vor 10 Uhr abends 1 kr und nach 10 Uhr 2 kr betrug. Dieses später verdoppelte Torsperrgeld hatten alle die Tore passierenden Menschen und Tiere mit exakt bestimmten Ausnahmen zu entrichten[553].

Unter den großen Straßenbauern rangiert Herzog, Kurfürst und König Friedrich. Ihm ist es wesentlich zu verdanken, wenn Württemberg bei der Schaffung eines leistungsfähigen Fernstraßennetzes eine Vorreiterrolle in Deutschland übernahm, wenn in unserer engeren Heimat auf dem Gebiet des Straßenbaus eine vielhundertjährige Stagnation nunmehr endgültig überwunden werden konnte[554].

Um die Beschaffenheit der Stuttgarter Zufahrtsstraßen war es trotz der unverkennbaren Fortschritte im Straßenbau zum Teil auch noch gegen Ende des 18. Jahrhun-

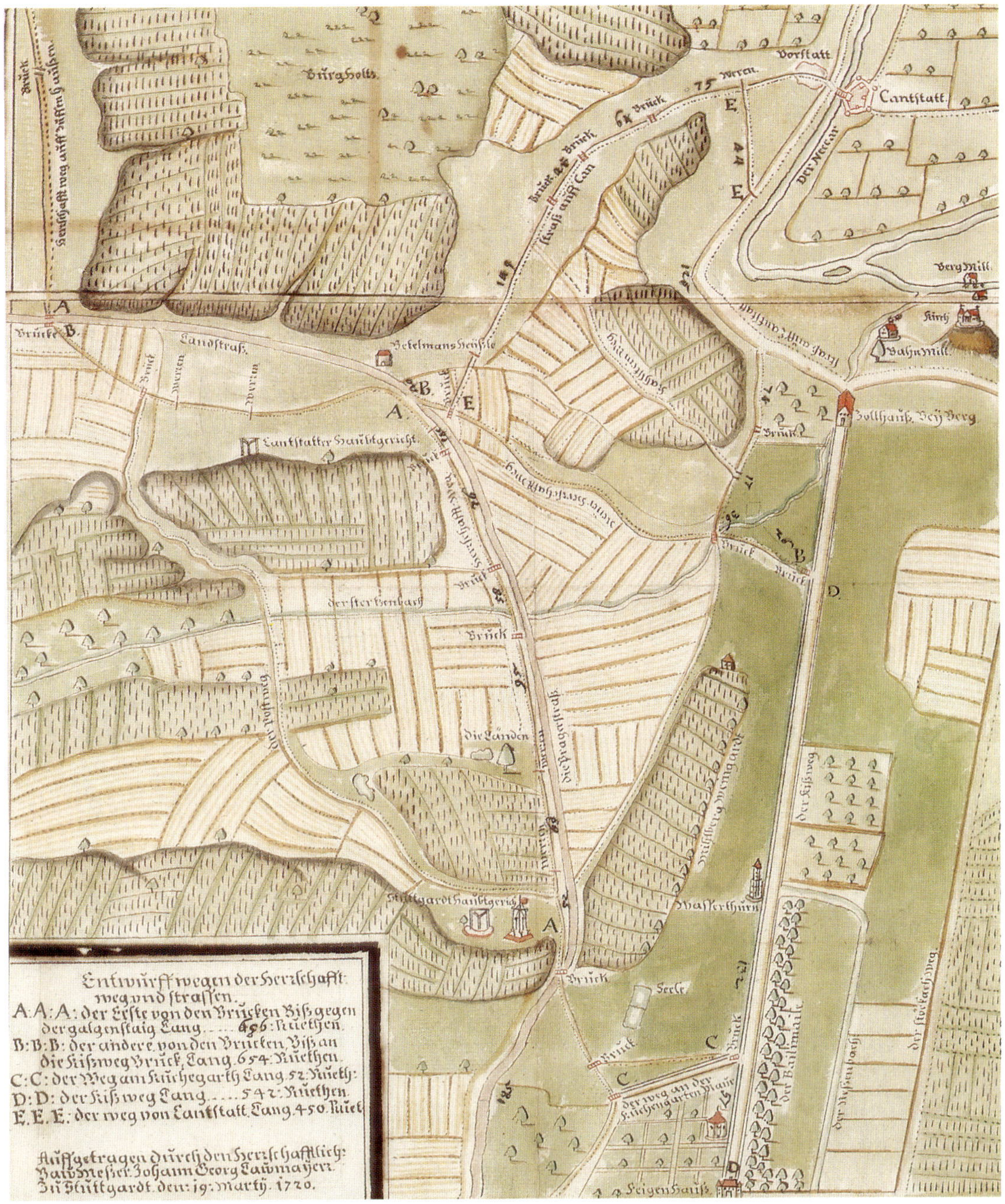

Von Stuttgart in nordöstlicher und nördlicher Richtung 1720 ausgehende Straßen und Wege.

derts wenig gut bestellt. 1783 beispielsweise befand sich der Weg nach Botnang in einem miserablen Zustand, Ausbesserungen an ihm waren seit langem unterblieben. Die Wegtrasse ließ sich kaum noch feststellen. Dies hatte zur Folge, daß die angrenzenden Äcker und Wiesen des Spitals hinter dem Feuersee durch Fußgänger und Fuhrwerke schlimm verheert wurden. Die »Beständer« (Pächter) der Grundstücke drohten mit der Aufkündigung des »Bestands« (Pacht). An einer Stelle des Fahrwegs hatten mehrere Personen nach Lehm gegraben und dabei ein großes Loch in den Weg gemacht. Den Fuhrleuten blieb nichts anderes übrig, als in die Spitaläcker hineinzufahren. Allzuviel geschah offenbar nicht, um den Weg in einen einigermaßen benutzbaren Zustand zu versetzen. Freilich gab es eine Ausweichmöglichkeit. Der eigentliche »Vizinalweg« (Nachbarschaftsweg) nach Botnang führte über Feuerbach und wurde stärker frequentiert. 1810 war der Botnanger Weg noch immer die am schlechtesten instandgehaltene Straße auf der Stuttgarter Gemarkung. In den folgenden Jahren erfolgte dann mit erheblichem Kostenaufwand eine umfassende Reparatur dieses Weges[555].

Bis 1802 gehörte das Dorf Vaihingen zur Reichsstadt Esslingen, war daher von Stuttgart aus gesehen »Ausland«. Dies hatte auch Konsequenzen für die Verkehrsentwicklung. Der Fuhrverkehr in die südlich von Stuttgart gelegenen württembergischen Ämter benutzte deshalb die Weinsteige. Von Stuttgart über Heslach und Kaltental nach Vaihingen bestand zwar bereits zu Beginn des 18. Jahrhunderts eine Straße, denn im April 1710 ordnete Herzog Eberhard Ludwig ihre unverzügliche Reparatur an, damit die herrschaftlichen Wiesen im oberen Nesenbachtal durch Reiten und Fahren keinen Schaden hätten[556], doch erst 1809 wurde eine den Anforderungen des Fernverkehrs gewachsene Straße gebaut. Damit konnte ein Teil der Fuhrwerke, die sich bisher die Weinsteige hinaufgequält hatten, die bequemere Straße in Richtung Süden benutzen[557].

Post- und Botenwesen

Eine der wichtigsten Stationen der Thurn-und-Taxisschen Post war Cannstatt. Von dort aus erfolgte auch die Zustellung der für Stuttgart bestimmten Briefe. 1703 richtete Johann Caspar, der Thurn-und-Taxissche Postmeister in Cannstatt, einen Postkurs von Stuttgart nach Schaffhausen neu ein. Gleichzeitig erhielt die württembergische Haupt- und Residenzstadt in der Alten Post-Stiftsstube, Grabenstraße 7, eine Posthalterei. Die mit dieser verbundene »Brief-Distribution« wurde 1705 in ein Thurn-und-Taxissches Postamt umgewandelt[558]. Die Thurn-und-Taxissche Reichspost beförderte damals ausschließlich Briefe, jedoch keine schweren Pakete und Kaufmannswaren[559]. Sie sah darauf, daß ihr keine unzulässige Konkurrenz entstand. Nach der Errichtung des Stuttgarter Postamts mußte deshalb der Stadtvogt den Landkutschen und Boten »ernstlich befehlen«, daß »sie sich nicht allein alles Eilfuhrwerks, das den Reichsposten allein zustehe, sondern auch der Einsammlung und Distribuierung der denselben gehörigen Briefe bei hoher Strafe enthalten und nichts als beschwerte Pakete oder Adreßbriefe, wozu ganze Päcke gehörten, mitnehmen sollten«. Drei Jahre später wurde den Wirten, Metzgern und Pferdeverleihern zur Pflicht gemacht, Reisende, die mit der Post ankämen, an diese zu weisen (sehr wahrscheinlich wenn solche Reisende Pferde zur Fortsetzung ihrer Reise benötigten)[560].

1709 entschloß sich Herzog Eberhard Ludwig, ein eigenes württembergisches Postwesen ins Leben zu rufen. Seine Absicht hierbei war, die Beförderung von Personen und Gütern durch private Fuhrunternehmer, die bislang bestimmte Routen mit schweren Landkutschen und Güterwagen befahren hatten, sowie das infolge der langen Kriegswirren in Unordnung geratene Landpost- und -botenwesen neu und zweckmäßig zu organisieren. Dem Kaiser gegenüber begründete er seinen Plan u. a. damit, daß die Reisenden in den bisherigen plumpen Landkutschen große Unbequemlichkeiten hätten in Kauf nehmen müssen, daß die Metzger als Postboten nicht befriedigt hätten und daß zu befürchten gewesen sei, daß Personen, Waren und Briefe ihr Bestimmungsziel nicht erreichten. An die Stelle der reitenden und der fußgehenden Boten, der »Metzgerposten« und der Landkutschen sollten »schnellfahrende Landkutschen« treten. Diese Kutschen hätten dieselben Orte anzufahren, die seit alters in das württembergische Post- und Botenwesen einbezogen gewesen seien und von denen die Thurn-und-Taxisschen Posthalter bislang die

Fotografie der ehemaligen Thurn-und-Taxisschen Posthalterei (1703) bzw. des einstigen Thurn-und-Taxisschen Postamts (1705) in der Alten Post-Stiftsstube, Grabenstraße 7.

Briefe zur Weiterbeförderung ohne Widerrede angenommen hätten. Die Fürsten von Thurn und Taxis erlitten durch die projektierte württembergische Landpost keine Nachteile, andererseits werde durch sie die Kommunikation der herzoglichen Regierung mit den Ämtern, auch den entfernten, grundlegend verbessert. Herzog Eberhard Ludwig bestellte die drei in Reichenbach wohnhaften, aus Bern gebürtigen Brüder Fischer für 15 Jahre zu »Landes-Obrist-Postmeistern«, Oberlandespostmeistern. Ohne Zweifel wurde mit der Landespost einem Bedürfnis Rechnung getragen, unterhielt doch die Thurn-und-Taxissche Reichspost in Württemberg lediglich eine reitende Post, die zudem zahlreiche Städte nicht berührte. Die Organisation der neuen Post legten die Landespostordnungen vom 10. März 1709 und vom 4. August 1710 fest. Es gab hinfort fünf aufeinander abgestimmte Postkurse. Die Gebühren für die Beförderung von Personen, Briefen, Paketen und Geldbeträgen, »Extra-Couriers« sowie das Trinkgeld für die Postillione und die Staffetten-Taxen waren exakt festgelegt, ebenso die Privilegien der Postunternehmer. Die von den Unternehmern zu entlohnenden Postangestellten genossen besonderen Schutz, ihre Rechte und Freiheiten entsprachen denen der Metzger. Den Postunternehmern stand es frei, zusätzlich zu den fünf Hauptrouten Nebenkurse oder -routen einzurichten. Den Oberlandespostmeistern oblagen die Einstellung und Entlassung der Bediensteten. Doch sollten diese in jedem Fall Landesuntertanen sein und im Land wohnen, damit man sie bei Unregelmäßigkeiten jederzeit in der Hand hatte. Die Postillione trugen die »fürstliche Livree« (Uniform). Herrschaftliche Bedienstete und sonstige in öffentlichen Angelegenheiten reisende Personen hatten sich der neuen Landkutschen zu bedienen. Herrschaftliche Schreiben, Briefe und Pakete waren kostenlos zu befördern. Die Hälfte des im Landpostwesen erwirtschafteten Gewinns floß der Rentkammer zu. Die bisherigen privaten Landfuhrleute durften ihr Fuhrgewerbe weiter betreiben, doch war ihnen der Transport von Paketen nicht gestattet, die weniger als 50 Pfund wogen.

Die Fürsten von Thurn und Taxis fanden sich mit der neuen württembergischen Landespost nicht ab. Sie erhoben beim Kaiser und beim Reichshofrat Klage. Herzog Eberhard Ludwig geriet in Bedrängnis. Dennoch hätten ihn die harten kaiserlichen Maßnahmen möglicherweise nicht zum Nachgeben gebracht. Allein, das Landespostwesen kam auf keinen grünen Zweig. Die Landespostmeister zeigten sich außerstande, die Anstalt zweckmäßig zu organisieren und effektiv zu leiten. Innerhalb von fünfeinhalb Jahren fuhr die Landespost 8 000 fl Verlust ein. Während dieser Zeit unterblieb eine Rechnungsprüfung. In der Bevölkerung waren allenthalben Klagen über die schlechte Aufführung der Postbediensteten zu hören, und die Rentkammer hatte noch keinen einzigen Gulden aus den Erträgen der Anstalt bekommen[561].

Eberhard Ludwig hatte nach Errichtung der Landespost die Thurn-und-Taxissche Reichspost auszuschalten versucht. 1713 hatte er den Stuttgartern verboten, sich der Reichspost zu bedienen[562]. Doch bald mußte er von seinem Konfrontationskurs abrücken. Sein ehrgeiziges Postunternehmen scheiterte. Um wenigstens etwas von der Landespost zu retten, nahm er zu dem Postmeister der Reichspost in Stuttgart, Ebert, Verbindung auf und ernannte ihn zum Leiter des Hofstabspostamts. Die Fürsten von Thurn und Taxis erkannten aber das neue Hofstabspostamt nicht an, für sie blieb Ebert ihr Bediensteter. Sie gestatteten lediglich, daß der Postmeister Briefe nach Cannstatt weiterleitete. Ebert blieb dem Cannstatter Postamt unterstellt und hatte diesem gegenüber »Rechnung zu legen«. Andererseits wünschte Herzog Eberhard Ludwig keine Ausdehnung des ihm unbequemen Thurn-und-Taxisschen Postwesens. So lehnte er das Gesuch Eberts strikt ab, das Cannstatter Reichspostamt zu übernehmen und es nach Stuttgart zu verlegen[563].

Eine Auflösung des württembergischen Landespostwesens 1715 war gleichbedeutend mit der Rückkehr zu dem früheren privaten Landkutschensystem. Die Regierung verpachtete die einzelnen Routen

Reichspostmeister Johann Erhard Reinöhl und seine Frau Anna Catharina um 1725.

an die meistbietenden Fuhrunternehmer. So wurden die Ulmer, Schaffhausener und Straßburger Kutsche dem Stuttgarter Rheinöl (Reinöhl)zugesprochen, der dafür einmalig 100 fl an die herzogliche Schatulle und außerdem eine jährliche Pacht von 400 fl zu zahlen hatte. Die Frankfurter Kutsche ersteigerte der württembergische Postmeister

Postwagen in der zweiten Hälfte des 18. Jahrhunderts.

Fischer in Bietigheim um eine jährliche Pacht von120 fl. Der Hofstabspostmeister Ebert hatte für das ihm vom Herzog übertragene Amt jährlich 600 fl zu berappen. Die Aufhebung der Landespost hatte auch die Wiederherstellung der althergebrachten, freilich recht mangelhaften Landesbotenanstalt zur Konsequenz[564].

Um die privaten Landkutschenunternehmer gegen die Konkurrenz der sonstigen Fuhrleute zu schützen und um ihnen wenigstens postalische Restfunktionen zu sichern, wurden die Fuhrleute, die keine Landkutschenpächter waren, in ihren Dienstleistungen beschränkt. Sie durften keine Pakete unter 1 Zentner Gewicht transportieren und keine Reisenden mitnehmen, ausgenommen Handwerksburschen, denen sie ein zeitweiliges Aufsitzen erlauben konnten. Güterfuhrleute mußten die Wagen und Karren, die sie gewerblich nutzten, selbst bespannen. Den Lohnkutschern oder Rößlern wurde bei Strafe von 14 fl untersagt, Reisende abzufangen, sie hatten vielmehr jedem Reisenden die freie Entscheidung darüber zu überlassen, ob er die Post- bzw. Landkutsche wählen oder ob er für die Fahrt zu seinem Bestimmungsziel ein Gefährt anheuern wollte. Die Stadt durfte keine weiteren »Lohnrößler und -kutscher« mehr zu Beisitzern annehmen. Mehrere Jahrzehnte verblieb es bei dieser Regelung des Personen- und Gütertransportwesens[565].

Auf die wiederholten Beschwerden der Stuttgarter Kaufleute hin wurde Ebert 1725 seines Amtes als Hofstabspostmeister enthoben. Im Jahr darauf entließen ihn auch die Fürsten von Thurn und Taxis aus ihren Diensten. Nachfolger sowohl als württembergischer Hofstabspostmeister wie als Thurn-und-Taxisscher Posthalter wurde der Landkutschenpächter Johann Erhard Reinöhl, ein geschäftstüchtiger und umsichtiger Mann. Annähernd 80 Jahre, bis 1805, verblieb die Stuttgarter Post in den Händen der Familie Reinöhl (Rheinöl). Johann Erhard Reinöhl wurde 1735 der Titel eines Kaiserlichen Reichspostverwalters und 1744 der Rang eines »Herzoglich Württembergischen Wirklichen Expeditionsrats« verliehen. Seine 200 fl betragende Besoldung erhielt er je zur Hälfte in Geld und in Naturalien. Wie bisher betrieb er die Landkutschenrouten Stuttgart – Ulm und Stuttgart – Straßburg. Im Jahr 1755 wurde ihm die Pacht für beide Routen auf weitere sechs Jahre verlängert[566]. Seiner Initiative war es zu verdanken, daß das Postamt 1735 in die Reiche Vorstadt, auf den späteren Postplatz, verlegt wurde und damit einen verkehrsgünstigeren Standort bekam. In der zweiten Hälfte des 18. Jahrhunderts wurde das Stuttgarter Postamt zeitweise von einer Frau geleitet, der Expeditionsrätin und Postmeisterin Christina Reinöhl. Als sie 1783 starb, erlangte ihr Sohn Friedrich Wilhelm Reinöhl, der zuvor das Postamt Cannstatt verwaltet hatte, die Stellung eines Kaiserlichen Reichspostmeisters für Stuttgart. 1795 verlieh ihm der Herzog den Titel eines Württembergischen Hofrats. Er war einer der lustigsten Gesellschafter des Dichters Schubart. Bei seinem frühen Tod 1797 hinterließ er einen minderjährigen Sohn: Karl Wilhelm Friedrich Reinöhl. Für diesen übernahm der Stiefbruder des Verstorbenen, Friedrich Reinöhl, die Leitung des Postamts[567].

Die Spannungen zwischen Württemberg und den Fürsten von Thurn und Taxis, die in den ersten beiden Jahrzehnten des 18. Jahrhunderts dem Postwesen nicht förderlich gewesen waren, begannen 1727 abzuebben, als Carl Alexander von Württemberg, der nachmalige regierende Herzog von Württemberg, die Tochter des Fürsten Anselm von Thurn und Taxis heiratete[568]. Der Herzog und der Inhaber des Reichspostregals besannen sich auf ihre gemeinsamen Interessen. An die Stelle der Konfrontation trat der Wille zur Zusammenarbeit.

Um die Mitte des 18. Jahrhunderts gingen die Fürsten von Thurn und Taxis zur fahrenden Post über. 1754 führten sie einen schnellen Postwagen ein. Dieser verließ an jedem Freitag, eine halbe Stunde vor Mittag, Stuttgart in Richtung Schorndorf und setzte von dort die Fahrt über Schwäbisch Gmünd, Aalen und Ellwangen nach Nürnberg fort. Von Nürnberg ging es dann nach Sachsen, Preußen und Österreich. Im März 1761 nahm die Reichspost auf zwei weiteren Schnell- oder Geschwindwagenrouten den Verkehr auf: auf den Routen Nürnberg – Stuttgart – Straßburg und Augsburg – Stuttgart – Straßburg. Hierbei gab sie die Versicherung ab, daß die Rechte der württembergischen Landkutschen durch diese zunächst für zwölf Jahre errichteten Postwagenrouten nicht beeinträchtigt werden sollten. Passagiere durften die Thurn-und-Taxisschen Postwagen im übrigen in gleicher Weise wie die Landkutschen befördern, die in der Woche einmal nach Ulm, Nürnberg, Durlach, zweimal nach Tübingen und sechsmal nach Ludwigsburg fuhren. Freilich war die Reise in den schwerfälligen Wagen beider Kategorien sehr unbequem und langwierig[569]. Die Schnell- oder Geschwindwagen-Bezeichnung war eine euphemistische Umschreibung. Beispielsweise waren damals die Postwagen von Stuttgart nach Tübingen zehn bis zwölf Stunden unterwegs. War das Wetter gar zu »wüst«, machte die Postkutsche sogar die Nacht über Station in Waldenbuch[570].

Die Intensivierung des regulären Postwagenverkehrs bedeutete für die privaten Fuhrunternehmer neue Einschränkungen. Auf der Ulmer und der Straßburger Route wurde »ordinären Fuhrwerken« die regelmäßige Frachtbeförderung untersagt. Weil der Fuhrmann Marquard trotz dieses Verbots an bestimmten Tagen mit einem Güterwagen nach Straßburg und mit einem anderen nach Ulm fuhr und weil er Pakete unter 1 Zentner angenommen hatte, wurde er zweimal um einen Großen Frevel gestraft. Im Dezember 1768 gestand ihm das Oberamt zu, daß er in beide Städte mit einem Wagen fahren durfte, wenn er seine Abfahrt so einrichtete, daß er jeweils einige Tage vor oder nach den Landkutschen dort eintraf. Die Landkutschen mußten sich allerdings, gleichgültig ob Personen oder Waren zu befördern waren, an die festgelegten Wochentage und Abfahrtszeiten halten. Marquard fand sich jedoch nicht mit den seinem Betrieb verderblichen Auflagen ab. Mit Hilfe des Magistrats der Reichsstadt Ulm suchte er günstigere Bedingungen durchzusetzen. Die Verbesserungen, die er schließlich im März 1774 erreichte, hielten sich in engen Grenzen. Künftig durfte er erst Güter in Stuttgart, besonders aus dem Kaufhaus, annehmen, wenn die Landkutschen mit Beiwagen nach Ulm und Straßburg voll beladen waren. Es war ihm untersagt, für seine Fahrten einen bestimmten Tag anzuberaumen. Auf jeden Fall mußte er nach der Abfahrt der Landkutsche einen oder zwei Tage verstreichen lassen, ehe er selbst aufbrach. Auch blieb ihm verboten, Briefe, Pakete und Collis (Gepäckstücke) unter 1 Zentner Gewicht zu befördern. Dagegen konnte er jederzeit Aufträge von Privatleuten auf Sonderfahrten entgegennehmen. Der Handel fühlte sich durch diese Regelung stark benachteiligt. Es drohte die Gefahr, daß der Warenverkehr von Straßburg und Frankfurt nach Ulm die Stadt Stuttgart umging. Dies aber schädigte die Wirtschaft und schmälerte die Zolleinnahmen. Ein größeres Entgegenkommen gegenüber Marquard und anderen privaten Fuhrunternehmern erschien angezeigt. Im Juni 1774 kam ein spezieller Vergleich mit Marquard zustande. Gegen die Übernahme von 100 fl an der Landkutschenpacht wurden ihm im Güterverkehr Stuttgart – Ulm mehr Freiheiten eingeräumt.

Wenn sich das private Fuhrgewerbe, wie der Fall Marquard zeigt, so sehr um seine Existenz wehren mußte, so hatte dies vornehmlich seinen Grund in der prekären Situation der württembergischen Landkutschenpächter. Seit Einführung der Thurn-und-Taxisschen Postwagen zogen diese nämlich auf den von ihnen befahrenen Routen einen großen Teil des Personen- und Warenverkehrs an sich. Die Landkutschenpächter gerieten wirtschaftlich zunehmend ins Hintertreffen. Die herzogliche Rentkammer konnte nur noch magere Einkünfte aus dem Landkutschenbetrieb verbuchen[571]. Es war deshalb dringend erforderlich, mit den Fürsten von Thurn und Taxis zu einer den württembergischen Interessen Rechnung tragenden Übereinkunft zu gelangen. Der Zeitpunkt schien günstig. Die den Reichspostmeistern 1761 für einen Zeitraum von zwölf Jahren zugestandene Postwagenkonzession war 1773 abgelaufen. Nach längeren Verhandlungen einigten sich das herzogliche Haus Württemberg und das fürstliche Haus Thurn und Taxis am 13./18. Juni 1775 auf eine neue vertragliche Regelung über den Postwagenverkehr im Gebiet des Herzogtums Württemberg. Danach übernahm das Haus Thurn und Taxis die vier württembergischen Landkutschen auf 30 Jahre in »Bestand« (Pacht). Es verpflichtete sich, während dieses Zeitraums wöchentlich eine oder zwei Geschwindkutschen nach Schaffhausen, eine oder zwei Geschwindkutschen über Durlach nach Straßburg, eine oder zwei Geschwindkutschen über Heilbronn und Sinsheim nach Frankfurt sowie eine oder zwei Geschwindkutschen nach Ulm verkehren zu lassen. Gestattet wurde dem Fürsten von Thurn und Taxis, auf jeder dieser Routen wie auch auf der Nürnberger Route einen oder zwei Beiwagen einzusetzen. Die Geschwindkutschen und Beiwagen konnte er in die Verantwortung kautionsfähiger Posthalter im Herzogtum Württemberg oder in die anderer »verbürgter« kautionsfähiger Personen geben. Die Beiwagen durften die Betreiber der Routen auch »unterverpachten«. Die württembergische Regierung sicherte dem Haus Thurn und Taxis auf den Haupt- und Nebenrouten von Stuttgart nach Frankfurt, Straßburg, Ulm und Schaffhausen im Gebiet des Herzogtums ein Verkehrsverbot für alle »in- und ausländischen ordinären Fuhrwerke«, seien es Kutschen, Kaleschen, Wagen und Karren, zu. Als »ordinäres Fuhrwerk« definierte sie hierbei ein Gefährt, »welches das Jahr hindurch alle Wochen, alle Monate oder alle vierzehn Tage ab- und zufährt und Personen, Waren oder Colli, ohne vorher von jemand expresse bestellt zu sein, hin- und herfährt«. Ausgenommen von dem Verbot war die seit 1741 zwischen Stuttgart und Ludwigsburg verkehrende »ordinäre Kutsche«. Uneingeschränkt bestehen blieb auch das System der württembergischen reitenden und fußgehenden Boten. Exakte Festlegungen über die Beförderungsbedingungen und Beförderungstarife der Postwagen wurden getroffen. Über die Nürnberger Route, auf der allerdings das »ordinäre« Güterfuhrwesen nicht untersagt wurde, sollte eine besondere Übereinkunft abgeschlossen werden. Das Haus Thurn und Taxis hatte für das ihm überlassene Landkutschenwesen an die Rentkammer im Jahr 800 fl zu entrichten, zahlbar in zwei Raten von je 12 000 fl nach 15 und 30 Jahren.

Klagen und Beschwerden der privaten Fuhrunternehmer gegen die mit Thurn und Taxis zustandegekommene vertragliche Regelung beschwichtigte die württembergische Regierung. Sie erklärte, der Vertrag wolle zwar Thurn und Taxis in seinen Rechten schützen, andererseits aber die freie Gewerbeausübung durch Handelsleute und Güterfuhrunternehmer sowie durch Boten so wenig wie möglich behindern[572].

Auf dem Stuttgarter Postamt ging es im 18. Jahrhundert recht gemütlich und geruhsam zu. Der tägliche Posteingang war bescheiden. Die beiden Mägde des Postmeisters brachten die Briefe, die sie auszutragen hatten, mühelos in dem Korb unter, den sie für ihre Markteinkäufe benutzten. Bedeutsam für die Stuttgarter war schon, daß jetzt jeden Tag wenigstens ein Postwagen von einer weiter entfernten Stadt eintraf und abfuhr und daß man durch die mit der Post ankommenden »Journalièren« (Zeitungen) mit den größeren kulturellen Zentren in Verbindung stand[573]. Den Stuttgartern stand damals der Sinn noch wenig nach Reisen. Die meisten Bürger kannten lediglich die nähere Umgebung. Städte wie Ellwangen oder Schwäbisch Gmünd waren schon weit weg, sie befanden sich gewissermaßen außerhalb der »bewohnbaren Welt«, d. h. Altwürttembergs. Nur wenige kannten aus eigener Anschauung Städte wie Berlin, Wien oder Paris. Beispielsweise unternahm die Großmutter des berühmten Staatsrechtlers Robert von Mohl (1799–1875) in ihrem Leben nur eine einzige Reise, nämlich eine Fahrt zum Hohentwiel und nach Straßburg. »Weitgereist« war lediglich ein Teil der Handwerker; er hatte auf seiner mehrjährigen Gesellenwanderung nicht selten ferne Gegenden und Länder kennengelernt[574]. Briefe schrieb, soweit sie nicht wirtschaftlichen Zwecken dienten, im allgemeinen nur die Oberschicht. Freilich war das Porto auch nicht ganz billig. Für einen Brief nach Tübingen zahlte man 2 kr, für einen nach Ulm oder Karlsruhe 4 kr, für einen nach Straßburg, Augsburg, Mannheim oder Darmstadt 6 kr, für einen nach München, Frankfurt oder Nürnberg 8 kr, für einen nach Hamburg 16 kr. Die Briefe wurden auf den Hauptpostrouten relativ rasch befördert, vor allem wenn dies durch reitende Postillione im Felleisen geschah. Nachrichten von bedeutsamen Ereignissen benötigten je nach Entfernung einige Tage oder Wochen, bis sie bekannt wurden. So konnte man am 9. Juni 1770 in der »Stuttgarter Zeitung« über das große Unglück lesen, das sich am 30. Mai jenes Jahres in Paris bei einem zu Ehren der Dauphine Marie Antoinette veranstalteten Feuerwerk ereignet hatte und bei dem hundert Personen ums Leben gekommen waren. Gut organisiert war auch das Kurier- bzw. Staffettenwesen[575].

Ums Jahr 1800 langten in Stuttgart täglich höchstens 200 Briefe an. Zunächst genügte dafür noch ein Briefträger, 1804 kam ein zweiter hinzu, 1807 ein dritter. Die Briefträger gelangten, da sie für die Zustellung eines Briefes 1 kr erhielten, meist zu ansehnlichem Vermögen. Freilich trugen sie die Briefe nicht selbst aus, dafür hatten sie ihre »Briefmägde«. Briefkästen gab es noch nicht. Sämtliche Briefe mußten auf dem Postamt aufgegeben werden. Die erste namentlich bekannte Stuttgarter Briefträgerin war eine Frau: Anna Maria Christmann, geboren 1697 in Dürnau bei Göppingen. Sie hatte ein abenteuerliches Lebensschicksal: Unter dem Namen ihres Vaters ließ sie sich als Soldat beim herzoglichen Leibregiment anwerben. Sie nahm an den Schlachten von Peterwardein (1716) und Griechisch Weißenburg (1717) teil. Trotz Fahnenflucht erhielt sie vom Militär einen ehrlichen Abschied. Sie erreichte ein Alter von über achtzig Jahren und betätigte sich, wie bereits erwähnt, als Briefträgerin bei den in Stuttgart ankommenden Landboten[576]. Die Briefpost benötigte zu Beginn des 19. Jahrhunderts für die Strecke Stuttgart – Leipzig sieben Tage. Bücherballen waren die dreifache Zeit unterwegs[577]. Die Postillione kündigten ihre Ankunft gerne mit dem Posthorn an. In Stuttgart empfand man dies als unpassend und störend. Das Posthornblasen war deshalb bereits 1735 bei Androhung einer exorbitanten Strafe von 100 fl verboten. Eine Ausnahme wurde lediglich bei »Einlangung einer wichtigen und erfreulichen Zeitung« (Nachricht) zugestanden. In der Praxis fielen die Strafen bei Verstößen gegen das Verbot noch immer hart aus, jedoch glücklicherweise nicht so drastisch wie angekündigt. Ein Postknecht von Enzweihingen, der 1735 nachts um 11 Uhr abfuhr, fing am Jägerhaus an, »Post zu blasen«. Er mußte eine Strafe von zwei Kleinen Freveln zahlen, ein Cannstatter Postknecht, der sonntags durch sein Blasen die »Morgenkirch« in der Stadt störte, einen Kleinen Frevel. 1742 wurden einem Postknecht aus Schorndorf wegen des verbotenen »Postblasens« gar 14 fl als Strafe zudiktiert, die dann der Herzog auf einen Großen Frevel ermäßigte[578].

Seit Mitte des 18. Jahrhunderts nahm, unabhängig vom Postverkehr, das Güter- und Speditionswesen in Württemberg einen großen Aufschwung. Ohne Zweifel profitierte es vom Bau guter Straßen[579]. In Stuttgart erwarb eine Reihe von Bürgern und Beisitzern durch Lohnfuhren ihren Lebensunterhalt. Daß sie zum Schaden ihres privaten Gewerbes zeitweise im Übermaß zu Fuhrfronen herangezogen wurden, dann aber auf ihren Verdienst oft sehr lange warten mußten, veranlaßte sie verständlicherweise immer wieder zu Protesten. Sie wiesen auf Begüterte hin, die drei, vier, acht oder noch mehr Pferde besaßen, ohne durch Frondienste belastet zu werden, weil diese sich auf die Personalfreiheit und andere Privilegien berufen konnten. 1741 ordnete der Herzog-Administrator »eine größere Gleichheit« bei den Fuhrfronen und eine umgehende Bezahlung der rückständigen Lohnforderungen an. Doch die Anordnung blieb ein Stück Papier. 1747 suchte ein herzogliches Reskript den Beschwerden der Lohnkutscher, Fuhr- und Karrenleute gegen ihre übermäßige Beanspruchung zu Frondiensten erneut abzuhelfen. Anfang 1754 machten die Stuttgarter Fuhrleute Lohnausstände in Höhe von 165 fl 3 kr 2 h für Fahrten geltend, die sie im Auftrag der Rentkammer gemacht hatten. Auf die Bezahlung eines Teils der Ausstände warteten sie schon seit vielen Jahren vergeblich[580]. Im März 1778 wiesen die Stuttgarter Kutscher und Fuhrleute sogar bei der Herrschaft unbeglichene Lohnforderungen in Höhe von 1516 fl nach[581].

Daß Stuttgart nicht am Neckar lag, empfanden die Regierung und auch der Magistrat zu Recht als gravierenden wirtschaftlichen Nachteil, zumal im 18. Jahrhundert der Schiffsverkehr auf dem Neckar zwischen Heilbronn und Cannstatt erheblich zunahm. Seit 1713 verkehrte zwischen beiden Städten wöchentlich ein Marktschiff, seit 1716 sogar zwei Marktschiffe[582]. 1735 wurden Überlegungen angestellt, vom Neckar aus einen Kanal nach Stuttgart zu graben, um Holz, Lebensmittel und andere Waren auf verhältnismäßig preiswerte Art in die württembergische Haupt- und Residenzstadt zu transportieren[583]. Freilich, eine Realisierung lag nicht im Bereich der technischen und wirtschaftlichen Möglichkeiten der damaligen Zeit.

Zum Transportwesen im weiteren Sinn gehörten die Portechaise-Träger, die Sänftenträger. Sie trugen gegen ein entsprechendes Entgelt wohlhabende Besucher der Stadt, aber auch Angehörige der bürgerlichen Oberschicht sowie hochrangige Hof- und Kanzleibedienstete durch die nicht eben sauberen Straßen der Stadt. 1741 beschuldigten die »herzoglichen Ordinari-Portechaise-Träger«, also die Hof-Portchaise-Träger, zwei Berufskollegen in der Stadt, beide Beisitzer, die ihr Geld bei Privaten verdienten, der unzulässigen Konkurrenz. Die beiden Beisitzer arbeiteten für den Ratsverwandten und Sattler Faber, den Besitzer von Portechaisen. Faber hatte die zwei Männer wegen ihrer Armut als Portechaise-Träger in seinen Dienst genommen und verlangte von ihnen einen Anteil von wöchentlich 20 kr an ihrem Verdienst. Er hatte zunächst Bürger eingestellt, dann aber, weil diese durch Krankheit ausfielen, die beiden Beisitzer. Die Portechaise-Träger Fabers wehrten sich gegen den Vorwurf der geschäftsschädigenden Konkurrenz. Die Hof-Portechaise-Träger, so machten sie geltend, seien außerstande, die Anforderungen aus der Stadt zu erfüllen, zudem verlangten sie eine höhere Entschädigung: 15 kr gegenüber 10 kr der Stadt-Portechaise-Träger. Der Regierungsrat konnte am Verhalten der Stadt-Portechaise-Träger nichts feststellen, das ein Betätigungsverbot gegen sie rechtfertigte. Die Hof-Portechaise-Träger sollten sich durch eine Verminderung ihrer Entlohnungsforderungen der Konkurrenz ihrer Berufskollegen aus der Stadt stellen. Der Herzog-Administrator war mit den Vorschlägen des Regierungsrats einverstanden und gestattete den Stadt-Portechaise-Trägern sogar, Kinder, falls diese es wünschten, ins Schloß zu tragen. Doch auf den Protest der Hof-Portechaise-Träger nahm er seine Erlaubnis für die Stadt-Portechaise-Träger, ihr Gewerbe auf das Schloß auszudehnen, zurück. Schließlich untersagte er den Stadt-Portechaise-Trägern ihr Gewerbe gänzlich. Seine Entscheidung begründete er damit, sie würden den Hof-Portechaise-Trägern die Nahrung entziehen, außerdem seien sie für die Stadt entbehrlich. Indes stieg in den folgenden Jahren die Nachfrage nach Portechaisen stark an. Vor allem bei Regenwetter waren sie sehr beliebt. Herzog Carl Eugen blieb deshalb im Frühjahr 1744 nichts anderes übrig, als zwei bis drei Portechaisen in der Stadt wieder zuzulassen[584].

Das traditionelle württembergische Landbotenwesen wurde im 18. Jahrhundert weiter ausgebaut. – Der 1709 unternommene, aber schon wenige Jahre später wieder aufgegebene Versuch, es durch eine Landespost zu ersetzen, hatte auf seine weitere Entwicklung keinen nennenswerten Einfluß gehabt. – Wie früher unterschied man drei Arten von Boten: die herrschaftlichen, d. h. die von herzoglichen Behörden bestellten Boten, die Landboten, die im Dienst der Städte und Ämter standen, sowie die Privatboten, die ihr Gewerbe eigenständig ausübten. Die Boten führten ihre Aufträge teils zu Fuß aus, teils mit schweren, von vier bis sechs Pferden gezogenen, mit weißen Planen bedeckten Frachtwagen. Die zu Fuß gehenden Boten beförderten vorwiegend Briefe, die mit Wagen ausgestatteten Boten Gelder, Waren und Personen. Für die Verwaltung, ebenso für Handel und Gewerbe des Herzogtums kam dem Botenwesen eine hervorragende Bedeutung zu. Nach wie vor hatte es in Stuttgart sein Zentrum. Hier im Erdgeschoß eines zum Rathaus gehörenden Hauses (des Schüleschen Hauses) befand sich die amtliche Botenmeisterei. Zu ihr brachten die Boten die für den Hof, die Regierung und die Verwaltung bestimmten Sendungen und nahmen andere in Empfang. Nur wenige Boten kamen nicht direkt nach Stuttgart. Beispielsweise tauschten die Boten von Münsingen und Zwiefalten ihre Briefe und Pakete in Urach aus. Dafür fuhren die Uracher Boten regelmäßig in die Landeshauptstadt. Die für Stuttgart bestimmten Sendungen stellten die Landboten, abgesehen von amtlichen Briefen und Geldbeträgen, den Empfängern durch eigene Leute zu, die Sendungen für Adressaten in den Städten und Ämtern, die sie betreuten, nahmen sie zur Beförderung in ihren Stuttgarter Absteigequartieren entgegen[585]. Im 18. Jahrhundert waren es mehr als hundert Landboten, die ein- bis zweimal in der Woche nach Stuttgart kamen. Ein erheblicher Teil ihrer Einnahmen bildeten Privatbriefe, Privatgeld- und -warensendungen, die sie übermittelten. Die amtlich bestellten Boten trugen gelbe Livreen mit schwarzen Aufschlägen sowie auf der Brust Schilde mit dem württembergischen Wappen. Der Botenmeister in Stuttgart erhielt seine Besoldung teils von der Regierung, teils von den Städten und Ämtern, außerdem hatte er bei Privatsendungen Anspruch auf die »Einschreibgebühren«. Für Eilaufträge des Herzogs und der Regierung standen ihm rund 30 Kanzleiboten und Beiläufer zur Verfügung[586].

Für Kurierzwecke mußten die Stuttgarter Metzger noch immer Postpferde bereithalten. Die entsprechenden Aufträge, die Herzog und Regierung erteilten, hatten sie entweder selbst auszuführen, oder aber sie hatten wenigstens die angeforderten Pferde zu stellen. Nicht selten kamen Pferde bei Gewalttritten zu Schaden. 1703 zum Beispiel beschwerte sich der Metzger Johann Peter Glaser bei der Regierung wegen seines »zu Tode gerittenen« Pferdes[587]. Selbst Wagen zur Personenbeförderung mußten die Metzger gelegentlich stellen. 1704 bekam ein Stuttgarter Metzger die »Postkalesche« nicht zurück, die er »zur Abführung« des Prinzen Eugen von Savoyen hatte ausleihen müssen. Herzog Eberhard Ludwig wies den Vogt in Urach an, dem Metzger umgehend wieder zu seiner Kalesche zu verhelfen. Ob dies dem Vogt möglich war, läßt sich leider nicht in Erfahrung bringen[588]. Am 18. August 1707 befahl der Herzog dem Stadtvogt, zur Überbringung von Briefschaften »an die kaiserliche und alliierte Armee zwei Postillione« parat zu halten. Die Postillione, Metzger, hatten die Briefe bis nach Ditzingen zu befördern, wo sie durch andere Postillione zur Weiterleitung übernommen wurden. Nur schwer ließ sich verhindern, daß Hof- und Kanzleibedienstete für private Zwecke Metzgerpferde in Anspruch nahmen. Im Juni 1709 untersagte Herzog Eberhard Ludwig die mißbräuchliche Benutzung von Postpferden streng. Künftig sollten solche Pferde Hof- und Kanzleibediensteten nur noch gegen die Vorlage einer Urkunde überlassen werden[589]. Wenige Jahre später, am 2. Januar 1714, hatte der Herzog erneut Anlaß, gegen den Mißbrauch von Post- und Vorspannpferden einzuschreiten. Pferde wurden zum Nachteil des Metzgerhandwerks und der Landwirtschaft ohne zureichenden Grund angefordert, viel zu lange in Anspruch genommen, außerdem wurde den Besitzern die schuldige Entschädigung vorenthalten. Um die Gesundheit und Arbeitskraft der Tiere zu erhalten, sollten nach landesherrlicher Entscheidung künftig Postreitpferde nach drei bis vier Stunden, Bauernpferde aber schon nach zwei bis drei Stunden abgelöst werden. Auch den sonstigen berechtigten Interessen der Pferdebesitzer war Rechnung zu tragen[590].

Daß auf der anderen Seite die Metzger die »Anschaffung von Postpferden« als lästige Pflicht empfanden, nimmt, vor allem wenn sich in Kriegszeiten oder sonst die Pferdeanforderungen häuften, nicht wunder. Im März 1713 rügte der Stadtvogt den Ungehorsam und die Saumseligkeit der Metzger. Hofbedienstete, stellte er fest, müßten oft stundenlang warten, bis sie ein Postpferd bekämen. Der Herzog verfügte, solche »Widerspenstigkeit« solle durch eine ein- oder mehrtägige Turmstrafe gebrochen werden[591]. Keinen Anklang bei ihren Berufskollegen in anderen Städten und Ämtern fand der Vorstoß der Stuttgarter Metzger im November 1714, die Verpflichtung zur Stellung von Postpferden gegen eine jährliche Geldpauschale abzulösen[592]. Zweifellos waren auch Herrschaft und Regierung einem solchen Ansinnen wenig geneigt.

Im November 1715 beschwerten sich die Stuttgarter Metzger über das Übermaß der ihnen in den letzten Jahren zugemuteten Postritte. Obwohl es in der Stadt viele Metzger gebe, müsse mancher von ihnen drei- bis viermal in einer Woche Pferde stellen, dann aber auf sein Geld oft lange warten. Einzelne Berufsgruppen hätten von der Herrschaft Geldentschädigungen von 100 bis 150 fl, die Stuttgarter Metzgerschaft etliche tausend Gulden laut Postzettelnachweis zu fordern. Durch die Postritte würden ihre Pferde, deren Unterhalt ihnen hohe Kosten verursache, nicht selten zuschanden geritten. Der Stadtvogt bestätigte die Beschwerden der Metzger. Früher beispielsweise habe die Herrschaft, wenn sie aufs Land verreist sei, fünf bis zehn Pferde beansprucht, jetzt aber verlange sie auf einmal 20 bis 30. Der Botenmeister lasse fast alle für Empfänger in württembergischen Orten bestimmte »Briefschaften« durch Postillione befördern. Dies bedeute eine Überforderung der Metzger und liefere sie dem Bettelstab aus, zumal die Pferde unterwegs häufig nicht das für sie notwendige Futter fänden, überstrapaziert, von einem Ort zum andern geschleppt und so zuschanden geritten würden. Die Hälfte der Metzger sei zum Kauf anderer Pferde außerstande, weil ihnen für ihre übel mißhandelten Tiere nichts vergütet werde. Wiederum bemühte sich der Herzog, durch einen entsprechenden Befehl die mißbräuchliche Benutzung von Postpferden zu unterbinden, vermutlich auch diesmal mit recht mäßigem Erfolg[593]. 1717 führten die Metzger über die ihnen auferlegte Verpflichtung, Postpferde zu halten, bewegt Klage. Sie hätten große Kosten, aber kaum irgendwelchen Nutzen, stellten sie fest[594]. Die Möglichkeit, ihre Pferde privatim gegen Entgelt an Bürger sowie an Hof- und Kanzleibedienstete auszuleihen, würde ihnen durch die übermäßige Inanspruchnahme für Postzwecke sehr beschnitten. Gerade diese Möglichkeit hätte ihnen zuzeiten einigen Verdienst eingebracht, und manche Einwohner, auch Beamte, die keine Reitpferde besäßen, hätten sich bei Reisen der Metzgerpferde gerne bedient[595]. Im November 1718 mußten für die Musikanten und »Tapezier« neun Postpferde nach Ludwigsburg gestellt werden. Der Metzger Geißel war darüber so aufgebracht, daß er den Stadtknecht, der ihn von der Anforderung in Kenntnis setzte, mit Schlägen hart traktierte. Der Herzog befahl, Geißel wegen seiner »Widerspenstigkeit und Insolenz« bis auf weiteres in Ludwigsburg bei öffentlichen Arbeiten, und zwar in »Springen« (Fesseln) zu beschäftigen. Die Metzger protestierten. Sie wiesen nach, daß der Stadtknecht betrunken gewesen sei und ihren Zunftgenossen gereizt habe. Geißel wurde daraufhin nach mehrwöchiger Zwangsarbeitsstrafe entlassen und der Stadtknecht wegen dienstwidrigen Verhaltens acht Tage in den Turm gesperrt[596].

Im Januar 1719 forderte der Stadtvogt, das gesamte öffentliche Post- und Botenwesen einer grundlegenden Revision zu unterziehen. Es gehe nicht an, daß der eine Metzger viele, der andere nur wenige Postzettel bekomme, daß dem einen sehr anspruchsvolle und kostspielige Dienste, dem anderen aber billige und belanglose auferlegt würden. Dieses Mißverhältnis gelte es zu beseitigen, zugleich aber die Belastung der Metzger insgesamt auf ein erträgliches Maß zu beschränken[597]. Den Herzog beeindruckten die Vorschläge des Stadtvogts offenbar wenig, denn im April desselben Jahres verlangte er von ihm, dem Botenmeister zur Beförderung herrschaftlicher Briefe und Pakete stets die erforderliche Zahl von Postillionen und Pferden zur Verfügung zu stellen, damit es hier keine ungebührlich langen Verzögerungen mehr gebe[598]. Am 14. November 1719 wies der Stadtvogt in einem Bericht erneut auf die übermäßige Belastung der Metzger durch die Inanspruchnahme von Postpferden hin. Allein schon die »Kostmusikanten« und der Botenmeister verlangten häufig mehr Pferde, als in der ganzen Stadt aufzutreiben seien. Hinzu kämen andere »Kostbediente« (d.h. herrschaftliche Bedienstete) mit ihren Anforderungen. Mit einer Katastrophe sei bei einer Feuersbrunst zu rechnen, wenn keine Postpferde verfügbar wären. Der Stadtvogt vertrat die Ansicht, wenn »keine Remedur geschehe«, müsse das Metzgerhandwerk zwangsläufig zugrunde gehen[599].

Zu einer grundlegenden Revision der Verpflichtung der Metzger, Postpferde zu

Die Hauptpost auf dem Alten Postplatz. Das langgestreckte Gebäude war schon Mitte des 17. Jahrhunderts im Besitz der Thurn-und-Taxisschen Postmeisterfamilie Reinöhl.

halten und Kurierdienste zu übernehmen, kam es nicht. 1731 beschwerte sich der Magistrat darüber, daß der Stadt Stuttgart jetzt die Bezahlung der Postritte, die jährlich Kosten in Höhe von 2 000 fl verursachten, aufgebürdet sei. Zur Bestreitung solcher Aufwendungen sei die bereits überschuldete Stadt nicht imstande. Diese Kosten sollten wie früher von der Rentkammer bestritten werden[600]. Die Metzger gerieten in eine schwierige Situation. Der Magistrat weigerte sich, ihre seit langem ausstehenden, aber auch ihre künftig anfallenden Postrittgelder mit ihrer Stadtschadenschuld zu verrechnen, wie dies anderwärts üblich war. Am 5. März 1733 erklärte er, der mit 17 000 bis 18 000 fl zu beziffernde Stuttgarter Stadtschaden sei ohnehin unerschwinglich, außerdem verschlechterten sich die wirtschaftlichen Verhältnisse der Stadt wie der Bürger wegen der Verlegung des herzoglichen Hofstaats nach Ludwigsburg noch zunehmend. Die Ausgaben lägen weit über den Einnahmen. Derzeit beliefen sich die jährlichen Aufwendungen für die Postritte auf 3 000 fl[601]. Nach der Rückkehr des Hofes nach Stuttgart entspannte sich die wirtschaftliche Situation der Stadt. Es scheint auch, daß die Regierung in der Frage der Bezahlung der Postritte einlenkte.

Unerbittlich sahen Herzog und Regierung auch in der Folgezeit darauf, daß die Metzger und Metzgerswitwen die vorgeschriebenen Postpferde hielten. 1744 wurden mehrere Angehörige der Metzgerzunft um einen Kleinen Frevel gestraft, weil sie diese Verpflichtung mißachteten. 1755 entschied der Herzog, daß ein Metzger, selbst wenn er über 65 Jahre alt war, Postpferde zu halten hatte, solange er sein Handwerk betrieb[602]. In der zweiten Hälfte des 18. Jahrhunderts ging allem Anschein nach die Inanspruchnahme der Metzger für Postritte erheblich zurück. Jedenfalls hielten sich mit 166 fl 53 kr die Aufwendungen für Postritte zwischen Georgii (23. April) 1780 und Georgii 1781 in verhältnismäßig bescheidenen Grenzen. Abgerechnet wurden im Tag für einen Mann und für ein Pferd 24 kr[603].

Im Jahr 1805 lief der Vertrag mit Thurn und Taxis über die pachtweise Übernahme der Landkutschen aus. Die inzwischen eingetretenen grundlegenden Veränderungen der politischen Verhältnisse veranlaßten Kurfürst Friedrich, die Verhandlungen über eine Neufassung und Verlängerung des Postvertrags abzubrechen. Seit Anfang 1806 König von Napoleons Gnaden, übernahm Friedrich das Postwesen in seinem Land in staatliche Regie und organisierte es völlig neu. Die Leitung der nunmehrigen »Poste Royale«, der Königlich Württembergischen Post, lag in der Hand einer »Reichs-General-Oberpostdirektion«

in Stuttgart, der neben dem Oberpostdirektor von Geismar zwei Oberposträte, ein Oberpostsekretär und ein Kanzlist angehörten. Sie erhielt ihren Sitz in der bisherigen Privatwohnung des wegen Eidesverweigerung entlassenen Reichspostmeisters Karl Reinöhl. Das seit 300 Jahren bestehende Postamt Cannstatt wurde zum 1. August 1806 aufgehoben. Stuttgart, zunächst Oberpostamt, bekam 1807 die Bezeichnung Generalpostamt. Oberpostämter wurden außerdem in Tübingen, Heilbronn und Biberach eingerichtet[604].

Mit der von König Friedrich als staatliche Monopolanstalt geschaffenen Post war das traditionelle und in der Bevölkerung beliebte Landbotenwesen nicht mehr vereinbar. Am 27. Januar 1807 verfügte eine Kabinettsresolution das Verbot von »gehenden, reitenden und fahrenden Ordinari-Boten« auf sämtlichen bereits »im Reich bestehenden oder neu anzulegenden Postrouten«. Alle Boten, die bisher Kommunikationsaufgaben zwischen einzelnen Städten wahrgenommen hatten, mußten ihre Tätigkeit einstellen. Erlaubt blieben lediglich unter der Aufsicht eines Kreisober- und Stabsamts stehende Amtsboten. Ihnen oblag es, von einem Ort, an dem sich keine Post befand, Briefe, Geldbeträge und Pakete zur nächsten Poststation zu bringen und dort zur weiteren Beförderung auf postalischem Wege abzugeben und andererseits von diesem Postamt gegen die Bezahlung des Postportos Briefe entgegenzunehmen, die für ihre an keiner Postroute gelegenen Orte bestimmt waren. Jede Verletzung des Postmonopols wurde durch harte Strafen geahndet. Damit sich Fuhrunternehmer nicht mit Unwissenheit herausreden konnten, wurde ausdrücklich festgestellt, daß schwere Güterfuhrwerke weder Briefe noch Geldsummen noch Pakete zur Beförderung annehmen durften, hierfür war ausschließlich die Post zuständig[605]. Reisende, die mit einer Extrapost in Stuttgart oder in einer anderen württembergischen Stadt eintrafen, mußten diese, gleichgültig wie lange ihr Aufenthalt dauerte, auch für die Abreise benutzen. Mietkutschen, die eine Fahrt zu einem Ort unternahmen, in dem sich eine Post befand, durften dies nur tun, wenn sie zuvor einen Postschein von 1 fl lösten und auf jeder Station, die sie berührten, zusätzlich 30 kr bezahlten. Um eine wirksame Kontrolle zu gewährleisten, wurden 1806 »Auslaßscheine« für Reisende zu Pferd und Wagen, mit Post- oder Mietpferden, sogar für Spazierfahrten, eingeführt[606].

Kaiserlicher Reichsposstallmeister (1805), dann Königlich Württembergischer Oberpoststallmeister war Andreas Vogelwayd, Inhaber des damals bedeutendsten und meistbesuchten Stuttgarter Gasthofs, des Waldhorns. Er hatte 50 Pferde zu seiner Verfügung. Als er 1811 seine Stelle kündigte, übernahm diese die württembergische Postverwaltung in eigene Regie, allerdings nur bis 1817. Von jenem Jahr an waltete hier wieder ein Oberpoststallmeister seines Amtes. Es war Gottlob Ernst Teichmann, der nunmehrige Inhaber des »Waldhorns«[607].

Nach der Übernahme der Regierung durch König Wilhelm I. wurden die von seinem Vater erlassenen drakonischen Poststrafgesetze gemildert. 1819 ging die württembergische Post wiederum in die Verwaltung der Fürsten von Thurn und Taxis über. Am 1. Oktober jenes Jahres vollzog der Minister des Innern, Otto, in Anwesenheit der Mitglieder der Oberpostdirektion sowie der Beamten des Hauptpostamtes und der nach Stuttgart einberufenen Oberpostmeister des Landes die feierliche Übergabe der bisherigen württembergischen Staatspost an den Freiherrn von Vrints-Berberich, den Bevollmächtigten des Fürsten Karl Alexander von Thurn und Taxis[608]. Am 16. Februar 1821 wurde die Landbotenanstalt wieder ins Leben gerufen[609].

Stadtverwaltung, städtische Ämter und Einrichtungen

Die Verwaltung der Stadt im 18. Jahrhundert unterschied sich kaum von der des 17. Jahrhunderts. Der Stadtvogt, Vorsitzender von Gericht und Rat, also des Magistrats, hatte seine herausragende Stellung behauptet. Er stand an der Spitze des Stadtgerichts und führte die Aufsicht über die verschiedenen Verwaltungszweige, über die städtischen Stiftungen und Anstalten. Auch an der Zusammensetzung des Magistrats und den von diesem wahrgenommenen Aufgaben hatte sich so gut wie nichts geändert. Wie früher teilten die Magistratsmitglieder die wichtigsten städtischen Ämter unter sich auf. Ein Bürgermeister war Assessor des Engeren Ausschusses der Landschaft, ein zweiter Waldmeister, Stadtgewölbe- und Fruchtmeister, ein dritter Hauptzoller, Weg- und Brückeninspektor,

Das zwischen 1580 und 1585 nach den Plänen von Jakob Salzmann in der Turnierackervorstadt erbaute Landschaftshaus war zu Beginn des 19. Jahrhunderts der Mittelpunkt der landständischen Aktivitäten im Herzogtum Württemberg.

andere Magistratsmitglieder fungierten als Pfleger des Armenkastens, des Spitals, des Lazaretts, des Siechenhauses und des Almosens, als Teil- und Waisenrichter, Polizeisekretäre und -kommissäre, Akzise- und Salzverwalter, Illuminations-, Wach- und Pflasterungskassiere, Weg-, Post-, Fron- und Vorspanninspektoren, Vorsitzende des Stadt- und Felduntergangs, der Vieh-, Feuer- sowie Brotschau usw.[610]. Die Bürgermeisterrechnung von 1713/14 führt eine Vielzahl städtischer Bediensteter auf: u. a. vier Bürgermeister, zwei Stadtgerichtsadvokaten (seit 1717 Stadtkonsulenten), zwei Waldmeister, vier Fleischschauer, mehrere Steinsetzer, vier Waisenrichter, einen Brotschauer, zwei Marktmeister, einen Stubenknecht, einen Stadtbauknecht, sechs Wehmütter (Hebammen), einen Wachbieter, zwei Stadtfuhrknechte, 25 Turmwärter, Torwärter und Nachtwächter, zwei Waldschützen, vier Stadtknechte, zwei Wegknechte, zwei Bronnenmacher, einen Stadthauptmann, einen Stadtwachtmeister, einen Stadtrittmeister, einen Quartiermeister, einen Stadtküfer, einen Modisten[611].

Grotesk war, daß im Rangreglement Herzog Eberhard Ludwigs die Bürgermeister von Stuttgart und Tübingen, die, soweit sie dem Landtag angehörten, dessen vornehmste weltliche Mitglieder waren, hinter der untersten Offizierscharge, den Leutnanten, rangierten. Hier zeigte sich nach der Errichtung des stehenden Heeres eine mit nichts zu rechtfertigende Überbewertung des Militärs[612]. Auf dieser Linie lag auch, daß sich die herzoglichen Soldaten in Stuttgart mitunter recht übermütig und anmaßend gebärdeten, sich mit städtischen Bediensteten anlegten. Am 11. Dezember 1738 beschwerte sich der Magistrat beim Herzog-Administrator darüber, daß die »Miliz«, das Militär, die Bettelvögte und ihre Gehilfen bei der Erfüllung ihrer Dienstpflicht, der »Abtreibung« der Bettler, schmähte und beschimpfte. Seiner Bitte, dies abzustellen, kam der Herzog-Administrator nach[613].

Nachdrücklich wehrte sich die Stadt dagegen, daß Herzog und Regierung allzu großen Einfluß auf die Besetzung der städtischen Ämter nahmen. 1723 versuchte der damalige Auditor Kornbeck, mit Hilfe des Landesherrn den Posten eines fünften Bürgermeisters zu erlangen. Der Magistrat protestierte. Er pochte auf das Besetzungsrecht der Stadt bei Bürgermeisterstellen. Der Herzog respektierte dies und wies Kornbeck mit seinem »unzeitigen« Gesuch ab. Zur Zeit, so ließ er ihn wissen, seien alle Bürgermeisterstellen besetzt[614].

Offensichtlich wurde bei der Wahl einzelner Mitglieder von Gericht und Rat gelegentlich auch von anderer Seite unzulässiger Druck ausgeübt. Im April 1731 behauptete der Magistrat, der Ratsverwandte Kegelin sei dem Ratskollegium von einem »vornehmen Amtsverwalter, der zu jener Zeit in großer Gewalt und Ansehen gestanden« habe, »aufgedrungen« worden. Dabei hätte Kegelin wegen seiner Schwerhörigkeit niemals gewählt werden dürfen. Bei der Zugehörigkeit zum Rat sei es aber nicht geblieben, man habe Kegelin zu seiner »Subsistenz« (Lebensunterhalt) die Seel- und Lazarettpflege anvertraut. Wenn er nicht auch noch Richter geworden sei, dann deshalb, weil er einer Gerichtsverhandlung nicht hätte folgen können. Hätte man ihn etwas fragen wollen, hätte man ihm so laut ins Ohr schreien müssen, daß man es nicht bloß vor der Tür, sondern sogar noch im zweiten Haus hätte hören können[615]. Im März 1737 setzte Süß Oppenheimer die Wahl des Sonnenwirts Weckherlin in den Rat durch. An sich hatte er ihm eine Richterstelle verschaffen wollen, doch der Magistrat hatte dies mit dem Hinweis vereitelt, eine Stelle im Stadtgericht sei nicht frei. Obwohl auch im Rat keine Stelle vakant war, mußte sich das Ratsgremium dennoch dem Willen des Süß und des Herzogs beugen. Nach dem Sturz des Geheimen Finanzrats Herzog Carl Alexanders machte der Magistrat mit Zustimmung der Vormundschaftlichen Regierung die Zuwahl Weckherlins rückgängig[616].

Die Kontrolle des Magistrats durch Herzog und Regierung hatte durchaus auch positive Seiten. Sie verhinderte, daß die Vetternwirtschaft zu sehr ins Kraut schoß und daß in der Verwaltung ein zu großer Schlendrian einriß. 1732 wollte anscheinend die Stadt die Zahl ihrer Bürgermeister, die damals zusammen mit den den Bürgermeistern beigeordneten Adjunkten acht betrug (vermutlich je vier Bürgermeister und Adjunkte), erhöhen. Herzog und Oberräte hielten einen weiteren Bürgermeister, offensichtlich den fünften, für mehr schädlich als nützlich. Ein herzogliches Dekret verbot dem Magistrat jeden weiteren diesbezüglichen Antrag[617]. Anfang 1735 wurden dem langjährigen Bürgermeister Völter schwere Verfehlungen bei der Verwaltung der ihm anvertrauten Gelder nachgewiesen. Ein herzogliches Dekret enthob ihn seines Bürgermeisterpostens und seiner Ehrenämter. Bloß der Tatsache, daß er von 1693 bis 1696 dreieinviertel Jahre in französischer Geiselhaft gewesen war, verdankte er es, daß ihm eine Geldstrafe erspart blieb. Er mußte aber den Rechnungsrest von 18 373 fl, eine für damalige Verhältnisse gewaltige Summe, ohne Nachlaß ersetzen. Da er wohl schon bald darauf starb, hatten seine Erben noch bis 1744 an den »Rückständen« zu zahlen[618]. Ein herzogliches Reskript attestierte im November 1739 dem Stadtschreiber eine höchst »negligente und unordentliche Amtsführung«, der auf sein Konto gehende Geschäftsrückstau sei groß. Der Herzog drohte dem faulen Beamten, man werde, falls er sich nicht bessere, eine Untersuchung gegen ihn anstrengen und ihn, falls deren Ergebnis sehr ungünstig für ihn ausfalle, kassieren, d. h. absetzen[619].

Daß sich sogenannte niedere Bedienstete schlecht aufführten und ihre Dienstobliegenheiten vernachlässigten, kam öfters vor. Die Hauptexzesse waren Trunkenheit, Unbotmäßigkeit, übles Benehmen. Durch Turmstrafen suchte man solche Bedienstete zur Räson zu bringen, in schweren Fällen entfernte man sie auch aus dem öffentlichen Dienst[620].

Die Gehälter selbst der leitenden Kommunalbeamten waren noch immer sehr bescheiden. 1718/19 bezogen die vier Bürgermeister beispielsweise zusammen im Jahr 450 fl Gehalt. Dies waren in der Tat keine üppigen Einkommen. Wie andere Bedienstete waren sie deshalb auf zusätzliche Einnahmen aus Nebenämtern angewiesen. – Wir haben solche Nebenämter bereits erwähnt. – 1754 wurden die Besoldungen der Kommunalbeamten neu festgelegt. Ein Bürgermeister hatte nun ein Jahreseinkommen von 500 fl. Es bestand aus Naturalien und Geld. An Naturalien bekam er 1 Scheffel Roggen (4 fl), 16 Scheffel Dinkel (40 fl), 3 Scheffel Hafer (4 fl 30 kr), 1 Simri Erbsen (36 kr), 4 Eimer Wein (48 fl), 5 Klafter Holz (25 fl), 400 Büschel Reisig (18 fl). Hinzu kamen noch 359 fl 54 kr an Geld. Einem Bürgermeister, der für seine Tätigkeit beim Hofgericht und als Angehöriger des Engeren Landschaftlichen Ausschusses100 fl erhielt, zog die Stadt diesen Betrag von seinem Gehalt ab[621]. Ihre geringen Gehälter machten die Kommunalbediensteten für »Verehrungen«, Geldgeschenke, wie sie vor allem an Neujahr üblich waren, sehr empfänglich. Da die Gefahr bestand, daß solche Verehrungen die Verwaltung korrumpierten, kämpfte die Regierung, freilich nur mit mäßigem Erfolg, gegen sie an. Herzog Carl Alexander verbot die Neujahrsverehrungen »durchgängig«. Lediglich die traditionelle Kirchenvisitationsmahlzeit auf dem Rathaus erlaubte er 1736 und 1737, erwartete aber, daß hierbei jedes Übermaß vermieden wurde[622]. Nach seinem Tod setzten sich die »Verehrungen« wieder durch. In der zweiten Hälfte des 18. Jahrhunderts untersagten herzogliche Reskripte die Annahme von »Verehrungen« und sonstigen Geschenken mit der Begründung, solche Zuwendungen würden die Beamten in ihren »Amtsverrichtungen« beeinträchtigen[623]. Doch die althergebrachte Unsitte war nicht auszurotten.

Wie gering die Bezahlung der unteren Bedienstetenkategorien war, beweist die Jahresbesoldung eines Stuttgarter Amtsknechts 1732. Der Amtsknecht erhielt an Geld 42 fl, zusätzlich 10 fl für den »Hauszins«, die aber, wie zugegeben wurde, nur zur Hälfte »hinlänglich« waren, ferner 8 Scheffel Dinkel, 2 Scheffel Roggen und 8 Imi Wein[624]. Als »Akzidenz«, als Zusatz zu ihrem Gehalt, betrachteten die Torwächter das Holzscheit, das sie von jedem in die Stadt kommenden Holzfuhrwerk beanspruchten. 1739 wurde von ihnen verlangt, auf diese »Akzidenz« zu verzichten. Sie protestierten und wiesen auf ihr kärgliches Gehalt hin, das, abgesehen von Naturalien, aus ganzen 16 fl bestand. Die ihnen im Jahr zustehenden vier Klafter eichenes Besoldungsholz, das meist noch grün und naß sei, reiche nicht aus, zumal sie im Winter lange Wachdienste sowohl bei Tag als auch bei Nacht zu leisten hätten und den öffentlichen Nutzen durch den Einzug des Zolls, der Akzise und des Weggelds förderten. Sie müßten in die Wachstuben häufig auch kranke und verwundete Personen aufnehmen, benötigten deshalb eine gut funktionierende Heizung. Ihre Holzforderungen wollten sie auf Privatholzfuhren beschränken, somit Herrschafts- wie Besoldungsholz ausnehmen. Andernorts, so stellten sie fest, erhielten die Torwarte je Holzwagen zwei Scheite, je Holzkarren ein Scheit. Der Herzog-Administrator lehnte trotzdem ihre Bitte ab. 1746 bekräftigte ein herzogliches Reskript diese Entscheidung[625].

1735 setzte die Regierung das Jahresgehalt des Stadt- und Amtsschreibers auf 250 fl fest. Zuvor hatte dieser für sich sowie für die von ihm benötigten Substitute und Skribenten Wartgelder bezogen. Bei dieser Gelegenheit wurden seine Aufgaben im einzelnen beschrieben: Führung des Gerichtsprotokolls, »Beobachtung«, Überwachung, der Registratur und Führung des dazu erforderlichen Repertoriums, jährliche Vorlage der Bürgermeister- sowie anderer Partikular-, Kommun- und Heiligenpflegrechnungen, Erstellung des Steuersatzes, ebenso alle sonstigen bei »gemeiner Stadt vorfallenden Ordinari- und Extra-Ordinari-Schreiberei-Verrichtungen«[626]. 1758, im Jahr der Einführung der neuen Kommunordnung für das Herzogtum Württemberg, erfolgte die Trennung der Stadt- von der Amtsschreiberei[627].

Eine wohleingerichtete Registratur nannte Stadtvogt Vischer 1724 »gleichsam die Seele aller Verrichtungen«. Von einer einigermaßen funktionsfähigen städtischen Registratur konnte indes in Stuttgart nicht

Ludwig Christoph Vischer (1700 – 1772), Stadtvogt, Expeditionsrat.

die Rede sein. Das bei der Stadtverwaltung erwachsene Schriftgut befand sich zumindest seit der zweiten Hälfte des 17. Jahrhunderts in einem desolaten Ordnungszustand. Mehrmaliges Flüchten hatte die Akten völlig durcheinandergebracht, viele wichtige Unterlagen waren zudem verlorengegangen. Der Registrator war schlecht besoldet und offenbar ungeeignet. 1696 hatte der Magistrat für das Ordnen der Registratur eine Belohnung von 50 fl in Aussicht gestellt. Doch es blieb alles beim alten. Durch die Kriegswirren im ersten Jahrzehnt des 18. Jahrhunderts und durch erneutes wiederholtes Auslagern der Akten vergrößerte sich noch die Konfusion. Erst in den zwanziger Jahren machte sich der Ratsverwandte Kegel (Kegelin) daran, die Registratur in Ordnung zu bringen. 1726 erhielt er dafür durch herzogliche Entschließung eine einmalige Belohnung von 50 fl, außerdem wurden ihm für seine weitere Tätigkeit in der Registratur im Jahr 30 fl sowie ein Eimer Wein bewilligt[628]. Es scheint jedoch, daß Kegelin seiner Aufgabe nicht gewachsen war. 1731 befand sich die Registratur noch immer in einer schlimmen Verfassung. Stadtvogt Vischer traute keinem städtischen Beamten die Fähigkeit zu, die Registratur so zu ordnen, daß sie zu einem unentbehrlichen Arbeitsinstrument der Verwaltung wurde. Seine Hoffnung setzte er in den »zweiten gelehrten Bürgermeister« Johann Jakob Groß, der seine Bereitschaft zur Übernahme dieser bedeutsamen Aufgabe bekundet hatte. Der Magistrat räumte ein, daß sich die Stadtregistratur noch nie in einem Zustand befunden habe, der der Wichtigkeit der Sache angemessen gewesen wäre. Keine Frage war für ihn eine grundlegende Neuordnung. Nun wollte sich aber Kegelin trotz der ihm attestierten Unfähigkeit nicht einfach beiseite schieben lassen. Er setzte beim Magistrat durch, daß er bei den weiteren Ordnungsarbeiten wenigstens als Gehilfe mitwirken durfte und auch auf eine Entlohnung Anspruch hatte. Möglicherweise bewog dies Groß, die Hände von der Registraturreform zu lassen. In den Akten findet sich jedenfalls keine Spur, die auf eine Tätigkeit seinerseits in diesem Bereich hindeutet. 1769, als die städtische Registratur wiederum in »eine ziemliche Konfusion geraten« war und eine bessere Ordnung dringend gefordert wurde, erinnerte man sich lediglich an die Ordnungsansätze Kegelins und einiger späterer Registratoren. Der Vorschlag des Magistrats, einem im Aktenwesen erfahrenen auswärtigen Verwaltungsmann wie den Notar Stierlin in Leonberg, der bereits die dortige Stadt- und Amtsregistratur auf Vordermann gebracht hatte, die Neuorganisation der Stuttgarter Stadtregistratur zu übertragen, scheiterte am Einspruch der Regierung, die dafür plädierte, angesichts der schlechten Finanzlage Stuttgarts das Werk durch städtische Verwaltungsleute durchführen zu lassen. So geschah es. Der Auftrag wurde Stadtschreiber Klüpfel erteilt, der schon eine eigene Handregistratur der Stadtakten angelegt hatte. Die Arbeit, die er übernahm, war nicht leicht zu bewältigen, zumal die Akten seit langem ungeordnet in der Stadtschreiberei aufgehäuft wurden.

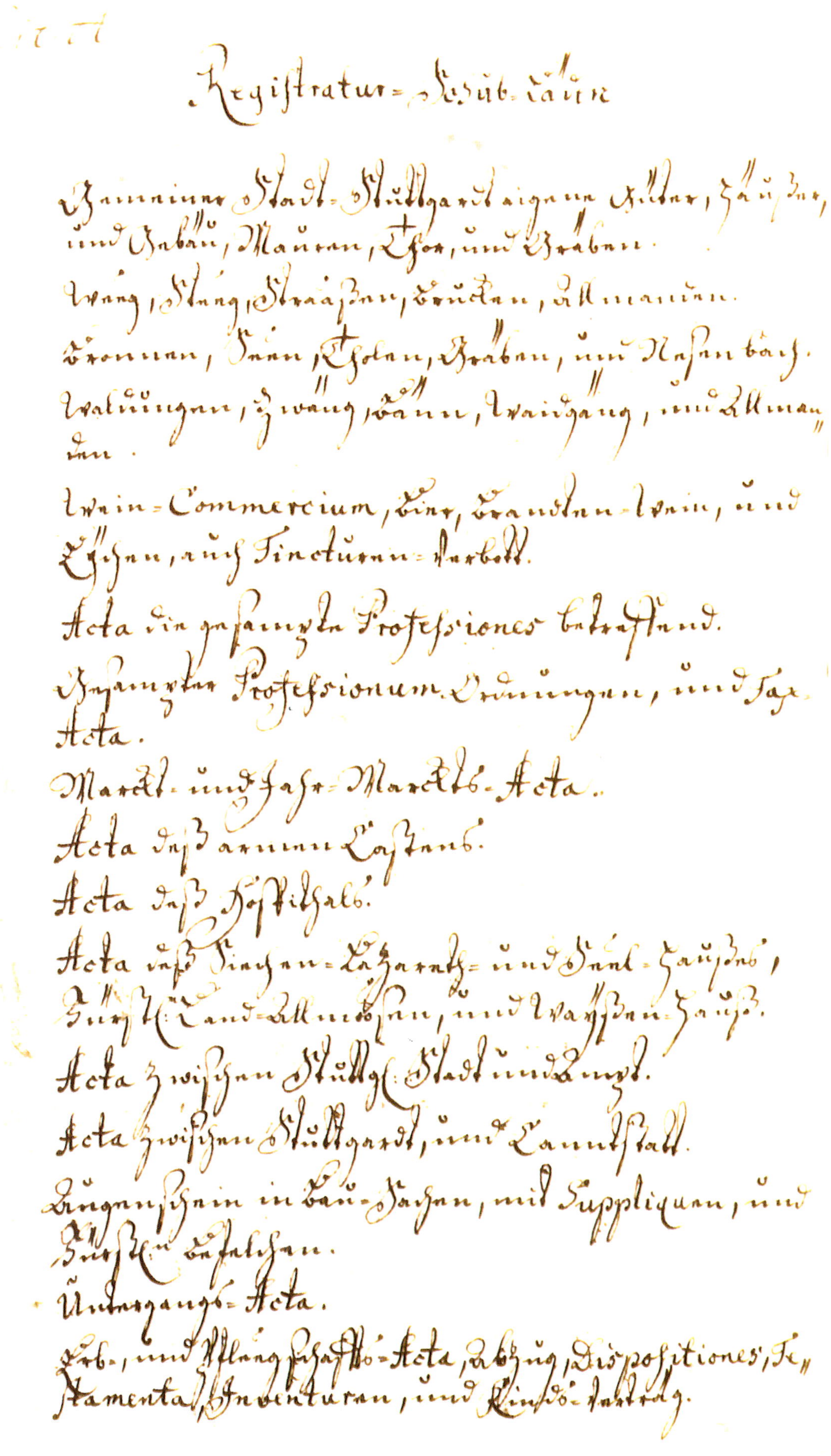

Eine Seite der Registraturordnung der Stadt Stuttgart von 1731: Aktenordnung in den Registraturschubladen.

Offenbar gelang es Klüpfel dennoch, den Registraturwirrwarr zu beseitigen und das Aktenwesen der Stadt auf ein für die Verwaltung erträgliches Niveau zu bringen[629].

Die herrschaftlichen Forderungen an ordentlichen und außerordentlichen Steuern sowie Abgaben belasteten die Stadt zeitweilig sehr. Im Sommer 1722 verlangte Herzog Eberhard Ludwig von Stuttgart einen Kammerbeitrag von 650 fl. Der Magistrat wehrte sich. Die Bürger, ließ er den Herzog wissen, seien durch Umlagen über Gebühr belastet. Der Beitrag könne ihnen nicht zugemutet werden. Auf der anderen Seite seien die Hof- und Kanzleiverwandten, gegenüber denen der Magistrat keine Exekutionsbefugnis habe, mit erheblichen Steuersummen im Rückstand. Der Herzog sicherte der Stadt zu, die Steuerausstände bei den Hof- und Kanzleiverwandten eintreiben zu lassen, an dem geforderten Kammerbeitrag machte er jedoch keine Abstriche[630]. Sechs Jahre später kritisierte Herzog Eberhard Ludwig die übergroßen Steuerausstände beim Bürgermeister- und beim Steueramt. Die Hauptschuld für die Rückstände gab er den dafür verantwortlichen Rechnern, dem Stadtschreiber, ferner den Stabsbeamten und den Magistratsverwandten[631]. Daß sich die Stadt nach der Verlegung des Hofes und der Regierung nach Ludwigsburg in einer schlechten wirtschaftlichen Situation befand, übersah er. 1731 beschloß der Magistrat, um sich von totem Kapital zu befreien und um seine Finanzmittel etwas aufzubessern, die silbernen Becher zu verkaufen, die früher von den in den Rat gewählten Bürgern gestiftet worden waren[632]. Damals waren die Hof- und Kanzleibediensteten dem Stuttgarter Steueramt nicht weniger als 6625 fl 17 kr an »Milizanlagsgeldern« schuldig. Der Herzog war darüber sehr ungehalten. Er befahl, innerhalb eines Monats die säumigen Zahlungen zu leisten. Aber trotz der angedrohten »wirklichen Exekution« ging in den nächsten drei Monaten lediglich ein Bruchteil des Geldes ein. Im September 1732 klagte der Magistrat erneut über die großen Steuerausstände der Hof- und Kanzleiverwandten. Er wies auf den schweren Schaden hin, der dadurch der Stadt entstehe: Die Ausgaben stiegen an, die Abgaben für die »Miliz«, das Militär, und der Kammerbeitrag konnten nicht entrichtet werden. Der Herzog reagierte mit einem geharnischten, freilich wenig wirksamen Dekret[633]. In den folgenden Monaten steigerten sich die Rückstände der Hof- und Kanzleibediensteten an Steuern und Abgaben weiter. Anfang 1734 ordnete Herzog Carl Alexander die umgehende Eintreibung dieser Rückstände an[634].

Die Beschwerden des Magistrats über die hohen Steuerschulden der Hof- und Kanzleiverwandten blieben auch in den folgenden Jahrzehnten ein Dauerbrenner. 1751 befahl Herzog Carl Eugen die Einbehaltung der Geld- und Naturalbesoldung dieser säumigen Steuerzahler, um sich so wenigstens einen Teil der ausstehenden Gelder zu sichern[635]. Auf Methoden des gewaltsamen Geldeintreibens, wie es bei den Bürgern gang und gäbe war, reagierten die Hofbeamten allergisch. Als 1741 der Stadtvogt, zweifellos autorisiert durch den Herzog-Administrator, von niederen Hofbediensteten wegen verbotenen Weinausschanks Strafgelder eintrieb, protestierten diese. Sie fühlten sich, so erklärten sie, wie die geringsten »Stadt- und Landbedienten«, ja wie Holzhauer und Taglöhner behandelt, wenn man ihnen ohne Vorankündigung Presser schicke[636].

Der Normalbürger litt wie in früheren Zeiten unter den ihm aufgebürdeten vielen Steuern und Abgaben. Ein Bürger listete seine »Beschwerden« auf. Diese im folgenden wiedergegebene »Spezifikation« ist recht aufschlußreich: 1. viermalige Versteuerung der liegenden Güter im Jahr: Ordinari-Steuer, Sommer- und Winteranlag sowie Stadtschaden; 2. gleichfalls viermalige Versteuerung der »Profession« (des Berufs) im Jahr; 3. jährliche Bürgerrechtsgebühr von 2 fl; 4. Abgabe des zehnten Teils der Erträge von Äckern und Weinbergen; 5. Abgabe des 30. Teils von allen liegenden Gütern, auch von Häusern; 6. Umgeld und Akzise vom Weinausschank; 7. Wachdienste; 8. Bereitstellung von Quartieren für Soldaten; 9. bei herrschaftlichen Jagden Hundeführen und Treiberdienste; 10. jährliche Gebühren; 11. Akzise von Handwerkserzeugnissen; 12. Zollabgaben auch von Bürgern und Handwerkern. Nicht berücksichtigt in der »Spezifikation« waren Teilbodenweingefälle (Abgaben von Teilen der Weinerträge), Gülten (Naturalabgaben) und andere herrschaftliche Abgaben, die allerdings nicht »universal« (allgemein) waren[637].

In den ersten Jahrzehnten des 18. Jahrhunderts mußte noch immer die gesamte Bürgerschaft zusammengerufen werden, wenn Gesetze, Ordnungen und herzogliche Reskripte bekanntzugeben waren. Freilich ließ das Interesse der Bürger an den amtlichen Verlautbarungen sehr zu wünschen übrig. 1723 erschien zu einer solchen Versammlung kaum die Hälfte der Geladenen. Da Regierung und Magistrat darin eine Mißachtung der Obrigkeit sahen, wurden die »Säumigen«, soweit sie keine stichhaltigen Entschuldigungen geltend machen konnten, um je 1 fl gestraft. Andererseits hätte der Platz »im sogenannten Herrschaftshaus« (wohl beim Herrenhaus) überhaupt nicht für alle Bürger ausgereicht. Bei einer späteren Versammlung im Jahr 1731 waren von den 1200 Bürgern 561 erschienen, und der Platz war voll besetzt. Da der Stadtvogt eine Erweiterung des Platzes für dringend geboten hielt, damit auf ihm bei der Versammlung der Bürgerschaft kein großes Gedränge entstand, eine solche Erweiterung aber Probleme verursachte, gab der Herzog zu bedenken, ob nicht die Bürger in zwei Gruppen aufgeteilt werden sollten und ob sich dann nicht jede der beiden Gruppen zur Entgegennahme amtlicher Verlautbarungen gesondert versammelte. Leider geht aus den Akten nicht hervor, ob sich der Magistrat für eine solche Regelung entschied[638]. Nach der Mitte des 18. Jahrhunderts waren, wenn wir die einschlägigen Unterlagen richtig interpretieren, Bürgervollversammlungen nicht mehr üblich. Im Januar 1759 stimmte der Herzog dem Vorschlag des Magistrats zu, den bisherigen Trommelschlag abzuschaffen und Angelegenheiten, die der Einwohnerschaft »zur schnellen Notiz« kommen sollten, künftig in jedem der drei Stadtviertel durch eine hierzu taugliche Person ausrufen zu lassen. Das Ausrufen sollte mit jeweils 15 kr entschädigt werden. Die amtlichen Ausrufer gab es noch 1804. Damals versah ein solcher seinen Dienst schlecht. Er wurde, weil er das Ausrufen an einigen Stationen unterlassen hatte, streng zurechtgewiesen[639].

Einen Dienst, den die Stadt ihren Bürgern leistete, war die sichere Verwahrung von Wertgegenständen durch das »Hinterleg-Amt«. Die Aufsicht über die »Hinterleg-Sachen« führten nach der neuen »Hinterleg-Amts-Ordnung« von 1759 zwei »Depositarii« von Gericht und Rat, die jährlich bei der Ämterersetzung vom gesamten Magistrat angenommen und bestätigt wurden; sie hatten eine Amtskaution zu hinterlegen. Jede Privatperson konnte »aus bewegenden Ursachen« Wertgegenstände in städtische Obhut geben. Über die Annahme entschied das Gericht. Die Stadt schaffte dafür eine besondere Truhe an. Diese Truhe, die ihren ständigen Platz im Stadtgewölbe unter dem Rathaus bekam, besaß zwei Schlösser. Jeder der beiden »Depositarii« verfügte über die Schlüssel zu einem dieser Schlösser. In die Truhe kamen auch »amtlich angcordnete Deposita« bei Vergantungen (Bankrotten) usw. Zugänge wie Abgaben bzw. Rückgaben waren im Hinterlegungsbuch zu vermerken, Rückgaben mußten außerdem durch die Empfänger/Besitzer in diesem Buch bescheinigt oder in Form einer Quittung bestätigt werden. Jedes Jahr an Georgii (23. April) war das Hinterlegungsbuch Gericht und Rat zur Überprüfung vorzulegen. Für jedes Depositum mußte eine Hinterlegungsgebühr entrichtet werden; sie betrug, gleichgültig ob ein Wertgegenstand freiwillig oder amtlich hinterlegt war, bei einem Wert von 100 fl 10 kr im Jahr, bei einem kürzeren Zeitraum 5 kr[640].

Stadt und Amt Stuttgart gingen im 18. Jahrhundert verwaltungsmäßig weitgehend eigene Wege. Im Gegensatz zu früher kam es nur noch selten zu größeren Spannungen und Auseinandersetzungen. Streitpunkte waren vor allem Kriegslasten, die Kosten für militärische Einquartierungen, der Unterhalt der Stadtbefestigung. 1725 mußte das Amt durch herzoglichen Machtspruch zu einem finanziellen Beitrag zur Reparatur der Stadtmauer veranlaßt werden. Es hatte sich geweigert, war aber dann daran erinnert worden, daß es 1697 freiwillig einen solchen Beitrag geleistet und daß es schon 1583 in einem Vergleich seine Verpflichtung hierzu anerkannt hatte[641].

Finanzielle Forderungen in Höhe von knapp 24 000 fl erhob die Stadt gegenüber dem Amt 1752. Das Amt antwortete mit rund halb so hohen Gegenforderungen. Vermutlich handelte es sich um Aufwendungen für das Militär, doch sicher auch um andere finanzielle Leistungen. Beide Kontrahenten einigten sich indes rasch. Das Amt zahlte der Stadt 6 000 fl und verpflichtete sich, jedes Jahr 28 fl 34 kr Richtergeld sowie 12 fl Holzgeld an die Stadtkasse zu entrichten, wofür ihm die Stadt für seine Angehörigen an Wochen- und Jahrmärkten in Stuttgart eine warme Stube auf dem Rathaus zusicherte. Die früheren Verträge zwischen Stadt und Amt blieben »nach ihrer wahren Deutung im Wesen«, d. h., sie wurden ausdrücklich bestätigt[642].

Die Handhabung von Ruhe, Ordnung und Sicherheit lag in der ersten Hälfte des 18. Jahrhunderts in den Händen des Vogts und des Magistrats. Im November 1753 aber rief Herzog Carl Eugen eine Polizeideputation ins Leben; sie bestand aus zwei Mitgliedern des Regierungsrats, dem Vogt als Polizeidirektor, einem Auditor sowie einem Mitglied des Stadtgerichts als Polizeisekretär und hielt im Vogthaus ihre Sitzungen ab. 1790 erhielt sie eine neue Organisation. An ihrer Spitze als Präsident stand nunmehr ein Staatsminister; ein »Maître« vom herzoglichen Hof sowie der Stadtkommandant gehörten ihr als Mitglieder an. Die Stadt wurde unter zwei Polizeikommissäre aufgeteilt: Einer war für die Innere Stadt und die St. Leonhardsvorstadt zuständig, der zweite für die Turnierackervorstadt. Beide Polizeikommissäre hatten in ihren Bezirken auch Aufsichtsfunktionen über das Brandschutzwesen, über die »in Almosen stehenden Armen« sowie über die »Bettel-Abstellungsanstalten«. Die Zahl der Polizeidiener wurde auf acht, dann auf 16 festgesetzt. Jedem von ihnen war ein bestimmter Stadtdistrikt zugewiesen. Die Polizeidiener, die bei ihrer Einstellung einen Diensteid abzulegen hatten, trugen einen blauen Uniformrock mit gelben Um- und Aufschlägen, einen Degen mit breitem Wehrgehänge sowie einen Stock. Ihre Brust zierte ein weißer Schild mit dem württembergischen Wappen und der Aufschrift »Von der Polizei«. Sie hatten ständig durch die Gassen zu patrouillieren und für Ordnung zu sorgen. Bei der Anzeige von Vergehen, die mit geringen Geld- oder Leibesstrafen geahndet wurden, galt ihre Aussage als uneingeschränkt glaubwürdig. Konnte sie jedoch der Angeklagte eines falschen Zeugnisses überführen, hatten sie »die empfindlichste Strafe« zu gewärtigen. Jedermann mußte sich ihren Anweisungen fügen. Wer sich widersetzte, »mit Reden und Taten« gegen sie vorging oder ihre Anordnungen boykottierte, war mit »unfehlbarer Strafe« bedroht, durfte allerdings bei höheren Behörden gegen solche Strafverfügungen klagen. Revision und Ergänzung der früheren polizeilichen Verordnungen und Gesetze schienen vordringlich. Dies geschah durch das neubearbeitete Werk »Polizei-Verordnungen für die herzogliche Residenzstadt Stuttgart«, das bereits 1790 veröffentlicht und an sämtliche Einwohner verteilt wurde[643].

Herzog Friedrich II. hob am 24. Dezember 1799 die Polizeideputation auf und übertrug die Polizeiaufgaben unter der Oberaufsicht des Geheimen Rats-Präsidenten Grafen von Zeppelin dem Oberamt. Am 12. Januar 1808 wurde dann für Stuttgart und Ludwigsburg eine eigene dem Polizeiministerium, seit Mai 1816 dem Kabinettsministerium unterstehende Oberpolizeidirektion geschaffen. Sie war eine Dreimannbehörde (Direktor, Polizeirat und Sekretär) und beaufsichtigte den Oberpolizeikommissär, den Polizeileutnant, dem ein Unteroffizier und 20 Polizeisoldaten unterstellt waren, die Feuer-, Fleisch- und Brotschau, die Bau- und Feldpolizei, die Illuminationskasse und das Pfechtamt (Eichamt). Im weitesten Sinn für alle Polizeiangelegenheiten verantwortlich, hatte die Oberpolizeidirektion nicht nur für Ruhe, Ordnung und Sicherheit zu sorgen, sondern auch für die Sauberhaltung der Stadt, für die Beobachtung der Vorschriften über das richtige Maß und Gewicht, für die Beischaffung einer ausreichenden Menge einwandfreier Lebensmittel. Am 1. Juli 1811 wurde ihr zudem die Aufsicht über das Armenwesen übertragen[644]. Den hohen Stellenwert, den König Friedrich seinen Residenzstädten Stuttgart und Ludwigsburg beimaß, dokumentierte die Straßenpolizeiordnung, die er am 6. August 1811 für beide Städte erließ[645], ebenso die strengen Sicherheitsvorkehrungen, die er traf. Jeder Stuttgart besuchende Fremde mußte mit einem Paß versehen sein, den er entweder bereits am Tor oder aber bei der Polizei abzugeben hatte. Beim Betreten der Stadt wurde er außer nach seinen Personalien auch nach dem Grund seiner Reise und der Dauer seines hiesigen Aufenthalts gefragt. Gasthöfe wie auch Privatleute hatten alle bei ihnen übernachtenden Fremden der Polizei zu melden. Bei einem längeren Aufenthalt hatten auswärtige Besucher einen »Erlaubnisschein« zu beantragen. Seit 1804 durfte niemand, der mit der Post oder zu Pferd die Stadt verlassen wollte, dies tun, wenn er keinen von der Polizei gegen eine Gebühr von 5 kr bzw. 12 kr ausgestellten Auslaßschein vorweisen konnte. Die Tore wurden nach einem sich an den Jahreszeiten orientierenden komplizierten Zeitplan gesperrt und geöffnet. Anreisende Fremde standen häufig vor geschlossenen Toren und mußten das Betreten der Stadt unter Umständen durch die Bezahlung von Sondergebühren erkaufen. Derartige Maßnahmen vermittelten den Eindruck, als wollte man Fremde möglichst fernhalten und unter sich bleiben[646].

Herzog Carl Eugen hielt die Zahl von vier Bürgermeistern für zu hoch. 1754 verminderte er sie auf drei. Da aber der Magistrat Einspruch erhob, gestand er 1760 der Stadt wiederum den vierten Bürgermeister zu[647]. 1801 strich Herzog Friedrich II. erneut die vierte Bürgermeisterstelle. Auch diesmal protestierte der Magistrat. Er wies darauf hin, daß nicht nur die beiden »Residenzstädte Ludwigsburg und Tübingen«, sondern manche Munizipalstädte gleichfalls vier Bürgermeister hätten und daß Stuttgart, wenn man ihm den vierten Bürgermeister wegnehme, auf die Stufe der geringsten Landstädte herabgedrückt werde. Der Herzog verschloß sich den Argumenten des Magistrats nicht, verlangte aber, um die erschöpfte Stadtkasse zu schonen, daß der neugewählte vierte Bürgermeister künftig jeweils so lange ohne Besoldung blieb, bis eine der drei anderen Bürgermeisterstellen frei wurde, daß das Rechnungsamt von jetzt an von einer Rechnungsperiode zur anderen unter den Bürgermeistern wechselte (ausgenommen lediglich der Bürgermeister, der zugleich die Landschafts- und Hofgerichtsassessorstelle zu versehen hatte) und daß derjenige, welcher wegen hohen Alters oder Krankheit diese Tätigkeit nicht mehr leisten konnte, sie auf seine Kosten durch einen anderen versehen ließ[648].

Herzog Friedrich II., der nachmalige Kurfürst und König, sah der Stadt überhaupt sehr auf die Finger. 1803 rügte er, daß ihm der Magistrat die Kosten für die Vermessung der Stuttgarter Gemarkung nicht zur Genehmigung vorgelegt hatte, wie dies die Kommunordnung vorschrieb[649]. 1808 kam es bei der Errichtung des städtischen Salzmagazins auf dem ehemaligen Mittleren Friedhof zu »Unordnungen«. König Friedrich erteilte dem Oberamtmann und dem Magistrat eine Rüge. Die Mitglieder der Salzdirektion erhielten Geldstrafen[650].

Seit dem Inkrafttreten der Kommunordnung von 1758 führte der Stadtvogt die Amtsbezeichnung Oberamtmann. An seine Stelle trat 1811 der unmittelbar dem Innenministerium unterstellte Stadtdirektor[651]. Der Magistrat bekam durch das königliche Dekret vom 16. Februar 1813 eine völlig neue Organisation. Sein Geschäftsbereich umfaßte die städtische Verwaltung sowie die bürgerliche Rechtspflege. Sein Vorsitzender, der Stadtdirektor, machte dem Innenministerium die Vorschläge zur Berufung der Magistratsmitglieder und zur Ergänzung des Gremiums. Die Bestätigung der neuen Magistratsmitglieder behielt sich der König vor. Dem Magistrat gehörten nunmehr zwei Bürgermeister, zehn Ratsverwandte, zwei »Suppleants« (Vertreter) sowie der Stadtschreiber an. Jedes Mitglied übernahm, ähnlich wie dies auch bisher schon üblich gewesen war, einige der wichtigeren städtischen Ämter und Verwaltungsfunktionen[652]. Als Vertretung der Bürgerschaft rief König Wilhelm I. am 7. Juni 1817 den Bürgerausschuß ins Leben. Er hatte den besoldeten und vom Staat ernannten Magistrat zu kontrollieren. In Finanzangelegenheiten, die Auswirkungen auf das städtische Vermögen hatten oder die die Stadtkasse auf Dauer belasteten, besaß er ein Mitspracherecht. Die 20 Mitglieder des Bürgerausschusses wurden von der Bürgerschaft auf zwei Jahre gewählt. Nach einem alternierenden System hatte jedes Jahr das halbe Gremium auszuscheiden und sich einer Neuwahl zu unterwerfen[653]. An dem Wahlmodus und der Funktion des Bürgerausschusses änderte sich nichts, als durch das Edikt vom 31. Dezember 1818 die Wahl des Gemeinderats (Stadtrats) eingeführt wurde. Von grundlegender Bedeutung für die weitere Entwicklung der kommunalen Rechts- und Verfassungsverhältnisse war der Verfassungsvertrag für das Königreich Württemberg vom 25. September 1819; er räumte den Gemeinden ein weitgehendes Selbstverwaltungsrecht ein. Das Verwaltungsedikt vom 1. März 1822 wurde dann zu einer Art Magna Charta der württembergischen kommunalen Selbstverwaltung. Auf ihm bauten auch die Verfassung und Verwaltung der Stadt Stuttgart in den folgenden Jahrzehnten auf[654].

Die langen Kriegsjahre der napoleonischen Zeit hatten der Stadt hohe finanzielle Opfer abverlangt. Der Haushalt geriet aus dem Lot. Die Schulden wuchsen fortwährend. 1816 betrug die städtische Schuldenlast 307 032 fl. Durch eine sparsame Haushaltsführung gelang es bis 1839, diese auf 43 300 fl zu vermindern, ohne Zweifel in einer wirtschaftlich schwierigen Zeit eine beachtliche Leistung[655].

Bevölkerungsentwicklung, Aufnahme ins Bürgerrecht, Beisitzer

Im Jahr 1707 wurde die Zahl der Stuttgarter Einwohner mit rund 16 000 angegeben[656]. Diese Zahl ist sehr wahrscheinlich zu hoch gegriffen. Nach exakten Erhebungen für das Jahr 1713 betrug die Einwohnerzahl der Stadt damals lediglich 12 577. Es ist jedoch unwahrscheinlich, daß Stuttgart im Lauf von nur sechs Jahren 3 500 Einwohner, mithin ein Fünftel seiner Bevölkerung verlor. Die detaillierte Bevölkerungserhebung von 1713, bei der auch die Zahl der Häuser und Haushaltungen festgehalten wurde, vermittelt, wie die folgende Auflistung zeigt, hochinteressante sozialgeschichtliche Einblicke.

Einwohner, Häuser und Haushaltungen 1713

	Innere Stadt Einwohner	Turnier-acker-vorstadt	Esslinger Vorstadt	Gesamt-Stadt
Nobiles, auch hoch- und niederherrschaftliche Hofbedienstete	151	249	111	511
Kanzleiverwandte	45	132	27	204
Miliz und Soldaten	12	18	32	62
Bürger	504	282	572	1358
Beisitzer, darunter auch Mömpelgarder und Salzburger	61	41	70	172
Informatores (Lehrer)	5	19	1	25
Kinder	1362	1403	1590	4355
Gesinde	847	814	524	2185
Fremde Personen	151	68	172	391
Insgesamt	4278	4203	4096	12577
Häuser	424	464	470	1358
Haushaltungen	918	926	986	2830

Die Erhebungen gingen von den Häusern aus. Nicht berücksichtigt wurden hierbei das herzogliche Residenzschloß, das Haus der »Frau Administratorin« (Herzogin-Mutter), die Wohnung der Landhofmeisterin von Würben sowie die Behausung des Geheimen Rats von Grävenitz[657].

Für die Zeit ab 1730 liegen uns einigermaßen verläßliche Einwohnerzahlen für die Gesamtstadt vor:

1730	11 330
1758	17 225
1768	15 176
1778	17 016
1788	17 628
1798	18 467
1808	21 268
1810	21 405
1820	22 503[658]

Deutlich erkennbar an den Einwohnerzahlen für 1730 und 1768 ist, daß die Verlegung des Hofes und der Regierungsbehörden durch Herzog Eberhard Ludwig in den 1720er Jahren und die erneute Verlegung des Hofes nach Ludwigsburg durch Herzog Carl Eugen 1764 jeweils einen erheblichen Aderlaß bedeutete. Diese negative Bevölkerungsentwicklung kehrte sich allerdings nach der Rückverlegung des Hofes und der Regierungsbehörden 1733/34 sowie der des Hofes 1775 rasch um. Die obigen Zahlen beschränken sich auf das eigentliche Stadtgebiet. Die Einwohner von Heslach, Gablenberg und Berg sind in ihm nicht berücksichtigt. Die Bevölkerung dieser drei Weiler betrug:

Jahr	Heslach	Gablenberg	Berg
1758	497	423	223
1768	478	445	247
1778	541	510	245
1788	663	554	268[659]

Im 18. Jahrhundert wurden in Stuttgart im Jahr durchschnittlich 50 Personen ins Bürgerrecht aufgenommen. Von 1692 bis 1762 und von 1764 bis 1787 waren es 2 596 Männer und 2 959 Frauen. Bürger konnten lediglich Angehörige der evangelisch-lutherischen Konfession werden. Reformierten wurde nur der Beisitz zugestanden, Katholiken nicht einmal dieser[660]. Bereitwillig gewährte der Magistrat noch immer »Exulanten«, protestantischen Glaubensflüchtlingen, die Aufenthaltserlaubnis. Waren sie evangelisch-lutherischer Konfession, machte er ihnen bei der Aufnahme ins Bürgerrecht keine Schwierigkeiten. Alte und sozialschwache Glaubensflüchtlinge konnten auf Unterstützung hoffen. Im Jahr 1700 wurde eine seit über 20 Jahren in Württemberg und jetzt in Stuttgart lebende, aus Ungarn gebürtige Exulantin, weil sie arm und gebrechlich war, auf herzoglichen Befehl unter die Stuttgarter Hausarmen aufgenommen und mit einem wöchentlichen Almosen bedacht[661]. Andere Glaubensflüchtlinge brachten es dank ihrer besonderen Befähigung als Handwerker oder Kaufleute zu einer gesicherten Existenz oder gar zu bemerkenswertem Wohlstand, so 1709 die Kaufleute Gebrüder Nothack[662]. Während normalerweise Beisitzer kein zünftiges Gewerbe ausüben durften, machte man bei reformierten Glaubensflüchtlingen eine Ausnahme, und dies war zweifellos sehr zum Vorteil der Stadt und ihrer Bewohner. Im Juni 1714 erlaubte Herzog Eberhard Ludwig Pierre Barraqua von Loriot in der Dauphiné (Frankreich), der 22 Jahre lang aus religiösen Gründen als »Sklave« (Sträfling) auf einer Galeere angeschmiedet gewesen war, sich in Stutt-

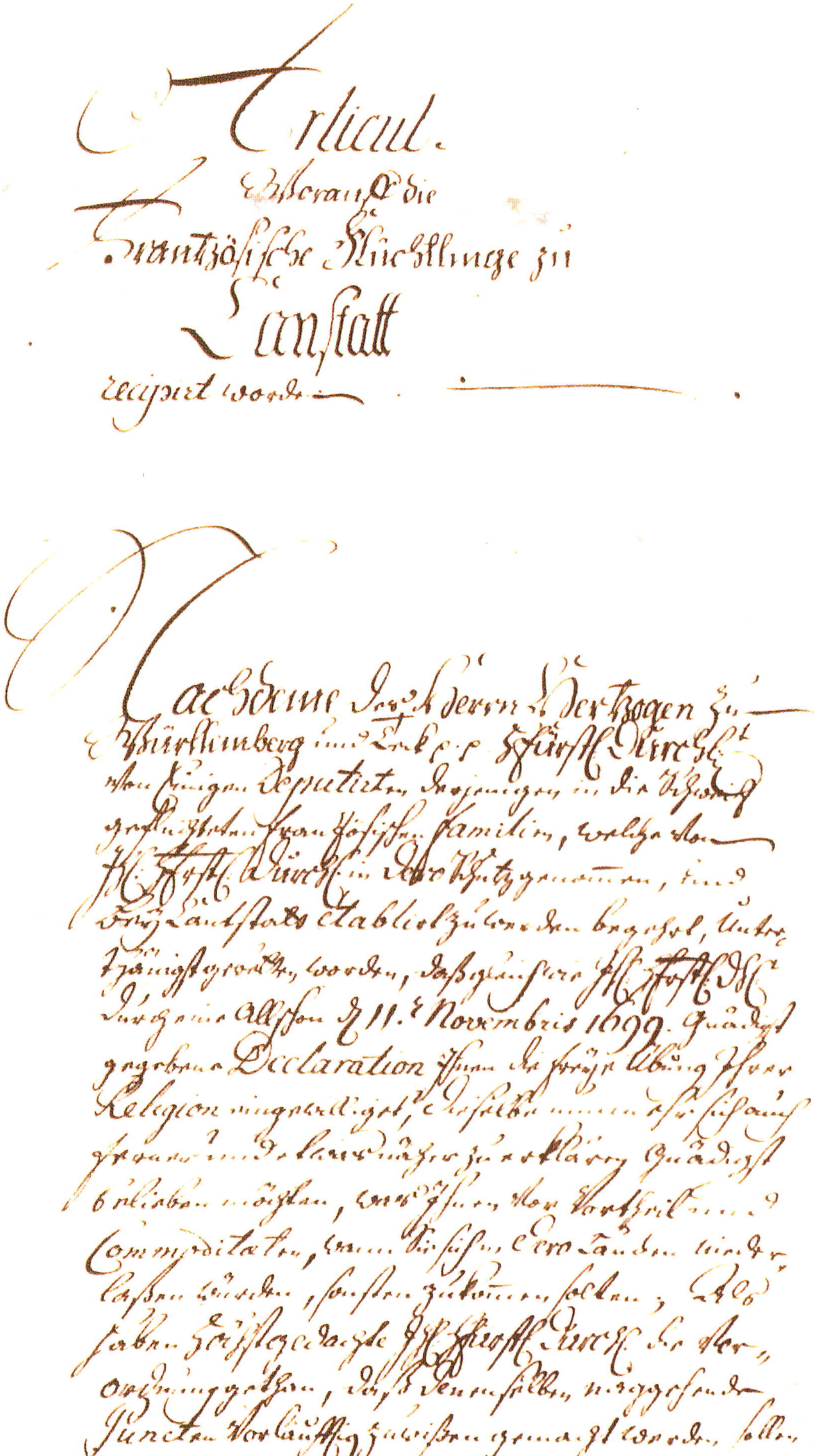

gart niederzulassen und sich vom Strumpfflicken zu ernähren[663]. Vier Mömpelgarder, Jean Nicolas Bertrand, Jean George Bertrand, Jean Christophe Horri, Pierre Camus, die wegen »des unglücklichen Geschicks ihres Landes« die Heimat verlassen hatten und sich seit einigen Jahren in Stuttgart aufhielten, baten 1714 unter Hinweis auf ihre wirtschaftliche Misere um Unterstützung und um Befreiung vom Beisitzgeld, bis sie in ihren Berufen etwas verdienen könnten. Herzog Eberhard Ludwig ließ den Bittstellern von der Rentkammer und vom Kirchenrat etliche Scheffel Dinkel und ein bestimmtes Quantum Wein zukommen. Außerdem befreite er sie »bis zu ihrer besseren Etablierung« vom Beisitzgeld[664]. 1730 hielt sich eine Reihe Salzburger Emigranten, die jedoch sehr wahrscheinlich alle evangelisch-lutherischer Konfession waren, in Stuttgart auf[665].

1734 erhöhte die Stadt mit Einwilligung des Herzogs das Beisitzgeld von 2 auf 4 fl (2 fl erhielt die Stadt, 2 fl die Rentkammer). Damals gab es in Stuttgart eine größere Zahl von reformierten Handelsleuten und Handwerkern mit französischen Namen. Diese fühlten sich durch die Verdoppelung des Beisitzgeldes sehr beschwert. Im Januar 1735 wandten sich die französischen »Réfugiés« in Stuttgart an den Herzog. Bis 1730 seien ihnen, schrieben sie in ihrer Eingabe, neben den gewöhnlichen bürgerlichen Lasten niemals mehr als 2 fl an jährlichem Beisitzgeld auferlegt gewesen. Seitdem aber habe der Magistrat das Beisitzgeld auf 4, 6 bis 8 fl erhöht und säumigen Zahlern öffentlich die Exekution angedroht. Sie hätten sich deshalb genötigt gesehen, gegen diese Änderung zu protestieren, und gebeten, zu der früheren Regelung zurückzukehren. Die Stadt habe jedoch beim Herzog erreicht, daß sie nunmehr ein Beisitzgeld von 4 fl erheben dürfe. Die meisten der in Stuttgart wohnenden »Réfugiés« seien geringe Handelsleute, arme Strumpffabri-

Aufnahme französischer Flüchtlinge in Cannstatt im Jahr 1700.

kanten, einige »Perruquiers« (Perückenmacher) und Stuhlmacher, die sich allesamt »säuerlich ernährten« und weder Häuser noch Güter besäßen, alle bürgerlichen Lasten mittrügen und doppelt belastet seien, dabei den Landesuntertanen großen Nutzen brächten und vielen ihre Nahrung verschafften oder diese beförderten. Die »Réfugiés« baten, das Beisitzgeld wiederum auf 2 fl zu ermäßigen, jedoch mit der Einschränkung, daß, falls sämtliche verheirateten oder unverheirateten »Ouvriers« (Arbeiter) damit belastet würden, diese, weil sie alle drei Monate »abgeschafft« (gekündigt) werden oder weil sie ihren Abschied selbst nehmen könnten, von allen anderen Lasten befreit werden sollten. Die Stadt vertrat den Standpunkt, die »Réfugiés« trieben größtenteils »profitable Gewerbschaften«, ein Beisitzgeld von 4 fl sei für sie nicht zu hoch, zumal der allerärmste Taglöhner hier jährlich 3 fl zahlen müsse. Bei 2 fl Beisitzgeld wären die Bürger weitaus stärker belastet, weil sie neben vielen anderen Leistungen und Beschwerden gleichfalls im Jahr 2 fl an Bürgergeld entrichten müßten. Da die Oberräte dem Standpunkt der Stadt beipflichteten, hatten sich die »Réfugiés« mit dem erhöhten Beisitzgeldsatz von 4 fl abzufinden[666].

Sorge bereitete dem Magistrat 1713 die große Zahl von Fremden in der Stadt. Am 16. Dezember jenes Jahres berichtete er, daß im Zusammenhang mit einer Art Einwohnerzählung – davon war bereits die Rede – viel »fremdes und dermalen unnützes Volk« festgestellt worden sei, das sich, ohne »verbürgert« zu sein oder Beisitzgeld zu entrichten, hier aufhalte: »Eigenbrötlerinnen, auswärtige hereingeschlichene Näherinnen, Hausiererinnen« usw. Insgesamt zählte man 343 solcher Personen (100 in der Inneren Stadt, 111 »auf dem Turnieracker« und 132 in der Esslinger Vorstadt). Der Magistrat behauptete, daß diese Fremden die Lebensmittel auf dem Markt, namentlich aber »das liebe Brot« in den »Beckenläden«, verteuerten, daß sie den Hauszins in die Höhe trieben, so daß arme Bürger bald keine Wohnung mehr bekommen könnten, und daß sie der Stadt und den Bürgern manche andere Last aufbürdeten. Weitere Fremde, meist Piemonteser, arbeiteten in der Tabak-, der Strumpf- und der Glasfabrik und lebten mit Frauen und Kindern hier. Ferner befänden sich hier Soldatenweiber mit ihren Kindern, invalide Soldaten, denen zwar außerhalb der Residenz Landorte zur Verpflegung zugewiesen seien, die sich aber dennoch in Stuttgart aufhielten, Italiener, Mömpelgarder samt ihren Bedienten, die seit längerem privilegiert seien und als Bürger behandelt würden. Zahlreich seien die Beisitzer, die noch nie Beisitzgeld bezahlt hätten. Manche Häuser seien mit allzu vielen Haushaltungen – bis zu acht oder neun – »beladen«. Durch die überfüllten Häuser wachse die Brandgefahr, ebenso nehme die Kriminalität zu. Das Verbot des Magistrats, weitere Fremde aufzunehmen, werde mißachtet[667].

Da auch andere Gemeinden ähnliche Probleme hatten, ordnete das Generalreskript vom 31. August 1714 unter Hinweis auf die Württembergische Landesordnung an, die Kommunen sollten alles tun, damit das Land nicht »mit überflüssigen Leuten und Haushaltungen, denen es nachgehends an Nahrung gebricht, angefüllt« werde. Auch solle Kindern von Untertanen erst dann das Heiraten gestattet werden, wenn sie sich selbst ernähren könnten. Dem Müßiggang und Bettel müsse mit allen Mitteln gesteuert werden. Es dürfe kein »Fremder oder Ausländischer« zum Bürger angenommen werden, der nicht wenigstens ein Vermögen von 300 fl (in Dörfern 200 fl) nachweise. Das Generalreskript brachte auch die Vorschrift in Erinnerung, daß neuaufgenommene Bürger zwei Obstbäume auf die Allmende zu setzen hätten. Die Nutzung stand dann ihnen und ihren Kindern auf Lebenszeit zu, danach gingen die Bäume in das Eigentum der Gemeinde über[668].

Nach einer herzoglichen Entscheidung von 1728 war von Personen beim Abzug (Wegzug) eine Abgabe in Höhe der Bürgerrechtsgebühr zu fordern, wenn diese das Bürgerrecht »erkauft« hatten, befreit vom Abzugsgeld blieben lediglich Personen, die das Bürgerrecht durch Geburt erlangt hatten. Stuttgart hatte bislang keine solche Abgabe erhoben, weil es sich bei den Wegziehenden meist um Personen handelte, die »ihr Sach vertan« hatten, also mittellos waren und bei denen der Magistrat ein Interesse daran hatte, daß sie von hier verschwanden. Die Stadt mußte sich nunmehr an die auf der Landesordnung beruhende herzogliche Entscheidung halten[669]. Die seit vielen Jahren unverändert gebliebene Bürgerrechtsgebühr (Bürgergeld) betrug um 1745 20 fl für einen Mann, 10 fl für eine Frau und für einen Knaben unter 15 Jahren sowie 6 fl für ein Mädchen. Ein Mann mußte außerdem noch bezahlen: 1 fl für einen Feuereimer, 4 fl 30 kr als Beitrag zur Illuminationskasse sowie 2 fl 30 kr für den Stubenknecht (Rathausdiener), den Wachbieter und die vier Stadtknechte. Die zusätzlichen Gebühren bei Frauen beschränkten sich auf 30 kr für das Zuchthaus.

In den ersten Regierungsjahren von Herzog Carl Eugen wuchs die Einwohnerschaft vor allem durch Zuzüge von außerhalb stark an. Nach dem Ruggerichtsprotokoll vom 11. Januar 1746 waren die meisten Handwerksberufe überbesetzt, die große Zahl der Armen verursachte schwer zu lösende soziale Probleme. Die Mittel des Heiligen waren erschöpft, seine Getreidevorräte reichten kaum noch zur Besoldung der Schulbediensteten aus, dem »mit Armen täglich mehr angefüllt werdenden Hospital« konnte er durch keine größere Beihilfe mehr wirksam »unter die Arme greifen«. Der Magistrat wollte deshalb nur noch Personen zu Bürgern annehmen, die »um besonderer Künste und Wissenschaften willen dem Publico nötig und nützlich« seien oder die einen Beruf ausübten, der in der Stadt noch nicht überbesetzt war. Zudem sollten alle Neubürger neben dem üblichen Bürgergeld und den sonstigen mit diesem verbundenen Leistungen künftig, vorbehaltlich der herzoglichen Genehmigung, zu zusätzlichen Abgaben verpflichtet werden: ein Mann zu 1 Scheffel Roggen und 4 Scheffeln Dinkel »zum Heiligen«, zu 15 fl »in den Hospital« und zu 10 fl »ins Almosen«, eine Frau jeweils zu der Hälfte. Junge Einwohnerinnen und Einwohner wurden vor

»unbesonnenen Eheversprechen« mit auswärtigen Männern und Frauen gewarnt, die nicht über die erforderlichen materiellen Voraussetzungen für die Aufnahme ins Bürgerrecht verfügten. Am 10. November 1746 genehmigte Herzog Carl Eugen erhöhte Bürgergelder, allerdings nicht in der vom Magistrat vorgeschlagenen Form. Das Bürgergeld wurde durchschnittlich verdoppelt: ein Mann 40 fl (bislang 20 fl), eine Frau 20 fl (10 fl), ein lediger Mann über 15 Jahren 30 fl (20 fl), ein Knabe unter 15 Jahren sowie eine ledige »Weibsperson« über 15 Jahren 15 fl (10 fl), ein Mädchen 9 fl (6 fl). Der neuaufgenommene Bürger mußte, wenn er »Ausländer« war, ein schuldenfreies Vermögen von 500 fl, sonst ein solches von 300 fl nachweisen. Künstlern, in deren Beruf in Stuttgart Mangel herrschte, wurde ein ermäßigter Satz zugestanden. Das erhöhte Bürgergeld und das höhere Vermögen, das nachzuweisen war, sollten sozial Schwache vom Zuzug abhalten, weil diese sehr wahrscheinlich mit Weib und Kind der Öffentlichkeit zur Last fielen. Der Herzog gestand zu, daß bei dem von »Ausländern« geforderten Vermögensnachweis von 500 fl auch das Vermögen der Frauen, die diese heirateten, eingerechnet wurde. Dasselbe erlaubte er im März 1757 Inländern bei dem für sie geltenden ermäßigten Satz von 300 fl[670].

Im Jahr 1796 setzte die Regierung das Bürgergeld erneut herauf. Ein Mann mußte jetzt 60 fl und, wenn er »Ausländer« war, 75 fl berappen, eine Frau 30 fl bzw. 37½ fl, ein lediger Mann über 15 Jahre 22½ fl bzw. 25 fl, ein Knabe unter 15 Jahren 13½ fl bzw. 22½ fl entrichten. Außerdem war vor der Aufnahme ins Bürgerrecht genau zu prüfen, ob der Gesuchsteller auch über ein hinreichendes Vermögen verfügte, damit er im Notfall nicht der Stadt zur Last fiel. 1813 verdoppelte man das Bürgergeld, die jährliche Bürgersteuer wurde auf 2 fl festgelegt[671].

Die Kommunordnung von 1758 legte auf der Grundlage der Landesordnung für das ganze Land verbindliche Grundsätze für die Aufnahme von Bürgern und für die Zulassung von Beisitzern fest. Einige einschlägige Bestimmungen aus dem 12. Abschnitt der Kommunordnung: Unbemittelte sind anzuweisen, ihr Brot durch Dienen zu verdienen oder für Württemberg Kriegsdienste zu nehmen (§ 5). Bei der Aufnahme neuer Bürger ist zu prüfen, ob der Ort nicht schon mit Bürgern übersetzt ist (§ 6). Nicht abgewiesen werden darf, sofern das erforderliche Vermögen vorhanden ist, a) wer sich »mit Handlungen, Manufakturen, Künsten, Professionen und Handwerken zu ernähren gedenkt, die im Land oder an den betreffenden Orten noch nicht bekannt oder doch nicht hinlänglich besetzt sind«, b) »wer sich ansiedelt (›öde Hofstätten überbaut‹) oder abgegangene Felder wieder in brauchbaren Stand setzt« (§ 7). Bürger oder Beisitzer, »die sich vom Bettel oder anderen verbotenen Lebensarten ernähren, sollen mit Ausweisung bedroht sein. Wenn keine Besserung eintritt, ist an die Regierung zu berichten« (§ 11). Bürger, »die alters-, krankheits- oder gebrechlichkeitshalber ihr Brot nicht mehr verdienen können, sind zu unterstützen« (§ 12). »Unüberlegt ausgewanderten Bürgern soll ernstlich angekündigt werden, daß sie bei Rückkehr in das Land nicht wieder zu Bürgern oder Beisitzern – ohne ausdrückliche Erlaubnis des Landesherrn – angenommen werden dürfen« (§ 13)[672].

Im Jahr 1758 lebten in Stuttgart viele Beisitzer unterhalb des Existenzminimums. Sie konnten das Beisitzgeld und ihre sonstigen Abgaben nicht bezahlen, waren oft sogar außerstande, das Preßgeld (das mit Hilfe eines »Pressers« von ihnen erpreßte Geld, das sie der Stadt schuldeten), aufzubringen. Da sich die Zahl solcher bettelarmen Beisitzer noch zunehmend erhöhte, schlugen die Oberräte vor, den Beisitzern eine Kaution von 20 fl aufzuerlegen, oder diese sollten wenigstens ihr Beisitzgeld ein Jahr im voraus bezahlen. Herzog Carl Eugen stimmte dem Vorschlag zu[673].

Die Überbesetzung des jeweiligen Handwerks bewog den Magistrat, selbst ausgewiesen tüchtigen Handwerkern die Niederlassung zu verweigern. 1776 lehnte er mit herzoglicher Zustimmung das von dem Reformierten Presbyterium in Stuttgart befürwortete Gesuch des Konditors Johann Jost aus Graubünden um Aufnahme in den Beisitz ab. Jost, reformierter Konfession, besaß ein Vermögen von 400 Dukaten aus der »Handlung«, die er zuvor in Triest betrieben hatte, und galt in seinem Beruf als »sehr geschickt«. Der Magistrat begründete seine Ablehnung nicht nur mit der Überbesetzung des Konditorenhandwerks in Stuttgart, sondern auch damit, daß es sich bei Jost um keinen Glaubensflüchtling handle wie bei den 1699/1700 in Stuttgart aufgenommenen »Refugiés«[674].

Allein einem herzoglichen Gnadenerweis verdankte es ein Stuttgarter Bürgersohn 1781, daß er nach längerem Aufenthalt in der Schweiz als Beisitzer in seine Heimat zurückkehren durfte. Der junge Mann, dessen Vater 24 Jahre zuvor wegen gewaltsamen Einbruchs und Diebstahls mit dem Schwert hingerichtet worden war, hatte das Schuhmacherhandwerk erlernt und war als »Schuhknecht« (Schuhmachergeselle) auf der Wanderschaft in das Berner Gebiet gekommen. Dort hatte er ein Mädchen reformierter Konfession geschwängert und dieses dann auch geheiratet, ohne daß zuvor in Stuttgart eine Proklamation (öffentliches Aufgebot) erfolgt war. Nun war er aus der Schweiz mit seiner hochschwangeren Frau in seine Heimat verwiesen worden. Obwohl er durch seine Ehe mit einer Reformierten und durch die Unterlassung der Proklamation sein Bürger- und Untertanenrecht verwirkt hatte, gestattete der Herzog, daß er in Stuttgart in den Beisitz aufgenommen wurde. Weil er sich aber auf seinem Handwerk nicht »fortbringen« konnte, sollte er auf ehrliche Weise seinen Unterhalt mit »Taglöhnern« verdienen, wenn er nicht gewärtigen wollte, auch von hier weggewiesen zu werden[675].

Wie wir bereits gehört haben[676], fühlten sich die ärmeren Bürger durch das Übermaß an Wachen, durch Frondienste, Botenlaufen, militärische Einquartierungen usw. schlimm bedrückt. Ein Großteil der wohlhabenden Bürger sowie die Hof- und Kanzleibediensteten brauchten wegen der ihnen zugestandenen Personalfreiheit diese Dienste und Lasten nicht auf sich zu nehmen[677]. Die Unzufriedenheit der ärmeren Bürger veranlaßte

Herzog und Regierung, den Kreis der die Personalfreiheit genießenden Einwohner zu beschränken. So wurde im Jahr 1700 beim Kreis der Hofbediensteten die Personalfreiheit auf »wirklich verpflichtete herrschaftliche Diener« begrenzt. Hofhandwerker konnten sie nicht mehr beanspruchen[678]. Diese Einschränkung geriet offenbar bald wieder in Vergessenheit, denn im Dezember 1717 verfügte ein herzogliches Reskript ausdrücklich die Aufhebung der Personalfreiheit für Hofhandwerker, Unteroffiziere der Stadtwache und dergleichen. Allerdings konnten diese Einwohner ihren Verpflichtungen zu Wachen, Fronen usw. durch Geldleistungen Genüge tun[679]. Doch auch diese Regelung wurde wiederholt modifiziert. 1751 beispielsweise bestimmte ein herzogliches Reskript, daß nicht nur Hofhandwerker, sondern auch herrschaftliche »Offizianten« (Diener), von wenigen Ausnahmen abgesehen, Quartier-, ebenso Fron- und Wachgeld zu zahlen hatten[680]. Der Anteil der Hofbediensteten an der Bevölkerung war gemeinhin recht hoch. 1792 beispielsweise gehörten von 18 000 Einwohnern über 4 000 Personen zum Hof, zur Hohen Carlsschule und zum Militär. Allein über 2 000 Einwohner taten beim herzoglichen Militär Dienst, die Hohe Carlsschule zählte 300 bis 350 Studierende und Schüler[681]. Wegen der durch die fortwährenden Kriege miserablen kommunalen Finanzsituation erlaubte die Regierung Anfang 1800 der Stadt Stuttgart wie anderen Städten die Einführung einer Wohnsteuer; sie war mit Ausnahme der Militärangehörigen von allen Einwohnern zu entrichten, die kein Bürger- oder Beisitzgeld zahlten[682]. Daß eine solche Steuer für Stuttgart bei der in seinen Mauern lebenden großen Zahl »nichtverbürgerter« Personen finanziell zu Buche schlug, liegt auf der Hand.

Die napoleonische Zeit mit der Vergrößerung Württembergs und seiner Erhebung zum Königreich bewirkte starke Zuzüge von außerhalb: teils von Württembergern, teils von Angehörigen anderer deutscher Staaten oder auch von nichtdeutschen Ländern. Die Reformierten und die Katholiken konnten jetzt in gleicher Weise wie die evangelisch-lutherischen Untertanen das Bürgerrecht erlangen. Die Neubürger zählten vornehmlich zu den höheren Klassen[683]. Für das 18. und die beiden ersten Jahrzehnte des 19. Jahrhunderts sind uns für jedes Jahr die genauen Zahlen der Geburten, Konfirmationen (ab 1725), Eheschließungen und Sterbefälle überliefert. Diese Zahlen vermitteln wichtige demoskopische Aufschlüsse.

Geburten

Jahre	Insgesamt	Knaben	Mädchen	Darunter uneheliche Geburten	Totgeborene[684]	Zwillinge (bei Lebendgeborenen)
1701–1710	4639	2346	2293	110	115	k. Angaben
1711–1720	4903	2486	2417	116	126	k. Angaben
1721–1730	4181	2129	2052	112	k. Ang.	k. Angaben
1731–1740	5146	2491	2655	187	unvoll. Ang.	k. Angaben
1741–1750	6367	3156	3211	232	186	78 + 1x Drillinge
1751–1760	6672	3376	3296	256	203	90
1761–1770	6681	3418	3263	207	257	89
1771–1780	6593	3440	3153	236	243	60 + 1x Drillinge
1781–1790	7102	3694	3408	440	236	76
1791–1800	7335	3730	3605	593	276	86
1801–1810	7610	3908	3702	762	307	94
Insgesamt 1701–1810	67229	34174 51 %	33055 49 %	3357 5 %	1949 3 %	573 + 2x Drillinge
1810–1820	8503	unvollständige Angaben				
Insgesamt 1701–1820	75732					

	Konfirmationen	Eheschließungen
1701–1710	–	1 136
1711–1720	–	1 126
1721–1730	–	1 178
1731–1740	2 186	1 394
1741–1750	2 201	1 376
1751–1760	2 694	1 403
1761–1770	2 960	1 497
1771–1780	2 596	1 304
1781–1790	3 489	1 511
1791–1800	3 549	1 594
1801–1810	3 247	1 693
1811–1820	4 270	1 939
Insgesamt	27 192	17 151

In dem 120 Jahre umfassenden Zeitraum von 1701 bis 1820 wurden in Stuttgart 75 732 Kinder geboren, im gleichen Zeitraum starben hier 73 042 Menschen. Da nur bis 1771 die totgeborenen Kinder gesondert gezählt, danach aber in die Gesamtzahl der Geburten eingerechnet wurden, verringert sich die Zahl der lebend geborenen Kinder um etwa 1 400. Die Zahl der lebend geborenen Kinder zwischen 1701 und 1820 vermindert sich damit auf 74 300, sie liegt danach lediglich um etwa 1 300 über der Zahl der im gleichen Zeitraum verstorbenen Einwohner. Der zahlenmäßige Anstieg der Einwohnerschaft von 12 578 im Jahr 1713 auf 22 503 im Jahr 1820 ist also nur zu einem ganz geringen Teil dem Geburtenüberschuß zuzuschreiben, der Löwenanteil des Bevölkerungswachstums im 18. Jahrhundert und in den beiden ersten Jahrzehnten des 19. Jahrhunderts entfällt auf die Zuwanderung.

Bei einer näheren Betrachtung der Sterbestatistik überrascht der hohe Anteil der Kinder unter 14 Jahren. Er beträgt für den Zeitraum 1701 bis 1820 56,9 % und

Sterbefälle

Jahre	Männer	Frauen	Söhne (unverheiratet)	Töchter (unverheiratet)	Kinder (unter 14 Jahren)	Insgesamt
1701–1710	497	534	159	137	2648	3980
1711–1720	640	723	164	149	2759	4383
1721–1730	859	945	213	208	2670	4905
1731–1740	986	1208	273	274	2946	5587
1741–1750	742	947	289	234	3682	5875
1751–1760	886	1117	355	294	3626	6278
1761–1770	945	1150	403	335	4085	6918
1771–1780	874	1088	172	277	3435	5846
1781–1790	1155	1352	377	420	3829	7133
1791–1800	1071	1380	348	436	3860	7129
1801–1810					3642	6861
1811–1820					4334	8147
Insgesamt					41516	73042

Anteil der Kinder unter 14 Jahren an der Gesamtzahl der Verstorbenen (Prozentzahlen)

1701–1710	66,6
1711–1720	63,0
1721–1730	54,5
1731–1740	52,8
1741–1750	62,7
1751–1760	57,8
1761–1770	59,1
1771–1780	58,8
1781–1790	53,8
1791–1800	54,2
1801–1810	53,1
1811–1820	53,2
Gesamtzeitraum	
1701–1820	56,9

schwankt in den einzelnen Jahrzehnten zwischen 52,8 % (1731–1740) und 66,6 % (1761–1770). In anderen Worten: Mehr als die Hälfte der Kinder starb bereits vor der Vollendung des 14. Lebensjahrs. Dies zeigt etwa auch der Vergleich der Konfirmanden- mit der Geburtenstatistik. Besonders hoch lag der Prozentsatz der im Kleinkindesalter Verstorbenen. Im Jahrzehnt von 1781 bis 1790 entfielen von den 53,8 % der im Alter unter 14 Jahren Verstorbenen 39,2 % auf Kleinkinder bis zu zwei Jahren, 10,8 % auf Kinder von zwei bis sieben Jahren und 3,8 % auf Kinder zwischen sieben und 14 Jahren. Die Verhältnisse in den früheren und späteren Jahrzehnten lagen ähnlich. Der Enkel des bekannten Stuttgarter Arztes und Professors an der Hohen Carlsschule Ludwig Heinrich Riecke (1729–1787) charakterisierte die leidvolle Lebenswirklichkeit zahlloser Familien so: »Alle Jahre gab es eine Taufe, alle Jahre auch ein Begräbnis.« Ludwig Heinrich Riecke hatte aus zwei Ehen 14 Kinder, von ihnen erreichten aber nur vier, zwei aus jeder Ehe, das Erwachsenenalter[685]. Von den zwischen 1683 und 1705 geborenen zwölf Kindern des Verlegers Augustus Metzler starben gleichfalls acht schon im Kindesalter. Seine erste Frau, die ihm diese zwölf Kinder schenkte, erlag wahrscheinlich den Folgen des letzten Kindbetts[686]. Schlimm war 1723 der Jammer im Haus des kranken Kanzleiboten Jakob Friedrich Winter. Von 13 Kindern waren bereits zehn gestorben. Jetzt erwartete die Frau Winters wiederum ein Kind. Dabei war sie selbst krank und des »Cannstatter Bads bedürftig«. Herzog Eberhard Ludwig gewährte ihr als finanzielle Hilfe zu einer Badekur 3 fl teils aus den Mitteln der Rentkammer, teils aus denen des Kirchenrats[687]. Die Kindersterblichkeit war besonders groß in der Esslinger Vorstadt, wo die ärmsten Familien lebten. Wesentlich niedriger lag sie in der Reichen Vorstadt. Dort wohnten die wohlhabendsten Familien, die im Gegensatz zu den kümmerlich untergebrachten Weingärtnern in der Esslinger Vorstadt über ansehnliche, häufig von Gärten umgebene Häuser verfügten[688].

Nach der Wende vom 18. zum 19. Jahrhundert wies Stuttgart nach den Feststellungen von Cless und Schübler eine bedeutend größere Kindersterblichkeit auf als andere Gegenden Württembergs und als die namhafteren europäischen Hauptstädte. Nach einem kompetenten medizinischen Urteil könnten unzählige Säuglinge gerettet werden, wenn sie gute Muttermilch bekämen oder frühzeitig in die Obhut eines Arztes gegeben würden. Leider sei jedoch die Meinung weit verbreitet, für Kinder brauche man keinen Arzt[689].

Die hohe Kindersterblichkeit wirkte sich natürlich sehr negativ auf die allgemeine Lebenserwartung aus. Doch selbst wenn man sie außer acht läßt und nur die dem Kindesalter entwachsenen Verstorbenen berücksichtigt, lag die Lebenserwartung erheblich niedriger als heute. Von den 3 304 Verstorbenen über 14 Jahren der Jahre 1781 bis 1790 hatten 557 (16,8 %) ein Alter von 50 bis 60 Jahren, 614(18,3 %) ein Alter von 60 bis 70 Jahren, 603 (18,2 %) ein Alter von 70 bis 80 Jahren, 201 (6,1 %) ein Alter von 80 bis 90 Jahren und 12 (0,4 %) ein Alter von über 90 Jahren erreicht. Pfaff nennt für das 18. Jahrhundert vier Frauen, die im Alter von 100 Jahren oder mehr starben. Die älteste von ihnen soll 110 Jahre alt gewesen sein: Franziska Laplas aus Grenoble (gestorben 1767), sehr wahrscheinlich eine Frau, die ihre französische Heimat aus Glaubensgründen verlassen hatte[690]. Ob es mit diesem ungewöhnlich hohen Alter seine Richtigkeit hatte, erscheint im Hinblick auf die Mitte des 17. Jahrhunderts noch nicht überall verläßlich geführten Geburts- bzw. Taufregister zumindest nicht völlig gesichert.

Von Christina Schautter am 31. Juli 1731 bereits tot zur Welt gebrachte zusammengewachsene weibliche Zwillinge.

Zwischen 1701 und 1810 waren in Stuttgart 51 % aller geborenen Kinder Knaben. Cless und Schübler errechnen für die Jahre 1700 bis 1719 und 1750 bis 1811, also für einen Zeitraum von rund 80 Jahren, daß bei den Geburten auf durchschnittlich 20 Mädchen 21 Knaben kamen. Indes glich sich durch die größere Sterblichkeit der Knaben das Verhältnis zwischen beiden Geschlechtern im allgemeinen schon im frühen Kindesalter aus. In den 62 Jahren von 1750 bis 1811 waren von 43 838 Geburten 510 Zwillings- und vier Drillingsgeburten. Einer Zwillingsgeburt standen also 84,9, einer Drillingsgeburt 10 830 Einkindgeburten gegenüber[691]. Relativ hoch lag auch der Anteil der totgeborenen Kinder an der Gesamtzahl der Geburten: Jedes 29. Kind, das geboren wurde, kam tot zur Welt[692]. Großes Aufsehen erregte im Juli 1731 die Geburt zweier aneinandergewachsener Kinder, siamesischer Zwillinge. Die beiden Kinder kamen bereits tot zur Welt. Man war froh, daß man wenigstens das Leben der Mutter, Christina Schautter, retten konnte. Ein zeitgenössischer Kupferstich zeigt die beiden körperlich völlig ausgebildeten Mädchen[693].

Auf eine Ehe kamen durchschnittlich vier bis fünf Kinder. Nach der Feststellung von Cless und Schübler lag die eheliche Fruchtbarkeit in Stuttgart damals etwas höher als in anderen Gegenden des Landes, in denen aus einer Ehe durchschnittlich nur vier Kinder hervorgingen[694]. Eine starke Zunahme des Anteils unehelicher Geburten war zwischen dem Anfang des 18. und dem des 19. Jahrhunderts zu verzeichnen. Zwischen 1700 bis 1719 kam auf 42,4 Geburten, zwischen 1800 und 1809 auf 10,3 Geburten und in den beiden Jahren 1810 und 1811 auf 6,8 Geburten ein uneheliches Kind. In ganz Württemberg betrug in den Jahren 1810 und 1811 das Verhältnis 11,1 zu 1. Cless und Schübler führten die Zunahme der unehelichen Geburten auf die wachsende Sittenverderbnis zurück[695]. Indes war die Ursache für den steilen Anstieg der unehelichen Geburten wohl weniger die Sittenverderbnis als soziale Probleme, so die zunehmend höher aufgerichteten Hürden für wenig bemittelte Einwohner, die Heiratserlaubnis zu erlangen.

Im Zeitraum von 1770 bis 1814 starb in Stuttgart im Durchschnitt einer von 30 Einwohnern. Die Sterblichkeit lag niedriger als in den größeren europäischen Städten (London und Amsterdam 1:24,1, Wien 1:24, Rom 1:25, Berlin 1:28), doch übertraf sie die ländlichen Gegenden Württembergs. Im Oberamt Cannstatt beispielsweise war das Verhältnis eins zu 35. In Stuttgart starben übrigens die meisten Menschen im Januar und Februar, die wenigsten im Juni und Juli[696].

Schwierigkeiten machte es noch 1814, exakte Aussagen über die Krankheiten zu machen, denen die einzelnen Toten erlegen waren. Die Angaben über die Todesursachen lagen im Belieben der Verwandten, Krankenwärter, Ärzte oder Geistlichen. Allgemein verbindliche Vorschriften für die genaue Bestimmung und Benennung der Krankheiten fehlten. Ein groteskes Beispiel für willkürliche Bezeichnungen von Todesursachen sind die »Gichter«, seit langem die Allerweltskrankheit bei Kleinkindern. Hinter den Gichtern verbarg sich eine Reihe von nicht näher zu definierenden Krankheiten; sie waren mit weitem Abstand die Hauptursache für die Kindersterblichkeit,

100 bis 200 Kinder und mitunter noch mehr erlagen ihnen Jahr für Jahr. 1772 starben an ihnen 148, 1775 160, 1776 193, 1777 173, 1780 165, 1783 191, 1787 175, 1789 180, 1790 201, 1795 189, 1800 209, 1805 203, 1813 100, 1820 234 Kinder[697]. Nicht genau zu definieren ist auch die »Auszehrung«, von der namentlich nicht mehr schulpflichtige junge Menschen und Erwachsene befallen wurden. Sie umfaßte ein Bündel von Krankheiten. Die Schwindsucht oder Lungentuberkulose, an die man zunächst denkt, ist eine von ihnen, doch wird Schwindsucht als Todesursache neben der Auszehrung häufig auch gesondert aufgeführt. Die Auszehrung forderte Jahr für Jahr einen hohen Tribut: 1778 108, 1796 119, 1798 119, 1805 114, 1810 93, 1815 73, 1820 107 Tote[698].

Aufschlußreich ist die von Cless und Schübler für die Jahre 1772 bis 1811 (27 349 Todesfälle) erstellte Übersicht über die Todesursachen:

Von 1 000 Personen starben durchschnittlich

183 oder 1 von	5,4	an Auszehrung
83 oder 1 von	12,0	an Entkräftung (über 60 Jahre alt)
47 oder 1 von	21,2	an Wassersucht
70 oder 1 von	14,2	an Stick- und Schlagfluß
10 oder 1 von	100,0	an Brustkrampf
3 oder 1 von	333,0	an Blutsturz
2 oder 1 von	500,0	an Gelbsucht
13 oder 1 von	77,0	an der Ruhr
167 oder 1 von	6,0	an Fieber überhaupt
16 oder 1 von	62,0	an den Masern
6 oder 1 von	166,0	an Scharlachfieber
65 oder 1 von	15,3	an den Blattern (Pocken) vor Einführung der Pockenschutzimpfung 1807–1811
25 oder 1 von	43,4	an Luftröhrenentzündung
261 oder 1 von	3,8	an Gichtern und Konvulsionen[699].

Immer wieder rafften Epidemien viele Kinder und Erwachsene dahin. Die gefürchtetste Seuche des Mittelalters sowie des 16. und 17. Jahrhunderts war glücklicherweise endgültig aus unseren Breiten verschwunden: die Pest. Ein letztes Mal wurde in Stuttgart 1708 gegen sie Vorsorge getroffen, doch sie drang nicht bis nach Südwestdeutschland vor[700]. Eine schlimme Geißel bildeten das ganze 18. Jahrhundert hindurch die Blattern oder Pocken. Durch sie verursachte Epidemien forderten unter Kindern und Erwachsenen immer wieder zahlreiche Opfer: 1780 174, 1783 82, 1785 45, 1786 78, 1796 268, 1798 147, 1799 75, 1803 89 Menschenleben[701]. Allein in dem lediglich etwa 460 Einwohner zählenden Weiler Heslach erlagen 1763 45 Kinder den Blattern[702]. Im Lauf von 40 Jahren kehrte die Blatternseuche zehn- bis elfmal wieder, zuletzt 1803. Mit der Einführung der Pockenschutzimpfung, damals Impfung mit Kuhpocken genannt, konnte die gefährliche Seuche eingedämmt werden. Den Anfang mit der Pockenschutzimpfung in Stuttgart machte Stadtphysikus Dr. Hopfengärtner. Er impfte im Juni 1766 ein Kind im Lazarett. Die »Kuhpocken-Inokulation« fand in Württemberg allerdings erst zu Beginn des 19. Jahrhunderts Eingang. 1800 wurden in Stuttgart 1 121 Kinder geimpft, 1803 500. Eine öffentliche Pockenschutzimpfanstalt im Waisenhaus nahm im April 1814 ihre Arbeit auf. Noch war die Impfung freiwillig. Wegen einer erneut drohenden Blatternseuche befahl König Friedrich 1815 den Eltern, die bisher ihre Kinder nicht hatten impfen lassen, dies umgehend nachzuholen. Ansteckungsgefährdeten Kindern wurde der Besuch der Kirchen, der Schulen und auch anderer Orte verboten. Erst das königliche Reskript vom 26. Juni 1818 machte jedoch den Eltern die »Inokulation« ihrer Kinder vor Vollendung des dritten Lebensjahres zur Pflicht. Um eine Ausbreitung der Seuche zu verhindern, wurde 1808 angeordnet, die Häuser, in denen sich Pockenkranke befanden, zu kennzeichnen und zu isolieren. Wo eine Isolierung nicht möglich war, mußte der Kranke ins Lazarett gebracht werden[703].

1775 grassierte in Stuttgart neben den Blattern die Ruhr, 1783 herrschten die Gallenruhr und das Gallenfieber. Von diesen beiden zuletzt genannten Krankheiten war auch die Familie des damals 13jährigen Georg Wilhelm Friedrich Hegel betroffen: Vater, Mutter, die Schwester und er selbst. Die Mutter starb. Nach der Erinnerung der Schwester hatte der 13jährige schon die »Bräune«, und jedermann zweifelte an seiner Genesung, doch er gelangte wieder zu Kräften, bekam aber nachher hinterm Ohr ein bösartiges Geschwür, das operativ entfernt werden mußte. Bereits im achten Lebensjahr war er, wie seine Schwester gleichfalls berichtet, dem Tod ein erstes Mal, damals durch die Blattern, um Haaresbreite entgangen, er war mehrere Tage blind gewesen[704]. Auch in den folgenden Jahren kehrte das Gallenfieber wieder. 1792 und 1793 setzte ein nervöses Schleimfieber den Stuttgartern sehr zu[705]. Typhus- und Ruhrepidemien suchten die Stadt auch 1792, 1811 und 1819 heim. 1811 starben an der Ruhr 103 Menschen[706]. Zu den heimtückischen Kinderkrankheiten zählten Rote Flecken (Masern) und Scharlach. Ihnen fielen in größerer oder kleinerer Zahl Jahr für Jahr Kinder zum Opfer. 1801 starben an Roten Flecken 101 Kinder, 1805 65 und 1814 180. Im Jahr 1790 rafften allein in dem kleinen Heslach die Roten Flecken 14 Kinder dahin[707]. 1807 wurde bei 76 Kindern Scharlach als Todesursache diagnostiziert, bei 51 der »Croup« (Krupp), eine Erkrankung des Kehlkopfs, die den Erstickungstod zur Folge hatte[708].

Manche Frauen starben im »Kindbett«. Gefürchtet war das Kindbettfieber. Indes hielt sich zumindest in den Jahren 1772 bis 1811, in denen in Stuttgart 28 616 Geburten registriert wurden, die Zahl der im Kindbett verstorbenen Frauen in Grenzen. Insgesamt verloren auf diese Weise 194 Frauen ihr Leben. Es starb also eine von 157 Kindbetterinnen[709].

Sehr selten erkrankten Menschen an der lebensbedrohenden Tollwut. Freilich hatte die Obrigkeit ein strenges Auge auf die Hunde. Seit 1779 waren jährliche Hundemusterungen vorgeschrieben. Alle alten und verdächtigen, überhaupt alle unnötigen Hunde mußten getötet werden. 1809 wurden in Stuttgart 500 Hunde gezählt. Häufiger trat der Wundstarrkrampf auf; er wurde oft durch Pferdewunden auf Menschen übertragen[710].

1814 stellten Cless und Schübler fest, daß die Selbstmorde in Stuttgart wie in anderen Städten in letzter Zeit stark zugenommen hätten. 1811 wurden 13, 1812 sechs Selbstmorde registriert. 1811 kam ein Selbstmörder auf 65 bis 66 Verstorbene. Nach den damaligen Beobachtungen griffen Selbstmorde oft »fast epidemisch« um sich, so etwa während der großen Sommerhitze 1811 (in Stuttgart ließ sich dies allerdings nicht nachweisen). 1809 stellte König Friedrich die bisher üblich gewesene »Absonderung des Begräbnisses« für Selbstmörder ab. Künftig sollten nur noch die Leichen hingerichteter Verbrecher unter dem nächstgelegenen Hochgericht begraben werden[711].

Aus den Jahren 1798, 1799 und 1801 verwahrt das Stadtarchiv Einwohnerverzeichnisse der Esslinger Vorstadt, der Reichen Vorstadt und der Inneren Stadt mit Angaben über Alter, Geschlecht und Beruf der einzelnen Bewohner. Sie erlauben Aufschlüsse über die Altersgliederung der Stuttgarter in den drei Stadtbezirken wie in der Gesamtstadt[712].

Die Übersicht zeigt, daß Stuttgart um die Wende vom 18. zum 19. Jahrhundert im Vergleich zu heute eine relativ junge Bevölkerung hatte. 61,08 % der Einwohner waren jünger als 30 Jahre, älter als 50 Jahre hingegen lediglich 15,63 %.

Bei der Altersgliederung ergeben sich für die einzelnen Stadtbezirke bei den Prozentzahlen geringfügige Unterschiede, wie die Übersicht zeigt.

Auffallend bei der Reichen Vorstadt ist die hohe Zahl der 21- bis 30jährigen. Hier schlagen die vielen Bediensteten (Mägde, Knechte, Kammerjungfern usw.) zu Buch. Erheblich kleiner war der Prozentsatz der 21- bis 30jährigen in der Esslinger Vorstadt, dem ärmsten Stadtteil. Hier gab es weniger Hausbedienstete, wohl aber Lehrjungen und Handwerksgesellen. Die Innere Stadt nahm eine mittlere Position ein. Von den 17 623 namentlich erfaßten Einwohnern lebten 5 394 in der Inneren Stadt, 6 565 in der Esslinger Vorstadt und 5 664 in der Reichen Vorstadt.

Altersgliederung der Stuttgarter Einwohner 1798/1799/1801: Gesamtstadt

Alter	Mädchen/Frauen absolute Zahlen	Mädchen/Frauen Prozentzahlen	Knaben/Männer absolute Zahlen	Knaben/Männer Prozentzahlen	Insgesamt absolute Zahlen	Insgesamt Prozentzahlen
unter 2	346	3,66	360	4,41	706	4,01
2– 5	647	6,84	600	7,35	1247	7,07
6–10	762	8,05	771	9,44	1533	8,70
11–20	1874	19,81	1781	21,82	3655	20,74
21–30	2088	22,07	1536	18,81	3624	20,56
31–40	1251	13,22	989	12,12	2240	12,71
41–50	1040	10,99	824	10,10	1864	10,58
51–60	777	8,22	645	7,90	1422	8,07
61–70	471	4,98	470	5,76	941	5,34
71–80	172	1,82	163	2,00	335	1,90
über 80	32	0,34	24	0,29	56	0,32
	9460	100,00	8163	100,00	17623	100,00

Stadtbezirke

Alter	Innere Stadt	Esslinger Vorstadt	Reiche Vorstadt	Gesamt Stadt
unter 2	4,69	3,81	3,59	4,01
2– 5	7,10	7,49	6,57	7,07
6–10	8,47	9,67	7,79	8,70
11–20	20,97	20,55	20,74	20,74
21–30	20,10	18,92	22,91	20,56
31–40	13,29	11,97	13,01	12,71
41–50	10,31	11,06	10,28	10,58
51–60	7,56	8,79	7,71	8,07
61–70	5,42	5,39	5,21	5,34
71–80	1,89	1,98	1,82	1,90
über 80	0,20	0,37	0,37	0,32
	100,00	100,00	100,00	100,00

Die Übersichten über die Altersgliederung beruhen auf der althergebrachten, alle drei Jahre durchgeführten Bevölkerungszählung, dem »Umgang«, in Stuttgart. Ein Diakon, ein Angehöriger des Rats sowie ein Mitarbeiter des Stadtschreibers gingen von Haus zu Haus und registrierten die Bewohner. Ihrer Zählung lag folgendes Schema zugrunde: 1) Hausvater und Hausmutter, Name, Charakter und Gewerbe, 2) Kinder sowie deren Eltern mit Feststellung, ob bereits konfirmiert, 3) Religion und Beichtvater, 4) Schulen, die die Kinder besuchen, oder ob sie Privatunterricht bekommen, 5) Kostgänger und Ehehaltern (Dienstboten) mit Angaben über Herkunft, Religion und Alter, Dauer des hiesigen Aufenthalts und Beichtvater, 6) »Simple und krüppelhafte Personen«, 7) auf der Wanderschaft befindliche Handwerker, 9) und 10) junge Männer, die in herzoglichen oder fremden Kriegsdiensten sind, 11) ortsanwesende Personen, 12) Mannspersonen: a) über 50 Jahre, b) 50 bis 17 Jahre, c) 17 bis 14 Jahre, d) unter 14 Jahren, 13) Frauen: a) über 14 Jahre, b) unter 14 Jahren. Die Zählungen waren nicht sehr genau, deshalb enthielten die Ergebnisse manche Fehlerquellen. Später wurden sie mit größerer Sorgfalt durchgeführt[713]. 1795 erschien ein »Alphabetisches Verzeichnis der Besitzer derjenigen Gebäude, welche in dem am Ende 1794 über die Herzoglich Wirtembergische Residenzstadt Stuttgart verfertigten Grundriß vorkommen und in demselben nach Nummern angezeigt sind«[714]. Dieses Verzeichnis ist sozial- und kulturgeschichtlich bedeutsam, enthält es doch die Namen und Berufe sämtlicher Hausbesitzer jedes Wohngebäudes in Stuttgart. Fünf Jahre später, 1800, eröffnete der Kunstverleger Johann Friedrich Ebner mit der Herausgabe des ersten Stuttgarter Adreßbuchs die bis heute fortgeführte Tradition dieses für die Stadt und ihre Bewohner wichtigen Nachschlagwerks. Das Buch führte die Nummer des jeweiligen Hauses auf, die Straße oder Gasse, den Eigentümer sowie die sonstigen im Haus lebenden Personen. Seine Benützung erleichterte ein ihm beigegebenes alphabetisches Register[715].

Ein sehr anschauliches Bild von der äußeren Erscheinung der Stuttgarter um 1814 und der damals üblichen Säuglingspflege entwarfen G. Cless und G. Schübler. »Der Stuttgarter«, so schrieben sie, »ist im Durchschnitt von mittlerer Größe, mehr untersetzt als schlank, er hat ein kräftiges Aussehen, seine Gesichtsfarbe trägt den Stempel der Gesundheit und sticht ins Bräunliche so wie die Grundfarbe seiner Haare hellbraun ist. Dies Hellbraune geht aber häufig in das Blonde über, noch häufiger aber in das Dunkelbraune und Schwarze. Rote Haare sind selten. Die Augen haben dieselbe Farbe wie die Haare, nur ist hiebei der Unterschied, daß sie häufiger einerseits vom Hellbraunen durchs Graue in das schönste Blau übergehen als andererseits vom Hellbraunen durchs Dunkelbraune in das Schwarze. Die Form der Augen ist mehr rund als länglich. Die Stirn ist mittelmäßig hoch, tritt aber häufig nach oben etwas vor und überschattet das Gesicht. Die herrschende Form der Nase ist die Stumpfnase. Griechische und römische Nasen sieht man selten. Der Mund wird durch etwas aufgeworfene Lippen gebildet, so jedoch, daß die untere die obere nicht überwallt. Das Kinn ist rund, und das ganze Gesicht bildet mehr ein rundes als längliches Oval. Die Barthaare sind bei dem männlichen Geschlecht stark, oft sogar üppig. Das weibliche Geschlecht zeichnet sich, wenn auch nicht durch hohe Schönheit, doch durch so gefällige Formen aus, daß es ohne Schmeichelei im allgemeinen hübsch und reizend genannt zu werden verdient. Der Körperbau der hiesigen Frauenzimmer ist rund und voll, oft sogar im Übermaß, die Haut erscheint auch bei braunen Haaren blendend weiß, die Wangen bedeckt ein natürliches Rot, das jede Schminke überstrahlet, und in den Augen brennt nicht selten ein südliches Feuer. Diese Reize, womit die Schönen Stuttgarts ausgestattet sind, haben nicht bloß die flüchtige Dauer einer Frühlingsblume, sondern begleiten ihre Besitzerinnen oft bis in den Herbst des Lebens. Dieses ist bei den hiesigen Frauen gewöhnlich durch Fettwerden bezeichnet, das oft einen hohen Grad erreicht ...« Neben den äußeren Vorzügen des weiblichen Geschlechts verschwiegen Cless und Schübler auch dessen »Schattenseiten« nicht: »Es ist ein gewisser Mangel an Grazie, der an der Mehrzahl der hiesigen Frauenzimmer, unserer individuellen Ansicht nach, bemerklich ist ...«[716]

Wenige Jahre später, 1819, äußerte sich der Dichter Jean Paul nach einem Besuch der württembergischen Haupt- und Residenzstadt über die Stuttgarter: »Die Weiber hier find' ich – und ebenso die Männer – einfach, schlicht, ohne schreiende Farben weder im Guten noch Bösen, anspruchslos, sogar im Putze (aber ungeheure Damenhüte, unter die ein Mann, der rückwärts ginge, sich im Regen bei den Trägerinnen unterstellen könnte) ...«[717]. An Heinrich Voß schrieb er hingegen recht enthusiastisch: »Himmel! Wie schön und groß sind die Stuttgarter Mädchenaugen! ...«[718] P. Rosenwall, der 1818 auf einer Reise durch Holland, die Rheinlande, die Schweiz und Württemberg auch Stuttgart besuchte, bemerkte unter den hiesigen »Frauenzimmern viel edel geformte Gesichter mit schönen, blauen, lebhaften Augen«. Allerdings meinte er, »schlankgewachsene Gestalten« seien hier wie in ganz Württemberg selten anzutreffen[719].

Die Pubertät, so berichteten Cless und Schübler in ihrer »Medizinischen Topographie« weiter, trete beim männlichen wie beim weiblichen Geschlecht früh ein, beim erstere zwischen 14 und 15 Jahren, beim letzteren noch früher. »Kretinen, Krüppelhafte und Höckerichte« erblicke man bei beiden Geschlechtern selten.

Nach dem Urteil von Cless und Schübler war die »physische Erziehung« der Kinder noch sehr mangelhaft. »Gleich nach der Geburt werden die Kinder warm gebadet, und dieses wird in den ersten Monaten des Lebens oft wiederholt. So vortrefflich auch diese Sitte ist, so schadet man doch oft... durch allzu hohe Temperatur des Badwassers. Gewöhnlich bestimmt die Hebamme nach ihrem Gefühl den Grad desselben. Da nun besonders die älteren Hebammen eine dicke unempfindliche Oberhaut an den Händen bekommen, so scheint diesen das Badwasser warm, wenn das Thermometer es für heiß erklären würde, und die armen Geschöpfe werden auf diese Weise gebrüht... Wir sind überzeugt, daß manche Kinder in Stuttgart durch heiße Bäder an Schlagflüssen sterben. Neben dem Baden werden zwar die Kinder in Häusern, wo man nur irgend auf Reinlichkeit sieht, alle Tage gewaschen. Dieses Waschen geschieht aber meistens mit warmem Wasser, was doch nur in den ersten Wochen des Lebens statthaben sollte, während das Waschen des ganzen Körpers mit kaltem Wasser, wenn es mit gehöriger Vorsicht und schnell geschieht, ein so großes Mittel ist, der Haut Ton und Festigkeit zu geben und sie vor unzählig vielen Krankheiten zu schützen. In den ersten Lebensmonaten wickelt man die Kinder in Kissen ein, läßt denselben aber doch allmählich die Hände frei, was zur Zufriedenheit der kleinen Geschöpfe viel beiträgt. Die erste Nahrung derselben macht bei den niedern Ständen die Muttermilch aus, wenn diese fehlt, die abgenommene Kuhmilch, in letzterem Falle wird jedoch bald ein dünner Mehlbrei, der häufig nicht genug gekocht ist und dadurch unverdaulich wird, gereicht. Die Sauglappen, hier Schlotzer genannt, sind ziemlich allgemein. Sie sind ein unschuldiges Mittel, die Kinder zu beruhigen. Nur dürfen sie, mit keinen Süßigkeiten angefüllt und nicht groß sein, wie man sie in Oberschwaben antrifft, wo sie die Größe einer kleinen Faust haben und den Kindern partienweis' in den Mund gesteckt werden, so daß das Atmen dadurch gestört und der Mund unförmlich groß werden muß«[720].

Zu Beginn des 18. Jahrhunderts hielten sich in Stuttgart mehrere zum Christentum übergetretene Juden auf. Diese »getauften Juden« trieben meist Handel, gerieten dadurch wiederholt in Streit mit anderen christlichen Einwohnern, die sich durch sie betrogen oder übervorteilt glaubten. Andererseits mußten sie sich wiederholt an den Herzog wenden, um Forderungen, die sie gegenüber Christen hatten, durchzusetzen. Am längsten war vermutlich der Handelsmann Christian Ludwig in Stuttgart ansässig. Er hatte 1699 in der Stiftskirche die christliche Taufe empfangen. Doch schützte ihn die Taufe nicht vor Beschimpfungen und schlechter Behandlung. Allerdings scheinen seine Handelspraktiken mitunter recht anfechtbar gewesen zu sein. Im Jahr 1700 wird von »Verbalinjurien« zwischen ihm und einem Leutnant des Hornschen Regiments berichtet[721]. 1701 war er mit einem Einwohner von Abstatt bei Heilbronn wegen eines Pferdekaufs und mit dem Visitationskammerrat Steudlin wegen »Vorenthaltung eines Kleinods« in Streit verwickelt. Im selben Jahr warf ihm die Stadt Tauberbischofsheim »Betrügereien« vor. Er wehrte sich nachdrücklich gegen diese Anschuldigungen[722]. 1712 beschwerte er sich, daß er von christlichen Bürgern als »getaufter Jude« beschimpft werde, so von dem Weißgerber Scheff, seinem Widersacher im Fellhandel, aber auch von anderen Einwohnern. Der Herzog ließ bekanntgeben, jeder, der Ludwig auf solche Weise beschimpfe, solle um einen Kleinen Frevel gestraft werden[723]. Juden, die sich hatten taufen lassen, waren Christen. Sie durch den Ausdruck »getaufte Juden« an ihre einstige Zugehörigkeit zu der verachteten jüdischen Minderheit zu erinnern, empfanden sie als schimpflich, und die christliche Obrigkeit gab ihnen recht.

Nicht immer waren die Frauen von Juden, die zum Christentum übertraten, bereit, sich diesem Schritt ihrer Männer anzuschließen. Gottlieb Friedrich und Gottfried Hermann, beides »getaufte Juden«, ersuchten 1701 die Obrigkeit, ihnen die Scheidung zu erlauben, falls sich ihre Frauen nicht gleichfalls vom Judentum lossagten[724]. Leider ist in beiden Fällen nicht bekannt, wie sich die Ehefrauen entschieden. Daß die Regierung an der Aufrechterhaltung von christlich-jüdischen Ehen kein Interesse hatte, ist anzunehmen. Am 7. Februar 1700 bat der getaufte Jude Ernestus Dominicus, ihm das Hausieren mit italienischen Kurzwaren zu gestatten[725]. Die bereits erwähnten »gewesenen Juden« Christian Ludwig und Gottfried Hermann wurden im Herbst desselben Jahres bei der Regierung vorstellig, sie »bei dem Kontrakt (Vertrag) des Weinsteinausklopfens zu belassen«. – Der an Weinfässern sich absetzende Weinstein war eine begehrte Handelsware, er wurde u. a. für Heilzwecke verwendet. – 1705 verbot ein herzogliches Reskript den Aufkauf von geringwertigem Fadensilber, der von einigen Kaufleuten, insbesondere von den in Stuttgart sich aufhaltenden getauften Juden, betrieben wurde. Das Publikum, so die Begründung des Reskripts, leide dadurch Schaden, zumal das Fadensilber an fremden Orten, oft auch auf der Zurzacher Messe, »verhandelt« werde[726].

Obgleich geistliche und weltliche Obrigkeit den Übertritt von Juden zum Christentum begrüßten, ist doch aus Stuttgart kein einziger Fall bekannt, daß sie irgendeinen Zwang ausübten, um Angehörige der israelitischen Religionsgemeinschaft der Taufe geneigt zu machen. Gewöhnlich ging die Initiative zur Konversion von Juden aus. Allerdings waren es nur ganz wenige, die mit dem Glauben ihrer Väter brachen und – überwiegend wohl aus wirtschaftlichen Gründen – zum Christentum übertraten. Als 1706 ein aus Prag gebürtiger, in Tübingen sich aufhaltender junger Jude namens Jakob Abraham seine Absicht bekundete, sich taufen zu lassen, wurden der Stuttgarter Stiftsprediger und Stadtvogt angewiesen, den jungen Mann »scharf zu examinieren« und nach den Beweggründen zu fragen, die ihn zum Übertritt zur »evangelischen Religion« bewogen. Man wollte keinesfalls – wie dies in der Vergangenheit geschehen war – einem Betrüger aufsitzen, der sich unter dem Vorwand der Konversion ein sorgenfreies Leben für die

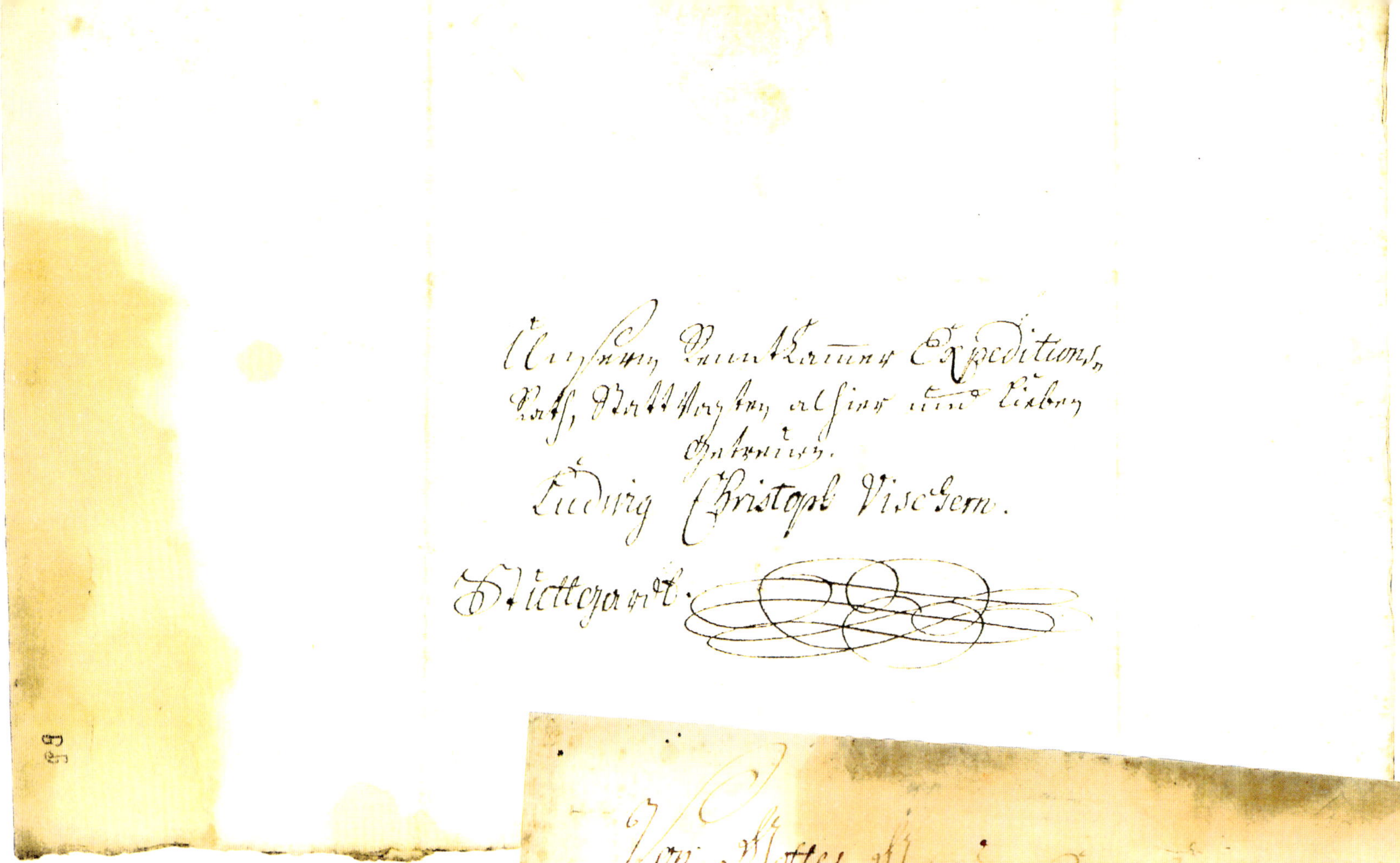

Expeditions

Stuttgardt

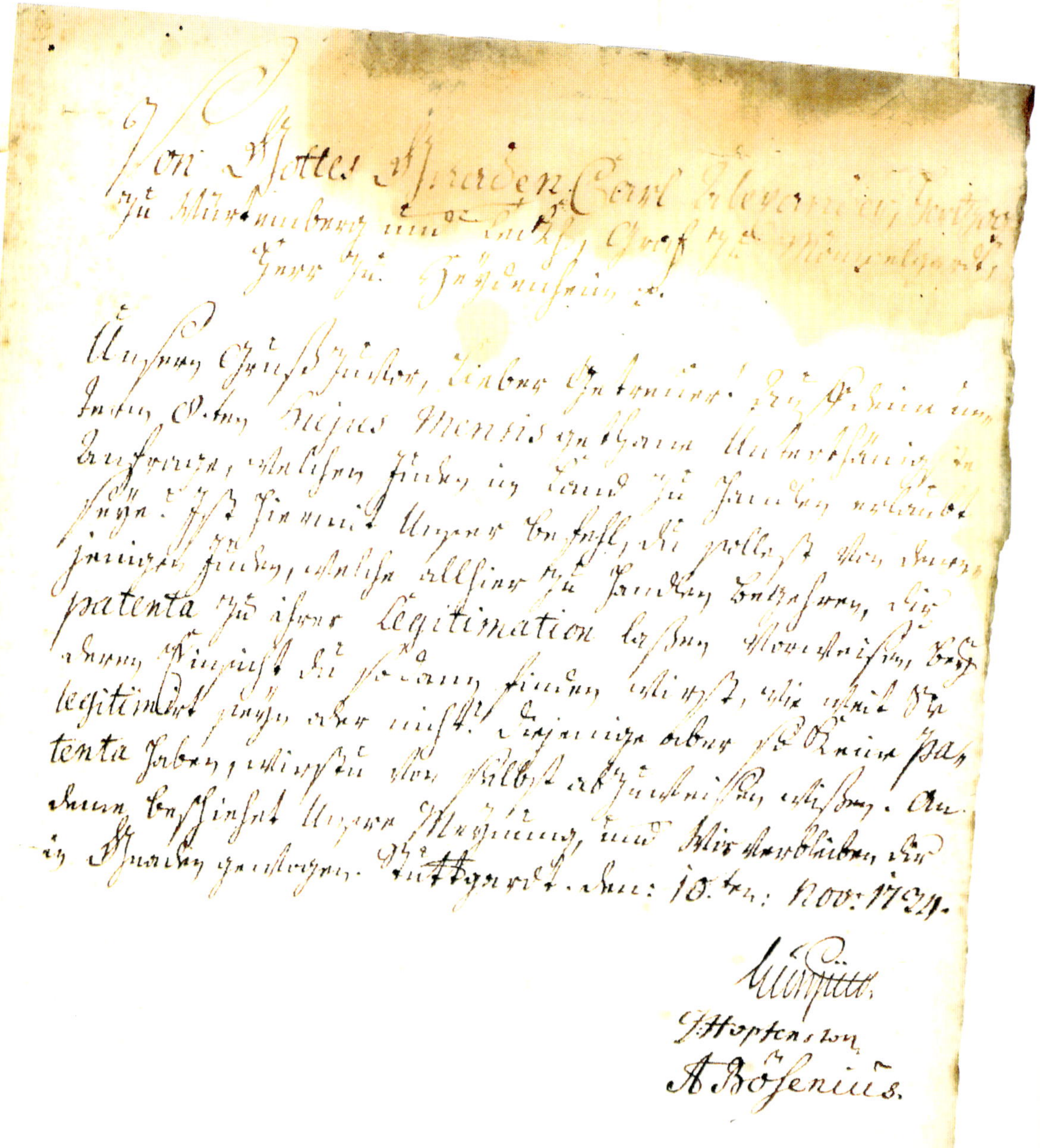

Von Gottes Gnaden Carl Alexander

patenta zu ihrer Legitimation

Stuttgardt den 10ten Nov: 1734.

A. Bösenius.

Herzog Carl Alexander von Württemberg verfügt mit Reskript vom 10. November 1734, daß nur Juden, die ein »Legitimationspatent« vorweisen, im Land Handel treiben dürfen.

Zeit der religiösen Unterweisung sicherte, um dann raschestens aus Württemberg zu verschwinden, oder der auf längere Sicht einseitig die wirtschaftlichen Vorteile im Auge hatte, die ihm eine Konversion einbrachten. Im Fall des Jakob Abraham wissen wir indes nicht, wie die »Examination» ausfiel und was aus der lauthals verkündeten Konversionsbereitschaft wurde[727]. 1746 bemühte sich die evangelische Geistlichkeit vergeblich um die Bekehrung eines zum Tode verurteilten Juden. Der Stadtvogt erwog deshalb, dem Delinquenten, dessen religiöse Standhaftigkeit ihn nicht unbeeindruckt ließ, einen Rabbiner zu schicken und ihm durch Stuttgarter Juden sein Henkersmahl nach jüdisch rituellen Vorschriften bereiten zu lassen. Offensichtlich hatte der Herzog hiergegen keine Einwände[728].

Der Student Mendel Siemann aus Mainz, Sohn eines Rabbiners, bekundete 1779 seine Absicht, zur evangelischen Kirche überzutreten. Da über seine persönlichen Lebensumstände in Stuttgart überhaupt nichts bekannt war, ordnete Herzog Carl Eugen an, zunächst einmal nähere Erkundigungen über seine Herkunft, seine Familienverhältnisse, seinen Beruf sowie über die Motive für seine Konversionsabsicht einzuziehen. Er wurde schließlich zum Taufunterricht zugelassen. In der am 16. Januar 1780 stattfindenden Taufe erhielt er den Namen Christian Gottlieb Schulz. Der später sich als Händler bzw. als Taglöhner in Stuttgart betätigende junge Mann heiratete im Oktober 1780 die Tochter eines Pfarrers[729]. Neun Jahre später äußerte die aus Edelfingen bei Bad Mergentheim gebürtige 29jährige Hanna Herzle, die wegen vieler »Spitzbübereien« eine zweijährige Haft im Ludwigsburger Zuchthaus verbüßt hatte, nach ihrer Freilassung gegenüber dem Stuttgarter Spezial M. Bernhardt den Wunsch, zur »Lutherischen Religion« überzutreten. Sie nannte dabei allerdings einen falschen Namen und machte andere unwahre Angaben. Da sie damit rechnen mußte, daß man ihren Schwindeleien auf die Spur kam, ergriff sie die Flucht. Sie konnte aber mit Hilfe der hiesigen Zeitung und des Wochenblatts in der Reichsstadt Reutlingen aufgegriffen werden. Ob es indes zu der von Württemberg beantragten Auslieferung kam, läßt sich wegen fehlender einschlägiger Unterlagen nicht in Erfahrung bringen[730].

Juden war der Handel in Württemberg generell verboten. Herzog Eberhard Ludwig erkannte, daß dies für einzelne Bereiche des Wirtschaftslebens nachteilig war. In einem Generalreskript vom 2. November 1706 behielt er sich deshalb ausdrücklich das Recht vor, einzelne Juden von diesem Verbot auszunehmen[731]. Am Herzen lag ihm eine bessere Versorgung des Landes mit Pferden. Der Bedarf der Landwirtschaft, des Militärs, des Hofes, der Fuhrunternehmen und des Metzgerhandwerks an solchen Zug- und Reittieren war groß. Eberhard Ludwig erteilte im Januar 1707 mehreren Juden aus Nordstetten, Mühringen und Haigerloch die Genehmigung zum Pferdehandel im Gebiet des Herzogtums Württemberg. Allerdings hatten sich die jüdischen Pferdehändler einer strengen amtlichen Aufsicht zu unterwerfen. Ihr Gewerbe durften sie nur mit einem vom Vogt ausgestellten und gesiegelten Handelspatent ausüben. Wenn sie Pferde »abführen« wollten, die sie in Württemberg »erhandelt« hatten, durften sie dies erst nach einer Besichtigung durch den zuständigen Beamten tun. An jedem Ort, in dem sie Pferde kauften, hatten sie über deren Zahl und Gattung »einen Paß zu begehren«, und, soweit es sich um »rüst- und reitermäßige« Tiere handelte, diese ausschließlich in Württemberg zu veräußern[732].

Wie andere Fürsten seiner Zeit nahm Herzog Eberhard Ludwig die Dienste jüdischer Hoffaktoren für die vielfältigen Bedürfnisse seines ebenso glanzvollen wie aufwendigen Hofes in Anspruch. 1697 ernannte er zwei Frankfurter Juden zu württembergischen Hoffaktoren. 13 Jahre später ermöglichte er dem ersten Hofjuden die Niederlassung in Stuttgart, 1712 vier weiteren. Im Jahr 1721 waren hier sieben Hofjuden ansässig: Gabriel Fränkel, Lewin, David Uhlmann, Marx Nathan, die Gebrüder Gumbel (Gumpel) und Löw Samuel. Als besondere Gunst verlieh Eberhard Ludwig Marx Nathan 1715 sowie David Uhlmann und Gumbel 1727 den Hofschutz. Dieser bedeutete eine privilegierte Stellung am Hof und räumte ihren Trägern gegenüber anderen Hofjuden eine bevorzugte Behandlung ein. Die Hoffaktoren, deren Dienstverhältnis zum Herzog ein ihnen ausgestelltes Patent begründete, durften im Land freien Handel treiben und waren von dem Verbot ausgenommen, mit Christen Verträge abzuschließen[733].

In Stuttgart, in dem seit mehr als 200 Jahren Juden die Niederlassung verwehrt gewesen war, begegneten die privilegierten Hoffaktoren feindseligem Argwohn. Namentlich der Handelsstand sah in ihnen eine existenzbedrohende Konkurrenz. Herzog Eberhard Ludwig mußte, wie ein Vorfall aus dem Jahr 1715 zeigt, der Bürgerschaft durch harte Strafen unmißverständlich klarmachen, daß die in der Stadt ansässigen Juden seinen besonderen Schutz genossen. Die Frau des Handelsmanns Kerner hatte Jakob Gerst, den Buchhalter des Hoffaktors Gabriel Fränkel, der mit ihrem Mann wegen eines Wechsels zu verhandeln hatte, beschimpft – sie hatte die Juden als Schelme und Diebe bezeichnet – und blutig geschlagen. Fränkel beschwerte sich beim Herzog. Kein Jude, schrieb er ihm, könne hier »sicher subsistieren«, wenn solche Bosheit ungeahndet bleibe. Darüber hinaus sei zu befürchten, daß »besonders da wir von jedermänniglich ohnverschuldter Dingen gehaßt und verfolgt werden wollen, fürohin auf öffentlicher Straß nicht mehr sicher sein, auf allerhand intendierenden Gottlosigkeiten und Frevelmut um Hab und Gut, wo nicht gar um Leib und Leben gebracht werden dürften«. Der Herzog fackelte nicht lange. »Wegen der in Fürstlicher Residenz begangenen Exzessis« bestrafte er »die Kernerin«, »anderen zur Verwarnung«, um 200 fl oder 100 Speziestaler. Auf die Eingabe des Handelsmanns Kerner setzte er zwar den Betrag auf die Hälfte herab, dennoch blieb dies eine drakonische Strafe[734].

Die in Stuttgart ansässigen Juden waren bemüht, mit ihren religiösen Sitten und Gebräuchen in der Öffentlichkeit möglichst wenig Anstoß zu erregen. Trotzdem kam es hier und da zu Protesten. 1726 wurde der Hoftapezier Friedrich August Christlieb, ein jüdischer Proselyt, beschuldigt, er habe den Juden einen in seinem Garten im Türlen erbauten Brunnen als Bad überlassen. Der Magistrat wurde beim Herzog vorstellig. Eine Nachprüfung ergab indes die Haltlosigkeit dieser Anschuldigung. Christlieb hatte den Brunnen ausschließlich für seine eigenen Bedürfnisse errichtet. Der Magistrat wurde deshalb angewiesen, ihm bei seinem »Bauwesen« keine weiteren Schwierigkeiten zu machen[735]. Im Jahr 1728 gestattete der Herzog den Juden die Beschneidung ihrer männlichen Säuglinge gegen eine Gebühr von 40 fl, allerdings mußte diese rituelle Handlung bei geschlossenen Türen »in aller Stille und ohne Zulauf« vorgenommen werden[736]. Daß die Juden Tiere nach ihren rituellen Vorschriften schlachteten, d. h. schächteten, mußte die Einwohnerschaft hinnehmen, nicht aber, daß dies gelegentlich an christlichen Sonn- und

Hinrichtung von Joseph Süß Oppenheimer 1738: Der zum Tod Verurteilte vor dem Herrenhaus, von wo aus er, eskortiert von starken militärischen Kräften, zur Hinrichtungsstätte in der Wolframshalde, auf einer Anhöhe gegen die Prag hin, gefahren wird.

Feiertagen geschah. Am 31. Dezember 1726 erließ Herzog Eberhard Ludwig für diese Tage ein strenges Schächtverbot[737].

Unter dem Nachfolger Eberhard Ludwigs, Herzog Carl Alexander, kam der geniale Süß Oppenheimer an den Stuttgarter Hof. Er stieg zum wichtigsten Warenlieferanten und Bankier Carl Alexanders auf, wurde aber auch dessen vornehmster Berater in finanzpolitischen Angelegenheiten. Nach dem jähen Tod des Herzogs im März 1737 wurde der Geheime Finanzrat und Kabinettsfiskal verhaftet. Ihm, dem zu großem Reichtum gelangten verhaßten Juden, lastete man mit die Hauptschuld an der ständefeindlichen, ein absolutistisches fürstliches Regiment anstrebenden Politik des verstorbenen Landesherrn an. In einem politischen Prozeß zum Tod verurteilt, endete er am Stuttgarter eisernen Galgen[738]. Männer, die sich ein unbestechliches Urteil bewahrt hatten, stimmten darin überein, daß Süß das Opfer eines Justizmordes geworden war. Der große Staatsrechtler Johann Jakob Moser äußerte: »Sowohl Beschnittene als Unbeschnittene und die meist ärgere Schelme als Süß sind, laufen als ehrliche Leute noch frei und ohngestraft herum«[739]. Süß hatte zunächst ein Wohnhaus am späteren Dorotheenplatz (Nr. 4) gekauft, dieses Haus aber, in dem von 1737 bis 1844 die Münze untergebracht war, schon 1736 mit einem von Feldmarschalleutnant von Phull erworbenen Haus, Friedrichstraße 34, vertauscht, das er zu einem Palais herrichtete. Das ehemalige Phullsche Haus wurde im 19. Jahrhundert das Schulgebäude des Katharinenstifts[740].

Süß fühlte sich seiner Religionsgemeinschaft eng verbunden. Ihm lag daran, Glaubensgenossen um sich zu haben und Anschluß an eine jüdische Gemeinde zu erlangen. Deshalb erwirkte er 1736 »zu seiner Sublevation« für eine Anzahl jüdischer Familien bei Herzog Carl Alexander die Niederlassungserlaubnis in Stuttgart und Ludwigsburg[741]. Er scheint auch sonst manches für seine Glaubensgenossen getan zu haben. Einige von ihnen bekundeten ihm ihre Dankbarkeit dafür, indem sie ihm in den letzten Stunden vor seiner Hinrichtung religiösen Beistand leisteten. Hierbei handelte es sich zum Teil um Stuttgarter Juden, so bei einem Seligmann, der als Vorbeter und Schochet fungierte, und bei einem Mordechai Schloß, Hakkozin, möglicherweise einer Art geistlicher Vorsteher der Stuttgarter Juden[742]. Die von Süß nach Stuttgart gebrachten Juden mußten nach der Hinrichtung des Geheimen Finanzrats die Stadt verlassen, die Hofjuden durften bleiben[743].

Nach dem Sturz von Süß witterten die Judenfeinde in Stuttgart Morgenluft. Beschimpfungen und Beleidigungen der Angehörigen der israelitischen Religionsgemeinschaft, ja selbst Tätlichkeiten gegen Juden waren an der Tagesordnung. Am 16. Mai 1737 schilderte der Hofjude Marx Nathan dem Herzog-Administrator die fatale Situation, in der er und die Seinen sich befanden. Handwerksburschen und »Buben« beschimpften sie, wenn sie sich auf den Gassen sehen ließen, bewarfen sie sogar mit Steinen, so daß sie ihres Lebens nicht mehr sicher waren. Vor etlichen Tagen war auf den künftigen Schwiegersohn Nathans von einem Haus herunter ein Stein geworfen worden, der ihn hätte töten können, falls er ihn getroffen hätte. Der Herzog-Administrator befahl dem Stadtvogt, umgehend derartigen Unfug abzustellen, den im herzoglichen Schutz stehenden Juden die erforderliche Sicherheit zu verschaffen und Übeltäter, die sich dennoch Übergriffe zuschulden kommen ließen, hart zu bestrafen[744]. Haß und Mißgunst gegen die Juden, insbesondere gegen die privilegierten Hofjuden, freilich auch gegen andere im Land Handel treibende Ausländer, waren nicht zu unterdrücken. 1737 wurde in einem an die Landschaft gerichteten Bürgerprotest behauptet, seitdem Juden und Tiroler in Württemberg geduldet würden, sei die Zahl der Bankrotte in die Höhe geschnellt. Unmißverständlich wurde unter Berufung auf die Landesordnung die »Ausschaffung aller Tiroler, Juden, Italiener, Savoyarden und dergleichen Gesind« gefordert. Diese Fremdlinge, so wurde behauptet, seien »der Bürger Brotdiebe«, hinterzögen Steuern, Zoll und Weggeld und begünstigten durch den »Unterschlauf«, den sie anderen Landfremden gewährten, Diebstähle. Künftig sollte solchen Menschen auch nicht »das geringste Commercium«, so vor allem nicht »das bisherige landesverderbliche Hausieren« gestattet werden[745]. Am 18. Februar 1738 warfen die Stuttgarter Handelsleute den »Juden, Tirolern, Savoyarden und Italienern« vor, sie fügten durch ihr Hausieren »sämtlichen Handlungen unglaublichen Schaden« zu und nähmen den Eingesessenen das Brot vom Mund weg. Diese »schädlichen Würmer« ruinierten die Handelsschaft des ganzen Landes. Da sie von den Belastungen durch Steuern, Einquartierungen usw. frei seien, könnten sie ihre Waren wohlfeiler verkaufen. Dazuhin nähmen sie es mit der Ehrlichkeit in ihren Handelsgeschäften nicht sehr ernst. Zwar habe ein herzogliches Reskript vom 17. Mai 1737 den Tirolern und Savoyarden das Hausieren verboten sowie die Ausweisung aller Juden aus Stuttgart mit Ausnahme des Nathan und dessen Schwiegersohns Hayum verfügt, doch bald darauf sei wieder zwei Tirolern die Konzession zum Handeln erteilt worden. Da nun alle diese Leute »aneinander hingen«, sei dem Hausierhandel durch die Fremden erneut Tür und Tor geöffnet. Deshalb sollten alle Fremden, auch Nathan und seine Familie, des Landes verwiesen werden[746]. Ein Generalreskript vom 20. Februar 1740 trug dieser Forderung Rechnung. Unter Bezugnahme auf ein 1739 dem Landtag »per Rezeß« vom Herzog-Administrator gegebenes Versprechen ordnete es die »Ausschaffung« der Juden aus allen dem Herzogtum Württemberg inkorporierten Orten an. Den beiden Hofjuden Marx Nathan und Callmann Seligmann wurde jedoch ein Aufschub von sechs Monaten eingeräumt, damit sie während dieser Zeit ihre Schulden eintreiben konnten. Ein herzogliches Reskript vom 9. September 1740 verlängerte dann diesen Aufschub auf eine unbestimmte Frist[747].

Nicht von der Ausweisung betroffen waren die Juden in Freudental (Lkr. Ludwigsburg), einem reichsritterschaftlichen Dorf. Nachdem es vorübergehend (1727–1732) Wilhelmine Gräfin von Würben (Grävenitz), die langjährige Geliebte Herzog Eberhard Ludwigs, besessen hatte, war es seit 1736 als Stabsamt dem herzoglichen Kammerschreibereigut, einer Art privatem herzoglichem Vermögenskomplex, einverleibt. Dort konnten sich auch einige der aus Stuttgart »ausgeschafften« Juden niederlassen[748]. In Stuttgart hielt sich Anfang 1740 auch der Hofjude Moyses Dach auf. Wegen seiner kranken Frau durfte er hier bis zum August jenes Jahres wohnen bleiben, mußte sich aber jeder Handelstätigkeit enthalten. Seinen Bruder, der 1740 starb, durfte er gegen »Hinterlegung des gewöhnlichen Zolls« (Judenzolls) zur Beerdigung nach Freudental überführen. Indes scheint es, daß die Regierung den hiesigen Aufenthalt Dachs über den August 1740 hinaus stillschweigend tolerierte oder aber die Ausweisung nur pro forma anordnete und daß sie auch gegen eine von ihm ausgeübte beschränkte Handelstätigkeit nicht einschritt. Erst auf die Beschwerde der Stuttgarter Gold- und Silberarbeiter verfügte ein herzogliches Reskript vom 17. April 1741, daß Moyses Dach und sein Sohn David Württemberg innerhalb von vierzehn Tagen zu verlassen hätten. Ausdrücklich bezeugt wurde beiden während ihres hiesigen Aufenthalts »ein unklagbares Verhalten«[749]. Es kam jedoch zu keiner endgültigen Ausweisung. Am 7. Juli 1741 erlaubte nämlich der Herzog-Administrator den weiteren Verbleib der Lewinschen (Levinschen) Erben sowie der Juden Hajum (Hayum) und Dach in Stuttgart bis »zum Austrag ihrer bei der Fürstlichen Kanzlei habenden Händel« (vermutlich bis zu einer Einigung über ihre finanziellen Forderungen an die Regierung). Verboten wurde ihnen aber die Betätigung in Geld- oder sonstigen Handelsgeschäften. Um dieses Verbot auch durchzusetzen, hatten »in der Stille bestellte Aufseher« darüber zu wachen, daß sich die Juden strikt an die Landesordnung hielten. Es war auch darauf zu achten, daß Angehörige der israelitischen Religionsgemeinschaft stets mit »lebendigem Geleit« (d. h. mit ihnen von Amts wegen beigegebenen Begleitern) durch das Herzogtum reisten. Verstießen sie gegen diese Anordnung, waren sie zu »inkarzerieren«, zu inhaftieren. Über das weitere Vorgehen gegen sie entschied der Landesherr. 15 Jahre früher hatte sich die württembergische Verwaltung damit begnügt, an Juden, die durch das Herzogtum reisen oder sich vorübergehend hier aufhalten wollten, gegen bestimmte Gebühren Geleitzeichen auszugeben. Vor der Erteilung der Geleitzeichen hatten die »Effekten« der betreffenden Juden genau »visitiert« werden müssen, und die Juden hatten anzugeben gehabt, woher sie kamen, wie sie hießen und in welche Orte sie zu reisen beabsichtigten. Alle diese Angaben waren auf den Zeichen zu vermerken gewesen[750].

Eine generelle Ausweisung der Juden aus Stuttgart erfolgte trotz der Klagen der einheimischen Handelsleute über die Schädigung ihrer Geschäfte auch in den nächsten Jahren nicht[751]. Im Gegenteil. Da Landesherr und Hof in mannigfacher Weise von ihren weitreichenden Handelsverbindungen und ihrem Geschick in Geldangelegenheiten profitierten, lockerten der Herzog-Administrator und seit 1744 Herzog Carl Eugen die den Juden in geschäftlicher und persönlicher Hinsicht auferlegten Beschränkungen. Ebenso gestatteten sie weiteren Juden zumindest vorübergehend die Niederlassung in der Stadt. So erlaubte der Herzog-Administrator im Februar 1742 dem in der »Levinischen Liquidationssache« (Schuldforderungen an die Herrschaft) in Stuttgart weilenden David Uhlmann, seine Familie aus Kriegshaber für die Dauer der bayerischen »Kriegstroublen« hierherzubringen. Allerdings erlegte er ihm und den Seinen ein Handelsverbot für Württemberg auf[752]. Als David im März 1743 ein Kind starb, durfte er die Leiche gegen die Entrichtung des üblichen Zolls von 2 fl nach Freudental zur Beerdigung überführen[753]. Im Herbst jenes Jahres wurde die Aufenthaltserlaubnis für die Familie Davids bis auf weiteres verlängert. Im September 1742 erhielt Moyses Dach die Genehmigung, zum Hausgebrauch »etliche und 20 Eimer« koscheren (d. h. nach jüdischen rituellen Vorschriften gekelterten) Wein nach Stuttgart zu bringen. Der Vogt sollte allerdings ein Auge darauf haben, daß »unter diesem Prätext keine anderen Schleich vorgehen mögen«[754].

Am 16. Juni 1744 nahm Herzog Carl Eugen den »Hofjuden Callmann Seligmann und Konsorten« samt ihren Bediensteten in Schutz. Als Gegenleistung erwartete er von ihnen, daß sie den Hof mit »allerhand Waren und Juwelen« belieferten. Sie durften im Herzogtum freien Handel treiben, waren frei von »Akzise, Zoll, Maut, Geleit, Taggeld und anderen Beschwerden«. Drei Jahre darauf, am 6. Juli 1747, erlangte Hoffaktor David Ullmann (Uhlmann) einen auf sechs Jahre ausgestellten Schutzbrief. Dieser Brief, der ihm gegen Entrichtung des gewöhnlichen Zolls und der Akzise den ungehinderten Handel erlaubte, sollte jeweils nach Ablauf von sechs Jahren um den gleichen Zeitraum verlängert werden, und dies bis zum Tod Uhlmanns[755].

Die in Stuttgart ansässigen Juden standen unter strenger Aufsicht. Mit Verwarnungen und Strafen war die Obrigkeit rasch bei der Hand, wenn sie über die Stränge schlugen, sich Eigenmächtigkeiten erlaubten oder amtliche Anordnungen mißachteten. Dem aus Frankfurt stammenden Hofjuden Seligmann wurde 1747 zum Vorwurf gemacht, er beherberge viele in- und ausländische Juden, ohne hierzu die Erlaubnis zu besitzen, und er halte überflüssiges Gesinde. Zur Rede gestellt, stritt er dies ab. Dennoch wurde ihm bei einer Strafe von 10 fl verboten, fremde Juden »ohne vogtamtliches Vorwissen« bei sich aufzunehmen[756]. Streng verwiesen wurden im März desselben Jahres David Ulmann (Uhlmann) und Callmann Seligmann, sich gegenüber dem Akzisamt unbotmäßig zu zeigen. Sie mußten auf Aufforderung jederzeit dort erscheinen und die gewünschten Auskünfte erteilen[757]. Im Juni 1747 ließ Callmann Seligmann die Leiche eines verstorbenen Kindes wie üblich nach Freudental überführen. Weil er aber dazu nicht die obrigkeitliche Genehmigung eingeholt hatte, mußte er für die Überführung die doppelte Tax (vermutlich 4 fl Judenzoll) zahlen[758].

Unter Herzog Carl Eugen hatten sich die in Stuttgart wohnenden Juden in ihrem religiösen Leben manche demütigende Beschränkung gefallen zu lassen. Nach einem herzoglichen Reskript vom 15. Mai 1747 durften Beschneidungen hier nur in ganz seltenen, vom Landesherrn speziell genehmigten Ausnahmefällen vorgenommen werden. Die Stuttgarter Juden sollten deshalb rechtzeitig Vorsorge treffen, daß ihre Frauen das Kindbett anderwärts hielten und daß dann dort auch der Beschneidungsakt stattfand. Reskripte von 1749 und 1751 bestimmten als Beschneidungsort Freudental. Hochzeiten durften, unbeschadet der »allenfalsigen Rechte« der Freudentaler Synagoge, auch im Judenbad in Stuttgart gefeiert werden. Es gab danach mindestens um 1750 hier ein Judenbad. Beerdigungen durften, wie bereits erwähnt, nur in Freudental erfolgen. Doch war für die Überführung der Toten ein Zoll von 2 fl sowie eine Tax von 3 fl 29 kr anzusetzen. Die enge Verbindung der Stuttgarter und der Freudentaler Juden war schon durch die Person von David Ullmann (Uhlmann) gegeben, der viele Jahre als Vorsteher der jüdischen Gemeinde Freudental fungierte, dort allerdings gegenüber seinen Glaubensgenossen ein strenges Regiment ausübte[759]. Gegen Sabbatfeiern der Juden in Stuttgart hatte die Regierung nichts einzuwenden, wenn diese in den einzelnen jüdischen Häusern als »stille Privatdevotionen« stattfanden, untersagt war aber jede Art von lauter Sabbatfeier[760].

In der ersten Hälfte des 18. Jahrhunderts hatten die Herren von Kaltental in Aldingen am Neckar (Gde. Remseck am Neckar) Juden aufgenommen. Nach dem Aussterben der Kaltental übernahm Württemberg Aldingen als heimgefallenes Lehen. Die dort ansässigen Juden durften bleiben. Zwischen ihnen und den Stuttgarter Juden gab es nun gleichfalls Verbindungen. 1748 durfte Callmann Seligmann das Laubhüttenfest in Aldingen feiern, dagegen nicht, wie er gewünscht hatte, in seinem Wohnort Stuttgart[761]. Im Jahr darauf wurde ihm jedoch gestattet, allerdings gegen die extrem hohe Tax von 40 fl, ein Kind, das nach ärztlichem Gutachten schwach war, ausnahmsweise in Stuttgart beschneiden zu lassen[762]. Im Juni 1751 erhielt Hoffaktor Uhlmann gegen Entrichtung einer Tax von gleichfalls 40 fl dieselbe Vergünstigung. Der Beschneidungsakt sollte jedoch in aller Stille erfolgen. Außerdem wurde verfügt, daß künftig keine solchen Dispensationen mehr erteilt würden[763]. Der Bruder des Hofjuden Callmann Seligmann, Isaak Seligmann, wollte sich 1757 mit seiner Braut in Aldingen »kopulieren« lassen, d.h. Hochzeit feiern. Der Herzog lehnte dies zunächst ab und bestimmte als Heiratsort Freudental, gab dann aber auf die Bitte Callmanns nach. Die Trauung, so entschied er, sollte allerdings »unter freiem Himmel ohne Zuziehung eines Rabbiners und auch ohne alle jüdischen Zeremonien« vollzogen werden[764].

Die rege Handelstätigkeit der Juden erregte weiterhin in der Stuttgarter Bürgerschaft Ärger und Unwillen. Die Regierung war bemüht, die hochgehenden Wogen einigermaßen zu glätten. Ein herzogliches Reskript vom 29. November 1749 brachte das im Reichsabschied von 1551 enthaltene Verbot in Erinnerung, wonach kein Christ eine Forderung, die er an einen anderen Christen hatte, an einen Juden abtreten durfte[765]. Am 9. Juni 1752 beschwerten sich die Stuttgarter »Handelsvorsteher« darüber, daß sich in der Stadt fremde Juden mit ihren Waren einfinden und hier Handel treiben würden. Der Protest richtete sich ausdrücklich nicht gegen die in Stuttgart befindlichen Schutzjuden (Hofjuden), sondern gegen die fremden Juden. Die Kaufleute behaupteten, nach dem letzten Brand seien Juden aus Freudental und aus anderen Orten hierhergekommen und hätten das bei diesem Brand gestohlene oder verlorene Gut an sich gebracht. Obwohl sie ihre Anschuldigungen nicht belegen konnten, baten sie, künftig alle Juden, die die Stadt betraten, genau zu kontrollieren. Im Monat darauf verfügte Stadtvogt Rieger, daß sich Juden nur mit vogtamtlicher Genehmigung hier aufhalten durften. Seligmann Bayersdörfer mußte sein Schutzpatent vorlegen. Der Hofjude Seligmann und der Hoffaktor Uhlmann durften nur die von ihnen benötigten

»Bedienten«, »Informatoren« (Hauslehrer) und Schächter halten. Gewährten sie anderen Juden von sich aus Aufenthalt, wurden sie um 20 Reichstaler gestraft. Jeden fremden Juden, der bei ihnen vorsprach, hatten sie mit Namen, Aufenthaltszweck und -dauer dem Vogtamt zu melden. Weil vielfach darüber geklagt wurde, daß sich zahlreiche Betteljuden einschlichen und sich manche Tage in den Wirtshäusern aufhielten, wiederholte der Stadtvogt die Verfügung, nach der zu jeder Beherbergung von Juden zuvor seine Genehmigung einzuholen sei. Die sonst »vagierenden Juden« waren bereits an den Toren abzuweisen und, falls sie mit keinem Geleit versehen waren, anzuhalten und »zur weiteren Inquisition« zum Vogtamt zu bringen[766]. Offenbar tat diese Verfügung wenig Wirkung. Deshalb erging zwei Jahre darauf eine entsprechende Anordnung auf höchster Ebene, d. h. durch herzogliches Reskript. Den Anstoß hierzu hatten die Juden Abraham Jakob Gideon und Baruch Odenheimer aus Nordstetten gegeben. Diese beiden Männer hielten sich seit geraumer Zeit hier auf und befanden sich wahrscheinlich auch jetzt noch hier im Gasthaus zum Becher. Der Stadtvogt wurde nunmehr angewiesen, solche Juden sofort aus der Stadt zu schaffen und, soweit sie hausierten, »beim Kopf zu nehmen und zur Inquisition zu ziehen«. Der Hoffaktor Seligmann bekam nochmals zu hören, er werde empfindlich bestraft, wenn er fremde Juden beherberge. Die angedrohte Strafe war allerdings niedriger: nicht 20 Reichstaler, sondern bloß 10 fl[767]. Im Juli 1755 und zwei Jahre darauf hielten sich drei polnische Juden, anscheinend auf der Durchreise, mehrmals für etliche Tage im Gasthof zum Adler auf. Trotz des Verbots betätigten sie sich im Geldwechseln und in Handelsgeschäften. Es scheint indes, daß nichts Ernsthaftes gegen sie unternommen wurde, zumal der Herzog nach ihren beiden ersten hiesigen Aufenthalten befohlen hatte, sie unbehelligt zu lassen, und 1757, als sie beim Handel mit Korallen, Seidenwaren, Kleidern usw. ertappt wurden, anordnete, sie nach der Landesordnung zu behandeln[768].

1755/56 hielt sich Israel Jakob Springer aus Klein-Nördlingen sieben Monate im »Lamm« in Stuttgart auf und trieb hier, wie behauptet wurde, allerhand Handelsgeschäfte. Ebenso sollte Callmann Seligmann von Zeit zu Zeit einen Salmele Schunckel aus Mühringen beherbergen. Callmann erhielt nochmals einen ernstlichen Verweis; allein, er bestritt entschieden, Schunckel bei sich aufgenommen zu haben. Springer wurde zum Verlassen des Landes gezwungen. Um in Zukunft ähnliche Vorkommnisse zu vermeiden, durfte keinem Juden mehr ein ähnlich langer Aufenthalt in einem Wirtshaus gestattet werden. Indes stellte sich heraus, daß Springer wegen einer langwierigen ärztlichen Behandlung hier gewesen war und sich während dieser Zeit überhaupt nicht im Handel betätigt hatte[769]. Das obrigkeitliche Mißtrauen blieb wach. Im Juni 1756 ordnete der Herzog bei Callmann Seligmann und anderen hiesigen Juden eine Hausdurchsuchung am Sabbat nach fremden Juden an. Da der Sabbat sonst respektiert wurde, deklarierte diese das Reskript als eine einmalige Sonderaktion. Die Hausdurchsuchung spürte jedoch keinen einzigen Angehörigen der israelitischen Religionsgemeinschaft auf, der sich hier verbotenerweise aufhielt[770].

Hausdurchsuchungen bei den Stuttgarter Juden fanden auch in der Folgezeit statt, da nach der Behauptung des Magistrats fremde Juden in wachsender Zahl hierherkamen und ihre in der Stadt wohnhaften Glaubensgenossen verdächtigt wurden, ihnen zum Teil vorübergehend Unterschlupf zu gewähren. 1757 wurde das für ausländische Juden nach wie vor gültige Verbot des »Hausierens und Wucherns« außerhalb der öffentlichen Jahrmarktzeiten in Erinnerung gebracht. Im Oktober jenes Jahres befahl der Herzog dem Stadtvogt, die Gründe zu ermitteln, warum sich in Stuttgart immer mehr »herumvagierende und nichtsnutzige Juden« blicken ließen[771]. Gleichzeitig verfügte die Regierung, daß Juden aus den im Herzogtum gelegenen Schutzorten Freudental, Gochsheim, Zaberfeld und Aldingen nur noch mit Spezialpässen die Stadt betreten durften. Alle anderen Pässe waren einzuziehen und der herzoglichen Kanzlei zur weiteren Verfügung einzusenden[772]. Fremde Juden, die in Gastwirtschaften absteigen wollten, mußten im Besitz eines vom Vogt ausgestellten »Zettels« sein[773].

Nach einem herzoglichen Reskript vom 8. August 1758 schlich sich eine Menge ausländischer Juden in die Stadt ein, drang unter dem Vorwand, Handelsgeschäfte betreiben zu wollen, in Häuser ein und ließ sich dort Diebstähle und Hehlereien zuschulden kommen. Durch scharfes Durchgreifen, so durch das »Austreiben« verdächtiger Juden, sollte dem Übel begegnet werden. Der Stadtvogt war sicher, daß der Hoffaktor Callmann Seligmann immer wieder Glaubensgenossen bei sich aufnahm, dies aber so geschickt zu verschleiern verstand, daß ihm nicht beizukommen war[774]. Im August 1762 verlangte der Oberamtmann – so hieß jetzt der Stadtvogt –, daß die Stuttgarter Hof-, Münz- und Salzjuden die bei ihnen angestellten »Domestiken« (Bediensteten) dem Stadtoberamt anzeigten. Dieses hatte in jedem Fall die Beherbergung fremder Juden zu genehmigen. Von der weiterhin von Zeit zu Zeit vorzunehmenden Visitation der Judenhäuser waren nach einem herzoglichen Reskript vom 1. September 1762 die Häuser der unter privilegiertem Gerichtsstand befindlichen Juden, also der privilegierten Hofjuden, auszunehmen[775]. Im Herbst 1768 schlug Herzog Carl Eugen die Bitte des Jakob Gumbel Baer aus Offenbach ab, ihm den weiteren Aufenthalt in Stuttgart zu gestatten. Juden, so ließ er den Gesuchsteller wissen, werde der Aufenthalt im Herzogtum Württemberg lediglich für die Zeit gestattet, die sie zu den von ihnen angegebenen Verrichtungen benötigten. Wie jeder andere fremde Jude habe er »das Geleit zu lösen« und sich in öffentlichen Wirtshäusern aufzuhalten[776].

Während des Siebenjährigen Kriegs (1756–1763) diente im württembergischen Heer eine größere Zahl von Juden. Sie hatten sich, da sie offensichtlich sonst kein Auskommen hatten, anwerben lassen. 1760 wurde ein jüdischer Feldgrenadier in der hinteren Stube des Schiffswirtshauses in Berg durch den Rabbiner von Mühringen in Anwesenheit zahlreicher »Judensoldaten« und jüdischer Frauen, ebenso des Hofjuden Seligmann geschieden. Der Grenadier hatte sich, obwohl bereits mit einer jüdischen Frau verheiratet, mit einer evangelischen Christin, die von ihm ein Kind hatte, in Hofen (Stuttgart-Hofen) katholisch trauen lassen. Seine jüdische Ehefrau hatte, nachdem sie von der zweiten Ehe ihres Mannes erfahren hatte, auf der Scheidung bestanden. Der Wirt, zur Rede gestellt, warum von dieser unbefugten, weil ohne obrigkeitliche Genehmigung vorgenommenen religiösen Handlung keine Anzeige erstattet worden sei, erklärte, er habe geglaubt, diese sei, weil es sich um Soldaten gehandelt habe, auf Grund einer militärischen Ordre erfolgt. Die Handlung selbst schilderte er so: Der Rabbiner habe den Scheidebrief geschrieben, ein großes Buch in die Hände genommen und »Worte auf jüdischer Sprach« geredet, die der geschiedene Feldgrenadier habe nachsprechen müssen. Auch hätten die Anwesenden »ein großes Geschrei verführt«. Der Mühringer Rabbiner hatte sich durch diese nicht genehmigte religiöse Handlung auf württembergischem Gebiet strafbar gemacht. Seine Strafverfolgung gestaltete sich aber schwierig, da er nicht im Herzogtum Württemberg ansässig war. Sie konnte erst 1764 eingestellt werden, nachdem der Rabbiner seine Bereitschaft bekundet hatte, die ihm zudiktierte Strafe von 20 Reichstalern zu zahlen[777].

1758 erfahren wir Näheres über die im herzoglichen Dienst stehenden Stuttgarter Hofjuden bzw. Hoffaktoren. Zum Haushalt des 57jährigen Hoffaktors David Uhlmann (Ullmann) gehörten neben ihm, seiner Frau und sieben Kindern (vier Mädchen und drei Knaben) eine Magd sowie als »Informator« (Lehrer) für seine Kinder Lazarus aus Freudental. Callmann Seligmann besaß bei Herzog Carl Eugen eine Vertrauensposition. Er wurde nach Ausbruch des Siebenjährigen Kriegs zum »Lieferanten der herzoglichen Feldequipage«, also zum Heereslieferanten, bestellt. Zur Zeit hatte der offenbar sehr wohlhabende Hoffaktor keinen Handelsgehilfen, doch hielt er gewöhnlich einen oder auch zwei, je nachdem wie stark seine »Handlung« war. Fremde Juden nahm er nach eigener Aussage nicht bei sich auf, wohl aber einzelne gute Bekannte und Freunde, die er stets bei der Vogtei anmeldete. Sein Bruder Isaak, gleichfalls verheiratet und Vater von fünf Kindern, stand bei ihm im Dienst, ebenso sein verwitweter und kinderloser Schwager (Marx Löw) Nathan, der Sohn des verstorbenen Stuttgarter Hofjuden Marx Nathan. Isaak mit Familie und Nathan lebten in seinem Haus. Er, Callmann Seligmann, sein Bruder und sein Schwager stammten sehr wahrscheinlich aus Frankfurt[778]. Der 49jährige Seligmann Bayersdörffer, seine Frau und seine fünf Kinder (zwei Knaben und drei Mädchen) lebten seit vier Jahren bei dem Küfer Lohrmann im »Hauszins« (Miete). In Stuttgart hielt er sich seit 28 Jahren auf, seit zwölf Jahren war er verheiratet. An Gesinde beschäftigte er einen »Informator« und eine Magd. Eine Möglichkeit, fremde Juden bei sich zu »logieren« (wohnen zu lassen) besaß er nicht. Vor kurzem hatte er von der Regierung die Niederlassungserlaubnis für zwei Judenfamilien in Freudental bekommen. Das vom Herzog erteilte Patent berechtigte ihn als Schutzjuden zum freien Handel und Wandel, namentlich zur Lieferung des »Weißen Gezeugs« (Weißzeugs) für den Herzog. Er entrichtete für die ihm zugestandene Handelstätigkeit 40 fl Akzise an die Landschaft[779]. Ebenfalls 1758 wurde der Hofjude Nathanael Seidel zum Münzmeister ernannt. Im Jahr darauf pachteten die Brüder Aaron und Elias Seligmann für die Dauer von 20 Jahren den Salzhandel[780].

Strenge Anordnungen für die in Stuttgart sich aufhaltenden Juden traf das herzogliche Reskript vom 15. September 1758. Hoffaktor Uhlmann (Ullmann) hatte innerhalb von vier Wochen sein längst abgelaufenes Schutzpatent erneuern zu lassen oder der Ausweisung aus der Stadt »gewärtig« zu sein. Der auf Lebzeiten aufgenommene Hofjude Callmann Seligmann wurde nochmals nachdrücklich davor gewarnt, fremden Juden Unterschlupf zu gewähren (er hatte sich, wie festgestellt wurde, in dieser Hinsicht »vielfach verdächtig« gemacht). Dem Seligmann Bayersdörffer, dessen auf vier Jahre ausgestelltes Schutzpatent abgelaufen war, mußte der Schutz aufgekündigt werden. Er sollte umgehend seine finanziellen Angelegenheiten in Ordnung bringen und dann unverzüglich Württemberg verlassen. Bei den mit der Handhabung des Münzwesens betrauten Juden, insbesondere bei den Fürstlich Ansbachischen Hof- und Kammerfaktoren Mayer Berlin und Löw Kuhn, ebenso bei Isaak Brüll und Seligmann Lichtenstetter, denen nebst ihren zum »Silberlieferungsgeschäft« erforderlichen Leuten durch den ihnen erteilten Freipaß freier Aufenthalt, Schutz und Sicherheit nicht nur in Stuttgart, sondern im ganzen Herzogtum Württemberg zugesagt worden war, sollte darauf gesehen werden, daß sie unter dem Vorwand des Münzwesens keinen weiteren Juden das »Einschleichen« ermöglichten. Die soeben genannten herzoglichen »Münzjuden« waren im August 1758 zu diesem »Geschäft« auf sechs Monate bestellt worden. Hierbei waren ihnen für diese Zeit auch der ausschließliche Einkauf des Bruch-, Brand-, Faden- und anderen Silbers sowie die zollfreie Anlieferung zur herzoglichen Münzstatt zugesichert worden. Als »Sous-Lieferanten« (Unterlieferanten) hatten sie die Fürstlich Hechingischen Schutzjuden Seligmann, Jakob Wassermann, Löw Wassermann und Hirsch Auerbacher, außerdem Joseph Wolf und Heckel aus Fellheim bei Memmingen annehmen dürfen[781]. Die in Stuttgart ansässigen Hofjuden waren für den herzoglichen Hof unentbehrlich; die Ausweisungsandrohungen blieben deshalb meist auf dem Papier. Am 8. Dezember 1758 erhielt Hoffaktor David Uhlmann einen auf sechs Jahre befristeten erneuerten Schutzbrief, am 17. Februar 1759 Seligmann Bayersdörffer einen solchen[782].

Herzog Carl Eugen sah in den im Land lebenden und gänzlich von seinem Wohlwollen abhängigen Juden nicht zuletzt finanzielle Ausbeutungsobjekte. In seine Kassen flossen nicht nur die mit der Schutzgewährung zusammenhängenden Abgaben, sondern auch Sondersteuern, die der Landesfürst den im Herzogtum ansässigen Angehörigen der israelitischen Religionsgemeinschaft auferlegte. Im März 1761 beschloß Carl Eugen, die Juden sollten auf einem ihnen an der Karlstraße in Ludwigsburg angewiesenen Platz ein Haus bauen. Da dies jedoch Schwierigkeiten bereitete, war er damit einverstanden, daß die Juden ersatzweise den beachtlichen Betrag von 10 000 fl in die Ludwigsburger Baukasse entrichteten, die dann den Hausbau übernahm. Am umgehenden Aufbringen dieser Summe sollten sämtliche Juden, auch die »Salzjuden«, entsprechend ihren Vermögens- und Einkommensverhältnissen beteiligt werden, lediglich die »Münzentrepreneurs« waren auszunehmen. Mit dem »Aufteilen« der 10 000 fl wurden David Uhlmann und Callmann Seligmann betraut. Sie gingen anscheinend recht selbstherrlich zu Werke. Jedenfalls beschwerte sich Lippmann Moyses in Gochsheim darüber, daß den Juden auf dem Land ungefragt zum Teil ungebührlich hohe Teilbeträge abverlangt, wogegen Verwandte von Uhlmann von der Abgabe ausgenommen worden seien. Uhlmann und Callmann Seligmann wehrten sich. Sie hätten, so erklärten sie, von den Stuttgarter »Salzjuden«, die »das stärkste und größte Commercium« betrieben, allein 3 000 fl gefordert und die restlichen 7 000 fl auf die übrige Judenschaft umgelegt. Selbstverständlich seien sie bereit, die auf sie entfallenden Anteile zu entrichten, sie hätten aber keine rechtliche Möglichkeit, die »morosen« (widerspenstigen) Glaubensgenossen zur Einlösung ihrer Zahlungsverpflichtungen zu zwingen. Auf ihre Bitte beauftragte der Herzog den Stuttgarter Stadtoberamtmann Johann Friedrich Stockmayer, ihnen bei der Eintreibung des Geldes behilflich zu sein. Die höchsten Beiträge entfielen, abgesehen von den Stuttgarter »Salzjuden«, in Gochsheim auf Baruch Dessauer (1 400 fl), auf dessen Tochtermann Nathan (450 fl) und auf Lippmann (300 fl), in Freudental auf Schmay Abraham (450 fl), auf Abraham Schmay (250 fl), Samuel Abraham (250 fl), auf Abraham und Jakob Levi (je 200 fl), auf Salomon Mannes (150 fl), auf Baruch Levi (100 fl), in Stuttgart auf Callmann Seligmann (972 fl) und auf David Uhlmann (872 fl). Alle anderen Juden in Gochsheim, Freudental, Aldingen und Zaberfeld wurden zu Beiträgen zwischen 10 und 75 fl veranlagt. Kaum hatten die Juden zähneknirschend und mit großer Mühe die 10 000 fl bezahlt, verlangte Herzog Carl Eugen im März 1762 zur Finanzierung des Baus einer Infanteriekaserne in Ludwigsburg nochmals dieselbe Summe. Jetzt regte sich der Widerstand. Die Juden fühlten sich völlig überfordert. Callmann Seligmann, der diesmal mit einer noch höheren Summe (1 420 fl 57 kr) zur Kasse gebeten wurde, ließ den Herzog wissen, daß er zur Entrichtung eines solchen Geldbetrags außerstande sei, zumal er noch 3 000 fl an Ausständen von den herzoglichen »Heimführungsfestivitäten« (wohl aus dem Jahr 1748) sowie andere Ausstände habe, er zudem um 5 000 fl bei einem Hofakkord geschädigt worden sei und er bislang vergeblich auf die Übertragung der ihm dafür zugesagten Ersatzlieferungen warte. Carl Eugen ließ nicht mit sich reden. Er bestand auf der Bezahlung des zweiten 10 000-fl-Betrags, den Stockmayer im Februar 1762 auf die Juden des Landes umgelegt hatte, lediglich etwas längere Zahlungsfristen räumte er ein. Baruch Dessauer in Gochsheim, der wohlhabendste Jude in Württemberg, der dieses Mal 2 112 fl 51 kr aufbringen sollte, drohte seinerseits, den Schutz aufzukündigen und außer Landes zu ziehen. Dessauer besaß in Gochsheim mehrere Häuser und Liegenschaften sowie ein großes Weinlager. Die Juden leisteten passiven Widerstand, den auch die herzoglichen Beamten nicht zu brechen vermochten. Im Mai 1763 hatten sie von den zweiten 10 000 fl noch keinen einzigen Gulden bezahlt. Der Herzog verlängerte erneut die Zahlungsfrist. Doch die jüdischen Zahlungspflichtigen blieben standhaft. Befehle und Drohungen prallten an ihnen ab. Stadtoberamtmann Stockmayer wollte im November 1764 wenigstens David Uhlmann und die Seligmannschen Erben – Callmann Seligmann war inzwischen verstorben – zur Bezahlung veranlassen und bestellte sie zu diesem Zweck zu sich. Uhlmann weigerte sich, und die Seligmannschen Erben erklärten sich lediglich bereit, den auf sie entfallenden Anteil an den zweiten 10 000 fl mit ihren Forderungen an die Herrschaft zu verrechnen. Stockmayer ließ bei beiden Familien Hausdurchsuchungen durch »Stadtskribenten« (städtische Schreiber) und zwei Stadtsoldaten durchführen. Bargeld fand sich jedoch nicht. Der Stadtoberamtmann befahl deshalb die Beschlagnahme von »Warenvorräten« im Wert von knapp 1 000 fl. Uhlmann war über diese Vorgehensweise so empört, daß er den Notar Holder und zwei Zeugen in sein Haus bestellte und ein Protokoll über die Hausdurchsuchung aufnehmen ließ. Stockmayer beabsichtigte nun, die beschlagnahmten Waren zu verkaufen, um zu dem geforderten Geld zu kommen. Die Seligmannschen Erben protestierten gegen eine solche Gewaltaktion, sie pochten darauf, daß sie bei der Herrschaft Ausstände in Höhe von 10 000 bis 12 000 fl hätten und daß sie ihr erst vor einigen Wochen Waren geliefert hätten, die gleichfalls noch nicht bezahlt seien. Der Stadtoberamtmann wagte nicht, den ins Auge gefaßten Warenverkauf vorzunehmen. Der Herzog entschied, Uhlmann sollten 225 fl an seinen Ausständen angerechnet werden, 300 fl habe er aber an seinem Beitrag zu bezahlen, den Seligmannschen Erben waren 1 000 fl von ihren ausstehenden Forderungen anzurechnen, 400 fl mußten sie jedoch entrichten, die Beiträge der Juden in Gochsheim, Freudental und Ochsenburg sollten nunmehr »unnachsichtig« eingezogen werden. Allein, die Juden in den genannten Orten beharrten auf ihrer Zahlungsverweigerung. Baruch Dessauer ließ keinen Zweifel, daß er, wenn der Herzog auf der Beitreibung des Geldes in seiner vollen Höhe bestehe, Württemberg verlasse und ins Pfälzische ziehe. Einem Kompromiß verschloß er sich indes nicht. Er bot für sich und seinen Schwiegersohn einen Betrag von 1 000 fl an. Auch die Freudentaler Juden waren jetzt unter bestimmten Bedingungen bereit, die auf sie entfallenden Beiträge zu entrichten. Auf den Vorschlag von Stockmayer lenkte Carl Eugen im März 1765 ein. Er begnügte sich mit knapp der halben Summe: 4 050 fl. Übrigens fehlten an den ersten 10 000 fl 1765 noch immer 279 fl; sie waren, da sie bettelarme Juden zu entrichten hatten, auch mit Zwangsmitteln nicht zu erlangen[783]. Die gänzliche Zahlungsunfähigkeit eines Teils der jüdischen Einwohner von Freudental hatte den Herzog bereits im Juni 1763 veranlaßt, den Hoffaktor David Uhlmann in dessen Eigenschaft als Vorsteher der israelitischen Gemeinde Freudental davon zu unterrichten, daß in Freudental künftig nur noch Juden die Niederlassung gestattet werde, die ein Vermögen von mindestens 500 bis 600 fl nachweisen konnten[784]. Die Stuttgarter Juden fühlten sich durch die ständige und zum Teil recht demütigende Überwachung sehr beschwert; sie hielten auch gegenüber dem Herzog mit ihrem Unwillen nicht zurück. Im September 1762 ordnete deshalb Herzog Carl Eugen an, die Münzjuden und die jüdischen Salzlieferanten von den bei den Stuttgarter Juden durchgeführten Hausvisitationen auszunehmen. Er begründete seine Entscheidung damit, daß sich diese Juden »vornehmlich für das herzogliche Interesse verwendeten« und daß sie andererseits über wichtige auswärtige Geschäftsverbindungen verfügten. Sollten sie trotzdem in den Verdacht geraten, das herzogliche Interesse durch bestimmte Aktivitäten zu schädigen, wäre die herzogliche Münzdeputation oder das Salzdirektorium, insbesondere aber der Präsident beider Gremien, der Geheime Staats- und Kabinettsminister Graf von Montmartin, in Kenntnis zu setzen. Generell wünschte der Herzog, wie er dies kurz darauf in einem Reskript zum Ausdruck brachte, daß auch bei Visitationen der übrigen Judenhäuser künftig rücksichtsvoller zu Werke gegangen werde. So verbot er Visitationen am Samstag, dem jüdischen Sabbat (wie dies unlängst geschehen war). Als Visitatoren mußten vertrauenswürdige und verläßliche Männer gewählt werden, damit es zu keinen Exzessen kam[785]. In das Bemühen, die Juden großzügiger zu behandeln, paßte auch, daß Herzog Carl Eugen im Januar 1764 Seligmann Bayersdörffer gestattete, die Beschneidung eines Sohnes in Stuttgart vornehmen zu lassen, allerdings mußte dies »bei geschlossenen Türen und in der Stille« geschehen, auch hatte Seligmann Bayersdörffer die sehr hohe Gebühr von 40 fl zu entrichten, und es wurde ihm dringend geraten, seine Frau bei einer weiteren Schwangerschaft »vor dem Kindbett« nach Freudental zu bringen. Knapp zwei Jahre darauf erwirkte Jakob Jonas, Hausmeister bei den »Salzentrepreneurs« die Genehmigung, sein neugeborenes Knäblein unter denselben Auflagen in Stuttgart beschneiden zu lassen. Es wurde ihm dafür aber die exorbitante Gebühr von 55 fl abverlangt, und er mußte sich sagen lassen, daß man in Zukunft die Entschuldigung einer frühen Niederkunft nicht mehr gelten lasse, die schwangere Ehefrau habe rechtzeitig nach Freudental oder in eine andere in der Nähe gelegene Judengemeinde zu reisen[786].

Nach dem Tod Callmann Seligmanns suchten seine Witwe und seine Söhne im September 1764 um die weitere Gewährung des herzoglichen Schutzes nach. Stadtoberamtmann Stockmayer stellte dem Verstorbenen das Zeugnis aus, er habe, »so viel von einem Juden zu erwarten«, sich in seinem Geschäft »ziemlich raisonable« verhalten. Ihm sei nicht bekannt, daß er jemand »sonderlich übernommen« habe. Seine Handelstätigkeit habe in den letzten Jahren hauptsächlich darin bestanden, daß er von den Kammerdienern aus der herzoglichen Garderobe die »abgelegten Sachen« (Kleider) gekauft, gelegentlich aber auch einige Waren für den Hof geliefert habe. Auf seinem mit 30 000 bis 40 000 fl angegebenen Vermögen lasteten 18 000 bis 20 000 fl Schulden. Er habe eine Frau und fünf Kinder hinterlassen, darunter eine mit dem Juden Mäntler in Grieshaber (wohl Kriegshaber) verheiratete Tochter. Die beiden ältesten Söhne Nathan Callmann Seligmann, 24 Jahre alt, und Seligmann Callmann, 21 Jahre alt, hätten sich bisher gut aufgeführt. Der ältere wolle demnächst eine Tochter des Münzjuden heiraten. Der Stadtoberamtmann befürwortete das Gesuch der Witwe, schlug aber vor, den Schutz nach dem Beispiel anderer Juden auf fünf bis sechs Jahre zu befristen und ihn nach Ablauf dieser Frist zu verlängern. Damit die Zahl der Juden im Land »nicht ohne Not« vermehrt werde, hielt er es für zweckmäßig, den Schutz auf die Witwe und die beiden Söhne, solange diese nicht verheiratet seien, zu beschränken und bei einer Veränderung des Familienstands der zwei jungen Männer über die Erteilung des Schutzprivilegs neu zu entscheiden. Er wies auch darauf hin, daß der Bruder Callmanns, Isaak Seligmann, ein bettelarmer Jude, in den Callmannschen Schutz inbegriffen gewesen und mit seiner Familie (sechs Kinder) teils von Callmann, teils von seinen anderen vermöglichen Brüdern in Frankfurt unterhalten worden sei. Deshalb befürwortete er, daß Isaak, der als ehrlicher Mann gelte, weiterhin den herzoglichen Schutz genießen sollte. Nach der Darstellung der Witwe Callmanns hatte ihr Mann viele Jahre lang für den Herzog, den Hof und das Militär große Warenlieferungen unterschiedlicher Art übernommen, die ihm Verluste eingetragen hatten und deren Bezahlung zum Teil noch ausstand. Die hohen Ausstände hatten seine Geschäftstätigkeit sehr erschwert. Er hatte Kredite aufnehmen und »schwere Zinsen« zahlen müssen. Hierzu kamen nicht einzutreibende Schuldforderungen bei Privaten. Nachdem sich die Witwe Callmanns bereit erklärt hatte, für sich und ihre beiden ältesten Söhne eine Anerkennungsgebühr von 500 fl zu entrichten, zögerte Carl Eugen nicht länger. Er stellte den erbetenen Schutzbrief aus, und dies wohl für eine unbefristete Zeit, nicht aber, wie der Stadtoberamtmann angeregt hatte, lediglich für fünf bis sechs Jahre[787].

Noch immer hatten »ausländische« Juden, die durch württembergisches Gebiet reisten, Geleitgeld zu entrichten. 1768 fuhr der Fürstlich Thurn-und-Taxissche Hofjude Philipp Salomon Gumberz von Fürth durch Württemberg. Er führte ein Patent des Inhalts mit sich, daß er in Geschäften des Fürsten von Thurn und Taxis unterwegs sei, deshalb überall mit seinen Bedienten und Begleitern nebst den mitgeführten »Effekten« (Waren) und Juwelen jeder Art ungehindert passieren dürfe, auch von der Entrichtung von Leibzoll-, Maut-, Geleit-, Weg- und Pflastergeldern befreit sei. In Stuttgart am 30. Mai 1768 mit Extrapost eingetroffen, gab er dem Stadtoberamtmann an, er bleibe nur eine Nacht hier und reise dann mit seinem Bruder zur Einforderung von Schulden nach Hechingen weiter, Waren führe er diesmal nicht mit sich. Beim Betreten des württembergischen Territoriums bei Lorch habe er für sich und seinen Bruder das Geleit gelöst. Der Stadtoberamtmann ließ jedoch Gumberz erst weiterziehen, nachdem sich der Sohn des Hoffaktors Uhlmann für ihn verbürgt hatte. Der Herzog entschied, da Gumberz kein von ihm ausgestelltes »Befreiungspatent« besitze, müsse er die üblichen Geleitgebühren entrichten, und er wies den Stadtoberamtmann an, sie über den Bürger Jakob Uhlmann einzufordern. Auch der in Hechingen zum Ober- und Landrabbiner angenommene David Dispek hatte, als er von Fürth, wohl seinem bisherigen Wirkungsort, auf der Durchreise durch Württemberg kam, wie jeder andere Jude »das Geleit zu lösen«[788].

Im Frühjahr 1768 lehnte es Herzog Carl Eugen ab, den Schutz für Seligmann Bayersdörffer zu verlängern. Damit hatte dieser nicht gerechnet. In einer Eingabe versuchte er, den Herzog zu einer Änderung seiner Entscheidung zu bewegen. Er wies darauf hin, daß er beinahe sein ganzes Leben in Württemberg zugebracht und in höchstmöglichem Maß stets im herzoglichen Interesse gehandelt habe. Als 60jähriger mit noch sieben unerzogenen Kindern sei es für ihn schwer, anderswo ein Unterkommen zu finden. Er erklärte sich bereit, notfalls nach Aldingen, dem Stuttgart am nächsten gelegenen Judenort, zu ziehen. Allein, der Herzog beharrte auf seinem Entschluß. Nicht einmal einen Aufschub von sechs Monaten, den Bayersdörffer zur Abwicklung seiner Geschäfte und zur Auflösung seines Haushalts in Stuttgart erbeten hatte, gestand er zu. Der bisherige Schutzjude mußte unverzüglich Württemberg verlassen. Auf dem abgelehnten Gesuch befindet sich der geringschätzige Vermerk: »Unterm 27. April ist die Judenwar abgeführt worden.« Der Speisemeister der Salzjuden streckte dem in bedrängten wirtschaftlichen Verhältnissen befindlichen Mann das Geld für den »Hauszins«, den Fuhrlohn sowie die Reisekosten nach Neckarsulm, mindestens 61 fl, vor. Dafür verkaufte ihm Bayersdörffer, der sich selbst als »einen von jedermann gedrückten alten Juden« bezeichnete, u. a. drei Oberbetten, drei Unterbetten, sieben Bettziechen, zehn Kissen, zwei alte Tischtücher, einen »Couffer« mit Büchern, einen Spiegel, etliche Haushaltsgeräte sowie vier kleine Porträts[789].

Im Jahr 1770 befanden sich in Stuttgart vier jüdische Familien, deren Aufenthalt in der Stadt auch in den nächsten Jahren nicht in Frage gestellt wurde. 1779 wurde ihnen trotz starken Widerstands der Hutmacher, einzelner anderer Handwerker und vor allem der Kaufleute der Schutz verlängert. Es handelte sich um folgende Familien: 1) die Witwe von Callmann Seligmann mit ihren Söhnen Nathan und Seligmann sowie Dienstpersonal. Die Familie genoß seit 1743 den herzoglichen Schutz, handelte mit Waren und Juwelen, sie besaß den Hofjudenstatus, zahlte keine Akzise, keine Maut, kein Geleit und keine Tagegelder; 2) Hoffaktor David Ullmann (Uhlmann), seit 1747 in Stuttgart; 3) Isaak Seligmann mit Frau und sieben Kindern, seit 1738 in Stuttgart; 4) die »Salzentrepreneurs« Aaron und Elias Seligmann mit Buchhalter Nathan, seit 1759 in Stuttgart. Dazu kamen noch der Münzjude Seeligmann-Wassermann aus Hechingen sowie Simon Samuel aus Leitershausen (Leutershausen an der Bergstraße, Rhein-Neckar-Kreis)[790]. Weitere Juden sollten sich aber möglichst nicht in Stuttgart niederlassen. Dies galt selbst für Angehörige der israelitischen Religionsgemeinschaft, die ihren Hauptwohnsitz in Freudental aufschlagen wollten. 1776 ersuchte der seit sechs Jahren bei dem Stuttgarter Hoffaktor Seligmann angestellte David Kahn um die Aufnahme in den Schutz in Freudental. Kahn war als anderthalbjährige Waise nach Freudental gekommen und dort von einer Verwandten aufgezogen worden. Nunmehr wollte er die Tochter eines württembergischen Schutzjuden heiraten. Trotz eines Vermögens von 1000 fl, das er teils selbst erspart hatte, teils als Heiratsgut erhielt, lehnte der Herzog sein Gesuch ab. Genauso war es 1761 Bärtlin Seligmann, der Tochter eines verstorbenen Freudentaler Schutzjuden gegangen; sie hatte sich in Stuttgart beim Hofjuden Seligmann aufgehalten und hatte heiraten wollen[791].

Nach dem Tod des langjährigen Hoffaktors David Uhlmann räumte Herzog Carl Eugen dessen Witwe den Schutz auf Lebenszeit ein, nicht aber ihren drei noch unversorgten Söhnen. Die Witwe Uhlmann hatte auch noch zwei Töchter. Der Bitte des einflußreichen Hofjuden Aaron Seligmann in Mannheim verdankte es der Sohn Lazarus des Hausmeisters Jakob Jonas, daß ihm der Herzog im Februar 1785 den Hofschutz und nach seiner »dereinstigen« Verheiratung den Aufenthalt in Stuttgart gewährte[792]. Keinesfalls wünschte Herzog Carl Eugen, daß es in Stuttgart zur Bildung einer jüdischen Gemeinde kam. Dies war wohl ein gewichtiger, sicher aber nicht der einzige Grund, warum er im August 1785 das Gesuch des Rabbiners Israel Herz ablehnte, sich in Stuttgart als jüdischer Lehrer betätigen zu dürfen. Herz hatte anscheinend die Hoffnung gehegt, daß Carl Eugen auch jüdische Studierende zum Besuch der Hohen Carlsschule zulassen werde, und er bot sich an, diese in der hebräischen Sprache und in den jüdischen Gesetzen zu unterrichten. Darüber hinaus wollte er auch jüdischen Kindern Unterricht erteilen. Der um seine Meinung befragte Hoffaktor Seligmann äußerte sich sehr negativ: Herz habe sich einige Zeit in Jebenhausen aufgehalten, sei von dort aber wegen seiner Schulden entwichen, er besitze kein sonderlich gutes Prädikat, als Rabbiner könnten weder er noch die anderen Stuttgarter Juden ihn sich vorstellen[793]. Im Februar 1779 behauptete ein Stuttgarter, der allerdings seinen Namen nicht nannte, es hätten sich einige Juden »ungebührlich« in die Stadt eingeschlichen. Der Herzog erklärte, die hier wohnenden Judenfamilien, Hoffaktor Callmann Seligmann und dessen Onkel Isaak Seligmann, der Schächter Benedikt sowie der Buchhalter Mayer Nathan des Hoffaktors Seligmann in Leimen (bei Heidelberg) und der Hausmeister Jakob Jonas (vermutlich desselben Hoffaktors), durften in der Stadt bleiben, solange sie sich keines Vergehens schuldig machten. Weitere Juden durften aber ohne ausdrückliche herzogliche Erlaubnis, auch nicht für eine bestimmte Zeit, aufgenommen werden. Sich hier meldende Juden seien sogleich wieder »fort und aus dem Herzogtum zu schaffen«[794]. Anfang 1781 hielt sich in Stuttgart der Mannheimer Schutzjude Samuel Simon, ein Steinschneider, auf. Weil die Juden in Württemberg nach der Landesverfassung eine Hantierung oder ein Gewerbe nicht treiben durften, mußte Simon, gegen dessen Anwesenheit die Stuttgarter »bürgerlichen Pittschierschneider« (Stempel-, Siegelschneider) heftig protestierten, umgehend in sein »Heimwesen« nach Mannheim abgeschoben werden[795]. Erwünscht war andererseits zur Belebung des wirtschaftlichen Lebens der Stadt zumindest in den 1770er Jahren die Anwesenheit von Juden auf den Stuttgarter Märkten. Am 1. Juli 1776 bekamen Juden, die auf den Märkten Vieh kauften oder verkauften, für zwei Tage Befreiung von Zoll, Akzise und Geleitgeld zugestanden, soweit sie diese Gebühren bereits entrichtet hatten, erhielten sie diese zurück[796]. Dagegen wurde Samuel Ascher aus Ansbach im Dezember 1778 die beantragte Befreiung von der Akzise abgeschlagen. Herzog Carl Eugen hatte Ascher nach Stuttgart gerufen, um von ihm einige Steine – wahrscheinlich Edelsteine – und Perlen zu kaufen. Nachträglich behauptete dieser, die Steine zu seinem Nachteil zu billig verkauft zu haben, weil er eine Veräußerung an den Herzog für eine Ehre gehalten habe, die er sich nicht habe entgehen lassen wollen[797]. Keine Genehmigung erhielt Jakob Weil aus Wormlingen (möglicherweise Worblingen bei Konstanz), seine Waren in einer Boutique zur Meßzeit auf dem Markt veräußern zu dürfen. Es wurde ihm aber gestattet, seine Waren während dieser Zeit in der Stadt zum Verkauf herumzutragen und sie in Wirts- und anderen Privathäusern feilzubieten. Das Marktmeisteramt hatte ihm die bereits eingeräumte Boutique wieder aufzukündigen und ihm das für sie entrichtete Standgeld zurückzugeben[798].

Im April 1790 stellte ein herzogliches Reskript fest, daß sich seit einiger Zeit viele fremde Juden in die Stadt »einschlichen« und hier »unter allerhand Vorwand« Handel trieben, obwohl dies verboten sei. Das Reskript ordnete eine strenge Aufsicht an. Fremde Juden, die ihren hiesigen Aufenthalt nicht begründen könnten, sollten fortgeschafft werden[799]. Dem Isaak Fürst aus Prag wurde im Februar 1792 seine Bitte abgeschlagen, in Stuttgart »Stein und Stahl stechen« zu dürfen. Eine für den Herzog »unter Handen habende pressante Arbeit« durfte er aber wohl noch ausführen[800].

Unter dem Eindruck der revolutionären Ereignisse in Frankreich ist die Aufnahme von Juden in Stuttgart Anfang der 1790er Jahre wohl etwas großzügiger gehandhabt worden. Im November 1792 erhielt Aaron Jonas den Hofschutz eingeräumt, den bereits sein vor einigen Jahren verstorbener Bruder besessen hatte. Im folgenden Monat erlangte ihn der künftige Tochtermann des Schächters Benedikt, Jakob Ottenheimer aus Jebenhausen. Ottenheimer wurde im März 1793 hier sogar die Eheschließung nach jüdischem Ritus gestattet. Allerdings sollte die Feier im hiesigen Judenbad »in möglichster Stille vorgehen«[801]. Anfang 1795 gab der Herzog dem Gesuch des Schächters Benedikt statt, den Judenschutz auf seinen ältesten Sohn auszudehnen. Freilich legten die Regierung und vor allem die Stadt nach wie vor Wert darauf, daß die Zahl der jüdischen Einwohner möglichst klein blieb. 1795 wurde Aaron Jakob Jonas, vermutlich der Sohn eines Stuttgarter Schutzjuden, die Aufnahme in den Hofschutz versagt, im Dezember desselben Jahres Samuel Seligmann. In der gleichen Zeit ersuchte Moses Samuel aus Ichenhausen vergeblich, die Handelserlaubnis für Stuttgart und Württemberg zu erlangen. Doch ein knappes Jahr später erhielt Samuel Seligmann den erbetenen Hofschutz. Auch die ablehnenden Bescheide auf die Gesuche der beiden anderen Männer wurden bald darauf revidiert. Anfang 1796 erlangte schließlich der Sohn Isaak des im hiesigen Gräflich Pücklerschen Haus sich aufhaltenden Juden Samuel Aaron den Hofschutz[802]. Groß herausgestellt wurde im Oktober 1795, daß junge Juden, die aus Aldingen bei Ludwigsburg stammten oder zumindest dort Unterschlupf fanden, in Stuttgart Diebereien begingen – zum Teil auch nur versuchten. Die Burschen, so wurde berichtet, kämen in aller Frühe hierher und verübten dann ihre Freveltaten. Das Stadtoberamt Stuttgart ersuchte das Oberamt Ludwigsburg, in Aldingen nach dem Rechten zu sehen, gegen solche Übeltäter und ihre zum Teil namentlich bekannten Helfershelfer einzuschreiten[803]. Nach dem Einbruchsversuch eines auswärtigen Juden in das Fürstenhaus forderte der Stadtkommandant Generalmajor Georgii, die Pässe fremder Juden gründlich zu prüfen und solche Menschen nach den Motiven zu fragen, die sie veranlaßt hatten hierherzukommen, sodann die Befristung ihres Aufenthalts exakt zu bestimmen, ehe ihnen das Betreten der Stadt und der Handel erlaubt würden. Weil jedoch an den Toren zeitweilig Unteroffiziere Dienst täten, die nicht lesen könnten, sollten Juden direkt von den Toren zum Oberamt zur Examination gebracht werden. Der Herzog stimmte den Vorschlägen des Stadtkommandanten zu[804]. Der Graveur David Dessauer aus Kilchberg hätte gerne außerhalb der Messezeiten (Jahrmarktzeiten) in Stuttgart in seinem Gewerbe (Gravieren und Petschaftschneiden) gearbeitet, vor allem wollte er Arbeiten, die bei ihm in Auftrag gegeben worden waren, fertigstellen. Der Herzog wies aber seinen Antrag ab[805].

Herzog Friedrich Eugen gewährte am 2. November 1797 der berühmten Hoffaktorin Chaile Kaulla (1739–1809) aus Hechingen, bekannt als »Madame Kaulla«, den Hofschutz. Allein, sein ihm wenige Wochen darauf als Regent nachfolgender Sohn Herzog Friedrich II. sah sich im Frühjahr 1798 wegen des Protests der Stuttgarter Handelsschaft und der Landstände, die sich auf die Regimentsordnung von 1498 beriefen, gezwungen, Madame Kaulla dieses Privileg zu entziehen. Friedrich II. war sehr verärgert. Er erklärte, die Ausweisung der Familie Kaulla wirke sich nachteilig auf die »Geldzirkulation«, also auf die Wirtschaft des Landes, aus[806].

Auf herzoglichen Befehl mußten Anfang 1798 vor dem Stadtoberamt die hier lebenden Juden Erklärungen darüber abgeben, wie es um ihre Aufenthaltslegitimation

Madame Kaulla, die berühmte Hoffaktorin, erteilt ihren Söhnen geschäftliche Anweisungen.

bestellt sei. Mit bemerkenswertem Selbstbewußtsein äußerte sich der Hoffaktor Callmann Seligmann der Jüngere: »Seine Familie wohne schon über hundert Jahre in Stuttgart (dies traf allerdings, wenn wir die erhaltenen Quellen richtig interpretieren, nicht zu), was er nichts anderem zuzuschreiben habe als den bekannten Verdiensten seiner Voreltern und seiner immer bewiesenen rechtschaffenen Aufführung. In dieser Hinsicht seie er auch wirklich in Person auf den vorletzten Landtag berufen und ihme hier von den versammelten Landständen die ausdrückliche Versicherung mündlich erteilt worden, daß die wegen der Juden vorhandenen Landesgesetze nicht auf ihn und seine Familie angewandt werden, sondern daß er mit solcher ganz ruhig hier wohnen könne.« Der Schächter Benedikt berichtete, er sei vor 34 Jahren als »Schächter der Judenschaft« von Heidelberg hierhergekommen und habe in den siebziger Jahren von Herzog Carl Eugen den Hofschutz erhalten. Seine beiden Söhne seien in die herzogliche Akademie aufgenommen, und einem von ihnen sei auch der Hofschutz erteilt worden. Benedikt bezeugte damit, daß neben evangelischen und katholischen Christen auch einzelne Juden die Zulassung zum Studium an der Hohen Carlsschule bekommen hatten[807].

Die häufig bejammernswerte Situation der Juden in Südwestdeutschland Ende des 18. Jahrhunderts und die Schwierigkeiten, die jungen Juden gemacht wurden, wenn sie in ihren Wohnorten um Aufnahme in den herrschaftlichen Schutz nachsuchten, ließ die Zahl der unstet im Land herumziehenden Betteljuden anschwellen. Nach einem herzoglichen Reskript wurde Württemberg von ihnen überlaufen. Herzog Friedrich II. wies deshalb die Städte und Landgemeinden an, Betteljuden wie andere Angehörige der israelitischen Religionsgemeinschaft zu behandeln: Nur wenn sie »das Geleit gelöst« hatten, durften sie württembergisches Gebiet passieren[808]. Die Judenfeindlichkeit der Bürgerschaft, vor allem der Handel- und Gewerbetreibenden, veranlaßte das Stadtoberamt am 30. Juni 1799, den Stuttgarter Juden in Erinnerung zu bringen, daß sie »ohn Vorwissen der Obrigkeit« keine Glaubensgenossen bei sich aufnehmen und beherbergen durften. Außerdem bestimmte es, daß sich fremde Juden, wenn sie beherbergt werden wollten, mit einem kurzen, vom Schächter Benedikt ausgestellten Schein bei ihm legitimieren mußten, daß es sich bei ihnen um unverdächtige Leute handle. Sorgsam sollte jedoch darauf geachtet werden, daß Juden, die hier keine bestimmten Geschäfte zu erledigen hatten, aus der Stadt »verwiesen« wurden. Im Jahr darauf wurde diese Anordnung wiederholt[809]. Im August 1799 forderten die Stuttgarter Bortenmacher, mit Rücksicht auf den daniederliegenden Handel, Juden vom Warenhandel auf den Jahrmärkten auszuschließen. Da auch andere Handwerker und Handelsleute ähnliche Beschwerden vorbrachten, beschloß das Stadtoberamt, nur für herzogliche Schutzjuden Hausierzettel auszustellen, fremden Juden aber das Hausieren lediglich mit Genehmigung der »Handlungs- und Professionsvorsteher« zu gestatten. Nach der Aussage des Seelhausvaters hielten sich damals viele Juden in Stuttgart auf, die meist zum Kreis der Vaganten gehörten. Sie nächtigten gewöhnlich in der Stadt oder aber in benachbarten Dörfern. Das Seel- oder Armenhaus beherbergte Betteljuden bloß eine Nacht. Die Behauptung, daß diese Habenichtse und andere Arme durch die Übernachtung im Seelhaus die Möglichkeit erhielten, in der Stadt herumzuschleichen und zu stehlen, wies der Seelhausvater entschieden zurück: Wenn es nicht eine Krankheit oder der Sabbat erforderlich mache, werde kein Jude, übrigens auch kein anderer Armer, länger als eine Nacht im Seelhaus geduldet, bei Erkrankten werde der Arzt konsultiert. Die Ausweisung von Juden, die hier genächtigt hätten, aus der Stadt obliege einem Gassenpatrouillisten. Der derzeitige Patrouillist sei allerdings sehr nachlässig, seine Ablösung wäre wünschenswert. Gegenwärtig befinde sich ein einziger Jude im Seelhaus. Weil das Kind dieses Mannes krank sei, habe Leibarzt Dr. Klein veranlaßt, daß die Judenschaft in Stuttgart dessen »Beratung« (Arzt- und Pflegekosten?) übernehme. Sobald es der Gesundheitszustand des Kindes erlaube, werde der Jude »weggewiesen«. Öfters würden arme Juden durch Polizeikommissarien und Polizeidiener in die Stadt gebracht. So seien kürzlich vier Juden hierhergekommen. Um das Eindringen von Juden nach Stuttgart zu verhindern, sei eine schärfere Kontrolle an den Toren unerläßlich. Keinen Zusammenhang sah der Seelhausvater zwischen dem Aufenthalt von Juden im Seelhaus und Diebstahlsdelikten in der Stadt[810].

Für die Entziehung des den Kaullas für kurze Zeit gewährten Hofschutzes bedankten sich die Stuttgarter Kaufleute im April 1798 beim Herzog ausdrücklich. Indes blieb diese Schutzaufkündigung auf dem Papier. Herzog Friedrich II. bedurfte der Dienste der in Geldgeschäften, im Großhandel und in Heereslieferungen versierten und sehr wohlhabenden Familie. Am 9. Februar 1800 ernannte er Jakob Kaulla zu seinem Hofbankier. Jakob gehörte fortan zum Hofpersonal, Wolf gestattete er den Aufenthalt in einem Privathaus in Stuttgart. Allerdings mußte sich Wolf verpflichten, nicht mit »Ellen-, Spezerei- und anderen Waren«, mit denen hiesige Bürger und Kaufleute handelten, Geschäfte zu machen. Bei dem Reichtum der Familie war dies freilich schwerlich zu erwarten. Nach einem Gutachten des Geheimen Rats konnte Hofbediensteten, zu denen auch die Hofbankiers zählten, der Aufenthalt in der Residenzstadt nicht verwehrt werden. 1802 waren Madame Kaulla und ihr Bruder Jakob maßgeblich an der Gründung der Württembergischen Hofbank beteiligt. Zu dem Gründungskapital von 300 000 fl steuerten sie die Hälfte bei[811].

Vehement wehrten sich Handel- und Gewerbetreibende gegen die in der besonderen Gunst des Landesherrn stehenden Kaullas. In einer von 74 Bürgern unterschriebenen Eingabe vom 18. November 1803 erhoben sie schwere Vorwürfe gegen die Hofbankiers. 1804 setzten sie in einer neuen Eingabe ihre Bestrebungen fort, den Einfluß der Kaullas einzudämmen und sie möglichst aus der Stadt zu verdrängen. Kurfürst Friedrich reagierte höchst unwillig. Er verwies auf die großen Verdienste der Familie, die nicht nur bei ihm, sondern etwa auch beim Kaiser hohe Anerkennung gefunden hätten, und er meinte, es wäre auch in Stuttgart und in Württemberg an der Zeit, daß man wie in anderen Ländern die Intoleranz gegen die Juden, die der christlichen Religion gewiß keine Ehre mache, »vertilge«, im

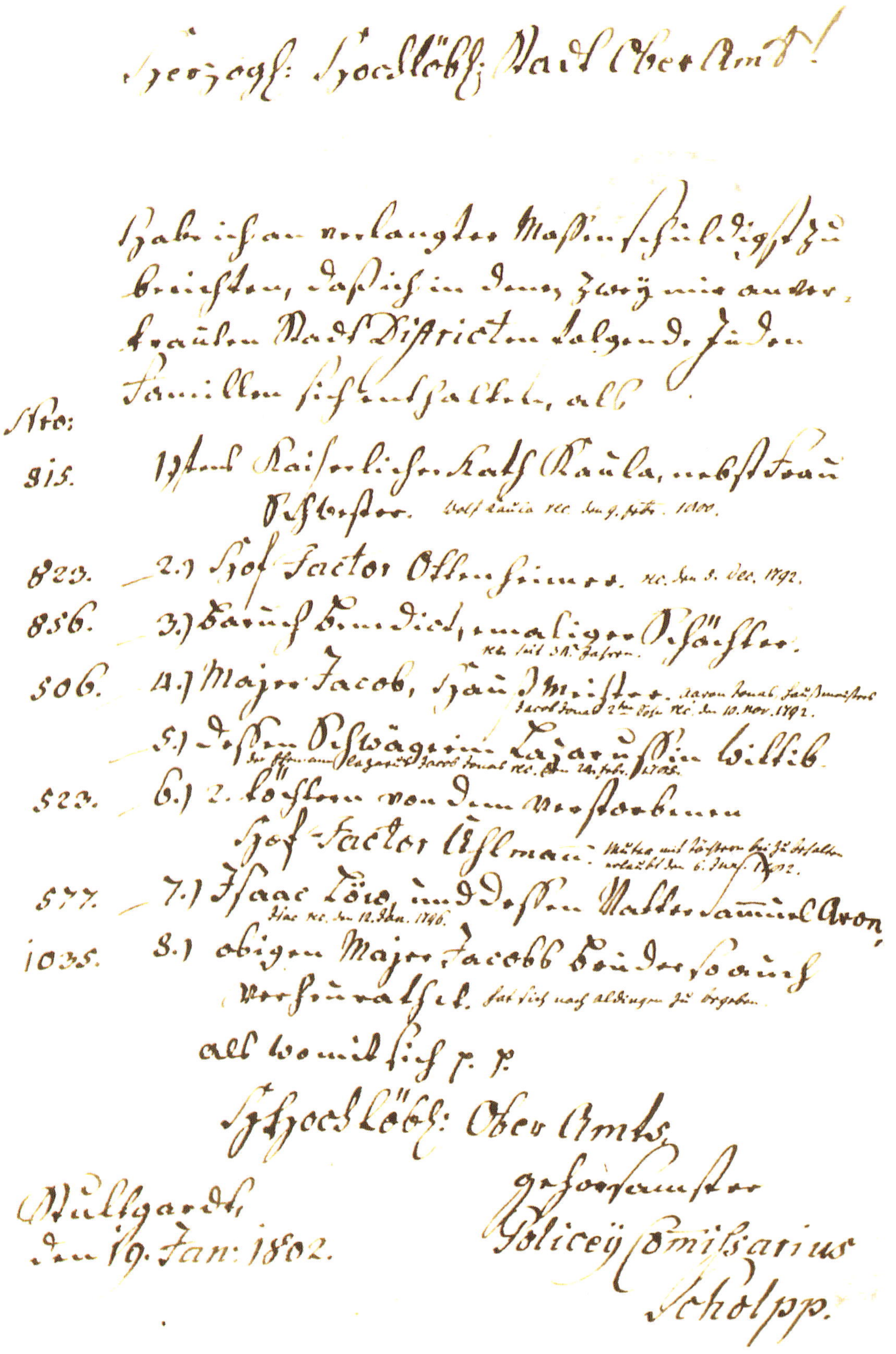
Herzogl: Hochlöbl: Stadt Oberamt!

Nro:

815.

823. 2.) Hof Factor Ottenheimer.

856.

506. 4.) Major Jacob,

5.)

523. 6.)

Hof Factor

577. 7.) Isaac

1035. 8.) obigen Major Jacobs

Hochlöbl: Ober Amts

Stuttgardt, den 19. Jan: 1802.

Policey Comissarius

Scholpp.

Bericht des »Polizei-Commissarius« Scholpp vom 19. Januar 1802 über die damals in Stuttgart wohnhaften Juden.

übrigen müsse ein Regent »das Interesse des Ganzen im Auge haben«, und dies sei »bei Kaulla der Fall«[812].

Am 24. Juni 1806, inzwischen zum absolutistisch regierenden König von Napoleons Gnaden aufgestiegen, verlieh Friedrich fünf Mitgliedern der Familie Kaulla mit ihren sämtlichen Nachkommen beiderlei Geschlechts die vollen Untertanenrechte, wobei diese aber mit Rücksicht auf ihre Religion vom Militärdienst befreit blieben: Hofbankier Jakob Kaulla, dessen beiden Schwiegersöhnen Nathan Wolf Kaulla und Marx Pfeiffer, sowie Mayer Kaulla und Wolf Kaulla. Die Angehörigen der Familie Kaulla erlangten rasch Eingang in die ersten Kreise der Stadt. 1807 gehörten sie zu den Mitbegründern der Museumsgesellschaft, deren engagierte Förderer sie blieben[813]. Nach dem Tod König Friedrichs (1816) wurde die Hofbank zur Königlich Württembergischen Hofbank. Auf das jahrzehntelang bedeutendste Kreditinstitut des Landes behielten die Kaullas bis in die zweite Hälfte des 19. Jahrhunderts bestimmenden Einfluß[814].

Trotz des Widerstands der Bürgerschaft gestattete Herzog, Kurfürst und König Friedrich auch anderen Juden die Niederlassung in Stuttgart: im Mai 1800 Moses Benedikt unter der Bedingung, daß er keinen Handel mit Ellen- und anderen Waren trieb und so die Kaufleute schädigte, 1804 Hausmeister Maier, Sohn des Hausmeisters Jonas (1801 zunächst abgelehnt und nur der Schutz in Aldingen zugesagt), 1805 dem Judenvorsteher Dreifuß aus Hochberg am Neckar unter der Bedingung, in Stuttgart keinen Handel zu treiben[815]. Dem Schwestersohn des Stuttgarter Schächters Benedikt, Jakob Simon, gewährte der Herzog 1801 den Schutz in Hochberg, mit der Auflage, dort ein Haus zu bauen[816].

Das Betteljudenproblem machte der Stadt auch noch zu Beginn des 19. Jahrhunderts zu schaffen. Um ihm zu steuern, traf das Stadtoberamt am 16. April 1801 folgende Maßnahmen: Sämtliche Juden, die außerhalb der Stadt beim Straßenbettel ertappt wurden, waren in das »Arbeitsinstitut« einzuliefern und beim ersten Mal für vier Wochen, im Wiederholungsfall aber für zwei Monate »zum Geschäft anzuhalten«. Reisende Betteljuden, die niemand um milde Gaben angingen, durften ungehindert passieren. Sie konnten einmal im Armenhaus übernachten, ausgenommen am Sabbat, an diesem Tag durften sie im Armenhaus bleiben, es war ihnen aber verboten, den Sabbat zum Herumlaufen und Betteln zu mißbrauchen. Untersagt war von jetzt an Betteljuden, zum Einsammeln des Almosens von Haus zu Haus zu gehen. Die Stuttgarter Judenfamilien hatten ihnen dieses ins Armenhaus hinauszuschicken[817]. Weil indes in den folgenden beiden Jahren der Zustrom von Betteljuden noch anwuchs, verfügte das Stadtoberamt am 6. August 1803, daß solche Juden nicht mehr in die Stadt gelassen werden sollten, daß sie vielmehr an den Toren abzufangen und um die Stadtmauern herum zu führen waren, daß sie also gewissermaßen von außerhalb Stuttgarts das Armenhaus betraten. Juden, die außerstande waren, ihr Geleit zu bezahlen, wurden an den Toren abgewiesen. Wenn sie aber wegen des Sabbats oder aus anderen Gründen übernachten mußten, konnten sie dies im Armenhaus tun[818].

Am 13. September 1804 berichtete Stadtoberamtmann Günzler: Zwischen Betteljuden, »der ärmsten Klasse der jüdischen Nation«, und armen reisenden Christen sei in polizeilicher Hinsicht noch nie ein Unterschied gemacht worden, und es werde auch jetzt kein solcher gemacht. Da jedoch diese Juden häufig in größerer Zahl – in manchen Wochen seien es 40 und mehr – hierherkämen, müsse über sie aus Gründen der öffentlichen Sicherheit und zum Schutz der Christen vor zu großen Belästigungen eine strenge Aufsicht ausgeübt werden. Sie würden deshalb nicht zu den Toren eingelassen und allenfalls im Armenhaus einmal über Nacht behalten oder einen Tag beherbergt. Die Behauptung, Betteljuden seien maßgeblich an Diebstählen beteiligt, wies Günzler zurück. Ihm, so erklärte er, sei kein einziger Fall bekannt. Solcher Vergehen machten sich Handelsjuden schuldig, die, mit ordnungsgemäßen oder auch mit falschen Pässen versehen, sich in Wirtshäusern aufhielten, gewöhnlich gut gekleidet seien, aber mit Betteljuden nichts gemein haben wollten[819].

Recht aufschlußreich zum Problem Betteljuden war auch der Bericht des Stadtoberamtmanns vom 1. Februar 1805: Im Armen- oder Bettelhaus werde »Reisenden«, gleichgültig welcher Religion sie angehörten, seit langem nicht nur eine einmalige Übernachtungsmöglichkeit geboten, sondern man reiche ihnen dort auch eine aus Stiftungsmitteln finanzierte warme Suppe. Weil jedoch die Juden aus religiösen Gründen diese Suppe nicht hätten annehmen können, habe man einen Bettelvogt beauftragt, sie zum Almosenbitten von Judenhaus zu Judenhaus in der Stadt herumzuführen. Oft seien dies ganze Scharen von Männern, Frauen und Kindern gewesen. Da ein solches Herumführen einen »garstigen Anblick« gewährt und auch sonst manches Unangenehme im Gefolge gehabt habe, sei es schon vor fünf Jahren abgestellt worden. Einer der Stuttgarter Schutzjuden habe im Einvernehmen mit seinen hier ansässigen Glaubensgenossen das gemeinsame Almosen in das Bettelhaus vor dem Tor gebracht. In letzter Zeit nun bezögen dererlei arme Juden, freilich auch arme Christen, dank der Freigebigkeit der Familie Kaulla großzügigere Unterstützung als früher. Eine Person könne durchschnittlich mit einem Zehrpfennig von 12 kr rechnen. Es stimme jedoch nicht, daß durch die Spendenfreudigkeit der Kaullas die Betteljuden geradezu in das Land hereingelockt würden, seien doch schon vor sechs oder zehn Jahren ganze Scharen solcher Menschen durch die Stadt gezogen. Solange es arme Familien gebe, die nirgendwo ein Heimwesen hätten und daher hier und dort eine Unterkunft suchten, erscheine es erforderlich, an den Straßen »von Station zu Station«, also in gewissen Abständen, sogenannte Armenhäuser beizubehalten, in denen unstet umherziehende Menschen »unter gewisse Aufsicht genommen werden« könnten. Den armen Judenfamilien dergleichen Unterkünfte zu verweigern, wäre nicht nur unmenschlich, sondern auch sehr gefährlich, weil diese dann in einzelnen Scheunen und Wohnungen »ohn alle Aufsicht« einen Unterschlupf suchen müßten.

Kurfürst Friedrich billigte den Standpunkt des Stadtoberamts, auf der Durchreise durch Württemberg begriffene Juden wie andere Reisende zu behandeln und deshalb in keiner Weise zu behindern. Auch hatte er nichts dagegen einzuwenden, daß »durchpassierende« arme Juden von ihren Glaubensgenossen unterstützt wurden. Dagegen wollte er unstet herumziehende Betteljuden ebensowenig wie andere die öffentliche Sicherheit gefährdende Vaganten im Land dulden. Betteljuden sollten daher, wenn sie nach Stuttgart kämen, auf dem nächsten Weg zum Verlassen des Kurfürstentums gezwungen und, falls sie zurückkehrten, wie andere »vagierende Bettler« behandelt, möglichst sollten sie aber schon an den Grenzen am Eindringen nach Württemberg gehindert werden[820].

Mit dem Hinweis darauf, daß sich die Zahl der den herzoglichen Schutz genießenden Familien auf zwölf erhöht habe, schlug das Stadtoberamt Stuttgart am 22. Januar 1802 vor, einen Juden zum Vorsteher zu ernennen, der die Belange seiner Glaubensgenossen gegenüber der Obrigkeit vertrete. Dem Stadtoberamt erschien die Schaffung der Stelle eines Vorstehers oder Obmanns nach der »bürgerlichen Verfassung« geboten, da es sich bei den Juden um eine »besondere Klasse von Einwohnern« handle. Indes versprach es sich aber von einem Vorsteher vor allem verwaltungsmäßige Vorteile: Er könnte dem Oberamt »bei der Erhaltung der Ordnung« zur Hand gehen. Allgemeine Anordnungen und Publikationen brauchten nicht mehr jedem einzelnen Individuum bekanntgegeben zu werden. Der Vorsteher würde die Verantwortung für seine Glaubensgenossen übernehmen, in ihrem Kreis für die Durchsetzung polizeilicher Maßnahmen sorgen. Er könnte auch ein Auge auf die vorübergehend in der Stadt sich aufhaltenden Juden haben, damit sich diese an die gesetzlichen Auflagen und Bestimmungen hielten, und er könnte so das herrschaftliche Interesse »befördern«. Als geeignet für diesen Posten hielt das Stadtoberamt den Hoffaktor Seligmann den Älteren: Er sei ein rechtschaffener und ordnungsliebender Mann, auch »stehe er in Achtung« bei den hiesigen Judenfamilien. Die Regierung lehnte jedoch vorläufig die Ernennung eines Judenvorstehers für Stuttgart ab. Es sollte, so begründete sie ihr Votum, alles vermieden werden, was zum Schluß verleitete, die hiesigen Juden bildeten eine eigene Gemeinde oder Korporation[821].

Im Juli 1801 lebten in Stuttgart 58 Juden: 23 Frauen und Männer, 18 Kinder, acht Knechte und neun Mägde. Im Januar des folgenden Jahres bezifferte das Stadtoberamt die Zahl der hiesigen Juden auf 70. Nach einem von ihm erstatteten Bericht bezahlten die Stuttgarter Juden kein Schutzgeld. Die Herrschaft hatte lediglich bei der Annahme der einzelnen Judenfamilien eine bestimmte »Tax«, gewöhnlich 2 Goldgulden, erhoben. Die Stadt verlangte von ihnen wie von allen anderen nichtbürgerlichen Einwohnern eine jährliche Wohnsteuer von 2 fl sowie ein nach dem Vermögen gestaffeltes Wachtgeld zwischen 3 und 6 fl. Wie die Tiroler und Italiener, die hier Handel trieben, war die Wirtschaft des Judenwirts und Schächters Benedikt mit 200 fl, das Handelsunternehmen der drei Söhne des Hoffaktors Seligmann mit 2 000 fl, das der Kaullas mit 5 000 fl im Steuerkataster veranlagt. Alle anderen Juden brauchten von ihrem Handel mit alten Waren, der offenbar nur bescheidene Einnahmen erbrachte, nichts zu bezahlen[822].

König Friedrich war den Juden nicht ungünstig gesinnt. Sein Bestreben zielte auf ihre allmähliche Gleichstellung mit den christlichen Untertanen ab. Hierbei beschritt er den Weg von Einzelverordnungen. 1807 gestattete er den Juden den Gütererwerb, 1808 hob er den Leibzoll auf, 1809 erteilte er den Juden das Recht, bürgerliche Gewerbe zu betreiben und in die Zünfte einzutreten, 1812 erließ er einheitliche Bestimmungen über Schutzgeld und Aufnahmegebühr, die 1815 abgeändert wurden. Wichtig war, daß jetzt jeder einheimische Jude in Schutz genommen werden konnte, wenn er die Mittel zu seinem Fortkommen besaß. Doch war ihm die Niederlassung nur in Orten erlaubt, wo schon zuvor Juden ansässig waren[823]. Übertritten von Juden zum Christentum stand der König skeptisch gegenüber. Jedenfalls lehnte er im Juli 1803, damals noch Kurfürst, Gesuche des Aschur Abraham von Oberhausen und Jakob Alarcus von Prenzlau ab, zur evangelischen Kirche übertreten und sich taufen lassen zu dürfen. Die Motive, die ihn zu seiner Entscheidung bewogen, sind nicht bekannt. Vielleicht vermutete er bei den beiden Gesuchstellern in erster Linie wirtschaftliche Gründe[824].

Von der Möglichkeit, ein Handwerk zu erlernen, machten schon 1804/05 mindestens sieben junge Juden von hier, von Esslingen, Künsbach, Mainz und Dettensee Gebrauch. Sie ließen sich bei Stuttgarter nichtjüdischen Meistern zum Goldarbeiter, Mechaniker, Kaufmann, Goldsticker usw. ausbilden. Ein Besold Levi aus Mühringen bei Horb arbeitete als Geselle bei Schuhmacher Künzlen[825].

Die Erteilung der vollen Untertanenrechte durch König Friedrich blieb nicht das Privileg der Kaullas. Im Februar 1807 erlangte dieses Recht trotz eines ablehnenden Votums der Stadt Stuttgart der Hoffaktor Ottenheimer, im November desselben Jahres Dreyfuß, der Vorsteher der israelitischen Gemeinde Hochberg am Neckar, für sich, seine Frau und seine Kinder, im Januar 1808 die Kinder des Baruch Benedikt[826]. 1808 zählte man in Stuttgart 18 jüdische Familien mit insgesamt 109 Mitgliedern. Als einziger Jude besaß damals Hofbankier Kaulla hier ein eigenes Haus; er hatte es von dem Königlich Preußischen Gesandten von Madeweiß gekauft. Alle anderen Juden wohnten in Miete. Wie wir gehört haben, war ihnen erst jetzt der Gütererwerb und damit der Kauf eines Hauses gestattet. An ihren Steuern und Abgaben hatte sich gegenüber 1802 nichts geändert. Anstandslos zahlten der ältere Benedikt und der jüngere Seligmann die ihnen abverlangte Gewerbesteuer. Dagegen verweigerte der Hofbankier Kaulla die Entrichtung dieser Steuer. Er stellte sich auf den Standpunkt, er betreibe kein der Gewerbesteuer unterliegendes Gewerbe, er könne deshalb auch nicht zu dieser Steuer herangezogen werden. Seine Steuerrückstände waren bereits an Georgii (23. April) 1808 auf die stattliche Summe von 1802 fl 48 kr angewachsen. Der Handel der Familien Callmann Seligmann und des älteren Benedikt bestand in Juwelen, Gold- und Silberwaren. Ein Sohn dieses Benedikt führte eine Wechselhandlung. Ottenheimer und Dreyfuß betätigten sich in »Lieferungsgeschäften«, offene Läden führten sie nicht. Fremden Juden war noch immer der Handel in Stuttgart untersagt. Sie durften sich längstens drei Tage in der Stadt aufhalten und mußten in Wirtshäusern absteigen. Den hiesigen Juden war es verboten, sie zu beherbergen. Hielten Geschäfte die fremden Juden länger als drei Tage in Stuttgart fest, so hatten sie »ein lebendiges Geleit mit einem sicheren Mann« anzunehmen und zu bezahlen. Auf solche Weise sollte »unordentlichem Handel und Hausieren« vorgebeugt werden. Ihre Privatgottesdienste feierten die Stuttgarter Juden in der Wohnung Seligmanns. Ihre Kinder ließen sie durch Privatlehrer unterrichten. Einige jüdische Kinder besuchten auch das Gymnasium. Ihre Toten bestatteten sie auf den israelitischen Friedhöfen in Hochberg und Freudental[827].

Bis 1817 wuchs die Zahl der Juden in Stuttgart auf 119 an: 30 Verheiratete, fünf Witwer, drei Witwen, 60 Kinder und Jugendliche, 21 Ledige männlichen und weiblichen Geschlechts über 20 Jahre. Bei den Jugendlichen über 14 Jahren und den Ledigen unter 20 Jahren war ein Teil Dienstboten. Die reicheren jüdischen Familien hatten in der Regel mehrere Knechte und Mägde[828]. Ihre Gottesdienste hielten die Juden jetzt im Haus der Familie Kaulla, Schmale Straße 11, wo auch die Hofbank ihren Sitz hatte. Zur Gründung einer israelitischen Gemeinde kam es erst im Jahr 1832[829].

Vergehen und Verbrechen, Gerichtswesen, Strafvollzug

Die Grundlage der Strafrechtspflege im Herzogtum Württemberg bildete im 18. Jahrhundert noch immer die »Peinliche Halsgerichtsordnung Kaiser Karls V«, die »Carolina«, vom Jahr 1532. Vergehen und Verbrechen wurden durch drakonische Strafen gesühnt. Zweck der Strafen war die Abschreckung. Erst allmählich gewann unter dem Einfluß der Aufklärung der Gedanke der Besserung des Straftäters an Gewicht. Die abstoßendsten und schrecklichsten Formen der Todesstrafe wurden von den Gerichten kaum noch verhängt. Die verstümmelnden Leibesstrafen verschwanden. Freilich war der aufklärerische Wind im Strafvollzug erst seit der zweiten Hälfte des 18. Jahrhunderts spürbar[830]. Noch um 1750 verging in Stuttgart kaum ein Monat, in dem nicht einmal oder auch wiederholt das sogenannte Malefizglöcklein auf dem Herrenhaus der Bürgerschaft verkündete, daß Delinquenten vor Gericht standen, die mit Strafen an Leib und Leben rechnen mußten. Als dann 1776 das Glöcklein seinen neuen Platz auf dem Wag-Turm, auch Peinlichfrag- oder Folterturm genannt, zugewiesen erhielt, ertönte es bereits weniger oft[831]. 1758 beispielsweise wurden neun Deserteure und zwei Diebe hingerichtet, 1759 mußten erneut zwei Deserteure auf der Richtstätte sterben. 1760 wurden zwei Deserteure gehenkt, zwei Kindsmörderinnen »decolliert« (enthauptet) und fünf Angehörige der Miliz »wegen Komplotts« »arquebusiert« (erschossen)[832]. Der Stuttgarter Henker oder Nachrichter brachte nicht nur in Stuttgart ihm durch Richterspruch überantwortete Männer und Frauen zu Tode, sondern auch in anderen Amtsstädten des Herzogtums. Da er sich zugleich als Abdecker, aber auch als gefragter Wundarzt betätigte, war er ein vielbeschäftigter Mann.

Die Todesstrafe mit dem Schwert traf wie früher »Kindsmörderinnen«, in der Regel arme Mädchen und Frauen, die ihr uneheliches Kind getötet hatten, weil sie, diskriminiert und allein gelassen, keinen anderen Ausweg aus ihrer verzweifelten Notsituation sahen. 1700 mußte auf diese Weise die 20jährige Marianne Brünstler sterben, die Tochter eines Salzburger »Exulanten« (Glaubensflüchtlings) und Taglöhners. Sie war von einem Hutmacher aus »Welsch-Böhmen« (Tschechien) geschwängert worden. Der Hutmacher hatte ihr die Ehe versprochen, war dann aber in seine Heimat zurückgekehrt und hatte nichts mehr von sich hören lassen. Es war ihr gelungen, die Schwangerschaft zu verheimlichen. Das Kind, das sie auf der Bühne im Haus ihrer Eltern zur Welt brachte, hatte sie wohl durch das Abreißen der Nabelschnur verbluten lassen[833]. Auf dieselbe Art tötete 1707 die 25jährige Maria Barbara Frisäus (Friesin) aus Besigheim ihr neugeborenes Kind, dessen Vater ein in Stuttgart dienender Dragoner war. Sie hatte, obwohl wiederholt darauf angesprochen, bis zum Schluß ihre Schwangerschaft abgeleugnet und das Kind nachts um 3 Uhr unter der Stiege in ihrem Stuttgarter Diensthaus zur Welt gebracht, die Nabelschnur des Neugeborenen nicht verbunden und es so verbluten lassen. Den Leichnam hatte sie auf der Bühne »unter Kutter und Speis« versteckt, die Nachgeburt in die Kloake geschüttet. Da sie anfänglich die Tat abgestritten hatte, war sie auf Antrag der Tübinger Juristischen Fakultät der Tortur unterworfen worden. Zum Tod verurteilt, wurde sie vor dem Hauptstätter Tor »auf dem Käs« mit dem Schwert hingerichtet[834]. Dieselbe Strafe erlitt im Jahr 1718 Katharina Gatthöfer aus Hayingen (Meßkircher Amts), die als Magd in Plieningen im Dienst gewesen war. Sie hatte ihre Schwangerschaft verheimlicht, ihr neugeborenes Kind in den See hinter dem Pfarrgarten geworfen, wo die Leiche einige Tage später aufgefunden worden war. Der Vater des Kindes soll ein Jägereibediensteter gewesen sein[835]. Die Magd Christina Winkler hatte ihr neugeborenes uneheliches Kind, dessen Vater ihr Arbeitgeber, der Landkutscher Gabler, war, 1734 heimlich zur Welt gebracht und es anschließend durch Nichtabbinden der Nabelschnur unter der Bettdecke verbluten lassen. Die Leiche hatte sie in einer Schachtel unter dem Dach bei einem Sperlingsnest versteckt. Ein Jahr später wurde die Schachtel durch Zufall entdeckt. Die

Magd wurde zum Tod verurteilt und enthauptet. Der Landkutscher, dem eine Mitschuld am Tod des Kindes nicht nachgewiesen werden konnte, der aber seiner Geliebten geholfen hatte, die Leiche zu verstecken, mußte die Kosten des Prozesses tragen und wurde mit sechs Monaten Zwangsarbeit, die Hälfte in »Springen« (Fesseln), bestraft, anschließend hatte er öffentliche Kirchenpönitenz (Kirchenbuße) zu leisten[836]. Besonders tragisch mutet der Fall der 1717 wegen Kindsmords enthaupteten Agnes Eininger aus Plieningen an, die zwei Jahre zuvor durch einen Unfall ihr Augenlicht eingebüßt hatte. Sie hatte ihr neugeborenes Kind – es war ihr zweites uneheliches Kind – mit zwei Steinen, die zum Beschweren der Krautstande gedient hatten, erschlagen und die Leiche im Keller versteckt. Ihre Schwangerschaft hatte sie geheimgehalten und trotz ihrer Blindheit das Kind ohne fremde Hilfe zur Welt bringen können. Der Mann, der sie zum Geschlechtsverkehr überredet hatte, war bekannt, ging aber straffrei aus. Nach der Geburt ihres ersten unehelichen Kindes 1714 war die junge Frau mit vierwöchiger Gefängnishaft bestraft worden. Um der Schande und vor allem auch um einer verschärften Bestrafung zu entgehen, hatte sie sich zur vorsätzlichen Tötung ihres zweiten Kindes hinreißen lassen[837].

Wiederholter schwerer Diebstahl war gleichfalls mit der Todesstrafe bedroht. Zwei junge Burschen, noch keine 25 Jahre alt, hatten sich mindestens 16 schwerer Diebstähle, die sie meist während der Nacht im Schloß, in öffentlichen und privaten Gebäuden begangen hatten, schuldig gemacht. Der Oberrat hielt eine Besserung solch notorischer Langfinger für ausgeschlossen und deshalb die Todesstrafe durch den Strang für angemessen. Allerdings erschien ihm auch eine mildere Strafe vertretbar: zwei Jahre öffentliche Arbeiten, davon sechs Monate in »Springen«, anschließend Ausweisung aus Stuttgart und aus den benachbarten Ämtern. Da indes der Herzog von seinem Begnadigungsrecht keinen Gebrauch machte, mußten die beiden Diebe 1701 am Galgen sterben[838].

1712 wurde der ehemalige Bürger und Goldschmied Thomas Jeremias Sieglin von Bietigheim in Stuttgart enthauptet. Er war der wiederholten Herstellung und Verbreitung von Falschgeld überführt worden. Erstmals hatte er vor etlichen Jahren wegen dieses Delikts in Vaihingen/Enz vor Gericht gestanden, war dabei auch der Tortur unterworfen worden, hatte aber den Verdacht, die ihm zur Last gelegten Verfehlungen begangen zu haben, entkräften können. 1711 war ihm wegen desselben Verbrechens erneut der Prozeß gemacht worden. Diesmal hatte er sich einer harten Strafe zu unterwerfen: »Fustigation« (Auspeitschung) und Landesverweisung. Nach dem dritten Delikt dieser Art hatte man ihn in Wiesensteig verhaftet und nach Stuttgart ausgeliefert, wo er nach kurzem Prozeß zum Tod durch das Schwert verurteilt worden war. Wegen gebrochener Urfehde – er hatte bei der Landesverweisung schwören müssen, Württemberg zu meiden – sollten ihm vor der Enthauptung zuerst noch die drei Vorderfinger seiner rechten Hand abgehauen werden, doch war dann das Urteil in einfache Enthauptung gemildert worden. Der Delinquent hatte sich offenbar in großer wirtschaftlicher Not befunden, als er zum dritten Mal Falschgeld hergestellt und verbreitet hatte[839].

Ein wegen Diebstahls »fustigierter« und des Landes verwiesener Mann war, obwohl er sich durch eine Urfehde eidlich verpflichtet hatte, das Herzogtum nicht mehr zu betreten, zurückgekehrt und hatte weitere Diebstähle begangen. Er wurde festgenommen und nach viermonatiger Haft durch den Strang hingerichtet. Eine solche Haftzeit, während der der Delinquent Kosten in Höhe von 42 fl 31 kr verursacht hatte, war ungewöhnlich lang. Normalerweise wurde bei Straftätern, die sich todeswürdige Verbrechen hatten zuschulden kommen lassen, im Wortsinn kurzer Prozeß gemacht. Die Kosten für Unterbringung und Verpflegung sollten möglichst niedrig gehalten werden. Aber im Fall dieses Diebes hatte die Tübinger Juristenfakultät trotz des Bruchs der Urfehde im Gegensatz zum Gericht nicht auf die Todesstrafe erkennen wollen. Sie hatte als Strafe ein halbstündiges Prangerstellen, ein »Aushauen« mit Ruten sowie die Landesverweisung vorgeschlagen. Dem Delinquenten sollte außerdem ein Galgen auf den Rücken gebrannt werden. Der Herzog hatte jedoch entschieden, daß der notorische Dieb, weil bei ihm eine Besserung nicht mehr zu erwarten sei, mit dem Tod am Galgen zu bestrafen sei. Der Scharfrichter hatte übrigens für die Hinrichtung des Diebs 4 fl 35 kr in Rechnung gestellt[840].

Um Kosten zu sparen, wurde 1729 eine als Erzbetrügerin und »inkorrigible Vagantin« bezeichnete Frau, ohne daß ihr zuvor der Prozeß gemacht worden war, mit dem Schwert vom Leben zum Tod gebracht. Die Regierung meinte, im Fall der 21jährigen aus dem Kurkölnischen gebürtigen Vagantin auf ein Verfahren verzichten zu können, da für sie das Urteil ohnehin feststand. Die Mutter von zwei Kindern, von denen eines gestorben war und das andere von Verwandten erzogen wurde, war in Schussenried mit Ruten ausgehauen, auf dem Rücken mit dem Buchstaben S gebrandmarkt und aus dem Schwäbischen Kreis ausgewiesen worden. Die Urfehde, die sie hatte schwören müssen, hatte sie von einer Rückkehr in das Kreisgebiet nicht abgehalten[841]. Gleichfalls ohne Prozeß, aber nach dem »Erstehen der Tortur« wurde 1733 eine Vagantin und Taschendiebin aus Salzburg mit dem Schwert hingerichtet. Sie hatte in Stuttgart einer Bauersfrau »etwas Geld aus dem Sack« entwendet. Erkundigungen über ihr Vorleben hatten ergeben, daß sie im Bayerischen wegen Diebstahls und Vagabundierens – sie hatte zeitweise einer Diebs- und Gaunerbande angehört – bestraft und des Landes verwiesen worden war[842].

Hans Michael Frasch, der Kerzenmeister des Weberhandwerks, erstach 1727 im Streit seine Frau mit dem Degen. Da ihn seine Frau testamentarisch zum Erben eingesetzt hatte, wurde seine Tat als vorsätzlicher Mord gewertet, er mit dem Schwert hingerichtet, sein Vermögen eingezogen[843]. Auf vorsätzlicher Brandstiftung stand der Feuertod. 1731 wurde ein 18jähriger Perükkenmacherlehrling Jeckle aus Mühlhausen am Neckar dieses Delikts überführt. Er hatte zwei Brände gelegt, um im allgemeinen Durcheinander stehlen zu können. Der Fürstliche Anwalt plädierte für den »Tod durch Feuer«. Die Tübinger Juristische Fakultät hielt bei dem noch minderjährigen jungen Mann die Schwertstrafe für ausreichend. Der Herzog entschied im Sinne des Fakultätsvotums[844].

Da Frauen nicht gehängt wurden, erlitten selbst notorische Diebinnen den Tod durch das Schwert. So auch Anna Margareta Windnaglerin von Heslach 1734, die viele Diebstähle begangen und eine Urfehde gebrochen hatte. Die Delinquentin hatte ihre Hinrichtung zunächst durch das Vortäuschen einer Schwangerschaft aufzuschieben versucht. Nach der Exekution wurde ihr Leichnam in die Anatomie nach Tübingen gebracht. Dort glaubte ein Medizinprofessor bei der Untersuchung der Geschlechtsteile der Toten männlichen Samen entdeckt zu haben. Er nahm deshalb an, daß die Windnaglerin noch unmittelbar vor ihrer Hinrichtung Geschlechtsverkehr gehabt habe. Das Verhör mit den beiden Stadtknechten, die sie bewacht hatten, ergab indes dafür keine Verdachtsmomente. Die herzoglichen Leibärzte bezweifelten die Vermutung des Professors. Die Angelegenheit wurde deshalb nicht weiter verfolgt[845].

Im Jahr 1746 wurde der etwa 30 Jahre alte Jude Israel Moses aus Mannheim des Hofdiebstahls bezichtigt. Moses sollte im Fürstlichen Jägerhaus einen silbernen Vorleglöffel, zwölf silberne Tischlöffel, acht silberne Messer und sieben silberne Gabeln im Gesamtwert von 92 fl 24 kr gestohlen haben. Eine Magd hatte ihn gesehen und verfolgt. Die Diebesbeute hatte er auf der Flucht in den Graben geworfen, wo sie unversehrt hatte geborgen werden können. Bei der Festnahme beteuerte er seine Unschuld und beharrte selbst noch unter der Folter auf seiner Aussage. Man hatte, um ihn zu einem Geständnis zu veranlassen, die Tortur aller drei Grade angewendet. Dabei hatten der Scharfrichter und die beigezogenen Chirurgen durch Spuren an seinem Körper festgestellt, daß er erst drei bis vier Wochen zuvor der Tortur, und zwar nicht mit dem Mecklenburgischen Instrument wie jetzt, sondern mit dem Bamberger Instrument unterworfen worden war. Bei der Bewertung der Straftat plädierte die Hälfte der Oberräte für die Todesstrafe durch den Strang, die andere Hälfte für eine mildere Strafe: Prangerstellen, Auspeitschen und Ausweisung aus dem Schwäbischen Kreis. Der Herzog entschied für Tod durch den Strang. Erschwerend für Moses war, daß damals in der Stadt mehrere andere Diebstähle begangen worden waren und daß man ihn bezichtigte, einer Gaunerbande anzugehören. Der so schlimm Beschuldigte gab an, in seiner Jugend vom Betteln, später vom Handel mit Kurzwaren gelebt zu haben. Der Fall des Moses wurde nicht, wie üblich, der Tübinger Juristischen Fakultät vorgelegt. Es scheint, daß auch in diesem Fall auf einen förmlichen Prozeß verzichtet und daß an dem jungen Juden ein Exempel statuiert wurde. Moses hielt, und dies dürfte gleichfalls bemerkenswert sein, auch während seiner Haft an den rituellen jüdischen Speisegesetzen fest. Er nahm lediglich Brot, Bier und Wasser zu sich. Nach der Eröffnung des Todesurteils genehmigte der Herzog, daß Moses von den in Stuttgart wohnhaften Juden als Henkersmahlzeit Speisen, die sie nach ihrer Art zubereitet hatten, geliefert wurden. Beim Henkersmahl mußten ein »unverdächtiger Jude« und ein Lektor Bernhard aus Tübingen anwesend sein. Die Stuttgarter Juden hatten die Lieferung von Speisen für den Gefangenen angeboten, allerdings dachten sie hierbei zunächst nicht an die Henkersmahlzeit, sondern an eine bessere Verpflegung für Moses während der Pfingstfeiertage. Beharrlich lehnte der Todeskandidat die seelsorgerische Betreuung durch einen evangelischen Geistlichen ab. Der Herzog stimmte deshalb schließlich zu, daß ihn ein vertrauenswürdiger Jude namens Moses Levin im Beisein des Tübinger Lektors Bernhard besuchen durfte[846].

Die Hinrichtungsstätte auf der Wolframshalde mit dem eisernen und hölzernen Galgen nahe einer frequentierten Landstraße erregte zunehmend Anstoß. Am 26. März 1788 befahl ein herzogliches Dekret, das Hochgericht von hier zu entfernen und an einen abgelegenen Ort zu verlegen. Auf der Gänsheide befinde sich ein »schicklicher Allmendplatz«. Die beiden Galgen verschwanden von der Wolframshalde. Zu einer Neuaufstellung kam es aber offenbar nicht mehr. Die Hinrichtungen mit dem Strang waren selten geworden, so daß sich für sie eine eigene Richtstätte nicht mehr lohnte[847]. 1811 wurde auch der »Käs«, auf dem bis dahin vor allem die Hinrichtungen mit dem Schwert vorgenommen worden waren, abgebrochen[848]. Beim »Käs« stand noch um 1770 ein Schnappgalgen. An ihm wurden die Namen der »Malifikanten«, der Straftäter, angeschlagen, denen die Flucht aus dem Gefängnis gelungen war[849]. Hinrichtungen fanden auch weiterhin öffentlich statt, allerdings an wechselnden Orten. Ihre Zahl hatte sich inzwischen auf einen Bruchteil im Vergleich zu der ersten Hälfte des 18. Jahrhunderts vermindert. Zum Tod verurteilte Kindsmörderinnen wurden im allgemeinen zu langjährigen Zuchthausstrafen begnadigt[850]. Die übliche Hinrichtungsart war die Enthauptung mit dem Schwert. Nur bei besonders schlimmen Verbrechen wurden vereinzelt auch noch qualvollere Hinrichtungsarten bestimmt. Anfang 1804 tötete ein 18jähriger Soldat auf der Straße von Plieningen nach Bernhausen einen Bäcker durch 17 Säbelhiebe und beraubte den Toten. Der junge Raubmörder wurde von einem Kriegsgericht zum Ersatz des geraubten Geldes und zur Übernahme der gesamten Prozeßkosten verurteilt. Er selbst sollte »mit dem Rad von oben herab vom Leben zum Tod gebracht« werden, danach sollte ihm der Kopf abgeschlagen und dieser auf einen Pfahl gesteckt, der Rumpf aber auf das Rad gebunden werden. Kurfürst Friedrich bestätigte das Urteil des Kriegsgerichts. Der Stuttgarter Magistrat sah in dem Verfahren vor dem Kriegsgericht einen Eingriff in seine Gerichtsbefugnisse. Nach seiner Auffassung fielen in die Zuständigkeit von Kriegsgerichten lediglich Straftaten, die von Militärpersonen als solchen begangen wurden, nicht jedoch Verbrechen von Soldaten, die auch von Zivilisten begangen werden

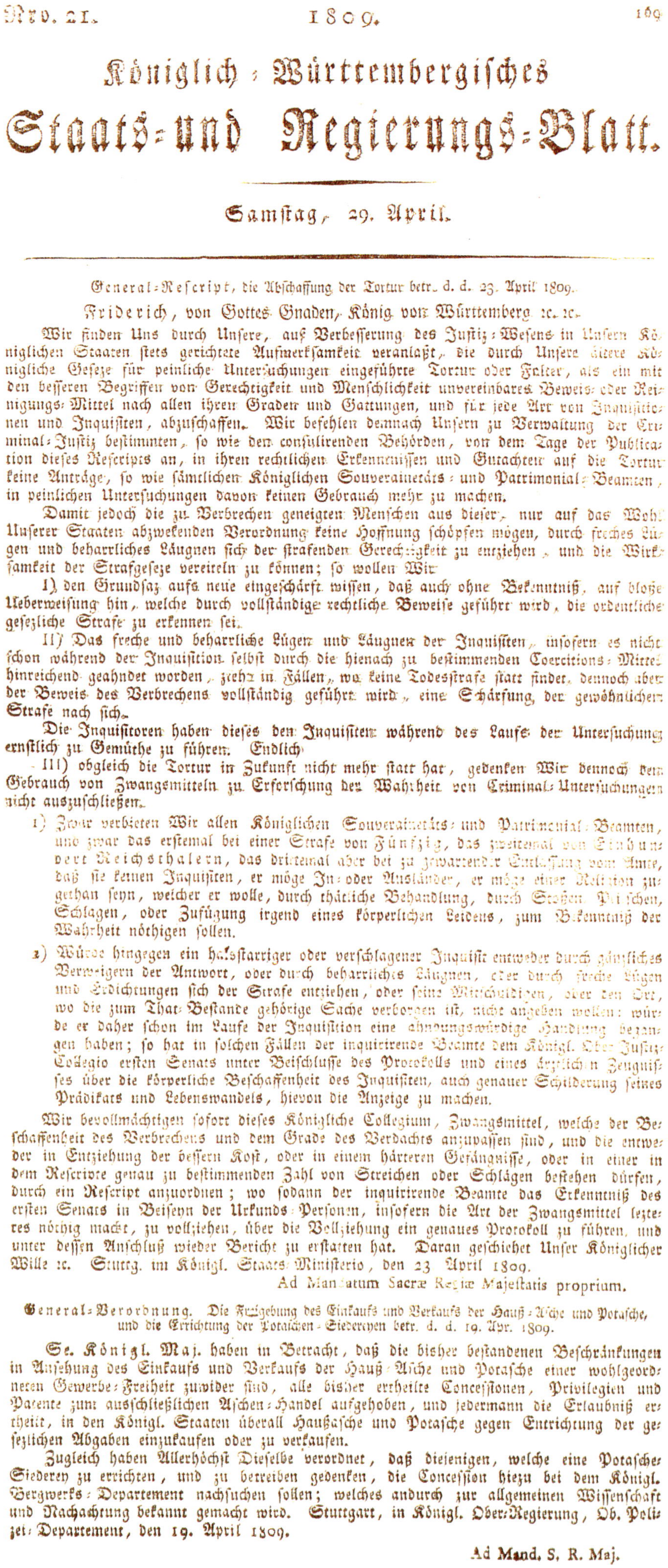

Nro. 21. 1809. 169

Königlich-Württembergisches
Staats- und Regierungs-Blatt.

Samstag, 29. April.

General-Rescript, die Abschaffung der Tortur betr. d. d. 23. April 1809.

Friderich, von Gottes Gnaden, König von Württemberg rc. rc.

Wir finden Uns durch Unsere, auf Verbesserung des Justiz-Wesens in Unsern Königlichen Staaten stets gerichtete Aufmerksamkeit veranlaßt, die durch Unsere ältere Königliche Geseze für peinliche Untersuchungen eingeführte Tortur oder Folter, als ein mit den besseren Begriffen von Gerechtigkeit und Menschlichkeit unvereinbares Beweis- oder Reinigungs-Mittel nach allen ihren Graden und Gattungen, und für jede Art von Inquisitionen und Inquisiten, abzuschaffen. Wir befehlen demnach Unsern zu Verwaltung der Criminal-Justiz bestimmten, so wie den consulirenden Behörden, von dem Tage der Publication dieses Rescripts an, in ihren rechtlichen Erkenntnissen und Gutachten auf die Tortur keine Anträge, so wie sämtlichen Königlichen Souverainetäts- und Patrimonial-Beamten, in peinlichen Untersuchungen davon keinen Gebrauch mehr zu machen.

Damit jedoch die zu Verbrechen geneigten Menschen aus dieser, nur auf das Wohl Unserer Staaten abzwekenden Verordnung keine Hoffnung schöpfen mögen, durch freches Lügen und beharrliches Läugnen sich der strafenden Gerechtigkeit zu entziehen, und die Wirksamkeit der Strafgeseze vereiteln zu können; so wollen Wir

I) den Grundsaz aufs neue eingeschärft wissen, daß auch ohne Bekenntniß, auf bloße Ueberweisung hin, welche durch vollständige rechtliche Beweise geführt wird, die ordentliche gesezliche Strafe zu erkennen sei.

II) Das freche und beharrliche Lügen und Läugnen der Inquisiten, insofern es nicht schon während der Inquisition selbst durch die hienach zu bestimmenden Coercitions-Mittel hinreichend geahndet worden, ziehe in Fällen, wo keine Todesstrafe statt findet, dennoch aber der Beweis des Verbrechens vollständig geführt wird, eine Schärfung der gewöhnlichen Strafe nach sich.

Die Inquisitoren haben dieses den Inquisiten während des Laufs der Untersuchung ernstlich zu Gemüthe zu führen. Endlich

III) obgleich die Tortur in Zukunft nicht mehr statt hat, gedenken Wir dennoch den Gebrauch von Zwangsmitteln zu Erforschung der Wahrheit von Criminal-Untersuchungen nicht auszuschließen.

1) Zwar verbieten Wir allen Königlichen Souverainetäts- und Patrimonial-Beamten, und zwar das erstemal bei einer Strafe von Fünfzig, das zweitemal von Einhundert Reichsthalern, das drittemal aber bei zu gewärtender Entlassung vom Amte, daß sie keinen Inquisiten, er möge In- oder Ausländer, er möge einer Religion zugethan seyn, welcher er wolle, durch thätliche Behandlung, durch Stoßen, Pritschen, Schlagen, oder Zufügung irgend eines körperlichen Leidens, zum Bekenntniß der Wahrheit nöthigen sollen.

2) Würde hingegen ein halsstarriger oder verschlagener Inquisit entweder durch gänzliches Verweigern der Antwort, oder durch beharrliches Läugnen, oder durch freche Lügen und Erdichtungen sich der Strafe entziehen, oder seine Mitschuldigen, oder den Ort, wo die zum That-Bestande gehörige Sache verborgen ist, nicht angeben wollen: würde er daher schon im Laufe der Inquisition eine ahndungswürdige Handlung begangen haben; so hat in solchen Fällen der inquirirende Beamte dem Königl. Ober-Justiz-Collegio ersten Senats unter Beischlusse des Protokolls und eines ärztlichen Zeugnisses über die körperliche Beschaffenheit des Inquisiten, auch genauer Schilderung seines Prädikats und Lebenswandels, hievon die Anzeige zu machen.

Wir bevollmächtigen sofort dieses Königliche Collegium, Zwangsmittel, welche der Beschaffenheit des Verbrechens und dem Grade des Verdachts anzupassen sind, und die entweder in Entziehung der bessern Kost, oder in einem härteren Gefängnisse, oder in einer in dem Rescripte genau zu bestimmenden Zahl von Streichen oder Schlägen bestehen dürfen, durch ein Rescript anzuordnen; wo sodann der inquirirende Beamte das Erkenntniß des ersten Senats in Beiseyn der Urkunds-Personen, insofern die Art der Zwangsmittel lezteres nöthig macht, zu vollziehen, über die Vollziehung ein genaues Protokoll zu führen, und unter dessen Anschluß wieder Bericht zu erstatten hat. Daran geschiehet Unser Königlicher Wille rc. Stuttg. im Königl. Staats-Ministerio, den 23 April 1809.

Ad Mandatum Sacræ Regiæ Majestatis proprium.

General-Verordnung. Die Freigebung des Einkaufs und Verkaufs der Hauß-Asche und Potasche, und die Errichtung der Potaschen-Siedereyen betr. d. d. 19. Apr. 1809.

Se. Königl. Maj. haben in Betracht, daß die bisher bestandenen Beschränkungen in Ansehung des Einkaufs und Verkaufs der Hauß-Asche und Potasche einer wohlgeordneten Gewerbe-Freiheit zuwider sind, alle bisher ertheilte Concessionen, Privilegien und Patente zum ausschließlichen Aschen-Handel aufgehoben, und jedermann die Erlaubniß ertheilt, in den Königl. Staaten überall Haußasche und Potasche gegen Entrichtung der gesezlichen Abgaben einzukaufen oder zu verkaufen.

Zugleich haben Allerhöchst Dieselbe verordnet, daß diejenigen, welche eine Potasche-Siederey zu errichten, und zu betreiben gedenken, die Concession hiezu bei dem Königl. Bergwerks-Departement nachsuchen sollen; welches andurch zur allgemeinen Wissenschaft und Nachachtung bekannt gemacht wird. Stuttgart, in Königl. Ober-Regierung, Ob. Polizei-Departement, den 19. April 1809.

Ad Mand. S. R. Maj.

konnten. Für die Aburteilung solcher Verbrechen waren die Amtsstädte zuständig. Kurfürst Friedrich überging den Protest des Magistrats. Das Todesurteil war rechtskräftig und wurde vollstreckt[851].

Neben der Todesstrafe gab es im 18. Jahrhundert eine Vielfalt anderer Strafen. Längere Haftstrafen empfanden Straftäter als sehr hart. Die meisten Gefangenen erlitten schwere Gesundheitsschädigungen, nicht wenige starben bereits in den Gefängnissen oder aber nach ihrer Freilassung an den Folgen der Haft. Schon eine zwei- bis dreijährige Zuchthausstrafe wurde beinahe auf dieselbe Stufe wie die Todesstrafe gestellt[852]. Selbst eine Untersuchungshaft konnte bereits die Hölle sein. Zum Erpressen eines Geständnisses wurden beispielsweise 1742 einem Dieb die Daumenschrauben und die Spanischen Stiefel angelegt[853]. Die Tortur war, wie wir gehört haben, ein häufig benutztes Instrument der »Wahrheitsermittlung« bei Strafprozessen; sie wurde erst 1809 abgeschafft[854].

Sehr erfinderisch war man in Stuttgart wie anderwärts bei der Ahndung von Vergehen und Verbrechen, die nicht mit dem Tod bedroht waren. Im Jahr 1700 sollte Johann David Dörner von Besigheim wegen wiederholten Diebstahls – die erste Strafe für Diebstahl hatte bei ihm auf sechs Monate Schellenwerken gelautet – vom Nachrichter eine Viertelstunde an den Pranger gestellt, dann »mit Ruten ausgehauen« und »auf ewig des Herzogtums verwiesen« werden. Doch erreichten seine Verwandten, daß er ohne »Prangerstehen« oder Berührung durch den Scharfrichter, die ihn ehrlos gemacht hätte, des Landes verwiesen wurde[855]. Milde Richter fand 1700 ein der Bigamie überführter Zimmermann aus Klein-Biberach: sechs Monate »Schaffen in herrschaftlichen Gebäuen« und Bezahlung der Unterhaltskosten während der Haft, anschließend Landesverweisung. Damit er

König Friedrich von Württemberg verfügt mit Generalreskript vom 23. April 1809 die Abschaffung der Tortur oder Folter.

weiterhin auf seinem Handwerk arbeiten konnte, war von einer entehrenden Strafe abgesehen worden. Zugute wurde ihm gehalten, daß er ein fleißiger Mann war, wogegen seine erste Frau, mit der er in Unfrieden lebte, ein sehr schlechtes Prädikat besaß. Sie hatte sich, wenn er auf seinem Handwerk auswärts arbeitete, »an andere Männer gehängt«, hatte auch von einem Mann, mit dem sie noch jetzt im Konkubinat lebte, ein Kind. Schließlich hatte sie durch die Vorlage eines gefälschten Totenscheins erreicht, daß sie mit ihrem jetzigen Geliebten getraut wurde. Welche Strafe sie für ihre offensichtlich weit schlimmeren Vergehen erhielt, läßt sich nicht feststellen. Möglicherweise wurde sie durch ein nichtwürttembergisches Gericht abgeurteilt[856]. Härter wurde im folgenden Jahr wegen desselben Delikts ein Kärcher und Beisitzer angefaßt, obwohl er einen guten Leumund hatte, sein Vergehen freiwillig bekannt und Reue bekundet hatte. Er wurde an den Pranger gestellt, ausgepeitscht und auf ewig des Landes verwiesen. Mit seiner Frau, einer Witwe mit vier Kindern, hatte er im Unfrieden gelebt. Deshalb hatte er sie verlassen und war eine Bindung an eine andere Frau eingegangen, von der er ein Kind hatte[857]. Gleichfalls an den Pranger gestellt, mit der Rute aus der Stadt hinausgeführt und auf ewig des Herzogtums verwiesen, wurde 1702 eine Diebin und Betrügerin[858]. Wer vom Scharfrichter an den Pranger gestellt und »mit Ruten ausgehauen« wurde, war hart bestraft. Er konnte lebenslang keinen Zivil- oder Militärdienst mehr annehmen und war kreditunwürdig. Auch durfte er, wie wir gehört haben, kein Handwerk mehr betreiben[859]. Diese entehrende Strafe wurde oft noch durch längeres Prangerstehen verschärft, in der Folgezeit häufig an Dieben, Betrügern usw. vollzogen.

Die Entwendung einiger Zinnteller, etlicher Ellen goldener Borten sowie eines Stückleins Taft aus den Beständen des Hofs trug einem 17jährigen Mädchen vierzehn Tage Gefängnis ein. Außerdem wurde es vier Tage in das Narrenhäuslein auf dem Marktplatz, jeweils an den Markttagen, gesperrt, das letzte Mal um den Marktbrunnen geführt, sodann aus Stadt und Amt verwiesen. Die Eltern, denen vorgehalten wurde, daß sie die Diebstähle hätten bemerken müssen, erhielten eine achttägige Turmstrafe zudiktiert[860]. Im September 1709 erschlug in der Schulgasse ein herabfallender Speiskübel den Pfullinger Boten. Dem Hausbesitzer, einem Schneider, ebenso den Maurern, die am Bau arbeiteten, sowie dem Seiler, der ein mürbes Seil geliefert hatte, wurde grobe Fahrlässigkeit zur Last gelegt. Der Schneider hatte 40 bis 50 fl in den Armenkasten, die Maurer zwei Große Frevel (je zur Hälfte der Meister und die Gesellen) und der Seiler einen Großen Frevel als Strafe zu entrichten[861]. Im September 1710 erschoß ein 13jähriger Gymnasiast mit der Pistole eines Vetters, der diese leichtsinnigerweise auf dem Ofen hatte liegen lassen, einen elfjährigen Schulkameraden. Der Gymnasiast hatte nicht gewußt, daß die Pistole, mit der er gespielt hatte, geladen war. Er wurde für vierzehn Tage in den Karzer gesperrt und erhielt während dieser Zeit lediglich Wasser und Brot, anschließend wurde er im Gymnasium »einer scharfen Kastigation« (Züchtigung) unterworfen[862].

Ein Vierteljahr zog sich die Untersuchungshaft einer Postmagd hin, die aus einer für das Militär bestimmten Postsendung Gelder entwendet hatte. Sie wurde deshalb nur noch mit zwei Monaten Haft »auf des Stadtknechts Stüblin« bestraft, wo sie für das Waisenhaus spinnen mußte[863]. 1713 äußerten sich zwei Frauen geringschätzig über die Geliebte von Herzog Eberhard Ludwig, Wilhelmine Gräfin Würben geborene von Grävenitz. Der Herzog verstand hier keinen Spaß. Beide Frauen wurden für einige Zeit eingesperrt und dann aus Stuttgart ausgewiesen: Sie hatten die Stadt »auf vier Meilen zu meiden«. Der Ehemann der einen Ausgewiesenen, ein Schneider, bat, seiner Frau die Rückkehr oder aber ihm die Ehescheidung zu erlauben. Er fand jedoch für seine Bitte kein Gehör[864]. Daß mit dem Beharren auf der Ausweisung der Frauen auch deren Familien bestraft wurden, störte den fürstlichen Gerichtsherrn offensichtlich nicht.

Die Todesstrafe für einen Zimmermann und die noch ledige Schwester seiner Frau forderte die Tübinger Juristische Fakultät wegen Inzests und Ehebruchs, die nicht ohne Folgen geblieben waren. Der Zimmermann, ein älterer Mann, war in betrunkenem Zustand allem Anschein nach von seiner schlecht beleumundeten Schwägerin verführt worden. Der Herzog ließ Gnade walten, zumal sich die Ehefrau für ihren Mann eingesetzt und gebeten hatte, das Malefizglöcklein wegen ihrer sechs unverheirateten, aber erzogenen, d. h. dem Kindesalter entwachsenen Kinder nicht zu läuten. Der Zimmermann mußte ein Jahr in Ludwigsburg öffentliche Arbeiten verrichten. Seine Schwägerin, die erst nach der Geburt ihres Kindes hätte hingerichtet werden können, wurde des Landes verwiesen. Eine längere Gefängnishaft der Delinquentin bis zur Hinrichtung nach der Geburt des Kindes hätte, so wurde ausdrücklich vermerkt, erhebliche Kosten verursacht, und diese wollte die Stadt möglichst nicht auf sich nehmen[865]. Ein Schneidergeselle, der im Januar 1720 einen Berufskameraden im Streit tötete, wurde zu acht Monaten öffentlicher Arbeit verurteilt. Ein Monat wurde ihm später nachgelassen, dagegen hatte er die mit 75 fl sehr hohen Prozeßkosten sowie die 13 fl für das Nichtläuten des Malefizglöckleins zu zahlen[866]. Einer wegen wiederholten Ehebruchs mit längerer Gefängnishaft bestraften 30jährigen Frau wurde 1724 bei der Entlassung die Todesstrafe für den Fall angedroht, daß sie sich nochmals desselben Delikts schuldig machte[867]. Im Jahr darauf erlitt eine aus Schorndorf gebürtige Frau wegen dreimaligen Ehebruchs und zweimaligen Bruchs der Urfehde die Strafe des »Fingerspitzens«. Es wurden ihr die beiden vorderen Glieder der zwei Finger, die sie zur »Abschwörung« des Meineids auf die Brust gelegt hatte, abgehauen[868].

Ein 13jähriger Junge hatte auf Anstiften seines Vaters einen schweren Hofdiebstahl begangen. Der Vater konnte entfliehen. Mutter und Sohn wurden vor Gericht gestellt. Dieses entschied, daß der Junge vom Bettelvogt kräftig gezüchtigt wurde und daß er seinen Verpflegungsaufwand während der Untersuchungshaft sowie die Prozeßkosten zu zahlen hatte. Erwogen hatte das Gericht sogar die Todesstrafe, sie aber im Hinblick auf das jugendliche Alter des Hofdiebs verworfen. Die Mutter des Jungen, die sich, obwohl sie sich zur Zeit des Diebstahls im Kindsbett befand, als Hehlerin betätigt hatte, wurde nach dem Ablegen der Urfehde aus dem Herzogtum verwiesen[869]. 1727 entwendete der Jude Abraham Moyses von Madelsheim aus einem Laden ein Seidentüchlein. Wegen dieses Bagatelldiebstahls wurde er eine halbe Stunde an den Pranger gestellt und mit einer auf den Rücken gebundenen Rute des Landes verwiesen. Die auf den Rücken gebundene Rute war übrigens eine vom Herzog verfügte Strafverschärfung[870]. Ein Küfer wurde 1728 wegen Geschlechtsverkehrs mit seiner Stieftochter zu einem Jahr »Arbeit in herrschaftlichen Gebäuden« verurteilt, die Stieftochter zu zwei Monaten Gefängnis. Der mit seiner Frau schlecht »hausende«, vorübergehend nach Wien und Preßburg entflohene Mann hatte das Vergehen seinem Beichtvater offenbart, und dieser hatte die Obrigkeit informiert[871].

Einen Einblick in die unerfreulichen Wohnverhältnisse und Lebensumstände der ärmeren Bevölkerungsschicht gibt ein 1729 abgeurteiltes Blutschandedelikt. Der Wachbieter Pistorius hatte seine 19jährige Tochter und seinen 20jährigen Sohn in demselben Bett schlafen lassen und zuletzt auch noch deren kleinen, jetzt zehnjährigen Bruder dazugelegt. Die Tochter bekam von ihrem älteren Bruder ein Kind. Als Vater gab sie zunächst einen jungen Weingärtner an. Dieser konnte aber seine Unschuld nachweisen. Die Geschwister wurden schließlich überführt. Die Tübinger Juristische Fakultät sprach sich für die Todesstrafe aus, der Herzog milderte jedoch entsprechend dem Votum der Oberräte die Strafe: öffentliche Auspeitschung (durch den Scharfrichter) und Landesverweisung. Wegen ihres sträflichen Leichtsinns mußte der Vater drei Monate öffentliche Arbeiten verrichten und die Mutter eine dreimonatige Gefängnisstrafe bei Wasser und Brot absitzen. Weil der Vater und der Sohn hatten entfliehen können, sollten an ihnen die Urteile vollstreckt werden, sobald man ihrer habhaft geworden war[872].

Ein 1729 in Stuttgart verhafteter Vagant und angeblicher Franziskanermönch wurde mit einer starken Eskorte in die Reichsfestung Kehl gebracht, um dort, in Eisen geschmiedet, bei Wasser und Brot harte Zwangsarbeit zu leisten. Er hatte wiederholt Betrügereien und Diebstähle begangen. Auch war er mit falschen Pässen und Zeugnissen angetroffen worden[873]. Eines Diebes, der zweimal die Urfehde gebrochen hatte, d. h. trotz Landesverweisung zweimal zurückgekehrt war, entledigte man sich 1730 durch die unbefristete Einkerkerung auf der Festung Hohentwiel[874]. Mit lebenslanger Festungshaft auf dem Hohentwiel mußte 1737 der ehemalige Hofkammerrat Christoph Heinrich Geuder seine »Malversation« (übles Verhalten) büßen. Ihm waren Betrügereien, Beleidigungen, Religionswechsel und andere Vergehen zur Last gelegt worden[875].

Die große Armut eines Schneiders bewog die Richter 1731, bei ihm und seiner Frau von der an sich verwirkten schimpflichen Strafe wegen eines freilich geringen Hofdiebstahls abzusehen, weil der Mann sonst auf seinem Handwerk nicht mehr hätte arbeiten dürfen. Nachdem er schon sechs Monate in Untersuchungshaft gesessen hatte, wurde er noch zu acht Monaten Zwangsarbeit auf dem Hohenasperg verurteilt[876]. Wegen eines geringen Vergehens, eigentlich eines Lausbubenstreichs, mißhandelte ein Hofwächter 1737 einen 20jährigen Küchenjungen so übel, daß dieser sieben Wochen später an den Folgen starb. Die Geldstrafe von 50 fl an das Zucht- und Arbeitshaus Ludwigsburg sowie die ihm auferlegte Bezahlung des größten Teils der Prozeßkosten[877] trafen den sicher in bescheidenen Vermögensverhältnissen lebenden Hofwächter zwar hart, waren aber im Vergleich zu der Strafe, die eine Magd wegen Kindesmißhandlung erhielt, eine milde Sühne. Die Magd hatte nachts ein uneheliches Kind – es war ihr zweites uneheliches Kind – im Haus ihres Meisters zur Welt gebracht und es bereits kurz nach der Geburt bis zum Hals in einen Misthaufen eingegraben, damit es warm bleibe. Ein Fuhrmann hörte den Säugling schreien und befreite ihn mit Hilfe seiner Frau und einer Nachbarin aus seiner schlimmen Lage. Die Magd gab an, sie habe das Kind eingegraben, um es am Morgen zu ihrer auswärts wohnenden Mutter zu bringen. Eine Tötungsabsicht konnte ihr nicht nachgewiesen werden, doch hatte sie höchst leichtsinnig gehandelt, weil der Säugling in der kalten Nacht trotz des Eingrabens in den Mist hätte erfrieren können. Sie wurde ins Zuchthaus Ludwigsburg eingeliefert und mußte dort bis zu einer späteren Begnadigung mit harter Arbeit beschäftigt werden, außerdem wurde ihr ein »gedoppelter Willkomm« bereitet, d. h., sie erhielt die doppelte Zahl der bei der Einlieferung von Gefangenen üblichen Stockschläge bzw. Rutenstreiche[878]. Der gewöhnliche »Willkomm und Abschied« (jeweils eine bestimmte Zahl von Stockstreichen bei der Einlieferung und bei der Entlassung) wurden einem Schneider und einem Bäcker zuteil, die wegen »Asotie und vertuerischen Wesens« sechs Wochen Zuchthaus bekamen. Den beiden Männern konnte kein bestimmtes Vergehen nachgewiesen werden, sie hatten sich lediglich schlecht aufgeführt sowie mit Trinken und Spielen ihr Vermögen durchgebracht[879].

Ein Martyrium war für einen 19jährigen Hofdiener (Lakai-Jungen) bereits die Untersuchungshaft. Der junge Mann hatte 1740 auf dem Tanzboden mit einem Hirschfänger einen Dreher in einem Streit lebensgefährlich, glücklicherweise jedoch nicht tödlich verletzt. Er wurde auf die Hauptwache gebracht und »kreuzweis geschlossen«, und er blieb während der elfwöchigen Untersuchungshaft so hart gefesselt. Kurz vor dem Antritt der ihm als Sühne auferlegten sechsmonatigen Arbeitsstrafe auf dem Hohenasperg war er nach einem Bericht von Oberst von Bernstein derart von Ungeziefer befallen, daß die mit seiner Bewachung betrauten Soldaten beinahe nicht mehr um ihn sein konnten. Der Oberst befürchtete, daß die gesamte

Garnison von dieser Plage angesteckt würde. Er bat deshalb dringend, den »Kerl« anderswohin zu bringen und die Soldaten von ihm zu erlösen[880].

Wegen Bigamie wurde ein unstet umherziehender angeblicher Zahnarzt und Bruchschneider 1741 zu zehn Jahren Zuchthaus verurteilt. Der Vagant, der mehrmals die Konfession gewechselt hatte, wäre der Todesstrafe verfallen gewesen, hätte seine Ehefrau nicht durch ihr Erscheinen im letzten Augenblick die von ihm betriebene zweite Eheschließung verhindert. Da er sich aber schon zuvor mehrmals mit seiner Geliebten »fleischlich vermischt« hatte, wollten ihn die Oberräte vor Antritt seiner Zuchthausstrafe auf dem Richtplatz »die Todesangst erstehen lassen«, er sollte also zur Richtstätte geführt und dort unmittelbar vor der Hinrichtung begnadigt werden. Der Herzog-Administrator lehnte aber diese grausame Prozedur ab[881].

Die überhandnehmenden Diebstähle in Stuttgart veranlaßten die Regierung Anfang September 1743 zu drakonischen Maßnahmen. Nach einer öffentlich angeschlagenen und im Stuttgarter Wochenblatt publizierten Bekanntmachung sollte künftig »jeder mit erschwerenden Umständen verknüpfte Diebstahl«, besonders bei Nacht, mit einer »der Todesstrafe nahekommenden Leibesstrafe« geahndet und im Wiederholungsfall mit dem Tod selbst bestraft werden. Helfershelfer und Hehler hatten mit denselben Strafen zu rechnen. Die Patrouillen erhielten die Anweisung, auf flüchtige Diebe zu schießen, sie bis in die Häuser zu verfolgen und dort Durchsuchungen vorzunehmen. Wer einen Dieb bei Nacht in seinem Garten oder Haus traf, durfte ihn töten. Eine Belohnung von 40 bis 100 Reichstalern war für Einwohner ausgesetzt, die Residenzdiebe anzeigten oder einlieferten[882]. Am 29. April 1782 wurde die Bekanntmachung wiederholt, ihre Bestimmungen verschärft. Ein Diebstahl, der einen Schaden von mehr als 5 Dukaten verursachte, konnte ebenso wie ein wiederholter Diebstahl mit dem Tod bestraft werden[883]. 1710 war in Verbindung mit einem Waisenhaus in Stuttgart ein Zuchthaus gegründet worden. Es hatte vornehmlich polizeiliche Aufgaben. Die der Zuchthausverwaltung übergebenen »ungeratenen Kinder, Verächter göttlichen Worts, Faulenzer, Trunkenbolde, Spieler und üble Haushälter, inkorrigible boshafte Eheleute, prostibula [Dirnen], unbändige Knechte und Mägde« sollten durch körperliche Züchtigung und harte Arbeit auf den rechten Weg gebracht werden. Nach der Errichtung des Zucht- und Arbeitshauses Ludwigsburg 1736 übernahm dieses die polizeilichen Funktionen des Stuttgarter Zuchthauses, das nunmehr auf seine Zweckbestimmung als Waisenhaus beschränkt wurde[884]. Der Schuhmacher Scheerer war bereits wegen seiner »esoterischen« Lebensweise wiederholt bei Wasser und Brot »eingetürmt« gewesen, ohne daß dies etwas gefruchtet hätte. Im Juni 1782 verfügte deshalb Herzog Carl Eugen auf Antrag des Geheimen Rats für die Dauer von drei Monaten seine Einweisung in das Ludwigsburger Zuchthaus. Allein, nach seiner Freilassung trieb er sich tagsüber weiterhin in Wirtshäusern herum, schlug nachts bei seiner Rückkehr Frau und Kinder, drohte ihnen gar mit Umbringen. Die Nachbarschaft fühlte sich durch das skandalöse Verhalten des Schuhmachers sehr beschwert. Anfang Dezember 1783 wurde Scheerer daher auf unbestimmte Zeit in das Ludwigsburger Zuchthaus eingewiesen, aus dem er erst Anfang Februar 1785 zur Bewährung entlassen wurde[885]. Im Dezember 1784 sollte ein junger Mann wegen »tätlicher« Mißhandlung der Stiefmutter und des leiblichen Vaters für vierzehn Tage ins Zuchthaus gesperrt werden. Auf seine Bitte erreichte der Übeltäter, daß die Zuchthausstrafe in eine Geldstrafe von drei Kleinen Freveln umgewandelt wurde[886]. König Friedrich mißfiel, daß in Stuttgart das Dirnenunwesen den Sicherheitsorganen zunehmend mehr zu schaffen machte. Durch strenge Maßnahmen suchte er gegenzusteuern. Im Januar 1815 wurde verfügt, daß »eine solche Weibsperson« beim ersten Unzuchtsfall für zwei Monate, beim zweiten Unzuchtsfall für sechs Monate, beim dritten für ein Jahr im Ludwigsburger Zuchthaus inhaftiert werden sollte. Hierbei durfte keine Rücksicht darauf genommen werden, ob sich die betreffende Dirne »angesteckt« hatte, also geschlechtskrank war, oder nicht. In jedem Fall mußte sie nach ihrer Heilung nach Ludwigsburg gebracht werden. Wenn sie nach ihrer Entlassung aus dem Zuchthaus nicht nachweisen konnte, wie sie ihren Lebensunterhalt verdiente, war sie bis zur »erprobten Besserung« in einem Arbeitshaus festzuhalten[887].

Neben den Zuchthäusern hatten auch Landesfestungen die Funktion von Besserungsanstalten, so vor allem für Angehörige des gehobenen Bürgertums und der Beamtenschaft. 1769 beispielsweise beantragte Hofrat Johann Franz Grüneisen, seinen Sohn eine Zeitlang auf der Festung Hohenneuffen zu inhaftieren. Bei dem jungen Mann hatte nach Aussage des Vaters bislang kein Erziehungsmittel bewirkt, ihn von seinem schlechten Lebenswandel abzubringen. Herzog Carl Eugen genehmigte den Antrag und wies den Festungskommandanten an, dem jungen Grüneisen bei der Einlieferung zu sagen, er solle die väterliche Züchtigung mit Geduld annehmen und sie sich ein für allemal zur wirksamen Besserung dienen lassen, weil sonst die Herrschaft mit »weit empfindlicheren Korrektionsmitteln« gegen ihn vorgehen werde[888].

Im Jahr 1734 wurde erwogen, nach dem Vorbild anderer Städte zur Bestrafung geringer Vergehen neben dem Pranger eine sogenannte Schandbühne zu errichten[889]. Neun Jahre später erstellte dann Stuttgart eine solche Schandbühne. Sie sollte neben dem Gießübel zur Abstrafung von Felddiebstählen und anderen kleinen Delikten dienen. Zuvor hatte man dafür eine Schranne benutzt, auf die solche Übeltäter gestellt wurden[890]. Mit dem Gießübel, einer Art unfreiwilligem Bad in dem nicht gerade sauberen Wasser des Nesenbachs, sollte noch 1779 ein Felddieb bestraft werden, doch wurde die Strafe dann in eine Geldbuße, einen Großen Frevel, umgewandelt[891]. In das Narrenhäuslein, von dem schon wiederholt die Rede war, sperrte man widerspenstige Leute, »Nachtschwärmer«, junge Burschen, die allerhand Unfug verübt hatten, usw.;

es war ein Anbau am Herrenhaus und wurde ebenso wie der Pranger, der sich an der Mauer des Herrenhauses befand, 1821 abgebrochen[892].

1795 wurde dem Hospital ein Zwangsarbeitshaus angegliedert. Diese neue Einrichtung hatte die Zweckbestimmung, Straßenbettler, Müßiggänger, Dirnen, aber auch Arme, die in der Stadt keinen Verdienst fanden, zur Arbeit anzuhalten. Diese bestand im Spinnen von Baum- und Schafwolle sowie von Hanf. Von dem zwischen 48 kr und 1 fl 12 kr liegenden Wochenverdienst konnten die einzelnen den größten Teil ihrer Verpflegungskosten bestreiten. Um 1815 betrug die Zahl der Insassen zwischen 50 und 60. Von Georgii 1812 bis Georgii 1813 wurden in dem Haus 404 Bettler, Dirnen und Müßiggänger eingeliefert, die dort kürzere oder auch längere Zeit verweilen mußten. Die meisten von ihnen waren von den die Straßen der Stadt überwachenden Polizeidienern aufgegriffen worden. Die Leitung des Zwangsarbeitshauses schied die Zwangseingewiesenen von den Armen, die freiwillig kamen, um hier mit ihrer Hände Arbeit einen bescheidenen Verdienst zu erlangen. Indes konnte die seit 1795 bestehende Anstalt den Gassenbettel lediglich eindämmen, keineswegs aber beseitigen[893].

1814 waren die städtischen Gefängnisse in zwei Gebäuden untergebracht. Das eine Gefängnis befand sich neben der Polizei in der Calwer Straße. In ihm wurden Frauen sowie Polizeigefangene und »weniger gefährliche Verbrecher« verwahrt. Es bestand aus drei heizbaren Zimmern, die erst einige Jahre zuvor eingerichtet worden waren. Jedes Zimmer war »übertüncht«, besaß eine doppelte Tür, einen »gebundenen Ofen« sowie eine »dreischläfrige Bettstelle« (ein Bett für drei Personen). Im mittleren Stock, in dem diese Zimmer lagen, hatte auch der Gefangenenwärter, der zugleich der »Kostgeber« war, seine Wohnung. Darüber befand sich die Polizeiwache, im Erdgeschoß ein Pferdestall für die dort stationierte Gendarmerie. Die an der ehemaligen Stadtmauer gelegene zweite Haftanstalt war bereits als Gefängnis erbaut worden. Der oberste Haftraum, der sogenannte Bürgerturm, war 9 Fuß hoch, 10 Schuh lang und 7 Schuh breit. Eine dreischläfrige Bettstelle und ein Ofen füllten das Zimmer größtenteils aus. Die Gefangenen hatten recht eingeschränkte Bewegungsmöglichkeiten. Die nach Osten und Westen gerichteten Fenster ließen hinlänglich Licht und Luft zu. Ein Gemach mittlerer Größe bildete im mittleren Stockwerk der sogenannte Bauernturm. Er war mit einem Ofen sowie mit einem 4 Fuß hohen und 3 Fuß breiten Fenster versehen, das durch einen 6 Fuß langen, kegelförmig sich verengenden, doppelt vergitterten Kanal gegen Westen dem Raum sparsam Luft zuführte. Ausgestattet war der Raum mit zwei zweischläfrigen Betten. Die Bewegungsmöglichkeiten für die dort einsitzenden Gefangenen waren gleichfalls stark eingeengt. Unter dieser Zelle lag der sogenannte Smolenskische Turm (er hatte seinen Namen von einem Gefangenen), eine Art massiv gebautes Gewölbe, in der Mitte etwa 9 Fuß hoch. Am Ende eines durch ein 9 Schuh 3 Zoll dickes Gemäuer konisch zulaufenden Kanals befand sich eine vergitterte Fensteröffnung. Das Mobiliar bestand aus einem »gebundenen Ofen« und einer zweischläfrigen Bettstelle. Unter dem Smolenskischen Turm lag der sogenannte Backofen (nach seiner Form so genannt). Zu diesem Gefängnis führte ein 8 Schuh langer und nur 5½ Schuh hoher schmaler steinerner Gang. Den sparsamen Zutritt von Licht und Luft ermöglichte die doppelt vergitterte Fensteröffnung durch einen 10 bis 12 Schuh langen kegelförmigen Kanal. Der leere Raum wurde in früherer Zeit offensichtlich zur Erpressung von Geständnissen und als Verwahrort für Arrestanten benutzt. Die drei zuletzt genannten Hafträume boten hinreichend Sicherheit und waren nach damaligem sachkundigem Urteil auch für die Gesundheit der Gefangenen nicht nachteilig, wenn die erforderliche Reinlichkeit beachtet wurde. Ein Sicherheitsproblem bildete die häufige Überfüllung der Hafträume. Der Bau neuer Gefängnisse erschien dringend notwendig[894].

Krankheiten und Seuchen, medizinische Versorgung der Bevölkerung

Krankheiten und Seuchen

Von Epidemien und Seuchen sowie von den zahlreichen Opfern, die sie forderten, ebenso von den häufigsten Todesursachen war bereits im Kapitel »Bevölkerungsentwicklung« die Rede[895]. Deshalb können wir uns hier mit knappen Ergänzungen begnügen. Im Jahr 1713 drohte vom Osten her letztmals die Pest; sie drang bis Regensburg vor. In Stuttgart traf man vorbeugende Maßnahmen. Man stattete das Lazarett zur Aufnahme der Pestkranken mit den notwendigsten Utensilien aus und errichtete im Wirtshaus »Sieh-dich-für« bei der Ziegelhütte am Fuß der Weinsteige eine Quarantänestation, in die alle aus »verdächtigen Orten« kommenden Personen zunächst zur medizinischen Überwachung eingewiesen werden sollten, ehe sie die Stadt betreten durften[896]. Glücklicherweise schwand die Pestgefahr rasch, die Vorsorgemaßnahmen konnten rückgängig gemacht werden.

Die schlimmste Seuche im 18. Jahrhundert waren, wie wir schon gehört haben, die Pocken. Zwischen 1750 und 1803 suchten sie Stuttgart mindestens zwölfmal heim. 1796 erlagen dieser Seuche allein 268 Einwohner[897]. Die um 1800 eingeführte Schutzimpfung bewirkte, daß die Pocken ihren Schrecken verloren und daß im Lauf der folgenden Jahrzehnte die Zahl ihrer Opfer auf ein Minimum absank[898]. In ihrem 1815 erschienenen »Versuch einer medizinischen Topographie« Stuttgarts machten G. Cless und G. Schübler zu den damals häufigsten Krankheiten auf verläßlichen Erhebungen beruhende Angaben[899]. Sie stellten fest: Obwohl die Zahl der an Schwindsucht und Auszehrung Sterbenden noch immer sehr hoch liege, sei sie doch in letzter Zeit geringer geworden. Dagegen nehme die Zahl der an Wassersucht Sterbenden zu; dieser Krankheit erlägen mehr Frauen als Männer. Die Todesfälle an Stick- und Schlagfluß gingen leicht zurück, die Todesfälle an Gelbsucht verminderten sich zunehmend.

Andererseits sei bei den an Brustkrampf Sterbenden ein zahlenmäßiger Anstieg zu beobachten. Sehr verbreitet seien Hämorrhoidalleiden, und dies namentlich »bei den Ständen mit sitzender Lebensart«. Der übermäßige Wein- und Kaffeegenuß begünstige diese Leiden sehr. In Verbindung mit den »Hämorrhoiden« stehe häufig die Arthritis. Das eigentliche Podagra sei seltener als die allgemeine Gicht. Geschlechtskrankheiten gehörten zu den wenig verbreiteten Leiden. Unter den Ausschlagskrankheiten nähmen Krätze und Flechten die erste Stelle ein. Weil diese im allgemeinen mit Salbe von Schweinefett und Schwefelblumen behandelt würden, entstehe viel Schimmes. Das unvorsichtige Heilen von Krätze habe oft »Nervenkrankheiten, hartnäckige Hysterie, Epilepsie und Manie« zur Folge. Manche Menschen gingen an diesen Krankheiten zugrunde oder trügen bleibende körperliche Schäden davon. Nicht selten sei die Skorbutische Diathesis; sie trete besonders häufig bei den in feuchten, dumpfen Wohnungen lebenden Armen auf. Am meisten beschäftigten die Ärzte hypochondrische Beschwerden, die beim männlichen Geschlecht zu den langwierigsten chronischen Übeln gehörten. Frauen seien sehr viel krankheitsanfälliger als Männer. Auf einen kranken Mann kämen vier bis fünf Frauen. Die häufigsten Frauenleiden seien chronische Nervenübel, Hysterie, Magen- und Menstruationsbeschwerden sowie weißer Fluß. Verschiedene Krankheiten hätten ihre Ursache in verhinderter oder gestörter Hautausdünstung infolge unzweckmäßiger Kleidung. Wenn sich manche Frauenleiden als besonders hartnäckig erwiesen, so liege dies hauptsächlich an den Behandlungsmethoden. Beispielsweise würde den vielen Nervenkranken oft bloß eine Palliativbehandlung zuteil, die für kurze Zeit die lästigsten Symptome unterdrücke, eine völlige Heilung aber zunehmend schwieriger, zuletzt unmöglich mache. Eine Frau, die an hysterischen Krämpfen gelitten habe, habe auf Anraten ihres Arztes über 60 Kolben Baldrianaufguß ausgetrunken, ohne daß eine Besserung eingetreten sei. Dabei hätte sie durch »einige und zwanzig« warme Bäder, wie sie im Königsbad angeboten würden, völlig geheilt werden können. Die häufigste Krankheit vor allem bei Frauen höherer Stände sei der Bewegungsmangel. Viele Frauen aus dem Bürgertum, die es zu einem gewissen Wohlstand gebracht hätten, blieben den ganzen Tag in ihrem Lehnstuhl sitzen und nähmen dazu in einem Maß Nahrung auf, als würden sie harte körperliche Arbeit leisten. Das Ergebnis sei ein »ungesundes Dickwerden«. Auch die Kinderkrankheiten würden durch eine unvernünftige Ernährung begünstigt. Die Kinder der ärmeren Bevölkerungsklassen litten vielfach an Skrofeln und Rachitis, doch seien diese Krankheiten auch bei Kindern der höheren Stände nicht selten. Bei den Armen bilde vor allem die schlechte Kost, namentlich die einseitige Ernährung mit Kartoffeln, die Ursache für Rachitis und Skrofeln.

Wie wir gehört haben, bemühten sich Regierung und Stadtverwaltung unentwegt, allerdings ohne großen Erfolg, die hygienischen Verhältnisse zu verbessern und die Einwohnerschaft zu mehr Umweltbewußtsein zu erziehen. Gleichzeitig suchten sie mögliche Gefahren für die Volksgesundheit zu beseitigen. Eine solche sahen sie in Friedhöfen in dicht bebauten Wohngebieten. Nachdem bereits im Jahr 1700 die Bestattungen in den Kirchen abgestellt worden waren[900], wurde 1746 der Friedhof bei der Hospitalkirche, 1799/1805 der bei der St. Leonhardskirche aufgehoben bzw. geschlossen. Auf dem sogenannten Mittleren Spitalfriedhof auf dem Bollwerk erfolgte 1808 die letzte Bestattung[901]. Nach einer Anordnung von König Friedrich vom 6. Oktober jenes Jahres mußten Friedhöfe außerhalb der Ortschaften angelegt werden. 1814 verfügte Stuttgart über zwei Friedhöfe: den Lazarett- und den Hoppenlaufriedhof. Die meisten Toten fanden damals ihre letzte Ruhestätte auf dem kurz zuvor erweiterten Hoppenlaufriedhof. Geklagt wurde, daß die Grabsteine, deren Zahl von Jahr zu Jahr anwachse, viel Platz wegnähmen und daß sie neben der mit der Bevölkerungszunahme ansteigenden Sterblichkeit immer wieder Friedhofserweiterungen erforderlich machten. Für die Beerdigungen gab es genaue Vorschriften: Kein Toter durfte vor Ablauf von zweimal 24 Stunden bestattet werden, es sei denn, der Arzt bezeugte die Notwendigkeit einer früheren Beerdigung. Die Gräber mußten 6 Schuh tief ausgehoben werden. Geplant waren die Errichtung von Leichenhäusern, um das Begraben von Scheintoten zu vermeiden, sowie die Einführung der Totenschau. Die Medizinalsektion hatte bereits die entsprechenden Vorschläge unterbreitet[902]. 1786 erhielt Heslach einen Friedhof an der späteren Böblinger Straße[903].

Der Hoppenlaufriedhof im Jahr 1902.

Ärzte

Von 1708 bis 1710 wirkte in Stuttgart als Stadtarzt Dr. Rosinus Lentilius. Er hatte einen großen Zulauf und war zu seiner Zeit der angesehenste Arzt der Stadt. Er nahm sich seiner Patienten nicht nur medizinisch an, sondern gab ihnen auch menschlichen Beistand. Seine Nachfolger waren Eberhard

Jakob Böhm (gestorben 1721) und Peter Abraham Titot aus Mömpelgard[904]. Im Dienst verlor Dr. Orth, der zweite Stadt- und Amtsphysikus, am 4. Dezember 1733 sein Leben. Beim Besuch des städtischen Krankenhauses (vermutlich des Siechenhauses) entriß ihm ein Geisteskranker den Degen – Ärzte trugen damals Degen – und stieß ihm diesen in die Brust[905].

Dr. med. Rosinus Lentilius (1657–1733), Physikus in Crailsheim und Nördlingen, Stadtarzt in Stuttgart, 1713 Leibarzt des Erbprinzen Friedrich Ludwig von Württemberg.

Eine Stuttgarter Ärztedynastie begründete der 1658 in Gadebusch in Mecklenburg geborene Barbier Heinrich Riecke. Der handwerklich ausgebildete Chirurg zweiter Klasse erwarb 1685 das hiesige Bürgerrecht und eröffnete in der Stadt eine Wundarztpraxis. Sein Sohn Viktor Heinrich Riecke (1697–1755) lernte gleichfalls das Wundarzthandwerk und begab sich anschließend

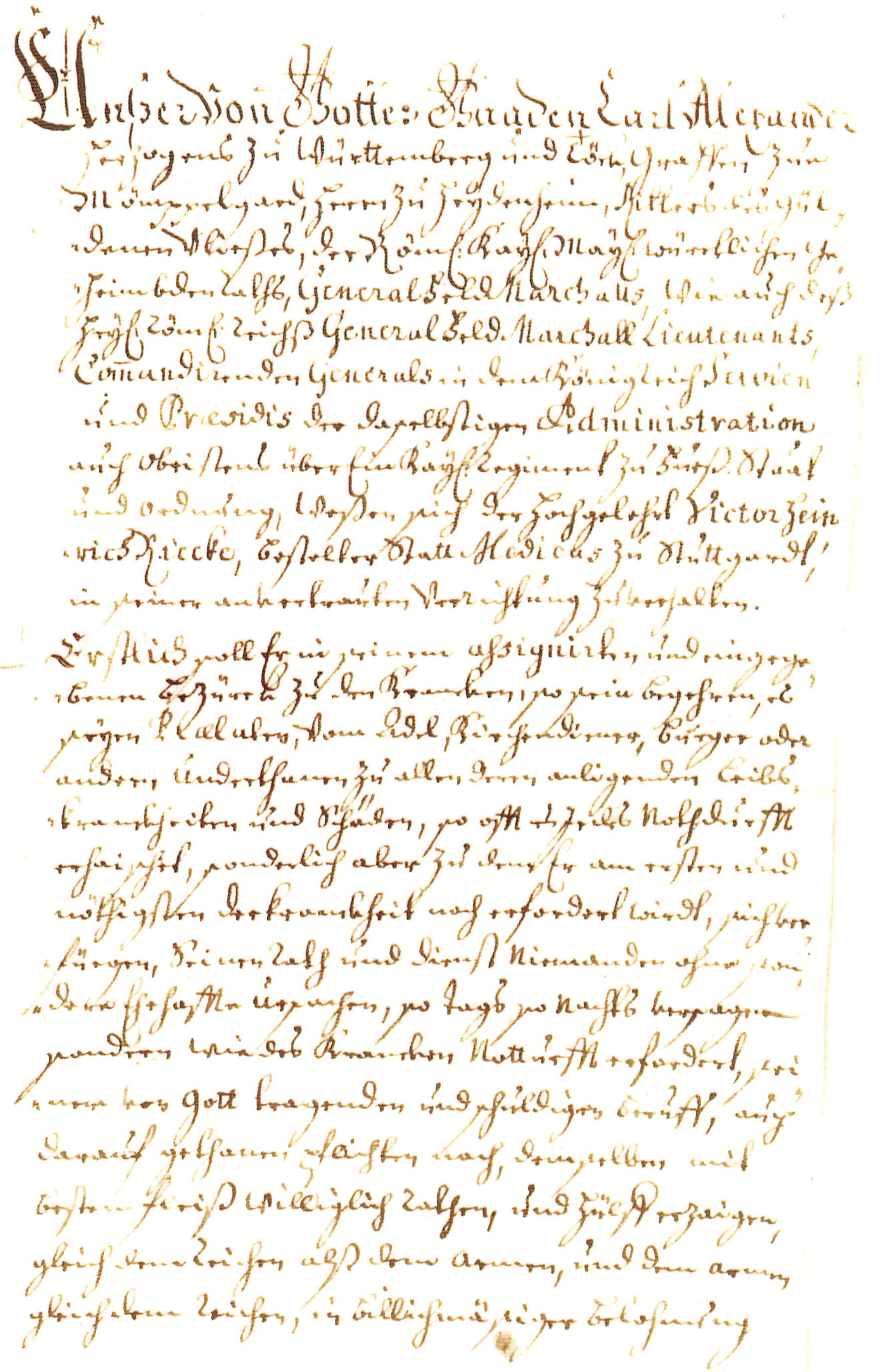

Dienstauftrag des 1734 neubestellten Stuttgarter »Stadt-Medicus« Victor Heinrich Riecke.

auf die Wanderschaft. In Halle studierte er ein halbes Jahr, setzte dann seine Wanderschaft fort. 1721 heuerte er als Schiffschirurg auf einem holländischen Walfangschiff an und machte eine Grönlandfahrt mit. Anschließend studierte er in Paris Medizin. Als wohlbestallter Doktor der Medizin kehrte er 1724 in die Heimat zurück. Eine erfolgreich durchgeführte Steinoperation trug ihm die Ernennung zum Hoflithotom [(Blasen-) Steinschneider] und Hofmedikus ein. 1734 wurde er zweiter Stadt- und Amtsphysikus, 1740 erster. Außerdem bekleidete er das Amt des »Physikus ordinarius« des Klosters Denkendorf, vorübergehend besorgte er auch das Physikat Cannstatt. Viktor Heinrich Riecke erwarb sich hervorragende Verdienste auf dem Gebiet der Geburtshilfe und der Hebung des Hebammenwesens. Hier trat er auch schriftstellerisch hervor. Zu seinen privaten Liebhabereien zählten der Obst- und Weinbau, deren Verbesserung ihm sehr am Herzen lag. In seinem vor dem Büchsentor gelegenen Garten veredelte er einen Teil der Obstbäume selbst[906].

»Der Staat und Eid« Viktor Heinrich Rieckes in seiner Eigenschaft als neuernannter Stuttgarter Stadtmedikus von 1734 ist überliefert[907]. Diese Bestallungsurkunde schrieb Riecke vor, in seinem Bezirk die Kranken jeden Standes und Ranges medizinisch zu betreuen. Die Kurkosten für mittellose Arme hatte das Spital, der Kastenpfleger oder der gemeine Flecken zu übernehmen. Ferner mußte Riecke die Apotheken beaufsichtigen, sich um die Annahme und Ausbildung der Apothekenlehrlinge kümmern. Die Stadt durfte er »in seinen eigenen Geschäften« nur mit Vorwissen oder Erlaubnis des Amtmanns oder Bürgermeisters verlassen. Wurde er zu einem Kranken außerhalb der Stadt gerufen, hatte er dies seinem Kollegen oder dem Apotheker mitzuteilen, damit man stets wußte, wo man ihn notfalls erreichen konnte. Als jährliche Besoldung erhielt er vom Kirchenkasten 25 fl, 6 Scheffel Dinkel, 1 Scheffel Hafer und 1 Eimer Wein. Zusammen mit seinem Kollegen oblag ihm die medizinische Betreuung des Spitals, des Siechen- und Seelhauses sowie des Lazaretts.

Ludwig Heinrich Riecke (1729–1787) trat beruflich in die Fußstapfen des Vaters. An den Besuch des Gymnasiums und eine dreijährige Lehre bei Stadtchirurg Johann David August schloß sich ein breit angelegtes Studium mit Schwerpunkt Medizin in Tübingen (3 1/2 Jahre), Straßburg (1/2 Jahr), Paris (1 1/2 Jahre) und Göttingen (1/2 Jahr) an. In Paris praktizierte Riecke im Hotel Dieu und in der Charité. Sein besonderes Interesse galt der Anatomie; er führte auch chirurgische Operationen durch. Im Dezember 1753 erwarb er in Tübingen den Doktorgrad der Medizin. Nachdem er 1754 die Genehmigung zu einer freien Praxis in Stuttgart erlangt hatte, wurde er für dieselbe Besoldung wie sein Vater 21 Jahre zuvor zweiter Stadt- und Amtsphysikus. 1760 avancierte er zum ersten Stadt- und Amtsphysikus sowie zum Mitglied der Sanitätsdeputation. Seine freie Praxis behielt er daneben bei. Während der Grippeepidemie 1782 erzielte Riecke bemerkenswerte Erfolge. Von den 300 Kranken, die er im Waisenhaus, im Lazarett und im Spital sowie in der Stadt zu betreuen hatte, starben lediglich vier, wogegen von den insgesamt 2 000 erkrankten Personen 150 bis 160 der Seuche erlagen. Er und der Leibmedikus Reuß, der gleichfalls sehr wirksam die Epidemie bekämpfte, begannen die Kur stets mit einem Vomativ (Brechmittel), das dic anderen Ärzte sehr skeptisch beurteilten und erst dann anwandten, nachdem sie die günstigen Resultate der beiden Kollegen sahen.

1785 berief Herzog Carl Eugen Ludwig Heinrich Riecke auf den Lehrstuhl für Geburtshilfe an der Hohen Carlsschule. Riecke verfügte über eine ausgeprägt didaktisch-pädagogische Begabung. Bereits 1753 hatte er in Stuttgart einen Unterrichtskurs in Anatomie, Knochen- und Verbandslehre für Chirurgie eröffnet. Einer seiner Schüler war der nachmalige Leibmedikus Christian Klein. Im »Schwäbischen Merkur« wurde 1786 seine Schule für Geburtshelfer empfohlen. Riecke unterhielt diese erste »öffentliche gemeine Kindsbetterschule« in Stuttgart in der Oberen Kaserne. Dort hatten vor allem Soldatenfrauen die Möglichkeit, ihre Kinder mit ärztlicher Hilfe zur Welt zu bringen. Zuvor schon hatte Riecke im Seel- und Armenhaus eine »Kindsbetterstube« für ledige, arme und vagierende Mädchen und Frauen eingerichtet. Medizinstudenten und Hebammen lernten in beiden Entbindungsanstalten, aber auch bei »Kindsbetterinnen« in der Stadt unter sachkundiger Anleitung die Geburtshilfe.

Dr. med. Christian von Klein (1772–1825), Obermedizinalrat und Königlicher Leibarzt.

Der erfolgreiche und populäre Arzt gehörte wie sein Vater zu den besten Schachspielern Stuttgarts. Herzog Carl Eugen tat sich mit seiner derben Sprache zunächst schwer, doch lernte er rasch seine Tüchtigkeit und Aufrichtigkeit schätzen. Ludwig Heinrich Riecke besaß eine gründliche Allgemeinbildung. Die Bibel las er im Lauf seines Lebens dreimal von Anfang bis Schluß. Aus seinen beiden Ehen gingen 14 Kinder hervor, von denen aber nur vier das Erwachsenenalter (je zwei aus jeder Ehe) erreichten. In der engen Amtswohnung auf der Kräherschule ging es ärmlich zu. Das Einkommen Rieckes auch aus seiner Privatpraxis war bescheiden. Als der zeitlebens gesundheitlich anfällige Mann 1787 58jährig starb, hinterließ er ein nur wenige hundert Gulden betragendes Vermögen[908].

Der Sohn Johann Viktor Ludwig (1771–1848) aus der zweiten Ehe Ludwig Heinrich Rieckes wurde wiederum Arzt. Er erhielt seine Ausbildung an der Hohen Carlsschule, ergänzte dann 1792 sein Medizinstudium durch eine Art praktisches Jahr in Wien, wo er vor allem seine Kenntnisse in der inneren Heilkunde und in der Geburtshilfe vertiefte. 1793 wurde er Sekundärarzt und Krankenzimmeraufseher an der Hohen Carlsschule. Gleichzeitig eröffnete er in der Stadt eine allgemeinmedizinische und geburtshilfliche Praxis und dehnte diese mit Zustimmung des Herzogs auf die umliegenden Orte aus. 1807 wurde er zum zweiten Stadt- und Amtsphysikus, 1814 zum Stadtdirektionsarzt, bald darauf auch zum Oberamtsarzt und zum Landvogteiarzt ernannt. Nach der Aufhebung der Landvogteien verblieb ihm lediglich die Stelle des Oberamtsarztes (Amtsoberamtsarztes), die er bis zu seiner Pensionierung 1845 versah. Johann Viktor Ludwig Riecke galt als ungewöhnlich erfolgreicher und tüchtiger Arzt; die Privatpraxis, die er unterhielt, hatte großen Zulauf[909].

Einige bedeutende Ärzte brachte im 18./19. Jahrhundert die altwürttembergische Beamtenfamilie Reuß hervor: Albrecht Reichard Reuß (1712–1780) wurde 1737 Physikus in Sulz am Neckar, 1752 herzoglicher Hof- und Reisemedikus in Stuttgart, im Jahr darauf herzoglicher Rat und Leibmedikus. Verheiratet war er mit der ältesten Tochter von Johann Albrecht Bengel, dem großen pietistischen Theologen und Klosterpräzeptor in Denkendorf[910]. Sein zweiter Sohn Christian Gottlieb (1742–1815) studierte von 1758 bis 1763 in Tübingen und Straßburg Medizin, daneben Chemie und Naturgeschichte. Seine wissenschaftlichen Kenntnisse erweiterte er 1764 durch eine auf Staatskosten unternommene Reise nach Mittel- und Norddeutschland. Bereits 1766 wurde er herzoglicher Hofmedikus und Mitglied des Oberbergamts. 1774 ernannte ihn Herzog Carl Eugen zum Professor der Chemie und der »Materia medica« bei der Militärakademie auf der Solitude. Zum herzoglichen Rat und Leibmedikus stieg er 1796 auf. Sein jüngerer Bruder Joseph (1751–1813) war erster Hofmedikus in Stuttgart, dessen Sohn Christian (1784–1847) Stadtdirektionsarzt und Obermedizinalassessor und dessen Enkel Joseph (1826–1898) Obermedizinalrat und Mitglied des Medizinalkollegiums in Stuttgart[911].

Dr. med. Albrecht Reichard Reuß (1712–1780), herzoglicher »Leibmedicus«.

Das Medizinalwesen Württembergs, das bislang der Aufsicht des Kirchenrats unterstanden hatte, wurde 1734 der neugebildeten Sanitätsdeputation unterstellt. 1806 übernahm das Ministerium des Innern die Leitung des Medizinalwesens. An die Stelle dieser Sektion trat 1817 das Medizinalkollegium. Die Medizinalbehörden der Stadt waren der Stadtarzt (seit 1814 der Stadtdirektionsarzt) und der Stadtwundarzt. Diese hatten die medizinischen Lokalinspektionen und Sektionen vorzunehmen. In ihre Zuständigkeit fiel die Bekämpfung der Epidemien und anderer »die medizinische Polizei betreffenden Krankheitsfälle«[912].

Um der großen Zahl der Kompaniefeldschere, der Chirurgiegesellen und -jungen praktischen Unterricht in Anatomie zu erteilen, regte der Kandidat der Medizin und Chirurgie Carl Ludwig Friedrich Breyer 1764 die Einrichtung einer Anatomie in Stuttgart an. Die Leibärzte unterstützten den Vorschlag Breyers. Inzwischen hatte sich jedoch Herzog Carl Eugen entschlossen, seine Residenz nach Ludwigsburg zu verlegen. Deshalb entschied er, daß die neue Anatomie dorthin kam. Dem zum Hofmedikus beförderten Breyer wurde die Leitung der Anstalt übertragen[913]. Zumindest seit 1801 hatte dann auch Stuttgart ein entsprechendes anatomisch-chirurgisches Institut für Militärärzte, in dem dreijährige Lehrkurse abgehalten wurden. Zehn Jahre später, 1811, befahl König Friedrich, Leichen »justifizierter Verbrecher« nicht nur nach Tübingen, sondern auch nach Stuttgart und Ludwigsburg zu liefern[914]. Seit 1788 boten der Leibchirurgus Klein und der Stadtchirurgus Roßnagel Vorlesungen für Hebammen mit praktischen Anleitungen an[915].

1801 bildete sich eine Vaterländische Gesellschaft der Ärzte und Naturforscher Schwabens. Sie verfolgte die Absicht, sich mit der Arzneikunde im weitesten Umfang, mit dem Medizinalwesen Schwabens sowie mit der schwäbischen Naturgeschichte auch in ihrer Anwendung auf Ökonomie und Technologie zu beschäftigen; sie schrieb Preise für Forschungsarbeiten aus und ließ mehrere Aufsätze ihrer Mitglieder drucken[916]. Als neues medizinisches Heilmittel entdeckte man um die Wende vom 18. zum 19. Jahrhundert den Galvanismus. Ein Stuttgarter Arzt wandte ihn, wie im Dezember 1801 berichtet wurde, seit einigen Monaten »mit glücklichem Erfolg« bei Nervenkrankheiten, bei Taubheit, Blindheit und Lähmung an[917]. 1815 merkten Cless und Schübler in ihrem »Versuch einer Medizinischen Topographie« kritisch an, daß die Stuttgarter Ärzte in keinem Verband zusammengeschlossen seien, sie deshalb in keinem Erfahrungsaustausch stünden und im Bedarfsfall nicht zusammenwirken könnten. Immerhin gab es damals eine Oberinspektion über das städtische Medizinalwesen in den beiden Residenzstädten Stuttgart und Ludwigsburg, sie war einem »wirklichen Leibarzt« übertragen. Die Zahl der Ärzte in Stuttgart hatte sich in den vergangenen 20 Jahren um ein Drittel vermehrt. Es praktizierten hier nunmehr »etliche und zwanzig Ärzte«.

Hinzu kamen noch die Militärärzte, denen seit Ende 1811 die freie Zivilpraxis gestattet war. Von den Zivilärzten erhielt etwa die Hälfte einen Teil ihrer Besoldung vom Staat, so der Landvogtei- und der Stadtdirektionsarzt. Die anderen erlangten ihr Einkommen ausschließlich aus ihren Praxen, die allerdings bei den durchschnittlich recht mittelmäßigen Honoraren wenig einträglich waren[918]. 1815 zählte man in Stuttgart sechs Geburtenhelfer, die zugleich Ärzte waren, außerdem 13 Hebammen, von denen die fünf ältesten von der Stadt besoldet wurden. Um beruflich zugelassen zu werden, mußten die hiesigen Hebammen von einem Geburtenhelfer unterrichtet, unter dessen Leitung im Seelhaus in die Praxis eingeführt und vom Medizinalkollegium geprüft worden sein[919].

Einen stärkeren Zusammenhalt als die Ärzte hatten die handwerklich ausgebildeten und zunftmäßig organisierten Wundärzte oder Chirurgen. Bis 1707 trafen sich einmal im Jahr alle Stuttgarter Chirurgen[920]. Manche Chirurgen begnügten sich indes nicht, wie am Beispiel der Berufsausbildung von Ludwig Heinrich Riecke deutlich wurde, mit der handwerklichen Qualifikation; sie schlossen ein Medizinstudium an. 1814 wurden vier Klassen von Wundärzten unterschieden: 1. wissenschaftlich gebildete Chirurgen, 2. Chirurgen, die »von größeren Operationen mit dem Messer ausgeschlossen« waren, alle übrigen chirurgischen Tätigkeiten aber ausüben durften, 3. Chirurgen, die ausschließlich leichte chirurgische Fälle behandeln durften: unbedeutende Wunden und Geschwüre, 4. Chirurgen, die auf die eigentliche Baderei, die Bartschererei, das Schröpfen, das Blutegelansetzen, das Aderlassen usw. beschränkt waren[921]. Im Jahr 1814 praktizierten in Stuttgart außer den Militärwundärzten und einem »operierenden Augenarzt« nur drei wissenschaftlich gebildete Wundärzte. Es gab jedoch auch unter den gewöhnlichen Chirurgen solche, die höhere wundärztliche Funktionen wahrnehmen durften: insgesamt 18, unter ihnen zwei »Chirurgi jurati« (geschworene Chirurgen). Ihr Einkommen war indes so kümmerlich, daß sie sich genötigt sahen, sich auch noch nach anderen Verdienstmöglichkeiten umzusehen, ja daß sie sich sogar zum »Medikastrieren« (Quacksalbern) verleiten ließen. Nur die »besseren Chirurgen« durften Lehrjungen ausbilden[922].

Zahnärzte in unserem heutigen Sinn gab es zu Beginn des 19. Jahrhunderts noch nicht. Abgesehen von nichtgeprüften Zahnheilkünstlern, befaßten sich 1814 nur ein Hofzahnarzt sowie einige Chirurgen mit Zahnbehandlungen[923].

Die Tiermedizin war bis gegen Ende des 18. Jahrhunderts eine in Württemberg unbekannte wissenschaftliche Disziplin. 1794 fand der erste im »Ausland« ausgebildete Tierarzt in Stuttgart eine Anstellung[924]. Im Steuerbuch 1800/01 wird der Landtierarzt und Stuttgarter Bürger Gottlieb Heinrich Walz erwähnt[925]. 1814 praktizierten hier ein Hof- und ein Landtierarzt. Der Hoftierarzt war zuständig für die königlichen Marställe, die »Menagerie« (den Tiergarten), die Gestüte usw., der Landtierarzt für die Tierheilkunde im gesamten Königreich mit Ausnahme der königlichen Besitzungen. Hof- und Landtierarzt gehörten der Medizinalsektion an[926].

Apotheken

Am 29. Mai 1708 erlaubte Herzog Eberhard Ludwig dem Apotheker Philipp Jakob Weiler von Neuffen, unter dem Bürgerhaus, wo sich bislang ein Gürtlerladen befand, eine Apotheke zu eröffnen. Hierbei befreite er ihn auf ein Jahr »von allen bürgerlichen Lasten an Steuern, Zoll und Akzise«. Die drei Stuttgarter Apotheker Wolfgang Burkhard Wölffing und Kompanie, Johann Christoph Reinöhl und Johann Philipp Ottmann protestierten. Sie behaupteten, ein vierter Apotheker würde sie wirtschaftlich ruinieren. Eine Apotheke sei eine sehr aufwendige Einrichtung, deren Unterhalt große Geldsummen erfordere. Die Zahl der Medikamente vermehre sich von Jahr zu Jahr. Ständig würden neue eingeführt, die alten aber müßten wegen der Nachfrage gleichfalls beibehalten werden. Durch den Krieg und den daniederliegenden Handel verteuerten sich die Materialien, andererseits erhöhten sich die Steuern und sonstigen Belastungen. Hinzu komme die wachsende unlautere Konkurrenz durch »Stümpeleien«. Der Magistrat stellte sich den Apothekern zur Seite: Die drei Apotheken (die spätere Kreusersche Apotheke, die Löwenapotheke und die Schwanenapotheke), erklärte er, befänden sich in gutem Zustand und reichten für die Bedürfnisse der Bürgerschaft aus. Die Hofapotheke, die ihre Arz-

Blick in eine Rokoko-Offizin: Am Tisch der Apotheker, ein Gefäß hochhaltend, vor dem Tisch eine Patientin. Vor dem Regal ein Apothekergeselle, rechts vom Rezepturtisch ein Lehrling, einen Mörser betätigend.

neien teils gratis, teils gegen Bezahlung abgebe, tue bereits den drei Apotheken Abbruch (dies hatten auch schon die drei Apotheker festgestellt). Die Leib- und die beiden Stadtphysici unterstützten gleichfalls den Protest der Apotheker. Ein edles Kleinod, schrieben sie, sei die Hofapotheke insbesondere für die zahlreichen Armen der Stadt und des Landes. Während der von 1693 bis 1695 »schier aller Orten herrschenden hitzigen Krankheit« und anderer ansteckender Seuchen habe sie viele hundert arme Kranke mit zum Teil gratis abgegebenen Medikamenten versorgt. Freilich sei sie trotz der finanziellen Zuwendungen durch die Rentkammer und des Vertriebs der »himmlischen Theriakpillen« an die Apotheken des Landes wegen ihrer wachsenden starken Inanspruchnahme schließlich ebenfalls zum Verkauf der Medikamente an jedermann gezwungen gewesen. Damit sei sie gewissermaßen als vierte Apotheke neben die drei anderen getreten. Würde nun eine fünfte Apotheke errichtet, könnten die drei Stadtapotheken nicht mehr bestehen. Schon jetzt hätten sie mehrere tausend Gulden an Ausständen. Herzog Eberhard Ludwig ging indes über den Protest der Apotheker, die damit übereinstimmenden Einwände des Magistrats, der Leib- und Stadtphysici, ja selbst der Oberräte hinweg und beharrte auf der von ihm erteilten Konzession. Doch Weiler starb bereits im April 1709, ehe er seine Apotheke hatte errichten können. Jetzt lenkte der Herzog ein. Es blieb vorläufig bei den drei Stadtapotheken[927]. 1732 vermochten die drei Apotheken noch die Konkurrenz einer vierten Apotheke abzuwehren, indem sie sich mit Erfolg der Errichtung eines weiteren Schwesterunternehmens widersetzten. Aber 1750/52 gelang es dem Materialisten Andreas Christoph Pfingsten aus Marlow in Mecklenburg, trotz aller Widerstände die Konzession für eine vierte Apotheke, die spätere Internationale Apotheke, zu erlangen. Auf den Protest der drei anderen Apotheker hin mußte er sich jedoch zunächst mit der Lieferung von Medikamenten an die Miliz begnügen. Er starb bereits nach wenigen Jahren. Seine Witwe heiratete den Apotheker Johann Jeremias Märklin. Von 1761 an war die neue Apotheke im Besitz der Familie Walz, dann ab 1798 in dem des alten Apothekergeschlechts Gaupp[928].

Apotheker, behängt mit Instrumenten zum Bereiten von Arzneien und Gefäßen zur Aufbewahrung von Arzneimitteln. Um 1700.

Nachdem schon am 30. Januar 1673 und am 22. März 1681 den Apothekern befohlen worden war, nur die Rezepte von ordentlichen Ärzten anzunehmen und auszuführen, wiederholte ein herzogliches Reskript am 10. Januar 1729 diese Anweisung[929]. Offenbar schlichen sich beim Verkauf von Medikamenten immer wieder Unregelmäßigkeiten ein, so beschafften sich auch nichtapprobierte Ärzte in Apotheken Medikamente.

Wie früher genossen auch im 18. Jahrhundert die Apotheker in der Bürgerschaft meist hohes Ansehen. Seit 1755 saß der Apotheker Weckherlin (gestorben 1791), Inhaber der Reinöhlschen Apotheke, im Gericht, er wurde auch für eine Amtsperiode zum Bürgermeister gewählt[930]. Einige Apotheker zählten im 18. Jahrhundert zu den wohlhabendsten Bürgern Stuttgarts[931].

1789 gab es in der Stadt noch immer die vier Stadtapotheken und die Hofapotheke. Zu Beginn des 19. Jahrhunderts stieg dann die Zahl der Apotheken an. 1815 waren es außer der Hofapotheke neun Stadtapotheken. In den folgenden zwei Jahren kam eine weitere hinzu. Nach einer sachkundigen Feststellung erfreute sich die Hofapotheke damals eines ausgezeichneten Rufs, auch die Stadtapotheken galten als gut, die meisten als vorzüglich. Die Apotheken wurden durch drei »Material-Handlungen« ergänzt, eine von ihnen stand in Verbindung mit einer Apotheke[932].

Heilkünstler, Quacksalber, Scharlatane

Wie in früheren Zeiten boten auf Jahrmärkten und bei anderen Gelegenheiten Heilkünstler, unter ihnen manche Scharlatane und Betrüger, ihre Dienste an. Da etliche von ihnen unbestreitbare Erfolge hatten, andere ihre angeblichen Erfolge propagandistisch gut zu verkaufen wußten, wurden sie von Menschen, die an Gebrechen und Krankheiten litten, häufig in Anspruch genommen. Um ihr Gewerbe offiziell ausüben zu dürfen, bedurften Heilkünstler der obrigkeitlichen Genehmigung. Im Mai 1700 stellte der Zahnarzt Georg Paulus Zwückher aus Augsburg einen entsprechenden Antrag. Er behauptete, »wütende Schmerzen der Zähne« beseitigen, den Zähnen den Brand nehmen zu können und anderes mehr. Seine Kunst übte er nicht auf dem Markt aus, sondern er ging in Häuser, wo, wie er äußerte, seine Kunst von Nutzen sei. Da die von ihm vorgelegten Atteste glaubwürdig erschienen und seine Frau zudem vom Hohenasperg stammte, wurde sein Gesuch genehmigt[933].

Im Juni 1697 war der »Geschworenen Frau« Anna Maria Schlehauf erlaubt worden, eine von ihr hergestellte Salbe zum Kurieren von bösen Brüsten, Brandwunden und anderen körperlichen Gebrechen bei armen »Ehehalten« (Dienstboten) und mittellosen Leuten gebrauchen zu dürfen. Immer wieder versuchten in der Folgezeit die Barbiere, die alte Witwe an der Verwendung dieser Salbe für Heilzwecke zu hindern. 1707 stellten die Ärzte und Chirurgen der nunmehr 85jährigen ein schlechtes Zeugnis aus. Sie verursache, so stellten sie fest, mit ihrer Salbe, die sie allenthalben anpreise, schlimmen Schaden, sie habe bereits einige Kranke (die sie anscheinend zu Tode kuriert hatte) auf dem Gewissen. Außerdem benutze sie nicht nur diese Salbe, sondern auch eine sogenannte Scharbocksäpfeltinktur. Im November 1708 entschied der Herzog, die »Schlehaufin« müsse künftig ihre Salbe auf das Kurieren »böser Brüste der Weiber« beschränken, und auch dies dürfe sie nur mit Wissen eines Arztes oder Wundarztes tun. Aller anderen Kuren, innerlicher wie äußerlicher, habe sie sich zu enthalten. Darüber hinaus müsse sie Frauen, bei denen ihre Behandlung nicht anschlage, an die »verpflichteten Ärzte« verweisen[934].

Abergläubischer Mittel bediente sich 1710 die Hebamme Agnes Steinler. Um ihren Schwiegersohn, einen Gardereiter, vom Armschwund zu heilen, entnahm sie dem rechten Zeigefinger eines unbescholtenen Mädchens, das noch Jungfrau war, drei Tropfen Blut, fing diese mit einem Stück Baumwolle auf und band diesen Baumwollfetzen dem Reiter um den kranken Arm. Das Mädchen trug von der unsachgemäß erfolgten Blutentnahme ein unheilbares Leiden am rechten Arm davon (vielleicht Blutvergiftung). Die Hebamme versuchte vergeblich, das Mädchen durch eine Gerte, die sie ihm in die Hand gab, um sich damit zu schlagen, und mit einem um den Hals zu tragenden Stück Hemd, das mit dem ersten Menstruationsblut eines Mädchens befleckt war, zu heilen. Der Hemdfetzen mit dem Menstruationsblut hatte ihr angeblich – und, wie sie behauptete, auch anderen – beim Rotlauf geholfen. Segenssprüche und ähnliches waren der Hebamme außer diesen grotesken kurpfuscherischen Mitteln nicht nachzuweisen[935].

Abergläubische Heilmethoden und -mittel waren überhaupt sehr verbreitet. Ein Mädchen, das bei der »Schulfrau« (Lehrerin) einen epileptischen Anfall erlebt hatte, litt seitdem an Veitstanz. Auf Veranlassung der Mutter erbettelte es nun bei Menschen, die in erster Ehe lebten, 30 halbe Kreuzer. Ein Goldschmied fertigte aus den Münzen einen Ring. Dieser, an einer Schnur vom Kopf zum Rücken herabhängend, sollte das Mädchen von seiner Krankheit befreien. Dies war jedoch nicht der Fall. Dagegen vermochten die Ärzte das Kind, das sie im Siechenhaus behandelten, zu heilen. Der Goldschmied konnte nachweisen, daß er die angebliche Heilkraft des Ringes nicht propagiert habe, daß er lediglich dem Mädchen mit seiner handwerklichen Fertigkeit habe helfen wollen. Die ihm zunächst zudiktierte Strafe von 14 fl, ein Großer Frevel, wurde deshalb gestrichen[936].

Im April 1714 erregte der Tod des Handelsmanns Bregenzer in der ganzen Stadt Aufsehen. Sein Tod wurde dem »nagelneuen Medicus Bullatus Koch, verdorbenem Apotheker zu Göppingen« zur Last gelegt. Er hatte, wie ein Stuttgarter Arzt feststellte, Bregenzer »ein jeder vernünftigen Praxis zuwiderlaufendes Purgiermittel« gegeben. Nach der gutachterlichen Äußerung der Leibmedici hatte sich Koch die Medizinpraxis angemaßt, ohne von der Universität Tübingen, wie es die Vorschrift erforderte, zum Doktor der Medizin promoviert worden zu sein. An das ihm nunmehr auferlegte Verbot, sich auf ärztlichem Gebiet zu betätigen, hielt er sich nicht. Er wohnte jetzt in dem ritterschaftlichen Ort Jebenhausen bei Göppingen und berief sich auf den Schutz der Herren von Liebenstein. Herzog Eberhard Ludwig befahl Koch, »sich ungesäumt aus dem Herzogtum fortzumachen und sich hier nicht mehr betreten zu lassen«. Für die angemaßte ärztliche Behandlung des Handelsmanns Bregenzer bestrafte er ihn um 20 Reichstaler. Drei Jahre später wurde Koch untersagt, württembergischen Untertanen innere Arzneien zu verschreiben oder auszuteilen. Im Fall des Zuwiderhandelns war er sofort vierzehn Tage zu »inkarzerieren«[937]. Mitunter maßten sich Hebammen ärztliche Aufgaben an. In Plieningen verschuldete die Hebamme Reinöhl 1722 den Tod einer gebärenden Frau und ihres Kindes. Sie hatte in der Absicht, das Leben der Mutter zu retten, dem Kind mit einem Messer das Ärmlein abgeschnitten, weil sie hoffte, es so rasch aus dem Mutterleib herausziehen zu können. Dabei hatte sie auch den Uterus der Mutter verletzt. Das Hinzuziehen eines Chirurgen hatte sie nicht für erforderlich gehalten. Sie wurde vom Scharfrichter mit Ruten gezüchtigt und des Landes verwiesen[938].

Kurze Zeit darauf mußte eine 70jährige Witwe, eine arme, aber gut beleumundete Frau, 20 Reichstaler Strafe wegen »innerlichen Medizinierens« bezahlen. Sie hatte nach eigener Aussage Kranke mit erlaubten Hausmitteln und mit Wassern behandelt, die sie selbst gebrannt hatte. Außerdem hatte sie »himmlische Theriac-Pillulen« aus der Hofapotheke gegen Seitenstechen, Husten und große Hitze empfohlen. Jetzt wurde ihr und ihrem Sohn das »innerliche Arzneien« strikt verboten[939].

Nach dem Plochinger Pfarrbericht von 1791 betätigte sich damals in Stuttgart ein überschuldeter Weingärtner, Doktor Lukas genannt, als Kurpfuscher und Wahrsager. So orakelte er über Heiratschancen, bevorstehende Gefahren, Tod. Er hatte großen Zulauf. In Plochingen verfiel eine kinderlose Frau, die er behandelt hatte, dem Wahnsinn. Nachdem sie auch noch fahrende Heilkünstler um ihr Geld gebracht hatten, fand sie endlich bei einem ordentlichen Arzt Heilung[940].

Im Frühjahr 1712 beantragte der »Bruch- und Gewächsoperateur ohne Schnitt« Matthias Wolfshofer von Heilbronn eine Praxisgenehmigung für Stuttgart. Die Leibmedici prüften den Antrag und fanden ihn in Ordnung. Daraufhin entschied der Herzog, daß dem Gesuchsteller nicht verwehrt werden solle, »Bruch, Gewächs und Vorfälle der Mutter ohne Schnitt zu kurieren, sonsten sich aber keiner Operation zu unterfangen«[941].

Wie früher befaßten sich auch im 18. Jahrhundert die Stuttgarter Scharfrichter mit der Heilkunst. 1723 wurde dem damaligen Nachrichter das »medizinische Praktizieren«, das aber auf die Behandlung äußerer Wunden und Gebrechen beschränkt war, ausdrücklich gestattet[942].

Johannes Vogel von Gerlingen, der sich als Zahnarzt bezeichnete und nach 20 Jahren in der Fremde in die Heimat zurückgekehrt war, ersuchte um die Erlaubnis, auf dem öffentlichen Jahrmarkt in Stuttgart Zähne herausnehmen, putzen und zu ihrer Konservierung Medikamente verkaufen zu dürfen. Daraufhin wurde ihm gestattet, während der nächsten Jahrmärkte in der Stadt herumzureiten und sein Gewerbe auszuüben. Dagegen wurde ihm ein Stand auf den Jahrmärkten nicht bewilligt. Medikamente, die er abgab, mußten die Stadtphysici und Chirurgen prüfen. Erheiternd wirkt das Urteil der Ärzte über die von Vogel angebotenen Medikamente. Sie seien, so erklärten die Physici, »lauter unschuldige Sachen«, sie schadeten nichts, nützten aber auch nichts[943].

Ungeachtet wiederholter strenger Verbote gegen das »Medikastrieren« (Kurpfuschen) trieben 1814 »Afterärzte und Pfuscher« ihr Gewerbe »im Stillen«. Begünstigt wurden sie durch einige Apotheker, die ihnen vorschriftswidrig Medikamente zukommen ließen. Sehr verbreitet waren damals in Stuttgart sogenannte Hauspflaster, derer sich insbesondere viele Frauen bedienten. Da diese Pflaster fast alle Bleikalke enthielten, verursachten sie manchen Schaden. Um die Verwendung solcher gesundheitsschädlicher Heilmittel zu unterbinden, wurden ihr Verkauf und ihre Verbreitung mit einer Legalstrafe von 10 fl bedroht[944].

Krankenanstalten und Pflegeheime

Siechenhaus

Zu Beginn des 18. Jahrhunderts befand sich das Sondersiechenhaus, häufig auch bloß Siechenhaus genannt, in einem

Das Siechenhaus vor dem Hauptstätter Tor (Hauptstätter Straße 58).

desolaten baulichen Zustand. Da akute Einsturzgefahr bestand, mußte es abgebrochen und mit einem Kostenaufwand von 500 fl neu errichtet werden. Nun war es aber um die wirtschaftlichen Verhältnisse der Anstalt infolge der großen Zahl einheimischer und fremder Kranker, die in letzter Zeit hatten aufgenommen und betreut werden müssen, schlecht bestellt. Die Einnahmen aus Zinsen und Gefällen sowie aus dem Verkauf von Wein reichten bei weitem nicht zur Finanzierung der Baukosten aus. Auf Vorschlag des Magistrats genehmigte der Herzog 1703, daß zwei Drittel des noch nicht verbrauchten, 384 fl betragenden Weihnachtsopfergelds für diesen Zweck verwendet werden durften[945].

Nach einer undatierten »Vorschrift«[946] aus dem 18. Jahrhundert hatte der dem Siechenhaus vorstehende Hausvater seinen Geschäften »fleißig nachzugehen«, und auch die Pfründner sowie das übrige Gesinde dazu anzuhalten, auf Feuer und Licht zu achten, über Ausgaben und Einnahmen gewissenhaft Buch zu führen. Morgens und abends sowie zur Essenszeit mußte er bei den Pfründnern darauf sehen, daß sie »Gott mit Gebet anriefen«, und auch selbst mit ihnen beten. Seine Jahresbesoldung belief sich auf 45 fl 58 kr. 12 fl davon bekam er aus dem Ertrag des Weihnachtsopfers, 3 fl bzw. 2 fl 45 kr wurden ihm für die Schuhe, die er sich bzw. seiner Frau beschaffte, angerechnet. Neben Suppe und Gemüse (»was im Haus war«) hatten er und seine Frau täglich Anspruch auf 1½ Maß Wein und 1 Pfund Fleisch, während der Heu-, Öhmd- und Getreideernte sowie während des »Herbstes« (der Weinlese) aber täglich auf 2 Pfund Fleisch sowie 2 Maß Wein. Das Gesinde, Knecht, Köchin und Viehmagd, erhielt wöchentlich dreimal, am Sonntag, Dienstag und Donnerstag, jeweils ½ Pfund Fleisch neben Suppe und Gemüse. An Wein stand dem Knecht »zu Geschäftszeiten« täglich 1 Maß und nachts 1 Schoppen zu, sonst ½ Maß, der Köchin und der Viehmagd täglich 1 Schoppen. Bei den Pfründnern war die Weinzuteilung vom sozialen Status abhängig. Pfründner, die nicht ganz unvermögend waren, wurden wöchentlich mit 1 bis 2 Quart bedacht, die armen Insassen aber nur mit 1 Quart an Ostern, Pfingsten, Christ- und Neujahrstag sowie an den Tagen, an denen sie zum Abendmahl gingen. Hinzu kam bei den Armen an diesen Fest- und Abendmahlstagen auch 1 Pfund Fleisch. An Brot wurden ihnen wöchentlich 1½ bis 2 Laibe zugeteilt. Wenn einer von ihnen »purgiert« oder zur Ader gelassen wurde, wurden ihm 1 Quart Wein sowie 1 Pfund Fleisch gereicht. Nachträglich vermerkt war, daß an die Armen jede Woche 8½ Pfund Fleisch abgegeben wurde, das sie selbst »absotten«. Aufschlußreich ist der Speisezettel für die armen Pfründner und für das Gesinde (Tabelle S. 203).

Ähnlich sah der Speisezettel für die Insassen des Lazaretts aus dem Jahr 1737 aus[947] Tabelle (S. 203).

Morgens erhielten die Kranken eine Suppe, die Gesunden und »Blöden« (geistig Behinderten) ein Stück Brot, außerdem wurde zu jeder Mahlzeit ein Stück Brot gegeben.

Großes Aufsehen erregte es, als im September 1739 der 60jährige Pfründner Johannes Baumeister nach zweitägiger Haft im Gefängnis des Sondersiechenhauses, die Prison genannt, starb. Eine genauere Überprüfung ergab, daß es sich bei diesem Gefängnisraum um ein 5 bis 6 Schuh langes, breites und hohes steinernes Gewölbe handelte, das lediglich durch ein Loch ein wenig Licht und Luft erhielt. Nach einem ärztlichen Gutachten bereitete selbst einem gesunden Menschen der Aufenthalt in dem Gefängnis wegen der rasch verbrauchten Luft Schwierigkeiten. Für einen epileptischen Asthmatiker aber wie Baumeister war ein solches Gemäuer verderblich. Offenbar hatte sich während seiner zweitägigen Haft, die über ihn vor allem wegen seines fürchterlichen Fluchens verhängt worden war, niemand um ihn gekümmert oder ihm etwas zu essen gebracht. Der Herzog-Administrator verbot die künftige Benutzung der »Prison«. Hausvater und Hausmutter verwarnte er wegen Dienstnachlässigkeit »ernstlich« und bestrafte sie um 30 Reichstaler, die zum Besten des Sondersiechenhauses verwendet werden sollten. Scharf rügte er das unter den Pfründnern verbreitete »schreckliche Schwören und Fluchen« sowie die ständigen Streitigkeiten. Die geistliche Obrigkeit ermahnte er, sich um einen besseres Klima im Haus zu bemühen[948].

Die Aufsicht über das Siechenhaus oblag dem Siechenhauspfleger. Seine Aufgaben wurden 1743 in einem »Staat und Ordnung«[949] beschrieben. Er hatte über Einnahmen und Ausgaben der Anstalt Buch zu führen, ferner darauf zu sehen, daß die Geld- und Naturaleinkünfte zur rechten Zeit und vollständig eingezogen, die Aktivkapitalien des Siechenhauses bestmöglich angelegt, das Mobiliar sowie sonstige im Haus befindliche Gegenstände und Vorräte erhalten und, soweit erforderlich, ergänzt wurden. Die erwirtschafteten überschüssigen landwirtschaftlichen Erzeugnisse sollte er zu günstigen Preisen verkaufen. Er war verantwortlich für die bauliche Instandhaltung der Gebäude, aber auch für den ordnungsgemäßen Betrieb der mit dem Siechenhaus verbundenen Landwirtschaft. Die vom Haus zusätzlich benötigten Lebensmittel hatte er möglichst kostengünstig einzukaufen. Über die Habe jedes neuaufgenommenen Pfründners mußte er ein genaues Inventar anlegen. Ebenso hatte er jedem neueingetretenen Pfründner ein Verzeichnis über die Verpflegung und Versorgung zu geben, auf die dieser Anspruch hatte, auch den Pfründner über jede diesbezügliche Änderung zu unterrichten. Es wurde erwartet, daß er wenigstens zweimal in der Woche ins Siechenhaus kam und sich über die dortige Haushaltsführung durch den Hausvater informierte. Hierbei sollte er auch nach den Pfründnern schauen und darauf achten, daß sie sich »in den schuldigen Schranken« des Gehorsams, der Ordnung und der Gottesfurcht hielten, etwaige »Händel und Gezänk« unterbinden. Sein Amt war mit 77 fl 30 kr (75 fl Jahresbesoldung und 2 fl 30 kr aus einer Stiftung) sowie 2 Klaftern Brennholz honoriert.

Speisezettel für die armen Pfründer und das Gesinde im Lazarett, undatiert (18. Jahrhundert)

	Mittag	Abend
Sonntag	im Winter Sauerkraut, im Sommer Bohnen, Mangold, Süßkraut oder Rüben	eine »brennte Supp« (gebrannte Suppe)
Montag	ein »weißen Brei« (Weizenbrei?) oder ein Apfelbrei zur Herbst- und Winterzeit	eine »brennte Supp«
Dienstag	Schnitz oder ein Apfelmus	Gerste (wohl Gerstenbrei bzw. Gerstensuppe)
Mittwoch	Haferbrei oder Mangold	Erbsen, jetzt Knöpflein
Donnerstag	ein »Weißen-« (Weizenbrei?) oder Apfelbrei	Gerste (Gerstenbrei bzw. Gerstensuppe)
Freitag	dicke Erbsen	eine »brennte Supp«
Samstag	Haferbrei oder Gemüse, Kraut oder Schnitz, auch Kohlraben	Knöpflein

Speisezettel für die Insassen des Lazaretts 1737

	Sommerzeit mittags	nachts	Winterzeit mittags	nachts
Sonntag	Suppe, 1/2 Pfund Fleisch, Gemüse	Gerste	Suppe, 1/2 Pfund Fleisch, Gemüse	Gerste
Montag	geschälte Schnitz	Wassersuppe	Linsen	Wassersuppe
Dienstag	Griesbrei	»brennte Supp«	Erbsen	gekochte Suppe
Mittwoch	weiße Knöpflein	gekochte Suppe	grüne Knöpflein	»brennte Supp«
Donnerstag	Nudeln	Gerste und Erbsen	Schnitz	Milch-Suppe
Freitag	Leberknöpflein	Milchsuppe	Kohlraben	»Stühl und Bäck« (aus Gerste und Erbsen zubereitete Suppe) oder Gerste und Erbsen
Samstag	grüne Bohnen	Wassersuppe	Kohl- oder Sauerkraut	Gerste mit Erbsen

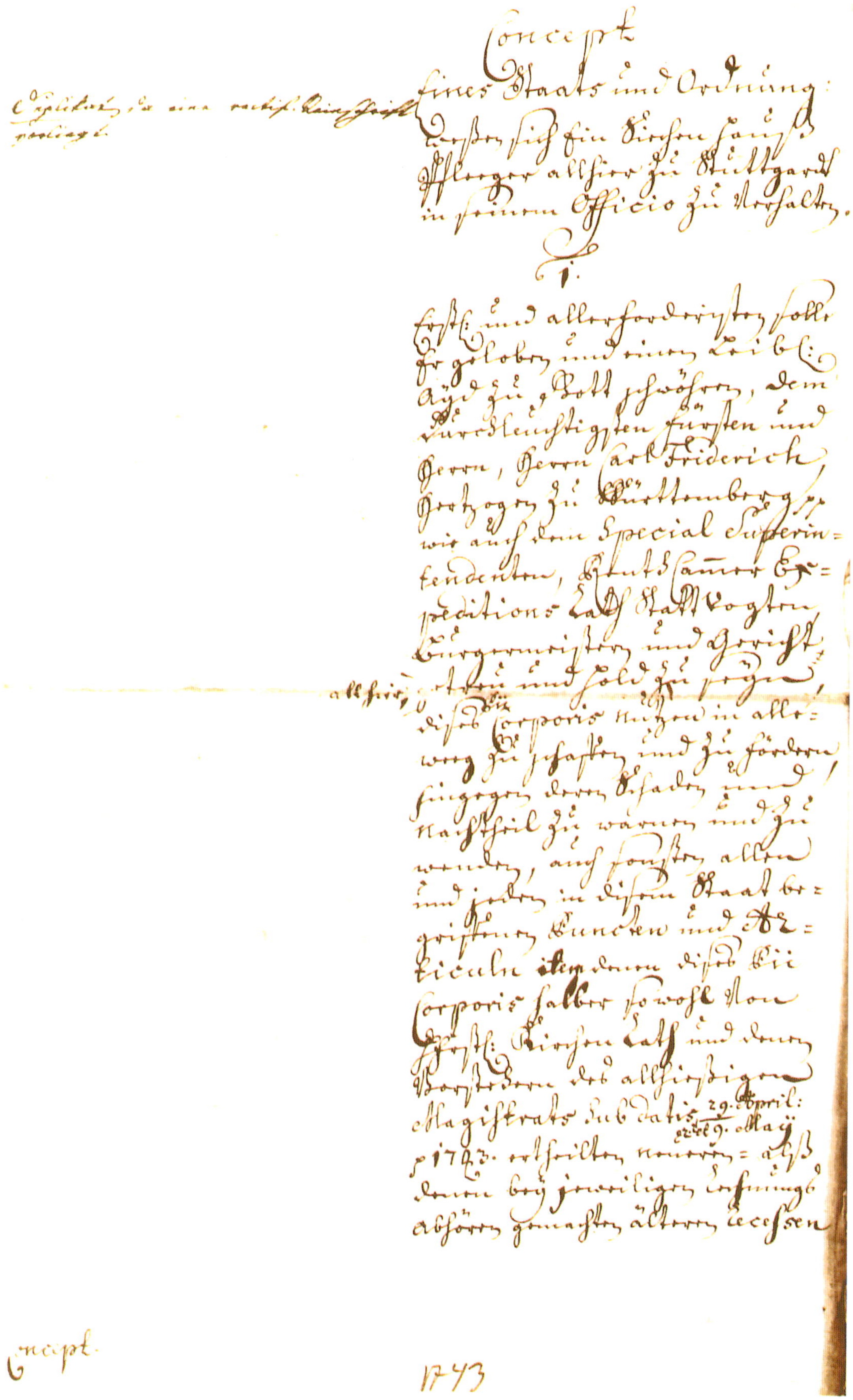

Konzept einer Dienstanweisung für den Siechenhauspfleger aus dem Jahr 1743.

Lazarett

Im Lazarett, der zweiten Stuttgarter Krankenanstalt, befanden sich nach dem Speisezettel von 1737, auf den wir bereits näher eingegangen sind, neben Menschen, die mit unterschiedlichen Krankheiten behaftet waren, auch »Blöde«, also geistig Behinderte, möglicherweise auch Geisteskranke, daneben offensichtlich etliche gesunde Pfründner. 1739 sollen im Lazarett Menschen mit »desparaten Krankheiten« gelegen haben, außerdem sollen dort auch Prostituierte eingesperrt gewesen sein[950].

Bis zum Jahr 1745 hatte anscheinend das Lazarett das Vermögen von Insassen, das bei deren Tod nach Abzug der Behandlungs- und Pflegekosten noch übrig war, den Erben zurückgegeben. Nunmehr entschied die Anstalt analog zu den Rechtsverhältnissen anderer Armenhäuser, Spitäler usw., daß solche hinterlassenen Vermögenswerte künftig ihm zufallen sollten. Sie begründete dies mit der unterlassenen Fürsorgepflicht der Verwandten für die im Lazarett gestorbenen Kranken. Ausgelöst worden war diese Entscheidung durch den Tod des Bettelvogts Johannes Leize. Dieser hatte 53 fl hinterlassen, wogegen die von ihm verursachten Pflegekosten lediglich 7 fl 41 kr betragen hatten. Die Anordnung des Herzogs, das nicht in Anspruch genommene Vermögen den Leizeschen Erben zurückzuerstatten, hatte das Lazarett zu dieser Regelung veranlaßt. Im Fall des verstorbenen Bettelvogts hatte es der herzoglichen Anordnung nochmals Folge leisten müssen[951].

In ihrem »Staat und Eid« von 1763[952] hatten sich Hausvater und Hausmutter des Lazaretts zu verpflichten, das Haus sauber und instand zu halten, auf Feuer und Licht sorgsam zu achten, kleinere Reparaturen nach Rücksprache mit dem Pfleger selbst durchzuführen, größere bauliche Schäden dem Pfleger anzuzeigen, das erforderliche Brennholz zum günstigsten Preis zu kaufen

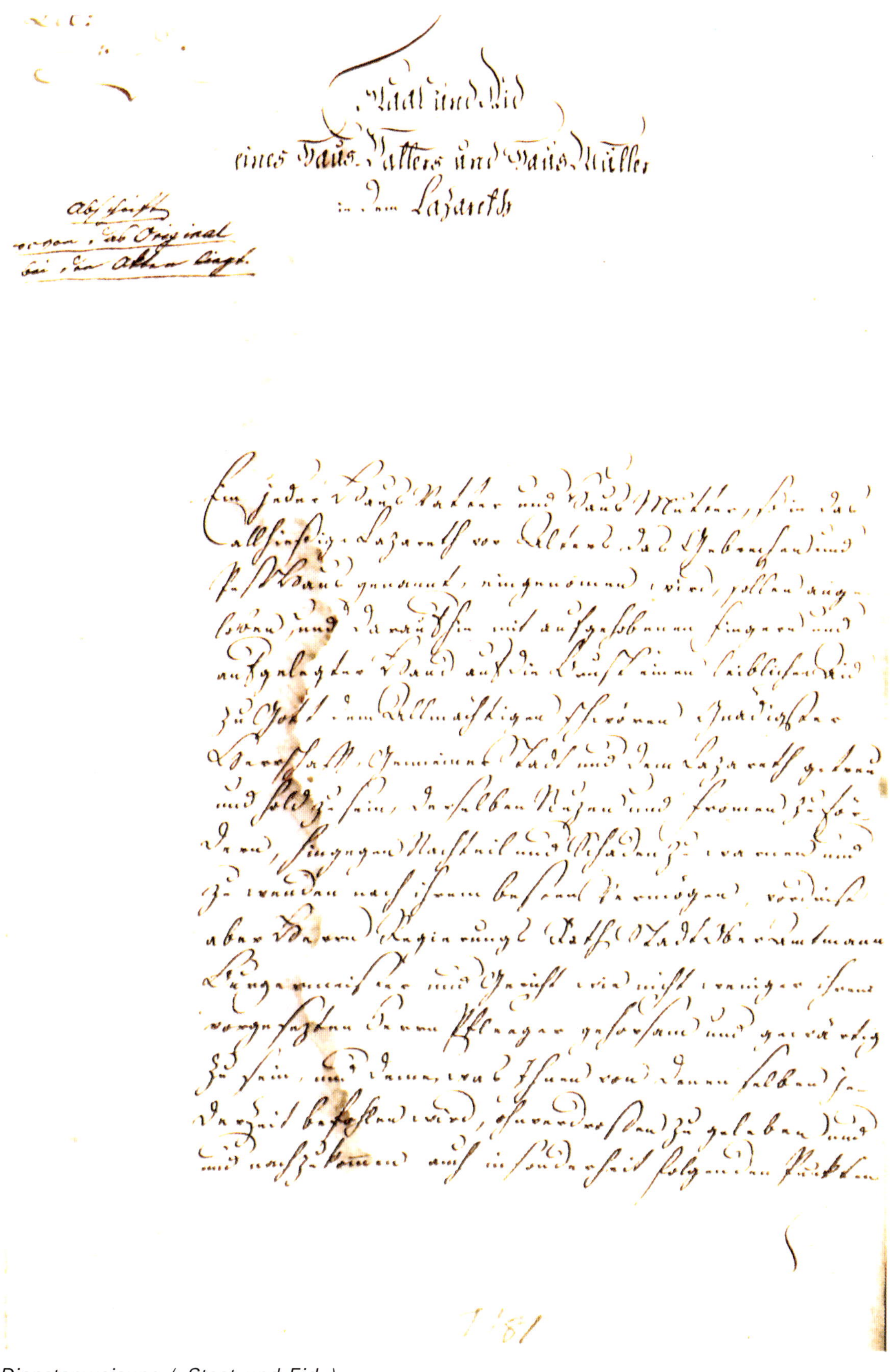

Dienstanweisung (»Staat und Eid«) für den Hausvater und die Hausmutter im Lazarett 1763.

und sparsam zu verbrauchen. Bei der Aufnahme von Kranken mußten sie dem Physikus oder Chirurgen anzeigen, was sie zu deren Pflege benötigten, die vorgeschriebenen Medikamente beschaffen, die Kranken, die nicht an der Pest oder »anderen beschwerlichen Krankheiten« litten, allein pflegen und angemessen versorgen. Wenn der Ausbruch der Pest oder anderer Epidemien ihre Kräfte überforderte, konnten ihnen zusätzliche Pflegekräfte beigegeben werden. Entsprechend früheren Regelungen war ihnen in Zeiten »der Pest und des Sterbens« das Betreten der Stadt verboten. Das Beischaffen von Lebensmitteln und Arzneien hatten dann Bettelvögte zu besorgen. Bei der »Pfleg und Wart« der Kranken sollten »sich« Hausvater und -mutter »geduldig, willig und unverdrossen erzeigen«, keine Trinkgelder verlangen, sondern sich mit ihrem obrigkeitlich festgelegten Lohn begnügen, auch die dem Lazarett zugeteilten Nahrungsmittel verantwortungsbewußt zum Besten der Kranken verbrauchen. Sie waren gehalten, von vermöglichen Bürgern sowie von Hof- und Kanzleiverwandten Ersatz für die Pflegekosten zu verlangen, die für deren im Lazarett behandelten kranken Dienstboten anfielen. Dagegen wurden die Kurkosten von armen Kranken aus den Gefällen des Armenhauses finanziert. Solche Kranke waren nach ihrer Genesung alsbald aus dem Haus zu entlassen. Die Hinterlassenschaft von verstorbenen Kranken, Geld, Kleidung usw. hatten Hausvater und -mutter für das Lazarett zu sichern und dem Pfleger davon Mitteilung zu machen. Als Besoldung standen ihnen jährlich 26 fl zu, ferner hatten sie für das Einziehen der Zinsen Anspruch auf 5 fl, von denen allerdings seit etlichen Jahren der Stadtknecht für seine Mitwirkung 2 fl bekam. Weiter erhielten sie für das Wäschewaschen vierteljährlich 45 kr, für »ein Buch Papier« zu Verzeichnissen über die Krankenkost und die verbrauchten Arzneien sowie zu sonstigen wichtigen »Urkundenzetteln« 6 kr, für Besen und Sand im Jahr 48 kr. Sie hatten freie Wohnung im Lazarett und freie »Beholzung« (kostenlose Brennholzzuteilung), zudem die Nutznießung des vorderen und hinteren Küchengartens, auch Baum- und Grasgartens.

Einen guten Einblick in die Verhältnisse des Lazaretts gibt ein Bericht, den der Lazarettpfleger David Friedrich Megerlin am 30. März 1778 erstattete[953]. Die ursprüngliche Zweckbestimmung des Lazaretts, so führte Megerlin aus, sei in »Pestzeiten und Sterbensläufen« die Unterbringung erkrankter Dienstboten gewesen, damit diese in der Stadt keine anderen Personen ansteckten. Später sei man dazu übergegangen, ohne daß sich dies durch Dokumente belegen lasse, dem Haus auch »Blöde« zuzuweisen. Durch das zahlenmäßige Anwachsen der Einwohnerschaft habe sich die Zahl der armen Kranken, aber auch der »Blöden« vermehrt. Der gegenwärtig 20 000 fl betragende Fonds reiche zur Verpflegung und Versorgung dieser Kranken längst nicht mehr aus. Deshalb leiste das Seelhaus, das weit weniger Ausgaben habe, Beiträge. Die meisten Ausgaben verursachten die »Blöden«, die im Lazarett oft lebenslang verblieben. Sie brauchten auch den meisten Platz, weil sie nicht wie andere Kranke zu mehreren in einem Zimmer untergebracht werden könnten. Die von ihnen belegten Zimmer müßten außerdem besonders gesichert sein. Wenn man nun Geistesschwache und Geisteskranke, wie dies sinnvoll erscheine, in einem besonderen »Tollhaus« verwahrte, dann müßten die Einkünfte des Lazaretts beträchtlich aufgestockt werden. Die Ärzte Dr. Riecke und Dr. Reuß hätten vorgeschlagen, die »Verpachtung der Kost« an den Lazarettvater aufzuheben und wie im Siechenhaus und Spital zu einer eigenen Haushaltung überzugehen. Indes unterscheide sich die wirtschaftliche Situation des Lazaretts von der der genannten Häuser. Es verfüge nicht wie diese über eigene Güter und Gefälle, die eine weitgehende Selbstversorgung mit Nahrungsmitteln ermöglichten. Auch sei der Lazarettvater bei seiner geringen Besoldung auf die Einnahmen aus der an ihn verpachteten Kost angewiesen. Andererseits weiche der Speiseplan des Lazaretts nicht sehr von dem der beiden anderen Häuser ab. Allerdings bekämen die Insassen des Siechenhauses nicht einmal, sondern zweimal in der Woche Fleisch. Im Lazarett würde jedoch darauf gesehen, daß Kranke, die die gewöhnlichen Speisen nicht vertrügen, eine Art Schonkost, »gelindere und konsiderable Speisen«, wie es hieß, erhielten. Wegen der kritisierten unzulänglichen Luftzufuhr und der Geruchsbelästigung in den unteren Zimmern könnte durch zusätzliche Fenster bzw. durch den Bau eines Senklochs Abhilfe geschaffen werden. Der von den Ärzten bemängelte zu geringe Vorrat an Bettwäsche werde durch Neuanschaffungen in nächster Zeit vermehrt. Die Kranken hätten normalerweise ein Einzelbett, nur im höchsten Notfall würden sie zu zweit zusammengelegt.

Seelhaus

Im weiteren Sinn konnte im 18. Jahrhundert auch das Seelhaus beim Tübinger Tor zu den Einrichtungen gerechnet werden, die sich hilfsbedürftiger kranker Menschen annahmen. Über seine Stiftung liegen keine Urkunden vor. Die Ende des 15. Jahrhunderts zum ersten Mal genannte Anstalt bekam 1771 im Gebäude Hauptstätter Straße 53 (Ecke Christophstraße) eine neue Unterkunft. Zwanzig Jahre später wurde ihr das gleichfalls dorthin verlegte Siechenhaus angegliedert[954]. Das Seelhaus hatte primär die Aufgabe, auswärtige Bettler für eine Nacht zu beherbergen, um so deren Herumlaufen in der Stadt zu unterbinden. Jeder hier beherbergte Bettler erhielt eine Suppe sowie ein halbes Pfund Brot. Das Brot lieferte der Armenkasten. Da das Haus verschiedene »Legate« (Vermächtnisse) bekommen hatte und sich die Ausgaben für die vorübergehend zu beherbergenden und zu verpflegenden Armen, die Kosten für die bauliche Instandhaltung und für sonstige Bedürfnisse in Grenzen hielten, war der Vermögensfundus des Seelhauses bis 1778 auf 30 000 fl angewachsen. Das Haus stand auch, wie wir bereits gehört haben, hiesigen wie fremden armen Frauen und Mädchen als Entbindungsanstalt zur Verfügung. Es hatte zu diesem Zweck eine besondere Stube mit ein paar Betten. Dort konnten unbemittelte Wöchnerinnen vierzehn Tage bleiben. Sie erhielten während dieser Zeit für sich und ihr Kind vom Spital »etwas an Milch, Mehl, Fleisch, Schmalz und Salz«[955]. Das Seelhaus war somit wohl die erste Entbindungsanstalt in Stuttgart; ihre Benutzung war auf die armen, meist unverheirateten Frauen beschränkt. Die überwiegende Mehrheit der Frauen brachte ihre Kinder zu Hause zur Welt, häufig lediglich im Beisein einer Hebamme, manchmal auch in Anwesenheit eines Arztes oder Chirurgen. Eine moderne »Gebäranstalt« wurde übrigens erst 1828 im Katharinenhospital eingerichtet[956]. Fremde Arme, die so schwach und krank hier ankamen, daß sie nicht mehr weitertransportiert werden konnten, wies man dem Lazarett zu. Dort wurden sie so lange verpflegt und versorgt, bis sie wieder kräftig genug waren, um auf einem Karren bis zum nächsten Ort gebracht zu werden, der sie dann gleichfalls rasch abschob. Die Aufnahme der unbemittelten fremden Kranken rechtfertigte es, daß das Seelhaus mit seinen Überschüssen das mit unzureichenden Einkünften ausgestattete Lazarett unterstützte[957].

Reformbestrebungen im Krankenhauswesen

Einen sehr kritischen Bericht über die Verhältnisse der Stuttgarter Krankenhäuser erstatteten 1778 auf die Aufforderung Herzog Carl Eugens, dem bessere Unterbringung und medizinische Betreuung armer Kranker ein Anliegen waren, die »Räte und Leibmedici« Dr. Reuß, Breyer und J. G. Hopfengärtner. Das Lazarett, so schrieben sie, sei mit der Absicht der stationären Krankenbehandlung gegründet worden. Seit langem aber würden in diesem Haus Geisteskranke und Geistesschwache untergebracht, die nicht in ein Krankenhaus gehörten, es sei denn, es bestehe Aussicht, sie durch eine medizinische Behandlung von ihrem Leiden zu befreien. Davon könne aber bei den wenigsten ausgegangen werden, die meisten fielen zeitlebens dem Lazarett zur Last und entzögen es so seiner eigentlichen Zweckbestimmung. Einer der größten Nachteile des Hauses sei das Fehlen guten Wassers. Solches müsse unter großer Beschwernis von weither aus der Stadt geholt werden. Das Wasser, das der Brunnen hinter dem Haus liefere, tauge nicht einmal zum Waschen. Die beiden Stadtphysici, die die Kranken im Lazarett betreuten, würden für ihre Dienste völlig ungenügend finanziell entschädigt. Dies gelte auch für die Pfleger und Wärter, ebenso für den Hausvater. Deshalb ließen die Pflege und Versorgung der Kranken sehr zu wünschen übrig. In einer verhältnismäßig ordentlichen Verfassung befinde sich das Siechenhaus. Allerdings seien die Siechenhaus-Gebäude für den Zweck, den sie erfüllen sollten, wenig geeignet. Die dort aufgenommenen Pfründner erhielten eine bessere Kost als irgendwo sonst, auch über ihre Unterbringung könnten sie nicht klagen. Am übelsten seien die Kranken dran. Die Kranken- und Kurzimmer müßten als äußerst schlecht bezeichnet werden. Die Entlohnung der Physici sei ebenso unbefriedigend wie im Lazarett geregelt. Der erste habe seinen Dienst umsonst zu verrichten und der zweite Anspruch auf eine Entschädigung von ganzen 7 fl 30 kr. Der Chirurg erlange seinen Verdienst nach einem festen Satz. Nicht zu vertreten sei, daß der Chirurg die »Veneros« (Geschlechtskranken) behandle, die medizinische Betreuung solcher Kranker sollte den Physici übertragen werden.

Die »Räte und Leibmedici« schlugen vor, alle armen Kranken, wenn es die milden Stiftungen gestatteten, in einer Anstalt unterzubringen. Diese reiche, so argumentierten sie, normalerweise aus. Bei außerordentlichen Ereignissen, also beim Ausbruch gefährlicher Epidemien, müsse man sich ohnehin außerordentlicher Mittel bedienen. Das Muster für ein solches Krankenhaus könnten die hiesige Siechenpflege und ihre Verfassung abgeben. »Blöde und Tolle« sollten in einem solchen Haus keine Aufnahme finden, ebensowenig Pfründner. Geeignet wäre ein Haus, das doppelt soviel Raum habe wie das Lazarett, zweckmäßig eingerichtet sei und auf einem trockenen, mit »lebendigem Wasser« leicht zu versehenden, außerhalb, aber nicht zu fern von der Stadt, befindlichen Platz erstellt werde. Würden die Hospitalkinder dem Waisenhaus zugewiesen, wäre für die Aufnahme der Pfründner des Siechenhauses und des Lazaretts im Hospital Platz genug. Zudem sollten die im Hospital erkrankten Pfründner bis zu ihrer Wiedergenesung in das Krankenhaus verbracht werden. Auf solche Weise brauche das Hospital keine Krankenstube und keine Krankenwärterin mehr. Im Krankenhaus könnten die Krankenwärter beiderlei Geschlechts bei den Haus- und Feldgeschäften die Pfründner ersetzen. Der Dienst der Ärzte gestaltete sich leichter und effektiver, wenn die Kranken in einem Haus untergebracht wären. Das Krankenhaus, das in der vorgeschlagenen Weise verwirklicht würde, könne das Vorbild für ähnliche Einrichtungen im Herzogtum Württemberg werden.

Das Bestreben Herzog Carl Eugens ging indes nicht allein dahin, die Krankenhäuser zu verbessern und zweckmäßig zu organisieren, am Herzen lag ihm offensichtlich auch die Errichtung von »Findelanstalten« vor allem für Kinder unehelicher Mütter, um so dem Staat später nützliche Menschen vor einem frühen elenden Tod und junge Frauen vor »dem abscheulichen Verbrechen des Kindsmords« zu bewahren. Die »Räte und Leibmedici« waren von den Vorteilen solcher Häuser nicht überzeugt. Sie erwähnten die hohen Kosten, die die Erziehung von Findelkindern verursache, auch den Anreiz für arme Mädchen, ihre Kinder auszusetzen, wenn sie wüßten, daß es eine derartige Einrichtung gebe. Sie regten deshalb an, bis zur Schaffung einer derartigen Anstalt vorsichtig zu Werke zu gehen. Für Stuttgart hielten sie ein geräumiges Zimmer mit drei bis vier Bettstellen in einem der bestehenden Armen- oder Krankenhäuser für ausreichend, um die ausgesetzten Kinder nebst ihren Ammen zu beherbergen. Ammen sollten aus dem Kreis der unehelichen Mütter gewonnen werden. Die Findelkinder blieben zweckmäßigerweise acht bis neun Monate in der Findelanstalt, um dann gut beleumundeten Familien in Kost gegeben zu werden[958].

Die Vorschläge der »Räte und Leibmedici« bezüglich der Verbesserung des Krankenhauswesens von 1778 blieben indes auf dem Papier. Das Siechenhaus und das Lazarett bestanden als getrennte Einrichtungen fort, auch fanden in ihnen weiterhin

Das Katharinenhospital um 1835.

nicht bloß Kranke Aufnahme. 1798 zählten Siechenhaus und Seelhaus 58 (17 männliche sowie 41 weibliche) Insassen; von ihnen waren sechs Pfründner sowie fünf »Simpel- und Krüppelhafte«, hinzu kamen noch zwei Familien mit 13 Köpfen im Armenhaus. Das Lazarett hatte 48 Insassen, unter ihnen sechs »Simpel- und Krüppelhafte«[959].

Im April 1803 plädierten in einem Gutachten die Stadtphysici Dr. Plieninger und Dr. Hopfengärtner erneut für eine Vereinigung von Siechenhaus und Lazarett. Sie versprachen sich von einer solchen Vereinigung eine zweckmäßigere Organisation, eine bessere Versorgung der Kranken sowie eine sparsamere Haushaltsführung. Das Lazarett verfügte damals über 55 bis 60 Krankenbetten, das Siechenhaus über eine entsprechende Zahl. Das Siechenhaus nahm wie schon früher lediglich Menschen mit »abscheulichen Krankheiten« auf, im Lazarett fanden ausschließlich Kranke aus den unteren Ständen Aufnahme. Für Kranke aus den oberen Bevölkerungsklassen stand kein Krankenhaus zur Verfügung. Hier ging man davon aus, daß sie zu Hause am besten versorgt und ärztlich betreut würden. Die Stadtphysici bezeichneten den Standort des Lazaretts als »feucht und dumpfigst« und damit als höchst ungesund. Die Anstalt liege inmitten eines vielbenutzten Friedhofs und an einem Bach, in den die Abtritte der nahe gelegenen Häuser geleitet würden, im Sommer herrsche ein oft unerträglicher Gestank, es gebe so gut wie keine Luftbewegung. Die Kranken brauchten für ihre Genesung im Lazarett viel länger als anderswo. Das vor 230 Jahren als Pesthaus errichtete Gebäude sei unzweckmäßig gebaut, die Zimmer seien niedrig und ungenügend durchlüftet. Das Siechenhaus vermittle einen günstigeren Eindruck, doch auch dieses Haus habe Nachteile, ein solcher sei die Nähe des Nesenbachs. Das Siechenhaus solle künftig (wie schon jetzt) unheilbar Kranke aufnehmen, das an die Stelle des Lazaretts tretende neue Krankenhaus hingegen die anderen Kranken. Die vereinigten beiden Krankenhäuser hätten eine Aufnahmekapazität von 120 bis 130 Kranken, die bis auf eine solche von 170 Kranken gesteigert werden könnte. Wichtig wäre, daß die zwei Häuser über angemessene Räumlichkeiten mit Operationssaal und Vorratskammer verfügten. Die Verwaltung und die Krankenpflege wären jeweils einem Verantwortlichen zu übertragen. Außerdem sollten, gesondert für jedes Haus, Krankenwärterinnen angestellt werden. Bei den Kranken sei eine Trennung nach Geschlechtern unerläßlich, zumal sich unter den Kranken viele ohne Erziehung und Bildung befänden. Patienten »mit äußerlich eckligen Krankheiten« sollten von solchen mit »innerlichen Krankheiten« abgesondert werden. Kranke, die sich großen Operationen zu unterziehen hätten, müßten in Einzelzimmer gelegt werden. Isoliert werden sollten auch Patienten mit akuten und chronischen ansteckenden Krankheiten (z. B. Krätze, Lustseuche). Geisteskranke wären in diesen Krankenhäusern nicht unterzubringen. Um die Krankenhauskosten bestreiten zu können, hätten vermögende Kranke die Kosten für die stationäre Behandlung und für den Arzt zu bezahlen, sie bekämen deshalb auch eine andere Unterbringung als die Kranken, die umsonst oder gegen eine geringe Vergütung verpflegt würden. Als besonders zweckmäßig erschienen Krankenzimmer mit 12 bis 16 Betten. Doch müßte jede Abteilung ein Zimmer für hitzige ansteckende Krankheiten, ebenso eines für Rekonvaleszenten haben. Für den Notfall sollte in jeder Abteilung ein abgesondertes heizbares Zimmer reserviert sein, in dem vorübergehend Menschen verwahrt würden, die dem Wahnsinn verfallen seien. Zudem sollte in jeder Hauptabteilung ein Zimmer für »distinguierte Leute« mit je zwei Betten (ein Bett für den Kranken, eines für den Wärter) bereitstehen. Insgesamt dürften vier bis sechs solcher Zimmer ausreichen. Erforderlich wären in jeder Hauptabteilung ein Badezimmer, ein Operationszimmer sowie Räume für Arzneimittel- und Verbandvorräte usw., ein geräumiges Anatomiezimmer. Ungeeignet erscheine die bisherige Verbindung von Armenhaus und »Gebäranstalt«. Eine solche »Gebäranstalt« mit vier Zimmern zu je zwei Betten sollte im neuen Krankenhaus eingerichtet werden[960].

Die Zeit der napoleonischen Kriege war indes für umfassende Reformen im Krankenhauswesen nicht günstig. Auch erwiesen sich die alten Einrichtungen als zählebig. 1814 war das Siechenhaus neben dem Lazarett noch immer das wichtigste Krankenhaus der Stadt. Es enthielt im Erdgeschoß eine Wohnung für den Hausvater sowie ein Krankenzimmer, im ersten Stock neben einer Stube für die Köchin ein Krankenzimmer sowie zwei Kammern. Die Aufnahmekapazität des Hauses belief sich auf 51 Kranke, doch mußten oft bis zu 70 Heilungsuchende aufgenommen werden. Die meisten Kranken litten an Epilepsie, Krätze, venerischen und anderen abstoßenden Krankheiten. Im Jahr starben im Siechenhaus sechs bis acht Personen, die meisten von ihnen an Altersschwäche. Die Behandlung der Kranken erfolgte hier wie im Lazarett durch den Stadtdirektionsarzt. Chirurgischer Fälle nahm sich der Stadtwundarzt an. Die Arzneien lieferten die drei ältesten Apotheken. Im Seel-, Armen- und Bettelhaus befand sich im Erdgeschoß die »Bettelanstalt«, aus je einer Stube für Christen und Juden bestehend. Die »Gebäranstalt« in den Mansarden des Hauses enthielt zwei zweischläfrige und vier einschläfrige Betten; sie konnte acht schwangere Frauen aufnehmen. Da sich manchmal mehr Frauen einfanden, mußte aus dem Siechenhaus ein zusätzliches Bett entliehen werden. Im Jahr entbanden hier »etlich und 60 Frauen«. Die Schwangeren wurden drei bis sechs Wochen vor der Niederkunft aufgenommen und durften nach dieser noch drei bis vier Wochen bleiben. Kindbetterinnen, die nach Ablauf dieser Frist noch krank waren, wurden ins Lazarett oder Siechenhaus verlegt. Die Aufsicht über die Anstalt führte der »Stadtaccoucheur«; er leistete bei schweren Geburten Hilfe. Die jüngste Hebamme und die Krankenwärterin des Siechenhauses versahen auch das Seelhaus. So primitiv die Einrichtung der »Gebäranstalt« und so armselig die Lebensumstände der Kindbetterinnen waren, lag dennoch die Sterblichkeit sehr niedrig: zwei Todesfälle bei den Kindbetterinnen in elf Jahren. Bei den vornehmeren Kindbetterinnen, die zu

Hause entbanden, war die Sterblichkeit erheblich höher. Die damaligen Mediziner zogen daraus den Schluß: Der Luxus bedrohe Gesundheit und Leben von Kindbetterinnen viel mehr als Armut und kümmerliche Lebensumstände. Sehr hoch lag hingegen in der »Gebäranstalt« im Seelhaus die Kindersterblichkeit: Bei 329 Kindern, die von Georgii 1805 bis Georgii 1813 dort zur Welt kamen, wurden 30 Totgeborene sowie 30 bald nach der Geburt verstorbene Säuglinge gezählt. Die meisten Kleinkinder starben am Kinnbackenkrampf, einer Krankheit, deren Ursache unbekannt war. Zu der hohen Säuglingssterblichkeit trug offenbar das frühe Entwöhnen der Kinder bei[961]. 1845 endete mit dem Abbruch des Seelhauses zugleich auch die 500jährige Geschichte des Siechenhauses[962].

Hebammenbüchlein von 1746.

Kurtzer und deutlicher Unterricht, Für die Hebammen Des Löblichen Hertzogthums Würtenberg.
Auf Hoch-Fürstl. gnädigsten Befehl verfertiget, mit Kupffern gezieret, und in Druck gegeben von
Victor Heinrich Riecke, M. D.
Hochfürstl. Würtemberg. Hof-Medico, auch Stadt- und Amts-Physico Ordin.
STUTTGART, Gedruckt bey Johann Nicolaus Stoll, ANNO 1746.

Das Lazarett nahm 1814 Kranke beiderlei Geschlechts auf, ausgenommen solche, die mit ekelerregenden Krankheiten behaftet waren. Für diese war nach wie vor das Siechenhaus zuständig. In dem einstöckigen Lazarettgebäude mit seinen zehn Krankenzimmern konnten 45 Kranke verpflegt werden. Doch lag die damalige Krankenzahl stets erheblich höher. Stuttgarter Kranke wurden unentgeltlich verpflegt. Für die gleichfalls aufgenommenen kranken auswärtigen Dienstboten und Handwerksburschen hatten die Kommunen und Handwerksladen täglich 15 kr zu zahlen. Seitdem das katholische Lazarett in der Pfarrgasse, das offenbar nur kurze Zeit bestanden hatte, eingegangen war, wurden auch Katholiken aufgenommen. Die Pflege der Kranken besorgte eine Krankenwärterin mit einer Beimagd. Die Ökonomie des Hauses lag in den Händen des Hausvaters. Er gab die zur Verpflegung der Kranken erforderlichen Naturalien an die Köchin ab. Zweimal in der Woche, nach Anordnung des Arztes auch öfter, erhielten die Kranken etwas Wein[963]. Die Rechnungsführung über die Einnahmen und Ausgaben des Lazaretts, aber auch des Siechenhauses sowie der sonstigen Kranken- und Armenanstalten der Stadt oblag der Stiftungspflege[964].

Eines vorzüglichen Rufs erfreute sich nach wie vor das Königliche Pfleghaus oder die Königliche Hofpflege. Die Anstalt, der in neuerer Zeit mehrere ergiebige Einnahmequellen erschlossen worden waren, nahm jetzt neben dem Hofgesinde auch kranke Kadetten aus der Kadettenanstalt auf. Das Gebäude der Hofpflege lag außerhalb der Stadt auf dem sogenannten Bollwerk in einer der gesündesten Gegenden Stuttgarts. Es bestand aus zwei Stockwerken mit 26 Zimmern, von denen 22 heizbar waren. Den Kranken standen 20 Zimmer zur Verfügung, der Rest war für den Aufseher (den »Pfleghausvater«), die Krankenwärterinnen und die Magd bestimmt. Die Zahl der aufgenommenen Kranken schwankte zwischen sechs und 26. Der höchste Krankenzugang in einem Jahr betrug 100. Unter ihnen waren auch Pensionäre, die aus Alters- oder Krankheitsgründen dort verpflegt wurden. Die ärztliche Betreuung besorgte der älteste Hofmedikus, die chirurgischen Fälle der Leibchirurg. Für die Pflege der Kranken waren ein oder im Notfall mehrere Krankenpflegerinnen bestellt. Die Oberaufsicht über die Hofpflege führte das Marstallamt[965].

Funktionen der Krankenpflege nahm um 1814 wie früher schließlich das Hospital wahr. Das mit der Hospitalkirche ein Viereck bildende einstöckige Gebäude enthielt zehn heizbare Zimmer sowie 22 Kammern, hierzu kamen noch einige neueingerichtete Stuben und Kammern. Im Hospital wurden damals 140 Personen versorgt. Es waren teils sogenannte reiche Pfründner, die bei ihrer Aufnahme eine ihrem Vermögen angemessene Summe bezahlten und sich damit auf Lebenszeit gewissermaßen »einkauften«, teils waren es arme Pfründner, die unentgeltlich Aufnahme fanden. Erkrankte Pfründner wurden im Hospital behandelt. Für schwerere Fälle standen zwei besondere, jeweils mit zehn Betten ausgestattete Krankenstuben zur Verfügung, je eine für Männer und für Frauen. Diese Zimmer waren fast immer mit Pfründnern, die an unheilbaren Krankheiten oder an Altersschwäche litten, belegt, so daß die Einrichtung weiterer Krankenstuben dringend erforderlich schien[966].

Um 1814/15 hatte man die Notwendigkeit erkannt, Krankenwärtern und Krankenwärterinnen eine fachliche Ausbildung zu geben. Seit Sommer 1814 hielt in Stuttgart ein Arzt und Geburtenhelfer Vorlesungen über Diätetik im allgemeinen sowie über die physische Erziehung der Kinder, insbesondere in den ersten Lebensjahren, außerdem über die Pflege und Wartung der Kranken und Wöchnerinnen. Nach ärztlichem Urteil war das weibliche Geschlecht für die Krankenpflege besonders geeignet. Man war zuversichtlich, daß die Initiative zur Ausbildung von Pflegepersonal auf fruchtbaren Boden gefallen war, zumal die Vorlesungen, auch von Angehörigen der unteren Bevölkerungsschichten, eifrig besucht wurden[967].

Bäder

Im Jahr 1722 betrieb Anna Gönner eine Badstube vor dem Esslinger Tor. Dieses Bad, über dessen damaligen Betrieb wir nichts Näheres wissen, stand in der Tradition der Stuttgarter Badstuben. Größere Bedeutung hatte es aber kaum noch. Aktenkundig wurde es wegen Wasserleitungsstreitigkeiten mit Anliegern[968]. 1724 erwarb der Kaufmann Erhard Friedrich Andreä das ehemalige Hirschbad, setzte es instand und verband mit der nun Andreäbad genannten Badeanstalt eine Gastwirtschaft[969]. Mit dem Hinweis, daß er das Bad für Heilzwecke errichtet habe, bemühte er sich viele Jahre um Steuerbefreiung, schließlich erreichte er einen Kompromiß. Das Andreäbad erfreute sich in der zweiten Hälfte des 18. Jahrhunderts großer Beliebtheit[970]. 1808 stieß man bei der Schaffung der königlichen Anlagen dort auf eine neue Quelle. König Friedrich nahm dies zum Anlaß, das Anwesen des Andreäbads käuflich zu erwerben. Er ließ 1810 das Badhaus und den Gasthof abbrechen und führte an ihrer Stelle ein neues stattliches Gebäude auf, das, 1811 eröffnet, auf die Stuttgarter eine starke Anziehungskraft ausübte. In unmittelbarer Nähe des »Königsbads« erbaute Friedrich ein Landhaus, »die Retraite«, das eines seiner Lieblingsaufenthalte während seiner letzten Lebensjahre wurde[971]. Die neue Badeanstalt umfaßte 65 Zimmer und 64 hölzerne Badewannen, in die das im Erdgeschoß erwärmte Mineralwasser geleitet wurde. Ein Bad kostete zwischen 22 und 30 kr. Arme Kranke erhielten Bäder unentgeltlich, wenn sie ein ärztliches Attest vorlegten. Im Sommer 1812 wurden 799 solcher »Freibäder« verabreicht. Im Winter mußte jedes Bad eine Stunde im voraus bestellt werden. Der Preis für ein solches Bad betrug 1 fl 21 kr. Das Wasser des »Königsbads« wurde mit Erfolg bei arthritischen Beschwerden und chronischen Hautausschlägen genutzt[972]. Die 1827 von dem Privatmann Ehrenfried Burk gekaufte, anschließend baulich erweiterte Badeanstalt, zu der ein großer Garten gehörte und die sich an der Stelle des Gebäudes der Deutschen Verlags-Anstalt befand, war bis 1908 im Betrieb[973].

Zu den Sommerfreuden der Kinder und Jugendlichen zählte das Baden in Bächen, Seen und Flüssen. Leider gab es hierzu auf der Stuttgarter Gemarkung wenig Gelegenheit, und einige verlockende Bademöglichkeiten durften nicht genutzt werden. Am 4. Juli 1810 wurden die Polizeisoldaten angewiesen, den Feuersee, für den ein Badeverbot erlassen worden war, zu überwachen und dort Badende wegzuschicken. Zwei Jahre später verbot die Stadt das Baden in dem neuangelegten Wasserbehälter vor dem Tübinger Tor[974]. Obwohl die Unsauberkeit des Nesenbachs das Baden in diesem Bach unmöglich machte, ließen sich die Kinder nicht ganz davon abhalten. Sie suchten Stellen oberhalb der Stadt auf, an denen der Verschmutzungsgrad des Wassers geringer als im Unterlauf des Baches war. Erwachsene badeten um 1815 meist im Neckar bei Berg nahe einer Insel. Für Personen, die das Baden im freien Fluß scheuten, waren Badhäuslein errichtet. Gefährliche Stellen im Fluß wurden Jahr für Jahr durch Pfähle markiert, auf der Neckarinsel selbst hatte man eine Hütte aufgeschlagen, in der die Gerätschaften für Wiederbelebungsversuche bei Ertrunkenen aufbewahrt wurden. Trotz Warnungen und Vorsichtsmaßnahmen starben alljährlich ein oder mehrere Menschen. Die Zahl der Badenden in heißen Sommern war groß und wuchs stetig weiter an[975].

Wirtschaftliche und soziale Verhältnisse

Allgemeines

Detaillierte Angaben über die Nutzung der Stuttgarter Gemarkung (insgesamt 2 476 ha 75 a 10 qm) liegen uns aus dem Jahr 1724 vor.

Kulturart	Fläche	
Äcker	544 Morgen 2 Viertel 11½ Ruten (171 ha 64 a)	
Wiesen	579 Morgen 16½ Viertel (182 ha 52 a)	
Weingärten	2 506 Morgen 2½ Viertel 2640 Morgen	832 ha 33 a
Bandhecken	27 Morgen 1½ Viertel 3 Viertel 3½Schuh	
Erdgerechtsame	106 Morgen 2½ Viertel	
Baum- und Grasgärten	669 Morgen ½ Viertel 7 Ruten 13 Schuh (212 ha 28 a)	
Küchengärten	49 Morgen 2½ Viertel 8 Ruten (16 ha 9 a)	
Kraut-, Flachs- und Hanfgärten	20 Morgen 1 Viertel 16½ Ruten (6 ha 39 a)	
Waldungen	2 440 Morgen 16¾ Ruten (769 ha 6 a)	
Weiden und Egerten	629 Morgen 15 Ruten (292 ha 82 a)[976]	

Der wirtschaftlichen Bedeutung nach rangierten die Weingärten an erster Stelle; ihr durchschnittlicher jährlicher Reinertrag wurde mit 372 406 fl angegeben. Ihnen folgten im weiten Abstand die Baum- und Grasgärten (Reinertrag 85 810 fl), die Wiesen (Reinertrag 45 819 fl), die Waldungen (Reinertrag 16 796 fl) und die Äcker (Reinertrag 16 514 fl)[977]. Die Weingärten, Wiesen und Äcker waren in fünf bis sieben Ertragsklassen eingeteilt. Die meisten Weingärten, rund die Hälfte, befanden sich in der dritten Klasse, ein Viertel in der vierten Klasse. Bei den Wiesen wurde ein Drittel der zweiten Klasse zugerechnet, bei den Äckern annähernd zwei Drittel der dritten und vierten Klasse. Insgesamt waren die Wiesen im Nesenbachtal recht ertragreich, wogegen die Äcker im allgemeinen nur mäßige Erträge lieferten[978].

Aufschlußreich für die wirtschaftlichen und sozialen Verhältnisse ist der Steueranschlag der Gebäude. Er belief sich 1724 für die Häuser der Inneren Stadt auf 550 839 fl, für die der Esslinger Vorstadt auf 401 701 fl 40 kr und für die der Turnierackervorstadt auf 735 776 fl 49 kr[979]. Nach diesen Werten hätte die Zahl der Häuser in den drei Stadtbezirken recht unterschiedlich sein müssen. Dies war aber nur in beschränktem Maß der Fall. 1729 zählte man in der Inneren Stadt 421 Häuser und elf Scheunen, in der Esslinger Vorstadt 490 Häuser und 46 Scheunen, in der Turnierackervorstadt 442 Häuser und 58 Scheunen, in den Weilern Gablenberg, Heslach und Berg 98 Häuser und 16 Scheunen[980]. Die Esslinger Vorstadt hatte mit Abstand die größte Zahl an Gebäuden, und doch lag sie am niedrigsten in der Steuer. Die hier befindlichen Häuser waren demnach besonders klein und unansehnlich. Die Turnierackervorstadt wies zwar nur eine geringfügig größere Zahl von Gebäuden als die Innere Stadt auf, umgerechnet auf die einzelnen Gebäude lag aber der Steuerwert in diesem Stadtteil besonders hoch, er übertraf den eines Gebäudes in der Inneren Stadt erheblich und noch mehr den eines Gebäudes in der Esslinger Vorstadt. Die Turnierackervorstadt hatte, wie schon früher bemerkt, die größten und stattlichsten Gebäude. Während in der Inneren Stadt zehn Gebäude zwischen 3 000 fl und 4 000 fl und in der Esslinger Vorstadt lediglich zwei um je 3 000 fl steuerlich veranschlagt waren, betrug der höchste Steueranschlag für ein Gebäude in der Turnierackervorstadt 4 500 fl, für 13 weitere Häuser zwischen 3 000 fl und 4 000 fl. Andererseits gab es in der Inneren Stadt 65 Gebäude mit einem Steueranschlag zwischen 100 und 300 fl, in der Esslinger Vorstadt 226 mit einem Steueranschlag zwischen 50 fl (zwei Gebäude) und 300 fl (82 Gebäude), in der Turnierackervorstadt 118 Gebäude zwischen 100 und 300 fl. Durchschnittlich lag der Steueranschlag für ein Gebäude in der Inneren Stadt bei 840 fl, in der Esslinger Vorstadt bei 498 fl und in der Turnierackervorstadt bei 924 fl[981].

Wie wir gesehen haben, spielte der Weinbau in Stuttgart noch immer eine bedeutsame Rolle. Allerdings erreichte der aus ihm erzielte und mit 372 000 fl veranschlagte Reinertrag nicht ganz den Ertrag der Handwerksbetriebe in der Stadt, der 1724 mit 391 625 fl zu Buche schlug. Verhältnismäßig bescheiden nahm sich demgegenüber mit 81 300 fl der Steueranschlag der Kauf- und Handelsleute, einschließlich der »Italianer« (der italienischen Handelsleute) aus. – Die »Italianer« allein waren mit 11 850 fl veranschlagt. – Als Steueranschlag für die Gastwirtschaften in Stuttgart wurden 14 500 fl errechnet, als versteuerbarer Ertrag der »Gremblereien« (Trödelläden) 6 100 fl[982]. Freilich lagen in den zwanziger Jahren des 18. Jahrhunderts nach der Verlegung des Hofes und der Regierung nach Ludwigsburg Handel und Gewerbe danieder. Es fehlte an Aufträgen, die Einkommen waren rückläufig. Der erfolgreichste Handelsmann erzielte damals ein steuerbares Jahreseinkommen von 5 000 fl, sechs weitere ein solches von jeweils 3 000 fl oder 2 500 fl, die übrigen Kauf- und Handelsleute lagen mit ihrem Einkommen zwischen 1 500 fl und 300 fl. Recht gut ging es den drei Apothekern; sie versteuerten ein Jahreseinkommen zwischen 2 000 fl und 4 000 fl. Die Müller am Nesenbach und in Berg waren mit 1 500 fl bis 3 000 fl, zwei der insgesamt 23 Schild- und Gassenwirte mit je 1 000 fl veranlagt. Bei den Handwerkern hatten nur wenige ein steuerbares Jahreseinkommen von 1000 fl und mehr: ein Barbier (1 000 fl), zwei Kaffeesieder (1 200 und 1 000 fl), zwei Goldarbeiter (1 400 und 1000 fl), zwei Buchdrucker (2 000 und 1 500 fl), ein Buchbinder (1 200 fl), ein Metzger (1 000 fl). Das Gros der Handwerker aber mußte sich mit einem mäßigen, manchmal geradezu kümmerlichen Einkommen begnügen. Beispielsweise betrug der Steueranschlag für 41 Schneider je 50 fl, ebenso für 32 Schuhmacher, für einen Schneider sogar nur 30 fl[983].

Ein sehr sprechendes Bild über die soziale Struktur der Einwohnerschaft vermitteln die Steuerbücher. 1750/51 wurden 854 Steuerzahler erfaßt: in der Stadt einschließlich Ziegler und Müller 707, in Berg 21, in Heslach 110, außerdem (separat gezählt) 16 Handbeisitzer und Tiroler.

Stuttgarter Steuerzahler 1750/51

	unter 1 fl	1–5 fl	5–10 fl	10–15 fl	15–20 fl	über 20 fl
Stuttgart-Stadt	135	363	114	46	22	23
Ziegler und Müller			1	1	1	1
Berg	14	5	1			1
Heslach	20	67	19	4		
Handbeisitzer und Tiroler	5	7	3	1		
	174	442	138	52	23	25

Unter den Steuerzahlern mit weniger als 1 fl Stadtschaden befanden sich zahlreiche Handwerker, so 16 Schuhmacher, elf Schneider, vier Perückenmacher, ebenso mindestens vier Weingärtner. Von Interesse sind andererseits die Namen und Berufe der Steuerzahler von 1750/51, die mit 30 und mehr Gulden zur Kasse gebeten wurden; sie sind in der ersten Tabelle aus Seite 212 aufgeführt.

In der zweiten Hälfte des 18. Jahrhunderts nahm die Zahl der Steuerzahler, aber auch – eine mäßige Geldentwertung berücksichtigt – die Wohlhabenheit zu. Dies machen die bei der Auswertung des Steuerbuchs 1800/01 gewonnenen Ergebnisse deutlich. Von insgesamt 2 551 Steuerzahlern (eine Anzahl weiterer Steuerzahler, alle in der Turnierackervorstadt, konnte wegen Textverlusts nicht berücksichtigt werden) liegen Angaben über den von ihnen entrichteten Stadtschaden vor. Aufschluß darüber gibt die zweite Tabelle auf Seite 212.

Stuttgarter, die 1750/51 mehr als 30 fl Steuer zahlten

Johann Jakob Lang, Apotheker	45 fl 19 kr
Witwe des Apothekers Christoph Friedrich Reinöhl	51 fl 40 kr
Ernst Friedrich Schweizer, Hofrat und Bürgermeister	44 fl 28 kr
Witwe von Johann Georg Wagner »des Gerichts« (Angehöriger des Stadtgerichts)	54 fl 15 kr 3 h
Heinrich Jakob Wagner, Handelsmann	36 fl 54 kr
Johann Jakob Lieb, Bäcker	35 fl 57 kr
Georg Friedrich Schnell, Metzgerkerzenmeister (Metzgerobermeister)	34 fl 46 kr
Johann Georg Hilchen, Hofkammerrat	40 fl 19 kr
Egidius Böhnz, Hofkammerexpeditionsrat und Bürgermeister	30 fl 7 kr
Johann Konrad Spring, Hofkammerrat	32 fl 46 kr
Antoni Brentano, »Italiäner«, nicht Bürger	30 fl 24 kr
Johann Georg Scheef, »Bahnmüller« in Berg	49 fl 45 kr[984]

Stuttgarter Steuerzahler 1800/1801

Stadtbezirk	unter 1 fl	1–5 fl	5–10 fl	10–15 fl	15–20 fl	über 20 fl	Insgesamt
Innere Stadt	110	326	184	98	54	92	864
Esslinger Vorstadt	121	389	207	100	53	58	928
Turnierackervorstadt	98	290	165	86	50	70	759
Insgesamt	329	1005	556	284	157	220	2551

48 Steuerzahler (= 1,7 %) wurden 1800/01 mit 40 fl und mehr zur Kasse gebeten: 26 in der Inneren Stadt, sechs in der Esslinger Vorstadt und 16 in der Turnierackervorstadt.

Die 1890 Steuerzahler (74,1 %), die zu einem Stadtschaden bis zu 10 fl veranlagt waren, verfügten über ein geringes Vermögen, die 441 (17,3 %), die mit 10 bis 20 fl zum Stadtschaden herangezogen wurden, gehörten zur Kategorie der Einwohner mit einem mittleren Vermögen. Als wohlhabend konnten die 220 Einwohner (8,6 %) gelten, die einen Stadtschaden von über 20 fl entrichteten[985].

Zu den reichsten Einwohnern mit einem Stadtschadenaufkommen von jeweils mehr als 60 fl zahlten:

Die Frau des Rats Vischer (Namensangabe unvollständig)	88 fl 3 kr
Josef N...., Kaufmann (Namensangabe unvollständig)	78 fl 20 kr
Ferdinand Friedrich Walz, Apotheker	76 fl
Christoph Friedrich Jenisch	68 fl 15 kr

Unter den Institutionen, die einen sehr hohen Stadtschaden zu zahlen hatten, ragen hervor das Hospital mit 120 fl 22 kr, die »Gemeine Landschaft« (der Landtag) mit 183 fl 49 kr und das Siechenhaus mit 42 fl 11 kr[986].

Aus dem Jahr 1794 liegt uns erstmals ein gedrucktes Verzeichnis der Stuttgarter Hausbesitzer vor. Obgleich die Größe und die Bausubstanz der einzelnen Häuser und damit auch ihr finanzieller Wert sehr unterschiedlich waren, läßt sich doch aus dem Besitz von zwei und mehr Häusern auf eine gewisse Wohlhabenheit schließen. 1798 gehörten zum Kreis der Mehrfach-Hausbesitzer 78 Stuttgarter. Von ihnen waren 36 Handwerker und zwei Handwerkerwitwen, also annähernd die Hälfte. Außerdem besaßen fünf Weingärtner jeweils zwei Häuser. Die übrigen Mehrfach-Hausbesitzer gehörten unterschiedlichen Berufsgruppen an: Hof- und Kanzleibedienstete in gehobener Stellung, Handelsleute, Gastwirte, Fuhrleute usw. Von den fünf Einwohnern, die Eigentümer von drei Häusern waren, zählten vier zum Handwerkerstand, einer war Gastwirt. Von den zwei Besitzern von je vier Häusern war der eine Handwerker, der andere Fuhrmann[987]. Die meisten Stuttgarter besaßen lediglich ein Haus, viele von ihnen nur kümmerliche Häuslein, so ein Großteil der Weingärtner. Es gab aber auch zahlreiche Einwohner, die in Miete wohnten. Andere nannten nur ein Hausteil ihr Eigentum. Bereits 1735 wurde kritisiert, man teile in Stuttgart entgegen der Landesordnung Häuser und Güter unter zwei bis fünf Besitzer. Auf den Vorschlag der Oberräte wies der Herzog am 30. März jenes Jahres den Magistrat an, die diesbezüglichen Anordnungen zu beachten[988]. Der Kauf stattlicher Häuser war nur wohlhabenden Bürgern möglich. 1729 veräußerte Johann Georg Mequillot, Professor am Gymnasium, sein Haus in der Kirchgasse um 1800 fl an einen Handelsmann. Mequillot hatte das Haus von seinem Bruder, der sich wie der jetzige Käufer als Handelsmann betätigt hatte, geerbt[989]. Ein kleiner Handwerker beispielsweise hätte einen solchen Preis nicht zahlen können.

Die Lebens- und Einkommensverhältnisse des Durchschnittsbürgers im 18. und zu Beginn des 19. Jahrhunderts waren bescheiden. Ein Handwerker konnte um 1770 mit einem Jahresverdienst von 150 bis 220 fl rechnen, ein Weber aber nur mit einem solchen von 100 bis 150 fl. Ein höherer Beamter erhielt ein Jahresgehalt von 800 bis 1200 fl. Im Vergleich hierzu muten die Gehälter, die Herzog Carl Eugen in den 1760er Jahren den Künstlern am Hof in Ludwigsburg zahlte geradezu »traumhaft« an. Tänzer und Kastraten, die auf der Bühne auftraten, wurden mit 2500 bis 5000 fl im Jahr besoldet. Dies entsprach einem Mehrfachen der Gehälter, auf die Prälaten und Universitätsprofessoren Anspruch hatten[990]. Ein Lohnweingärtner bekam für das Bebauen von einem Morgen Weingarten (ohne Weinlese) 1788 14 fl, 1795 18 fl und 1816 25 fl 20 kr[991]. Im Jahr 1808 betrug der Lohn für einen Taglöhner beim Straßenbau 32 kr täglich[992]. 1795 wurde der Sommertaglohn der Maurer, Steinhauer und Zimmerleute auf 45 kr für den Meister, auf 36 bis 40 kr für den Gesellen und auf 26 kr für den »Jungen« (Lehrjungen) festgesetzt. Im Winter betrugen die entsprechenden Taglöhne 40 kr, 32 bis 36 kr sowie 22 kr[993]. 1818 lagen die Lohntaxen für die genannten Berufe geringfügig höher: 46 kr im Sommer und 44 kr im Winter für den Maurer- und Zimmermannsgesellen, 52 bzw. 50 kr für den Steinhauer, 48 kr für den Taglöhner, aber nur 24 kr, wenn er »Trunk und Brot« erhielt, also verköstigt wurde[994].

Um sich vom Kaufwert der Löhne und Gehälter eine Vorstellung verschaffen zu können, seien hier die allerdings erheblich schwankenden Preise für einige Nahrungsmittel und für andere Güter des täglichen Bedarfs angeführt. Im Frühjahr 1770 – vor der großen Teuerung – kostete ein sechspfündiger Laib Kernenbrot 10 kr (am Jahresende freilich das Doppelte), 1 Pfund Ochsenfleisch zwischen 4 1/2 und 7 kr, 1 Pfund Kalbfleisch 4 bis 5 1/2 kr. Die Tax für Talglichter (vermutlich 1 Pfund) war auf 17 kr festgesetzt. Für 1 Klafter Buchenholz wurden 10 bis 12 fl, später sogar 16 bis 18 fl verlangt. Dies war allerdings sehr viel. In manchen anderen Jahren konnte man das Holz beträchtlich billiger bekommen. An Miete für »eine wohlkonditionierte Logis« mußte man mit 30 fl im Jahr rechnen[995]. Im Jahr 1788 kostete 1 Scheffel Dinkel 4 fl 35 kr, ein sechspfündiger Laib Roggenbrot 13 kr, 1 Pfund Ochsenfleisch 7 1/2 kr, 1 Pfund Rindfleisch 6 1/2 kr, 1 Pfund Kalbfleisch 6 kr, 1 Pfund Hammelfleisch 6 1/2 kr, 1 Pfund Schweinefleisch 8 kr, 1 Pfund Butter 17 kr und 1 Pfund Schmalz 20 kr[996].

Die Unzufriedenheit der Handwerksgesellen über ihre niedrigen Löhne und schlechten Arbeitsbedingungen steigerte sich gelegentlich bis zu Streikdrohungen und Arbeitsverweigerungen. So drohten 1718 die Metzgergesellen, 1724 die Bäckergesellen sowie ein Teil der Schlossergesellen mit Streik, um höhere Löhne durchzusetzen. In den 1730er Jahren, ebenso 1742 kam es in einzelnen Handwerksbetrieben zu Streiks. Der spektakulärste Arbeitskampf war 1755 zu verzeichnen. Im August jenes Jahres traten die Schneider-, Schlosser-, Schreiner- und Schuhmachergesellen in den Ausstand; sie forderten die Absetzung mißliebiger »Kerzenmeister« (Zunftobermeister). Besonders aufsässig gebärdeten sich die Schreinergesellen. Sie waren darüber aufgebracht, daß beim Begräbnis eines Kollegen, dem Selbstmord zur Last gelegt wurde, ohne daß sich dies freilich beweisen ließ, diesem nicht alle sonst üblichen Ehren erwiesen worden waren. Nachdem sie Raufhändel angezettelt hatten, zogen sie in die nahe Reichsstadt Esslingen, um dort den obrigkeitlichen Bescheid abzuwarten. Weil sie sich aber in Esslingen unbotmäßig aufführten, kündigte ihnen der dortige Magistrat das Gastrecht auf. Die württembergische Regierung drohte, sie an der esslingischen Grenze festzunehmen und ins Ludwigsburger Arbeitshaus zu sperren. Diese Drohung wirkte. Sie kehrten an ihre Arbeitsplätze zurück. Beinahe hätten auch die Metzger gewaltsam aufbegehrt. Zu den ihnen auferlegten Postritten hatte sich neuerdings die Verpflichtung gesellt, Deserteure einzufangen. Jetzt sollten sie sogar noch die Schreinergesellen festnehmen. Doch sie ließen sich nicht als Erfüllungsgehilfen des Magistrats mißbrauchen, sie weigerten sich, und die städtische Obrigkeit bestand nicht auf der Durchführung ihrer Anordnung[997].

Mit Argusaugen sahen die Angehörigen der einzelnen Stände und Berufsgruppen darauf, daß sie in der Öffentlichkeit standesgemäß auftreten konnten, daß ihre Rechte nicht geschmälert wurden. Ein wichtiges und ehrenvolles Standesattribut war beispielsweise das Degentragen. 1712 war es sämtlichen Handwerksgesellen verboten, 1723 hingegen wurde es den Handlungsbediensteten, Goldarbeitern und Apothekergesellen, 1724 auch den »Künstlern« erlaubt. Herzogliche Reskripte von 1739 und 1740 untersagten allen »Professionsverwandten« (Angehörigen handwerklicher Berufe), Kaufmannsdienern und Handwerksburschen das Tragen von Degen und Hirschfängern. Doch durften sich die Apotheker- und Barbiergesellen, ebenso die Zinkenistengesellen und die »wirklichen Handlungsbuchhalter« auf ihre energischen Proteste hin seit Frühjahr 1740 wieder mit diesem ehrenvollen Wehrattribut schmücken. Die Apotheker hatten geltend gemacht, daß die »Apothekerkunst« in ganz Europa als ein Studium angesehen und an den Universitäten gelehrt werde. Kein Glück hatten die »Handlungsbediensteten«, die Gold- und Silberarbeiter sowie die Diamantschleifergesellen; ihre Gesuche, ihnen das Degentragen zu gestatten, wurden allesamt abgelehnt. Einen Handlungsbediensteten, der sich an das Verbot nicht hielt, bestrafte der Magistrat um einen Kleinen Frevel[998].

Wie noch in anderem Zusammenhang zu zeigen sein wird, beharrte die Obrigkeit nicht mehr so streng wie früher auf dem Einhalten der Kleiderordnung. Die Bezeichnung »Herr« blieb den Mitgliedern von Gericht und Rat sowie den Angehörigen besonders gehobener Berufe vorbehalten. Wenn im Steuerbuch von 1750/51 dem Goldarbeiter Heinrich Friedrich Heugelin das Prädikat »Herr« zuerkannt war, dann wohl deshalb, weil er zugleich Münzwaagmeister war und damit eine herausgehobene soziale Stellung in der Stadt innehatte[999].

Zu einem gehobenen gesellschaftlichen Stand gehörte ein entsprechender wirtschaftlicher Rückhalt. Dieser war nur bei einem angemessenen Besitz und Einkommen gewährleistet. Da jedoch jede soziale Absicherung fehlte, gerieten mitunter selbst gutsituierte Familien in Not, wenn der Ernährer starb oder durch Krankheit arbeitsunfähig wurde. Besonders prekär war die wirtschaftliche Situation verwitweter alter Frauen, die nicht auf die Unterstützung durch Kinder oder Verwandte rechnen konnten; sie fielen, wenn ihr Vermögen aufgebraucht war, der Allgemeinheit zur Last. Um diesem Schicksal zu entgehen, kauften sich solche Witwen als Pfründnerinnen im Hospital ein, oder aber sie sicherten ihren Lebensabend durch eine Art Leibgeding. Ein Beispiel: Anna Katharina Göhring, die Witwe eines Rotgerbers, schloß im September 1709 mit dem Metzger Johann Wolfgang Beck folgenden Vertrag: Anna Katharina Göhring, hochbetagt und außerstande, ihr Stücklein Brot selbst zu verdienen, übergibt Beck ihre halbe Behausung in der Esslinger Vorstadt, an der ihr verschollener Sohn Andreas noch 100 fl väterliches Vermögen

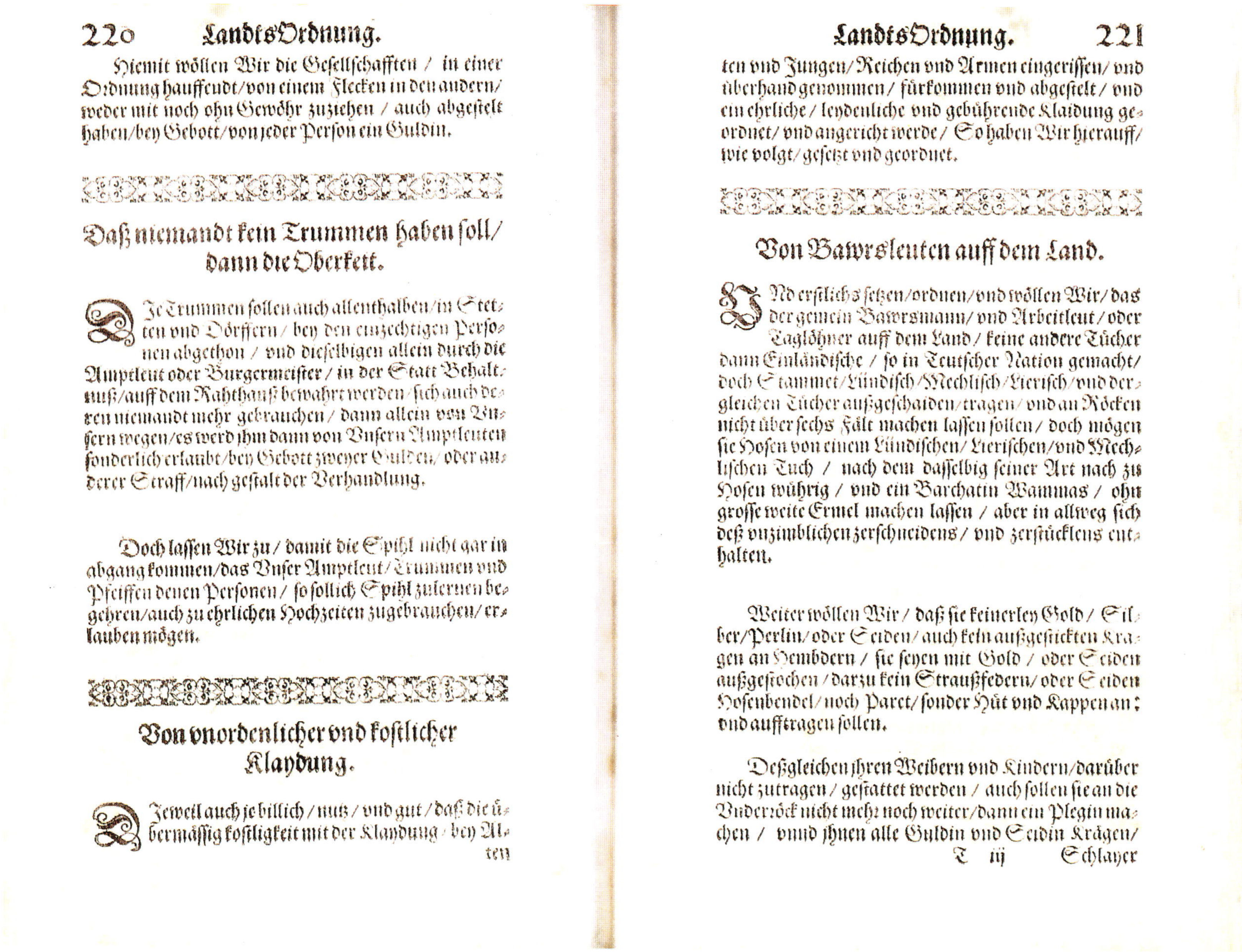

220 LandtsOrdnung.

Hiemit wöllen Wir die Gesellschafften / in einer Ordnung hauffendt/von einem Flecken in den andern/ weder mit noch ohn Gewöhr zuziehen / auch abgestelt haben/bey Gebott/von jeder Person ein Guldin.

Daß niemandt kein Trummen haben soll/ dann die Oberkeit.

DIe Trummen sollen auch allenthalben/in Stetten vnd Dörffern / bey den einzechtigen Personen abgethon / vnd dieselbigen allein durch die Amptleut oder Burgermeister / in der Statt Behaltnuß/auff dem Rahthauß bewahrt werden/sich auch deren niemandt mehr gebrauchen / dann allein von Vnsern wegen/es werd jhm dann von Vnsern Amptleuten sonderlich erlaubt/bey Gebott zweyer Gulden/ oder anderer Straff/nach gestalt der Verhandlung.

Doch lassen Wir zu / damit die Spihl nicht gar in abgang kommen/das Vnser Amptleut/Trummen vnd Pfeiffen denen Personen / so sollich Spihl zulernen begehren/auch zu ehrlichen Hochzeiten zugebrauchen/ erlauben mögen.

Von vnordenlicher vnd kostlicher Klaydung.

DIeweil auch je billich / nutz / vnd gut / daß die übermässig kostligkeit mit der Klaydung / bey Alten

LandtsOrdnung. 221

ten vnd Jungen/Reichen vnd Armen eingerissen/ vnd überhand genommen / fürkommen vnd abgestelt / vnd ein ehrliche / leydenliche vnd gebührende Klaidung geordnet/ vnd angericht werde / So haben Wir hierauff/ wie volgt/ gesetzt vnd geordnet.

Von Bawrsleuten auff dem Land.

VNd erstlichs setzen/ordnen/vnd wöllen Wir/ das der gemein Bawrsmann/ vnd Arbeitleut / oder Taglöhner auff dem Land / keine andere Tücher dann Einländische / so in Teutscher Nation gemacht/ doch Stammet/Lündisch/Mechlisch/Lierisch/vnd dergleichen Tücher außgeschaiden/tragen/ vnd an Röcken nicht über sechs Fält machen lassen sollen / doch mögen sie Hosen von einem Lündischen/ Lierischen/vnd Mechlischen Tuch / nach dem dasselbig seiner Art nach zu Hosen wührig / vnd ein Barchatin Wammas / ohn grosse weite Ermel machen lassen / aber in allweg sich deß vnzimblichen zerschneidens / vnd zerstücklens enthalten.

Weiter wöllen Wir / daß sie keinerley Gold / Silber/Perlin/ oder Seiden/ auch kein außgestickten Kragen an Hembdern / sie seyen mit Gold / oder Seiden außgestochen / darzu kein Straußfedern/ oder Seiden Hosenbendel/ noch Paret/ sonder Hüt vnd Kappen an: vnd aufftragen sollen.

Deßgleichen jhren Weibern vnd Kindern/darüber nicht zutragen / gestattet werden / auch sollen sie an die Vnderröck nicht mehr noch weiter/dann ein Plegin machen / vnnd jhnen alle Guldin vnd Seidin Krägen/

T iij Schlayer

Kleiderordnung für die Landbevölkerung (Bauern, Arbeitsleute und Taglöhner). Aus der Württembergischen Landesordnung vom Jahr 1621.

zu beanspruchen hat, sowie einen halben Morgen Weingarten im Thürlen. Beck übernimmt die auf der Behausung und auf dem Weingarten ruhenden Belastungen, und er verpflichtet sich, Anna Katharina Göhring in gesunden wie kranken Tagen mit angemessener Wohnung, Kleidung und allen Medikamenten zu versehen und sie nach ihrem Tod »ehrlich zur Erde bestatten zu lassen«; ferner sichert er ihr zu, ihr nach und nach 25 fl »zur Ergötzung« zu geben. Für den Fall, daß Beck vor Anna Katharina stirbt, treten seine Erben in den Vertrag ein[1000]. Keine soziale Absicherung gab es damals – wie es sie auch heute nicht gibt – für Menschen, die schuldhaft ihr Vermögen durchbrachten. Sie stürzten nicht nur sich, sondern vor allem auch ihre Angehörigen ins Unglück. Ein solcher Mensch war der Chirurg Johann Martin Rebstock. Er führte eine üble Haushaltung, machte hohe Schulden und verschwand schließlich spurlos. Zurück blieben eine völlig mittellose Ehefrau sowie Schulden in Höhevon 2 000 fl[1001].

In sehr ungünstigen wirtschaftlichen Verhältnissen lebten die Dienstboten. Ihre

Löhne waren gering. Rechte gegenüber ihren Arbeitgebern hatten sie nicht. Immerhin konnten sie, wenn ihnen die vereinbarten Löhne nicht gezahlt wurden, die Gerichte anrufen. So tat dies im April 1746 eine Dienstmagd, die von ihrem bisherigen Dienstherrn, einem Glaser, den vorenthaltenen »Lidlohn« (Lohn für geleistete Dienste) einklagte. Wir wissen allerdings nicht, ob sie damit Erfolg hatte[1002]. Im 18. und zu Beginn des 19. Jahrhunderts war die Zahl der Dienstboten groß. Schon Handwerkerfamilien mit mäßigem Vermögen und Einkommen beschäftigten Knechte und Mägde. Die wohlhabenden Familien der bürgerlichen Oberschicht verfügten in der Regel über eine Schar von Bediensteten, neben ganztägig angestelltem Dienstpersonal auch über Zeitarbeitskräfte. Ebenso hatten die Handwerksmeister in der Regel einen oder mehrere Gesellen[1003]. Um Pflichten und Rechte der Dienstboten exakt zu beschreiben und um Knechte und Mägde nicht länger der Willkür ihrer Herrschaften preiszugeben, erließ König Wilhelm I. am 27. Oktober 1819 für die Residenzstadt Stuttgart eine umfassende Gesindeordnung[1004]. Sie enthielt Bestimmungen über den Abschluß des »Mietvertrags« (Dienstvertrags), das Haftgeld, den Dienstantritt, die Pflichten des Gesindes und der Herrschaft, die Beendigung des Dienstverhältnisses usw.

Ungünstig war auch die soziale Stellung der Taglöhner. Die Entlohnung dieser meist ungelernten Arbeitskräfte bewegte sich auf einem sehr niedrigen Niveau. Häufig hatten sie keine feste Beschäftigung, sondern waren auf Gelegenheitsarbeiten angewiesen. Im Oktober 1790 suchte eine Polizeiverordnung den Taglöhnern die Arbeitsbeschaffung zu erleichtern. Sie bestimmte: »Damit diejenigen, welche durch Taglöhnern etwas verdienen wollen, hierzu Gelegenheit haben und andere, welche Taglöhner verlangen, solche eher bekommen, so können sowohl die hiesigen als auch die auswärtigen Taglöhner sich auf der hiesigen Bürgerwacht melden und aufzeichnen lassen. Dort sollen auch künftig die Taglöhner zu erfragen und zu bestellen sein. Den auswärtigen und fremden Taglöhnern wird im Winter erlaubt, sich bei kaltem Wetter einige Stunden lang auf der Bürgerwache aufzuhalten und zu wärmen«[1005].

Land- und Forstwirtschaft, Gartenbau

Äcker und Wiesen nahmen, wie wir gehört haben, nur einen bescheidenen Teil der Stuttgarter Gemarkung ein. Vor allem die Äcker waren weit verstreut, auch wurden sie nach Gutdünken bebaut. Die anderwärts übliche Einteilung der Feldfluren in drei Zelgen und der regelmäßige Wechsel zwischen Winterfrucht, Sommerfrucht und Brache ließen sich hier nicht durchsetzen. Haupterwerbslandwirte gab es in Stuttgart auch im 18. Jahrhundert nicht. Gewöhnlich bewirtschafteten Weingärtner und Handwerker einzelne größere oder kleinere Äcker. Bis etwa 1750 wurde fast ausschließlich Getreide (Dinkel, Roggen, Hafer, Gerste) angebaut. In den folgenden Jahrzehnten setzte sich dann nach Überwindung mancher Widerstände und Vorurteile neben dem Getreide der Anbau von Kartoffeln und Mais durch. Die Teuerung zu Beginn der 1770er Jahre bewirkte bei den Kartoffeln den entscheidenden Durchbruch. Innerhalb weniger Jahre erlangten sie den Rang eines unentbehrlichen Volksnahrungsmittels. 1795 wurden auf der Gemarkung 1356 Scheffel geerntet[1006]. Dem Berliner Buchhändler Nicolai fiel 1781 bei seinem Besuch in Stuttgart auf, daß sich unweit des Neuen Schlosses ein ziemlich großes Maisfeld befand[1007]. Als Futterpflanze setzte sich in der zweiten Hälfte des 18. Jahrhunderts der Klee durch; er erleichterte armen Weingärtnern und Handwerkern das Halten einer Kuh. Bereits 1710 wurde auf der Gemarkung Tabak – offensichtlich zunächst in geringem Umfang – angepflanzt[1008]. Später scheint der Tabakanbau namentlich im Azenberg eine größere Ausdehnung gehabt zu haben; er ging aber, nachdem 1770 das Tabakmonopol gefallen war, rasch zurück[1009].

Seit Beginn des 18. Jahrhunderts nahm die Zahl der Gärten stetig zu. Die wohlhabenden Bürger, ebenso die Hof- und Kanzleibediensteten fanden an Gärten Gefallen. Neben Baum- und Grasgärten sowie Gemüsegärten traten ausgesprochene Ziergärten. 1699 beispielsweise kaufte der Geheime Regimentsrat und Hofmarschall von Staffhorst einen Acker vor dem Rotebildtor und ließ ihn zu einem Garten herrichten. Einige Jahre darauf erwarb er von einem Weingärtner noch ein Viertelmorgen großes Baumgut und erstellte darauf ein »Lustgebäu«, wohl eine Art Gartenhaus. Die neue Nutzung des Areals trug der Stadt die doppelte Steuer ein[1010]. 1702 wuchsen im Garten der verwitweten Geheimrätin von Culpis auf dem Bollwerk Pomeranzen-, Myrten- und Lorbeerbäume. Zum Schutz dieser exotischen Bäume unterhielt Frau von Culpis ein mit Glasscheiben versehenes Gewächs-

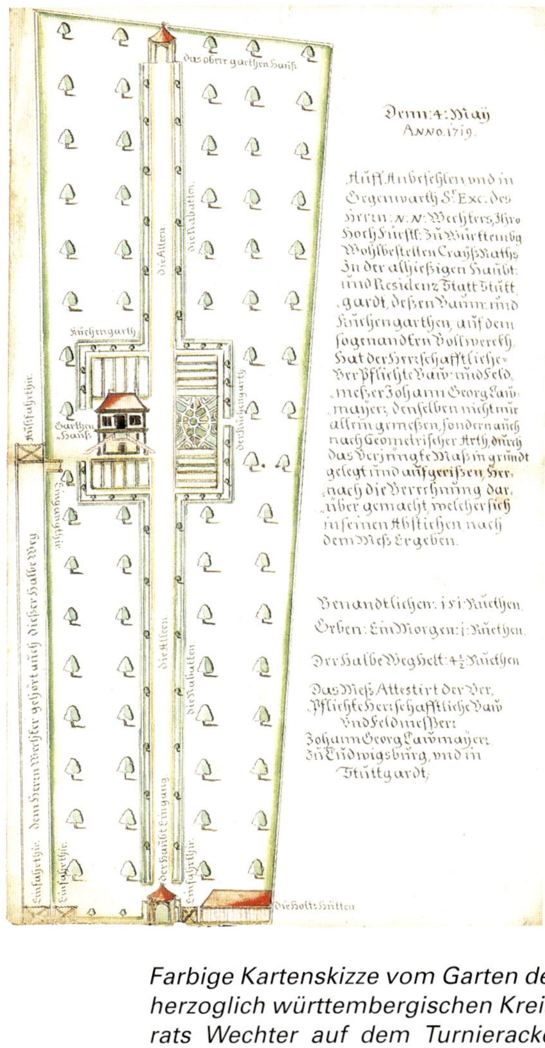

Farbige Kartenskizze vom Garten des herzoglich württembergischen Kreisrats Wechter auf dem Turnieracker 1719.

haus. Die Pomeranzenbäume waren zum Teil bereits 20 Jahre alt. Im Garten wurden auch »Cucumer« (Gurken) und Salat gezogen[1011]. Ein eindrückliches Bild von einem Baum- und Küchengarten mit Gartenhaus vermittelt eine Farbskizze aus dem Jahr 1719. Es handelt sich um den Baum- und Obstgarten des württembergischen Kreisrats Wechter[1012]. Wachsender Beliebtheit erfreute sich auch der Obstbau. In den Baumgärten gab es eine Vielfalt von fruchtbaren Bäumen. Doch auch bisher weitgehend ungenutzte Egerten und Heiden erlangten jetzt als Obstanlagen wirtschaftliche Bedeutung. 1764 etwa wurde die Gablenberger Heide mit Kastanien- und Nußbäumen bepflanzt, hauptsächlich jedoch mit Kirschbäumen, die reiche Erträge lieferten[1013]. Die Umwandlung von zehntbaren Äckern, Wiesen und Weingärten in Gärten bedurfte der obrigkeitlichen Genehmigung. Bei solchen Genehmigungen, der Erteilung von »Gartengerechtigkeiten«, wurde jeweils darauf gesehen, daß die Interessen der Zehnt- und Zinsberechtigten keine Beeinträchtigung erfuhren[1014]. Weniger Probleme verursachte die Anlage von Gärten auf bisher landwirtschaftlich nicht genutztem Gelände. Hier konnte sich der Eigentümer des Grund und Bodens neue Einnahmen erschließen. 1777 beispielsweise wurde ein Teil der Feuerbacher Heide an Stuttgarter und Feuerbacher Bürger als Gartenland verpachtet[1015]. Für die Stadt bedeutete die Umwandlung von Äckern, Wiesen und Weingärten in Gärten keine reine Freude. Die Gärten brauchten viel Wasser, und dieses stand nicht zur Verfügung[1016]. Der erste namentlich bekannte Kunst- und Handelsgärtner in Stuttgart war Johann Georg Hemmerling. Dieser 1768 verstorbene herzogliche Hofgärtner hatte über 20 Jahre in seinem Beruf gewirkt und offenbar auf die Entwicklung des Gartenbaus, namentlich des Gemüsebaus, starken Einfluß ausgeübt. 1751 betätigten sich neben ihm als Gärtner Ludwig Escher und Johann Christian Wolf, beide auf dem Bollwerk wohnhaft. Gleichfalls 1751 veranstaltete der herzogliche Hof-Kommissarius Egler eine »Frühjahrs- und Spätjahrsblumenlotterie von lauter veritabler schöner holländischer und englischer Ware«[1017].

Beim Vergleich der Kulturverhältnisse auf der Stuttgarter Gemarkung der Jahre 1725 und 1807 fallen die im Lauf dieser 80 Jahre erfolgten nicht unbedeutenden Veränderungen ins Auge. Das Areal der Äcker war von 544 auf 786 Morgen angestiegen, ebenso hatte sich die Nutzfläche der Baum-, Gras- und Küchengärten von 722 auf 1725 Morgen vergrößert. Geschrumpft war die Fläche der Weingärten von 2640 auf 2380 Morgen und die der Wiesen von 579 auf 350 Morgen[1018]. Die Zunahme der Äcker war hauptsächlich auf die Urbarmachung von Ödland und Heiden zurückzuführen, so von Teilen der Feuerbacher Heide und der Gänsheide. Besondere Verdienste erwarben sich hierbei Bürgermeister Johannes Hehl, Bäckermeister G. Philipp Weiß, dessen Sohn Sebastian Weiß sowie Traiteur Mühlbach. Zwischen 1730 und 1771 verminderten sich die Allmenden von 929 auf 633 Morgen und bis 1795 auf 199 Morgen[1019]. Wenn sich das Areal der Wiesen und Weingärten verminderte, dann vor allem deshalb, weil viele Wiesen, aber auch Weingärten in Gärten umgewandelt wurden: Baum- und Grasgärten, Küchengärten. Bereits 1713/14 zogen manche Stuttgarter ihren Bedarf an Gemüse in den Weingärten. So wurden dort auch Bohnen, Kürbisse, Rüben und Kohl angepflanzt. Später kamen fruchtbare Obstbäume hinzu. Aus schlechten Weingärten entstanden Obstgrundstücke, zum Teil auch Gemüsegärten[1020].

Wegen der zeitweilig stark überhandnehmenden Felddiebstähle und mutwilligen Flurschäden kam den Feldschützen eine wichtige Funktion zu. Ihr Dienst umfaßte während des Sommerhalbjahrs Werk-, Sonn- und Feiertage, lediglich die Gottesdienste ausgenommen. Nach einer Dienstanweisung aus dem Jahr 1762 hatten sie Personen, die Bäume, Zäune oder »Häger« (Hage, Hecken) beschädigten, zu rügen und anzuzeigen. Ferner mußten sie darauf achten, daß Schäfer und Metzger nicht »schädlich weideten«. Auf verbotene Wege (zum Beispiel in der Herbstzeit) durften sie niemanden lassen. Sie mußten ständig Hauen und Pickel mit sich führen, um die Fahrwege in Ordnung halten zu können. Zu ihren Dienstobliegenheiten gehörte die Aufsicht über die Wildzäune, die fruchtbaren Bäume, die Felben und Weiden. Über die Bäume hatten sie ein Register zu führen. Die Pflege der

Stuttgart um 1810.

Allee vor dem Rotebildtor beaufsichtigte der Ratsverwandte Ploucquet. Er sah darauf, daß rechtzeitig die Bäume »umgraben«, die wilden Schößlinge abgeschnitten, die Raupen abgelesen, im Herbst die Bäume mit Dornen »gehörig verbunden« und daß die Bäume von den Eigentümern mit »Stotzen« (Pfählen, Stützen) versehen wurden. Im Winter mußten sich die Feldschützen zu den in der Stadt anfallenden Geschäften gebrauchen lassen[1021].

Noch immer richtete das im Übermaß gehegte Wild in den Weingärten, Gärten und Äckern, vor allem in den Außenbezirken der Gemarkung, großen Schaden an. Die Wildzäune boten nur ungenügenden Schutz. Manche Einwohner begnügten sich indes nicht damit, das Wild durch Lärm zu vertreiben, sie machten mit Flinten und Hunden Jagd auf die ihre Felder und Weingärten verwüstenden Tiere. Herzog Eberhard Ludwig mißfiel dies sehr. Er wiederholte sein strenges, an die Adresse der Stuttgarter gerichtetes Verbot, das Wild mit Flinten und Hunden zu jagen, und er drohte, die Hunde, die künftig beim Jagen ertappt würden, totschießen zu lassen, ihre Herren aber empfindlich zu strafen[1022]. Indes machte nicht nur das Wild den Besitzern von landwirtschaftlich genutzten Grundstücken zu schaffen, auch Vögel und andere Schädlinge brachten sie in manchen Jahren um einen größeren oder kleineren Teil ihrer Ernteerträge. Kurios mutet es an, wenn am 1. Juli 1711 ein Generalreskript empfahl, die Bekämpfung der überhandnehmenden Spatzen mit Hilfe der von dem Starenfänger Johann Georg Schlecht konstruierten »Großen Finkenwand« oder des sogenannten Spatzenflügels durchzuführen. Mit dieser aus Garn bestehenden Vorrichtung ließen sich große Mengen der schädlichen Vögel wegfangen[1023]. Im September 1717 wies der Magistrat die Bürger an, ihre Hecken und Bäume von Spinnweben und Raupen zu säubern, damit sie nicht zugrunde gingen. Entsprechende Aufforderungen waren bereits in den vergangenen Jahren jeweils im Frühjahr und Herbst durch Plakatanschlag ergangen. Damit die Aktion zum gewünschten Erfolg führte, ersuchte der Magistrat den Herzog, auch die Hof- und Kanzleibediensteten, die Grundstücke besaßen, an die ihnen obliegende Pflicht zu erinnern[1024].

Der geringe Anteil von Äckern und Wiesen an der Stuttgarter Stadtgemarkung ermöglichte lediglich das Halten einer recht beschränkten Zahl von Rindern und Pferden. Lange war den Stuttgartern der Besitz von Schafen ganz verboten gewesen. Im 18. Jahrhundert scheint dieses Verbot aber nicht mehr streng beachtet worden zu sein. Auch war jetzt den Metzgern gestattet, Schafe von auswärts zu kaufen und kurzfristig bis zum Schlachten zu füttern. 1718 wurde ihnen allerdings ausdrücklich untersagt, solche Schafe »zu offenen Zeiten auf offene und unbeschlossene Felder« (in der Zeit des freien Weidgangs auf Felder, die für das Vieh nicht gesperrt waren) zu treiben oder für sie Privatpferche zu errichten, wie sie dies bislang getan hatten. Den Winter über durften sie so viel »Schafwar« in ihren Ställen halten, wie sie mit ihrem eigenen Futter versorgen konnten, es war ihnen aber verwehrt, sie auf die Winterweide zu treiben. Im Frühjahr durften sie sogleich ihre Schafe unter der Aufsicht der Hirten auf die Sommerweide treiben, freilich nur die Zahl von Tieren, die sie während einer Woche zum Schlachten benötigten. Auch an sonstigem Mastvieh durften sie nur so viele Tiere in die Stadt bringen, wie sie in einer Woche schlachten konnten. Postpferde waren auf die Weiden an den Rainen beschränkt. Das »Melkvieh« sowie das Jungvieh mußten »unter den Hirten« getrieben werden, d. h., es kam auf die von der Stadt bestimmte Viehweide[1025]. Die Hofmetzger genossen gegenüber den anderen Metzgern einen gewissen Vorzug. 1719 wurde ihnen für ihr Schlachtvieh ein bestimmter Weidebezirk zugewiesen[1026]. Gegen Ende des 18. Jahrhunderts ging man zur ganzjährigen Stallfütterung des Viehs über. Um 1803 hörte die bis dahin übliche Waldweide in den Stuttgarter Wäldern auf[1027].

Offensichtlich wurde noch in der Zeit König Friedrichs Geflügel in Stuttgart gehalten. 1811 untersagte eine Polizeiverordnung, es frei in den Gassen herumlaufen zu lassen. Im Jahr darauf wurde scharf kritisiert, daß verschiedene in der Nähe der Tore befindliche Haushaltungen ihrem Geflügel, hauptsächlich Gänsen, außerhalb der Tore freien Lauf ließen und so den herrschaftlichen Gütern großen Schaden zufügten. Geflügelbesitzer, die dies weiterhin taten, sollten um 1 fl bestraft werden[1028].

Private bäuerliche Haupterwerbsbetriebe mit Schwerpunkt Ackerbau und Viehzucht gab es in Stuttgart bis ins 19. Jahrhundert hinein nicht. Das größte landwirtschaftlich genutzte Areal besaß noch immer das Hospital. 1810 ließ König Friedrich am Eingang zu den (Unteren) Anlagen von Thouret eine Meierei mit einem Bestand von ungefähr 80 Stück Vieh errichten. Die Meierei brachte ihre Milch jeden Tag mit Eseln nach Stuttgart. Als dann König Wilhelm I. die Rosensteinmeierei ins Leben rief, wurden die Bauten der Meierei wegverlegt und großenteils mit der des Rosensteins vereinigt[1029]. Im Jahr 1816 zählte man in Stuttgart 190 Stück Rindvieh, 275 Schafe, 65 Ziegen, 200 Schweine sowie 670 Pferde. Die folgenden Jahrzehnte brachten in der Viehhaltung einen großen Aufschwung. 1841 ermittelte man in der württembergischen Landeshauptstadt 2 Ochsen, 745 Kühe, 28 Stück Schmalvieh, 150 Ziegen, 11 Schafe, 454 Schweine, 1 059 Pferde sowie drei Esel[1030]. Die große Zahl von Pferden war sehr wahrscheinlich zu einem Teil auf die hier garnisonierenden Reiterregimenter zurückzuführen. 1817 errichtete König Wilhelm I. den Landwirtschaftlichen Verein mit einer Zentralstelle in Stuttgart[1031]. Im folgenden Jahr wurde die Landwirtschaftliche Forschungs- und Lehranstalt in Hohenheim, die spätere Landwirtschaftliche Hochschule und heutige Universität, gegründet[1032]. Von ihr gingen für die Modernisierung der Landwirtschaft bedeutsame Impulse aus. Zum größten Volksfest Württembergs wurde das von König Wilhelm I. gleichfalls 1818 ins Leben gerufene Landwirtschaftliche Fest in Cannstatt[1033]. Es lockte Jahr für Jahr große Scharen von Stuttgartern an.

Ein Wirtschaftsfaktor ersten Ranges war der Wald. Er diente als Lieferant für

Bau- und Brennholz, als Weide für das Vieh und die Schweine. Arme Einwohner deckten einen Teil ihres Viehfutterbedarfs mit Erlaubnis der Obrigkeit durch »Grasen« im Wald. Das Grasen erfolgte im allgemeinen mit der Sichel. 1716 wurden 52 Heslacher bestraft, weil sie unerlaubt Gras aus den Waldungen geholt und dadurch sowohl dem Vieh als auch dem Wild »Nahrung und Weid« entzogen hätten[1034]. Nicht gebräuchlich war um 1797 in den Stadtwaldungen das sonst allenthalben geübte Ernteweidenschneiden (auch Erntewieden), weil der Ackerbau in Stuttgart »ganz unbeträchtlich« war[1035]. Geklagt wurde immer wieder über Holzexzesse in den Stadtwaldungen, d. h. über Holzdiebstähle. Arme Einwohner durften zwar unter bestimmten Auflagen Leseholz im Wald sammeln, doch reichte dies oft nicht aus[1036]. 1807 waren von den 2 887 Morgen Wald auf der Gemarkung 605 Morgen im Besitz der Herrschaft (des Königs bzw. des Staats), 2 070½ Morgen in dem der Stadt, 162½ Morgen in dem des Armenkastens, lediglich 34½ Morgen waren Privatbesitz, weitere 14½ Morgen Cannstatter Wald[1037]. 1817 war nach wie vor der Bopser der einzige Hügel in der Stuttgarter Gegend, der mit Nadelwald bewachsen war. Alle übrigen Wälder bestanden aus Laubgehölzen[1038]. Durch übermäßige Holzentnahme und durch »Überweiden« befanden sich die Laubwaldungen in einem meist desolaten Zustand. 1739 beispielsweise war der Stuttgarter Stadtwald stark ausgehauen – er bestand damals anscheinend vorwiegend aus Buschholz –, so daß er nicht einmal für das von der Stadt abzugebende Besoldungsholz ausreichte[1039]. Unter Herzog Carl Eugen verbesserte sich die sehr im argen liegende Pflege der Wälder. Jetzt experimentierte man auch mit neuen Baumarten. So zäunte man im November 1781 ein Stück Wald auf dem Bopser, das Stellhäuslein, ein und bepflanzte es mit verschiedenen, namentlich auch ausländischen Holzarten, und kurze Zeit darauf legte man auf der Feuerbacher Heide ein Akazienwäldchen an[1040]. Ein Krebsschaden für die Wälder blieb ihre Nutzung als Viehweide. Bis zur Abschaffung der Waldweide in Stuttgart 1803 wurden die Waldungen, so der Heslacher Wald, häufig »stark überweidet«[1041]. 1797 gab der Stuttgarter Magistrat freimütig zu, daß der Weidgang für die Wälder verderblich sei. Er wollte deshalb mit Heslach und Gablenberg in der erklärten Absicht verhandeln, beide Orte gegen die Überlassung einer Allmende zum Verzicht auf ihre »Weidgerechtigkeit« zu bewegen. Besonders schwer zog das der österreichischen Armee gehörende Schlachtvieh damals den städtischen Wald in Mitleidenschaft. Erst Ende Dezember 1797 gelang es schließlich, mit den Österreichern eine Einigung zu erzielen. Diese sah vor, dem österreichischen Schlachtvieh bestimmte Walddistrikte zuzuweisen und die zu schützenden jungen »Haue« in Anwesenheit eines österreichischen Offiziers und etlicher städtischer Amtspersonen zu »verhängen«, d. h. für den Weidgang durch entsprechende Zeichen zu versperren[1042]. Die Wildzäune dienten im 18. Jahrhundert durchaus nicht immer dem Abhalten des Wilds von angebauten Grundstücken, sondern auch dem Schutz des jungen Walds vor dem Vieh. Dieses sollte nicht die kleinen Waldbäume und die jungen Triebe abfressen. So war beispielsweise der 277 Morgen große Hospital- und Armenkastenwald mit Schwarten eingezäunt, um das Vieh vom Eindringen in die geschützten jungen »Haue« abzuhalten[1043].

Weinbau und Weinhandel

Der Weinbau bildete im 18. Jahrhundert noch immer die wichtigste Erwerbsquelle der Bürger. Die Weingärtner blieben die stärkste Berufsgruppe. 1730 betätigten sich 684 Männer im Weinbau, 1774 waren es 370 und 1788 412[1044]. Wie wir schon früher gehört haben, zählten die Weingärtner zu den ärmsten Einwohnern. Nur ein geringer Teil der rund 2 500 Morgen Weingärten auf der Gemarkung befand sich in ihrem Besitz, die Mehrzahl der Weingärten, Eigentum von wohlhabenden Bürgern sowie von Hof- und Kanzleibediensteten, bewirtschafteten sie als sogenannte Lohnweingärtner, d. h., sie erhielten für das Bebauen der Weingärten taxmäßig festgesetzte Löhne. Weitgehend ausgeschlossen waren sie vom Weinhandel. Dieser lag in den Händen der bürgerlichen Oberschicht, der Ehrbarkeit, und des Hofes[1045]. Eine lukrative Einnahme bildete der Weinzehnt. In den Weinzehnten von etwa 2 000 Morgen Weingärten teilten sich im Verhältnis zwei zu eins Kastkeller und Stiftsverwaltung, der Zehntertrag von annähernd 329 Morgen stand dem Stift allein zu, von 122 Morgen ausschließlich dem Kloster Lorch und von 182½ Morgen ausschließlich dem Hospital[1046]. Magistrat und Regierung hatten das größte Interesse daran, daß der Stuttgarter Wein nicht durch Panscher in Verruf geriet. Deshalb wurde in mehreren zwischen 1658 und 1743 erlassenen Reskripten eine Veräußerung des Obstmostes im freien Handel verboten. Der Obstmost war auf den Hausgebrauch zu beschränken, er durfte allenfalls an gute Freunde weitergegeben werden[1047]. Im Jahr 1696 untersagte ein Reskript, dem Wein schädliche Zutaten beizumischen. Dieses Verbot mußte im folgenden Jahr aus begründetem Anlaß erneut eingeschärft werden. Ein Pforzheimer Bildweber, der »als ein vom Feind abgebrannter Mann aus Mitleiden« in Stuttgart geduldet wurde, machte »Leute von Stand« ihre sauren Weine, die seit einigen Jahren in den Kellern lagerten, süß und glänzend[1048]. Besonders schlimm trieb es der Esslinger Küfer Hans Jakob Erni 1705/06. Er erschlich sich von angesehenen Leuten Atteste, in denen diese ihm bescheinigten, er habe eine neue vorzügliche »Weinschöne« entdeckt, und es gelang ihm so, viele Weinproduzenten in Weinsberg, Waiblingen und auch in Stuttgart zu veranlassen, sein Mittel, in Wirklichkeit Silberglätte, ihren Weinen beizumischen, um sie zu »schönen«. Einige Menschen starben, nachdem sie solche verfälschten Weine getrunken hatten. Der Magistrat ließ etliche Eimer des von Erni »behandelten« Weins in den Nesenbach schütten. Der Küfer selbst mußte sein Verbrechen mit dem Tod büßen. Er wurde am 10. April 1706 in Stuttgart öffentlich enthauptet[1049].

1706 war ein ausgezeichnetes Weinjahr. Die Stuttgarter zeigten sich sehr zufrieden: nach Qualität und Quantität ein

Weinlese in der Gegend der Stitzenburg.

Spitzenerzeugnis. Freilich, das exzellente Gewächs hatte auch seine Schattenseiten. Der Gärungsprozeß war so stark, daß mehrere Menschen in den mit neuem Wein angefüllten Kellern erstickten. Zu Beginn des 19. Jahrhunderts war 1811 ein ungewöhnlich gutes Weinjahr. Im Herbst jenes Jahres forderte der gärende Wein einige Todesopfer; die Keller konnten nur mit äußerster Vorsicht betreten werden[1050].

Probleme gab es in den ersten Jahrzehnten des 18. Jahrhunderts mit dem Absatz. Der Weinhandel war, wie festgestellt wurde, »ganz zerfallen«. Als Ursache wurden Mißbräuche in der Rechenstube und bei den Unterkäufern, aber auch in den Wirtshäusern genannt. Der Herzog ordnete die umgehende Abstellung dieser Mißbräuche an[1051]. Indes nahm der Weinhandel auch in den folgenden Jahren keinen Aufschwung. Jetzt wurde die Hauptschuld der Reichsstadt Esslingen zugeschoben. Sie habe, so behaupteten Vogt, Bürgermeister, Gericht und Rat von Cannstatt, den Weinhandel zum Nachteil des benachbarten Württemberg an sich gerissen. Die Esslinger streckten den Weingärtnern Geld vor, lieferten ihnen Waren und »andere gemeine Sachen«, sie kauften den Wein billig ein und veräußerten ihn zu hohen Preisen[1052].

Im September 1710 legten die Oberräte dem Herzog ein Gutachten über das Wiederemporbringen des Weinhandels in Württemberg vor, wobei sie auch die Vorschläge verwerteten, die im Vorjahr von einer für Stuttgart eigens zu diesem Zweck berufenen Deputation gemacht worden waren. Die von den Oberräten gerügten Mißstände, die sehr ins Detail gingen, sollten nach einem herzoglichen Reskript beseitigt werden[1053]. Dem Weinhandel konnte aber dennoch nicht aufgeholfen werden. Die Stadt war deshalb bemüht, alles zu vermeiden, was den durch den Weinverfälschungsskandal des Jahres 1706 bereits geschädigten Ruf des Stuttgarter Weins weiter hätte in Mißkredit bringen können. 1714/15 beschuldigten der Kronenwirt und der Wirt der Geistlichen Herberge die Witwe eines Doktor Rueff, ihnen verfälschten Wein verkauft zu haben. Die gerichtliche Untersuchung, die daraufhin vorgenommen wurde, erfolgte in größter Stille. Keineswegs sollte durch diese Affäre, die übrigens mit einem Vergleich gütlich beigelegt wurde, der Stuttgarter Wein noch mehr in Verruf gebracht werden[1054].

Um den Weinabsatz der Bürger zu fördern, beschränkte im September 1718 ein herzogliches Reskript den auswärtigen Wein, den die Stuttgarter Wirte kaufen und einlagern durften, auf drei bis vier Fuder. Ihren weiteren Weinbedarf hatten sie durch Käufe bei den Bürgern zu decken. An dieser Beschränkung hielt die Regierung auch in den folgenden Jahren fest. Dagegen erhoben die Wirte Einspruch, nachdem ruchbar geworden war, daß sie zum Teil erheblich mehr auswärtigen Wein als vier Fuder in ihren Kellern eingelagert hatten. Sie erklärten, eine derartige Beschränkung, zumal diese nur für sie gelte, sei ihrem Gewerbe höchst nachteilig. Hinzu komme, daß sie wie keine andere Berufsgruppe mit Ordinari- und Extraordinaristeuern beschwert seien. Allein schon für ihr zahlreiches Gesinde benötigten sie gegen zwei Fuder Wein im Jahr. Die einzelnen Weinjahrgänge seien qualitativ sehr unterschiedlich. Die bei ihnen absteigenden Fremden erwarteten aber einen guten Trunk. Andererseits geschehe ihnen durch die Gassenwirte, die das ganze Jahr über Wein ausschenkten und unerlaubt, d. h. ohne Konzession, auch »speisten«, also ihren Gästen auch Essen anboten, großer Abbruch. In ihre Gasthäuser kehre deshalb außer den Fremden niemand ein. Verschlechtert habe sich ihre Situation noch dadurch, daß in letzter Zeit der herzogliche Hof in Ludwigsburg viele auswärtige Gäste von Stuttgart abziehe. Früher hätten in der Inneren Stadt, der Turnierackervorstadt und der Esslinger Vorstadt jeweils nur vier Weinschenken eine Konzession besessen: Weinzapfer, denen jedoch der Verkauf von Speisen verboten gewesen sei. Jetzt hingegen schenke fast jeder Bäcker, Metzger, herrschaftliche oder adlige Lakai, Stadtknecht, Kutscher usw. nicht nur das ganze Jahr hindurch Wein aus, sondern er beherberge auch Gäste, halte Kostgänger und biete Speisen an. Diese eigenartigen Geschäftspraktiken der Gassenwirte schädigten nicht nur sie, sondern durch Steuer- und Abgabenhinterziehung auch die Herrschaft und Landschaft. Der Stadtvogt bestätigte im wesent-

Arbeiten im Weinberg.

lichen die Angaben der Schildwirte, so auch ihre starke Verschuldung. »Die Unordnung bezüglich der vielen Weinschenken« bezeichnete er als groß, zumal diese meist kein Umgeld und keine Akzise zahlten. Indes unternahm die Regierung gegen die Gassenwirte nichts, auch die Bitte der Schildwirte, das ihnen zugestandene »Einlegungsquantum« an auswärtigem Wein über die vier Fuder hinaus zu erhöhen, blieb unerfüllt[1055].

Daß die Absatzschwierigkeiten beim Stuttgarter Wein zum Teil auf dessen minderwertige Qualität zurückzuführen waren, beunruhigte den Magistrat. Die Ausdehnung der Rebflächen auf ungünstige Lagen, wie es zuletzt geschehen war, hielt er für verderblich. Am 4. Januar 1731 bat er den Herzog, dem »allzuvielen und indistinkten« Weinbau Einhalt zu gebieten, es werde zu viel schlechter und saurer Wein erzeugt. Der Stadtobrigkeit war nicht verborgen geblieben, daß dieser schlechte Wein häufig dem guten beigemischt wurde und daß das Ergebnis verständlicherweise ein Wein von sehr mäßiger Qualität war. Manche Weingärten eigneten sich weit besser für eine Nutzung als Äcker, Wiesen oder Gärten[1056].

Mit seinem Appell, die Rebfluren auf Lagen zu begrenzen, die für den Weinbau günstig waren, hatte der Magistrat zunächst wenig Erfolg. Die Rebflächen verminderten sich, wie wir den Angaben über die Kulturverhältnisse der Stuttgarter Markung entnehmen können, in der zweiten Hälfte des 18. Jahrhunderts nur geringfügig. 1736 befanden sich in der Stadt neben den öffentlichen Keltern nicht weniger als 25 private[1057].

Mitte des 18. Jahrhunderts wurde in zunehmendem Maß Obstmost hergestellt. Die Regierung sah hierin eine große Gefahr für den Weinbau, weil sie befürchtete, der Obstmost diene nur teilweise dem Hausgebrauch – und dies war ja gestattet –, er werde hauptsächlich zu dem Zweck gekeltert, um ihn gewinnbringend zu veräußern oder ihn gar dem Wein beizumischen. Aufgefallen war, daß etliche große Weinhändler mit einem erheblichen finanziellen Aufwand viel Obst aufgekauft hatten. Am 14. September 1743 befahl ein herzogliches Reskript dem Stadtvogt, auf solche »Transgressores« (Gesetzesübertreter) ein wachsames Auge zu haben und sie zur Verantwortung zu ziehen. Wenige Tage darauf berichtete der Stadtvogt, die Expeditionsräte Faber und Boger hätten bereits jeweils 9 Eimer Obstmost eingekellert. Beide betrieben einen starken Weinhandel, Obstmost in solcher Menge benötigten sie für ihren Haushalt sicherlich nicht. Ein mit der Überprüfung beauftragter Küfer ermittelte in den Kellern der zwei Expeditionsräte je 8 bis 8 1/2 Eimer Obstmost. Faber redete sich damit heraus, er habe viele Lehleute (wohl Lehenleute) im Remstal, für die er den Most benötige, wenn sie hierherkämen. Boger erklärte, er wolle den Most, wenn er älter werde und er ihm schmecke, selbst trinken und nicht verkaufen. Als »Podagricus« (an Fußgicht Erkrankter) trinke er ohnehin keinen lauteren Wein, sondern mische ihn mit Wasser. Den beiden Männern war also wenig anzuhaben. Dennoch erneuerte der Herzog-Administrator das strenge Verbot, den Most dem Wein beizumischen und diesen gepanschten Wein zu verkaufen[1058]. Im September 1744 wurde bekannt, daß mehrere Bauern aus dem Herrenberger und Böblinger Amt insgesamt 6 Eimer Most nach Stuttgart gebracht und hier verkauft hatten[1059]. Das öffentliche Auszapfen des Obstmostes wurde erst 1776 gestattet, doch durfte ein Gassenwirt, der Obstmost ausschenkte, nicht gleichzeitig auch Wein ausschenken. Das Verbot einer Vermischung von Obstmost mit Wein blieb weiterhin bestehen[1060]. Freilich ist bereits aus dem Jahr 1763 überliefert, daß der schlechte Wein jenes Jahres nur mit Obstmost vermischt getrunken werden konnte[1061].

Unter der Regierung Herzog Carl Eugens wurden große Anstrengungen unternommen, die Qualität des einheimischen Weins durch sorgsame Sortenauswahl zu verbessern. Die Behörden übten über die Weingärtner eine strenge Kontrolle aus. Der Anbau der Tokajer-Trauben wurde verboten. Trotzdem hielten sie sich in Stuttgart noch geraume Zeit. Die letzten Tokajer-Reben verschwanden erst 1829. Die in der zweiten Hälfte des 18. Jahrhunderts in Württemberg verbreitetsten Rebsorten waren Ruländer, Burgunder, Veltliner, Welsche, Traminer, Gutedel, Salvener (Silvaner), Weiß- und Rotelben (Elbing), Fürterer, Muska teller, Hänglinge und Färber. Die Regierung war bestrebt, neue ausländische Rebsorten einzuführen. Der Geheime Rat Bilfinger scheute keine Kosten, um sich zwischen 1748 und 1750 edle Sorten aus Italien, Spanien, Frankreich, Ungarn, Griechenland, ja selbst aus Zypern und Persien zu beschaffen. Diese pfropfte er in seinem auf Cannstatter Markung gelegenen Weingarten württembergischen Reben auf. Dabei ging es ihm neben der Befriedigung naturwissenschaftlicher Interessen darum, seinen Landsleuten bei der Veredelung ihrer Weine an die Hand zu gehen. Ein Großteil der importierten Rebsorten erwies sich jedoch für Württemberg als völlig ungeeignet. Am nachteiligsten aber war, daß Bilfinger die einzelnen Sorten durcheinander anpflanzte[1062]. Seine Bemühungen hatten deshalb nicht den gewünschten Erfolg. Dies zeigte sich allerdings erst nach seinem bereits 1750 erfolgten Tod. Nach der Beschreibung des Stadtdirektionsbezirks Stuttgart von 1856 führte um 1780 Legationsrat Abel den Anbau des Rieslings in Stuttgart ein. Ende dcs 18. Jahrhunderts kam der Trollinger, der »Wälsche«, hinzu, der in guten Lagen viel und guten Wein erbrachte, für mittlere und schlechte Lagen aber nicht taugte[1063]. Um 1845 waren die Weinberge auf der Stuttgarter Gemarkung mit 20 verschiedenen Rebsorten bestockt[1064].

Obgleich die Obrigkeit Wert darauf legte, daß der Weinbau nur auf dafür geeigneten Grundstücken betrieben wurde, hatte sie offensichtlich auch gegen Ende des 18. Jahrhunderts, als das Rebflurareal auf der Stuttgarter Gemarkung bereits zu schrumpfen begann und manche schlechten oder mittelmäßigen Weingärten in Gärten, Äcker oder Baumstücke umgewandelt wurden, keine Einwände, wenn auf bisherigen Ödflächen Weinberge angelegt wurden. Jedenfalls erhielten 1780 einige Privatleute für 27 1/2 Morgen Heide und Allmendplätze, die sie von der Stadt gekauft und zu Weinbergen hergerichtet hatten, eine sechsjährige Steuerfreiheit zugesichert[1065]. Herzog Friedrich II., der nachmalige König, erkannte, welche hohe wirtschaftliche Bedeutung dem Weinbau für sein kleines Land und namentlich auch für seine Residenzstadt Stuttgart zukam. Ein vorrangiges Anliegen war es ihm daher, den einheimischen Weinbau durch die Einführung edlerer Rebsorten auf ein qualitativ anspruchsvolleres Niveau anzuheben und den Weinhandel zu beleben. In einem Generalreskript vom 23. April 1798 befahl er, Weinberge zu roden, bei denen eine andere Kulturart einen besseren Ertrag versprach[1066].

Die Weinlese bedeutete für die wirtschaftlich schlecht gestellten unteren Bevölkerungsschichten eine kurzfristige zusätzliche Verdienstmöglichkeit. Freilich hielten sich die taxmäßig festgelegten Löhne in engen Grenzen. Nach einer Zusammenstellung von 1762 erhielt ein Buttenträger, Nachgänger oder Treter »zu der Weisung« (der Verköstigung) am Tag 10 kr, ein starker Leser 6 kr, ein mittelmäßiger Leser 4 kr und ein geringer Leser 3 kr. War das »Nachtessen« (wahrscheinlich die abends abgegebene Verköstigung) nicht dabei, schwankte der Taglohn zwischen 18 und 14 kr. Ein »Weingarthüter« hatte das Sommerhalbjahr über Anspruch auf 10 kr am Tag. Einem Fuhrmann wurden je nach der Entfernung des betreffenden Weinbauareals von der Stadt am Tag 14 bis 24 kr bezahlt, einem »Deiher« (Weinauspresser) 16 bis 24 kr[1067]. 1788 wurden die Löhne für die Weingärtner neu festgesetzt, d. h. in bescheidenem Maß erhöht: je Morgen für das Pfähleausziehen 1 fl 8 kr, für das Ausrüsten 1 fl 4 kr, für das Schneiden der Reben 58 kr, für das Hacken 2 fl 22 kr, für das Pfählen und Binden der Rebstöcke 2 fl 12 kr, für den ersten »Falg« (Felgen, Hacken) 1 fl 8 kr, den ersten »Haft« (Heften) 1 fl 30 kr, für den zweiten »Falg« 1 fl 28 kr, für den zweiten »Haft« 38 kr, den dritten »Falg« 32 kr, insgesamt also 14 fl[1068]. Das Wohl und Wehe eines erheblichen Teils der Stuttgarter Einwohnerschaft hing auch noch am Ende des 18. Jahrhunderts vom Wein ab. Schlechte Weinjahre brachten viele Familien in wirtschaftliche Schwierigkeiten, sie vermochten ihre Zahlungsverpflichtungen nicht zu erfüllen, in den Häusern war Schmalhans Küchenmeister. Gute Weinjahre dagegen brachten Geld in die Stadt. Selbst den Armen verschaffte der Weinsegen eine vorübergehende Erleichterung ihrer bedrückenden Situation. Am 28. Oktober 1794 schrieb Christiane Autenrieth ihrem Mann, einem Hofrat und ehemaligen Carlsschulprofessor: »Der Herbst ist reichlich bei uns ausgefallen, daß alles voll Vergnügen ist«, und sie wußte weiter zu berichten, daß alles ohne Widerrede die Akzise entrichte. Die meisten Weingärtner seien auf einmal die Schulden losgeworden, weil der Wein recht teuer sei, in Stuttgart werde der Eimer um 40 bis 60 fl verkauft. Freilich, zwei Wochen später klang ihr Kommentar nicht mehr so euphorisch: »Auch der Weingarten kostet mich viel, und den Wein verkaufte ich nicht. Er wird aufs Frühjahr teurer werden. Hier hat alles seine Keller gefüllt«[1069]. Frau Autenrieth ließ ihren Weingarten, wie viele andere Bürger, die sich in guten Einkommens- und Vermögensverhältnissen befanden, durch Lohnweingärtner bebauen. Da sie recht wohlhabend war, mußte sie nicht wie arme Mitbürger den erzeugten Wein rasch veräußern. Sie konnte in Ruhe abwarten, bis sich im nächsten Frühjahr die Preise auf einem höheren Niveau einpendelten. Die Familie Autenrieth pflanzte übrigens in ihrem Weinberg auch »Welschkorn« (Mais) und Kartoffeln an[1070]. Für zahlreiche vermögende Stuttgarter bildeten die Erträge ihrer Weingärten eine angenehme Einnahmequelle, angewiesen waren sie aber darauf nicht. Ein Weinberg gehörte damals beinahe ebenso selbstverständlich zum Besitz eines gutsituierten Bürgers wie ein Garten, und mancher Hausvater hielt sich, wie 1788 im »Schwäbischen Magazin« zu lesen stand, allein deshalb (richtiger vielleicht: auch deshalb) einen Weinberg, weil er sich im Herbst mit all seinen Freunden einen guten Tag machen wollte. Die Weinlese genoß man, namentlich wenn die Weinerträge allenfalls ein wirtschaftliches Zubrot waren, als Tage frohgemuter Geselligkeit[1071]. Andererseits zählten die meisten hauptberuflichen Weingärtner auch zu Beginn des 19. Jahrhunderts zum Kreis der sozial schwachen Einwohner. Im Steuerbuch von 1800/01 zahlten sie die geringsten Steuern und Abgaben, oder sie waren wie der »äußerst arme« Weingärtner Gottlieb Friedrich Baudistel frei von Abgaben, entrichteten auch keine Bürgersteuer. Manche von ihnen verschafften sich Nebenverdienstmöglichkeiten, etwa als Nachtwächter, um so ein wenig aus ihrer sozialen Misere herauszukommen. Daß Ausnahmen die Regeln bestätigen, trifft freilich auch hier zu. Einige wenige Weingärtner zählten ihrem Steueraufkommen nach zu den wohlhabenden Bürgern. Der Weingärtner Friedrich Asimus in der Esslinger Vorstadt war 1800/01 zu einem Stadtschaden von 22 fl 51 kr veranlagt, der Weingärtner Johann Gottfried Ortlieb sogar zu einem solchen von 23 fl 32 kr[1072]. Asimus und Ortlieb gehörten damit zu den 8,6 % der Steuerzahler, die 1800/01 einen Stadtschaden von über 20 fl entrichteten[1073].

Um die Wende vom 18. zum 19. Jahrhundert war der Wein trotz der wachsenden Konkurrenz durch Bier und Obstmost nach wie vor das beliebteste Volksgetränk in Stuttgart. Die Landschaft, d.h. die Landtagsabgeordneten, verbrauchten damals rund 70 Eimer Wein (ca. 21000 Liter) im Jahr[1074]. Unter dem Landschaftshaus befanden sich große Keller. Im Keller des Verlegers Metzler lagerten 1732 32 Eimer (rund 10 000 Liter) Wein[1075].

Daß Stuttgart, nunmehr die Haupt- und Residenzstadt des wesentlich vergrößerten und zum Königreich erhobenen Württemberg, noch immer durch zahlreiche Keltern den Charakter einer recht ländlich anmutenden Weingärtnerstadt hatte, mißfiel König Friedrich. Auch standen diese häufig wenig ansehnlichen Gebäude größeren baulichen Veränderungen im Wege. 1812 befahl er deshalb, bis zum Herbst des folgenden Jahres alle Keltern aus der Stadt zu entfernen. Künftig durften Keltern nur noch außerhalb der Mauern errichtet und betrieben werden. Die mit einigen Keltern verbundenen Bannrechte – bestimmte Weingärten waren in sie gebannt gewesen, d. h., die in diesen Weingärten gelesenen Trauben hatten dort ausgepreßt werden müssen – wurden abgeschafft. Von jetzt an war jedermann der Bau von Keltern, aber auch ihre Benutzung freigestellt[1076].

Handwerk

Zu den wirtschaftlich bedeutendsten Erwerbszweigen in Stuttgart gehörte im 18. Jahrhundert das Handwerk. Ein erheblicher Teil der Bürger erlangte in ihm seinen Lebensunterhalt. Freilich waren manche Handwerksberufe überbesetzt und boten daher nur bescheidene Verdienstmöglichkeiten. Über die Zahl und die berufliche Vielfalt des Handwerks in Stuttgart liegen für die Jahre 1730, 1774, 1788, 1799 und 1816 Angaben vor. Allerdings sind sie für einzelne Berufe fragmentarisch[1077].

Die Zahlen für die verschiedenen Handwerksberufe zeigen, daß im Handwerk zwischen 1730 und 1816 keine spektakulären Veränderungen erfolgten. Einzelne Handwerke gewannen begrenzt an Bedeutung, einige kamen neu auf, so die Instrumentenmacher, die Mechaniker, die Schirmmacher oder die Schleifer, andere gingen zahlenmäßig geringfügig zurück. Die beiden stärksten Berufsgruppen während des ganzen Zeitraums waren mit Abstand die Schuhmacher und die Schneider. Erheblich hinter ihnen rangierten die Bäcker, Metzger und Schreiner, doch lagen auch sie weit vor allen sonstigen Berufsgruppen.

In der Regel waren die Handwerksbetriebe über die Stadt verteilt, um den Kunden möglichst nahe zu sein. Dies galt beispielsweise für Handwerker wie Bäcker, Metzger, Schuhmacher, Schneider. Doch gab es auch Handwerksberufe, die aus gewerblichen Gründen bestimmte Stadtbezirke bevorzugten. Wegen starker Geruchs- und Lärmbelästigung oder auch wegen des Unterhalts von Feuerstätten konnten Schmiede, Hafner, Kürschner, Küfer usw. ihre Gewerbe nicht in dichtbesiedelten, engbebauten Wohnvierteln ausüben, sie mußten in weniger stark bevölkerte Gegenden mehr an den Stadtrand ausweichen. Auf Wasser waren vor allem die Gerber und Färber angewiesen. Sie konzentrierten sich deshalb im Bezirk zwischen Marktstraße und Stadtmauer (im Bereich des heutigen Kaufhauses Breuninger zwischen Karl- und Holzstraße) in der Nähe des Nesenbachs[1078]. Der Rotgerber David Hofer hatte 1693 einen Platz mit Garten am Nesenbach beim Ledertorsee nahe der Stadtringmauer gekauft und auf dem Areal einen Betrieb mit sechs Ledergruben eingerichtet, weil er dort für sein Gewerbe das beste Wasser bekommen konnte. 1704 sollte er nun Werkstatt und Garten zum Bau der projektierten Kaserne für die Leibgarde zu Pferd, an deren Stelle dann das Gebäude des Waisenhauses realisiert wurde, abtreten. Stadt und Oberrat bemühten sich, Hofer, der Frau und vier Kinder zu versorgen hatte, einen angemessenen Ersatz für das abzutretende Areal zu verschaffen. Ob der Gerber von diesem Angebot Gebrauch machte, läßt sich den Akten nicht entnehmen[1079]. Außerhalb der Stadt betrieben die Seiler ihr Gewerbe. Um 1800 befand sich die Seilerbahn zwischen dem heutigen Olgaeck und dem Wilhelmspalais[1080].

Im 18. Jahrhundert war es in Stuttgart durchaus üblich, daß sich Anwohner der Ansiedlung neuer Gewerbebetriebe widersetzten, wenn diese den strengen Auflagen hinsichtlich Feuerschutz in Wohnvierteln nicht Rechnung trugen oder wenn von diesen eine unzumutbare Geruchs- oder Lärmbelästigung zu erwarten war. 1708 gestattete der Magistrat einem auf dem Bollwerk hinter dem »Mittleren Kirchhof« wohnenden Hafner, einen Brennofen zu erstellen. Die Anlieger erhoben Einspruch, weil der Ofen in unmittelbarer Nähe ihrer Häuser und Gärten errichtet wurde und weil sie nicht einmal zuvor gefragt worden waren. Sie verwiesen auf die Bauordnung, nach der neue Gebäude, namentlich aber große Brenn-, Wasch- und andere Öfen, nur mit Zustimmung der Nachbarn erbaut werden durften. Abgesehen von der Feuergefahr befürchteten sie bei Inbetriebnahme des Ofens nicht bloß wegen des als Brennmaterial verwendeten schlechten und grü-

In Stuttgart im 18. Jahrhundert und zu Beginn des 19. Jahrhunderts vertretene Handwerksberufe

Handwerk	Zahl der Erwerbstätigen				
	1730	1774	1788	1799	1816
Bäcker	56	91	128	115	90
Barbiere, Bader, Chirurgen	21	31	27	25	22
Besetzer und Feldmaurer	9	13	18	20	27
Bildhauer, Maler und Vergolder	–	5	–	4	16
Bortenmacher	12	18	14	10	16
Buchbinder	13	20	21	24	23
Buchdrucker	–	–	4	8	17
Büchsenmacher	6	5	4	3	2
Bürstenbinder	–	5	3	–	3
Drahtsticker	–	1	1	–	–
Dreher	4	7	7	8	7
Färber	6	6	4	4	5
Feilenhauer	–	1	1	2	1
Feld-, Heu- und Holzmesser	10	–	1	5	13
Fischer	–	2	4	3	2
Flaschner	4	9	7	12	40
Gärtner	–	10	9	9	11
Glaser	14	23	27	29	30
Glockengießer	–	1	1	1	1
Gold- und Silberarbeiter	18	27	28	28	28
Gürtler	6	10	6	7	10
Hafner	4	6	9	9	12
Hutmacher und Hutstaffierer	8	8	10	10	20
Instrumentenmacher	–	–	–	–	5
Ipser (Gipser)	7	13	8	9	17
Kaminfeger	4	3	3	3	4
Kammacher	6	4	4	7	5
Knopfmacher	14	14	12	10	12
Kübler	11	18	19	18	16
Küfer	47	49	51	42	35
Kürschner	6	9	10	7	5
Kupferschmiede	6	9	11	7	8
Leinen-, Band- und Bildweber	15	13	15	15	15
Mechaniker	–	–	–	5	12
Medailleure	–	–	–	–	2
Messerschmiede	3	8	8	4	2
Metzger	51	88	89	74	81
Nagelschmiede	8	11	12	16	19
Perückenmacher	17	29	28	31	26
Petschiere und Modellstecher	–	–	–	2	5
Rotgerber	12	17	24	18	23
Sattler	9	11	13	17	26
Schirmmacher	–	–	–	1	1
Schleifer	–	–	–	1	2
Schlosser	–	26	26	31	36

nen Holzes eine starke Rauchentwicklung, sondern wegen des von dem Hafner verarbeiteten Erzes »ein nicht gering und ohngesund Geruch«. Zudem behaupteten sie, die Beerdigungen auf dem nahen Friedhof würden von den Rauch- und Geruchsbelästigungen beeinträchtigt, die Bäume, die der Totengräber als »Beinutzung« habe, durch die große Hitze verdorren. Ferner befürchteten sie, daß sich noch weitere Hafner auf dem Bollwerk ansiedelten und durch sie dieser Stadtdistrikt seine Attraktivität als Wohngebiet verliere. Der Magistrat hielt den Protest der Anlieger für unangebracht. Das Anwesen des Hafners, für das sich kein besserer Standort habe finden lassen, sei, so stellte er fest, vom nächsten Gebäude fast einen Pistolenschuß entfernt. Bäcker, Schlosser, Nagelschmiede und andere Handwerker verursachten mit ihren Betrieben einen noch viel stinkenderen Rauch als der Hafner, der allenfalls einmal im Monat seinen Ofen gebrauche. Für die Gärten, für den Obst- und Weinbau seien keinerlei Schädigungen zu erwarten. Nach Ansicht des zu einer gutachtlichen Äußerung aufgeforderten Landbaudirektors Philipp Joseph Jenisch konnte von einer erhöhten Feuergefahr nicht die Rede sein. Die Hafner-

In Stuttgart im 18. Jahrhundert und zu Beginn des 19. Jahrhunderts vertretene Handwerksberufe

Handwerk	Zahl der Erwerbstätigen				
	1730	1774	1788	1799	1816
Schmiede	12	13	19	21	18
Schneider	135	180	148	137	155
Schreiner	34	55	57	59	72
Schuhmacher	137	145	166	149	170
Schwertfeger	2	5	2	3	5
Seifensieder	12	16	16	12	20
Seiler	8	8	12	12	9
Seckler	12	11	18	22	27
Siebmacher	–	3	3	2	1
Storer	–	2	12	3	3
Steinhauer und Maurer	14	21	6	16	15
Strumpfstricker und Weber	20	21	20	12	9
Tuchmacher	13	6	–	3	5
Tuchscherer	6	4	2	2	3
Uhrmacher	–	5	5	14	18
Wagner	10	9	8	8	10
Weißgerber	5	4	2	2	4
Windenmacher	–	1	1	1	1
Zeugmacher	11	3	3	3	2
Ziegler	–	2	3	3	2
Zimmerleute	13	15	16	14	14
Zinngießer	4	9	8	8	4
Zirkelschmiede	–	5	1	4	4

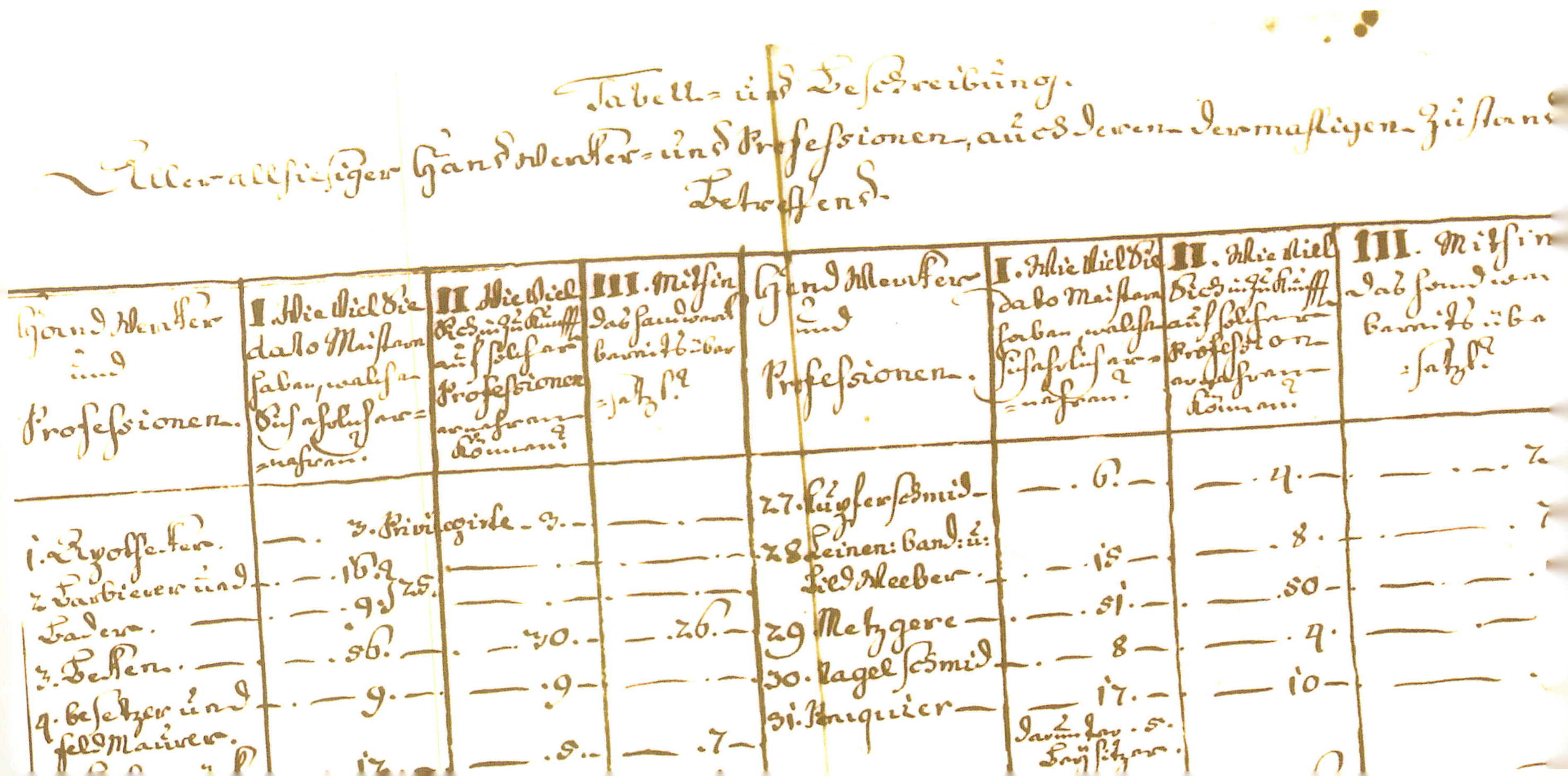

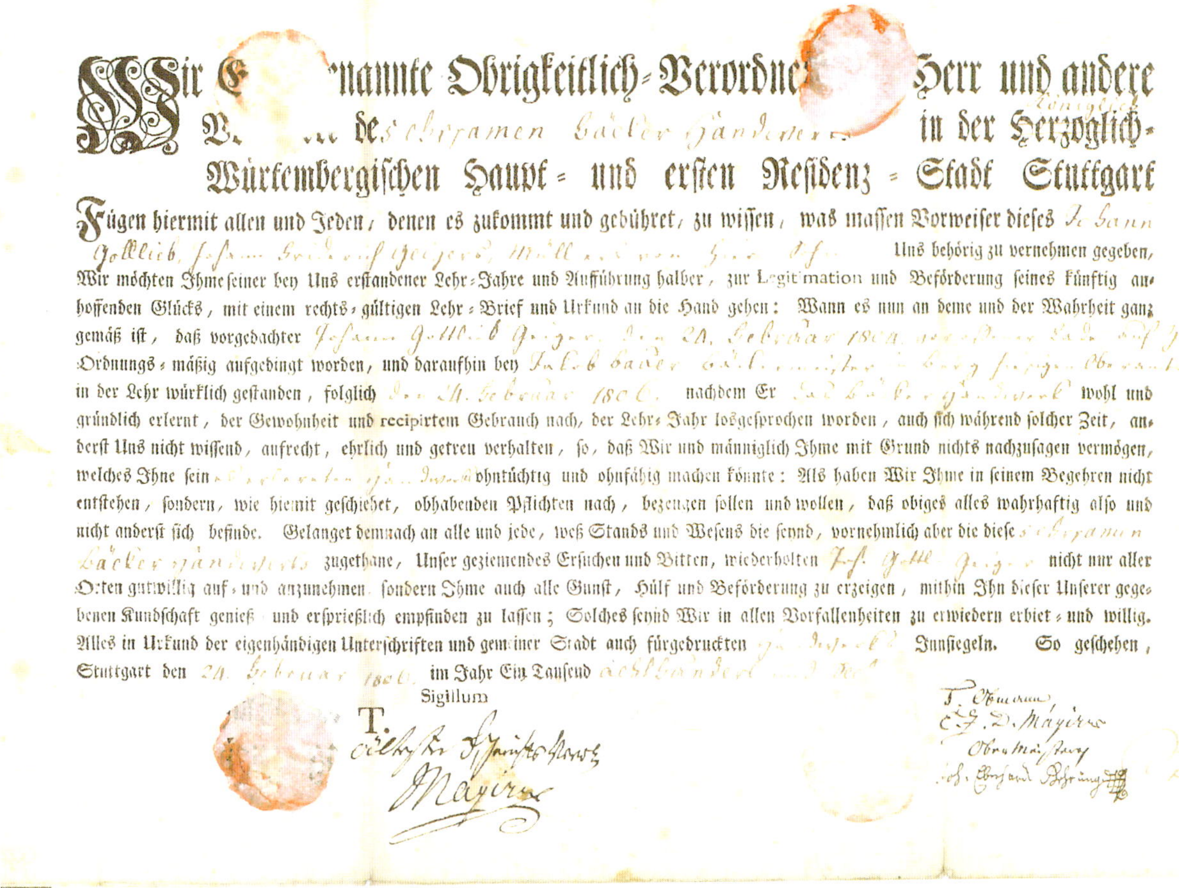

Wir [illegible] nannte Obrigkeitlich-Verordne[illegible] Herr und andere V[illegible] des ehrsamen Bäcker Handwerks in der Herzoglich-Würtembergischen Haupt- und ersten Residenz-Stadt Stuttgart

Fügen hiermit allen und Jeden, denen es zukommt und gebühret, zu wissen, was massen Vorweiser dieses Johann Gottlieb [illegible] Uns behörig zu vernehmen gegeben, Wir möchten Ihme seiner bey Uns erstandener Lehr-Jahre und Aufführung halber, zur Legitimation und Beförderung seines künftig anhoffenden Glücks, mit einem rechts-gültigen Lehr-Brief und Urkund an die Hand gehen: Wann es nun an deme und der Wahrheit ganz gemäß ist, daß vorgedachter Johann Gottlieb Geiger [illegible] Ordnungs-mäßig aufgedingt worden, und daraufhin bey [illegible] in der Lehr würklich gestanden, folglich den 24. Februar 1806 nachdem Er [illegible] wohl und gründlich erlernt, der Gewohnheit und recipirtem Gebrauch nach, der Lehr-Jahr losgesprochen worden, auch sich während solcher Zeit, anderst Uns nicht wissend, aufrecht, ehrlich und getreu verhalten, so, daß Wir und männiglich Ihme mit Grund nichts nachzusagen vermögen, welches Ihne sein [illegible] ohntüchtig und ohnfähig machen könnte: Als haben Wir Ihme in seinem Begehren nicht entstehen, sondern, wie hiemit geschiehet, obhabenden Pflichten nach, bezeugen sollen und wollen, daß obiges alles wahrhaftig also und nicht anderst sich befinde. Gelanget demnach an alle und jede, weß Stands und Wesens die seynd, vornehmlich aber die diese [illegible] zugethane, Unser geziemendes Ersuchen und Bitten, wiederholten [illegible] nicht nur aller Orten gutwillig auf- und anzunehmen, sondern Ihme auch alle Gunst, Hülf und Beförderung zu erzeigen, mithin Ihn dieser Unserer gegebenen Kundschaft genieß- und ersprießlich empfinden zu lassen; Solches seynd Wir in allen Vorfallenheiten zu erwiedern erbiet- und willig. Alles in Urkund der eigenhändigen Unterschriften und gemeiner Stadt auch fürgedruckten [illegible] Innsiegeln. So geschehen, Stuttgart den 24. Februar 1806 im Jahr Ein Tausend [illegible]

Sigillum

T.

Lehrbrief des Bäckerhandwerks für Johann Gottlieb Geiger von Stuttgart vom 24. Februar 1806.

werkstatt sei, erklärte er, vom nächsten Haus 136 Schuh entfernt. Der Ofen befinde sich durchschnittlich zehnmal im Jahr, jeweils 24 Stunden, in Betrieb. Zu einer starken Rauchentwicklung komme es höchstens während der ersten Viertelstunde. Für die Bäume wäre der Rauch nur dann schädlich, wenn er sie direkt träfe. Dies sei aber nicht der Fall. Für bedenklich hielt Jenisch dagegen, daß bei der Projektierung der Hafnerwerkstatt städtebauliche Gesichtspunkte außer acht gelassen worden seien. Durch den »in die Straße hinausgesetzten Bau«, d. h. durch den vor dem Hafnerhaus aufgeführten Brennofen mit Kamin, werde nicht nur die »Durchlüftung« des Wohngebiets auf dem Bollwerk beeinträchtigt, sondern auch der herrliche Blick hinab in das Cannstatter Tal »gemindert«. Er füge sich nicht in die sorgsam konzipierte regelmäßige Anlage dieses Wohnbezirks ein und störe dessen weitere bauliche Entwicklung. Auch sei zu befürchten, daß der von dem Hafnerofen ausgehende Rauch, wenn die unmittelbare Umgebung einmal bebaut sei, für die Anwohner lästig werde. Jenisch schlug deshalb vor, der Hafner solle seinen Ofen nicht separat erstellen, sondern ganz in sein Haus »hineinbauen«, ihn mit einem steinernen Gewölbe umgeben und einen besonders gut gemauerten Kamin aufführen, der über den First des Hauses hinausrage und der zwei bis drei Schuh höher sei als die üblichen Kamine. Der Herzog entschied im Sinne des Landbaudirektors[1081]. Im Jahr 1730 waren in Stuttgart vier Hafner tätig, im ganzen Herzogtum Württemberg gab es 1745 675 Hafnermeister[1082].

Übersicht über die Stuttgarter »Handwerker und Professionen« mit Angaben über ihre wirtschaftliche und soziale Situation 1731.

1741 wollte der Schlosser und Windenmacher Johannes Schrempf im Haus seines Schwiegervaters, eines Hofhutmachers, eine Feuerwerkstätte einrichten. Sein Gesuch wurde jedoch abgelehnt, weil es mit den Bestimmungen – ungenügende Sicherung der Feuerstätte – nicht in Einklang zu bringen war[1083].

In den Wohnbezirken, in denen vornehmlich ärmere Bürger, kleine Handwerker, Weingärtner usw., ansässig waren, gab es beim Bau und Betrieb von Werkstätten, mit denen Geruchs- und Lärmbelästigungen verbunden waren, kaum Proteste. Die Wohnqualität in diesen Bezirken war ohnehin bescheiden. Die Feuergefahr hatte für die Bewohner einen entschieden höheren Stellenwert als Lärm und Gestank. Anders in den Wohnvierteln, in denen wie in Teilen der Turnierackervorstadt vor allem Angehörige der bürgerlichen Oberschicht, höhere Beamte und Hofbedienstete wohnten. Sie wünschten in ihrer Nähe möglichst keine »lästigen« Handwerksbetriebe. Ein herzogliches Reskript vom 16. Januar 1786 kam diesem Verlangen entgegen. Es verfügte: Handwerker und »Professionisten«, deren »Gewerk« mit »Unlust« und Geräusch verbunden ist, haben beim Kauf von Häusern neben Honoratioren diesen den Vortritt zu lassen, wenn diese denselben Preis zahlen[1084].

Wie wir gehört haben[1085], wollte König Friedrich Stuttgart zu einer repräsentativen Königsresidenz umgestalten. Handwerksbetriebe, die zu »Unreinlichkeit und zu üblem Geruch« beitrugen, hatten deshalb aus der Stadt, zumindest aber aus den Hauptstraßen, zu verschwinden. Schon wenige Monate nach der Annahme der Königswürde erließ er am 17. Mai 1806 ein entsprechendes »Polizeigesetz«. Neue Werkstätten durften nur noch in Randbezirken und in Gassen genehmigt werden, wo sie den Residenzcharakter der Stadt nicht störten[1086]. 1812 wurde den Gerbern streng untersagt, die frischgegerbten Häute in den Straßen und auf öffentlichen Plätzen zu trocknen. Begründet wurde das Verbot mit dem »Unlust«, den dieses öffentliche Häutetrocknen erregte, aber auch mit dem Scheuen von Pferden und daraus sich ergebenden Unglücksfällen[1087]. Zwei Jahre später erging ein ähnliches Verbot an die Adresse der Seckler. Sie durften ihre Erzeugnisse künftig nicht mehr zum Trocknen vor die Fenster hängen[1088]. Am 16. Juni 1816 nahm eine Ministerialverfügung das bis dahin übliche Arbeiten der Faßbinder, Kübler und Zinngießer auf den Straßen der Stadt ins Visier. Sie stellte fest, zum Arbeiten seien die Werkstätten bestimmt, zum öffentlichen Wandel aber die Straßen. Künftig waren das Verpichten und das Brennen der Fässer sowie der Faßdauben bloß noch auf großen öffentlichen Plätzen gestattet. Das Verzinnen von Geschirr durfte notgedrungen weiterhin auf der Straße erfolgen, doch mußte dazu ein mäßiges (wohl mäßig großes) Kohlebecken benutzt werden, und die Arbeit war möglichst nahe an den Häusern vorzunehmen, so daß Passanten durch sie nicht gefährdet oder belästigt wurden[1089]. Zu Beginn des 19. Jahrhunderts verbreitete sich das Tabakrauchen in allen Bevölkerungskreisen. Im November 1817 sah sich die Oberpolizeidirektion gezwungen, den »im Holz arbeitenden und mit anderen feuergefährlichen Materialien sich beschäftigenden Handwerkern« das Tabakrauchen während der Arbeit bei empfindlicher Strafe zu verbieten[1090].

Für die Betätigung im Handwerk galten nach wie vor strenge Regeln. So mußte ein Lehrjunge des Steinmetzenhandwerks bei seiner Freisprechung nach fünf Lehrjahren geloben, sich zeitlebens »züchtig und ehrbar« zu verhalten, »fromm und ehrlich zu sein, sich guter Disziplin, löblicher Künste und, was ihm zu Nutz, Ehr und Wohlfahrt dienen möge, zu befleißigen«[1091]. 1677 wollte die Sattlerzunft ein des wiederholten Ehebruchs beschuldigtes Mitglied ausschließen. Zum großen Unwillen der Sattlergesellen entschied aber der Herzog, ein Ausschluß dürfe erst erfolgen, wenn der des Ehebruchs Bezichtigte durch ein Urteil seiner Verfehlungen überführt sei[1092]. 1722 wurden der Name und das Ehrenzeichen eines Steinmetzen, der sich nicht handwerksmäßig verhielt, »an den Balken geschlagen«, d. h., sein schlechtes Verhalten wurde öffentlich bekanntgemacht, »angeprangert«[1093]. Eine Handwerksausbildung bekam ein Jugendlicher nur, wenn er »ehrlicher Geburt«, d. h. ein eheliches Kind war und wenn er der »Landesreligion« angehörte. Über Ausnahmen entschied der Landesherr. Freilich machte der Herzog nur selten von dieser ihm vorbehaltenen Befugnis Gebrauch. 1739 tat dies der Herzog-Administrator im Fall des Sohnes eines der katholischen Konfession angehörenden Lakaien. Der junge Mann durfte, obwohl Katholik, bei einem hiesigen Meister das Schneiderhandwerk erlernen[1094].

Zu Beginn des 19. Jahrhunderts klagten Handwerksmeister darüber, daß Gesellen im Widerspruch zu den Handwerksordnungen einfach ihre Arbeitsplätze aufgaben und sich häufig unter Hinterlassung größerer Schulden aus dem Staube machten. Die Oberpolizeidirektion wies, um ein solch ärgerliches Verhalten abzustellen, die Obermeister der einzelnen Zünfte an, jedem hier in ein Arbeitsverhältnis tretenden Gesellen sofort die »Kundschaften« (Zeugnisse), die er bei sich trug, abzufordern und in die Lade zu legen. Sie durften ihm erst wieder ausgehändigt werden, wenn er durch ein amtliches Zeugnis nachweisen konnte, daß seiner Abreise nichts im Wege stand. War ein Geselle außerdem noch mit einem Reisepaß versehen, hatte ihm der Meister diesen abzunehmen und der Oberpolizeibehörde zu übergeben, die ihn bis zu seiner Abreise verwahrte[1095].

Das Handwerk sicherte keineswegs allen in diesem Wirtschaftszweig tätigen Bürgern eine erträgliche Existenz. Immer wieder wurde darüber geklagt, daß einzelne Handwerksberufe überbesetzt seien. 1701 baten sämtliche Meister des »Beckenhandwerks« wegen der großen Zahl der »Becken« in Stuttgart, nicht mehr so viele Fremde zu Bürgern anzunehmen[1096]. Beklagenswert waren 1712 die beruflichen Verhältnisse der Schneider. Nach einem Bericht des Magistrats befanden sich damals 130 Meister in der Stadt, von denen aber der größere Teil »das trockene Brot nicht gewinnen« könne. Es werde ihnen, schrieb die Stadtobrigkeit, bald von jeder Näherin, »so nur die Nadel regieren kann«, ins Handwerk gepfuscht. Dem Mömpelgarder Schneider Pierre Lièvre wurde seine Bitte abgeschlagen, in Stuttgart sein Handwerk treiben zu dürfen. Mit herzoglicher Spezialgenehmigung war ihm ausnahmsweise gestattet gewesen, ein Jahr hier zu arbeiten[1097]. Nach der Feststellung des Berliner Buchhändlers Nicolai kam 1781 in Stuttgart auf 72 Einwohner ein Schneider, in Berlin aber auf 102 Einwohner[1098].

Stark überbesetzt war auch das Schuhmacherhandwerk. Im April 1711 wollte ein Schuhmachermeister einen »Schuhknecht« (Gesellen) über die erlaubte Zahl von zwei Gesellen hinaus einstellen, weil er mit seiner Arbeit sonst nicht termingerecht fertig werde. Der offenbar tüchtige Handwerker erlitt aber eine Abfuhr. Er solle, so bekam er von der Stadtvogtei zu hören, wenn er den Termin für den übernommenen Auftrag nicht einhalten könne, einen anderen weniger mit Arbeit überlasteten Meister beiziehen[1099]. Im Sommer 1727 betrieben in Stuttgart 120 Schuhmachermeister ihr Gewerbe, außerdem gab es in der Stadt noch 17 Witwen von Schuhmachermeistern. Die Obermeister zeichneten ein sehr unerfreuliches Bild von den Beschäftigungsverhältnissen der Zunft. Ein Teil der Meister, berichteten sie, müsse sich von anderen Meistern als Schuhknechte gebrauchen lassen oder sich mit Holztragen und der Übernahme von Torwachen ernähren, etliche fristeten ihr Leben sogar durch Almosen. Besonders schlecht sei es um die Aufträge bestellt, seitdem nicht nur der Hof, sondern auch die Kanzlei (die Regierungsbehörden) nach Ludwigsburg verlegt worden seien. Die Zahl der zahlungsunfähigen Betriebe wachse stetig weiter an. Schon jetzt müßten nicht bloß die armen Witwen und vaterlosen Waisen den Bettelstab ergreifen[1100]. Die Lage der Stuttgarter Schuhmacher wäre noch trister gewesen, hätten die hiesigen Meister nicht einen guten Ruf besessen und nicht einen erklecklichen Teil der von ihnen gefertigten Schuhe nach auswärts verkaufen können. Namentlich während der Jahrmärkte machten sie gute Geschäfte. Sie legten deshalb Wert darauf, daß ihre Stände von denen der auswärtigen Schuhmacher deutlich abgesondert waren. Als dies der Magistrat 1724 nicht beachtete, erhoben sie

Protest und erreichten, daß diese Neuerung rückgängig gemacht wurde. Ihre Waren boten sie normalerweise am Großen Graben, der späteren Königstraße, gegenüber dem heutigen Mittnachtbau feil. Daher hieß dieser Teil des Großen Grabens auch Schuhgraben. Während der Jahrmärkte hatten sie ihre Buden im Bereich des Marktplatzes in Richtung Langer Graben (Eberhardstraße)[1101]. In der zweiten Hälfte des 18. Jahrhunderts besserte sich offensichtlich die Situation der Schuhmacher. Die tüchtigsten von ihnen

Von den »Ober- und anderen Meistern« des Rotgerberhandwerks in Stuttgart am 17. Februar 1806 ausgestellter Gesellenbrief für Jacob Heinrich Seemann.

Wir Geschworne Ober= und andere Meister des Löbl. Rothgerber — Handwerks in der Churfürstlich=Württembergischen Residenz=Stadt Stuttgart bezeugen hiemit, daß gegenwärtiger Gesell, Namens Jacob Heinrich Seemann. gebürtig von Stuttgardt der von Statur klein. hoch, 5 Fuß 4 Zoll Haaren, hell braun Stirne, mittel [illegible] Augbraunen, hellbraun Augen blaue Nase, mittel Wangen, glatte Mund, kleinen Lippen, rothe Zähnen, weiße – Bart, kleinen Kinn, rundes Angesicht, sauber. Schultern, mittel Jahre alt ist, 18 bei uns allhier 3/4. Jahr —— Wochen in Arbeit gestanden, und sich solche Zeit über treu, fleißig, still, friedsam und ehrlich, wie es einem rechtschaffenen Gesellen gebühret, verhalten hat; Welches wir hiemit unter Vordruckung unseres Handwerks=Siegels und erbetener Mit=Unterschrift unseres vorgesetzten Churfürstlichen Ober=Amts attestiren, und deßhalben unsere sämmtliche Mit=Meister, denselben nach Handwerks=Gebrauch, überall zu fördern, geziemend ersuchen wollen. Gegeben den 17. Febr 1806.

T. Ober=Meister, T. Meister, bei welchem obiger Gesell in Arbeit gestanden.

Joh. Christian Müller.
Christ. Jacob Schnurrer.
Georg [illegible] Martin

Mit Churfürstlich gnädig[illegible] Nachdrucken: Stuttgart, bei Christoph Friedrich Cotta, Hof= und Kanzlei=Buchdrucker.

Siegelabdruck der Stuttgarter Rotgerber von 1718.

arbeiteten für den Hof, außerdem nahm der Schuhverkauf nach auswärts zu[1102]. Daß sich die Schuhmacher schon früh zu spezialisieren suchten, macht eine Berufsangabe von 1700 deutlich: Christian Keller, Hoffrauenzimmer-Schuhmacher[1103]. Indes auch gegen Ende des 18. Jahrhunderts war ein Teil der Meister keineswegs frei von Existenzsorgen. 1792 zählte man 180 Schuhmachermeister, von ihnen waren in knapp zwei Jahren 30, darunter elf Nichtwürttemberger, neu als Bürger angenommen worden. Mehrere Meister waren wegen Verdienstmangels völlig verarmt[1104]. Ähnlich bedrückend war die Situation auch sieben Jahre später. Viele hätten nichts zu arbeiten, schrieb die Schuhmacherzunft in einer Eingabe[1105]. Das Steuerbuch 1800/01 führt den völlig verarmten, von Almosen lebenden Schuhmacher Matthäus Tobias Nelle auf. Er zahlte keine Abgabe, wurde auch nicht zur Bürgersteuer herangezogen[1106].

Auswärtige Konkurrenz machte 1746 den Küfern zu schaffen. Sie ersuchten die Regierung, den Landküfern den Verkauf von Waren in Stuttgart zu verbieten[1107]. Als äußerst überbesetzt wurde 1776 das Konditorenhandwerk bezeichnet. Viele Berufsangehörige, so wurde berichtet, seien schon in bittere Armut geraten. Um ihre wirtschaftliche Situation etwas zu verbessern, wurde ihnen der Handel mit »Spezereien« (Gewürzen) erlaubt[1108].

Die Zunftverfassung ließ nur einen sehr eingeschränkten Wettbewerb zu. Leistungsfähigen Meistern war bereits durch die Begrenzung der Zahl der von ihnen zu beschäftigenden Gesellen die Ausweitung ihres Betriebs unmöglich gemacht. Vermochten sie die Aufträge, die sie erhielten, nicht auszuführen, hatten sie, wie wir bereits gehört haben, einen Teil an andere weniger beschäftigte Meister abzutreten. Von einer guten Ertragslage sollte möglichst die ganze Zunft, nicht aber einzelne Meister profitieren. 1773 wurde das Gesuch von fünf Schneidermeistern abgelehnt, jeweils einen vierten Gesellen einstellen zu dürfen. Die fünf Meister hatten ihre Eingabe mit der »besseren Forttreibung ihres Handwerks« angesichts ihrer großen Kundschaft begründet. Sämtliche Schneiderobermeister und die übrigen Meister hatten sich unter Berufung auf die herzogliche Schneiderordnung dagegen ausgesprochen. Sie wünschten nicht, daß lukrative Aufträge wenigen Zunftangehörigen zugute kamen und diese so zu Wohlstand gelangten[1109]. Waren herrschaftliche Interessen im Spiel, gelang es eher, die einer Betriebsausweitung im Wege stehenden Barrieren der Zunftverfassung zu überspringen. Im Juni 1758 erlaubte Herzog Carl Eugen dem Schuhmachermeister Franz Hegele, zusätzlich zu den beiden ihm ordnungsgemäß zustehenden Schuhknechten zwei weitere Gesellen einzustellen. Hegele hatte seine Eingabe mit der termingerechten Fertigstellung eines ihm von der Herrschaft erteilten Auftrags begründet. Doch dies waren seltene Ausnahmen[1110].

Als schmerzlich empfanden es die einheimischen Handwerker, daß die Aufträge für das Ludwigsburger Schloß und für andere herrschaftliche Bauten in den ersten Jahrzehnten des 18. Jahrhunderts meist an Nichtwürttemberger gingen. Sie mußten erkennen, daß sie mit den »ausländischen« Berufskollegen nur schwer konkurrieren konnten[1111]. Mißtrauisch registrierten sie die Zuwanderung fremder Handwerker. Symptomatisch war, wenn etwa Ende 1701 der Stuttgarter Vogt berichtete, ein Goldschmied Fürst von Augsburg schleiche sich hier ein[1112]. In Stuttgart wußte man nur zu gut, daß die Reichsstadt Augsburg ein hochentwickeltes Goldschmiedehandwerk besaß, mit dem die einheimischen Vertreter dieses Gewerbes nicht zu konkurrieren vermochten. Leidige Erfahrungen wie die soeben geschilderten spornten das württembergische und insbesondere das Stuttgarter Kunst- und Qualitätshandwerk zu gesteigerter Leistungsfähigkeit an. Der Erfolg zeigte sich denn auch bald[1113]. Überhaupt waren die gehobenen Ansprüche des Hofs an das fachliche Können und an das Leistungsvermögen der Entwicklung des Stuttgarter Handwerks sehr förderlich. Der für den Hof arbeitende Handwerker zählte zu den Spitzenkräften

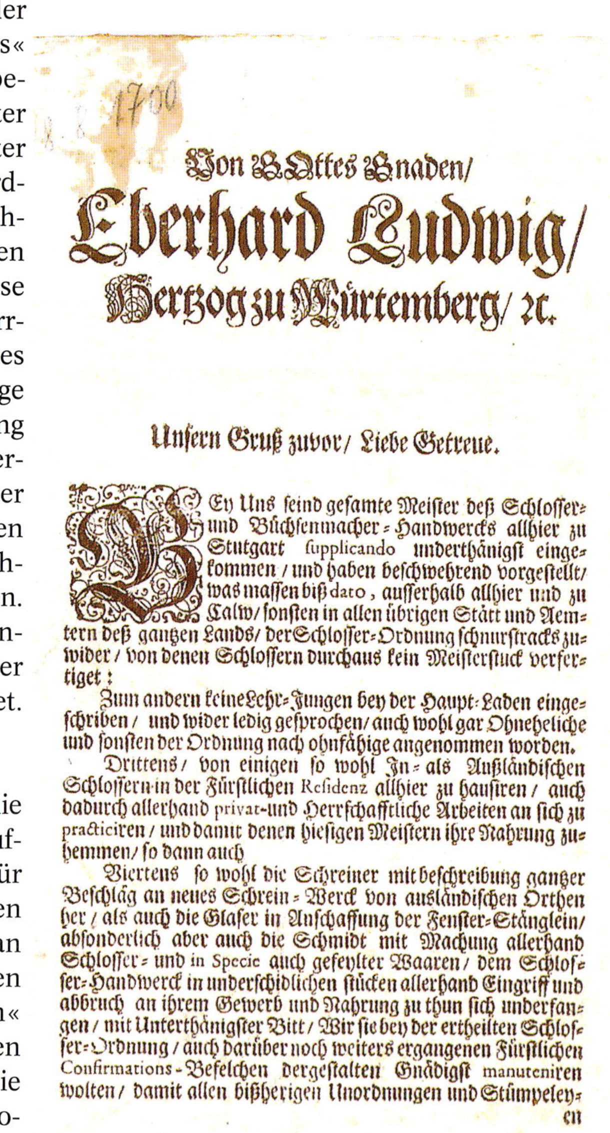

1700

Von GOttes Gnaden/
Eberhard Ludwig/
Hertzog zu Würtemberg/ 2c.

Unsern Gruß zuvor/ Liebe Getreue.

BEy Uns seind gesamte Meister deß Schlosser- und Büchsenmacher-Handwercks allhier zu Stutgart supplicando underthänigst eingekommen / und haben beschwehrend vorgestellt/ was massen biß dato, ausserhalb allhier und zu Calw/ sonsten in allen übrigen Stätt und Aemtern deß gantzen Lands/ der Schlosser-Ordnung schnurstracks zuwider / von denen Schlossern durchaus kein Meisterstuck verfertiget:

Zum andern keine Lehr-Jungen bey der Haupt-Laden eingeschriben / und wider ledig gesprochen/ auch wohl gar Ohneheliche und sonsten der Ordnung nach ohnfähige angenommen worden.

Drittens/ von einigen so wohl In- als Außländischen Schlossern in der Fürstlichen Residenz allhier zu hausiren / auch dadurch allerhand privat-und Herrschafftliche Arbeiten an sich zu practiciren / und damit denen hiesigen Meistern ihre Nahrung zuhemmen/ so dann auch

Viertens so wohl die Schreiner mit beschreibung gantzer Beschläg an neues Schrein-Werck von ausländischen Orthen her / als auch die Glaser in Anschaffung der Fenster-Stänglein/ absonderlich aber auch die Schmidt mit Machung allerhand Schlosser- und in Specie auch gefeylter Waaren / dem Schlosser-Handwerck in underschidlichen stücken allerhand Eingriff und abbruch an ihrem Gewerb und Nahrung zu thun sich underfangen / mit Unterthänigster Bitt / Wir sie bey der ertheilten Schlosser-Ordnung / auch darüber noch weiters ergangenen Fürstlichen Confirmations-Befelchen dergestalten Gnädigst manuteniren wolten / damit allen bißherigen Unordnungen und Stümpeleyen

Herzog Eberhard Ludwig von Württemberg ordnet mit Reskript vom 18. August 1700 die strikte Einhaltung der Schlosserordnung an.

Zunftkanne der Stuttgarter Schreiner, Zimmerleute und Büchsenschäftemacher, gefertigt von Johann Georg Meyer 1770.

seines Berufsstands, er verdiente besser als seine Kollegen, bekam interessantere, freilich auch anspruchsvollere Aufträge. Höchst begehrt war deshalb der Titel Hofhandwerker, der seit 1760 vom Herzog an Stuttgarter Handwerker verliehen wurde[1114]. Mit der Begründung, er könne einen besseren Kredit erlangen, vorteilhafter einkaufen und tüchtigere Gesellen für die ihm übertragenen Arbeiten am Hohenheimer Schloßbau bekommen, ersuchte der Vergolder Walter aus Stuttgart 1792 den Herzog, ihm den »Charakter eines Hoflackierers« zu erteilen. Da das Stadtoberamt Walter bezeugte, er habe sich bisher ordentlich aufgeführt, verfüge über kein Vermögen, habe sich aber durch Fleiß und »gute Ökonomie« einiges erspart, zögerte Herzog Carl Eugen nicht, dem Vergolder den erbetenen Titel zu verleihen. Sieben Jahre später bemühte sich ein anderer Stuttgarter Vergolder um denselben Titel. Allein, er hatte kein Glück. Es gebe bereits mehrere Vergolder und Hoflackierer, ließ ihn Herzog Friedrich II. wissen, eines weiteren Hofhandwerkers dieser Gattung bedürfe es nicht[1115].

Begründer der württembergischen Möbelbaukunst des 19. Jahrhunderts war der Hofebenist Johannes Klinckerfuß (1771–1831). Der Schüler des bekannten Kunstschreiners David Roentgen (1743–1807) in Neuwied am Rhein war seit 1795 am Stuttgarter Hof tätig. Vier Jahre später stieg er zum »Kabinettsebenisten« Herzog Friedrichs II. auf. Die Hofschreinerei, deren Leitung er nunmehr innehatte, wurde unter ihm zu einer großen Werkstatt, von der entscheidende Impulse für die Entwicklung der Kunstmöbelherstellung der folgenden Jahrzehnte ausgingen[1116].

Einen starken Einfluß auf die Entfaltung des Gewerbes in Stuttgart übten die meist aus dem Languedoc stammenden französischen Glaubensflüchtlinge aus, die um die Wende vom 17. zum 18. Jahrhundert hierherkamen. Unter diesen »Réfugiés« befanden sich hochqualifizierte handwerkliche Fachkräfte. Sie betätigten sich in der Seidenweberei, Wollkämmerei, Hutfabrikation, im Uhrmacherhandwerk, aber auch im Handel mit Parfümen. In einer Beschreibung Stuttgarts aus dem Jahr 1736 liest man: »Die in dem Land aufgenommenen Réfugiés nähren sich meistenteils mit Strumpfweben und Stricken, also daß von ihnen – sonderheitlich von Cannstatt aus, woselbst sie wie zu Stuttgart das freie Exerzitium ihrer reformierten Religion haben – jederzeit eine große Quantität Strümpfe von allerlei Couleurs zu haben sind.« Da sie in Stuttgart für ihre Erzeugnisse nur ungenügenden Absatz fanden, eröffneten sie einen Hausierhandel, der sie bis nach Österreich, ja nach Ungarn führte[1117]. Im März 1701 ersuchte der Klein-Uhrmacher Claude Labbé den Herzog, sich hier niederlassen und seine »Profession« treiben zu dürfen. Der Hofuhrmacher Paul Müller wollte dies verhindern[1118]. Da jedoch die Regierung solche Gesuche im allgemeinen wohlwollend behandelte, hatte Müller damit wohl keinen Erfolg. 1708 gestattete Herzog Eberhard Ludwig dem Perückenmacher Jacques Laroque, seinen Beruf in Stuttgart auszuüben. Er begründete die Genehmigung damit, daß Laroque seine »Profession« wohl erlernt habe und daß es in Stuttgart noch keine Zunft der Perückenmacher gebe[1119].

Zum Kreis der Glaubensflüchtlinge, die damals in Stuttgart eine neue Heimat fanden, gehörte auch die später so bekannte Färberfamilie Ploucquet. Der Stammvater, ein Lyoner Hugenotte, war 1685 nach der Aufhebung des Edikts von Nantes durch König Ludwig XIV. aus Frankreich emigriert und hatte sich zunächst in Marbach niedergelassen. Von dort war er 1692 nach Stuttgart in die Schönfärbergasse, die heutige Färberstraße, übergesiedelt. Er errichtete eine »Schönfarb«; sie bildete das Gründungsunternehmen der späteren weltbekannten Färberei Christoph Friedrich Ploucquet in Heidenheim an der Brenz. Aus der Familie ging eine Reihe bedeutender Persönlichkeiten hervor. Der in Marbach geborene Heinrich Daniel Ploucquet (1688–1728) war mit der Schwester des Großvaters von Friedrich Schillers Mutter, des Bäckers und Bürgermeisters Johannes Kodweiß (1655–1745), verheiratet: Maria Dorothea Kodweiß (1674–1745). Sein Sohn Christoph (1712–1783) war Stadthauptmann in Stuttgart und Pate von Friedrich Schillers jüngster Schwester Nanette. Der Buchdrucker Christoph Friedrich Mäntler, der Gatte einer

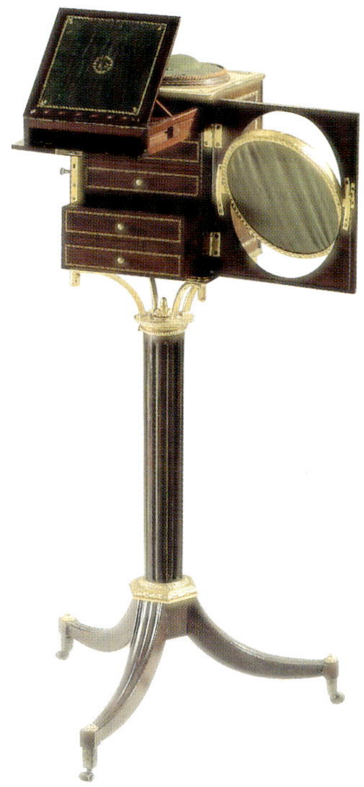

Von dem Kabinettsschreiner Matthias Müller als Geschenk für die russische Kaiserin Maria Feodorowna, eine geborene Prinzessin von Württemberg, 1796 gefertigtes Nähkästchen.

Tochter von Christoph Ploucquet, gab im Jahr der Entlassung Schillers aus der Hohen Carlsschule die von diesem redigierten »Nachrichten zum Nuzen und Vergnügen« heraus[1120].

Ein junges Handwerk war das der Perückenmacher. Es erhielt 1717 eine eigene Ordnung. Die Zahl der Meister wurde auf zehn festgesetzt. Als Meisterstück schrieb die Ordnung die Anfertigung einer Perücke vor, »wie es die Façon der Zeit mit sich bringt«. Die Einfuhr von Perücken wurde verboten, ebenso das Hausieren mit ihnen. Das Perückenhandwerk war ein Modeberuf. 1730 betätigten sich in ihm 17 Meister[1121], und ihre Zahl stieg in der Folgezeit noch weiter an[1122]. Zu ihren vornehmen Kunden kamen die Perückenmacher zum Pudern und Frisieren täglich ins Haus[1123]. 1751 erhielt der Perückenmacher Maquaire, ein Franzose, die Erlaubnis, sich in Stuttgart niederzulassen. Er begnügte sich indes nicht mit der Betätigung in seinem Handwerk, sondern eröffnete mit obrigkeitlicher Genehmigung zugleich einen Handel mit Puder und Stärkemehl[1124]. Der 1791 unternommene Versuch, die Zahl der Perückenmacher in Stuttgart entsprechend der Perückenmacherordnung wieder auf zehn zu beschränken, mißlang. 1791 trieben hier noch immer 31, 1810 gar 34 Perückenmacher ihr Gewerbe[1125].

Im Bereich des Handwerks gab es im 18. Jahrhundert einiges, was recht kurios anmutet. Der als Stadtfischer bezeichnete Christoph Mozer unterhielt 1743 in seinem Garten vor dem Seeltor einen kleinen See und zwei Fischbehälter. In dieses Seelein durfte er das ganze Jahr hindurch 3 Zoll Wasser aus dem nahen Nesenbach gegen einen ihm auferlegten »Wasserzins« von 3 fl leiten[1126]. Ein Flaschner Berthold stellte um 1780 Gesundheitsgeschirr aus verzinntem Blech her, das dem offensichtlich damals sehr bekannten Neuwieder Geschirr qualitativ nicht nachstand und einen ausgezeichneten Absatz fand. Zu jener Zeit machte sich auch der Stiftsmesner Tiedemann als Konstrukteur von optischen und mechanischen Instrumenten einen Namen[1127].

Einzelne Bäcker besaßen das Privileg, den Adel und andere Honoratioren mit Wecken und Weißbrot beliefern zu dürfen. Einer von ihnen war 1758 Johann Michael Dörner. Ihm wurde damals gestattet, dieses Vorrecht auf seinen Sohn zu übertragen[1128]. Seit 1784 durften die Bäcker von Cannstatt, Ludwigsburg und Sindelfingen weißes und mürbes Brot in Stuttgart verkaufen. Die Stuttgarter Bäcker fühlten sich dadurch

N. 1775. Stuttgart. Dienstags, den 21ten Febr. Pag. (57)

Nachrichten zum Nuzen und Vergnügen.

Nro. 15.

Mit Herzogl. gnädigstem Privilegio.

Kirchenstaat.

Nach Briefen aus Rom vom 4ten dieses ist der Cardinal Rossi gestorben, ehe er noch den Neuen Pabst gesehen hat. Er war gebohren Anno 1696, und brachte also sein Leben auf 89 Jahr. Die Cardinäle Cassalj und Contj sind so unpäßlich, daß sie die Zelle hüten müssen. Ersterer hatte seine Sachen listig gemacht, indem er die Parthie der Zeloten versicherte, daß er ihnen zugethan sey, und der Hofparthie insgeheim versprach, alles mögliche zu unterschreiben, was man forderte, wann er Pabst würde. Die dreyfache Crone hätte ihm gar nicht gefehlt, wann nicht der Cardinal Rezzonico etliche Stunden zu frühe hinter das Geheimnüß gekommen wäre, und alle seine Hoffnungen zernichtet hätte. Sonsten haben sich seithero im Conclave verschiedne Vorfälle eräugnet. Man hat ein Loch wahrgenommen, durch welches eine Person bequemlich aus und einschlupfen konnte. Es geschahen Nachsuchungen; allein man fand, daß nicht das mindeste gestohlen worden war. Vermuthlich ist dis Loch auch nicht um des Stehlens willen gemacht worden. Kürzlich wurde der Secretair eines gewißen Cardinals auf Ordre des H. Collegii zum Conclave hinaus geschafft, weil er einem ausländischen Minister treulichen Bericht von allem abstattete, was vorgieng. Da man wohl weiß, daß es keine Plaisir ist, im Conclave zu sizen, so kan man nicht begreifen, warum die Herrn Cardinäle nicht einmal, wenigstens aus Ueberdruß und Langweile, der Sache ein Ende machen. Verschiedne von ihnen, die keine sonderliche Einkünffte haben, und deren Börße würcklich erschöpft ist, haben dem H. Collegio vorgestellt, daß sie jezt nimmer länger aushalten, und die Unkosten im Conclave bestreiten könnten; Wann man mit der Wahl nicht fortmachte, so reißeten Sie. Um dieses zu verhüten, haben 2 reiche Cardinäle von der eyferenden Parthie denselben ihre Börßen angebotten. Die Spaltungen unter den Wählenden nehmen noch immer zu, und selbst die Parthie der Eyferer ist in verschiedne Factionen getheilt. Man vermuthet, es werde noch dahin kommen, daß die Weltliche Mächte bey der nicht beyzulegenden Zwistigkeit, dem H. Collegio so lange die Lebens-Mittel entziehen, bis es eins geworden ist.

Oesterreich.

Es ist ganz gewiß, daß der Kayser bevorstehendes Frühjahr eine Reiße antretten werden. Der Gouverneur von Triest hat Befehle bekommen,

Titelblatt der »Nachrichten zum Nuzen und Vergnügen« vom Dienstag, dem 21. Februar 1775.

benachteiligt; sie forderten, den fremden Handwerkern das Brotverkaufen in der Stadt zu untersagen. Allein, der Herzog zeigte sich ihren Bitten unzugänglich. Sie sollten erst einmal besseres Brot als bisher backen, ließ er ihnen sagen[1129]. Im Mai 1805 befahl Kurfürst Friedrich, Gewicht und Qualität des Brotes der Stuttgarter Bäcker unangekündigt zu prüfen. Es war nämlich wiederholt geklagt worden, daß es die Bäcker mit beidem nicht sehr ernst nahmen[1130].

Die Metzger mußten sich ihr Schlachtvieh wie früher zum Teil aus weit entfernten Gegenden beischaffen. 1718 etwa holten sie sich ihre Schlachtschafe von entlegenen Orten auf der Schwäbischen Alb, mitunter sogar aus nichtwürttembergischen Gebieten[1131]. Aus dem Jahr 1723 ist überliefert, daß sich die Metzger von Stuttgart, Esslingen und Cannstatt alljährlich an Bartholomä (24. August) zu einer »Fleischkonferenz« trafen. Auf dieser Konferenz, die schon seit über 60 Jahren stattfand, wurden Absprachen über das Aufkaufen von Schlachtvieh getroffen und wohl wegen der durch »Taxen« festgelegten Preise (Höchstpreise) für Kalbfleisch und anderes Fleisch vereinbart, zwischenzeitlich miteinander zu korrespondieren. Die Regierung ließ diese »Fleischkonferenzen« weiterhin zu, wollte aber den Metzgern, wenn die Preise für Schlachtvieh zwischen zwei solchen Jahreskonferenzen stark anzogen, die Fleischtaxen auf ein entsprechendes Gesuch angemessen erhöhen[1132].

Im Jahr 1738 verkaufte die Stadt das Schlachthaus auf dem alten Hafenmarkt um 600 fl an die Metzgerzunft, machte jedoch zur Bedingung, daß die Zunft den unter dem Schlachthaus durchfließenden Bach säuberte und das Gewölbe instand hielt. Im Dezember 1788 erwarb die Stadt ein Haus in der Hirschgasse und richtete es zu der aus 54 Bänken bestehenden »Metzig« ein. Für jede Bank (Verkaufsstand) war ein jährliches Bankgeld von 3 fl 15 kr zu bezahlen[1133] – die »Metzig« und die Brotlauben im unteren Stock des Herrenhauses auf dem Marktplatz standen seit 1776 nicht mehr zur Verfügung[1134].

Zu den einkommensschwachen Handwerkszünften zählten die Weber. Weil sie in ihrem Beruf nicht ausgelastet waren, wandten sie sich auch anderen Arbeiten zu, so dem Krauteinschneiden. Im Dezember 1816 mußte allerdings eine Ministerialverfügung klarstellen, das Krauteinschneiden sei ein unzünftiger Erwerbszweig, es stehe keineswegs ausschließlich der Weberzunft zu, auch wenn sich einige Stuttgarter Weber mit ihm abgäben. Das Monopol der Weber gereiche der Einwohnerschaft zum Nachteil, weil durch das Ausschalten von Konkurrenzangeboten der Preis für das Krauteinschneiden in die Höhe getrieben werde. Die Einwohner zögen für diese Arbeit Tiroler den hiesigen Webern vor. Dagegen könne nichts unternommen werden, und es sei unzulässig, wenn die Weber von den Tiroler Krauteinschneidern verlangten, sie sollten ihnen einen Teil ihres Tagesverdienstes abgeben[1135].

Die althergebrachte Zunftverfassung blieb bis hinein ins 19. Jahrhundert die rechtliche Grundlage für das Stuttgarter Handwerk. Ein herzogliches Reskript vom 27. Februar 1764 legte fest, daß die Gold- und Silberarbeiter, die Bortenmacher, Buchbinder, Kaminfeger, Gürtler, Gipser, Kürschner, Knopfmacher, Seifensieder und Lichtermacher, Säckler (Seckler), Schwertfeger, Sieb- und Kammacher, Bürstenbinder, Tuchscherer und Zinngießer im Hinblick auf die geringe Zahl ihrer Meister im Herzogtum Württemberg ihre einzige Lade hier haben sollten. Bei den Nagelschmieden befand sich eine der vier Laden des Landes in Stuttgart, bei den Barbieren und Badern, Drehern, Färbern, Glasern, Küblern, Kupferschmieden, Rot- und Weißgerbern, Sattlern und Riemern, Schreinern, Strumpfstrickern, Hutmachern und Messerschmieden eine der drei Laden sowie bei den Perückenmachern und Hafnern eine der zwei Laden[1136]. 1819 wurde für das Königreich Württemberg ein Handels- und Gewerbeverein mit einer Zentralstelle in Stuttgart gegründet. Der Hauptzweck dieses Vereins waren die Entwicklung und die Förderung von Handel und Gewerbe im Land[1137].

Größere Gewerbeunternehmen, Manufakturen

Die herzoglichen und die städtischen Steinbrüche wurden im 18. Jahrhundert für öffentliche Bauten stark in Anspruch genommen, so zum Bau der Kaserne, der späteren Akademie, und des Neuen Schlosses. 1751 überließ der Magistrat die Steinbrüche im Schellberg und in der Eckartshalden der herzoglichen Schloßbauverwaltung zur Steinegewinnung für das Neue Schloß. Nach dem Hirschgassenbrand gab Herzog Carl Eugen 1762 den Steinbruch im Schellberg an die Stadt zurück, um ihn dann aber sieben Jahre später erneut für den Schloßbau zu reklamieren. Der Magistrat verpachtete städtische Steinbrüche zum Teil auch an private Steinhauer, machte damit aber nicht nur gute Erfahrungen. Der Eckartshalder Steinbruch gelangte 1807 von der königlichen Bauverwaltung wieder an die Stadt, die ihn aber, weil er »ganz ausgegraben« war, veräußerte. Auch der Steinbruch im Schellberg, der zum Teil aufgefüllt und mit Bäumen bepflanzt war, wurde, nachdem er wieder in

Bopserbrunnen und Fellgersburg (spätere Villa Weißenburg) um 1845/50.

städtischen Besitz übergegangen war, 1811 zusammen mit einem bewohnbaren Steinbruchhäuslein und einem angebauten Felddistrikt im Wege der Versteigerung verkauft. Die seit dem 18. Jahrhundert genutzten städtischen Steinbrüche im Kräherwald sowie die Sandgruben auf dem Hasenberg und bei Heslach lieferten noch bis 1900 Baumaterialien für die expandierende Stadt[1138]. 1736 wurde Privatleuten, die Steinbrüche besaßen, erlaubt, diese auch weiterhin zu nutzen[1139]. Im Jahr 1762 hoffte man, am Bopser auf Lagerstätten von Porzellanerde zu stoßen. Dies erwies sich als Illusion. Doch entdeckte man bei den Schürfversuchen eine Quelle, den sogenannten Bopserbrunnen[1140]. Als Kuriosum ist vielleicht noch anzumerken, daß 1789 auf der Prag Torf gestochen wurde[1141].

Für die Ziegelhütte vor dem Seegassentor erstellte die Stadt 1717 einen Neubau. Hingegen verkaufte sie die Ziegelhütte bei der Weinsteige, die sie gewöhnlich gegen eine Abgabe verlieh, 1743 mit der dazugehörenden Lehmgrube um den stattlichen Betrag von 2 190 fl[1142]. Im September 1780 wollten die beiden Stuttgarter Ziegler wegen der gestiegenen Holzpreise ihre Materialientaxe, also die Preise für ihre Erzeugnisse, erhöhen. Ihr Gesuch wurde aber von der Regierung abgelehnt[1143].

Im Jahr 1700 errichtete der Straßburger Kaufmann Kornmann sehr wahrscheinlich zwischen Hirschgasse und Stadtgraben eine Tabakfabrik. Da sie von der Rentkammer mit Monopolcharakter ausgestattet war, mußte an sie aller im Herzogtum angebaute Tabak abgeliefert werden. Der im Land zwangsweise angepflanzte Tabak – in Stuttgart wurde, wie bereits erwähnt, im Azenberg Tabak angebaut – reichte bald für den Betrieb des Unternehmens aus, so daß auf ausländische Ware verzichtet werden konnte[1144]. Im Februar 1723 beschwerte sich der Hofparfümeur Jörg Wolfgang Hahn, die hiesige Tabakfabrik habe ihm sämtlichen Tabak im Amtshaus unter dem Vorwand beschlagnahmen lassen, er habe unter seinem Tabak fremde, ausländische Ware verborgen und damit gegen das Tabakmonopol verstoßen[1145]. Die Fabrik wurde 1737 nach Ludwigsburg verlegt. 1742 stellte sie ihren Betrieb ein[1146]. Herzog Carl Eugen verband 1758 das Tabakmonopol mit dem Regiebetrieb, er ließ in Stuttgart ein Tabakmagazin einrichten, das das ganze Land mit Tabak zu versorgen hatte. 1762 übernahm Kommerzienrat Bongius, der bisher den Regiebetrieb geleitet hatte, die Fabrik mit dem gesamten Inventar gegen eine Jahrespacht von 12 000 fl. Da aber der Schleichhandel und Schmuggel überhandnahmen, vermochte sich Bongius nicht zu behaupten. Er gab deshalb 1768 die Fabrik wieder auf, der Tabakhandel wurde freigegeben[1147]. Nach der Aufhebung des Monopols gründete der Handelsmann Christian Friedrich Reinhardt eine freie Tabakfabrik. Um sein Unternehmen emporzubringen, bekam er sechs Jahre Zoll- und Akzisebefreiung. Die Fabrik profitierte davon, daß sich die meisten Landkrämer bei ihr mit Tabakwaren eindeckten. Der anfängliche Aufschwung kam jedoch bald zum Stillstand. In den 1790er Jahren mußte die Fabrik ihre Pforten schließen. 1808 führte König Friedrich das Tabakmonopol wieder ein, bis 1816 ließ er die Tabakherstellung in staatlicher Regie betreiben[1148]. 1702 errichtete die Rentkammer in Berg eine Gewürzmühle, in die alle Gewürzhändler der Umgebung »gebannt« waren, d. h. von der sie ihre Waren ausnahmslos zu beziehen hatten[1149].

Ziegelhütte vor dem Seegassentor.

Im Mai 1714 erteilte Herzog Eberhard Ludwig Gottlieb Hermann die Konzession zur Errichtung einer Strumpffabrik. Hermann sollte für den Hof arbeiten, er durfte aber auch die Kaufleute im Herzogtum mit seiner Ware en gros und dutzendweise beliefern. Zwei Monate später befahl der Herzog den Amtleuten, den »Meister von der Strumpf Fabrique« beim Verkauf seiner Ware zu unterstützen[1150]. Offensichtlich handelte es sich bei dieser Gründung um ein kurzlebiges Unternehmen, erfahren wir doch später nichts mehr von ihm.

Wie im Handwerk, so übernahmen auch im Bereich der Manufakturen französische »Réfugiés« einen bedeutsamen Part. Bereits zu Beginn des 18. Jahrhunderts begann Louis Terme mit der Anpflanzung von Maulbeerbäumen auf den an der Maille, der späteren Planie, gelegenen Wiesen und wahrscheinlich auch auf der Prag, um der Seidenindustrie in Württemberg eine neue Heimstatt zu schaffen. Die Anpflanzung blieb wohl größtenteils bestehen, obwohl die Seidenfabrikation offenbar nicht in Gang kam[1151]. 1721 bildete sich auf die Initiative von Professor Mequillot eine Gesellschaft zur Errichtung einer Seidenfabrik. Mit der Begründung, daß »die Anrichtung nützlicher Manufakturen einem Lande und dessen Einwohnern sonderbaren Vorteil und Nahrung verschaffet«, überließ ihr Herzog Eberhard Ludwig alle im Herzogtum befindlichen und keinem Privatmann gehörenden Maulbeerbäume, ferner drei für das Anpflanzen von Maulbeerbäumen taugliche Plätze in Stuttgart, Ludwigsburg und im Amt Maulbronn. Sie durfte das Holz zu den für ihre Maulbeerbaumanlagen benötigten Zäunen aus den nächstgelegenen herrschaftlichen Waldungen holen, Maulbeerbäume im ganzen Herzogtum, namentlich aber im Land unter der Steig, wo immer es passend erschien, an Landstraßen sowie auf öde oder unangebaute Felder und Plätze setzen. In den Orten, in denen Maulbeeranlagen bestanden, sollte der Gesellschaft auf den Rathäusern während der zwei Monate im Jahr, in denen die Seidenwürmer »arbeiteten«, leerstehende Zimmer eingeräumt werden. Weiter war ihr gestattet, sich notfalls bei Privatleuten nach entsprechenden Zimmern umzusehen, und sie erhielt eine zehnjährige Befreiung von Steuern und Abgaben zugesichert. Indes kam es nicht zur Errichtung einer solchen Seidenfabrik[1152].

Im November 1726 beabsichtigte der in Cannstatt ansässige Strumpffabrikant Bourdalet, seinen Wohnsitz nach Stuttgart zu verlegen. Der Magistrat sprach sich jedoch dagegen aus. In einer Stellungnahme an die Regierung erklärte er, es gebe in der Stadt bereits 15 Strumpffabrikanten, Stricker und Weber. Die Stuttgarter Strumpffabrikanten befürchteten außerdem, daß Bourdalet im Hinblick auf sein großes, nach dem Verlagsprinzip organisiertes Unternehmen einen Teil der Aufträge nach auswärts vergebe und ihnen einige ihrer besten Arbeiter abwerbe. Auch sei Bourdalet ein unruhiger Kopf, und solche Leute habe man schon mehr als genug in Stuttgart. Ob das ablehnende Votum des Magistrats Erfolg hatte, ist fraglich. 1740 berief sich ein Pourtalet (möglicherweise identisch mit Bourdalet) in einem Gesuch darauf, daß er jahrelang eine Strumpffabrik betrieben habe. Er nannte zwar nicht den Ort, wo diese Fabrik gewesen war, doch hielt er selbst sich damals in Stuttgart auf[1153]. Ein kurzlebiges Unternehmen war die 1728 von der Reformierten Gemeinde im Landhaus errichtete Strumpffabrik; sie bot nach ihrer Eröffnung in großer Menge »Strümpfe von allerlei Couleurs« an.

Im Jahr 1729 rief Johann Peter (Jean Pierre) Rigal, ein aus Anduze im Languedoc gebürtiger »Réfugié«, eine Seiden- und Kastorstrumpfweberei (Kastor ein Tuch aus bestem Wollstreichgarn) ins Leben. Weil es bei ihm an den zum Emporbringen des Unternehmens erforderlichen Mitteln fehlte, gestand ihm die Regierung im folgenden Jahr nicht nur die Personal- und Abgabenfreiheit für sich und seine Mitarbeiter zu, sondern sie gewährte ihm auch einen Geldvorschuß von 3 900 fl[1154]. Rigal wollte indes seine Gründung zu einer Art Großunternehmen entwickeln. In Herzog Carl Alexander, der sehr daran interessiert war, die wirtschaftliche Leistungsfähigkeit seines Landes zu steigern und dem Gewerbe belebende Impulse zu verleihen, fand er einen tatkräftigen Förderer. 1734/35 stellte er ihm sein Projekt vor: Anpflanzung von Maulbeerbäumen im Herzogtum und Errichtung »ansehnlicher Seiden- und Kastorwarenfabriken«. Rigal errechnete, daß Herzog und Land aus dem Unternehmen im Lauf von 25 Jahren ein Gewinn von mehr als 40 000 fl erwachse. Die zu einem Gutachten aufgeforderte Manufakturdeputation kam nach gründlicher Prüfung zu einem sehr günstigen Urteil: Projekte wie das Rigals verdienten, so stellte sie fest, »auf alle Art und Weise favorisiert zu werden«, weil sie den Reichtum des Landes und mit ihm den Wohlstand der Untertanen vermehrten, die Macht des Regenten erhöhten. »Wann aber das Commercium florieren soll, so ist es nötig, diejenige[n], welche durch ihre Industrie, Experienz und Wissenschaften sich darinnen besonders distinguiert haben, auch durch besondere Gnaden, Ehrendiensten [!] und dergleichen darzu zu encouragieren. Diese Maxime[n] welche in andern großen Staaten mit Nutzen observiert werden, sind bisher in hiesigen Landen ziemlich negligiert worden, wo man wegen allgemeiner Geringhaltung der Handelsleuten [!] wenige gute Familien findet, die ihre Kinder zu einer so verachteten, obschon der Sozietät [Gesellschaft] höchst nützlichen Profession destinieren wollen. Dahero wird das ganze Land nur teils mit Schreibern und teils mit geistlichen und weltlichen Gelehrten dergestalten angefüllt, daß sie endlich der Herrschaft sowohl als dem Publico zu einer Last werden müssen. Die freien Künste oder artes liberales und studia sind allweg in Ehren zu halten und kontribuieren viel zu dem Ruhm und Splendor einer Nation, aber die vielerlei Professionen oder artes mechanicae kontribuieren viel mehr als jene zum Reichtum sowohl als zu dem unentbehrlichen Nutzen und Gebrauch der menschlichen Sozietät…« Die Deputation meinte, das Rigalsche Projekt werde künftig vielen jungen Leuten »Lust und Anlaß geben, sich in dergleichen Fabriken und Handlungen zu engagieren«[1155].

Nach dem uneingeschränkt positiven Gutachten der Manufakturdeputation sah Herzog Eberhard Ludwig keinen Grund mehr, Rigal und dessen »Seiden- und Kastorkommerzien wie auch Manufakturen-Kompanie« die erbetenen umfassenden Privilegien, Immunitäten und Freiheiten für einen Zeitraum von 25 Jahren länger vorzuenthalten. Die Kompanie durfte Offizianten und Arbeiter auch im »Ausland« anwerben. Diesen wurden, soweit sie der reformierten Konfession angehörten, in gleicher Weise wie den im Land etablierten französischen Flüchtlingen und Waldenserkolonien freie Religionsausübung und sonstige Freiheiten zugesichert. Die Kompanie bekam die Ermächtigung, über die bereits bestehenden Seiden- und Kastor-Strumpfmanufakturen hinaus im Herzogtum im Bedarfsfall noch andere Seidenfabriken zu errichten. In großzügiger Weise wurden ihr vor allem zwischen Neckar und Enz, aber auch in anderen Orten im Herzogtum Württemberg taugliche Plätze zum Anlegen von Maulbeerbaumpflanzungen überlassen, so wüstliegende Weingärten und andere ungenutzte Grundstücke: in Maulbronn 4 Morgen, die bereits mit Maulbeerbäumen bepflanzt waren, sowie weitere 6 Morgen, in Ludwigsburg 20 Morgen. Alle von der Kompanie für Fabrikzwecke gekauften oder neuerstellten Gebäude waren für einen Zeitraum von 25 Jahren von Einquartierungen sowie von allen Steuern und Abgaben frei. Von Gütern, die bisher besteuert gewesen waren, mußte ein stark verminderter Geldbetrag entrichtet werden. Die Steuerbefreiung war auch auf die Waren und den Handel der Kompanie ausgedehnt. Sämtliche Mitarbeiter der Kompanie genossen die uneingeschränkte Personalfreiheit einschließlich der Befreiung vom Kriegsdienst und von Einquartierungen. Rechtsangelegenheiten von Kompanieangehörigen wurden von den Gerichtsbehörden im Benehmen mit dem Direktor oder mit einem von ihm zu benennenden Offizianten bereinigt. Geldstrafen bis zu 1 fl flossen in die von der Kompanie zu errichtende Krankenkasse. Die Behörden hatten für den Schutz und die Sicherheit der Maulbeerbaumpflanzungen zu sorgen. Während 25 Jahren war der Kompanie die gänzliche Befreiung von allen Weg-, Steg-, Brücken- und Pflastergeldern, auch Wasser- und Flußgassenzöllen, ebenso von allen Verwaltungsgebühren (Tax- und Schreibgebühren) sowie für ihre Waren Befreiung von Zoll und Akzise eingeräumt. Der Herzog schenkte der Kompanie 25 eiserne Öfen mit Zubehör. Das zu ihren Stühlen und anderem

Gerät erforderliche Eisen sollte sie zu einem besonderen »Gnadenanschlag« bekommen. Steine, Sand, Lehm und andere Baumaterialien durfte sie sich, soweit diese »nicht besonderes Eigentum« waren, unentgeltlich beschaffen. Beim Transport dieser Baumaterialien sollten ihr die Untertanen an die Hand gehen, doch nicht mehr als die festgesetzten Lohntaxen verlangen. Dem Initiator und Leiter der Kompanie verlieh der Herzog den Charakter und Rang eines Direktors der neuen Seiden- und Kastor-Manufakturen und den eines Oberinspektors über alle Maulbeerbaumpflanzungen im Herzogtum[1156].

Die Kompanie errichtete vor dem Rotebildtor eine Seidenfabrik und legte dort auch eine Pflanzung von Maulbeerbäumen an[1157]. 1736 zeigte sich Rigal sehr zuversichtlich: In Stuttgart und anderwärts seien, berichtete er, viele tausend Maulbeerbäume gesetzt worden mit dem Zweck, in Württemberg Seide zu erzeugen. Der Bau einer Seiden- und Kastorstrumpfweberei stehe kurz vor seiner Vollendung. Diese werde Waren erzeugen, die Württemberg sehr zustatten kämen: mäßige Preise, gute Qualität und große Quantität. Rigal verlangte nur, daß die Webermeister, die gleichfalls solche Waren herstellten, dies bloß in Einmannbetrieben tun dürften; es sollte ihnen untersagt werden, Gesinde oder Gesellen einzustellen. Es scheint, daß Herzog Carl Alexander dieses Gesuch Rigals zumindest hinhaltend behandelte, jedenfalls forderte er zunächst ein sachkundiges Gutachten an[1158]. 1737 wurde der Kompanie über die ihr für 25 Jahre eingeräumten Privilegien hinaus für weitere 25 Jahre die Befreiung von der Kapitalsteuer bewilligt, damit sie sich bei der Beschaffung von Krediten leichter tat. 1738 erhielt sie von der Regierung einen ansehnlichen Geldvorschuß, und 1739 wurde ihr der seit längerem angestrebte Monopolcharakter zugestanden. Jeder, der sich mit der Seidenraupenzucht befaßte, hatte bei ihr seine Kokons abhaspeln zu lassen, damit eine »egale Seide« gewonnen werden konnte[1159]. Andererseits verpflichtete sie sich, innerhalb von vier Jahren 500 000 Maulbeerbäume in Alleen neben den Straßen pflanzen zu lassen.

PRIVILEGIen,
IMMUNITäten und Freyheiten /
auch andere Begnadigungen /
Welche
Des Regierenden
Herrn Hertzogen
zu Würtemberg und Teck, ꝛc.
Hochfürstliche Durchleucht,
vor Sich und Dero Hochfürstliche Successores am Regiment / der in Dero Hertzogthum und Landen *établirten* Seyden- und *Castor-Commercien*- wie auch *Manufacturen-Compagnie* und deren sämtlichen Angehörigen gnädigst ertheilet und verwilliget haben.

PRIVILEGES,
IMMUNITÉS, ET FRANCHISES,
QUE
SON ALTESSE SERENISSIME,
MONSEIGNEUR
LE DUC REGNANT
DE VURTEMBERG ET DE TECK, &c.
a très-gracieusement acordés, tant pour Elle que pour Ses Sérénissimes Succésseurs au Gouvernement, à la Compagnie du Commerce & des Manufactures en Soïe & en Castor, & à tous ceux qui en dépendent.

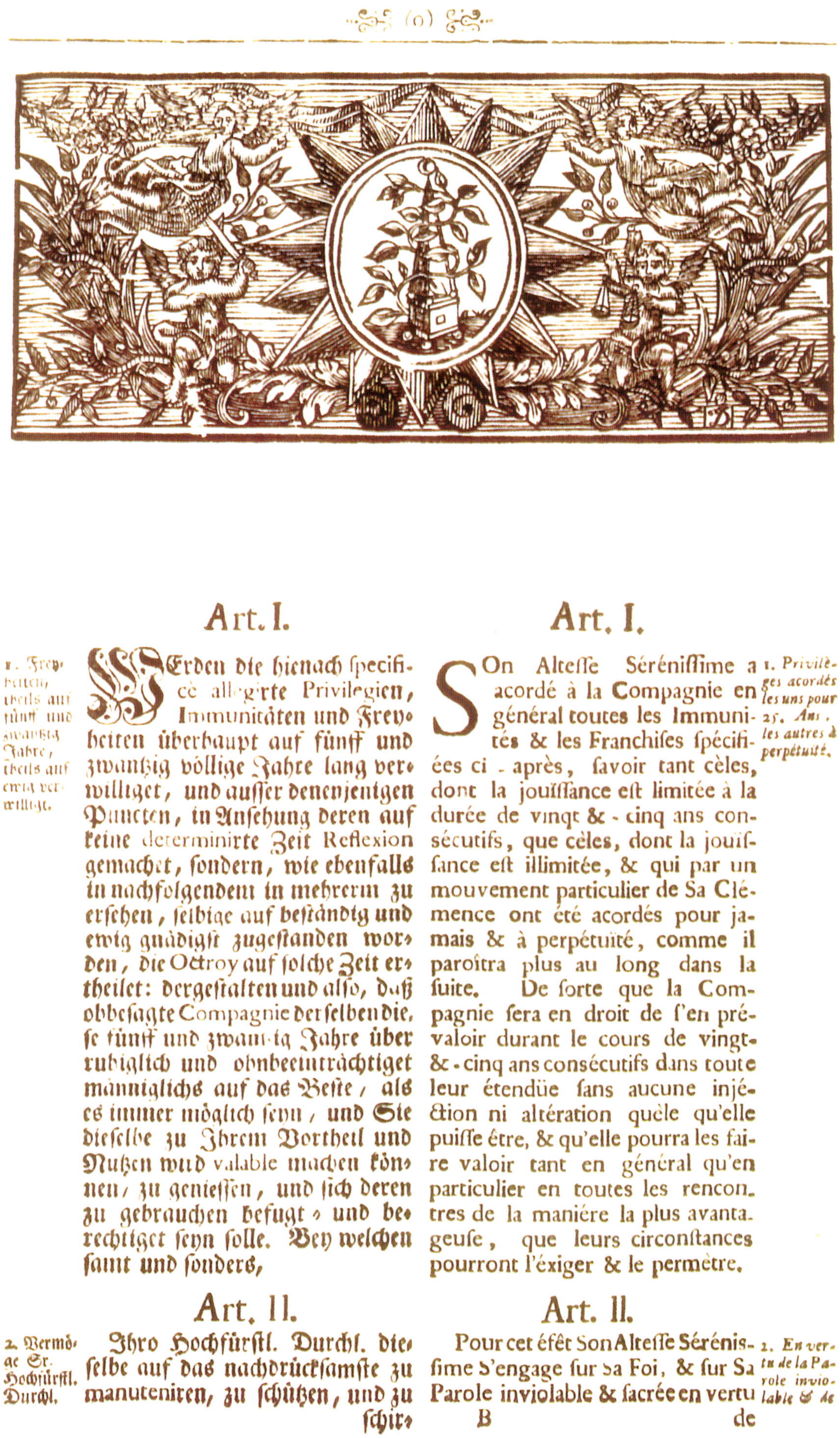

(o)

Art. I.

1. Freyheiten, theils auf fünff und zwantzig Jahre, theils auf ewig verwilligt.

WErden die hienach ſpecificè allegirte Privilegien, Immunitäten und Freyheiten überhaupt auf fünff und zwantzig völlige Jahre lang verwilliget, und auſſer denenjenigen Puncten, in Anſehung deren auf keine determinirte Zeit Reflexion gemachet, ſondern, wie ebenfalls in nachfolgendem in mehrerm zu erſehen, ſelbige auf beſtändig und ewig gnädigſt zugeſtanden worden, die Octroy auf ſolche Zeit ertheilet: dergeſtalten und alſo, daß obbeſagte Compagnie derſelben dieſe fünff und zwantzig Jahre über ruhiglich und ohnbeeinträchtiget männiglichs auf das Beſte, als es immer möglich ſeyn, und Sie dieſelbe zu Ihrem Vortheil und Nutzen wird valable machen können, zu genieſſen, und ſich deren zu gebrauchen befugt, und berechtiget ſeyn ſolle. Bey welchen ſamt und ſonders,

Art. II.

2. Vermöge Sr. Hochfürſtl. Durchl.

Ihro Hochfürſtl. Durchl. dieſelbe auf das nachdrückſamſte zu manuteniren, zu ſchützen, und zu ſchir-

Art. I.

1. Privilèges acordés les uns pour 25. Ans, les autres à perpétuité.

SOn Alteſſe Séréniſſime a acordé à la Compagnie en général toutes les Immunités & les Franchiſes ſpécifiées ci - après, ſavoir tant cèles, dont la jouïſſance eſt limitée à la durée de vinqt & - cinq ans conſécutifs, que cèles, dont la jouïſſance eſt illimitée, & qui par un mouvement particulier de Sa Clémence ont été acordés pour jamais & à perpétuïté, comme il paroîtra plus au long dans la ſuite. De ſorte que la Compagnie ſera en droit de ſ'en prévaloir durant le cours de vingt- & - cinq ans conſécutifs dans toute leur étendüe ſans aucune injéction ni altération quèle qu'elle puiſſe être, & qu'elle pourra les faire valoir tant en général qu'en particulier en toutes les rencontres de la maniére la plus avantageuſe, que leurs circonſtances pourront l'éxiger & le permètre.

Art. II.

2. En vertu de la Parole inviolable & de

Pour cet éfêt Son Alteſſe Séréniſſime S'engage ſur Sa Foi, & ſur Sa Parole inviolable & ſacrée en vertu

B de

Von Herzog Carl Alexander von Württemberg 1735 erteilte Privilegien für die in Württemberg etablierten »Seyden- und Castor-Commercien wie auch Manufacturen-Companie«.

Nach den 1737 von ihr bekanntgegebenen Preisen für Kastorerzeugnisse kosteten ein Paar lange Männerstrümpfe 2 fl 50 kr, ein Paar kurze Männerstrümpfe 2 fl 20 kr, ein Paar Frauenstrümpfe 1 fl 55 kr, eine Männerkappe 1 fl 55 kr, Handschuhe für Männer und Frauen 1 fl 44 kr. Die Preise für Seidenstrümpfe von Männern schwankten zwischen 3 fl und 5 fl, für die von Frauen zwischen 2 fl und 3 fl 10 kr[1160].

Die »oktroyierte und privilegierte Seiden- und Kastor-Manufakturen-Kompanie« hatte trotz der ihr zuteil gewordenen Vergünstigungen und der vorgeschossenen Gelder mit erheblichen wirtschaftlichen Schwierigkeiten zu kämpfen. Um ihr deren Überwindung zu ermöglichen, stellte ihr der Kirchenrat 1739 für drei Jahre ein Darlehen von 2 000 fl gegen den sehr günstigen Jahreszins von 2 % zur Verfügung. Allein, sie vermochte das Darlehen nicht fristgerecht zurückzuzahlen und auch keine Zinsleistungen zu erbringen. 1743 bekam sie ein weiteres Darlehen von 2 500 fl. Drei Jahre später war noch keines der beiden Darlehen getilgt. Herzog Carl Eugen entschied, daß der Kompanie für die Rückzahlung eine Frist bis 1753 eingeräumt werden sollte »zu Bezeugung dero Landesfürstlicher Neigung«, dieses gemeinschaftliche Werk zu erhalten und fortzuführen. Er bewilligte sogar noch ein ergänzendes Darlehen in Höhe von 675 fl (15 % der Gesamtsumme)[1161]. Indes war es 1746 um die Kompanie bereits schlecht bestellt. Die Teilhaber lagen miteinander im Streit. Rigal präsentierte sich als engagierter, selbstloser, dem großen Werk verpflichteter Unternehmer. In Wirklichkeit trug er durch seine Anmaßung, seine Verschwendungssucht und sein ständiges Experimentieren, ebenso durch seine selbstherrlichen finanziellen Praktiken ein gerüttelt Maß Mitschuld am Niedergang des Unternehmens. Nach Schätzungen war das Defizit der Kom-

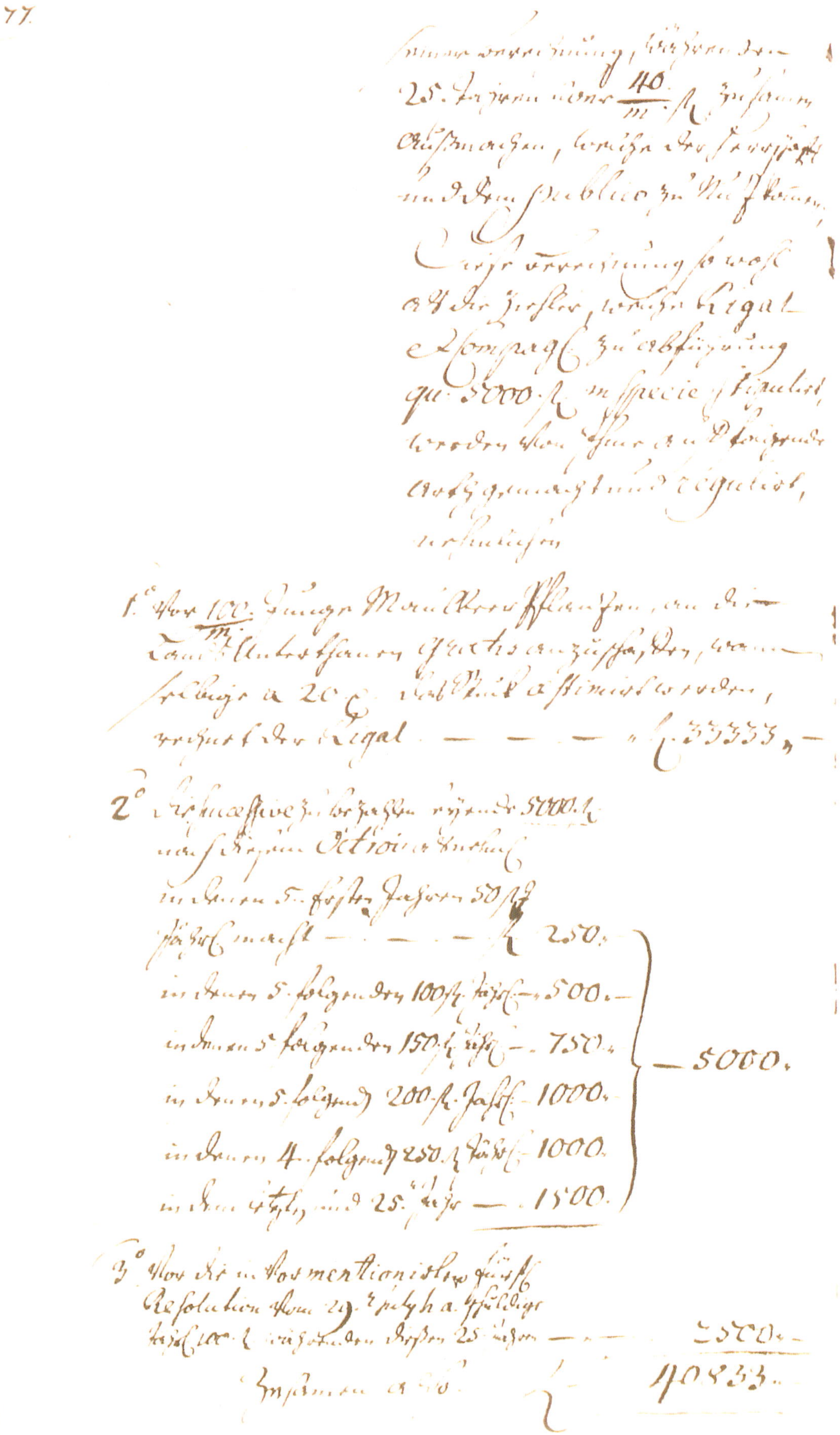

panie 1749 schon auf 64 000 fl angewachsen. Um noch schlimmeres Unheil abzuwenden, übernahm nunmehr die Regierung das Unternehmen. Sie suchte es zu sanieren. Obwohl die Gläubiger auf ein Drittel ihrer Forderungen verzichteten, hatte sie noch finanzielle Verbindlichkeiten in Höhe von 24 000 fl auf sich zu nehmen. Rigal gab jetzt zu, daß er durch seine »schlechte Direktion«, »die angefangenen Manufakturen in Unordnung, die Kultur der Maulbeerbäume in merklichen Abgang gebracht« habe. Dennoch wurde er nicht zur Rechenschaft gezogen, im Gegenteil: Der Herzog ernannte ihn zum Generalinspektor der Maulbeerbaumzucht im Land[1162]. Rigal übersiedelte nach Ludwigsburg, kehrte aber später nach Stuttgart zurück und starb hier 1762[1163].

Die Regierung betrieb die Stuttgarter Seidenfabrik nicht lange in eigener Regie. Am 23. April 1751 veräußerte sie sie mit allen Gebäuden und Gerätschaften sowie sämtlichen Maulbeerbaumpflanzungen im Herzogtum um 50 000 fl an zwei Mitglieder der Heidenheimer Leinwandkompanie, die Kaufleute und Kommerzienräte Christian Jakob Rheinwald und Christoph Wilhelm Finckh, und räumte diesen für 25 Jahre dieselben Rechte und Freiheiten wie den früheren Eigentümern ein. Die neuen Unternehmer brachten ein Kapital von 70 000 fl zusammen, warben im »Ausland« tüchtige Arbeiter an, importierten Maulbeerbäume und -samen aus Mailand. In Berg errichteten sie ein sechsstöckiges Gebäude mit einem »Filatorium« (Spinnerei) sowie einem großen, alle Haspeln und Maschinen treibenden Wasserrad. Anfänglich entwickelte sich der Betrieb gut. 1755 waren in ihm 297 Personen, unter ihnen ein Viertel Kinder, beschäftigt. Innerhalb von vier Jahren hatte das Unternehmen 9 000 Paar seidene Strümpfe im »Ausland« absetzen können. Bald aber geriet es in die roten Zahlen. Der Absatz stockte. Mit ihrer Aufforderung an die Handelsleute, ihre Seiden- und Florettwaren

Finanzielle Aufwendungen für die Maulbeerpflanzung zur Seidengewinnung in Stuttgart (Berechnung von 1735).

Kommerzienrat Christian Jakob Rheinwald.

wenigstens zu einem Teil aus der privilegierten Fabrik zu beziehen, damit für diese Waren kein Einfuhrverbot mit Konfiskationsstrafe erlassen werden müsse, vermochte die Regierung die Absatzschwierigkeiten nicht zu beseitigen. 1759 ordnete Herzog Carl Eugen eine genaue Überprüfung des Unternehmens und seines Geschäftsbetriebs an. Hierbei wurde ein Lager von allerhand seidenen und florettseidenen Waren im Wert von 51 729 fl festgestellt. Von 69 Webstühlen arbeiteten 42, acht Kessel waren für die Färberei, 36 für die Bandfabrikate eingerichtet. Das »Filatorium« war zwar funktionstüchtig, stand aber oft lange Zeit still. Die Erzeugnisse waren mit manchen Mängeln behaftet. Auch das Anpflanzen von Maulbeerbäumen im Land stagnierte, weil es gänzlich von der Manufaktur abhängig war. Mangelnde Nachfrage und niedrige Preise verdarben den Besitzern die Freude an ihren Maulbeerbaumpflanzungen. Viele rodeten die Anlagen, um wenigstens aus dem Verkauf des Holzes einen Erlös zu erlangen oder um den Boden gewinnbringender zu nutzen. 1776 ersuchte ein Magister Duttenhofer unter Hinweis auf seine vielen »Seidenbauversuche« um ein Darlehen von 150 fl und um die Laubholznutzung in der Maulbeerbaumanlage vor dem Büchsentor. Beide Bitten wurden ihm gewährt, doch ein ins Auge fallender Erfolg stellte sich nicht ein. Die Stuttgarter Seidenfabrik war bereits 1767 eingegangen. Der Bankrott der Heidenheimer Leinwandkompanie, mit der sie geschäftlich eng verbunden war, hatte ihr vollends die wirtschaftliche Basis entzogen[1164].

1756 erlaubte die Regierung den Cotton-Fabrikanten Crugat und Affoustit, beide wohl »Réfugiés«, den Kauf des Rieckischen (Rieckeschen) Hauses. Allein, die Kattunfabrik, die sie dort einrichteten, hatte nur kurze Zeit Bestand. Schon 1763 waren die beiden Unternehmer »vergantet« (bankrott)[1165].

Im Jahr 1731 »privilegierte« Herzog Eberhard Ludwig eine neuerrichtete Seifen- und Lichterfabrik, eine »Schmozfabrik«. Er erwartete von der durch »Admodiatoren« (Pächter) betriebenen Fabrik erhebliche Einnahmen. Der Magistrat hingegen sah in dem Unternehmen eine verderbliche Konkurrenz für das örtliche Handwerk. Er verbot den Metzgern den Verkauf von Unschlitt an die Fabrik. Die Landstände setzten vor allem mit dem Hinweis, daß sie schlechte Waren erzeuge, umgehend ihre Schließung durch[1166].

Der »Réfugié« Henry Pourtalet ersuchte im Oktober 1740 den Herzog-Administrator um die Genehmigung zur Errichtung einer Zuckerraffinerie in Stuttgart. Den dazu erforderlichen Zucker, »den Cassonade oder Sucre Pille«, wollte er unmittelbar aus Holland herbeischaffen und aus ihm sowohl für den Hof als auch für die inländischen Kaufleute alle Arten von Zucker herstellen lassen. Er beantragte für 25 Jahre Steuer- und Zollbefreiung, das Einräumen der Personalfreiheit, und er wünschte das Überlassen von Brennholz (Buche und Eiche) zum Kammeranschlag (Rentkammeranschlag): das Maß Buchenholz um 4 bis 5 fl, das Maß Eichenholz um 3 fl, jeweils vom Holzgarten in Berg dorthin geliefert. Für die Erstellung der Gebäude erbat er die Abgabe von kostenlosen Baumaterialien sowie für deren Lagerung den erforderlichen Platz im Stadtgraben. Außerdem sollten ihm und seiner Familie wegen des großen Risikos, das er mit dem Unternehmen einging, das Privileg der bürgerlichen Niederlassung im Herzogtum erteilt werden. Pourtalet, wie schon erwähnt möglicherweise identisch mit dem schon früher genannten Bourdalet, bezeichnete sich als ältesten französischen Flüchtling in Württemberg. Er sei bereits seit 40 Jahren im Herzogtum und habe für das Gemeinwohl eine Strumpffabrik betrieben, die dem Land sehr nützlich gewesen sei. Der Herzog-Administrator zeigte sich von den Vorteilen, die eine Zuckerraffinerie für das Land habe, nicht überzeugt. Auch dürften ihn die vielen Bedingungen, die Pourtalet an das von ihm projektierte Unternehmen knüpfte, nicht gerade für den Gesuchsteller eingenommen haben. Er lehnte den Antrag ab[1167].

Insgesamt gesehen kam es im 18. Jahrhundert in Stuttgart kaum zur Gründung eines größeren gewerblichen Unternehmens, das sich über längere Zeit hinweg zu behaupten vermochte. 1751 stellte der weitgereiste und scharf beobachtende Staatsrechtler Johann Jakob Moser fest, in Württemberg liege das Manufakturwesen ebenso wie das Handlungs- und Polizeiwesen noch sehr im argen. Deshalb ströme das Geld in großer Menge ins »Ausland«, wogegen nur wenig Geld ins Land komme. Dies habe eine allmähliche Aufzehrung der »Landeskräfte« zur Folge. Moser schlug die Gründung einer patriotischen Gesellschaft vor, die sich mit der »Ausarbeitung und Verbesserung der württembergischen Staats-, Kirchen-, Gelehrten- und natürlichen Geschichte, der Landesprodukten, Ökonomie, Manufakturen, Handlung und Polizei etc.« befassen sollte. Allein, er fand bei den herrschenden Kreisen wenig Gegenliebe. Sie glaubten, so auch die Repräsentanten der Landschaft, daß die Vorschläge Mosers der Entwicklung des Landes nicht förderlich seien, daß andere von ihnen beschrittene Wege sicheren Erfolg versprächen[1168]. Dies war freilich nicht der Fall.

Herzog, Kurfürst und König Friedrich war bestrebt, die Entwicklung des Gewerbes in seinem Land voranzutreiben. Während seiner 19jährigen Regierungszeit kam es in Stuttgart zu einer Anzahl bedeutsamer Unternehmensgründungen. 1797 entstand die Jacquardweberei G. F. Barrier sowie die Firma Christian Landauer, die Teppiche und Möbelzeuge aus Seide, Baumwolle, Wolle und Leinen, ebenso weiße baumwollene Waren herstellte[1169]. Im folgenden Jahr wurden die Indigohandlung von Carl Feuerlein sowie die Firma Eduard Foehr, Gold- und Silberwaren, gegründet[1170], ferner eine Lederfabrik mit Lohgerberei in Berg[1171]. 1803 übersiedelte die Glockengießerei Heinrich Kurtz von Reutlingen nach Stuttgart[1172]. 1805 wurde die Bijouteriefabrik Weber & Co errichtet, 1806 die Drogeriewarenhandlung Friedrich Jobst, zu der 1817 noch die Drogenhandlung (pharmazeutische Erzeugnisse) von Engelmann und Böhringer trat[1173]. 1808 gründete Johann Christian Kylius die Türkische Garnfärberei und Wollspinnerei in Berg[1174]. Einen für Stuttgart bedeutsamen Gewerbezweig machten der aus Mömpelgard stammende Carl F. Dieudonné und der aus Erlangen kommende Johann Lorenz Schiedmayer hier heimisch: den Musikinstrumentenbau. Nachdem schon gegen Ende des 18. Jahrhunderts der Instrumentenmacher Haug Klaviere angefertigt hatte, riefen sie 1809 die erste größere Pianofortefabrik ins Leben[1175]. 1811 verhalf Carl Friedrich Kurz Heslach zu seinem ersten größeren Gewerbebetrieb, zu einer Lederfabrik mit Gerberei[1176]. Das Tor zur modernen Industrie, zum Maschinenzeitalter, stieß 1810 Friedrich Bockshammer mit seiner Baumwollspinnerei und Garnfärberei auf. Trotz der von Napoleon verfügten Kontinentalsperre gelang es ihm, eine englische mechanische Baumwollspinnmaschine ins Land zu schmuggeln und sie in Berg aufzustellen. Die Maschine lief ab 1811 mit 3 660 Spindeln und beschäftigte von Anfang an 190 Arbeiter. Zur gleichen Zeit beteiligte sich Bockshammer an einer weiteren Spinnerei in Esslingen (Firma Schöllkopf & Bockshammer), die 80 Arbeitern Verdienstmöglichkeiten bot[1177].

Rechnungskopf der Glockengießerei Heinrich Kurtz.

Piano- und Harmoniumfabrik Schiedmayer 1869.

Durch die Aussetzung von Geldpreisen wollte König Friedrich dem Gewerbe zusätzliche Anreize geben. 1812 veranstaltete er im Alten Schloß eine Landesausstellung, auf der »Professionisten und Handwerker« »zur fortdauernden Unterhaltung und immer höheren Vervollkommnung der bildenden Künste sowie zur mehreren Ausbreitung der Industrie ihre gelungensten Kunstwerke und Produkte« der Öffentlichkeit zeigten. Der König ergänzte sie durch Gegenstände, die württembergische »Künstler« in den letzten Jahren hergestellt hatten und die er in seinen »Appartements« aufbewahrte. Die Ausstellung war offenbar ein Erfolg; sie wurde deshalb in den folgenden Jahren wiederholt. Untertanen, die mit technischen Erfindungen und Neuerungen hervortraten, bedachte Friedrich häufig mit Geldgeschenken[1178].

Handel

Eine hervorragende Rolle im Handel Stuttgarts im 18. Jahrhundert spielten wie schon früher Italiener. 1703 waren an sie auf dem Markt vier »welsche Stände« gegen eine Gebühr von 1 fl vergeben. Einer dieser Italiener war Peter Antoni Pironi, der noch 1727 als Handelsmann und Hofkaminfeger hier erwähnt ist. Im Jahr 1740 bemühten sich Kaspar und Jakob Toscano, als privilegierte Handelsleute zugelassen zu werden. Es wurde ihnen jedoch lediglich gestattet, ihre Galanteriewaren in Stuttgart und anderwärts auf Jahrmärkten zum Verkauf anzubieten. Das bedeutendste Handelshaus in Stuttgart unterhielten die aus Tremezzina und Mezzegra am Comer See stammenden Brentano. Ein Teil dieser einen wichtigen Einfluß auf das Handelsleben Süddeutschlands ausübenden Familie kam schon zu Beginn des 18. Jahrhunderts nach Württemberg und errichtete in Stuttgart sowie in Ludwigsburg Kolonialwarengeschäfte. Hohes Ansehen genoß der Inhaber der Stuttgarter Firma, Antoni Brentano; er erscheint seit 1704 in den Steuerbüchern. Ihm erlaubte Herzog Eberhard Ludwig in dem bereits genannten Jahr, von der Stadt ein Haus zu kaufen – ein fürstlicher Gunstbeweis, der damals keinem anderen Katholiken zuteil wurde. Allerdings, so hieß es in der Entscheidung des Herzogs, sei dieser Hausverkauf »an einen Katholiken künftighin zu keiner Konsequenz«. Die Brentanosche Firma, die später die Bezeichnung »Brentano-Mezzegra & Kompanie« führte, nahm in den folgenden Jahrzehnten einen großen Aufschwung. Um 1750 gehörte sie zum Kreis der Hoflieferanten. 1751 beispielsweise versorgte sie den Hof um 5 748 fl 22 kr mit Baumöl für die Reitschnecke im Schloß, »Canari-Zucker« für die Kellerstuben, Weihrauch für die herzogliche Hofkapelle, Gewürz, Zucker, Kaffee und Tee für die Küchenverwaltung und für die Konfektionskammer. Im Jahr 1758 starb ein Mitglied der Kompanie, Andreas Brentano. Im Kirchenregister erhielt der Tote den lateinischen Eintrag: »Einziger katholischer Bürger Stuttgarts, Kaufmann aus Augsburg«. Er war damals somit der einzige katholische Bürger der Stadt gewesen. Im Gegensatz zu Ludwigsburg, wo Katholiken ohne weiteres das Bürgerrecht erlangen und Grundbesitz erwerben konnten, wurde den Angehörigen der römisch-katholischen Konfession in Stuttgart nur der Beisitz zugestanden. 1756 brach die Firma, der zu jener Zeit Johann Horaz Calligari-Brentano vorstand, zusammen. Der Prozeß über den Konkurs zog sich noch zehn Jahre hin.

In den 1730er Jahren erlaubte Herzog Carl Alexander Johann Baptist Lanzano, der vier Jahre lang Buchhalter bei der Firma Brentano gewesen war, die Errichtung »einer freien Handlung zu Nutzen des Landes und des Publici«. Es scheint indes, daß sich Lanzano mit seiner Handlung nicht lange behaupten konnte[1179].

Zum Verdruß der einheimischen Kaufleute betätigten sich auch französische »Réfugiés«, Juden, Tiroler sowie Männer aus unterschiedlichen deutschen Ländern im Handel. 1706 wurde dem Matthias Bäschel aus Mittenwald in Tirol (so Vorlage) erlaubt, seine Landkarten, »Kupfer« (Kupferstiche) und andere dergleichen Sachen von Haus zu Haus verkaufen zu dürfen[1180]. Eine von ihrem Mann verlassene Jeanne Terme – möglicherweise die ehemalige Frau des bereits früher genannten Maulbeerbaumpflanzers Louis Terme – ernährte sich 1713 von »einer geringen Handlung«[1181]. Dem »Réfugié« Portalet (Pourtalet) wurde im Dezember 1742 die Eröffnung einer Parfümeriehandlung erlaubt, 1746 Jean Louis Wardein, dem bisherigen Associé von Pourtalet, eine zweite[1182]. Ein Dorn im Auge war den Stuttgarter Handelsleuten der hier schon lange tätige thüringische Kaufmann Nikolaus Rauch, weil dieser nicht wie die Bürger seine Waren in das Kauf- und Waaghaus brachte, sondern sie im »Schwarzen Adler«, wo er logierte, oder auf Verlangen in den einzelnen Häusern verkaufte, also hausierte. Vermutlich auf Veranlassung der Handelsleute wurde Rauch verhaftet, seine Waren beschlagnahmt. Hierbei fand man in sechs Kisten Leinwand, Tischzeug, Drillich, Barchet, Teppiche, schwarze Zeuge, Strümpfe. Nach Aussage des Stadtvogts handelte Rauch schon mehr als 20 Jahre hier mit schöner Thüringer Leinwand und belieferte mit ihr zu einem billigen Preis den Hof. Er zahlte kein Schutz- und Schirmgeld, war auch kein Beisitzer und wurde zu keiner Steuer herangezogen. Der Magistrat stellte fest, Rauch betreibe keine Krämerei, sondern er werde, wenn er hier sei, mit seinen Waren in adlige und andere vornehme Häuser gerufen. Neben gestrickten Strümpfen führe er Waren, über die kein hiesiger Kaufmann verfüge, daher geschehe diesen bei ihrer Erwerbstätigkeit auch kein Abbruch. Er habe mehrere Knechte, die seine Waren mit Schubkarren im Herzogtum und in der Schweiz verkauften. Die leistungsfähigsten Stuttgarter Kaufleute widersprachen dem Magistrat und pochten darauf, daß sie dieselben Waren wie Rauch führten. Nachdem der Waagmeister bescheinigt hatte, daß Rauch jederzeit Zoll und Akzise bezahlt habe, erklärten die Oberräte, dem Thüringer Kaufmann sei nichts vorzuwerfen, er habe die von ihm verlangten Abgaben entrichtet, allerdings solle er wie andere fremde Kaufleute seine Waren aus dem Land bringen, bis er das Bürger- oder Beisitzerrecht erlangt habe. Herzog Eberhard Ludwig nahm den Fall Rauch zum Anlaß, um dem Magistrat einzuschärfen, es dürfe niemand, der nicht Bürger oder Beisitzer sei, außerhalb des freien Marktes Handel treiben[1183].

1723 beschwerten sich die Stuttgarter Handelsleute über das »freie Commercium« der Juden, aber auch sonstiger unberechtigter Personen wie der Toscani von Augsburg, des Allemand, des Italieners Neri und anderer. Sie fühlten sich durch die unlautere Konkurrenz dieser Händler »fast in totalen Ruin gesetzt«. Herzog Eberhard Ludwig befahl dem Stadtvogt, die genannten Personen und auch andere, die ohne Konzession »die Handlung trieben«, vor sich zu fordern und festzustellen, ob bzw. welche Berechtigung sie für ihre Handelstätigkeit geltend machen konnten[1184]. Die Ermittlungen ergaben offenbar, daß die Anschuldigungen so nicht zutrafen, denn die »Ausländer« behaupteten in Stuttgart im Handel auch weiterhin eine nicht unwichtige Position. Elf Jahre darauf, 1734, nahmen die Stuttgarter Goldarbeiter (Goldschmiede) ein Gesuch des Dinkelsbühler Bartholomä Polckhart, mit seinen Silber- und Galanteriewaren hausieren zu dürfen, zum Anlaß, um gegen die Handelspraktiken der in Menge »sich einschleichenden Juden und fremden Hausierer, Tiroler und Gmünder« zu protestieren. Sie behaupteten, die Auswärtigen hätten beim Verkauf günstigere Bedingungen, sie übervorteilten »unter dem Vorwand des Spielens« (Glückspielens?) den gemeinen Mann, scheuten auch vor Betrügereien nicht zurück, zögen damit viel Geld aus dem Land, kauften Gold und Silber »zum empfindlichen Nachteil der herzoglichen Münze« auf. Der Herzog untersagte das »Hausieren und Ausspielen« durch auswärtige Gold- und Silberwarenhändler. Wie bisher durften sie aber ihre Waren ungehindert auf Jahrmärkten anbieten[1185].

Im Februar 1738 führten die Stuttgarter Handelsleute bewegt Klage über Juden, Tiroler, Savoyarden und Italiener. Diese »schädlichen Würmer« fügten durch ihr Hausieren in Stuttgart, Tübingen sowie in anderen Städten und Dörfern Württembergs sämtlichen Handlungen unglaublichen Schaden zu. Sie nähmen den Eingesessenen das Brot, zumal sie, durch Steuern, Einquartierungen usw. nicht belastet, ihre Waren wohlfeiler veräußern könnten und auch vor Betrügereien nicht zurückschreckten. In

Tirol, Savoyen und anderen katholischen Ländern würden keine Evangelischen aufgenommen, auch sei diesen dort der Besuch der Jahrmärkte, ebenso das Handeln und Hausieren verboten. Die auswärtigen Händler sollten aus Württemberg vertrieben werden, denn nur dann komme der Handel der Einheimischen wieder »in Flor«. Zwar habe ein im letzten Jahr ergangenes herzogliches Reskript den Tirolern das Hausieren untersagt, inzwischen sei jedoch wieder zwei Tirolern die Konzession zum Hausieren erteilt worden. Weil nun diese Leute aneinander hingen, helfe bloß eine generelle Landesverweisung. Die einheimischen Handelsleute, deren Zahl in den letzten 20 Jahren stark zugenommen habe, seien durchaus in der Lage, alle bisher von Ausländern ins Land gebrachten Waren zu beschaffen und zu führen. Die Regierungsräte versagten den radikalen Forderungen der Stuttgarter Handelsleute jedoch die Unterstützung. In ihrer Stellungnahme empfahlen sie, die Zahl der ausländischen Händler zwar zu begrenzen, aber sie doch so lange im Land zu behalten, gewissermaßen als Pfahl im Fleisch, bis die einheimischen Kaufleute ein günstigeres Warenangebot aufzuweisen hätten, mithin leistungsfähiger seien. Der Handelsmann Lanzano, gegen den sich der Zorn der Stuttgarter Handelsleute im besonderen richte, tue geschäftlich den Brentanos Abbruch, er führe zweifellos die besten und wohlfeilsten Waren und Weine, durch deren »Verschluß« (Absatz) der Herrschaft und Landschaft in einem Monat an Einnahmen mehr zufließe als sonst in zehn. Der Herzog-Administrator entschied, der Handel der Tiroler, Savoyarden und übrigen Italiener solle so lange nicht beschränkt werden, bis die inländischen Kaufleute den Beweis lieferten, daß sie mit »tüchtigen Waren um einen billigen Preis« die Stadt und das Land »fourieren« (beliefern, versorgen) könnten. Allerdings solle ihnen, speziell Privilegierte ausgenommen, das Hausieren verwehrt sein[1186].

1742 forderten die Oberräte indes doch das »Ausschaffen« der katholischen Tiroler. Diese Händler seien, so erklärten sie, seit vielen Jahren im Herzogtum Württemberg eingewurzelt und hätten hier »sukzessive ihre Hände fast in alle Hantierungen und Gewerbe unvermerkt eingeschlagen«, sie schmälerten den Untertanen bald auf diese, bald auf jene Weise ihr Stücklein Brot[1187].

In demselben Jahr wollte der Stuttgarter Magistrat dem Bilder- und Landkartenhändler Sebastian Hohenleither, einem aus Bayern gebürtigen Katholiken, den weiteren Verbleib in der Stadt verbieten, weil er weder Bürger noch Beisitzer war und weil er sich in Wirtshäusern aufhielt. Doch der Herzog-Administrator untersagte Hohenleither lediglich den Hausierhandel. Er durfte aber weiterhin in hiesigen Wirtshäusern absteigen und seine Waren auf den Jahrmärkten feilbieten[1188]. Im Februar 1744 beschwerte sich der Magistrat erneut über die den einheimischen Kaufleuten ruinösen Handelsaktivitäten der Juden, Tiroler und Savoyarden. Auch beklagte er, daß die Reformierten, obgleich sie nach den Landesgesetzen nicht ins Bürgerrecht aufgenommen werden dürften, die größten Handelsunternehmen in ihre Hände gebracht hätten[1189].

Im Gegensatz zum Magistrat und zu den einheimischen Handelsleuten waren der Herzog und der Hof nach wie vor nicht bereit, auf die Dienste auswärtiger Kaufleute zu verzichten. Die ortsansässigen Händler verfügten nicht über die weitreichenden Geschäftsverbindungen der fremden Kaufleute, auch waren sie nach wie vor weniger leistungsfähig. Im November 1750 erneuerte beispielsweise Herzog Carl Eugen den Tiroler Handelsleuten Bernhard Hornsteiner und Johannes Mager das ihnen schon vor vielen Jahren erteilte Handelsprivileg. Anderthalb Jahre später schlug er ihnen aber das Hausieren sowie den Aufenthalt in einem Stuttgarter Privathaus ab, sie mußten wie bisher in Gasthäusern absteigen[1190]. Im Dezember 1753 nahm der Herzog das den Italienern Prodonetti und Missana & Co wenige Monate zuvor erteilte Handelsprivileg zurück, sie durften künftig nur noch auf öffentlichen Jahrmärkten ihre Geschäfte tätigen[1191]. Sehr interessiert war der Hof an ausländischen Luxuswaren. Am 14. Februar 1784 erlaubte Herzog Carl Eugen der »Marchande des Modes Faure« aus Paris, ihre mit sich geführten Waren innerhalb von acht Tagen zum Verkauf anzubieten[1192].

Im Jahr 1722 gab es in Stuttgart 45 Kauf- und Handelsleute. Außer Johann David Roth, der trotz seines deutschen Namens als Italiener bezeichnet wurde, handelte es sich wahrscheinlich um Einheimische. Sie versteuerten ein Gesamtvermögen von 68 950 fl. Die vier wohlhabendsten unter ihnen besaßen ein steuerbares Vermögen von je 6 000 fl, drei weitere ein solches von 3 600 fl, 3 000 fl und 2 400 fl, ein Großteil der anderen Vermögenswerte zwischen 1 800 fl und 1 000 fl, die geringbemittelten solche zwischen 900 fl und 200 fl[1193].

Daß die wirtschaftliche Situation von Handelsleuten prekär war, zeigt der Bankrott des Handelsmanns David Kerner 1719, der längere Zeit wohl der große Geldmann in Stuttgart war. Kerner hatte sich wirtschaftlich offensichtlich völlig übernommen. Im Juli jenes Jahres hatte er 324 634 fl Schulden, an Guthaben aber lediglich 150 000 fl. Dennoch beurteilte er seine Situation nicht ungünstig. Er hoffte, sich in drei bis vier Jahren von einem großen Teil seiner Schuldenlast befreit zu haben, zumal ihm seine Gläubiger bei der Tilgung seiner Schulden sehr entgegenkommen wollten. Die Oberräte teilten die Ansicht Kerners nicht. Auf ihre Veranlassung wurde eine genaue Untersuchung seiner wirtschaftlichen Verhältnisse durchgeführt und ihm die Verwaltung seines Vermögens entzogen. Verschiedene Kaufleute in Amsterdam, Wien, Frankfurt, Augsburg, Leipzig und in anderen Orten setzten durch, daß außer dem bereits verhafteten David Kerner auch dessen Frau und Sohn »inkarzeriert« wurden, zwar im eigenen Haus, jedoch mit militärischer Bewachung. Im Herbst 1719 gab es keinen Zweifel mehr: Der Bankrott war unvermeidlich. »Activa« von kaum 106 000 fl standen »Passiva« von 337 000 fl gegenüber. Noch vor der »Vergantung« starb Kerner. Auf herzogliche Anordnung wurde er bei Nacht ohne Geläut und »ordentlich Prozession«, auch ohne Fackeln in aller Stille, aber an einem ehrlichen Ort begraben. Die Abwicklung des Konkurses zog sich noch bis 1726 hin[1194].

In den folgenden Jahrzehnten verschlechterte sich, wie wir gehört haben, die wirtschaftliche Situation der Stuttgarter Kauf- und Handelsleute zusehends. Die Konkurrenz leistungsfähiger auswärtiger Berufskollegen setzte ihnen zu, außerdem wuchs ihre Zahl an. 1742 beschwerte sich die Stuttgarter Handelsschaft darüber, daß aus der »Separation« zweier bisher in Kompanie gestandener Handelsleute zwei Handlungen hervorgegangen seien und sich dadurch die ohnehin hohe Zahl der Handelsleute noch weiter vergrößert habe[1195]. Im Jahr darauf stellte der Kaufmannsstand in Stuttgart fest, es könne kein Handelsmann hier mehr hochkommen, es sei denn, er verfüge über ein gutes Vermögen. Die Zahl der Handelsleute sei zu groß, etliche von ihnen hätten bereits Bankrott gemacht[1196]. Dreiunddreißig Jahre später, 1776, malten die Stuttgarter Handelsleute ihre Situation schwarz in schwarz. Ihr Berufsstand, so erklärten sie, sei überbesetzt. Er zähle gegenwärtig über 70 Mitglieder. Hinzu kämen noch 30 Bürgersöhne, die gleichfalls eine berufliche Existenz im Handel anstrebten. Ihre Argumente bewirkten, daß dem Ludwigsburger Handelsmann Seiz die Übersiedlung nach Stuttgart und die Aufnahme ins hiesige Bürgerrecht verweigert wurden[1197].

Obgleich auch in der zweiten Hälfte des 18. Jahrhunderts viele Kauf- und Handelsleute nicht auf Rosen gebettet waren und sich mit dem Betrieb kleiner Kramläden begnügen mußten, gewann dennoch der Handel zunehmend an Umfang und Bedeutung. Stuttgarter Kaufleute knüpften zum Teil weit über das Herzogtum Württemberg hinausreichende Handelsverbindungen. Eine gewisse Vorreiterrolle übernahm hierbei der Kaufmann Johann Georg Hilcherauf. Die Handelsleute Gottlieb und Johann Friedrich Spring hatten einen Bruder (Conrad Philipp), der sich im gleichen Metier in Moskau betätigte und 1795 dort starb. Stuttgart erlangte nach und nach für die Kaufleute und Krämer auf dem Land eine Mittelpunktsfunktion. Um 1750 gründeten vier Calwer Kaufleute hier eine große Spezereiwarenhandlung mit einem großen Sortiment an Zucker, Tee, Kaffee, Gewürzen, Farbwaren usw.; sie firmierte unter dem Namen Zahn & Companie[1198]. An die Stelle der zum Teil kümmerlichen Krämerbuden, die 1745 den südwestlichen Stadtgraben gegenüber dem Marstall säumten und der 1788 abgerissenen Kaufläden und Buden um die Stiftskirche[1199] traten zunehmend stattliche Kaufhäuser, so das Calwer Haus am Großen Graben, seit den 1780er Jahren Sitz der Firma Zahn & Companie, oder das 1792 gegründete Handelshaus von Johann Konrad Reihlen in der Marktstraße, das dank der Tüchtigkeit seines Gründers rasch einen hervorragenden Platz unter den Kolonialwarenhandlungen Stuttgarts erlangte[1200]. Zu den Geschäften, die für das Gewerbeleben der Stadt bedeutsam wurden, gehörten die 1723 errichtete Firma Tritschler (Glaswaren und Porzellan), die 1786 ins Leben gerufene Kunst- und Musikalienhandlung Johann Friedrich Ebner sowie die 1816 gegründete Eisenhandlung Friedrich Nopper[1201].

Herzog Carl Eugen bemühte sich, wenn auch nicht immer mit einer besonders glücklichen Hand, das Niveau von Gewerbe und Handel seines Landes zu heben. 1756 errichtete er eine Kommerziendeputation, kurz danach ein Wechselgericht. In beide neue Institutionen wurden Mitglieder des Handelsstands berufen. Eine Wechselordnung erhielt das Herzogtum Württemberg am 24. März 1759. Im Jahr 1781 wurden zwei vereidigte Makler ernannt. An ihre Stelle traten am 30. Juli 1790 drei Wechselsensale, die sich »nicht nur bei Schließung des Wechsel, sondern auch bei allen anderen Geldunternehmungen als Unterhändler gebrauchen lassen« sollten. Jeder von ihnen hatte 1000 fl Kaution zu leisten. Die ihnen zukommenden Gebühren waren exakt festgelegt. 1741 errichtete der Schneidermeister Andreas Siegel ein Auktionshaus. Er erhielt den Status eines vereidigten »Auktionärs« und war verpflichtet, sich von jedermann in Auktionsangelegenheiten gebrauchen zu lassen, ausgenommen, er hatte den begründeten Verdacht, daß die »im Aufstreich« (durch Versteigerung) zu verkaufenden Gegenstände gestohlen oder durch Schleichhändler ins Land gebracht worden waren. Die ihm übergebenen Objekte mußte er in ein Buch eintragen, auch hatte er Tag und Stunde der Auktion im Wochenblatt bekanntzugeben, das Geld für die veräußerten Gegenstände einzuziehen und den Eigentümern zu übergeben, für die ordnungsgemäße Abführung der Akzise zu sorgen und nichts für sich selbst zu erwerben. Der Versuch, ein Pfandhaus einzurichten, wurde 1756 und 1786 unternommen, scheiterte aber beide Male[1202].

Geschäfte am Marktplatz um 1890. Rechts im Bild die 1723 gegründete Glaswaren- und Porzellanhandlung Tritschler (Marktplatz 7).

Seit den 1780er Jahren nahm der Warenverkehr in Stuttgart stetig zu, und dies auch in den kriegerischen Zeiten vor und nach der Wende vom 18. zum 19. Jahrhundert. Ein Spiegelbild dafür war der Ertrag der städtischen Waaggebühren: 1781 100 fl, 1797 1100 fl, 1810 1600 fl. Auch die Zahl der Handelsgeschäfte wuchs an: 1760 56, 1788 94, 1810 107 und 1816 116[1203]. Die Handlungshäuser hatten ihren lokalen Schwerpunkt in der Inneren Stadt und in der Turnierackervorstadt. 1790 befanden sich dort 28 bzw. 21 solche Häuser, in der Esslinger Vorstadt dagegen nur acht[1204]. Die Regierung sah sehr darauf, daß sich die

Händler reell verhielten. 1790 kritisierte sie die in die Höhe geschnellten Milchpreise scharf und prangerte das Vermischen von Milch und Wasser an. Künftig, so gab sie bekannt, werde sie gegen ungerechtfertigte Steigerungen des Milchpreises und gegen das Milchpanschen unnachsichtig vorgehen. Die Einführung einer »Milchtax«, d. h. eines Höchstpreises für Milch, ziehe sie in Erwägung[1205]. Handelsleute hatten sich Beschränkungen bei ihren Warenangeboten gefallen zu lassen. Ein herzogliches Dekret vom 28. Januar 1792 erlaubte zwar den beiden Stuttgarter Glashändlerkompanien weiterhin die Unterhaltung eines ständigen Warenlagers, ebenso den täglichen Glasverkauf, doch mußte sich die Tritschlersche Kompanie auf den Handel mit Hohlglas, die Görnersche Kompanie auf den hergebrachten Handel mit böhmischem Arbeits- und Hohlglas beschränken, sie durfte das Arbeitsglas lediglich an die Glasermeister verkaufen[1206].

Die von Napoleon verfügte Kontinentalsperre sowie die Einführung der staatlichen Salzregie (1807) und der staatlichen Tabakregie (1808) hemmten die Entwicklung des Handels in Stuttgart. Am 31. Oktober 1810 wurden die Warenlager und die Magazine aller Kaufleute, die mit englischen Fabrikaten und Kolonialprodukten handelten, verschlossen und versiegelt, zugleich hatten die Gastwirte und Hauseigentümer eidesstattliche Erklärungen darüber abzugeben, daß keine solchen Waren bei ihnen lagerten. Die englischen Gewerbeerzeugnisse und Kolonialprodukte, die man entdeckte, wurden am 3. und 7. November jenes Jahres zerstört oder verbrannt[1207].

Märkte

Seit geraumer Zeit klagten die Handelsleute darüber, daß sie wegen der vielen Krämerstände sowie der Bauern und des »Stadtvolks«, die Lebensmittel feilboten und sich nicht vertreiben lassen wollten, für ihre Marktstände keinen Platz mehr fänden. Die Marktmeister bestätigten in einer gutachtlichen Stellungnahme diesen Übelstand.

Maimesse auf dem Marktplatz 1836.

Sie legten dar, daß in Stuttgart nicht wie in anderen Städten, insbesondere in Reichsstädten, die einzelnen Warengattungen jeweils an bestimmten Plätzen zum Kauf ausgelegt würden, daß hier vielmehr jede Ordnung fehle, die Handelswaren in einem völligen Durcheinander teils frei, teils in Ständen feilgeboten würden. Marktgassen und Fuhrwege seien durch das Gedränge der Verkäufer und Käufer blockiert, und man könne sie nur unter Lebensgefahr benutzen. Um dieser Unordnung zu steuern, entwarf die Stadt Anfang 1706 eine neue Marktordnung; sie regelte den Marktbetrieb nach einem übersichtlichen Schema. Die Oberräte bewerteten den Entwurf sehr positiv. Sie hielten auch ihrerseits bei der Aufstellung von Marktbuden und -ständen die Bildung breiter Gassen für unerläßlich. Zusätzlich forderten sie, daß während der Märkte eine genügend breite Zufahrt zu den im Neuen Bau untergebrachten herrschaftlichen Pferden und Kutschen gewährleistet sein müsse. Das Votum der Oberräte machte den Weg für die neue Marktordnung frei. Mit herzoglicher Billigung trat diese Ordnung am 9. März 1706 in Kraft. Nach ihr mußten Buden in geschlossener Front nebeneinander stehen, seitliche Eingänge durften sie nicht mehr aufweisen. Die offenen Krämerstände wurden zusammengerückt und in jeder Gasse ein Wandelgang von 10 Schuh Breite freigelassen. Die Strumpfstricker, Hutmacher und Nagelschmiede bekamen ihre Plätze auf dem Areal zwischen Herrenhaus und Gasthof zum Becher (Marktstraße 7) zugeteilt. Die Eßwarenhändler hatten künftig ihre Stände nicht mehr auf dem großen Markt, sondern auf dem Platz beim »Bären«. Bäcker und Metzger, »so Würst und Kutteln feilhaben«, durften ausnahmsweise ihre Plätze hinter dem Bürgerhaus (Rathaus) untereinander auslosen. Die Rotgerber waren von jetzt an beim Gasthof zum Rappen anzutreffen[1208].

Die Stuttgarter Jahrmärkte waren offensichtlich nur recht mäßig besucht, der Geschäftsumsatz entsprechend bescheiden. Nach der Bürgermeisterrechnung von 1713/14 konnte die Stadt vom Herbstjahrmarkt 1713 44 fl 41 kr, vom Frühjahrsmarkt 1714 34 fl 56 kr 3 h an Standgeld kassieren[1209]. Die mit den Jahrmärkten verbundenen Volksbelustigungen, Spiele usw. suchten Regierung und Magistrat in Grenzen zu halten. Am 3. März 1712 befahl ein herzogliches Reskript die sofortige Abschaffung der Scholdertische (Glücksspieltische) auf den Jahrmärkten, nachdem an einem solchen ein Bürger von Cannstatt durch einen Soldaten »ohnschuldigerweise« erstochen worden war[1210]. Später kam das »Scholdern« erneut in Mode. Es wurde deshalb 1728 und 1734 auf Jahr- und Viehmärkten verboten[1211].

Gegen Mitte des 18. Jahrhunderts gewannen die Stuttgarter Jahrmärkte an Bedeutung, sie übernahmen im wirtschaftlichen Leben Württembergs eine Mittelpunktsfunktion. Besucht wurden sie nicht nur von vielen Handelsleuten der benachbarten Reichsstädte, sondern auch von zahlreichen »Ausländern«, vor allem von Franzosen, Italienern, Tirolern, Sachsen und Bayern[1212]. Die einheimischen Händler, Krämer und Handwerker waren über die zunehmende Zahl von Fremden, die die Jahrmärkte besuchten, wenig erfreut, sahen sie in ihnen doch häufig lästige Konkurrenten, die ihre Waren auch in öffentlichen Blättern anpriesen und ihre Stammkundschaft hatten. Der Magistrat trug den Interessen seiner Bürger und denen der Angehörigen der schutzverwandten Reichsstädte dadurch Rechnung, daß er sie bei der Wahl der Plätze auf den Jahrmärkten bevorzugte[1213].

Während seines halbjährigen Aufenthalts in Venedig 1766/67 lernte Herzog Carl Eugen die Venezianischen Messen kennen. Da er an ihnen besonderen Gefallen fand, führte er sie 1768 zunächst in Ludwigsburg und nach der Rückverlegung des Hofes nach Stuttgart auch hier ein. Die erste Venezianische Messe wurde in Stuttgart anstelle des traditionellen Lätaremarkts vom 3. bis 20. Juni 1776 abgehalten. Der Magistrat erkannte sehr rasch die Vorteile des erweiterten und umgestalteten Marktes: Er lockte mehr Verkäufer und Käufer an. Die Stadt bat deshalb Jahr für Jahr, den Lätaremarkt durch eine solche Messe ersetzen zu dürfen, und

Aus Ludwigsburger Porzellan nachgebildete Szene aus den von Herzog Carl Eugen veranstalteten Venezianischen Messen.

sie erhielt dazu stets gerne das herzogliche Plazet. 1782 wurde die Neuerung offiziell als zweiwöchige Frühjahrsmesse anerkannt und, da ein früherer Termin zweckmäßig erschien, ihr Beginn auf Mittwoch vor Urban (25. Mai) festgelegt.

Die neueingeführte Venezianische Messe machte eine bauliche Umgestaltung des Marktplatzes erforderlich. Der ganze untere Stock des Herrenhauses, in dem sich die »Metzig«, das Kornhaus, die Brotlauben, mehrere Handwerkerläden sowie die Niederlassung der herzoglichen Porzellanmanufaktur befanden, mußte geräumt, auch die im oberen Stock untergebrachte Garnisonskirche verlegt werden. Die Stadt hatte nicht nur ein eigenes Kornhaus zu erbauen, sondern auch einen Anteil von 600 fl an den Umbaukosten zu übernehmen. Der übrige Aufwand war durch verschiedene herzogliche Kassen, namentlich durch die Theaterkasse, zu bestreiten. Vom Herrenhaus führte im Bogen ein bedeckter Gang über den ganzen Marktplatz, außerdem gab es einen offenen Mittelgang, und um diese herum wurden die Buden aufgestellt. Die Leinwand zur Überspannung des bedeckten Gangs stammte zum Teil von den Opernhäusern in Teinach und Grafeneck. Die geringeren Markt- und Handwerkerstände blieben auf dem Bärenplatz, in der Hirschgasse und in der Hauptstätter Straße. Zum Besuch der

Messen lud der Magistrat fremde Kaufleute durch Zeitungsannoncen ein. Anfänglich war der Andrang von auswärtigen Messebesuchern groß. 1778 fanden sich Kaufleute aus Esslingen, Heilbronn, Schwäbisch Gmünd, Ulm, Augsburg, Nördlingen, Kaufbeuren, Kempten, Nürnberg, Fürth, Mannheim, Mainz, Schmalkalden, aus Sachsen, aus Böhmen, aus der Schweiz und aus Italien ein. Neben den Nürnberger Produkten waren die Erzeugnisse der Londoner Manufaktur John Archenholtz & Co., Galanteriewaren aus Straßburg, die Kupferstiche eines Straßburgers sowie französische Bücher des Buchhändlers Gay aus Lunéville bei den Käufern der vornehmeren Kreise sehr begehrt. Doch auch der sogenannte Kleine Mann fand so gut wie alles, was er benötigte: Geschirr, Glas-, Blech-, Stahl- und Eisenwaren, Bürstenbinderfabrikate, Papierartikel, die verschiedensten Kleiderstoffe, Schuhe, Hüte, Strümpfe usw. Die Juweliere priesen Schmuck und Uhren an. Neben Seife und Lebensmitteln aller Art gab es auch Kaffee, Tee, Schokolade, Bonbons oder Konditoreiwaren zu kaufen. Im Herrenhaus wurden in einigen Buden die Erzeugnisse der herzoglichen Porzellanmanufaktur und der herrschaftlichen Spiegelfabriken angeboten. Die vier unteren Eckzimmer im Herrenhaus waren für Kasinos reserviert. Ein fünftes Kasino, das dem Herzog und seinem Gefolge vorbehalten war, befand sich im Oberen Saal des gegenüber dem Rathaus gelegenen Hauses von Apotheker Weckherlin. In den Kasinos gab es kalte und warme Getränke, aber nur kalte Speisen. Für Getränke und Speisen waren Taxen, Höchstpreise, festgesetzt. Zweimal täglich, mittags von 12 bis 2 Uhr sowie abends von 7 bis 9 Uhr (später, nachdem die Messe in den Mai vorverlegt war, abends zwischen 6 und 8 Uhr), fand unter dem bedeckten Gang die öffentliche Promenade statt, ein Höhepunkt des Messebetriebs. Hierzu konnte man mit oder ohne Maske erscheinen. Verboten waren das Degentragen und das im Gedränge lästige Hutabnehmen. Um ein zu großes Menschengewühl zu vermeiden, hatten die Wachen »gemeine Leut« von einer Teilnahme an der Promenade abzuhalten. Während der Promenade spielten auf Rathaus und mehrere Bürgerhäuser verteilte herzogliche Pauker und Trompeter. Ganz Stuttgart war auf den Beinen. Auf dem Marktplatz herrschte ein buntes, unbeschwertes Treiben. Waren bei der Promenade Herzog Carl Eugen und seine Frau Franziska sowie Fremde von Rang anwesend, ging es besonders lebhaft zu, zumal abends, wenn die Straßen und Gassen illuminiert waren. Die ersten Messen 1776 und 1777 zählten zu den größten und glänzendsten. Später war ein Abstieg unverkennbar. Erheblichen Abbruch tat der Messe der herzogliche Befehl vom Jahr 1783, alle auswärtigen (d. h. nichtwürttembergischen) Künstler, Musikanten, Schausteller mit exotischen Tieren und sonstige Volksbelustiger abzuweisen. Das fahrende Volk, das bislang zur Kurzweil der Messebesucher beigetragen hatte, mußte von jetzt an der Messe fernbleiben. Die Beschränkung auf einheimische Schausteller, die bewirken sollte, daß das Geld im Land blieb, enttäuschte die Besucher. Die Messe verlor viel von ihrer bisherigen Anziehungskraft. Nach dem Tod Herzog Carl Eugens wurde aus den Venezianischen Messen wieder ein Maimarkt. 1811 hob die Regierung den Herbstmarkt auf. Erhalten blieb neben dem Maimarkt der Weihnachtsmarkt bzw. die Weihnachtsmesse. Besondere Beliebtheit erlangte hierbei der Weihnachtsmarkt[1214].

Seit langem bestanden in Stuttgart zwei Wochenmärkte: dienstags und samstags. Im Lauf der Zeit wurde es zur Gewohnheit, daß am Donnerstag Grembler, Bäcker, Krämer und wohl auch Bauern mit Einwilligung des Magistrats an kleinen Ständen ihre Waren, hauptsächlich Gartengewächse und »Viktualien« (Lebensmittel) feilboten. 1728 bekam der Zufallsdonnerstagsmarkt die offizielle Anerkennung als dritter Wochenmarkt[1215]. Das Standgeld, das von den Händlern auf den Wochenmärkten erhoben wurde, hielt sich übrigens in sehr mäßigen Grenzen. Mehlhändler zahlten 1 kr, Grembler, die Bürger waren, hatten ihre Stände frei, fremde Grembler hingegen wurden je nach Ware mit 1/2 bis 1 kr zur Kasse gebeten[1216]. Im September 1791 untersagte ein herzogliches Reskript Fürkäuferinnen und Fürkäufern den Verkauf auf Wochenmärkten. Auf diesen Märkten durften nur Gartenbesitzer ihre Erzeugnisse entweder selbst verkaufen oder aber durch von ihnen beauftragte Personen feilbieten lassen[1217].

Die einheimischen Händler und Handwerker fühlten sich durch die Aktivitäten auswärtiger Berufskollegen beschwert. 1711 war dies bei den Fischern der Fall. Seit geraumer Zeit, so klagte damals Seemeister Leonhard Hänßele, kämen nicht nur die Esslinger und Remser Fischer, sondern auch die anderen Neckarfischer und sonstige Fischer hierher und böten ihre Fische zwischen und an den Wochenmärkten in der Stadt vor und in den Häusern zum Kauf an. Dies stehe mit der 1615 revidierten Fischerordnung im Widerspruch. Hänßele forderte, das Herumgehen der auswärtigen Fischer in der Stadt zu unterbinden und ihnen künftig nur noch zu erlauben, ihre Ware auf dem öffentlichen Markt vor dem Brunnen zu verkaufen. Der Magistrat hielt die Klagen der Stuttgarter Fischer für unberechtigt. Seiner Ansicht nach trugen sie mehr als ihre auswärtigen Berufskollegen zur Verteuerung der Fische bei. Gegen das Hausieren der fremden Fischer hatte er schon deshalb nichts einzuwenden, weil sich dadurch für die Bürgerschaft das Fischangebot verbesserte und die Preise niedriger gehalten werden konnten[1218]. 1763 wurde den auswärtigen Fischern der Verkauf ihrer Ware außerhalb der Wochenmärkte bestätigt. Zur Aufbewahrung ihrer Fische bis zum Verkauf bekamen sie 1791 unentgeltlich Brunnen im Hospital, an der Straße, der besetzte Weg genannt, und bei der St. Leonhardskirche zugewiesen[1219].

Für sperrige Güter, manche landwirtschaftliche Erzeugnisse und Schlachttiere boten der Marktplatz sowie die direkt anschließenden Straßen und Gassen nur unzureichend Platz. Ihnen waren deshalb besondere »Märkte« vorbehalten. So hatte der St. Leonhardsplatz 1715 die Funktion des Holz- und Krautmarkts, 1746 die des Rüben-, Kübel- und Holzmarkts. An der Kirchenseite dieses Platzes befanden sich 1764 auch noch der Heumarkt sowie der

Der St. Leonhardsplatz 1848.

neue Hafenmarkt. Der alte Hafenmarkt hatte seinen Standort in der Karlstraße[1220]. Zum Schweinemarkt war ein Platz außerhalb der Stadt bestimmt: anfänglich beim Gasthof zur Rose und, als dieser dann zum Siechenhaus umgebaut wurde, beim Wirtshaus zu den Drei Mohren am Fuß der Weinsteige[1221].

In bedrängten wirtschaftlichen Verhältnissen lebende Einwohner suchten sich mitunter durch eine bescheidene Handelstätigkeit einen kleinen Verdienst zu verschaffen. Allerdings benötigten sie hierzu eine obrigkeitliche Genehmigung. Beispielsweise wurde 1719 der Frau des herrschaftlichen Kutschers Martin Jäcklin erlaubt, Seife sieden und auf den Jahrmärkten im Land verkaufen zu dürfen. Die Eheleute Jäcklin hatten einen erwerbsunfähigen Sohn[1222]. 1791 erhielt die Frau eines »Portechaiseträgers« (Sänftenträgers), gleichfalls aus wirtschaftlichen Gründen, die Genehmigung zum Handel mit »grüner Ware«, allerdings nur außerhalb der Wochenmarktzeiten[1223].

Für Geschäftsleute war der Besuch auswärtiger Messen, namentlich der Frankfurter, zum Teil auch der Leipziger Messen, unerläßlich. Solche Reisen stellten an die physische Konstitution der Reisenden hohe Anforderungen. Da die Beschaffenheit der Straßen meist schlecht war, mußten die Handel- und Gewerbetreibenden entweder die weiten Wege auf Schusters Rappen oder aber zu Pferd zurücklegen. Der nachmals berühmt gewordene Verlagsbuchhändler Johann Friedrich Cotta wanderte 1788 zu Fuß zur Leipziger Frühjahrsmesse[1224]. Manche andere Berufskollegen taten es ihm beim Messebesuch gleich. Das Reiten sparte erheblich Zeit und war nicht ganz so strapaziös. Deshalb entschieden sich vor allem größere Geschäftsleute für das Reitpferd. Die Muster der Waren, die sie kauften oder veräußern wollten, führten sie im Mantelsack mit sich. Man nannte deshalb solche Reisende Musterkartenreiter[1225].

Zu Beginn des 19. Jahrhunderts wurde bemängelt, daß beim Abhalten der Jahrmärkte unerläßliche Sicherheitsbestimmungen außer acht gelassen würden. Die Nebenstraßen des Marktes waren ganz durch Marktstände versperrt, auf dem Markt selbst standen die Buden so eng gedrängt, daß bei einem in der Nähe ausbrechenden Feuer ein Durchkommen mit den Löschgeräten nicht möglich war. Selbst Marktbesucher hatten Schwierigkeiten, zu den einzelnen Boutiquen zu gelangen. Im April 1809 verfügte deshalb die königliche Oberpolizeidirektion eine neue »Anordnung, die Jahrmärkte betreffend«. Künftig übernahm der große Platz neben der St. Leonhardskirche die Funktion eines zusätzlichen Marktes. Dort bekamen nunmehr folgende »in- und ausländische Professionisten« ihre Stände: die Nadler, Flaschner, Dreher, Bürstenbinder, Zeugmacher, Bortenmacher, Buchbinder, Zeugschmiede, Strumpfweber, Baumwollgarnhändler, Zinngießer, Kürschner, Weiß- und Rotgerber, Seifensieder, Tuchmacher, Flachshändler, »Leine-Tuch-Händler«, Gürtler, Nagelschmiede, Haubenmacherinnen, Lebkuchenhändler, »Scheuren-Krämer«, Hafner, Schuhmacher, Vorkäufer usw. Sämtliche Krämer, vor allem auch die Ehninger Krämer, mußten ausschließlich an diesem Ort ihre Stände und Boutiquen aufschlagen. Hier wie auf dem alten Marktplatz war darauf zu sehen, daß zwischen den in Reihen anzuordnenden Boutiquen und Ständen hinreichend Platz blieb. Nicht mehr in den Marktbetrieb einbezogen werden konnten die Schulgasse, die Hirschgasse, das Bärengäßlein, der Münzplatz, die Großfürst-Wirts-Gasse, die Bechergasse, der Platz um den Nesenbach, die Plätze vor dem Waaghaus und hinter der Bibliothek. Der bisherige Marktplatz durfte künftig nur von fremden und einheimischen Kaufleuten, Gold- und Silberarbeitern, Bijoutiers, Putzmacherinnen, Galanteriehändlern, Glashändlern usw. genutzt werden. Die fremden Kaufleute hatten bei der Aufstellung der Boutiquen den Vorzug vor den württembergischen. Die Oberpolizeidirektion hoffte, daß durch dieses Entgegenkommen das »Feilhaben« von Waren durch »ausländische« Kaufleute in den Wirtshäusern aufhörte. Auf dem Marktplatz mußte zwischen den einzelnen Boutiquen-Reihen ein genügend breiter Weg zum Durchfahren sein. Während der Jahrmärkte fanden die Wochenmärkte wie bisher bei der Neuen Brücke, in der Hirsch- und Kirchgasse statt. Die Jahrmärkte nahmen ihren Anfang am ersten Tag und endeten am letzten Tag einer Woche. Tiere von fremden Kaufleuten (vornehmlich wohl Pferde) mußten außerhalb der Stadt abgestellt werden. Gegen das Errichten von provisorischen Hütten zur Unterbringung dieser Tiere hatte die Oberpolizeidirektion keine Einwände[1226].

Die Erwartung, daß die fremden Händler bei einer bevorzugten Zuteilung von Boutiquen auf dem Marktplatz das Feilbieten ihrer Waren in Privat- und Wirtshäusern unterließen, erfüllte sich nicht.

Am 1. Dezember 1809 gab ihnen das Obermarktmeisteramt davon Kenntnis, daß sie erst dann ihre Waren auf solche Weise feilbieten dürften, wenn sie keine Boutique mehr bekommen hätten. Beachteten sie dies nicht, wurden sowohl der Wirt als auch sie selbst um je 5fl gestraft[1227]. Das Hausieren auswärtiger Händler während der Jahrmärkte hatten die Stuttgarter Handelsleute und Handwerker bereits früher als unlautere Konkurrenz empfunden und seine Abstellung verlangt. Im August 1799 hatte das Stadtoberamt auf eine entsprechende Beschwerde hin entschieden: Italienische Obst- und Galanteriehändler dürfen zwar während der Jahrmärkte weiterhin hausieren, sie dürfen aber nicht gleichzeitig mehrere Personen »in der Stadt herumlaufen lassen«. Auch ist ihnen das Hausieren untersagt, wenn sie auf dem Markt ihre Waren feilbieten. Ein grundsätzliches Hausierverbot besteht für Gewürz-, Öl-, Arznei- und Materialienhändler[1228]. Wegen der finanziellen Einbußen für die Stadt und den Staat wurde am 4. Dezember 1812 das »Feilhalten« von Messewaren in Schildwirtschaften (Gasthöfen) streng untersagt[1229].

Im Jahr 1811 wurden die beiden noch bestehenden Jahrmärkte, der Mai(en)- und der Weihnachtsmarkt, auf jeweils vierzehn Tage verlängert[1230]. Nachdem der 1796 von Herzog Friedrich Eugen für Stuttgart genehmigte Kornmarkt[1231] anscheinend nicht zustande gekommen war, befahl König Friedrich gleichfalls 1811 die Errichtung eines solchen wöchentlich einmal stattfindenden Markts, damit die Stadt »stets hinreichend mit Brotfrüchten versehen sei und man die Brottaxe richtiger regulieren könne«. Gleichzeitig wurde eine Fruchtmarktordnung erlassen und auf Anordnung des Königs das Kornhaus in den alten Marstall verlegt[1232].

Nach der Fruchtmarktordnung fand der Frucht- oder Kornmarkt jeweils am Dienstag statt. Fiel der Dienstag aber auf einen Feiertag, wurde der Markt auf Montag vorverlegt. Sommers war an den Markttagen das Kornhaus ab 6 Uhr, winters ab 7, spätestens 8 Uhr geöffnet, so daß das angelieferte Getreide rechtzeitig vor Marktbeginn abgeladen werden konnte. Der Markt selbst begann sommers um 8, winters um 9 Uhr und dauerte jeweils bis 4 Uhr nachmittags. Mit der Aufrechterhaltung der Ordnung waren der Kornhausinspektor, die Fruchtmesser sowie die Sackträger beauftragt. Dem Kornhausinspektor oblag es, die auf den Markt gebrachte Frucht auf ihre Qualität zu prüfen. Das Getreide konnte schon am Vortag des Markts oder nach Absprache mit dem Kornhausinspektor an anderen Tagen in das Kornhaus gebracht werden. Kleine Getreidemengen unter einem Scheffel durften Landleute ausnahmsweise auch weiterhin auf den Wochenmärkten an einem ihnen dafür zugewiesenen Platz verkaufen. Stuttgarter Einwohnern war wie bisher gestattet, ihr eigenes Getreide in ihren Häusern oder aber ihre »Besoldungsfrüchte« auf den Fruchtkästen zu verkaufen. Die hiesigen Mehlhändler durften auf einem in der Nähe des Kornhauses gelegenen Platz während der Wochenmärkte ihre »Mehl- und Grözel-Früchte« (Erbsen, Linsen, Wicken) feilbieten[1233].

Eine Polizeiordnung vom 3. Mai 1817 setzte die Termine für das Abhalten der beiden Jahrmärkte (Messen) exakt fest: Die Maimesse nahm am Montag vor Urban ihren Anfang und endete am zweiten Samstag danach, die »Christmesse« (Weihnachtsmarkt) begann am Montag nach dem zweiten Advent und schloß am Samstag vor dem vierten Advent. An Sonn- und Feiertagen ruhte der Marktbetrieb. Grundsätzlich verboten war, vor Beginn der Messen Waren nach Stuttgart zu bringen, sie in Privathäusern auszustellen und zum Verkauf anzubieten. Während der Messen war lediglich der Warenverkauf in den Boutiquen auf dem Markt erlaubt[1234].

Wegen Mißbräuchen, die sich beim Abhalten der Wochenmärkte eingeschlichen hatten, setzte die königliche Oberpolizeidirektion im September 1810 eine revidierte Wochenmarktordnung in Kraft. Nach dieser Ordnung hatten sämtliche Krämer und »Professionisten« ihre Stände so aufzustellen, daß sie Gassen bildeten, einen Zugang zu den einzelnen Ständen ermöglichten und den Verkehr der ankommenden und wegfahrenden Güterwagen sowie das Auf- und Abladen der Waren nicht behinderten. Für den Verkauf der verschiedenen Warengattungen waren bestimmte Plätze vorgesehen: Die Butter- und Eierhändler hatten ihre Stände längs des Bibliotheksgebäudes, die Geflügelhändler die ihrigen in der Großfürstengasse. Bäume, Weinreben und alle Gattungen von Vögeln wurden wie bisher auf dem Platz unten an der Schulgasse und im sogenannten Bandgäßlein zum Verkauf angeboten, Obst vor den Häusern auf dem Markt. Den Verkäufern der »grünen Waren« waren Verkaufsmöglichkeiten in der Hirschgasse, den Verkäufern von »Erdbirnen und Weißen Rüben« der Platz vor der Stadtschreiberei eingeräumt. Fremde Fischer konnten ihre Fische und Krebse wie bisher am Marktbrunnen verkaufen. Dem Krautverkauf blieb die Hauptstätter Straße vorbehalten. Die Krautkarren sollten jedoch reihenweise aufgestellt werden, damit »der Wandel« nicht behindert werde. Der Holzverkauf erfolgte weiterhin teils in der Hauptstätter Straße, teils auf dem Platz vor der Königlichen Garde-Kaserne. Auf diesem Platz wurden wie bisher auch Schnittwaren, Kohlen, Heu und Stroh verkauft. Hafer kam wie bisher im sogenannten Bürgerhöfle im Kornhaus zum Verkauf, in der »Metzig« alle Arten von Fleisch[1235].

Das Hausieren mit »Mückenwedeln, Besen, Kienspänen, Wacholderholz, Scheffenzenheu« (Schachtelhalmen) usw. verschaffte einheimischen Armen Gelegenheit zum Betteln und zu Diebereien. Die königliche Oberpolizeidirektion hätte deshalb am liebsten den ambulanten Handel mit diesen »geringfügigen, gleichwohl aber nicht leicht entbehrlichen Gegenständen« abgestellt[1236]. Doch mit Rücksicht darauf, daß dieser »geringe Erwerbszweig« ausschließlich in der Hand von alten und armen Einwohnern war, deren verkäufliche Habseligkeiten nicht einmal den Wert eines Hausierscheins ausmachten, sah die Regierung von einer solchen rigorosen Maßnahme ab, sie wies die Oberpolizeidirektion vielmehr an, diesen bedauernswerten Menschen auf dem öffentlichen Marktplatz einen separaten Raum für ihre Waren anzuweisen und sie durch Polizeidiener und entsprechende Strafandrohungen allmählich dahin zu bringen, daß sie das »Umherschleichen« in den Häusern aufgaben[1237].

Gaststätten, Beherbergungsgewerbe

Im Jahr 1710 bestanden in Stuttgart einschließlich der Geistlichen Herberge zwölf Schildwirtschaften[1238], 1718 hingegen waren es lediglich zehn[1239]. Die Gasthöfe waren sehr ungleich über die Stadt verteilt, wie dies Riedigers Plan in der Zweitausfertigung von 1745 zeigt: an der Hauptstätter Straße zwei (Krone, Ochsen), in der Inneren Stadt sieben (Bären, Becher, Rad, Adler,

Die Zweitausfertigung des Stadtplans von Johann Adam Riediger weist mit vier Ausnahmen die 1745 bestehenden Gasthäuser in Stuttgart nach.

Sonne, Schwan, Hirsch), in der Reichen Vorstadt einer (Engel), am Postplatz und beim Rotebildtor zwei (Löwe, Waldhorn). Nach den Feststellungen von Jürgen Hagel hatte Riediger vier weitere Gasthäuser nicht berücksichtigt[1240]. Der Regierung erschien damals die Zahl der Gasthäuser in Stuttgart ausreichend. Am 13. Februar 1750 lehnte deshalb Herzog Carl Eugen ein Gesuch auf die Errichtung einer weiteren Schildwirtschaft ab[1241]. Trotz dieser Konzessionsrestriktion erhöhte sich die Zahl der Gaststätten in den beiden nächsten Jahrzehnten. 1770 waren es 18 Schildwirtschaften, außerdem ein Kaffeehaus (der nachmalige »König von England«) sowie 20 sogenannte Gassenwirte[1242].

Regierung und Magistrat sahen wie früher darauf, daß die Wirte die Polizeivorschriften strikt beachteten. Im Herbst 1711 untersagte ihnen ein herzogliches Reskript den Weinausschank nach 9 Uhr abends[1243]. Weil es die Wirte mit der Feiertagsheiligung nicht immer sehr ernst nahmen, forderte der Synodus 1728, die Wirtshäuser sollten an Sonn- und Feiertagen geschlossen bleiben. Dies hielt die Regierung aber nicht für durchsetzbar. Sie wies daher den Antrag ab[1244]. Jeder Fremde, der in einem Gasthaus

Gasthof zum Hirsch 1896.

Gasthof zum Goldenen Ochsen 1896.

Gasthof zum Goldenen Ochsen, Schillerstube.

abstieg, mußte der Obrigkeit auf einem »Nachtzettel« gemeldet werden. Hierbei waren genaue Angaben über die Person zu machen. Die »Nachtzettel« galten jeweils nur für eine Nacht[1245]. 1750 wurde auf herzoglichen Befehl vom Stadtvogt ein Visitator eingesetzt; er hatte Unordnungen und Ungesetzlichkeiten im Gaststättengewerbe zur Anzeige zu bringen[1246].

Für den Beruf des Gastwirts gab es im 18. Jahrhundert in Württemberg noch keine Ausbildung. 1732 betätigten sich im Stuttgarter Gaststättengewerbe ehemalige oder auch noch aktive Chirurgen, Schreiber, Kaufleute und Metzger[1247]. Immer wieder wurde geklagt, daß die Wirte und Gastgeber von ihren Gästen zu hohe Preise verlangten. Auf herzoglichen Befehl entwarfen diese deshalb 1736 eine »Wirt- und Gastgeberordnung« mit genauen Preisangaben (Preistaxen) für »Logis« (Unterkunft), Speisen und Getränke, Stallmiete sowie Schlafgeld. Die Speisen gliederten sie auf in Tabellen für Suppe, Gemüse ohne Fleisch, »allerhand Fleischwerk«, Fisch, Geflügel, Wildbret und Backwerk. Für eine Erbsensuppe je Person rechneten sie beispielsweise 3 kr, für eine Suppe mit Knöpflein 3 kr, für ein gesottenes Ei 1 kr, für »ein besseres Gemüse« 7 kr, für 1 Pfund Kalbsbraten 7 kr, für 1 Pfund eingemachtes Hammelfleisch 8 kr, für 1 Pfund blaugesottenen Karpfen 17 kr, für 1 Pfund gebackenen Aal samt einer halben Zitrone 24 kr, für einen zweijährigen wohlgespickten und gewürzten Hahn 3 fl 30 kr, für eine junge welsche Henne 1 fl, für einen erwachsenen Feldhasen 50 kr, für eine Wildente 40 kr, für eine Pastete mit einem Hasen 1 fl 45 kr, für eine Pastete mit einer Ente 54 kr. Bei vollständigen Mahlzeiten unterschieden die Wirte und Gastgeber zwei »Tische«, für die sie 35 kr bzw. 24 kr ohne Wein in Rechnung stellten. Diese zwei »Tische« erschienen ihnen als Angebot für ihre Gäste ausreichend, mehr seien nie verlangt worden.

Speiseangebot des »Tisches« zu 35 kr:

1. Suppe mit Wurzeln, Knöpflein oder Kalbsschenkeln
2. Rindfleisch mit Meerrettich, Senf oder Gurken
3. Gemüse und Fleisch »nach Beschaffenheit der Zeit« (je nach Jahreszeit)
4. Fische, Krebse oder ersatzweise Gebackenes oder Ragout
5. Reh- oder Kapaunbraten, gebratene junge Hühner, Vögel oder dergleichen
6. Salat
7. Nachtisch

Speiseangebot des »Tisches« zu 24 kr:

1. Suppe mit Wurzeln oder Kalbsschenkeln
2. Rindfleisch mit Meerrettich, Senf und Gurken
3. Gemüse mit Fleisch
4. Gebratenes
5. Salat
6. Nachtisch

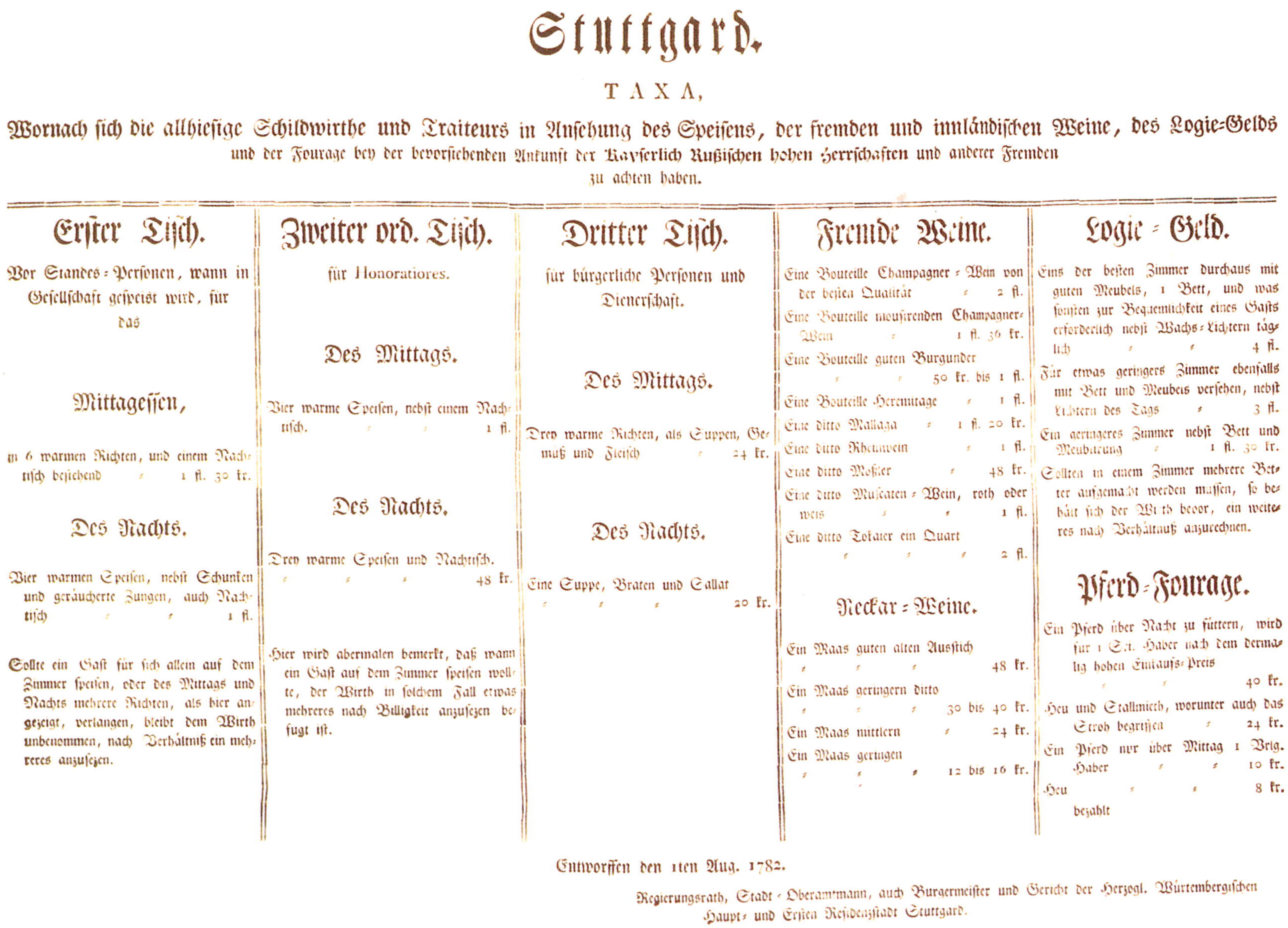

Stuttgard.

TAXA,

Wornach sich die allhiesige Schildwirthe und Traiteurs in Ansehung des Speisens, der fremden und innländischen Weine, des Logie-Gelds und der Fourage bey der bevorstehenden Ankunft der Kayserlich Rußischen hohen Herrschaften und anderer Fremden zu achten haben.

Erster Tisch.

Vor Standes-Personen, wann in Gesellschaft gespeist wird, für das

Mittagessen,

in 6 warmen Richten, und einem Nachtisch bestehend 1 fl. 30 kr.

Des Nachts.

Vier warmen Speisen, nebst Schunken und geräucherte Zungen, auch Nachtisch 1 fl.

Sollte ein Gast für sich allein auf dem Zimmer speisen, oder des Mittags und Nachts mehrere Richten, als hier angezeigt, verlangen, bleibt dem Wirth unbenommen, nach Verhältniß ein mehreres anzusezen.

Zweiter ord. Tisch.

für Honoratiores.

Des Mittags.

Vier warme Speisen, nebst einem Nachtisch. 1 fl.

Des Nachts.

Drey warme Speisen und Nachtisch. 48 kr.

Hier wird abermalen bemerkt, daß wann ein Gast auf dem Zimmer speisen wollte, der Wirth in solchem Fall etwas mehreres nach Billigkeit anzusezen befugt ist.

Dritter Tisch.

für bürgerliche Personen und Dienerschaft.

Des Mittags.

Drey warme Richten, als Suppen, Gemüß und Fleisch 24 kr.

Des Nachts.

Eine Suppe, Braten und Sallat 20 kr.

Fremde Weine.

Eine Bouteille Champagner-Wein von der besten Qualität 2 fl.
Eine Bouteille moussirenden Champagner-Wein 1 fl. 36 kr.
Eine Bouteille guten Burgunder 50 kr. bis 1 fl.
Eine Bouteille Heremitage 1 fl.
Eine ditto Mallaga 1 fl. 20 kr.
Eine ditto Rheinwein 1 fl.
Eine ditto Moßler 48 kr.
Eine ditto Muscaten-Wein, roth oder weis 1 fl.
Eine ditto Tokaier ein Quart 2 fl.

Neckar-Weine.

Ein Maas guten alten Ausstich 48 kr.
Ein Maas geringern ditto 30 bis 40 kr.
Ein Maas mittlern 24 kr.
Ein Maas geringen 12 bis 16 kr.

Logie-Geld.

Eins der besten Zimmer durchaus mit guten Meubels, 1 Bett, und was sonsten zur Bequemlichkeit eines Gasts erforderlich nebst Wachs-Lichtern täglich 4 fl.
Für etwas geringers Zimmer ebenfalls mit Bett und Meubels versehen, nebst Lichtern des Tags 3 fl.
Ein geringeres Zimmer nebst Bett und Meublirung 1 fl. 30 kr.
Sollten in einem Zimmer mehrere Better aufgemacht werden müssen, so behält sich der Wirth bevor, ein weiteres nach Verhältnuß anzurechnen.

Pferd-Fourage.

Ein Pferd über Nacht zu füttern, wird für 1 Sri. Haber nach dem dermalig hohen Einkaufs-Preis 40 kr.
Heu und Stallmieth, worunter auch das Stroh begriffen 24 kr.
Ein Pferd nur über Mittag 1 Vrlg. Haber 10 kr.
Heu 8 kr.
bezahlt

Entworffen den 1ten Aug. 1782.

Regierungsrath, Stadt-Oberamtmann, auch Burgermeister und Gericht der Herzogl. Würtembergischen Haupt- und Ersten Residenzstadt Stuttgard.

Den Stuttgarter »Schildwirten und Traiteurs« anläßlich des Besuchs des russischen Großfürstenpaars 1782 vorgeschriebene Preise (Taxen) für Speisen, Weine und Beherbergung (Logis) sowie für die Unterbringung und Versorgung von Pferden (Fourage).

An Stallmiete veranschlagten die Wirte: Heu über Mittag für ein Pferd 4 bis 5 kr, für 24 Stunden Stallmiete, Stroh und Heu je Pferd 12 bis 15 kr. An Schlafgeld je Person und Nacht berechneten sie 2 kr[1248].

Die Schildwirte fühlten sich in ihrem Gewerbe durch Bürger, vorwiegend durch Metzger, Bäcker und Kaufleute, namentlich aber auch durch die Gassenwirte geschädigt. Diesen warfen sie vor, nicht nur Wein auszuschenken, sondern auch Gäste zu beherbergen und zu verköstigen. Häufig waren diese Anschuldigungen nicht stichhaltig oder aber übertrieben. Das Ausschenken des selbsterzeugten Weins war den Bürgern wie auch den Hof- und Kanzleibediensteten gestattet, nicht jedoch die Verköstigung und Beherbergung von Fremden. Wer dies dennoch tat, wurde bestraft. 1731 konnte festgestellt werden, daß einige »Heckenwirte« (Besenwirte) lichtscheuem Gesindel und Dirnen, die Soldaten nachstellten, Unterschlupf gewährten. Die Regierung schritt ein und verbot diesen Einwohnern ausdrücklich nicht nur das »Speisen« und Beherbergen, sondern auch das Weinausschenken. Im Jahr darauf beschränkte sie sämtliche »Heckenwirte« auf das Weinausschenken. Gesuche um eine Lockerung dieser Beschränkung lehnte sie rigoros ab[1249]. 1740 beschwerten sich die Gastwirte erneut darüber, daß ihnen eine Reihe von Bürgern und Hofbediensteten rechtswidrig Konkurrenz im Gaststätten- und Beherbergungsgewerbe machte. Der Herzog-Administrator wies ihre Beschwerden als unbegründet zurück. Indes verstummten die Klagen der Gastwirte nicht. Zehn Jahre später sah sich Herzog Carl Eugen gezwungen, durch einen von ihm eingesetzten Visitator feststellen zu lassen, inwieweit ihre Anschuldigungen zutrafen[1250]. Das Ergebnis dieser Ermittlungen ist nicht bekannt.

Gasthof zum »König von England« am Schillerplatz.

Zu den bekanntesten Stuttgarter Gaststätten zählte im 18. Jahrhundert die schon 1594 erwähnte »Goldene Krone« am Leonhardsplatz (Hauptstätter Straße). Sie befand sich1790 im Besitz von Christoph Friedrich Schnell, dem nachmaligen Eigentümer des »Gelben Hauses«. 1807 trat an ihre Stelle die Kronenapotheke von Betulius[1251]. Auf dem mit dem Häuserschutt des Hirschgassenbrands von 1761 aufgefüllten Kleinen Graben wurde 1772 die Gaststätte »Zum Ritter St. Georg« erbaut. Sie beherbergte 1777 Kaiser Joseph II., 1782 einen Teil des Gefolges von Großfürst Paul von Rußland. Seit 1803 führte sie den Namen »Petersburger Hof«[1252]. Im Jahr 1700 änderte der bereits 1639 genannte »Löwen« (Rotebühlstraße 1 A) seinen Namen in Gasthof »Zum Römischen Kaiser«. Hier stieg 1797 Johann Wolfgang von Goethe auf der Reise nach Italien ab. Sein Bericht an Schiller über das Wanzenabenteuer, das er in diesem Haus zu bestehen hatte, wird noch heute gerne zitiert. Zu den Gästen des »Römischen Kaisers« zählte 1791 der französische Prinz Condé (Ludwig Heinrich Graf von Bourbon), der Vater des 1804 auf Befehl Napoleons erschossenen Herzogs von Enghien, sowie 1796 General Ney mit seinem Stab. Auch wenn er durch die in seinen Gastzimmern heimischen Wanzen negative Schlagzeilen machte, scheint er doch insgesamt über einen guten Ruf verfügt zu haben[1253]. Dem Gasthof »Zum Römischen König« verdankte die Holzstraße ihren früheren Namen: »Römische-König-(Wirts-)Gasse«. In diesem Haus (Holzstraße 3/Ecke Wagnerstraße) hatten die Metzger und Bäcker ihren geselligen Mittelpunkt[1254]. Im Gasthaus »Zum Goldenen Becher« hielt sich in den 1780er Jahren vorübergehend der berüchtigte Räuberhauptmann Hannickel auf; er wurde erkannt, konnte aber, obwohl das Haus vom Militär umstellt war, entkommen. 1790 schloß der alte Gasthof für immer seine Pforten[1255]. Zu Beginn des 19. Jahrhunderts war der 1798 eröffnete »König von England« der vornehmste Gasthof Stuttgarts. Ein Büchlein über die Merkwürdigkeiten der Stadt aus dem Jahr 1814 empfahl ihn »als wohleingerichtet für Fremde von Vermögen und Stand«. 1800 und 1801 logierte hier der französische General St. Suzanne, der bei seiner Abreise die ihm vom Wirt präsentierte Rechnung mit den Worten zurückwies: »Ein General Frankreichs zahlt niemals«, und in der Tat wurde die Rechnung nie beglichen. 1801 wohnte im »König von England« General Moreau. 1819 stiegen hier Jean Paul und der dänische Bildhauer Bertel Thorwaldsen ab. Man sagte damals, der Besitzer dieses Gasthofs, Schwaderer, könne allein von den Fremden leben, die wegen des Bildhauers Dannecker nach Stuttgart kämen[1256]. 1818 bezeichnete ein englischer Reisender den »König von England« als »das netteste, säuberste und komfortabelste Hotel in Stuttgart«. Er stellte es weit über den »Römischen Kaiser«. Dieser, so schrieb er, stehe zwar im Ruf, eleganter zu sein, doch seien dort nur die Preise ent-

Gasthof zur Goldenen Krone (Cron) am Leonhardsplatz um 1780.

sprechend höher[1257]. Sehr beliebt war um 1800/10 auch das »Waldhorn« am Alten Postplatz. Es bildete das Hauptabsteigequartier für alle mit dem Fuhrwerk ankommenden Fremden. Gerne hielten sich um 1815/20 Künstler und Schauspieler im »Waldhorn« auf[1258]. Ein sommerliches Ausflugsziel der Stuttgarter war um 1817 die »Silberburg«, ein von hübschen Anlagen umgebenes Wirtshaus, das seit 1806 zunächst als Weinausschank betrieben und später weiter ausgebaut worden war. Die Besucher genossen von hier aus einen herrlichen Blick über die Stadt. Einmal in der Woche wurde auf der »Silberburg« ein Ball gegeben[1259].

Einen Sonderstatus besaß im 18. Jahrhundert noch immer die Geistliche Herberge. Am 3. Mai 1740 wurde dem neuangenommenen Wirt Johann Kaspar Guckenberger in einer Instruktion auferlegt, einen gottwohlgefälligen Lebenswandel zu führen und seine Familie zu einer guten Aufführung anzuhalten. Streng untersagt war jede Art von Schwelgerei, ebenso übermäßiges Zechen, ferner Spiele, Tänze usw. Der Wirt hatte in allem dem Konsistorium und dem Kirchenrat an die Hand zu gehen. Er mußte in seiner Herberge Kirchen- und Schulbedienstete sowie Stipendiaten aufnehmen, die nicht bei Freunden oder Bekannten unterkommen konnten. Den Gästen hatten er und die Seinigen mit aller Freundlichkeit und Willfährigkeit zu begegnen, ihnen eine angemessene Unterkunft und saubere Lagerstätte zu bieten sowie sich bei den Preisen an die festgesetzten Taxen zu halten. Für eine »trockene Mahlzeit« – der Wein war extra zu bezahlen – standen dem Wirt je Person 20 kr zu. Eine solche Mahlzeit bestand aus einer guten Suppe, einem ordentlichen Stück Rind- oder Ochsenfleisch, Zugemüse sowie Fleisch oder Geflügel, ersatzweise Fisch, Pasteten usw., Braten von »zahmem Fleisch«, Geflügel oder Wildbret, außerdem einem »geringen Nachtisch«. Wenn jemand allein speisen wollte und sich mit drei Lichtern, einer guten Suppe, einem ordentlichen Stück Rindfleisch und Zugemüse mit Fleisch begnügte, durften ihm höchstens 12 kr in Rechnung gestellt werden. Der Wein war auch hier gesondert zu bezahlen. Wollte sich jemand »nachts« (abends) mit einer Wasser- oder gebrannten Suppe, Gerste oder Reis nebst einem Stück Brot sowie einem Glas Wein begnügen, kostete ihn dies ohne Wein und Brot, die extra gerechnet wurden, 3 kr. Für eine möblierte Stube und ein gutes Bett durfte der Wirt im Sommer an Logis- und Schlafgeld 12 kr, im Winter aber mit Holz und Lichtern 24 kr, für eine »beschlossene« (verschließbare) Kammer im Sommer 6 kr, im Winter mit Lichtern 8 kr verlangen. Außerdem mußte der Inhaber der »Geistlichen Herberge« die vom Konsistorium zum Unterricht in der evangelischen Glaubenslehre angenommenen Proselyten (Neubekehrten) aufnehmen und für die Zeit ihrer »Information« beherbergen. Für Unterkunft und Verpflegung erhielt er je nach Stand und Herkunft der betreffenden Personen je Tag 1 fl 30 kr bis 2 fl 30 kr vom Kirchenrat bezahlt. Es wurde jedoch von ihm erwartet, daß er, sobald er bei einem solchen Proselyten etwas Verdächtiges entdeckte, dies der geistlichen Obrigkeit mitteilte. Für Stallmiete und Heu durfte er bei einem Gast je Pferd und 24 Stunden 12 bis 15 kr, für das Simri Hafer zwischen 12 und 24 kr verlangen. Es war ihm gestattet, neben Angehörigen des geistlichen Standes, Lehrern und Stipendiaten auch andere im Herzogtum Württemberg wohnende Personen zu bewirten, keinesfalls aber Nichtwürttemberger, verboten war ihm in Sonderheit die Beherbergung von verdächtigen Personen und »Weibsbildern«. Seine Dienstboten mußten einen guten Leumund haben. Bei der zweimal im Jahr stattfindenden Disputation hatte er die Mahlzeiten zu übernehmen. Er bekam dafür einschließlich Wein je Person 1 fl. Da nicht alle nach Stuttgart kommenden Geistlichen und Theologiestudenten mit Mänteln versehen waren, hatte er solche zu kaufen und im Bedarfsfall zur Verfügung zu stellen. Ebenso mußte er zu Studienzwecken und Predigtvorbereitungen seiner Gäste einige Bibeln, namentlich aber die Hedingersche Bibel und Konkordanz, anschaffen. Das Konsistorium überließ ihm außerdem etliche theologische Werke[1260].

1741 befand sich die Geistliche Herberge im »Schwanen«, später im »Bären«, 1812 im »Grünen Baum« und von 1818 an im »Hirsch«[1261]. Im März 1764 verursachten Subalternoffiziere in der Geistlichen Her-

Sommerliches Ausflugsziel: das Gasthaus »Die Silberburg« vor den Toren Stuttgarts um 1830.

berge einen Tumult. Sie verlangten nach teurem ausländischen Wein, vermochten aber nur einen Teil davon zu trinken, schütteten den anderen aus, warfen Flaschen und Gläser zum Fenster hinaus, zerschlugen diese dabei und mißhandelten das Gesinde. Herzog Carl Eugen sicherte Guckenberger nach dem leidigen Unfall seinen besonderen Schutz zu. Die schuldigen Offiziere hatten für den angerichteten Schaden aufzukommen[1262]. Im Jahr darauf beschwerten sich die Schildwirte über eine angebliche Geschäftsschädigung durch Guckenberger. Sie behaupteten, der Geistliche Wirt locke mit allerhand Tricks, verbotenen Spielen, Unterbietung der taxmäßigen Preise usw. eine Vielzahl von Gästen in sein Haus. Offenbar waren aber ihre Klagen nicht begründet, denn die Regierung sah keinen Grund zum Einschreiten gegen Guckenberger[1263].

Zu Beginn des 19. Jahrhunderts wurde die Geistliche Herberge von den nach Stuttgart kommenden evangelischen Geistlichen kaum noch in Anspruch genommen. Im Jahr 1812 schloß das Konsistorium mit dem Gastwirt Johann Georg Zimmermann »Zum grünen Baum« einen Vertrag, in dem dieser sich verpflichtete, die traditionelle Geistliche Herberge zu betreiben. Es nahm diesen Vertrag zum Anlaß, um den Pfarrern und Lehrern auf dem Amtsweg in Erinnerung zu bringen, daß ihr Absteigequartier in der Landeshauptstadt nach wie vor die Geistliche Herberge sei. Zimmermann selbst hatte seinen geistlichen Gästen eine standesgemäße ruhige Unterkunft mit guter Verköstigung zu mäßigen Preisen zu bieten[1264].

Ein herzogliches Reskript vom 10. Februar 1740 gestattete jedem Bürger und Untertanen, seinen eigenen Wein auszuschenken. Er hatte dafür lediglich das Umgeld, wo dieses eingeführt war, sowie die Akzise zu entrichten[1265]. In Stuttgart erregte es, wie wir gehört haben, immer wieder Anstoß, daß Hof- und Kanzleibedienstete Wein ausschenkten. Doch solange es sich um ihr eigenes Gewächs handelte oder um den ihnen zustehenden Besoldungswein, protestierten Schildwirte und Magistrat vergeblich[1266]. Anfang der 1740er Jahre zeigte sich der Magistrat beunruhigt, daß einige Einwohner ihre Gärten in der Stadt wie auch außerhalb zu öffentlichen Weinschenken gemacht und dort Kegel- und Spielplätze eingerichtet hätten. In einer Eingabe an den Herzog-Administrator vom 8. Juni 1742 bat er dringend, solche Gartenschenken zu verbieten. Sie gäben, so behauptete er, »Übelhausern und Faulenzern durch tolerierendes Spiel und Schwelgen Anlaß, daß nicht allein böse Ehen gestiftet, das Geld Weib und Kind weggepreßt, dem Müßiggang und anderen Lastern nachgehenkt, die edle Zeit verschleudert und des Herren Tag zu jedermanns Ärgernis gröblich entweiht wird«. Besonders übel sollte es in seinem »Bestandgarten« (gepachteten Garten) auf dem Bollwerk der ehemalige Expeditionsrat Bühler treiben, der, nachdem ihm bereits einmal der Weinausschank niedergelegt worden war, mit herzoglicher Genehmigung dort erneut einen Wirtschaftsbetrieb unterhalte. Der Herzog-Administrator verbot Bühler endgültig jede Art von Gartenwirtschaft. Bühler wollte sich damit nicht abfinden. Er behauptete, in dem Garten sei es nie zu Exzessen gekommen, im Gegenteil, er habe stets auf Ordnung gesehen. Im übrigen sei in dem Garten schon »seit Menschengedenken« Wein ausgeschenkt worden. Allein, er mußte sich mit dem Verbot abfinden[1267].

Im Juni 1743 ermächtigte die Regierung den Stadtvogt, daß er sofort einschreiten dürfe, wenn Hof- und Kanzleibedienstete verdächtige Personen in ihren Häusern beherbergten. Die betreffenden Personen solle er festnehmen, die Hausinhaber aber zur Anzeige bringen[1268]. Daß bei den Einwohnern der Obstmost als Hausgetränk zunehmend Eingang fand, mißfiel der Regierung. Im September 1744 verbot sie, Most in die Stadt zu bringen. Doch der Magistrat erhob Einwände. Er wies darauf hin, daß der Wein durch die vielen »Fehlherbste« sehr teuer und daß deshalb der Most als Hausgetränk für »das arme Gesind und den hart schaffenden Mann« notwendig sei, zumal das viele Obst sonst keine Verwendung finde und verderbe. Nicht jeder Einwohner könne selbst Most keltern, daher müsse dieses Getränk auswärts gekauft werden. Die Argumente des Magistrats verfehlten ihre Wirkung nicht. Die Regierung gestattete die Herstellung von Most zum Hausgebrauch und wegen der vielen »Fehlherbste« in diesem Jahr auch den Mostkauf von außerhalb. Sie bestand aber weiterhin auf dem Verbot des Mosthandels innerhalb und außerhalb des Herzogtums[1269]. Ebenso untersagte sie jeden Mostausschank in Stuttgart. Entsprechende Gesuche von zwei Einwohnern, die ihr eigenes Gewächs hatten »auszapfen» wollen, lehnte sie 1745 strikt ab[1270]. Ähnlich wie der Obstmost hatte auch das Bier gegenüber dem Wein einen schweren Stand. 1706 bestand in Stuttgart eine Bierbrauerei, sie mußte aber wegen des großen Weinangebots schon bald den Betrieb einstellen. Die »Fehlherbste« von 1708 und 1709 gaben im letzteren Jahr den Anstoß zur Errichtung der ersten Bierwirtschaft in Stuttgart im Gasthaus »Zum Goldenen Becher« in der Marktstraße. Im Jahr 1715 wurde vor dem Seeltor an der späteren Tübinger Straße (Ecke Christophstraße) eine Brauerei eröffnet[1271]. Die 1715 von dem herzoglichen »Bier-Admodiateur« (Bierpächter) Wagner, später von den Brüdern Lottich von Lotzenberg (Lutzenberg) betriebene Brauerei war mit einem Brauereimonopol ausgestattet. Mit dem von den Brüdern Lottich (Lotich) gebrauten Bier war Herzog Eberhard Ludwig nicht zufrieden. 1719 verweigerte er ihnen einen Nachlaß an ihrem mit 1500 fl recht hoch angesetzten »Bestandgeld« (Pachtgeld). Die Brüder klagten wegen des wohlfeilen Weins über mangelnden Absatz. Auch sahen sie mit Sorge, daß die herzogliche Hofkellerei in der Woche zwei Eimer Bier von Göppingen kommen ließ und sehr viele Privatpersonen Bier von Kaltental und von anderen Braustätten in der Nachbarschaft bezogen. In ihrer erneuten Eingabe an den Herzog behaupteten die Brüder, sie könnten, wenn sie weniger »Bestandgeld« bezahlen müßten, ein gutes, sauberes und helles, auch weit »substantiöseres« Bier als die Göppinger Brauer und andere Brauer in der Umgebung herstellen. Ihre derzeitige finanzielle Belastung brächte ihnen aber den Ruin.

Die 1763 errichtete Brauerei »Zum Herzog von Württemberg«, die spätere Brauerei Hack.

Ob ihrer Bitte nach einer beträchtlichen Verminderung ihres »Bestandgelds« entsprochen wurde, läßt sich den Akten indes nicht entnehmen. Interessant ist, daß sie den Preis für ein Maß Bier (1,8 Liter) auf 5 bis 6 kr veranschlagten, ein Maß Wein war dagegen schon für 3 bis 4 kr zu haben[1272]. Die Brauerei im Herrschaftsbierhaus firmierte später unter dem Namen Denningersche und Bardilische Brauerei[1273]. 1763 wurde in einem ehemaligen herzoglichen Gebäude, einem kleinen »Lusthaus« neben der nachmaligen Rotebühlkaserne eine Brauerei »Zum Herzog von Württemberg« errichtet, die spätere Brauerei Hack. Im Volksmund führte die Brauerei die Bezeichnung »Zum Herzog Karl«[1274].

Der durch einen vorangegangenen »Fehlherbst« bedingte Weinmangel veranlaßte 1793 einige Stuttgarter Bürger, bei der Rentkammer die Konzession für die Errichtung von Bierbrauereien zu beantragen. Ihre Gesuche wurden aber unter Hinweis auf das herzogliche Biermonopol allesamt abschlägig beschieden. Der Magistrat ließ sich dies nicht gefallen. Er stellte sich auf den Standpunkt, daß der Herzog ein Konzessionsrecht, jedoch kein totales Regal oder Monopol besitze, das es ihm erlaube, die Ausübung eines bürgerlichen Gewerbes ausschließlich für sich zu beanspruchen. Es kam zu einem Prozeß vor dem Hofgericht. Der Magistrat trug den Sieg davon. 1798 fiel das herzogliche Biermonopol. Die herrschaftliche Brauerei wurde nunmehr ohne Monopolcharakter neu verpachtet, außerdem entstanden drei neue, bürgerliche Brauereien. Diese taten sich allerdings anfänglich wirtschaftlich schwer, weil sich die Biernachfrage sehr in Grenzen hielt. Bier tranken damals vor allem Handwerksburschen und Soldaten. Der ehrsame Bürger zog weiterhin den Wein vor. Das Bierhaus mied er, da er sich dort in schlechter Gesellschaft wähnte. Erst allmählich wurde das Biertrinken sozusagen salonfähig. 1856 gab es in Stuttgart bereits 16 Brauereien, in denen 128 Gesellen ihr Brot verdienten[1275].

Gegen Ende des 17. Jahrhunderts fand in Deutschland der Kaffee Eingang. Die ersten Kaffeehäuser entstanden: in Wien 1683, in Regensburg und Nürnberg 1686, in Hamburg 1687 und in Leipzig 1695. In Stuttgart eröffnete David Ulrich Aulber 1712 ein Kaffeehaus. Es hatte eine recht günstige Lage: gegenüber der Stiftskirche und dem (Alten) Schloß. 1752 ging es in den Besitz des Hofküchenmeisters Poths über, und dieser veräußerte das »berühmte, große Kaffeehaus« schon zwei Jahre später mit seinen Privilegien, darunter dem Burgfriedensrecht, an den Gastwirt Heinrich Zacharias Glaser. Im Juni 1798 wurde es mit dem Gasthof »Zum König von England« verbunden[1276]. 1714 bekam der bisherige »Traiteur« (Kantinenwirt) bei den herzoglichen Haustruppen, Lazaro, vom Herzog die Genehmigung zum Kaffeeausschank. Neben ihm unterhielt damals auch der Kaffeesieder Klausenburg ein Kaffeehaus. Freilich konnte er 1718 dem Magistrat keine Konzession vorweisen, obwohl er nachdrücklich versicherte, daß ihm eine solche erteilt worden sei. Ein weiteres in demselben Jahr eingereichtes Gesuch, ein Kaffeehaus in einem Haus auf dem Markt in unmittelbarer Nähe des Rathauses errichten zu dürfen, wurde von der Regierung vor allem aus wirtschaftlichen Gründen abgelehnt. Die bestehenden Kaffeehäuser seien mehr als ausreichend, erklärte sie[1277]. Offensichtlich hatten die Kaffeehäuser von Lazaro und Klausenburg keinen langen Bestand, denn von ihnen ist später nie mehr die Rede. Vielleicht waren es auch keine eigentlichen Kaffeehäuser, sondern die beiden Männer hatten für ihre Häuser lediglich das Recht des Kaffeeausschanks, so wie dieses 1730 auch dem zum herzoglichen Ballmeister angenommenen Leonhard Wurm zuteil wurde. Wurm erhielt das Ballhaus mit der Wohnung, jedoch keine Gage. Den Liebhabern des Ballspiels und des Billards durfte er Tee, Kaffee und Wein ausschenken[1278].

Ein neues Kaffeehaus, später das »Kleine Kaffeehaus« genannt, eröffnete 1739 der Cafetier Renus in der späteren Metzgergasse, die zuvor nach diesem Haus Kaffeehausgasse geheißen hatte. Dem an der Ecke gegen die Hirschgasse stehenden Café war gleichfalls keine lange Lebensdauer beschieden. Wirtschaftlich hatten die Cafetiers – 1744 waren es zwei – sehr zu kämpfen. Deshalb wurden damals auch keine Eingaben auf Errichtung weiterer Kaffeehäuser genehmigt. Dies geschah erst wieder einige Jahrzehnte später. 1783 wurde dem Schönfärber Ploucquet für sein neu-

Der Petersburger Hof um 1820.

erbautes Haus in der Karlsstraße die »Weinschank- und Billard-Gerechtigkeit« erteilt; später konnte sein nunmehriger Inhaber diese Weinwirtschaft in ein Café umwandeln. Zu größerer Bedeutung gelangte das Café, das Gottfried Häcker in dem von ihm übernommenen Gasthof »Zum Ritter St. Georg«, dem nachmaligen bekannten »Petersburger Hof«, einrichtete. In diesem Café verkehrten der junge Carl Maria von Weber, der damals im Dienst des Herzogs Ludwig von Württemberg stand, der Bildhauer Distelbarth, der Maler Eberhard Wächter und andere Künstler[1279].

Zunächst fand der Kaffee nur wenige Liebhaber. Viele Bürger bezeichneten ihn als schauderhaftes Getränk. Starke Vorbehalte gegen die Kaffeehäuser hatte die Geistlichkeit; sie sah in ihnen Stätten der Sittenverderbnis, ja »Lupanaria«, Bordelle[1280]. Doch allmählich änderte sich die Einstellung zu den Cafés. Das neue Getränk kam in Mode. 1730 beispielsweise besuchte der Waisenhauspfleger Hallwachs oft das Aulbersche Kaffeehaus[1281]. Um 1780 hatten sich bei den Stuttgarter Beamtenfrauen die nachmittäglichen Kaffeestunden mit dem Austausch von Stadtneuigkeiten eingebürgert. Daß sich in den Cafés die Gäste mit Hasardspielen den Tag vertrieben, rief bereits in den 1750er Jahren und dann wieder 1793 die Regierung auf den Plan. Im letzteren Jahr wurde den Cafetiers das Dulden von Hasardspielen bei Androhung empfindlicher Strafen verboten. 1788 gründete der Cafetier Glaser, um seinem Kaffeehaus eine größere Attraktivität zu verschaffen, eine Lesegesellschaft[1282]. Auf sie wird später noch näher eingegangen werden[1283]. 1804 wurde im Kleinen Bazar ein Café eingerichtet[1284].

Schon zu Beginn des 19. Jahrhunderts äußerten sich Ärzte besorgt über den übermäßigen Kaffeeverbrauch der Stuttgarter Einwohnerschaft. Sie wiesen auf die gesundheitlichen Schädigungen hin, die ein solcher Mißbrauch zur Folge habe. Daß bei den Armen eine fade Brühe aus Gerste, Zichorie, gelben Rüben, Eicheln usw., der keine oder allenfalls ganz wenige Kaffeebohnen beigemengt waren, als Kaffee getrunken wurde, beurteilten sie gleichfalls sehr kritisch. Diese Brühe ersetze bei armen Familien nicht selten das Mittag- und Abendessen, sie lasse die mit Kartoffeln überfüllten Mägen häufig noch mehr erschlaffen[1285].

Banken und Versicherungen

Im Jahr 1704 errichtete Herzog Eberhard Ludwig eine Hofbank; sie war auf Lotteriebasis aufgebaut. Jedes der 12 000 Lose, die zur Verfügung standen, kostete 10 fl und trug dem Käufer eine jährliche Leibrente zwischen 30 kr und 200 fl ein, wozu noch eine davon unabhängige Leibrente von 20 bis 30 % im Jahr kam. Vier Jahre darauf wurde auch noch eine Girokasse ins Leben gerufen; sie gab Lose zwischen 30 und 40 kr aus. Diese Lose bildeten den Grundstock für eine Leibrentenlotterie. Ein Los kostete gleichfalls 10 fl. Auf Faustpfänder lieh die Bank auch Geld gegen festgesetzte Zinsen aus. Die beiden Institute fanden indes nicht die erwartete Resonanz in der Bevölkerung; sie stellten deshalb wegen mangelnder Beteiligung im Jahr 1738 ihren Betrieb ein[1286]. Die Kreditbedürfnisse von Einwohnern befriedigten in der Regel wohlhabende Bürger; sie liehen gegen entsprechende Zinsen Geld aus. Manche Gläubiger gerieten durch die Zahlungsunfähigkeit ihrer Schuldner in wirtschaftliche Bedrängnis. Sie mußten, um wieder zu ihrem Geld zu kommen, die Hilfe von Herzog und Regierung in Anspruch nehmen, so beispielsweise Hofkammerrat Johann Jakob Siglin, der 1736 hohe Geldforderungen an Private hatte[1287]. Mit Zustimmung von Herzog Carl Eugen bemühte sich der berühmte Staatsrechtler Johann Jakob Moser nach 1751 um die Gründung eines öffentlichen Leihhauses, doch hatte er damit keinen Erfolg; die privaten Geldgeber, auf die er seine Hoffnungen gesetzt hatte, ließen ihn im Stich[1288]. 1756 wurde eine freiwillige Feuerversicherungsanstalt ins Leben gerufen, ebenso eine freiwillige Witwen- und Waisenkasse[1289]. Zur Errichtung der Brandversicherungsanstalt für das Herzogtum Württemberg mit Sitz in Stuttgart kam es nach langen Auseinandersetzungen zwischen Herrschaft und Landschaft erst Anfang 1773. Die bis 1994 bestehende staatliche Gebäudebrandversicherungsanstalt wurde für Württemberg zu einem großen Segen[1290]. Eine Neuauflage erlebte 1772 die von Herzog Carl Eugen 1762 eingeführte »Herzogliche gnädigst privilegierte Lotterie«. Sie machte sich die weitverbreitete Spielleidenschaft der Untertanen zunutze, diente aber vor allem den finanziellen Interessen des Landesfürsten. Von geringem Erfolg war die 1784 errichtete Armenlotterie[1291].

Häufig wurden Einwohner, die Geld entliehen, durch die Forderung von Wucherzinsen und durch gewissenlose Geldmakler schlimm ausgebeutet. Bereits 1734 untersagte deshalb ein Generalreskript Geldgebern die Erhebung von Wucherzinsen. Doch hatte diese Anordnung nur eine beschränkte Wirkung. 1790 bestellte der Magistrat im Bestreben, die Geldgeschäfte von Privaten unter Kontrolle zu bringen, drei Männer »von erprobter Rechtschaffenheit« aus dem Kreis der Stuttgarter Handeltreibenden zu Wechselsensalen, d. h. zu Geldmaklern. Jeder dieser Männer, die eine hohe Kaution zu hinterlegen hatten und deren Namen im Stuttgarter Intelligenzblatt bekanntgegeben wurden, hatte sich nicht nur im Wechselgeschäft, sondern vor allem auch bei anderen »Geldentlehnungen gebrauchen zu lassen«. Für ihre Maklertätigkeit standen ihnen exakt bestimmte Gebühren zu (von 50 fl beispielsweise 30 kr, von 100 fl 1 fl 30 kr, von 300 fl 2 fl 30 kr und von jedem weiteren 100-fl-Betrag 30 kr)[1292].

In den 1790er Jahren betrieb die im Calwer Haus befindliche Handelsgesellschaft Zahn & Co in ihrem Haus am Großen

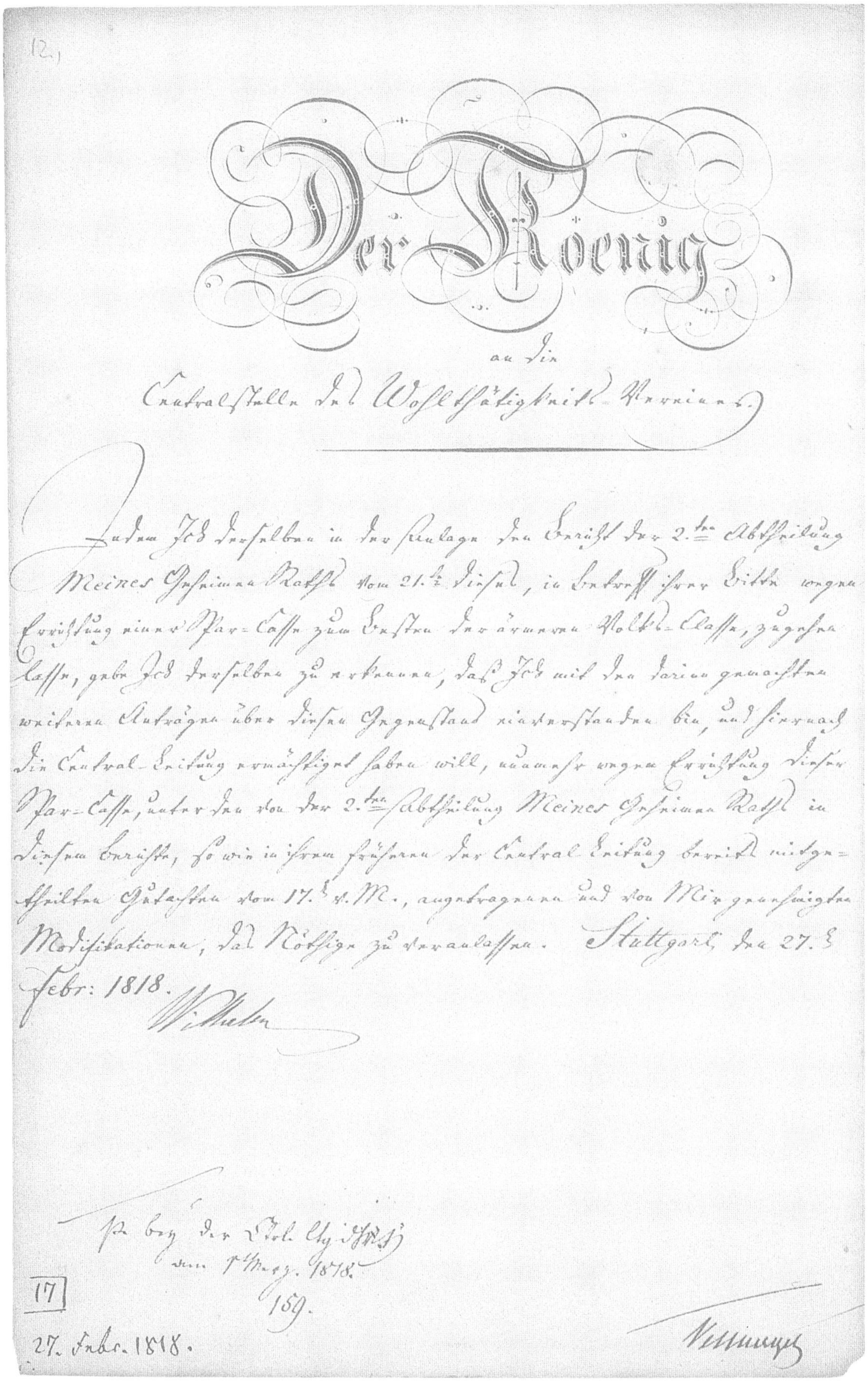
Der Koenig

an die

Centralstelle des Wohlthätigkeits-Vereins.

Indem Ich derselben in der Anlage den Bericht der 2.ten Abtheilung Meines Geheimen Raths vom 21.t dieses, in Betreff ihrer Bitte wegen Errichtung einer Spar-Casse zum Besten der ärmeren Volks-Classe, zugehen lasse, gebe Ich derselben zu erkennen, daß Ich mit den darin gemachten weiteren Anträgen über diesen Gegenstand einverstanden bin, und hiernach die Central-Leitung ermächtigt haben will, nunmehr wegen Errichtung dieser Spar-Casse, unter den von der 2.ten Abtheilung Meines Geheimen Raths in diesem Berichte, so wie in ihrem früheren der Central Leitung bereits mitgetheilten Gutachten vom 17.t d.M., angetragenen und von Mir genehmigten Modificationen, das Nöthige zu veranlassen. Stuttgart, den 27.t Febr: 1818.

Wilhelm

17

27. Febr. 1818.

159.

Vellnagel

Graben, wie wir gehört haben, den Handel mit Kolonialwaren, zugleich wickelte sie aber auch die örtlichen Bankgeschäfte ab[1293]. 1795 erhielt Stuttgart mit der Gründung des Bankhauses Stahl und Federer eine seiner ersten Privatbanken. Ihr folgte 1799 die Bank der Gebrüder Benedikt[1294]. Im Jahr 1802 gründete Herzog Friedrich II. mit maßgeblicher Beteiligung der jüdischen Hoffaktorenfamilie Kaulla die Württembergische Hofbank, von der bereits die Rede war[1295].

Die bedrückende Armut der unteren Bevölkerungsklassen nach den napoleonischen Kriegen, insbesondere nach dem Hungerjahr 1816/17, bewog Königin Katharina 1818, eine Sparkasse ins Leben zu rufen, in der auch »geringe Kapitalien mit Leichtigkeit und Sicherheit untergebracht werden konnten«. Die wenig vermöglichen Untertanen sollten sich so durch beharrliches Sparen einen finanziellen Rückhalt schaffen, der es ihnen ermöglichte, einen Ausweg aus ihrer wirtschaftlichen Misere zu finden. Das Vorbild für die Württembergische Landessparkasse, wie das neue Geldinstitut später hieß, bildeten Schweizer Einrichtungen. Dort waren seit 1787 verschiedene Sparkassen zum Wohl von Dienstboten und anderen lohnabhängigen Erwerbstätigen gegründet worden, so die Dienstenzinskasse in Bern, die Zinskasse in Basel, die Ersparniskassen in St. Gallen, Aarau und Neuchâtel. 1814 hatte sich Katharina kurze Zeit in Göttingen aufgehalten, um sich eine Vorstellung von den dortigen Universitätsinstituten zu verschaffen. In Göttingen war, angeregt durch den Senator Justus Christoph Grunewald, 1801 mit der »Spar- und Leihkasse« die erste kommunale Sparkasse Deutschlands gegründet worden. Sicher hatte Katharina während ihres Göttinger Aufenthalts von dieser Einrichtung einiges gehört. Zudem hatte sie in Oldenburg, der Heimat ihres frühverstorbenen ersten Gatten, Prinz Georg von Oldenburg, die

Gründungsurkunde der Württembergischen Landessparkasse, eines der Vorgängerinstitute der Landesgirokasse, 1818.

von ihrem Schwiegervater, Herzog Peter Friedrich Ludwig von Oldenburg, errichtete erste Landessparkasse kennengelernt. Herzog Peter Friedrich Ludwig hatte für seine Gründung – er war befreundet mit dem Berner Patrizier Albrecht von Haller, dem Dichter, Botaniker, Verfasser eines Staatsromans, Anreger des »Politischen Instituts« in Bern und Landvogt seiner Heimatstadt im Wallis – gleichfalls entscheidende Anstöße aus der Schweiz empfangen. Bei einer in demselben Jahr 1814 nach England unternommenen Reise hatte Katharina zusätzliche Impulse für ihre Sparkassenpläne erhalten. Sie war dort mit den in mehreren Kirchspielen errichteten »Parish Banks« in Berührung gekommen. Jedenfalls nannte sie 1817, als sie in Württemberg mit ihrem Landessparkassenkonzept hervortrat, als ihre Leitbilder die Staatliche Sparkasse in Oldenburg sowie die englischen Sparbanken. Der Verleger Cotta, dessen sachkundigen Rats sie sich schon früh bediente, hielt die Errichtung einer Sparkasse für die ärmeren Bevölkerungsklassen für eine höchst wünschenswerte Einrichtung. Am 2. September 1817 diskutierte die Zentralleitung des Wohltätigkeitsvereins über den Plan Katharinas. Die Initiative der jungen Königin löste ein überwiegend positives Echo aus. 1818 kam es dann, wie schon erwähnt, zur Gründung der Württembergischen Landessparkasse. Katharina hatte im Entwurf der Statuten das Wort »Sparbank« durch den ansprechenderen Ausdruck »Sparkasse« ersetzt. Mit Blick auf die von zwölf Vorstehern geleitete Einrichtung stellte die Königin fest: »Das Institut selbst verspricht eine vielseitige Einwirkung auf den ökonomischen Wohlstand einer bedeutenden Volksklasse und auf die frühe Gewöhnung zur Sparsamkeit mit allen daraus entspringenden sittlichen Folgen.« Die Entwicklung der Landessparkasse und des Sparkassenwesens in unserem Land überhaupt bewies, wie treffend Königin Katharina die sozialen und wirtschaftlichen Verhältnisse Württembergs beurteilt hatte und wie segensreich die von ihr ausgegangene Initiative gewesen war[1296].

Soziale Probleme: Bettlerplage, Armenfürsorge

Wie im 17. Jahrhundert, so fühlte sich die Stadt auch im 18. Jahrhundert durch fremde Bettler sehr bedrängt. Im Mai 1705 befahl der Herzog dem Stuttgarter Stadtvogt sowie dem Cannstatter Vogt, durch Reiter die vielen Bettler, die sich in der Umgebung beider Städte aufhielten, zu vertreiben[1297]. 1722 beklagte der Magistrat das Überhandnehmen von Bettlern und anderen zweifelhaften Fremden in Stuttgart. Herzog Eberhard Ludwig ordnete umgehend eine Durchsuchung aller öffentlichen Wirtshäuser, aber auch der Privathäuser an, in denen Wein ausgeschenkt und Fremde beherbergt wurden. Im Benehmen mit dem Magistrat ließ der Stadtvogt an neun Orten durch jeweils vier vertrauenswürdige Männer eine nächtliche Visitation vornehmen. Verdächtige Personen, die in Haft genommen oder aus der Stadt hätten ausgewiesen werden müssen, konnten indes nicht aufgegriffen werden, wohl aber wurden Bürger, die gegen die Beherbergungsvorschriften verstoßen hatten, namhaft gemacht. Soweit die Verfehlungen offenkundig waren, belegte der Stadtvogt diese Bürger mit der »Legalstrafe« von 10 fl. Bei zweifelhaften Fällen stellte er die Entscheidung der Regierung anheim[1298].

Bettlerpaar. Von Simon Troger (1693–1768) geschaffene Elfenbeinstatuetten.

Die Visitation hatte offensichtlich nur geringen Erfolg. Anfang 1724 stellte der Stadtvogt in einem Bericht fest, daß die Bettlerplage der Stadt nach wie vor zu schaffen mache. Die Bettler, so schrieb er, verstünden es, sich vor den gegen sie eingesetzten Streifen zu verstecken oder in Sicherheit zu bringen. Da die meisten von ihnen aus den nächsten Städten und Ämtern kämen – in manchen Orten gehe ein Drittel der Einwohner dem Bettel nach – wüßten sie über die Razzien häufig schon im voraus Bescheid. Auch würden nicht selten Bettelnde selbst zu Streifen eingeteilt. Auf Torwarte und Bettelvögte, vor allem aber auf letztere, sei wenig Verlaß. Den unteren Bevölkerungsschichten angehörend und selbst arm, wollten oder könnten sie sich gegen fremde und einheimische Bettler nicht durchsetzen. Unter den Bettelvögten befänden sich alte, ihren Aufgaben körperlich nicht gewachsene Männer, aber auch fragwürdige, zum Teil dem Trunk ergebene Existenzen. Ein weiterer Übelstand sei, daß sich Bettler an Markttagen unter dem Vorwand, sie hätten Lebensmittel zu verkaufen, in die Stadt einschlichen, um dann hier, fast unbehelligt, ihrem Gewerbe nachzugehen. Zudem sei die Stadtmauer an einigen Stellen so niedrig, daß ihr Übersteigen kaum Schwierigkeiten bereite. Auch gebe es schlecht verwahrte Tore beim Waisenhaus, bei der Pfisterei (Hofbäckerei) und beim Fürstlichen Garten. Anreize für Bettler seien die in Stuttgart besonders reichen Almosenstiftungen, ebenso die oft geradezu zum Fenster hinausgeworfenen milden Gaben. Die Bürger hätten es zu einem Teil selbst in der Hand, das Bettlerunwesen einzudämmen, sie müßten nur gegenüber dem Gassenbettel hart bleiben. Nach Ansicht des Stadtvogts waren strenge Maßnahmen unerläßlich. Er schlug vor, bettelnde Buben unter zwölf Jahren »mit Ruten zu streichen«, zwölf- bis siebzehnjährige Jugendliche aber, die beim Gassenbettel ertappt würden, mit dem Farrenschwanz zu züchtigen. Für den Fall, daß sie ein zweites Mal beim Betteln angetroffen würden, sollten sie in ein besonderes Zuchthaus gebracht werden. Erwachsene Bettler wären zu öffentlichen Arbeiten anzuhalten. Die Besoldung der einzelnen Bettelvögte sollte nach der Zahl der Bettler bemessen werden, die sie aufgriffen. Der schlechten »Verwahrung« der Stadt müsse abgeholfen werden, d. h. es dürfe nicht länger möglich sein, daß Bettler durch ungenügend gesicherte Tore oder Mauerteile in die Stadt einschlichen. Dringend geboten erschien dem Stadtvogt schließlich die Durchführung einer abermaligen »Universalhaussuchung«, um verdächtige Personen aufzuspüren, sie festzunehmen und aus der Stadt zu schaffen[1299]. Leider läßt sich den Akten nicht entnehmen, ob die Regierung die Vorschläge des Stadtvogts guthieß und eine entsprechende Anordnung erließ.

1734 befahl ein herzogliches Reskript den Untertanen, keinesfalls ohne obrigkeitliche Erlaubnis Fremde zu beherbergen oder ihnen »Logis zu geben«. Die Bürgerschaft und die finanziell geschwächten »Pia Corpora« (Heiligen-, Kirchenpflegen) sollten vor »Beschwerlichkeiten bewahrt« werden. Neun Jahre später wurde dieses Verbot den Bürgern einschließlich den Hof- und Kanzleibediensteten erneut in Erinnerung gebracht[1300]. Der Hutmacher (Knopfmacher) Jakob Paret (Jacques Barét) hatte 1734 den herzoglichen Befehl mißachtet und vierzehn Tage ohne obrigkeitliche Genehmigung den Handelsmann Philipp Metracourt bei sich beherbergt. Paret führte zu seiner Entschuldigung an, Metracourt handle schon lange im Land, sei hier wohlbekannt und besitze seit zwölf Jahren das Privileg, seine Waren am Hof feilbieten zu dürfen. Da er geltend machen konnte, daß ihm das Beherbergungsverbot nicht bekannt gewesen sei und er auch aus der Beherbergung des Händlers nicht wie ein Wirt habe Nutzen ziehen wollen, erließ ihm der Herzog die ihm zunächst auferlegte Strafe von 10 fl[1301].

Im Jahr 1739 fühlte sich die Stuttgarter Bürgerschaft durch zahlreiche fremde und einheimische Bettler sehr belästigt. Die fremden Bettler, so wurde geklagt, schlichen sich in die Stadt ein und nähmen den eingesessenen Armen das Brot weg[1302]. Zu drakonischen Maßnahmen sah sich die Regierung im folgenden Frühjahr gezwungen, um die so sehr gestörte Ruhe in der »Fürstlichen Residenz« wiederherzustellen. Sie gestattete den Eigentümern von Häusern, Höfen und Gärten, jegliche Person, die sie bei Nacht auf ihrem Grund und Boden antrafen, ohne daß diese dort etwas zu suchen hatte, zu töten. Ausdrücklich sicherte sie ihnen hierfür Straffreiheit zu. Jedem, der einen Nachtdieb zur Anzeige brachte, so daß dieser festgenommen werden konnte, versprach sie neben äußerster Diskretion eine »Rekompens« (Belohnung). Schon kurz darauf wurden mehrere Soldaten, die gestohlen hatten, arretiert. Bei den Verhören stellte sich heraus, daß etliche Bürger mit den Verhafteten unter einer Decke steckten, ihnen Hehlerdienste geleistet und ihr Diebesgut abgenommen hatten. Die Regierung ordnete verschärfte Patrouillen insbesondere in der Seegasse an. Außerdem verfügte sie strenge Maßnahmen gegen den Gassenbettel und nahe der Stadt herumvagierende fremde Bettler[1303].

Immer noch fiel es Bettlern leicht, in die Stadt zu gelangen, so 1742 durch das Maille- und Pfistertor und den Fürstlichen Garten. Die Regierung wies die zuständigen Behörden an, dafür zu sorgen, daß durch diese beiden Tore nur noch »Personen von Distinktion« eingelassen würden[1304]. Am 10. September 1745 drohte ein herzogliches Reskript ausländischen Bettlern beim »Wiederbetreten im Herzogtum« die Einweisung in das Ludwigsburger Zucht- und Arbeitshaus oder andere empfindliche Strafen an. Einheimische Bettler sollten in ihre Heimatorte verwiesen und für den Fall, daß sie ein zweites Mal beim Betteln ertappt würden, gleichfalls ins Zuchthaus gesteckt oder sonstwie bestraft werden. Zu den lästigsten Gassenbettlern rechnete übrigens der Magistrat fremde Bürstenbinder und Pfannenflicker[1305]. Erstaunlicherweise hielt sich die Sorge der Einwohner vor Einbrechern und Dieben in Grenzen. So erklärte 1771 eine Frau aus Heslach, sie schließe ihre Haustüre erst nachts vor dem Zubettgehen ab. Vorher hatte also jedermann zu ihrem Haus ungehindert Zutritt[1306].

Not und Elend herrschten in den Soldatenfamilien in Stuttgart und Ludwigsburg. In einer Eingabe vom 6. November 1764 kritisierten die Landstände, seit Jahren würden den Städten die für die Invaliden sowie für die Soldatenkinder und -frauen erwachsenden Kosten nicht vergütet, andererseits erhalte jeder gegen eine Gebühr von 30 fl die Heiratserlaubnis. Das Ergebnis sei, daß sich die Zahl der Soldatenkinder ungemein stark vermehrt habe. So hätten in einem einzigen Jahr in Ludwigsburg und Stuttgart nicht weniger als 400 Soldatenkinder das Licht der Welt erblickt. Die meisten dieser Kinder liefen nun dem Bettel nach. Seitdem der Herzog mit der Verminderung seiner Truppen begonnen habe und viele Soldaten brotlos geworden seien, habe sich die Lage der Soldatenfamilien noch verschlimmert[1307].

Daß in Stuttgart fremde Bettler erkrankten und starben, war keine Seltenheit. Im Oktober 1701 fand man in Gablenberg in einem Haus einen jungen Bettler tot auf, er hatte dort Zuflucht gesucht. Über seine Person und seine Herkunft konnte nichts in Erfahrung gebracht werden[1308]. Probleme verursachten die ausgesetzten Kleinkinder und Säuglinge. Im März 1750 wurde vor dem Esslinger Tor ein einjähriges Kind entdeckt. Die vom Herzog angeordneten Ermittlungen nach den Eltern blieben offensichtlich ergebnislos. Bei einem im August desselben Jahres ausgesetzten einmonatigen Kind weiblichen Geschlechts befand sich ein Zettel mit Namen und Altersangabe. Bei der Mutter, die nicht aufgespürt werden konnte, handelte es sich allem Anschein nach um eine nichtseßhafte Frau[1309]. Im Monat darauf lag im Garten des Apothekers Wölffling ein vier Wochen altes Kind. Über seine Herkunft konnte gleichfalls nichts in Erfahrung gebracht werden. Ob eine »Weibsperson«, die zwei Kinder bei sich hatte, die Mutter war, ließ sich nicht feststellen, da die Frau sofort, nachdem sie gesehen worden war, verschwand. Bei einem unfern des »Radwirts-Hauses« am 17. Januar 1751 ausgesetzten Kind fand sich ein Zettel, auf dem zu lesen stand, daß der Säugling nicht getauft und sein Vater ein Gipser namens Hans Friedrich Heinzelmann sei. Die Mutter, die das Kind ausgesetzt hatte, bat, es um Gottes Willen aufzunehmen. Auch in den folgenden Jahren wurden in der Stadt immer wieder Kleinkinder gefunden, die von ihren Müttern ausgesetzt worden waren. Gelegentlich war auf Zetteln vermerkt, ob die Kinder getauft waren oder nicht. Die Nachforschungen nach den Müttern blieben in der Regel erfolglos[1310].

Im Juli 1763 verschwand die Witwe des getauften Juden Weißmann auf Nimmerwiedersehen aus der Stadt und ließ ihre vier zwischen dreieinhalb und sieben Jahre alten Kinder im äußersten Elend zurück. Die Stadt nahm sich der Kinder an. Sie brachte eines im Spital, ein zweites im Waisenhaus unter. Die beiden anderen Kinder erhielten ihre Versorgung durch den Armenkasten[1311].

Es war sicher vor allem die Not, die Stuttgarter und Bewohner von Orten der näheren Umgebung zu Holzdiebstählen verleitete. Namentlich die Transporte von Holz in die Stadt für den Hof sowie von Besoldungsholz für Beamte vom Holzgarten in Berg wurden, ungeachtet der für jedes entwendete Scheit angedrohten Strafe von 10 fl, immer wieder das Ziel von Diebstählen. Im November 1741 häuften sich solche Delikte auf dem zum herzoglichen Küchengarten führenden Kiesweg. Sie wurden, wie man feststellte, von Betteljungen, aber auch von Buben Stuttgarter Einwohner begangen. Die jungen Übeltäter warfen zwei bis drei Scheite von den Wagen herunter oder zogen diese aus dem beladenen Wagen heraus, versteckten sie unter Brücken, Dolen oder im Gesträuch, um sie dann abends »armvollweis« unbehindert durch das Esslinger oder das Siechentor in die Stadt zu schaffen. Es stand zu vermuten, daß die Torwarte und ebenso die Fuhrleute mit den Dieben unter einer Decke steckten. In einzelnen Fällen ließ sich dies auch nachweisen. So stifteten Lohnfuhrleute ihre Frauen und Kinder zu Holzdiebstählen an. Die Regierung ordnete strenge Kontrollen an. Die hierbei ertappten jugendlichen Diebe sollten auf dem Rathaus öffentlich »mit Ruten gestrichen« werden. Im November 1743 mußten wegen erneuter Holzdiebstähle etliche Männer, wahrscheinlich Bettelvögte, die Aufsicht über den Kies- und Stöckachweg übernehmen, das »unnütze Gesind wegschaffen« und Holzdiebe zur Anzeige bringen. Doch auch diese Maßnahme hatte nur vorübergehend Erfolg. Im Juni 1753 beschwerten sich verschiedene »Kanzleiverwandte« über schwere Schädigungen durch Holzdiebe: Auf dem Weg von Berg in die Stadt werde ein Achtel bis ein Viertel des ihnen zustehenden Holzes entwendet. Bei den Übeltätern handle es sich um die Weiber, die Kinder und die Dienstboten der Fuhrleute sowie um »anderes heilloses Gesind«. Der Stadtvogt ordnete eine strenge Aufsicht über die Holzfuhren sowie empfindliche Strafen für die Diebe an[1312].

Gegen Ende des 18. Jahrhunderts beunruhigten die in der Umgebung von Stuttgart sich herumtreibenden »Vagabunden, Bettler und anderes liederliche Gesind« die Behörden. Ein herzogliches Reskript vom 9. Dezember 1796 befahl, solche verdächtigen Elemente durch Husarenpatrouillen aufzuspüren, festzunehmen und dem Stadtoberamt zur Untersuchung zu übergeben. Nichtseßhafte waren nach dem Abschluß der Untersuchung aus der Stadt zu verweisen oder bei der Ermittlung eines Vergehens, dessen sie sich schuldig gemacht hatten, zu bestrafen[1313]. Die Beherbergung von Fremden durfte, wie wir bereits gehört haben, nur mit Genehmigung des Stadtoberamts erfolgen. 1790 gab dieses die schon seit 1743 üblichen gedruckten und unentgeltlichen Erlaubnisscheine aus[1314]. Elf Jahre später ordnete die Stuttgarter Polizeidirektion an, daß Gastwirte und zur Beherbergung berechtigte »Traiteurs« (Speisewirte) die bei ihnen wohnenden unbemittelten Fremden beim zuständigen Polizeiamt anzeigten[1315]. Seit Februar 1794 durfte niemand einem nicht in der Stadt »Angesessenen« ohne obrigkeitliche Genehmigung einen längeren Aufenthalt gewähren oder ihn in Miete nehmen, seit 1795 selbst ihre Eltern, Kinder und Geschwister nicht ohne vorherige Anzeige beim Stadtoberamt über Nacht behalten. Im November 1808 wurde dann wenigstens für Kinder unter 14 Jahren eine Ausnahme zugestanden. Im Juli 1812 erfolgte die Einführung von Sicherheitskarten für Fremde zu deren besseren Überwachung, ein gutes Jahr später, im August 1813, wurden sämtliche Vorschriften über die Fremdenpolizei publiziert. In den Vorschriften stand beispielsweise zu lesen: Wer einen Fremden auch nur bei sich übernachten läßt, ohne dies der Polizei zu melden, hat 15 fl Strafe zu zahlen. Meldepflichtig ist auch die Abreise der Fremden. Sogar »Inländer«, also Württemberger, müssen bei der Polizeibehörde um einen »Aufenthaltsschein« nachsuchen, wenn sie länger als vierzehn Tage in einem Stuttgarter Privathaus oder Gasthof verweilen wollen. Nichtwürttemberger, die sich länger als 24 Stunden in der Stadt aufhalten, bekommen eine »Nachweisungskarte«. Die Karte ist auszufüllen und an die Polizeidirektion zu schicken, die diese durch eine vierzehn Tage gültige Sicherheitskarte ersetzt. Wollen »Ausländer« länger bleiben, müssen sie eine »Prolongation« der Aufenthaltsfrist beantragen. Die Wirte haben den Fremden sofort nach ihrer Ankunft ein Nachtbuch vorzulegen, in das sie ihren jeweiligen Namen, Stand und Herkunftsort eintragen müssen. Ihre Angaben vermerken die Wirte auf dem Nachtzettel, der an die Polizeischreiberei zu senden ist. Später wird noch verfügt, daß sämtliche Einzelpersonen und Familien, die sich in Stuttgart niederlassen wollen, zuvor die Erlaubnis der Stadtdirektion einzuholen haben[1316].

Die vielen Armen und der überhandnehmende Gassenbettel in Stuttgart bewogen Herzog Eberhard Ludwig 1709, der Stadt für karitative Zwecke jährlich 208 Scheffel Dinkel zur Verfügung zu stellen. Freilich kam der Herzog in den folgenden Jahren der eingegangenen Verpflichtung nur zum Teil nach. 1719 war er mit 740 Scheffeln im Rückstand. Die Stadt und insbesondere der Armenkasten befanden sich in einer mißlichen Situation. Die Heiligenpflege hatte kein »Körnlein Frucht« mehr im Vorrat. Der Magistrat bat deshalb den Landesherrn, von den Ausständen jetzt wenigstens 100 bis 150 Scheffel bereitzustellen. Fünf Jahre darauf, 1724, verpflichtete sich Eberhard Ludwig, zur Armenversorgung wöchentlich 4 Scheffel Dinkel beizusteuern, auch die noch rückständigen Getreidemengen zu liefern[1317].

Im Sommer 1712 entschloß sich die Stadt auf herzogliche Anregung zur Errichtung einer »christlichen Almosenanstalt«. Von den Kanzeln aus wurde die Einwohnerschaft aufgefordert, großzügiger als bisher zur »Versorgung rechtschaffener Armer« beizutragen. Die Bedürftigen hatten auf dem Rathaus zu erscheinen und vor einer Deputation des Magistrats und der Geistlichkeit genaue Angaben über Gesundheits- und Unterhaltsverhältnisse zu machen. Die anfängliche Bereitschaft, nach Kräften bei der Armenversorgung zu helfen, ließ nach einiger Zeit nach. 1735 appellierten Spezial Faber und Stadtvogt Rieger in einem gedruckten Aufruf an die Einwohnerschaft, die Not der Armen durch Beiträge, Legate und Stiftungen zu lindern. Es sollte ein unter der Aufsicht der geistlichen und weltlichen Stadtobrigkeit stehender »Fundus charitativus« geschaffen werden. Faber und Rieger begründeten ihre Initiative mit der zunehmenden Armut in Stuttgart. Die »arme Jugend«, so schrieben sie, laufe dem Bettel nach, versäume Kirche und Schule, wachse in größter Roheit und Zuchtlosigkeit auf. Das hiesige Waisenhaus sei »ein herrliches Werk«, reiche aber für den Bedarf an Heimplätzen nicht aus. Zu den armen Kindern kämen noch bedürftige kranke und gebrechliche Einwohner. Herzog Carl Alexander hieß einen solchen »Fundus charitativus« ausdrücklich gut[1318].

Die Austeilung der in Brot und Geld bestehenden Almosen an die Armen fand am Freitag nach der Predigt statt. Die Almosenempfänger hatten an der Predigt teilzunehmen und wurden während des Almosenausteilens im Katechismus unterwiesen. Nachdem das »Katechisieren« eine Zeitlang in Vergessenheit geraten war, schärfte die geistliche Obrigkeit diesen frommen Brauch 1722 erneut ein. Indes zeigte es sich zunehmend, daß die Verbindung von Almosenausteilung und Katechismusunterweisung wenig glücklich war. Die geistliche Obrigkeit verzichtete deshalb schließlich auf das »Katechisieren«. Wann dies geschah, ist allerdings nicht bekannt[1319]. Von den Almosenstiftungen, deren Zinserträge jährlich zur Verteilung kamen, war das »Stephansalmosen« eine der bedeutendsten. Es wurde jeweils am Stephanstag, dem 26. Dezember, in Gegenwart des Pfarrers von St. Leonhard verteilt[1320].

Mitunter fielen Bedürftige, obwohl sie durch Almosen unterstützt wurden, durch Gassenbettel lästig. 1723 beschwerte sich der Magistrat über Peter Mez, einen aus Pleidelsheim gebürtigen, körperlich stark behinderten Mann, weil dieser, obgleich er ein wöchentliches Almosen bekomme und sich mit Strümpfestricken ernähren könne, vornehme Leute auf der Gasse und in den Wirtshäusern anbettle. Der Stiftsverwalter nahm den »armen, kontrakten und gebrechlichen Menschen« in Schutz. Mez, so erklärte er, sei weder ein Spitzbub noch ein Jauner, und die Stiftsverwaltung habe ihn aus Mitleid schon öfters bei sich aufgenommen, in der Stadt sei er gar wohl zu dulden. Dennoch entschied der Herzog, Mez in seinen Heimatort abzuschieben[1321].

1748 verpflichteten sich die Hof- und Kanzleibediensteten bei einer öffentlichen Umfrage zu einer bestimmten »Beisteuer« in die Almosenkasse. Freilich geschah dies nicht freiwillig. Der Herzog erwartete von diesem ihm nahestehenden Personenkreis ein angemessenes soziales Engagement. Da ihn die erste Umfrage nicht befriedigte, ordnete er eine zweite an, und er ließ verlauten, wer die Beträge, zu denen er sich verpflichtet habe, nicht ordnungsgemäß leiste, müsse mit entsprechenden Gehaltsabzügen rechnen[1322]. Vierzig Jahre später hatten sich die Angehörigen der Rentkammer, der Kammerschreiberei, der Generalkasse und anderer herzoglicher Behörden wiederum auf freiwillige Beiträge zu den Stuttgarter »Armenversorgungs- und Bettelabstellungsanstalten« festzulegen. Das darüber aufgestellte Verzeichnis erhielt die herzogliche Armendeputation, damit sie über diese Beiträge verfügen konnte[1323].

Unter den Almosenempfängern befanden sich auch Männer und Frauen, die noch beschränkt arbeitsfähig waren. Der Magistrat ließ deshalb 1752 ein Verzeichnis der »in Almosen stehenden Armen« anlegen, die zum Holzspalten, zum Botenlaufen und zu anderen Diensten herangezogen werden konnten. Daraufhin forderte er die Einwohnerschaft auf, diese Bedürftigen mit solchen Arbeiten zu beauftragen. Arme, die sich weigerten, die ihnen zugewiesene Beschäftigung anzunehmen, sollten ihr Almosen verlieren. Seit demselben Jahr wurde in den »Stuttgarter wöchentlichen Anzeigen« über die Verwendung der Beiträge zur Almosenkasse wöchentlich Rechenschaft gegeben.

1766 rief die Stadt eine aus zwei Magistratsangehörigen und zwei Diakonen bestehende Armendeputation zur Verteilung der Almosen ins Leben. Diese schuf 1776 auf der Grundlage der von dem Nürtinger Oberamtmann Faber entworfenen »Armen-, Almosen- und Spinnordnung« von 1761 eine Armenversorgungsanstalt. Hauptzweck der neuen Anstalt war, die Armenversorgung teils durch Arbeitsbeschaffung, teils durch Almosen notdürftig zu sichern. Die persönlichen Verhältnisse der Armen, d. h. ihre Lebensumstände, ihre Bedürfnisse, ihr Gesundheitszustand, ihre Kenntnisse und Fähigkeiten, wurden ermittelt und je nach Ergebnis die den einzelnen zukommende Unterstützung bestimmt. Für die völlig Unbemittelten und Erwerbsunfähigen bestritt die Anstalt den gesamten Lebensunterhalt. Dies hieß freilich nur, daß sie mit dem Existenzminimum rechnen konnten. Die Gaben an Brot und Geld bei den übrigen Almosenempfängern bemaßen sich nach dem Grad der Arbeitsunfähigkeit und der Bedürftigkeit. Um die getroffenen Maßnahmen auch wirksam durchsetzen zu können, wurde eine ständige Stadtarmendeputation errichtet, die aus Magistratsangehörigen bestand, sich aber auch des Rats der Geistlichen bediente. Um den Gassenbettel gänzlich zu unterdrücken, wurde festgelegt, daß die Kosten für die Krankenpflege und für Bestattungen, die Lehrgelder für Handwerkslehrlinge usw. von der Armenkasse gesondert bestritten werden sollten. Doch der Bettel ließ sich allenfalls eindämmen, keineswegs aber völlig beseitigen.

Arbeits- und Verdienstmöglichkeiten mußten geschaffen werden, damit arbeitsfähige Arme der Öffentlichkeit nicht zur

Last fielen, vor allem aber auch damit Kinder an eine sinnvolle und nützliche Betätigung gewöhnt wurden. Die Stadt erwarb im Jahr 1776 um 3 000 fl ein Haus auf dem Bollwerk und richtete es zu einem von einem Hausvater und einer Hausmutter geleiteten Armen-Arbeitshaus ein. Kinder, ebenso Erwachsene erhielten dort Unterricht im Baumwollspinnen. Wenn sie das Spinnen in ihren Wohnungen vorzogen, wurde ihnen dafür die entsprechende Menge Flachs und Hanf überlassen. In dem neuen Armen-Arbeitshaus oder Spinnhaus gab es auch »Zuchtstuben«; sie waren für Bettler, Landstreicher und Dirnen bestimmt, die von Streifen oder Patrouillen aufgegriffen wurden. Solche Menschen sollten zur Arbeit angehalten und bis zu ihrer Besserung in dem Haus festgehalten werden. Erwiesen sie sich jedoch als unverbesserlich, drohte ihnen die Einlieferung ins Zuchthaus[1324].

Mit den »Zuchtstuben« hatte der Magistrat im wesentlichen erreicht, was er schon 1755 mit der Errichtung einer »Aushauser-Herberge« angestrebt hatte. In einem Bericht an den Herzog vom 26. April jenes Jahres hatte er über die »vielen faulen und unnützen Leute männlichen und weiblichen Geschlechts« geklagt, die zwar arbeitsfähig, aber arbeitsscheu seien. Sie verließen sich, schrieb er, auf Almosen und fielen der Öffentlichkeit zur Last. Ins Zucht- und Arbeitshaus könne man sie nicht sperren, weil sie sich keines Verbrechens schuldig gemacht hätten. Dabei gebe es in Stuttgart stets Gelegenheit zu Arbeit und Verdienst. Für solche Menschen eigne sich eine Verwahrung, die zwischen Zucht- und Arbeitshaus einerseits und Armenhaus andererseits liege: eine »Aushauser-Herberge«. Dort könnten Männer mit Tabakreiben, Holzsägen und -spalten, »Posseln« (kleinen Arbeiten), Taglöhnern und Überfeldlaufen, Frauen mit Waschen, Spinnen, Holz- und Wassertragen, Ausputzen usw. beschäftigt werden. Mit ihrem Verdienst könnten die anfallenden Kosten für ihre Verpflegung und Unterkunft sowie für den Unterhalt des Hauses bestritten werden. Zur Finanzierung der Baukosten erscheine eine kleine Lotterie sinnvoll, außerdem eine freie Kollekte unter der Einwohnerschaft, zumal diese von der neuen Einrichtung Vorteile hätte. Die Verpflegung der Insassen sollte in »geschmeidiger Kost« (geringer Kost, Wasser und Brot) bestehen. Die »Aushauser« wären mit der »nötigsten Kleidung«, mit Holz, Lichtern sowie mit einer »Liegerstatt« zu versehen. Der Anfang könnte in einem Armenhaus mit einigen Personen gemacht werden. Boshafte und arbeitsscheue Menschen sollten im Lazarett eine »proportionierliche Coercition« (angemessene Bestrafung, Züchtigung) bekommen. Der Kirchenrat und die Polizeideputation hatten die Errichtung einer solchen Beschäftigungsanstalt für sinnvoll gehalten, aber eine gründliche Planung empfohlen, damit die Anstalt auf keinen Fall an nichtbedachten Schwierigkeiten scheitere. Die Vorstellung des Magistrats, dem Lazarett arbeitsscheue, »korrektionsbedürftige Personen« zuzuweisen, hatte die Polizeideputation in einer Stellungnahme vom März 1757 als unvereinbar mit den Bestimmungen des Lazaretts bezeichnet[1325].

Zum Zeitpunkt der Errichtung der Armenversorgungsanstalt im Jahr 1776 stellte der Herzog noch immer 208 Scheffel Dinkel aus den Vorräten der Kastkellerei für die Stuttgarter Armen zur Verfügung, und er verpflichtete sich, dies auch weiterhin zu tun, das Getreide aber zur Verteilung der neuen Anstalt zu überlassen. Ebenso wollte er das insgesamt 131 Scheffel 5 Simri Dinkel betragende Hofalmosenbrot zunächst weiter abgeben. Dieses Hofalmosenbrot, das seit langen Jahren einer Anzahl Hausarmer für die Säuberung des Schloßplatzes und des Platzes um die Stiftskirche gewährt worden war, hatten 29 arme Frauen, außerdem der Seelhausvater und die Bettelvögte für Aufsichtsfunktionen bekommen. Den Personen, die es gegenwärtig genossen, sollte es lebenslang verbleiben. Starb jedoch eine von diesen Personen, fiel ihr Anteil an die Armenversorgungsanstalt. Nach und nach gelangte so das gesamte Hofalmosenbrot an die Anstalt, und diese übernahm dafür zunächst einen Teil der damit gekoppelten Säuberungsarbeiten im Bereich des Schloßplatzes sowie des Platzes um die Stiftskirche, schließlich aber die gesamten diesbezüglichen Säuberungsverpflichtungen[1326].

So verschwenderisch sich Herzog Carl Eugen vor allem in jüngeren Jahren gebärdete, gegenüber den Armen übte er stets generöse fürstliche Mildtätigkeit. Anläßlich seines 50. Geburtstags am 11. Februar 1778 übergab er dem Stadtoberamt 1 000 fl, damit sie »morgens in aller Stille unter die Hausarme und wahrhaftig Bedürftige« der Stadt verteilt wurden. Am Geburtstag seiner späteren Frau Franziska (von Hohenheim), am 10. Januar 1779, überließ er dem Stadtoberamt zu demselben Zweck 400 fl[1327]. Seit 1780 wurden alljährlich am Geburtstag von Franziska mit großem Gepränge 15 arme Brautpaare, die der Herzog ausstattete, in Gegenwart des gesamten Hofs, der Geistlichkeit und des Stadtmagistrats getraut, außerdem wurden etliche Ehepaare, die die Goldene Hochzeit feierten, eingesegnet[1328].

Die herzogliche Kastkellerei vermochte die vom Herzog zugesagte jährliche Lieferung von 208 Scheffeln Dinkel an den Armenkasten auch jetzt nicht termingerecht zu erfüllen. Im Februar 1785 war sie mit 952 Scheffeln im Rückstand. Auf die Bitte des Magistrats wies Carl Eugen die Rentkammer an, von der rückständigen Getreidemenge 312 Scheffel umgehend zu liefern[1329].

Herzog Carl Eugen kümmerte sich persönlich um die Zustände im Stuttgarter Armen- und Krankenhauswesen. Anfang 1778 besichtigte er einige Einrichtungen, und, da er manches nicht in Ordnung fand, ließ er sich eingehende Berichte mit Verbesserungsvorschlägen vorlegen. Hier interessieren die Einrichtungen des Armenwesens; die Verhältnisse der eigentlichen Krankenanstalten, des Siechenhauses und des Lazaretts, bleiben deshalb außer Betracht, zumal sie bereits in anderem Zusammenhang beschrieben wurden[1330].

Durchreisende Bettler fanden Aufnahme im Seelhaus, damit sie durch ihr »Umlaufen und Betteln« den Einwohnern nicht »beschwerlich fielen«. Sie durften dort aber, wie wir schon früher gehört haben, nur eine Nacht bleiben und wurden am nächsten Morgen, nachdem sie eine Suppe und ein halbes Pfund Brot erhalten hatten, weggeschickt. Im Seelhaus fanden auch Stuttgarter und fremde »Weibspersonen«, die vor der Niederkunft standen und wegen ihrer Armut nirgendwo anders unterkommen konnten, für vierzehn Tage Unterkunft und Verpflegung. An der Verpflegung der Bettler und der schwangeren Frauen beteiligten sich der Armenkasten und das Hospital[1331].

Die Funktion eines städtischen Armenhauses hatte im Jahr 1778 das Hospital. Entsprechend seiner Zweckbestimmung nahm es in Stuttgart »verbürgerte Personen beiderlei Geschlechts« auf, die »alt und abgelebt« waren. Soweit sie Vermögen hatten, kamen sie mit diesem für die Kosten für Verpflegung und Unterkunft auf. Waren sie aber unvermögend und in einer schlechten körperlichen Verfassung, so daß sie durch eigene Arbeit nichts mehr verdienen konnten, wurden sie aus Mitteln des Hospitals unterhalten. Je nach Vermögensverhältnissen unterschied man zwischen reichen, mittleren und armen Pfründnern. Außerdem fanden im Hospital verwaiste Bürgerkinder Aufnahme. 1778 waren keine reichen Pfründner mehr im Haus und nur noch ganz wenige mittlere Pfründner: zwei Männer und drei Frauen; sie hatten sich im Hospital »eingekauft«, bewohnten eine Stube, etliche Kammern und eine kleine Küche. Diese fünf mittleren Pfründner bekamen vom Hospital keine Kost, sondern teils wöchentlich, teils vierteljährlich bestimmte Mengen an Brot, Wein, Fleisch und anderen Lebensmitteln, ebenso Holz und Lichter. Je Person wurden ihnen in der Woche zugeteilt: zwei Laibe vierpfündigen guten Ladenbrots, 4 Maß Wein, 1 Pfund Milchschmalz (ausgelassene Butter), 4 Pfund Rindfleisch sowie ein Schoppen Milch. Einmal im Jahr erhielt jeder von ihnen 1 Simri Schönmehl, 2 Vierling Hafermehl, 2 Vierling Erbsen, 2 Vierling Kochgerste, 2 Vierling Salz, 6 Pfund Lichter, 50 Krautköpfe, 1 Meß Eichenholz, 100 Büschel Reisig, 1 Simri Obst oder ersatzweise 12 kr. Statt der »Waschfreiheit« konnten sie 1 fl 20 kr beanspruchen. Je nachdem, ob für die Pfründe mehr oder weniger bezahlt worden war, konnten auch diese Verpflegungssätze vermehrt oder vermindert werden. Bei der Bemessung der Einkaufssumme wurde von einer durchschnittlichen Lebenserwartung des Pfründners von 70 Jahren ausgegangen. Starb der Pfründner früher, profitierte das Hospital, lebte er länger, hatte es die zusätzlichen Kosten zu tragen. Für seine Kleidung kam der Pfründner selbst auf, ebenso für seine sonstigen Lebensbedürfnisse. Soweit nach seinem Tod nach Abzug der Beerdigungskosten noch Vermögen vorhanden war, fiel dieses an seine Erben.

Im Vergleich zu den mittleren Pfründnern lag die Zahl der armen Pfründner sehr hoch: 26 Männer und 32 Frauen. Sie hatten zum Teil eine eigene Schlafkammer, zum Teil war aber auch, je nach Raumgröße, mehreren eine Kammer zugewiesen. An Aufenthaltsräumen gab es für sie zwei große Stuben: eine für die Männer und eine für die Frauen. Dort nahmen sie auch ihre Mahlzeiten ein. Das Hospital versorgte die armen Pfründner mit der erforderlichen Kleidung und stellte die Betten, soweit keine eigenen mitgebracht wurden. An Verpflegung stand den einzelnen Pfründnern zu: in der Woche zweieinhalb Laibe Auszugsbrot zu je 3½ Pfund, 1 Schoppen Wein sowie 1 Pfund Rindfleisch (je ½ Pfund am Sonntag und Donnerstag). Als Mittagessen wurden gereicht: am Sonntag im Sommer Gerste und Fleischbrühe, im Winter Knöpflein, am Montag Knöpflein, am Dienstag Erbsen, am Mittwoch Erbsen und Gerste untereinander gekocht, am Donnerstag in Fleischbrühe gekochter Reis, am Freitag Knöpflein und am Samstag in Wasser gekochte Gerste. Im Sommer, wenn das grüne Gemüse billig war, wurden statt der genannten Speisen zweimal in der Woche vor allem Bohnen gekocht. Abends gab es abwechselnd Wasser-, Erbsen- oder »gekochte« Suppe, in die die Pfründner einen Teil ihrer Brotportion einschneiden mußten. Kranke wurden in besonderen Krankenstuben durch Wärterinnen gepflegt und durch die beiden Stadtphysici oder durch die jeweiligen Chirurgen medizinisch betreut. Arzt- und Medikamentenkosten übernahm das Hospital. Bei ansteckenden oder besonders schlimmen Krankheiten mußten die Betroffenen in das Lazarett oder in das (Sonder-)Siechenhaus gebracht werden. Besaß ein armer Pfründner bei seinem Eintritt etwas Vermögen, fiel dieses an das Hospital. Dies galt auch für Vermögenswerte, die er später noch auf dem Erbweg oder sonstwie erlangte. Für solche dem Hospital zufließenden Mittel konnte eine Verpflegungszulage an Fleisch, Wein oder besserer Kost gewährt werden.

Im Hospital befanden sich 1778 außerdem noch 17 arme Knaben und sieben arme Mädchen. Sie wurden hier erzogen und blieben bis zur Konfirmation im Haus. Untergebracht waren sie in mehreren Schlafkammern, tagsüber hielten sie sich, abgesehen von den Schulstunden, in einer großen Stube auf. Ihre Verköstigung ähnelte der der armen Pfründner, allerdings bekamen sie in der Woche lediglich einen Schoppen Wein, zwei dreieinhalbpfündige Brotlaiblein und dreiviertel Pfund Rindfleisch. Betten, Kleidung und Weißzeug stellte der Armenkasten, er kam auch für die Kur-, Arzt- und Arzneimittelkosten auf, ferner sorgte er für den Schulmeister der Kinder. Die Unterweisung in Nähen, Stricken und Spinnen erteilte die Hausmutter. Nach der Konfirmation kamen die Mädchen »in den Dienst«, die Buben in eine Handwerkslehre – die Lehrgelder zahlte der Armenkasten. Im Hospital wurden die Mädchen mit Spinnen und Stricken beschäftigt, und, weil der Herzog gewünscht hatte, die Kinder zu sinnvoller Arbeit anzuhalten, um sie vor dem Müßiggang zu bewahren, empfahl der Hospitalpfleger, auch die Knaben im Spinnen, speziell im Baumwollspinnen, »anzulernen«.

An bestimmten Tagen im Jahr (Georgii, Jakobi, Simonis et Judae sowie Lichtmeß, desgleichen an Pfingsten, Martini, Weihnachten und Ostern) erhielten die mittleren und armen Pfründner sowie die Kinder Zusatzportionen an Wein, Fleisch und Brot. Ferner wurden die jährlichen Zinsen von bestimmten Stiftungen unter sie verteilt.

Seit etlichen Jahren gewährte das Hospital zudem einer Anzahl Stuttgarter »verbürgerter Armer« männlichen und weiblichen Geschlechts Nachtquartiere: 1772 einem Mann und 15 Frauen. Auf obrigkeitliche Anordnung mußte es seit einiger Zeit den »Hauszins« für eine Reihe armer Familien zahlen. 1775/76 entfiel darauf die ansehnliche Summe von 810 fl 30 kr.

Die finanzielle Situation des Hospitals war 1778 wegen der ihm auferlegten vielen karitativen Aufgaben sehr angespannt. Die Ausgaben überstiegen die Einnahmen. Dringend notwendige bauliche Reparaturen, auch eine bessere Ausstattung der Kammern und Stuben der Pfründner wie der Waisenkinder konnten nicht durchgeführt werden. Der Pfleger bat deshalb den Herzog nachdrücklich, dem Hospital die Möglichkeit zur Durchführung dringender Baumaßnahmen zu verschaffen[1332].

Der »nicht ganz ersprießliche Erfolg« der 1776 eingeführten »Armenversorgungs- und Bettelabstellungsanstalten« beunruhigte Herzog Carl Eugen. Die Gründe dafür sah er 1788 in der beträchtlich angewachsenen Zahl der Armen und im gleichzeitigen Rückgang der Einnahmen der Almosenpflege. Diese konnte unvermindert über die großen landesherrlichen Zuwendungen an Getreide und Geld durch die Rentkammer und den Kirchenrat, ebenso über den 1776 ansehnlich vermehrten jährlichen Geldbeitrag der Landschaft verfügen. Vermindert hatten sich in den letzten zwölf Jahren jedoch die freiwilligen Almosenbeiträge der Stuttgarter Einwohnerschaft, und dies um weit mehr als ein Drittel. Viele Bürger, Hof- und Kanzleibedienstete leisteten keine in einem angemessenen Verhältnis zu ihrem Vermögen oder ihrem Einkommen stehenden Beiträge mehr, manche entzogen sich ihren karitativen Verpflichtungen sogar gänzlich. In einem Dekret vom 15. Mai 1788 verlangte Carl Eugen deshalb von den Einwohnern, namentlich aber von den Hof- und Kanzleibediensteten, daß sie sich zu Almosenbeiträgen verpflichteten, die ihrer Besoldung, ihrem Einkommen oder Vermögen angemessen waren. Drückeberger in dieser Hinsicht dürfe es künftig

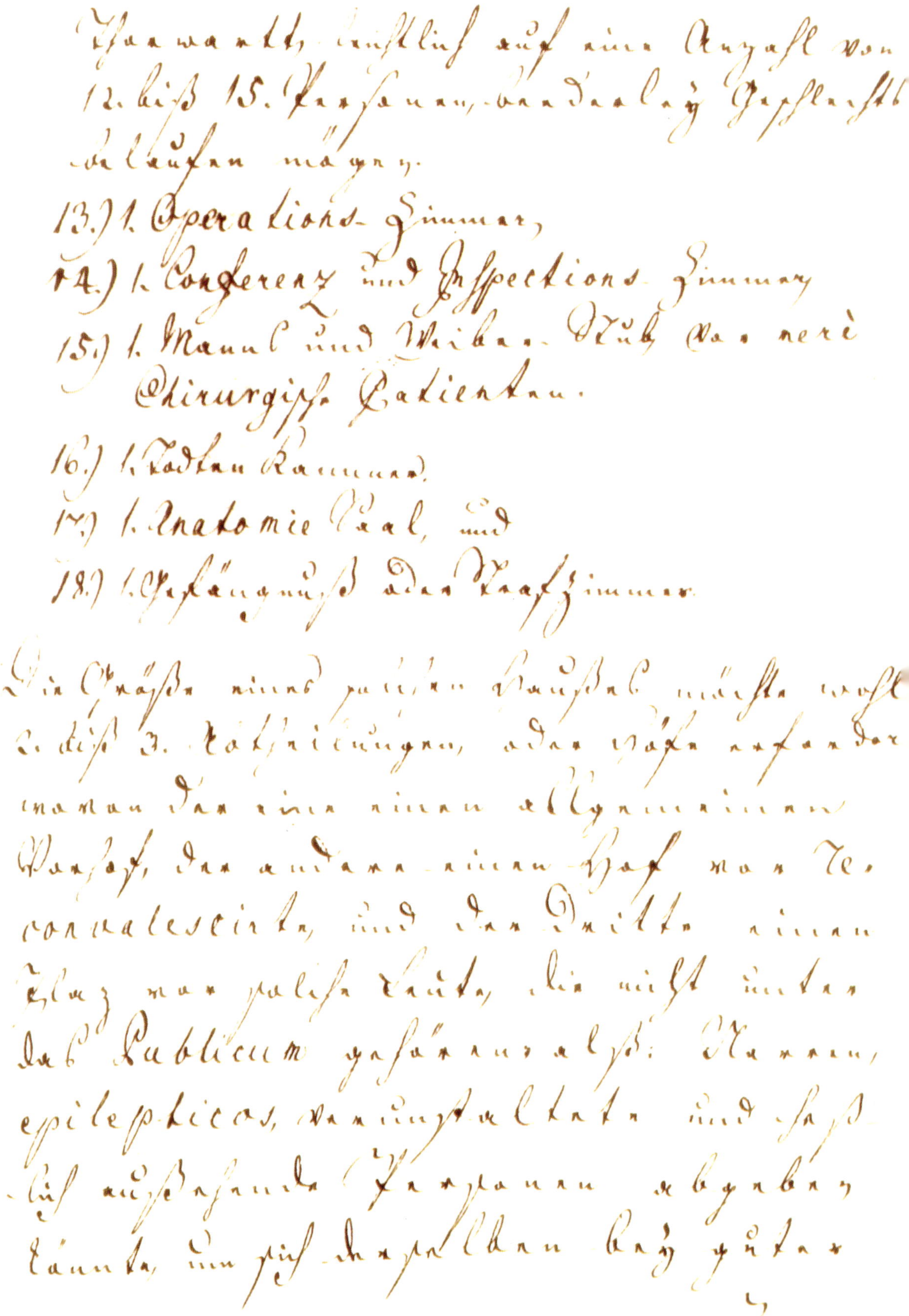

Aus einem Bericht von Dr. med. Ludwig Heinrich Riecke von 1778 über das Stuttgarter Armenwesen.

nicht mehr geben. Zum einen sollten die Armen teils mit Arbeit, um etwas zu verdienen, zum anderen teils mit Almosen versorgt, die fremden Bettler mit Zehrpfennigen versehen werden, so daß jeder Bettelvorwand entfalle. Der Gassenbettel selbst würde gänzlich erstickt, wenn sämtliche milden Gaben der Almosenpflege zuflössen und die Einwohner die Bettler, die sie um solche Gaben ansprächen, grundsätzlich abwiesen und sie dem Polizeiinspektor anzeigten. Der Herzog wünschte, daß die Einwohner von den Kanzeln herab zur Abgabe ihrer Erklärungen über freiwillige Almosenbeiträge aufgefordert würden. Außerdem wies er die Rentkammer an, der Armendeputation alle Personal- und Besoldungsveränderungen am Hof und in der Kanzlei mitzuteilen, damit sich dort künftig niemand mehr dem ihm obliegenden Almosenbeitrag entziehen könne[1333].

Im Bestreben, eine effektivere Armenversorgung zu gewährleisten, erfolgte 1789 die Trennung der Almosenkasse vom Armenkasten. Von jetzt an war jedes Jahr ein Verzeichnis der Armen, die Almosen erhielten, zu veröffentlichen. Im Verzeichnis mußten für die einzelnen Almosenempfänger das Alter und der Gesundheitszustand, ferner die Art und die Höhe der wöchentlichen Unterstützung aufgeführt werden[1334].

Um die Belastung der Almosenkasse zu verringern, verfügte Herzog Carl Eugen am 25. Juni 1789, daß Rentkammer und Kirchenrat künftig alljährlich je 15 Meß Buchenholz für die Beheizung der Spinn- und Zuchtstuben beim Armenspinninstitut im Stuttgarter Hospital sowie für den Hausgebrauch des dort angestellten Spinnvaters zur Verfügung stellen sollten[1335]. Da sich 1789 bei den Einnahmen der »verbesserten Armenversorgungs- und Bettelabstellungsanstalten« ein Defizit von 3 000 fl ergab, entschied Carl Eugen, daß von jetzt an die Rentkammer diesen Anstalten einen Jahresbeitrag von 750 fl leistete. Ferner veranlaßte er, daß die von einer Fürstlichen Stiftung herrührenden 28 fl 34 kr Zins nicht mehr an die Armenkastenpflege, sondern an die Almosenpflegkasse abgeführt werden sollten. Das vom Armenkasten bisher gelieferte Almosen-Brot wurde »in Geld umgewandelt«, das in Brot bestehende Hofalmosen wurde aufgehoben und die dafür erforderlich gewesenen 131 Scheffel 5 Simri Dinkel der Almosenpflege zur Verfügung gestellt[1336].

Aufschlußreich sind die Jahresrechnungen der Almosenkasse. Die Einnahmen betrugen insgesamt 30 185 fl (darunter 9 136 fl an Beiträgen des Kirchenrats, der Landschaft und der städtischen Wohlfahrtsanstalten, 7 071 fl an Beiträgen der Einwohnerschaft, 9 259 fl aus dem Verkauf von Naturalien, Baumwolle und Garn), die Ausgaben 27 201 fl (darunter 13 658 fl an Wochen-Almosen, 3 126 fl an Löhnen, 190 fl für Bettelanstalten, 970 fl für Gassenpatrouillen, 438 fl an Zehrpfennigen für fremde Bettler, 430 fl für Hauszinsen, Lehr- und Einschreibgelder sowie Gratialien, 277 fl für »Kranken- und Leichenkosten«). Im Spinnhaus wurden in jenem Jahr 4 763 Pfund Baumwollgarn gesponnen. Die Zahl der Almosenempfänger betrug 910. Auf vergleichbarem Niveau bewegten sich die Einnahmen und Ausgaben der Almosenkasse auch in den folgenden Jahren. 1797/98 beispielsweise standen 28 005 fl Einnahmen 24 398 fl Ausgaben gegenüber. Almosen bekamen damals 840 Personen. Der höchste Wochen-Almosensatz belief sich auf 1 fl 20 kr, der niedrigste auf 8 kr, der höchste Jahres-Almosensatz auf 44 fl, der niedrigste auf 8 fl[1337].

Im Jahr 1800 bekamen von den 766 auf Almosen angewiesenen Bedürftigen 40 ihr Almosen jährlich, die übrigen ihren Unterstützungsbeitrag wöchentlich in der Kirche. Die wöchentlichen Almosensätze lagen zwischen 12 und 50 kr. Zum Kreis der Almosenempfänger gehörten alte und gebrechliche Menschen, junge Kranke, Blinde, Lahme, Krüppel, Waisen, Witwen mit Kindern, Familien mit kranken Vätern, verlassene Ehefrauen mit und ohne Kinder, soweit sie ihren Lebensunterhalt nicht selbst bestreiten konnten. Da es zu Beginn des 19. Jahrhunderts noch keine Hinterbliebenenrente gab, befanden sich unter den Unterstützten auch Handwerker- und Beamtenwitwen, so die 57jährige Witwe eines Expeditionsrats[1338].

Im Oktober 1790 erhielten auf herzogliche Anordnung die »Armenversorgungs- und Bettelabstellungsanstalten« in Stuttgart eine verbesserte Einrichtung. Hierbei wurde ausdrücklich bestimmt, daß jeder Arme entsprechend seinem Alter, seinen Kräften und Fähigkeiten durch fleißiges Arbeiten, zu dem es in der Residenzstadt Stuttgart hinreichend Gelegenheit gebe, seinen »notdürftigen Unterhalt« selbst zu verdienen habe. Wer dennoch keine Arbeitsmöglichkeit finde, der könne in der im Hospital eingerichteten Armenspinnanstalt mit dem Spinnen von Baumwolle, aber auch von Wolle, Flachs, Hanf und »Gewerk« (Werg) oder mit Strickarbeiten beschäftigt werden. Bei der letzteren Bemerkung über Beschäftigungsmöglichkeiten in der Armenspinnanstalt war insbesondere auch an Kinder von sieben bis acht Jahren gedacht. Die Almosenkasse sprang im übrigen erst ein, wenn der Arbeitsverdienst oder das geringe Vermögen von Bedürftigen nicht ausreichte, um einen bescheidenen Lebensunterhalt zu sichern. Bedürftige hatten sich mit ihren Unterstützungsgesuchen an die Stadtarmendeputation zu wenden, die aus den vier Stuttgarter Diakonen, einigen Mitgliedern des Magistrats sowie aus dem Almosenpfleger bestand und am Anfang eines jeden Monats zu einer Sitzung zusammentrat. Die Stadtarmendeputation hatte die Anträge genau zu prüfen und der herzoglichen Armendeputation Vorschläge zu unterbreiten. Diese entschied dann endgültig über die Gewährung einer Unterstützung wie auch gegebenenfalls über deren Höhe. Über Veränderungen in den persönlichen Verhältnissen der Almosenempfänger (Sterbefälle, Wegzüge, Konfirmation der Kinder usw.), die einen Wegfall oder eine Verminderung des Almosens zur Folge hatten, war der herzoglichen Armendeputation zu berichten. Diese stellte dann fest, ob das Almosen ganz zu streichen oder aber herabzusetzen war. In außerordentlichen Notfällen verpflichtete sich die Deputation, rasch die erforderliche Hilfe zu gewähren. Der

Almosenpfleger mußte auf die unterstützten Personen ein wachsames Auge haben, ebenso hatten dies die neuangestellten Polizeidiener zu tun. Auswärtige Arme waren vom Polizeiinspektor in ihre Heimatorte zu verweisen. Zuvor konnte ihnen eine Wegzehrung gereicht werden. Haus- und Gassenbettel war bei Strafe verboten. Den Einwohnern wurde wie schon früher dringend nahegelegt, alle milden Gaben ausschließlich in die Almosenkasse zu geben[1339].

Unruhe in die Stadt brachten die vielen Handwerksgesellen. Nicht alle auf der Wanderschaft nach Stuttgart kommenden Gesellen waren an Arbeit interessiert, manche zogen den Müßiggang und das Betteln vor. Mit ihnen hatte der Magistrat seine liebe Not, zumal sie, wenn sie beim Betteln oder bei sonstigem ordnungswidrigem Verhalten ertappt wurden, nicht selten Rückhalt bei ihren Berufskollegen fanden. 1725 beispielsweise kam es, wie wir bereits gehört haben, zu einem Streik der Schuhmachergesellen, weil ein Berufsgenosse wegen angeblichen Bettelns zu einer entehrenden Strafe verurteilt worden war[1340]. Häufig waren wohl auch schlechte Entlohnung und Behandlung der Anlaß zu Unruhen, Streiks und Aufläufen. 1787 und 1789 herrschte Unruhe unter den Schlossern, 1791, 1792 und 1793 streikten die Schreinergesellen, und 1794 kam es zu einem Auflauf der Schustergesellen[1341]. In den 1790er Jahren waren die Streiks und Zusammenrottungen ohne Zweifel beeinflußt durch die Französische Revolution, die an den Grundfesten der alten gesellschaftlichen Ordnung rüttelte. 1795 stellte ein herzogliches Reskript fest, daß sich fremde Handwerksburschen in großer Zahl nach Württemberg einschlichen, um sich dem Kriegsdienst zu entziehen und um hier dem Bettel nachzugehen. Herzog Ludwig Eugen drohte diesen Landfremden, er lasse sie, wenn sie beim Betteln ertappt würden, ins Militär stecken oder, wenn sie untauglich seien, auf den Hohenasperg bringen und anschließend des Landes verweisen, und sollten sie dennoch nach Württemberg zurückkehren, lasse er sie ins Zuchthaus sperren. Der Stuttgarter Magistrat unterrichtete die »Professionisten« und Zünfte von dieser herzoglichen Willensäußerung, das Reskript ließ er in jeder Zunftstube aushängen[1342].

Allen Maßnahmen zum Trotz behauptete sich auch noch in den 1790er Jahren der Haus- und Straßenbettel. Herzog Friedrich hielt dies für unerträglich. Im Frühjahr 1801 ließ er ein Zwangsarbeitsinstitut errichten. In dieses sollten alle Personen, die man beim Betteln antraf, eingewiesen werden, ebenso Handwerksburschen, die sich länger als 24 Stunden in der Stadt aufhielten, ohne sich um eine Arbeit zu bemühen. Die Arretierten hatten dort je nach dem ihnen zur Last gelegten Verfehlungsgrad acht bis zehn Tage, im Wiederholungsfall aber vierzehn Tage bis sechs Monate zu verbleiben. Frauen und Kinder wurden mit dem Spinnen von Baumwolle, Flachs und Hanf, Männer mit dem Spinnen von Wolle, mit Holzspalten usw. beschäftigt. Die Hausordnung war streng: Aufstehen morgens 5, winters 7 Uhr, Gebet, Ankleiden, Frühstück, Arbeit von 6 oder 8 bis 12 Uhr, Mittagessen (sonntags Fleisch), Freistunde 12 bis 1 Uhr, Arbeitvon 1 bis 8 Uhr (mit einer Freistunde), Abendessen, Gebet. Wer sich ungehorsam gebärdete, wurde mit Entziehung des Fleisches und der warmen Kost, mit Einkerkerung und Schlägen bestraft. Die Zahl der Bettler, die vor allem samstags scharenweise durch die Straßen gezogen waren, verminderte sich rasch. Man griff jetzt in der Woche nur noch zwei bis drei auf.

In der gleichen Zeit wurde zur Aufsicht über die Armen, aber auch zu ihrem Beistand ein Armenvater oder Almoseninspektor angestellt; zudem wurde eine Industrieschule errichtet, in der arme Kinder in Nähen, Stricken und anderen Handarbeiten unterwiesen wurden. Die Waisenkinder, die bisher durch das Hospital betreut worden waren, gab man Privatleuten in Pflege und erzieherische Obhut. Das Gassenkehren nahm man den Almosen empfangenden Armen ab. Die Stadt ließ diese Arbeit nunmehr durch bezahlte Kräfte besorgen[1343].

Immer noch profitierte die Armenfürsorge von größeren Stiftungen. Neben dem Regentenhaus taten sich hier auch wohlhabende Bürger hervor. 1730 beispielsweise hinterließ der in Calw verstorbene Stuttgarter Bürger und Zeugmacher Joseph Bullinger 300 fl, die zur Unterstützung von Bedürftigen verwendet werden sollten[1344]. 1799 erhielten die Stuttgarter Armen durch eine testamentarische Verfügung der verstorbenen Frau des Oberamtmanns Bühler in Kirchheim/Teck 100 fl. Im Mai 1801 stiftete der Regierungsrat und Stadtoberamtmann Günzler für denselben Zweck 50 fl, im Jahr darauf die Hoffaktorenfamilie Kaulla100 fl. Die Kaullas begründeten ihre Stiftung mit dem Mitleid, das sie für ihre Nebenmenschen hätten, und sie seien »gerührt von der Not, welche denen [!] Armen bei der gegenwärtigen teuren Zeit und strenger Witterung bevorstehet«[1345].

Die Teuerung und die großen Frostschäden in den Weinbergen, die die Weingärtner, nach dem Urteil des Kirchenrats die ärmste Klasse der Stuttgarter Einwohnerschaft, besonders hart trafen, bewogen Herzog Ludwig Eugen im Juni 1795, für die Bedürfnisse dieses Berufsstands 150 Scheffel Dinkel zur Verfügung zu stellen[1346]. Großzügig zeigte sich Herzog Friedrich II. Im Dezember 1800 übersandte er während der französischen Besetzung Stuttgarts aus seinem Erlanger Exil 800 fl zur Unterstützung der »Hausarmen« seiner Residenzstadt. Nach der Rückkehr in sein Land im Mai 1801 stiftete er zum gleichen Zweck 1000 fl und zwei Jahre später nochmals denselben Betrag. Seine Gattin bedachte im Mai 1801 die Stuttgarter Armen mit 100 Dukaten[1347].

Wesentlich auf die Initiative und unter der engagierten Mitwirkung des Kaufmanns Tobias Heinrich Lotter sowie des Spezialsuperintendenten und Hospitalpredigers M. Gottlieb Heinrich Rieger bildete sich 1805 mit Genehmigung von Kurfürst Friedrich die »Privatgesellschaft freiwilliger Armenfreunde«. Der Landesherr stiftete sofort 500 fl und verpflichtete sich zu jährlichen finanziellen Beiträgen. Die Leitung der Gesellschaft lag in den Händen von 14 Repräsentanten. Um ein genaues Bild von den Armen und Hilfsbedürftigen zu bekommen, teilten die Repräsentanten die Stadt in vier Haupt-

und zwei Nebendistrikte ein. Die Arbeit vor Ort übernahmen Distriktvorsteher und Bezirksarmenpfleger; an sie konnten sich die Notleidenden um Unterstützung wenden. Bedürftige bettlägerige Kranke erhielten Krankenkost und Wein, im Winter auch Brennholz, ebenso Arznei, wenn sie nicht von der städtischen Almosenpflege unterstützt wurden. Hochbetagte und völlig arbeitsunfähige Arme versorgte die Gesellschaft mit Mehl oder Brot sowie Suppe und Brennholz. »Verschämte und schüchterne Arme« bekamen Mehl, Brot oder Suppe und Holz, Familienväter und Witwen mit vielen Kindern Suppe und Holz. An gesunde und arbeitsfähige, aber arbeitslose Menschen sowie Arme, deren Verdienst nicht einmal für die Anschaffung der notwendigsten Lebensbedürfnisse ausreichte, teilte die Gesellschaft Suppe aus. Die Distriktvorsteher und Bezirkspfleger mußten Listen über die Hilfsbedürftigen führen. Diese Listen wurden einmal im halben Jahr durchgegangen und aufgrund der dort festgehaltenen Tatbestände die zu unterstützenden Personen bestimmt. 1807 errichtete die Gesellschaft eine Armenbeschäftigungsanstalt, die spätere Katharinenpflege; sie sollte Kindern und Erwachsenen Gelegenheit zu Arbeit und Verdienst geben, aber auch die Möglichkeit verschaffen, das Nähen, Stricken, Spinnen sowie andere Arbeiten zu erlernen. Schon bald reichten die gemieteten Zimmer nicht mehr aus. 1808 kaufte die Gesellschaft deshalb ein Haus in der Brunnenstraße. Die in die Anstalt aufgenommenen Kinder hielten sich dort von morgens früh bis abends 8 Uhr auf. Sie arbeiteten täglich elf Stunden; es wurden ihnen aber auch Erholungszeiten eingeräumt. Schulpflichtige Kinder kamen nur während ihrer Freizeit. In der arbeitsfreien Zeit wurden lehrreiche Geschichten erzählt, während der Arbeit gesungen. Dreimal in der Woche wurde Gesangsunterricht erteilt. Jedes Jahr fand eine Prüfung statt. Die tüchtigsten Kinder erhielten Prämien. Dem Spinnsaal stand ein Aufseherehepaar vor, die Strick- und Nähstube leiteten Lehrerinnen. Im Juni 1813 eröffnete die Gesellschaft eine zweite Kinderarbeitsanstalt und Industrieschule; ihr wurde später der Name Marienpflege beigelegt. In den Hungerjahren 1816 und 1817 errichtete die Gesellschaft eine Suppenanstalt, in der Kinder kostenlos, andere Bedürftige gegen eine bescheidene Vergütung verpflegt wurden. Die Einnahmen der »freiwilligen Armenfreunde« stiegen von 3 272 fl im Jahr 1806/07 auf 9 442 fl im Jahr 1814/15. Von 1807 bis 1813 verteilte sie u. a. an Krankenkost 10 433 Portionen, an Brot 66 491 Pfund, an Kochmehl 9 615 Portionen à 1/8 Simri sowie 31 605 Scheiter Brennholz[1348].

Cless und Schübler stellten 1814 der Armenversorgung in Stuttgart ein gutes Zeugnis aus. Im Gegensatz zum Krankenhauswesen, schrieben sie, sei sie gut und effektiv organisiert. Der Staat, aber auch die einzelnen Bürger hätten besonders in letzter Zeit, als sich aufgrund der wirtschaftlichen und sozialen Verhältnisse die Zahl der Armen sehr vermehrt habe, alles getan, um das Los der Hilfsbedürftigen nach Kräften zu mildern. Die Wohlhabenden hätten sich durch große Hilfsbereitschaft ausgezeichnet[1349]. Die öffentliche Armenfürsorge lag wie früher in den Händen der Armendeputation. Die Almosen wurden alle vierzehn Tage in der Kirche durch den Spinnhausmeister ausgeteilt, in Ausnahmefällen jedes Vierteljahr durch den Stiftungsverwalter selbst. Bei Gewährung der Almosen – wöchentlich zwischen 12 und 14 kr – spielte die Religionszugehörigkeit der Bedürftigen keine Rolle. Die Almosenempfänger wurden im Krankheitsfall von den Ärzten umsonst behandelt, sie erhielten auch die Arzneien unentgeltlich. Die Almosenpflege übernahm bei mittellos Verstorbenen ganz oder zu einem Teil die Bestattungskosten. Armen Lehrjungen zahlte sie das Lehrgeld. Ferner beschaffte sie für die Armenkastenschule die Schulbücher und Schreibutensilien. In Heslach und Gablenberg bestritt sie für arme Kinder das Schulgeld. Mit der Armenkastenschule war seit einigen Jahren eine Industrielehranstalt verbunden, in der Kinder im Spinnen, Nähen, Stricken usw. unterwiesen und zur Arbeit angehalten wurden. Der Verdienst der Kinder kam den Eltern oder »Kostleuten« (Pflegern) zugute. Auswärtige Arme erhielten, da jede Gemeinde für ihre Armen selbst zu sorgen hatte, in der Regel keine Unterstützung. Bei Handwerksburschen wurde eine Ausnahme gemacht. Sie durften bei ihren Berufsgenossen um eine Gabe bitten, außerdem wurden ihnen 8 bis 12 kr als Zehrpfennig gereicht, was im Jahr Ausgaben von 500 bis 600 fl bedeutete. Wie früher ermöglichte man durchkommenden Armen eine Übernachtung sowie eine bescheidene Verpflegung im Seelhaus. Im Winter wurden sämtliche Stuttgarter hilfsbedürftigen Armen mit Brennholz unterstützt. 1814 gab es in der Stadt 939 Almosenempfänger, unter ihnen 32 Waisenkinder, für die allein im Jahr an Kost- und Kleidergeld 1 088 fl aufgewendet wurden. Im Rechnungsjahr 1812/13 entfiel auf den Almosenempfänger ein durchschnittlicher Unterstützungsbetrag von 16 fl 31 kr 4 2/3 h[1350].

Eine sehr erfreuliche Entwicklung hatte die »Gesellschaft freiwilliger Armenfreunde« genommen. Ihr Gesamtvermögen belief sich am 30. Juni 1813 auf 5 700 fl 33 kr. Ihre jährlichen Gesamtausgaben mit knapp 8 000 fl lagen halb so hoch wie die der öffentlichen Fürsorge; sie unterstützte 700 bis 800 Arme. Die Gesellschaft war bemüht, den Bedürftigen eine bekömmliche und wohlschmeckende Kost zu reichen, sie wählte dafür die damals sehr bekannte Rumfordsche Suppe (von Sir B. Thompson Graf von Rumford erfundene Suppe aus getrockneten gelben Erbsen, Gewürzen und durchwachsenem Speck) in unterschiedlicher Zubereitung. Kranke bekamen eine Suppe aus Gerste und Reis mit einem Viertelpfund Ochsenfleisch, ebenso Wein. Die Gesellschaft bezahlte auch die Medikamente sowie die Arztkosten und leistete Brennholzbeiträge zu Badekuren[1351].

Soweit die Ressourcen der öffentlichen Armenfürsorge und der Gesellschaft freiwilliger Armenfreunde nicht ausreichten, sprang König Friedrich ein. Obwohl der Monarch darauf bedacht war, seinem königlichen Rang durch einen glänzenden, aufwendigen Hofstaat Geltung zu verschaffen, hatte er doch stets ein offenes Ohr für karitative Belange. Alljährlich stellte er der Stadtdirektion ansehnliche Geldbeträge und

Sachwerte zur Unterstützung der Armen zur Verfügung. Er genehmigte »Freibäder«, d. h. unentgeltliche Badekuren, für mittellose Kranke und gab außerdem an Bedürftige ohne Berechnung Medikamente aus der Hofapotheke ab[1352]. König Wilhelm I. nahm seine karitativen Verpflichtungen gegenüber armen und hilflosen Untertanen gleichfalls ernst. Kurz nach seinem am 30. Oktober 1816 erfolgten Regierungsantritt errichtete er im Gedenken an seinen Vater eine mit 4 000 fl Kapital ausgestattete Stiftung, deren Zinserträge die Stadtdirektion alljährlich an die Stuttgarter Armen verteilen sollte[1353].

Das Katharinenhospital.

Wie wir bereits gehört haben, nahm sich die Frau Wilhelms I., Katharina, Not und Armut in besonderer Weise an. Angeregt durch die von Kaufmann Lotter und Hospitalprediger Rieger ins Leben gerufene Gesellschaft freiwilliger Armenfreunde, faßte sie den Plan, im gesamten Königreich auf Vereinsbasis eine wirksame Armenfürsorge zu organisieren. In den einzelnen Gemeinden wurden Lokalwohltätigkeitsvereine gegründet, die die Begüterten zu Spenden und zur Errichtung von Speiseanstalten anregten. Ihnen waren in den Oberamtsstädten Bezirksleitungen übergeordnet. In Stuttgart selbst bekam die Zentralleitung des (Landes-)Wohltätigkeitsvereins ihren Sitz. Sie führte die Aufsicht über die Lokalwohltätigkeitsvereine, koordinierte die Hilfsmaßnahmen, sorgte für eine angemessene Verteilung der Unterstützungsbeiträge und erteilte sachkundigen Rat. Am 29. Dezember 1816 lud die Königin die von ihr ernannten Mitglieder der Zentralleitung zur ersten Sitzung ins Neue Schloß ein. Hierbei nannte sie als Zweck der neuen Wohltätigkeitsorganisation die Hilfe für die »Dürftigen«. Katharina hatte klar erkannt, daß das Wohltun vor allem darin bestehen müsse, Hilfe zur Selbsthilfe zu leisten.Einer ihrer Grundsätze: »Arbeit verschaffen hilft mehr als Almosen geben.« Auf dem von der Gesellschaft freiwilliger Armenfreunde eingeschlagenen Weg schritt sie weiter voran. Allenthalben im Königreich wurden Beschäftigungsanstalten, Spinn- und Nähstuben gegründet. In Stuttgart ließ die Königin, um »zuvorderst die verschämte Armut aufzuspüren«, ein »Industrielager« zum Verkauf von Handarbeiten »verschämter Armer« und von handgefertigten Gaben wohltätiger Frauen und Mädchen einrichten. Mittellose Handwerker erhielten kostenlos Rohmaterialien zur Verarbeitung, um so die Grundlage für eine eigenständige berufliche Existenz zu legen. Die zwei von der Gesellschaft freiwilliger Armenfreunde ins Leben gerufenen, bereits erwähnten Kinderbeschäftigungsanstalten, die jetzt die Bezeichnungen Katharinen- und Marienpflege bekamen, gingen in die Obhut des Stuttgarter Lokalwohltätigkeitsvereins über. Weil sie nicht ausreichten, um den Kinderbettel zu unterdrücken, gründete Königin Katharina eine »Armenschule für vierhundert Knaben und Mädchen«. Durch zweckmäßige Beschäftigung und ausreichende Verpflegung wollte sie die Kinder vor dem Müßiggang und der Verwilderung bewahren. Sie erkannte schon die Notwendigkeit der Schaffung von Kinderrettungsanstalten, die in den folgenden Jahrzehnten in Württemberg zu großer Bedeutung gelangen sollten. Auch mit dem Gedanken der Errichtung moderner Krankenhäuser befaßte sie sich. Das Stuttgarter Katharinenhospital verdankt ihrer Initiative seine Gründung. Leider erlebte sie die Eröffnung dieses bedeutsamen Krankenhauses nicht mehr. Ihr allzu früher Tod am 9. Januar 1819 riß sie mitten aus ihrem segensreichen Wirken, er war für Württemberg ein unersetzlicher Verlust.

Das Programm des großangelegten sozialen Hilfswerks Katharinas enthielt der Aufruf der Zentralleitung des Wohltätigkeitsvereins im Frühjahr 1818. Hierin hieß es: »In die ganze Armenpflege soll eine Ordnung und Zweckmäßigkeit gebracht werden, wodurch die Quellen der Armut und Nahrungslosigkeit verstopft und die sittlichen Verderbnisse, die im Gefolge der Dürftigkeit zu sein pflegen, vertilgt werden. Alle Armen, die Kraft zur Arbeit haben, müssen Gelegenheit und Antrieb zur Arbeit erhalten, und es soll ihnen unmöglich gemacht werden, sich im Müßiggang zu nähren. Alle Arbeitsunfähigen aber sollen nach ihren Umständen und Bedürfnissen versorgt werden. In guten Jahren muß man dauernde Anstalten zur Beratung der Armen und Dürftigen treffen, damit in Jahren des Mißwachses die Sorge für die Armut nicht lästig und drückend werde und am Ende gar unerschwingliche Forderungen herbeiführe«[1354].

Charakteristisch für den Landeswohlfahrtsverein und insbesondere für seine Zentralleitung, aber auch für die Lokalwohltätigkeitsvereine waren die Verbindung von freiwilliger und amtlich organisierter Armenpflege. Sie erwies sich als sehr zweckmäßig und gewährleistete eine effektive Hilfstätigkeit. Bestrebungen, die Zentralleitung in eine staatliche Behörde umzuwandeln und sie mit staatlicher Exekutivgewalt auszustatten, setzten sich nicht durch. Eine solche Umgestaltung hätte, aufs Ganze gesehen, sicher mehr Nachteile als Vorteile gehabt, zumal das grundlegend wichtige Element der freiwilligen Hilfstätigkeit dadurch in den Hintergrund gedrängt worden wäre. 1818 wurde aus Mitgliedern der Zentralleitung und des Wohltätigkeitsvereins die Armenkommission gebildet. Dieser Kommission kam eine beratende Funktion für das Armenwesen im Königreich zu. Gegenüber den Beschäftigungs- und Industrieanstalten hingegen besaß sie eine Art Leitungsbefugnis. Sie forderte von den zuständigen Beamten Berichte über die einzelnen Anstalten an, unterbreitete den Ministerien Änderungs- sowie Verbesserungsvorschläge und traf geeignete Maßnahmen für eine größere Effektivität dieser Einrichtungen[1355].

Das Elend kranker und arbeitsunfähiger alter Berufskollegen veranlaßte die Buchdrucker und Schriftgießer in Stuttgart im Jahr 1815 zur Gründung einer Kranken- und Invalidenkasse. Nach der Satzung dieser Kasse hatte jedes Mitglied in der Woche einen Betrag von 6 kr zu zahlen. Im Krankheitsfall hatte es dann Anspruch auf eine wöchentliche Unterstützung von 4 fl, und im Fall seines Ablebens trug die Kasse 25 fl an den Begräbniskosten. Mitglieder, die sich zu einem zusätzlichen Beitrag von gleichfalls 6 kr verpflichteten, bezogen, wenn sie arbeitsunfähig wurden, ein Wochengeld von 2 fl 30 kr. Die Kranken- und Invalidenkasse der Buchdrucker und Schriftgießer war der erste Verein dieser Art in Stuttgart. Er stand am Beginn einer neuen Epoche, in der sich Berufstätige nach und nach gegen Krankheit und Arbeitsunfähigkeit sozial abzusichern suchten[1356].

Kirchliches Leben

Die Kirchen

Zu Beginn des 18. Jahrhunderts war die Stiftskirche noch immer das einzige Gotteshaus in Stuttgart, das mit den vollen Rechten einer Pfarrkirche ausgestattet war. Die St. Leonhards- und die Hospitalkirche waren reine Predigtkirchen. Außer in diesen drei Kirchen fanden noch in dem Kirchlein im Siechenhaus vor dem Tunzhofer Tor zwei- bis dreimal im Jahr Predigtgottesdienste statt; sie hielt der »Stiftshelfer«, der zweite Pfarrer an der Stiftskirche, und zu ihnen kamen mehr Bewohner der Stadt als Insassen des Siechenhauses. Das 1710 gegründete Waisenhaus hatte einen Gottesdienstraum. Die dort von dem Waisenhausprediger Hartmann gehaltenen Gottesdienste erfreuten sich aus der Stuttgarter Bürgerschaft eines regen Besuchs[1357]. An der Stiftskirche wirkten drei Geistliche, an den beiden anderen Kirchen je zwei[1358].

Schwer vereinbaren mit dem Rang des vornehmsten Gotteshauses im Herzogtum

St. Leonhardskirche.

Hospitalkirche.

Württemberg ließ sich die Tatsache, daß im 18. Jahrhundert an das Kirchengebäude noch immer Kramläden der Goldschmiede und Schuhmacher angebaut waren, die einen zahlreichen Kunden- und Käuferkreis aufwiesen. Doch damit nicht genug. 1711/12 plante Herzog Eberhard Ludwig, an die Kirche ein Wachhaus anzubauen. Das Konsistorium erhob Einspruch. Es stellte fest, das Wachhaus komme der Sakristei zu nahe, auch hätten für diese das ständige Tabakschmauchen, Zechen, Spielen und andere militärische »exorbitancien« höchst unangenehme Auswirkungen. Doch der Herzog ließ sich von seinem Plan nicht abbringen. Erst gegen Ende des 18. Jahrhunderts verschwanden Wachhaus und Kramläden[1359].

Im Winter litten die Gottesdienstbesucher unter der Kälte, verfügte doch die Stiftskirche über keine Heizung. Um sich etwas aufzuwärmen, nahmen Frauen häufig Glutpfannen oder -schemel in ihre Stühle mit. Als es aber 1721 dadurch beinahe zu einer Brandkatastrophe gekommen war, wurden diese gefährlichen Utensilien sofort verboten. Lediglich Bettflaschen und ähnliche wärmende Behältnisse bzw. Gegenstände blieben erlaubt. An kalten Winterfesttagen, so an Neujahr und Epiphanias, mußte hin und wieder das Abendmahl ausfallen, weil die Kommunikanten wegblieben[1360]. Um das Leben der Täuflinge nicht aufs Spiel zu setzen, befahl ein herzogliches Reskript das Installieren eines Ofens in der Sakristei. Dennoch mußte noch 1774 den Paten dringend nahegelegt werden, zu den Taufen im Winter stets mit Mänteln zu erscheinen[1361]. In der oberen Sakristei der Stiftskirche befand sich der Geistliche Karzer, die sogenannte Bibel. In ihm wurden für kürzere oder längere Zeit Geistliche eingesperrt, die sich in den Augen des Konsistoriums geringere Vergehen hatten zuschulden kommen lassen oder aber sich nicht ihrem geistlichen Stand gemäß verhalten hatten. Die Aufsicht über die »Inkarzerierten« führte der Stiftsmesner; er hatte auch für deren Verpflegung zu sorgen. 1708 wurde der Karzer in die Hospitalkirche verlegt und die Verantwortung für ihn dem dortigen Mesner übertragen. Die obere Sakristei der Stiftskirche richtete der Kirchenrat nunmehr zum Archiv ein[1362].

Auf dem großen Turm der Stiftskirche befand sich die Stadtuhr. Weil es damals noch kaum Uhren in der Stadt gab, orientierten sich die Einwohner bei der Feststellung der Tageszeit hauptsächlich an ihr. Selbst der Herzog maß ihr eine nicht geringe Bedeutung bei. Höchst unwillig registrierte er 1702, daß sie schon geraume Zeit sehr unrichtig ging und daß seine wiederholten Anordnungen, sie zu reparieren, bislang mißachtet worden waren[1363]. Im Jahr 1792 wurden die Totengedenktafeln aus der Stiftskirche entfernt und die Wände des Gotteshauses weiß getüncht[1364].

Noch immer galt in den Kirchen eine strenge Sitzordnung. Der Mesner hatte darauf zu achten, daß die Gottesdienstbesucher auch die von ihnen gekauften Kirchenstühle einnahmen. Wer Geld hatte, konnte sich einen guten Platz im Gotteshaus leisten, wer arm war, hingegen nur einen schlechten. Kein Wunder, wenn die Neuverteilung der Kirchenstühle nicht nur die städtische Obrigkeit, sondern auch den Herzog und die Regierungsbehörden beschäftigte[1365]. Streitigkeiten und Klagen wegen Kirchenstühlen waren in allen Kirchen eine Art Dauerbrenner. 1742 beispielsweise äußerte sich der Stadthauptmann und »Materialist« (Drogist) Zacher in ungebührlicher Weise über den Spezial, weil sich dieser in einem Kirchenstuhlstreit nicht auf seine Seite gestellt hatte[1366]. Im selben Jahr maßte sich der Amtsvogt an, seinen Amtsknecht in den der Fürstlichen Kanzlei zugewiesenen

Stiftskirche.

Kirchenstühlen »stehen« zu lassen. Er hatte ihm einen anderen Stuhl zu beschaffen[1367].

Der Stiftsmesner war keineswegs bloß ein kleiner kirchlicher Bediensteter, sondern ihm kam durch die Übertragung wichtiger Funktionen im Gemeindeleben Bedeutung zu. Er wirkte in allen Gottesdiensten mit, ebenso bei Hochzeiten und Beerdigungen. Seine vielseitige Verwendung verschaffte ihm auch entsprechende Einnahmen. So standen ihm Läutegebühren bei Beerdigungen oder Hochzeitssuppen bei Trauungen zu[1368].

Die St. Leonhardskirche besaß 1718 eine kaum noch brauchbare Orgel. Ein anderes Instrument war dringend erforderlich. Dem Spezial wurde deshalb erlaubt, an einem Sonn- oder Feiertag in allen Stuttgarter Kirchen Becken vor den Eingangsportalen zum Sammeln von Kollekten für eine neue Orgel aufzustellen[1369]. 1722/23 wurde nicht weniger als dreimal in der St. Leonhardskirche eingebrochen, wobei die Diebe sämtliche Opferstöcke gewaltsam öffneten. Der Kirchenrat stimmte daraufhin dem Vorschlag des Magistrats zu, die kirchlichen Gefäße der St. Leonhards- und der Hospitalkirche in die Stiftskirche zu schaffen. Die Stiftskirche verfügte über ein steinernes Behältnis, das mit einer dicken Tür sowie mit Schlössern und eisernen Stangen gut gesichert war. 1726 wurde die St. Leonhardskirche »nach erheischender Notdurft« renoviert[1370].

Garnisonskirche, Außenansicht.

Zwischen 1490 und 1493 von Meister Hans Ernst von Böblingen sowie von den Dominikanermönchen Conrad Zolner und Hans Haß geschnitztes Chorgestühl in der Hospitalkirche.

Im Oktober 1725 wollten Spezial, Vogt, Bürgermeister und Gericht das noch aus katholischer Zeit stammende und nicht mehr benützte Chorgestühl in der Hospitalkirche, »36 alte hohe Stühle mit hohen sogenannten Chorhauben«, entfernen. Der Kirche sollte dadurch mehr Licht und Luft verschafft und zugleich mehr Platz für Begräbnisse gewonnen werden. Der jetzt zur Verfügung stehende Platz sei mit Gräbern oder mit Grabsteinen überbelegt. Das Konsistorium stimmte jedoch der Entfernung des Chorgestühls nicht zu. Ihm erschienen die »Pfaffenstühle« als »Andenken des Altertums« erhaltenswert. Zudem meinte es, der Chor mit seinem alten Gestühl eigne sich in besonderer Weise für die jährlich in Stuttgart stattfindenden theologischen Disputationen. Das Chorgestühl blieb unangetastet, es fiel erst im Zweiten Weltkrieg der Zerstörung anheim[1371]. In den Jahren 1729 und 1742 wurde der bisherige Dachreiter der Hospitalkirche durch einen Turm ersetzt. Hierzu hatte der Armenkasten die stattliche Summe von 16 580 fl beizusteuern. Erste Mittel für den Turmbau wurden übrigens 1729 durch eine allgemeine Kirchenkollekte in der Stadt von der Bürgerschaft erbeten. 1742 mußte sich der neue Kirchturm, der im folgenden Jahr eine Uhr erhielt, mit einer einzigen kleinen Glocke begnügen. Erst nachdem 1748 eine Hauskollekte den ansehnlichen Betrag von 500 fl erbracht hatte, konnte eine zwölf Zentner schwere zweite Glocke gegossen und im August jenes Jahres aufgehängt werden. Die Gesamtkosten für diese Glocke beliefen sich auf rund 1000 fl[1372].

Nicht unerwähnt bleiben sollte, daß die Stadt Stuttgart durch das Hospital das Patronatsrecht an den Pfarreien Pleidelsheim, Renningen, Höfingen und Möglingen innehatte. Dieses Recht der Nomination des Pfarrers in diesen vier Orten verblieb ihr bis 1806[1373].

1751 erhielt Stuttgart mit dem in die Untere Kaserne eingebauten Gottesdienstraum seine erste Garnisonskirche. An ihre Stelle trat 1777 die in der ehemaligen Herrschaftsscheuer des Bauhofs eingerichtete Kirche (Ecke Hospital-/Kanzleistraße). Diese wurde wiederholt zweckentfremdet. 1796 brachte man in ihr die im Treffen bei Cannstatt von den Franzosen gefangengenommenen Österreicher unter. 1805 diente sie den Franzosen als Lagerraum. Im Jahr 1751

Innenraum der Garnisonskirche.

wurde auch Heslach von der Kirche in Botnang gelöst und dem Garnisonsprediger zur seelsorgerischen Betreuung zugewiesen[1374].

Noch im Jahr 1800 fanden sämtliche Taufen und Trauungen in Stuttgart in der Stiftskirche statt. Bei 816 Geburten und 177 Eheschließungen in jenem Jahr wurden in dieser Kirche fast täglich Kinder getauft und alle paar Tage ein Brautpaar eingesegnet. Bei der Vornahme der Taufe wechselten die beiden Helfer (die zweiten Geistlichen) turnusmäßig mit dem Helfer an der St. Leonhards- und an der Hospitalkirche ab. Beinahe alle Kinder wurden in der Kirche und nur ganz wenige zu Hause getauft. Die Trauungen oblagen dem Pfarrer von St. Leonhard. Er hielt regelmäßig am Dienstag in der Stiftskirche eine Predigt und traute anschließend die Brautpaare. Die neu an die St. Leonhardskirche und an die Hospitalkirche berufenen Geistlichen wurden durch den Stiftsprediger investiert. Gewöhnlich begann die Laufbahn eines Stuttgarter Geistlichen als Diakon (Helfer) an St. Leonhard, sie führte ihn dann über die Hospitalkirche und schließlich als Diakon oder Archidiakon an die Stiftskirche[1375].

Das Jahr der Erhebung Württembergs zum Königreich 1806 bedeutete für Stuttgart auch in kirchlicher Hinsicht eine einschneidende Zäsur. Die Stiftskirche verlor die ausschließlichen Pfarrechte. Die St. Leonhardskirche und die Hospitalkirche traten ihr als Parochialkirchen (Pfarrkirchen) gleichrangig zur Seite. Daneben gab es noch die Hofkirche (Hofkapelle) und die Garnisonskirche, in denen gleichfalls Taufen und Trauungen vorgenommen wurden. Das bisherige Spezialat (Dekanat) wurde in ein Stadt- und Amtsdekanat aufgespalten[1376]. Dem stark angewachsenen königlichen Hofstaat reichte die evangelische Hofkapelle im Alten Schloß nicht mehr aus. König Friedrich ließ deshalb die ehemalige Akademiekirche als Hofkirche herrichten[1377]. Erst 1865 übernahm die Kirche im Alten Schloß wieder ihre frühere Funktion als Gotteshaus für den Hof[1378].

Die 139 Jahre alte Orgel in der Stiftskirche befand sich 1807 in einem desolaten Zustand. König Friedrich überließ der Stiftskirche deshalb die Orgel der Zwiefaltener Klosterkirche. Die Orgel war 1737 von Meister Martin in Hayingen, einem Schüler des Orgelmachers Gabler in Ravensburg, der die große Orgel in Weingarten geschaffen hatte, gebaut worden; sie verfügte über 64 Register und 6 372 Pfeifen. Damit besaß die Stiftskirche nach Weingarten die größte Orgel des Landes. Ein Teil der alten Stiftskirchenorgel wurde zu einem neuen Instrument gestaltet und diente später zur musikalischen Umrahmung der Gottesdienste in der Hospitalkirche[1379].

Geistliche

Die Geistlichen der Stuttgarter Kirchen genossen hohes Ansehen. Ihr Wort hatte großes Gewicht. Etliche von ihnen scheuten sich auch nicht, ihrem Landesherrn entgegenzutreten, wenn sie meinten, er weiche vom Pfad christlicher Tugend und Sittlichkeit ab. Johann Reinhard Hedinger (1664–1704), zuletzt Hofprediger und Konsistorialrat in Stuttgart, war ein hervorragender Theologe. Er gab ein Kirchengesangbuch und ein Spruchbuch für die Schulen heraus. Sein Hauptwerk, die Neuübersetzung des Neuen Testaments, legte Johann Albrecht Bengel seinem »Gnomon« zugrunde. Für ihn hatte sich der Landesherr eines christlichen Lebens zu befleißigen. Als einmal Herzog Eberhard Ludwig am Sonntag vor der Predigt in Damenbegleitung ausfahren wollte, empfand er dies als Feiertagsentheiligung. Mutig stellte er sich den Pferden des Herzogs entgegen, um ihn an einem solch sündigen Unterfangen zu hindern. Der Stuttgarter Hofgesellschaft war er ein unbequemer Mahner, sie suchte ihn einzuschüchtern, hatte damit aber keinen Erfolg[1380]. Bekannt ist der Fall des Helfers von St. Leonhard, Johann Georg Unkauff. Er weigerte sich 1706, Wilhelmine von Grävenitz, die Mätresse Herzog Eberhard Ludwigs, zum Abendmahl zuzulassen, und er begründete dies mit der »Impönitenz«, der Unbußfertigkeit, dieser Frau. Der Geheime Rat drohte dem mutigen Geistlichen Bestrafung an, das Konsistorium verwies ihm seine »Singularität und Eigensinnigkeit«, es warf ihm vor, er verstoße gegen die württembergischen Kirchenordnungen und Konstitutionen. Allein, Unkauff ließ sich nicht umstimmen[1381].

Johann Reinhard Hedinger (1664–1704), Hofprediger.

Unkauff war nicht der einzige Stuttgarter Geistliche, der in der Öffentlichkeit das Verhalten und den Lebenswandel der Geliebten Eberhard Ludwigs anprangerte. Etliche Jahre später taten dies auch der Hofprediger Samuel Urlsperger (1685–1772), der Hofkaplan Malblanc und dessen Nachfolger Oechslin[1382]. In seiner Reformationsfestpredigt am 30. Oktober 1717 äußerte Urlsperger: »Wenn man uns – sonderlich was die Höfe heutzutag größtenteils anbetrifft – nach dem Wandel beurteilen sollte, müßte man gewißlich schließen, daß gar kein Evangelium unter uns mehr anzutreffen seie ... und wenn wir Prediger nichts sagten, so würden endlich die Steine reden ...« Auf die Bitte der Grävenitz, sie in das Kirchengebet einzuschließen, erklärte der Hofprediger, dies geschehe bereits in der siebten Bitte des Vaterunsers (»und bewahre uns vor dem Bösen«). Seine Karfreitagspredigt 1718, in der er offensichtlich die Zustände am Stuttgarter Hof scharf kritisierte, erregte Herzog Eberhard Ludwig so sehr, daß er äußerte, er würde ihn am liebsten von der Kanzel herunterschießen. Der Hofprediger wurde verhaftet. Der Herzog verhängte das Todesurteil über den Unbotmäßigen, doch seine engsten Berater weigerten sich, einem derartig grotesken Akt fürstlicher Willkür zuzustimmen. Eberhard Ludwig mußte sich mit der Amtsenthebung Urlspergers begnügen. Der ehemalige Hofprediger fand später an der Hauptkirche der Reichsstadt Augsburg, der St. Annakirche, ein neues großes Wirkungsfeld. Seine Frau hatte übrigens, als sie von der ihrem Mann drohenden Todesstrafe hörte, erklärt, sie wolle lieber die Witwe eines Märtyrers als die Frau eines Verleugners Christi sein[1383].

Einer der großen Prediger Württembergs im 18. Jahrhundert war Georg Konrad Rieger (1687–1743), zuletzt Spezial und Hofprediger in Stuttgart. Seine Postillen, Matthäuspredigten und andere aus seiner seelsorgerischen Tätigkeit hervorgegangenen Schriften fanden noch lange nach seinem Tod viele dankbare Leser[1384]. 1734 gab ihm der Kirchenvisitator das Zeugnis, er verfüge über solide Studien, also über eine fundierte theologische Gelehrsamkeit, dringe auf ein rechtschaffenes Christentum, sei in seinem Amt nicht ohne Segen und lebe evangelisch. Dies war ein hohes Lob, wie es in gleicher Weise damals offenbar nur wenigen seiner Amtsbrüder zuteil wurde. Der impulsive Mann tat sich mit der Einhaltung der strengen kirchlichen Ordnungen schwer. Wiederholt geriet er in Konflikt mit der Obrigkeit. 1738 wurde ihm etwa vorgeworfen, er habe etliche Personen ohne zuvor eingeholte Erlaubnis

Georg Konrad Rieger (1687–1743), Spezialsuperintendent und Hospitalprediger.

Karl Heinrich Rieger (1726–1791), Stiftsprediger und Konsistorialrat.

in Privathäusern »kopuliert« (getraut). Auch hatte er Trauungen in der St. Leonhardskirche vorgenommen, obwohl solche nur in der Stiftskirche gestattet waren. Unerfreulich war ein Streit, den er 1739 mit dem Spezial, zugleich Konsistorialrat und Prälaten Faber hatte. Dieser hatte ihn bei der Organistenwahl hintangesetzt und in seine pfarrherrlichen Rechte eingegriffen. Dies ließ er sich nicht gefallen. Die schuldige Subordination gegenüber Vorgesetzten vergessend, wehrte er sich vehement. Die geistliche Obrigkeit mußte ein Machtwort sprechen. Gelegentlich setzte sich Rieger auch über die ihm lästige Zensur hinweg. 1738 ließ er beispielsweise eine anläßlich der Hinrichtung von Jud Süß Oppenheimer gehaltene Predigt in Druck gehen, ohne sie zuvor dem Konsistorium zur ordnungsgemäßen Zensur vorgelegt zu haben[1385].

Der Sohn Georg Konrad Riegers war Karl Heinrich Rieger (1726–1791). Er trat durch Schriften zur Bibelkunde und zur christlichen Erbauung hervor. Wie sein Vater zeichnete er sich durch einen beispielhaften christlichen Lebenswandel aus, gleichzeitig aber auch durch ein ungewöhnlich hohes Engagement tätiger Nächstenliebe. Als Hofkaplan kannte er keine Furcht, wenn es galt, Mißstände beim Namen zu nennen und der Hofgesellschaft den Spiegel vorzuhalten. Dies tat er, solange sein Bruder, Oberst Philipp Friedrich Rieger, bei Herzog Carl Eugen in höchster Gunst stand, doch auch, als dieser in Ungnade gefallen war und eine schimpfliche Behandlung zu erdulden hatte. Im Konsistorium war er der unbeugsamste Verteidiger altkirchlicher Tradition. Wenn die bisherige württembergische Liturgie fast unverändert beibehalten wurde, so hatte daran sein Votum entscheidenden Anteil[1386].

Nachfolger Riegers im Amt des Stiftspredigers war Ernst Urban Keller (1730–1812), zuvor Spezial in Lauffen am Neckar. Der als ein edler, menschenfreundlicher Charakter gerühmte Theologe bemühte sich sehr um die Aufrechterhaltung der rechten Lehre. Der Aufklärung zuneigend, erwarb er sich große Verdienste um das deutsche Schulwesen. Aufschluß über seine geistige Orientierung gibt eine mehrfach neuaufgelegte Schrift »Das Grab des Aberglaubens«. Sorgen machte er sich wegen des um die Wende vom 18. zum 19. Jahrhundert zunehmend Anhänger gewinnenden kirchlichen Separatismus. Er suchte sich zwar ein unanfechtbares Urteil zu bilden und ermahnte anfänglich seine Kollegen zur Mäßigung, doch empfahl er später auch harte strafrechtliche Maßnahmen gegen Separatisten, ja sogar deren Landesverweisung[1387].

Bei den württembergischen Akademikern gaben noch um 1770 die Theologen schon durch ihre große Zahl den Ton an. Hinzu kam, daß etwa die Hälfte der Nichttheologen unter diesem herausgehobenen Personenkreis zumindest eine theologische Grundausbildung in den Klosterschulen und im Stift erhalten hatte[1388]. Die Geistlichen unterschieden sich damals schon äußerlich durch ihre Kleidung von der übrigen Bevölkerung. Speziale und Prälaten trugen einen schwarzen Mantel. Ihren Kopf zierte eine schneeweiße gepuderte, in herabwallende Locken gelegte Perücke. Diese war noch immer ein Attribut der Geistlichen, wogegen die Angehörigen anderer gehobener Berufe längst zum niedrigen Toupet mit Zopf und Bandschleife übergegangen waren[1389].

Um den Geistlichen ein standesgemäßes Leben zu ermöglichen, wurden ihnen meist stattliche Häuser als Dienstwohnungen eingeräumt. Besonders gut war der Pfarrer von St. Leonhard gestellt. Er bewohnte seit 1743 ein von dem Landschaftskonsulenten Johann Friedrich Stockmayer um 4300 fl gekauftes Haus beim Hauptstätter Tor. Dieses Haus bestand aus vier Stuben mit eisernen Öfen, einer Küche, einem Saal, einer Sommerstube, elf Kammern, einem Kutscherhaus, einer Holzlege, einem Hühnerstall, einem gewölbten Keller, in dem sich Fässer mit einem Fassungsvermögen von insgesamt 300 Eimern (90000 Litern) befanden, sowie einer »beschlossenen« und einer offenen Bühne. Zu dem Haus gehörten ein Waschhaus, eine Stallung im Hof sowie ein Gras- und Küchengarten hinter und neben dem Wohngebäude. Das alte, offenbar weniger geräumige Pfarrhaus war 1742 um 1800 fl verkauft worden[1390].

Kirche und Alltag

Wie schon im 17. Jahrhundert gab es ein überreichliches Angebot an Gottesdiensten. In der Stiftskirche wurde täglich Gottesdienst gefeiert: am Montag um 9 Uhr Betstunde ohne Predigt, am Dienstag Predigt, im Anschluß daran die Trauungen, am Mittwoch um 9 Uhr Predigt, am Donnerstag um 11 Uhr »Katechisation« (Religionslehre), am Freitag, außer an Bußtagen, Predigt um 9 Uhr, am Samstag, wenn keine Vorbereitungspredigt zu halten war, nachmittags um 2 Uhr die sogenannte Vesperlektion. Diese bestand in einer fortlaufenden Schriftauslegung an Hand eines »Bibelwerkes« (richtig wohl: Bibelworts), der sogenannten württembergischen Summarien, die in ihrer ersten Form der Stiftsprediger Schülin mit einigen Freunden verfaßt hatte[1391]. An Sonn- und Feiertagen wurde in der Stiftskirche, ebenso in den beiden anderen Kirchen mehrmals gepredigt. An Festtagen fand, zumindest in der Stiftskirche, dreimal Gottesdienst statt: vor- und nachmittags sowie abends. Die lange nur in der Stiftskirche übliche Abendpredigt wurde im Jahr 1700 auf die beiden anderen Kirchen ausgedehnt. 1705 ernannte Herzog Eberhard Ludwig den ersten Hofkaplan, auch stimmte er der Einführung eines sonntäglichen Nachmittagsgottesdienstes in der Stiftskirche zu. Um 1770 wurden in den drei Stuttgarter Kirchen im Jahr nicht weniger als 1040 Predigten gehalten – eine für heutige Verhältnisse kaum noch vorstellbare Zahl. Als eine gewisse Erleichterung empfanden es die Stuttgarter bereits, als 1799 die Feiern des Gründonnerstags, des Oster- und Pfingstmontags, der Marien- und Aposteltage, der Johannes dem Täufer und dem Märtyrer Stephanus gewidmeten Feiertage auf eine kurze Predigt mit Katechisation beschränkt wurden. Seit 1706 war für die Stiftskirche ein eigener Mittwochsprediger bestellt. Er hatte am Mittwochvormittag und, wenn auf den Donnerstag ein Feiertag fiel, am Freitag zu predigen. Das Amt des Mittwochspredigers bekleideten ununterbrochen Professoren des Gymnasiums. Als dann 1795 die Verbindung von Kirchen- und Schuldienst gelöst wurde, versahen dieses Amt bis zu seiner Aufhebung 1806 die beiden Stadtvikare. Gewissermaßen als Ersatz für die weggefallene Mittwochspredigt wurde 1806 die wöchentliche Betstunde auf Mittwochvormittag zwischen 11 und 12 Uhr verlegt und an dem nun gottesdienstfreien Montag von 11 bis 12 Uhr eine Katechisation mit den Armenkastenschülern gehalten. Erst zu Beginn des 19. Jahrhunderts strich man die sonntägliche Nachmittagspredigt. Große kirchliche Bedeutung kam den Bußtagen zu, bei denen zwischen den ordentlichen, d.h. regelmäßig stattfindenden, und den außerordentlichen (nach Naturkatastrophen, in Kriegsnot usw.) unterschieden wurde[1392].

Die kirchliche Obrigkeit ermahnte immer wieder die Geistlichen, nicht zu lange zu predigen – leider nur mit mäßigem Erfolg[1393]. Mit den an die Predigtgottesdienste anschließenden Katechisationen war es in Stuttgart schon im 17. Jahrhundert schlecht bestellt gewesen. Hier trat auch in der Folgezeit keine Besserung ein. Die Kinderlehre war gleichfalls wenig beliebt, und dies verhinderte eine gedeihliche Entwicklung[1394]. Zu den sonn- und feiertäglichen Kinderlehren fand sich nur eine kleine Schar von Besuchern ein. Die älteren Gemeindeglieder fehlten fast ganz, ebenso die reifere Jugend. Die Ordnung, nach der die ledigen jungen Mädchen und Männer bis zum vollendeten 25. Lebensjahr an dieser kirchlichen Lehrveranstaltung teilzunehmen hatten, ließ sich auf dem Land durchsetzen, nicht aber in Stuttgart. Ermahnungen und Drohungen fruchteten wenig. 1723 erschienen zur Kinderlehre lediglich kleine Kinder. 1747 stellte der Kirchenvisitator mißbilligend fest: »Die Schuldiener und Schuldienerinnen samt ihrer zahlreichen Jugend versäumen die Kinderlehre.« Den Lehrern, vor allem aber den Präzeptoren des Gymnasiums, widerstrebte es, die Kinder »in procession« in die Kirche zu begleiten. Wenn überhaupt Kinderlehre, dann wäre es zumindest den Präzeptoren sehr viel lieber gewesen, wenn diese von der Stiftskirche ins Gymnasium verlegt worden wäre. Das jährliche Kinderexamen, das »Pfingstexamen«, wurde vor, später nach der Abendpredigt abwechselnd in einer der drei Kirchen abgehalten. Dieses Examen war aber den Kindern wenig förderlich und trug auch kaum zur Festigung ihres religiösen Sinnes bei, störte andererseits den ordentlichen Abendgottesdienst und verursachte unnötige Kosten. Man ließ es deshalb 1750 in aller Stille eingehen. Hingegen wurde das Katechismussprechen beibehalten, weil man in ihm ein »Stück religiöser Jugenderziehung« sah[1395].

Gut besucht waren im allgemeinen die Sonn- und Feiertagsgottesdienste, schlecht jedoch die Werktagsgottesdienste. Zu den Mittwochspredigten fanden sich kaum zehn bis 20 Personen ein, zu den Betstunden und Vesperlektionen kam mitunter kaum jemand[1396]. 1723 bemängelte der Visitator die »enorme« Vernachlässigung der Abendpredigten durch die Männer. Während die Frauen die Morgenpredigten wegen ihres »Putzes«, mit dem sie nicht fertig würden, versäumten, blieben die Männer »um ihrer Bequemlichkeit willen«, wegen Spielens, »Auslaufens und Ausgehens ins Feld« den abendlichen Gottesdiensten fern[1397]. Gegen Ende des 18. Jahrhunderts häuften sich die Klagen über den mangelhaften Gottesdienstbesuch selbst an Sonntagen. Der Spezial suchte den Grund dafür in der Einführung des »Komödiantenwesens«, der öffentlichen Schauspiele und Redouten. Nur ganz wenige Hörer zogen die Wochengottesdienste an, und selbst die Feiertagspredigten hatten an Attraktivität verloren. An den Feiertagen hielten die Handwerksburschen ihre Zusammenkünfte ab, und sie zeigten wenig Neigung, ihr unbeschwertes geselliges Beisammensein mit Essen und Trinken durch den ihnen nahegelegten Besuch der Mittagspredigt zu unterbrechen. Als besonders ärgerlich empfand es die geistliche Obrigkeit, daß just an dem Johannes dem Täufer gewidmeten Feiertag in Berg ein Markt stattfand, zu dem die halbe Stadt, namentlich aber die jungen Leute, hinauswanderten. 1744 nannte sie das Berger Zollhaus ein »Rendezvous der Ausgelassenheit des ledigen Gesindes« an Sonn- und Feiertagen, und sie meinte, dem Übel sei schwer beizukommen, da die Jurisdiktion zwischen Stuttgart und Cannstatt geteilt sei. Sie prangerte auch an, daß die Weingärtner an den Bußtagen auf ihren Grundstücken blieben, gingen sie jedoch heim, dann kamen sie nicht zum Gottesdienst, sondern legten sich auf das »Lotterbett«[1398].

In der St. Leonhardskirche und in der Hospitalkirche wurden die Betstunden durch Vikare gehalten. Nachdem man schon 1684 von den täglichen Betstunden abgekommen war, führte man sie 1702 wieder ein. Seit 1715 begnügte man sich mit einer Betstunde in der Woche[1399]. Beunruhigende Elementarereignisse veranlaßten die Regierung, außerordentliche Bußgottesdienste anzuordnen, so am 1. Mai 1756 nach »mehrmal entstandenen, ganz erschröcklichen Erdbeben«, wobei sie besonders auf die Verheerungen hinwies, die das Erdbeben in Lissabon am 11. November 1755 angerichtet hatte[1400].

Taufen fanden regelmäßig am Schluß der Gottesdienste statt: entweder nach der Abendpredigt am Sonntag oder nach einem Wochengottesdienst. Haustaufen wurden gewöhnlich nur im Krankheitsfall zugestanden. Das Militär setzte jedoch zunehmend die Haustaufe durch[1401]. Am Sonntag Quasimodogeniti 1723, dem 4. April jenes Jahres, wurde in Stuttgart erstmals die Konfirmation gefeiert, nachdem Ende 1722 diese neue kirchliche Feier vom Herzog befohlen worden war. Ein erstes Konfirmationsbüchlein war gleichfalls schon 1722 erschienen. Ein neuer Katechismus wurde 1788 herausgebracht[1402].

Im 18. Jahrhundert war in der evangelischen Kirche Württembergs die Einzelbeichte noch üblich. Im Anschluß an die öffentliche Beichte der Gemeinde empfing der Pfarrer in der Sakristei der Stiftskirche seine Pfarrangehörigen zur Privatbeichte. Gegen Ende des Jahrhunderts kam man allmählich von der Einzelbeichte ab, nur die allgemeine Beichte als Eingang bzw. als geistliche Vorbereitung zum Abendmahl blieb[1403]. Beim Empfang des »heiligen Abendmahls« wurde ein dem hohen Rang dieses kirchlichen Sakraments angemessenes würdiges Verhalten erwartet. Dies war indes häufig nicht der Fall. Wiederholt wurde geklagt, daß es vor allem Frauen an dem notwendigen Ernst fehlen ließen, daß sie zum Altar drängten oder unpassende Kleidung trugen. 1723 hieß es, daß »das Frauenzimmer« – gemeint war eine größere Zahl von Frauen – nicht nur in den Gottesdiensten »auf ärgerliche Art und Weise entblößet dasitzet, sondern auch auf solche Art und mit großem scandalo zu dem Altar zu Empfahung des heiligen Abendmahls hinzunahen sich erfrecht«. Gefeiert wurde das Abendmahl an gewöhnlichen Sonntagen abwechselnd in einer der drei Kirchen, an Festtagen aber ausschließlich in der Stiftskirche[1404]. Ein strenges Auge hatte die geistliche Obrigkeit auf »Sakramentsverächter«.

Abendmahlsgeräte aus der evangelischen Schloßkirche.

1745 wurde in Erfahrung gebracht, daß ein Schneider Binder sechs Jahre lang nicht beim Abendmahl gewesen war. Der Synodus ordnete seine Vorladung vor den Kirchenkonvent an. Gleichzeitig verfügte er, daß man die übrigen Verächter des göttlichen Worts und des heiligen Abendmahls »vigilieren« lasse (sie überwache) und sie dem Konsistorium anzeige. Von Zwangsmaßnahmen gegen solche Menschen riet jedoch 1763 Spezial Heller ab. Er hielt es bei der gegenwärtigen Verfassung der Stadt nicht für sinnvoll, gegen Leute, die nicht einmal freundliches oder ernstliches Zureden zur Teilnahme am Abendmahl bewegen könne, mit Drohungen oder Zwangsmitteln einzuschreiten[1405]. Andererseits zeigte sich das Konsistorium nicht bereit, soziale Außenseiter wie etwa Komödianten zum Abendmahl zuzulassen. 1772 hatte Pfarrer Schmidlin keine Bedenken gehabt, dies einigen Komödianten, die darum gebeten hatten, zu erlauben. Doch das Konsistorium legte sich quer, und es begründete seinen ablehnenden Bescheid mit dem anstößigen Beruf der Bittsteller, aber auch mit dem Aufsehen und Ärgernis, das eine Gewährung des Begehrens dieser Menschen in der Gemeinde errege. Pfarrer Schmidlin erhielt einen Verweis[1406].

Zu Beginn des 18. Jahrhunderts ließen sich in wachsender Zahl Stuttgarter Brautpaare, und zwar nicht nur Hof- und Kanzleibedienstete, sondern auch Bürger, auswärts, namentlich in den Dörfern der näheren Umgebung, trauen, obwohl sie in Stuttgart »proklamiert« (aufgeboten) worden waren. Dadurch entging den beiden deutschen Schulmeistern sowie dem Stiftsmesner ein Teil der »Akzidentien« (Nebeneinnahmen), die ihr kärgliches Einkommen aufbesserten. Ihre Forderung, die auswärts »Kopulierten« sollten ihnen dennoch ihre »Akzidentien« zukommen lassen, stieß auf taube Ohren oder wurde gar spöttisch abgewiesen. Der Spezial schätzte, daß sich 1705 von den rund 100 Stuttgarter Brautpaaren 40 bis 50 Prozent, und zwar gewöhnlich die wohlhabenderen, auswärts trauen ließen. Er unterstützte deshalb das Verlangen der Schulmeister und des Stiftsmesners. Da auch die Oberräte diesen Standpunkt teilten, erließ der Herzog ein entsprechendes Reskript[1407]. Möglicherweise bewog die ihnen auferlegte Zahlungsverpflichtung die meisten Brautpaare, daß sie sich in der Folgezeit wieder in Stuttgart »kopulieren« ließen. Jedenfalls kam es zu keinen weiteren Klagen der Schulmeister und des Stiftsmesners.

Noch immer war die Kanzel einer der wichtigsten Orte, wenn es galt, die Bürgerschaft an ihre Pflichten zu erinnern, sie zur Mitwirkung bei der Abstellung von Ordnungswidrigkeiten oder bei der Aufklärung von Verbrechen aufzufordern, aber auch um ihr wichtige Regierungsanordnungen und Neuigkeiten bekanntzugeben. Regelmäßig wurde von der Kanzel herab beispielsweise die Eheordnung verlesen, Mißstände im religiös-sittlichen Leben, die bei den Kirchenvisitationen festgestellt worden waren, zur Sprache gebracht. 1734 erregte das Auffinden einer Kindsleiche Aufsehen. Die Gemeinde wurde von der Kanzel aus aufgerufen, bei der Aufklärung des Verbrechens mitzuhelfen. 1741 und 1742 gaben etliche Kindsmorde und die überhandnehmenden Diebstähle den Anstoß zu Warnungen und Strafandrohungen von der Kanzel herab. 1757, im Siebenjährigen Krieg, mußten sich die Geistlichen als Sprachrohr der Regierung bei der Ergreifung von Deserteuren gebrauchen lassen. Zwei Jahre darauf hatten sie einen Befehl wegen der Stellung von Vorspannpferden weiterzugeben, 1808 einen Generalpardon für Fahnenflüchtige zu verlesen[1408].

Den Anlaß zu großen kirchlichen Festen boten Reformationsjubiläen. Am 31. Oktober 1717 wurde »das zweite Reformations-Jubelfest« begangen. Neben einer Vorlesung über das Leben Martin Luthers schrieb das Konsistorium zwölf Predigten vor: zwei in der Schloßkirche, vier in der Stiftskirche, je zwei in den beiden anderen Kirchen, eine in der Waisenhauskirche und eine in der Französischen Kirche. Im Gymnasium hielt Professor Weißmann eine Vorlesung über die »Rechtmäßigkeit und Notwendigkeit« der Reformation. Anschließend würdigten acht Schüler in kurzen Vorträgen in sechs Sprachen sowie in lateinischen und deutschen Versen die Kirchenreform Luthers. Hundert Jahre später, 1817, wurde in Festgottesdiensten wiederum der Einführung der Reformation 1517 gedacht. Am 25. Juni 1730 ordnete die Regierung ein Gedächtnisfest an; es sollte an die Übergabe der Augsburgischen Konfession vor zweihundert Jahren erinnern. Seit 1739 fand jährlich eine Reformationsgedenkfeier statt. 1805 trat an die Stelle des Verlesens der Augsburgischen Konfession eine Reformationspredigt. Obwohl keine Gefahr bestand, daß die Türken wieder in Deutschland einfielen, wurde 1718 von neuem das Läuten der Türkenglocke befohlen[1409].

Die Stiftsmusik vermochte in der ersten Hälfte des 18. Jahrhunderts weder im Bereich der Instrumental- noch in dem der Vokalmusik ihr früheres Niveau zu behaupten. 1728 äußerte sich Hofmusicus Bleßner recht geringschätzig über die Leitung der Stiftsmusik. Der Posten des Stiftsmusikdirektors sei schon früher eine »retirade« für alte, langgediente Hofmusiker gewesen, schrieb Bleßner, und hierbei hatte er ohne Zweifel vor allem die gegenwärtigen Verhältnisse vor Augen. Auch in den folgenden Jahrzehnten machte die Stiftsmusik wenig von sich reden. Die Stiftszinkenisten zogen vermutlich nicht ohne Grund die Bezeichnung Stadtzinkenisten oder Stadtmusiker als Berufsangabe vor. Bemerkenswert ist vielleicht, daß seit 1716 Mädchen und Frauen beim Chor mitwirkten. Wegen der schlechten Bezahlung fehlten freilich auch bei der Vokalmusik qualifizierte Kräfte. Um 1760 bestand der Chor aus Handwerkern, Handwerkerehefrauen und -töchtern[1410]. Streng wurde in der Zeit der Hoftrauer am Musikverbot festgehalten. So untersagte Herzog Eberhard Ludwig nach dem Tod seiner Schwester Eberhardine Luise am 26. März 1707 »die Schlagung der Orgel in den Kirchen zusamt der Figuralmusik als auch alle Spiel und Tänze bei Hochzeiten und anderen Zusammenkünften«[1411].

Die geistliche wie die weltliche Obrigkeit verlangten von der Bürgerschaft, daß sie die enggezogenen Grenzen christlicher

Moral und Sitte beachte. Sonn- und Feiertage stellten sie unter besonderen Schutz. Bis 1811 blieben die Stadttore während der Gottesdienste geschlossen. Wasserholen an den Brunnen, das »Kegelschieben« (Kegeln) und andere solche »Leibesübungen« waren verboten[1412]. Indes rissen trotz rigoroser Überwachung und vieler Strafen die Klagen über »Sabbatsentheiligungen« nicht ab. Ein Hauptübel sah die Geistlichkeit in den Wirtshäusern, zumal diese auch an Sonn- und Feiertagen Gästen offenstanden. Den schlechtesten Ruf hatten erstaunlicherweise zunächst die in der ersten Hälfte des 18. Jahrhunderts neu aufgekommenen Kaffeehäuser. In ihnen, so hieß es in einem Bericht, werde »der Tag des Herrn durch Spielen mit Karten, Würfeln, vornehmlich auf dem Billard, unter dem Gottesdienste, sonderlich aber in dem Rhenischen Kaffeehaus gegen dem Hirsch über [gegenüber dem Hirsch] von morgens an bis in die Nacht aufs äußerste entheiligt«. Überhaupt, so wurde festgestellt, leisteten die Kaffeehäuser der Unsittlichkeit Vorschub. Damals gab es auch Beschwerden wegen des »großen Zuwandels aus der Stadt« nach Heslach, Böhmisreute und in das Haus des Stadtrittmeisters »nächst der Stadt« und wegen des dort herrschenden »liederlichen Lebens«. Namentlich an Sonntagen nehme man dort »allerhand Geschrei und Tumult« wahr. Der Herzog befahl, den Dingen auf den Grund zu gehen und gegebenenfalls Mißstände abzustellen. Geklagt wurde ferner darüber, daß während der sonntäglichen Gottesdienste ein lebhafter Reit-, Fahr- und Fußgängerverkehr zu den Toren hinaus zu beobachten sei, daß in dieser Zeit das Vieh eingetrieben, daß in der Stadt umhergelaufen werde, daß Pack- und Milchwagen insbesondere von Cannstatt in die Stadt kämen. 1747 wurde Fuhrleuten gedroht, es werde ihnen, wenn sie mit ihrem Wagen vor dem Ende des Gottesdienstes anlangten, unter dem Tor ein Pferd ausgespannt. Als Sabbatsentheiligung wurde betrachtet, daß zwischen Morgen- und Abendpredigt Obst auf dem Markt verkauft wurde, daß die »Materialisten« ihre Geschäfte offenhielten, daß Schneider, Schuster und andere Handwerker am Sonntag in gleicher Weise wie am Werktag ihre Geschäfte trieben. Andererseits fühlten sich die Metzger und andere Handwerker beschwert, weil sie durch Kunden von den sonntäglichen Vormittagspredigten abgehalten wurden. Beruflich gefordert waren am Sonntagvormittag insbesondere auch die Barbiere und Perückenmacher. Eine Abweisung von Kunden konnten sie sich aber aus wirtschaftlichen Gründen nicht leisten[1413].

1722 stellte ein herzogliches Reskript ein Überhandnehmen von »Luderhäusern« in und außerhalb der Stadt fest, mit denen eine »höchst ärgerliche Sabbatentheiligung« verbunden sei. Der darüber angeforderte Bericht dürfte entsprechend ausgefallen sein. Im November 1730 rügte Herzog Eberhard Ludwig, daß einige Magistratspersonen die Gottesdienste in der Stiftskirche nur unfleißig besuchten, obwohl sie dort Amtsstühle besaßen, daß Metzger am »Sabbat vor und unter den Predigten« Fleisch aushauten, daß zur gleichen Zeit Lebensmittel verkauft wurden und daß am Sonntag während des Mittags- und Abendgottesdienstes in den Gassenwirtschaften ein »tumultuarisches« Treiben herrschte. Ferner prangerte er das sich immer mehr verbreitende »Fluchen und Schwören« an. Selbst Kinder, so ließ er sich vernehmen, die noch nicht reden könnten, würden bereits »schwören«. Im Februar 1739 ermächtigte der Herzog-Administrator den Stadtvogt, um der Sabbatentheiligung zu steuern, gegen Hof- und Kanzleibedienstete in gleicher Weise wie gegen Bürger, die sich dieses Vergehen zuschulden kommen ließen, einzuschreiten. Im Fall von Hof- und Kanzleibediensteten, über die ihm die Strafgewalt nicht zustand, hatte er bei deren Vorgesetzten Anzeige zu erstatten[1414]. 1740 wollte der Magistrat die Metzger daran hindern, künftig das von ihnen gekaufte Schlachtvieh am Sonntag durch die Tore in die Stadt zu treiben. Der »Sabbat«, so argumentierte er, sei allein dem Gottesdienst gewidmet, und die Metzger könnten ihr für die Sonn- und Feiertage benötigtes Fleisch sehr wohl auch schon während der vorausgehenden Woche kaufen. Der Herzog-Administrator sah dies indes nicht so streng. Er gestattete, daß die Metzger, vor allem wenn sich die Metzgerknechte verspäteten, ihr Vieh nach dem Abendgottesdienst an Sonn- und Feiertagen in die Stadt brachten. Die Metzger hatten sich aber zu verpflichten, ihren Hunden Maulbänder anzulegen, damit das störende Gebell vermieden werde[1415].

1785 wurde den Stuttgartern vorgeworfen, sie arbeiteten am Sonntag »unter der Morgen- wie unter der Abendpredigt« im Heu, und die Müller (wohl von Berg) bekamen zu hören, sie schickten ihre Mühlwagen »während der Kirche« in die Stadt[1416]. Ein herzogliches Reskript vom 14. Juni 1796 verbot an Sonn- und Feiertagen während der Gottesdienste jedes Geräusch und jedes Spiel, namentlich aber das Billard- und das Kegelspiel in den Wirts- und Kaffeehäusern. Immerhin gestand es den »Gast- und Kaffeewirten« zu, daß die bei ihnen einkehrenden auswärtigen Gäste die Nachmittagspredigt über bleiben und sich erholen durften, allerdings mußten sie sich still verhalten. Wenige Monate später sah ein Reskript eine wesentliche Ursache für die Entheiligung der Sonn- und Feiertage in dem wieder eingeschlafenen Umgang während der Gottesdienste sowie in dem »Ein- und Durchmarsch französischer und anderer Kriegsvölker«. Es rügte, daß Einwohner »während der Kirche« auf ihren Grundstücken arbeiteten, daß sie ihre Erzeugnisse ohne Not zu den Toren hereintrügen und -brächten, daß an den Weihnachtsfeiertagen (Thomastag) und sonntags darauf englische Kunstreiter »während der Kirche« ihre Darbietungen öffentlich gezeigt hätten. Um solch überhandnehmendes »Unwesen« wirksam zu bekämpfen, hatte das Militär den Umgang während der Gottesdienste zu übernehmen. Offensichtlich hatten jedoch diese Maßnahmen nur beschränkt Erfolg. 1797 wurden drei Schlosser und ein Metzger angezeigt, weil sie während der Gründonnerstagvormittagspredigt gearbeitet bzw. Vieh geschlachtet hatten. 1798 hielt die Kirchenvisitation fest, Metzger, Becken, Schreiner, Kübler, Schneider und andere Handwerker arbeiteten während der Gottesdienste »ungescheut auf ihren Berufen«, »viele müßige Jugend« schreie und spiele sogar neben den Kirchen auf den

Kirchgang um 1800.

Gassen herum, die Erwachsenen gäben ein schlechtes Exempel, sie seien schuld, wenn Kinder und junge Leute kein Gefühl für Religion und Gottesdienst bekämen. Im Dezember 1793 verfügte ein herzogliches Reskript, daß böse Kinder ihren Eltern oder Lehrern zur Bestrafung zu übergeben seien. Im Oktober 1801 führte die Stadt den während des Krieges erneut eingestellten Umgang an Sonn- und Feiertagen während des Gottesdienstes wieder ein[1417].

Im Dezember 1817 sah sich die königliche Oberpolizeidirektion veranlaßt, den Einwohnern die strenge Beachtung des Sonn- und Feiertagsschutzes in Erinnerung zu bringen. Im wesentlichen galten noch immer die alten Vorschriften: Verbot aller »werktägigen Geschäfte« im Feld oder zu Hause, Arbeitsverbot für Schuster, Schneider, Rotgerber, Hafner und Weber, ebenso für Näherinnen und Wäscherinnen, Hausierverbot, Handelsverbot für Juden, Verbot des Be- und Entladens von Güterwagen, weil diese zu den »werktägigen Arbeiten« gehörten. Die Bäcker durften zwar auch am Sonntag backen, mußten aber bis morgens 8 Uhr damit fertig sein. Den Metzgern war untersagt, nach 8 Uhr Fleisch abzugeben oder in das Schlachthaus zu »führen«. Schlachtvieh durften sie erst nach dem Abendgottesdienst in die Stadt bringen. Während der Vor- und Nachmittagspredigt blieben die »Kauf- und Handels-, auch andere Gewerbsläden« geschlossen. Dagegen war der Verkauf von Obst und »Viktualien« während der Vormittags- und Abendpredigt gestattet, es galt jedoch Zechverbot in den Wein-, Bier- und Kaffeehäusern[1418].

Zu Beginn des 18. Jahrhunderts besaß die Geistlichkeit noch das Strafinstrument des Kirchenbannes, d. h., sie konnte ein Gemeindeglied wegen besonders unchristlichen Verhaltens vom gottesdienstlichen Leben, namentlich von der Teilnahme am Abendmahl, ausschließen. Sie machte aber von ihm kaum Gebrauch. 1703 sollte die Exkommunikation über den Handelsmann David Schweitzer ausgesprochen werden, weil er seinem Beichtvater Härlin in unversöhnlich trotziger Weise begegnet war. Doch offensichtlich kam es nicht soweit. Die zuvor noch von der Kanzel aus für ihn eingelegte Fürbitte empfand Schweitzer als schlimmer, und er zeigte sich daraufhin zu einer gewissen Nachgiebigkeit bereit[1419]. Die in anderen württembergischen Städten und Landgemeinden unnachsichtig praktizierte Kirchenzucht wurde in Stuttgart nur locker gehandhabt. Bei einem der seltenen Fälle, in denen sie angewandt wurde, handelte es sich um ein Mädchen, das 1723 des zweimaligen Ehebruchs überführt war und deshalb öffentlich Kirchenbuße tun mußte[1420]. 1727 stellte der Stadtvogt in einem Bericht an den Herzog mißbilligend fest, in Stuttgart sei weder im Bereich des Polizeiwesens noch in dem der Kirchendisziplin Ordnung zu halten[1421]. Sicher bewirkte es nur wenig, wenn der Synodus fast Jahr für Jahr scharfe Predigten gegen »Verächter göttlichen Worts« empfahl[1422].

Schärfere Maßnahmen als gegen Lebende wurden gegen Tote ergriffen, wenn diese ein »gott- und ruchloses Leben« geführt und unbußfertig gestorben waren. Bei Lebenden bestand stets noch die Möglichkeit der »Umkehr«, nicht so bei Toten. Ein Bettelvogt, der offensichtlich ein uneinsichtiger »Verächter göttlichen Worts« gewesen war, starb Anfang November 1714. Auf herzoglichen Befehl wurde der »Bösewicht« – welcher Art sein schlechter Lebenswandel gewesen war, wurde nicht gesagt – am Samstagnachmittag nach 12 Uhr durch die Bettelvögte, seine Arbeitskameraden, »ohne Sang und Klang« sowie ohne Geleit durch die Seinigen auf dem äußeren Friedhof von St. Leonhard an einem ganz separaten Ort – »locum separatissimum« – an der Seite anderer Übeltäter »verscharrt«. Am folgenden Sonntag hatte dann der Pfarrer von St. Leonhard oder einer der Diakone »eine ernstliche Warnungspredigt von dem unseligen Leben und Tod des Gottlosen zu halten und dabei das entsetzliche Exempel eines verstockten Sünders beweglich vorzustellen«[1423].

Trotz harter Strafandrohungen kam es gelegentlich zu Kirchendiebstählen. Am 28. Oktober 1760 wurde nach dem Vormittagsgottesdienst in der Stiftskirche zwischen 11 und 12 Uhr das scharlachrote Altartuch mit seiner goldenen Bortierung auf beiden Seiten abgeschnitten und geraubt. Dreieinhalb Jahre später war bereits wieder ein Diebstahl in der Stiftskirche zu beklagen: die Altar- und Taufsteintücher mit ihren goldenen Borten. Betrug der Schaden des ersten Diebstahls 36 bis 40 fl, so lag der zweite mit 150 fl sehr viel höher. Damals wurde das Gotteshaus an Sonn-, Feier- und Festtagen morgens um 8.30 Uhr beim ersten Läuten geöffnet und blieb, da ein Gottesdienst auf den anderen folgte, bis nach dem Abendgottesdienst offen[1424].

Im Verhältnis zur Gesamtbevölkerung war die Zahl der so häufig angeprangerten »Verächter göttlichen Worts« gering. Die meisten Einwohner unterwarfen sich mehr oder weniger willig den Anordnungen der Obrigkeit, die Gottesdienste regelmäßig zu besuchen und sich am sonstigen kirchlichen Leben zu beteiligen. Freilich, der religiöse Eifer ließ bei vielen sehr zu wünschen übrig. Sie beugten sich dem Zwang, das Übermaß an Gottesdiensten aber empfanden sie als Last, und bei der Predigt hörten sie allenfalls mit halbem Ohr hin, zumal sie nicht selten, bedingt durch harte Arbeit und ein gerüttelt Maß an Sorgen, müde und abgespannt in die Kirche kamen und froh waren, sich hier ein wenig ausruhen zu können. Die Geistlichen andererseits klagten über die mangelnde Aufmerksamkeit ihrer Hörer und über deren Unpünktlichkeit. Ein ärgerlicher Schlendrian riß bei den Hochzeiten ein. Die Brautleute, ihre Angehörigen und Freunde hielten sich nicht an die vereinbarte Zeit. Sie kamen mit großer Verzögerung, manchmal bis zu zwei Stunden, in das Gotteshaus. Der Pfarrer von St. Leonhard, der die Trauungen am Dienstag vorzunehmen hatte, aber auch die Gottesdienstbesucher fühlten sich durch solche Hochzeitsleute sehr belästigt. Der Synodus ordnete deshalb 1739 an, daß der Pfarrer mit seiner Predigt präzise um 10 Uhr beginnen sollte, gleichgültig ob die »Copulandos« nun da waren oder nicht. Säumige Brautleute aber hatten künftig eine Geldstrafe von 6 Pfund Heller in den Armenkasten zu entrichten[1425].

Schüler und Jugendliche störten die Sonntags- und Wochengottesdienste durch allen möglichen Unfug und durch laute Unterhaltung. 1723 wurde geklagt, die Orgelemporen seien zum »allgemeinen Schwätzbiegel« geworden. Junge Leute fänden sich dort zusammen und machten öfters einen solchen Tumult, daß die Gottesdienstbesucher in ihrer Andacht sehr beeinträchtigt würden. Um 1786 waren es dann vor allem die Gymnasiasten, die sich als Unruhestifter hervortaten; sie erhielten deshalb einen anderen Stand angewiesen, der es ermöglichte, sie besser zu überwachen. Freilich schon früher hatten Gymnasiasten allerhand Ärger verursacht. So hatten sich 1708 etliche von ihnen an Sonn- und Feiertagen, zum Teil zwischen den Predigten, mit Zechen und Spielen die Zeit vertrieben. Oft machten auch die an den Kirchen vorüberfahrenden Kutschen der Adligen einen solchen Krach, daß die jeweilige Predigt im Getöse beinahe unterging und die Hörer kaum etwas mitbekamen[1426].

In einer fürstlichen Residenzstadt ließ sich der sittliche Rigorismus, wie ihn die württembergische Landeskirche ihren Gliedern auferlegte, nur schwer durchsetzen. Die Geistlichkeit führte einen unentwegten Kampf, um der wachsenden Sittenverderbnis, wie sie ihr vor Augen stand, entgegenzusteuern. Große Sorge bereitete ihr der am Hof Eingang findende Karneval. Sie ließ es an deutlichen Worten nicht fehlen. Herzog Eberhard Ludwig spielte Anfang 1722 die bevorstehenden Lustbarkeiten, namentlich auch die Verkleidungen, ziemlich herunter. Es handle sich, so ließ er verlauten, um gar keinen Karneval, auch würden keine »liederlichen canailleusen Personen« zugelassen, so daß jeder Skandal verhütet werde. Die Pfarrer sollten sich deshalb davor hüten, »Anzügliches« auf den Karneval vorzubringen[1427]. 1728 erwirkte die Stuttgarter Geistlichkeit, um künftig Ärgernisse und Exzesse zu verhindern, beim Herzog ein Verbot der Gartenwirtschaften[1428].

Schon zu Beginn des 18. Jahrhunderts hatte der Synodus immer wieder auf die Gefahren der zunehmenden Unsittlichkeit aufmerksam gemacht und strenge Maßnahmen zur Erhaltung von Zucht und Ordnung gefordert. Nach dem Regierungsantritt des jugendlichen Herzogs Carl Eugen 1744 aber fand sich die Geistlichkeit in ihren düstersten Prophezeiungen bestätigt. 1759 schrieb der Dekan in seinem Pfarrbericht: »Stuttgart ist ein Sodom geworden, wo die allerärgsten Greuel vorgehen. Der höchste Grad ist erreicht. Da ist nicht mehr ein Schatten äußerer Ehrbarkeit vorhanden«. Im folgenden Jahr sprach er davon, daß die Sünden des Ehebruchs und der Hurerei »im Schwange gingen«. Die Gemeinde müsse öffentlich und privatim vor diesen schändlichen Verfehlungen gewarnt werden. Libertinismus, Gleichgültigkeit gegen den öffentlichen Gottesdienst, Schamlosigkeit in Werken der Unzucht, einen immer stärker hervortretenden Hang zu Üppigkeit und Wollust selbst in den unteren Bevölkerungsklassen warf die geistliche Obrigkeit gegen Ende des 18. Jahrhunderts den Stuttgartern vor. Allerdings mußte sie auch einräumen, daß noch immer eine vielseitige Frömmigkeit vorhanden sei. Höchst besorgniserregend erschien dem zuständigen Dekan, daß der Anteil der unehelichen Geburten an der Gesamtzahl der neugeborenen Kinder in manchen Jahren 10 Prozent erreichte oder gar überschritt. 1790 behauptete er, das Siechenhaus werde durch Dirnen ganz ruiniert, weil sich diese immer wieder dort aufnehmen ließen und schließlich dort auch starben[1429]. Der Pfarrer von Feuerbach stellte damals einen starken unmoralischen Einfluß der Stuttgarter auf die Bewohner der Nachbarorte fest[1430].

Eine Mitschuld an dem zunehmenden sittlichen Verfall gab die Geistlichkeit dem Stuttgarter Kirchenkonvent. Mit seinen Hauptverhandlungsgegenständen, den Stiftungs- und Armensachen, befasse sich dieser kaum noch. Gewöhnlich halte er nur zwei bis drei Sitzungen im Jahr ab, 1785 habe er es mit Mühe auf fünf bis sechs gebracht. Einwohner, die aufs gröbste gegen die Sonntagsheiligung verstoßen hätten, gingen straffrei aus, wenn sie zur Anzeige gebracht würden. So hatte der Kirchenkonvent einen Schmied, der während der Sonntagsfrühpredigt so laut hämmerte, daß es der Dekan auf der Kanzel hörte, damit entschuldigt, dieser habe Herrschaftsarbeit verrichten müssen. Dabei hätte der Schmied, schrieb der Dekan verärgert, leicht eine Stunde früher aufstehen und seine Arbeit wenigstens während der Predigt ruhen lassen können[1431].

Daß die Geistlichen vor allem die negativen Erscheinungen im religiös-sittlichen Leben sahen und sie bekämpften, nimmt nicht wunder. Es wirkt deshalb wohltuend, wenn ihre nicht gerade objektiven Urteile von anderer Seite korrigiert bzw. etwas ins Lot gebracht werden. Von Gewicht dürften die Feststellungen von G. Cless und G. Schübler sein. Sie attestierten 1814 in ihrem »Versuch einer Medizinischen Topographie der Königlichen Haupt- und Residenzstadt Stuttgart« allen Bevölkerungsklassen »Sinn für Religion« und zugleich »Verachtung für den Freigeist und Gotteslästerer«. Die Kirchen seien voll von andächtigen Zuhörern. Auch herrsche zwischen den verschiedenen Religionsparteien gegenseitige Toleranz[1432].

Eine für Stuttgart bedeutsame Einrichtung wurde am 1. Dezember 1812 mit der Württembergischen Bibelanstalt ins Leben gerufen. Dr. Karl Friedrich Adolf Steinkopf, ein gebürtiger Stuttgarter und Sekretär der englischen Bibelgesellschaft in London,

Das Haus der Württembergischen Bibelanstalt 1832.

hatte die Gründung angeregt. Dank großzügiger finanzieller Beiträge von privaten Stiftern und insbesondere durch ein Geschenk von 500 Pfund Sterling, das die englische Bibelgesellschaft übersandte, konnte die Anstalt 1814 mit dem Druck von 10 000 Bibeln und 2 000 Neuen Testamenten beginnen[1433]. Im Herbst 1816 wurde in Stuttgart als Zweig des Basler Missionsvereins eine Missionsgesellschaft gegründet. Sie kam für die Ausbildungskosten von zwölf Missionszöglingen in Basel sowie für den Unterhalt eines Missionars auf. Ihr Jahresfest feierte sie zusammen mit der Bibelanstalt[1434].

Friedhöfe, Bestattungswesen

Beim Bestattungswesen beanspruchte die geistliche Obrigkeit auch im 18. Jahrhundert ein entscheidendes Mitspracherecht. Sie bestimmte, wann, wo und wie die Verstorbenen beerdigt wurden. Auf den Friedhöfen der Stadt – Beisetzungen in den Kirchen waren seit 1700 ohne herzoglichen Spezialbefehl nicht mehr erlaubt[1435] – durften nur Angehörige der evangelisch-lutherischen Kirche begraben werden. Ein besonderes Entgegenkommen bedeutete es deshalb, wenn 1700 auf dem Lazarettfriedhof an einer bestimmten Stelle auch Katholiken bestattet wurden[1436]. Im allgemeinen zogen es aber die Katholiken vor, auf den Friedhöfen der katholischen Nachbarorte Hofen und Oeffingen beerdigt zu werden, zumal ihnen dort anders als in Stuttgart ein feierliches Begräbnis nach katholischem Ritus nicht verweigert wurde.

Die bürgerliche Oberschicht legte größten Wert auf eine standesgemäße Bestattung. Recht eigenartig, um nicht zu sagen skurril, mutet ein dem Herzog vorgelegter Bericht des Stadtvogts vom 23. April 1714 an, in dem dieser Anspruch ausdrücklich vertreten, ja verteidigt wurde. Die Gerichts- und Ratsverwandten, so schrieb der Stadtvogt, hätten »seit unvordenklichen Zeiten« das Privileg genossen, daß ihnen bei der Beerdigung »Gesang und Klang, auch Stürztragen und -führen [Stürz = Trauerschleier] vergönnt« worden seien. Dies sei auch eines der »größten Motive«, warum sich überhaupt Bürger für die »mühsamen Funktionen« in Gericht und Rat zur Verfügung stellten, zumal mit diesen Ämtern keinerlei Besoldung verbunden sei. Sie wollten nämlich von anderen Bürgern wie im Leben so auch im Tod und beim Begräbnis als »Obrigkeitspersonen distinguiert« werden[1437].

Dies war wohl auch der maßgebende Grund, warum der Magistrat 1739 Bedenken geltend machte, die in der Stadt gelegenen Friedhöfe aufzuheben, obwohl er einräumte, daß mit diesen Friedhöfen Gesundheitsgefährdungen verbunden seien. Auf dem Hospitalfriedhof, um den es wohl in erster Linie ging, hatten »die ältesten und meritiertesten Familien« ihre Grabstätten. Für die armen Bürger hingegen war eine Beerdigung innerhalb der Stadt zu teuer. Sie zogen es deshalb vor, sich auf dem Lazarettfriedhof oder auf dem Hoppenlaufriedhof bestatten zu lassen[1438]. Aus gesundheitspolizeilichen Gründen wurde trotz des Einspruchs der Oberschicht der Hospitalfriedhof schon wenige Jahre später, 1746, geschlossen. Der Friedhof oberhalb der Hospitalkirche, der »Mittlere Friedhof«, folgte 1804, der St. Leonhardsfriedhof 1805[1439]. Einer der letzten Stuttgarter Bürger, die in der Hospitalkirche selbst beigesetzt wurden, war der um Staat und Kirche hochverdiente Geheime Rat Georg Bernhard Bilfinger (gestorben 1750)[1440].

Pietismus und Separatismus

Der in der zweiten Hälfte des 17. Jahrhunderts aufkommenden pietistischen Bewegung stand die in der Orthodoxie erstarrte evangelische Landeskirche feindlich gegenüber. Hierbei warf sie Pietisten, die eine Erneuerung der Kirche durch eine Verinnerlichung und Vertiefung des religiösen Lebens forderten, aber durchaus auf dem Boden des Bekenntnisses der Reformation blieben, mit Separatisten, die, schwärmerische Glaubensrichtungen vertretend, militante Gegner der bestehenden Kirche waren, in einen Topf. Freilich waren die Grenzen zwischen Pietisten und Separatisten nicht immer scharf zu ziehen. 1685 berichteten Spezial und Vogt von Privatversammlungen, die während des öffentlichen Gottesdienstes stattfanden und in denen eine chiliastische Schrift verbreitet wurde. Diese Versammlungen scheinen aber bald aufgehört zu haben. Vielleicht hatte hierbei die Obrigkeit die Hand im Spiel[1441]. Im Oktober 1703 spürte man »verdächtigen Konventikeln unter den gemeinen Leuten« nach, offenbar mit geringem Erfolg. Inzwischen hatte sich um Wendelin Spindler, Präzeptor am Gymnasium, ein pietistischer Zirkel gebildet. 1702 vor das Konsistorium zitiert, distanzierte sich Spindler von einem schwärmerischen Chiliasmus. Sein Glaube, auch seine Endzeiterwartung, erklärte er, gründeten sich auf das Zeugnis der Schrift. Das Konsistorium empfahl ihm, mehr in den Briefen der Apostel und den Evangelien als in der Apokalypse zu lesen. Im Jahr darauf mußte er sich erneut vor dem Konsistorium verantworten. Nachdrücklich wehrte er sich gegen die ihm vorgeworfene Verführung der Jugend durch Irrlehren, doch gab er zu, daß in seinem Haus Versammlungen stattfänden. Weil nicht bekannt war, wer diese Versammlungen besuchte und was in ihnen verhandelt wurde, ordnete das Konsistorium entsprechende Ermittlungen an. Dabei ergab sich, daß in Spindlers Haus etwa zehn bis 14 Personen zusammenkamen, unter ihnen auch die Witwe des 1698 verstorbenen Geheimen Rats von Kulpis, der offensichtlich selbst schon zum Pietismus geneigt hatte. In den Versammlungen las man die Evangelien sowie die Briefe des Neuen Testaments, ferner Arndts »Wahres Christentum«. Die Teilnehmer strebten wahrscheinlich die Gründung einer Gemeinde nach urchristlichem Vorbild an und sammelten dafür Geld. Spindler selbst steuerte namhafte Beiträge bei. Der offiziellen Kirche stand der Kreis um Spindler kritisch gegenüber, einzelne Mitglieder nahmen sogar eine ablehnende Haltung gegen sie ein. Man rechnete mit dem baldigen Erscheinen des Antichristen. Daß Spindler dann jahrelang dem Abendmahl fernblieb und auch seine Bediensteten davon abhielt, machte ihn in den Augen des Konsistoriums höchst verdächtig[1442]. Das herzogliche Reskript vom 2. März 1704 schreckte ihn anscheinend nicht. Dieses Reskript drohte allen Untertanen, die den öffentlichen Gottesdienst nicht besuchten und am Abendmahl nicht teilnahmen, die Landesverweisung an. Es untersagte sämtliche Zusammenkünfte in Häusern oder im Feld. Wer solche »Conventus« duldete, sollte um einen Großen Frevel bestraft werden. Daß diese Verordnung nicht auf dem Papier blieb, zeigte sich im Oktober 1706: Der Separatist Johann Ferdinand Dreher wurde, nachdem ihn der Magistrat vergeblich von seiner extremen religiösen Einstellung hatte abbringen wollen, des Landes verwiesen. Zurückkehren durfte er nur, wenn er zuvor seine »schädliche Meinung« geändert hatte[1443].

Spindler wurde 1707 erneut zum Verhör vorgeladen. Dort tat er etliche sehr gewagte Äußerungen. So sprach er über den betrübten, elenden Zustand der lutherischen Kirche, erklärte, daß sie nicht die einzige wahre Kirche sei, forderte den Ausschluß von Unwürdigen vom Abendmahl, lehnte die Kindstaufe, weil nicht in der Heiligen Schrift nachweisbar, ab. Solche Äußerungen nahm er später zurück, auch versprach er, seinen Vorgesetzten den schuldigen Gehorsam zu leisten. Doch das Mißtrauen gegen seine Person, das er bei der Kirchenleitung geweckt hatte, vermochte er nicht mehr aus der Welt zu schaffen. Man stellte den eigenwilligen, in seinen religiösen Ansichten und Einsichten aber durchaus gemäßigten, wenngleich nicht auf der Linie der altwürttembergischen Kirchlichkeit liegenden, um ein Christentum der Tat bemühten Mann mit aufsässigen Separatisten gleich. Im August 1710 wurde er aus dem Schuldienst entlassen. Seine Bitte, ihm wenigstens zu seinem Lebensunterhalt die »Privatinformation«, den Privatunterricht, zu erlauben, wurde ihm abgeschlagen, weil er von seinen angeblichen irrigen Grundsätzen nicht abrückte. Spindlers besonderes Pech war zweifellos, daß sein Fall das Konsistorium gerade wiederum beschäftigte, als fanatische Separatisten, mit denen er nur wenig gemein hatte und von denen es damals in Stuttgart eine größere Zahl gab, gegen die kirchliche Obrigkeit aufbegehrten und von Stiftsprediger Weißmann verlangten, in ihrem Sinn eine Gerichtspredigt über die dem Haus und dem Land Württemberg drohende Verdammnis zu halten. Weißmann ließ sich indes nicht aus dem Konzept bringen und predigte in der gewohnten Weise. Dies zog ihm den Zorn der von einem Schwanfeld angeführten Fanatiker zu. Sie lamentierten, schrien und lärmten Tag und Nacht, beschimpften den Stiftsprediger und andere Geistliche, belästigten und bedrohten sie auf der Straße, auch kündigten sie der weltlichen Obrigkeit den Gehorsam mit der Begründung auf, Christus sei ihr König, dem sie zu »parieren« hätten. Durch die Inhaftierung der wildesten Separatisten, durch die Auflösung der Konventikel und durch einzelne Landesverweisungen konnten weitere Exzesse verhindert werden[1444].

Am 31. Januar 1710 ordnete der Herzog Ermittlungen darüber an, ob es zutreffe, daß im Haus des Steinmetzen Philipp Steiner durch Separatisten einige bereits getaufte Kinder wiedergetauft worden seien – über das Ergebnis der Ermittlungen sind wir nicht unterrichtet. Außerdem verlangte der Herzog, die Zusammenkünfte der Separatisten scharf zu überwachen[1445]. Insgesamt aber zog es die Regierung vor, die »religiös Irrenden« durch gütliche Ermahnung, namentlich aber durch seelsorgerische Gespräche und Betreuung auf den »rechten Weg« zurückzubringen. Diese Methode wandte sie vor allem bei Untertanen an, die »aus Einfalt irrige Vorurteile gefaßt« oder sich infolge »Melancholie« und dergleichen Ursachen oder auch bloß durch »Irrtum des Verstands« auf einige Zeit von der Kirche abgekehrt hatten und die sich, ohne das Leben ihrer Nächsten verächtlich zu machen, in ihrem Beruf redlich ernährten. Herzog Eberhard Ludwig beauftragte deshalb am 14. Februar 1710 den Konsistorialrat und Hofprediger Zeller, unterstützt von Professor Weißmann und von Diakon Lächelin, den »Irrenden« die nötigen »Informationen« zu erteilen. Die noch »inkarzerierten« Separatisten sollten nunmehr freigelassen werden. Es war ihnen jedoch einzuschärfen, daß sie sich zu keinen »Privatkonventikeln« mehr trafen, daß sie sich in ihren Häusern still verhielten und daß sie nicht mehr in der Stadt herumliefen. Lediglich der Besuch der Gottesdienste und der »Informationen« von Hofprediger Zeller war ihnen gestattet. Die beiden besonders aufsässigen Wortführer der separatistischen Fanatiker, ein

Mann namens Schwanfeld und eine Frau, die Trabantin (wohl nach ihrem Mann) genannt, sollten noch vier Wochen hinter Schloß und Riegel bleiben. Bei ihrer Entlassung war ihnen sodann ein unbefristeter Hausarrest aufzuerlegen, den sie lediglich zur Teilnahme an Gottesdiensten und an religiösen »Informationen« unterbrechen durften. Doch selbst ihnen waren, wenn sie eindeutige Beweise für ihren Sinneswandel lieferten, die Wiederaufnahme in die bürgerliche Gemeinschaft und die Rückkehr zu einem normalen Leben nicht verwehrt. Sollten jedoch sie oder andere Separatisten, ungeachtet aller Bemühungen, sie für die Kirche zurückzugewinnen, auf ihren Irrtümern beharren, dann mußten sie das Herzogtum verlassen. Sie durften aber über ihr Hab und Gut verfügen. Auch wurde ihnen die Rückkehr zugestanden, wenn sie nachweisbar ihrem Irrglauben abgesagt hatten. Separatisten, die ihre religiösen Vorstellungen künftig weiterverbreiteten und andere Untertanen verführten, sollten gleichfalls ohne Konfiskation ihres Besitzes zur Emigration gezwungen werden. Wer sich allerdings aufsässig gebärdete und andere zum Ungehorsam aufforderte, gegen den wollte die Regierung mit strafrechtlichen Mitteln vorgehen[1446].

Man ließ nun den Separatisten etliche Monate Zeit, damit sie sich über ihren künftigen religiösen Weg klar werden konnten. Im Sommer 1710 war es dann wohl, als die geistliche Obrigkeit die Separatisten vorlud, um ihre Entscheidung für oder wider das Angebot der Regierung zu erfahren. Es erschienen aber nur die fanatischsten Vertreter, unter ihnen Schwanfeld und die Trabantin, und diese zeigten sich unbelehrbar – die anderen Separatisten hatten wahrscheinlich von der ihnen angebotenen Rückkehrmöglichkeit zur evangelischen Kirche Gebrauch gemacht. Der Herzog räumte entgegen der Empfehlung der Oberräte, die uneinsichtigen Fanatiker zum Verlassen des Landes zu zwingen, dem Kreis um Schwanfeld nochmals eine mehrwöchige Bedenkzeit bis zum 30. Oktober 1710 ein. An diesem Tag sollten sie vor dem Konsistorium eine Erklärung über die von ihnen getroffene endgültige Entscheidung abgeben. Wer jetzt bzw. nach einer nochmaligen vierwöchigen Frist nicht von seinem religiösen Irrtum Abstand nahm, dem drohte nach einem herzoglichen Willensentschluß neben der Ausweisung auch die Wegnahme seiner Habe. Wir wissen nicht, wie sich die vorgeladenen Separatisten im einzelnen entschieden; sicher ist nur, daß Schwanfeld unbeugsam blieb und deshalb auswandern mußte, zutreffender: aus Württemberg weggejagt wurde[1447]. Da nach 1711 noch Namen dieser Separatisten, beispielsweise der Name des Küfers Gschwend, genannt werden, kann als sicher gelten, daß einige von ihnen, obgleich sie an ihrer schwärmerischen Glaubensrichtung festhielten, in Stuttgart wohnen bleiben durften[1448].

In der württembergischen Haupt- und Residenzstadt scheint es zu keinen weiteren Umtrieben religiöser Extremisten gekommen zu sein. Unliebsames Aufsehen erregten einzelne Separatisten hier auch in der Folgezeit. Im März 1711 »lästerte und verleumdete« die Frau des Zuckerbäckers Kaltbronner Sakramente und Geistliche. Sie nannte einzelne Geistliche – welche sie meinte, ist nicht klar – falsche Apostel und Weltkinder. Der Magistrat verwies ihr dies streng und forderte sie auf, Gott die Ehre zu geben. Im Mai 1713 mußte Andreas Huck, der als Schuhknecht (Schuhmachergeselle) hier arbeitete, wegen der »Verbreitung eines irrigen Separatismi« Stuttgart verlassen[1449]. Im September 1715 verfügte ein herzogliches Reskript die »umgehende Ausschaffung« von vier sogenannten »Inspirati»(Inspirierten); sie hatten sich in die Stadt eingeschlichen und bei Küfer Gschwend und Schuhmacher Schäfler Unterschlupf gefunden. Den in Stuttgart wohnhaften Separatisten wurde zur strengen Auflage gemacht, keine auswärtigen Gesinnungsgenossen bei sich zu beherbergen[1450]. 1736 waren hier 18 Separatisten wohnhaft. Auf herzogliche Anordnung mußte der Spezial, assistiert von zwei weiteren Geistlichen, einen Separatisten nach dem anderen im Gespräch von der rechten christlichen Lehre zu überzeugen suchen, dort, wo er nichts bewirkte, den Kirchenkonvent und schließlich das Konsistorium einschalten. Indes gab es auch noch 1750 in Stuttgart Separatisten[1451].

Das Verhältnis der evangelischen Geistlichkeit gegenüber den Pietisten wandelte sich nach und nach, zumal auch einzelne Theologen, unter ihnen der bereits in anderem Zusammenhang erwähnte Hofprediger Samuel Urlsperger, das Anliegen der »Stillen im Lande« nach einer Verinnerlichung und Vertiefung des in orthodoxen Formen erstarrten kirchlichen Lebens durchaus bejahten. Die Auseinandersetzung mit dem Separatismus ließ die auf dem Boden der Reformation verharrenden Pietisten in einem neuen, insgesamt recht günstigen Licht erscheinen. Die Kirche tat gut daran, diese ein Christentum der Tat lebenden Menschen nicht von sich zu stoßen. Den dem Pietismus zuneigenden Bürgern Stuttgarts – und ihre Zahl scheint rasch angewachsen zu sein – gab der Besuch von August Hermann Francke, dem bedeutenden pietistischen Theologen und Pädagogen, dem Stifter des Halleschen Waisenhauses, im November 1717 großen Auftrieb. Francke, der im Haus seines Schülers und Freundes Urlsperger abstieg, wurde vom Kirchenrat und vom Konsistorium höchst ehrenvoll

Samuel Urlsperger (1685–1772), Württembergischer Hofprediger, später Prediger an der Hauptkirche der Reichsstadt Augsburg.

begrüßt. Letzteres bat ihn, die Vormittagspredigt am nächsten Sonntag in der Stiftskirche zu übernehmen. Dies wurde durch einen Befehl Herzog Eberhard Ludwigs vereitelt, angeblich weil sich Francke nicht am Hof vorgestellt und das Konsistorium zu der Predigt nicht die landesherrliche Genehmigung eingeholt hatte, in Wahrheit aber wohl, weil die Anwesenheit des sittenstrengen und freimütigen Bußpredigers und erst recht dessen öffentlicher Auftritt in Stuttgart den Hofkreisen nicht genehm waren. Hofprediger Urlsperger konnte indes leicht nachweisen, daß für einen einfachen Theologen ohne amtlichen Auftrag keine Veranlassung bestanden habe, sich bei Hofe zu melden und daß die Entscheidung über eine Gastpredigt in der Stiftskirche dem Konsistorium zustehe, eine landesherrliche Genehmigung dazu also nicht erforderlich sei. Nunmehr gab der Herzog die Stiftskirchenkanzel für Francke frei. Um aber selbst nicht in die Verlegenheit zu kommen, die Predigt anhören zu müssen, begab er sich nach auswärts auf die Jagd. Der von Francke gehaltene Gottesdienst wurde ein aufsehenerregendes Ereignis. Die Menschen strömten in Massen zur Stiftskirche. Die Landstände, die geistlichen und weltlichen Behörden, sogar der gesamte Hof fanden sich ein. Die Kirche konnte die große Zahl der Zuhörer nicht fassen. Viele Predigtbesucher mußten sich mit Stehplätzen außerhalb des Gotteshauses begnügen. Francke, angesichts der Volksmenge zunächst etwas zaghaft wirkend, gewann nach kurzer Zeit die Gewalt über seine Stimme und predigte, seinen Hörern viel zumutend, an die zwei Stunden. Seine Predigt wurde von einigen »Geschwindschreibern« aufgezeichnet und in Druck gegeben. Der nachmals so berühmte pietistische Theologe Johann Albrecht Bengel, der Francke schon von Halle her kannte, berichtet, er habe mit solcher Macht gepredigt, daß ihm die Menschen mit angespannter Aufmerksamkeit gelauscht hätten und noch lange nach dem Ende des Gottesdienstes von der wortgewaltigen Rede wie betäubt gewesen seien. Am Tag darauf luden die Landstände Francke zu einem Festmahl ins Ständehaus. Insgesamt elf Tage blieb der Stifter des Halleschen Waisenhauses in Stuttgart, führte viele Gespräche, besuchte das Gymnasium und das hiesige Waisenhaus. Seine pietistische Glaubenshaltung, die aber durchaus weltzugewandt und alles andere als kopfhängerisch war, wirkte stark. Der Pietismus fand zunehmend auch bei den Stuttgarter Geistlichen Eingang[1452].

Ein dem Besuch Franckes und insbesondere seiner Predigt in der Stiftskirche vergleichbares großes kirchliches Ereignis war für Stuttgart im Juni 1741 zu verzeichnen. Hieran hatte wiederum Samuel Urlsperger, inzwischen Hauptpastor in der Reichsstadt Augsburg, maßgeblichen Anteil. Damals kam eine Gruppe von 63 Salzburger Protestanten, die um ihres Glaubens willen die Heimat hatten verlassen müssen, nach Cannstatt, um von dort aus zu Schiff neckar- und rheinabwärts die Reise nach Amerika in die englische Kolonie Georgia anzutreten. Unter Führung Urlspergers, der die Verhandlungen mit den Engländern geführt hatte, zogen die Salzburger in ihrer Gebirgstracht, Emigrantenlieder singend, nach Stuttgart. Von den Bewohnern mit Freudenbekundungen empfangen, endete ihr Marsch in der St. Leonhardskirche. Hier predigte Urlsperger in Anwesenheit von Herzog Karl Rudolf von Württemberg-Neuenstadt, dem früheren Herzog-Administrator, vor einer gewaltigen Menschenmenge. Es wird berichtet, daß die Zahl der Kirchenbesucher in Jahren niemals so groß gewesen sei. Die Predigt Urlspergers wurde sofort gedruckt und fand weite Verbreitung[1453].

Die Einwohner, die sich zu den »Stillen im Lande« hielten und sich bemühten, die Bibel zur Richtschnur ihres Lebens zu machen, wurden nicht mehr mit Argwohn beobachtet, sondern ihr Wandel anderen als »Exempel« empfohlen. Der Visitationsbericht von 1734 erwähnte »ziemlich ledige Töchter«, also eine größere Zahl junger Mädchen, »von fast ungewöhnlicher geistlicher Erkenntnis«. Sie seien, so war zu lesen, nicht nur fähig, eine Predigt inhaltlich unverzerrt wiederzugeben, sondern sie besäßen auch solche fundierten Bibelkenntnisse, daß sie »über ein Kapitel pertinente erbauliche Anmerkungen« machen könnten. Am Sonntagabend kämen sie regelmäßig zusammen, beteten und läsen in der Bibel, wiederholten die Predigt und äußerten sich über das Gelesene. Der Visitator war von den Gesprächen, die er mit einigen von ihnen gehabt hatte, tief beeindruckt, und er meinte, »solche Leute beiderlei Geschlechts könnten des lieben Predigers Augen, Ohren, Zungen, Hände und Füße in der Gemeinde sein«[1454].

Johann Jakob Moser hatte in Tübingen an pietistischen Erbauungsstunden teilgenommen. Als er 1736 nach Stuttgart kam, forderte ihn sein Beichtvater Georg Konrad Rieger, Pfarrer zu St. Leonhard, auf, doch auch hier solche sonntäglichen Stunden zu halten. Dies geschah, und zwar mit wohlwollender Duldung durch das Konsistorium[1455]. Wenige Jahre später, 1743, wurden Privatversammlungen offiziell erlaubt. Damit war eine Hauptforderung des Pietismus erfüllt und eine für die evangelische Kirche auf längere Sicht segensreiche Entwicklung eingeleitet[1456].

Proselyten (Konvertiten)

Im 18. Jahrhundert kam es nur selten zu Übertritten von Katholiken zum Protestantismus, zudem handelte es sich bei einem Teil der Konversionswilligen um Schwindler. 1713 meldete sich in Stuttgart eine Maria Theresia Franziska von Ehrenberg zu Linthal, die Witwe eines Oberstleutnants, und tat ihre Absicht kund, zum Protestantismus überzutreten. Sie wies ein gefälschtes kaiserliches Patent vor, nach dem sie ausgeplündert und vertrieben worden war. Für den feierlichen Akt ihres Übertritts zur lutherischen Konfession verlangte sie »geziemende Kleidung«, weil ihr die ihrige geraubt worden sei. Als man ihr jedoch ein Verhör durch den Scharfrichter androhte, gestand sie ihre Schwindelgeschichte ein. Zur Strafe wurde sie mit einer auf den Rücken gebundenen Rute eine Viertelstunde lang an den Pranger gestellt, sie mußte dann Urfehde schwören und wurde auf ewig des Landes verwiesen[1457]. 1729 gab der entsprungene Franziskanermönch Johann Joachim Layß von Limburg vor, er wolle zur evangelischen Kirche konvertieren. Er wurde in die Geistliche Herberge aufgenommen und neu eingekleidet. Doch auch bei ihm handelte es sich um einen Betrüger. Nachdem sein Schwindel ruchbar geworden war, wurde er für mehrere Wochen eingesperrt und dann abgeschoben[1458]. 1733 verstand es die aus einem Frauenkloster ausgetretene Maria Theresia Rosina Brotbeck aus Mindelheim mit der Behauptung, sie sei eine Proselytin, sich finanzielle Unterstützung, Kleider und Schmuck, zu beschaffen. Ihrem nunmehrigen Mann täuschte sie eine vornehme Herkunft vor. Sie wurde, nachdem ihre Lügengeschichte durch eine Zechprellerei aufgedeckt worden war, mit Pranger und Landesverweisung bestraft[1459]. Schon im Jahr darauf mußte wieder eine angebliche Proselytin, die sich Gräfin von Dietrichstein nannte, in Wahrheit aber eine Vagantin war, mit Schimpf und Schande aus dem Land gejagt werden[1460].

Keine Betrügerin war 1732 eine konversionswillige Frau, die ein herzogliches Reskript der Wirtin der Geistlichen Herberge zuwies. Sie sollte dort bis auf weiteres untergebracht werden und die gewöhnliche Kost bekommen[1461]. Die Geistliche Herberge war verpflichtet, solche Konversionswillige aufzunehmen und zu beherbergen, solange sie durch religiöse Unterweisung auf ihren Übertritt zur evangelischen Kirche vorbereitet wurden. Am 1. Dezember 1779 befahl ein herzogliches Reskript, einen aus dem österreichischen Remetschweil gebürtigen Katholiken in der evangelischen Religion zu unterrichten. Für seinen Gebrauch sollten ihm eine Bibel, eine Kinderlehre, ein Konfirmations- und ein Gesangbuch überlassen werden. Er erhielt während seiner vier- bis fünfwöchigen »Informationszeit« aus der Stuttgarter Bebenhäuser Pflege zu seiner Interimsverpflegung wöchentlich einen Betrag von 1 fl 30 kr[1462].

Reformierte Gemeinde

Nach der Aufhebung des Edikts von Nantes im Jahr 1685 bemühten sich alsbald aus Frankreich entflohene Reformierte um die Aufnahme im Herzogtum Württemberg. Doch Regierung und Konsistorium verhielten sich gegenüber solchen Aufnahmegesuchen teils aus wirtschaftlichen, teils aus religiösen Gründen ablehnend. Das rein lutherische Land sollte durch Fremde, die sich zur reformierten Konfession bekannten, nicht belastet werden, insbesondere sollte auch dem heimischen Gewerbe keine Konkurrenz durch ausländische »Manufakturisten« erwachsen. Erst 1699 gestattete der junge Herzog Eberhard Ludwig auf die Intervention Englands und der Niederlande, des Kurfürsten von Brandenburg und anderer deutscher Fürsten sowie der Schweizer Eidgenossen 2 000 Waldensern in den westlichen Landesteilen die Niederlassung. Im Jahr darauf ermöglichte er trotz kirchlichen Einspruchs etwa 80 reformierten Familien aus Frankreich die Ansiedlung in Cannstatt. Indessen vermochte ein erheblicher Teil der reformierten Zuwanderer in der kleinen, wirtschaftlich wenig entwickelten Amtsstadt Cannstatt nicht so recht Fuß zu fassen. Sie betätigten sich vielfach in Berufen, die in einer Fürstenresidenz mit einem glanzvollen Hof wie dem Herzog Eberhard Ludwigs gefragt waren, ihnen in Cannstatt aber kaum eine kümmerliche Existenz sicherten: Uhrmacher, Seidenstrumpfweber, Perückenmacher, Hutmacher, Parfümeriehändler usw. Kein Wunder, wenn sie nach Stuttgart drängten. »Ich verstehe«, schrieb beispielsweise der Perückenmacher Lissorgue im März 1708 in einer Eingabe an den Herzog, »so gut wie irgendein Perückenmacher meine Kunst und bin bereit, vor allen Meistern der Stadt Probe davon abzulegen, aber mein Handwerk kann nur in der Hauptstadt zur Geltung kommen, unter den Leuten vom Hof, den Edelleuten, den Herren Räten und den andern von der Kanzlei, denn in den kleinen Städten gibt es fast niemand, der sich einer Perücke bediente, und wenn es einen gibt, so geht er nach Stuttgart, wo die besten Perückenmacher sind ...«[1463]. 1717 wohnten bereits 23 französische Familien in Stuttgart[1464].

Blick vom Kahlenstein (Rosenstein) auf Cannstatt.

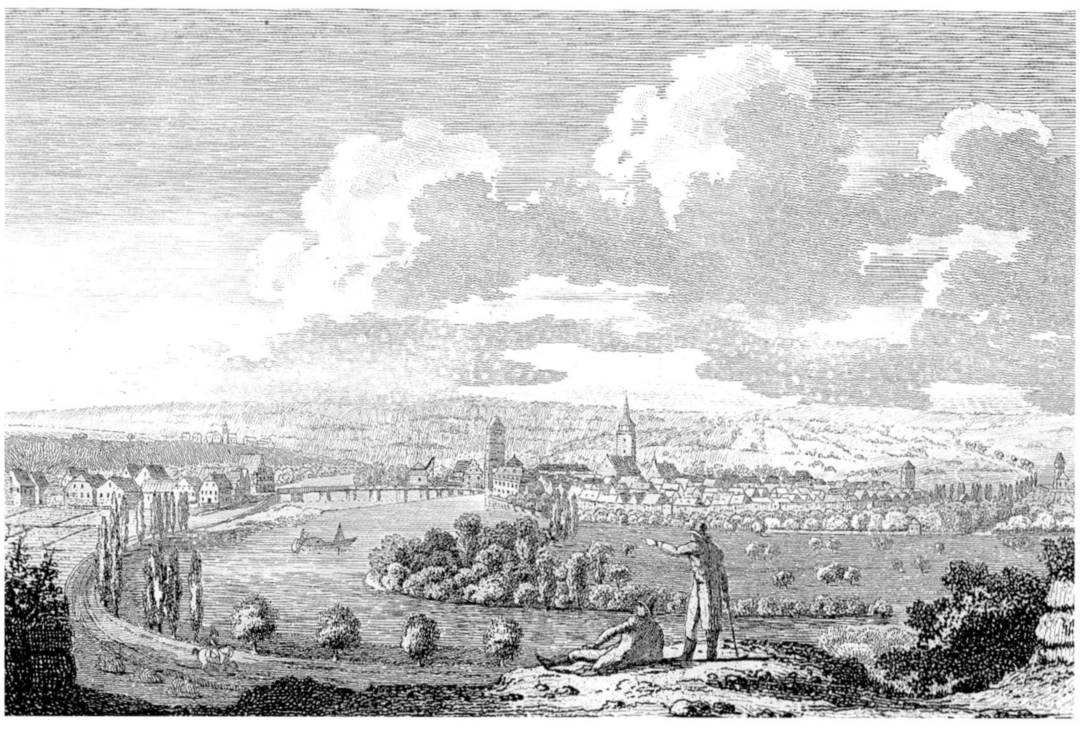

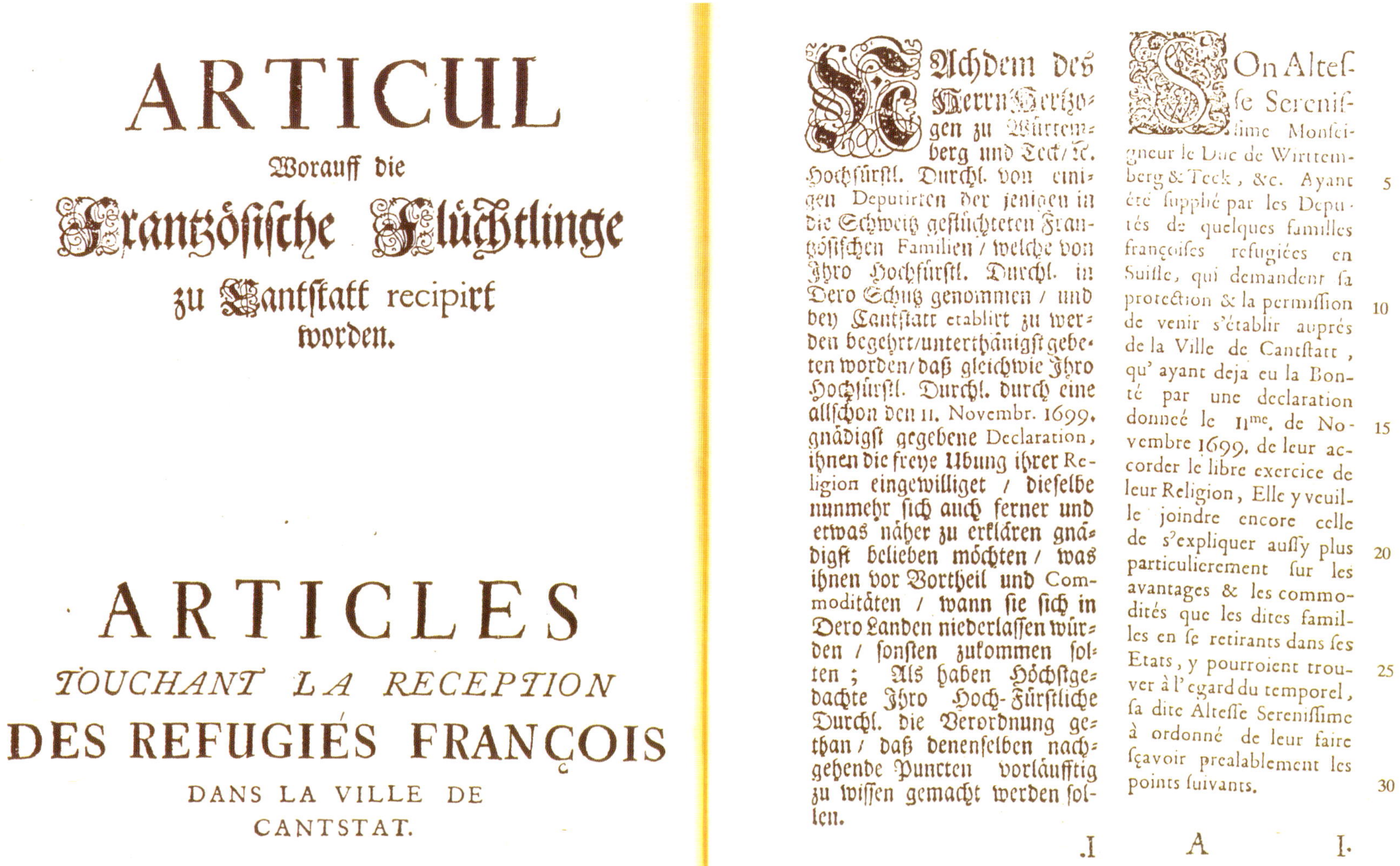

ARTICUL
Worauff die
Frantzösische Flüchtlinge
zu Cantstatt recipirt
worden.

ARTICLES
TOUCHANT LA RECEPTION
DES REFUGIÉS FRANÇOIS
DANS LA VILLE DE
CANTSTAT.

Nachdem des Herrn Hertzogen zu Würtemberg und Teck/ etc. Hochfürstl. Durchl. von einigen Deputirten derjenigen in die Schweitz geflüchteten Frantzösischen Familien / welche von Ihro Hochfürstl. Durchl. in Dero Schutz genommen / und bey Cantstatt etablirt zu werden begehrt/unterthänigst gebeten worden/ daß gleichwie Ihro Hochfürstl. Durchl. durch eine allschon den 11. Novembr. 1699. gnädigst gegebene Declaration, ihnen die freye Ubung ihrer Religion eingewilliget / dieselbe nunmehr sich auch ferner und etwas näher zu erklären gnädigst belieben möchten / was ihnen vor Vortheil und Commoditäten / wann sie sich in Dero Landen niederlassen würden / sonsten zukommen solten ; Als haben Höchstgedachte Ihro Hoch-Fürstliche Durchl. die Verordnung gethan / daß denenselben nachgehende Puncten vorläufftig zu wissen gemacht werden sollen.

Son Altesse Serenissime Monseigneur le Duc de Wirttemberg & Teck, &c. Ayant été supplié par les Deputés de quelques familles françoises refugiées en Suisse, qui demandent sa protection & la permission de venir s'établir auprés de la Ville de Cantstatt, qu' ayant deja eu la Bonté par une declaration donneé le 11me. de Novembre 1699. de leur accorder le libre exercice de leur Religion, Elle y veuille joindre encore celle de s'expliquer aussy plus particulierement sur les avantages & les commodités que les dites familles en se retirants dans ses Etats, y pourroient trouver à l'egard du temporel, sa dite Altesse Serenissime à ordonné de leur faire sçavoir prealablement les points suivants.

.I A I.

Bestimmungen (»Articul«) über die Aufnahme französischer Flüchtlinge in Cannstatt vom 30. Januar 1700.

Kirchlich gehörten die Stuttgarter Reformierten zunächst zu der Cannstatter Gemeinde. Daß sie sich anfänglich eine recht demütigende Behandlung gefallen lassen mußten, beweist die Eingabe des italienischen Sprachmeisters Dr. de Lipery wohl von Ende Februar 1707. Ihm war ein Kind gestorben, und er wollte nicht, daß es, wie bisher bei nichtlutherischen Glaubensflüchtlingen üblich, bei den Verbrechern an einem abgesonderten Ort des Friedhofs begraben wurde. Der Herzog hatte Verständnis für das Anliegen des Sprachmeisters, und er entschied, daß künftig verstorbene Glaubensflüchtlinge in gleicher Weise wie die Einheimischen »an einem ehrlichen Ort des Friedhofs« bestattet werden sollten[1465]. Trotzdem gab es auch danach noch Schwierigkeiten. Im Juli 1710 mußte Herzog Eberhard Ludwig ausdrücklich genehmigen, daß der verstorbene Uhrmacher Lautz, der der reformierten Konfession angehörte, auf dem lutherischen Friedhof beigesetzt werden durfte[1466].

Zumindest seit 1717 fanden im Schloß reformierte Gottesdienste statt. Der Frau des Erbprinzen Friedrich Ludwig, Henriette Marie, einer geborenen Prinzessin von Brandenburg-Schwedt, war dies im Ehevertrag zugestanden worden. An diesen Gottesdiensten, die ein dazu an den Hof berufener Geistlicher abhielt, durften auch Angehörige des Hofstaats teilnehmen. Gleichfalls im Schloß war dem herzoglichen Parforcejägermeister Philipp Jakob von Neuenstein das Feiern von reformierten Privatgottesdiensten gestattet. Wann Neuenstein diese Genehmigung erteilt worden war, läßt sich allerdings nicht feststellen. Es spricht einiges dafür, daß er sie schon vor 1717 erlangt hatte. Den Neuensteinischen Privatgottesdienst leitete der jeweilige Cannstatter reformierte Pfarrer. Zu diesen Gottesdiensten waren sehr wahrscheinlich auch Stuttgarter Glaubensgenossen zugelassen[1467].

Anfang 1720 ersuchten die Stuttgarter französischen Reformierten den Herzog, ihnen, wenn nicht in Stuttgart selbst, so doch in einer der Vorstädte den Bau einer Kirche zu erlauben. Eberhard Ludwig, dem damals vorrangig an der »Peuplierung« seiner neuen Residenzstadt Ludwigsburg gelegen war, nahm ihr Gesuch wohlwollend auf, verwies sie aber mit ihrem Anliegen nach Ludwigsburg. Dort gestattete er ihnen die Errichtung einer Kirche sowie die ungehinderte Ausübung ihrer Religion. Ein Teil siedelte daraufhin nach Ludwigsburg über, ebenso taten dies Reformierte aus Cannstatt und aus anderen Orten[1468]. Die in Stuttgart zurückgebliebenen verfolgten indes den Kirchenbauplan weiter. 1723 gelang es ihnen, in der Person des Soldatenkönigs Friedrich Wilhelm I. von Preußen einen warmherzigen Fürsprecher zu gewinnen. In einem Brief an Herzog Eberhard Ludwig vom 7. Mai jenes Jahres setzte sich der König nachdrücklich für ihre Bestrebungen ein. Durch Geldgeschenke suchten sie zudem einflußreiche Persönlichkeiten günstig zu stimmen. Diese konzertierte Aktion hatte Erfolg. Mit Patent vom 24. Mai 1724 gestand ihnen Eberhard Ludwig Privatgottesdienste in einem Haus zu, das sie jedoch selbst zu kaufen, zu mieten oder neu zu erbauen hatten. Sie durften einen eigenen Geistlichen anstellen. Allerdings mußte dieser vom Konsistorium bestätigt werden. Ein von der Gemeinde zu wählendes »Presbyterium«, ein Kirchenvorstand, war mit ähnlichen Funktionen wie ein Kirchenkonvent ausgestattet; es hatte für die erforderliche Kirchenzucht zu sorgen. Die Aufsicht über die Gemeinde oblag dem Spezial und dem Stadtvogt. Nach der Bildung der Stuttgarter reformierten Kirchengemeinde hörte der Neuensteinische Privatgottesdienst auf. Baron von Neuenstein und seine Angehörigen nahmen von jetzt an an den Veranstaltungen der reformierten Kirchengemeinde teil[1469].

Die sechs Ältesten der neuen Gemeinde machten sich umgehend auf die Suche nach einem für gottesdienstliche Zwecke geeigneten Gebäude. Sie fanden es in der Turnierackervorstadt in der späteren Langen Straße. Es war das 1492 erbaute, zunächst als Waffenarsenal dienende sogenannte Landhaus. Die Gemeinde mietete den zweiten Stock des Gebäudes. Zwei Jahre darauf kaufte sie das Haus. Der Gottesdienstraum, die Kirchenstube, spärlich möbliert und ausgestattet, verblieb im zweiten Stock. Der Erwerb des Hauses, die Besoldung des Pfarrers und andere finanzielle Verbindlichkeiten belasteten die Gemeinde sehr. Durch »Kollektenreisen« in die Niederlande und nach Bremen, ebenso in die Pfalz und in die Schweiz sowie durch die ungewöhnliche Opferwilligkeit der Gemeindeglieder, so namentlich des Ältesten François Brouttier, des Handelsmanns und Kommerzienrats, schließlich durch ein von der württembergischen Regierung für einige Ämter ausgestelltes Sammelpatent brachte sie eine erstaunlich hohe Summe zusammen und konnte sich von einem Teil ihrer Schuldenlast befreien.

Im August 1724 nahm ihr erster Pfarrer, der vom Konsistorium seiner Heimatstadt Basel bestens empfohlene Johann Friedrich Westheim, seinen Dienst auf. Allein, Westheim mußte schon nach wenigen Tagen nach Hause geschickt werden, weil er, von einer Krankheit noch sehr geschwächt, den Anforderungen an das Predigtamt in keiner Weise gewachsen war. Pech hatte die Gemeinde mit ihrem zweiten Pfarrer: Louis Gros aus Offenbach (1725–1728). Der nach seinem Vorleben ungünstig beurteilte Geistliche kehrte von einer Kollektenreise, ungeachtet wiederholter Aufforderungen, nicht zurück. Dritter Pfarrer wurde der Cannstatter reformierte Geistliche La Combe. Die Gemeinde hätte La Combe schon 1724 gerne gehabt, doch war seine Berufung daran gescheitert, daß er nur französisch sprach. In Stuttgart aber sollte sich der Geistliche auch im Deutschen geläufig ausdrücken können, zumal viele Gemeindeglieder kein Französisch verstanden. Von 1729 bis 1733 stand La Combe der Gemeinde vor. Auf einer Reise, die er 1731 nach Holland unternahm, tat er alles, um für die bedrängten Waldenser- und reformierten Gemeinden in Württemberg finanzielle Unterstützung zu bekommen. Indes blieb ihm in Holland wie 1733 in der Schweiz ein größerer Erfolg versagt. Sein selbstloser Einsatz und seine Opferwilligkeit – er verfügte offenbar über ein ansehnliches Vermögen – hatten einen starken Einfluß auf die Gemeinde. Er brachte eine beträchtliche Summe an Spenden auf und konnte so die mangelnde ausländische Unterstützung zu einem Teil ausgleichen. La Combe setzte sich unermüdlich für das Wohl der Gemeinden Cannstatt und Stuttgart ein, vertrat die Interessen seiner Glaubensgenossen mutig und unerschrocken, er war ein engagierter Seelsorger und Wohltäter der Armen. Auch nachdem er 1739 Stuttgart verlassen hatte, um in Utrecht eine neue Stelle zu übernehmen, blieb er weiterhin mit seinen hiesigen Glaubensgenossen in Verbindung und vermittelte ihnen finanzielle Beihilfen aus seiner holländischen Heimat[1470].

Nachfolger La Combes wurde 1734 ein 32jähriger Schweizer: Salomo Morf aus Zürich. Morf, ein wissenschaftlich befähigter Theologe, zeichnete sich durch große Beredsamkeit aus. Sein Angebot, zusätzliche deutsche Gottesdienste zu halten, nahmen die zahlreichen deutschen Gemeindeglieder gerne an, wogegen sich die bisher bevorzugten französischen Glaubensgenossen benachteiligt fühlten. Insgesamt steigerte sich der Gottesdienstbesuch und mit ihm auch die sonntäglichen Opfergaben. Die von Morf durchgesetzte Verlegung des Gottesdienstraums vom oberen in den geräumigeren unteren Stock des Landhauses, die aufwendige Baumaßnahmen erforderlich machte, führte zu starken Spannungen in der Gemeinde. Nach einem Machtwort des Herzog-Administrators, an den der Streit herangetragen worden war, konnte schließlich der Umbau abgeschlossen und der neue Gottesdienstraum am 13. September 1739 mit zwei Predigten von Pfarrer Morf, einer in deutscher und einer in französischer Sprache, eingeweiht werden. Schon im Jahr zuvor hatten mehrjährige unerfreuliche Auseinandersetzungen zwischen der Cannstatter und der Stuttgarter Gemeinde, die zu einem Teil durch Eingriffe des Cannstatter Pfarrers Jean Olivier in die seelsorgerischen Kompetenzen seines Stuttgarter Amtsbruders verursacht worden waren, durch ein Einigungstraktat bereinigt werden können. Man vereinbarte eine künftige enge Zusammenarbeit. Eine im April 1739 in Cannstatt tagende Synode, auf der die württembergischen Waldensergemeinden sowie die reformierten Gemeinden Cannstatt, Stuttgart und Ludwigsburg vertreten waren, bestätigte die zwischen Cannstatt und Stuttgart getroffene Übereinkunft. Auch erreichte sie eine förmliche Aussöhnung zwischen Olivier und Morf. Beide gelobten, »in Zukunft als gute Brüder und Diener am Werk des Herrn zu leben«.

1741 folgte Morf einem Ruf nach Nassau-Oranien, wo er zum Hofprediger und Generalsuperintendenten in Dillenburg aufstieg. Vergeblich hatte die Stuttgarter Gemeinde versucht, ihn zu halten. Sie hatte sein Gehalt erhöht und ihm eine Pension in Aussicht gestellt. Sogar beim Herzog war sie vorstellig geworden, damit dieser in ihrem Sinn auf den Geistlichen einwirke. Nach seinem Weggang wurden gegen Morf und gegen den um die Gemeinde Stuttgart hochverdienten François Brouttier schwere Vorwürfe vor allem wegen angeblicher finanzieller Unregelmäßigkeiten erhoben. Es scheint, daß die zahlreichen Gegner Morfs die Gelegenheit nutzten, um mit ihm – vielleicht weil er sich nicht zum Bleiben hatte bewegen lassen – und mit dem maßgeblichen Finanzmann der Gemeinde »abzurechnen«. Die Vorwürfe waren gehässig und namentlich gegen Brouttier ungerechtfertigt. Zweifellos hatte Morf in ungezügeltem jugendlichem Elan manches Unbedachte getan, Gemeindeglieder, insbesondere die französischen, vor den Kopf gestoßen, aber er hatte sein Amt mit großem Eifer und Fleiß versehen[1471].

Die beiden Nachfolger Morfs, David Faigaux von Sorvilliers in le Mourrers Grandval im Bistum Basel (1741–1745) und François Louis Thellung de (la) Courtelary (1745–1752), waren der deutschen Sprache nicht mächtig. Die deutschsprachigen Gemeindeglieder mußte deshalb der Cannstatter Pfarrer seelsorgerisch betreuen. Für die Gemeinde, die finanziell noch immer schwere Belastungen auf sich zu nehmen hatte, war dies sicher nicht von Vorteil[1472]. 1741 hatte sie sich zunächst um einen anderen, für sie tauglicheren Geistlichen bemüht, um Johann Philipp May, Pfarrer der französischen Kolonie im hessen-darmstädtischen Walldorf. Die Probepredigten, die May in Deutsch und Französisch gehalten hatte, hatten allgemein Anklang gefunden. Er sollte nun seinen Dienst am Osterfest 1741 antreten. Als ordentliche Besoldung erhielt er außer einer Pension von 200 holländischen Gulden, die ihm die niederländischen Generalstaaten zahlten, jährlich von der französischen und der deutschen Gemeinde 50 fl sowie freie Wohnung und die Nutznießung eines Gartens. In Stuttgart hoffte man, daß die holländische Pension nach dem Tod Mays an die Gemeinde falle. Indes wartete diese vergeblich auf May. Er zögerte sein Kommen immer wieder hinaus. Die Gemeinde stellte ihm nach drei Monaten ein auf sechs Wochen befristetes Ultimatum. Sollte er, ließ sie ihn wissen, nach Ablauf dieser Frist nicht erscheinen, werde sie auf seine Dienste verzichten und sofort Verhandlungen mit einem Staffer von Bern aufnehmen. Dieser gelte als guter Theologe und Redner, habe ein untadeliges Benehmen und sei in beiden Sprachen zu Hause. May kam offensichtlich nicht, und die Verhandlungen mit Staffer zerschlugen sich gleichfalls[1473]. Möglicherweise waren die schlechten Besoldungsverhältnisse ein wichtiger Beweggrund für den Berner Geistlichen gewesen, die Berufung nach Stuttgart abzulehnen. Die Gemeinde mußte ihren Prediger und ihren Schulmeister ausschließlich aus eigenen Mitteln bezahlen. Sie war deshalb auch außerstande, »ein Kirchengut zur Verpflegung der Armen« zusammenzubringen. Rücklagen von den ihr zufließenden Kollekten konnte sie nicht bilden, ebensowenig einen zweiten Prediger unterhalten. Ihre Mittel reichten nicht einmal für die Besoldung eines Geistlichen aus. Cannstatt war etwas besser gestellt. Es hatte zumindest früher »eine Besoldung« von Holland bekommen, außerdem gewährte die Herrschaft eine bescheidene finanzielle Zuwendung[1474]. Ihre prekäre wirtschaftliche Situation hatte die Stuttgarter Gemeinde mit Blick auf die geplanten Baumaßnahmen veranlaßt, mit herzoglicher Genehmigung eine Lotterie auszuschreiben. Leider wissen wir über die aus ihr erzielten Erlöse nicht Bescheid[1475].

Argwöhnisch beobachteten die Leitungsorgane der lutherischen Landeskirche die Aktivitäten der reformierten Gemeinde in Stuttgart. Sie pochten darauf, daß der Stuttgarter Spezial bei der Visitation über den Zustand dieser Gemeinde zu berichten habe. Dagegen erhob jedoch der reformierte Pfarrer Einspruch. Er unterstehe nicht dem Spezial, erklärte er, und müsse deshalb diesem auch nicht Rede und Antwort stehen. Das landeskirchliche Konsistorium wünschte deshalb einen herzoglichen Spezialbefehl, der den Spezial ermächtigte, alljährlich einmal den reformierten Prediger zu sich zu rufen, damit er ihm über seine Gemeinde Näheres berichte. Die Einweihung des neuen Kirchenraums im Landhaus und die dabei von Pfarrer Morf gehaltenen Predigten erregten die lutherische Geistlichkeit, zumal diese in Esslingen ohne obrigkeitliche Genehmigung gedruckt worden waren. Vor dem Stadtvogt wiesen die Vorsteher der reformierten Gemeinde die Behauptung zurück, die Einweihung des neuen Kirchenraums sei im Rahmen einer besonderen Feierlichkeit erfolgt, es sei lediglich am Einweihungssonntag zweimal gepredigt worden. Allerdings hatte sich Pfarrer Morf nach Ansicht der Oberräte »unstatthaft verhalten«, weil er die beiden Predigten, ohne sich zuvor auch nur der Zustimmung der Gemeindevorsteher zu versichern, geschweige denn zuvor die erforderliche Druckgenehmigung zu beantragen, in Esslingen hatte drucken lassen. Die Oberräte plädierten dafür, daß Morf einen ernstlichen Verweis bekomme. Dies geschah dann wohl auch[1476].

Die Reformierten empfanden die ihnen durch die lutherische Geistlichkeit zuteil werdende Behandlung, insbesondere die fortgesetzten böswilligen Angriffe gegen ihre Konfession von den Kanzeln herab als schimpflich und demütigend, zumal diese nicht von ihnen provoziert würden. Kein reformierter Prediger in Württemberg habe sich bislang negativ über das Luthertum geäußert, erklärten sie. In den »Gravamina der hochfürstlich württembergischen reformierten Untertanen gegen die evangelisch-lutherische Geistlichkeit«, die sie im Jahr 1740 der herzoglichen Regierung zuleiteten, gaben sie ihrem Unwillen Ausdruck. Besonders empörend fanden sie, daß Stuttgarter lutherische Geistliche ihre Gemeindeglieder, die einmal eine reformierte Predigt hörten, dahingehend warnten, »der Große Gott« werde sie deswegen dereinst von seiner Gemeinschaft ausschließen. Ehen zwischen Lutheranern und Reformierten, so stellten sie fest, wurden nur gestattet, wenn sich die Brautleute verpflichteten, ihre Kinder in der lutherischen Konfession zu erziehen. Die lutherischen Speziale maßten sich die Aufsicht über die reformierten Geistlichen an und hätten hierbei die uneingeschränkte Unterstützung durch das Fürstliche Konsistorium und den evangelisch-lutherischen Synodus. Grundsätzlich würden die Reformierten mit den Katholiken auf eine Stufe gestellt. Auch lasse sich seit einiger Zeit, so durch die Beschneidung ihrer wirtschaftlichen Privilegien, deutlich erkennen, daß man sich nach und nach der Reformierten entledigen wolle[1477].

Die »Gravamina« bewirkten allenfalls, daß sich die lutherischen Geistlichen in ihren öffentlichen Äußerungen über die reformierte Schwesterkonfession mehr Zurückhaltung auferlegten, sonst aber änderte sich wenig. Eheschließungen zwischen Lutheranern und Reformierten hatte auch weiterhin der Landesherr zu genehmigen, und er entschied in jedem Fall, daß die aus einer solchen Verbindung hervorgehenden Kinder in der evangelisch-lutherischen Konfession zu erziehen waren. Dies geschah etwa 1750, als der reformierte Regierungsrat Dilthey die Erlaubnis erhielt, die verwitwete evangelisch-lutherische Expeditionsrätin und Postmeisterin Mittler(in) heiraten zu dürfen. Ihm wurde übrigens noch zur Auflage gemacht, sich außerhalb Stuttgarts »kopulieren« (trauen) zu lassen, wo es ihm am bequemsten war[1478]. Anstände bei der Beerdigung von Reformierten auf lutherischen Friedhöfen gab es nicht mehr, doch war hierzu jedesmal eine herzogliche Genehmigung erforderlich. Herzog Carl Eugen gestattete zudem – zwei Fälle aus dem Jahr 1763 sind bekannt – Trauerblasen und -läuten für Verstorbene reformierter Konfession. Zu Beginn des 19. Jahrhunderts (1800–1803) durften reformierte Geistliche mit herzoglicher Erlaubnis auch Leichenreden halten[1479].

1769 erteilte Herzog Carl Eugen den Reformierten alle Freiheiten und Gerechtigkeiten, wie sie die alteingesessenen Untertanen besaßen. Er wiederholte ein herzogliches Edikt vom 20. Januar 1729, in dem diese Freiheiten und Gerechtigkeiten insbesondere auf die in Stuttgart ansässigen Reformierten ausgedehnt worden waren[1480].

Um ihre kirchlichen Angelegenheiten besser ordnen und ihre Belange nach außen nachdrücklicher vertreten zu können, schlossen sich am 15. Mai 1749 die Reformierten in Stuttgart und Cannstatt vertraglich zu einer Gemeinschaft zusammen. Über alle wichtigen Gegenstände entschieden jetzt die vereinigten Konsistorien der beiden Gemeinden. Die Ältesten aus Stuttgart und Cannstatt trafen sich zu regelmäßigen Sitzungen im Cannstatter Pfarrhaus. 1752 übernahm der Cannstatter Pfarrer Louis Gros auch die seelsorgerische Betreuung der Stuttgarter Reformierten. Da er im Französischen wie im Deutschen zu Hause war, bedurfte es eines besonderen französischen Pfarrers nicht mehr. Gros hielt die Gottesdienste in beiden Sprachen. Hinzu kam, daß das Deutsche in beiden Orten das Französische zunehmend zurückdrängte. In den Jahren 1758 bis 1760 starben allein sechs Älteste mit französischen Namen: Nolhac, Dumas, Cailloud, Crugut, Gundrumb und Assousty; sie alle hatten um ihres Glaubens willen Frankreich verlassen und in der Fremde unter großen Opfern eine neue Gemeinschaft geschaffen, die ihnen und ihren Glaubensgenossen zur neuen Heimat wurde. Unter den nachrückenden Ältesten begegnen vor allem deutsche Namen[1481].

1772 erhielt die vereinigte Gemeinde Cannstatt-Stuttgart in der Person des aus Wiesloch gebürtigen Johann Philipp Sauerbrunn einen neuen Pfarrer. Sauerbrunn, der zuvor Hilfsgeistlicher an der Kapelle der holländischen Generalstaaten in Hamburg gewesen war, nahm zunächst seinen Sitz in Cannstatt, dann in Stuttgart. Die reformierte Gemeinde der württembergischen Haupt- und Residenzstadt befand sich damals in einem zerrütteten finanziellen Zustand. Die Kassen- und Rechnungsführung lag im argen, die Schuldenlast war groß. Sauerbrunn gelang es, Abhilfe zu schaffen. Er richtete für beide Gemeinden eine gemeinsame Kasse ein, aus der künftig alle Ausgaben zu bestreiten waren. 1776 drohte vorübergehend die Gefahr, daß das Landhaus der Garnison zur Mitbenutzung für gottesdienstliche Zwecke eingeräumt werden mußte. Doch bewogen die Einwände von Pfarrer und Vorstehern den Herzog, von seinem Plan Abstand zu nehmen und eine eigene Garnisonskirche zu errichten. Ihre bedrängten materiellen Verhältnisse zwangen nunmehr die Gemeinde, im ersten Stock des Landhauses eine geräumige Wohnung einzubauen und diese zu vermieten – das Erdgeschoß blieb weiterhin dem Gottesdienst vorbehalten[1482]. Freilich, baulich ließ sich an diesem Haus nicht viel verbessern. Es blieb nach einer Beschreibung von 1788 ein »sehr altes, zusammengeflicktes« Gebäude. Auch verfügte es über kein Fundament, sondern stand wie das schlechteste Weingärtnerhaus »frei auf dem Boden«. Der Betsaal nahm die Hälfte des unteren Hausteils ein. Die der Straße zugekehrte Stube und Kammer, die unter dem Straßenniveau lag, war so feucht, daß Schwämme einen idealen Nährboden hatten und daß alles, was man dort hineinstellte, verfaulte. Schlimm war die Geruchsbelästigung, weil der Unrat aus den Abtritten nicht abgeleitet werden konnte, die Reservoirs, in denen er gesammelt wurde, zu klein waren. Sämtliche Wände waren schief, die undichten Fenster und Türen hielten die Kälte nicht ab, die Küchenkammer war so schlecht gebaut, daß bei der geringsten Wetteränderung der Rauch das ganze Haus durchzog[1483].

1789 wählte die vereinigte Gemeinde – Vorsteher und Familienoberhäupter – den Kandidaten Johannes Anhäusser von Wiesbaden (geboren 1767 in Mannheim, gestorben 1825) zum Pfarrer. Anhäusser, der später die Amtsbezeichnung Dekan und Spezial führte, blieb 35 Jahre, bis 1824, der Seelsorger der Reformierten in Stuttgart und Cannstatt. Er predigte regelmäßig auch einmal im Monat in Ludwigsburg. Wie schon sein Vorgänger erteilte er zudem Religionsunterricht an der Hohen Carlsschule. Die ungünstige Finanzsituation der vereinigten Gemeinde verschlechterte sich zu Beginn des 19. Jahrhunderts noch erheblich. Anhäusser war hieran nicht ohne Schuld. Er ließ die Dinge zu sehr treiben. Seit 1805 besaß die Gemeinde lediglich noch den Betsaal im Landhaus, nachdem sie das Haus selbst um einen Spottpreis hatte verkaufen müssen. 1825 verzichtete sie auf das Wahlrecht für ihre Geistlichen. Dafür übernahm die Staatskasse einen Teil der Besoldungen des Pfarrers, Vorsängers und Mesners[1484]. Die reformierte Gemeinde war damit wie zuvor schon die evangelisch-lutherische und die katholische Kirche dem staatskirchlichen System des Königreichs Württemberg voll eingegliedert, d. h. der Staat nahm von jetzt an bestimmenden Einfluß auf alle ihre Angelegenheiten.

Seit den ersten Jahrzehnten des 18. Jahrhunderts bildeten die Waldenserkolonien in Württemberg zusammen mit den reformierten Gemeinden in Cannstatt, Stuttgart und Ludwigsburg einen Kirchenverband. Er besaß in der »Tafel« (la Table) eine aus drei geistlichen und zwei weltlichen Mitgliedern bestehende gemeinsame kirchliche Oberbehörde. Diese wurde von der Synode (Assemblée Ecclésiastique des Eglises Chrétiennes des Vaudois et Français dans le Duché de Wurtemberg), dem wichtigsten kirchlichen Organ der Genossenschaft, gewählt. Die an unterschiedlichen Orten tagende Synode befaßte sich mit Fragen der kirchlichen Organisation, der Gottesdienstordnung, der Kirchenzucht, dem Schul- und Armenwesen und anderen für die Mitgliedsgemeinden bedeutsamen Angelegenheiten. Wohl als erster und einziger reformierter Geistlicher Württembergs erhielt Pfarrer Anhäusser die Amtsbezeichnung Dekan; ihm war damit eine gewisse Vorgesetztenfunktion über die anderen Geistlichen des Synodalbezirks zuerkannt. Mit dem Anschluß der Waldensergemeinden an die evangelisch-lutherische Landeskirche im Jahr 1823 erlosch der Kirchenverband. Vier Jahre später wurde auch nach langen Verhandlungen die reformierte Gemeinde Cannstatt-Stuttgart der Landeskirche angegliedert, sie erlangte jedoch 1847 ihre Eigenständigkeit zurück[1485].

Keine kirchliche Gemeinschaft mit der Stuttgarter reformierten Gemeinde hatte die seit dem Ende des 17. Jahrhunderts in der württembergischen Haupt- und Residenzstadt bestehende Französische Lutherische Kirchengemeinde, der vor allem Flüchtlinge oder Zuwanderer aus Mömpelgard sowie deren Nachkommen angehörten. Von Anfang an hatte sie ihren Gottesdienstraum im Bebenhäuser Pfleghof. 1776 war ihr Pfarrer M. D. Morel[1486].

Katholiken

Im Herzogtum Württemberg blieb auch im 18. Jahrhundert der katholische Kultus streng verboten. Lediglich die Gesandten katholischer Mächte und Reichsstände durften in Stuttgart Privatgottesdienste, aber ausschließlich für sich, für ihre Familien und Bediensteten, halten. Sonstige Katholiken, die hier für kürzere oder längere Zeit wohnten, mußten, wenn sie am kirchlichen Leben ihrer Konfession teilhaben wollten, die Gottesdienste in den katholischen Dörfern Hofen und Oeffingen besuchen. Auch Beerdigungen nach katholischem Ritus waren nur auf den Friedhöfen dieser oder anderer katholischer Orte möglich. Für die Überführung der Leichen dorthin mußte in jedem Einzelfall die herzogliche Genehmigung eingeholt werden. Sie wurde im allgemeinen ohne Schwierigkeiten, jedoch mit bestimmten Auflagen erteilt: Bezahlung der üblichen »Tax« und Unterlassung aller Zeremonien bei der Überführung[1487]. Wenn die Angehörigen die Kosten für eine Überführung nicht aufbringen konnten oder wenn sie bzw. der Verstorbene sich für eine Bestattung in Stuttgart entschieden hatten, mußten sie diskriminierende Bedingungen in Kauf nehmen. Im Januar 1707 beispielsweise starb hier die katholische Ehefrau des kaiserlichen Kriegskommissars Dietmayer von Dietmarsdorf. Der Gatte wollte sie in Stuttgart beerdigen lassen. Auf herzogliche Anordnung wurde nun die Verstorbene »dem Herkommen gemäß« bei Nacht »ohne Sang und Klang« zwar auf dem Friedhof, »aber an solchem Ort, wo dergleichen widriger Religionsverwandte pflegen hingelegt zu werden«, auf ihre Kosten begraben[1488]. Auch in Gablenberg und Heslach wurden Katholiken in der Stille »in locum separatum« (an einem abgesonderten Ort) an der Friedhofsmauer begraben[1489]. Im März 1757 starb das Kind eines katholischen Grenadierhauptmanns. Dem Vater wurde nahegelegt, das Kind in Hofen bestatten zu lassen, der Herzog werde die Überführung der Leiche genehmigen, denn bei einer Beerdigung auf dem Mittleren Friedhof, wie er dies wünsche, müßten alle katholischen Zeremonien unterbleiben und der »actus« ganz auf evangelische Weise, jedoch ohne Geläut, erfolgen. Der Hauptmann beharrte dennoch auf der Bestattung seines Kindes auf dem Mittleren Friedhof[1490]. Gewöhnlich wurden – zumindest in der zweiten Hälfte des 18. Jahrhunderts – Katholiken auf dem Lazarettfriedhof in aller Stille begraben. Man wollte offensichtlich die anderen Friedhöfe Verstorbenen der Landesreligion vorbehalten. Großes Aufsehen erregte es deshalb, als im August 1775 die Tochter eines katholischen Grenadiers à cheval auf dem Hoppenlaufriedhof bestattet wurde. Die Schuld traf die »Leichsägerin«; sie hatte das Dekanat nicht einmal von dem Todesfall unterrichtet. Der Regimentskommandeur beteuerte, ohne hierzu aufgefordert worden zu sein, er habe an der Sache keinen Anteil. Dem sicher nicht zu den protestantischen Eiferern zählenden Dekan war das Ganze recht peinlich. Er nannte den Vorfall »ziemlich unschuldig«[1491].

Herzog Friedrich brach, wie wir noch hören werden, mit der althergebrachten religiösen Intoleranz. Doch auch er konnte nicht mit einem Federstrich, zumindest solange die Landstände ein gewichtiges politisches Mitspracherecht im Herzogtum beanspruchten, die alten Ordnungen beseitigen. Am 31. Januar 1800 gestattete er – ein Novum für Stuttgart –, daß der katholische Kaplan Ruß bei der Beerdigung des katholischen Schauspielers Kellner am Grab »parentiere«, die Aussegnung vornehme, allerdings nicht in Amtstracht[1492].

Daß auf den Friedhöfen von Hofen und Oeffingen damals zahlreiche bedeutende Persönlichkeiten ihre letzte Ruhe fanden, beweisen die herzoglichen Ausnahmege-

Hofen, Ruine des Alten Schlosses und Kirche um 1820.

nehmigungen, die für die Überführung der Leichen von Katholiken aus Stuttgart erteilt wurden. In Hofen fanden ihre letzte Ruhestätte: im Juli 1776 der tödlich verunglückte Lottodirektor de Bissi, im Dezember 1782 der Vater des Hofbildhauers Scheffauer, im April 1784 der Carlsschüler Graf von Grabitz, im November 1784 der Galeriedirektor Guibal, im Februar 1785 Hofkaplan Schluß, im Oktober 1785 die Frau des Handelsmanns Pascal Moiana aus Nancy; in Oeffingen wurden beigesetzt: im Mai 1781 die Mutter des Tanzmeisters Xaver Hutti, im September 1782 die Frau des Hammerschmieds von Berg, Theresia Schmid, im Januar 1783 der Zitronenhändler Bierbingel, im März 1783 das Kind des Kammerjunkers von Phull, im September 1783 die verwitwete Geheimrätin von Stockhorn, im Januar 1784 die Frau des Oberstleutnants von Wazdorf, im Oktober 1787 Juliana Kaim, die Witwe eines Hofmaschinisten[1493].

Zum Tod verurteilte Katholiken erbaten in der Regel den Beistand eines Priesters ihrer Konfession. Die Regierung war im allgemeinen bestrebt, solche Wünsche zu erfüllen. Allerdings durften diese Geistlichen öffentlich nicht in Erscheinung treten. Im Juni 1754 ersuchte der Kommandeur des Füsilierregiments von Bock, daß ein katholischer Geistlicher einem Deserteur, der vor seiner Hinrichtung stand, seelsorgerischen Beistand leiste. Dem Antrag wurde stattgegeben, jedoch mit derselben einschränkenden Bedingung wie bei einem Deserteur, der Ende März 1757 gehängt werden sollte: Der Priester durfte den Todeskandidaten nur in seiner Zelle aufsuchen, die Begleitung des Delinquenten zum Richtplatz hatten zwei evangelische Geistliche zu übernehmen[1494].

Schlimm wurde Einwohnern mitgespielt, die von der evangelisch-lutherischen zur römisch-katholischen Kirche übertraten. In einem gedruckten Flugblatt beschwerte sich Valentin Ulrich, Buchbinder und Drukker, früher in Stuttgart, jetzt in Ehingen wohnhaft, über die ihm durch die württembergischen Behörden zuteil gewordene üble Behandlung. Er habe, so ließ er sich vernehmen, »aus Antrieb seines Gewissens« 1740 die katholische Lehre angenommen und daraufhin seinen Wohnsitz in Stuttgart aufgegeben. Er habe seine Frau und seine Kinder nachkommen lassen wollen. Hierzu sei seine Frau, der er zugesichert habe, sie ihrem bisherigen Glauben nicht abspenstig zu machen, gerne bereit gewesen. Sie habe nun mit den Kindern am hellen Tag mit Wissen des Magistrats Stuttgart verlassen. Doch schon nach wenigen Meilen Wegs hätten sie vier Postillione zurückgeholt. Sie sei bald darauf vor Kummer gestorben. Ulrich forderte, daß man seine vier Söhne zu ihm ziehen lasse, wobei er ausdrücklich erklärte, die väterliche Gewalt, auf die er sich berufe, bedeute für ihn nicht, daß er eine Erziehung seiner Kinder in der katholischen Konfession beanspruche – die Kinder waren ebenso wie die Mutter evangelisch. Er bat den Kaiser, doch auf den württembergischen Herzog dahingehend einzuwirken, daß dieser ihm seine Kinder herausgebe. Ob die Schilderung, die Ulrich in dem Flugblatt von den gegen ihn wegen seines Übertritts zum Katholizismus getroffenen üblen Willkürmaßnahmen gibt, so zutraf, läßt sich nicht feststellen. Es spricht aber vieles dafür, daß seine »Gravamina« berechtigt waren. Wir wissen im übrigen auch nicht, ob sich der Kaiser des Anliegens des Buchbinders und Druckers angenommen hat[1495]. 1734 trat der Stuttgarter Bürgersohn Christoph Friedrich Daniel zum Katholizismus über. Die kirchliche Obrigkeit war tief beunruhigt und sehr aufgebracht, sie ordnete Ermittlungen darüber an, wer den jungen Mann zum Konfessionswechsel »verleitet« habe[1496].

1733 übernahm mit Carl Alexander ein katholischer Fürst die Regierungsgewalt im Herzogtum Württemberg. Obwohl er das bindende Versprechen abgegeben hatte, an dem Monopol der evangelisch-lutherischen Landeskirche nicht zu rütteln, der katholischen Kirche also keine öffentlichen Wirkungsmöglichkeiten zu geben und sich selbst auf katholische Privatgottesdienste im Schloßbereich zu beschränken, war das Mißtrauen groß. Sofort nach seiner Regierungsübernahme setzten die Landstände durch, daß Carl Alexander die Hofkapelle, die bislang dem evangelischen Gottesdienst gedient hatte, freigab und dafür eine neue im Schloß zu erbauende Kapelle für die herzoglichen Privatgottesdienste benutzte. Indes verzögerte sich durch die Stände wiederholt der Bau. Erst 1736 konnte er in Angriff genommen werden. Inzwischen fanden die katholischen Gottesdienste im Saal des Schlosses statt. Die neue Kapelle diente auch dem jungen Herzog Carl Eugen als Gottesdienstraum. Nach der Rückverlegung des Hofes von Ludwigsburg nach Stuttgart im Jahr 1775 bestimmte Carl Eugen dann den gegenüber der Kanzlei gelegenen großen Saal des Alten Schlosses für die Hofgottesdienste. Seine Brüder und Nachfolger, die Herzöge Ludwig Eugen und Friedrich Eugen, feierten gleichfalls die Gottesdienste in diesem Saal, zum Teil auch in der 1780 eingerichteten Kapelle im Neuen Schloß[1497].

Mit argwöhnischen Augen beobachtete die evangelische Geistlichkeit die Anwesenheit katholischer Priester und Ordensleute am herzoglichen Hof. Im November 1734 wurde Herzog Carl Alexander hinterbracht, daß sich in Stuttgart neben seinen Hofkaplänen zeitweise auch andere katholische Ordensleute aufhielten, daß sich diese öffentlich und privat in Häuser einschlichen, den jungen Leuten Traktate zusteckten und sie zum Übertritt zum Katholizismus zu bewegen suchten. Der Herzog ordnete umgehend Ermittlungen darüber an, ob die ihm zugetragenen Anschuldigungen stichhaltig waren. Einen Monat später wiederholte er den Befehl. Anscheinend gab es einige Häuser, in denen katholische Ordensgeistliche gerngesehene Gäste waren und auch Kulthandlungen vornahmen, so in den Häusern des Generalfeldmarschall-Leutnants von Phull und der Familie Brentano. Phull, deswegen zur Rede gestellt, stritt gegenüber dem Herzog nicht ab, daß in seinem Haus Messefeiern abgehalten worden seien, versprach aber, solche künftig nicht mehr zuzulassen[1498]. Schon der Besuch von Kranken durch katholische Priester erregte die evangelische Geistlichkeit. Herzog Carl Alexander war jedoch nicht bereit, katholischen Kranken den Wunsch nach geistlichem Beistand durch Priester und Ordensleute grundsätzlich zu versagen. Allerdings bestand er darauf, daß solche Besuche nur mit seiner Erlaubnis gemacht werden durften[1499]. An diesen Grundsatz hielt sich auch der evangelische Herzog-Administrator Karl Friedrich von Württemberg-Oels. Im April 1740 bat »ein katholisches Weibsbild« um den Zuspruch eines Geistlichen ihrer Konfession. Der Herzog-Administrator gewährte ihre Bitte, verlangte aber, daß der Besuch in aller Stille und »ohne sonsten gewöhnliche besondere Solemnitäten« erfolge und daß der Priester, sobald die Besuche nicht mehr erforderlich seien, »sich in sein Heimwesen begebe«[1500]. Nach einer Anzeige vom Herbst 1745 besuchten des öfteren herzogliche Hofgeistliche Kranke ihrer Konfession, ohne daß sie hierzu aufgefordert worden waren. Der seit einem Jahr regierende junge katholische Herzog Carl Eugen hielt sich gleichfalls an die von seinem Vater Carl Alexander getroffene Regelung. In einem Dekret an das Hofmarschallamt stellte er klar, daß solche Krankenbesuche gegen die Bestimmungen des Westfälischen Friedens von 1648, der württembergischen Landesverfassung und der von ihm bestätigten Religionsreversalien verstießen. Wenn Hofgeistliche bei katholischen Kranken Besuche machen wollten, hatten sie zuvor beim Stuttgarter Spezialat und beim Vogtamt um die erforderliche Besuchserlaubnis einzukommen. Daß der katholische Hofgeistliche Ziegelbauer 1752 zweimal diese Anordnung mißachtete, trug ihm einen Verweis des Herzogs ein. Ziegelbauer hatte eine im Seelhaus krank daniederliegende Frau und den beim »Stiftskirchenbauwesen« lebensgefährlich verletzten Basilio Länderer aus Tirol besucht, ohne vorher die vorgeschriebene Genehmigung dazu eingeholt zu haben[1501]. In den folgenden Jahren wurden die Bitten katholischer Kranker um den Besuch eines Priesters in der Regel bewilligt. Bei den Kranken handelte es sich meist um Angehörige des Militärs: Soldaten und Offiziere[1502]. Eine ganz seltene Ausnahme war es, wenn ein in Stuttgart sich

Kapelle des Neuen Schlosses 1880.

aufhaltender katholischer Adliger außerhalb des Kreises der Gesandten katholischer Reichsstände vom Herzog die Erlaubnis bekam, in seinem Haus Privatgottesdienste feiern zu dürfen. In den Akten ist uns aus der Mitte des 18. Jahrhunderts nur ein Fall überliefert: Am 4. Januar 1757 gestattete Herzog Carl Eugen dem Generalmajor Grafen von Truchseß-Scheer, in dem ihm zur Wohnung eingeräumten bisherigen Hardenbergischen oder sogenannten Grafenhaus für sich und seine Bediensteten Messe lesen lassen zu dürfen[1503].

Seit der Rückverlegung der Residenz von Ludwigsburg im Jahr 1775 erlangte die katholische Hofkapelle im öffentlichen Leben Stuttgarts, sehr zum Mißfallen streng evangelisch-lutherischer Kreise, große Bedeutung. Herzog Carl Eugen berief an sie Theologen, die über ihren engen geistlichen Wirkungsbereich hinaus Ansehen und Einfluß gewannen. Zu nennen sind hier vor allem die 1784 und 1787 berufenen Hofgeistlichen Leonhard (Benedict Maria) Werkmeister (1745–1823) aus Füssen im Allgäu, ein ehemaliger Neresheimer Benediktinerpater, und Wilhelm Mercy (1753–1825) von Überlingen, ein Mönchsroter Prämonstratenser. Werkmeister war mit dem Carlsschulprofessor Abel befreundet. Schiller schätzte ihn als kantischen Philosophen. Werkmeister und Mercy wirkten durch ihre Predigten, die auch von Protestanten gerne besucht wurden, weit über den Hof hinaus. Sie traten in Verbindung zu führenden Vertretern des Geisteslebens, insbesondere zu Lehrern der Hohen Carlsschule. Ihren Aufenthalt in Stuttgart empfanden sie als menschlich sehr angenehm. Sie erfuhren, wie sich Mercy später erinnerte, durch die Bewohner »nicht bloße Duldung, sondern Wohltätigkeit und Freundschaft, Achtung und Ehre«. Herzog Carl Eugen ermöglichte ihnen durch Reformen des katholischen Hofgottesdienstes, viele interessierte nichtkatholische Hörer und Freunde zu gewinnen. Erstmals kamen sich in Stuttgart die beiden großen Konfessionen etwas näher. Werkmeister führte mit Zustimmung des Herzogs in den Gottesdienst das Lesen und Auslegen eines neutestamentlichen Bibelabschnitts

Benedict Maria Werkmeister (1745–1823), Katholischer Hofprediger, später Oberkirchenrat.

mit deutschen Gebeten und Gesängen ein. Er verfaßte eine deutsche Abendmahls- und Meßliturgie, gab ein deutsches Gesangbuch heraus. Seine im Druck verbreiteten »Sittenreden«, »Gottesverehrungen« in der Karwoche, Reden bei Leichenbegängnissen usw. fanden auch bei Protestanten ein positives Echo. Herzog Carl Eugen erhoffte sich mit Blick auf die evangelischen und katholischen Christen von den gottesdienstlichen Reformen »wenigstens bis zu einem gewissen Grad eine Vereinigung in Betreff der Gottesverehrungen«, einen Zusammenschluß der beiden Konfessionen zu einer Kirche hielt er dagegen wegen der Dogmen für nicht realisierbar. Indes waren die von ihm ins Werk gesetzten oder geförderten gottesdienstlichen Reformen nur kurzlebig. Kaum war er gestorben, befahl sein Nachfolger Ludwig Eugen die Rückkehr zu den alten kirchlichen Ordnungen, so auch zum lateinischen Gottesdienst[1504].

Das »Enfant terrible« unter den Stuttgarter katholischen Hofpredigern war der 1756 in Wipfeld am Main bei Würzburg geborene Eulogius Schneider, ein Franziskanerpater. 1786 berief Herzog Carl Eugen den vielseitig interessierten 30jährigen Theologen, der bereits literarisch hervorgetreten war, zum Hofprediger nach Stuttgart. Hier fühlte sich der den Freuden des Daseins nicht Abgeneigte sehr wohl. Freilich mit seinem unruhigen und unsteten Dichtergeist erwarb er sich nicht nur Freunde. Seine teilweise im Druck veröffentlichten Predigten bezeugen seine Beredsamkeit, aber auch seinen Sinn für die praktische Seite des Lebens. 1789 verließ er Stuttgart, um an der kurz zuvor gegründeten Universität Bonn eine Professur für die schönen Wissenschaften und für die griechische Sprache zu übernehmen. Seine freisinnige Religionsauffassung und seine Begeisterung für die Französische Revolution, aus der er keinen Hehl machte, trugen ihm viele Gegner ein. 1791 mußte er nach Straßburg fliehen. Dort stürzte er sich Hals über Kopf in den revolutionären Strudel. Er wurde zum Exponenten des revolutionär-republikanischen Extremismus und verbreitete mit der Guillotine in Straßburg, aber auch im Land umher Furcht und Schrecken. Seiner priesterlichen Würde schwor er ab und heiratete. Doch gelang es seinen Gegnern schließlich, sich seiner zu bemächtigen. Sie legten ihm groteske Verbrechen zur Last. Am 1. April 1794 endete

Eulogius Schneider (1756–1794), Katholischer Hofprediger in Stuttgart, dann Professor an der Universität Bonn, nach Ausbruch der Französischen Revolution Vertreter des revolutionär-republikanischen Extremismus.

der angebliche österreichische Spion und Verschwörer gegen Frankreich in Paris unter der Guillotine[1505].

Mit dem Tod von Friedrich Eugen, dem letzten katholischen Herzog, im Dezember 1797 hörten die katholischen Hofgottesdienste in Stuttgart und Ludwigsburg auf, an denen auch katholische Einwohner hatten teilnehmen dürfen. Herzog Friedrich II., in religiöser Hinsicht ein aufgeklärter, toleranter Fürst, hielt das Fehlen von katholischen Bethäusern in den beiden Residenzstädten für unvereinbar mit dem Zeitgeist. Die Aufrechterhaltung des bisherigen Verbots katholischer Privatgottesdienste außerhalb des Hofbereichs erschien ihm weder »notwendig noch nützlich«. Deshalb gestattete er im Einvernehmen mit den Landständen die Errichtung von katholischen Bethäusern in Stuttgart und Ludwigsburg. In der »Fundationsurkunde« für diese beiden Häuser vom 30. Juli 1798 bestimmte er, daß dort die Katholiken zu gemeinsamem Gebet, Gesang und Orgelspiel zusammenkommen, sich in ihrer Religion unterrichten, Predigten hören und Messen feiern durften. Um den Charakter von Privatgottesdiensten eindeutig zu wahren, sollten die katholischen Untertanen ihren Bethäusern keine kirchenähnliche äußere Gestalt geben und zudem von einer besonderen Einweihung absehen. Untersagt blieben Prozessionen. Auch durften die Geistlichen außerhalb der Gottesdiensträume keine Amtstracht tragen. Die Priester für die beiden Bethäuser wurden vom Landesherrn aus dem Kreis der Weltgeistlichen ausgewählt und ernannt. Sie hatten sich »vor ihrer wirklichen Annahme« einer durch das herzogliche (evangelische) Konsistorium vorzunehmenden Prüfung über die Grundsätze ihrer Religion zu unterziehen, ferner hatten sie sich eidesstattlich zu verpflichten, von »der evangelisch-lutherischen Religion weder auf der Kanzel noch sonst unbescheiden zu sprechen« und bei Protestanten keine Übertrittsversuche zu unternehmen. Eine geistliche Obrigkeit gab es für sie nicht. Lediglich in Gewissensfragen (forum conscientiae), d. h. in Glaubens- und Lehrangelegenheiten, durften sie sich mit Wissen des Herzogs an den Bischof von Konstanz wenden. Die Visitation der Bethäuser oblag dem herzoglichen Konsistorium. Eine Beeinträchtigung der Religionsverfassung des Herzogtums und eine Schmälerung der landesherrlichen Rechte des Herzogs durften sich aus der Einrichtung der Bethäuser keinesfalls ergeben[1506]. 1804 war D. Wiehn Pfarrer der katholischen Gemeinde in Stuttgart[1507].

Der Landesherr genehmigte jetzt auch Eheschließungen zwischen Katholiken und Protestanten, ohne daß der katholische Partner zuvor zur evangelischen Landeskirche übertrat. Freilich hatte eine solche Heirat für die Ehegatten noch immer empfindliche Nachteile. Am 28. März 1804 erlaubte Herzog Friedrich II. dem katholischen Bildhauer Christoph Fries aus Bamberg, sich mit der evangelischen Theatertänzerin Auguste Gollin in Stuttgart und »ohne Proklamation« (Aufgebot) trauen zu lassen. Fries bekam aber durch seine Heirat weder den württembergischen Untertanenstatus noch das Recht, sein Gewerbe treiben zu dürfen, andererseits verlor die Tänzerin durch ihre Ehe mit diesem »Ausländer« das Landesuntertanenrecht. 1804/05 erteilte Kurfürst Friedrich II. noch in drei weiteren Fällen konfessionell gemischten Paaren die Heiratserlaubnis[1508].

Johann Baptist von Keller (1774 – 1845), erster Bischof des Katholischen Bistums Rottenburg.

Die erste Katholische Kirche Stuttgarts, die Eberhardskirche, um 1847.

1805 erkannte Friedrich II. dem katholischen Bethaus in Stuttgart pfarrliche Rechte zu und wies den dortigen Geistlichen in eine Pfarrstelle ein. Als Pfarrer wirkte hier 1805 Franz Ernst Heinrich Brentano von Rapperschwyl, 1808 Johann Baptist Keller von Salem, der spätere erste württembergische katholische Bischof, und 1816 Anton Sinz von Altheim[1509]. Durch das Religionsedikt vom 15. Oktober 1806 wurden die Katholiken und die Reformierten mit der evangelisch-lutherischen Konfession rechtlich gleichgestellt. Die katholischen Untertanen konnten jetzt unter Staatsaufsicht auch in Altwürttemberg Kirchengemeinden bilden und waren in ihren religiösen Aktivitäten keinen Beschränkungen mehr unterworfen. Das Staatskirchentum galt künftig in gleicher Weise für die katholische Kirche wie bisher schon für die evangelische. Die katholischen Geistlichen erhielten wie ihre evangelischen Amtsbrüder den Status von Staatsbeamten. Nach dem Inkrafttreten des Religionsedikts überließ König Friedrich der Stuttgarter katholischen Gemeinde – 1807 waren in der württembergischen Landeshauptstadt 140 Katholiken ansässig – zur Feier ihrer Gottesdienste die Garnisonskirche[1510]. Dies konnte indes nur eine Interimslösung sein. 1808 befahl der König, die 1775 von Reinhard Ferdinand Heinrich Fischer auf der Solitude erbaute evangelische Kirche abzubrechen und sie in der Königstraße in Stuttgart als katholisches Gotteshaus neu aufzubauen. Der königliche Baumeister Nikolaus Thouret unterzog sich dieser Aufgabe. Durch ihn erhielt die Kirche den merkwürdigen Giebelaufsatz, ebenso einen Chor sowie einen mit drei Glocken versehenen Turm. Die Innenausstattung des Gotteshauses hatte zum Teil die Kirche des aufgehobenen Klosters Zwiefalten geliefert[1511]. Am Dienstag, dem 1. Oktober 1811, einem großen Tag für die Stuttgarter Katholiken, fand die Weihe der neuen St. Eberhardskirche durch den Fürstbischof von Tempe und Weihbischof des Bistums Augsburg, Franz Karl Fürst von Hohenlohe-Langenburg, seit Oktober 1812 Generalvikar in Ellwangen, statt. Bei dem Weiheakt assistierten sämtliche an der katholischen Stadtpfarrkirche wirkenden und mehrere andere dazu berufene Geistliche. Der Geistliche Rat Steinhäuser hielt eine dem Anlaß angemessene kurze Rede, an die sich ein feierliches Hochamt und ein »Te Deum« unter Begleitung der königlichen Hofmusik anschlossen[1512].

Am 10. Oktober 1816 wurde die Stadtpfarrei Stuttgart zur Dekanatspfarrei erhoben. Dieser unterstanden die katholischen Geistlichen der Residenzstädte Stuttgart und Ludwigsburg sowie die katholische Pfarrei Hohenasperg, seit 1817 zudem noch die katholischen Pfarreien Weil der Stadt und Dätzingen, seit 1818 auch die Pfarreien des früheren Landdekanats Neuhausen[1513].

Das Schul- und Bildungswesen

Deutsche Schulen

Im Jahr 1706 bestanden als öffentliche Schulen die Stürmlin- und die Krähenschule, außerdem noch einige Nebenschulen (Privatschulen). Aus den Jahren 1706 und 1719 sind uns die Schülerzahlen dieser Schulen überliefert Tabelle (293).

Der Anteil der Schüler an der Gesamteinwohnerzahl betrug 1706 4,9 %, 1719 6,9 %. Er lag damit, gemessen an dem damals günstigen Altersaufbau der Bevölkerung, recht niedrig. Dies war darauf zurückzuführen, daß die Eltern ihre Kinder häufig sehr früh aus der Schule nahmen, weil sie sie für Arbeiten im Haus, im Garten, auf den Feldern und in den Weingärten benötigten. Die meisten Schüler waren sieben bis neun Jahre alt. Von den Zehn- bis Zwölfjährigen oder gar Älteren drückten nur noch wenige die Schulbank[1514].

Die seit 1679 mit der Stürmlinschule vereinigte Modistenschule erlangte 1710 ihre Selbständigkeit zurück. Obwohl sie sich im Gegensatz zu früher in ihrem Unterrichtsangebot nicht von dem der Stürmlinschule und der Krähenschule unterschied und der Modist gegenüber den anderen Schulmeistern keinen Vorzug mehr genoß, wurde sie vornehmlich von Honoratiorenkindern besucht[1515]. Viele unbemittelte Eltern konnten das auf 20 kr je Kind und Vierteljahr festgesetzte Schulgeld nicht zahlen. Die Stadt errichtete deshalb 1719 für solche armen Familien die sogenannte Armenkastenschule; sie wurde im Armbrust(er)haus untergebracht, in dem schon seit etlichen Jahren die Krähenschule ihren Sitz hatte[1516]. Die Schulfrauen, die zeitweise bei der schulischen Unterweisung der Mädchen eine bedeutsame Rolle gespielt hatten, traten auch in den Nebenschulen gegenüber den Männern immer mehr zurück. Zu Neueinstellungen von Frauen kam es kaum noch. Befristete Ausnahmen wurden allenfalls bei Schulmeisterswitwen gemacht, die in prekären Vermögensverhältnissen lebten. Meist aber

Schüler der Deutschen Schulen in Stuttgart 1706 und 1719.

	1706			1719		
	Knaben	Mädchen	Schüler insgesamt	Knaben	Mädchen	Schüler insgesamt
Stürmlinschule	168	124	292	143	71	214
Krähenschule			260	55	30	85
Nebenschulen			326	198	347	545
			878	396	448	844

hatten auch diese sich mit dem kargen Verdienst aus »Privatinformationen« (Privatunterricht) zu begnügen[1517].

Die den Kindern in den Schulen, namentlich in den Nebenschulen, vermittelten Kenntnisse waren äußerst bescheiden. Die wenigsten lernten einigermaßen ordentlich lesen und schreiben; sie wurden weder zur Reinlichkeit noch zu einem anständigen Benehmen angehalten. Die Schulmeister in den normalen Schulen verfügten über annehmbare berufliche Voraussetzungen, doch bot ihre schlechte Besoldung keinerlei Anreiz, sich zu engagieren; sie versahen ihren Dienst lustlos, ließen ähnlich wie die Nebenschulmeister, deren erzieherische Fähigkeiten meist gering waren, dem Schulschlendrian seinen Lauf. Gegenüber den Eltern, die nach Belieben ihre Kinder in die eine oder andere Schule schickten oder auch, wenn sie es für gut fanden, ganz herausnahmen, hatten sie einen schweren Stand, zumal sie – die Nebenschulmeister ausschließlich – auf das Schulgeld angewiesen waren. Um 1730 mußte jeder der neun Schulmeister (Haupt- und Nebenschulmeister) hundert und mehr Kinder unterrichten. Die Provisoren, angehende junge Lehrer, deren sie zu ihrer Unterstützung dringend bedurften, hatten sie aus eigener Tasche zu entlohnen[1518]. Die Jahresbesoldung des Stürmlin- und des Krähenschulmeisters betrug jeweils 30 fl sowie sechs Scheffel Dinkel. Hinzu kamen 20 kr Schulgeld, die ihnen von jedem ihre Schule besuchenden Kind im Vierteljahr zustanden. 1739 klagten beide Lehrer, sie müßten von ihrem geringen Einkommen noch einen Provisor unterhalten, außerdem oblägen ihnen das Einheizen der Schulstube im Winter sowie die Beschaffung des Brennholzes. Die »Nachtleichen«, d. h. die Gebühren für das Geleit der bei Nacht zu Grabe getragenen Verstorbenen, seien ihnen an drei Tagen in der Woche, nämlich am Mittwoch, Freitag und Samstag, entzogen und den Präzeptoren des Gymnasiums zugewiesen worden. Der Herzog-Administrator stellte klar, das Holz für das Einheizen der Schulstube habe die Stadtgemeinde zu liefern, zudem gewährte er den zwei Schulmeistern wegen ihres »geringen Salarii« (Gehalts) ein einmaliges »Fruchtgratial«[1519].

Völlig unzureichend war die räumliche Unterbringung der Schulen, sie entsprach nicht einmal den gesundheitlichen Minimalanforderungen. Viele Jahre bemühte sich die Stadt vergeblich, die Schulhausmisere zu beheben. Erst in den 1740er Jahren konnte mit Hilfe der Regierung eine geringfügige Verbesserung erreicht werden[1520]. Die Diskussion um die 1728 in Angriff genommenen Reformen im Schulwesen sprach die Übelstände

Das einstige Haus des Minnesängers Hermann von Sachsenheim (gestorben 1458), seit 1799 Armenkastenschule.

an, sie führte aber zu keinen konkreten Ergebnissen. 1744 wurden lediglich die bestehenden Haupt- und Nebenschulen zahlenmäßig festgeschrieben. Außer den vier Hauptschulen (Stürmlin-, Krähen-, Modisten- und Armenkastenschule) durften künftig nur noch fünf Nebenschulen ihren Unterrichtsbetrieb aufrechterhalten. Sämtliche Schulen waren einander gleichgestellt; sie wurden von Jungen und Mädchen aller Altersstufen besucht. Bei der wachsenden Kinderzahl erwies sich indes bald die Errichtung zusätzlicher Nebenschulen als unerläßlich. Seit der Mitte des 18. Jahrhunderts hatte die Spitalschule (Hospitalschule), die auch von Bürgerkindern besucht wurde, den Status einer Nebenschule. 1760 kam eine weitere Nebenschule, die Hellersche, hinzu. Stuttgart besaß damit elf Haupt- und Nebenschulen[1521].

Bis Mitte des 18. Jahrhunderts war es üblich gewesen, daß bei der Besetzung der Schulmeisterstelle an einer Hauptschule der Sohn oder der Schwiegersohn des bisherigen Stelleninhabers nachrückte. Von diesem »Schulmeisterdynastien-System« wandte man sich jetzt ab. Künftig war den Nebenschulmeistern die Anwartschaft auf solche Stellen eingeräumt. Die dabei zu beobachtende Rangfolge (wohl dem Dienstalter entsprechend) konnte jedoch durchbrochen werden. Heiratete ein Nebenschulmeister die Witwe eines Hauptschulmeisters, erlangte er bei der Besetzung der vakanten Stelle gegenüber seinen Berufskollegen den Vorrang. Für die Stadt hatte dies den Vorteil, daß damit ohne Belastung der öffentlichen Kassen die Versorgung der Schulmeisterswitwe und ihrer Kinder gewährleistet war. Freilich übernahm der neuernannte Hauptschulmeister damit unter Umständen ein im wahrsten Sinn des Wortes schweres Erbe. Der Unterhalt der Familie seines Vorgängers konnte seine wirtschaftlichen Möglichkeiten übersteigen, und er mußte dann Almosen in Anspruch nehmen. So erhielt der Schulmeister Dessecker in den 1780er Jahren »bis zur Erstarkung und Konfirmation« seiner fünf Stiefkinder ein wöchentliches Almosen von 30 kr, um sich mit seinem »elenden Hausstand« einigermaßen »über Wasser halten« zu können[1522].

Die seit 1744 den Nebenschulmeistern zugestandenen 30 fl »Wartgeld« sowie die zwei Meß Brennholz zum Einheizen der Schulstube hatten die Einkommensverhältnisse dieser Lehrer etwas verbessert, insgesamt aber blieb ihre wirtschaftliche Lage desolat, zumal sie zehn arme Kinder umsonst, d. h. ohne Anspruch auf das sonst übliche Schulgeld, unterrichten mußten[1523]. Mitunter sahen sich die Witwen von Nebenschulmeistern gezwungen, an der Stelle ihrer verstorbenen Männer den Schulunterricht zu erteilen, um sich und ihre Kinder vor dem Betteln zu bewahren. 1749 beispielsweise führte Margarete Thillin nach dem Tod ihres Mannes die bislang von ihm geleitete Schule fort. Die geistliche Obrigkeit bezeugte ihr, sie wende als »Schulfrau« »allen Fleiß und Applikation« an, in anderen Worten, sie war mit ihrer Lehrtätigkeit sehr zufrieden[1524]. Günstiger als die Situation der Nebenschulmeister war zweifellos die des Armenkastenschulmeisters. Er erhielt neben freier Wohnung im Armbrust(er)haus eine Jahresbesoldung von 150 fl sowie zehn Klafter Brennholz[1525].

Aufschlußreich ist der Visitationsbericht vom 9. Mai 1764 über die »Teutschen Schulen« in der Esslinger Vorstadt. Bei der Hellerschen Schule bemerkt der Bericht: »Das Lesen geschiehet bei denen meisten Kindern zerstümmelt und wegen Auslassung oder Hinzusetzung einiger Buchstaben unverständlich, die Rezitation der auswendig gelernten Dinge schnell und übereilt, auch bei dem angenommenen Schulton sehr unangenehm und das Schreiben durchgehends sehr schlecht«. Die Kinder »sämtlicher Schulen« »vermahnten« die Visitatoren, sich doch fleißig bei den Wochenkinderlehren einzufinden; den Kindern der Armenkastenschule schärften sie noch im besonderen ein, sich fleißig vom Ungeziefer säubern zu lassen, sich reinlich zu halten und die Bücher, die für sie »vom Almosen« angeschafft wurden, nicht gleich zu zerreißen oder sonstwie zu beflecken[1526].

Gegen Ende des 18. Jahrhunderts waren an den Schulen täglich fünf Stunden Unterricht angesetzt: drei Stunden vormittags und zwei nachmittags. Unterrichtsfrei waren die Mittwoch- und Samstagnachmittage. Die Ferientage beschränkten sich auf die Markttage (Jahrmärkte) sowie auf den »Herbst«, d. h. sehr wahrscheinlich auf die Weinlese. An der Armenkastenschule hatten die älteren Kinder nachmittags frei, damit sie durch Arbeit ein wenig Geld verdienen konnten. Neben Lesen und Schreiben hatte jetzt auch das Rechnen an allen Schulen Eingang gefunden. Allerdings hielt sich der Kenntnisstand der Schulabgänger noch immer in sehr bescheidenen Grenzen. Der Berliner Buchhändler Nicolai nannte 1781 die Schulen in Stuttgart wie in ganz Württemberg »herzlich schlecht«. Er bemängelte, daß die Methoden eines Rochow, Campe und anderer nicht bekannt seien oder aber nicht befolgt würden. Die mit der Schulaufsicht betrauten kirchlichen Stellen hingegen zeigten sich mit den Stuttgarter Schulen und den bei ihnen angewandten Lehrmethoden insgesamt zufrieden. Die Visitatoren rügten lediglich die Trunksucht und die Spielleidenschaft einzelner Schulmeister, weil sich diese »Laster« nachteilig auf den Schulunterricht auswirkten. Der Magistrat hatte meist wenig an den Lehrern auszusetzen. Im allgemeinen äußerte er sich sogar recht günstig über sie, so 1797: »Magistratus gibt auch sämtlichen Schullehrern das Zeugnis seiner Zufriedenheit, da neben denen, die sich durch vorzügliche Schulkenntnisse, Lehrmethode und Eifer, auch die Bildung des Herzens bei der Jugend möglichst zu fördern, besonders auszeichnen, auch die übrigen bei hinlänglichen Gaben und Kenntnissen sich fleißig und getreu erweisen, in Wandel und Ehe ohne Tadel seien«[1527].

Die Zahl der Schüler an den Hauptschulen war in ständigem Ansteigen begriffen. 1763 besuchten die Stürmlinschule 184 Schüler, 1794 218. Im gleichen Zeitraum erhöhte sich die Schülerzahl der Krähenschule von 149 auf 188, die der Modistenschule von 150 auf 209. Die »Überfüllung« der Schulen zwang zur Einführung von Privatunterricht; er wurde einzelnen Schülern zum Teil in Privatwohnungen der Schulmeister erteilt, zum Teil auch einer größeren Schülerzahl im Anschluß an die regulären

Schulstunden[1528]. Freilich nutzten die Schulmeister die Möglichkeit des Privatunterrichts auch zur Aufbesserung ihres kümmerlichen Einkommens. Wohlhabende Eltern waren gerne bereit, solche Privatstunden zu bezahlen, zumal ihre Kinder in schulischer Hinsicht dadurch erheblich profitierten. Andererseits hatten die Schulmeister oft große Mühe, von wenig bemittelten Eltern, so von den Weingärtnern, das ihnen zustehende Schulgeld zu erlangen[1529].

Die wachsende Schülerzahl verschlimmerte die Schulraumnot. 1796 bezeichneten die Nebenschulmeister in einer Bittschrift ihre Schulen als eine Art von Notställen. Sie seien »klein, nieder, dunkel, oft an Orten, da man bei der größten Hitze wegen der dabei befindlichen… Kloak-, Schwein- und Misthaufen die Fenster, um frische Luft zu atmen, zulassen muß«. In den Schulen der Nebenschulmeister war das Schulzimmer zudem noch das Wohnzimmer der Familie. Daß die Kinder in den beengten Schulräumen überhaupt noch einigermaßen Platz fanden, dafür sorgten groteskerweise die vielen Schulversäumnisse, die die Schulmeister längst als notwendiges Übel hinnahmen. Strafen wegen unregelmäßigen Schulbesuchs wurden nicht verhängt. Die Eltern, die ihre Kinder namentlich im Sommer zu Arbeiten in Feld und Haus benötigten, saßen am längeren Hebel; sie konnten ihre Kinder jederzeit aus einer Schule nehmen und einer anderen zuweisen. Lediglich die Armenkastenschule schritt bei Schulversäumnissen mit Strafen ein. Weil es sich aber bei den Bestraften um Unbemittelte handelte, mißlang häufig die Eintreibung der Geldbußen, und es blieb bei der mündlichen Strafandrohung[1530].

Außer den Haupt- und Nebenschulen gab es in Stuttgart im 18. Jahrhundert zwei Sonderschulen: die Französische Schule und die Garnisonsschule. Die Französische Schule bestand seit 1723. Ihr erster Schulmeister war der Mömpelgarder David Stephan Chauffin. Die geringe Besoldung in Geld und Naturalien, die er von der Stadt, von der Stiftsverwaltung und von den Opfererträgen der Französischen Kirche erhielt, veranlaßten ihn zu fortgesetzten, an Klagen reichen Bittschriften. 1730 ließ er sich beispielsweise vernehmen: »Nebst Haltung der ordinären Informationen (des gewöhnlichen Schulunterricht) bringe ich den ganzen Tag von morgens an bis in die späte Nacht mit Privatstunden zu, auf welche Weise aber wegen schwächlicher Leibesdisposition und großen fatiguen ich nicht lang auszuhalten getraue«[1531]. Daß Chauffin dem Separatismus zuneigte, beunruhigte die geistliche Obrigkeit. Im Oktober 1732 drohte ihm ein herzogliches Reskript die Entlassung an, falls er seine Sympathien für den Separatismus nicht unterdrücke[1532]. Seine Nachfolge übernahm 1734 Jean Jacques Klöpfer, der zuvor vom Spezial im Beisein des französischen Pfarrers außer in den bei deutschen Schulmeistern üblichen Fächern auch »im Reden, Schreiben, Exponieren und Komponieren« der französischen Sprache geprüft und vom Konsistorium in dem von ihm angestrebten Amt bestätigt worden war. Nach seinem Tod 1762 beantragten seine Witwe und seine 33jährige Tochter aus erster Ehe, die Stelle einem Bewerber zu übertragen, der eine von ihnen heirate. Das Konsistorium berücksichtigte indes das Gesuch der beiden Frauen nicht. Neuer französischer Schulmeister wurde der Sprachmeister Boulanger. An seine Stelle trat 1792 der Nebenschulmeister Gundert, der wegen des unzureichenden Einkommens neben der Französischen Schule auch seine bisherige deutsche Schule weiterhin versehen durfte. Diese Doppelfunktion wurde 1811 in gleicher Weise dem Nachfolger Gunderts, Johann Georg Gantter, zugestanden[1533].

Der erste Stuttgarter Garnisonsschullehrer G. Fr. Fischer starb 1744 nach zweijähriger Amtszeit »in äußerster Armut«. Er besaß nicht einmal ein eigenes Bett, und er mußte wie seine Frau, die am selben Tag wie er am »hitzigen Fieber« starb, »aus fremden Beiträgen« begraben werden[1534]. Die Übertragung von Sonderaufgaben (Vorsingen in der Kirche, »Schlagen der Orgel«, Auskehren der Kirche und Säuberung der Fenster) ermöglichte es, seinem Nachfolger Johann Albrecht Englisch wenigstens ein Existenzminimum zu gewährleisten. Der Sohn von Englisch, der seit 1777 Garnisonsschulmeister war, mußte schon wenige Jahre später wegen »Saufens, Spielens etc.« entlassen werden[1535]. Seit 1782 bezog der Garnisonsschulmeister vom Kirchenrat 50 Reichstaler (75 fl) als Entschädigung dafür, daß er von jetzt an 80 arme Soldatenkinder schulgeldfrei zu unterrichten hatte. Die Zahl der Schüler wuchs rasch an. 1785 besuchten die Schule 169, zwei Jahre darauf waren es 183 Kinder. Der Schulmeister durfte jetzt einen Provisor halten, zu dessen Unterhalt der Kirchenrat zwei Scheffel Dinkel und zwei Simri Roggen beisteuerte. Der Schulsaal war längst zu klein. Der Kirchenrat schlug deshalb einen Abteilungsunterricht in drei Gruppen vor[1536]. Die Zahl der Soldatenkinder verminderte sich in den folgenden Jahren offenbar wieder. 1794 waren es noch 55. Da sie wegen der »äußersten Armut« ihrer Eltern außerstande waren, sich die benötigten Schulbücher anzuschaffen, mußte der Kirchenrat zu diesem Zweck auf herzogliche Anweisung 100 fl zur Verfügung stellen. In einem »höchst traurigen und verlassenen Zustand« befanden sich die Kinder der im Feld stehenden Soldaten. Der Bettel war ihre einzige Nahrungsquelle. Es wurde deshalb erwogen, sie zum Baumwollspinnen »anzuhalten«, damit sie nicht länger durch Betteln der Bürgerschaft lästig fielen. Mit der Armenkastenschule war jedenfalls 1802 eine Industrieschule verbunden, in der die Kinder im Baumwollspinnen, ebenso in Nähen und Stricken unterrichtet wurden[1537]. Das schon zuvor für Garnisonskinder bestehende Verbot des Besuchs der Stadtschulen wurde 1810 erweitert. Künftig durften umgekehrt auch »Zivilkinder« die in einer besonders schlechten Verfassung befindliche Garnisonsschule nicht mehr besuchen. 1840 wurde die auf 58 Schüler geschrumpfte Garnisonsschule aufgehoben[1538].

Die desolaten Stuttgarter Schulverhältnisse am Ende des 18. Jahrhunderts veranlaßten Kirchenrat und Konsistorium, auf Reformen zu dringen. Stadtoberamt und Stadtmagistrat, zu einer Stellungnahme aufgefordert, bezeichneten es als die Hauptsache, »daß die Schuljugend besser unterrichtet, in den nötigen Kenntnissen des vernünftigen Menschen und Christen weitergebracht und besonders bei derselben mehr Sittlichkeit, Zucht und Ordnungsliebe zuweg gebracht werden«. Sie empfahlen die Abschaffung der Nebenschulen und dafür die Errichtung von zwölf öffentlichen Schulen, an denen die Kinder, getrennt nach Altersstufen und Geschlecht, unterrichtet werden sollten, eine bessere Besoldung der Schulmeister sowie eine bessere Ausbildung der Lehrer in einem neu zu begründenden Schullehrerseminar[1539]. Das Konsistorium befriedigten diese Vorschläge, obwohl sie seiner Ansicht nach »manches Gute« enthielten, nicht; es entwickelte abweichende Pläne. Über das Projektstadium kam man indes nicht hinaus. Lediglich auf dem baulichen Sektor war ein bescheidener Fortschritt zu verbuchen. Durch den Umbau der bisherigen Hofprädikaturwohnung (Oberhofpredigerwohnung) 1799/1800, die an der Ecke des Durchgangs unter der Mauer und der alten Münzgasse gelegen war, konnten etliche zusätzliche Schulzimmer und eine Lehrerwohnung gewonnen werden[1540].

Eine sehr begrüßenswerte Neuerung war die Errichtung eines »Schulmeisterwitwenfonds« für Stadt und Amt Stuttgart. Er kam im Dezember 1796 auf herzogliche Initiative zustande. Der Kirchenrat hatte für den neuen Fonds eine Art Startkapital von 100 fl bereitzustellen[1541]. 1801 stiftete Herzogin Charlotte Auguste Mathilde, die nachmalige Königin, für »die allhiesige meistens arme Schuljugend« 20 Dukaten[1542].

Bewegung kam in die längst jeden Elans beraubten Bemühungen um eine umfassende Reform des Stuttgarter deutschen Schulwesens mit der Berufung von Viktor Heinrich Riecke (1759–1830) zum Waisenhauspfarrer und zum Schulinspektor der württembergischen Haupt- und Residenzstadt. Riecke hatte im mährischen Brünn im schulischen Erziehungswesen neue Wege beschritten. Seine Erfahrungen kamen zunächst dem Stuttgarter Waisenhaus zugute – darauf wird noch in anderem Zusammenhang einzugehen sein. Er machte die Waisenhausschule zu einer Musteranstalt und verband mit ihr ein Lehrerseminar. Seine Unterrichtsmethoden orientierten sich an Rochow und an Pestalozzi[1543].

Als Krebsschaden der Stuttgarter deutschen Schulen bezeichnete er die schlechte Bezahlung der Schulmeister sowie den »unbeschreiblich großen Mangel« an Schulräumen. Im April 1805 stellte er fest, daß in sieben Schulen, die allenfalls 366 Kinder aufnehmen könnten, 775 Kinder unterrichtet würden. »In der mephitischen Luft der engen, vollgepfropften Schulstuben«, berichtete er im folgenden Jahr, seien Kinder »ohnmächtig zusammengefallen« und hätten zu ihrer Wiederbelebung ins Freie gebracht werden müssen. Nach seiner Vorstellung sollten in jedem Schulhaus neben den eigentlichen Unterrichtsräumen vier Arbeitszimmer eingerichtet werden (zwei Handarbeitszimmer für Mädchen, zwei Werkunterrichtszimmer für Knaben) sowie ein größerer Schulsaal für gemeinsame Schulandachten, für den Schulchor, für Schulprüfungen usw. Leider scheiterte der zunächst vom Konsistorium und Kirchenrat nachdrücklich befürwortete Bau neuer und zweckentsprechender Schulgebäude an der Finanzkalamität jener kriegerischen Zeit. Immerhin erhielten die beiden Schulmeister in der Reichen Vorstadt, die bislang in unzumutbaren Mietlokalen unterrichtet hatten, 1807 im Hospital geeignete, wenn auch gleichfalls beengte Schulräume zugewiesen[1544].

Mehr Erfolg als bei der Verbesserung der Raumsituation der Schulen hatte Riecke bei der Reform der Lehrpläne, der Unterrichtsmethoden, des sogenannten inneren Schulbetriebs. 1804 rief er eine Sonntagsschule ins Leben. Es handelte sich hierbei um eine Art Fortbildungsschule für Handwerkslehrlinge und -gesellen. Ihre Unterrichtsfächer waren Aufsatz, Rechnen, das Entwerfen von Briefen, das Abfassen von Rechnungen und Quittungen. Bei den deutschen Schulen drängte er auf die Einführung geeigneter Schulbücher. Im Herbst 1804 erreichte er, daß der Kirchenrat für arme Schulkinder 100 Exemplare des Bekkerschen Not- und Hilfsbüchleins anschaffte. Er hatte seinen Antrag damit begründet, daß die Bibel unzählige Wörter der deutschen Sprache besonders aus dem »gemeinen«, d. h. alltäglichen, Leben nicht enthalte. Freilich, so stellte er ferner fest, trage das Büchlein auch dazu bei, das anschauliche Denken zu fördern und dadurch »einen Schatz der allgemeinnützigsten und zu echter Religion und Moral führenden Kenntnisse in die Gemüter des Volks zu pflanzen«. Der von Riecke empfohlenen allgemeinen Einführung des Rochow-Schlezschen Kinderfreunds in den Stuttgarter Schulen widersetzte sich der Magistrat; ihm schien es nicht vertretbar, wenig bemittelten Eltern die Anschaffung dieses Buches zuzumuten. Seiner Ansicht nach reichte für jede Schule der Kauf einiger Exemplare aus.

Großen Wert legte Riecke auf die Weiterbildung der Lehrer und Provisoren. Er gab den Anstoß zur Errichtung einer Lesegesellschaft und einer Schulbibliothek – sie zählte 1807 bereits 226 Nummern. Außerdem rief er regelmäßige Konferenzen mit den Lehrern und Provisoren ins Leben. 1809 führte er in den Schulen die Pestalozzische Methode ein, die allerdings schon nach drei Jahren von König Friedrich für die württembergischen Schulen verboten wurde, ohne daß wir wissen, was den Monarchen zu dieser Entscheidung bewogen hatte[1545].

Eine auf Altersstufen und auf dem Geschlecht der Kinder basierende Neuorganisation der Stuttgarter Schulen setzte Riecke 1811 durch, nachdem ihm die Generalschulordnung von 1807 dafür den Rücken gestärkt hatte. Knaben und Mädchen wurden jetzt in drei Altersgruppen eingeteilt und, abgesehen von der jüngsten Altersgruppe, jeweils in gesonderten Klassen unterrichtet. Die erste Altersgruppe umfaßte die Sieben- und Achtjährigen, die zweite die Neun- bis Elfjährigen, die dritte die Elf- bis 14jährigen. Von der Neuorganisation blieb die Armenkastenschule ausgenommen; dort wurden Knaben und Mädchen wie bisher gemeinsam und ohne Rücksicht auf ihr Alter unterrichtet. Die Überwindung des Einklassensystems der Stuttgarter Schulen beseitigte ein schlimmes Gebrechen des bisherigen Schulwesens: das gleichförmige Unterrichtsniveau für alle Altersstufen. Jetzt konnte der

Unterricht der fortschreitenden Lernfähigkeit der Kinder angepaßt, auf den zunächst vermittelten Elementarkenntnissen aufgebaut werden[1546]. Die Eltern durften wie bisher beim Schuleintritt die Schule, in die sie ihre Kinder schicken wollten, frei wählen, sie mußten sie aber dann in dieser Schule belassen und durften keinen Schulwechsel vornehmen, wenn ihnen dies aus irgendwelchen Gründen (beispielsweise Unzufriedenheit mit dem Lehrer) in den Sinn kam. Das Schulgeld wurde auf 3 fl im Jahr erhöht und im Verhältnis der Schülerzahl an die Schulmeister verteilt. Der Armenkastenschulmeister, der ohne Schulgeld auskommen mußte, erhielt eine Gehaltsaufbesserung von 200 fl. Die Schulmeister hatten künftig ihren Provisoren – an den Stuttgarter Schulen waren zehn Schulmeister und elf Provisoren tätig – freie Kost, Wohnung und Wäsche zu gewähren, ihnen die Einkünfte aus Privatstunden zu belassen und sie bei der Heranziehung zu Privatstunden, die sie, die Schulmeister, selbst erteilten, angemessen zu entlohnen.

Noch 1811 trat Riecke von seinen Ämtern als Schulinspektor und Waisenhauspfarrer zurück, um die Pfarrei Lustnau bei Tübingen zu übernehmen. Der Anlaß zu seinem Rücktritt waren offensichtlich Meinungsverschiedenheiten mit den vorgesetzten Regierungsbehörden und dem König, namentlich aber seine Enttäuschung darüber, daß neben dem neugegründeten staatlichen Lehrerseminar in Esslingen das Lehrerseminar im Waisenhaus in Stuttgart nur noch als Privatanstalt fortbestehen sollte. Seine Reformen bildeten indes die Basis für die Weiterentwicklung des Stuttgarter Schulwesens im 19. Jahrhundert[1547].

1814 stellten Cless und Schübler in ihrer bereits mehrfach zitierten »Medizinischen Topographie« mit Befriedigung fest, daß in Stuttgart nicht nur das gehobene Bürgertum, sondern auch fast alle Angehörigen der unteren Stände lesen und schreiben konnten[1548]. Dies war damals beileibe nicht überall eine Selbstverständlichkeit. Freilich, die Elementarkenntnisse, die die deutschen Schulen vermittelten, hielten sich in einem sehr bescheidenen Rahmen. Von einem flüssigen Lesen und erst recht von einer fehlerfreien Orthographie konnte bei Schulabsolventen nur selten die Rede sein.

Mit der Errichtung der Katharinenschule für arme Kinder sowie der Industrieschulen Katharinenpflege (deren Vorläuferin die 1807 gegründete Kinderbeschäftigungsanstalt gewesen war) und Marienpflege wurden im Jahr 1817 Einrichtungen geschaffen, die für Stuttgart in sozialer wie in schulischer Hinsicht gleichermaßen bedeutsam waren[1549].

Sämtliche öffentlichen deutschen Schulen in Stuttgart hatten übrigens eine streng evangelisch-lutherische Ausrichtung. Die erste katholische deutsche Schule in der württembergischen Haupt- und Residenzstadt öffnete 1826 ihre Pforten[1550].

Das Katharinenstift.

Das Gymnasium

Bis 1704 stand dem Gymnasium als Rektor Johann Georg Essich (1645–1705) vor. Er hatte schon von 1683 bis 1686 die Leitung des Pädagogiums innegehabt. An der Gründung des Gymnasiums 1686 und an dessen Aufbau kam ihm ein maßgeblicher Anteil zu. Auf die Entwicklung der Schule nahezu während des ganzen 18. Jahrhunderts wirkte er, obwohl schon bald nach 1700 ausgeschieden, prägend, ja bestimmend. Gerühmt werden seine hervorragende didaktische Befähigung, aber auch seine umfassenden Kenntnisse in den schönen Wissenschaften. Sein Freund und vertrauter Mitarbeiter Tobias Meurer, gleichfalls ein Mitbegründer des Gymnasiums, führte das von ihm begonnene Werk während der folgenden zwanzig Jahre fort.

Um die Disziplin der Schule stand es in den ersten Jahrzehnten des 18. Jahrhunderts nicht zum besten. Es wird über »Halsstarrigkeit und Unbotmäßigkeit«, »Tumult und Ungebührlichkeit« in der Kirche wie auf offener Straße, über Wirtshausbesuche und Kartenspiele geklagt. Der Schulbetrieb verfiel in einen gewissen Schlendrian[1551]. Großes Ärgernis erregte immer wieder das Degentragen der Gymnasiasten. Obwohl es vorboten war, setzten sich die Adligen darüber hinweg, ebenso die bürgerlichen Obergymnasiasten. Das Konsistorium machte zeitweise gewisse Zugeständnisse. Im Februar 1714 kehrte es aber, um den eingerissenen Mißbrauch zu beseitigen, zum strengen Verbot zurück. Die Schüler hatten durchweg

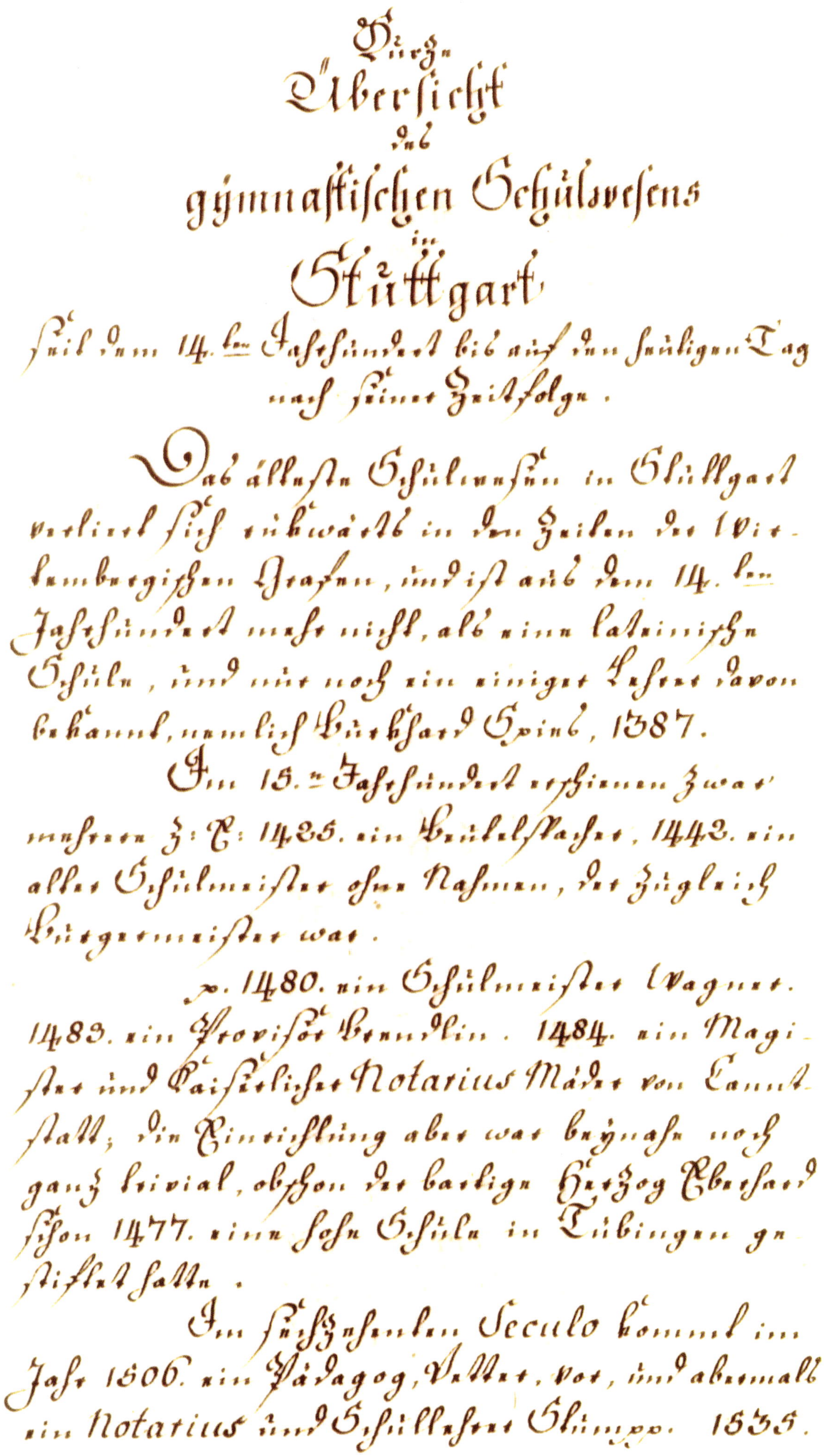
Kurze Übersicht des gymnastischen Schulwesens in Stuttgart seit dem 14. ten Jahrhundert bis auf den heutigen Tag nach seiner Zeitfolge.

1786 gefertigte Übersicht über die Entwicklung des »gymnastischen Schulwesens in Stuttgart« seit dem 14. Jahrhundert.

geistliche Kleidung (Mäntel) zu tragen. Bei Ungehorsam mußten sie mit empfindlichen Strafen rechnen. Indes ließ sich das Degentragen nicht gänzlich unterdrücken. Namentlich die Adligen beharrten auf diesem Vorrecht[1552]. 1723 wurde den Gymnasiasten der siebten, der obersten Klasse, das Degentragen offiziell erlaubt; sie waren damit den Apothekergesellen, den Handlungsbediensteten, den Zinkenisten und Goldarbeitern gleichgestellt. Rasch maßten sich auch die Gymnasiasten der sechsten Klasse dieses Privileg an. Dem Konsistorium mißfiel das Degentragen der Schüler des Gymnasiums. Im November 1729 beantragte es bei der Regierung erneut ein generelles Verbot. Es wies darauf hin, daß auch in anderen Gymnasien das Degentragen nicht gestattet sei. Zudem befänden sich im Stuttgarter Gymnasium keine Adligen mehr, und es gehörten den oberen Klassen oft solch schwache Knaben an, daß man mit ihnen noch »Grammaticalia« traktieren müsse. Schließlich hätten später ohnehin viele Schüler der siebten Klasse den Degen wieder abzulegen, so die Theologen und die Schreiber. Das Degentragen verleite im übrigen nur zu Stolz, Ungehorsam, »Meisterlosigkeit« (Übermut), Nachtschwärmerei usw. Die Oberräte unterstützten den Antrag des Konsistoriums, dem dann Herzog Eberhard Ludwig offenbar auch stattgab[1553].

Daß die Schüler des Gymnasiums mit gehobenen Umgangsformen vertraut gemacht wurden, galt als selbstverständlich, denn einmal kamen sie meist aus Familien der bürgerlichen Oberschicht, zum anderen strebten sie gesellschaftliche und berufliche Führungspositionen im Herzogtum an. Das Degentragen war ein äußerliches Attribut; es verführte, wie wir gehört haben, leicht zu einem Rabaukentum, stand daher der Erziehung zu einem gesitteten Benehmen im Wege. Nicht so der Tanz: Er war Ausdruck vornehmer Lebensart. 1721 erhielt das Stuttgarter Gymnasium in der Person des Carl

Zur Hundertjahrfeier des Gymnasiums 1786 in Gold und Silber geprägte Gedenkmünze.

Simon Paret einen eigenen Tanzmeister. Er hatte die Schüler sachkundig im Tanzen zu »informieren« und dadurch zu verhindern, daß diesen wie bisher »Pfuscher und Stümpler« ihre angeblichen Tanzkünste vermittelten[1554]. Indes ließen sich solche zweifelhaften Tanzkünstler nicht ganz verdrängen. 1739 beschwerte sich Paret über die Konkurrenz, die sie ihm machten, und er bat, ihm als zusätzliche Erwerbsquelle den Fechtunterricht zu gestatten. Dies lehnte jedoch der Herzog-Administrator mit der Begründung ab, beim Gymnasium sei noch nie ein Fechtmeister angestellt gewesen. Paret starb 1754 oder 1755. Sein Nachfolger Zellmann bekam die Genehmigung, neben dem Gymnasium einen öffentlichen Tanzboden zu betreiben. Später wurde die Stelle des Tanzmeisters gestrichen, ihre Neubesetzung 1779 mit der Begründung abgelehnt, eine solche Stelle sei überflüssig, weil die Jugend auch sonst Gelegenheit zum Erlernen des Tanzes habe. Der Reit- und Fechtunterricht, den in den Anfangszeiten des Gymnasiums besondere Lehrkräfte erteilt hatten, war schon sehr viel früher dem Rotstift zum Opfer gefallen. Wenn 1739 aber vom Herzog-Administrator behauptet worden war, es habe nie einen Fechtmeister am Gymnasium gegeben, so traf dies nicht zu[1555].

Im Mai 1700 wurde den Gymnasiasten untersagt, »mit Flinten und Rohren« sowie mit Hunden auf den Feldern zu jagen[1556]. Ein seit langem am Gymnasium unterrichtender Professor empfand es 1708 als großes Ärgernis, daß Schüler des Obergymnasiums wie andere Jugendliche in den sogenannten Knöpflesnächten, d. h. an den drei Donnerstagabenden im Advent, an denen nach weitverbreiteten abergläubischen Vorstellungen Geister umherschwärmten, durch die Gassen zogen und Erbsen oder Steinchen gegen die Fenster warfen[1557]. Im August 1713 mußten drei Obergymnasiasten einen Diebstahl mit Karzer und anschließender Schulverweisung büßen[1558]. 1716 wurde den Gymnasiasten der Besuch des Kaffeehauses auf dem Markt verboten – Kaffeehäuser standen damals, wie wir gehört haben, in einem schlechten Ruf. Wer dennoch dort angetroffen wurde, hatte beim ersten Mal einen halben Tag, im Wiederholungsfall 24 Stunden im Karzer zuzubringen, »verging« er sich ein drittes Mal, wurde er vom Gymnasium »relegiert« (verwiesen)[1559]. Einige Gymnasiasten mußten 1734, weil sie einem Professor, der ihren Unwillen erregt hatte, das Fenster eingeworfen hatten, Abbitte leisten[1560]. Bei der Visitation im Jahr 1772 rügten die Visitatoren das »Schwärmerwerfen und Raketenschießen«, mit dem sich die Schüler des Gymnasiums vor den Toren der Stadt Kurzweil verschafften. Wer künftig dieses »höchst unanständige und ebenso gefährliche als unnötige Kosten und Zeitverlust verursachende Pulverspiel« trieb, hatte mit »scharfer Strafe« zu rechnen[1561]. Im Jahr 1797 war übrigens der Karzer kaum mehr benutzbar. Es drang Wasser ein. Auch konnte der Raum nicht geheizt werden. Er wurde deshalb im folgenden Jahr umgebaut[1562].

Das Gymnasium um 1840.

In der Öffentlichkeit traten Lehrer und Schüler des Gymnasiums bei Leichenbegängnissen in Erscheinung. Eine besondere Auszeichnung war die Teilnahme des Gymnasiums an Trauerfeiern für Angehörige des Regentenhauses, so am 1. September 1712 bei der abendlichen Beisetzung der verstorbenen Herzogin-Mutter Magdalene Sybille: Im Schloßhof wurden Choräle gesungen, wobei sich außer den Sängern 20 Schüler als Fackelträger betätigten. Anschließend geleiteten die Präzeptoren neben den paarweise einherschreitenden Schülern, gefolgt vom Rektor und von den Professoren sowie von der Geistlichkeit, den Sarg zur Stiftskirche, um dann bei dessen Versenkung zwei Choräle von der Orgelempore aus zu singen[1563]. Als einen Einkommensbestandteil betrachteten die Präzeptoren die Gebühren, die sie für das feierliche Geleit bürgerlicher Leichen erhielten. In den ersten Jahrzehnten des 18. Jahrhunderts kam es zwischen ihnen und den deutschen Schulmeistern zu einem jahrelangen Streit, weil auch letztere Anspruch auf einen Teil der »Leichenakzidentien« erhoben. Die Präzeptoren machten geltend, seit »undenklichen Zeiten« hätten sie nicht nur von allen »Tagesleichen« für den Gesang auf der Straße oder in der Kirche, sondern auch von den immer mehr üblich werdenden feierlichen »Nachtleichen« die Akzidentien allein bezogen, jetzt aber verlangten die deutschen Schulmeister diese von allen »Nachtleichen«, obgleich die Schulmeister bereits sämtliche Hochzeitsgelder bekämen, an denen sie, die Präzeptoren, früher beteiligt gewesen seien. 1735 entschied das Konsistorium, daß die Präzeptoren entsprechend deren Vorschlag alle Leichengebühren am Mittwoch, Freitag und Samstag, den Schulmeistern aber an den übrigen vier Wochentagen zustehen sollten. Die Schulmeister waren aber mit dieser Regelung nicht einverstanden, sie erreichten 1739, daß sich die Präzeptoren mit den Gebühren von den nächtlichen Beerdigungen am Mittwoch und Freitag begnügen mußten[1564].

Das 1686 seiner Zweckbestimmung übergebene Gymnasialgebäude sollte eine Heimstätte der »pietas« und der »artes liberales« sein, also eine Einrichtung, in der neben der Pflege der freien Künste in gleicher Weise Wert auf die Erziehung zu einer bewußt christlichen Lebenshaltung gelegt wurde[1565]. Deshalb war das Haus möglichst auch gegen äußere Einwirkungen abzuschirmen, die die Professoren und Präzeptoren bei der Erfüllung ihrer erzieherischen Aufgaben behinderten. Dem Käufer eines Nachbarhauses wurde 1701 auf Veranlassung der Leitung des Gymnasiums zur Bedingung gemacht, daß er, um der Schule nicht Licht und Luft zu nehmen, keine Werkstatt, keine Kürschner- oder andere »Beize« einrichte, im Hof auch kein weiteres Gebäude und keine Stallung erstelle und daß er den »Schweinsteig« (Schweinestall) nur im Einvernehmen mit dem Gymnasium »verrücke« (baulich verändere). Bei einem Wiederverkauf des Hauses sollte unbedingt dafür Sorge getragen werden, daß sich darin kein »lautklopfend Handwerk als Huf-, Waffen-, Kupfer- und andere Schmiede, Schlosser und Küfer« dort niederließ[1566].

Herzog Carl Eugen wandte in den ersten Jahren nach seiner Regierungsübernahme dem Gymnasium seine besondere Aufmerksamkeit zu. 1746 ermöglichte er ihm mit Mitteln aus dem Kirchenkasten die Anschaffung guter Landkarten und mathematischer Instrumente[1567]. Eine Sternwarte besaß es offensichtlich schon vorher[1568]. Fortschritte in Unterrichtsmethoden und Lehrinhalten waren indes nicht zu verzeichnen. Im Gegenteil. Die Neuordnung der Lehraufträge am Untergymnasium bedeutete ein Wiederanknüpfen an die Verhältnisse vor der Gründung des Gymnasiums im Jahr 1686. Das Latein gewann die Alleinherrschaft zurück – und mit ihm der mechanisch-formalistische Unterrichtsbetrieb. Es blieb kein Raum mehr für die Pflege der deutschen Sprache. Geschichte und Geographie als Unterrichtsfächer verschwanden. Das seit 1691 gelehrte Rechnen wurde zwar nicht gänzlich abgeschafft, aber sehr vernachlässigt. Rektor Göriz (1746–1761) erstickte alle zuvor wahrnehmbaren Versuche zu schulischen Neuerungen und legte das Gymnasium wiederum auf die althumanistische Lehrmethode der zweiten Hälfte des 17. Jahrhunderts fest[1569]. Herzog Carl Eugen bereitete die Erstarrung des württembergischen Schulwesens und seine Rückständigkeit gegenüber anderen »Provinzen Deutschlands« zunehmend Sorge. 1780 erregte der Geheime Rat mit einem Gutachten, in dem er sich gegen die dringend notwendigen Reformen aussprach, den Unwillen des Herzogs[1570]. Sehr negativ äußerte sich 1781 der Berliner Buchhändler Nicolai über das Stuttgarter Gymnasium. Wie dieses Gymnasium, so schrieb er, zu dem Beinamen »illustre« komme, wisse er nicht. Es sei vielmehr »eine der gewöhnlichsten Lateinschulen«, die allenfalls deshalb »illustre« sei, weil ihr Rektor »Pädagogarch« über alle anderen Lateinschulen Württembergs sei und im allgemeinen den Prälatenrang innehabe oder aber diesen erlange. Auch wenn der jetzige Rektor, Prälat Volz, schon manche Pedanterien abgeschafft habe, so seien doch noch sehr viele vorhanden. Nicolai zog aus seinen Beobachtungen die Schlußfolgerung: »Es liegt im Charakter der Einwohner Schwabens eine auffallende Ruhe, die zum Denken die Voraussetzung schafft; auch findet man bei vielen ungewohnten Scharfsinn und Fleiß. Wieviel Gutes könnten diese natürlichen Gaben zum Besten des Vaterlandes bewirken, wenn durch die fehlerhaften Schuleinrichtungen das Denkvermögen nicht gestört, nicht auf leere Wortgelehrsamkeit, spitzfindige Schulweisheiten und mystische Grübeleien gelenkt würde«[1571].

Indes war 1781 der Tiefpunkt überwunden. Erste zukunftweisende Neuansätze machten sich bemerkbar. Zu verdanken war dies der Hohen Carlsschule, der Gründung Herzog Carl Eugens. Bald nach der Verlegung dieser Schule von der Solitude nach Stuttgart im November 1775 traten beide Anstalten zueinander in Beziehung. Mehrere Professoren des Gymnasiums bekamen die Erlaubnis, auch an der Carlsschule zu lesen: Haug, Cleß, Le Bret. Das Gymnasium konnte sich nicht länger den pädagogischen Anschauungen des Aufklärungszeitalters entziehen. Das Rechnen, die Geographie, die »Realien« überhaupt gewannen an Bedeutung. Das Fach Deutsch wurde nicht länger stiefmütterlich behandelt.

Am 30. Januar 1788 stattete Herzog Carl Eugen dem Stuttgarter Gymnasium einen Besuch ab[1572]. Auch wenn der Herzog darüber enttäuscht war, daß das höhere Schulwesen des Landes in überalterten Lehrvorstellungen verharrte, so blieb er doch bestrebt, ihm neue Wege zu weisen. Deutlich war, daß ihm daran lag, das Gymnasium als die wichtigste schulische Einrichtung Stuttgarts neben der Carlsschule zu erhalten. Wiederholt bekundete er ihm sein besonderes Wohlwollen. Bei den kirchlichen Feierlichkeiten an seinem Geburtstag und an dem seiner zweiten Gattin, Franziska von Hohenheim, hatte das Gymnasium auf seinen Wunsch alljährlich durch Gesangsdarbietungen mitzuwirken. Außerdem mußten die Präzeptoren an ihnen mit ihren Klassen »in ordentlicher Prozession« teilnehmen. Der Feier am 11. Februar 1782 anläßlich der Erhebung der Carlsschule zur Universität wohnten auf Einladung des früheren Gymnasialprofessors und nunmehrigen Kanzlers der neuen Hochschule, des Konsistorialrats Le Bret, der Rektor sowie der Senior des Professorenkollegiums als Vertreter des Gymnasiums bei. Die übrigen Lehrer und die Obergymnasiasten bekamen wenigstens beim Festgottesdienst in der Stiftskirche Plätze angewiesen[1573].

Am 13. September 1786 feierte das Gymnasium sein hundertjähriges Bestehen. Carl Eugen nutzte diesen Anlaß, um der Anstalt die schuldigen Honneurs zu erweisen. Freilich hatte die Leitung des Gymnasiums auch alles getan, um sich das Wohlwollen des Landesherren zu erwerben. Sie hatte eine Gedenkmünze in Gold und Silber prägen lassen, die neben dem Brustbild des Stifters, des Herzog-Administrators Friedrich Karl, das des derzeit regierenden Herzogs zeigte. Außerdem nahm sie mit Unterstützung der Stadt und des Kirchenrats eine gründliche Außen- und Innenrenovierung des Schulgebäudes vor. Ferner ließ sie ein Bibliotheks-, Physik- und Naturalienzimmer einrichten. Dort brachte sie auch die kostbare Rößlersche Sammlung mathematischer und physikalischer Instrumente unter, die das Gymnasium als Jubiläumsgeschenk erhalten hatte. Ein erster Höhepunkt der Jahrhundertfeier war der Festgottesdienst in der Stiftskirche. In feierlicher Prozession zogen um 9 Uhr die 400 Schüler mit ihren Lehrern in das Gotteshaus. Die Zahl der Festgäste war so groß, daß in der Kirche kaum die Hälfte von ihnen Platz fand. Die von Instrumental- und Vokalmusik umrahmte Festpredigt hielt Stiftsprediger und Konsistorialrat Rieger. Nachmittags um 3 Uhr traf das Herzogspaar vor dem Gymnasium ein. Von der Straße bis zum Großen Hörsaal bildeten Präzeptoren und Schüler Spalier. Vor der Hörsaaltür standen Rektor und Professoren zur Begrüßung bereit. Nachdem sich Herzog und Herzogin auf etwas erhöhten Plätzen niedergelassen hatten, begann M. Balthasar Haug, der »Professor eloquentiae«, die Festrede. Ihr schlossen sich sechs kurze Schülerreden an. Nach einer Besichtigung des Instrumentenraums verabschiedeten sich Carl Eugen und seine Frau, um sich nach Hohenheim zu begeben. Herzogin Franziska schrieb in ihr Tagebuch: »Gott lasse viel Segen aus diesem Institut wachsen!«[1574] Anläßlich des hundertjährigen Bestehens des Gymnasiums stiftete eine »unbekannte hohe Person« ein Kapital von 200 fl, aus dessen Zinsen jährlich einige Bücher für zwei der »dürftigsten Schüler« angeschafft werden sollten[1575].

Einer der Schüler, die an der Jubiläumsfeier teilnahmen, war Georg Wilhelm Friedrich Hegel (1770–1831), der nachmalige große Philosoph. Hegel war übrigens bereits mit drei Jahren in die deutsche Schule, mit fünf Jahren in die Lateinschule geschickt worden. Als Fünfjährigem waren ihm schon die erste Deklination und die ihr zugehörenden lateinischen Wörter geläufig. Dies hatte ihn seine Mutter, eine für damalige Verhältnisse ungewöhnlich gebildete Frau, gelehrt. Auf dem Gymnasium erhielt er alljährlich einen Preis. Im Oktober 1788 bezog der Absolvent des Stuttgarter Obergymnasiums die Universität Tübingen. Über seine bisherigen Lehrer urteilte er in seinem Tagebuch nicht ungünstig. Er attestierte ihnen Offenheit gegenüber dem Geist des Aufklärungszeitalters[1576].

Die Aufhebung der Hohen Carlsschule im April 1794 befreite das Gymnasium von

Georg Wilhelm Friedrich Hegel (1770–1831), Philosoph.

einer in den vorausgegangenen Jahren besonders spürbar gewesenen Konkurrenz. Die Hohe Carlsschule war die attraktivere, fortschrittlichere Anstalt gewesen; sie hatte das Gymnasium um einen Teil seines Schulnachwuchses gebracht. So war zwischen 1786 und 1793 die Zahl der Gymnasiasten von 407 auf 320 abgesunken. Im Frühjahr 1794 entschied nun die Regierung, daß die bisherigen Carlsschüler, die noch nicht die Voraussetzungen zum Besuch der Universität hatten, mit Kostgeld versehen und dem Gymnasium zugewiesen werden sollten und daß die Professoren der aufgelösten Hochschule, die noch nicht das Pensionsalter erreicht hatten, aber auch nicht an der Universität Tübingen oder sonstwo im Staatsdienst unterzubringen waren, einstweilen am Gymnasium beschäftigt werden sollten[1577].

Das Gymnasium erhielt dadurch eine Reihe ausgezeichneter Lehrkräfte und stieg zur ersten höheren Lehranstalt im Herzogtum auf. Die Schülerzahl wuchs an. Neue erzieherische Ideen setzten sich durch und mit ihnen der Neuhumanismus. Der Lehrplan und die Organisation des Gymnasiums erfuhren in den Jahren 1795 und 1796 grundlegende Veränderungen. Das Obergymnasium streifte das Korsett ab, in das es seit seiner Gründung vor mehr als hundert Jahren eingezwängt gewesen war. Mathematik und Geschichte, ebenso den

»Realien« wurde jetzt ein hoher Stellenwert beigemessen. Zur Physik gesellte sich die Naturgeschichte, neben die allgemeine Geschichte, die württembergische Geschichte und die vaterländischen Altertümer traten die »Geschichte der Erfindung der Wissenschaften, Künste, Sitten, kurz Geschichte der Menschheit« sowie die Geschichte der Philosophie. Den größten Fortschritt bedeutete die Einführung der Deutschstunden mit Aufsatz- und Redeübungen. Unangetastet blieb der halbakademische Charakter des Obergymnasiums, seine Zwitterstellung zwischen Lateinschule und Universität. Die Zahl der am Obergymnasium unterrichtenden Professoren wurde von sechs auf acht erhöht.

Noch einschneidender als beim Obergymnasium waren die Neuerungen beim Untergymnasium. Zu den bedeutendsten gehörte hier der Übergang zum Fachlehrersystem. Wichtig war sodann, daß durch die Halbierung der Zahl der Lateinstunden im wöchentlichen Unterrichtsplan hinreichend Platz für die »Realien« geschaffen werden konnte. Jetzt endlich wurden den Untergymnasiasten befriedigende Kenntnisse in Deutsch, Geschichte, Naturgeschichte, Geographie und Rechnen vermittelt. Sogar im geometrischen Zeichnen und im Schönschreiben erhielten sie Unterricht. Die Einführung methodischer Lehrbücher ermöglichte eine sinnvolle Aufteilung des Lehrstoffs auf die einzelnen Klassen. Die Zahl der wöchentlichen Schulstunden wurde auf 36 beschränkt, die bisherigen Privatstunden fielen weg. Neu waren die dreiwöchige Herbst- und die vierzehntägige Ostervakanz[1578].

Im wesentlichen unverändert geblieben waren von 1686 bis 1794 die Gehälter der Professoren und der Präzeptoren, obwohl der Geldwert in dieser Zeit erheblich abgesunken war. Daß eine solch schleichende Besoldungsminderung nicht eben zur Steigerung des Diensteifers der Lehrkräfte am Gymnasium beigetragen hatte, liegt auf der Hand. Keine Besoldungsverbesserung hatte es bedeutet, daß den Präzeptoren anstelle der Gebühren für den abgekommenen Leichengesang eine jährliche Entschädigung von 50 fl zugestanden oder daß den Professoren 1790 ein höherer Anteil von Naturalbezügen an ihrer Gesamtbesoldung bewilligt worden war. Eine angemessene Gehaltserhöhung erschien deshalb 1794 längst überfällig. Den Anstoß hierzu gab die Abschaffung der Privatstunden[1579]. Um die Mitte des 18. Jahrhunderts hatte der Rektor des Gymnasiums Anspruch auf ein Jahresgehalt von insgesamt 578 fl 15 kr. Hierin waren eingerechnet an Naturaleinkünften: 4 Scheffel Roggen (12 fl), 40 Scheffel Dinkel (60 fl), 8 Eimer Wein (64 fl), 16 Meß Holz (48 fl) und 200 Büschel Reisig (»Krähen«) (4 fl) sowie die Nutzung des Küchengartens (30 kr). Ein Professor bezog an Geld- und Naturaleinkünften im Jahr 398 fl 55 kr. Hierzu kamen für den Professor, der die Mittwochspredigt zu halten hatte, 69 fl. Die Jahresbesoldung der Präzeptoren lag zwischen 322 fl und 366 fl. Außerdem erhielten sie an »Akzidentien von Privaten und Leichen« (für Privatstunden und Leichengesang) durchschnittlich etwa 50 fl[1580]. Durch die »Gehaltsregulierung« von 1794 wurde das Gesamteinkommen (Geld- und Naturaleinkünfte) des Rektors auf 762 fl 45 kr erhöht. Wie bisher hatte der Rektor Anspruch auf eine Amtswohnung. Dagegen fielen die bescheidenen zusätzlichen Einnahmen aus Leichengedichten weg, auf die er bisher Anspruch gehabt hatte. Das Verfassen von Gelegenheitsgedichten bei Todesfällen, das der Vorsteher des Gymnasiums lange Zeit als seine Domäne betrachtet hatte, war nämlich außer Mode gekommen. Die Besoldung eines Professors an Geld und Naturalien belief sich seit 1794 auf 558 fl 55 kr. Einige Professoren hatten noch Zulagen, so stand dem Physikprofessor eine solche von 102 fl zu. Der Senior der Professoren hatte eine Dienstwohnung inne. Die neu festgesetzten Gehälter der Präzeptoren schwankten bei Berücksichtigung aller Nebeneinkünfte zwischen 556 fl und 740 fl[1581].

Nach der Erhebung Württembergs zum Königreich im Jahr 1806 wurden sämtliche höheren Schulen der Aufsicht des Konsistoriums entzogen und einer staatlichen Behörde, der neugeschaffenen Studiendirektion in Stuttgart, unterstellt. Das Stuttgarter Gymnasium büßte seine herausgehobene Position ein. Sein Rektor war nicht länger der Visitator der Lateinschulen unter der Steig, d. h. unter der Stuttgarter Weinsteige. Lediglich in dem alljährlich am Stuttgarter Gymnasium abgehaltenen Landexamen, das erfolgreichen Prüflingen das Tor zu den niederen evangelisch-theologischen Seminaren öffnete, erhielt sich ein Überbleibsel seiner einstigen zentralen Stellung[1582].

Der berühmte Staatsrechtler Robert von Mohl (1799–1875) besuchte zwölf Jahre, vom sechsten bis zum 18. Lebensjahr, das Stuttgarter Gymnasium. Er stellte der Schule ein insgesamt günstiges Zeugnis aus. Allerdings hatte sie seiner Ansicht nach nicht ganz das Niveau eines guten norddeutschen oder sächsischen Gymnasiums. Im Mittelpunkt des Unterrichts habe das Latein gestanden. Ihr Hauptaugenmerk in diesem Kernfach hätten die Lehrer auf einen grammatikalisch fehlerfreien Aufsatz gelegt. An das Eindringen in den Geist der klassischen Literatur oder auch nur an das kursorische

Robert von Mohl (1799–1875), Professor für Staatsrecht in Tübingen und Heidelberg, Mitglied der Frankfurter Nationalversammlung und des Reichstags, Reichsjustizminister, badischer Gesandter in Frankfurt und München.

Lesen ganzer Autoren habe man nicht gedacht. Dagegen habe man viel Zeit mit dem »Verfertigen« lateinischer Verse zugebracht. In Griechisch, aber auch in Mathematik habe man wenig gelernt. Dagegen sei der Unterricht in Geographie und Geschichte recht gut gewesen. Arg vernachlässigt worden sei die deutsche Sprache. »Etwas Anregungen« habe hier Professor Georg Reinbeck (1767–1849), der Dichter und Ästhetiker, gegeben. Miserabel sei es um den Unterricht in den neueren Sprachen bestellt gewesen. Ohne Privatstunden und eigenen Fleiß hätten hier die Schüler keine annehmbaren Kenntnisse erlangt[1583].

Die Realschule

Die Hohe Carlsschule besaß eine eigene Abteilung für »Handlungswissenschaften«, in der vor allem künftige Kaufleute eine auf modernen wissenschaftlichen Erkenntnissen basierende umfassende berufliche Ausbildung erhielten. Nach der Aufhebung dieser für Württemberg so bedeutsamen Bildungsanstalt 1794 klaffte im Bereich des Schulwesens eine schmerzliche Lücke. Die Regierung suchte sie wenigstens zu einem Teil dadurch zu schließen, daß sie 1796 in Verbindung mit dem Gymnasium eine »Real- und Bürgerschule« ins Leben rief[1584]. Am 6. Juni jenes Jahres bestimmte ein herzogliches Dekret aufgrund der Vorschläge von Rektor Schmidlin, daß paralell zu der zweiten und dritten Klasse des Gymnasiums zwei Realschulklassen gebildet und daß an ihnen die folgenden Fächer unterrichtet werden sollten: Religion, Lateinisch, deutsche und französische Sprache, Geographie, Geschichte, Naturgeschichte und Physik, Geometrisches Zeichnen, Rechnen, Schreiben und Freihandzeichnen. Wenige Wochen später erfolgte die feierliche Eröffnung der Realschule. Jede der beiden Klassen zählte 35 Schüler. Das Interesse für die neue Schule war so groß gewesen, daß 28 Bewerber hatten abgewiesen werden müssen. Gymnasium und Realschule umfaßten 1796 zusammen 352 Schüler. War am

Die Realschule (Kanzleistraße 13) um 1847.

Gymnasium an neueren Sprachen neben Französisch zeitweise auch Italienisch unterrichtet worden, so trat nunmehr Englisch hinzu. Diesem Fach waren ab Juli 1797 für Realschüler und Gymnasiasten zwei außerordentliche Wochenstunden vorbehalten[1585].

1812 wurde die Realschule um eine dritte Klasse erweitert, 1818 vom Gymnasium getrennt und zu einer selbständigen Anstalt erhoben. Mit ihrer Verselbständigung bekam sie einen eigenen Rektor, ein eigenes Schulgebäude sowie eine vierte Klasse. Bedeutsam war, daß im Jahr zuvor eine Elementarklasse gegründet worden war, die ihren Schülern die für den Übertritt in die Realschule und das Gymnasium erforderlichen Grundkenntnisse vermittelte[1586].

Höhere Mädchenschulen

Die erste uns überlieferte Nachricht über die Errichtung einer gehobenen Mädchenschule in Stuttgart stammt aus dem Jahr 1718. Damals wurde der Frau des Glaubensflüchtlings und ehemaligen preußischen Leutnants Jean des Flammes die Erlaubnis zur Eröffnung einer Französischen Schule für junge Mädchen erteilt. In dieser Schule sollten die Mädchen nicht nur in der französischen Sprache unterrichtet werden, sondern auch »dem Frauenzimmer Nützliches und Wohlanständiges« wie Nähen, Wirken und Stricken erlernen[1587]. Da indes lediglich die Genehmigung zur Eröffnung der Schule dokumentiert ist, spricht einiges dafür, daß diese Bildungsanstalt nie ins Leben getreten ist.

Herzog Carl Eugen ist, wie wir bereits früher gehört haben[1588], die erste höhere Mädchenschule im Herzogtum Württemberg zu verdanken. Modernen Erziehungsideen aufgeschlossen, stellte er schon bald nach der Gründung seiner »Militärischen Pflanzschule« oder »Militärakademie«, der nachmaligen Hohen Carlsschule, eine höhere Mädchenschule zur Seite. Die »école des demoiselles« wurde im Frühjahr 1772 in Ludwigsburg errichtet. Erste Pläne für sie arbeitete im Auftrag des Herzogs Professor Joseph Uriot aus. Bereits ein Jahr nach ihrer Gründung wurde die Schule auf die Solitude verlegt. Dies hatte vorwiegend praktische Gründe. Auf der Solitude befand sich die »Militärakademie« mit einem Stab befähigter Lehrkräfte, die auch für die Mädchenschule verpflichtet werden konnten, ebenso hielt sich Herzog Carl Eugen dort zu jener Zeit mit Vorliebe auf. Nachfolgerin der Frau von Professor Uriot, die im Mai 1773 wegen schlechter »Aufführung« entlassen worden war, als Vorsteherin der Anstalt, als Intendantin, wurde die Gattin des Intendanten der Militärakademie, Johanna Luise von Seeger (1747–1819). Mit Frau von Seeger hatte der Herzog zweifellos einen guten Griff getan: eine für ihre Zeit gebildete, rechtlich denkende und einfühlsame Frau. Die eigentliche Aufsicht über die Zöglinge der »école des demoiselles« führte eine Gouvernantin: Eleonore Friederike Petiffin. Im November 1775 wurde die Schule gleichzeitig mit der Militärakademie nach Stuttgart verlegt, sie bekam ihren Sitz im Alten Schloß[1589].

Seit Mitte der 1770er Jahre wandte Franziska von Hohenheim, die Geliebte und spätere zweite Frau Carl Eugens, der »école« ihre besondere Aufmerksamkeit zu; sie wurde deren Protektorin. Der Herzog räumte ihr eine weitgehende Entscheidungsbefugnis in allen die Schule betreffenden Fragen ein. Mit Intendantin und Gouvernantin wirkte sie vertrauensvoll zusammen.

Als Zöglinge wurden vor allem die Töchter verdienter Offiziere und Beamten aufgenommen; sie erhielten in der Schule eine unentgeltliche Schulausbildung. 1774 wie auch später wurde zwischen den Fräulein und den Elevinnen unterschieden. Bei den Fräulein handelte es sich um Adlige, bei den Elevinnen um Bürgerliche. Die Unterrichtspläne beider Abteilungen unterschieden sich zumindest 1774 nur wenig voneinander. Die allgemeinen Lehrfächer umfaßten: Französisch, Italienisch, Religion, Moral, Geschichte, Geographie, Schreiben, Physik, Arithmetik, Haushaltungskunst, Musik, Tanzen und Zeichnen. Eine besondere, eine Art dritte Abteilung bildeten Mädchen, die eine Theaterausbildung namentlich als Ballettänzerinnen anstrebten. Der Schwerpunkt ihres Unterrichtsprogramms lag auf Musik und Tanz, doch wurden auch allgemeinbildende Fächer wie Italienisch, Französisch, Religion, Schreiben und Haushaltungskunst unterrichtet[1590].

Im Lauf der Jahre ging die Tänzerinnen-Abteilung zunehmend ihre eigenen Wege, sie entwickelte sich zu einer regelrechten Fachschule für Tänzerinnen. Dagegen gab es jetzt keinen Unterschied mehr im Stundenplan zwischen den Fräulein und den Elevinnen, sie erhielten denselben Unterricht, waren aber entsprechend ihrem Alter – acht bis 20 Jahre – in zwei, seit 1780 in drei Klassen aufgeteilt. Bei den obersten Klassen hatten im Lehrprogramm Handarbeiten mit 21 Wochenstunden den Vorrang, bei den beiden mittleren und unteren Klassen sprachliche Fächer, für Handarbeiten waren hier nur sechs Wochenstunden vorgesehen. Den Schulunterricht erteilten ausschließlich Männer, vorwiegend Lehrkräfte der Hohen Carlsschule. Die Erziehung der Mädchen oblag der Gouvernantin. Sie mußte sie »zu einer ungeteilten Furcht Gottes, zum tiefsten Respekt gegen die geheiligte Person Seiner Herzoglichen Durchlaucht stündlich und augenblicklich anhalten, eine kindliche Ehrfurcht gegen die Eltern, einen von aller knechtischen Furcht entfernten, bloß auf Liebe und Zutrauen gegründeten Gehorsam gegen sämtliche Vorsteherinnen und Lehrer, eine tugendhafte Freundschaft und höfliches, sowohl in Worten als Handlungen bestehendes Betragen untereinander selbst empfehlen. Sie soll die Neigungen der Kinder auskundschaften und in die verborgenen Fehler eindringen, um ihre zarten Herzen vor denselben bewahren zu können. Überhaupt soll sie Spaziergänge und weibliche Arbeiten anwenden zur Unterhaltung in Manieren, guten Gebräuchen und Betrachtungen«. Der Berliner Buchhändler Friedrich Nicolai bemängelte 1781 die »klösterliche Zucht«, der die Mädchen unterworfen waren. Er vertrat die Ansicht, »die Erziehung junger Frauen zur Sittsamkeit« bestehe nicht darin, daß man sie ganz der Welt entziehe, sondern daß man sie mit dem wirklichen menschlichen Leben vertraut mache und sie so »in den Stand setze, in jeder Lage in der Welt sich anständig aufzuführen«[1591]. Dieser Vorwurf einer strengen, fast klösterlichen Internatserziehung hatte sicher einige Berechtigung. Gewichtiger erscheint jedoch, daß die »école« den jungen Mädchen eine für die damalige Zeit ungewöhnlich umfassende, sorgsame Allgemeinbildung vermittelte, daß die Schule zu den fortschrittlichsten Bildungseinrichtungen der zweiten Hälfte des 18. Jahrhunderts gehörte. Im Gegensatz zur Hohen Carlsschule blieb die »école des demoiselles« klein, sie wurde durchschnittlich von 25 Mädchen (wohl ohne die Tänzerinnen) besucht[1592]. Im Juni 1775 beispielsweise zählte sie 13 »Kavaliers- und Offizierstöchter« (Fräulein) sowie 13 Elevinnen[1593]. Anscheinend erfüllte die Schule, die einen verhältnismäßig hohen Aufwand verursachte, die Erwartungen von Herzog Carl Eugen nicht. Bereits 1780 erwog er, sie auf »Kavaliers- und Offizierstöchter« zu beschränken. Dazu kam es aber nicht. 1787 wurde die »école des demoiselles« dann doch aufgehoben. Den noch auf ihr befindlichen Kavalierstöchtern bewilligte der Herzog eine Jahrespension von 150 fl; sie sollte bis zur Verheiratung dieser Mädchen bezahlt werden[1594].

Die Notwendigkeit, den Mädchen bessere Bildungschancen zu eröffnen, wurde in der bürgerlichen Oberschicht zunehmend erkannt. Bereits 1775 faßten einige Stuttgarter Familienväter den Plan, ihren der Schule entwachsenen Töchtern durch geeignete Lehrer eine Art Fortbildungsunterricht in den »für das weibliche Geschlecht« bedeutsamen »Wissenschaften« erteilen zu lassen. Sehr wahrscheinlich kam aber dieser Plan über das Projektstadium nicht hinaus. 1787 – vermutlich zeitgleich mit der Aufhebung der »école des demoiselles« – boten die Professoren Hopf und Abel viermal wöchentlich »Vorlesungen über die Physik und Moral für Frauenzimmer« an. Zwei Jahre darauf gründete Professor Kausler »ein Lehrinstitut für junge Mädchen«. Dieses Institut sollte in einem dreijährigen Lehrkurs bei täglich zwei Stunden Unterricht diejenigen Kenntnisse vermitteln, die weder in öffentlichen Schulen noch durch Privatlehrer vermittelt wurden. Genannt wurden Geographie, Naturgeschichte und Naturlehre, das Abfassen von Briefen und Aufsätzen. Ferner war vorgesehen, »dem weiblichen Geschlecht nützliche Schriften« vorzulesen und zu erläutern. Indes hatten weder die Professoren Hopf und Abel noch Professor Kausler mit ihren Initiativen Erfolg. Das erhoffte positive Echo auf ihre Bildungsangebote für Mädchen blieb aus[1595]. Ein Durchbruch gelang erst nach der Jahrhundertwende, und zwar dem Theologen Wilhelm Christoph Tafinger (1768–1824). Tafinger hatte sich nach dem Studium in Tübingen eine Zeitlang als Hofmeister betätigt und war 1801 in der Absicht nach Stuttgart gekommen, die Pädagogik, namentlich aber das höhere Mädchenschulwesen, zu seiner Lebensaufgabe zu machen. Ermuntert durch Prälat Griesinger, trat er im Mai 1802 mit dem Plan an die Öffentlichkeit, eine »Lehr- und Bildungsanstalt für Töchter gebildeter Stände« zu errichten. Seine bereits recht präzisen Vorstellungen über einen zweckmäßigen Unterricht, der die deutsche und französische Sprache, die Arithmetik, die Geographie und Naturgeschichte, die Physik und Geschichte umfaßte, ließ er drucken. Als Eintrittsalter der Schülerinnen sah er das zehnte Lebensjahr vor. Die Zahl der wöchentlichen Unterrichtsstunden setzte er auf 18 fest. Schon bald konnte er mit Genehmigung des Konsistoriums seine Lehr- und Bildungsanstalt in einem Haus am Besetzten Weg (Haus Nr. 411 Besetzter

Gebäude der ehemaligen Lehr- und Bildungsanstalt Tafinger (Ecke Büchsen-/Calwer Straße 9).

Weg, später Büchsenstraße: Ecke Büchsen-/Calwer Straße 9) mit zunächst 15 Schülerinnen eröffnen[1596].

In einem Bericht an Herzog Friedrich II. vom 27. November 1802 äußerte sich das Stadtoberamt lobend über die neue Schule. Tafinger, so hieß es, gebe sich im Unterricht große Mühe, er bedaure aber, daß es ihm wegen seiner bedrängten wirtschaftlichen Verhältnisse nicht möglich sei, die Mädchen entsprechend ihrem recht unterschiedlichen Alter in zwei Klassen aufzuteilen und einen zweiten Lehrer als Gehilfen anzunehmen. Gegenwärtig sei die Fortdauer der Anstalt noch keineswegs gesichert, und Tafinger müsse, um überhaupt existieren zu können, zusätzlich zu dem Unterricht in der Anstalt noch »Hausprivatinformationen« (Privatstunden) geben. Der Rektor des Gymnasiums, M. Philipp Heinrich Hopf, wohnte im Frühjahr 1803 einigen Unterrichtsstunden Tafingers bei und attestierte ihm gute Kenntnisse, einen zwar nicht vorzüglichen, doch hinreichend deutlichen Vortrag, dazu die für einen Lehrer erforderliche Geduld und Gewandtheit, ferner großen Fleiß, Unverdrossenheit und Eifer. Auch besitze er eine zweckmäßige Lehrbuchsammlung. Im Hinblick auf die bisherige »Aufopferung« Tafingers im Dienst seiner neuen Schule empfahl Hopf eine jährliche finanzielle Beihilfe. Der Kirchenrat schlug 300 fl vor, Kurfürst Friedrich genehmigte 200 fl. Nach Ansicht des Kirchenrats half die Lehr- und Bildungsanstalt Tafingers einem dringenden Bedürfnis ab; sie sollte deshalb unbedingt erhalten werden. Die Bitte des engagierten Schulmanns im Herbst 1803, ihm zu Prämien für die fleißigsten Schülerinnen eine Summe von etlichen Gulden zu gewähren, lehnte der Kurfürst trotz der Befürwortung durch den Kirchenrat ab, doch erhöhte er 1805 die jährliche Unterstützungssumme für die Schule, die einen beträchtlichen Aufschwung genommen hatte, von 200 fl auf 300 fl, nachdem Tafinger in eindringlichen Worten dargelegt hatte, daß er für sein Bildungsinstitut nicht nur sein 600 fl betragendes Vermögen aufgebraucht, sondern noch Schulden gemacht habe[1597]. Die Stadt stellte übrigens für die Schule das erforderliche Brennholz zur Verfügung[1598].

Die Gründung Tafingers, über die seit 1804 Waisenhauspfarrer und Schulinspektor Riecke die Oberaufsicht führte, erlangte weithin Anerkennung. Die Zahl der Schülerinnen wuchs stetig an. Im Oktober 1808 wurden insgesamt 90 Mädchen im Alter von fünf bis 18 Jahren in fünf Klassen durch drei Lehrerinnen und neun Lehrer unterrichtet. Der Fächerkatalog umfaßte außer den bereits genannten Fächern Religion, Moral, Schönschreiben, Zeichnen, Singen, Tanzen sowie »weibliche Geschicklichkeiten und Kunstfertigkeiten«. Tafinger strebte eine harmonische Ausbildung der geistigen und der körperlichen Kräfte an. Die Gesundheit der Schülerinnen sollte durch Gartenarbeit, Spaziergänge und Tanzen gestärkt werden. König Friedrich übermittelte Tafinger seine »allerhöchste Zufriedenheit«. Freunde ermöglichten dem bedeutenden Erzieher durch Spenden den Kauf von Instrumenten und Büchern. Als 1813 die Zahl der Schülerinnen auf 130 angestiegen war, erweiterte Tafinger seine Anstalt um zwei weitere Klassen, deren oberste, die siebte, ausschließlich konfirmierte Mädchen aufnahm und für künftige Lehrerinnen und Erzieherinnen bestimmt war. Damals gewann er Stadtphysikus Riecke zu Vorlesungen über die körperliche Erziehung der Kinder und über die Behandlung von Kinderkrankheiten. Diese Vorlesungen richteten sich an Mütter, unverheiratete junge Frauen und an Kinderwärterinnen. Auch baute Tafinger eine Lesebibliothek auf. Dankbar war er, daß ihm die Regierung im Not- und Hungerjahr 1817 für seine Anstalt eine zusätzliche Unterstützung von 900 fl zukommen ließ[1599].

Im Mai 1810 gründete auf Anregung des Geheimrats Karl August Freiherr von Wangenheim, des Kurators der Universität Tübingen, M. Rößler eine zweite Bildungsanstalt für Mädchen, die allerdings auch

Karl August Freiherr von Wangenheim (1773–1850), seit 1806 im württembergischen Staatsdienst, 1816/17 Kultminister, 1817–1823 Bundestagsgesandter.

Knaben die Möglichkeit bot, sich zum Eintritt in das Gymnasium vorzubereiten. Die Leitung der Schule übernahm 1812 Oelschläger und nach dessen Tod 1816 Ramsauer. Im Jahr 1812 bestand die Anstalt aus vier Mädchen- und drei Knabenklassen; das Eintrittsalter lag bei fünf Jahren. Im April 1816 wurde sie »provisorisch zur Staatsanstalt« erklärt[1600].

In ihrer »Medizinischen Topographie« äußerten sich Cless und Schübler 1814 anerkennend über die Bildungsanstalten für Mädchen in Stuttgart. Durch sie, stellten sie fest, werde die früher sehr vernachlässigte »Bildung des weiblichen Geschlechts« seit mehreren Jahren gefördert. Früchte dieser Arbeit seien bereits erkennbar[1601]. Königin Katharina (1788–1819), der geborenen Großfürstin von Rußland und Gattin König Wilhelms I., war die Hebung des Mädchenschulwesens ein besonderes Anliegen. Sie beschloß deshalb die Errichtung einer »neuen und vollständigen Lehr- und Erziehungsanstalt für Töchter gebildeter Stände«. Am 30. Juni 1818 wurde mit Erlaß des Innenministeriums die Auflösung der Ramsauerschen und Tafingerschen Bildungsinstitute verfügt und an ihrer Stelle die Gründung einer »der unmittelbaren Anordnung, des Schutzes und der Leitung« der Königin unterstehenden Anstalt verfügt. Zweck der neuen Einrichtung, bei der Katharina das St. Petersburger Smolnej-Institut zur Erziehung und Bildung der höheren Stände vor Augen stand, sollte sein: eine »möglichst umfassende, der weiblichen Bestimmung in jeder Hinsicht angemessene Bildung, Licht im Geiste, edler Sinn im Gemüte, richtige religiöse Stimmung für diese und die andere Welt, Aneignung der für häusliche und gesellschaftliche Verhältnisse nötigen und nützlichen Kenntnisse und Geschicklichkeiten, endlich Bildung eines festen Charakters«. Die neue Anstalt bestand aus zwei Abteilungen: einer Pensionsanstalt, in der 24 Mädchen Wohnung, Kost und Erziehung bekamen, und einer Unterrichtsanstalt. Aufnahme in dem Bildungsinstitut fanden Mädchen aus Stuttgart und aus anderen Orten Württembergs, deren Eltern eine Erziehung ihrer Töchter nach den von der Königin vertretenen Grundsätzen wünschten. Zunächst umfaßte die Anstalt 15 Kostgängerinnen und rund 200 Tagesschülerinnen. Der Leiterin, der Vorsteherin, standen einige Erzieherinnen zur Seite. Die Aufsicht über die Anstalt führte eine der Königin unmittelbar unterstellte Direktion. Mit der Überwachung der Lehrstunden war eine besondere Inspektion betraut. Sehr modern mutet der aus der Mitte der Eltern der Zöglinge gewählte Elternausschuß an; er pflegte die Kontakte zwischen Eltern und Anstalt. Die allmonatlichen Prüfungen bildeten die Basis für die jeweiligen Hauptzeugnisse der Schülerinnen. Der jährlichen Hauptprüfung wohnten der Kultminister sowie Vertreter des Konsistoriums und des katholischen Kirchenrats bei. Pensionärinnen (Kostgängerinnen) wurden im achten Lebensjahr, Tagesschülerinnen im sechsten Lebensjahr zugelassen. Das Kostgeld für die ersteren betrug jährlich 300 fl, das Schulgeld für die letzteren jährlich 54 fl. Die Mädchen durchliefen drei aufsteigende Ausbildungsphasen. Die erste Phase ging für Mädchen bis zum zehnten Lebensjahr. Im Unterricht wurde besonderer Wert gelegt auf Vorübungen zur Entwicklung der Sprachorgane, der Sinne, auf die körperliche und geistige Tätigkeit, auf die Übung des sinnlichen Wahrnehmungsvermögens, auf Sprechübungen, auf die Elemente der Form- und Maßlehre, auf Verstandesübungen, auf die Beschäftigung mit der biblischen Geschichte, auf Deutsch und Französisch, auf Schönschreiben, Rechnen und Zeichnen. In der zweiten Phase, die auf Mädchen bis zum 14. Lebensjahr zugeschnitten war, wurden die Denkübungen fortgesetzt und der Unterricht der ersten Phase vertieft. Hinzu kamen der Unterricht im freien Handzeichnen, in Arithmetik, Religion und Moral, in Geographie und Naturgeschichte. Die dritte Phase, zu der die 14- bis 18jährigen zugelassen waren, brachte an neuen Fächern Naturlehre, Astronomie, Psychologie, Anthropologie mit Gesundheitslehre, Mythologie und Erziehungslehre. Die Schülerinnen wurden zur Lektüre deutscher und französischer Texte angeleitet, auch erhielten sie Vorlesungen in christlicher Kirchengeschichte. Der Unterricht im Tanzen und in der Musik, namentlich im Singen, ferner die Unterweisung in weiblichen Handarbeiten wie Stricken, Blumenmachen usw. nahm seinen Anfang in der ersten Phase und wurde in den beiden folgenden Phasen fortgesetzt. Zum Rektor der Anstalt berief Katharina den Waisenhauspfarrer und Schulinspektor Karl August Friedrich Zeller. Tafinger und Ramsauer übertrug sie Professorenstellen. Am 17. August 1818 wurde die neue Anstalt mit sechs Klassen in Anwesenheit der Königin feierlich eröffnet[1602].

Ihre erste Unterkunft hatte die Anstalt, die nach dem Tod der Königin Katharina (1819) den Namen Katharinenstift bekam, in dem Wangenheimschen Haus, Königstraße 51, dann seit 1819 in den beiden vormals Heigelinschen Gebäuden, Friedrichstraße 34 und 36/Ecke Schloßstraße[1603].

Die Hohe Carlsschule

Die bedeutendste und modernste Bildungsanstalt Stuttgarts in der zweiten Hälfte des 18. Jahrhunderts war die Hohe Carlsschule. Die Impulse, die von dieser Gründung Herzog Carl Eugens auf das Kultur- und Geistesleben, aber auch auf Staat, Wirtschaft und Gesellschaft unseres Landes ausgingen, sind kaum zu überschätzen. Die Hohe Carlsschule hat einer großen Zahl von Persönlichkeiten das berufliche Rüstzeug für ein herausragendes Wirken auf den verschiedensten Lebensgebieten verschafft. Stuttgart und Württemberg haben in mannigfacher Weise von ihr profitiert.

Am Anfang stand im Februar 1770 eine von Carl Eugen auf der Solitude ins Leben gerufene Gärtnerschule. Auf Kosten des Herzogs sollten 14 »Garten- und Stukkatorknaben« dort ihre Ausbildung bekommen. Doch schon im Lauf des ersten Jahres wandelte sich die Schule durch die Aufnahme weiterer Knaben, hauptsächlich Soldatenkinder. Sie wurde im Dezember 1770 zum »Militärischen Waisenhaus« erklärt. – Solche Einrichtungen gab es damals auch in anderen deutschen und außerdeutschen Staaten. – Indes blieb es nicht beim Waisenhaus. Wohl seit längerem schwebte dem Herzog vor, den Nachwuchs an Offizieren, an Hof- und Staatsbediensteten sowie an Künstlern im eigenen Land in einer zweckentsprechenden Bildungsanstalt heranzuziehen. Zunächst wollte er dies durch eine Reform der Universität Tübingen erreichen. Allein, die Tübinger Professorenschaft war hierfür nicht zu gewinnen. Unterstützt von dem Hauptmann Christoph Dionysius von Seeger, dem nachmaligen Intendanten der Hohen Carlsschule, gestaltete er im Februar 1771 das Waisenhaus in eine »Militärische Pflanzschule« um. Vornehmlich die Söhne von Adligen, von Offizieren und Beamten sollten ihre Erziehung in der neuen Anstalt erhalten. Bereits 1761 hatte er nach französischem Vorbild in Stuttgart eine »Académie des beaux arts« (Akademie der schönen Künste) gegründet. Für diese Akademie, die 1765 dem Hof nach Ludwigsburg folgte, suchte er hervorragende Lehrkräfte zu gewinnen, um den an ihr Studierenden die bestmögliche Ausbildung zu ermöglichen. Auf solche Weise löste er das Problem des Künstler- und Kunsthandwerkernachwuchses im eigenen Land und war nicht länger auf auswärtige Maler, Bildhauer und Architekten angewiesen, die durch hohe Honorarforderungen die herzoglichen Kassen extrem belasteten. Der Herzog wandte der »Académie« seine besondere Fürsorge zu und erlangte so im Bildungswesen Kenntnisse und Erfahrungen, die ihm bei der Organisation der »Militärischen Pflanzschule« bzw. »Militärakademie« sehr zustatten kamen. Außerdem konnten ihm die Professoren, aber auch die befähigsten Absolventen der »Académie« beim Aufbau der neuen Bildungsanstalt auf der Solitude wertvolle Dienste leisten. Schon bald rückte die neue Anstalt in den Mittelpunkt seines Interesses. Die »Académie« geriet ins Hintertreffen; sie verlor zunehmend Lehrer und Schüler an die Militärakademie. Zwar bestand sie nominell bis 1780, doch führte sie zuletzt nur noch ein Schattendasein. Mindestens sechs ihrer Absolventen wurden als Professoren an die Militärakademie berufen, so der Architekt Reinhard Ferdinand Heinrich Fischer, die Kupferstecher Johann Gotthard Müller und Johann Friedrich Leybold sowie der Mathematiker und Kriegswissenschaftler Jakob Friedrich Rösch. Ein ähnliches Schicksal wie die »Académie« erlitt übrigens auch die 1769 in Ludwigsburg errichtete Musik- und Tanzschule, deren Zweck die Ausbildung des Theaternachwuchses war. Sie wurde gleichfalls von der Militärakademie aufgesogen[1604].

Medaille, die 1770 aus Anlaß der Eröffnung des Militärischen Waisenhauses durch Herzog Carl Eugen geprägt wurde.

Christoph Dionysius von Seeger (1740–1808), Intendant der Hohen Carlsschule.

Im März 1773 erhielt die »Militärische Pflanzschule« auf der Solitude offiziell die Bezeichnung »Militärakademie«. An die Stelle der aus einfachen Verhältnissen stammenden Knaben traten jetzt die Söhne von Adligen, von Offizieren und Beamten[1605]. Obwohl sich die Schule in manchem an der »école militaire« in Paris orientierte, hatte sie doch kein eigentliches Vorbild[1606]. Trotz ihres Namens war sie keine spezielle Offiziersbildungsanstalt, sie umfaßte vielmehr mehrere für den Hof- und Staatsdienst bedeutsame Ausbildungszweige einschließlich Kameralistik und Forstwissenschaft. Außerdem verfügte sie über eine Abteilung für Musiker und Tänzer. Voraussetzung für die Aufnahme der Zöglinge, die im Alter von sieben bis neun Jahren erfolgte, waren Elementarkenntnisse in Lesen und Schreiben. Im Mittelpunkt des »vorbereitenden Unterrichts« standen Latein, Griechisch und Philosophie. Diesem »vorbereitenden Unterricht« schloß sich ein rund vierjähriger Kurs in den »Bestimmungswissenschaften«, also die Fachausbildung, an. Im Jahr 1775 hatte die Anstalt eine juristische, zwei militärische Abteilungen, eine kameralistische Abteilung sowie eine Abteilung für Forstleute (Jäger und Gärtner); ihr angegliedert waren Ausbildungszüge für Künstler, Musiker und Tänzer. Die Gesamtzahl der Zöglinge belief sich auf 350. Auf diesem Stand hielt sich die Schülerzahl auch in den folgenden beiden Jahrzehnten[1607].

In der von Oberbaudirektor David von Leger 1740 bis 1745 erbauten Unteren Kaserne fand die 1775 von der Solitude nach Stuttgart verlegte Carlsschule Aufnahme. Das Gebäude war zuvor von Baudirektor Reinhard Ferdinand Heinrich Fischer für die Zwecke der Schule umgestaltet und erweitert worden.

Nach der Rückverlegung des Hofs von Ludwigsburg nach Stuttgart im Jahr 1775 bestimmte Carl Eugen Stuttgart auch zum künftigen Sitz der Militärakademie. Die Landstände, die schon zwei Jahre zuvor deutlich ihr Mißfallen an der neuen Bildungsanstalt wegen der dem Land aus ihr erwachsenden hohen Kosten bekundet hatten, sprachen sich gegen eine solche Verlegung aus. Sie erklärten, der als Unterkunft für die Militärakademie vorgesehenen leerstehenden Kaserne hinter dem im Bau befindlichen neuen Residenzschloß werde so ihre eigentliche Zweckbestimmung entzogen. Sie wiesen außerdem auf die Gefahr hin, die die Akademie für die Universität Tübingen bedeute. Die dortigen Professoren würden zum Unterricht in Stuttgart herangezogen und vernachlässigten damit zwangsläufig ihre Dienstobliegenheiten in Tübingen. Als gewichtigstes Argument brachten die Landstände schließlich vor, die Anstalt verursache einen solch hohen Aufwand, daß dieser sogar zu Lasten des Militärs gehe. Doch der Herzog ließ sich durch diesen Protest nicht von seinem Entschluß abbringen[1608]. Daß Stuttgart gegenüber der abgeschiedenen Solitude große Vorteile für die Entwicklung der Militärakademie bot, stand außer Frage. Hier befand sich der herzogliche Hof. Auch hatte die Stadt für die Professoren manche Annehmlichkeit. Beispielsweise konnten sie sich mit ihren Familien hier niederlassen und brauchten nicht länger zum Teil weite und beschwerliche Wege, etwa von Ludwigsburg oder Tübingen, zur Solitude auf sich zu nehmen. Auch konnten die Lehrkräfte des Gymnasiums am Unterricht der Akademie beteiligt werden. Überhaupt vermochten beide Bildungsanstalten wechselseitig voneinander zu profitieren. Die Stadt Stuttgart, sehr erleichtert darüber, daß der Herzog in ihre Mauern zurückkehrte, zeigte großes Entgegenkommen. Sie war nicht nur damit einverstanden, daß die Akademie in der bereits erwähnten Kaserne ihren Sitz nahm, sondern sie kam auch für die Kosten der Inneneinrichtung auf. Am 18. November 1775 erfolgte der feierliche Umzug der Akademisten und ihrer Lehrer nach Stuttgart. Herzog Carl Eugen ließ es sich nicht nehmen, an der Spitze der Eleven in die Stadt einzuziehen[1609].

In Stuttgart stieg die Militärakademie zur Gesamthochschule auf. Unmittelbar nach ihrer Übersiedlung hierher erhob Carl Eugen die Medizin zum ordentlichen Studienfach. Außer der Theologie waren jetzt alle an der Universität gelehrten wissenschaftlichen Disziplinen vertreten. Am stärksten ausgebaut wurde die Juristische Abteilung. Die Studierenden erhielten hier während ihres vierjährigen Studiengangs eine umfassendere und modernere Ausbildung als beispielsweise in Tübingen. Auch auf militärwissenschaftlichem, insbesondere militärtechnischem und auf medizinischem Gebiet, ebenso in der Kameralistik und in der Forstwissenschaft wurden methodisch und inhaltlich neue Wege beschritten[1610]. Erstmals in Württemberg bildete seit 1776 die englische Sprache an der Akademie ein ordentliches Lehrfach[1611].

Von 1776 an erhielten die Edelknaben ihre Ausbildung an der Akademie und nicht mehr wie bisher am Hof. Ihre Sonderausbildung wurde indes bald überflüssig, da der Herzog auf die Aufnahme von Edelknaben verzichtete und den Bedarf des Hofs aus dem Kreis der »Kavaliere«, der adligen Akademisten, und insbesondere aus dem Kreis der Offizierszöglinge deckte. Gleichfalls 1776 erweiterte die Kunstabteilung der Akademie ihr Unterrichtsangebot durch eine Kunsttechnikerschule mit Kupferstecheranstalt. 1778 wurde der Kameralistischen Abteilung eine Abteilung für »Handlungswissenschaft« angegliedert, die nicht nur für das wirtschaftlich rückständige Württemberg, sondern für ganz Deutschland eine wirtschaftspolitische und wirtschaftswissenschaftliche Pilot- und Pionierfunktion übernahm. Der erste Lehrstuhlinhaber war Hofrat Johann Heinrich Dannenberger, der Leiter der Ludwigsburger Porzellanmanufaktur, der über jahrzehntelange kaufmännische Erfahrungen im In- und Ausland verfügte. Die Stuttgarter Militärakademie war nunmehr eine Bildungsanstalt mit einer für das 18. Jahrhundert in Deutschland einmaligen Vielfalt an wissenschaftlichen Fachrichtungen. Abgesehen von ihrem gymnasialen Unterbau vereinte sie in sich Ritterakademie, Universität (ohne Theologie), Kriegsschule, Kunst-, Musik- und Theaterakademie sowie Höhere Handelsschule[1612].

Die Akademisten hatten sich strenger militärischer Zucht und Ordnung zu unterwerfen. Unterricht und Freizeit waren bis in alle Details geregelt. Die Zöglinge wurden Tag und Nacht überwacht. Ihr brieflicher Verkehr selbst mit den Eltern unterlag der Zensur. Ferien oder sonntäglichen Ausgang kannten sie vor 1783 nicht. Sie hatten ständig Uniform zu tragen, ihre Professoren jedoch nur bei festlichen Anlässen[1613]. Der Berliner Buchhändler Friedrich Nicolai übte denn auch 1781 heftige Kritik an

Drei Carlsschüler um 1775 in ihren blauen Uniformröcken. Einer ist damit beschäftigt, das Bild von Herzog Carl Eugen abzuzeichnen.

dem militärischen Erziehungsstil der Akademie; er erschien ihm in keiner Weise gerechtfertigt. Auch die Absonderung der Zöglinge, ihre Weltferne, hielt er für nachteilig. Dagegen attestierte er der Anstalt vortreffliche Lehrer, den Zöglingen eine vortreffliche »physische Erziehung« und eine ausgezeichnete Ausbildung[1614].

Bei der Auswahl der Lehrkräfte hatte Herzog Carl Eugen eine glückliche Hand. Die ersten Professoren für seine Militärakademie holte er aus Tübingen. Zu den bedeutendsten Lehrern gehörten Jakob Friedrich Abel, Johann Gottlieb Schott und Johann Jakob Heinrich Nast; sie waren alle drei Absolventen des Tübinger Stifts[1615]. Seit 1775 nahmen Professoren des Stuttgarter Gymnasiums ständig Lehraufträge an der Akademie wahr[1616]. Seit Ende der siebziger Jahre ernannte der Herzog zunehmend auch ehemalige Zöglinge, die die Militärakademie mit Auszeichnung absolviert hatten, zu Dozenten an ihrer bisherigen Ausbildungsstätte. Diese Professoren waren noch sehr jung, meist nur wenige Jahre älter als ihre Schüler. Ihr jugendlicher Elan und ihr Bestreben, sich weiterzubilden, wirkten sich positiv auf ihre Dozententätigkeit aus, zumal sie rasch einen persönlichen Zugang zu ihren Schülern fanden. Unzufrieden waren sie wie andere Professoren der Akademie über die ihnen zugemutete Unfreiheit und über ihre schlechte Besoldung. Obwohl die Gehälter der Professoren des Stuttgarter Gymnasiums, wie wir gehört haben, nicht üppig waren, erschienen ihnen diese doch so attraktiv, daß der eine oder andere seine Stelle gerne mit der eines Gymnasialprofessors vertauscht hätte. Als 1777 einige Akademieprofessoren einen entsprechenden Wunsch äußerten, wies sie Carl Eugen scharf zurecht. Er habe ihnen, so ließ er sie wissen, durch ihre frühzeitige Anstellung »ein vorzügliches Kennzeichen seiner Gnade« gegeben. Durch ihre Stellung könnten sie sich Ehre, dem Landesherrn und dem Staat aber wahren Nutzen erwerben. Im übrigen fiele es ihm nicht schwer, ihre Stellen mit Fremden zu besetzen, die sich, wie ihre häufigen Meldungen bewiesen, eine solche Berufung »zum größten Glück anrechneten«. Freilich war dies nicht der Ton, den Carl Eugen üblicherweise gegenüber den Professoren seiner Militärakademie anschlug. Gewöhnlich bemühte er sich um ein gutes Verhältnis zu ihnen[1617].

Die anfängliche Sonderstellung der Adligen, der Kavaliere (Chevaliers), gegenüber den Bürgerlichen, den Eleven, ließ sich in der Militärakademie nicht lange aufrechterhalten. In einer Bildungsanstalt mit fortschrittlicher Zielsetzung war Leistung ausschlaggebend, nicht jedoch die »Geburt«. Herzog Carl Eugen beseitigte schrittweise bis auf einige äußerliche Relikte die Vorrechte der Kavaliere. So durften die adligen Akademisten – bestimmt kein besonders ge-

Preisurkunde und Preismedaille der Carlsschule 1777.

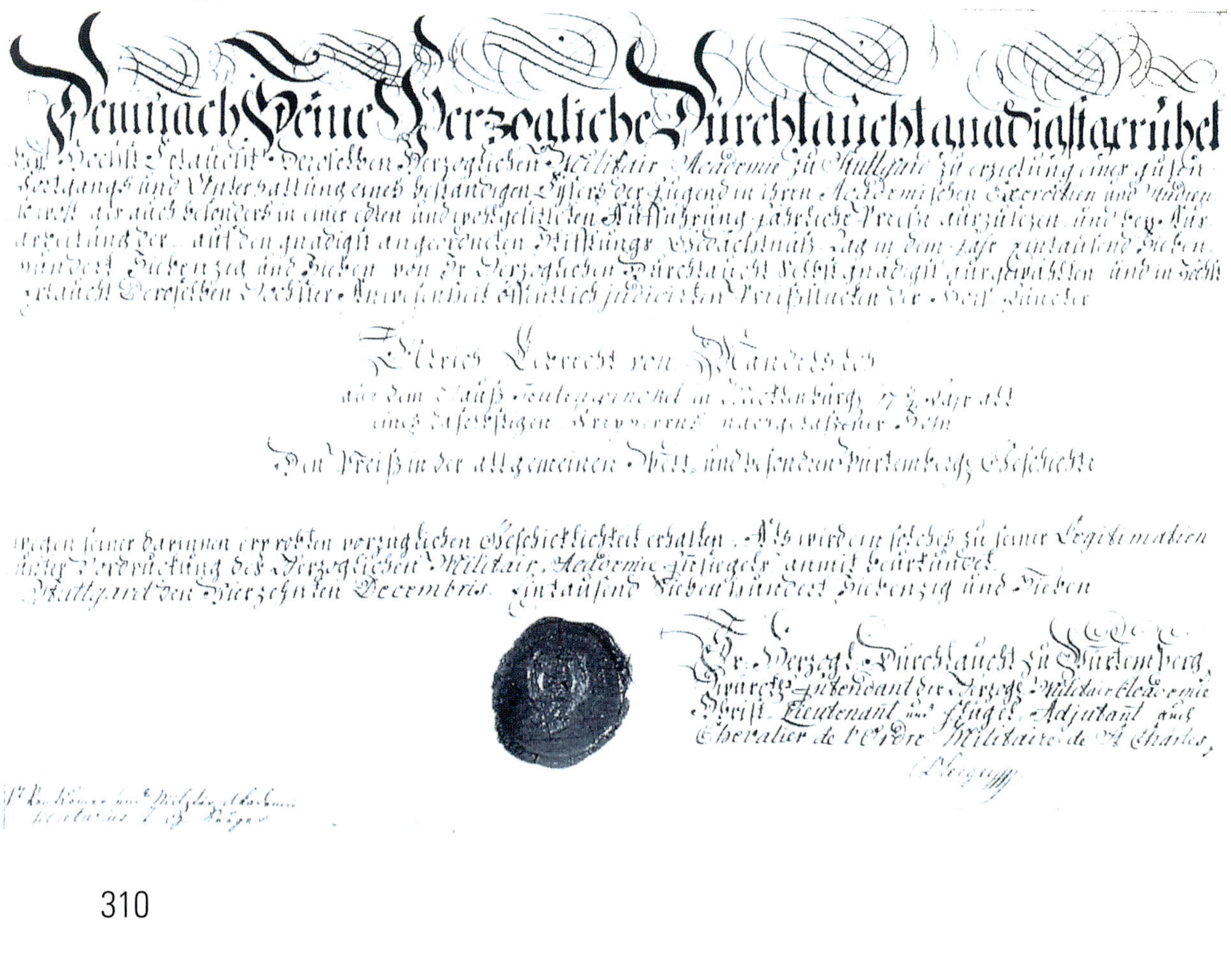

gewichtiges Privileg – das Hemd in der Woche dreimal, die bürgerlichen aber nur zweimal wechseln. Ende der siebziger Jahre ersetzte Herzog Carl Eugen die bisher übliche Bezeichnung »Cavaliers und Eleven« durch den nunmehr für beide Kategorien üblichen Begriff »Zöglinge«. Schon auf der Solitude hatte er hervorragenden Schülern, gleichgültig ob adliger oder bürgerlicher Herkunft, eine Sonderstellung eingeräumt. Sie, die »Chevaliers«, wurden von da an in Kost und Unterkunft bevorzugt, sie durften sich häufig in der Nähe des Herzogs aufhalten und genossen noch weitere Vorzüge[1618].

Nach der Ansicht Carl Eugens kam dem Religionsunterricht in der Erziehung eine grundlegende Bedeutung zu, weshalb er in den Lehrplänen der Akademie einen hohen Stellenwert erhielt. Wiederholt in Konflikt geriet der konfessionell tolerante Herzog mit dem Konsistorium und den Landständen, weil er den katholischen Zöglingen – es waren meist nichtwürttembergische Adlige – durch seine Hofprediger katholischen Religionsunterricht erteilen ließ. Obwohl er damit gegen die von ihm bei der Regierungsübernahme feierlich bestätigten Religionsversalien verstieß, focht ihn dies nicht an, und er setzte sich schließlich mit seiner Auffassung auch durch[1619]. Für die wenigen reformierten Zöglinge übernahm Pfarrer Sauerbrunn und später Pfarrer Anhäusser die religiöse Unterweisung. 1782 gab es sogar vorübergehend griechisch-orthodoxen Unterricht; ihn erteilte ein russischer Sekretär und Sprachlehrer[1620].

Die Militärakademie erregte in wachsendem Maß das Interesse von Fürsten und anderen hochgestellten Persönlichkeiten. Im Frühjahr 1776 statteten Markgraf Karl Friedrich von Baden-Durlach, der spätere erste badische Großherzog, sowie der Landgraf von Hessen-Homburg der Akademie einen Besuch ab. Im Sommer desselben Jahres besichtigten sie der österreichische und der dänische Gesandte, mehrere venezianische Senatoren und englische Lords sowie ein russischer Prinz. Der erlauchteste Besucher stellte sich im April 1777 ein: Kaiser Joseph II., begleitet von den Grafen Cobenzl und Colloredo. Der Kaiser zeigte sich von der Anstalt sehr beeindruckt, er verlängerte seinen Stuttgarter Aufenthalt, um ihren Lehrbetrieb genauer zu studieren und mit Lehrern wie Schülern Gespräche zu führen. 1778 reiste »Pfarrer Lavater« aus Zürich an. Dem Stiftungsfest 1779 wohnten Herzog Karl August von Sachsen-Weimar und Johann Wolfgang von Goethe bei; sie wurden Zeugen der Verleihung von drei medizinischen Preisen an den Eleven Friedrich Schiller[1621].

Die Feier der Erhebung der Carlsschule zur Universität 1782. Herzog Carl Eugen überreicht dem Intendanten und den Dekanen der Fakultäten die Universitätsinsignien.

Den seit längerem gehegten Wunsch Carl Eugens, seine Gründung mit Universitätsprivilegien und insbesondere mit dem Promotionsrecht auszustatten, erfüllte Kaiser Joseph II. durch ein kaiserliches Erhebungsdiplom vom 22.Dezember 1781. – Der Wunsch des Herzogs war durch die Gattin seines Bruders Friedrich Eugen und deren Tochter, die russische Großfürstin Maria Feodorowna, an den Kaiser herangetragen worden. – Carl Eugen war überrascht und zugleich hoch erfreut. Nicht in gleicher Weise erfreut zeigte sich der Intendant der nunmehrigen Universität, Oberst Seeger. Er erkannte richtig, daß die Erhebung zur Universität auf längere Sicht den Fortbestand der Anstalt gefährdete, weil sie jetzt für die Universität Tübingen eine existenzbedrohende Rivalin darstellte und weil sich diese ebensowenig wie die Landstände kampflos mit der neugeschaffenen Situation abfinden würde. Andererseits freilich sanktionierte das kaiserliche Diplom nur die herausragenden erzieherischen und wissenschaftlichen Leistungen, die die Militärakademie erbracht hatte und die den Vergleich mit jeder anderen Hochschule aushielten[1622]. Am 11. Februar 1782, seinem 54. Geburtstag, inszenierte Herzog Carl Eugen eine glanzvolle Universitätserhebungsfeier. Bereits in den folgenden Tagen ließ er die ersten Promotionsurkunden austeilen[1623].

Die Hohe Carlsschule wurde in sechs Fakultäten gegliedert: eine juristische, eine medizinische, eine philosophische, eine militärische und eine ökonomische

Fakultät sowie eine Fakultät der freien Künste. Neu hierbei waren die militärische und die künstlerische Fakultät, sie gab es an keiner anderen Universität. Auch hatten damals nur wenige wissenschaftliche Hochschulen eine ökonomische, also eine volkswirtschaftliche Fakultät[1624]. In einer Beschreibung der Hohen Carlsschule von August Friedrich Batz aus dem Jahr 1783 heißt es: »Keine unter den vielen öffentlichen Erziehungsanstalten unseres Jahrhunderts hat wohl in kürzerer Zeit die Höhe und den ausgezeichneten Ruf der jetzigen Hohen Carlsschule zu Stuttgart erreicht. Angesehene Männer, würdige und zärtliche Väter folgten fast in ganz Europa der Macht dieses Rufs, suchten ihr Herz durch Vernunft zu besiegen und begleiteten oder sandten ihre Söhne zur Erziehung und Bildung dahin«[1625].

Ein nicht lösbares Problem war es, den militärischen Charakter der bisherigen Akademie mit der korporationsrechtlichen, autonomen Struktur einer Universität zu verbinden, zumal Herzog Carl Eugen lediglich bereit war, das streng militärische Organisationsgefüge zu lockern. Im Juni 1783 erlaubte der Herzog den Zöglingen, die sich gut aufführten, sonntags das Akademiegebäude zu verlassen und in die Stadt zu gehen. Im September desselben Jahres brach in Stuttgart eine von den Ärzten Gallenfieber genannte gefährliche Epidemie aus; sie grassierte mehrere Monate in der Stadt und forderte auch in der Hohen Carlsschule etliche Opfer, unter ihnen den genialen Professor Köstlin. Herzog Carl Eugen sah sich auf Bitten der Eltern gezwungen, die ersten Ferien seit Gründung der Anstalt zu gewähren. Die Epidemie gab auch den Anstoß, daß der Herzog den Zöglingen künftig freistellte, ob sie im Akademiegebäude oder in der Stadt wohnen wollten. Von dieser Möglichkeit machten in der Folgezeit mehrere hundert Studierende Gebrauch. Dennoch blieben die sogenannten Oppidani, die Hälfte von ihnen Landeskinder, eine Art Fremdkörper innerhalb der Hochschule, deren Charakteristikum weiterhin die Internatserziehung war[1626]. Ende 1783 waren übrigens in der Hohen Carlsschule eingeschrieben: elf Chevaliers, 124 Kavalierssöhne, 180 Eleven, zwölf Musiker, elf Tänzer und 17 Famuli, insgesamt 355 Zöglinge[1627]. Die 1784 erlassenen Statuten für die Stadtstudierenden, gewissermaßen die neue Verfassung der Hohen Carlsschule, konnte nichts anderes als ein Kompromiß zwischen der Zweckbestimmung einer Militärakademie und der einer Universität sein. Herzog Carl Eugen beharrte darauf, daß seine Gründung eine Staatsdienerschule blieb, daß die Erziehung der Zöglinge nach wie vor unter strenger Aufsicht erfolgte. Dieses Prinzip galt auch für die Stadtstudierenden. Ihre Lebensführung unterlag militärischem Zwang[1628].

Der an den Speisesaal der Carlsschüler anschließende säulengeschmückte Kuppelbau, ein architektonisches Kleinod. Er wurde die »Rotunde« oder das »Tempelchen« genannt. Herzog Carl Eugen und Franziska von Hohenheim pflegten hier mit auserwählten Gästen zu speisen, nachdem sie dem Essen der Carlsschüler beigewohnt hatten.

Der Hohen Carlsschule galt in gleicher Weise wie schon der Militärakademie die besondere Fürsorge Carl Eugens; er widmete ihr sehr viel Zeit, identifizierte sich weitgehend mit ihr. Zu Recht überzeugt von ihrer zukunftweisenden Bedeutung für das Schul- und Bildungswesen, wies er ihre Professoren auf die Verantwortung hin, die sie dem Land Württemberg und der Menschheit insgesamt mit der Erziehung der Jugend schuldeten[1629]. Obgleich nach Auffassung der Forscher die Glanzzeit der Schule in den Jahren unmittelbar vor ihrer Erhebung zur Universität lag[1630], so behauptete sie doch auch danach ein hohes erzieherisches und wissenschaftliches Niveau. Sie erregte weiterhin Aufsehen und übte als Bildungsstätte selbst auf den Hochadel außerhalb Württembergs eine starke Anziehungskraft aus. In den achtziger Jahren waren acht Prinzen Zöglinge der Hohen Carlsschule, unter ihnen ein Prinz von Salm, ein Prinz von Hohenlohe-Schillingsfürst, ein Prinz von Thurn und Taxis sowie ein Prinz von Hohenzollern-Hechingen. Die Prinzen bekamen einen eigenen Schlafraum zugewiesen, aßen zuerst am Tisch der Chevaliers, dann an einer eigens für sie gedeckten Tafel. Sonst aber hatten sie sich den Ordnungen des Hauses in gleicher Weise wie die übrigen Zöglinge zu fügen. Um ihnen eine besondere Ehre zu erweisen, führte der Herzog eine »Assemblée« (Versammlung) im Prinzenzimmer ein, zu der sich allsonntäglich Gäste vom Hof einfanden[1631].

Wie früher interessierten sich auch Fürsten und andere prominente Persönlichkeiten für die Anstalt. 1788 wurde sie von Prinz Maximilian von Thurn und Taxis, von Prinz Friedrich Wilhelm von Württemberg, dem nachmaligen König Friedrich, von Lord Grey aus London und von Direktor Jakobi von der Literarischen Gesellschaft in Pappenheim besichtigt, 1789 von dem polnischen Fürsten von Radziwill, von dem Grafen Stadion aus Mainz sowie von den ersten französischen Emigranten, dem Prinzen von Condé, den Herzögen von Bourbon und Enghien. Auch in den folgenden Jahren konnte die Leitung der Anstalt eine stattliche Zahl bekannter Besucher begrüßen[1632].

In seinem 1790 veröffentlichten Buch »Das gelehrte Württemberg« führte Balthasar Haug die Hohe Carlsschule unter den »vornehmsten wissenschaftlichen und Kunstmerkwürdigkeiten« in Stuttgart auf. Als besonders sehenswert innerhalb der Schule nannte er den Botanischen Garten, das Anatomische Theater, die Akademische Buchdruckerei mit sechs Pressen, die Notendruckerei, die Kupferdruckerei, die Schriftgießerei, das in Verbindung mit der Akademie stehende Theater, das Akademiegebäude selbst, besonders aber dessen Speisesaal, das vom Herzog für die Zöglinge eingerichtete Winterbad sowie den akademischen Garten mit seinen drei Bassins[1633].

Der Dichter Christian Friedrich Daniel Schubart hatte die Hohe Carlsschule zunächst geringschätzig eine Sklavenplantage genannt. Nachdem er sie jedoch näher kennengelernt, allerdings von ihr auch in verschiedener Hinsicht, nicht zuletzt als Hof- und Theaterdichter, profitiert hatte, rühmte er sie 1789, einen Superlativ benutzend, als das erste »Erziehungsinstitut der Welt«[1634]. Der Vater des Staatsrechtlers Robert von Mohl, Benjamin Ferdinand Mohl, zunächst Carlsschüler, dann Professor an der Anstalt, äußerte sich gegenüber seinen Kindern – ähnlich wie andere ehemalige Eleven – zeitlebens stets lobend über die Hohe Carlsschule. Er schilderte seinen Aufenthalt in der Akademie als sehr belehrend und angenehm. Das Zusammenleben von jungen Leuten aus zahlreichen Ländern habe, urteilte er, den Zöglingen viel gebracht. Den Zwang der Anstalt hielt er für keineswegs übertrieben oder lästig. Ordnung, Pünktlichkeit, Pflichtbewußtsein, Härte gegen sich selbst, Erziehungsprinzipien der Anstalt, bestimmten seinen späteren Lebensalltag[1635].

Der Ausbruch der Französischen Revolution im Jahr 1789 ließ, wie wir schon früher gehört haben[1636], auch unter den Zöglingen der Hohen Carlsschule das Freiheitsfeuer hochlodern. Französische Zeitungen wurden gelesen, Reden gehalten, Freiheitsfeste gefeiert[1637]. Indes kehrte bald der Alltag zurück. Die Schule blieb in sich gefestigt, ihrem Gründer verpflichtet. Sein Tod am 24. Oktober 1793 traf sie hart. Am nächtlichen Trauerzug, der den Leichnam des Fürsten zur Gruft nach Ludwigsburg geleitete, nahm auch eine Abordnung der Zöglinge unter Intendant Seeger und Generalmajor Nicolai teil. Allen Angehörigen der Schule wurde das Tragen eines Trauerflors befohlen[1638].

Ende 1793, während seines halbjährigen Aufenthalts in der alten Heimat, stattete der ehemalige Zögling der Militärakademie Friedrich Schiller der Hohen Carlsschule einen Besuch ab. Die 400 Zöglinge feierten den damals schon berühmten Dichter mit stürmischen Ovationen[1639]. Schiller, der einst unter der streng militärischen Erziehung in der Akademie gelitten hatte, urteilte längst recht positiv über sie[1640].

Herzog Carl Eugen hatte sich mit der Hohen Carlsschule identifiziert. Sie war sein Werk gewesen, und er hatte sie nie aus der Abhängigkeit von seiner Person befreit, hatte sich stets die Leitung der Anstalt und alle wichtigen Entscheidungen vorbehalten. Sein Tod beraubte deshalb die Hochschule ihres Kopfes. Der Nachfolger, Herzog Ludwig Eugen, hatte nicht das geistige Format des Bruders. Wohlmeinend, aber in seinen Interessen beschränkt und mit den Verhältnissen des Herzogtums, das er regieren sollte, wenig vertraut, vermochte er den einzigartigen Stellenwert der Hohen Carlsschule unter den akademischen Bildungseinrichtungen ihrer Zeit nicht zu ermessen. Es war daher nicht zu erwarten, daß er

Der Dichter Friedrich Schiller (1759 – 1805) in jungen Jahren.

Schiller »führt seinen Herzog Carl Eugen auf der Carlsschule vor«.

sich für ihre Erhaltung einsetzte. Die der Schöpfung Carl Eugens von jeher ungünstig gesinnten Landstände und die Universität Tübingen hatten daher leichtes Spiel, ihre Aufhebung vor allem mit dem Argument durchzusetzen, das Herzogtum sei der finanziellen Belastung zweier Universitäten nicht gewachsen. Am 18. April 1794 schloß die Hohe Carlsschule ihre Pforten. Die Reaktionen auf die Aufhebung der Anstalt waren sehr unterschiedlich. Stadt und Universität Tübingen bezeugten ihre »große Freude und tiefste Dankbarkeit«. Auch die Landschaft äußerte sich sehr befriedigt. Anders die Stadt Stuttgart. Sie empfand die Aufhebung der Anstalt als schmerzlich. Professoren und Studenten hatten ihr jährlich Einnahmen in Höhe von 20 000 bis 30 000 fl verschafft, die nun wegfielen. Vor allem aber verlor sie als wissenschaftliches und kulturelles Zentrum an Bedeutung. Die Fremden, die die Hohe Carlsschule in bemerkenswert großer Zahl angelockt hatte, blieben aus. Ein Großteil der Lehrkräfte, unter ihnen Persönlichkeiten von hohem geistigem Rang, mußte sich anderwärts ein neues Betätigungsfeld suchen. Friedrich Schiller, im Frühjahr 1794 längere Zeit in Stuttgart weilend, schätzte den Verlust der Hohen Carlsschule für die Stadt Stuttgart so ein: »Außer den beträchtlichen Revenuen, welche Stuttgart daraus zog, hat dieses Institut ungemein viel Kenntnisse, artistisches und wissenschaftliches Interesse unter den hiesigen Einwohnern verbreitet, da nicht nur die Lehrer der Akademie eine sehr beträchtliche Zahl unter denselben ausmachen, sondern auch die mehresten subalternen und mittleren Stellen durch akademische Zöglinge besetzt sind. Die Künste blühen hier in einem für das südliche Deutschland nicht gewöhnlichen Grade, und die Zahl der Künstler, darunter einige keinem der Eurigen etwas nachgeben, hat den Geschmack an Malerei, Bildhauerei und Musik sehr verfeinert. Eine Lesegesellschaft ist hier, welche des Jahres 1300 fl aufwendet, um das Neueste aus der Literatur und Politik zu haben. Auch ist hier ein passables Theater mit einem vortrefflichen Orchester und sehr gutem Ballett«[1641]. Schiller, der diese Äußerung in einem Brief an seinen Freund Christian Gottfried Körner in Dresden tat, hatte keinen Zweifel, daß das Aufblühen des geistigen und künstlerischen Lebens in Stuttgart eine Frucht der Hohen Carlsschule war, andererseits war er zuversichtlich – und hierin hatte er gleichfalls recht –, daß die Heimstatt, die die Künste und Wissenschaften in der Stadt gefunden hatten, auch die Aufhebung der Anstalt überdauern würden.

Insgesamt absolvierten 1494 Zöglinge an der Militärakademie bzw. an der Hohen Carlsschule ihre Studien. Von ihnen waren 357 Juristen, 420 Militärs, 182 Mediziner, 482 Kameralisten, Forst- und Handelsleute, 53 Musiker, Schauspieler und Dekorateure. Absolventen der Gründung Carl Eugens taten sich auf den verschiedensten Gebieten hervor. Allein 17 wurden Minister, 33 brachten es zum Generalsrang[1642]. Von einer Reihe bedeutender Wissenschaftler und Künstler wird noch die Rede sein.

Einiges Aufsehen erregte es, daß das Akademiegebäude nach der Aufhebung der Hohen Carlsschule dem herzoglichen Marstall zugeschlagen werden sollte. Die Frau des Epigrammatikers Friedrich Haug schrieb, diese ihr recht eigenartig anmutende neue Zweckbestimmung kommentierend, mit Kreide an die Pforte der Akademie: »Olim musis, nunc mulis« (Einst den Musen, jetzt den Mauleseln). Mit ihrem treffenden Wortspiel, das in Stuttgart offenbar rasch die Runde machte, erreichte sie einen Aufschub, verhindern konnte sie aber nicht, daß in dem Gebäude schließlich doch der Marstall untergebracht wurde[1643].

Wie keine andere Stadt zog Stuttgart im nachhinein Nutzen von der Hohen Carlsschule. Einige Professoren der Anstalt Herzog Carl Eugens wurden ans Gymnasium versetzt und bewirkten zusammen mit ihren dortigen Kollegen, die durch Lehraufträge an der Hohen Carlsschule vom Geist dieser Bildungseinrichtung stark beeinflußt worden waren, daß an der Schule Verkrustetes, Überaltertes verschwanden und sich neue Lehrinhalte und -methoden durchsetzten. In der Verwaltung der Stadt, in den herzoglichen Regierungsbehörden und im Militär gaben Absolventen der Hohen Carlsschule den Ton an. Auch im Kunst- und Theaterleben hatten sie maßgebliche Stellen inne. Männer wie der Kupferstecher Johann Gotthard Müller oder der Bildhauer Johann Heinrich Dannecker, beide Carls-

G. Gaupp
1896.

Johann Christoph Schwab (1743–1821), Professor der Logik und Metaphysik an der Hohen Carlsschule, später Geheimer Sekretär Herzog Ludwig Eugens von Württemberg, Mitglied des Oberstudienrats.

Johann Gotthard Müller (1741–1830), Kupferstecher.

Johann Heinrich Dannecker (1758–1841), Bildhauer.

Christian Klein (1740–1815), Professor der Anatomie und Chirurgie an der Hohen Carlsschule, Leibarzt.

Viktor von Heideloff (1757–1816), Maler.

Johann August Reuß (1751–1820), Professor für Staatsrecht an der Hohen Carlsschule, zuletzt Staats- und Ministerialrat.

Johann Rudolf Zumsteeg (1760–1802), Kapellmeister, Komponist.

Friedrich Ferdinand Drück (1754–1807), Professor der alten Sprachen und Altertümer an der Hohen Carlsschule.

Seite 315
Friedrich Schiller beim Kanzleibogen auf dem Alten Schloßplatz (heute Schillerplatz) während seines Aufenthalts in der alten Heimat 1794.

schulprofessoren, aber beispielsweise auch die Maler Philipp Hetsch und Viktor Heideloff sowie der Komponist Johann Rudolf Zumsteeg, alle drei Absolventen der Militärakademie, blieben in Stuttgart; sie trugen wesentlich dazu bei, daß die Stadt auf Künstler eine starke Anziehungskraft ausübte[1644].

Am 11. Februar 1828 versammelten sich im Redoutensaal der ehemaligen Akademie 26 Lehrer und 209 Schüler der einstigen Militärakademie/Hohen Carlsschule, um in einer Festveranstaltung des hundertsten Geburtstags von Herzog Carl Eugen zu gedenken. Von jenem Jahr an wurde alljährlich am 11. Februar das »Karlsfest« gefeiert, bis die Zahl der noch am Leben befindlichen Akademisten so sehr geschrumpft war, daß sie für eine festliche Versammlung nicht mehr ausreichte[1645].

Das Waisenhaus

Erste Überlegungen, in Württemberg ein Waisenhaus zu errichten, gab es bereits in den achtziger Jahren des 17. Jahrhunderts. Die große Zahl von Waisen, die im Land ein elendes Dasein fristeten oder gar in Gefahr waren, »an Leib und Seele jämmerlich zu verderben«, bewog den Synodus, in den Jahren 1705 bis 1707 konkrete Pläne zu entwickeln. Auf sein Betreiben wurde 1709 eine spezielle Deputation vom Herzog berufen. Sie kam überein, in der zu gründenden Anstalt neben Waisen auch arbeitsscheue Bettler, Vaganten, Trunkenbolde, Dirnen und anderes liederliches Gesindel aufzunehmen. Die Verbindung von Waisenhaus, Zucht- und Arbeitshaus war damals die Regel, zumal man Waisen gemeinhin zur Kategorie der lästigen, nichtsnutzigen Bevölkerungselemente zählte und sie auf eine ähnliche Stufe wie Bettler und Landstreicher stellte. Lediglich das von August Hermann Francke im Geist des aufkommenden Pietismus gegründete Hallesche Waisenhaus beschränkte sich auf die Aufnahme und Erziehung von Waisen[1646].

Mit Reskript vom 8. Februar 1710 verfügte Herzog Eberhard Ludwig die Errichtung eines Waisen-, Zucht- und Arbeitshauses in Stuttgart. In dem Haus sollten einmal arme Waisen sowie andere arme Kinder aufgenommen werden, sodann unverschuldet in Armut geratene Untertanen und drittens ungeratene Kinder, Vaganten, Trunkenbolde, Spieler, boshafte Eheleute, Schwärmer, Fanatiker usw. Während vorgesehen war, die unverschuldet in Armut geratenen Untertanen in Manufakturen und Fabriken zu beschäftigen, die in der Anstalt geschaffen wurden, und sie so vom Betteln abzuhalten, war die dritte Kategorie zu harter Arbeit heranzuziehen und mit täglichen Schlägen sowie geringer Speise so lange zu traktieren, bis sie als gebessert entlassen werden konnten. Zum Bau des erforderlichen Gebäudes und zum Unterhalt der Anstalt hatten Rentkammer, Kirchenrat (Kirchengut) und Landschaft finanzielle Beiträge zu leisten. Es sollten aber auch allenthalben im Land milde Gaben gesammelt werden. Am 20. Februar 1710 stiftete der Herzog ein im Dreieck zwischen Nesenbach, Dobelbach und Stadtmauer gelegenes Areal, das ursprünglich als Tanz- und Spielplatz und seit 1584 als Holzgarten gedient hatte, samt der darauf im Bau befindlichen Leibgardekaserne. Der zum Waisenpfleger ernannte Johann Georg Haupt hatte den Kasernenbau seiner neuen Zweckbestimmung anzupassen und ihn zu vollenden. Dies erwies sich als sehr zeitraubend[1647].

Bereits im August 1710 trat die Anstalt mit der Aufnahme der ersten zehn Waisenkinder ins Leben. Die Kinder erhielten ihre erste Unterkunft im Hospital und mußten die Stürmlinschule besuchen. Dank freiwilliger Gaben, der befohlenen Kollekte in den Städten und Ämtern, den Beiträgen von Kirchenrat und Landschaft wies die erste Waisenhausrechnung Einnahmen von rund 28 500 fl auf. Die »pia corpora« (Heiligen-/Kirchenpflegen) des Landes hatten jährlich 2 000 fl für das Waisenhaus aufzubringen. Wegen der vielen Klagen wurde 1716 diese Umlage auf die Hälfte herabgesetzt, dann nur noch von den reichsten Spitälern erhoben und auf ein Viertel vermindert, 1724 aber ganz aufgehoben.

An ständigen Einkünften flossen dem Waisenhaus zu die Erträge bestimmter Kirchenkollekten an den Sonntagen oder monatlichen Bußtagen, bestimmte Gebühren von öffentlichen Tänzen, Spendenerträge von Hochzeiten, Hochzeitstagen (Hochzeitsjubiläen), Weinkäufen, Zunft- und Meistermahlzeiten, der vierte Teil der für Ehedispense erhobenen Sporteln, seit 1712 ein Zehntel der »Polizeitaxen wegen Kleiderordnung« (wohl Bußgelder bei Verstößen gegen die Kleiderordnung oder Dispensationen von dieser Ordnung) und von 1736 an das gesamte Opfer der Schloßkirche. Mit einem seit 1714 jährlich veröffentlichten »Guttatenbüchlein«, das erbauliche Beiträge enthielt, appellierte Waisenpfleger Haupt mit Erfolg an die private Mildtätigkeit, freilich konnte durch sie nur ein Bruchteil der finanziellen Bedürfnisse der Anstalt befriedigt werden. 1712 war das Gebäude des Waisenhauses notdürftig fertiggestellt. Waisenpfleger Haupt, der neubestellte Waisenvater, und zwölf Waisenkinder bezogen ihr neues Domizil[1648]. Bis 1715 war die Zahl der Waisenkinder in der Anstalt auf 79 angewachsen. Jedes Kind besaß von Anfang an seine eigene Bettstelle[1649].

Die Erwartungen, daß durch die Errichtung von Gewerbeunternehmen im Waisenhaus ein erheblicher Teil der Aufwendungen für die Kinder gedeckt und zugleich ein Anstoß für die wirtschaftliche Entwicklung des Landes gegeben werden könnte, stellte sich als Illusion heraus. Die Erfordernisse der Pädagogik und die Führung eines rentablen Gewerbebetriebs ließen sich nicht miteinander vereinbaren. Die Fabrikation von Strümpfen und Kappen wie die Einrichtung einer Gerberei und Lederfabrik schlugen nach jahrelangen Experimenten fehl. Die Kinder wurden zunächst mit Spinnen beschäftigt. Doch kam dabei, zumal man sie mit minderwertigen Materialien belieferte, wenig heraus. Vom erzieherischen Standpunkt aus etwas glücklicher war der 1728 getätigte Kauf eines zwei Morgen großen Gartens am Weg nach Berg (zwischen dem Nesenbach und der heutigen Konrad-Adenauer-Straße). Der Garten sollte vor allem den Mädchen Gelegenheit geben, sich die erforderlichen Kenntnisse im Gartenbau anzueignen, und er sollte andererseits der Anstalt ermöglichen, einen Teil des von ihr benötigten Gemüses und Obstes selbst anzubauen. Allein, schon 1739 mußte der Garten abgegeben werden, weil er zum Bau einer Kaserne, der späteren Akademie, benötigt wurde[1650].

Im Juni 1716 konnte die Waisenhauskirche eingeweiht werden. Erster Anstaltsgeistlicher wurde der dem Pietismus zuneigende Andreas Hartmann (1677–1729). Er hatte sommers um 7 Uhr, winters um 10 Uhr zu predigen und nach dem Gottesdienst die Kinder über die Predigt zu examinieren. Erst seit 1736 war dem Waisenhauspfarrer auch die Austeilung der Sakramente gestattet. Hartmann hatte auch aus der Stadt großen Zulauf. Der Platz in der Kirche reichte nicht aus, es mußten daher im Hof Schrannen (Bänke) aufgestellt werden. Schwerpunkt seines Dienstauftrags waren die Erziehung und religiöse Unterweisung der Waisen, die Aufsicht über die Waisenschule, die seelsorgerische Betreuung der »Züchtlinge«, die Unterstützung des Pflegers bei der Aufsicht über das Haus[1651].

In den 1720er Jahren befanden sich zwischen 130 und 140 Kinder im Waisenhaus. Sie waren nach bestimmten Kriterien für die Aufnahme ausgewählt worden: befriedigender Gesundheitszustand, Alter zwischen sechs und 14 Jahren. Man hatte Wert darauf gelegt, daß sie aus den verschiedenen Ämtern Württembergs stammten. Zwei Drittel der Zöglinge sollten Knaben, ein Drittel Mädchen sein. Bei Eintritt in die Anstalt bekamen die Kinder je eine Garnitur Sonntags- und Werktagskleider. Der Tagesablauf der Zöglinge war streng geregelt: Aufstehen morgens 6 Uhr, winters 7 Uhr, anschließend Waschen (sommers im Hof, winters in der Speisestube), nach dem Frühstück (Wassersuppe), mit dem die Morgenandacht verbunden war, zwei Stunden Schulunterricht, danach Arbeit: Knaben beim Schneider und Zeugmacher beschäftigt,

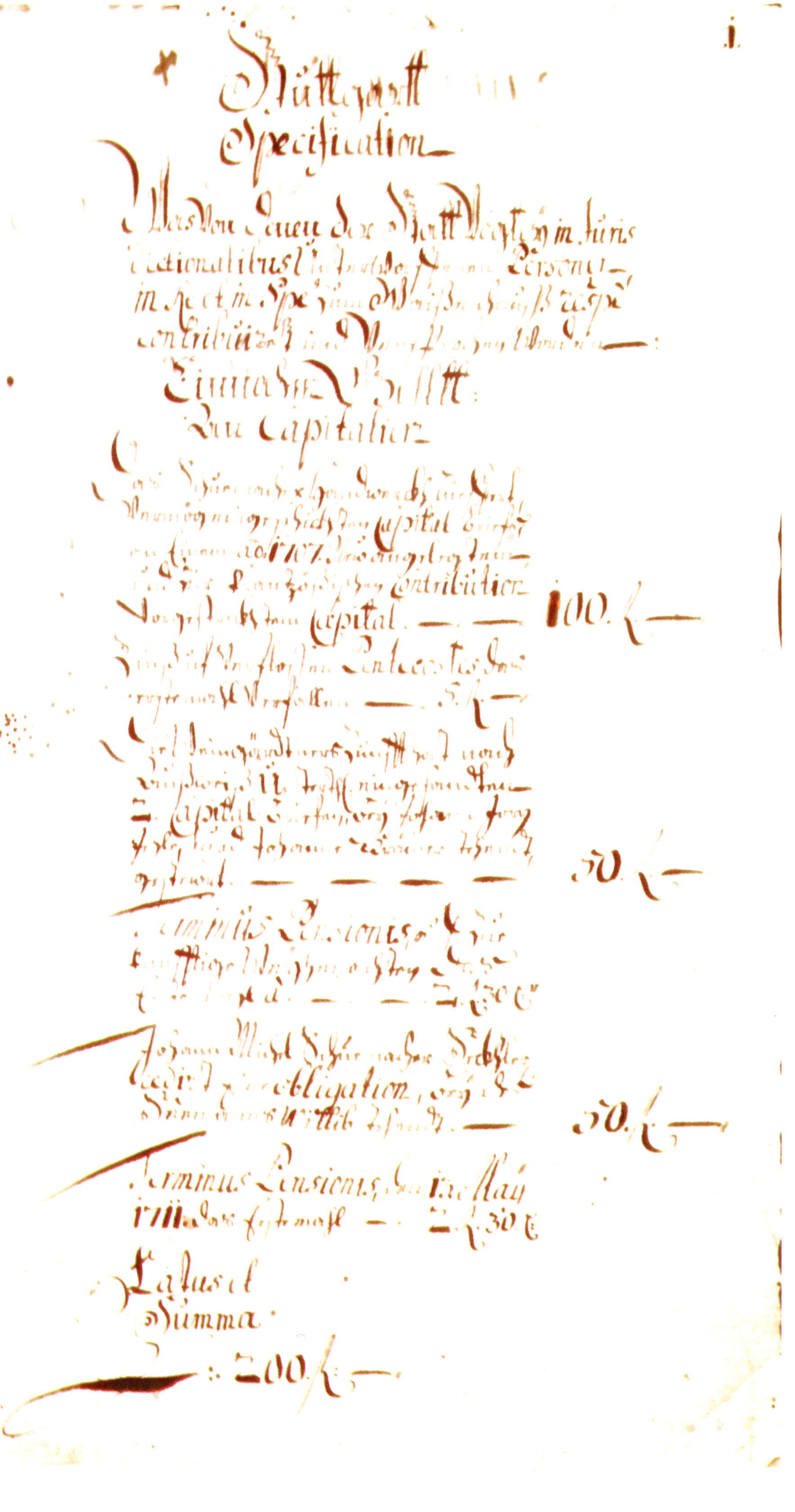
Stuttgardt
Specification
Capital
100
50
obligation
50
Summa
200

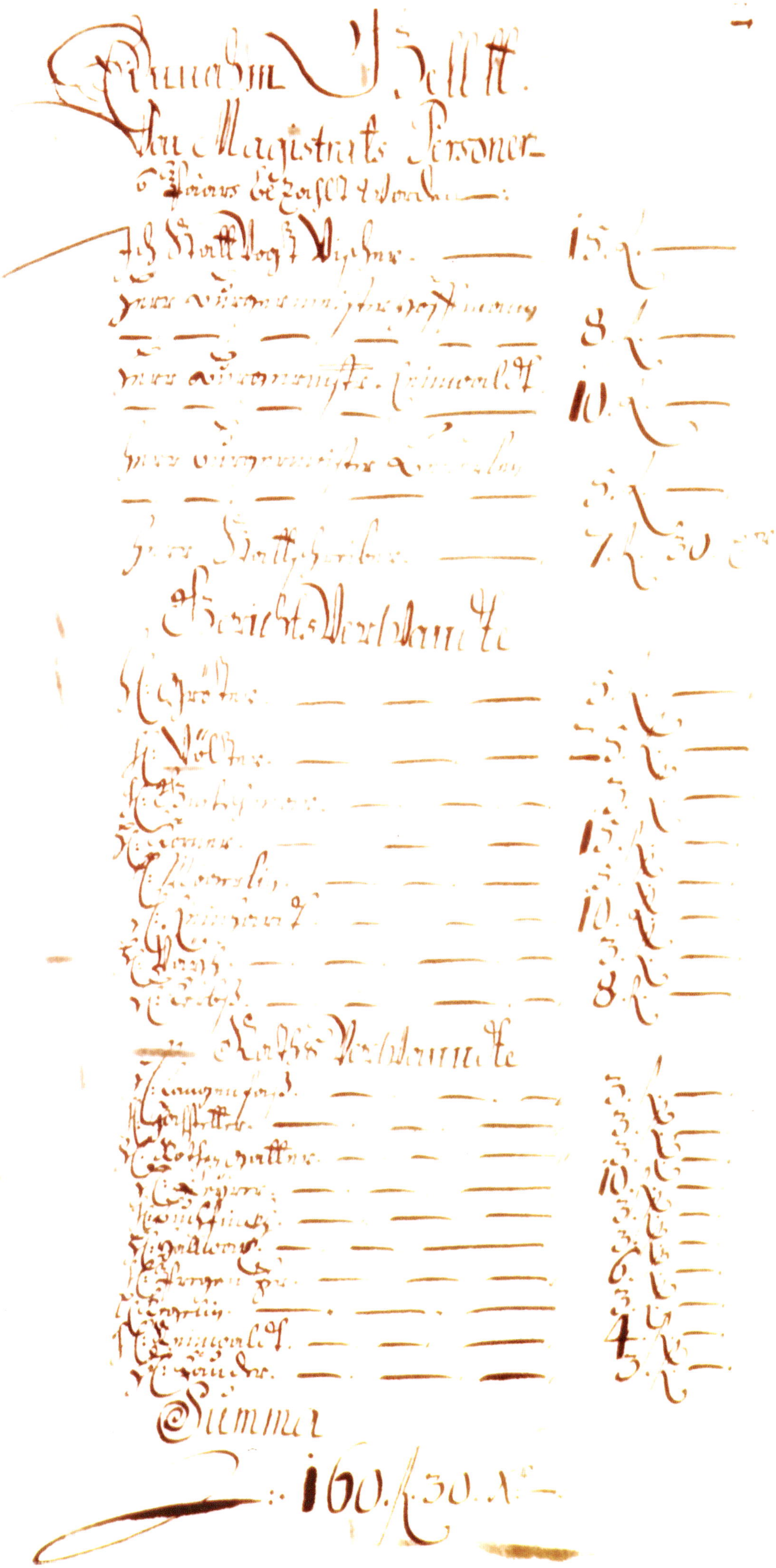

Mädchen zum Nähen und Stricken eingeteilt. Nach dem Mittagessen und ebenso vor dem Abendessen war eine Stunde frei. Allerdings konnte in diesen Freistunden der Provisor die Kinder auch aufs Feld, d. h. spazierenführen. Diese Spaziergänge sowie einzelne Botengänge waren übrigens die einzigen Gelegenheiten für die Zöglinge, den Bereich des Waisenhauses, dessen Tore Tag und Nacht geschlossen blieben, kurzfristig zu verlassen. Nachmittags von 1 bis 3 Uhr war wiederum Schule. Auf das »Dreiuhrbrot« folgte zunächst eine Betstunde, dann Arbeit. Den Tag beschloß das Nachtessen mit Andacht. Die Schlafräume waren sehr eng. Knaben und Mädchen ließen sich nicht völlig voneinander trennen. Bei den Knaben schlief der Provisor, bei den Mädchen die Lehrfrau. Eine arge Plage im Haus bildete das nicht auszurottende Ungeziefer, und dies, obwohl auf die Einhaltung der hygienischen Vorschriften geachtet wurde. Die Sterblichkeit war hoch. Zwischen 1710 und 1729 starben von den 457 Kindern 118. Dabei trug die Anstaltsleitung durchaus Sorge für eine ordentliche Krankenbetreuung. Auch kümmerte sie sich um die erforderlichen Arznei- und Desinfektionsmittel. Die Bestattung der Toten erfolgte gewöhnlich nachts auf dem Lazarettfriedhof.

Das Essen war einfach. Zweimal in der Woche, am Mittwoch und am Sonntag, gab es Fleisch, sonst lediglich Suppe und Gemüse. Dreimal in der Woche, später viermal, wurde Wein gereicht. Von dem Weingenuß versprach man sich eine gesundheitsfördernde Wirkung. Seit 1714 hatte das Waisenhaus eine eigene Schule. Der erste Lehrer, ein Zeugmacher und der Stiefsohn des Waisenvaters, hatte, seit 1716 von einem Provisor unterstützt, die Kinder in Religion, Lesen, Schreiben und Rechnen zu unterrichten. Ihm wie auch seinem Nachfolger war eine »humane Disziplin« empfohlen. So durfte er die Mädchen nur auf die Hand schlagen[1652].

Waisenpfleger Haupt bemühte sich, die schulentlassenen Knaben in einer ordent-

Spenden für das Waisenhaus 1710.

lichen Handwerkslehre und die Mädchen in einem guten Diensthaus unterzubringen. Doch dies glückte ihm nicht immer. Hochbegabte Kinder förderte Haupt in besonderer Weise. 1728 konnte er den ersten Zögling, nachdem dieser das Stuttgarter Gymnasium besucht hatte, zum Studieren ins Tübinger Stift schicken[1653].

Das Waisenhaus.

Die Gliederung der Anstalt in die drei Abteilungen Waisenhaus, Fabrik (Arbeitshaus) und Zuchthaus machte ein vielköpfiges Personal erforderlich, dem Wohl der Waisenkinder war sie nicht förderlich. Auch wenn sich die Zahl der »Züchtlinge« sehr in Grenzen hielt, übten sie dennoch einen ungünstigen Einfluß aus, so namentlich die Dirnen und die mißratenen Söhne von Familien der bürgerlichen Oberschicht. Die »Züchtlinge« mußten bei ihrer Einweisung eine harte körperliche Züchtigung über sich ergehen lassen, den »Willkomm«: zehn bis 20 Stockstreiche im Haus, schlimmere Übeltäter 30 oder mehr Peitschenhiebe auf den bloßen Rücken im Hof. Für die Kinder, die diese schrecklichen Prozeduren mitbekamen, waren dies höchst unerfreuliche Erfahrungen[1654].

Der zweite Waisenpfleger, Jakob Friedrich Hallwachs von Göppingen (1730–1737), war keine gute Wahl. Sein hochfahrendes Wesen, seine Eigenmächtigkeit und seine Selbstsucht schadeten dem Ruf der Anstalt. Mit Waisenhauspfarrer Jakob Friedrich Vahrenbühler, einem hitzigen und ungeduldigen Mann, überwarf er sich, doch auch mit dem übrigen Personal hatte er seine Schwierigkeiten. Erst mit dem Amtsantritt des dritten Waisenhauspfarrers, Johann Karl Hölder, der eine verträglichere Natur war, kehrten ruhigere Zeiten ein. Der Bericht über die von Kirchenrat und Konsistorium 1734 angeordnete Visitation zeichnete ein wenig schmeichelhaftes Bild von den im Waisenhaus herrschenden Verhältnissen. Der einzige Lichtblick war die von Schulmeister Johann Philipp Engelhard geleitete Schule. Die Kinder zeigten so gute Leistungen, daß die Visitatoren anregten, die tüchtigsten Waisenknaben in einem Seminar zu Provisoren und Schulmeistern heranzubilden. Dieses Seminar kam dann auch mit herzoglicher Billigung zustande.

1737 wurde in Ludwigsburg ein zweites Waisen-, Arbeits- und Zuchthaus errichtet und damit der Krebsschaden des Stuttgarter Hauses mit seinen drei so unterschiedlichen Abteilungen dorthin transferiert. Beide Häuser hatten sich jetzt in die bisher für Stuttgart allein bestimmten Spenden, Kollekten, Gebühren usw. zu teilen. Der Sturz des Geheimen Finanzrats Süß Oppenheimer nach dem plötzlichen Tod Herzog Carl Alexanders wirkte sich auch für Hallwachs, der enge Kontakte zu Süß unterhalten hatte, verhängnisvoll aus. Er wurde festgenommen und blieb zwölf Jahre in Untersuchungshaft[1655].

Unter seinem Nachfolger nahm die Entwicklung der Anstalt einen günstigen Verlauf. Waisenpfleger Georg David Vischer (1737–1753) gelang es, durch sparsames Haushalten das Grundstockvermögen auf rund 94 000 fl zu bringen. Die unter Hallwachs stark verminderte Zahl der Waisenkinder stieg wieder auf 140 an. Allerdings starben in der 16jährigen Amtszeit Vischers 90 der 407 aufgenommenen Waisenkinder. Mit Erfolg war Vischer bestrebt, die Vermögensverhältnisse des Waisenhauses zu verbessern. Er erweiterte das Areal der Anstalt um einen Dreiviertelmorgen großen Garten. Für die mit dem Waisenhaus verbundene Gerberei erwarb er einen Anteil an einer Lohmühle in Leonberg. Unter Waisenpfleger Elias Benjamin Tritschler (1753–1761) geriet das Waisenhaus durch nachlassende Opferwilligkeit in eine prekäre wirtschaftliche Situation. Die Gebäudeunterhaltung war zeitweise gefährdet. Bei der baufälligen Kirche unterblieben die erforderlichen Reparaturen. Tritschler versuchte, der Anstalt durch die Einführung neuer Gewerbe Einnahmequellen zu erschließen. Anstelle des ungesunden Hanfspinnens, mit dem die Kinder bisher hauptsächlich beschäftigt gewesen waren, führte er die Seidenindustrie ein. Doch das Experiment schlug fehl. Etwas mehr Glück hatte er mit der Hausweberei, die er 1758 begann. Die Anstalt erhielt einen eigenen Webmeister. Der Ruf des Waisenhauses war damals schlecht. Außenstehende meinten, Kinder, die dort Aufnahme fänden, hätten nur geringe Überlebenschancen. Während der achtjährigen Amtszeit Tritschlers starben 91 der 294 in diesem Zeitraum eingetretenen Kinder, während der ersten 50 Jahre des Bestehens der Anstalt 321 von den insgesamt 1209 Kindern, die dort Aufnahme gefunden hatten, mithin mehr als ein

Viertel oder 26,6 %: ein erschreckend hoher Prozentsatz. Kein Wunder, wenn Waisenkinder davor Angst hatten, in die Anstalt eingewiesen zu werden. Freilich machte der Tod auch vor den Betreuern nicht halt: Zwischen 1710 und 1760 starben im Haus drei Hausmeister, drei Provisoren, eine Lehrfrau sowie zwei Krankenwärterinnen[1656]. 1756 übergab Herzog Carl Eugen der Hausverwaltung ein Kapital von 2 000 fl mit der Zweckbestimmung, alljährlich an seinem Geburts- und Namenstag aus den Zinsen die Kosten für eine Extramahlzeit für die Waisenkinder zu bestreiten. Dieselbe Summe stiftete 1790 der inzwischen zum Hofrat und schwäbischen Kreiseinnehmer aufgestiegene einstige Waisenpfleger Tritschler. Er machte zur Bedingung, daß die Zinsen jeweils an seinem Hochzeitstag zu einer »Extraerquickung« für die Kinder und zur Förderung besonders begabter Zöglinge verwendet werden sollten[1657].

Waisenpfleger Christian Jakob Erhart, der von 1761 bis 1782 der Anstalt vorstand, machte die Baumwollspinnerei im Haus heimisch. Das Waisenhaus verfügte damit über eine Gerberei, eine Schneiderei, eine Schuhmacherei, eine Leinen- und Baumwollspinnerei sowie eine Weberei. Die Aufsicht in dem nach wie vor ihm angegliederten Zuchthaus, in dem sechs bis acht »Züchtlinge« einsaßen, führte ein Zuchtknecht. In der Anstalt herrschte eine drangvolle Enge. Neben den etwa 160 Kindern, für die zwei Schulen bestanden, waren hier auch die teils verheirateten, teils unverheirateten Betreuer und Betreuerinnen untergebracht. Zu den kaum zumutbaren sanitären Verhältnissen in der Anstalt kam die ungesunde Umgebung. Im Hof befand sich, da der Wasserabfluß zum Nesenbach durch die untere Hausmauer versperrt und die Kanalisation höchst mangelhaft war, ein großer Morast, er wurde durch Platten nur unvollkommen überdeckt. Erhart suchte den schlimmsten gesundheitsgefährdenden Übeln abzuhelfen. Er hob die Gerberei auf, die die Luft verpestet hatte, und nahm gleich zu Beginn seiner Amtszeit eine bauliche Erweiterung der Anstalt in Angriff. Leider mußte diese wegen fehlender finanzieller Mittel Stückwerk bleiben. Immerhin aber konnte die Raumnot gemildert werden. Erfreulich war auch, daß sich die durchgeführten Baumaßnahmen günstig auf den Gesundheitszustand der Kinder auswirkten. Waren in den zehn Jahren zuvor durchschnittlich 10,2 Kinder im Jahr gestorben, so waren es jetzt nur noch 5,8. Daß 1772 die Krankenstube eine Zeitlang leerstand, betrachtete man als Wunder. Der an Erziehungsfragen sehr interessierte Herzog Carl Eugen nahm sich immer wieder auch des Waisenhauses an. 1780 veranlaßte er, daß die Kinderbettladen in allen Schlafräumen in größeren Abständen voneinander aufgestellt wurden und daß die Mädchen einen besonderen Schlafsaal zugewiesen bekamen. Ihm lag auch an einer ordentlichen Berufsausbildung der Waisenkinder. Schon 1763 hatte er befohlen, daß die Leitung des Waisenhauses für die Porzellanmanufaktur in Ludwigsburg geeignete Zöglinge aussuchte. Diese sollten dort während ihrer Lehrzeit freie Kost und Wohnung erhalten und mit der erforderlichen Kleidung versorgt werden. Allerdings hatten sie sich zu verpflichten, lebenslang im Dienst der Fabrik zu bleiben. Wiederholt verschaffte der Herzog dem Waisenhaus zusätzliche Geldmittel. Mehrmals besichtigte er die Anstalt, wobei er sich auch für die schulischen Leistungen der Kinder interessierte. Mit seiner Anregung, die Zeugkleidung der Kinder durch Tuchkleidung zu ersetzen, drang er nicht durch. Dagegen hatten seine Forderungen nach mehr Hygiene größeren Erfolg. So erhielten die Kinder ab 1779 alle acht Tage frische Hemden und nicht wie bisher erst nach vierzehn Tagen[1658].

Als Pfarrer am Waisenhaus wirkte von 1762 bis 1767 Jakob Friedrich Groß und von 1767 bis 1778 Jakob Friedrich Dettinger. Beide hingen der pietistischen Richtung an. Ihre Predigten zogen, wie dies früher schon bei Pfarrer Andreas Hartmann der Fall gewesen war, einen großen Hörerkreis aus der Stadt an. Namentlich Groß war ein Theologe mit einer bemerkenswerten Rednergabe. Während seiner wenigen Amtsjahre erhöhten sich die Kirchenopfer auf das Vier- bis Fünffache. Mit dem gelehrten Karl August Göritz hielt die Aufklärung ihren Einzug im Waisenhaus. Herzog Carl Eugen schätzte Göritz hoch und machte ihn 1780 zum Professor an der Hohen Carlsschule. Doch sein Amt als Waisenhausgeistlicher war dem aufgeklärten Theologen so wichtig, daß er es neben seiner neuen professoralen Würde beibehielt[1659].

25 Jahre, von 1782 bis 1807, leitete Erhart Friedrich Vellnagel als Waisenpfleger die Anstalt. Obwohl eine ganze Reihe von Zöglingen – 1781 waren es elf – das Gymnasium besuchte[1660], war es um die Schulbildung der Waisenkinder damals sehr schlecht bestellt. Die wenigsten von ihnen hatten einigermaßen befriedigende Kenntnisse in Lesen, Schreiben und Rechnen. Die Schuld daran traf die Pfarrer, die ihre Aufsichtspflicht gegenüber den Lehrern vernachlässigten, und natürlich die Lehrer selbst, von denen jeder, sei er nun Schulmeister oder Provisor, ohne Lehrplan rein nach Gutdünken unterrichtete. Sehr zu wünschen übrig ließ auch die religiöse Unterweisung. Sie erschöpfte sich großenteils im Aufsagen von Gebetsformeln und biblischen Sprüchen sowie im Singen geistlicher Lieder. Besorgnis erregte, daß seit Beginn der achtziger Jahre Krankheiten und Seuchen wiederum ein Übermaß an Opfern forderten. Zwischen 1782 und 1786 starben nicht weniger als 71 Kinder. Seitdem die Zahl der Kinder auf 180 und mehr angewachsen war, fehlte es allenthalben an Platz. Die einzige Krankenstube, in der bei Epidemien 30 oder 40 Kranke untergebracht wurden, war viel zu klein. Auch die Schul- und Arbeitsräume reichten für die stark angestiegene Kinderzahl nicht aus.

Um die schlimmsten Mängel zu beseitigen, wurde nach der Visitation von 1785 angeordnet, daß der Pfarrer besser katechisieren und mindestens einmal in der Woche die Schule besuchen solle. Ein Konsistorialrat hatte alljährlich die Schulvisitation vorzunehmen. Die Provisoren wurden den Schulmeistern unterstellt. Auch wurde ihnen der lateinische Unterricht bei besonders geförderten Zöglingen übertragen. Der Spinnmeister Schnadow hatte abends Unterricht in Geographie und im Zeichnen zu erteilen. Die Knaben durften künftig Tuch- statt Zeugkleidung tragen. Die Unterbetten waren nach und nach durch Matratzen zu ersetzen. Um die Gesundheit der Kinder zu kräftigen, sollten sie hinreichend Freizeit zum zwanglosen Spazierengehen bekommen. Auch wurde ihnen unter Aufsicht das Baden im Neckar bei Berg erlaubt. Beim Essen und in der Kleidung sollten sie zur Reinlichkeit angehalten werden[1661].

Um in der Anstalt erträgliche Wohn- und Lebensbedingungen zu schaffen, waren größere Um- und Erweiterungsbauten notwendig. Eine zum Zweck der Baufinanzierung veranstaltete Hauskollekte erbrachte enttäuschende 9 000 fl. Die Ende der achtziger Jahre durchgeführten Baumaßnahmen waren wiederum eine halbe Sache. 1793 stürzte der Anbau an der Kirche zusammen, drei Jahre später fiel, wie schon lange befürchtet, das Gewölbe der Kirche ein. Wegen der zunehmenden Finanznot mußte man sich mit den vordringlichsten baulichen Instandsetzungsarbeiten begnügen. Das Kirchengewölbe beispielsweise wurde durch eine flache Decke ersetzt.

Ungeachtet großzügiger Geldzuwendungen durch die Herzöge Ludwig Eugen, Friedrich Eugen und Friedrich II. sowie durch deren Angehörige ging es im letzten Jahrzehnt des 18. Jahrhunderts mit dem Waisenhaus wirtschaftlich bergab. Die Zahl der Waisenkinder wurde von 180 auf 130 vermindert. Das Defizit erhöhte sich dennoch stetig; es mußte auf herzoglichen Befehl durch den Kirchenkasten gedeckt werden. Um 1800 schien es, als wären die Tage des Waisenhauses gezählt, zumal auch die inneren Probleme der Anstalt anwuchsen[1662]. Das Waisenhaus war – ähnlich wie andere Einrichtungen seiner Art in Deutschland – zu sehr dem Alten verhaftet geblieben. Der Tagesablauf, der Unterricht, die Arbeit, die Behandlung der Kinder hatten sich in den 90 Jahren seit Gründung des Hauses trotz mancher Reformansätze nur wenig verändert. Neuere erzieherische Erkenntnisse hatten keinen Eingang gefunden. Die Pfarrer und Lehrer hatten sich redlich um das Wohl der Kinder bemüht, doch die Geistlichen waren häufig Berufsanfänger gewesen, die Lehrer hatten nicht selten, ohne Anregung von außen, viele Jahre abgeschlossen in der Anstalt gelebt und gewirkt. In der Einförmigkeit der Tage, Wochen und Monate gab es so gut wie keine Unterbrechung. Ferien waren unbekannt. Nur einmal im Jahr, am Maienfest, durften sich die Kinder unbeschwerter Freude hingeben. An jenem Tag zogen sie unter dem Gesang von Lob- und Dankliedern durch die Stadt, erhielten da und dort Gaben, die in den »Sparhafen« kamen, und vergnügten sich dann im Freien mit Spielen, Essen und Trinken.

Nun war die schulische Erziehung im Waisenhaus wohl kaum schlechter als in anderen Schulen jener Zeit. Auch die Behandlung der Waisenzöglinge hielt durchaus den Vergleich mit anderen Heimen aus. Von den meisten Kindern, die im 18. Jahrhundert im Stuttgarter Waisenhaus ihre Erziehung erhielten, kennen wir ihren weiteren Lebensweg nicht. Aber wir können davon ausgehen, daß sich ein erheblicher Teil von ihnen später als Handwerker betätigte und daß die meisten Mädchen Hausbedienstete oder, soweit sie heirateten, Hausfrauen wurden. Bemerkenswert ist, daß einer ganzen Anzahl die Möglichkeit geboten wurde, in gehobene Berufe aufzusteigen. Etwa 50 besuchten das Gymnasium, mindestens 15 wurden Lehrer, zwölf Schreiber, wenigstens vier schafften die Aufnahme ins Tübinger Stift, mehrere verdienten später als Chirurgen oder Kaufleute ihren Lebensunterhalt. Am weitesten brachten es wohl der 1755 ins Waisenhaus aufgenommene Johann Friedrich Haakh, der 1815 als Hofrat und Kanzleidirektor starb, und Ludwig Ulrich Schnadow, dem 1786 der Übertritt in die Hohe Carlsschule gelang und der später seine militärische Laufbahn als General der Artillerie beendete[1663].

1803 wurde Viktor Heinrich Riecke (1759–1830), der uns bereits als Reformer des Stuttgarter Volksschulwesens begegnet ist[1664], zum Waisenhauspfarrer ernannt. Der 44jährige, Sohn des langjährigen Waisenhausarztes Dr. Ludwig Riecke, kannte die Verhältnisse der Anstalt und hatte zudem als Seelsorger und Schulmann große Erfahrungen. Davon überzeugt, daß die Erziehung von Waisen in eigens dazu eingerichteten Heimen einer Erziehung in Pflegefamilien vorzuziehen sei, begann er, das Waisenhaus grundlegend zu reformieren. Die erschrekkende Tatsache, daß in den vorangegangenen 50 Jahren 347 Zöglinge in der Anstalt gestorben waren, darunter 196 an Schwindsucht, veranlaßte ihn, der Verbesserung der hygienischen Verhältnisse besondere Aufmerksamkeit zu schenken. Indes starben bereits in seinem ersten Amtsjahr zwei Zöglinge, 20 Kinder waren mit unterschiedlichen Krankheiten, vor allem »skrofulöser Natur« (tuberkulöse Haut- und Lymphknotenerkrankungen), behaftet. Am verbreitetsten aber waren die Krätze, die über die Hälfte der neueingelieferten Kinder mitbrachte, Frostbeulen, die wahrscheinlich auf das Waschen im Hof zurückzuführen waren, sowie Bettnässen, gegen das kein Mittel helfen wollte. Erstes Gebot war für Riecke peinlichste Reinlichkeit. Die Schlafsäle mußten sommers wie winters tagsüber gelüftet werden, die Mädchen hatten die Hauben abzulegen, den Knaben waren regelmäßig die Haare zu schneiden. Im Sommer wurde täglich in den Akademieseen gebadet. Spaziergänge, Spiele, Eisschleifen, Schlittschuhlaufen sowie gymnastische Übungen sollten die köperlichen Kräfte stärken. Die Winterabende durften die Kinder mit Dame-, Mühle- und ähnlichen Unterhaltungsspielen oder mit Vorlesen zubringen. Das Maienfest wurde auf drei Tage ausgedehnt, der eintönige Alltag auch sonst durch allerlei Kurzweil unterbrochen. Auf größeren und kleineren Wanderungen lernten die Kinder die nähere und weitere Umgebung kennen. Ein zweites, gleichfalls vorrangiges Anliegen war Riecke die Reform des Schulwesens. Hierbei setzte er auf die Einsicht und das Ehrgefühl der Zöglinge. Lob und Ermahnungen hielt er für pädagogisch wirksamer als Strafen. Den Befürwortern einer Aufhebung des Waisenhauses nahm er durch seine erzieherische Arbeit, aber auch durch fundierte gutachtliche Äußerungen den

Wind aus den Segeln. Er wies nach, daß die Abschaffung der Waisenhäuser in Österreich und anderwärts, aber etwa auch die Auflösung der Waisenkinderabteilung im Stuttgarter Hospital und die Zuweisung der Kinder an Pflegefamilien diesen sehr nachteilig gewesen seien. Mit großem Erfolg appellierte er an die Mildtätigkeit der wohlhabenden Bürger und half so den Finanzen des Waisenhauses auf.

Bereits 1804 hatte er mit der Anstalt ein Lehrerseminar verbunden – das frühere Seminar war bald eingegangen. In einem fünfjährigen Kurs wurden die teils aus dem Kreis der Waisenhauszöglinge, teils von außen kommenden Seminaristen nach der pestalozzischen Lehrmethode zu Lehrern ausgebildet. Die Waisenhausschule selbst wurde methodisch gründlich reformiert, ihr tüchtige Lehrer zugewiesen und ihr Unterrichtsangebot erweitert. Wie sich zeigte, war freilich die Idee Rieckes von einer Experimentierschule, in der neue Erkenntnisse für das Schulwesen gewonnen werden sollten, nicht sonderlich glücklich. Eine konsequent verwirklichte Konzeption und ein weniger komplizierter Stundenplan wären besser gewesen[1665].

Die territoriale Vergrößerung Württembergs und seine Erhebung zum Königreich wirkten sich auch auf das Waisenhaus aus. 1808 wurden ihm auf königlichen Befehl 37 Separatistenkinder zugewiesen, ferner zahlreiche Waisen aus den neuwürttembergischen Gebietsteilen. Die Generalverordnung vom 21. Februar 1810, an deren Zustandekommen Riecke beteiligt war, ordnete die Verhältnisse der Waisenhäuser neu. Stuttgart wurden 275 evangelische Kinder zugeteilt, darunter 100 »Landköstlinge«, d. h. Waisen, die nicht in der Anstalt selbst, sondern in bestimmten, in der näheren oder weiteren Umgebung Stuttgarts wohnhaften Pflegefamilien untergebracht wurden. Die Generalverordnung stellte außerdem die Anstalt auf eine gesicherte finanzielle Basis. Bitter für Riecke war, daß 1811 das staatliche Lehrerseminar in Esslingen errichtet, gleichzeitig aber das Lehrerseminar im Waisenhaus zur Privatanstalt erklärt und kurz darauf auch noch von diesem getrennt wurde. Wegen einer Personalentscheidung beim König denunziert, mußte der zu Unrecht Gerügte, wie wir bereits gehört haben, seinen Dienst am Waisenhaus mit dem Pfarramt in Lustnau vertauschen[1666].

Am 1. Juli 1811 gab König Friedrich den beiden Waisenhäusern Stuttgart und Ludwigsburg eine neue Ordnung. Stuttgart hatte jetzt auch katholische Kinder aufzunehmen und wurde damit zur paritätischen Anstalt. Großen Wert legte der Monarch auf eine ordentliche Schulausbildung der Waisen. Bereits im fortgeschrittenen schulpflichtigen Alter eingetretenen oder minderbegabten Kindern war Nachhilfeunterricht zu erteilen. Hochbegabte Zöglinge hatten unentgeltlichen Zugang zu allen öffentlichen höheren Lehr- und Bildungsanstalten Stuttgarts. Die Kost sollte einfach, aber wohlschmeckend sein. Zweimal in der Woche (bisher einmal) erhielten die Kinder Fleisch, einmal Wein. Das Haus wurde militärisch organisiert. Ein Offizier, Hauptmann (später Major) von Bär, übernahm als Oberinspektor die Leitung der Anstalt. Die Aufsicht über die Kinder oblag vier Unteroffizieren. Bär war ein gutwilliger, menschenfreundlicher Mann. Er überließ die Leitung des Hauses dem neuen evangelischen Waisenhauspfarrer Karl August Friedrich Zoller, dem nachmaligen Direktor des Katharinenstifts. Zoller, ein ungewöhnlich tüchtiger Pädagoge, machte aus der Waisenhausschule eine Musterschule. Das Lehrerseminar hob er bereits 1812 auf. Die Anstalt beherbergte damals 275 »etatmäßige« Kinder, 28 Separatistenkinder sowie 60 Ulmer Waisen. Außerdem waren ihr die Verantwortung für 138 »Landköstlinge« übertragen und zur Verpflegung vier Kinder armer Eltern gegen ein jährliches Kostgeld von je 50 fl zugewiesen.

Die Zöglinge wurden auch weiterhin zu praktischen Arbeiten herangezogen. Wie bisher lernten sie stricken, schneidern, schustern, schreinern, doch mußten sie nicht mehr spinnen. 1820 erhielt die Anstalt einen eigenen Industrielehrer. Er unterrichtete die Knaben im Holz- und Gipsmodellieren, im Anfertigen von Holzgeräten und Stroharbeiten. Zoller wollte, daß sich die Kinder im Waisenhaus wohl fühlten, daß sie dort wie in einer Familie lebten. 1821 durften sie zum ersten Mal den Heiligen Abend mit Christbäumen und Lichtern feiern[1667].

1811 befahl König Friedrich die Errichtung einer Musikalischen Lehranstalt (Musikschule) beim Waisenhaus. Er verfolgte damit die Absicht, Nachwuchskräfte für Orchester und Bühne heranzubilden. Für das am 8. Januar 1812 eröffnete Institut wurden aus dem Kreis der Waisenkinder 50 Knaben und acht Mädchen ausgewählt. Hierzu kamen noch 19 Nichtwaisen aus der Stadt. Neben einem Lehrer wurde eine Gouvernante für die teils konfirmierten, teils noch schulpflichtigen Musikzöglinge angestellt. Die Aufsicht übernahm einer der vier Unteroffiziere des Waisenhauses, ein Hoboist. Die besten Kräfte des Hoftheaters hatten an dem Institut Unterricht zu erteilen, so die Kapellmeister Danzi und Konradin Kreutzer, der Hofsänger Krebs, der Schauspieler Eßlair. Eine kleine Probebühne diente für Prüfungskonzerte und Theatervorstellungen. König Friedrich wohnte gelegentlich selbst solchen Vorstellungen bei, um sich von den Fortschritten der Zöglinge zu überzeugen. Seit 1813 wirkten die Gesangsschüler bei großen Opern im Chor mit, und seit 1815 wurden besonders begabte Zöglinge mit kleinen Rollen betraut. Tanz war für alle Schüler des Musikinstituts Pflichtfach. Der Schauspieler Jost, der dieses Unterrichtsfach leitete, wählte schon bald eine Anzahl Knaben und Mädchen aus, um ihnen eine spezielle Ballettausbildung zu geben. Das Musikinstitut bildete einen Fremdkörper innerhalb des Waisenhauses. Nach dem Tod König Friedrichs war es nicht mehr lebensfähig, im April 1818 wurde es aufgelöst. Die 33 männlichen und 15 weiblichen Zöglinge fanden beim Theater und bei Militärkapellen Verwendung, oder sie ergriffen andere Berufe[1668].

Die Reformen Rieckes und insbesondere die Zollers verschafften dem noch anderthalb Jahrzehnte zuvor von der Auflösung bedrohten Waisenhaus ein ausgezeichnetes Renommee. Seine Einrichtung und Organisation, namentlich aber sein erzieherisches Konzept fanden weithin Interesse. Zahlreiche Besucher stellten sich ein: 1818 Herzogin Louis von Württemberg mit zwei Töchtern, am 21. Dezember jenes Jahres Königin Katharina von Württemberg, knapp drei Wochen vor ihrem frühen Tod, am 6. Februar 1819 König Wilhelm I., der am Schulunterricht teilnahm, die Zöglinge bei der Arbeit beobachtete und dem Essen im Speisesaal beiwohnte, gleichfalls 1819 der nordamerikanische Quäker Grelet und ein bayerischer Bischof. Die russische Kaiserin ließ 1818 durch den Geheimen Rat von Wittinghoff die Anstalt eingehend besichtigen, damit er ihr über sie sachkundig berichten konnte. 1817 wurden Pfarrer Zoller mit der goldenen und Schulmeister Kübler mit der silbernen Zivilverdienstmedaille ausgezeichnet[1669].

Weitere Bildungs- und Erziehungseinrichtungen

Stichwortartig seien einige weitere, zum Teil nur kurzlebige Bildungs- und Erziehungseinrichtungen genannt, zumal keine von ihnen größere Bedeutung erlangte. Im September 1736 erhielt der zur evangelischen Kirche übergetretene Franciscus Maria Mallknecht die Erlaubnis, Lektionen in der Fechtkunst erteilen zu dürfen, die aber zunächst bis zum Dienstantritt des vom herzoglichen Hofstaat »beschriebenen« Fechtmeisters befristet war. Mallknecht hatte bereits neun Jahre im Bayerischen (Adelige Akademie Ettal) Fechtkurse gegeben[1670]. Im Jahr 1794 gründete der Stallmeister C. G. C. Kempf bei der Rotebildtorkaserne eine Reitschule[1671]. Um künftigen Forstbediensteten das erforderliche Fachwissen, ebenso um ihnen Unterricht in Mathematik, Physik und Planzeichnen zu erteilen, errichtete Oberforstrat Hartig ein Forstinstitut. Dieses Institut vermochte sich aber nicht zu behaupten. Am 2. Juli 1818 rief König Wilhelm I. eine niedere Forstschule ins Leben und brachte sie in Verbindung mit der Feldjägerschwadron. Die Schule wurde aber bereits 1821 aufgehoben[1672]. 1816 errichtete Carl August Göriz eine kaufmännische Bildungsanstalt; sie wurde 1821 von L. Ofterdinger übernommen[1673]. Einen Turnplatz legte Johann Ramsauer 1817 an der Stadtallee, in der Nähe des heutigen Max-Kade-Studentenwohnheims, an[1674].

Wissenschaft, Bildende Kunst, Architektur

In Stuttgart gab es bis über die Mitte des 18. Jahrhunderts hinaus nur wenige Gelehrte von Rang. Einer von ihnen war der bereits mehrfach erwähnte Johann Jakob Moser (1701–1785), der führende deutsche Staatsrechtler seiner Zeit, ein ungemein fruchtbarer Schriftsteller, der aber auch als Landschaftskonsulent und landständischer Gegenspieler Herzog Carl Eugens im politischen Leben Württembergs eine herausragende Rolle spielte. An den Besuch des hiesigen Gymnasiums schloß sich für den Hochbegabten das Jurastudium in Tübingen an. Mit 20 Jahren bereits württembergischer Regierungsrat, vertiefte Moser seine Fachkenntnisse, vor allem über das Reichsrecht, durch einen einjährigen Aufenthalt in Wien 1721/22. In den Jahren 1724 bis 1726 erneut in Wien, erlangte er als Konsulent des Reichsvizekanzlers in Reichsangelegenheiten einen umfassenden Einblick in die Praxis des Reichshofrats. Seine anschließende Tätigkeit im württembergischen Staatsdienst und als Professor am Collegium illustre in Tübingen ließ ihm Zeit für weitgespannte Publikationsaktivitäten auf wissenschaftlichem Gebiet. Von 1736 bis 1739 lehrte er an der Universität Frankfurt an der Oder. Zu der »vergnügtesten und seligsten Zeit« seines Lebens rechnete er die acht Jahre (1739–1747), die er mit seiner Familie in Ebersdorf im Vogtland ohne berufliche Bindung, ganz der Wissenschaft lebend, in ländlicher Zurückgezogenheit zubrachte. Dort schrieb er den größten Teil seines »Teutschen Staatsrechts« (52 Bände), des wichtigsten Werks aus seiner Feder. 1747 trat er als »dirigierender Geheimer Rat« in den Dienst des Landgrafen Karl Friedrich

Christian Friderich Sattlers
Herzoglich-Würtenbergischen Geheimden Archivarius, des Königl. Groß-Brittannischen historischen Instituts zu Göttingen und der Königl. Preußischen gelehrten Gesellschafft zu Frankfurt an der Oder würklichen Mitglieds
Geschichte
des
Herzogthums
Würtenberg
unter der Regierung
der
Herzogen.
Siebender Theil.
Mit 71. Urkunden und einigen Kupfern bestärket.
Tübingen, bey Georg Heinrich Reiß. 1774.

Titelblatt des 1774 erschienenen Siebten Teils des Werks von Christian Friedrich Sattler »Geschichte des Herzogthums Würtenberg unter der Regierung der Herzogen«.

von Hessen-Homburg. Indes gelang es ihm wegen zu großer interner Widerstände nicht, das Finanzwesen des kleinen Fürstentums in Ordnung zu bringen, obwohl er auf dem besten Weg dazu war. Er löste deshalb nach zwei Jahren sein Dienstverhältnis und gründete in Hanau eine Staats- und Kanzleiakademie als Privatanstalt mit der Zielsetzung, an ihr jungen Standespersonen eine juristische, administrative und politische Ausbildung zu geben. Hier wollte er verwirklichen, was ihm schon seit seiner Studentenzeit vor Augen stand: ein Lehrinstitut, das das Nützliche, Praktische und Brauchbare umfaßte und das sich nicht mit dem Wissensballast der Universität herumschlagen mußte. Die Akademie fand reges Interesse. Doch schon 1751 hörte sie auf zu bestehen. Moser übernahm, glänzende Angebote mißachtend, das Amt des Landschaftskonsulenten in seiner württembergischen Heimat. Der weitere Lebensweg des berühmtesten Staatsrechtlers, der zugleich zu den Vätern des schwäbischen Pietismus zählte, als ständischer Widerpart Herzog Carl Eugens ist bekannt, er wurde bereits in anderem Zusammenhang aufgezeigt[1675]. Die

Veröffentlichung seiner beiden nach dem »Teutschen Staatsrecht« bekanntesten Werke fiel in die Zeit nach der Rückkehr nach Stuttgart 1751: »Neues Teutsches Staatsrecht« (27 Bände, 1766–1782) und »Versuch des Neuesten europäischen Völkerrechts« (zehn Teile, 1777–1780)[1676].

Bei weitem nicht das Format eines Johann Jakob Moser hatte der Historiker und Archivar Christian Friedrich Sattler (1705–1785). Doch gehört seine 18bändige Geschichte des Herzogtums Württemberg zu den Standardwerken der Landesgeschichtsschreibung, sie ist vor allem wegen der in ihr ganz oder teilweise abgedruckten, im Original nicht mehr vorhandenen historischen Quellen bis heute unentbehrlich. Sattler hat sein ganzes Leben in seiner Heimatstadt Stuttgart zugebracht. In intensiver Arbeit erwarb er sich umfassende Kenntnisse über die archivischen Quellen zur Geschichte Württembergs. Seine erste größere Arbeit war die 1752 publizierte Topographie Württembergs[1677].

Die letzten 15 Jahre seines Lebens verbrachte der aus Cannstatt gebürtige Georg Bernhard Bilfinger (1693–1750) in Stuttgart. Bilfinger war ein Gelehrter, der nicht nur auf dem Gebiet der Philosophie, sondern auch auf dem der Mathematik und der Festungsbaukunst einen ausgezeichneten Ruf hatte. Nach seiner Ausbildung an den Klosterschulen Blaubeuren und Bebenhausen und dem Theologiestudium in Tübingen, während dem allerdings vornehmlich Philosophie und Mathematik sein Interesse fesselten, vertiefte er seine philosophischen Kenntnisse durch einen mehrjährigen Aufenthalt in Halle, wo der berühmte Christian Freiherr von Wolff lehrte. Von 1723 bis 1725 bekleidete er eine ordentliche Professur für Mathematik und Moral am Collegium illustre in Tübingen. In diesen beiden Jahren entstanden seine wichtigsten philosophischen Schriften, die in der wissenschaftlichen Welt stark beachtet wurden. Noch von Zar Peter dem Großen nach St. Petersburg berufen, lag der Schwerpunkt der sechs russischen Jahre (1725–1731) auf mathematischen Arbeiten sowie auf Studien zur Befestigungskunst. 1731 wurde ihm eine theologische Professur in Tübingen übertragen. Vier Jahre später rief ihn Herzog Carl Alexander als Geheimen Rat nach Stuttgart. Nach dem plötzlichen Tod des Herzogs im Februar 1737 erlangte er großen Einfluß auf die Regierung des Herzogtums, den er verantwortungsbewußt und maßvoll zum Besten des Landes nutzte[1678].

Nach der Verlegung der Militärakademie, der nachmaligen Hohen Carlsschule, nach Stuttgart im Jahr 1775 nahmen bedeutende Wissenschaftler verschiedener Disziplinen ihren Wohnsitz hier. Obwohl ihre Hauptaufgabe als Professoren an der Akademie die »Lehre« war, d. h. die Ausbildung der Zöglinge, und ihnen nur wenig Zeit für die Wissenschaft blieb, traten doch etliche von ihnen mit Arbeiten hervor, die für die weitere wissenschaftliche Forschung bedeutsam waren. Stellvertretend seien einige Namen genannt: Johann Friedrich Consbruch (1736–1810) studierte nach dem Besuch des Stuttgarter Gymnasiums in Tübingen, Göttingen und Straßburg Medizin. 1759 wurde er Physikus (wohl Stadt- und Amtsarzt) in Vaihingen/Enz. Seit Anfang der siebziger Jahre an der Militärakademie, lehrte er Geschichte der Arzneiwissenschaft, Physiologie, allgemeine Pathologie, Semiotik und Therapie. Er veröffentlichte zahlreiche mit seiner Lehrtätigkeit zusammenhängende Abhandlungen, die ihn in erster Linie als praktischen Arzt, weniger als wissenschaftlichen Forscher auswiesen[1679]. Der Stuttgarter Christian Friedrich Jaeger (1739–1808) entschied sich nach dem Besuch der Klosterschulen zunächst für das Theologiestudium, wechselte dann aber zur Medizin und erhielt in dieser wissenschaftlichen Disziplin an den Universitäten Leiden, Berlin und Wien eine gründliche Ausbildung. 1767 wurde er Professor in Tübingen, 1780 herzoglicher Leibarzt. Von 1784 bis 1794 lehrte er an der Hohen Carlsschule. Durch eine stattliche Zahl von Abhandlungen über medizinische und biologisch-chemische Themen machte er sich einen Namen. Der Berliner Buchhändler Nicolai nannte ihn eine der bemerkenswertesten Persönlichkeiten, denen er in Stuttgart begegnet war[1680]. Jakob Friedrich Roesch (1743–1841) war viele Jahre Dozent für Militärwissenschaften an der Militärakademie bzw. Hohen Carlsschule. Er war stark von Ferdinand Friedrich Nicolai (1730–1814), einem der hervorragendsten Offiziere und Militärtheoretiker Württembergs, beeinflußt. Seine Arbeiten auf den Gebieten der Befestigungskunst und der Kriegsgeschichte fanden weit über sein Heimatland hinaus Beachtung. In seinem 1799 veröffentlichten »Entwurf zu einem zweck- und pflichtmäßigen Militärstand für Württemberg« plädierte er für die Einführung einer auf der allgemeinen Wehrpflicht basierenden Militärorganisation[1681].

Johann August Reuß (1751–1820) wurde nach dem Jurastudium 1771 Hofgerichtsadvokat und Lizentiat. 1775 berief ihn Herzog Carl Eugen als Professor an die Militärakademie. Dort erwarb er sich durch seine ausgezeichneten Vorlesungen und sein menschliches Engagement die Achtung und Zuneigung seiner Schüler. Im Mittelpunkt seiner wissenschaftlichen Arbeit stand das Staats- und Völkerrecht. Sein Schüler, der spätere württembergische Staatsminister Graf von Normann-Ehrenfels, nannte ihn einmal »den größten unter den gegenwärtig lebenden Publizisten«[1682].

Jakob Friedrich Abel (1751–1829) wurde nach dem Studium der Theologie und Philosophie 1772 21jährig Professor der Philosophie an der Militärakademie auf der Solitude. Der Lehrer und Freund Friedrich Schillers übernahm 1790 den Philosophischen Lehrstuhl in Tübingen. 1811 ernannte ihn König Friedrich zum Prälaten. Von seinen zahlreichen philosophischen Veröffentlichungen fand die »Einleitung in die Seelenlehre« (Stuttgart 1786) die größte Beachtung[1683]. Abel kannte Georg Wilhelm Friedrich Hegel (geboren am 27. August 1770 in Stuttgart), den nachmaligen großen Philosophen, schon als Gymnasiasten und förderte ihn persönlich[1684].

In Verbindung zu der Militärakademie bzw. Hohen Carlsschule stand der Naturforscher Gottlieb Friedrich Roesler (1740–1790), Professor am Gymnasium und Ehrenmitglied der »Académie des arts«.

Herzog Carl Eugen zog ihn wiederholt als wissenschaftlichen Berater bei. Auch wirkte er als Examinator bei den Jahresprüfungen an der Hohen Carlsschule mit. Er schrieb die erste, leider unvollendet gebliebene Naturgeschichte Württembergs[1685].

Einer der bedeutendsten Historiker des 18. Jahrhunderts war Ludwig Timotheus Spittler (1752–1810). Er durchlief das Stuttgarter Gymnasium und studierte anschließend in Tübingen. Seit 1779 Professor in Göttingen, hielt er Vorlesungen über Kirchen-, Kirchenrechts- und Dogmengeschichte, bald auch über griechische und römische Geschichte sowie Reichsgeschichte. Später wandte er sich ganz der Profangeschichte zu. Mit seiner württembergischen Geschichte sowie mit seinen Einzeluntersuchungen vor allem zur Verfassungsgeschichte seines Heimatlandes wies er, Quellenforschungen mit der Gabe anschaulicher und allgemeinverständlicher Darstellung verbindend, der modernen Landesgeschichtsforschung den Weg. Dies gilt auch für die von ihm vorgelegte Geschichte seiner Wahlheimat Hannover. Sein meistgelesenes und bekanntestes Werk war der Entwurf der Geschichte der europäischen Staaten, geschrieben in den Sturmjahren der Französischen Revolution, die ihn stark aufwühlte; ein auf erstaunlicher Quellenkenntnis beruhendes Werk mit frappierenden historischen Einsichten und Erkenntnissen. Im März 1797 berief Herzog Friedrich Eugen Spittler als Geheimen Rat nach Stuttgart. Hier wurde er nach dem Regierungsantritt Friedrichs II. in die Auseinandersetzung des Regenten mit den Landständen hineingezogen; sie untergruben seine Gesundheit. 1806 wurde der bereits schwer Herzkranke in den Freiherrnstand erhoben und mit der kommissarischen Leitung des Finanzministeriums betraut. Die Politik, zumal in dem absolutistisch regierten Staat König Friedrichs von Württemberg, war nicht das dem hervorragenden Wissenschaftler angemessene Feld, auch wenn ihn ein wacher politischer Sinn und ein hohes Maß an Verantwortungsbewußtsein auszeichneten. Viel tat und erreichte er als Kurator und schon zuvor als Geheimer Rat für die Universität Tübingen[1686].

Ludwig Timotheus Freiherr von Spittler (1752–1810), Geschichtsprofessor in Göttingen, seit 1797 im württembergischen Dienst als Geheimer Rat und Minister.

Am Anfang der Privatgesellschaften, die sich im Lauf des 19. Jahrhunderts in Stuttgart zur Förderung der Bildung und des Unterrichts, der Wissenschaften und Künste bildeten, stand die 1801 gegründete Vaterländische Gesellschaft der Ärzte und Naturforscher Schwabens. Sie hatte eine naturhistorische und eine medizinische Sektion. Ihre Arbeitsgebiete umfaßten die Arzneikunde, das Medizinalwesen Schwabens sowie die schwäbische Naturgeschichte mit deren Anwendung auf Ökonomie und Technologie[1687].

Bis über die Mitte des 18. Jahrhunderts hinaus hatten die Bildende Kunst und die Architektur ihre Heimstatt ausschließlich am Hof. Es fehlten der Adel und ein wohlhabendes Bürgertum, die als Mäzene auftraten und ihrerseits Bildender Kunst und Architektur Betätigungsfelder bieten konnten. Dies zeigte sich augenfällig 1764/65, als Herzog Carl Eugen den Hof nach Ludwigsburg verlegte. Der künstlerische Aufschwung, der in den beiden vorangegangenen Jahrzehnten zu beobachten gewesen war, fand ein abruptes Ende. Künstler und Kunsthandwerker wurden, soweit sie nicht nach Ludwigsburg abwanderten oder von dort mit Aufträgen bedacht wurden, brotlos. Die wenigen Fälle, in denen sich reiche Stuttgarter die Fähigkeiten von Künstlern zur Ausschmückung ihrer Häuser zunutze machten, wie etwa die um 1762 von dem Handelsmann Christian Gottlob Koch im sogenannten Calwer Haus (Königstraße 43 B) veranlaßten Plafondmalereien[1688], konnten diesen nicht aus der Klemme helfen. In Stuttgart mangelte es indes nicht nur der Bürgerschaft am Geld für eine künstlerische Ausgestaltung ihrer Häuser und Wohnungen, sondern auch am Sinn für die Kunst und die Freude an Werken der Kunst. Dies hatte seinen Hauptgrund in der streng protestantischen Geisteshaltung der Bevölkerung. Hierzu kam noch, daß der zunehmend sich ausbreitende Pietismus der Kunst erst recht mißtrauisch, häufig sogar ausgesprochen feindselig gegenüberstand.

Herzog Carl Eugen, der von seinen ästhetischen Neigungen her der Bildenden Kunst am Hof einen hohen Rang zuwies, war darüber hinaus bestrebt, in seinem Land künstlerische Begabungen zu aktivieren und kulturelles Leben zur Entfaltung zu bringen. Zu diesem Zweck errichtete er, wie wir gehört haben, 1761 die »Académie des arts«, die später in der Hohen Carlsschule aufging. Dort erhielten vielversprechende junge Talente, die er zum Teil selbst ausgewählt hatte, ihre Ausbildung. Die führende Lehrerpersönlichkeit der »Académie« war der in Lunéville geborene Maler Nicolas G. Guibal (1725–1784), Sohn des aus Nîmes stammenden Bildhauers und Architekten Barthélemi Guibal. Nicolas G. Guibal, der entscheidende Lehrjahre in Paris zugebracht hatte, befand sich seit 1749 im Dienst Carl Eugens. Dieser schickte ihn 1752 zur weiteren Ausbildung nach Rom, wo er der Schüler Raphael Anton Mengs (1728–1779) wurde. Guibal, seit 1771 auch Professor an der Kunstabteilung der Mili-

Nikolaus G. Guibal (1725–1784), Maler, Galeriedirektor und Professor an der Hohen Carlsschule.

tärakademie/Hohen Carlsschule, wirkte stark auf seine Schüler. Er blieb mit ihnen auch über ihre Studienzeit hinaus in Verbindung. Ihm ist es zu verdanken, daß Herzog Carl Eugen den begabtesten unter ihnen Studienaufenthalte in Paris und Rom ermöglichte. Ihm selbst lag sehr an engen Kontakten zu diesen beiden Zentren zeitgenössischer klassizistischer Kunst. Leider starb er, ehe seine für 1784 geplante Ernennung zum Mitglied der Pariser Akademie ausgesprochen werden konnte[1689].

Viele Jahre an der »Académie des arts« und an der Militärakademie/Hohen Carlsschule lehrte auch Adolf Friedrich Harper (1725–1806), den Goethe »einen geborenen Landschafter«, d. h. Landschaftsmaler, nannte. Harper, der Sohn und Schüler eines preußischen Kabinettsmalers, kam nach Studienaufenthalten in Frankreich und Italien 1756 nach Württemberg. Der fein empfindende Künstler, der anfänglich im Stil Poussins malte, wurde von Herzog Carl Eugen mit der Ausmalung herzoglicher Schlösser, mit der Gestaltung von Theaterdekorationen und Arabesken betraut. Bei diesen unter Zeitdruck stehenden Aufträgen verkümmerte seine Kunst, sie sank ins Mechanisch-Konventionelle ab, das Kolorit seiner Gemälde wurde hart. Er selbst beklagte dies. Als Lehrer behielt er jedoch ein anregendes künstlerisches Niveau, ebenso war sein künstlerisches Einfühlungsvermögen, wie manche seiner späteren Landschaften zeigen, nicht gänzlich verschüttet[1690].

Schüler Guibals und Harpers war der Maler Viktor Wilhelm Peter Heideloff (1757–1817), Sohn eines Hofvergolders in Stuttgart. Er erhielt während seiner Ausbildung an der Militärakademie mehrere Zeichen- und Malpreise. Von 1782 bis 1785 finanzierte ihm Herzog Carl Eugen, der ihn 1780 zum Hofmaler ernannt hatte, Studienaufenthalte in Paris, Lyon und Marseille. Von 1789 bis 1794 war er Professor an der Hohen Carlsschule. Er stellte seine Kunst nicht nur in den Dienst des Hofes, sondern er erfreute durch eine Reihe von Veröffentlichungen, so in Cottas »Taschenbuch für Natur- und Kunstfreunde« der Jahre 1795 bis 1799, auch ein größeres Publikum.

Gleichfalls seine Erziehung an der Militärakademie/Hohen Carlsschule, allerdings als Kupferstecher, bekam der Bruder Viktors, Nicolaus Innocentius Wilhelm Clemens (van) Heideloff (1761–1837). 1784 schickte ihn Herzog Carl Eugen zur weiteren Ausbildung nach Paris. Er betätigte sich dort als Miniaturmaler und floh nach Ausbruch der Französischen Revolution nach England. 1815 ernannte ihn König Wilhelm der Niederlande zum Direktor des königlichen Kupferstichkabinetts im Mauritshuis in Den Haag[1691].

Der Sohn Viktors war der Architekt, Maler, Bildhauer, Radierer und Kunstschriftsteller Carl Alexander von Heideloff (1789–1865). Wie kaum ein anderer angehender Künstler hatte er neben dem eigenen, bereits halberblindeten Vater in Thouret, Dannecker, Scheffauer, A. Keim, Seele und Johann Gotthard von Müller ein ausgezeichnetes Lehrerkollegium. Seine besondere Liebe galt der Architektur und hier wieder der romanischen und gotischen Baukunst Deutschlands. Er rettete zahlreiche hervorragende Monumente dieser beiden Baustile vor der Zerstörung oder bewahrte sie vor dem Verfall. 1822 übernahm er die Stelle eines Konservators der städtischen Kunstdenkmäler in Nürnberg sowie die eines Dozenten an der dortigen Polytechnischen Schule[1692].

Der einer Stuttgarter Musikerfamilie entstammende Maler Philipp Friedrich Hetsch (1758–1838) erhielt seine künstlerische Ausbildung an der Militärakademie, wo Guibal und Harper seine Lehrer waren und er mit Dannecker und Schiller Freundschaft schloß. Nach 1780 ermöglichte Herzog Carl Eugen dem vielversprechenden jungen Künstler mehrjährige Studienaufenthalte in Paris und Italien. Als Ehrenmitglied der Akademie von Bologna kehrte er 1787 in die Heimat zurück. Herzog Carl Eugen übertrug ihm eine Professur an der Hohen Carlsschule. 1798 wurde er Direktor der herzoglichen Gemäldegalerie in Ludwigsburg. Wie Jacques Louis David (1748–1825), von dem er stark beeinflußt war, leistete er sein Bestes als Porträtmaler[1693].

Schwierigkeiten hatte Georg Friedrich Wächter (1762–1852), in die Kunstabteilung der Militärakademie aufgenommen zu werden. Herzog Carl Eugen wies den Angehörigen einer hochangesehenen Familie der württembergischen Ehrbarkeit mit seinem Wunsch, Maler zu werden, hämisch ab und bestimmte ihn für die Rechtswissenschaft, danach für die Kameralwissenschaften. Erst 1781 durfte er auf Fürsprache seines Onkels, des Diplomaten Karl Eberhard von Wächter, und der Professoren Guibal und Harper in die Kunstabteilung überwechseln. Doch bereits 1784 entließ ihn der offenbar mit seinen Leistungen nicht zufriedene Herzog aus der Hohen Carlsschule. Für seine künstlerische Ausbildung brachten Studienaufenthalte in Mannheim, Paris und Rom großen Gewinn. Besonders fruchtbar war die Zeit in Rom. Sie verschaffte ihm Kontakte zu hervorragenden deutschen und italienischen Künstlern. Er wurde zu einem der Mitbegründer des deutschen Klassizismus.

Schloß Grafeneck bei Münsingen, beliebter Jagdaufenthalt Herzog Carl Eugens von Württemberg. Gemälde von Adolf Friedrich Harper.

In Wien, wo er sich mit seiner Familie zu Beginn des 19. Jahrhunderts etliche Jahre aufhielt, vermochte er nicht Fuß zu fassen. 1803 kehrte er nach Stuttgart zurück, wo ihm König Friedrich die Leitung des neuen Kupferstichkabinetts übertrug. Es folgten Jahre reichen künstlerischen Schaffens[1694].

Der Sohn eines fürstenbergischen Soldaten war der Maler Johann Baptist Seele (1774–1814). Er verdankte einen Teil seiner Ausbildung der Hohen Carlsschule. Kurfürst Friedrich II. ernannte den zweifellos talentierten »Husaren- und Dragonermaler« 1804 zu seinem Hof- und Galeriemaler[1695].

Zu den namhaften klassischen Malern gehört Christian Gottlieb Schick (1776–1812), Sohn eines Schneidermeisters und Schankwirts in Stuttgart. Der Carlsschüler hatte Hetsch zum Lehrer und später auch Dannecker. Stationen seines frühen künstlerischen Schaffens waren Paris und Rom, wobei vor allem Rom für sein weiteres Werk von entscheidender Bedeutung wurde. Schon früh fand er vielseitig Anerkennung. 1802 trat er in engere Beziehung zu dem großen Verleger Cotta, der ihn sehr förderte[1696].

Ein bedeutender Porträtmaler war der aus Österreich stammende Franz Seraph Stirnbrand (um 1788–1882). Er kam um 1810 nach Stuttgart und erlangte über den kunstsinnigen französischen Gesandten Graf Hetteauville, der sich von ihm malen ließ, seine ersten Aufträge. Mit dem Bild der Königin Katharina von Württemberg, das König Wilhelm I. kaufte, fand er als Maler in weiteren Kreisen Anerkennung. Als Porträtist der Königsfamilie, des Adels, der Angehörigen des Hoftheaters und der höheren Beamtenschaft gewann er im Lauf der folgenden Jahrzehnte einen hohen Bekanntheitsgrad[1697].

Unter den Bildhauern des Klassizismus nimmt Johann Heinrich Dannecker (1758–1841) einen hervorragenden Platz ein. Er hat wesentlich dazu beigetragen, daß Stuttgart seit dem ausgehenden 18. Jahrhundert zu einem Zentrum der Bildenden Kunst in Deutschland wurde. Viele auswärtige Kunstliebhaber und Künstler stellten sich ein, so bereits 1797 Johann Wolfgang von Goethe. 1808 bezog der Künstler am Schloßplatz ein Wohnhaus mit Atelier, die sogenannte Danneckerei. Dort begrüßte er manch illustren Besucher: 1810 den nachmaligen Papst Leo XII., 1815 den Bildhauer Antonio Canova, 1819 den Bildhauer Bertel Thorwaldsen. Dannecker, der Sohn eines herzoglichen Stallknechts, war vom Herzog auf eigenen Wunsch in die Militärakademie aufgenommen worden. Carl Eugen hatte ihn erst zum Tänzer ausersehen, ließ aber schließlich zu, daß er in die Kunstabteilung übertreten durfte. Zu den Freunden, die der umgängliche junge Mann auf der Akademie gewann, zählten Friedrich Schiller, der Kupferstecher Johann Gotthard Müller, der Musiker Johann Rudolf Zumsteeg und sein späterer Bildhauerkollege Philipp Jakob Scheffauer. Wie die anderen Bildhauer-Zöglinge hatte er für die herzoglichen Bauten, namentlich für Schloß Hohenheim, Modelle zu Stukkaturarbeiten, Karyatiden, Genien und anderen Ornamentfiguren zu fertigen. Dies blieb seine Haupttätigkeit, auch nachdem er 1780 seine Ausbildung an der Militärakademie abgeschlossen hatte und zum Hofbildhauer ernannt worden war. Während seiner gemeinschaftlich mit Scheffauer verbrachten Studienaufenthalte in Paris und Rom in den Jahren 1783 bis 1790 erfuhr er nicht nur Hilfe und Förderung durch seinen alten Lehrer Guibal, sondern auch durch A. Pajou, einen der damals bedeutendsten französischen Bildhauer, durch A. Trippel, einen bekannten Schweizer Bildhauer, und durch Canova, den hochangesehenen italienischen Alters- und Berufsgenossen. In Rom traf er auch mit Goethe und Herder zusammen. Seine ersten Marmorstatuen, eine Ceres und ein Bacchus, trugen ihm die Ehrenmitgliedschaften der Kunstakademien von Mailand und Bologna ein. Von 1790 bis 1794 lehrte er als Professor an der Hohen Carlsschule. Nach der Aufhebung dieser Hochschule setzte er seine Lehrtätigkeit in einer von ihm in seinem Atelier errichteten Zeichenschule fort. Bedeutsam für sein weiteres überaus fruchtbares künstlerisches Schaffen wurde die Freundschaft zu dem vielseitig gebildeten und interessierten, künstlerisch einfühlsamen Kaufmann Gottlob Heinrich Rapp (1761–1832), seinem späteren Schwager. Der Besuch Schillers in der Heimat 1793/94 gab ihm die Möglichkeit, die Büste des Freundes zu modellieren. Die damals entstandene Marmorbüste gilt neben der 1816 vollendeten Ariadne auf dem Panther als das berühmteste Werk des großen Bildhauers. Dannecker arbeitete vornehmlich für den Hof; er genoß die besondere Wertschätzung der Könige Friedrich und Wilhelm I. Doch bekam er auch Aufträge von privater Seite[1698].

Der Lebensweg des Bildhauers Philipp Jakob Scheffauer (1756–1802) ähnelt in vielem dem seines Freundes Dannecker. Der in Stuttgart als Sohn eines Heiducken geborene Scheffauer wurde in der Militärakademie zum Bildhauer ausgebildet. Er galt als ein besonders befähigter Schüler. Im Lauf seiner Akademiejahre wurden ihm nicht weniger als acht Preise zuerkannt. 1780 ernannte ihn Herzog Carl Eugen zum Hofbildhauer. Von 1783 bis 1789 durfte er seine Studien in Paris und Rom fortsetzen. Für die von ihm während seines Auslandsaufenthalts geschaffenen Werke zeichneten ihn die Kunstakademien von Bologna, Mantua und Toulouse mit der Ehrenmitgliedschaft aus. Von 1789 bis 1794 hatte er eine Professur an der Hohen Carlsschule inne. Seine Heirat im Jahr 1790 mit Caroline Heigelin, der Tochter eines wohlhabenden Stuttgarter Juweliers, brachte ihn in Verbindung mit den angesehensten Familien der Stadt. Mit dem Tod Herzog Carl Eugens verlor er einen tatkräftigen Förderer. In dem damals noch kleinen und wenig wohlhabenden Stuttgart und am Hof der beiden Brüder und Nachfolger Carl Eugens fehlten, zumal bei den ständigen Kriegswirren, die Mäzene, die es ihm ermöglichten, sein künstlerisches Talent voll zur Entfaltung zu bringen. Erst

Philipp Jakob Scheffauer (1756–1808), Zögling und später Professor an der Hohen Carlsschule, Bildhauer.

unter Herzog Friedrich II., der ihm sehr zugetan war, wurde es wieder besser. Scheffauer erlangte jetzt auch zahlreiche Aufträge von auswärtigen Fürstenhäusern, insbesondere vom badischen Regentenhaus, sowie von bürgerlichen Familien. Eine besondere Vorliebe hatte er für Reliefbilder; hier schuf er vielbeachtete Werke, doch auch sonst erreichte er ein bemerkenswertes künstlerisches Niveau[1699].

Das Verdienst, die Kunst des Kupferstechens in Stuttgart heimisch gemacht und damit eine Wunschvorstellung Herzog Carl Eugens erfüllt zu haben, gehört dem Bernhäuser Schultheißensohn Johann Gotthard Müller (1747–1830). Der begabte Junge besuchte das Stuttgarter Gymnasium mit dem Ziel, das notwendige Wissen für das Theologiestudium zu erlangen. Nebenbei ließ er sich in der »Académie des arts« im Freihandzeichnen unterrichten. Carl Eugen, auf Müller aufmerksam gemacht, vermochte ihn mit der Zustimmung der Eltern von dem beabsichtigten Theologiestudium abzubringen. Von 1764 bis 1770 studierte er nun an der »Académie des arts«, wobei er in Professor Guibal einen vorzüglichen Lehrer hatte. Seinen Plan, sich der Malerei zu widmen, vereitelte der Herzog. Er schickte ihn zur Ausbildung im Kupferstechen nach Paris. Müller fügte sich. Durch Talent und Fleiß brachte er es im Kupferstechen zu großer Fertigkeit. 1776 berief ihn Carl Eugen als Professor für Kupferstechen an die Militärakademie. Einen Ruf an das Kupferstecherkabinett in Mailand lehnte er 1779 mit Rücksicht auf seinen herzoglichen Gönner ab. Ein zweiter, nur zweimonatiger Aufenthalt in Paris war überschattet durch den Tod seiner jungen Frau, die einem hitzigen Fieber erlag. In der Hohen Carlsschule vermittelte er einer Reihe tüchtiger Schüler im Kupferstechen das erforderliche künstlerische Rüstzeug: u. a. Johann Friedrich Leypold (1755–1838), der später in Wien zu hohem Ansehen gelangte, und Nikolaus Innocentius Wilhelm Clemens Heideloff. Nach der Auflösung der Hohen Carlsschule behauptete sich lediglich die bisher mit dieser Hochschule verbundene Kupferstichanstalt. Trotz mehrerer verlockender Angebote blieb Müller Stuttgart treu. Herzog Friedrich Eugen hatte am Kupferstichkabinett kein Interesse, es wurde zur Privateinrichtung. Glücklicherweise dachte Friedrich II. anders als sein Vater. Er setzte Müller eine Jahrespension von 600 fl aus und rettete so das Institut. 1802 erlaubte er Müller die Errichtung einer Zeichenschule, gleichzeitig erhöhte er sein lebenslanges Jahresgehalt auf 1200 fl[1700]. Indes kam die Schule wegen bürokratischer Hemmnisse nicht zustande. Dennoch behielt Müller das ihm zugewiesene Gehalt. Sehr rühmend äußerte sich Goethe 1797 nach einem Besuch des Müllerschen Instituts: »Das Kupferstechen steht wirklich hier auf einem hohen Punkte, Professor Müller ist einer der ersten Künstler dieser Art und hat eine ausgebreitete Schule, die, indem er nur große Arbeiten unternimmt, die geringen buchhändlerischen Bedürfnisse, unter seiner Aufsicht befriedigt«[1701]. Auch Müller erhielt bis ins 19. Jahrhundert hinein seine Aufträge in erster Linie vom Hof. Erst nach und nach nahm die Zahl der privaten Auftraggeber, so der Verlage, zu. Den bekannten Kupferstecher schmerzte es, daß sein Institut in der württembergischen Haupt- und Residenzstadt nur geringes Interesse fand. Kein Wunder, wenn er 1797 in einem Promemoria von der Gleichgültigkeit auch des gebildeten Stuttgarter Publikums sprach[1702]. In den beiden ersten Jahrzehnten des 19. Jahrhunderts entwickelte sich sein Unternehmen günstig. Als einem der führenden Kupferstecher Deutschlands wurde ihm jetzt auch manche Anerkennung zuteil. So berief ihn 1804 die preußische Akademie der Künste und mechanischen Wissenschaften in Berlin zu ihrem Mitglied. 1808 wurde er mit dem württembergischen Zivilverdienstorden, zehn Jahre später mit dem Orden der württembergischen Krone ausgezeichnet. 1812 machte ihn die Akademie der Kunst in Wien, 1814 die bayerische Akademie der Bildenden Künste in München sowie die Akademie in Kopenhagen zu ihrem Ehrenmitglied[1703].

Eine besondere Genugtuung für ihn war, daß sein Sohn Johann Friedrich Wilhelm beruflich in seine Fußstapfen trat, ihn an künstlerisch-schöpferischer Begabung nach dem Urteil eines Biographen sogar noch übertraf. Johannes Friedrich Wilhelm Müller (1782–1816) fertigte schon während seiner Stuttgarter Gymnasialzeit die ersten Kupferstiche. Von seinem Vater ließ er sich in Geometrie und Perspektive unterweisen. Die Bildhauer Scheffauer und Dannecker unterrichteten ihn im Zeichnen und förderten ihn auch sonst. 1802 schickte ihn der Vater zur weiteren Ausbildung an die Pariser »Académie des arts«. Die Kupferstecher Wille, Heinrich Guttenberg, Desnoyers, Bervie und andere nahmen sich seiner an. Die vier Jahre in Paris waren eine außerordentlich fruchtbare Zeit; sie befähigten ihn nach der Rückkehr nach Stuttgart 1806 in der väterlichen Werkstatt zu künstlerisch hochwertigen Arbeiten. 1808/09 erweiterte er seine Fachkenntnisse und beruflichen Fähigkeiten, eine Fülle von Eindrücken in sich aufnehmend, durch einen Studienaufenthalt in Italien. 1813 verlieh ihm König Friedrich den Titel »Zweiter Hofkupferstecher« – der »Erste Hofkupferstecher« war sein Vater. Die vielversprechende Berufung zum Professor der Kupferstecherkunst an die Akademie in Dresden im Jahr 1814 wurde für den bereits gesundheitlich schwer angeschlagenen Künstler, nachdem die zugesicherte Errichtung einer Kupferstecherschule im folgenden Jahr wieder in Frage gestellt war, zu einer großen Enttäuschung. Die Schwermut, in die er verfiel, steigerte sich rasch zur völligen geistigen Umnachtung. Eine schreckliche Wahnvorstellung war dann auch die Ursache seines frühen Todes[1704].

Zu den Schülern Johann Gotthard Müllers auf der Militärakademie gehörte der aus Böblingen gebürtige Christian Jakob Schlotterbeck (1747–1811). Er betätigte sich auch als Zeichner (Pastellmaler). 1782 ernannte ihn Herzog Carl Eugen zum Hofkupferstecher. Die 1803 von ihm in Stuttgart gegründete private Zeichen- und Kunstschule für Zeichner, Maler und Kupferstecher, auch für Frauen, die zeichnen und malen oder die die zu Stickereien erforderlichen Zeichnungen anfertigen wollten, hatte offenbar keinen Bestand. Schlotterbeck starb bereits 1811 als Schloßkastellan in Böblingen[1705].

1806 wurde in Stuttgart die erste lithographische Anstalt gegründet. Einige weitere Anstalten dieser Art gesellten sich 1817 und in den folgenden Jahren hinzu, 1834 waren es bereits elf. Zur Belebung des Kunstgewerbes veranstaltete König Friedrich 1812 eine Kunstausstellung. Er wollte mit ihr »zur fortdauernden Unterhaltung und immer höheren Vervollkommnung der Bildenden Künste sowie zur mehreren Ausbreitung der Industrie unter Professionisten und Handwerkern und Erweckung einer zweckmäßigen Nacheiferung unter denselben« beitragen. Die Ausstellung fand ein sehr positives Echo, so daß sie in den nächsten Jahren wiederholt wurde[1706].

Mit der »Académie des arts« und der Militärakademie/Hohen Carlsschule verfolgte Herzog Carl Eugen auch den Zweck, tüchtige Architekten für Hof und Land heranzubilden. Reinhard Ferdinand Heinrich Fischer (1746–1813), Sohn eines herzoglichen Küchenmeisters (später Hofkammerrats) wurde, wenn wir richtig sehen, nicht wie zahlreiche andere begabte junge Landeskinder von Carl Eugen zu seinem späteren Beruf gedrängt, sondern er entschied sich, wohl mit der Zustimmung oder auf den Rat seines Vaters, nach der Absolvierung des Stuttgarter Gymnasiums für die Ausbildung in der Architektur. Der Bildhauer Beyer, sodann der Maler Guibal erteilten ihm Unterricht, daneben erlaubte ihm der Herzog den Besuch der »Académie des arts«. Seine praktische Ausbildung in der Baukunst erhielt er bei dem herzoglichen Oberbaudirektor Pierre Louis Philippe de la Guêpière. Carl Eugen erkannte die Begabung Fischers. Gegen seine sonstige Gewohnheit gab er ihm nicht die Möglichkeit zu einem längeren Studienaufenthalt im Ausland, sondern nahm bereits den 18jährigen als Dessinateur in seine Dienste. 1767 rief er ihn nach Venedig und beauftragte ihn, den Palast Barbarigo, den er für seinen halbjährigen Aufenthalt in der Lagunenstadt gemietet hatte, für seine Bedürfnisse herzurichten. 1773 zum herzoglichen Architekten und Premierleutnant ernannt, wurde Fischer mit Aufträgen überhäuft. Sich in die künstlerisch-ästhetischen Wünsche seines Landesherrn einfühlend, führte er sie rasch und mit großem technischem Geschick aus. Seine Arbeitskraft zeigte sich allen Anforderungen gewachsen. 1775 baute er die Kaserne hinter dem Neuen Schloß zur Militärakademie um. An der Akademie selbst entfaltete er eine rege Lehrtätigkeit, nach ihrer Erhebung zur Hohen Carlsschule stand er der Fakultät der freien Künste als Dekan vor. Für Carl Eugen baute er u. a. das Bärenschlößchen im Solitudepark, das Schloß Scharnhausen, das Schloß Hohenheim sowie die Kirche in Birkach. Auch für andere Hochadelshäuser, so für die Fürsten von Oettingen-Wallerstein oder die Grafen von Pückler-Limpurg, und für reiche Bürgerfamilien übernahm er große Bauaufträge. Der Berliner Buchhändler Nicolai rühmte Fischer als einen der vorzüglichsten Baumeister Deutschlands, Goethe hingegen beurteilte seine architektonischen Leistungen sehr ungünstig. Fischer war zweifellos 1780/90 auf dem Höhepunkt seines Ansehens, fiel aber dann in der Gunst der Freunde zeitgemäßer Architektur schnell zurück. Freilich, Goethe hatte mit Blick auf Architektur und Bauwerke auch sonst oft ein sehr subjektives, zeitbedingtes Urteil. So erklärte er 1797, das Stuttgarter Alte Schloß tauge kaum noch zu einer Theaterdekoration. Nachdem Herzog Friedrich Eugen Fischer noch den Titel eines Oberbaudirektors verliehen hatte, versetzte ihn Herzog Friedrich II. 1802 in den Ruhestand[1707].

Beinahe eine Generation jünger als Fischer war Nikolaus Friedrich Thouret (1767–1845). An der Militärakademie/Hohen Carlsschule erhielt er, der Sohn eines herzoglichen Kammerlakaien, durch die Professoren Guibal, Harper und Hetsch zwischen 1778 und 1788 seine Ausbildung zum Kunstmaler. Herzog Carl Eugen, seine künstlerische Begabung hoch einschätzend, ernannte ihn zum Hofmaler und ermöglichte ihm zwischen 1788 und 1796 durch die Gewährung eines jährlichen Reisestipendiums von 400 fl Studienaufenthalte in Paris und Rom. In Rom war es dann, daß er sich unter dem Einfluß seines Freundes, des großen Karlsruher Architekten Friedrich Weinbrenner, entschloß, sich statt der Malerei künftig der Baukunst zu widmen. Nach der Rückkehr in die Heimat betraute ihn Herzog Friedrich Eugen mit der Leitung des Ausbaus von Schloß Hohenheim. Goethe, der ihn 1797 bei einem Besuch in Stuttgart kennenlernte, zollte seinem architektonischen Schaffen – im Gegensatz zu dem Fischers – hohe Anerkennung und konnte ihn vorübergehend für den Wiederaufbau des 1774 ausgebrannten Weimarer Schlosses sowie für den Umbau des dortigen Theaters gewinnen. Herzog Friedrich II. übertrug ihm die Neueinrichtung des 1718 von Paolo Retti erbauten Ludwigsburger Parkschlosses Favorite. In der Folgezeit zog er den mit einer lebhaften Phantasie begabten und mit einer unermüdlichen Arbeitskraft ausgestatteten Architekten, den er 1800 zu seinem Hofbaumeister ernannte, zu kleineren oder größeren baulichen Projekten, aber auch zur Gestaltung von Jagdfesten, Operninszenierungen und ähnlichen Gelegenheitsaufträgen heran. So mußte Thouret das Neue Schloß in Stuttgart, ebenso die Schlösser in Ludwigsburg, Freudental, auf dem Monrepos und auf der Solitude ausbauen und im Empirestil umgestalten. Dadurch zersplitterte er seine Kräfte, zu einem »großen Wurf«, wenn man so sagen darf, fehlten die Zeit und die Gelegenheit. Erst unter König Wilhelm I. erhielt er freiere Gestaltungsmöglichkeiten. Zwischen 1820 und 1827 erbaute er das Katharinenhospital in Stuttgart, 1825/26 den Kursaal in Cannstatt, ab 1839 das Badgebäude in Wildbad (fertiggestellt 1847), und von 1834 bis 1837 den Großen Bazar (Königstraße) in Stuttgart. Auch andere Gebäude in der würt-

Bärenschlößchen im Solitudepark.

Der von Nikolaus Friedrich Thouret 1825/26 erbaute Kursaal in Cannstatt.

tembergischen Haupt- und Residenzstadt wurden durch ihn erstellt. Auf seinen Residenzbauplan wurde bereits in anderem Zusammenhang eingegangen. Ein sehr fruchtbarer Aspekt seiner Arbeit bestand darin, daß er in seinem Baubüro jungen Bautechnikern das erforderliche berufliche Rüstzeug vermittelte, ohne daß er aber deshalb eine Schule bildete. In der 1829 eröffneten Bauschule übernahm er neben Dannecker eine leitende Funktion[1708].

Einen wichtigen Platz in der Geschichte des modernen Kunsthandwerks in Stuttgart nimmt der Hofebenist (Kunstschreiner) Johannes Klinckerfuß (1770–1831) ein. Klinckerfuß trat nach der Lehre bei seinem Vater in Bad Nauheim in die Kunstschreinerwerkstatt von David Roentgen (1743–1807) in Neuwied ein, dem »Begründer des streng sachlichen Klassizismus in der deutschen Möbelkunst«; 1795 kam er mit Herzog Friedrich Eugen, in dessen Dienst er schon in Bayreuth gestanden hatte, nach Stuttgart. Er schuf in der Folgezeit Möbel für die Schlösser Hohenheim, Ludwigburg, Favorite und Monrepos. Hierbei entwickelte er trotz starken französischen Einflusses seinen eigenen württembergischen Empirestil. Herzog Friedrich II. ernannte ihn 1799 zu seinem Kabinettsebenisten. Die Hofschreinerei, die er begründet hatte und in der er auch Möbel für wohlhabende Bürger herstellte, wurde unter seiner Leitung rasch eine große Werkstatt. Aus ihr erwuchs die bedeutende Stuttgarter Kunstmöbelproduktion des 19. Jahrhunderts[1709].

Die württembergischen Regenten des 18. und des beginnenden 19. Jahrhunderts bemühten sich mit unterschiedlichem Engagement und Erfolg, die in ihrem Besitz befindlichen Sammlungen von Kunstgegenständen, Pretiosen, Antiquitäten, Raritäten, Münzen und Naturalien weiter auszubauen und zu vermehren. 1728 kaufte Herzog Eberhard Ludwig von den Töchtern Herzog Friedrich Augusts von Württemberg-Neuenstadt eine reichhaltige Münz- und Bronzensammlung, die Friedrich August von seinem Vater, Herzog Friedrich, dem Stifter der Nebenlinie Württemberg-Neuenstadt, übernommen und noch bedeutend vergrößert hatte[1710]. Unter Herzog-Administrator Karl Friedrich kam 1741 eine Sammlung von Antiquitäten, die aus dem Besitz der ausgestorbenen Seitenlinie Württemberg-Mömpelgard stammte, in die herzogliche Kunstkammer[1711]. Am 27. Januar 1757 erließ Herzog Carl Eugen die Verfügung, nach der alle alten Münzen, die im Land gefunden wurden, gegen angemessene Vergütung an die Verwaltung der Kunstkammer abzuliefern waren[1712]. Im Jahr 1791 organisierte Herzog Carl Eugen, wie bereits in anderem Zusammenhang erwähnt[1713], die Kunstkammer neu. Er gliederte sie in drei naturwissenschaftliche Fachbereiche sowie einen historischen Bereich und übertrug die Verantwortung für jedes Fachgebiet einem Wissenschaftler. Die Gesamtsammlungen der Kunstkammer firmierten zunächst unter der Bezeichnung »Münz-, Medaillen-, auch Naturalienkabinett«, seit 1795 unter der Benennung »Münz- und Medaillensammlung, auch Kunst- und Naturaliensammlung«. Sie ressortierten bis 1801 beim herzoglichen Hofmarschallamt, dann beim herzoglichen, später kurfürstlichen, zuletzt königlichen Oberhofdepartement und schließlich bei der Oberhofintendanz. Den sogenannten Hausschmuck, die nunmehrige Bezeichnung für die Stammkleinodien, trennte König Friedrich 1815 von den Sammlungen ab und bestimmte sie zum Kron- und Hauseigentum. Zwei Jahre später verfügte König Wilhelm I. die Überführung der Sammlungen aus der Hof- in die Staatsverwaltung und

Der in den Jahren 1832 bis 1835 von Nikolaus Friedrich Thouret erbaute Große Bazar in Stuttgart.

damit ihre Freigabe für die allgemeine wissenschaftliche Nutzung. In dem Reskript, in dem er diese Entscheidung bekanntgab, wies er auf den Nutzen hin, »den ein Verein achtungswerter Gelehrter dem Staat gewährte«. Er habe deshalb, ließ er verlauten, beschlossen, »den in der Hauptstadt befindlichen wissenschaftlichen Anstalten eine Einrichtung zu geben, die es solchen Männern möglich mache, sich den verschiedenen Gegenständen ihres Fachs mit Erfolg zu widmen«. Unter Vorbehalt des Rechts des Königshauses wurde die »Münz- und Medaillen-, das Kunst-, Mineralien- und das Naturalien- und Tierkabinett« mit der »Königlichen Öffentlichen Bibliothek«, der späteren Landesbibliothek, vereinigt. Zum Direktor der Bibliothek berief der König den Tübinger Medizinprofessor Karl Friedrich Kielmeyer, von dem offensichtlich auch der Plan für die Neuorganisation der Sammlung stammte[1714].

Das in den Jahren 1842 bis 1845 von Gottlob Georg Barth erbaute Museum der Bildenden Künste, die heutige Staatsgalerie.

Mit einer Gemäldesammlung in den Schlössern in Stuttgart und Ludwigsburg sowie einer Kupferstichsammlung im Stuttgarter Schloß, die 1809 und 1812 durch den Ankauf der Sammlungen von Konsistorialdirektor Ruoff und Hauptmann Notter vergrößert werden konnte, und mit den von Kronprinz Friedrich Wilhelm, dem späteren König Wilhelm I., 1806 und 1808 in Paris erworbenen Sammlungen von Gipsabgüssen antiker Kunstwerke legte König Friedrich den Grund für die heutige Staatsgalerie. König Wilhelm I. setzte das von seinem Vater begonnene Werk durch einen umfassenden Ausbau der Sammlungen fort, wobei er für Ankäufe erhebliche Mittel aus seiner Privatschatulle beisteuerte. 1842/45 ließ er durch den Baumeister Gottlob Georg Barth das Museum der Bildenden Künste, ein repräsentatives klassizistisches Bauwerk, errichten[1715].

In Stuttgart hatte die Bildende Kunst, abgesehen vom Hof, bis weit hinein ins 18. Jahrhundert keine Heimstatt. Allenfalls Bildwerke mit religiöser Thematik wurden toleriert. Eine kunstfeindliche geistige Enge herrschte vor. Unter dem Einfluß der Hohen Carlsschule und der aus ihr hervorgegangenen Maler, Bildhauer und Kupferstecher änderte sich dies. Freilich waren es zunächst nur wenige Bürger, die sich der Kunst öffneten, sich mit Kunstwerken beschäftigten und sich auf solche Weise eine Quelle der geistigen Bereicherung erschlossen. Wir wissen, daß es in den letzten Jahrzehnten des 18. Jahrhunderts bereits einige private Kunstsammler gab. Gemäldesammlungen

Der Offizierspavillon (die spätere Polytechnische Schule) an der Unteren Königstraße.

besaßen damals der Galeriedirektor Harper, der Legationsrat Abel, der Oberstleutnant von Weng, der Hofrat Hartmann, der Regierungsrat Frommann sowie der Buchhalter Maier. Über eine sehr ansehnliche Kupferstichsammlung, gegen 25 000 Stiche, verfügte der Konsistorialrat Ruoff: Sie wurde, wie wir gehört haben, später von König Friedrich gekauft. Auch der preußische Gesandte von Madeweiß war ein engagierter Kunstsammler[1716].

Einer Anregung der Königin Katharina von Württemberg folgend, übersiedelten die Brüder Sulpiz und Melchior Boisserée 1818 mit ihrer berühmten Gemäldesammlung – sie umfaßte über 200 Bilder der hervorragenden holländischen und niederrheinischen Meister – von Heidelberg nach Stuttgart. Der kunstsinnige Eigentümer des sogenannten Federschen Hauses (Bankhaus Stahl & Federer), Büchsenstraße 21, stellte ihnen vorübergehend dieses stattliche Gebäude für die einzigartige Sammlung zur Verfügung. Von 1819 bis 1827 konnten dann die Stuttgarter die Bilder in dem von König Friedrich 1807 erbauten sogenannten Offizierspavillon, auch »Kavaliers-Bau« genannt, Königstraße 12, besichtigen. 1827 erwarb König Ludwig I. von Bayern die Sammlung, nachdem die Kaufverhandlungen mit König Wilhelm I. und dem württembergischen Staat nicht zum Ziel geführt hatten. Ludwig I. legte mit diesen Bildern den Grundstock für die Alte Pinakothek in München. Stuttgart andererseits entging die Chance, durch die großartige Sammlung altdeutscher und altholländischer Gemälde als Kunststadt einen bedeutsamen Rang zu erlangen[1717].

Volksbelustigungen, Theater, Musikpflege

Bis in die zweite Hälfte des 18. Jahrhunderts waren in Stuttgart Schauspiel und Oper im wesentlichen der Hofgesellschaft vorbehalten. Selbst die wohlhabendsten Bürger, sieht man von den Honoratioren ab, erhielten keine Gelegenheit, Theatervorstellungen zu besuchen. Über Ausnahmen entschied der Herzog. Keine Bedenken hatte jedoch der Landesherr, die Einwohnerschaft an den Kosten und Lasten für das Theater zu beteiligen. So wurden 1713/15 französische Schauspieler, die am Hof auftraten, bei Bürgern einquartiert[1718]. Damals ließ der Herzog allerdings auch Bürger gegen bestimmte Eintrittsgelder zu, weil ihm die Finanzierung der Schauspielertruppe Schwierigkeiten bereitete[1719]. Auch zur Zeit Herzog Carl Alexanders wurde aus entsprechenden Gründen vorübergehend (1736) der Bürgerschaft gegen Bezahlung der Besuch der Opernaufführungen gestattet[1720]. Mit der von Herzog Carl Eugen verfügten Einführung von Eintrittsgeldern und Abonnements endete für Stuttgart am 10. Mai 1777 die Epoche des exklusiven fürstlichen Hoftheaters[1721]. Das nach wie vor in der Regie der Hofverwaltung verbleibende Theater war nunmehr dem Bürgertum – Sondervorstellungen (Festveranstaltungen) ausgenommen – in gleicher Weise wie der Hofgesellschaft zugänglich. Das Hoftheater erlangte für die Stadt schnell den Rang einer bedeutenden kulturellen Einrichtung, die das geistige und gesellschaftliche Leben in vielfacher Weise befruchtete. Es erscheint deshalb gerechtfertigt, die Entwicklung des Stuttgarter Hoftheaters nach 1777 im Kontext der städtischen Geschichte darzustellen und nicht mehr wie zuvor im Kontext der Hofgeschichte. Doch zunächst noch einige Ausführungen zu Volksbelustigungen und Volksschauspielen im 18. Jahrhundert.

Vor allem während der Jahrmärkte stellten sich Wanderkomödianten, Marionettenspieler, Seiltänzer, Gaukler, Zauberkünstler, Inhaber von Wandermenagerien usw. ein und ergötzten mit ihren Darbietungen ein zahlreiches Publikum. Zur Meßzeit 1777 beispielsweise zeigte im Ballhaus ein Karl Heideloff sein »pittoreskes und mathematisches Theater«. Sein Programm beinhaltete die Wirkung des Lichts und Schattens von Städten, Schlössern, Waldungen, Seen, Bergen usw., die Vorführung kleiner Menschen- und Tiergestalten, Zaubereikünste, Ungewitter mit Donner, Blitz, Regen und Sturm, in dem Schiffe zertrümmert wurden und Bootsleute auf dem Meer schwammen, zuletzt ein Feuerwerk sowie eine »chinesische Komposition«. 1779 und 1781 faszinierte ein französischer Maschinist die Stuttgarter mit seinen theatralisch-perspektivischen Vorstellungen. Unter anderem führte er mechanische Figuren mit natürlichen Bewegungen vor, auch veranstaltete er ein Feuerwerk. Wiederholt wurden mißgestaltete Menschen und Tiere, ebenso exotische Tiere zum Gegenstand der öffentlichen Neugierde gemacht. Allerdings durften mißgestaltete Menschen mit Rücksicht auf schwangere Frauen nur in geschlossenen Räumen vorgestellt werden. Es sollte verhindert werden, daß Frauen, erschreckt durch den Anblick solcher armer Geschöpfe, selbst mißgestaltete Kinder zur Welt brachten. Immer wieder traten auch Wunderkinder auf, die beispielsweise auf musikalischem Gebiet für ihr Alter erstaunliche Leistungen zeigten. Fahrende Komödianten bekamen häufig die Erlaubnis, ihre Aufführungen über die Markttage hinaus auszudehnen oder auch sonst Vorstellungen zu geben[1722].

Nicht allzu häufig waren die Gastspiele ernsthafterer auswärtiger Schauspielerensembles in der Stadt. Im Oktober 1746 kam die vom König von Preußen privilegierte Gesellschaft des Franz Schuch hierher, um auf dem Herrenhaus neben französischen Tragödien auch deutsche Stücke, so Fr. Melchior Grimms Trauerspiel »Banise«, einen »Dr. Faustus« und Schäferspiele Gellerts, zur Aufführung zu bringen. Das Publikum, das lange solche Theaterdarbietungen hatte entbehren müssen, zollte der Gesellschaft

Kleines Theater an der Planie 1802.

Theaterdekoration: Entwurf von Innocente Colomba (1717–1793) für die 1766 aufgeführte Oper »Vologeso« von Niccolo Jomelli.

reichen Beifall. 1750 hielt sich Schuch mit seiner Truppe erneut in Stuttgart auf[1723].

Nach der bereits erwähnten Öffnung des Hoftheaters für ein breiteres bürgerliches Publikum im Jahr 1777 sah Herzog Carl Eugen im Auftreten fremder Schauspieler in seiner Haupt- und Residenzstadt eine lästige, die Einnahme der Hofkasse schmälernde Konkurrenz. Er duldete sie deshalb nicht mehr in den Stuttgarter Mauern[1724]. Eine der letzten Wandertruppen, die hierherkamen, war 1778 die von dem Opern- und Schauspieldichter Johann Emanuel Schickaneder geleitete 30köpfige Schauspielertruppe. Sie brachte im Ballhaus – erstmals für das Stuttgarter Publikum – Lessings »Minna von Barnhelm« und »Miß Sara Sampson« sowie Goethes »Clavigo« zur Aufführung. Da diese Dramen bei den Zuschauern eine begeisterte Aufnahme fanden, schuf Herzog Carl Eugen aus talentierten Zöglingen der Militärakademie und der »école des demoiselles« eine »Nationalbühne«. Zu diesem Zweck ließ er 1779/80 durch seinen Hofbaumeister Fischer auf dem Platz zwischen Waisenhaus und Akademie das »Kleine Theater« oder »Kleine Schauspielhaus« errichten. Dieses mit 600 Plätzen ausgestattete Haus, in dem zweimal in der Woche (Dienstag und Freitag), jeweils am späten Nachmittag, Aufführungen stattfanden, war gegen Eintrittsgeld (Jahresabonnements 12 – 24 fl, Monatsabonnements 1 – 2 fl, Eintrittspreise für eine Einzelvorstellung 12 – 25 kr) jedermann zugänglich. Hier wurden am 5. Mai 1784, anderthalb Jahre nach Schillers Flucht, »Die Räuber« erstmals aufgeführt; weitere Aufführungen dieses Stückes folgten. Am 28. Dezember 1792 sahen die Stuttgarter im Kleinen Theater zum ersten Mal »Kabale und Liebe«. Weil indes der württembergische Adel protestierte, kam es erst 1798 zu einer Neuinszenierung dieses »bürgerlichen Trauerspiels«[1725].

Hatte schon der Berliner Buchhändler Friedrich Nicolai über die schauspielerischen Leistungen, die er im Kleinen Theater zu sehen bekam, nicht eben schmeichelhaft geurteilt, so war das Urteil, das Wilhelm von Humboldt 1789 bei einem Besuch in Stuttgart über die hiesige »Komödie« fällte, die wie die Oper seit zwei Jahren unter der Leitung des Dichters Christian Friedrich Daniel Schubart stand, noch sehr viel ungünstiger. »Die Truppe«, schrieb er, »besteht nur aus sehr wenig Subjekten und ist also schon darum schlecht. Außerdem sind die Schauspieler alle auf der Militärakademie, kennen daher schlechterdings keine gute Gesellschaft und sind in höchstem Grade plump und ungesittet, wozu denn noch der den Schwaben so eigne Mangel an Grazie, ihre Ungelenkigkeit und ihr Dialekt kommt«[1726]. Ob Humboldts hartes Urteil gerechtfertigt war, mag dahingestellt sein. Sicher ist, daß Schauspiel und Oper in Stuttgart bei weitem nicht mehr das glanzvolle künstlerische Niveau der fünfziger und sechziger Jahre hatten, als Herzog Carl Eugen dem Theater in besonderer Weise zugetan gewesen war und weder Geld noch Mühe gescheut hatte, ihm europaweit Anerkennung zu verschaffen. Doch das Hoftheater konnte mit Blick auf die künstlerische Leistungsfähigkeit noch immer einigermaßen mit den Bühnen anderer Fürstenhäuser konkurrieren. Am 16. Juli 1790 stellte es mit der Aufführung der »Hochzeit des Figaro« die erste Oper von Wolfgang Amadeus Mozart vor. Allein, es dauerte noch Jahre, bis der geniale Musiker seinen festen Platz im Repertoire des Stuttgarter Hoftheaters hatte[1727].

Nach dem Tod Carl Eugens sank das künstlerische Niveau des Hoftheaters auf einen Tiefpunkt ab. Herzog Ludwig Eugen hatte für die Kunst wenig übrig. Wichtig war für ihn der wirtschaftliche Aspekt. Im Hoftheater wurden die Sitzplätze vermehrt und die Eintrittspreise erhöht. Im Schauspiel überwog »leichte Kost«: Werke von Iffland, Kotzebue und anderen. Immerhin führte das Kleine Theater am 7. März 1794 Goethes »Clavigo« auf. Ein Glücksfall war es, daß Rudolf Zumsteeg noch zu Lebzeiten

Herzog Carl Eugens als Konzertmeister die Leitung der Oper übertragen worden war. Ihm gelang es trotz bescheidener Möglichkeiten, die Oper Bedeutendem und Neuem zu öffnen. So machte er die Opern Mozarts in Stuttgart heimisch. 1795 beispielsweise stand »Die Entführung aus dem Serail« auf dem Programm. Rudolf Zumsteeg (1760–1802), Sohn eines herzoglichen Grenadiers zu Pferd und späteren Leiblakaien, kam bereits 1770 in die Militärische Pflanzschule auf die Solitude. Zunächst zum Stukkator bestimmt, durfte er, seiner Neigung folgend, jedoch bald die Musik zum Ausbildungsfach wählen. Nach seiner Entlassung aus der Militärakademie 1781 trat er in den herzoglichen Dienst. Hohe Anerkennung erlangte er als Opernkomponist, noch höhere als Meister der Ballade. Leider erlag er, erst 42 Jahre alt, 1802 in Stuttgart einem Schlaganfall[1728].

Mehr Freude als sein Bruder Ludwig Eugen hatte Friedrich Eugen am Theater. Er besuchte gerne die Vorstellungen. Auch gewährte er Zuschüsse für Schauspiel und Oper aus seiner Privatschatulle. Dennoch gewann das Hoftheater nicht an Attraktivität. Wegen allzu beschränkter Haushaltsmittel konnten keine neuen Kräfte engagiert werden. Zu Recht behauptete sich die Oper besser als das Schauspiel in der Gunst des Publikums. Die Aufführung von Mozartopern, so die Premiere von »Cosi fan tutte« am 16. April 1796, fand großen Anklang. Die kriegerischen Zeiten zwangen schließlich sogar zu schmerzlichen Etatkürzungen: 23 000 fl statt bislang 32 000 fl. Um das Überleben des Hoftheaters zu sichern, verpachtete man es an einen »Entrepreneur«, den Schauspieldirektor Wenzelaus Mihule in Nürnberg. Er hatte sich im Jahr zu sechs Vorstellungen im Großen Theater und zu 150 im Kleinen Theater zu verpflichten. Die Oberaufsicht blieb jedoch beim Herzog und der fortbestehenden Theaterdirektion. Mihule hatte in Nürnberg gute Arbeit geleistet, in Stuttgart aber vermochte er keine neuen künstlerischen Impulse zu geben. Die Schuld lag nicht an ihm, sondern sie war in der jahrelangen Vernachlässigung des Theaters und in der unbefriedigenden Personalsituation zu suchen. Goethe äußerte sich 1797 nach dem Besuch des Stuttgarter Theaters sehr kritisch über dessen Leistungen, lediglich das Ballett fand Gnade vor seinen Augen[1729]. Schon ein Jahr zuvor hatte ein auswärtiger Besucher die Schauspieler als sehr mittelmäßig bezeichnet, allerdings hatte er auch das Publikum nicht geschont: Er hatte es unausstehlich geschwätzig genannt. Dagegen hatte er dem Orchester die Note »vortrefflich« erteilt[1730]. Bereits im Juli 1797 kündigte Mihule den Pachtvertrag. Die Absicht von Herzog Friedrich Eugen, das Hoftheater wieder in eigene Regie zu übernehmen, ließ sich aus Geldmangel nicht verwirklichen. Im September 1797 wurde ein auf sechs Jahre befristeter Pachtvertrag mit dem Leutnant und Auditor Haselmaier geschlossen[1731].

Mit der Übernahme der Regierung durch Herzog Friedrich II. änderte sich an den desolaten Verhältnissen des Hoftheaters zunächst nichts. Dabei war Friedrich ein Theaterkenner und -liebhaber. Haselmaier geriet, obwohl ihm im November 1799 im Rahmen einer Vertragsabänderung wesentliche Erleichterungen zugestanden wurden, in immer größere finanzielle Bedrängnis. Die künstlerischen Leistungen der Bühne verminderten sich weiter. Höchst nachteilig wirkte sich auf den Kunstbetrieb die Verschmelzung von Oper, Schauspiel und Ballett aus. Im November 1801 war Haselmaier am Ende. Über sein Vermögen mußte der Konkurs verhängt werden. Herzog Friedrich II. sah sich veranlaßt, die Verwaltung des Hoftheaters in die eigene Hand zu nehmen. 1802 ernannte er den Geheimen Rat und Kammerpräsidenten Freiherrn von Mandelsloh, der als Nachfolger des Grafen Zeppelin bisher die Theater-Oberdirektion innegehabt hatte, zum alleinigen Intendanten. Die Entscheidung über alle Theaterangelegenheiten von Belang behielt er sich aber selbst vor[1732]. Eine neue, sehr verheißungsvolle Epoche für das Hoftheater begann.

Friedrich wußte, wie wichtig es war, einen angesehenen und erfahrenen Theatermann für Stuttgart zu gewinnen. Er verhandelte zunächst – ohne Erfolg – mit Koch (eigentlich Eckardt) in Wien, dann mit keinem Geringeren als August Wilhelm Iffland, damals Direktor des Berliner Nationaltheaters. Der gefeierte Schauspieler, Regisseur und Bühnendichter zeigte sich nicht abgeneigt. Vom 25. Juni bis 5. August gastierte er hier. Seine Anwesenheit wurde zu einem ungewöhnlichen Publikumserfolg. Bei jeder Vorstellung, in der er auftrat, drängten sich im Kleinen Theater, ja selbst im Großen Opernhaus, in dem während seines Gastspielaufenthalts dreimal gespielt wurde, die Besucher. Nicht nur aus Stuttgart, sondern auch aus einem weiten Umkreis kamen viele Theaterfreunde, so aus Ulm, Göppingen, Tübingen, Pforzheim und Heilbronn. Alle Stuttgarter Gasthöfe waren bis auf den letzten Platz belegt. Die Presse berichtete überschwenglich über das Stuttgarter Gastspiel des renommierten Schauspielers und Publikumslieblings. Iffland erteilte dem Herzog Ratschläge für eine Neuorganisation des Theaters, und dieser machte ihm für den Fall seines Übertritts in württembergische Dienste großzügige Angebote. Allein, Berlin gab Iffland nicht frei, und er mußte im Januar 1803 endgültig absagen. Dennoch blieb er mit dem nunmehrigen Kurfürsten in Verbindung. Im Sommer 1804 kam er nochmals zu einem Gastspiel nach Stuttgart und Ludwigsburg. Doch zerschlug sich der Plan, der vorsah, daß Iffland künftig alljährlich in der württembergischen Haupt- und Residenzstadt ein Gastspiel geben und den Kurfürsten in Theaterangelegenheiten beraten sollte. Über weitere Kontakte zwischen dem berühmten Theatermann und dem württembergischen Monarchen ist nichts bekannt[1733].

Am 17. September 1802 wurde das Kleine Theater ein Raub der Flammen. Hierbei verbrannte der größte Teil der Partituren Niccolo Jomellis, des Oberkapellmeisters Herzog Carl Eugens und großen Komponisten[1734]. Als Ersatz für das abgebrannte Gebäude ließ Kurfürst Friedrich das an der Stelle des heutigen Königsbaus befindliche ehemalige Futterhaus, das 1775 zu einem Reithaus für die Zöglinge der Militärakademie eingerichtet worden war, durch Thouret zum »Neuen Kleinen Theater« umbauen und von Scheffauer mit Bildschmuck ver-

Niccolo Jomelli (1714–1774), Komponist, Kapellmeister.

sehen. Am 2. Januar 1804 wurde das neue Schauspielhaus mit einer Aufführung von Lessings »Nathan der Weise« eingeweiht. Es zeigte sich jedoch bald, daß es in räumlicher Hinsicht den Anforderungen nicht entsprach. 1808 wurde es erweitert. Allein, es war auch danach noch zu klein und mußte 1811 als Schauspielhaus endgültig aufgegeben werden. Da Thouret in das Haus einen Saal für Konzerte und »Redouten« (Maskenbälle) einbauen ließ, erfüllte es auch danach bis zu seinem Abbruch im Jahr 1854 kulturell-gesellschaftliche Zwecke[1735]. König Friedrich entschloß sich 1811, das 1750 von Herzog Carl Eugen zum Opern- und Schauspielhaus umgestaltete Neue Lusthaus künftig als einziges Hoftheatergebäude zu nutzen. Er beauftragte Thouret, das Haus einem zweckentsprechenden Umbau zu unterziehen. Thouret stattete den Saal mit vier Galerien aus, brach einen für das Neue Lusthaus charakteristisch gewesenen Giebel – den nördlichen – ab, fügte an den beiden Längsseiten Nebengebäude an, von denen insbesondere das westliche in die bauliche Substanz des Lusthauses stark eingriff. Bereits am 26. Januar 1812 konnte das umgebaute Opern- und Schauspielhaus wiedereröffnet werden[1736].

RECUEIL DES OPERA
COMPOSES
PAR
NICOLAS IOMELLI
A LA COUR
DU SERENISSIME DUC DE WIRTEMBERG.
SE VEND
A STOUTGARD DANS L'IMPRIMERIE DE L'ACADEMIE-CAROLINE.
MDCCLXXXIII.

Titelblatt der Gesamtausgabe (Sammlung) der Opern, die Niccolo Jomelli am Hof des Herzogs von Württemberg komponiert hat. Stuttgart 1783.

Architektenentwurf zu einer Oper am Schloßplatz; Schnitt und Ansicht des Zuschauerraums.

Seit 1802 nahm Herzog Friedrich II., wie wir gehört haben, für sich das entscheidende Votum in Theaterangelegenheiten in Anspruch. Seine Zustimmung war für sämtliche Ausgaben erforderlich, ebenso für die Berufung von Schauspielern, den Abschluß von Gastspielverträgen, die Aufnahme von Schauspielen und Opern in die Spielpläne. Im Theater fühlte er sich als Hausherr, sehr häufig war er bei den Aufführungen persönlich anwesend. Keine Vorstellung, zu der er sein Erscheinen zugesagt hatte, durfte beginnen, ehe er das Haus betreten hatte. An die Leistungen der Schauspieler legte er einen strengen Maßstab an. Mit Arreststrafen war er rasch bei der Hand. Auch den privaten Lebenswandel der Schauspieler ließ er überwachen. Wer über die Stränge schlug, etwa bei Trinkexzessen ertappt wurde, hatte dafür zu büßen. Die im November 1804 erlassenen Theatergesetze boten hierfür die geeignete Handhabe. Höchst erbost war Friedrich, als er 1814 Kenntnis von dem in Stuttgart im Jahr zuvor gegründeten »Verein für das Konservatorium des teutschen Schauspiels« erhielt. Der Verein, der sich von hier aus schnell in ganz Deutschland ausbreitete, bezweckte, von freimaurerischen Vorstellungen beeinflußt, die sittliche Hebung des Schauspielerstands, die Abwehr von Übergriffen der Theaterdirektoren, die gegenseitige Unterstützung der Mitglieder im Fall der Erwerbslosigkeit. Friedrich löste den Stuttgarter Verein auf, entließ einige Schauspieler, andere bestrafte er. Keinesfalls wollte er den in seinem Dienst stehenden Schauspielern eine Art gewerkschaftliches Koalitionsrecht zugestehen. Außerhalb Württembergs hielt sich der Verein noch bis 1815. Obwohl König Friedrich von den Schauspielern unbedingte Unterordnung unter seinen Willen verlangte, bezeugte er ihnen sein Wohlwollen und nahm sie im Notfall selbst gegen ihre Vorgesetzten in Schutz. Bei der Festsetzung der Gagen und bei Geschenken zeigte er sich großzügig. Es verwundert deshalb nicht, wenn trotz der strengen Disziplinierung ein Schauspieler-Engagement am Stuttgarter Hoftheater

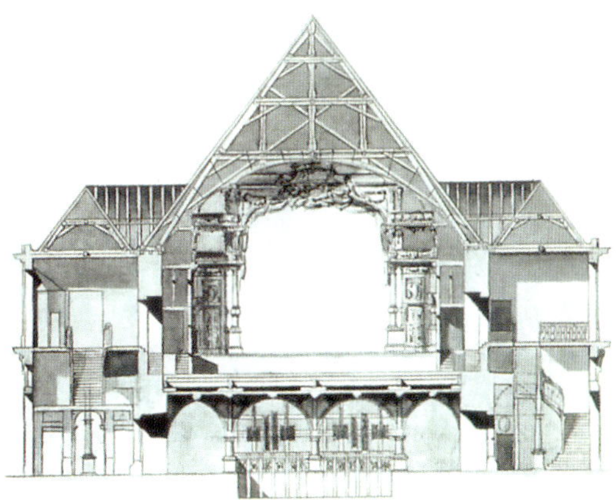

Querschnitt durch die Oper im Lusthaus

Königliches Hoftheater.

begehrt war. Den fortwährenden Ausgabensteigerungen stand keine entsprechende Zunahme der Einnahmen gegenüber. Friedrich steuerte deshalb Mittel aus seiner Privatschatulle bei. Sehr am Herzen lag ihm die Steigerung der Besucherzahlen. Seit Dezember 1804 wurden Theaterzettel an allen Straßenecken angeschlagen, um das Publikum über den Spielplan und andere wissenswerte Dinge zum Theaterbetrieb zu informieren. Freilich, der Aufstieg Württembergs in den Kreis der Königreiche forderte seinen Preis. Das Hoftheater mußte seines königlichen Herrn würdig sein. Außerdem waren beim Besuch hochgestellter auswärtiger Staatsgäste und bei besonderen Ereignissen im Königshaus »Freitheater« bzw. Galavorstellungen mit geladenen nichtzahlenden Gästen zu geben[1737]. Als sehr ärgerlich empfand es die Theaterleitung, daß vor allem in Schild-, Kaffee- und Gassenwirtshäusern ein schwunghafter Handel mit »Theater-Abonnement-Billetts« betrieben wurde. Wucherer machten bei attraktiven Vorstellungen offenbar lukrative Geschäfte, wogegen die Theaterkasse ansehnliche Einnahmeeinbußen erlitt. Am 6. Mai 1810 verbot die Oberpolizeidirektion diesen Handel. Zuwiderhandelnden wurden Strafen von 3 fl angedroht[1738]. Keine Beanstandung durch die Obrigkeit hingegen erfuhr eine andere mit der Öffnung des Hoftheaters für die Bürgerschaft zusammenhängende Verdienstmöglichkeit: das »Heimleuchten«. Am Ende der Vorstellungen warteten vor dem Theater Scharen von Männern und Frauen mit Laternen, um den Theaterbesuchern ihre Dienste gegen eine kleine Entschädigung anzubieten. Sie machten sich eine Polizeivorschrift zunutze, nach der bei Dunkelheit niemand ohne Laterne auf der Straße angetroffen werden durfte. Das »Heimleuchten« vom Theater wurde im Stuttgart des beginnenden 19. Jahrhunderts zu einem förmlichen Gewerbe[1739].

Die vielen organisatorischen Veränderungen, die Friedrich an der Spitze des Hoftheaters vornahm, hatten auch manche Unzulänglichkeiten zur Folge. Die verantwortlichen Männer und die ihnen übertragenen Aufgabenbereiche wechselten fortwährend. Dem König ließ sich schwer etwas recht machen. Freilich waren die Direktoren, Intendanten und Mitglieder des Direktionskomitees von unterschiedlicher Befähigung[1740]. Wenn das Hoftheater einige Jahre nach seinem Übergang in direkte herzogliche Regie 1802 dennoch ein hohes künstlerisches Niveau erreichte und dieses auch viele Jahre behauptete, dann war dies, wie schon erwähnt, namentlich Kurfürst bzw. König Friedrich zu verdanken. Sein unentwegtes Engagement für das Theater glich den Mangel an einer kontinuierlichen und starken Leitungskompetenz aus. Im April 1807 beispielsweise, als der Intendant Reinhard Freiherr von Röder schwer erkrankt und ein Stellvertreter noch nicht ernannt war, erschien der König überraschend im Theater. Da man mit seinem Kommen nicht gerechnet hatte, ließ die Aufführung der im Spielplan stehenden Komischen Oper sehr zu wünschen übrig. Friedrich war empört. In einem an Schärfe kaum zu überbietenden Dekret erklärte er, die Opernaufführung, die er am Tag zuvor miterlebt habe, laufe der dem Publikum schuldigen Ehrfurcht zuwider. Es seien lediglich zwei Arien gesungen worden. Chöre und Orchester hätten falsch gesungen bzw. gespielt, die Dekorationen seien zum Erbarmen gewesen. Eine herumziehende Komödiantengruppe hätte es in einer Dorfschenke nicht schlechter gemacht. Er bestimmte den Hofrat Döring zum Stellvertreter des erkrankten Intendanten und bevollmächtigte ihn, Schauspieler und Sänger, »die sich derlei Unverschämtheiten gegen das Publikum herausnähmen«, »mit allem Ernst zu bestrafen«[1741].

Nach dem Tod Rudolf Zumsteegs am 27. Januar 1802 wurde dessen Konzertmeisterstelle Ludwig Abeille übertragen. Mit dem im Frühjahr 1803 als Kapellmeister verpflichteten Johann Kranz aus Weimar tat man keinen sonderlich guten Griff. Kranz war bereits über 60 Jahre alt und kränklich. Hingegen gewann man 1807 für ihn in dem bisherigen Münchner Hofkapellmeister Franz Danzi (1763–1826), einem gebürtigen Mannheimer, einen ausgezeichneten Nachfolger. Danzi blieb bis 1812 in Stuttgart und ging dann nach Karlsruhe. Einen glanzvollen Namen als Komponist hatte Konradin Kreutzer (1780–1849), der hier zwischen 1810 und 1812 wiederholt Konzerte gegeben hatte und von 1812 bis 1816 die Leitung der Hofkapelle innehatte. Ihm folgte Johann Nepomuk Hummel (1778–1837) aus Wien,

Franz Danzi (1763–1826), Komponist, Hofkapellmeister.

ein Schüler Mozarts, ein hervorragender Pianist und bereits ein bekannter Komponist. Er blieb nur kurz. Im November 1818 kündigte er nach Querelen mit dem Intendanten von Wächter seinen Vertrag; er ging nach Weimar. Unter seinem Nachfolger, dem bisherigen Münchner Orchesterdirektor Peter Josef von Lindpaintner (1791–1856), einem gebürtigen Koblenzer, erlebte die Stuttgarter Oper eine Glanzzeit. 1834 nannte ihn Felix Mendelssohn-Bartholdy nach einem Besuch in Stuttgart den besten Orchesterdirigenten in Deutschland, sein Orchester bezeichnete er als vortrefflich. Die neugeschaffene Stelle eines Chordirektors wurde im Mai 1804 dem Sänger Johann Michael Sutor übertragen. Der 1808 zum Konzertmeister beförderte vielseitige Musiker hatte bis zu seinem Rücktritt 1817 den Kapellmeister als Orchesterdirigent zu vertreten[1742].

Im Lauf der ersten Jahrzehnte des 19. Jahrhunderts traten allmählich an die Stelle der Schauspieler und Sänger, die in der Militärakademie/Hohen Carlsschule ihre Ausbildung erhalten hatten, auswärts angeworbene Kräfte. Nach und nach wurde bei der Verwendung der Künstler klar zwischen Oper und Schauspiel unterschieden, obgleich sie sich weiterhin für eine Mitwirkung in beiden Kunstgattungen verpflichten mußten. Von 1815 bis 1821 hatte Stuttgart in dem Schauspieler Ferdinand Eßlair (1772–1840) einen seiner großartigsten Heldendarsteller. Seine Auftritte als Theseus, Wallenstein, Tell und Don Manuel, ebenso die Rollen seiner gleichfalls schauspielerisch hochbegabten zweiten Frau Elise Müller als Phädra, Fürstin Isabella usw. waren Sternstunden des Stuttgarter Theaters[1743].

Das Ballett als selbständige Kunstabteilung wurde im April 1803 aufgelöst. Einige seiner Mitglieder fanden Aufnahme im Schauspiel, die übrigen wurden pensioniert oder entlassen. Nach der Gründung des Musikinstituts im Waisenhaus 1811 wurden alle ehemaligen Ballettänzer verpflichtet, den Zöglingen dieses Instituts Unterricht zu erteilen. Auf solche Weise konnte 1815 in bescheidenem Rahmen wieder ein Ballett gebildet werden, dessen Leitung der Hoftanzmeister Petit aus Paris übernahm[1744].

Konradin Kreutzer (1780–1849), Komponist, Hofkapellmeister.

Johann Nepomuk Hummel (1778–1837), Pianist und Komponist, Hofkapellmeister.

Peter Joseph Lindpaintner (1791–1856), Komponist, Hofkapellmeister.

Titelblatt zu »Lichtenstein. Große Oper in 5 Acten, Text nach W. Hauff von Franz Dingelstedt, in Musik gesetzt und ehrfurchtsvoll gewidmet von Peter von Lindpaintner, Königl. Hof- Capellmeister.«

Das Hoftheater entfaltete nach dem Willen König Friedrichs bei seinen Aufführungen zunehmend verschwenderischen höfischen Prunk. Seine Dekorationen waren aufwendig, seine Technik auf der Höhe der Zeit. Der Spielplan umfaßte eine breite Palette. Die klassische Tragödie hatte in ihm ebenso ihren Platz wie die oberflächliche Posse. Ähnlich verhielt es sich beim Opernrepertoire. Man war in nicht unbedenklicher Weise bemüht, jeder Geschmacksrichtung des Publikums Rechnung zu tragen. Die Zahl der jährlichen Neuinszenierungen war beachtlich: Allein bis zu 30 deutsche, französische und italienische Opern kamen zur Aufführung. Kaum ein bedeutender Opernkomponist fehlte. Beim Schauspiel sah der König darauf, daß keine ihm schmutzig oder sittlich anstößig erscheinenden Stücke präsentiert wurden. Manches Drama, so Goethes »Die Mitschuldigen«, ließ er sofort vom Spielplan absetzen. Auch auf die religiösen Gefühle der Untertanen nahm er Rücksicht; sie sollten durch Schauspiele nicht verletzt werden. Die dramatischen Werke Schillers wurden nach und nach fast alle und meist mit großem Erfolg aufgeführt, auch viele Dramen Goethes, Lessings, Stücke französischer Dramatiker, Shakespeares, Caldérons und anderer.

Die Stuttgarter Zeitungen brachten nach der Jahrhundertwende noch keine Theaterberichte, sie beschränkten sich auf Anzeigen, die ihren Verlegern Freiplätze sicherten. Dagegen befaßten sich auswärtige Zeitungen gelegentlich mit dem Stuttgarter Theater, so seit 1801 die »Zeitung für die elegante Welt« oder Wielands »Neuer Teutscher Merkur«. Erst das 1807 gegründete Stuttgarter »Morgenblatt für gebildete Stände« setzte sich in seinen Korrespondenznachrichten eingehender mit den künstlerischen Leistungen der Stuttgarter Bühne auseinander. Es waren dies aber noch keine regelmäßigen Kritiken, sondern Berichte, die zum Teil in erheblichem Zeitabstand zu den Aufführungen publiziert wurden. Auswärtige Besucher sangen in den letzten Lebensjahren König Friedrichs das Lob des Hoftheaters. So faßte P. Rosenwall, der auf einer ausgedehnten Reise durch Holland, West- und Süddeutschland um 1816 hierherkam, seine Eindrücke folgendermaßen zusammen: »Das Innere des Theaters« – das Äußere des Theatergebäudes fand er häßlich – »überrascht durch seinen reichen und geschmackvollen Putz. Seiner ganzen Einrichtung nach eines der vorzüglichsten, die ich noch gesehen habe. Die Eingänge bequem, man ist gegen Zugwind geschützt und hört in allen Teilen des Hauses gleich gut. Die Szenerien vortrefflich, und die Verwandlungen gehen mit einer Genauigkeit vor sich, die nichts zu wünschen übrig läßt. Das Technische überhaupt vorzüglich – Ausgezeichnete Darbietungen – Hoher Grad der Vollkommenheit.« Die Stuttgarter Bürgerschaft selbst stand dem Theater noch immer recht distanziert, häufig sogar ablehnend gegenüber. Die kunstfeindliche protestantisch-pietistische Geisteshaltung, so namentlich beim gebildeten Mittelstand und beim Beamtentum, ließ sich nur schwer überwinden. Schillers Idee von der erzieherischen Wirkung der Schaubühne stieß bei seinen Landsleuten weithin auf Unverständnis. König Friedrich und seine Berater in Theaterangelegenheiten ersannen wiederholt Möglichkeiten, ein breiteres Publikum für das Theater zu gewinnen. Doch sie hatten nur mäßigen Erfolg. Der König äußerte sich gelegentlich enttäuscht und verbittert über die Undankbarkeit der Untertanen, namentlich über die der Stuttgarter. Die Ensembles von Schauspiel und Oper spielten vor allem für und vor dem Hof. Das geringe Interesse der Bürgerschaft für das Theater dämpfte auch das berufliche Engagement der Schauspieler. Sie hatten keine große Achtung vor dem Publikum, spielten sogleich nachlässiger, wenn der König nicht anwesend war[1745]. Indes scheint das Theater, ungeachtet der weiterhin starken Vorbehalte, unter den Stuttgartern zunehmend Freunde gefunden

Ferdinand Eßlair (1772–1840), Schauspieler am Stuttgarter Hoftheater, in der Rolle Wallenstein in Schillers Tragödie »Wallensteins Tod«.

zu haben. Die Zahl der Besucher von Oper und Schauspiel stieg an. Sicher übertrieben Cless und Schübler in ihrer »Medizinischen Topographie«, wenn sie 1814 feststellten, das Theater gehöre zu den Hauptvergnügungen der Stuttgarter insbesondere im Winter, und wenn sie dies mit dem für alles Gute, Edle und Rührende so empfindlichen Charakter der hiesigen Einwohner begründeten. Da ihre Beobachtungen aber sonst recht fundiert sind, dürfte auch ihr Urteil über das Verhältnis der Stuttgarter zum Theater nicht völlig aus der Luft gegriffen sein[1746].

König Wilhelm I. verminderte, wie wir früher gehört haben, nach seiner Thronbesteigung im Herbst 1816 den Aufwand für den Hof drastisch. Keine finanziellen Abstriche aber machte er bei der Kunst. Namentlich dem Theater bewilligte er großzügig die erforderlichen Mittel. Er wohnte gerne den Aufführungen bei, hielt sich aber sehr viel mehr als sein Vater im Hintergrund. Seine besondere Vorliebe galt dem Ballett und der Posse. Im Bereich der Oper bevorzugte er die Italiener Rossini, Bellini, Donizetti. Das Stuttgarter Hoftheater erlangte unter ihm ein noch höheres künstlerisches Niveau als unter seinem Vater. In den Jahren 1817 bis 1829, unter der Leitung des Freiherrn Karl von Wächter und danach unter der des Hofrats von Lehr stehend, nahm es eine gedeihliche Entwicklung. Im September 1818 entschied sich Wilhelm I. für eine einschneidende Organisationsänderung. Er ordnete das Hoftheater der Staatsverwaltung zu. Als »Königliches Hof- und Nationaltheater« gehörte es nunmehr zum Geschäftsbereich des Ministeriums des Innern. Doch schon zum 1. Juli 1820 widerrief der König diese Entscheidung. Das Stuttgarter Theater wurde wieder ein reines Hoftheater. Seine Finanzierung war aus der königlichen Zivilliste zu bestreiten. Unter König Friedrich hatte das Hoftheater außer in Stuttgart auch in den Schlössern Ludwigsburg und Monrepos Vorstellungen geben müssen. Jetzt war der einzige Spielort Stuttgart. Die Einteilung der Plätze sowie die Eintrittspreise blieben im wesentlichen dieselben. Allerdings hatte künftig jede anständig gekleidete Person Zutritt zur ersten Galerie.

Stuttgart.
Königliches Hof- und National-Theater.

Aufgehobenes Abonnement.

Freitag den 7. Mai 1819:
zum Benefiz der Hofschauspielerin Brede,
zum Erstenmale:
Ernst,
Herzog von Schwaben.
Trauerspiel in fünf Akten von Ludwig Uhland.

Personen.

Kunrad der Zweite, römischer Kaiser — — Hr. Dittmarsch.
Gisela, seine Gemahlin — — — Mad. Brede.
Heinrich, Kunrad's und Gisela's 12jähriger Sohn — Mlle. Löw.
Ernst, } Söhne der Gisela, erster Ehe — Hr. Mevius.
Hermann, } — Hr. Fischer.
Warmann, Bischof von Konstanz — — Hr. Gnauth.
Odo, Graf von Champagne — — — Hr. Braun.
Hugo von Egisheim, Graf im Elsaß — — Hr. Pauli.
Werner von Kieburg } Grafen in Schwaben — Hr. Eßlair.
Mangold von Veringen } — Hr. Finke.
Adalbert von Falkenstein } — — Hr. Miedke.
Sein Sohn } schwäbische Edle — Hr. Hasloch.
Warin } — — Hr. Schlooz.
Ein Ritter — — — — Hr. Belz.
Zwei Kriegsmänner — — — Hr. Decker. Hr. Kunz.
Geistliche und weltliche Reichsstände.
Kriegsleute. Volk.

Billets zu dieser Vorstellung sind in der Wohnung der Hofschauspielerin Brede in der Königsstraße, im neuerbauten Hause des Hofküfer Gauger parterre, rechter Hand, und Abends an der Kasse zu haben.

Freibillets sind heute ungültig.

Preise der Plätze:
Erste Gallerie 1 fl. 12 kr. — Zweite Gallerie 1 fl. — Gesperrter Siz im Parterre 1 fl. — Parterre und Parterre-Logen 48 kr. — Logen der dritten Gallerie 36 kr. — Offene Pläze der dritten Gallerie 24 kr. — Lezter Plaz 12 kr.

Der Anfang ist um 6, das Ende um 9 Uhr.

Theaterzettel des Hoftheaters von 1819: Aufführung des Trauerspiels von Ludwig Uhland »Ernst, Herzog von Schwaben«.

Auch wenn der Adel nach wie vor vorzugsweise den ersten Rang besetzte, so war dies doch nicht länger ein ihm eingeräumtes Vorrecht. Mit Freiplätzen wurde ziemlich verschwenderisch umgegangen: Über 200 wurden vergeben. Die Theaterbegeisterung der Stuttgarter, bei manchen sicher auch bedingt durch den Geldbeutel, hielt sich weiterhin in Grenzen. Ein volles Haus war eine Ausnahme. Der personell stark verkleinerte Hofstaat vermochte das bürgerliche Besucherdefizit nicht mehr wie zu Zeiten König Friedrichs auszugleichen. Das Hoftheater pflegte weiterhin in ausgewogenem Maß Oper und Schauspiel. Neben künstlerisch hochwertigen Stücken wurden auch einfache Volksstücke und Possen aufgeführt. Von solchen anspruchslosen Stücken versprach man sich größere Besucherzahlen und damit vollere Kassen. Einen Aufschwung erlebte das Ballett. Nach 1825 begeisterte es für einige Jahre das Publikum[1747].

In der zweiten Hälfte des 18. Jahrhunderts fand die Instrumentalmusik Eingang in die hiesigen Bürgerhäuser. Aus den achtziger Jahren sind uns die ersten Liebhaber-Konzerte überliefert, sie wurden in Gast- und Privathäusern veranstaltet[1748]. Ohne Zweifel wirkte der hohe Stellenwert,

Die Familie des Oberbaudirektors Reinhard Ferdinand Heinrich Fischer erfreut sich am Klavierspiel.

den Herzog Carl Eugen der Musik in der Militärakademie/Hohen Carlsschule einräumte, auf die Musikliebhaber in Stuttgart anregend, ermunterte sie zu eigener musikalischer Betätigung. Bekannt ist das Bild der Familie des herzoglichen Oberbaudirektors Reinhard Ferdinand Heinrich Fischer: Eltern und Kinder erfreuen sich am Klavierspiel. Die Klavierspielerin dürfte die Tochter sein. Der Berliner Buchhändler Nicolai schrieb 1781, daß sich die Stuttgarter Frauen allgemein mit Musik, namentlich mit dem Klavierspiel und dem Gesang, beschäftigten, ohne daß sie darin allerdings besondere Fähigkeiten erlangten[1749].

Goethe zeigte sich 1797 von der weitverbreiteten »Liebe zur Musik« in Stuttgart beeindruckt. »Unter den Particuliers« (Privatleuten), schrieb er, »hatte sich viel Liebe zur Musik erhalten, und es ist manche Familie, die sich im stillen mit Klavier und Gesang sehr gut unterhält. Alle sprechen mit Entzücken von jenen brillanten Zeiten, in denen sich ihr Geschmack zuerst gebildet und verabscheuen deutsche Musik und Gesang«[1750]. Daß Goethe bei dem Kapellmeister und Komponisten Zumsteeg, den er am 3. September 1797 besuchte, »verschiedene gute Musik« hörte, verwundert nicht[1751]. Indes waren es Männer wie Zumsteeg, die bei ihren Freunden und Bekannten den Sinn für die Musik weckten und sie zu eigener musikalischer Betätigung anregten.

Von 1807 bis 1810 hielt sich Carl Maria von Weber (1786–1826) in Stuttgart auf. Er hatte als Privatsekretär (Geheimsekretär) des Herzogs Louis von Württemberg, eines Bruders König Friedrichs, eine Anstellung gefunden. Während seiner Stuttgarter Zeit komponierte er u. a. eine Schauspielmusik zu Schillers »Turandot«, auch schloß er sich hier einem Künstlerstammtisch an. Verhängnisvolle Folgen für ihn hatte, daß sein Vater gleichfalls nach Stuttgart kam und sich hier in zweifelhafte Geldgeschäfte einließ. Es kam zu einem Prozeß, in dessen Verlauf sich herausstellte, daß zumindest der alte Weber Geld des Herzogs Louis veruntreut hatte. Vater und Sohn wurden am 26. Februar 1810 durch Polizisten bei Heilbronn über die württembergische Grenze geschafft. Die von dem königlichen Hofkapellmeister Franz Danzi, dem Gönner Carl Maria von Webers, beabsichtigte Einstudierung und Aufführung der »Silvana«, für die Weber in dem mit ihm befreundeten Hiemer einen allerdings nur mittelmäßigen Librettisten gefunden hatte, kam wegen seiner Ausweisung aus Württemberg nicht zustande[1752].

Vor dem Ausbruch des Siebenjährigen Krieges (1756) entwickelte Johann Jakob Moser, wie er in seiner Lebensgeschichte berichtet, den Plan für die Errichtung einer Landesbibliothek. In dieser Bibliothek sollten voluminöse oder »sonst kostbare und fremde Werke« Aufnahme finden, die sich nicht jede Privatperson anschaffen konnte, ebenso sämtliche Neuerscheinungen auf den Gebieten der Ökonomie, des Manufaktur-, Kommerzien- und Polizeiwesens, die im Bedarfsfall auch in Orte außerhalb Stuttgarts auszuleihen waren. Moser hatte bereits jemand, der die Gründung und den Aufbau der Bibliothek in die Hand nehmen wollte, doch Herzog Carl Eugen behielt sich vor, das Bibliotheksprojekt selbst zu realisieren. Er beauftragte Moser, »eine Partie Bücher« anzuschaffen. Moser tat dies. Doch dann brach der Krieg aus, der Herzog hatte andere Sorgen, und Moser blieb auf den Büchern sitzen[1753].

Indes verlor Carl Eugen den Plan nicht aus den Augen. 1765 gründete er in Ludwigsburg eine Öffentliche Bibliothek, die er im März 1775 ins Herrenhaus nach Stuttgart verlegte. Den Grundstock für diese Bibliothek bildete eine von Herzog Eberhard Ludwig in Ludwigsburg begonnene Büchersammlung, die seit 1746 von einem Bibliothekar verwaltet wurde und 1747 4000 Bände umfaßte. Im Jahr nach der Verlegung nach Stuttgart, 1776, wurde die

Die im Herrenhaus seit 1775 untergebrachte Öffentliche Bibliothek, die heutige Württembergische Landesbibliothek. Satirische Darstellung.

Regierungsratsbibliothek mit der Öffentlichen Bibliothek vereinigt. Die schon 1624 bestehende Regierungsratsbibliothek, die finanzielle Zuwendungen von der Herrschaft, der Landschaft und von privater Seite bekam, konnte 1677 durch die Bücherei des Geheimen Regierungsrats Nikolaus Myler von Ehrenbach, später durch die der herzoglichen Nebenlinie Württemberg-Neuenstadt, 1750 durch die Konsistorialbibliothek und 1758 durch die Büchersammlung im herzoglichen Archiv erweitert werden. Außerdem mußte an sie seit 1710 ein Exemplar von jedem im Land gedruckten Buch oder von württembergischen Gelehrten außerhalb des Herzogtums herausgebrachten Publikationen abgeliefert werden. Gleichfalls seit 1710 war sie etliche Tage in der Woche der allgemeinen Benutzung zugänglich.

Die neue Öffentliche Bibliothek im Herrenhaus erhielt in gleicher Weise wie zuvor die Regierungsratsbibliothek Pflichtexemplare von allen im Herzogtum gedruckten Büchern. Die Buchhändler hatten einen jährlichen finanziellen Beitrag an sie zu leisten (ähnlich wie schon an die Regierungsratsbibliothek). Ferner sollten ihr Anstalten und Privatleute möglichst Dubletten von Druckschriften zukommen lassen. Benutzt werden konnte die Bibliothek während exakt festgelegter Öffnungszeiten von jedermann, ausgenommen allein die Livreebedienten. Allerdings durfte aus ihr kein Werk ohne eine eigenhändig vom Herzog unterschriebene Legitimation ausgeliehen werden. Herzog Carl Eugen beabsichtigte, in Verbindung mit der neuen Bibliothek eine gelehrte Gesellschaft ins Leben zu rufen. Die Mitglieder dieser Gesellschaft sollten untereinander in regen schriftlichen und mündlichen Gedankenaustausch treten, wissenschaftliche Publikationen herausbringen und zu regelmäßigen Kongressen zusammenkommen. Sobald diese Gesellschaft eine hinlängliche Zahl von Mitgliedern besaß, die sich durch wissenschaftliche Werke ausgewiesen hatten, wollte ihr der Herzog den erforderlichen Rechtsstatus verleihen, sie mit Privilegien ausstatten und auch Preise aussetzen. Danach sollten von der Gesellschaft jedes Jahr an seinem Geburtstag auf einer öffentlichen Zusammenkunft drei Reden gehalten werden.

Die gelehrte Gesellschaft kam indessen nicht zustande. Dagegen wuchs die Bibliothek dank der Großzügigkeit von Herzog Carl Eugen rasch zu einer bedeutenden wissenschaftlichen Einrichtung heran. Der Herzog erwarb für sie wertvolle Druckwerke und ganze Privatbibliotheken im In- und Ausland. So konnte die Bibliothek 1784 ihre Bestände durch die Bibelsammlung des Pastors Lork in Kopenhagen, 1785 durch die 25 000 Bände umfassende Bibliothek des Geheimen Rats Frommann, 1786 durch 1645 Bibeln von Schaffer Panzer in Nürnberg, durch die kriegswissenschaftliche Bibliothek und Plansammlung des Generalmajors von Nicolai sowie durch die Inkunabelnsammlung des Abbé de Rulle ergänzen und vergrößern. Auch wurden ihr wichtige Schenkungen zuteil, so solche von der Stadt Stuttgart. Nach der Aufhebung der Hohen Carlsschule wurde ihr deren Bücherei übergeben. Bereits 1790 verfügte sie über weit mehr als 100 000 Bände, darunter 3 000 Inkunabeln und zahlreiche Handschriften. Nach dem Tod ihres Stifters stagnierte ihr Wachstum. In den Jahren 1802 bis 1810 konnte sie wertvolle Buch- und Handschriftenbestände aus dem Besitz der säkularisierten und an Württemberg gefallenen Klöster und Stifter übernehmen. Zusammen mit dem Naturalienkabinett wurden ihr nunmehr vom Staat jährliche finanzielle Zuwendungen in Höhe von 6 000 fl gewährt. Einen weiteren Ausbau erfuhr die Bibliothek nach der Regierungsübernahme durch König Wilhelm I.[1754].

Sehr anerkennend äußerte sich der Berliner Buchhändler Nicolai schon 1781 über die Öffentliche Bibliothek. Er bezeichnete sie als die bedeutendste gelehrte Einrichtung in Stuttgart. Dem einzigartigen Engagement Herzog Carl Eugens bei der Gründung und dem Aufbau der Bibliothek bekundete er seinen uneingeschränkten Respekt. Der Besuch im Herrenhaus, in dem die Bibliothek untergebracht war, beeindruckte ihn. Er fand schon das Äußere einladend, lobte die übersichtliche Aufstellung der auf elf Zimmer aufgeteilten Bücher und war erstaunt, »die wichtigsten und rarsten Werke aller Wissenschaftszweige« anzutreffen. Den Leiter der Bibliothek, Le Bret, nannte er einen vortrefflichen Mann, dem ersten Bibliothekar, Professor Vischer, dem die Ordnung der Bibliothek zu verdanken war, attestierte er gründliche Gelehrsamkeit und sehr gute Kenntnisse in den Schönen Künsten[1755].

Nach der Aufhebung der Hohen Carlsschule ersuchte der Magistrat Herzog Ludwig Eugen, die Bibliothek in dem freigewordenen Akademiegebäude unterzubringen, damit das Herrenhaus abgebrochen und das Areal, auf dem es gestanden hatte, dem allzu beengten Marktplatz zugeschlagen werden konnte. Der Herzog lehnte jedoch das Ansinnen mit der Begründung ab, in der gegenwärtigen Zeit lasse sich eine so »kostbare Veränderung« nicht verantworten[1756]. Erst 1820 wurde dann die Bibliothek in das freigewordene Invalidenhaus an der Neckarstraße (heute Konrad-Adenauer-Straße) verlegt[1757].

Die Königliche Hofbibliothek im ehemaligen Akademiegebäude.

Im Jahr 1785 gründete der Buchhändler Metzler die erste Leihbibliothek in Stuttgart, übergab sie aber sechs Jahre später wegen Arbeitsüberlastung dem Buchdrucker Erhard[1758]. Am Ende der napoleonischen Kriege gab es bereits mehrere Leihbüchereien. Cless und Schübler behaupten, daß einige von diesen Bibliotheken auch schlimmes Schrifttum, also »Schund und Schmutz«, verbreiteten. Außerdem bestand eine Anzahl größerer Privatbibliotheken und Kunstsammlungen, deren Eigentümer Interessenten zum Teil in großzügiger Weise Zugang zu ihren Schätzen gewährten, so daß solchen Büchereien und Sammlungen durchaus der Charakter der Gemeinnützigkeit zuzuerkennen war[1759].

Bereits aus den letzten Jahrzehnten des 18. Jahrhunderts sind uns in Stuttgart mehrere bedeutende Privatbibliotheken bekannt. Die größte von ihnen – im ganzen Herzogtum Württemberg – war die Bibliothek des Geheimen Rats Frommann; sie wurde, wie schon erwähnt, 1785 von Herzog Carl Eugen erworben und der Öffentlichen Bibliothek einverleibt. Wertvolle Bibliotheken mit zum Teil sehr seltenen Büchern besaßen sodann der Spezial Bernhard, der Regierungspräsident von Gemmingen, die Expeditionsräte Weisser und Gmelin, der Hofrat Hartmann sowie die Regierungsräte Reuß und Elsser[1760].

König Friedrich ließ 1810 im ehemaligen Akademiegebäude eine Präsenzbibliothek einrichten, der er die Bücherschätze der aufgehobenen Klöster sowie die Bibliothek des Deutschen Ordens in Mergentheim zuwies. Diese königliche Handbibliothek, die spätere Hofbibliothek, enthielt 560 Handschriften sowie 45 000 Druckwerke, unter ihnen viele Prachtausgaben. Ihr angeschlossen waren eine ansehnliche Pflanzen- und Insektensammlung, eine kleine Sammlung von Kolibris und Nektarien sowie eine Sammlung mit Nachbildungen von Säugetieren, ferner eine Sammlung von physikalischen und astronomischen Instrumenten. Gleichfalls im Akademiegebäude befand sich die königliche Landkartensammlung mit dem Plankabinett[1761].

Dichter, Schriftsteller, literarische Zirkel

Bis über die Mitte des 18. Jahrhunderts hinaus kann von einem kulturellen und literarischen Leben in Stuttgart nicht die Rede sein. Die tonangebende evangelische Geistlichkeit hielt es für ausreichend, wenn die Untertanen leidlich lesen und schreiben konnten. Höhere geistige Interessen erschienen ihr gefährlich. Sie unterdrückte deshalb, vor allem soweit sie pietistisch orientiert war, das Bedürfnis nach »nutzloser poetischer Lektüre«[1762]. Kein Wunder, wenn Stuttgart in zeitgenössischen Urteilen als Musterbeispiel »geräuschloser Einförmigkeit und spießbürgerlicher Kleinstädterei« galt[1763]. Falls Stuttgart und mit ihm das Herzogtum Württemberg in der ersten Hälfte des 18. Jahrhunderts überhaupt einen Beitrag zur deutschen Literatur leisteten, dann beschränkte sich dieser Beitrag auf die Dichtung geistlicher Lieder[1764]. Zu den bekanntesten geistlichen Liederdichtern zählten Friedrich Konrad Hiller (1651–1726), von Beruf Kanzleiadvokat, Johann Christian Storr (1712–1773), Stiftsprediger und Konsistorialrat, sowie Magdalene Sybille Rieger, geborene Weissensee (1707–1786), die Frau des Regierungsrats Immanuel Rieger[1765]. Von außerordentlicher Fruchtbarkeit als geistlicher Liederdichter war der große Staatsrechtler Johann Jakob Moser. Namentlich während seiner fünfjährigen Gefangenschaft auf der Festung Hohentwiel (1759–1764) verschaffte ihm das Dichten geistlichen Trost und Zuversicht. 1767/68 vereinte er in einer Ausgabe nicht weniger als 1190 seiner Lieder; sie zeugen von einer tiefreligiösen Gesinnung des Autors, eine größere dichterische Begabung ist aber bei den auch der Form nach schwerfälligen geistlichen Ergüssen nicht zu erkennen. Der Sohn Johann Jakob Mosers, Friedrich Karl von Moser (1723–1798), betätigte sich gleichfalls als geistlicher Liederdichter. Die Zahl seiner Lieder ist gering, doch sind die einzelnen Lieder, die er in zwei kleinen Sammlungen zusammenfaßte, sorgfältig durchgearbeitet. Als Autor geistlicher Lieder tat sich auch Philipp Friedrich Rieger (1722–1782) hervor, zunächst Günstling Herzog Carl Eugens, dann Festungshäftling und schließlich Kommandant des Hohenasperg. Abgesehen von einem Passionslied sind jedoch seine Kirchenlieder verschollen[1766].

Die weltliche Poesie des 18. Jahrhunderts hatte einen ihrer frühesten Vertreter in Stuttgart in Eberhard Friedrich Freiherrn von Gemmingen (1726–1791), der im herzoglichen Dienst Karriere machte und zuletzt Geheimer Rat und Regierungspräsident war. Während seines Jurastudiums in Göttingen hatte von Gemmingen an der Dichtung Freude gewonnen. Ermuntert durch den damals dort lehrenden Albrecht von Haller, hatte er sich an seine ersten poetischen Versuche gewagt. Bereits als württembergischer Regierungsrat publizierte er 1750 in zwei Büchern »Lieder, Oden und Gesänge«. Zwei Jahre später brachte Bodmer von ihm ein Heftchen »Poetische Blicke in das Landleben« heraus, und 1753 erschienen seine »Briefe nebst andern Poetischen und Prosaischen Stücken«. Obwohl er danach außer mit einigen 1771 und 1774 im Göttinger Musenalmanach veröffentlichten Gedichten poetisch nicht mehr hervortrat, blieb er dem literarischen Leben eng verbunden. Er war übrigens, wie seine 1786 erschienenen Klaviersonaten beweisen, auch musikalisch hochbegabt[1767].

Verdient gemacht um eine günstige Atmosphäre für Literatur und Geistesleben in Stuttgart hat sich Balthasar Haug (1731–1792). Von Haus aus Theologe, wurden dem Professor am Stuttgarter Gymnasium 1776 eine Professur für deutschen Stil an der Militärakademie/Hohen Carlsschule und die Stelle des Mittwochspredigers an der Stiftskirche übertragen. Er war ein geistig vielseitig interessierter Mann, kaiserlicher Hof- und Pfalzgraf sowie Mitglied verschiedener gelehrter Gesellschaften: der Kursächsischen Gesellschaft der Schönen Wissenschaften und Künste in Leipzig, der Herzoglich Teutschen Gesellschaften zu Helmstedt und Jena, der entsprechenden Markgräflich Badischen und der Fürstlich Anhalt-Bernburgischen Gesellschaften in Karlsruhe und Bernburg sowie des Instituts der Moral und Schönen Wissenschaften in Erlangen. Sein bescheidenes dichterisches

Talent ging über kunstvoll gedrechselte und ausgeschmückte Festgedichte und erbauliche religiöse Lieder nicht hinaus. Bedeutsames leistete er als Literaturhistoriker und vor allem als Förderer der zeitgenössischen Literatur. 1774 gründete er in Stuttgart eine schöngeistige Zeitschrift; sie führte zuerst den Titel »Gelehrte Ergötzlichkeiten und Nachrichten«, dann von 1775 bis 1780 die Bezeichnung »Schwäbisches Magazin von gelehrten Sachen« und firmierte schließlich 1781 bis 1782 unter dem Titel »Zustand der Wissenschaften und Künste in Schwaben«. In die neun Bände sind in bunter Mischung Gedichte, literaturhistorische, ästhetische und kritische Artikel sowie Personalnachrichten aufgenommen. Erstmals besaßen hier die schwäbischen Schriftsteller ein Publikationsforum. In den letzten Jahrgängen der Zeitschrift zählte sogar Friedrich Schiller zu seinen Mitarbeitern. Haug hat indessen nicht nur durch publizistische Aktivitäten, sondern auch durch mündlichen Rat und durch persönliche Aufmunterungen schriftstellerischen und dichterischen Begabungen die Wege geebnet und so dem literarischen Leben in Stuttgart und weit darüber hinaus starken Auftrieb gegeben[1768].

Die siebziger Jahre des 18. Jahrhunderts bedeuteten für das kulturelle Leben Stuttgarts eine tiefe Zäsur: In den gebildeten Kreisen der Beamtenschaft und des Bürgertums setzte sich zunehmend der Geist der Aufklärung durch. Literatur und Kunst blieben nicht länger Fremdworte. Das gesellige Leben wurde freier, ungezwungener. Man fing an, über die eng und streng gezogenen Grenzen des erzprotestantischen Württemberg hinauszublicken und sich um den Anschluß an die geistige Entwicklung im übrigen Deutschland und in den westeuropäischen Ländern zu bemühen. Nicht von ungefähr wurde 1774 in Stuttgart die Freimaurerloge »Zu den 3 Cedern« gegründet; sie gewann schnell zahlreiche Mitglieder: 1780 waren es bereits 100. Ihr erster Meister vom Stuhl war ein Herr von Bouwinghausen. Sehr verärgert zeigte sich Herzog Carl Eugen, weil er mit seiner Bitte um Aufnahme in die Loge abgewiesen wurde, wogegen einige seiner vertrauten Ratgeber wie der Hofbaumeister Fischer und der Leibchirurg Klein ihr angehörten. Indes hatte die Loge keinen langen Bestand, sie wurde durch Mitgliederbeschluß am 25. Mai 1784 aufgehoben. Möglicherweise kam dieser Beschluß einem Befehl Herzog Carl Eugens zuvor, der am 7. Juli 1784 die Freimaurerei in Württemberg verbot. Erst 1835 wurde die Loge neu eröffnet[1769].

Starke Impulse für das Erwachen eines regen literarischen Interesses in Stuttgart gingen von der Militärakademie/Hohen Carlsschule aus. Als erste Bildungsanstalt in Württemberg stand sie, wie wir gehört haben, nicht unter dem beherrschenden Einfluß der Theologie. Deshalb war die moderne weltliche Literatur für sie auch kein Tabu mehr. Freilich lag der Schwerpunkt in diesem Unterrichtsbereich auf der französischen Sprache und Dichtung. Ihnen gegenüber traten die deutsche Literatur und Sprache im Lehrprogramm stark zurück. Daß die Eleven in der deutschen Literatur dennoch auch hier einige Kenntnisse vermittelt bekamen, war vor allem den in Verbindung mit der Philosophie stehenden Vorlesungen über Rhetorik, Poetik und Ästhetik zuzuschreiben. Was den sprachlichen Bereich betraf, so bemühten sich die Professoren ganz allgemein, die schriftliche und mündliche Ausdrucksfähigkeit ihrer Schüler im Deutschen zu verbessern. 1779 hielt Professor Balthasar Haug eine Vorlesung über »Teutsche Sprache, Schreibart und Geschmack«[1770].

Die Hohe Carlsschule zusammen mit dem sich durchsetzenden liberaleren Geist war es auch, die der Entstehung literarischer Gesprächskreise den Boden bereitete. Allseits geachtete und vielseitig gebildete Bürger öffneten solchen Gesprächskreisen ihre Häuser; sie wurden so zu Anregern, Vermittlern, Multiplikatoren. An erster Stelle ist hier der herzogliche Hof- und Domänenrat Johann Georg Hartmann (1731–1811) zu nennen. Selbst schriftstellerisch tätig, unterstützte er selbstlos künstlerische und literarische Bestrebungen. Sein Haus wurde der Treffpunkt von Stuttgarter Gelehrten, Dichtern und Künstlern. Dort war auch Schubart nach der Entlassung aus der Hohenasperger Festungshaft (1787) ein gerngesehener Gast. Schon als junger Mann gewann Hartmann die Freundschaft Johann Kaspar Lavaters, der 1774 Stuttgart besuchte[1771]. Auch mit Johann Wolfgang von Goethe verband ihn schon in den siebziger Jahren ein vertrautes Verhältnis. Als der Dichter im Dezember 1779 erstmals für mehrere Tage in Stuttgart weilte, übernahm er es, ihm die Stadt zu zeigen[1772].

Die Lektüre schöngeistiger Literatur verbreitete sich zunehmend. 1781 stellte dies der Berliner Buchhändler Nicolai insbesondere bei den Stuttgarter Frauen fest. Viel gelesen wurden nach seinen Beobachtungen Gleim, Utz, Gellert, Hagedorn, Bürger, die beiden Stolberg, Jacobi, Kleist, Weiße, Wieland, die Karschin, sodann Lessing, Göckingk und Hermes – neben heute längst vergessenen Schriftstellern und Schriftstellerinnen auch Literaten von Rang und Wegbereiter der klassischen deutschen Dichtung. Aufschlußreich ist die Bemerkung Nicolais, daß sich mit »den Schriften Voltaires, Rousseaus und anderer französischer Schöngeister« fast bloß »die vornehme Welt« beschäftigte[1773]. Diese hatte dafür die sprachlichen Voraussetzungen, fand jedoch nur schwer Zugang zur deutschen Literatur, da sie vornehmlich in französischer Kultur und Lebensart erzogen war.

Hof- und Domänenrat Johann Georg Hartmann (1731–1811) mit Frau Juliane Friederike geb. Spittler und Sohn Gottfried Wilhelm.

Großen Anklang fand der Buchhändler Metzler mit der von ihm 1784 gegründeten Lesegesellschaft, zunächst Lesekabinett genannt. Die Gesellschaft kam dem Bedürfnis nach geselliger Unterhaltung wie nach der Lektüre literarischer Texte und allgemein interessierender Schriften entgegen[1774]. Metzler zog sich schon 1786 aus der Leitung der Gesellschaft zurück und überließ diese einer Gruppe von Honoratioren. Doch lieferte er mit 10 Prozent Rabatt weiterhin alle benötigten Bücher und Zeitschriften, vor allem aber stellte er das ganze zweite Stockwerk seines Hauses Ecke Calwer-/Büchsenstraße samt Möbeln zur Verfügung, wobei er auch noch die Kosten für Heizung, Beleuchtung sowie die Entlohnung für einen Angestellten übernahm. Bis 1793 stieg die Zahl der Mitglieder auf 128 an, und dies, obgleich der Jahresbeitrag 10 fl, für damalige Verhältnisse eine recht stattliche, nur von wohlhabenden Bürgern aufzubringende Summe war[1775]. Nach den Statuten der Gesellschaft von 1787 sollten die vorzüglichsten politischen und gelehrten Zeitschriften angeschafft werden. Hierbei war darauf zu sehen, daß »jeder Stand, jede Fakultät oder Hauptwissenschaft ein ihr besonders gewidmetes Journal« antraf. Sonst hatte jedes Buch, »durch welches der Mensch über seine allgemeine und besondere Bestimmung aufgeklärt, wodurch der Verstand, das sittliche Gefühl und der Geschmack vervollkommnet wird... jedes gemeinnützige oder für den Geist des Zeitalters besonders charakteristische Werk Anspruch auf einen Platz in der Bibliothek der Gesellschaft«. An Spielen war lediglich das »Commercespiel« in zwei eigens dafür bestimmten Zimmern gestattet. Nur dort durfte man auch rauchen und Erfrischungen zu sich nehmen. Einige Zimmer waren entweder ausschließlich fürs Lesen reserviert oder aber zum Lesen und Sprechen vorgesehen.

Für die Aufnahme eines Mitglieds – die Gesamtzahl der Mitglieder war zunächst auf hundert beschränkt – entschieden »Vorzüge des Geistes und des Herzens«, nicht aber »Stand und äußere Vorzüge«. Überhaupt galt als Grundgesetz des Instituts die »Gleichheit aller Mitglieder in allen gesellschaftlichen Rechten und Obliegenheiten«. Die Mitglieder versammelten sich viermal wöchentlich in den Räumen der Gesellschaft: montags, mittwochs, donnerstags und samstags jeweils nachmittags von 2 bis 8 Uhr. Jedes Mitglied durfte einen Fremden mitbringen, doch hatte sich dieser in das Fremdenbuch einzutragen. Unter bestimmten Voraussetzungen durften Schriften und Bücher zum Lesen für die Dauer von vierzehn Tagen mit nach Hause ausgeliehen werden. Die Verwaltung und Wirtschaftsführung der Gesellschaft besorgte ein gewählter Ausschuß. Bei einer Auflösung der Gesellschaft sollte ihr Vermögen für wohltätige Zwecke verwendet werden[1776].

1786 veröffentlichte die Gesellschaft ihren ersten, 1795 ihren zweiten gedruckten Katalog. In dem letzteren waren 400 teilweise mehrbändige Werke aufgeführt, darunter Schriften von Lessing, Wieland, Goethe und Schiller, ferner zwölf gelehrte und 31 politische Zeitschriften, unter ihnen zehn französische sowie je eine englische und italienische, mehrere Musikhandschriften, Landkarten und Pläne. Bis 1800 kamen 127 neue Werke, unter ihnen mehrere von Jean Paul, außerdem sieben neue gelehrte und sechs politische Zeitschriften hinzu. Im Dezember 1787 erweiterte die Gesellschaft ihr kulturelles Angebot durch wöchentliche Kunstversammlungen und im März 1788 durch literarische Vorlesungen, später auch noch durch monatlich stattfindende Konzerte[1777]. Eine wichtige Funktion in der Gesellschaft übernahm Schillers Lehrer und Freund, der Philosophieprofessor Jakob Friedrich Abel (1751–1829). Er hielt dienstags und freitags für Mädchen und Frauen Vorlesungen über Moral[1778]. Sehr angetan war der Berliner Buchhändler Nicolai von der Gesellschaft. Er bezeugte ihr – und hierbei hatte er wohl die Verhältnisse Anfang der 1790er Jahre im Auge –, daß sie ihre Bücher »mit vielem Verstand« wähle und daß sie dabei das Angenehme mit dem Nützlichen trefflich zu verbinden wisse. 1796 lobte ein anderer norddeutscher Besucher das reiche Zeitungsangebot der Gesellschaft. Außerdem hob er die angenehmen Bekanntschaften, die man dort mache, hervor. Beeindruckt zeigte sich 1794 auch Friedrich Schiller von der Gesellschaft. Sie wende, berichtete er, im Jahr 1300 fl auf, um das neueste literarische und politische Schrifttum verfügbar zu haben[1779], und 1300 fl waren damals in der Tat eine stattliche Summe.

Obgleich der Verleger Metzler schon 1786 die Leitung der Gesellschaft aus der Hand gegeben hatte, blieb diese doch mit seinem Namen verbunden. In Stuttgart sprach man auch später noch vom »Metzlerschen Museum«[1780]. 1808 ging die Lesegesellschaft auf in der im Jahr zuvor gegründeten Museumsgesellschaft, die in der Folgezeit im geistigen und kulturellen Leben Stuttgarts eine bedeutsame Rolle spielte[1781].

Eine zweite Lesegesellschaft rief 1788 der Kaffeewirt Glaser ins Leben. Er räumte der Gesellschaft im mittleren Stock seines Hauses die erforderlichen Räume ein: jeweils besondere Zimmer zum Lesen, Billardspielen und Tabakrauchen. Anfangs standen den Mitgliedern 29 gelehrte und politische Zeitungen zur Verfügung. Die Mitglieder durften Fremde mitbringen, und den vom Land nach Stuttgart kommenden Beamten und Honoratioren war der freie Zutritt gestattet. Glaser veranstaltete mehrere Winter nacheinander in seinem Kaffeehaus jeweils einen Ball und 1797 jeden Sonntag ein Konzert. Ein drittes Leseinstitut mit ähnlichen Zielsetzungen errichtete 1804 der Buchhändler Becker[1782].

Ein Novum für Stuttgart war der seit 1787 am Mittwoch und Samstag im Saal des Gymnasiums von Professor Nast angebotene Fortbildungsunterricht in Naturlehre. Durch ihn sollten Erwachsene Gelegenheit bekommen, »das in der Jugend Gelernte zu wiederholen, das Nichtgelernte nachzuholen«. Die Nastschen Vorlesungen wurden meist von Männern in öffentlichen Ämtern besucht. Doch wagten sich in sie auch einige Frauen[1783].

Von 1773 bis 1780 war Friedrich Schiller Eleve der Militärakademie. Er studierte dort zuletzt an der seit 1775 bestehenden Medizinischen Abteilung. Bei der Jahresfeier am 14. Dezember 1779 empfing

Holzschnitt von E. Hilpert und M. Lämmel 1882: »Zur Erinnerung an die erste Aufführung von Schiller's ›Räubern‹ (13. Januar 1782)«.

er aus der Hand Carl Eugens nicht weniger als drei Preise: in der praktischen Medizin, in der Arzneimittellehre und in der Chirurgie. Daß bei der Feier der damals schon berühmte Dichter Goethe und dessen Landesherr Herzog Karl August von Sachsen-Weimar anwesend waren, machte die Preisverleihung für den Eleven Schiller zu einem besonders denkwürdigen Ereignis. Zu diesem Zeitpunkt arbeitete der angehende Mediziner, der bereits auf der Solitude zwischen 1773 und 1775 seine ersten dichterischen Versuche unternommen hatte, längst an seinem Erstlingswerk »Die Räuber«. Im Mai 1778 hatte er seinen Freunden Heideloff, von Hoven, Dannecker, Schlotterbeck und Kapf bei einem Spaziergang im Bopserwald aus dem Manuskript vorgelesen. Heideloff hatte die Szene in einer Skizze festgehalten. 1781 brachte Schiller seine »Räuber« im Selbstverlag heraus. Bereits am 13. Januar 1782 erlebten sie dank des bekannten Mannheimer Buchhändlers und Theaterverlegers Christian Friedrich Schwan im Nationaltheater in Mannheim ihre Erstaufführung, zu der Schiller heimlich in die kurpfälzische Stadt am Rhein gereist war[1784].

An sich hätte der junge Mediziner schon 1779 aus der Militärakademie entlassen werden müssen, doch der Herzog entschied, er habe dort noch ein weiteres Jahr zu verbleiben. Herzog Carl Eugen glaubte, daß dadurch »sein Feuer noch ein wenig gedämpft werde und er alsdann einmal, wenn er fleißig zu sein fortfahre, gewiß ein recht großes Subjectum werden könne«. Die erste Abschlußarbeit Schillers »Philosophie der Physiologie« fand in den Augen der Prüfer keine Gnade. Dies war erst bei seiner zweiten Arbeit »Über den Zusammenhang der tierischen Natur des Menschen mit seiner geistigen« der Fall; sie wurde dann auch nach mehrmaliger Überarbeitung gedruckt. Als eigentlich medizinische Arbeit legte er die Abhandlung »Die entzündlichen und die Faulfieber« vor.

Nach seiner Entlassung aus der Militärakademie erhielt Schiller die Stelle eines Regimentsmedikus bei dem in der Legionskaserne untergebrachten Grenadierregiment

General Augé. In der Legionskaserne kam er zunächst auch selbst unter, bis er am 1. Februar 1781 eine Privatwohnung beziehen konnte[1785]. Diese Privatwohnung bestand lediglich aus einem heizbaren Zimmer, das er zusammen mit seinem Freund Leutnant Kapf von der Hauptmannswitwe Luise Dorothea Vischer im Haus von Professor Balthasar Haug auf dem Kleinen Graben, später Eberhardstraße 63, mietete. Haug, der uns bereits begegnet ist, war Schillers Lehrer an der Militärakademie gewesen. Der einstige Eleve hatte sicher auch jetzt noch mit seinem früheren Lehrer, schon bedingt durch das Wohnen in demselben Haus, vertrauten Umgang. Haug hatte 1776 und 1777 die ersten Gedichte Schillers »Der Abend« und »Der Eroberer« in dem von ihm herausgegebenen »Schwäbischen Magazin» veröffentlicht und damit den jungen Dichter sehr ermutigt.

Da Schiller als Regimentsmedikus kärglich besoldet wurde, verschaffte er sich durch redaktionelle Arbeiten bei dem Hofbuchdrucker Christoph Gottfried Mäntler einen bescheidenen Nebenverdienst. So redigierte er die bei Mäntler zweimal wöchentlich herauskommenden »Nachrichten zum Nutzen und Vergnügen«. Schiller war ein geselliger Mensch. In seiner Stammkneipe, dem »Goldenen Ochsen«, Hauptstätter Straße 30, traf er sich regelmäßig mit seinen Freunden: Friedrich Wilhelm von Hoven, Georg Scharffenstein, Karl Ludwig Reichenbach, Franz Joseph Kapf, Wilhelm Petersen, Friedrich Haug und Andreas Streicher. Mit Ausnahme von Andreas Streicher handelte es sich bei allen um Absolventen der Militärakademie/Hohen Carlsschule. Literarisch trat von ihnen Friedrich Haug (1761–1829), der Sohn Balthasar Haugs, hervor. Er veröffentlichte mehrere Sammlungen von Gedichten und Epigrammen und redigierte eine Zeitlang das »Morgenblatt« Cottas. Im Sommer vergnügte sich die Freundesrunde mit Kegelspiel, im Winter mit Mantille, einem einfachen Kartenspiel[1786].

In der »Anthologie auf das Jahr 1782« gab Schiller einen großen Teil seiner Gedichte, allerdings unter den verschiedensten Verfasserpseudonymen, heraus. Es war dies eine Reaktion auf die Zurücksetzung, die er durch den Kanzleiadvokaten Friedrich Gotthold Stäudlin (1758–1797), den Herausgeber des »Schwäbischen Musenalmanachs«, erfahren hatte. Stäudlin hatte in seine »Schwäbische Blumenlese auf das Jahr 1782« von mehreren ihm von Schiller übergebenen Gedichten nur ein einziges, »Entzückung an Laura«, aufgenommen und dies noch in veränderter Form. Die »Anthologie« fand indessen damals wenig Anklang[1787].

Verschiedene Gründe, nicht zuletzt die Unzufriedenheit mit seiner beruflichen Stellung, wirtschaftliche Schwierigkeiten, das Verbot des Herzogs, weitere Komödien zu schreiben, veranlaßten Schiller, den Besuch des russischen Thronfolgerpaars in Stuttgart und die zu dessen Ehren veranstalteten Feierlichkeiten auszunutzen und in der Nacht vom 22. auf den 23. September 1782 zusammen mit seinem Freund Andreas Streicher aus Württemberg zu fliehen[1788]. Erst elf Jahre später kehrte der Dichter nochmals für ein halbes Jahr in seine württembergische Heimat zurück. Er hielt sich zuerst in Ludwigsburg bei seinem Freund, dem Arzt Dr. Friedrich Wilhelm von Hoven, auf und kam dann verschiedentlich auch nach Stuttgart. Hier fand er zunächst gastliche Aufnahme in dem bereits früher erwähnten Haus des Hof- und Domänenrates Johann Georg Hartmann auf dem Bollwerk (Ecke Garten-/Seidenstraße). Hartmann stand in freundschaftlicher Verbindung zu den Eltern Schillers. Er hatte das Buch über Obstbauzucht des Vaters Schiller redigiert, und dieser machte, sooft er von der Solitude nach Stuttgart kam, in seinem Haus Station. In Hartmanns Haus wohnte später auch der frühverstorbene Dichter Wilhelm Hauff (1802–1827)[1789].

Im März 1794 übersiedelte Friedrich Schiller mit seiner Frau nach Stuttgart und blieb bis zum Mai jenes Jahres dort. Hartmann vermittelte ihm die Wohnung im Hofgartenhaus, Augenstraße 9½. Im Hofgartenhaus arbeitete der Dichter an seinem »Wallenstein«, der allerdings erst 1800 erschien, sowie an seinen »Ästhetischen Briefen«. Vertrauten Umgang hatte er während seines Stuttgart-Aufenthalts mit alten Akademiefreunden. Gewöhnlich trafen sie sich in einer der besten damaligen Stuttgarter Gaststätten, der Geistlichen Herberge. Dannecker fertigte während dieser Zeit das Modell zu seiner ersten kleinen Schiller-Büste, Scheffauer das Schiller-Relief. Doch auch in dem an der Königstraße gelegenen Garten beim Haus des Kaufmanns Gottlob Heinrich Rapp fand sich der Dichter gerne ein. Zu der dortigen geselligen Runde gehörten neben den engeren Akademiefreunden der Maler Hetsch, der Bildhauer Scheffauer, der Musiker Zumsteeg, der Dichter Matthisson, der Kupferstecher Johann Gotthard Müller, der herzogliche katholische Hofkaplan Benedikt Maria Werkmeister, der Bildhauer Dannecker und natürlich der Hausherr Kaufmann Rapp. Die Wochen in Stuttgart waren für den gesundheitlich stark Angeschlagenen recht erholsam. Das Zusammensein mit Freunden und Bekannten tat ihm gut[1790]. Seinen besonderen Beifall fand das überaus rege

Haus des Kaufmanns Gottlob Heinrich Rapp in der Stiftsstraße.

Johann Friedrich Cotta, Freiherr von Cottendorf (1763 – 1832), Verleger.

geistig-literarische Leben in Stuttgart. Dem Freund Gottfried Körner in Dresden schrieb er: »Die Künste blühen hier in einem für das südliche Deutschland nicht gewöhnlichen Grade; und die Zahl der Künstler, darunter einige keinem der Eurigen etwas nachgeben[d], hat den Geschmack an Malerei, Bildhauerei und Musik sehr verfeinert«[1791].

Die wohl wichtigste Begegnung hatte Schiller im März 1794 bei einem Besuch in Tübingen: Er lernte den Verleger Johann Friedrich Cotta persönlich kennen. Im Mai kam Cotta nach Stuttgart. Auf einer Spazierfahrt zum Kahlenstein, dem heutigen Rosenstein, und nach Untertürkheim, angesichts der Burg Wirtemberg, erklärte sich Schiller dem Verleger gegenüber bereit, die Herausgabe der literarischen Zeitschrift »Die Horen« zu übernehmen. Für Cotta eröffnete diese Vereinbarung große Perspektiven: Verbindung zu Goethe sowie zu dem ganzen Jenaer und Weimarer Dichter- und Gelehrtenkreis. Schiller erlangte mittels der »Horen« engen Kontakt zu Herder und Humboldt, und noch beglükkender für ihn: der lebenslange Freundschaftsbund mit Goethe, zu dem es nach seiner Rückkehr nach Weimar kam. Cotta andererseits wurde nicht nur der Verleger Schillers, sondern seit 1805 auch der Goethes. Er zahlte Schiller großzügige Honorare, später der Witwe und den Kindern eine namhafte Rente aus den Erträgen der Werke des allzufrüh Verstorbenen[1792].

Bei seiner Freilassung aus zehnjähriger Festungshaft auf dem Hohenasperg ernannte Herzog Carl Eugen den Dichter Christian Friedrich Daniel Schubart (1739 – 1791) zum Musik- und Theaterdirektor in Stuttgart[1793]. Noch in der Gefangenschaft durfte Schubart in der Druckerei der Hohen Carlsschule einen Teil seiner Gedichte herausbringen. Andere Werke folgten. In Stuttgart rief er seine »Teutsche Chronik« als »Vaterländische Chronik«, seit 1790 einfach »Chronik«, wieder ins Leben. Die Druckerei der Hohen Carlsschule druckte sie und machte mit ihr ein gutes Geschäft. Schubart faßte in der württembergischen Haupt- und Residenzstadt rasch Fuß. Er liebte und pflegte die Geselligkeit. Damals gab es in Stuttgart mehrere »Kränzlein«; sie ähnelten geschlossenen Gesellschaften und hatten ihren abendlichen Treffpunkt in bestimmten Gasthäusern. Schubart stieß zu dem bekanntesten dieser »Kränzlein«, das im »Adler« sein Stammquartier hatte. Im Kreis des originellen Schieferdeckers Leopold Baur sowie der witzigsten und geistreichsten Köpfe der Stadt, wie Haug, Schlotterbeck, Stäudlin, Hübner und anderen, die um 1790 hier lebten, fühlte er sich wohl. Im Adler-Kränzchen ging es häufig hoch her. Es wurden Witzreden, teils gereimt, teils in Prosa, gehalten. Die Teilnehmer suchten sich gegenseitig durch schlagfertige, lustige Einfälle, die nicht immer von der feinsten Art waren, zu überbieten. Dem Wein wurde dabei reichlich, häufig überreichlich zugesprochen. Indes schon am 10. Oktober 1791 erlag der zuvor bereits körperlich geschwächte Dichter Schubart einem Schleimfieber[1794].

Friedrich Schiller besucht den Festungsgefangenen Christian Friedrich Daniel Schubart auf dem Hohenasperg.

Eine bedeutsame Rolle bei der Entfaltung des geistig-literarischen Lebens in Stuttgart spielte seit Beginn der 1790er Jahre der schon mehrfach erwähnte Kaufmann Gottlob Heinrich Rapp (1761 – 1832). Trotz seiner schon früh hervortretenden künstlerischen Neigungen hatte er sich auf Wunsch des Vaters für den Kaufmannsberuf entschieden, und er mußte, erst 22 Jahre alt, unmittelbar nach einer Bildungsreise, die ihn in die Rheinlande, nach Holland und nach Frankreich geführt hatte, das väterliche Tuchgeschäft übernehmen. Hochintelligent und beruflich ungewöhnlich tüchtig, wurde er schon in jungen Jahren mit zahlreichen Ehrenämtern, so mit dem eines Wechselgerichtsassessors, betraut. Später stand er der Tabakregie vor, danach der Hofbank, und schließlich hatte der mit dem Titel eines Hof- und Domänenrats Ausgezeichnete den Vorsitz der 1818 gegründeten württembergischen Landessparkasse inne.

Rapp entstammte einer Familie der württembergischen Ehrbarkeit und hatte deshalb mannigfache Beziehungen zu den tonangebenden Persönlichkeiten im Land. Unter seinen Vorfahren und Verwandten waren Theologen sowie Gelehrte anderer Disziplinen. Seine älteste Schwester hatte den Geheimen Hofrat Johann Christoph Schwab, Professor der Philosophie und Mathematik an der Hohen Carlsschule, geheiratet; sie war die Mutter des Dichters Gustav Schwab, der später im Haus seines

Onkels Rapp viel verkehrte. Die sehr viel jüngere Schwester Heinrike Charlotte wurde die Frau des Bildhauers Dannecker. Von den zwölf Kindern Rapps machte sich insbesondere der Sohn Moritz als Professor für Neuere Philosophie und Literatur sowie als Schriftsteller einen Namen. Die Tochter Mathilde heiratete den Kunstsammler Sulpiz Boisserée, Henriette, die Nichte Rapps, den hochbegabten Kupferstecher Friedrich Müller und nach dessen frühem Tod den Oberkonsistorialrat und Stadtdekan Köstlin. Gottlob Heinrich Rapp war ein vielseitig interessierter Mann. Für einen Autodidakten eignete er sich eine erstaunlich umfassende Bildung an. Er suchte und fand leicht Kontakt, engagierte sich ideell und ebenso finanziell für seine Freunde. Seine besondere Liebe galt der Kunst und den Künstlern. Mit zahlreichen Malern und Bildhauern verband ihn eine enge Freundschaft, ebenso mit nicht wenigen Dichtern und Schriftstellern. Auch betätigte er sich selbst gerne und mit Erfolg auf schriftstellerischem Gebiet. Sein Haus neben der Stiftskirche, in dem sich später die Lindemannsche Buchhandlung befand, machte er zu einem Mittelpunkt des gesellschaftlich-literarischen Lebens. Er sah darauf, daß sich seine Gäste wohl fühlten. Dabei war die gesellige Atmosphäre, die er vermittelte, schlicht, ja betont einfach. Die Gespräche und Diskussionen, die er anregte, führten oft zu tiefgründigen Spekulationen und gewagten geistigen Höhenflügen, doch verloren die Gesprächspartner selten die Wirklichkeit aus den Augen. Charakteristisch für den Kreis, der bei Rapp zusammenkam, waren die engen Kontakte von Liebhabern der Dichtung und Bildenden Kunst mit Schriftstellern und Künstlern. Man tauschte Erfahrungen aus, diskutierte miteinander; so förderte man sich wechselseitig und schuf ein der literarisch-künstlerischen Arbeit zuträgliches Klima[1795].

Gottlob Heinrich Rapp besaß ein ungewöhnliches Maltalent. Wenn er es hierin zu bemerkenswerten künstlerischen Leistungen brachte, dann haben wir dies vor allem dem freundschaftlichen Umgang mit Malern wie Adolf Friedrich Harper, Philipp Friedrich Hetsch und Eberhard Wächter sowie mit dem Kupferstecher Johann Gotthard Müller zuzuschreiben. Viele künstlerische Anregungen erhielt er von seinem Schwager Dannecker, dem er sich menschlich eng verbunden fühlte, doch gab er dem Schwager auch solche. Manches Werk Danneckers wäre ohne seine Ermunterung und sein engagiertes Interesse wohl kaum geschaffen worden. Andererseits verdankte Rapp der Vermittlung des Schwagers im Frühjahr 1794 die persönliche Bekanntschaft mit Schiller, aus der sich ein freundschaftliches, erst mit dem Tod des Dichters endendes Verhältnis entwickelte. Charlotte Schiller, die von Rapp später wiederholt gastlich aufgenommen wurde, charakterisierte ihn 1810 in einem Brief an Cotta mit folgenden Worten: »Er vereinigt so viel feine Bildung mit einem tätigen Leben und weiß so viel Geist und Genuß in sein Leben zu legen. Und dabei die große Zartheit des Gemüts, die so selten ist, und sein Talent. Er ist reich begabt.«

Im Jahr 1795 trat Rapp in engere Verbindung zu dem Verleger Cotta. Er begann für den bei Cotta erscheinenden Gartenkalender eine sehr ausführliche Beschreibung der Gärten von Hohenheim, wobei er die diese Beschreibung illustrierenden Kupferstiche zum Teil selbst umzeichnete. Ebenso lieferte er für Cottas »Flora«, eine seit 1793 erscheinende, »Teutschlands Töchtern geweihte« Monatsschrift, Beiträge. Von 1806 bis zur Übersiedlung Cottas von Tübingen nach Stuttgart im Jahr 1810 unterhielten beide Männer einen ausgedehnten Schriftwechsel. Seit 1807 intensivierte sich die Zusammenarbeit zwischen Rapp und Cotta durch das neugegründete »Morgenblatt für gebildete Stände« (später: »Morgenblatt für gebildete Leser«) und die gemeinsam errichtete Lithographische Anstalt in Stuttgart. Beide Unternehmen dienten der Verbreitung von Kunst und Literatur, eine Zielsetzung, die Rapp besonders am Herzen lag. Kunst und Literatur sollten gewissermaßen unters Volk kommen, sie sollten, um es mit einem Modewort unserer Zeit zu sagen, mehr Lebensqualität ermöglichen[1796].

Am 29. August 1797 unterbrach Johann Wolfgang von Goethe für neun Tage seine Reise in die Schweiz in Stuttgart. Es war dies sein zweiter Besuch in der württembergischen Haupt- und Residenzstadt. Er stieg im »Römischen Kaiser« ab, wo er zumindest in der ersten Nacht ein schlimmes Wanzenabenteuer zu bestehen hatte. Wir wissen nicht, ob damals noch Nachkommen seines Großonkels Johann Christoph Gothe (Goethe), der 1707 anläßlich der Heirat mit der Tochter des Hofwächters Johann Georg Ottenwälder das hiesige Bürgerrecht erhielt[1797], hier lebten bzw. ob dieser aus Artern im Mansfeldischen gebürtige Schneidergeselle überhaupt Kinder hatte. Es ist sogar nicht unwahrscheinlich, daß dem Dichter von der einstigen Niederlassung des Großonkels in Stuttgart überhaupt nichts bekannt war. Beeindruckt von der »ungeheuren Fruchtbarkeit Württembergs« auf künstlerisch-literarischem Gebiet, nutzte er seinen hiesigen Aufenthalt zu Begegnungen mit den führenden Repräsentanten des Stuttgarter Kultur- und Geisteslebens. Er besuchte die Ateliers der Bildhauer Dannecker und Scheffauer, der Maler Philipp Friedrich Hetsch und Adolf Friedrich Harper, des Kupferstechers Johann Gotthard Müller. Den Architekten Thouret wollte er für den Schloßbau in Weimar abwerben. Dies gelang ihm, wie wir bereits gehört haben, wenigstens vorübergehend[1798]. Be-

Johann Wolfgang von Goethe in Stuttgart 1797. Scherenschnitt von Luise Duttenhofer.

sonders angenehm empfand er die Gastlichkeit des Hauses von Gottlob Heinrich Rapp, er nahm sie deshalb häufig und gerne in Anspruch. Rapp, so stellte er bewundernd fest, sei ein tätiger Handelsmann, ein gefälliger Wirt und wohlunterrichteter Kunstfreund, der viel Talent in eigenen Arbeiten zeige. Sein Resümee: »Ich bin ihm manchen Genuß und Belehrung schuldig geworden«, ist als hohe Anerkennung zu werten. Als er am Abend des 5. September Rapp und Dannecker sowie deren Frauen »Hermann und Dorothea« vorlas, hatte er aufmerksame, tief beglückte Zuhörer. Dannecker, der die Tage in freundschaftlich-geselliger Runde mit Goethe als unvergeßliche Feste bezeichnete, schrieb: »Ach Gott, wie schön, wie groß, wie voll Gefühl ist dieses Werk! Das heiß' ich zeichnen, malen, bilden, kurz, ich war entzückt; es fatiguierte mich auch so, daß ich den andern Tag gar nichts taugte«[1799]. Goethe andererseits äußerte sich über seinen Aufenthalt in Stuttgart: »Ich habe hier Tage erlebt wie in Rom«[1800]. Dies war ein mehr als schmeichelhaftes Lob für die kleine Herzogsresidenz. Auf der Rückreise von der Schweiz hatte es der große Dichter dann sehr eilig. Von Tübingen am Abend des 1. November 1797 kommend, blieb er im »Schwarzen Adler« über Nacht, um am 2. November in aller Frühe nach Fellbach und Waiblingen weiterzureisen[1801].

Ein Treffpunkt für Künstler und Literaten während mehr als drei Jahrzehnten war auch das Haus von Eberhard Friedrich Georgii (1757–1830), Büchsenstraße 50. Georgii, von 1779 bis 1781 Professor an der Militärakademie, 1788 Regierungs- und Konsistorialrat, zuletzt Obertribunalpräsident, erhielt für seinen mannhaften Protest gegen die Aufhebung der altwürttembergischen Verfassung Ende 1805 den Ehrennamen »der letzte Württemberger«. Im Garten hinter seinem Haus traf sich während des Sommers ein gutes Dutzend Honoratioren, hohe Beamte, Ärzte, Juristen und Künstler, zur wöchentlichen Kegelpartie. Dieser Gesellschaft gehörten auch Rapp, Dannecker sowie der Epigrammatiker Friedrich Haug an. In Georgiis Gartensaal trug Friedrich Wilhelm Joseph Schelling im August 1810 vor einem erlesenen Kreis seine Philosophie, insbesondere seine Ideen über Tod und Unsterblichkeit, vor. Eberhard Friedrich Georgii nahm sich auch seines frühverwaisten Neffen Eduard Mörike an. 1817/18 wohnte dieser als Gymnasiast bei ihm, ehe er ins niedere evangelisch-theologische Seminar Urach eintrat. Im Haus Georgiis verkehrte Ludwig Uhland, der von 1812 bis 1830 in Stuttgart lebte, zunächst als Sekretär des Justizministers, dann seit 1814 als freier Advokat. Der 18jährige Aufenthalt in Stuttgart war für Uhland eine literarisch fruchtbare Zeit. In den Verfassungskämpfen der Jahre 1815 bis 1819 engagierte er sich politisch als Altrechtler[1802].

Das Haus und Atelier des Bildhauers Johann Heinrich Dannecker am Schloßplatz, die »Danneckerei«.

Einen künstlerisch-gesellschaftlichen Anziehungspunkt bildete das 1808 von Johann Heinrich Dannecker am Schloßplatz gegenüber dem Kunstgebäude auf dem Platz des späteren Olgabaus errichtete Haus wie schon zuvor das alte Wohnhaus des Bildhauers, Stiftstraße 5. Das Danneckersche Haus und Atelier am Schloßplatz, die »Danneckerei«, enthielt Abgüsse ausgesuchter antiker Bildwerke, so des Laokoon, der mediceischen Venus und des Apoll von Bellvedere, ebenso die Büste Friedrich Schillers. Die »Danneckerei« war Museum und Atelier, Kunstschule und Wohnung in einem. Dort versammelten sich während vieler Jahre an jedem Donnerstag Künstler, Literaten und Gelehrte, aber auch hohe Beamte und Offiziere sowie führende Persönlichkeiten der Politik, unter ihnen Gottlob Heinrich Rapp, Friedrich Haug, Johann Wilhelm Petersen, Georg August Hartmann, Georg Reinbeck, Friedrich Christoph Weisser, Karl von Kerner, Karl August Freiherr von Wangenheim. Auch stellten sich viele Fremde ein. Selbst Fürstlichkeiten, so Kaiser Alexander von Rußland, erwiesen durch ihren Besuch dem großen Bildhauer ihre Reverenz. Das Danneckersche Atelier galt in Stuttgart als besondere Sehenswürdigkeit. Wichtig in unserem Zusammenhang war indes sein hoher Rang im künstlerisch-literarischen Leben der württembergischen Haupt- und Residenzstadt[1803].

In gleicher Weise wie sein Vater Johann Georg Hartmann öffnete in großzügiger Gastlichkeit auch Georg August Hartmann (1764–1849) sein Haus Dichtern, Philosophen, Staatsmännern und Künstlern. Georg August Hartmann war Professor der Kameralwissenschaft an der Hohen Carlsschule, später hatte er hohe Ämter im württ-

Emilie Reinbeck, geborene Hartmann (1794–1846), Frau des Dichters und Ästhetikers Georg Reinbeck (1766–1849).

tembergischen Staatsdienst inne. König Wilhelm I. ernannte ihn zum Wirklichen Geheimen Rat und zum Präsidenten der Oberrechnungskammer. Auch übertrug er ihm nach dem Tod von Königin Katharina den Vorsitz der Zentralleitung des Wohltätigkeitsvereins sowie des Landwirtschaftlichen Vereins, außerdem betraute er ihn mit der Oberaufsicht über sämtliche mit diesen Einrichtungen verbundenen Wohltätigkeits- und Erziehungsanstalten. Seine Tochter Emilie, seit 1817 die zweite Frau des aus Berlin gebürtigen Professors am Obergymnasium und am Katharinenstift, des Dichters und Ästhetikers Georg Reinbeck (1766–1849), hatte wesentlichen Anteil daran, wenn das Hartmann-Reinbecksche Haus drei Generationen hindurch ein weitausstrahlender Mittelpunkt künstlerisch-literarischen Lebens in Stuttgart blieb. Hier ging zwischen 1807 und 1810 Carl Maria von Weber aus und ein. 1815 war Friedrich Rückert häufiger Gast, 1819 Jean Paul während seines mehrwöchigen Stuttgarter Aufenthalts. Auch Ludwig Tieck kehrte bei seinem Besuch in der württembergischen Haupt- und Residenzstadt im Hartmann-Reinbeckschen Haus ein, und schließlich wohnte Nikolaus Lenau längere Zeit dort, nach dem Ausbruch seiner Geisteskrankheit 1844 bis zu seiner Verbringung in die Heilanstalt Winnenden von Emilie Reinbeck aufopfernd gepflegt. Es gab kaum einen in Stuttgart lebenden oder von auswärts zu Besuch in die Stadt kommenden namhaften Dichter oder Schriftsteller, der nicht die liebenswürdige Gastfreundschaft von Georg August Hartmann, seiner Tochter Emilie oder seinem Schwiegersohn in Anspruch nahm[1804].

Das an Neujahr 1807 von Cotta ins Leben gerufene »Morgenblatt für gebildete Stände« (später: »Morgenblatt für gebildete Leser«) erlangte rasch als Publikationsorgan Bedeutung und rückte Stuttgart noch mehr als bisher in den Blickpunkt der literarischen Welt. Die neue Zeitschrift gab in ihren Spalten der unterhaltenden wie der belehrenden Literatur Raum, lediglich die Tagespolitik nahm sie aus. Ihr Gründer und Verleger stützte sich auf die Mitarbeit von Schriftstellern und Dichtern, die in Württemberg, namentlich in Stuttgart, lebten; sie lieferten im wesentlichen die Beiträge für die ersten Jahrgänge: Karl Heinrich Grüneisen, damals Generalsekretär im Kultministerium (zuletzt Oberregierungsrat), Gottlob Heinrich Rapp, Philipp Joseph Rehfues, die Dichter Friedrich Weisser, Friedrich Haug und von Tübingen Carl Philipp Conz, ferner die in Stuttgart heimisch gewordenen Dichter Friedrich Matthisson, Johann Wilhelm Petersen und Georg Reinbeck sowie andere württembergische Literaten. Im ersten Jahr besorgte Grüneisen die Hauptredaktion, danach bis 1817 Haug im Wechsel mit Weisser und Reinbeck. 1815 kam Friedrich Rückert nach Stuttgart; er übernahm für zwei Jahre die Redaktion des poetischen Teils. Cotta war von Anfang an mit Erfolg bemüht, die auswärtigen Autoren, zu denen er verlegerische Kontakte unterhielt, für eine Mitarbeit im »Morgenblatt« zu gewinnen. Schon in der ersten Nummer war Jean Paul mit einem Beitrag vertreten. Bald gab es im deutschen Sprachraum kaum noch einen renommierten Dichter oder Schriftsteller, der nicht wenigstens gelegentlich Beiträge im »Morgenblatt« publizierte. Dem

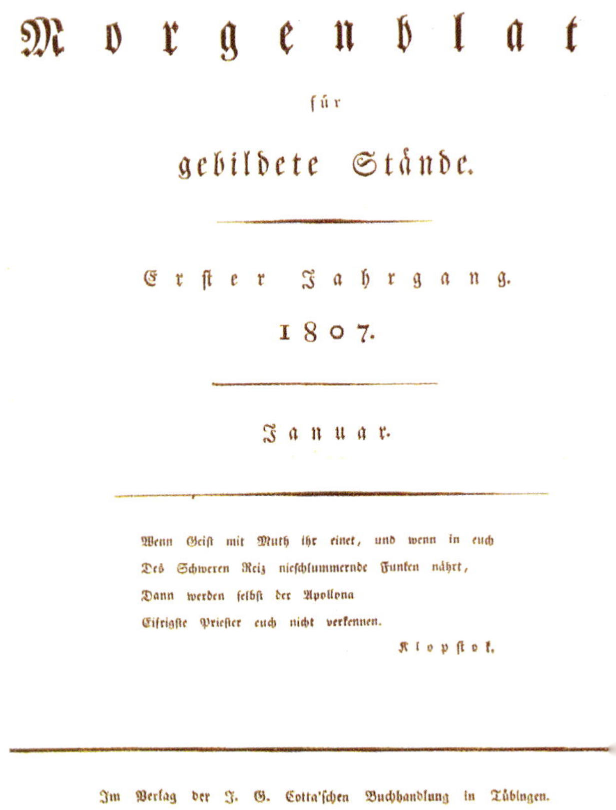

Morgenblatt

für

gebildete Stände.

Erster Jahrgang.

1807.

Januar.

Wenn Geist mit Muth ihr einet, und wenn in euch
Des Schweren Reiz nieschlummernde Funken nährt,
Dann werden selbst der Apollona
Eifrigste Priester euch nicht verkennen.

Klopstok.

Im Verlag der J. G. Cotta'schen Buchhandlung in Tübingen.

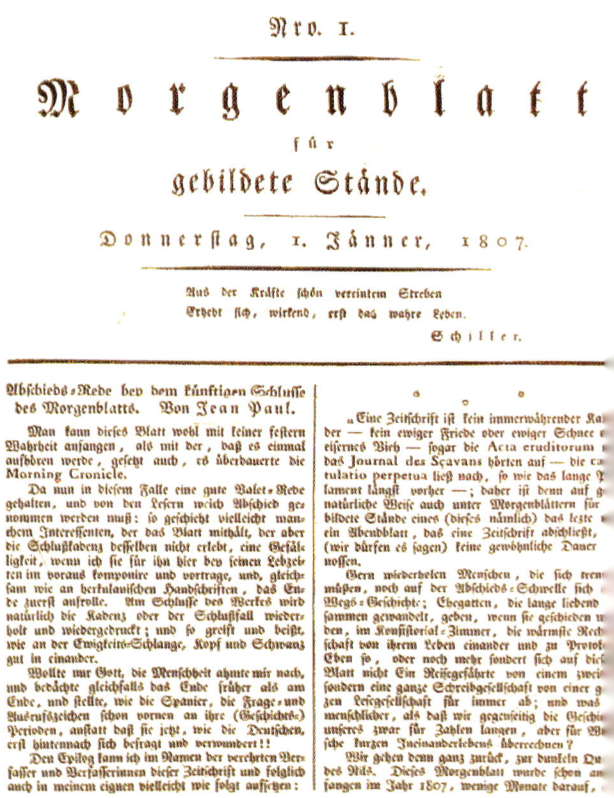

Nro. 1.

Morgenblatt

für

gebildete Stände.

Donnerstag, 1. Jänner, 1807.

Aus der Kräfte schön vereintem Streben
Erhebt sich, wirkend, erst das wahre Leben.

Schiller.

Abschieds-Rede bey dem künftigen Schlusse des Morgenblatts. Von Jean Paul.

Man kann dieses Blatt wohl mit keiner festern Wahrheit anfangen, als mit der, daß es einmal aufhören werde, gesetzt auch, es überdauerte die Morning Cronicle.

Da nun in diesem Falle eine gute Valet-Rede gehalten, und von den Lesern weich Abschied genommen werden muß: so geschieht vielleicht manchem Interessenten, der das Blatt mithält, der aber die Schlußkadenz desselben nicht erlebt, eine Gefälligkeit, wenn ich sie für ihn hier bey seinen Lebzeiten im voraus komponire und vortrage, und, gleichsam wie an herkulanischen Handschriften, das Ende zuerst aufrolle. Am Schlusse des Werkes wird natürlich die Kadenz oder der Schlußfall wiederholt und wiedergedruckt; und so greift und beißt, wie an der Ewigkeits-Schlange, Kopf und Schwanz gut in einander.

Wollte nur Gott, die Menschheit ahmte mir nach, und bedächte gleichfalls das Ende früher als am Ende, und stellte, wie die Spanier, die Frage- und Ausrufszeichen schon vornen an ihre (Geschichts-) Perioden, anstatt daß sie jetzt, wie die Deutschen, erst hintennach sich befragt und verwundert!!

Den Epilog kann ich im Namen der verehrten Verfasser und Verfasserinnen dieser Zeitschrift und folglich auch in meinem eignen vielleicht wie folgt aufsetzen:

„Eine Zeitschrift ist kein immerwährender Ka[…]der — kein ewiger Friede oder ewiger Schnee [...] eisernes Vieh — sogar die Acta eruditorum [...] das Journal des Sçavans hörten auf — die c[...]tulatio perpetua ließ nach, so wie das lange [...]lament längst vorher —; daher ist denn auf g[...] natürliche Weise auch unter Morgenblättern für [...]bildete Stände eines (dieses nämlich) das lezte [...] ein Abendblatt, das eine Zeitschrift abschließt, (wir dürfen es sagen) keine gewöhnliche Dauer [...]nossen.

Gern wiederholen Menschen, die sich tren[nen] müssen, noch auf der Abschieds-Schwelle sich [...] Wegs-Geschichte; Ehegatten, die lange liebend [...]sammen gewandelt, geben, wenn sie geschieden w[er]den, im Konsistorial-Zimmer, die wärmste Rech[en]schaft von ihrem Leben einander und zu Protok[oll]. Eben so, oder noch mehr sondert sich auf dies[em] Blatt nicht Ein Reisegefährte von einem zwei[ten], sondern eine ganze Schreibgesellschaft von einer g[an]zen Lesegesellschaft für immer ab; und was [ist] menschlicher, als daß wir gegenseitig die Geschi[chte] unseres zwar für Zahlen langen, aber für W[ün]sche kurzen Ineinanderlebens überrechnen?

Wir gehen denn ganz zurück, zur dunkeln Qu[elle] des Nils. Dieses Morgenblatt wurde schon an[ge]fangen im Jahr 1807, wenige Monate darauf, [...]

»Morgenblatt für gebildete Stände« vom 1. Januar 1807. Titelblatt und erste Textseite.

Blatt kam dies sehr zugute. Es bot nunmehr eine reiche Fülle literarischer Arbeiten: Gedichte, schöngeistige und populärwissenschaftliche Artikel, Berichte aus deutschen und sonstigen europäischen Städten, Buchbesprechungen sowie eine Vielfalt anderer Informationen. Am Anfang dominierten Epigramme, Rätsel, Aperçus, Notizen, doch allmählich wurden die Beiträge umfangreicher, inhaltlich gewichtiger, aber auch abwechslungsreicher, fanden die verschiedenen Literaturgattungen in einem ausgewogenen Maß Berücksichtigung. Das »Morgenblatt« gewann weite Verbreitung[1805].

Zu Beginn des 18. Jahrhunderts bestanden in Stuttgart zumindest vier Buchdruckereien: die Buchdruckerei des Christian Gottlieb Rößlin, die der Witwe des Melchior Gerhard Lorbeer, die des Bernhard Michael Müller sowie die des Paul Treu. Die Firma des 1700 genannten Buchdruckers Joseph Gretz scheint, falls es sich überhaupt um ein selbständiges Unternehmen handelte, bald eingegangen zu sein[1806]. 1702 heiratete die Witwe von Melchior Georg Lorbeer den bereits genannten Buchdrucker Bernhard Michael Müller. Dieser führte die im Bebenhäuser Hof befindliche Offizin weiter und brachte sie zur Blüte. Durch die Ehe seiner Tochter mit Rößlin kam eine enge Interessengemeinschaft zwischen beiden Druckereien zustande; sie stürzte Treu in wirtschaftliche Schwierigkeiten. Treu mußte seine Materialien und Pressen an Rößlin verkaufen und bei diesem eine bezahlte Stelle übernehmen. So bestanden seit 1714 in Stuttgart lediglich noch zwei Druckereien. Ihre technische Kapazität erschien zur Erledigung der anfallenden Druckaufträge ausreichend. Herzog Eberhard Ludwig trug dieser Tatsache dadurch Rechnung, daß er bis auf weiteres durch ein Reskript diese Zweizahl festschrieb[1807].

Um sich vor Geschäftsschädigungen durch Berufskollegen, d. h. vor Nachdrukken, zu schützen, ersuchten die Buchdrucker, wie dies auch schon früher üblich gewesen war, bei größeren Aufträgen den Herzog um die Erteilung spezieller Druckprivilegien. 1707 beispielsweise erhielt Müller ein herzogliches Privileg für den Druck eines kleinen Schreibkalenders, im Jahr darauf Paul Treu für den Druck »der über die sonn-, fest- und feiertäglichen Evangelien in den Kirchen des Herzogtums eingeführten Gebete, samt der Kollekt vor dem Altar zu sprechen«[1808]. Im Jahr 1715 räumte der Herzog den beiden Stuttgarter Buchdrukkern sowie dem Buchdrucker Cotta in Tübingen gegen eine jährliche Abgabe von 400 fl ein Privileg für den Druck ihrer Kalender ein[1809]. Ein bedeutsames Privileg erlangte der Buchdrucker Müller im März 1732: Er durfte eine Neuausgabe des »Schatzkästleins« drucken. Dieses Spruchbuch – amtlich hieß es »Auszug aus dem Biblischen Schatzkästlein« – sollte nach und nach in allen deutschen und lateinischen Schulen eingeführt werden und der Konfusion wegen der in den Schulen des Herzogtums derzeit benutzten Spruchbücher ein Ende bereiten. Die württembergischen Buchdruckern erteilten speziellen Druckprivilegien hielten indes keineswegs Buchdrucke-

Der Bebenhäuser Hof im Jahr 1795.

reien, die der württembergischen Jurisdiktion nicht unterstanden, vom Nachdruck ab. Dies war zum Beispiel bei dem soeben erwähnten Spruchbuch der Fall. Die Buchdruckereien Fleischhauer und Mäntler in den Reichsstädten Reutlingen und Esslingen druckten dieses Buch nicht nur in mehreren tausend Exemplaren nach, sondern versahen ihre Nachdrucke auch mit dem württembergischen Wappen, um die Käufer zu täuschen. In seiner Beschwerde äußerte sich Müller besonders erbittert über die Stuttgarter Buchhändler, weil diese Fleischhauer und Mändler ihre Produkte abnähmen und sie zum Nachteil der Stadt hier verkauften[1810].

Eine herausgehobene Stellung hatte Christian Gottlieb Rößlin inne: Er war Hof- und Kanzleibuchdrucker und hatte als solcher die ausschließliche Berechtigung zum Druck von Reskripten, Patenten, Ordnungen, Geboten, Predigten usw. Nach seinem Tod 1727 wurde dieses Privileg Johann Georg Cotta, dann Daniel Benjamin Faber übertragen. 1742 erlangte es Christian Gottlieb Rößlin der Jüngere. Von ihm ging es an Cottas Erben und 1807 an die Gebrüder Mäntler über[1811].

Die Buchdrucker beschränkten sich gewöhnlich nicht auf den Druck von Büchern, sondern sie betätigten sich auch im Buchhandel, ja selbst im Buchbinden. Kein Wunder also, wenn sich 1717 Müller stark benachteiligt fühlte, weil Rößlin und dessen Schwager Metzler, der Stuttgarter Buchhändler, beim Buchvertrieb gemeinsame Sache machten. Er warf den beiden vor, sie wollten sich im Buchhandel ein Monopol sichern[1812]. Nach der Verlegung der herzoglichen Residenz nach Ludwigsburg wollte Rößlin dort natürlich gleichfalls präsent sein. Sein entsprechendes Gesuch hatte Erfolg. Im Juni 1724 erlaubte ihm Herzog Eberhard Ludwig, in Ludwigsburg ein Haus erbauen und darin eine Buchdruckerei, einen Buchladen sowie eine Buchbinderei einrichten zu dürfen[1813].

Nach dem Tod Rößlins 1727 führte seine Witwe Juditha den Betrieb in Stuttgart und Ludwigsburg mehr schlecht als recht weiter. 1729 war sie stark verschuldet. Obwohl ihr das Hof- und Kanzleidruckprivileg ausdrücklich zuerkannt war, erteilte die Regierung damals den Druckauftrag für die Neuausgabe der württembergischen Landesordnung und des württembergischen Landrechts nicht ihr, sondern der Cottaschen Druckerei in Tübingen. Ihren Protest nahmen die Oberräte gelassen zur Kenntnis. Sie stellten fest, die Rößlinsche Druckerei könne einen solchen Auftrag überhaupt nicht ausführen, weil ihr die dazu erforderliche technische Ausstattung fehle. In Ludwigsburg habe die Firma noch immer kein Haus erbaut, obschon sie bereits vor sechs Jahren ein entsprechendes Privileg erwirkt habe, sondern begnüge sich mit gemieteten Zimmern, in denen sie eine kümmerliche Druckerei installiert habe. Der Buchführer Cotta in Tübingen betreibe derzeit die beste Offizin und Buchdruckerei in Württemberg[1814]. 1730 heiratete Juditha Rößlin den Buchdrucker David Benjamin Faber aus Ludwigsburg, der die Firma Rößlin unter dem eigenen Namen weiterführte. Faber tat sich schwer, die Druckerei wieder hochzubringen. Ein lohnendes Geschäft versprach er sich vom Druck einer Neuauflage des Konfirmationsbüchleins. Doch sein Gesuch, ihm dafür das ausschließliche Druckprivileg einzuräumen, hatte keinen Erfolg. Der Herzog entschied, er solle sich mit Cotta in Tübingen über die Aufteilung des Druckauftrags einigen, zumal Cotta noch über einen ziemlichen Vorrat an bereits gedruckten Konfirmationsbüchlein verfüge[1815].

Im Mai 1735 gestattete Herzog Carl Alexander Müller und Faber, die beide auf ihren Status als Hof- und Kanzleibuchdrukker gepocht hatten[1816], die württembergische Landesordnung und die Reglements auf ihre Kosten drucken zu lassen. In ihrer Eingabe hatten die beiden Drucker geltend gemacht, eine Neuauflage sei seit 20 Jahren beabsichtigt, aber bislang nicht zustande gekommen, mithin also dringend erforderlich. Ob indes der Druck der Neuauflage erfolgte, erscheint fraglich, denn 1742 zeigte Johann Georg Cotta an, daß er nunmehr »die sogenannten allerhand Ordnungen des Herzogtums«, die vergriffen seien, drucken lassen wolle. Es ist allerdings nicht eindeutig festzustellen, daß diese Ordnungen mit der Landesordnung identisch waren[1817]. Seit 1737 mußten übrigens die Drucker von jeder Druckschrift ein Pflichtexemplar an die herzogliche Bibliothek abliefern[1818].

Die geringe Leistungsfähigkeit der Buchdruckereien Faber und Müller dürfte mit ein Grund gewesen sein, warum Herzog Carl Alexander am 16. August 1735 Johann Georg Cotta, der auf herzogliches Geheiß 1730 in Ludwigsburg eine Druckerei errichtet hatte, gestattete, in Stuttgart für den Zeitraum von 15 Jahren eine Hof- und Kanzleibuchdruckerei zu betreiben. Für das ihm erteilte Privileg, d. h. für die Ausdehnung seines Geschäftsbetriebs auf Stuttgart, mußte

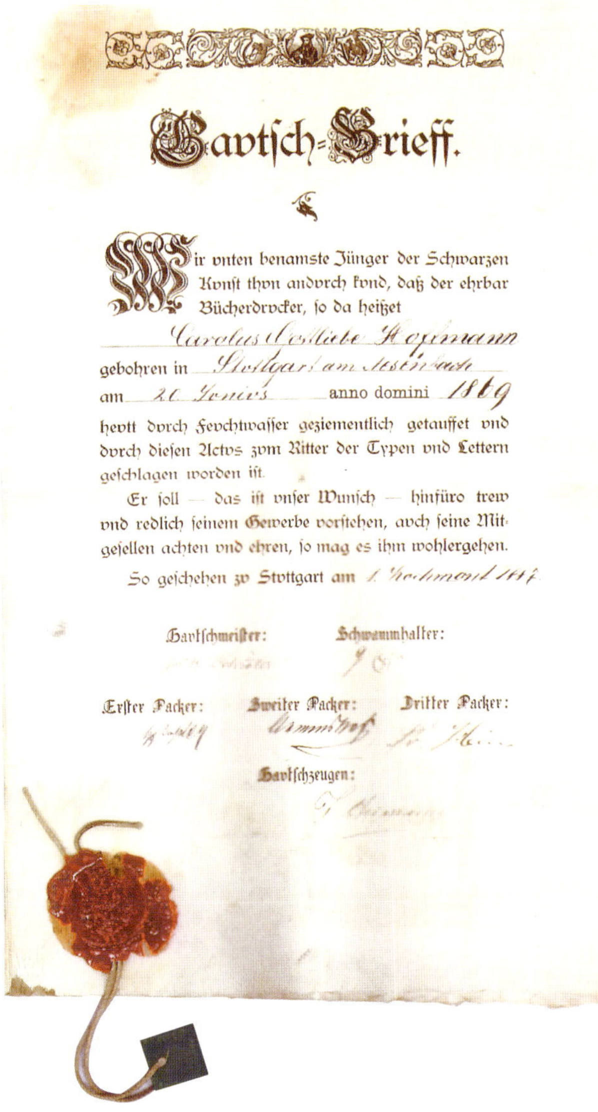
Gautsch-Brieff.

Wir vnten benamste Jünger der Schwarzen Kvnst thvn andvrch kvnd, daß der ehrbar Bücherdrvcker, so da heißet

gebohren in

am anno domini

hevtt dvrch Fevchtwasser geziementlich getauffet vnd dvrch diesen Actvs zvm Ritter der Typen vnd Lettern geschlagen worden ist.

Er soll — das ist vnser Wunsch — hinfüro trew vnd redlich seinem Gewerbe vorstehen, avch seine Mitgesellen achten vnd ehren, so mag es ihm wohlergehen.

So geschehen zv Stvttgart am

Gautschmeister: Schwammhalter:

Erster Packer: Zweiter Packer: Dritter Packer:

Gautschzeugen:

Gautsch-Brief für den Buchdrucker Carolus Gottliebe Hoffmann von »Stuttgart am Nesenbach« vom 1. Brachmond [Juni] 1887.

Christoph Friedrich Cotta (1724 – 1807), Hof- und Kanzleibuchdrucker.

sich Cotta verpflichten, alle Generalreskripte, Befehle und Patente unentgeltlich zu drucken und bei Neuauflagen von Verordnungen jedem Mitglied des »fürstlichen Kollegiums« (Regierungsrats) ein Exemplar gratis abzugeben, außerdem hatte er der herzoglichen Ratsbibliothek ein jährliches Büchergeschenk im Wert von 150 fl zu machen. Faber und Müller protestierten heftig und erhoben schwere Anschuldigungen gegen Cotta, konnten aber damit dem ihnen fachlich überlegenen Konkurrenten nicht schaden[1819]. 1757 übergab Johann Georg Cotta seinem Sohn Christoph Friedrich das Stuttgarter Unternehmen. Dieser baute die Druckerei um und gründete 1760 hier die erste Schriftgießerei. In Ludwigsburg investierte er gleichfalls, um auch dort im Druckereigeschäft zu bleiben. 1760 sicherte ihm der Herzog für Stuttgart zu, daß alle »Aufträge, die der Hof und die Kanzleien« zu vergeben hätten, ihm, seinen Erben und Nachfolgern uneingeschränkt verbleiben sollten[1820].

Nach dem Tod Fabers 1739 vermochte Christian Gottlieb Rößlin der Jüngere gegenüber der Mutter seine Ansprüche durchzusetzen. Doch stürzte er sich so sehr in Schulden, daß er nach zwei Jahren den Betrieb seinem Großvater Müller, der ihn unterstützt hatte, überlassen mußte. 1745 kaufte Johann Nikolaus Stoll für seinen Sohn Bernhard Friedrich die ehemalige Rößlinsche Druckerei mit allen Privilegien offensichtlich einschließlich eines Teils des Müllerschen Unternehmens. 1748 starb Müller. Soweit der Betrieb noch in seinem Besitz gewesen war, fiel er an seine Stieftochter, die Pfarrerswitwe Maria Magdalena Jenisch. Diese führte das Geschäft weiter, bis ihr Sohn Gottlob Friedrich Jenisch die Druckerei übernehmen konnte[1821].

Der Hirschgassenbrand am 2. August 1761 traf das Druckereigewerbe der Stadt schwer. Zerstört wurden die kurz zuvor neben der Armenkastenschule neuerbaute Cottasche Buchdruckerei, ebenso die Druckerei Stoll (Ecke Hirsch-/Milchstraße), die wenige Monate vorher durch Kauf in das Eigentum von Christoph Gottlieb Mäntler, dem Schwiegersohn des Gerichtsverwandten und Stadthauptmanns Ploucquet, übergegangen war, sowie die Druckerei Jenisch (Ecke Bebenhäuser-/Hirschstraße)[1822].

Indes schafften die drei Druckereien den nicht einfachen Wiederaufbau. Christoph Friedrich Cotta verlegte sein Unternehmen in ein Gebäude am Großen Graben (Königstraße), wo er größere Entfaltungsmöglichkeiten hatte[1823]. Friedrich Jenisch war im Februar 1761 gestorben. Da er keine Kinder hatte, übernahmen seine Geschwister vorübergehend den Betrieb. Sie fanden in dem Tübinger Buchdrucker Johann Philipp Erhard einen Kaufinteressenten, der im Begriff war, mit seiner Tübinger Offizin nach Stuttgart zu übersiedeln. Trotz harten Widerstands von Cotta und Mäntler, die sich einen lästigen Konkurrenten vom Halse schaffen wollten, gelangen Erhard schließlich der Erwerb des Jenischen Betriebs und die Niederlassung in Stuttgart[1824].

Mehr als 20 Jahre behaupteten nun die Buchdruckereien Cotta, Mäntler und Erhard unangefochten ihre Monopolstellung. Erst 1783 wurde dieser durch die Gründung einer Buch- und Notendruckerei der Hohen Carlsschule im Anschluß an die schon seit 1776 bestehende Kupferstecheranstalt ein Ende bereitet. Die technisch gut ausgestattete, leistungsfähige Carlsschuldruckerei, die der direkten Verfügungsgewalt des Herzogs unterstand, gewann vor allem auch dank der ihr zuerkannten Privilegien rasch große wirtschaftliche Bedeutung. So besaß sie von 1787 bis 1794 das zuvor Cotta zugestandene Privileg des Kalenderdrucks. Weitere Privilegien waren der Druck des Spruchbuchs, der Kinderlehre, des Konfirmationsbuchs, den sich bisher die alten Buchdruckereien geteilt hatten. Die Verleger gaben jetzt ihre Druckaufträge, um sich das Wohlwollen des Herzogs zu sichern, vorzugsweise an die Carlsschuldruckerei. Den Schaden hatten Cotta, Mäntler und Erhard, die nicht nur über entzogene Privilegien, sondern überhaupt über mangelnde Beschäftigung klagten. Cotta hatte kurz zuvor 150 Zentner Schrift gekauft, die nun nicht effektiv genutzt werden konnten. Die Aufhebung der Hohen Carlsschule im Jahr 1794, die zugleich das Aus für deren Akademische Buchdruckerei bedeutete, ließ die privaten Buchdrucker aufatmen. Cotta kaufte sämtliche Einrichtungsgegenstände der Carlsschuldruckerei, die seit 1787 neben der »Teutschen Chronik« Schubarts auch den »Schwäbischen Merkur« gedruckt hatte. Er bekam sein Kalenderprivileg zurück, auch die anderen Buchdrucker erlangten wieder ihre alten Privilegien[1825].

Um die Jahrhundertwende stieg die Zahl der Stuttgarter Buchdruckereien an. Im August 1798 erhielt Friedrich Macklot, der 1797 die Witwe des Buchdruckers Erhard geheiratet hatte, die Konzession für eine Druckerei, im Jahr darauf Karl Jakob Klett, ein früherer Angestellter von Mäntler. Am 18. März 1807 starb Christoph Friedrich Cotta im Alter von 83 Jahren. Seine Witwe Rosalie führte zusammen mit ihrem zweitältesten Sohn Johann Georg, der bislang die Filiale in Ludwigsburg geleitet hatte, den Betrieb weiter. Dieser firmierte bis 1875 unter dem Namen »Chr. F. Cottas Erben«. 1807 gelang es den Gebrüdern Mäntler, die Firma Cotta von ihrem lang behaupteten Platz als Hof- und Kanzleidruckerei zu verdrängen; sie allein hatten künftig die Befugnis, Landesgesetze und Ordnungen oder auch Neuauflagen von solchen zu drucken. 1799 verschwand der Name der Druckerei Erhard aus den Annalen des Stuttgarter Druckereigewerbes; der Betrieb wurde unter dem Namen A. Fr. Macklot fortgeführt (sein Inhaber war seit 1805 der Stiefsohn Macklots Carl August Erhard). Der Buchdrucker Karl Jakob Klett geriet schon bald in Konkurs, seinen Betrieb übernahm 1805 der Buchhändler J. F. Steinkopf. 1796 betrieb der Schriftgießer und Schriftschneider Johann Heinrich Kutscher eine ausgedehnte Schriftgießerei, in der er auch Gießinstrumente herstellte. Er besaß Matrizen und Stempel für 65 verschiedene Schriften. Im Januar 1802 wurde ihm die Errichtung einer Buchdruckerei gestattet. Im Jahr 1818 gab es in Stuttgart zehn Druckereien mit 78 Gesellen und 22 Lehrjungen. An neuen Firmen, die im letzten Jahrzehnt gegründet oder hierherverlegt worden waren, nennt eine Zusammenstellung: C. Hasselbrinck (später Chr. Scheufele), J. G. Cottaische Buchdruckerei (Besitzer Dr. Cotta, 1810 von Tübingen mit Verlag Cotta hierherverlegt), Elben (Druckerei des »Schwäbischen Merkur»), Zuckschwerdt, Fr. Herre, Zolldrucker Römer[1826].

Bereits in anderem Zusammenhang wurde erwähnt, daß der Kupferstecher Johann Gotthard Müller auf Veranlassung von Herzog Carl Eugen eine von diesem finanzierte Kupferdruckerei errichtete. Diese, ausgestattet für einen Zeitraum von zehn Jahren mit einem Exklusivprivileg, ging 1799 in Müllers Eigentum über. Einer seiner Schüler, der Sohn des Kunsthändlers Johann Friedrich Ebner, führte den Kupferdruck im väterlichen Geschäft ein und machte damit Müller erhebliche Konkurrenz. Ein aus München nach Stuttgart gekommener Strohofer erhielt von König Friedrich ein zehnjähriges Privileg für den Steindruck. Allein, er kam über Versuche nicht hinaus. Erfolgreicher war, wie bereits erwähnt, der Kaufmann Gottlob Heinrich Rapp, der 1807 im Zusammenwirken mit dem Verleger Johann Friedrich Cotta eine Steindruckerei errichtete und sie bis 1810 betrieb. König Friedrich stellte dafür in der Alten Kanzlei ein Lokal unentgeltlich zur Verfügung. Als Rapp die Direktion der Tabakregie übernahm, veräußerte er das Unternehmen an den Kupferstecher Carl Ebner[1827]. In den folgenden Jahren gesellten sich weitere Steindruckereien hinzu, 1834 waren es elf[1828].

Während des ganzen 18. Jahrhunderts galten für Druckschriften strenge Zensurvorschriften. 1704 beispielsweise wurde der Buchdrucker Paul Treu um einen Kleinen Frevel gestraft, weil er ein französisches Büchlein gedruckt hatte, ohne das Manuskript zuvor der Zensur vorgelegt zu haben[1829]. Da dies nicht sein erster Verstoß gegen die Zensurvorschriften war, hätte die Strafe an sich härter ausfallen müssen, doch Treu war arm, deshalb schien der Kleine Frevel eine ausreichende Sühne. Bei der Druckschrift handelte es sich um einen sogenannten Panegyricus des französischen Sprachmeisters Lamotte in Stuttgart. Da der Panegyricus viele anzügliche und unbedachte Ausdrücke enthielt, wurde die Auflage konfisziert und der Verfasser nachdrücklich verwarnt[1830]. 1733 wurde anläßlich eines Zensurverstoßes des Stadtmagistrats obrigkeitlich eingeschärft, daß kein theologisches Traktat und kein »Carmen« (Gedicht) gedruckt werden durfte, ehe es die Zensur des Konsistoriums passiert hatte. Nach einem Generalreskript vom 17. Juli 1737 waren alle Carmina vor der Drucklegung dem Rektorat des Stuttgarter Gymnasiums zur Zensur vorzulegen. Dies unterblieb bei einem dem Helfer Speidel in Murrhardt gewidmeten Hochzeitsgedicht aus Zeitmangel, wie der Cottasche Faktor Johannes Schreitmüller entschuldigend vorbrachte. Schreitmüller mußte eine Kleine-Frevel-Strafe berappen[1831]. Eine entsprechend hohe Strafe – drei Kleine Frevel – hatte im Vorjahr den Buchdrucker Faber getroffen, weil er drei Leichen-Carmina unzensiert gedruckt hatte. Die Strafe wurde Faber später allerdings wegen seiner »großen Dürftigkeit« nachgelassen[1832]. Stellte sich beim Druck unzensierter Carmina heraus, daß ihr Inhalt gegen die guten Sitten, das Ansehen des Staats, gegen die Religion oder gegen den »gemeinen Wohlstand« verstieß, mußte darüber dem Herzog berichtet werden. Dieser setzte dann »eine angemessene Strafe« fest, die naturgemäß erheblich über dem Kleinen-Frevel-Niveau lag[1833].

Exorbitante Strafen trafen seit 1737 Buchdrucker, die ohne Einwilligung der Zensurbehörde Schriften, so auch Zeitungen, druckten. Es war von 100 fl die Rede. Beim herzoglichen Regierungskollegium wurde eine besondere Abteilung für Zensurangelegenheiten gebildet. Vom Konsistorium wurde hierzu ein Mitglied abgeordnet, das geistliche Druckschriften kritisch zu prüfen hatte. Für Zeitungen hatte eine solche Zensur fatale Auswirkungen: Sie mußten sich auf die reine Nachrichtenübermittlung beschränken, jeder kommentierende oder gar polemisierende Artikel war verboten[1834]. 1791 wurde das bisherige Zensurkollegium durch ein neues, aus drei Professoren bestehendes Kollegium ersetzt, zugleich wurden neue, verschärfte Zensurbestimmungen in Kraft gesetzt[1835].

König Friedrich hielt die in der Herzogszeit praktizierte Zensur für unzureichend. 1808 erließ er detaillierte Zensurvorschriften. Zugleich stattete er das aus Juristen, Theologen, Medizinern und anderen wissenschaftlich gebildeten Sachverständigen zusammengesetzte Zensurkollegium mit umfassenden Befugnissen aus. Im Land wurden Bücherfiskale aufgestellt, meist Staatsbeamte, Pfarrer oder Lehrer; sie hatten die Druckereien in ihren Bezirken öfters und unerwartet zu visitieren, hatten die Kataloge und Vorräte der Buchhändler durchzusehen. In gleicher Weise mußten sie auch die Leih- und Lesebibliotheken, überhaupt alle am Buchhandel beteiligten Unternehmen und Geschäfte überwachen. Den Druckern war auferlegt, für jede Schrift, die sie drucken wollten, zuvor die Druckgenehmigung einzuholen. Dies taten allerdings meist schon die Autoren. Werke »mit vaterländischem Inhalt« waren zur Prüfung und Druckgenehmigung dem Staatsministerium vorzulegen. Die Veröffentlichung biographischer Artikel über König Friedrich wurde durch Kabinettsordre verboten, da der König wünschte, daß Urteile über seine »allerhöchste Person« der Nachwelt überlassen werden sollten. Untersagt war der Druck inländischer Flugblätter; nichtwürttembergische Flugblätter durften, soweit sie ungefährlich waren, verkauft werden. Auf die besonders rigide gehandhabte Zensur der Presse wird noch in anderem Zusammenhang einzugehen sein. Bücher, Manuskripte und sonstige Schriften, die das Mißfallen der Zensoren erregten, mußten, falls ihre Publikation nicht überhaupt untersagt wurde, häufig umgearbeitet werden, ehe die Druckerlaubnis erteilt wurde. Die strenge Zensur beeinträchtigte die Geschäftstätigkeit der Buchdrucker und Buchhändler, ebenso hemmte sie den Unternehmungsgeist der Verleger[1836].

Buchhandlungen, Verlage

Ursprünglich hatten die Buchdrucker weithin das Buchverlagswesen für sich beansprucht. Dies änderte sich mit dem Aufkommen eines eigenständigen Buchhändler- und Verlegergewerbes. Die sich gleichermaßen im Verlags- wie im Sortimentsbetrieb betätigenden Buchhändler unternahmen große Anstrengungen, sich der lästigen Konkurrenz zu entledigen, hatten damit aber nur beschränkt Erfolg. Noch das ganze 18. Jahrhundert hindurch behaupteten die Buchdrucker ihren Anspruch, sich auch mit dem Verlagsgeschäft befassen zu dürfen, und selbst zu Beginn des 19. Jahrhunderts vermochten sie nicht einmal Regierungsanordnungen gänzlich aus diesem Erwerbszweig zu verdrängen. Umgekehrt freilich gliederten sich damals die größeren Verlage Buchdruckereien an, um ihre Publikationen schneller und billiger herstellen zu können. So übernahm Steinkopf, wie wir gehört haben, 1805 die Klettsche Druckerei, und Metzler beantragte 1819 die Konzession für eine eigene Offizin[1837]. Im 18. Jahrhundert brachten übrigens viele Autoren ihre Bücher im Selbstverlag heraus; dies bedeutete naturgemäß für Buchhändler und Verleger empfindliche Einnahmeverluste[1838]. Mehr noch als unter der Konkurrenz der im Verlagswesen sich betätigenden Buchdrucker litten die Buchhändler oder Buchführer unter der Konkurrenz der Buchbinder, die seit jeher das Recht des Buchhandels besaßen. Allerdings neutralisierten sie diese Konkurrenz zu einem Teil dadurch, daß sie selbst das Buchbindergewerbe betrieben – manche von ihnen waren gelernte Buchbinder. Geschäftsschädigend für sie waren schließlich Hausierer, Krämer, Pfarrer, Schulmeister, Schuldiener und dergleichen, die im Handel mit Druckerzeugnissen eine Erwerbsmöglichkeit sahen oder die sich mit einer solchen Handelstätigkeit wenigstens einen zusätzlichen Verdienst verschaffen wollten. Um die Wende vom 18. zum 19. Jahrhundert klagten die Buchhändler im besonderen über die Ehninger Hausierer, die mit Reutlinger Druckerzeugnissen einen schwunghaften Handel im ganzen Land trieben[1839].

Die einzige Buchhandlung in Stuttgart betrieb im Jahr 1700 August Metzler. Er war ein tüchtiger Geschäftsmann. Ungeachtet manch widrigen Umstands entwickelte er seine aus kleinen Anfängen hervorgegangene Firma zu einem blühenden Unternehmen[1840]. Dabei war Stuttgart damals für einen Buchhändler alles andere denn eine Goldgrube. Kostbare Bücher konnte Metzler, wie er 1705 in einer Eingabe an den Herzog schrieb, kaum absetzen, weil die hiesigen Gelehrten größtenteils »mit schönen oder doch nötigen Bibliotheken« versehen waren und deshalb nur wenig Geld für den Kauf neuer Bücher ausgaben. Ihm sei es, so erklärte er, in den letzten 18 Jahren bloß deshalb möglich gewesen, sich und die Seinen zu ernähren, weil er sich fortwährend auch im Buchbinden betätigt habe. Er bat deshalb Herzog Eberhard Ludwig dringend, keinem zweiten Buchhändler die Niederlassung in Stuttgart zu erlauben[1841]. 1707 erreichte er mit eben diesen Argumenten, daß dem Leipziger Buchhändler Georgii die Übersiedlung in die württembergische Haupt- und Residenzstadt und die Eröffnung einer Buchhandlung verweigert wurden[1842].

August Metzler starb schon 1713. Da seine Söhne noch minderjährig waren, wurde dem aus Sachsen stammenden bisherigen »Ladendiener« Christoph Erhard provisorisch die Leitung des Geschäfts übertragen. Noch kurz vor seinem Ableben hatte August Metzler dafür gesorgt, daß sein ältester Sohn Johann Benedikt (geb. 1696) nach dem Besuch des Gymnasiums eine gründliche Berufsausbildung bekam. Er gab ihn dem »Bibliothecarius und Buchhändler« Johann Felix Bielke in Jena, einem der erfolgreichsten Verleger seiner Zeit, in die Lehre[1843]. Nach der Absolvierung seiner dreijährigen Lehrzeit übernahm Johann Benedikt das väterliche Unternehmen. Seinen Geschwistern zahlte er die für eine Buchhandlung und einen Verlag bescheidener Größenordnung bemerkenswert hohe Abfindungssumme von 14 000 fl[1844].

Wirtschaftliche Gründe spielten sicher mit, wenn Johann Benedikt Metzler im

März 1717 die erst 18jährige Schwester des Buchdruckers Christian Gottlieb Rößlin heiratete und mit seinem nunmehrigen Schwager, bislang einer seiner Konkurrenten im Buchhandel und Verlagswesen, eine enge geschäftliche Partnerschaft einging. Ausdruck dieser engen Partnerschaft sollten zwei Buchhandlungen sein, denen der Herzog ein Exklusivprivileg erteilte[1845]. Dazu kam es indes nicht. Rößlin fand am Sortimentsbuchhandel entweder keinen Gefallen, oder – was wahrscheinlicher ist – er erkannte rasch, daß man im Sortimentsbuchhandel nur schwer auf einen grünen Zweig kam. Jedenfalls erlangte Metzler am 28. März 1718 ein nur auf seinen Namen lautendes Privileg, nach dem in Stuttgart und Ludwigsburg niemand außer ihm befugt sein sollte, einen Buchladen einzurichten oder mit Büchern zu handeln. Er hatte dafür jedes Jahr Bücher im Wert von 20 fl an die herzogliche Regierungsratsbibliothek zu liefern. Indes, schon im nächsten Jahr sah sich Metzler zu einer Beschwerde an den Herzog veranlaßt. Ein Buchbinder Dietrich – so die Schilderung Metzlers – wollte »eine ziemliche Quantät Bücher von der Meß« (wohl von der Frankfurter Messe) unter verdecktem Namen nach Stuttgart bringen, um sie hier zu veräußern. Der Herzog entsprach der Bitte Metzlers, dem Dietrich das beabsichtigte Vorhaben zu verbieten[1846].

Metzler soll übrigens damals alljährlich auf die Messe nach Frankfurt zu Fuß gewandert sein, um dort seine Verlagsprodukte zu vertreiben und sein Buchsortiment zu ergänzen[1847]. Seit den 1730er Jahren verlor Frankfurt freilich gegenüber Leipzig für den Buchhandel zunehmend an Bedeutung[1848]. Die Reise von Stuttgart nach Leipzig aber war erheblich länger und strapaziöser. Dennoch scheint Metzler auch die Reise dorthin nicht gescheut zu haben. Ob zu Fuß, zu Pferd oder mit dem Wagen, wissen wir nicht.

Ein erbitterter Widersacher Metzlers in jenen Jahren war Christoph Erhard, der, wie bereits erwähnt, zwischen 1713 und 1716 die provisorische Leitung der Metzlerschen Buchhandlung innegehabt hatte. Er strebte eine eigene Buchhandlung in Stuttgart an, und fast wäre ihm dies 1718 auch gelungen. Doch zog der Herzog das ihm erteilte Privileg auf den Einspruch Metzlers hin zurück. Erhards Versuch, sich in Heilbronn beruflich zu etablieren, mißlang. 1722 schloß er mit Metzler Frieden und trat als Kompagnon in dessen Geschäft ein[1849]. Die Teilhaberschaft Erhards wirkte sich für das Unternehmen günstig aus. 1723 brachten die beiden Partner nicht weniger als zehn Neuerscheinungen auf die Frankfurter und die Leipziger Buchmesse, eine Zahl, die erst wieder 1746 erreicht bzw. überschritten wurde. Insgesamt sind zwischen 1723 und 1738 in den Messekatalogen 47 Werke der Doppelfirma aufgeführt[1850]. Wegen der Erneuerung des Privilegs kam es 1738 zwischen beiden Partnern zum Streit, der 1740 durch einen Kompromiß beigelegt wurde: Das 1738 auf sechs Jahre ausgestellte Privileg behielt seine Gültigkeit. Das Geschäftsvermögen wurde geteilt. Jeder der zwei Partner durfte künftig eine eigene Buchhandlung betreiben[1851].

Beide Unternehmen blieben auch nach dem Tod ihrer Inhaber im Familienbesitz. Die Erhardsche Buchhandlung führte nach dem frühen Tod Christophs und einer durch die Minderjährigkeit der Erben bedingten Übergangszeit dessen Sohn Johann Christoph weiter, die Metzlersche Buchhandlung nach dem Tod Johann Benedikts 1754 dessen gleichnamiger Sohn[1852].

Bis 1760 verhinderte das den Buchhändlern Erhard und Metzler von Herzog Carl Eugen wiederholt erneuerte Privileg, daß sich weitere Buchhandlungen in Stuttgart niederlassen konnten. Rigoros wies die Regierung entsprechende Anträge von Buchhändlern ab, und dies selbst dann, wenn die Antragsteller großzügige Angebote unterbreiteten. So wurde im Februar 1740 dem Buchhändler Friedrich Christian Schall die berufliche Niederlassung hier versagt, obwohl er sich bereit erklärt hatte, für den Fall einer Buchhandlungskonzession jährlich auserlesene Bücher im Wert von 100 fl an die herzogliche Bücherei zu liefern und darüber hinaus alle sonstigen Bücher dem Herzog-Administrator oder aber Hofangehörigen zu einem sehr mäßigen Preis zu beschaffen. Zwei Jahre vorher hatte der Buchhändler Metzler in einer Eingabe an den Herzog-Administrator behauptet, der Buchhandel in Stuttgart sei »nahrungslos«. Er habe nicht einmal das in sein Geschäft investierte Geld wieder »herausgewirtschaftet«. Dies traf so bestimmt nicht zu, denn aus den Unterlagen über die Auseinandersetzungen mit seinem bisherigen Partner Erhard während der folgenden Jahre ergibt sich, daß er seit 1718 ganz ordentlich verdient hatte. Wenn er in dieser Zeit auch mehrere tausend Gulden einbüßte, dann deshalb, weil die Buchhandlung, die er 1730 in Ludwigsburg eröffnete, eine Fehlinvestition war[1853].

Der Schwerpunkt bei der Buchproduktion und beim Buchhandel lag im 18. Jahrhundert auf theologischen Werken und auf Schulbüchern. Über größere oder kleinere Bibiotheken verfügten in Württemberg die Geistlichen. Der schon damals kursierende Spruch, Pfarrer hinterlassen Kinder und Bücher, kam der Wahrheit recht nahe[1854]. Johann Benedikt Metzler brachte zwischen 1716 und 1753 170 Werke in seinem Verlag heraus. Von diesen waren die Hälfte (85) theologische Arbeiten, 13 Prozent (22) Schulbücher, aber lediglich 9 Prozent juristische Publikationen und 6,6 Prozent medizinische. Um 1700 gingen die Buchhändler davon aus, daß nur 1 Prozent der Bevölkerung Bücher kaufte[1855].

Für die privilegierten Buchhändler blieben die Buchbinder das ganze 18. Jahrhundert hindurch harte Konkurrenten. Beide Berufsgruppen hatten auf den Märkten Verkaufsstände, auch nutzten die Buchbinder andere Gelegenheiten, Druckerzeugnisse an den Mann zu bringen. Als sehr geschäftstüchtig wurden 1733 die Buchbinder Dietrich und Jenisch bezeichnet. Sie veräußerten in großer Zahl nachgedruckte Spruch-, Gesang- und andere Bücher[1856]. Schon früh nutzten die Buchbinder auch das zunehmende Verbreitung findende Medium Presse, um durch Inserate Bücher ihrem potentiellen Kundenkreis anzubieten[1857]. Unter obrigkeitlichen Reglementierungen und Verboten litten privilegierte Buchhändler wie nichtprivilegierte, d. h. mit dem Buchhandel sich befassende Buchbinder. Immer wieder wurde ihnen durch herzogliche Reskripte der Verkauf bzw. die Verbreitung bestimmter Druckschriften untersagt. Beispielsweise verbot am 11. Juli 1738 Herzog-Administrator Karl Rudolf den »Buchführern«, Schriften, die dem Andenken von Herzog Carl Alexander abträglich waren, weiterhin ins Land zu bringen und zu verbreiten[1858]. Im Jahr darauf wurde der Verkauf von Büchern des sogenannten Baron Springinsfeld durch Regierungsanordnung unterbunden[1859].

Im Gegensatz zu Johann Benedikt Metzler dem Älteren, der sich fachlich und vor allem, was seine kaufmännischen Fähigkeiten betraf, nicht mit seinem langjährigen Kompagnon Erhard hatte messen können, war Johann Benedikt der Jüngere ein sehr tüchtiger, engagierter Buchhändler und Verleger. Er verschaffte seiner Buchhandlung in Stuttgart eine dominierende Position. Bis zum kometenhaften Aufstieg des Verlags von Johann Friedrich Cotta zu Beginn des 19. Jahrhunderts war Metzler in Württemberg der bedeutendste Verleger. Jahr für Jahr erschien er mit einer beachtlichen Anzahl neuer Werke auf der Messe. 1769 umfaßte sein »Universal-Catalogus oder vollständiges Verzeichnis aller in dessen Handlung sich befindenden Bücher nach alphabetischer Ordnung« die unwahrscheinlich hohe Zahl von 17 000 Titeln, verteilt auf 370 Seiten in Großfolio. Erstaunlich auch die übersichtliche Anordnung und die exakten bibliographischen Angaben, hier einem modernen Sortimentskatalog ähnlich. Alle 17 000 Bücher hatte Metzler vorrätig. Die großen Messen in Frankfurt und Leipzig fanden nur zweimal jährlich statt. Besucht werden konnten sie, zumal die Reisen dorthin zeitraubend und kostspielig waren, lediglich von den bedeutenderen auswärtigen Buchhändlern. Diese kauften oder tauschten dort die Bücher ein, die sie für erforderlich hielten, um die Nachfrage zu befriedigen und um möglichst wenig Bücher zwischen den Messen von anderen Verlegern direkt beziehen zu müssen, aber auch um die Bedürfnisse kleiner Buchhändler und Antiquare befriedigen zu können[1860].

Seit den achtziger Jahren nahmen die Buchhandlungen Metzler und Erhard wieder engere Verbindung zueinander auf. Sie gaben einen gemeinsamen Ostermeßkatalog heraus. Indes, noch bedeutsamer waren verwandtschaftliche Bande, die zwischen beiden Familien geknüpft wurden. Eine erste Eheverbindung kam bereits 1785 zustande. Noch bedeutsamer war jedoch die zweite Heiratsverbindung zehn Jahre später: Die verwitwete Tochter Johann Benedikts des Jüngeren heiratete den Kanzleiadvokaten Christoph Heinrich Erhard, damals nassau-weilburgischer Registrator, Sohn des Buchdruckers Johann Philipp Erhard. Dieser übernahm die Buchhandlung seines Schwiegervaters, der bereits im Oktober des folgenden Jahres starb[1861].

Die Buchhandlung Metzler hatte ihr Domizil Büchsenstraße 19/Ecke Calwer Straße – der Standort ihres früheren Firmensitzes ist nicht bekannt[1862]. Die Erhardsche Buchhandlung befand sich zunächst in der Kirchgasse, dann in der Schulgasse und spätestens seit 1759 in der Hirschgasse. Ihre verlegerischen Aktivitäten hielten sich in der zweiten Hälfte des 18. Jahrhunderts in engen Grenzen. Sie brachte nur wenige Neuerscheinungen auf die Messe. 1784 starb Johann Christoph Erhard. Dem Sohn Carl Christoph, dem Geschäftsinhaber, trat dessen Schwager Christian Löflund 1788 als Teilhaber zur Seite. Offensichtlich kam es aber zwischen beiden Männern zu Spannungen, die Löflund 1795 veranlaßten, die Genehmigung zur Errichtung einer eigenen Buchhandlung zu beantragen. Diese wurde ihm auch im folgenden Jahr erteilt[1863]. Zum Standort seiner Buchhandlung wählte er die Gymnasiumstraße[1864]. Schon einige Jahre vorher war Johann Friedrich Steinkopf mit seinem Geschäft in der Holzstraße 16 zum Kreis der Verlagsbuchhändler gestoßen[1865]. Die Firma J. F. Steinkopf war allerdings keine Neugründung, vielmehr die direkte Fortführung eines seit 1769 bestehenden Antiquariats. Antiquariate waren in der ersten Hälfte des 18. Jahrhunderts aufgekommen. In Stuttgart wird 1740 der erste Antiquar erwähnt: Johann Jakob Zeyer. 1749 erhielt der Schriftsetzer Johann David Hallberger die Konzession für ein Antiquariat. Er mußte sich aber verpflichten, keine »rohen und ungebundenen Bücher« zu verkaufen, d. h. er durfte lediglich mit bereits länger auf dem Markt befindlichen gebundenen oder vergriffenen Büchern handeln. Als er 1767 starb, gab es vorübergehend nur noch in Tübingen einen Antiquar: den »Buchführer und akademischen Bürger« Cotta. Am 14. April 1769 nun bekam der Buchbinder-Obermeister Johann Christoph Betulius für Stuttgart ein Exklusivprivileg zur Eröffnung eines Antiquariats. Die Befugnis, alle Bücher zu verkaufen, war ihm schon 1762 eingeräumt worden. Das Bedürfnis der von Herzog Carl Eugen gegründeten und 1775 nach Stuttgart verlegten Öffentlichen Bibliothek, ihre Buchbestände durch ältere Werke zu ergänzen, bewog die Regierung, Betulius aufzuerlegen, daß er alle Bücher, die er veräußern wollte, zunächst dieser Bibliothek zum Kauf anbot. Daß sich Betulius, schon ehe er als Antiquar eine offizielle Konzession erlangt hatte, auch als Verleger betätigte, empfanden die privilegierten Buchhändler Metzler und Erhard als unzulässige Konkurrenz und als schwere Geschäftsschädigung. Sie konnten aber nicht durchsetzen, daß ihn die Regierung zur Aufgabe dieses Erwerbszweigs zwang. Nach dem Tod des offensichtlich recht erfolgreichen Unternehmers im November

Johann Friedrich Steinkopf (1771–1852), Verlagsbuchhändler.

1791 übernahm sein Enkel, der bereits erwähnte Johann Friedrich Steinkopf, das Antiquariat und baute es, nachdem ihm 1792 das dem Großvater Betulius erteilte Privileg bestätigt worden war, zu einem florierenden Gewerbebetrieb aus. Besonderen Wert legte er auf die Entwicklung des Buchverlags. Eines seiner berühmtesten Verlagserzeugnisse war das Löfflersche Kochbuch. Um 1800 rühmte er sich, in seinem Antiquariat »etliche und 20 000 Bücher« auf Lager zu haben[1866].

Zu den Pionieren des Druckgewerbes und des Buchhandels in Stuttgart gehört der bereits erwähnte Johann Friedrich Ebner. Er war der erste hiesige Kunstverleger. Herzog Carl Eugen hatte den begabten jungen Mann 1780 zum Leiter des mit dem Waisenhaus verbundenen Künstlerinstituts in Ludwigsburg ernannt. In diesem Institut wurden für die Porzellanmanufaktur Nachwuchskräfte ausgebildet. Seit 1785 in Stuttgart, eröffnete er in der Grabenstraße bei der Stiftskirche ein Geschäft, in dem er Utensilien zum Malen und Zeichnen feilbot. Aus dem anfänglich bescheidenen und später in die obere Ringstraße verlegten Laden wurde bald die bekannte Kunsthandlung. Ebner machte sich die große Chance, die der neuerfundene Steindruck bot, zunutze. Für seinen Sohn Karl August, der in der Hohen Carlsschule im Kupferdruck ausgebildet worden war, erwarb er die in einem Raum der Alten Kanzlei untergebrachte Stein- und Kupferdruckerei. Der neue Geschäftszweig blühte rasch auf und verschaffte ihm als Verleger bedeutsamer illustrierter heimat- und kulturgeschichtlicher Publikationen hohes Ansehen. Ein bleibendes Verdienst erwarb er sich auch durch die Herausgabe des ersten Stuttgarter Adreßbuchs, das das bis dahin publizierte Häuserverzeichnis ablöste. 1813 übergab Johann Friedrich Ebner den Verlag seinem Sohn Georg. Am 16. Juni 1825 starb er[1867].

Eine neue Epoche für Stuttgart als Buchstadt begann mit dem Jahr 1810. Damals verlegte Johann Friedrich Cotta seine Verlagsbuchhandlung von Tübingen hierher. Der Verleger Goethes und Schillers erlangte unter den Stuttgarter Verlegern schnell den ersten Platz.

Johann Friedrich Cotta wurde am 27. April 1764 als Sohn des Hof- und Kanzleibuchdruckers Christoph Friedrich Cotta in Stuttgart geboren. Nach dem Besuch des hiesigen Gymnasiums begann er, nachdem er von den als Schüler gehegten theologischen Berufsplänen abgerückt war, in Tübingen mit dem Studium der Mathematik. Wegen seiner wenig robusten körperlichen Konstitution schied jedoch die ursprünglich ins Auge gefaßte militärische Laufbahn aus, er wechselte deshalb zur Rechtswissenschaft. An die Promotion zum Dr. jur. schloß sich eine Bildungsreise nach Paris an. Zwei Jahre war er nun Hofgerichtsadvokat in Tübingen, als ihm sein Vater die Leitung des seit 1659 bestehenden, in letzter Zeit aber heruntergewirtschafteten Verlags- und Buchhandlungsgeschäfts in Tübingen übertrug. Zusammen mit einem wohlhabenden Freund aus der Studienzeit, dem Kanzleiadvokaten Christian Jakob Zahn aus Calw, gelang es ihm, zwischen 1789 und 1799 das Unternehmen auf eine solide wirtschaftliche Grundlage zu stellen und die Voraussetzungen für dessen stürmische Aufwärtsentwicklung zu schaffen. Bereits zu Beginn der neunziger Jahre brachte er jährlich etwa 30 neue Bücher heraus. 1794 konnte er, wie wir gehört haben, Schiller als Autor für seinen Verlag gewinnen und über diesen auch Goethe. Der Besuch des letzteren in Tübingen im Herbst 1797 markierte den Anfang eines freundschaftlichen Verhältnisses zwischen beiden Männern. Stuttgart gewann um die Wende vom 18. zum 19. Jahrhundert für die verlegerischen Aktivitäten Cottas zunehmend Bedeutung. 1798 rief er hier die »Allgemeine Zeitung« ins Leben, deren Redaktion er allerdings 1803 nach Ulm und 1810 nach Augsburg verlegen mußte; seit 1807 gab er hier »Das Morgenblatt für gebildete Stände« heraus. Doch erst mit der Übersiedlung seines Verlags von Tübingen nach Stuttgart 1810 vermochte er die im Vergleich zu der kleinen Universitätsstadt am Neckar erheblich günstigeren Möglichkeiten der Haupt- und Residenzstadt des Königreichs Württemberg für sein expandierendes Unternehmen, damals bereits ein in ganz Deutschland bekanntes geistig-literarisches Zentrum, voll zu nutzen. Persönlich erwartete er sich auch viel von Stuttgart. Am 27. September 1810, kurz vor seinem Wegzug von Tübingen, schrieb er an Goethe: »Nun darf ich mich eines ästhetisch schöneren Lebens erfreuen, da ich mich auf den Winter in Stuttgart niederlassen werde und dort manchen Genuß finde, der unter Schriftgelehrten, daß ich sie so nennen mag, die bloß ihr Kathederwissen besitzen, nicht wohl möglich ist.«

Der Sitz des Cottaverlags wurde das Gebäude Königstraße 31. Hier gingen Schriftsteller und Dichter ein und aus. Die Zahl bekannter Autoren, deren Werke Cotta verlegerisch betreute, stieg stetig an. Um nur einige Namen zu nennen: Johann Peter Hebel, Herder, Kleist, Hölderlin, Schelling, Kerner, Uhland. Cotta hatte einen Blick für Talente, und er förderte sie großzügig. Er verstand aber auch zu rechnen, zu wirtschaften und zu organisieren, er erschloß mit sicherem Gespür Märkte für Bücher, vermittelte so Kultur und Geistesleben starke Impulse. Goethe nannte ihn einen Mann »von strebender Denkart und unternehmender Handlungsweise«, und er bezeichnete ihn als eine »seltene Erscheinung«, weil er mit diesen Eigenschaften so viel Mäßiges, Sanftes, Gefaßtes, so viel Klarheit und Beharrlichkeit« verbinde. Von den Zeitgenossen wurde bewundert, daß sich eine Persönlichkeit von überragendem unternehmerischem Format zugleich durch Herzensgüte und selbstlose freundschaftliche Zuwendung auszeichnete. Nur nebenbei sei vermerkt, daß sich Johann Friedrich Cotta während der Verfassungskämpfe in Württemberg 1815 bis 1819 politisch engagierte und aktiven Anteil am Zustandekommen der Landesverfassung von 1819 hatte, daß er während der Hungerjahre 1816/17, aber auch sonst Not und Elend durch den Einsatz erheblicher finanzieller Mittel wirkungsvoll zu bekämpfen suchte, daß er zu den Vätern des 1834 Wirklichkeit gewordenen einheitlichen deutschen Zollgebiets gehörte, daß die Bodensee- und Rhein-Dampfschiffahrt ihr Entstehen

Zeitungen und Zeitschriften

Die Cottasche Buchdruckerei.

wesentlich seinem technischen Interesse und seinem finanziellen Engagement verdankte und daß er ein fortschrittlicher Landwirt war. Am 29. Dezember 1832 starb der zum Freiherrn Cotta von Cottendorf erhobene große Verleger[1868].

Unmittelbar vor der Übersiedlung der Verlagsbuchhandlung Cotta gab es in Stuttgart sechs »eigentliche Buchhandlungen«: C. C. Erhard, Metzler, F. C. Löflund, P. H. Heerbrand, J. F. Steinkopf und C. A. Sonnewald. Als »Auchbuchhändler« betätigten sich zwei Buchbinder, ein Schulmeister sowie drei Antiquare. Außerdem bestanden fünf kommerzielle Leihbüchereien (darunter die Leihbüchereien von C. C. Erhard und Löflund). In Stuttgart wie im ganzen Land unterhielten zudem zahlreiche Buchbinder, doch auch andere Berufsgruppen, »Winkelleihbüchereien«. Der Bücherabsatz der Verlagsbuchhandlungen war rückläufig, weil die Leihbüchereien einen erheblichen Teil der Bücherwünsche der Einwohner befriedigten[1869]. Nicht in Württemberg gedruckte Bücher und Schriften wurden häufig durch »in- und ausländische« Hausierer vertrieben. Um darüber eine Kontrolle zu haben, wurde am 21. Mai 1812 verfügt, daß solche Druckwerke den Bücherfiskalen zur Zensur vorzulegen waren und daß sich die Hausierer dazu eine Verkaufslegitimation ausstellen lassen mußten[1870].

Die Zahl der jährlichen Neuerscheinungen der Stuttgarter Verlage zwischen 1800 und 1819 schwankte stark. Sie lag zwischen 20 (1800) und 60 (1806). Insgesamt aber ist eine leicht ansteigende Tendenz im Verlauf der zwei Jahrzehnte erkennbar. Wesentlich nach oben schnellte die Zahl der Verlagsneuheiten allerdings erst nach 1820: 1826 105, 1836 225 und 1846 423 Neuerscheinungen[1871]. Als neues Verlagsunternehmen kam 1812 zu den bestehenden Verlagsbuchhandlungen die »Privilegierte Württembergische Bibelanstalt« hinzu[1872].

Anfang 1710 erschienen in Stuttgart, jeweils zweimal wöchentlich, zwei miteinander konkurrierende, beinahe inhaltsgleiche Zeitungen: das »Ordinari-Dienstags- (bzw. Freitags-) Journal«, gedruckt bei »Christian Rößlins sel. Wittib« und das »Stuttgarter Ordinari-Dienstags- (bzw. Freitags-) Journal«, gedruckt bei Müller am Bebenhäuser Hof. Die von der Witwe Rößlins gedruckte Zeitung hatte eine ins 17. Jahrhundert zurückreichende Tradition. Die Zeitung Müllers, des Schwiegersohns des gleichfalls bereits im Zeitungswesen hervorgetretenen, 1701 verstorbenen Buchdruckers Melchior Gerhard Lorbeer, dürfte 1702 gegründet worden, zunächst aber nur einmal wöchentlich herausgekommen sein. Beide Blätter unterschieden sich nur wenig von den in der zweiten Hälfte des 17. Jahrhunderts veröffentlichten Zeitungen. Eine dritte Zeitung in Stuttgart brachte 1710 Paul Treu heraus. Es scheint, daß er dieses gleichfalls zweimal wöchentlich erscheinende Blatt, das im Vergleich zu den beiden genannten Zeitungen nur von untergeordneter Bedeutung war, einige Zeit nachdem er 1701 ein früheres Journal mit Randglossen an Müller abgetreten, neu ins Leben gerufen hatte. Da Treu seine Zeitung in Deutsch und Französisch publizierte, hielt es der dem Lehrkörper des Gymnasiums angehörende spanische Sprachmeister de Lipery für angezeigt, sie auch noch ins Italienische zu übersetzen. Durch eine solche italienische Ausgabe sollte dem Erbprinzen, den Hofangehörigen, Beamten und Offizieren, aber auch den Bürgern Gelegenheit gegeben werden, sich in der italienischen Sprache zu üben. Die Regierung genehmigte den Antrag de Liperys, machte aber zur Bedingung, daß sich der Sprachmeister bei seiner Übersetzung streng an den zensierten deutschen Zeitungstext hielt. Die dreisprachige Zeitung fand offenbar wenig Interesse, sie verschwand, falls sie überhaupt zustande kam, bald wieder[1873].

Zwischen 1711 und 1720 änderten die von der Witwe Rößlin und Müller gedruckten und verbreiteten Zeitungen ihre Namen.

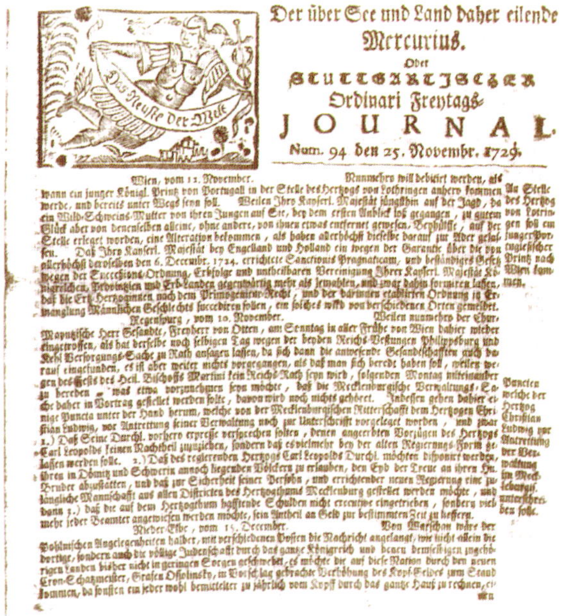
Der über See und Land daher eilende Mercurius. Oder Stuttgartischer Ordinari Freytags Journal. Num. 94 den 25. Novembr. 1729.

»Der über See und Land daher eilende Mercurius. Oder Stuttgartischer Ordinari Freytags Journal«, Nummer 94 vom 25. November 1729.

Die Rößlinsche Zeitung hieß nunmehr »Die Neue Kurieuse Friedens- und Kriegsfama oder Stuttgartisches Ordinari Dienstags- (bzw. Freitags-) Journal«, die Müllersche »Der über Land und See daher eilende Mercurius oder Stuttgartisches Ordinari Dienstags- (bzw. Freitags-) Journal«[1874]. Die »Fama« ging 1751 an den Verlag des Hof- und Kanzleibuchdruckers Johann Georg Cotta des Jüngeren über und bekam jetzt den Titel »Das Merkwürdigste von Politischen Neuigkeiten«, sechs Jahre später wurde sie zur »Stuttgarter privilegierten Zeitung« (»Stuttgartische privilegierte Zeitung«), die von 1762 an wöchentlich dreimal, am Dienstag, Donnerstag und Samstag, erschien und den Charakter einer »Hofzeitung« erlangte. Ihr Format war Quart, am Rande des Textteils befanden sich Marginalien, und am Schluß jeder Nummer waren die Anzeigen eingerückt. Das seit Anfang des 19. Jahrhunderts in vier wöchentlichen Ausgaben herauskommende Blatt (Titel 1803 »Kurfürstlich privilegierte Stuttgartische Zeitung», 1806 »Königlich privilegierte Stuttgarter Zeitung«, 1831 »Stuttgarter Zeitung«) ging mit Jahresende 1833 ein. »Der über Land und See dahereilende Mercurius«, gekennzeichnet durch ein Titelbild mit dem römischen Gott und dem Spruchband »Das Neueste in der Welt«, wechselte wiederholt den Verleger. Seit 1751 brachte ihn der Buchdrucker Johann Nikolaus Stoll in der Hirschgasse zweimal wöchentlich heraus, 1764 übernahm seine verlegerische Betreuung Christoph Gottlieb Mäntler, der für ihn den Untertitel »Privilegiertes Stuttgarter Zeitungsjournal« erwirkte. Spätestens 1775 wurde der »Mercurius« umbenannt in »Nachrichten zum Nuzen und Vergnügen«. Doch schon 1782 kehrte man zum alten Titel zurück, den man allerdings verkürzte und geringfügig abänderte. Die Zeitung hieß nunmehr »Stuttgarter Merkur«. Die »Nachrichten zum Nuzen und Vergnügen« redigierte 1781 während eines halben Jahres der junge Regimentsmedikus Friedrich Schiller. Die wenig zeitaufwendigen Redaktionsarbeiten besorgte er sehr wahrscheinlich in dem Zimmer, das er damals bei der Hauptmannswitwe Luise Fischer gemietet hatte. Das Honorar, das der miserabel besoldete Militärarzt dafür erhielt, war äußerst bescheiden. Das kleinformatige Blatt brachte Nachrichten über politische Ereignisse und literarische Neuigkeiten, Anekdoten, kleine Geschichten, Schwänke usw. Wegen der Zensur mußte sich Schiller mit der Veröffentlichung von Gedichten sehr zurückhalten. Bisweilen kam es zwischen ihm und dem Zensor, dem Rektor des Gymnasiums, Johann Christian Volz, zu heftigen Auseinandersetzungen, weil er die Auflagen, die Volz machte, als unzumutbar empfand. Die Schikanen des Zensors bestimmten ihn dann wohl auch, diese Tätigkeit rasch wieder aufzugeben[1875].

1783 stellte der »Stuttgarter Merkur« wegen Abonnentenmangels sein Erscheinen ein, obgleich das Mäntler erteilte herzogliche Privileg erst 1787 auslief. Doch schon 1785 erweckte ihn Magister Christian Gottfried Elben (geboren am 4. Mai 1754 in Zuffenhausen) mit der Genehmigung von Herzog Carl Eugen unter dem Titel »Schwäbischer Merkur« zu neuem Leben. Elben übernahm die Herausgabe der Zeitung ganz auf eigene Kosten. Das Blatt kam anfänglich zweimal in der Woche heraus zu einem Abonnementspreis von 2 fl im Vierteljahr. Es bot sich den Lesern an als »Erzählung der merkwürdigsten und neuesten Staats-, Kirchen- und Naturbegebenheiten. Nebst Beilagen und Registern«. Die am 3. Oktober 1785 veröffentlichte erste Nummer berichtete u. a. über die reiche Ernte in Italien, eine Ballonfahrt in Frankfurt, die Verlegung österreichischer Truppen in die Niederlande, die Staatskunde Vorderösterreichs, den Tod des Staatsrechtlers und Politikers Johann Jakob Moser (30. September 1785), über das Fridolinstift in Säckingen, den Plan, Irland und Schottland ganz mit England zu vereinigen, den Handelsweg nach Kamtschatka; am Schluß brachte sie kleine Notizen sowie eine Annonce von Buchbinder Cloß. Im Jahr darauf gründete Elben die »Schwäbische Chronik« (Kronik). Weil er aber befürchten mußte, daß der Herzog das, wie schon erwähnt, bis 1787 gültige Privileg für den »Schwäbischen Merkur« nicht erneuern werde, entschied er sich für die freie Reichsstadt Esslingen als Druck- und Verlagsort für seine neue Chronik. Indes verlängerte Herzog Carl Eugen auf Fürsprache des Carlsschulintendanten Seeger das Privileg um 20 Jahre, machte aber zur Bedingung, daß die bisher bei Mäntler gedruckte Zeitung künftig in der Druckerei der Hohen Carlsschule gedruckt werde. Elben ging gerne darauf ein, und er ließ von 1788 an auch seine »Kronik«, später die zweite Abteilung des »Merkur«, in Stuttgart drucken. Die Zensurfreiheit, die die Reichsstadt Esslingen gewährt hatte, gestand der Herzog auf die Bitte Elbens für »Merkur« und »Kronik« ebenfalls zu. Mit einer kurzen Unterbrechung, deren Ursache »ein verfänglicher Artikel von München« gewesen war, genoß die Zeitung bis zur allgemeinen Zensurverordnung vom Juli 1791 diese Freiheit. Elben selbst erlangte die besondere Gunst Herzog Carl Eugens. Am 16. August 1788 ernannte er ihn zum Professor der Geographie an der Hohen Carlsschule mit einer Jahresbesoldung von 100 fl. Elben las in den folgenden sechs Jahren bis zur Aufhebung der Hochschule 1794 ein »Collegium novellisticum«, d. h., er referierte über Tagesereignisse mit geschichtlichen, geographischen und sonstigen Erläuterungen[1876].

Seit 1794 wurde der »Schwäbische Merkur« wieder bei Mäntler gedruckt, ab November 1818 aber in der Druckerei, die Elben in seinem 1810 erbauten Haus in der unteren Königstraße eingerichtet hatte. Vom Jahr 1794 an erschien die Zeitung viermal, seit 1799 fünfmal und seit 1818 sechsmal in der Woche[1877]. Innerhalb kurzer Zeit stieg der »Schwäbische Merkur« zu einer führenden Position in der südwestdeutschen Presselandschaft auf. Im 19. und im beginnenden 20. Jahrhundert hat er auf die politische Kultur Württembergs, ebenso auf das Geistesleben unseres Landes einen bedeutsamen Einfluß ausgeübt. 1941 hat ihm das NS-Regime wie vielen anderen Presseorganen ein gewaltsames Ende bereitet.

Am 17. Dezember 1736 erschien erstmals ein amtliches Anzeigenblatt, dessen Redaktionsgeschäfte zunächst Kammerrat Stuber besorgte. Es wurde in der Faberschen Hof- und Kanzleibuchdruckerei gedruckt und führte den Titel »Wöchentliche Anzeigen von Neuigkeiten sowohl zu Stuttgart als auf dem Lande«. Sein jährlicher Abonnementspreis betrug anfänglich 3 fl, seit 1738 2 fl. Außer den herzoglichen Reskripten und sonstigen amtlichen Bekanntmachungen wurden in ihm die Preise für Lebensmittel und Waren, Münzkurszettel, Geburts- und Todesanzeigen, später auch Übersichten über den Stand des Ludwigsburger und des Stuttgarter Zucht- und Armenhauses mitgeteilt. Die »Wöchentlichen Anzeigen« hatten tiefgreifende Veränderungen im wirtschaftlichen Leben Stuttgarts und Württembergs zur Folge. Die Organisation der Nachrichtenübermittlung wandelte sich. Beim Handelsverkehr mit landwirtschaftlichen Erzeugnissen und bei dem mit Waren, die nicht »marktgängig« waren, d. h. nicht auf dem Markt veräußert wurden, verloren die Vermittler oder Fürkäufer ihre Funktion, sie wurden völlig ausgeschaltet, bei den nicht »marktgängigen Waren« sogar die Auktionshäuser. Nachdem 1742 Christian Gottlieb Rößlin den Verlag übernommen hatte, gestaltete er das Blatt reichhaltiger. Neben die Anzeigen traten Berichte nicht nur über das Merkwürdigste aus dem ganzen Land, sondern auch über geographisch und historisch Interessantes aus allen Erdteilen. Die Cottasche Hofbuchdruckerei, die seit 1760 das Blatt herausbrachte, gab ihm den Namen: »Stuttgartische Anzeigen von allerhand Sachen, deren Bekanntmachung dem gemeinen Wesen nötig und nützlich sind«. 1812 in »Stuttgarter Anzeigen« umbenannt, erhielt es 1838 den Titel: »Königlich Württembergisches Allgemeines Landesintelligenzblatt und Stuttgarter Anzeigen«. 1849 ging es ein[1878].

1761 unternahm der Buchhändler Johann Christoph Erhard den Versuch, für eine vom Herzog privilegierte, zweimal wöchentlich erscheinende französische Zeitung »Mercure politique« in Stuttgart einen größeren Leserkreis zu gewinnen. Die am 6. Februar jenes Jahres publizierte erste Nummer enthielt ein Lobgedicht auf Herzog Carl Eugen. Indes hatte Erhard das Publikumsinteresse falsch eingeschätzt; es war so gering, daß er noch 1761 sein Zeitungsprojekt aufgeben mußte[1879].

Von den sonstigen in den letzten Jahrzehnten des 18. Jahrhunderts verbreiteten Zeitungen und Zeitschriften sind zu erwähnen das von Professor Hausleutner von 1788 bis 1793 herausgegebene »Schwäbische Archiv«, das gute Artikel über Württemberg enthielt, der kurzlebige »Beobachter« (1788), den Ehrmann publizierte, sowie Schubarts »Vaterländische Chronik« (1787–1790) und »Chronik« (1790–1791), die allerdings beide bei weitem nicht das Niveau seiner früher in Augsburg bzw. Ulm erschienenen »Chronik« erreichten[1880].

Überraschend groß war die Zahl von nichtpolitischen periodischen Publikationen, reichhaltig insbesondere das Angebot an gelehrten und unterhaltenden Zeitschriften. Unter den schöngeistigen Blättern nahmen das bereits erwähnte »Schwäbische Magazin von gelehrten Sachen« (1775–1781), das Balthasar Haug herausgab, sowie die Vierteljahresschrift »Wirtenbergisches Repertorium der Litteratur« (1782/83) den ersten Rang ein. Im »Magazin« erschienen Schillers früheste Gedichte sowie Schubarts Erzählung »Zur Geschichte des menschlichen Herzens«, deren Stoff Schillers Hauptquelle für die

Die erste »Lieferung« des »Schwäbischen Merkur«, 1785.

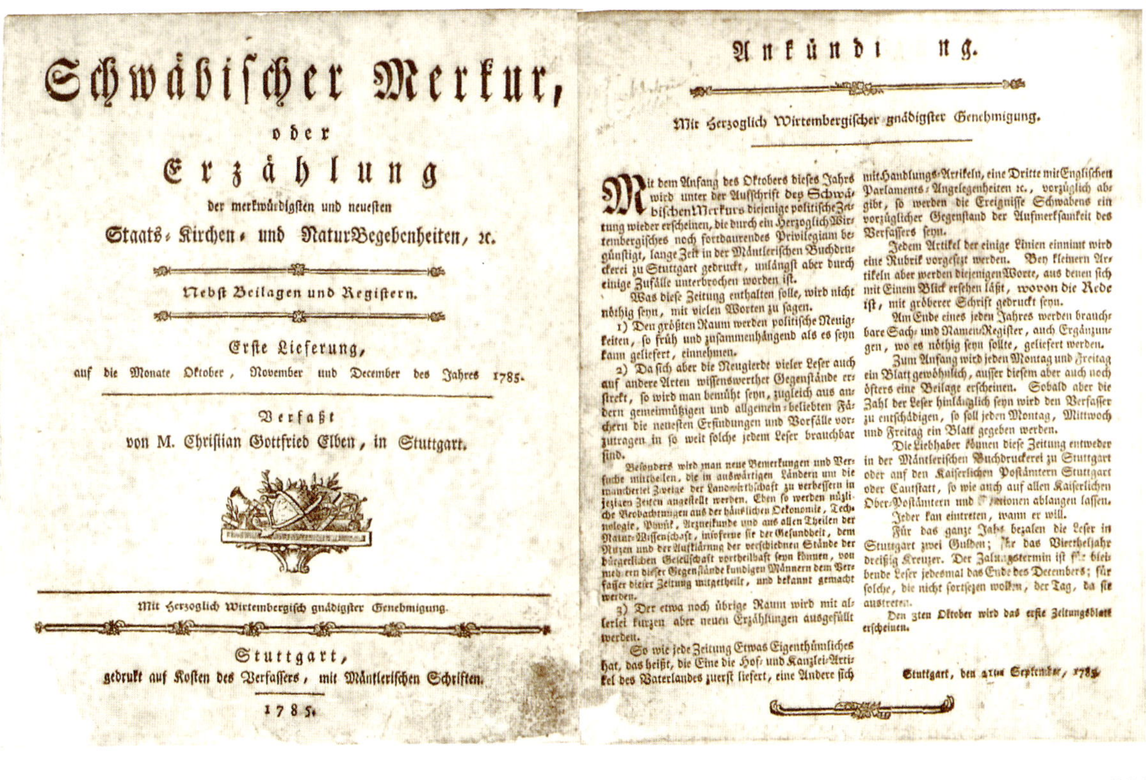

Schwäbischer Merkur,
oder
Erzählung
der merkwürdigsten und neuesten
Staats-, Kirchen- und NaturBegebenheiten, rc.

Nebst Beilagen und Registern.

Erste Lieferung,
auf die Monate Oktober, November und December des Jahres 1785.

Verfaßt
von M. Christian Gottfried Elben, in Stuttgart.

Mit Herzoglich Wirtembergisch gnädigster Genehmigung.

Stuttgart,
gedrukt auf Kosten des Verfassers, mit Mäntlerischen Schriften.
1785.

Ankündigung.

Mit Herzoglich Wirtembergischer gnädigster Genehmigung.

Mit dem Anfang des Oktobers dieses Jahrs wird unter der Aufschrift des Schwäbischen Merkurs diejenige politische Zeitung wieder erscheinen, die durch ein Herzoglich Wirtembergisches noch fortdaurendes Privilegium begünstigt, lange Zeit in der Mäntlerischen Buchdruckerei zu Stuttgart gedruckt, unlängst aber durch einige Zufälle unterbrochen worden ist.

Was diese Zeitung enthalten solle, wird nicht nöthig seyn, mit vielen Worten zu sagen.

1) Den größten Raum werden politische Neuigkeiten, so früh und zusammenhängend als es seyn kann geliefert, einnehmen.

2) Da sich aber die Neugierde vieler Leser auch auf andere Arten wissenswerther Gegenstände erstreckt, so wird man bemüht seyn, zugleich aus andern gemeinnüzigen und allgemein-beliebten Fächern die neuesten Erfindungen und Vorfälle vorzutragen in so weit solche jedem Leser brauchbar sind.

Besonders wird man neue Bemerkungen und Versuche mittheilen, die in auswärtigen Ländern um die mancherlei Zweige der Landwirthschaft zu verbessern in jezigen Zeiten angestellt werden. Eben so werden nüzliche Beobachtungen aus der häuslichen Oekonomie, Technologie, Physik, Arzneikunde und aus allen Theilen der Natur-Wissenschaft, insoferne sie der Gesundheit, dem Nuzen und der Aufklärung der verschiednen Stände der bürgerlichen Gesellschaft vortheilhaft seyn können, von mehreren dieser Gegenstände kundigen Männern dem Verfasser dieser Zeitung mitgetheilt, und bekannt gemacht werden.

3) Der etwa noch übrige Raum wird mit allerlei kurzen aber neuen Erzählungen ausgefüllt werden.

So wie jede Zeitung Etwas Eigenthümliches hat, das heißt, die Eine die Hof- und Kanzlei-Artikel des Vaterlandes zuerst liefert, eine Andere sich mit Handlungs-Artikeln, eine Dritte mit Englischen Parlaments-Angelegenheiten rc., vorzüglich abgibt, so werden die Ereignisse Schwabens ein vorzüglicher Gegenstand der Aufmerksamkeit des Verfassers seyn.

Jedem Artikel der einige Linien einnimt wird eine Rubrik vorgesezt werden. Bey kleinern Artikeln aber werden diejenigen Worte, aus denen sich mit Einem Blick ersehen läßt, wovon die Rede ist, mit gröberer Schrift gedruckt seyn.

Am Ende eines jeden Jahres werden brauchbare Sach- und Namen-Register, auch Ergänzungen, wo es nöthig seyn sollte, geliefert werden.

Zum Anfang wird jeden Montag und Freitag ein Blatt gewöhnlich, ausser diesem aber auch noch östers eine Beilage erscheinen. Sobald aber die Zahl der Leser hinlänglich seyn wird den Verfasser zu entschädigen, so soll jeden Montag, Mittwoch und Freitag ein Blatt gegeben werden.

Die Liebhaber können diese Zeitung entweder in der Mäntlerischen Buchdruckerei zu Stuttgart oder auf den Kaiserlichen Postämtern Stuttgart oder Cantstatt, so wie auch auf allen Kaiserlichen Ober-Postämtern und [illegible] ablangen lassen.

Jeder kan eintreten, wann er will.

Für das ganze Jahr bezalen die Leser in Stuttgart zwei Gulden; für das Viertheljahr dreißig Kreuzer. Der Zalungstermin ist für bleibende Leser jedesmal das Ende des Decembers; für solche, die nicht fortsezen wollen, der Tag, da sie austreten.

Den 3ten Oktober wird das erste Zeitungsblatt erscheinen.

Stuttgart, den 21ten September, 1785.

»Räuber« bildete. Das auf Kosten der Herausgeber (Schiller, Petersen und Abel) gedruckte »Repertorium«, das sich zum Programm die »Ausbildung des Geschmacks, die angenehme Unterhaltung und die Veredelung der moralischen Gesinnungen« machte, nahm in seine Spalten eine Reihe von Prosaarbeiten aus Schillers Feder, so seine »Abhandlung über die Räuber«, »Den Spaziergang unter den Linden« oder »Über das gegenwärtige teutsche Theater« auf. Leider fand die Zeitschrift wenig Unterstützung, sie mußte deshalb schon nach neun Monaten mit dem dritten Heft ihr Erscheinen einstellen[1881].

Die 1755 von Johann Ernst Friedrich Bernhard gegründete »Physikalisch-Ökonomische Wochenschrift« sollte »das Nützlichste, Zuverlässigste, Angenehmste und Neueste aus der Natural-Haushaltungswissenschaft enthalten, zur Beförderung des Feldbaus, der Heilungskunst, des Kameralwesens, der Polizei, der Künste, Manufakturen und Handlung, auch zum Vorteil des gesellschaftlichen Lebens der Menschen dienen«. Sie sollte jedes Jahr in 52 mit kleiner Schrift gedruckten Bogen herauskommen und für einen erschwinglichen Preis (1 fl 45 kr jährlich) zu erwerben sein. Allein, schon 1759 ging sie ein. Nicht viel erfolgreicher waren die »Physikalisch-Ökonomischen Auszüge« desselben Verfassers, die in den Jahren 1766 bis 1770 herauskamen. 1769 trat Balthasar Sprenger mit einem »Landwirtschaftlichen Kalender«, der jedoch bald in »Ökonomische Beiträge« umbenannt wurde, an die Öffentlichkeit. 1790 warben fast gleichzeitig zwei Neuerscheinungen um kaufwillige Interessenten: das »Ökonomische Wochenblatt« im Verlag der Postamtsexpedition in Stuttgart und Cannstatt sowie das »Ökonomische Wochenblatt« im Verlag des Hof- und Kanzleibuchdruckers Christoph Friedrich Cotta[1882].

Eine kurzlebige Erscheinung war das 1798 von der Erhardschen Druckerei verlegerisch betreute »Allgemeine Intelligenzblatt von und für Deutschland«. Im selben Jahr wurde die »Deutsche Volkszeitung« gegründet. Sie setzte sich zum Ziel, »wahre politische Aufklärung, sittliche Vervollkommnung und bürgerliche Glückseligkeit unter dem Volk zu befördern, seinem nach Nahrung und Licht begierigen Geist eine seinen Begriffen und Verhältnissen angemessene Unterhaltung zu verschaffen und es mit der stets geschäftigen, unaufhaltsam dahinrollenden neusten Zeitgeschichte bekanntzumachen«. Im Oktober 1803 wurde die Zeitung verboten, ihre Redaktion wich daraufhin in das jetzt bayerische Ulm und 1810 nach Augsburg aus.

Bei einem gemeinsamen Ausflug am 4. Mai 1794 auf den Kahlenstein (Rosenstein) bei Cannstatt erörterte Johann Friedrich Cotta mit Friedrich Schiller das Projekt einer Tageszeitung, die im ganzen deutschen Sprachraum Verbreitung finden sollte. Als Name schwebte ihm »Allgemeine Europäische Staatenzeitung« vor, Herausgeber sollte »Hofrat Schiller« sein. Schiller war zunächst dem Projekt nicht abgeneigt, und nach längerer Korrespondenz kam ein Vertrag zwischen beiden Männern über die Herausgabe der Zeitung zustande, die von 1795 an erscheinen sollte. Indes kamen Schiller Bedenken. Er glaubte, daß ihn die Redaktionsarbeit gesundheitlich überfordere und daß für den Verleger das Vorhaben zu riskant sei. Er zog deshalb seine Unterschrift zurück. Cotta verfolgte seinen Plan weiter. Mit dem seit 1. Januar 1798 in Tübingen erscheinenden Blatt »Neueste Weltkunde«, Redakteur Dr. Ernst Ludwig Posselt, verwirklichte er ihn. Die freimütige Sprache der Zeitung erregte das Mißfallen der Großmächte Österreich, Preußen und Rußland. Herzog Friedrich II. verbot die »Neueste Weltkunde«. Cotta ließ sich nicht beirren. Unter einem neuen Redakteur führte er das Unternehmen in Stuttgart weiter. An die Stelle der »Neuesten Weltkunde« trat der Titel »Allgemeine Zeitung«. Der Herzog genehmigte das neue Blatt, allerdings unterlag es der Zensur – die »Neueste Weltkunde« war von ihr befreit gewesen. Die Redaktion übertrug Cotta Ludwig Ferdinand Richter, dem Freund Schillers. Posselt blieb ständiger Mitarbeiter und behielt die Redaktion der gleichfalls bei Cotta erscheinenden »Europäischen Annalen«. Das Verhältnis von Herzog Friedrich II. zu Cotta wurde in den ersten Jahren des 19. Jahrhunderts dadurch belastet, daß der Verleger bei den Auseinandersetzungen des Herzogs mit den Landständen nicht dessen Partei ergriff und daß die Zeitung auch sonst in ihrer Berichterstattung nicht immer die politischen Direktiven bzw. Vorstellungen Friedrichs II. zur Richtschnur nahm, sondern ihre eigene Sicht der Dinge wiedergab. Am 12. Oktober 1803 verbot, wie bereits erwähnt, der nunmehrige Kurfürst die Zeitung. Cotta sah sich gezwungen, die Redaktion nach Ulm und 1810 nach Augsburg zu verlegen[1883]. In Augsburg erlangte die insgesamt einen gemäßigt liberalen Standpunkt vertretende »Allgemeine Zeitung« einen ausgezeichneten Ruf, sie galt bis 1850 als die beste deutsche Zeitung. 1847 erreichte sie die für damalige Verhältnisse sehr hohe Auflage von 10 000 Exemplaren[1884].

In der ersten Hälfte des 18. Jahrhunderts unterlagen die Zeitungen in der gleichen Weise wie andere Druckschriften strenger Zensur. Seit 1717 wurden durch herzogliche Reskripte hierfür exakte Vorschriften erlassen[1885]. Auf Presseartikel, die ihnen nicht genehm waren, reagierten der Kaiser, die Fürsten, aber auch andere Reichsstände höchst allergisch. Ein Beispiel: 1730 beschwerte sich Kaiser Karl VI. über einen in einer Stuttgarter Zeitung veröffentlichten Artikel. Dieser habe, so behauptete das Reichsoberhaupt, das Festungsbauwesen in Belgrad diskreditiert. Bei dem Blatt, das gegen die Zensurbestimmungen verstoßen hatte, handelte es sich um »Den über Land und See dahereilenden Mercurius«. Allerdings waren entsprechende Berichte auch in anderen Zeitungen abgedruckt worden. Der vom Stadtvogt vorgeladene Drucker und Herausgeber des »Mercurius«, Bernhard Michael Müller, gab zu Protokoll, er könne beim besten Willen nicht mehr sagen, aus welcher Zeitung er den Artikel übernommen habe, zumal er diese Zeitung nicht aufbewahrt und im übrigen auch schon im November 1729 in seinem »Journal« »Widerruf getan«, d. h. sich in aller Form entschuldigt habe. Der Stadtvogt mußte bestätigen, daß Müller am 25. November 1729 in einer

Berichtigung entschuldigend mitgeteilt habe, die Nachricht, daß sich die Befestigungswerke in Belgrad in schlechtem Zustand befänden, sei falsch, das Gegenteil entspreche der Wahrheit. Die württembergische Regierung erkannte diese Berichtigung Müllers als ausreichend an, die Angelegenheit wurde nicht weiter verfolgt[1886].

Herzog Carl Eugen hielt eine strenge Pressezensur aus politischen Gründen für unerläßlich. 1757, nach Beginn des Siebenjährigen Kriegs, erregte die »nicht unparteiische Berichterstattung« der Stuttgarter Zeitungen den Unwillen des Herzogs. Da dies zu einem Teil die Schuld des Revisors (Zensors) war, wurde die Überprüfung der zweimal wöchentlich erscheinenden Zeitungen dem bisherigen Revisor abgenommen und durch Reskript vom 17. Dezember 1757 dem Geheimen Kriegsrat Major Rieger, dem Günstling des Herzogs, übertragen[1887].

Nachdem Kaiser Joseph II. in einem Edikt von 1781 der Presse freiere Entfaltungsmöglichkeiten zugestanden hatte, lockerte auch die württembergische Regierung die Pressezensur. Einzelnen Zeitungsverlegern wie Schubart und Elben wurde sogar das Privileg der Zensurfreiheit eingeräumt. Doch schon bald nach dem Tod Josephs II. (1790) kehrte Württemberg zu einer strengen Handhabung der Zensur zurück. Die äußere Veranlassung dazu gab die Gründung der von Hübner und Schlotterbeck herausgegebenen politischen Zeitschrift, des »Weltkuriers«. Die am 13. Juni 1791 erlassene neue Zensurverordnung verfügte die Bildung eines dreiköpfigen Zensurkollegiums. An seine Stelle traten zwei Jahre später besondere Zensoren für die einzelnen Zeitungen[1888].

Herzog Friedrich II., der nachmalige König, achtete, wie wir bereits gehört haben, mit Argusaugen darauf, daß die Presse stets unter Kontrolle blieb und weder außen- noch innenpolitisch seine Intentionen störte. Im Juli 1798 beispielsweise beanstandete er einen im »Schwäbischen Merkur« erschienenen Artikel. Er nannte ihn beleidigend für die in Rastatt verhandelnden Mächte. Der Redakteur, Professor Elben, aber auch der Zensor, der Geheime Sekretär Frommann, erhielten einen »derben Verweis«. Im Wiederholungsfall hatten sie mit härteren Maßnahmen zu rechnen[1889]. Eine rigorose Pressezensur praktizierte Friedrich, nachdem ihn Napoleon im Oktober 1805 in seine Gefolgschaft gezwungen hatte. Keinesfalls wollte er, wie dies dann in Baden geschah, dem übermächtigen französischen Verbündeten durch mißfallende Presseberichte einen Vorwand liefern, sich in die inneren Angelegenheiten Württembergs einzumischen. Was den Untertanen an politischen Informationen zu vermitteln war, bestimmte er. Die Zensoren hatten Anweisung, jede Presseverlautbarung auf ihre politische Unbedenklichkeit hin zu überprüfen und nichts durchgehen zu lassen, was in Paris oder im Lager der Rheinbundfürsten Verärgerung bewirken könnte. So mußte sich etwa der Herausgeber der »Nationalchronik der Teutschen« bzw. der »Chronik der Teutschen«, der Pfarrer und Publizist Johann Gottfried Pahl, ständig Eingriffe in seine Zeitung gefallen lassen: Eingriffe und Streichungen, die oft geradezu grotesk waren. Außerdem wurde ihm auferlegt, keinesfalls Worte oder Formulierungen zu gebrauchen, die auf ein Abhängigkeitsverhältnis der Rheinbundfürsten von ihrem Protektor hinwiesen. 1809 schließlich verbot König Friedrich das Weitererscheinen der »Chronik« überhaupt[1890]. Erst nach dem Untergang des napoleonischen Imperiums und mit dem Beginn der Verfassungskämpfe 1815 gestand Friedrich eine weitgehende Pressefreiheit zu. In den folgenden Jahren entstand eine ganze Reihe neuer, meist kurzlebiger Zeitungen: »Für und Wider« (1817/18), »Allgemeiner Anzeiger der Süddeutschen« (1817–1822), »Neue Stuttgarter Hefte« (1818), »Neue Stuttgarter Zeitung«/»Deutscher Merkur« (1818 – sofort verboten), »Michaelis Württembergischer Volksfreund« (1818), »Neckarzeitung« von Lade, später von Schill (1819–1833), »Tribüne« von Lindner (1819)[1891].

Alltagsleben, Sitten und Bräuche

Das Alltagsleben, ebenso Sitten und Bräuche haben in den einzelnen Kapiteln bereits einen vielfältigen Niederschlag gefunden. Wir können uns deshalb hier mit Ergänzungen und mit besonders bezeichnenden oder farbigen Details begnügen.

Zu Beginn des 18. Jahrhunderts galt noch immer die althergebrachte Kleiderordnung, die die Unterschiede von Rang und Stand äußerlich kenntlich machte. Sie wurde jedoch zunehmend gelockert. 1714 gestattete ein herzogliches Dekret gegen eine bestimmte »Tax« die Befreiung von den einschränkenden Bestimmungen der Kleiderordnung[1892]. Auch konnten sich soziale Aufsteiger, so die Künstlerschaft, gewisse Freiheiten bei der Wahl ihrer Kleidung gestatten, oder sie wurden einer höheren Klasse zugewiesen und durften sich daher kostbarere Kleidungsstücke »leisten«. Ständige Auseinandersetzungen gab es wegen des Degentragens. Dieses war als ehrenvolles Attribut den höheren Ständen zugestanden, den Angehörigen anderer gehobener Berufsgruppen allenfalls gegen eine bestimmte Gebühr. 1712 war sämtlichen Gesellen das Tragen von Degen verboten, 1723/24 aber wurde es neben den Gymnasiasten der siebten (obersten) Klasse, den Apothekengesellen, den Handlungsbediensten, den Zinkenisten und den Goldarbeitern bewilligt[1893]. Die Orgelmachergesellen, die weiterhin vom Degentragen ausgenommen blieben, fühlten sich benachteiligt. Am 3. Februar 1724 wandte sich der Hoforgelmeister Joseph Friedrich Baumeister an den Herzog mit der Bitte, den Orgelmachergesellen, die zum Kreis der freien Künstler gehörten, dieses Recht nicht länger vorzuenthalten, weil er sonst befürchten müsse, daß sie Stuttgart den Rücken kehrten und er dann seinen Auftrag, für die Hofkapelle eine Orgel zu bauen, nicht zu erfüllen imstande sei. Die Oberräte unterstützten die Bitte Baumeisters. Den freien Künstlern sei das Degentragen erlaubt, dies müsse deshalb auch für die Orgelmachergesellen gelten, erklärten sie. Der Herzog gestand daraufhin den Orgelmachergesellen das Degentragen ausdrück-

Moden und Karikaturen aus der Zeit Schillers.

lich zu, den gleichfalls beim Orgelbau beschäftigten Schreinergesellen jedoch nicht[1894].

Seit Beginn des 18. Jahrhunderts gewann der vom Hof ausgehende französische Lebensstil starken Einfluß auf die bürgerliche Oberschicht. Das Französische wurde Konversationssprache. Die Allongeperükken, die gesteiften Manschetten, die bordierten Röcke und die gestickten Westen setzten sich durch. An die Stelle ungezwungener Umgangsformen trat ein steifes, die höfische Etikette nachahmendes Benehmen. Französische Sprachlehrer boten ihre Dienste an. Das Perückengewerbe blühte[1895]. 1725 trugen manche Ehefrauen von höheren Beamten französische Kleidung, sie »gingen französisch«, wie es hieß[1896]. Nach und nach übernahmen die Bürgerfrauen insgesamt die französische Kleidermode. 1781 berichtete jedenfalls der Berliner Buchhändler Nicolai, daß »die Frauenzimmer« französisch gekleidet seien, wenn auch, so setzte er hinzu, nicht nach der neuesten Mode[1897]. Im Lauf des 18. Jahrhunderts trennten sich allmählich die Beamten und das gehobene Bürgertum von den schneeweiß gepuderten Perücken; sie gingen zu dem niederen Toupet mit Zopf und Bandschleife über. Um 1770 trugen diese alte Art von Perükken lediglich noch die Geistlichen[1898]. Die Weingärtner hielten während des ganzen 18. Jahrhunderts an ihrer altgewohnten Tracht fest; sie legten sie erst in der ersten Hälfte des 19. Jahrhunderts ab[1899].

Der meist Hof-, Offiziers- oder hohe Beamtenfunktionen bekleidende Adel behauptete gegenüber dem Bürgertum seine herausgehobene und abgesonderte gesellschaftliche Stellung. Er unterhielt um 1800 ein eigenes adliges Gesellschaftshaus. Dort kam er zu Bällen, Gastmählern und sonstigen festlichen Gelegenheiten, z. B. zur Feier herzoglicher Geburts- und Namenstage, zusammen[1900].

Eine alte Gewohnheit hochgestellter Persönlichkeiten war es, bei festlichen Ereignissen Geld unters Volk zu werfen. Im Oktober 1751 geschah dies durch den französischen Gesandten de la Noue in Stuttgart. Anläßlich der Geburt des königlichen Prinzen von Bourgogne warf er Gold- und Silbermünzen aus seinem »Logis« unter die versammelte Menge. Daß sich zwei Einwohner den Scherz erlaubten, gleichzeitig simple Rechenpfennige auszuteilen, hatten sie empfindlich zu büßen: Sie wurden vierzehn Tage lang eingesperrt[1901]. Möglicherweise handelte es sich aber nicht um einen Scherz, wie es offiziell hieß, sondern um einen Protest gegen diese demütigende Art, Arme mit einem Obolus zu bedenken.

Auch innerhalb der bürgerlichen Gesellschaft gab es, wie wir gehört haben, große soziale Unterschiede. Die bürgerliche Oberschicht, die Ehrbarkeit, hob sich sehr stark von den bürgerlichen Unterschichten, den kleinen Handwerkern und den Weingärtnern, ab; sie hatte mit diesen kaum etwas gemein. Sie besaß stattliche Häuser oder Wohnungen und hatte nicht selten mehrere Dienstboten: Knechte, Mägde, Kutscher, Privatlehrer usw. So beschäftigte 1712 Bürgermeister Fischer zwei Mägde und zwei Knechte, der Arzt Dr. Lentilius eine Säugamme und zwei Mägde, der Expeditionsrat Johann Jakob Moser, der Vater des berühmten Staatsrechtlers Johann Jakob Moser, zur Versorgung seiner Familie (vier Kinder) eine Kindsfrau und zwei Mägde, außerdem hatte er noch eine Base im Haus, der Geheime Rat Johann Rudolf Seubert (drei Kinder) eine Köchin, eine Kammermagd, drei Hausmägde, einen »Magister Informator« (Hauslehrer), einen Lakaien sowie einen Kutscher[1902]. Wie die bürgerliche Mittelschicht um 1780 wohnte, dafür ein Beispiel: Hegels Eltern bewohnten damals in der Reichen Vorstadt, Lange Straße 7, ein Haus. Es bestand aus zwei Wohnetagen und einem Zwerchhaus (ein quer zum übrigen Haus stehender Anbau), einem gut gewölbten Keller mit einem Faßvolumen von 25 Eimern

(7 500 Litern), einem Waschhaus, einem Höflein, dazu einem vier Quadratruten großen Gärtlein. Der Wert des Hauses war mit 8 000 fl veranschlagt[1903]. In bürgerlichen Haushalten war dem Prinzip Sparsamkeit und Wirtschaftlichkeit der Vorrang vor dem der Sauberkeit eingeräumt. Fremden Besuchern fiel um 1770 der weiße Sand auf dem Stubenboden auf, die niedlichen Vorhänge an den Fenstern, »die Neidhämmeleien«. An gewöhnlichen Tagen wurden für die Mahlzeiten irdenes Geschirr und zinnerne Teller benutzt. Porzellangeschirr kam nur bei festlichen Gelegenheiten, bei denen das Haus ohnehin umgekrempelt wurde, auf den Tisch. Die Hausfrauen legten großen Wert darauf, im Haushalt möglichst unabhängig zu sein. So buken sie häufig das Brot im eigenen Haus. Die benötigte Kleidung fertigten einfachere Familien unter Zuhilfenahme eines Landschneiders, den sie einige Tage bei sich beschäftigten, selbst an, wobei sie darauf sahen, daß die neuen Kleidungsstücke bei den Kindern »aufs Wachsen eingerichtet« waren. Am Spinnrad betätigte sich, wenn nicht die Frau des Hauses mit den Töchtern, die Magd in den Abendstunden; die »hausgemachte Leinwand«, aufgestapelt »im zierlich geglätteten Schrein«, war der besondere Stolz der Hausfrauen[1904]. An der kargen Einrichtung bürgerlicher Häuser und der spartanischen Lebensweise selbst der wohlhabenden Familien der Ehrbarkeit änderte sich auch in den folgenden 40 Jahren wenig. Sehr aufschlußreich ist, was der bekannte Staatsrechtler Robert von Mohl (1799–1875), der Sohn des Carlsschulprofessors, späteren Staatsrats und Konsistorialpräsidenten Benjamin Ferdinand Mohl (1766–1845) und Urenkel des Staatsrechtlers Johann Jakob Moser, in seinen Lebenserinnerungen über den Lebensstil des Hauses seiner Großmutter Autenrieth, der Witwe des Geheimen Rats Jakob Friedrich Autenrieth (1740–1800), aus der Zeit König Friedrichs berichtet: »... so kann ich die ganz unbeschreibliche Einfachheit des Lebens nicht genug anstaunen, zwar wurde Raum im Haus und Grundbesitz im Überfluß bereitgehalten; es fehlte nicht an den nötigen weiblichen und männlichen Dienstboten ... Dagegen war die genaueste Sparsamkeit in dem ganzen Leben die Regel. Die Küche so einfach als nur irgend möglich, anderer Wein als der im eigenen Weinberg gewachsene ganz unbekannt im Hause, das Zimmergeräte zwar blank und anständig, allein während meines ganzen Lebens völlig unverändert, in allen Zimmern war von irgend einer Zierart oder einem Kunstschmucke lediglich nicht die Rede. Man speiste gewöhnlich auf Zinn: das Meißner Service kam nur in seltensten Fällen zum Vorschein. Die Großmutter war ein höchst bezeichnendes Beispiel der Wahrheit, daß man im alten Württemberg nicht durch Einnehmen, sondern durch Nichtausgeben wohlhabend wurde oder wenigstens die Lebensforderungen befriedigen konnte«[1905]. In gleicher Weise wie bei der Großmutter Autenrieth bestimmte auch bei den Eltern von Robert von Mohl Einfachheit den Lebensalltag: Die Wohnung war ohne jeden Schmuck, dagegen gab es viele Bücher[1906]. Bei den Mahlzeiten wurde jeder Aufwand vermieden. Die Kinder erhielten Suppe, Fleisch und Gemüse ohne Beilage, abends bis zur Konfirmation Milchbrei. Was auf den Tisch kam, mußte gegessen werden. Keines der Kinder durfte die aufgetragenen Speisen mit der Begründung verweigern, sie schmeckten ihm nicht[1907].

Die Handwerker und Weingärtner redeten die Honoratioren mit »Sie« an, umgekehrt war neben dem »Du« die Anrede in der dritten Person Einzahl üblich. Ein besonderes Entgegenkommen bedeutete es offensichtlich, daß 1802 ein Gymnasiast einem Handwerksgesellen, der ihn mit »Sie« angesprochen hatte, sagte, er dürfe ihn nicht »Ihnen«, d. h. »Siezen« (mit »Sie« anreden), er solle ihn »Dautzen«, »Duzen«, also mit »Du« anreden[1908].

Ein erheblicher Teil der im 18. und in den ersten Jahrzehnten des 19. Jahrhunderts lebenden Stuttgarter kam nie über die städtischen Gemarkungsgrenzen hinaus. Manche kannten gerade noch aus eigener Anschauung die Reichsstädte Esslingen und Reutlingen[1909]. Daß die mangelnde Erfahrung mit den Lebensverhältnissen in anderen Städten, Landstrichen und Territorien zu einer unerfreulichen Enge des Blickwinkels, zu einer gewissen geistigen »Verhocktheit« und Selbstgenügsamkeit beitrug, liegt auf der Hand. Hinzu kam, daß die Obrigkeit, wie wir schon gehört haben, der Bürgerschaft lange bis ins einzelne vorschrieb, was sie zu tun und zu lassen hatte, daß sie jedes Aufmucken durch Strafandrohungen zu unterdrücken suchte und ihr selbst schon Äußerungen unbeschwerter Lebensfreude wie beispielsweise öffentliche Tänze suspekt waren. Im Oktober 1729 setzte der Magistrat bei der Regierung durch, daß dem Tanzmeister des Gymnasiums, Carl Simon Paret, das Abhalten öffentlicher Tänze bei Nacht verboten wurde. Der Magistrat hatte behauptet, Paret dulde solche Tänze bis Mitternacht, spiele dabei selbst auf und gestatte allerhand verdächtigen Personen den Zutritt. Als dann kurz darauf durch die Unachtsamkeit eines vierzehnjährigen Buben, der vergessen hatte, sein Licht in eine Handleuchte zu stellen, auf dem Tanzboden ein Feuer ausbrach, das allerdings mit »etlich Handvoll Wasser« gelöscht werden konnte, wurde Paret wegen Mißachtung des nächtlichen Tanzverbots um 10 fl gestraft. Der Tanzmeister suchte sich zu rechtfertigen: Schüler, Kadetten, Skribenten, Kaufmannsdiener und andere »Professionsverwandte« (Berufstätige) könnten nur abends, besonders im Winter, Tanzunterricht nehmen. Auf Wunsch gebe er seinen Tanzschülern ein Glas Wein, sonst gestatte er aber keine »Desordre«. Auf wiederholtes Bitten wurde ihm die Strafe erlassen, auch das Tanzen bis 10 Uhr abends erlaubt. Seinen Hinweis, er habe durch die Verlegung des Hofes nach Ludwigsburg ohnehin viele Schüler verloren, hatte die Regierung gelten lassen. Es wurde ihm aber eingeschärft, keine verdächtigen oder ärgerlichen Personen auf den Tanzboden zu lassen. Es scheint, daß sich Paret nicht strikt an die Auflagen hielt, denn 1732 wurde er wegen nächtlichen Tanzens erneut bestraft. Darüber erbost, äußerte er, die Stuttgarter seien es nicht wert, daß ein ehrlicher Mann unter ihnen sei, deshalb werde er bald von dort wegziehen. Diese ehrenrührige Äußerung trug ihm eine Große-Frevel-Strafe ein, was ihn jedoch nicht hinderte, schon bald darauf wieder beleidigende Reden zu führen. Auch machte er sich neben »Injurien« in den Jahren 1739 und 1740 nach der Anzeige des Magistrats mehrerer »Exzesse auf dem Tanzboden« schuldig. So wurde bei ihm am Matthäusfeiertag bis 2 Uhr morgens getanzt – nach der Feststellung der Stadtobrigkeit eine »Sabbatschändung«. Jetzt war das Faß voll. Der Tanzboden wurde geschlossen, freilich nur vorübergehend. Paret erreichte durch seine Eingaben die Wiedereröffnung. Erneute Exzesse bewogen den Magistrat, den Tanzmeister für vier Tage auf der Bürgerwache zu arretieren und ihn dort »mit Wasser und Brot zu speisen«. Außerdem zwang er ihn, wegen der gegen die Stadtobrigkeit gerichteten Injurien Abbitte zu tun. 1749/50 wurde Paret wegen »allerhand Ohnordnungen und Exzessen« das Betreiben seines offenen Tanzbodens erneut untersagt. Als er im August 1750 die Konzession zurückerhielt, mußte er sich strenger Aufsicht unterwerfen. 1755 starb er. Vergeblich bemühte sich seine Tochter um die Genehmigung, den ihr als Erbe zugefallenen Tanzboden für öffentliche Tänze (Hochzeiten) benutzen zu dürfen. Andererseits gestand die Regierung noch in demselben Jahr nur widerstrebend dem Tanzmeister Johann Gottfried Zellmann die Eröffnung eines öffentlichen Tanzbodens zu, wobei sie empfindliche Strafmaßnahmen für den Fall androhte, daß Zellmann die Konzession mißbrauchte[1910].

Überhaupt mißfiel der Obrigkeit, namentlich der Geistlichkeit, daß die Jugend gerne allerlei Kurzweil trieb und sogar öffentlich tanzte. So trafen sich in Heslach abends die jungen Leute »auf dem offenen Platz unter der Linde nahe bei der Kirche« zum Gesang. 1739 wurde ihnen verboten, bei ihren Zusammenkünften ein Spiel zu machen. 1757 rügte der Kirchenkonvent den vielen Unfug und die Gottlosigkeit, die hierbei entstünden. 1761 empörte er sich, daß sich acht Burschen und fünf verheiratete Männer sogar »erfrecht« hätten, auf dem Platz unter der Linde zu tanzen. Die Anstifter wurden bestraft. Eine Geldstrafe hatte ein junger Stuttgarter zu berappen, weil er in aller Öffentlichkeit mit einem Heslacher Mädchen hatte anbändeln wollen[1911].

Recht umgänglich fand der Berliner Buchhändler Nicolai 1781 die Stuttgarter. Sie seien, erinnerte er sich, keineswegs steif, wie er zuvor irgendwo gelesen habe. Die Residenzstadt übe auf den Charakter einen prägenden Einfluß aus. Die Stuttgarter neigten deshalb mehr als ihre schwäbischen Landsleute anderwärts zu Sinnlichkeit, Geselligkeit und Lebensgenuß[1912] – mit Maßen, wie wir wissen. Keineswegs verallgemeinern sollte man das Sittengemälde, das der Göttinger Philosophieprofessor Christian Meiners 1801 von den sittlichen Zuständen in Stuttgart entwarf. Er behauptete, der letzte Krieg habe nicht nur den Bewohnern drückende Schulden hinterlassen, sondern auch zu einem Verfall der Sitten geführt. Ein Beweis dafür seien die vermehrten Ehescheidungsklagen. Man rechne mit wöchentlich zwei bis drei Ehescheidungen. Österreichische und französische Soldaten hätten in Stuttgart das meiste Glück bei den Frauen und Mädchen gefunden. Die Franzosen »rühmten dankbar«, daß die Stuttgarter Damen nach den Münchnerinnen am gefälligsten im südlichen Deutschland seien. In einer gewissen Klasse rechne man es einem Frauenzimmer beinahe als Tugend an, wenn es neben seinem Mann nur einen Liebhaber habe und diesem treu bleibe. In Stuttgart gebe es eine große Zahl von Dirnen, man nenne sie Planie-Mädchen. An Sonntagen, wenn sie sich auf der Planie zeigten, erkenne man sie an der Kleidung, am Putz, am Gang und an den Mienen. Höchst interessant, was Professor Meiners über die gesellschaftlichen Verhältnisse in der württembergischen Haupt- und Residenzstadt berichtete. Er stellte hier manches »Eigentümliche« fest. So speisten Adlige in bürgerlichen Familien, ohne jemals Gegeneinladungen auszusprechen. Bürgerliche, die irgendwo zu Mittag oder zu Abend aßen, reichten den Bedienten zwölf Batzen oder einen Gulden Trinkgeld. Dagegen gaben die Adligen nichts. Sie begründeten dies damit, daß in ihren Häusern das Trinkgeld abgeschafft sei. In den tonangebenden bürgerlichen Kreisen halte man nichts von »gemischten Gesellschaften«, berichtete Meiners weiter. Man komme auch nicht mit Freunden oder Freundinnen zu frohen Mahlzeiten zusammen, ebensowenig veranstalte man solche »zu Ehren merkwürdiger Fremder«. Auswärtige Gelehrte und Künstler, die in Stuttgart keine Verwandten oder Freunde besäßen, könnten sich hier monatelang aufhalten, ohne zu einem Mittag- oder Abendessen gebeten zu werden. In der Stadt gebe es kein Haus, in dem angesehene oder namhafte Fremde eingeführt und mit den für sie am interessantesten Personen bekannt gemacht würden. Selbst Konzerte, Bälle, Picknicks oder Clubs, in denen sich beide Geschlechter träfen, seien in der bürgerlichen Oberschicht beinahe gänzlich unbekannt. Redouten (Maskenbälle) würden seit geraumer Zeit nur von verdächtigen Mädchen besucht. Junge Männer und Mädchen hätten lediglich im Theater oder auf Spaziergängen Gelegenheit, sich zu sehen und miteinander zu sprechen. Noch befremdender für einen Norddeutschen sei die halb freiwillige, halb erzwungene Hospitalität, die die Stuttgarter traditionsgemäß übten oder üben müßten. Keine Familie sei auch nur einen Tag sicher, daß sich nicht entfernte Verwandte oder gar nur Bekannte angemeldet oder auch unangemeldet einfänden und sich für Tage und Wochen bei ihnen einquartierten. Dies geschehe nicht bloß bei reichen Familien, sondern auch bei solchen, die »nicht mehr als das anständig Notwendige« hätten, denen es an Gastzimmern gänzlich fehle, so daß der Hausvater seine Studier- oder Arbeitsstube den sich einnistenden Besuchern, die ihm manchmal sehr fern stünden, überlassen müsse[1913].

Der Komponist Carl Maria von Weber (1786–1826), der sich, wie früher erwähnt, einige Jahre in Stuttgart aufhielt, beklagte 1810, wie schwer es sei, hier das Gute zu finden, biete doch kein öffentlicher Vereinigungspunkt irgendeine Art Gelegenheit, die Bewohner kennenzulernen. Es sei deshalb, so äußerte der Komponist, keinem Fremden zu verübeln, wenn er erst nach seiner Abreise von bedeutenderen Schriftstellern erfahre, die in der Stadt lebten und mit denen er sogar täglich Umgang gehabt habe[1914].

Insgesamt sicher zutreffend schilderten 1814 Cless und Schübler in ihrer »Medizinischen Topographie« die Stuttgarter, ihren Charakter und ihre Lebensart. Die Stuttgarter, so schrieben sie, zeichneten sich durch Vaterlandsliebe, Anhänglichkeit an ihr Regentenhaus, durch Offenheit, Neigung zu geselligen Vergnügungen und Mildtätigkeit aus. Ihr Gemüt sei leicht zu Freude wie zum Leid zu stimmen, und Gesellschaft, d. h. Geselligkeit, sei ihnen unentbehrlich. Hätten sie diese nicht, verfielen sie schnell in Mißmut, Niedergeschlagenheit, Kleinmut. Kaffee-, Wein- und Bierhäuser sowie Schenken besuchten sie gerne. In keiner anderen Stadt Deutschlands gebe es – im Verhältnis – so viele Gasthäuser wie in Stuttgart. Freilich ließen sich die Einwohner auch zum Mißbrauch des Wein- und Biergenusses verleiten. Um solchem übermäßigen Zechen vorzubeugen, sei es den Wirten nach 10 Uhr abends verboten, in den allgemeinen Gastzimmern noch Wein auszuschenken. Sonntags wanderten vor allem die ärmeren Bevölkerungsklassen hinaus aufs Land, um in den dortigen zahlreichen Wirtshäusern einzukehren. Zu den meistbesuchten Orten zählten Berg, Cannstatt, Heslach, Gablenberg, Feuerbach, Botnang, Sillenbuch, Rohracker, Kaltental, Vaihingen und Hohenheim sowie andere Dörfer im Zweistundenumkreis. Die Stuttgarter liebten die Natur, darum mache ihnen auch das Spazierengehen Freude. Die Spazierwege in der Stadt und in ihrer unmittelbaren Umgebung seien die Planie, ein mit Kastanienbäumen und Buschwerk bewachsener freundlicher Platz zwischen Altem und Neuem Schloß, sodann die Allee, die vom Friedrichstor zum Wilhelmstor um die Stadt herum führe und von hohen Linden gesäumt werde, schließlich – das beliebteste Spaziergänger-Refugium – die neue englische Anlage (Schloßanlage). Damit die Fußgänger nicht behindert würden, seien dort den Reitern und den »Fahrenden« eigene Wege zugewiesen worden[1915].

In ihrer Ernährung hielten die Stuttgarter nach dem Urteil von Cless und Schübler das richtige Verhältnis zwischen pflanzlicher und tierischer Kost ein. Allerdings lebe die recht zahlreiche ärmere Klasse der Einwohner, seitdem die Preise der Nahrungsmittel so stark angestiegen seien, meist von Kartoffeln. Diese dienten ihnen auch als Ersatz für Brot und »Zugemüse«. Die Wohlhabenden wie die Armen nähmen in der Regel dreimal täglich Nahrung zu sich: morgens, mittags und abends. Die Speisen seien im allgemeinen gut zubereitet, Fremde fänden sie wohlschmeckender als in den meisten anderen Gegenden Deutschlands[1916]. Wein werde mit Ausnahme der ärmeren Klassen allgemein getrunken. Gewöhnlich, wenigstens bei den Mahlzeiten, nehme man ihn aber mit Wasser vermischt zu sich. Da das Trinkwasser von schlechter Qualität sei und sich in Berg und Cannstatt Mineralquellen befänden, trete das Mineralwasser häufig an die Stelle des Trinkwassers. Der Geschmack des Cannstatter Wassers ähnle dem des Selzer-Wassers, es »moussiere« wie Champagner. Beliebt seien auch das Göppinger und Teinacher Sauerwasser wegen ihres angenehmen und erfrischenden Geschmacks. Viele Männer freilich tränken ausschließlich Wein, nie Wasser. In neuerer Zeit ziehe man den neuen Wein dem alten vor. Fremde Weine gälten als Luxusartikel. Der früher geringe Bierkonsum in Stuttgart habe neuerdings durch den Gang der politischen Ereignisse und den Aufenthalt vieler »Bierländer« (d. h. Menschen, die aus Gegenden stammten, in denen das Bier das Hauptgetränk war) stark zugenommen, und er steige weiter an. Das hier gebraute Bier sei von mittelmäßiger Qualität. Der unzureichende Hopfenanteil werde oft durch ein bitteres Mittel ersetzt, beispielsweise durch Aloe oder Ochsengalle. In letzter Zeit werde in Stuttgart auch viel fremdes Bier getrunken. Dieses sei meist in »Bouteilles« (Flaschen) abgefüllt und heiße Propfbier. Mittels Kirschengeist und Zucker werde es etwas »moussierend« gemacht. Das Getränk der ärmeren Volksklassen sei der teils aus Äpfeln, teils aus Birnen hergestellte Obstmost: ein gesundes, angenehmes und durstlöschendes Getränk. Die Wirte benutzten ihn sogar zur Verfälschung des Weins. Dies sei allerdings mit empfindlichen Strafen bedroht. Branntwein werde nur wenig getrunken[1917].

Tee, Punsch, Schokolade kämen nur auf den Tisch der Reichen. Hingegen sei der Kaffee bei allen Bevölkerungsklassen das tägliche Getränk. Bei den Armen werde der Kaffee indes am meisten »mißbraucht«. Er ersetze häufig das Mittag- und Nachtessen, mit echtem Kaffee habe er aber kaum etwas zu tun: Gerste, Zichorie, gelbe Rüben, Eicheln usw. würden mit ein paar Kaffeebohnen vermengt und so abgesotten – manchmal fielen wegen des hohen Preises sogar diese Kaffeebohnen weg. Der so gewonnene Absud, eine schrecklich fade Brühe, werde mit viel Milch vermischt und zusammen mit Semmeln verzehrt. Zucker könnten sich die Armen wegen des hohen Preises nicht leisten, sie begnügten sich deshalb mit Sirup und anderen Zuckersurrogaten. Die höheren Stände pflegten den Kaffee zum Frühstück zu trinken und nicht selten auch nach dem Mittagessen. Hierzu werde häufig noch eine Pfeife mit Tabak geraucht[1918].

Das Tabakrauchen kam nach dem Dreißigjährigen Krieg auf. Die Regierung hielt es für gesundheitsschädlich und für feuergefährlich; sie verbot es deshalb anfänglich wiederholt, später verlangte sie besondere Sicherheitsvorkehrungen. So untersagte ein herzogliches Reskript vom 1. September 1726 das Rauchen in Ställen und Scheunen[1919]. König Friedrich war das Tabakrauchen auf den Straßen und öffentlichen Spazierwegen, insbesondere in den für die Öffentlichkeit freigegebenen (oberen) Anlagen, ein Greuel. Seiner Ansicht nach »lief« es nicht nur der öffentlichen Sicherheit, sondern auch der Sittlichkeit »zuwider«. 1808 verbot er es. Jedem, der künftig mit einer brennenden Pfeife im Mund oder in der Hand auf den Straßen der Stadt und in den königlichen Anlagen angetroffen wurde, hatten die polizeilichen Ordnungskräfte die Pfeife abzunehmen und ihn außerdem noch um 3 fl – ein für damalige Verhältnisse hoher Geldbetrag – zu bestrafen[1920]. Trotz dieses strengen Verbots ließ sich das Rauchen in der Öffentlichkeit nicht unterdrücken. 1812 stellte die Oberpolizeidirektion mißbilligend fest, es werde tagtäglich in der Allee außerhalb des Friedrichstors so sehr geraucht, daß »die

Spazierengehenden an ihrer Erholung gehindert« würden. Nachdrücklich brachte sie am 14. Mai 1812 das Verbot in Erinnerung[1921]. Nicht untersagt war das Rauchen in den Wohnungen und auf privaten Grundstücken, und hier war es, wie Cless und Schübler 1814 feststellten, ebenso wie das »Schnupfen« bei den Männern »sehr in Mode gekommen«, allerdings meinten die Verfasser der »Medizinischen Topographie«, das Tabakrauchen sei in letzter Zeit etwas rückläufig, andererseits behage der Genuß von Schnupftabak »auch einigen Damen, zum Glück nur wenigen«[1922].

Als wenig erfreulich stellten Cless und Schübler die Wohnverhältnisse in Stuttgart am Ende der napoleonischen Kriege dar. Die Zimmer in den neuerbauten Häusern seien sehr klein, sie könnten »oft kaum größere Kabinette« genannt werden. Dies liege im Interesse der Besitzer von Neubauten. Bei einer größeren Zahl von Zimmern könnten diese einen höheren Mietzins verlangen. Das Zusammenleben größerer Familien in beengten Wohnungen sei für die Gesundheit nachteilig. Andererseits lägen trotz des florierenden Wohnungsbaus in den letzten Jahren die Mieten ungewöhnlich hoch. Die Wohnungen selbst besäßen meist keinerlei Komfort. Die Wände der Zimmer seien gewöhnlich tapeziert oder bemalt und selten getüncht. Das »Einheizen« der Zimmer geschehe durch Öfen vom Hausflur aus. Als Brennmaterial würden Tannen- und Buchenholz verwendet. Die Preise für Brennholz seien sehr hoch, sie stiegen bei Buchenholz auf 25 und mehr Gulden je Klafter an. Die Abtritte befänden sich in der Regel auf der Hinterseite der Häuser. Die Fäkalien würden in eine Grube im Hof geleitet, die dann von Zeit zu Zeit geleert werde. Auch wenn die Wegschaffung des Unrats bei Nacht erfolge, so sei doch die Geruchsbelästigung groß. Cless und Schübler rieten dringend, diesem Übelstand dadurch abzuhelfen, daß in allen Straßen unterirdische Kanäle oder Senklöcher angelegt würden. In manchen Straßen, namentlich in den neuerbauten, befänden sich auch bereits solche unterirdischen Kanäle. In den am Nesenbach liegenden Häusern würden die Abtritte in den Bach geleitet[1923]. Diese weithin ungelösten Entsorgungsprobleme und auch der zu einer Kloake verkommene Nesenbach wurden bereits in einem eigenen Kapitel behandelt[1924].

Daß in der württembergischen Haupt- und Residenzstadt damals auch sonst nicht alles zum besten stand, dafür liefern einige Polizeiverfügungen sprechende Beweise. 1809 wurde angeordnet, daß bissige Hunde, die Passanten anfielen, zu töten seien. Richteten solche Hunde Schaden an, mußten ihre Besitzer die exorbitant hohe Geldstrafe von 30 fl entrichten, im Wiederholungsfall hatten sie mit einer »körperlichen Strafe« (Prügelstrafe) zu rechnen[1925]. Im Juli 1810 wurde das Baden im Feuersee verboten, Zuwiderhandelnden eine Geldstrafe von 1 fl angedroht[1926]. Wenige Monate später stellte eine Polizeiordnung das Trocknen von Wäsche vor den Fenstern, das Aufstellen von Stockbrettern außerhalb der Fenster sowie im Sommer das Auslegen von Betten in den Straßen unter Strafe[1927]. 1818 wurde das Verbot, »Nachtwasser« aus dem Fenster zu schütten, wiederholt[1928].

So bescheiden selbst die bürgerliche Oberschicht lebte, bei öffentlichen Festgelagen kam auf den Tisch, was Küche und Keller zu bieten hatten. Ein Beispiel: Am 11. Februar 1774 veranstaltete der Stuttgarter Magistrat im Rathaussaal ein Festessen aus Anlaß des Geburtstags von Herzog Carl Eugen. Hierbei wurden an Speisen gereicht: »Suppe, Bœuf à la mode (garnierter Rinderbraten), Sauerkraut mit geräuchertem Schweinefleisch und anderem Zubehör«, Pasteten mit Schwarzwildbret, Schnecken mit Sardellensauce, Aal, hierzu 16 Stück Zitronen, Forellen in Sardellensauce, gemästete welsche Hahnen (Hähne), eine Spansau, Rehzehmer, Bricken und Heringssalat, Lattich- und Zellerichsalat, Krautsalat, Schunken (Schinken), geräucherte Zungen und Kopfwürste, Preßkopf und gesulzte Kapaunen, gesalztes Wildbret. Zum Nachtisch gab es: Zitronentorte, geschnittene Mandeltorte, eine Pyramide, Zimmetbögen, Mandelsterne, Gußtörtlein, Zimmetbrödlen, Zuckerbrezeln, Käse, Butter und Äpfel. Getrunken wurden 4 Imi 3 Maß Wein (knapp 80 Liter), den Eimer zu 90 fl gerechnet (offenbar recht guter Wein). Auf der Hauptwache erhielten, gleichfalls auf städtische Kosten, der Rittmeister Sigel 1 Maß Wein zu 36 kr, der Leutnant Huth eine halbe Maß für 16 kr. Für Trompeter, Pauker, Ratsdiener nebst den Knechten, insgesamt 14 Personen, wurden abgegeben Suppe mit Knöpflein, Rindfleisch samt Zubehör, Sauerkraut, geräuchertes Fleisch und Blutwurst, Pastete mit Schwarzwildbret, Wildbretbraten mit Salat, mürbe Kuchen, dazu zehn Maß Wein à 24 kr. Das Festessen mit allem Drum und Dran kostete die Stadt 142 fl 59 kr[1929].

Nicht schlecht scheint man im neuen Landschaftshaus, der sogenannten Einnehmerei, gelebt zu haben. Dort wurden bis zum Beginn des 19. Jahrhunderts die Mitglieder des Landschaftsausschusses (sehr wahrscheinlich des Kleineren oder Engeren Ausschusses, möglicherweise aber auch des Großen Ausschusses, der eine Erweiterung des Engeren Ausschusses war) verköstigt. Der Küche stand die »Löfflerin«, Friederike Luise Löffler, vor, die die Verfasserin des nach ihr benannten berühmten Kochbuches war; sie wird in den Adreßbüchern von 1800 und 1804 als »Traiteurin« bezeichnet. In der Einnehmerei wurden im Jahr durchschnittlich 70 Eimer (21 000 Liter) Wein getrunken. Daß dieser Wein zu den besseren Gewächsen des Landes gehörte, versteht sich[1930]. Den Wein trank man damals zum Teil im Übermaß. Als nicht zu tolerierenden Übelstand prangerte es Dekan Johann Ernst Friedrich Bernhard 1785 an, daß an Sonntagen noch nach Mitternacht die Wirtshäuser mit Trinkern und Spielern »besetzt« seien[1931]. Freilich stellten sich damals viele Stuttgarter auf den Standpunkt, wie ihn der trinkfeste Schieferdecker Leopold Baur vertrat. Wasser, so erklärte er, mache dumm, es sei nur für Fische, Gänse und Dummköpfe. Der ordentliche Bürger halte sich an den Wein[1932].

Ende des 18. Jahrhunderts gab es in verschiedenen Gasthäusern »Kränzlein«. Das bekannteste, bereits erwähnte »Kränzlein« befand sich im »Adler«. Dort trafen sich in den 1790er Jahren die geistreichsten Köpfe Stuttgarts, unter ihnen Schubart,

Haug, Schlotterbeck, Stäudlin, der soeben genannte Schieferdecker Baur führte das Wort. Selbst Fremde, die Stuttgart besuchten, lockte die kurzweilige und interessante Gesprächsrunde an[1933]. Hierzu paßt die Schilderung von Robert von Mohl über die Geselligkeit in den bürgerlichen Kreisen Stuttgarts um die Wende vom 18. zum 19. Jahrhundert. Man habe, so schreibt er, im engsten Familienkreis um 8 Uhr zu Nacht gegessen. Zum Empfang von Besuchern oder zum Besuchemachen sei man überhaupt nicht eingerichtet gewesen. Überdies hätten die Männer ihre Abende in öffentlichen Lokalen, bestenfalls im sogenannten Museum, beim Kartenspiel oder beim Wein zugebracht[1934]. Dem so gearteten Geselligkeitsdrang der Stuttgarter kam übrigens entgegen, daß am 28. Oktober 1812 die Polizeistunde auf 23 Uhr festgesetzt wurde. Bisher war sie je nach Jahreszeit auf 21 bzw. 22 Uhr fixiert gewesen, und man war gar schnell zum »Nachtschwärmer« geworden. Allerdings, wer jetzt noch nach 23 Uhr in einem Wirthaus angetroffen wurde, hatte die extrem hohe Strafe von 15 fl zu berappen. 1817 wurde diese Strafe auf 3 fl 15 kr ermäßigt – immer noch ein recht hoher Betrag[1935].

Die soeben erwähnte Museumsgesellschaft ist, wie schon in anderem Zusammenhang ausgeführt wurde, aus der Metzlerschen Lesegesellschaft hervorgegangen. Sie wurde 1807 mit königlicher Genehmigung gegründet. Zu den Stiftern gehörten bekannte Stuttgarter Bürger. Einige Namen: Bonz, von Bühler, Elben, Elsäßer, Georgii, Grammont, Grüneisen, Hartmann, Haueisen, Haug, Hölder, Hofacker, Jäger, Kapff, Kaulla, Kerner, Le Bret, Mörike, Müller, Nast, Petersen, Pfaff, von Phull, Pistorius, Schelling, Schott, Schübler, Schwab, Seeger, Spittler, Steinheil, Steinkopf, Storr, von Uxküll, Wächter, Walz, Weißer. Erster Sitz der Gesellschaft war der erste Stock des 1803 erbauten Mühlbachschen Hauses (Königstraße 45). Schon wenige Wochen nach der Gründung zählte die Gesellschaft 146 Mitglieder. In Anlehnung an ihre Vorgängerinstitution verstand sie sich zunächst als Lesegesellschaft. Doch bereits nach einigen Monaten erweiterte sie ihr Programm durch Konzerte. Die Gesellschaft hielt eine größere Zahl von politischen und gelehrten Zeitungen sowie Zeitungen »aus dem Fach der schönen Wissenschaften, von Kunstsachen, Ökonomie, Physik«, außerdem eine Reihe von »Journalen«, so den »Deutschen Merkur« aus Weimar, »Die geographischen Ephemeriden« (von Bertuch), das »Journal des Luxus und der Moden«, »Die Europäischen Annalen«. Eine Ausweitung der Aktivitäten auf Spiel, Tanz und Mahlzeiten verbot ein königlicher Befehl vom 25. Oktober 1808. Der Polizeiminister hatte die Gesellschaft »auf ihren allein genehmigten Zweck« der »literarischen Beschäftigung« zurückzuführen. Die Regierung wollte jede Gelegenheit zu »politischem Raisonieren« unterbinden; sie behauptete, daß sich ein Teil des Publikums in den königlichen Residenzstädten erlaube, »die ungereimtesten, abgeschmacktesten und lächerlichsten Neuigkeiten zu verbreiten«. 1815 wurde der Gesellschaft auf ihren wiederholten Antrag hin schließlich erlaubt, »mit dem literarischen Zweck jenen der geselligen Erheiterung zu verbinden, insbesondere sich zu musikalischen Unterhaltungen ohne Tanz und zu erlaubten Spielen zu vereinigen und Erfrischungen in dem der Gesellschaft gehörigen Lokal reichen zu lassen«.

Bereits Anfang 1808 war die Mitgliederzahl auf 262 angestiegen. 1816 konnte die Gesellschaft ein eigenes Haus kaufen: das Tritschlersche Haus, Kanzleistraße 11. Sie zählte jetzt 505 ordentliche und 24 außerordentliche Mitglieder. Unter diesen neuen Mitgliedern befanden sich mehrere Angehörige des Königshauses, ein Prinz von Hohenlohe-Langenburg, mehrere Generale und Stabsoffiziere, einige Minister und Staatsräte sowie hohe Beamte und zahlreiche bekannte Persönlichkeiten, unter ihnen der Bildhauer Dannecker, der Kupferstecher Müller, die Hofbaumeister Barth und Fischer. Unter dem seit Ende Oktober 1816 regierenden König Wilhelm I. bekam die Gesellschaft größere Entfaltungsmöglichkeiten. Sie konnte ihr Haus zweckentsprechend umbauen und erweitern. Jede Art von gesellschaftlicher Unterhaltung war jetzt möglich. Die Bälle und Konzerte, die die Gesellschaft im Winter veranstaltete, fanden großen Anklang. 1817 konnte die Stuttgarter Musikgesellschaft mit dem Museum vereinigt werden. Bei dem am 3. Februar 1818, dem Fastnachtsdienstag, abgehaltenen Maskenball waren erstmals König Wilhelm I. und Königin Katharina anwesend.

Im September 1818 gab sich die Museumsgesellschaft eine neue Satzung. In ihr wurde als Zweck des Museums bezeichnet: »Vereinigung gebildeter Männer zu wissenschaftlicher und gesellschaftlicher Unterhaltung«. Mitglied konnte jeder mindestens 20 Jahre alte Mann von unbescholtenem Ruf werden. Die Mitglieder hatten ein Eintrittsgeld von 11 fl sowie einen Jahresbeitrag von 16 fl zu entrichten, die außerordentlichen Mitglieder einen solchen von 2 fl monatlich. Geldbeiträge in solcher Höhe konnten sich verständlicherweise nur wohlhabende Bürger leisten. Außerdem setzten die gesellschaftlichen Veranstaltungen, vor allem die Bälle und Konzerte, standesgemäße Kleidung voraus. Die Mitgliedschaft beschränkte sich daher zwangsläufig auf den Adel und die reiche bürgerliche Oberschicht. Am 23. September 1819 übernahm König Wilhelm I. die Protektion über die Gesellschaft. An den Feiern aus Anlaß der am 25. September 1819 zustande gekommenen Landesverfassung nahm die Museumsgesellschaft einen hervorragenden Anteil. So beschloß ihre »Administration« die Beteiligung an der allgemeinen Illumination, ferner veranstaltete sie ein Festessen und einen Festball[1936].

Schon zu Beginn des 19. Jahrhunderts schwang die Jugend gerne das Tanzbein. In Stuttgart selbst gab es hierzu wenig Gelegenheit. Die jungen Leute wanderten deshalb hinunter nach Cannstatt. Dort stand an der Stelle eines späteren Hotels inmitten eines größeren Gartens ein einfaches Häuslein, ein kleines Gasthaus. In dem Garten war zwischen vier ein Quadrat bildenden stattlichen Kastanienbäumen eine mit einem Strohdach bedeckte Balkenkonstruktion errichtet, die einen primitiven Tanzplatz bildete. Die Tanzveranstaltungen, zu denen die Stuttgarter Honoratioren mit ihren Töchtern, die jungen Beamten, Kaufleute und Offiziere kamen, fanden den Sommer über jeweils am Donnerstagnachmittag statt. Nach mehreren vergnügten Stunden kehrten die Tänzer, großenteils zu Fuß, nach Stuttgart zurück[1937]. Für das gehobene Bürgertum bildete an den Sommerabenden der Silberburg-Garten, von dem aus man einen herrlichen Ausblick auf die Stadt hatte, den Treffpunkt[1938].

Einen Höhepunkt im Jahresablauf bildete noch 1814 die Weinlese. Nach Cless und Schübler war sie eine Art Volksfest. Nirgends, auch nicht in besseren Weingegenden, werde sie mit so viel Frohsinn und Herzlichkeit als hier in Stuttgart gefeiert. »Der Luxus treibt freilich auch hier sein Spiel, denn nicht selten übersteigen die Kosten der gastfreundlichen Bewirtung den Ertrag des Weinbergs«[1939].

Bereits gegen Ende des 18. Jahrhunderts wußten die wohlhabenden Stuttgarter die Vorzüge einer sommerlichen Badekur zu schätzen. So schrieb am 24. Juni 1794 Christine Autenrieth ihrem in Amerika weilenden Mann, dem Hofrat Jakob Friedrich Autenrieth: »Alle Welt rüstet sich hier wirklich, ins Deinach und Wildbad zu gehen«, d. h. eine Badereise nach Teinach und Wildbad zu unternehmen[1940]. Indes, die Badeorte im nördlichen Schwarzwald erforderten ein bis zwei Tagesreisen. Cannstatt hingegen lag gewissermaßen vor der Haustür, und die Stuttgarter entdeckten seit Beginn des 19. Jahrhunderts zunehmend die gesundheitlichen Vorzüge einer Cannstatter Trinkkur. Ein Besucher stellte um 1816 mit einiger Verwunderung fest: »Es gehört in Stuttgart zum guten Ton, montagsmorgens nach Cannstatt hinauszufahren, um dort den Brunnen zu trinken«. Er selbst wollte nun auch nach Cannstatt fahren, allerdings »nicht des Wassers wegen«, sondern »um die schöne Welt, die sich dort versammlet, in Augenschein zu nehmen«. Einen Mietwagen konnte er jedoch nicht bekommen, weil bereits alle diese Wagen unterwegs waren. Ein »Offiziant«, den er zufällig an der Wirtstafel traf, nahm ihn dann im Wagen mit. Weil dieser aber nicht lange in Cannstatt bleiben konnte, mußte er schon eine halbe Stunde später die Rückfahrt nach Stuttgart antreten[1941].

Wie schon früher heiterten die Jahrmärkte durch allerlei Kurzweil den tristen Alltag der unteren Bevölkerungsschichten auf. Freilich wurden solche Belustigungen bei ernsten Zeitläuften, also während Kriegen, oder nach Todesfällen im Herzogshaus, verboten oder zumindest stark eingeschränkt. Die fahrenden Gaukler zogen von Jahrmarkt zu Jahrmarkt. Sie führten Tanzbären mit sich oder ganze Tiermenagerien. Es traten Männer ohne Hände auf, die mit den Füßen malten und schrieben. Mechanische Kunststücke, die auch am Hof beliebt waren, wurden vorgeführt. Im März 1748 erhielt ein gewisser Du Molin für seine Vorführungen mit drei Figuren nach der Erfindung des berühmten französischen Mechanikers Jacques de Vaucanson auf Anweisung von Herzog Carl Eugen die stattliche Summe von 475 fl ausgezahlt. Fast zu jedem Jahrmarkt stellten sich Seiltänzergruppen ein. Schon 1681 hatte eine Kompanie niederländischer Seiltänzer für Aufsehen gesorgt[1942]. 1711 erhielt eine in Stuttgart auftretende Seiltänzerin auf herzoglichen Befehl freies »Logement« (Wohnung)[1943]. Im März 1716 wurde dem Johann Georg Belling aus Berlin gestattet, ein fremdes Tier, Waldesel oder Waldteufel genannt, öffentlich vorführen zu dürfen. Der Preis je Zuschauer betrug $2^1/_2$ kr[1944]. Im September 1750 durfte Johann Martin Niler »sein Tigertier« hier in Stuttgart zeigen[1945]. Mit herzoglicher Erlaubnis schlug der ohne Hände und Füße geborene Matthias Buchinger aus Nürnberg 1709 auf dem hiesigen Jahrmarkt eine Bude auf, um seine »curiosen Exerzitien zu verrichten«. Dagegen wurde seiner Frau der Verkauf ihrer Wurmarznei untersagt. Der Leibmedikus hatte die Arznei geprüft und sie »an sich als gering und unschädlich erfunden«, aber von ihrem Verkauf abgeraten, weil bei »dergleichen Sachen viel Betrug vorgehe«, sie »mit allerhand Ränken den unverständigen Leuten aufgeschwätzt« werde[1946]. Im Mai 1738 ersuchte der 38jährige Johann Wynistorff von Oberburg, Grafschaft Burgdorf, Kanton Bern (Schweiz), um die Genehmigung, als Armloser in Stuttgart seine Künste zeigen zu dürfen. Er spiele mit dem »Positiv«, einer kleinen tragbaren Orgel, er mische und spiele Karten, er schreibe deutlich, schneide die Feder selbst, nehme auch eine Schere und schneide das Geschriebene vom Papier ab, er stecke den Faden in das Nadelöhr und nähe, er schenke selbst ein und trinke mit dem Fuß, er könne ein Spiel mit seinen Füßen machen, das keiner mit den Händen fertigbringe, er lade eine Pistole und schieße mit ihr, er zünde ein Licht an und putze es. Die Regierung untersagte ihm jedoch ohne Angabe von Gründen das Auftreten und forderte ihn auf, ungesäumt das Herzogtum zu verlassen[1947].

Der Pickelhäring, ein von englischen Komödianten zu Beginn des 17. Jahrhunderts eingeführter Clown, durfte auf Jahrmärkten nicht fehlen. Er begeisterte die schaulustige Menge; die Behörden und insbesondere die Geistlichkeit hingegen nahmen an seinen oft gewagten Späßen Anstoß. Am 5. Oktober 1746 protestierte der herzogliche Synodus gegen die Taschenspieler, Gaukler, Seiltänzer usw. Er behauptete, diese Leute schleppten nicht nur viel Geld aus der Stadt, sondern ärgerten auch die Jugend, verleiteten die Kinder und das Gesinde zu Üppigkeit und hielten sie von der Arbeit ab. Die Regierung sah sich jedoch nicht zum Einschreiten genötigt. Elfeinhalb Jahre später freilich wies sie die Grenzbeamten an, Komödianten und sonstigen Artisten gleich beim Betreten des Herzogtums mitzuteilen, daß ihnen zwar die Durchreise durch Württemberg nicht verwehrt sein solle, daß sie aber ihre Tiere und was sie sonst mit sich brächten, nicht mehr vorstellen dürften, es sei denn, sie hätten etwas Besonderes zu bieten. Indessen handhabte sie das Verbot in der Folgezeit recht großzügig[1948].

Viel Ärger verursachten auf den Jahrmärkten die Scholder- und Würfeltische – Glücksspiele, die zu Betrügereien anreizten, die immer wieder den Anlaß zu Schlägereien und Beleidigungen, ja zu Mord und Totschlag bildeten. Nachdem 1712 auf dem

Stuttgarter Lätaremarkt ein Cannstatter Bürger von einem Soldaten erstochen worden war, wies der Herzog den Stadtvogt an, die Scholdertische auf den Jahrmärkten abzuschaffen und keinen Scholderer mehr ohne herzogliche Spezialresolution sein Gewerbe treiben zu lassen. Dennoch waren Scholderer nicht gänzlich von den Jahrmärkten und Kirchweihen fernzuhalten. Nach seinem Regierungsantritt erklärte Herzog Carl Eugen, Lotterien und Glückshäfen gehörten zu den herzoglichen Reservatrechten. Die Folge war, daß daraufhin namentlich Kaspar Devas und sein Schwager Jonas Hoffmann von Rappenweiler bei Rastatt die württembergischen Jahrmärkte mit ihren Glückshäfen überschwemmten. Gleichzeitig bekam für den Stuttgarter Frühlingsjahrmarkt von 1745 der Kaufmann Eberhard Friedrich Göhring die Konzession zu einer Galanteriewarenlotterie. Göhring verhielt sich korrekt. Die Gewinnchancen bei den insgesamt 625 Losen à 2 fl waren nicht ungünstig. Auf je zwei Lose entfiel ein Gewinn. Die Gewinne bestanden in guten Silberarbeiten und in einem schweren Mastochsen. Der Hauptpreis war eine »extra reich mit Gold gestickt-grünsammete Pferd-Schabracke« im Wert von 150 fl[1949].

Gerne vertrieb man sich im Kreis der Familie, aber auch in den Wirtshäusern die Zeit mit Würfel- und Kartenspielen. Der geistlichen Obrigkeit mißfiel dies, vor allem weil in den Wirtshäusern auch um Geld gespielt wurde. Im Oktober 1742 klagte der Stadtvogt über das unter den Bürgern überhandnehmende Spielen. Man setze als Gewinne Geldbeträge, Wein und »Zech« (Zeche, vermutlich Essen, Mahlzeit), aber auch anderes aus[1950]. Zunehmender Beliebtheit erfreuten sich auch Hasardspiele, Glücksspiele; sie waren in Kaffeehäusern erlaubt. Die dann am 3. Mai 1751 und am 14. Juli 1759 ausgesprochenen Verbote bewirkten wenig, es wurde weiterhin leidenschaftlich gespielt[1951].

Sehr im Schwange waren im 18. Jahrhundert Lotterien. Man erhoffte sich von ihnen schnelle Gewinne. In den seit 1736 erscheinenden »Stuttgarter Anzeigen« sind

Kartenspieler und zechende Bauern. Von Johannes Zick gemalte Bilder im Bruchsaler Schloß.

die Frankfurter, die Ravensteiner, die Preußische und die Reichslotterie genannt. Auf den Jahrmärkten spielten neben den bereits erwähnten Glückshäfen auch Lotterien eine bedeutsame Rolle. Hier wurden den Interessenten Gewinne von größerem Wert, so Schmuck, Kleidungsstücke usw., angepriesen[1952]. 1762 stieg Herzog Carl Eugen im Bestreben, Geld in seine leeren Kassen zu bringen, selbst in das Lotteriegeschäft ein. »Die Herzoglich Württembergische gnädigst privilegierte Lotterie«, eine Art Zwangsanstalt, bestand aus 75 000 Losen zu je 25 fl und 8 500 Treffern. An ihr hatten sich nicht nur vermögliche Bürger, sondern auch die Gemeinden, Zünfte und frommen Stiftungen zu beteiligen. Lediglich die Landschaft vermochte dem Druck, Lose zu kaufen, zu widerstehen, doch mußte sie ihren Sitzungssaal zur Ziehung überlassen[1953]. Nachdem diese Lotterie eingegangen war, erteilte Herzog Carl Eugen dem kaiserlichen Kammerherrn Marquis de Mansi das Privileg, »sowohl das sogenannte Lotto di Genua als auch andere Klassen- oder sonstige Lotterien, nach ihm selbst beliebigen Plane, im Lande zu errichten, auswärtige aber nach Gefallen zu erlauben oder zu verbieten«. Die von dem Marquis de Mansi betriebenen Lotterien wurden nicht wenigen Bürgern, die ihre Spielleidenschaft nicht zügeln konnten, zum Verhängnis. Um dem wirtschaftlichen Ruin einzelner Personen oder auch Familien vorzubeugen, unternahmen die Landstände wiederholt den Versuch, den Herzog zur Abschaffung der Lotterie zu bewegen. Doch Carl Eugen untersagte im August 1775 lediglich den Lotterie-Kollekteuren »die Anborgung« von Lottoschulden sowie die Annahme von Pfändern anstelle von Bargeld. Erst im April 1779 rang er sich zu einem generellen Verbot auswärtiger Lotterien in Württemberg durch, weil, wie er eingestand, dieses Glücksspiel einen sehr nachteiligen Einfluß auf die Wohlfahrt der Untertanen habe und »eine allgemeine Zerrüttung anrichte«[1954].

Vor dem Bruder und Nachfolger Carl Eugens, Herzog Ludwig Eugen, fanden Glücksspiele, zumal er durch eigene Lotterie-Unternehmungen nicht belastet war, keine Gnade. Am 25. November 1793 verbot er alle »Hasardspiele mit Karten, Würfeln und andere«, so »Pharo, Banco, Trischack, Halbzwölf, Vingt un, die sogenannten Lotteriespiele, das Bassettespiel, das bei dem gemeinen Volk so sehr im Schwung gehende Häufeln mit Karten und überhaupt alle Spiele, welche ganz allein vom Zufall abhängen, sie mögen Namen haben, wie sie wollen und nieder oder hoch gespielt werden, in öffentlichen und Privathäusern, auch während der Messen und Redouten«. »Wein-, Bier- und Kaffeewirte« durften in ihren Räumen keine solchen Spiele mehr dulden[1955]. Indes, 22 Jahre später mußten durch Polizeiverordnung Hasardspiele erneut streng untersagt werden. Solche Spiele, so hieß es in der Begründung, hätten für die Wohlfahrt und Sittlichkeit nachteilige

Folgen. Leider würden sie in letzter Zeit von den Wirten in den öffentlichen Wein- und Bierhäusern geduldet, wobei nicht bloß um Geld, sondern auch um Getränke gespielt werde. Als Hasardspiele wurden neben den bereits ausdrücklich genannten Spielen wie Phar(a)o oder Banco das sogenannte Hopsen, die Lotteriespiele, das Bassettespiel und das Häufeln bezeichnet. Doch schloß das Verbot sämtliche Spiele ein, »die ganz allein vom Zufall abhängen«. Wer künftig beim Spielen ertappt wurde, mußte extrem hohe Geldstrafen entrichten: neben dem Einzug »des ausgesetzten und in der Bank befindlichen Geldes« 50 fl oder ersatzweise eine sechswöchige Gefängnisstrafe[1956].

Die geistliche Obrigkeit betrachtete jede Art von Spiel mit Argwohn, weil sich nach ihrer Auffassung Spiele mit einer streng

Mit Reskript vom 25. November 1793 verbietet Herzog Ludwig Eugen von Württemberg alle »Hazardspiele« (Glücksspiele).

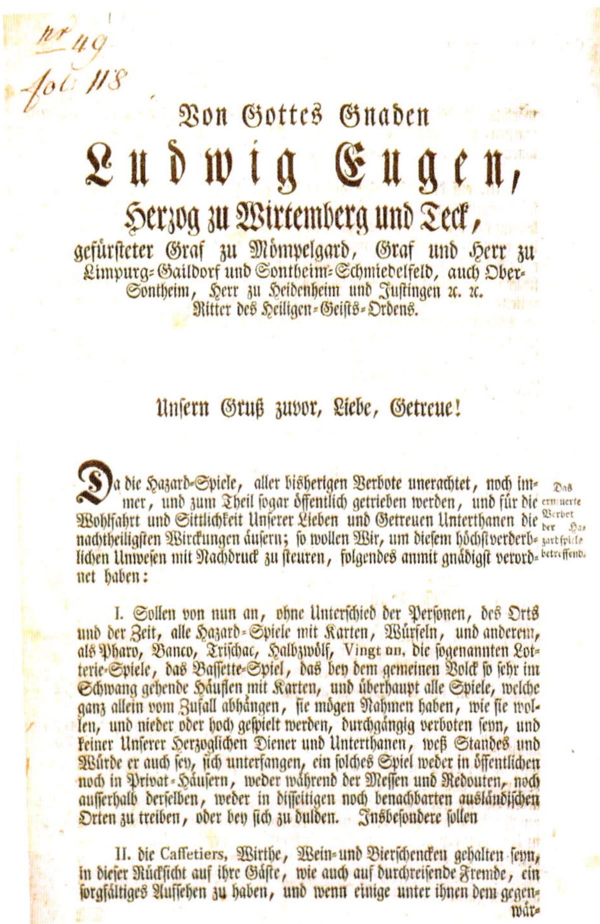

Nr 49
fol. 118

Von Gottes Gnaden
Ludwig Eugen,
Herzog zu Wirtemberg und Teck,
gefürsteter Graf zu Mömpelgard, Graf und Herr zu Limpurg-Gaildorf und Sontheim-Schmiedelfeld, auch Ober-Sontheim, Herr zu Heidenheim und Justingen rc. rc.
Ritter des Heiligen-Geists-Ordens.

Unsern Gruß zuvor, Liebe, Getreue!

Da die Hazard-Spiele, aller bisherigen Verbote unerachtet, noch immer, und zum Theil sogar öffentlich getrieben werden, und für die Wohlfahrt und Sittlichkeit Unserer Lieben und Getreuen Unterthanen die nachtheiligsten Wirckungen äusern; so wollen Wir, um diesem höchstverderblichen Unwesen mit Nachdruck zu steuren, folgendes anmit gnädigst verordnet haben: Das erneuerte Verbot der Hazardspiele betreffend.

I. Sollen von nun an, ohne Unterschied der Personen, des Orts und der Zeit, alle Hazard-Spiele mit Karten, Würfeln, und anderem, als Pharo, Banco, Trischac, Halbzwölf, Vingt un, die sogenannten Lotterie-Spiele, das Bassette-Spiel, das bey dem gemeinen Volck so sehr im Schwang gehende Häuflen mit Karten, und überhaupt alle Spiele, welche ganz allein vom Zufall abhängen, sie mögen Nahmen haben, wie sie wollen, und nieder oder hoch gespielt werden, durchgängig verboten seyn, und keiner Unserer Herzoglichen Diener und Unterthanen, weß Standes und Würde er auch sey, sich unterfangen, ein solches Spiel weder in öffentlichen noch in Privat-Häusern, weder während der Messen und Redouten, noch ausserhalb derselben, weder in dißseitigen noch benachbarten ausländischen Orten zu treiben, oder bey sich zu dulden. Insbesondere sollen

II. die Caffetiers, Wirthe, Wein- und Bierschencken gehalten seyn, in dieser Rücksicht auf ihre Gäste, wie auch auf durchreisende Fremde, ein sorgfältiges Aufsehen zu haben, und wenn einige unter ihnen dem gegenwär-

Das Stuttgarter Kartenspiel von 1430. Das Spiel umfaßt mit einem völlig ausgereiften System die ältesten deutschen Karten.

christlichen Lebensführung nicht vereinbaren ließen. Noch Ende des 18. Jahrhunderts nahm der Heslacher Kirchenkonvent Anstoß am Kegelspiel. Er wollte es verbieten lassen. Doch er fand nicht die Unterstützung der weltlichen Obrigkeit. Diese hielt das Kegeln für eine »an sich unschuldige Volksfreude«[1957].

Die großen christlichen Feste im Jahresablauf, Weihnachten, Karfreitag, Ostern, Himmelfahrt und Pfingsten, waren in erster Linie Höhepunkte des kirchlichen Lebens. In ihrem Mittelpunkt standen Festgottesdienste. Mit ihnen zusammenhängende spezielle Bräuche bildeten sich erst allmählich heraus. So fand der Weihnachtsbaum in Stuttgart wohl kaum vor Ende des 18. Jahrhunderts Eingang. Älter dürfte das für unsere Heimat typische Weihnachtsgebäck, die Springerle, sein. Die zuerst in Nürnberg, dann in Ulm und Basel hergestellten Pfefferund Lebkuchen wurden bald auch in Stuttgart nachgeahmt und hier heimisch[1958]. Die alte Gewohnheit, nach der arme Frauen mit Zustimmung der Regierung an den Abenden der Weihnachtsfeiertage vor den Häusern geistliche Lieder sangen, hielt sich auch noch im 18. Jahrhundert[1959]. Freilich wurde dabei ein strenger Maßstab angelegt. 1717 wollte die Frau eines abgedankten Soldaten diesen Brauch üben. Die Oberräte wiesen jedoch darauf hin, die Frau besitze keine herzogliche Konzession für das Nachtsingen, auch nehme der Gassenbettel immer mehr überhand, zudem sei das Nachtsingen in der revidierten Feuerordnung wegen der Feuergefahr ausdrücklich verboten, sei es doch üblich, daß das Geld für die Sängerinnen in brennendem Papier zu den Fenstern hinausgeworfen werde, ferner störe das Nachtsingen die Kranken, weil es ihnen den Schlaf raube, währe doch der Gesang gewöhnlich an die zwei Stunden. Hierzu komme noch – und dies war wohl der entscheidende Grund für das negative Votum der Oberräte –, daß die Frau, ihr Mann und ihre Kinder kein gutes Prädikat besäßen, weder Bürger noch Beisitzer seien und nicht arbeiten wollten. Der Frau wurde deshalb ein für allemal das Nachtsingen verboten und im Fall des Zuwiderhandelns eine Turmstrafe angedroht[1960]. Anders entschieden die Oberräte 1725. Maria Katharina Laißler hatte zu Hause einen 75jährigen »ganz baufälligen, übelsehenden Mann«, der kein Stücklein Brot mehr verdienen konnte. Sie selbst wurde oft von schlimmen Gliederschmerzen geplagt. Ihr wurde nun auf ihren Antrag hin wegen ihres Mannes und ihrer Kinder gestattet, eine gewisse Zeit – wohl vornehmlich während der Weihnachtstage und am Jahreswechsel – durch das Singen geistlicher Lieder vor den Häusern »guttätige Herzen zu mildtätiger Beisteuer zu bewegen«. Doch durfte sie abends nicht länger als bis 10 Uhr singen[1961]. Immer noch zogen trotz strengen Verbots am Pfeffertag (28. Dezember) Arme aus der Stadt und aus den Dörfern der Umgebung in großen Scharen gabenheischend durch die Gassen. Die »vornehmen« Einwohner, aber auch andere Personen fühlten sich durch das Betteln sehr belästigt. 1725 wiederholte deshalb die

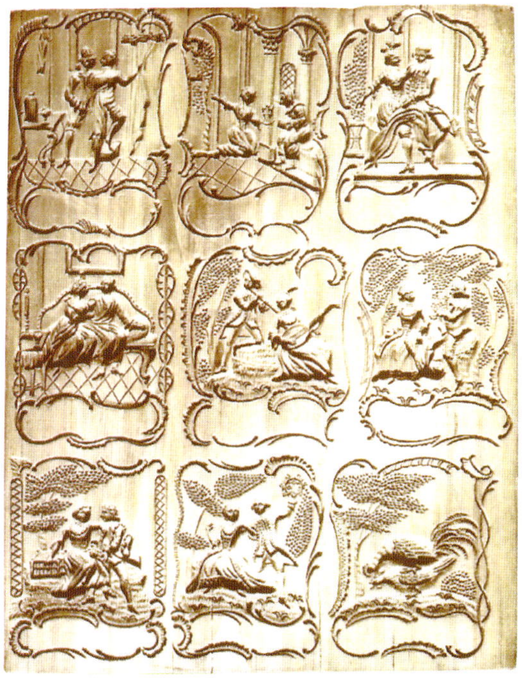

Springerles-Model aus Württemberg um 1770/80.

Regierung das Verbot: Erwachsene, die künftig beim Herumziehen am Pfeffertag ertappt wurden, verfielen der »Herrschaftsstrafe«, Kinder wurden vom Bettelvogt gezüchtigt[1962]. Offenbar geriet das Verbot erneut bald in Vergessenheit, denn am 20. Dezember 1739 mußte es in verschärfter Form bekanntgegeben werden, damit »der wüsten Konfussion und dem großen Überlauf am sogenannten Pfeffertag von armen Bürgern und Landleuten« gesteuert wurde[1963].

Das Neujahr hatte im 18. Jahrhundert als Fest noch immer einen höheren Stellenwert als Weihnachten. An Neujahr wurden »Verehrungen« (Geschenke) ausgeteilt. So war es allgemein Sitte, dem »Beichtvater« (zuständigen Pfarrer) ein Geschenk zukommen zu lassen. Familien der bürgerlichen Oberschicht pflegten diesen Brauch selbst noch zu Beginn des 19. Jahrhunderts. Eine alte, hochangesehene und wohlhabende Stuttgarter Familie beispielsweise bedachte 1808 mit größeren oder kleineren Geldgeschenken die Hausärzte, den zuständigen Geistlichen, den Perückenmacher, die zwei Spitalkirchturmwärter, die zwei Stadtkirchturmwärter, den Windwächter, den Brunnenmacher, die Polizeidiener, den Nachtwächter, die Theaterzettelträgerin, den Weinzieher, die Mägde und Bedienten in zwei anderen Häusern (vermutlich Personal von befreundeten Familien). In den folgenden Jahren kehrten diese Neujahrsgeschenke wieder. Hinzu traten aber noch Geldzuwendungen für den Dolenputzer, den Theatersouffleur und den Karrenbauer (wahrscheinlich der Mann, der die Müllabfuhr besorgte). Auch bekam jetzt der Lehrer des inzwischen in die Schule eingetretenen Sohnes ein Geldgeschenk. Von Interesse dürfte auch sein, daß das Familienoberhaupt und seine Gattin das Theaterabonnement erneuerten, das mit 2 fl 20 kr zu Buche schlug[1964].

Ein im 18. Jahrhundert geübter Brauch war das Schenken von glückbringenden silbernen Medaillen oder Münzen an Neujahr, sodann an Weihnachten, bei Verlobungen, Hochzeiten und bei anderen Gelegenheiten. Das Anfertigen solcher Medaillen bildete um 1750 einen eigenen Gewerbezweig. Die Medaillen und Münzen, die der Kaiser, die Landesherren, manche Reichsstädte, im Herzogtum Württemberg die Landschaft zum Jahresende prägen ließen, hießen »Neujahrsmünz« oder (Glück-)»Wunschpfennig«. Obwohl sehr klein, handelte es sich bei ihnen um fein durchgearbeitete Kunstwerke, die mit Wappen, Sinnsprüchen, Bibelworten und vor allem in der Zeit des Barock mit allegorischen Figuren oder mythologischen Szenen verziert waren. Hansmartin Decker-Hauff hat in einer Stuttgarter Sammlung einen solchen Neujahrspfennig entdeckt und in einem Zeitungsaufsatz näher beschrieben. Der Pfennig dürfte aus der Zeit kurz nach dem Regierungsantritt Herzog Carl Eugens, also etwa aus dem Jahr 1745, stammen; er zeigt auf der Vorderseite eine sehr hübsche, aber eigenwillige Darstellung des Stuttgarter Wappens: eine nach rechts steigende Stute mit ihrem Füllen, auf der Rückseite eine Stuttgarter Stadtansicht[1965].

Trotz der von Zeit zu Zeit wiederholten Verbote ließ sich der althergebrachte Brauch des Neujahrsschießens nicht abstellen. Unter dem jungen Herzog Eberhard Ludwig kam eine neue Unsitte hinzu: das Trommelschlagen. Der Herzog hatte das »Rühren der Trommeln« dann und wann den in Stuttgart liegenden Truppen und den Bürgern erlaubt. Sehr bald war aber daraus in der Silvesternacht eine unerträgliche Lärmbelästigung geworden. Die Straßen und Gassen hallten vom Trommelwirbel wider. Proteste des Magistrats bei Herzog und Regierung vermochten den Lärm zu dämpfen, ersticken ließen sich aber solche lauten Freudenbekundungen, insbesondere das Schießen, am Jahreswechsel nicht. Dies erreichte auch Herzog Carl Eugen nicht. Schon bald nach seinem Regierungsantritt, am 30. Dezember 1744, äußerte er sich in einem Reskript an den Stadtvogt mißbilligend über das von Stuttgarter Einwohnern durch »unnötiges Schießen« verursachte »unordentliche Lärmen«. Er wolle »diesem unanständigen Wesen ein für allemal abgeholfen wissen« und befehle daher, der gesamten Bürgerschaft »nachdrücklich und durch Trommelschlag unter Bedrohung empfindlicher Ahndung solches zu verbieten«[1966]. Die Klagen über Lärmexzesse durch Schießen und Trommelschlag verstummten auch in der Folgezeit nicht. Ein Beispiel: In der Silvesternacht 1789 brachten etliche Studierende der Hohen Carlsschule, darunter ein Engländer und zwei Söhne eines königlichen Gesandten am württembergischen Hof, einigen Personen ihrer Bekanntschaft »Nachtmusiken«; sie warfen außerdem Erbsen an die Fenster, gaben Pistolenschüsse ab, schlugen mit Prügeln an die Türe des Spezialathauses, begegneten der Tochter des Bäckers bei der Hospitalkirche auf die Aufforderung, von ihrem Radaumachen abzulassen, mit frechen Reden, prügelten einen Polizeidiener durch und verhöhnten den Polizeikommissar Huber. Mit Rücksicht auf den Gesandten wurde indes von einer Bestrafung der jungen Leute abgesehen, die möglicherweise dem damals gerade in Deutschland heimisch werdenden, aus England kommenden Punsch zu sehr zugesprochen hatten[1967].

Herzog Eberhard Ludwig wünschte, daß der Karneval, der am Hof eine alte Tradition hatte, in der Form des »welschen

Mummenschanzes« ähnlich wie in Paris auch in Stuttgart eingeführt werde. Am 5. Januar 1715 ließ er bekanntgeben: Beim »Karnevaldivertissement« hat in Stuttgart jedermann die Freiheit, sich zu maskieren. Der Stadtvogt hatte die gesamte Bürgerschaft zusammenzurufen, um sie unter Androhung harter Bestrafung davor zu warnen, eine maskierte Person anzugreifen oder auch nur im geringsten zu belästigen. Andererseits war die Bürgerwache verpflichtet, Maskierten jede gewünschte Hilfe zu leisten[1968]. Zu den Redouten, Maskenbällen, hatten sich nach dem Willen Eberhard Ludwigs die Hof- und Kanzleibediensteten, ebenso die Kaufleute und die sonstigen angesehenen Einwohner einzufinden. »Nobles, Dominos und polnische Röcke« blieben den »Cavaliers und Dames«, also den Adligen und ihren Frauen, vorbehalten, doch sonst konnten die bürgerlichen Redoutenbesucher jede ihnen passend erscheinende Rolle wählen. Außerdem wurden für die Karnevalslustbarkeiten »alle Zinkenisten und Musikanten des Landes« zum Aufspielen nach Stuttgart befohlen. Der Einspruch der Geistlichen gegen das sündige Karnevalstreiben beeindruckte den Herzog nicht. Auch in den folgenden Jahren hatten die Bürger zu den Redouten, die der Hof veranstaltete, zu erscheinen. Damit sich während der Karnevalszeit kein lichtscheues Gesindel, keine Bettler oder sonstige unerwünschte Fremde einschlichen, wurde ein stärkeres Milizaufgebot an den Stadttoren postiert; ihm oblag es, eine wirksame Kontrolle über die Menschen auszuüben, die die Stadt betreten wollten.

Mit der Übersiedlung des Hofes nach Ludwigsburg hörte der Karneval in Stuttgart auf. Herzog Carl Alexander ließ ihn dann nach seinem Regierungsantritt nicht nur wiederaufleben, sondern er zwang darüber hinaus die Einwohner zu einer regen Teilnahme an den Lustbarkeiten. So verlangte er in der Karnevalsordnung von 1735, daß »jeder Kanzleibeamte mit seinen erwachsenen Töchtern bei Strafe einer Vierteljahrsbesoldung« zu den Redouten zu kommen hatte. 1737 dehnte er den Karneval auf fast zehn Wochen aus. Besonders hoch ging es in den letzten Wochen vor dem Beginn der Fastenzeit zu. Aufzüge, Bälle und Maskenspiele wechselten miteinander. Die Hauptfestlichkeiten wurden im Lusthaus abgehalten, das zu diesem Zweck mit erheblichem Aufwand prachtvoll hergerichtet war. Um nicht nur die hohen Kosten hereinzubekommen, sondern um auch noch Gewinn aus den Veranstaltungen herauszuschlagen, arrangierte der Berater des Herzogs, der Geheime Finanzrat Süß Oppenheimer, in Verbindung mit den Redouten allerlei Glücksspiele und Lotterien. Wenige Tage nach dem Ende der Redoutenfeste starb Herzog Carl Alexander. Für etliche Jahre fiel jetzt der Karneval in Stuttgart weitgehend aus. Erst nach der Regierungsübernahme durch den jungen Herzog Carl Eugen wurde er wieder in einem verschwenderisch-leichtfertigen Rahmen gefeiert. Auch Carl Eugen legte größten Wert auf gutbesuchte Redouten. Diese fanden nun während der Karnevalszeit montags und donnerstags statt, Opernaufführungen waren dienstags und freitags. Zugang zu den Redouten hatten neben Adligen, Offizieren und bürgerlichen Honoratioren alle Personen, die in anständigen Masken erschienen. Nach der erneuten Verlegung des Hofes nach Ludwigsburg 1764 lag dort während der nächsten zehn Jahre der Schwerpunkt der Karnevalsveranstaltungen. Doch hatten inzwischen auch die Bürger den Karneval bzw. Fasching für sich entdeckt. Jetzt gab es in der Karnevalszeit kleinere bürgerliche Vereinsfeste mit Maskeraden[1969].

Nach der endgültigen Rückkehr des Hofes gewann der Karneval für Stuttgart erneut eine größere Bedeutung. Zentrum der Faschingsveranstaltungen, namentlich der Redouten, war weiterhin das Große Opernhaus[1970].

König Friedrich hatte wenig Sinn für Fastnachtslustbarkeiten in der Öffentlichkeit. Anfang 1809 untersagte er auf Straßen und auf öffentlichen Plätzen alle »Vermummungen«; sie blieben nur in geschlossenen Gesellschaften und bei Tanzveranstaltungen in Privat- und in Wirtshäusern erlaubt[1971]. 1813 ließ der König durch Hofbaumeister Thouret das Kleine Theater (auf dem Platz des späteren Königsbaus), ursprünglich ein Futterhaus, dann eine Reitschule, zu einem Redoutensaal umbauen. In diesem Gebäude spielten sich dann während etlicher Jahre die großen und kleinen Faschingsfeste in Stuttgart ab[1972]. Am 10. Januar 1815 setzte die Oberdirektion des Hoftheaters eine Redoutenordnung in Kraft. Sie bestimmte: In den Saal darf nur eingelassen werden, wer anständig gekleidet und maskiert ist. Das Tragen von Waffen ist verboten. Die königliche Loge darf bloß betreten, wer zum Hof gehört, doch muß der Betreffende zuvor Hut und Maske abgeben. Getanzt werden darf nur mit Masken. Die Redoute wird durch einen Walzer eröffnet, der eine Stunde dauert; es folgen im Wechsel Ecossaisen und, wenn eine hinreichende Zahl von Tänzern vorhanden ist, französische Contre-Tänze sowie wiederum Walzer. Für die Tänze gelten exakte Vorschriften.

Der Redoutensaal wurde außer für Maskenfeste und Bälle auch für Konzerte und Ausstellungen benutzt. Am 6. März 1829 fand im Redoutensaal das letzte große Fest statt. König Wilhelm I. veranstaltete es für die Bewohner von Stuttgart und der benachbarten Orte. Geladen waren annähernd 1000 Personen. 1850 mußte der Redoutensaal dem Königsbau weichen[1973].

Wie früher beanstandeten auch im 18. Jahrhundert die Geistlichen nicht selten den übertriebenen Aufwand bei Hochzeiten, ebenso bei Taufen und bei »Leichen« (Beerdigungen)[1974]. Jedoch bestand die Obrigkeit kaum noch auf der strikten Einhaltung der Bestimmungen über eine Höchstzahl von Tischen und Gerichten. Die meisten Hochzeiten fanden am Dienstag statt, doch wurde auch an anderen Tagen, selbst am Sonntag, geheiratet. Häufig waren die Klagen über Unordnungen bei Hochzeiten. Die Hochzeitsgesellschaft kam oft zu spät in die Kirche, auch störten einzelne Gäste immer wieder den Gottesdienst. Daß das Hochzeitsmahl nach dem Visitationsbericht von 1730 häufig erst nachts zwischen 11 und 12 Uhr eingenommen wurde, erschien der geistlichen Obrigkeit unzumutbar, zumal das Kutschengerassel in der Morgenfrühe Kinder und Kranke störte[1975]. Ungeachtet wiederholter strenger Verbote ließ sich das Schießen bei Hochzeiten nicht unterdrükken. Nachforschungen nach den Schützen blieben gewöhnlich ohne Ergebnis, da von der Hochzeitsgesellschaft niemand deren Namen preisgab. In Heslach bekamen die Feldschützen – offensichtlich wurde dies toleriert – vom Hochzeiter für das Schießen zwei Maß Wein und ein Laiblein Brot[1976]. Die Hochzeitsfeierlichkeiten von Angehörigen des Hofadels wurden im Schloß, die Hochzeiten von angesehenen Einwohnern im Herren- oder Rathaus gehalten[1977]. Die musikalische Umrahmung der Hochzeitsfeiern oblag dem Stadtzinkenisten und seinen Gesellen. Nach einem herzoglichen Reskript vom 30. August 1701 war ihnen zudem erlaubt, falls eine größere Zahl von Musikanten erforderlich war, Hautboisten vom Militär zuzuziehen. Von sich aus durften aber Hautboisten nicht bei Hochzeiten aufspielen[1978]. Bis etwa 1710 diente das Armbrusterhaus als öffentliches Hochzeitshaus, danach als Schulhaus. 1732 unterbreitete der Magistrat, veranlaßt durch dringliche Vorstellungen der Bürgerschaft, dem Herzog den Vorschlag, wieder ein öffentliches Hochzeitshaus zu errichten. Er hatte dafür die nicht mehr benötigte Scheune beim Wagenhaus vorgesehen. Dieses Bauwerk war von allen Seiten frei zugänglich, befand sich neben der Stadtmauer, hatte zudem eine »commode« (bequeme, zentrale) Lage. Den Umbau der Scheune wollte die Stadt durch Verpachtung eines Weinbergs, den Verkauf von städtischem Wein und die Vermietung einiger städtischer Häuser finanzieren. Obwohl die Oberräte den Vorschlag des Magistrats guthießen, hatte der Herzog Bedenken. Er hielt vor allem die Finanzierung der erforderlichen Baumaßnahmen für unbefriedigend. Deshalb forderte er die Stadt auf, über Alternativprojekte nachzudenken[1979]. Zum Bau eines neuen Hochzeitshauses kam es anscheinend in der Folgezeit nicht.

In Stuttgart sah man es nicht gern, wenn Soldaten oder andere Habenichtse in der Stadt heirateten. Man verwies solche Leute an die Heslacher Kirche. So ließen sich in Heslach nicht nur die Heslacher Einwohner trauen, sondern auch arme Stuttgarter, die sich dort mit ganz wenigen Hochzeitsgästen – alles in allem vielleicht sechs Personen – einfanden und sich als Hochzeitsmahl mit ein paar Glas Wein und einem weißen Brotlaib begnügten. Für Armenhochzeiten bürgerte sich die Bezeichnung »Heslacher Hochzeit« ein. Indes änderten sich die Zeiten. Im späten 18. Jahrhundert wurden die Heiraten im Heslacher Kirchlein Mode. Jetzt ließen sich dort auch Angehörige der bürgerlichen Mittel- und Oberschicht, so beispielsweise die Großeltern von Hegel, ja selbst Adlige aus Stuttgart trauen. Sie fanden das Heiraten in Heslach romantisch, zugleich preiswert und zogen es den aufwendigen Hochzeitsfeierlichkeiten in der Stadt vor[1980].

Die alte Kirche in Heslach.

Nach altem Herkommen fanden an den hohen Festtagen wie Ostern und Pfingsten keine Beerdigungen statt. Als »unehrlich« galt die Beisetzung von Toten bei Nacht und am Mittag. Die Leichenbegängnisse wurden gewöhnlich auf den Abend anberaumt[1981]. Familien, die es sich leisten konnten, entfalteten hierbei großen Pomp. Die nächsten Blutsverwandten bildeten im Leichenzug »die Männer- und Weiber-Klage«. Die Männer trugen »Vorhänge« oder »Maultüchlein«, die bis über die Nase hinaufreichten. Die Frauen wurden noch 1713 in »Stürzen« geführt, d. h., das Gesicht und der ganze Leib waren mit Flor und schwarzem Tuch eingehüllt, was im Sommer nicht selten Ohnmachtsanfälle verursachte. Die Beisetzungsfeierlichkeiten eröffnete oft stundenlanges »Gepränge« (Prunken) wegen des Voranritts, und sie endeten mit einem ebenso langen Kondolieren. Bei vornehmen »Leichen« schritten die Präzeptoren und Gymnasiasten, bei anderen die Schulmeister mit den Schulkindern unter Gesang dem Leichenzug voran[1982]. Nach 1720 kamen die Beerdigungen bei Nacht, die »Nachtleichen« auf. Als vornehmste Beerdigungsart galten jetzt die Leichenbegängnisse mit Kutschen und Stocklaternen – zunächst mit Fackeln[1983]. Bereits 1725 beschwerte sich der Seelknecht Johann Christoph Stitz über die finanziellen Einbußen des Armenkastens durch das »Nachtbegraben«. Er behauptete, dem Armenkasten entgingen dadurch an Opfern, Leichentuchgebühren und Läutgeld im Jahr gegen 1000 fl[1984]. Dies war sicher übertrieben, doch hatte der Armenkasten durch die »Nachtleichen« zweifellos finanzielle Einbußen. Die Beerdigungen bei Nacht hatten manche Unordnung im Gefolge: ärgerliches Mitlaufen von Schaulustigen, Getümmel, mutwilliges Verhalten junger Leute. Die Schulmeister widersetzten sich den »Nachtleichen«, weil ihnen die Gebühren für den Grabgesang entgingen. Die Geistlichen kritisierten, daß keine Grabreden mehr gehalten wurden, sondern daß allenfalls, wenn man einen »Beichtvater« zuzog, ein Gebet gesprochen wurde. Bei der Visitation von 1750 wurde als Übelstand bezeichnet, daß manche »rohen Leute« in ihren Sünden »ganz ruchlos dahinsterben, ohne einen Beichtvater oder das heilige Abendmahl zu begehren, und bei den häufigen Nachtleichen sich dessen getrösten, daß ihnen keine Personalien abgelesen werden, mithin solche Nachtleichen zum Deckel ihrer Sünden mißbrauchen«. Es wurde deshalb dringend empfohlen, daß nach der Beerdigung von solchen unbußfertigen Sündern »am nächsten sich hierzu schickenden Kirchentag andern zum Abscheu eine ernstliche Erinnerungspredigt abgehalten werden möchte«. 1762 wies die geistliche Obrigkeit die Pfarrer an, bei »Nachtleichen« »weder das Gebet des Herrn noch andere Sprüche und Lieder« sowie sonstige Zusätze am Grab zu sprechen, sondern es »bei der alten Observanz der Stille bewenden zu lassen«[1985].

Wie wir schon früher gehört haben, mußte bei Beerdigungen dem Rang und Stand des Toten Rechnung getragen werden. Die Trauerordnungen enthielten exakte Vorschriften darüber, wie die Trauerfeiern zu gestalten waren, welcher Aufwand getrieben werden durfte. Die Beerdigung eines armen Bürgers vollzog sich in bescheidenem Rahmen, die eines Adligen oder hochgestellten Beamten mit großem Pomp. So war nach einem herzoglichen Reskript vom 20. Juni 1741 das weiße Kreuz auf dem Bartuch nur für Personen der ersten Klasse bis einschließlich der herzoglichen Regierungsräte und ihrer Ehefrauen gestattet[1986]. Die Toten waren in sechs Beerdigungsklassen eingeteilt. Wer in der ständischen Hierarchie oben stand, hatte Anspruch auf ein langes Geläut mit den größten Glocken, auf angemessene Trauermusik und Trauergeleit, einen aufwendig gestalteten Sarg usw.[1987]. Nun waren die Familien bestrebt, in jedem Fall ihre Verstorbenen standesgemäß zu beerdigen. Vor allem die Hofbediensteten und die Kanzleibeamten leisteten sich oft einen Aufwand, der sie wirtschaftlich überforderte. Sie entrichteten bereitwillig die zusätzlichen Gebühren, die ihnen für die Dispensation von bestimmten Beschränkungen bei den für ihre Klasse maßgeblichen Beerdigungsvorschriften auferlegt waren, beispielsweise wenn sie als Geleit für den Toten zum Friedhof eine größere als die ihm zustehende Zahl von Präzeptoren und Schülern wünschten.

Die Regierung suchte den Luxus bei Beerdigungen einzudämmen. So verbot sie die Trauermahlzeiten. Verköstigt werden durften nur noch Personen, die von auswärts angereist waren[1988]. Eine Verordnung vom 26. August 1746 legte fest, was die Trauerfamilie, abgestuft nach der sogenannten Beerdigungsklasse, im Höchstfall für Bartücher, für den Sarg, das Grab, die Träger, die Leichenbitter(innen) oder Leichensäger/Leichensager(innen), das Läuten, das Singen und bei den ersten vier Klassen für das Turmblasen vom Stiftskirchenturm zu bezahlen hatte. Hierbei war naturgemäß auch die Art des Bartuchs, des Sargs usw. exakt vorgeschrieben[1989]. Die Trauerordnung von 1746 untersagte Angehörigen, Verwandten und Freunden von Verstorbenen, ihrer Trauer durch »geldfressende Kräntzlen« (Kränze, Kränzlein), mit denen sie den Sarg bzw. das Grab schmückten, Ausdruck zu geben[1990].

Indes ließ sich offensichtlich der übertriebene Aufwand bei Leichenbegängnissen und beim Kauf von Trauerkleidung durch obrigkeitliche Verordnungen nicht unterdrücken. Um 1770 soll nach der Schilderung eines Stuttgart besuchenden Kurländers eine in miserablen Vermögensverhältnissen lebende »Frau Secretarius« den Sarg ihres Mannes mit »rosinrotem« Taft ausschlagen lassen haben. Keine in einem Trauerhaus beschäftigte Magd durfte damals ohne schwarze Handschuhe auf den Markt oder zum Brunnen gehen. Überhaupt gaben Dienstboten bei Stellenangeboten Familien den Vorzug, in denen bald ein Trauerfall zu erwarten war, weil sie hofften, von diesen großzügig mit Trauerkleidung ausgestattet zu werden[1991]. Besonders verschwenderischer Luxus scheint allmählich bei »Nachtleichen«, die jetzt als die vornehmste Art der Bestattung galten, getrieben worden zu sein. Die Zahl der Kutschen, Stocklaternen und Fackeln erhöhte sich zunehmend. Die Regierung hielt eine derartige Prachtentfaltung für nicht vertretbar. Am 24. April 1784 verbot sie die in der vierten Trauerordnung 60 Jahre zuvor eingeführten Nachtbegräbnisse[1992].

Selbstmord galt noch immer als schweres Delikt. Deshalb wurden Einwohner, die sich selbst getötet hatten, ohne Sang und Klang an einem abgesonderten Ort auf dem Friedhof begraben, in Fällen, in denen das Motiv als besonders frevlerisch galt, auch unter dem Hochgericht »verscharrt«. Seit dem 17. Jahrhundert erkannte man, daß manche Selbstmorde durch psychische Krankheiten verursacht waren. Deshalb gestand die Obrigkeit seelisch Kranken, die durch Selbsttötung aus dem Leben geschieden waren, nunmehr ein stilles, aber ehrliches Begräbnis zu. Freilich fand sie damit keineswegs immer bei der Gesamteinwohnerschaft Verständnis. Es kam zu Protesten oder gar zu Aufläufen bei der Beerdigung solcher Menschen. Im Jahr 1755 erschoß sich ein schwermütiger Beamter (Marstaller) mit einer Pistole. Da es ein krankheitsbedingter Selbstmord war, sollte der Mann mit Zustimmung der Regierung »still, doch ehrlich« begraben werden. Ein in der Nähe des Toten wohnhaft gewesener Schreiner stellte sich bei der Beerdigung »aus guter Nachbarschaft« für das Stuhltragen zur Verfügung. Dies empörte die Gesellen seiner Handwerkszunft. Sie warfen ihm vor, er habe ein unehrliches Werk getan, und erklärten ihn für unfähig, künftig Gesellen und Lehrbuben zu halten. Jedem, der bei ihm arbeiten wollte, drohten sie mit »Austreiben«. Da man ihren Auflauf nicht hinnahm und sie zum Gehorsam und zur Rückkehr in ihre Werkstätten aufforderte, rotteten sie sich zusammen und zogen nach Esslingen. Der Magistrat schickte eine bewaffnete Mannschaft in die Reichsstadt und ließ sie nach Stuttgart zurückbringen. Er verurteilte sie zur Bezahlung der Unkosten, die ihr Ausstand verursacht hatte. Da sie jedoch eidlich gelobten, sich künftig still und ruhig zu verhalten und den Handwerksgenossen nicht mehr zu schaden, begnadigte er sie. Elf von ihnen freilich, alle Nichtwürttemberger, die sich daraufhin aus dem Staub machten, wurden für »infam und ehrlos«, des Handwerks, des Meisterrechts und der Zunft für unfähig erklärt[1993].

Aberglaube

Der Glaube an Hexen und an die Wirkung von Zaubersprüchen war noch immer sehr verbreitet. Doch trat die Obrigkeit abergläubischen Vorstellungen jetzt entschieden entgegen und bemühte sich, die betrügerischen Machenschaften angeblicher Zauberer aufzudecken. Im Jahr 1715 beschuldigte eine Heslacherin eine andere Einwohnerin, diese habe sie als »Unhold und Hex« beschimpft, weil sie vor vier Jahren deren Kind am Kinn berührt habe, worauf das Kind gestorben sei. Die Frau bat wegen ihrer diskriminierenden Äußerung um Vergebung, mußte aber trotzdem 1 Pfund Heller als Strafe bezahlen[1994].

Ein Bildhauer Fränklin gab nach einem an den Herzog erstatteten Bericht 1709 vor, er habe mittels eines mathematischen Instruments den Bayerischen Krieg sowie eine vor sechs Jahren stattgefundene große Wassernot vorhergesagt, und er behauptete, er habe nunmehr mit seinem Instrument ermittelt, daß es in einem bestimmten Stadtdistrikt und in bestimmten Gassen zu einem großen Brand komme. Dies versetzte die Einwohner des betroffenen Distrikts in Schrecken. Der Herzog ordnete auf Vorschlag der Oberräte an, Professor Schickhard und der Landbaumeister Jenisch sollten durch eine exakte Untersuchung den Angaben Fränklins auf den Grund gehen. Leider brechen die Akten ab, so daß wir nicht erfahren, wie die Sache ausgegangen ist[1995].

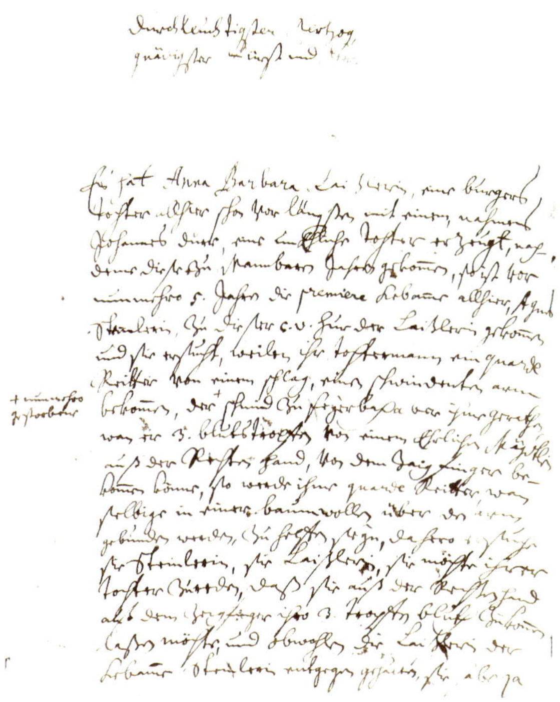

Anwendung abergläubischer Mittel 1710. Bericht an den Herzog.

Die elfjährige Tochter eines Kärchers, die angeblich an »fallenden Gichtern« litt, wurde 1710 von ihrer Mutter angestiftet, 30 halbe Kreuzer zusammenzubetteln und aus diesen ein Ringlein zu bilden. Dieses Ringlein sollte eine heilsame Wirkung haben und das Mädchen von seiner Krankheit befreien. Der Magistrat hielt dies für einen abergläubischen Hokuspokus. Er ließ die Mutter für acht Tage einsperren, das Mädchen aber ins Siechenhaus einweisen. Während des siebenwöchigen Aufenthalts im Sondersiechenhaus konnten die Ärzte und Pfleger an dem Mädchen nichts Krankhaftes feststellen. Auf herzogliche Anordnung wurde das junge Menschenkind seiner Mutter zurückgegeben. Diese sollte es zu fleißigem Beten und zur Gottesfurcht anhalten, andererseits aber »alle abergläubische Händel« unterlassen. Um ihre Magd von einem langwierigen Fieber zu befreien, bediente sich im Mai 1710 die Frau eines Seifensieders des folgenden verbotenen Mittels: Sie schrieb auf den gewöhnlichen Eßlöffel der Magd die Worte »consum(m)atum est« (es ist vollbracht), allerdings ziemlich undeutlich, und faßte diese Worte kreuzweise mit Kreuzen ein, außerdem wies sie die Magd an, neun Pfefferkörnlein und ebensoviel Bröcklein Brot zunächst an sich zu hängen und danach morgens und abends eines davon zu essen. Der verstorbene Mann der Seifensiederin hatte dieses Mittel, wie sie erklärte, auf der Reise angewandt. Die Frau eines Wagners benutzte bei einer Kranken ein anderes Heilmittel – es war ihr durch ein »Bettelweib« vermittelt worden: Sie gab der Kranken drei mit den folgenden Worten überschriebene Mandelkerne: »Christus ist gestorben, und Christus ist wieder auferstanden.« Da die Ärzte darüber klagten, daß der Gebrauch abergläubischer Mittel überhandnehme, verbot der Herzog solche

»Hexenflug«. Ausschnitt aus dem Gemälde »Melancholie« von Lukas Cranach (1532).

Praktiken streng. Die beiden Frauen aber mußten als Strafe je 1 Pfund Heller in den Armenkasten entrichten[1996].

Wegen Segens- und Drohsprüchen, bei denen er die Namen von Gott und Jesus Christus gebrauchte, wurde der Ulmer Fuhrmann und Stuttgarter Beisitzer Heinrich Öchsle 1710 verhaftet. Er war beispielsweise einem Pferd, das »aufstößig« geworden war, mit der linken Hand den Rücken »hinabgefahren« und hatte es am Bauch gestreichelt, wobei er jedesmal den folgenden Spruch getan hatte: »Ich nenne die Stadt Jerusalem, da Jesus Christus davor ist gekreuzigt worden, ist worden unser Wasser rotes Blut, das ist vor die Würm, Feißel und Darmgicht gut.« Diesen Heilung bewirkenden Spruch, so hatte er angegeben, habe ihm sein »Ehni« (Großvater) anvertraut, und er habe ihn in einem Büchlein aufgezeichnet. Der Stadtvogt war angewiesen worden, das Büchlein zu zerreißen. Dies war jedoch nicht möglich, weil das Büchlein offensichtlich nicht hatte gefunden werden können. Öchsle aber war aus der Stadt ausgewiesen worden. Drei Jahre später wurde er, inzwischen als herzoglicher Hofgärtner nach Stuttgart zurückgekehrt, erneut verhaftet. Seinen Hinweis, er habe durch mehrjährige Stadtverweisung für seine Segenssprüche hinreichend gebüßt, ließ die Obrigkeit gelten. Er wurde freigelassen und durfte fortan unangefochten hier seinen Lebensunterhalt als Hofgärtner verdienen, vorausgesetzt freilich, er betätigte sich nicht mehr als Segenssprecher[1997].

Daß der Großbrand von 1716 durch schlimme Vorzeichen angekündigt worden war, davon waren im nachhinein zahlreiche Stuttgarter überzeugt. Gabelkhofer berichtet, wenige Monate vor der Katastrophe habe der Handelsmann Schöps an sein Haus, von dem der Brand seinen Ausgang nahm, einen Anstoß (Anbau) gemacht. Beim Einschlagen des ersten hölzernen Nagels in den Hauptbalken sei ein starkes Feuer entfacht worden. Dies habe man als böses Omen gedeutet. Außerdem habe das Hündlein der Witwe des »Ratsverwandten« Pregentzer, der das Haus und die »Handlung« zur Hälfte gehört hätten, etwa acht Tage vor der Feuersbrunst jedesmal nach dem Essen so jämmerlich geheult, daß man es nicht mehr habe mitanhören können. Die Witwe habe das Heulen ihres Hündleins als Anzeichen für ihren baldigen Tod gedeutet. Das Heulen habe aber in Wirklichkeit dem Tod des Hündleins selbst gegolten. Man habe das Tier dem Scharfrichter zum Töten übergeben wollen, doch ehe man dies habe tun können, sei es in den Flammen elend umgekommen[1998].

1741 wurde eine Frau aus Kemnat von einer anderen der Hexerei bezichtigt. Für die Regierung waren Hexerei und Zauberei, die weibliche Wesen angeblich betrieben, ein »heilloser Aberglauben«. Der Herzog erteilte der Denunziantin, die die Hexenanschuldigung in die Welt gesetzt hatte, einen scharfen Verweis. Sie mußte Abbitte leisten und die Untersuchungskosten bezahlen[1999].

Stuttgart um 1640 und im Jahr 1916. Patriotische Ansichtskarte aus der Zeit des Ersten Weltkriegs.

Im Jahr 1746 wurde in einer Mühle im Amt Stuttgart ein Brief gefunden, der einen Pakt mit dem Teufel enthielt. Näheres über diesen angeblichen Teufelspakt ist indes nicht bekannt[2000]. In den Jahren 1756 und 1757 verkaufte ein Laiblen aus Vaihingen an der Enz in Stuttgart und in mehreren anderen Orten sogenanntes Konstellations- und Wahrsagereiwasser. Der Stadtvogt hielt das angepriesene Wunderwasser für »leere Phantasie« und den Laiblen für einen Scharlatan. Ob es zu einer Bestrafung des »Scharlatans« kam, läßt sich nicht feststellen[2001].

Grotesk mutet die Mitte des 18. Jahrhunderts einen erheblichen Teil der Bevölkerung noch beunruhigende abergläubische Vorstellung an, die Leiche eines Selbstmörders »ziehe das Gewitter an«. Am 12. Dezember 1758 sollte ein Bürger, der, an einer hitzigen Krankheit und an Schwermut leidend, sich selbst entleibt hatte, auf dem Lazarettfriedhof beerdigt werden. Hiergegen protestierten in einem »unbotmäßigen Auflauf« zahlreiche Einwohner. Sie waren von der Furcht beherrscht, wenn man den Selbstmörder auf dem Lazarettfriedhof begrabe, würden die hinter dem Friedhof gelegenen Weinberge von einem Hagelunwetter heimgesucht. Magistrat und Regierung bekundeten ihr »äußerstes Mißfallen«. Sie zeigten sich darüber tief betroffen, daß ein eingewurzelter Aberglaube »solch entsetzliche Ausbrüche« zur Folge habe. Ihrer Ansicht nach mußte alles getan werden, hier aufklärend zu wirken. Den Geistlichen wurde deshalb befohlen, den Leuten »ihre bei dieser Gelegenheit geäußerten abergläubischen Prinzipien zu Gemüt zu führen und danach zu trachten, ihnen bessere und dem Christentum gemäßere Gedanken beizubringen«[2002].

Heslach, Berg und Gablenberg von 1700 bis etwa 1820

Heslach

Als kleiner frei zugänglicher Ort litt Heslach vor allem in Kriegszeiten unter einem Übermaß an Einquartierungen und militärischen Übergriffen. 1703 klagte der Heimbürg, der Ortsvorsteher, über »Soldatenärgernisse«. Eine Kompanie von der »Legion« lag in dem Weiler im Quartier. 1707 wurde Heslach von den Franzosen ausgeplündert[2003]. Im Juli 1796 erlitt es gleichfalls schwere Plünderungsschäden durch französische Truppen. Der 52jährige Johannes Schleehauf starb an den von den Soldaten erlittenen Mißhandlungen. Auch in die Kirche drangen die Plünderer ein, dort zerschlugen sie die Orgel[2004].

Die infolge der Kriegswirren in den ersten Jahren des 18. Jahrhunderts vorübergehend unter 200 gesunkene Einwohnerzahl (1698 noch 228 Einwohner) stieg bis 1726 auf 306 an. Von diesen 306 Einwohnern waren 74 Bürger und neun Witwen[2005]. 1734 hatte der Weiler 96 Bürger[2006]. Bis zum Jahr 1800 wuchs der Weiler auf 770 Einwohner an. Außerdem befanden sich im Ort damals 18 fremde Dienstboten, ein Ausländer und ein Katholik. 57 Geburten standen in jenem Jahr 53 Todesfällen gegenüber, auch wurden sechs Ehen geschlossen. Wie »jung« die ortsanwesende Bevölkerung war, zeigt sich daran, daß von den 770 Einwohnern allein 145 Schulkinder im Alter von sieben bis 14 Jahren waren[2007]. Wie anderwärts suchten immer wieder Epidemien den Ort heim. 1743 ging »wegen der großen Seuche« die Einwohnerzahl um 47 zurück, 1763 starben 45 Kinder an Blattern und an der Ruhr[2008].

Blick von der Tannenmühle auf Heslach, um 1820.

Die Verwaltung des Weilers besorgte wie früher der Heimbürg. Die Aufrechterhaltung der Ordnung oblag dem Dorfschützen. Er hatte dem Kirchenkonvent die Übeltäter vorzuführen, mußte die Bettler aus dem Ort vertreiben, die Prügelstrafe an den älteren Knaben vollziehen

Um 1847 gezeichnete Karte der Umgebung von Stuttgart.

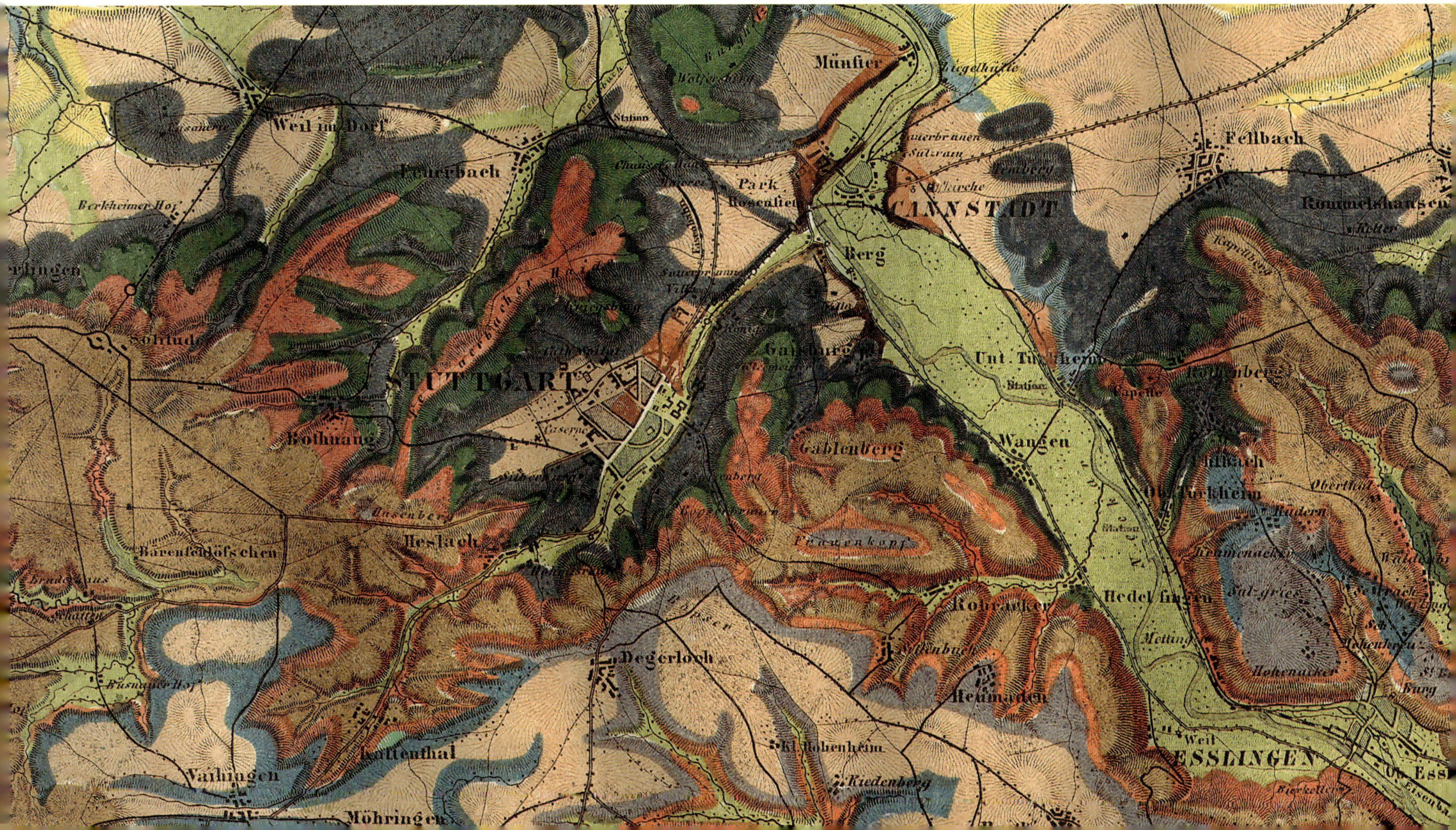

und die ins »Zuchthäusle« Gesprochenen einsperren, schließlich in den Wirtschaften »abbieten«[2009]. 1744 nahm der Weiler Heslach einen »Nacht- und Schreiwächter« in Dienst. Offenbar war man aber mit dem Mann, der nachts für Ruhe und Ordnung zu sorgen und bei der Entdeckung eines Feuers sofort Alarm zu schlagen, zu »schreien«, hatte, nicht zufrieden, denn 1757 ersetzte man ihn durch eine Scharwache[2010].

Die Heslacher besaßen das Stuttgarter Bürgerrecht. Deshalb versuchte die Stadt wiederholt, sie für Wachdienste in Anspruch zu nehmen. So geschah dies 1729. Doch die Heslacher und die in gleicher Weise belangten Gablenberger wehrten sich. In ihrer Beschwerde machten sie Folgendes geltend: Sie müßten sich am »Hagen« (am Bau und an der Unterhaltung von Wildzäunen) und Jagen beteiligen. In jedem der beiden Weiler hätten nachts vier Mann zu wachen und tagsüber zwei Mann »aufzuwarten« (zu Aufwartdiensten bereitzustehen). Wenn sie jetzt noch zur Übernahme von Wachen in der Stadt gezwungen würden, hätten dazu alle vierzehn Tage beide Weiler zusammen 40 Mann zu stellen. Dies sei für sie eine zu große Last, zumal Haus- und Feldgeschäfte dadurch vernachlässigt werden müßten. Vor 35 Jahren habe der Stadtvogt Korn den Bewohnern von Gablenberg und Heslach die Befreiung von der Stadtwacht zugestanden. Diese Befreiung gelte auch jetzt noch. Im übrigen beteiligten sich in anderen Städten die Vorstädte gleichfalls nicht an der Stadtwacht. Außerdem müßte jeder der beiden Weiler seinen Pfarrer mit 30 fl im Jahr besolden. Der Stuttgarter Magistrat beharrte jedoch auf der Wachdienstverpflichtung der Gablenberger und Heslacher, und er begründete dies damit, daß die Einwohner beider Weiler alle bürgerlichen Vorteile genössen und deshalb auch alle Lasten mitzutragen hätten. Ferner wies er darauf hin, daß die zwei Orte vor 70 Jahren, wie sich nach den Wachregistern feststellen lasse, solche Wachdienste geleistet hätten. Die Beteiligung an Hagen und Jagen sei in gleicher Weise den in der Stadt wohnenden Bürgern auferlegt. Ebenso seien in Stuttgart besondere Nacht- und Windwächter aufgestellt. Die Befreiung von den Wachdiensten habe Stadtvogt Korn lediglich für eine befristete Zeit verfügt. Die Gehaltsbeträge von je 30 fl für ihre Pfarrer entrichteten beide Weiler freiwillig, weil bei ihnen sonst keine Gottesdienste gehalten würden und sie die eine Viertel- bzw. eine halbe Stunde entfernten Mutterkirchen besuchen müßten. Die Gablenberger und Heslacher gaben indes nicht klein bei. Sie wiesen die Behauptung der Stuttgarter, sie hätten Anteil an allen »Benefizien« (Vergünstigungen) der in der Stadt wohnenden Bürger, entschieden zurück. Im einzelnen nannten sie an »Benefizien«, von denen sie ausgeschlossen seien: Kirche, Schule, Weg, Steg, Brunnen-, Nacht-, Wind- und andere auf die Stadt beschränkte Wachen, die Beihilfe einer großen Menge Beisitzer beim Austragen von Briefen, beim Aufwarten, beim Botengehen, das Hüten ihres Viehs durch den städtischen Hirten usw. Den Hagen (Zuchtstier) müßten sie selbst halten, den Hirten selbst bestellen und besolden, ihre Wege selbst reparieren, ihre eigenen Wächter aufstellen, außerdem hätten sie Jagddienste im Stuttgarter und Leonberger Forst zu leisten und sich am Stadtschaden zu beteiligen. Die Stuttgarter genössen vortreffliche »Commoda« (Annehmlichkeiten, Vorzüge), sie hingegen hätten ausschließlich »Incommoda« (Nachteile). So seien sie mit »Soldatenhalten« (militärischen Einquartierungen) überbeschwert, müßten, was sie von der Stadt an Laufbriefen bekämen, selbst weitertragen, müßten sich an der Bezahlung der Nacht-, Wind- und anderer Wächter beteiligen, andererseits aber für ihre Nachtwachen selbst sorgen, müßten eine halbe Stunde Fußmarsch auf sich nehmen, um nach Stuttgart auf den Paradeplatz zu kommen; dies bedeute, daß sie schon einige Stunden vorher das Feld zu verlassen hätten und deshalb keinen Taglohn mehr verdienen könnten. Im Stuttgarter Forstmeister erhielten die Gablenberger und Heslacher einen Verbündeten. Er trat für ihre Wachfreiheit ein. Sie sollten, so schrieb er in einer Stellungnahme, »nicht mit doppelten Ruten gestraft« werden. Am 28. Januar 1730 entschied der Herzog im Sinne der Gablenberger und Heslacher, doch ließ er einen Einspruch der Stuttgarter zu. Dieser erfolgte dann auch. Offenbar hatten aber die Stuttgarter vor dem Hofgericht, vor das sie den Streit bringen wollten, keinen Erfolg[2011].

Nicht im Interesse der Stadt war die Erweiterung der Weiler Heslach und Gablenberg durch den Bau neuer Häuser. Der Magistrat behauptete, das Ehehaftenbuch untersage die Erstellung solcher zusätzlicher Gebäude. In Wirklichkeit traf dies nicht zu. Das Ehehaftenbuch machte den Bau neuer Häuser nur von der Genehmigung durch den Magistrat abhängig. Die Einwohner der beiden Weiler betrachteten den ihnen auferlegten Verzicht auf den Bau neuer Häuser als unzumutbar. Sie setzten sich über ihn hinweg, und dies mißfiel dem Magistrat. In einem Dekret vom 30. März 1730 übte der Stadtvogt scharfe Kritik daran, daß »wider die Stadt habende Gerechtigkeit« die zwei Weiler durch neue Häuser »ziemlich angefüllt« würden. Die zwei Heimbürgen hatten die Einwohner davon zu unterrichten, daß, wenn einer von ihnen ohne obrigkeitliche (d. h. städtische) Konzession »Baumaterialien und andere zum Bauen dienliche Sachen« anschaffe oder wenn einer gar ohne »zuvor erwirkte gerichtliche Konzession sein Bauwesen erstelle«, er unverzüglich um einen Großen Frevel gestraft werde[2012]. Bis zum Jahr 1747 wuchs in Heslach die Zahl der Familien so sehr an, daß der Wohnraummangel unerträgliche Ausmaße annahm. In einem näher geschilderten Fall mußten sich zwei Haushaltungen in eine Stube teilen, drei Partien »in einem Ofen kochen«. Die Folge waren Streit und Zank. Ausnahmsweise wurde damals Johann Friedrich Schwab erlaubt, sein bisher einstöckiges Haus um ein weiteres Stockwerk zu vergrößern. Außerdem durfte Hans Jörg Nanz ein neues Haus erstellen, doch mußte er auf herzogliche Anordnung statt eines einstöckigen Hauses ein zweistöckiges bauen. Sonst aber verblieb es bei dem Bauverbot. Am 9. Februar 1748 lehnte der Herzog das Gesuch des Johann Friedrich Schwab ab, in seinem Garten ein zweistöckiges Haus errichten zu dürfen. Schwab hatte im Vorjahr die Genehmigung zur Aufstockung seines alten halben Hauses erhalten, davon aber keinen Gebrauch machen können, weil die Bausubstanz dieses Hauses so schlecht war, daß ein Aufstocken nicht in Betracht kam. 1749 bestätigten Sachverständige dem Schwab, daß er außerstande sei, in dem halben Häuschen seinen Obstsegen unterzubringen. Dennoch fand auch ein zweites Gesuch, auf seinem Wiesenplatz (Garten) ein neues Haus aufführen zu dürfen, beim Herzog keine Gnade. Erst mit einem dritten Gesuch hatte er wegen »weiters vorgekommener Umstände« Erfolg[2013].

Sehr aufschlußreich für die katastrophalen Wohnverhältnisse in Heslach in der Mitte des 18. Jahrhunderts ist auch die Eingabe von Daniel Locher vom 14. Februar 1748. Er habe, so schrieb er, von seinem verstorbenen »Schweher« (Schwiegervater) Hans Jörg Zimmermann ein einstöckiges Häuslein geerbt. In diesem Häuslein, das nur ein Stüblein enthalte, wohne er seit acht Jahren mit Frau und Kindern, ebenso sein Schwager mit Familie. Nun müßten sie dort noch, zumal er und sein Schwager 13 Morgen Güter hätten, Futter, Reben, Obst sowie im Keller Wein unterbringen. Einem solchen unhaltbaren Zustand wollten sein Schwager und er jetzt dadurch ein Ende machen, daß sie sich voneinander trennten. Er wolle in dem Scheuerlein, das sie gemeinsam innehätten, eine Wohnung für sich und seine Familie einbauen. Da durch die Baumaßnahmen »kein neuer First« entstand, stimmte der Stadtvogt dem Baugesuch zu, und auch der Landesherr genehmigte es[2014]. Am 15. April 1749 gestattete der Herzog Joachim Pfaff, allerdings nur widerstrebend, den Bau eines einstöckigen Häusleins. Zugleich ließ er aber die Einwohnerschaft wissen, in Zukunft würden entsprechende Dispensationen nicht mehr erteilt[2015]. Bis 1751 hatte sich der Mangel an Wohnraum in Heslach weiter gesteigert. Selbst in kümmerlichen Häuschen drängten sich oft mehrere Familien. Am 1. Mai 1784 empfahl der Bauschauer Kapf dringend die Vermehrung des Gebäudebestands in Heslach. Es gebe dort sehr viele junge Bürger, und ihre Zahl nehme weiter zu. Im allgemeinen wurden jetzt Genehmigungen zu Neubauten bereitwilliger als früher erteilt, doch von einer liberalen Handhabung des Wohnungsbaus in Heslach durch den Stuttgarter Magistrat konnte noch nicht die Rede sein. Selbst zu Beginn des 19. Jahrhunderts lehnte die Stadt Baugesuche ab, ohne daß die Gründe dafür einsichtig waren, so 1811 den Antrag des Bäckermeisters Johann Melchior Rößle auf Erstellung eines Neubaus. Rößle war nach Heslach gezogen, um dort sein Handwerk zu betreiben. Da jedoch das Haus, das er gemietet hatte, viel zu eng war, hatte er einen Neubau mitten im Weiler aufführen wollen[2016]. Keine Einwände hatte die Stadt gegen eine Niederlassung der Gerberei Grunski & Co. in Heslach, Kirchstraße 11 (heute Böcklerstraße), in demselben Jahr. Ausschlaggebend für die Verlegung der Gerberei in den Weiler am Nesenbach war sicher der große Wasserbedarf eines solchen Gewerbebetriebs, und dies leuchtete wohl auch in Stuttgart ein[2017].

1808 gab es in Heslach 70 Hauptgebäude, in Böhmisreute 19 und in der »Kleinen Schweiz« zwei, zusammen also 91 Gebäude. In der Aufteilung der meist recht kleinen Häuser in Hälften, Drittel, Viertel und Fünftel spiegelte sich die noch keineswegs überwundene Wohnungsmisere wider. Bei 864 Einwohnern kamen also auf eines dieser Häuser 9,5 Bewohner. Bis 1825 hatte sich die Zahl der Hauptgebäude auf 136, bis 1837 auf 146 erhöht. Die restriktive Baupolitik der Stadt gegenüber Heslach, aber auch gegenüber Gablenberg, im 17. und 18. Jahrhundert war zu einem Teil in der Sorge des Magistrats begründet, die auf Landwirtschaft und Weinbau beruhenden Erwerbsmöglichkeiten beider Weiler würden bei einer starken Zunahme der Einwohnerschaft zu sehr eingeengt, die daraus erwachsenden Probleme ließen sich nicht mehr in den Griff bekommen. Sicher spielte auch die Furcht mit, die Heslacher würden durch Holzdiebstähle dem Stadtwald großen Schaden zufügen – der Magistrat gebrauchte das wenig schmeichelhafte Wort »Waldschänder«[2018]. Das Anwachsen der Zahl der Bewohner Heslachs zwischen 1700 und 1808 auf das Vierfache ließ sich dennoch nicht verhindern.

1750 erhielt Heslach einen Feuersee. Doch wurde zu diesem Zweck nicht der Nesenbach aufgestaut, sondern ein eigenes Becken ausgehoben, in dem sich das Wasser sammelte[2019]. 1798 erlaubte die Stadt dem Weiler, wegen des vermehrten Viehbestands einen Farren zu halten, und überließ ihm drei Morgen Stadtwald von schlechter Beschaffenheit auf der Sandebene am Fahrweg nach Kaltental, um ihn zu einer »Hagenwiese« (Farrenwiese) herzurichten[2020]. Die enge Verbindung zu Stuttgart hatte für Heslach auch Vorteile. Bereits zu Beginn des 19. Jahrhunderts war zumindest seine Hauptstraße gepflastert. 1819 befand sich das Pflaster allerdings in einem solch ruinösen Zustand, daß eine umgehende Ausbesserung »höchst nötig« war[2021].

Die seit 1580 bestehende Zuteilung Heslachs als kirchliches Filial zu Botnang wurde 1751 aufgehoben, der Weiler nunmehr mit der »Kasernenpfarrei«, der Garnisonspredigerstelle, verbunden. 1822 erhielt Heslach einen eigenen Pfarrverweser, zwei Jahre später wurde es zur selbständigen Pfarrei erhoben[2022]. Ihre erste Orgel, eine Hausorgel des Stuttgarter Chirurgen Paret, bekam die Heslacher Kirche 1748. 22 Jahre mußten die Einwohner des Weilers warten, bis 1790 ihren wiederholten Eingaben nach einer neuen Turmuhr stattgegeben wurde. Für den an Einwohnern ständig zunehmenden Weiler reichte der Friedhof um die Kirche nicht mehr aus; er wurde 1798 durch einen neuen Begräbnisplatz in der Baumreute ersetzt, der heute noch, inzwischen achtmal vergrößert, benutzt wird[2023].

Von Stuttgart aus hatte man auf die Heslacher in moralisch-sittlicher Hinsicht ein wachsames Auge. 1704 beschwerte sich Konsistorialrat und Hofprediger Dr. Hedinger über die »ärgerlichen Exzeß« in der sogenannten Martinsburg bei Heslach, der Behausung des Stadtrittmeisters Martin. Der Herzog befahl, Ermittlungen anzustellen und, wenn die Anschuldigungen zuträfen, die Exzesse abzustellen sowie die Übeltäter zu bestrafen[2024]. Es scheint indes, daß sich die angeprangerten Verfehlungen in Grenzen hielten, denn wir erfahren nichts Weiteres über sie. Dreißig Jahre später wurde bemängelt, daß das »Volltrinken« in Heslach und Böhmisreute »sehr gemein« geworden sei[2025], daß sich also der Alkoholmißbrauch stark verbreitet habe.

1779 werden in Heslach die ersten pietistischen Privatversammlungen erwähnt. Im Haus des Hans-Jörg Reiser kamen damals am Sonntagnachmittag 18 Männer, im Haus von Jung Wilhelm Schnell 18 Frauen zusammen. Obwohl diese pietistischen Zirkel zur Verinnerlichung des kirchlichen Lebens in dem kleinen Weiler beitrugen und durchaus dem württembergischen Luthertum verhaftet blieben, war das Stuttgarter Konsistorium mißtrauisch. Der Ortsgeistliche wurde zum Bericht darüber aufgefordert, ob bei den Heslacher Pietisten separatistische Tendenzen wahrnehmbar seien[2026]. Vielleicht hing es mit der strengeren pietistischen Glaubensrichtung zusammen, wenn die Einwohner des Weilers 1784 auf die »Abstellung« ihrer bisher alljährlich abgehaltenen Kirchweihe drängten und hierzu auch die herzogliche Genehmigung erhielten. Indes erhoben die Schildwirte und einige ledige Bürgersöhne gegen das Kirchweihverbot Einspruch. Der Herzog gestand daraufhin eine Tanzveranstaltung »in ehrbarem Rahmen« an einem anderen Tag zu. Eine entsprechende Regelung traf er auch in den folgenden Jahren. Wenn schon keine Kirchweihe mehr stattfand, wollte er die jungen Leute des Tanzvergnügens, dem bisher der Kirchweihmontag gewidmet gewesen war, nicht auch noch berauben[2027]. Mit der 1723 in Württemberg eingeführten Konfirmation fand ein neuer Brauch in Heslach Eingang. Einige Tage vor ihrer Einsegnung wurden die Konfirmanden mit Geschenken bedacht. Die kirchliche Obrigkeit hielt freilich solche Geschenke für sehr schädlich, weil »dadurch die jungen Herzen zur Eitelkeit gereizt würden und alle Andacht verlorengehe«. Ein Synodalreskript von 1791 empfahl statt dessen, die jungen Menschen an dieser für sie so bedeutsamen Lebensmarke mit Erbauungsbüchern, vor allem aber mit dem neuen Gesangbuch zu bedenken[2028].

Das Amt des Schulmeisters in dem kleinen Ort bot wenig Annehmlichkeiten. Um sich und seine Familie leidlich ernähren zu können, mußte er sich bis Mitte des 18. Jahrhunderts zugleich als Landwirt und Totengräber betätigen. Allerdings ließ er seinen Totengräberdienst häufig durch ältere Schulkinder wahrnehmen. Dies erschien dem Kirchenkonvent auf Dauer nicht tragbar. 1757 beschloß er, einen Totengräber zu bestellen, damit die Kinder nicht länger die Gräber auf dem Friedhof ausheben mußten. Seit 1753 waren die Schulmeister Auswärtige; sie übten keinen Nebenberuf mehr aus, sondern beschränkten sich auf die Lehrer- und Mesnertätigkeit, nachdem sie seit 1757 auch vom Amt des Totengräbers befreit waren. Das Schulgeld je Kind und Vierteljahr betrug 15 kr. Erst 1759 erbaute der Weiler ein Schulhaus. Dies war bei damals 81 schulpflichtigen Kindern auch dringend notwendig. Zuvor hatte nämlich der Schulmeister die Kinder in seinem Wohnzimmer in kaum vorstellbarer Enge unterrichtet. Wiederholt entschuldigten Väter die Schulversäumnisse ihrer Kinder mit dem mangelnden Platz in der Wohnstube des Schulmeisters. Zwei Väter erklärten einmal, sie hätten ihre Kinder zu Hause behalten, weil die Schulmeisterin im Wohn-/Schulzimmer ihr Wochenbett gehalten habe und ein Unterricht mit einer großen Schülerzahl in diesem Zimmer nicht möglich gewesen sei. Zwei andere Väter schickten 1755 ihre Kinder ein halbes Jahr überhaupt nicht in die Schule, weil diese, wie sie erklärten, ohnehin im Schulzimmer keinen Platz bekommen hätten. Viele Jahre hatte der Weiler vergeblich um den »Bau einer größeren Schulstube« nachgesucht. Erst 1759 bewilligte die Stadt die erforderlichen Mittel. Das Schulhaus, das nunmehr erstellt wurde, enthielt eine heizbare Stube und eine Kammer, eine Küche, einen Keller und unterm Dach »Platz zu Holz und Futter für das Vieh«. Um dem Schulmeister auch weiterhin das Betreiben einer Landwirtschaft zu ermöglichen, wurde ein Stall an das Schulhaus angebaut. 1795 war das Schulhaus bereits wieder zu klein, es mußte erneut Schichtunterricht erteilt werden. Durch das Aufsetzen eines zweiten Stocks im Jahr 1797 wurde die Schulmisere für kurze Zeit behoben[2029]. Daß 1767 eine Heslacherin nicht schreiben konnte und ihr Mann für sie vor dem Kirchenkonvent eine Unterschrift zu leisten hatte, war so ungewöhnlich nicht. Auch manche andere Bewohner des Weilers waren damals des Lesens und Schreibens unkundig[2030].

Die Einwohner von Heslach lebten größtenteils von der Landwirtschaft. Doch war die landwirtschaftlich genutzte Fläche klein. Viele Heslacher konnten nicht einmal die wenigen Stück Vieh, deren Haltung ihnen die Stadt zugestand, von ihrem eigenen Grund und Boden ernähren. 1714 erlaubte ihnen der Stuttgarter Magistrat, in den Stadtwaldungen zu »grasen«, d. h., an Waldwegen und in Lichtungen wachsendes Gras für ihr Vieh zu holen, doch mußte dafür jede Familie der Stadt 15 kr im Jahr bezahlen. Zwei Jahre später »grasten« 52 Einwohner unerlaubt, sie wurden deshalb bestraft. Im Jahr 1721 mußten Tierhalter, die drei Stück Vieh besaßen, aber nur zwei Stück durch den Winter bringen konnten, eines davon abschaffen. Wer keine Wiesen besaß, durfte nur ein Stück Vieh halten. Einer Viehseuche im Jahr 1745 fiel ein erheblicher Teil des Heslacher Viehbestands zum Opfer. Übrig blieben lediglich 37 Tiere. Bis 1761 wuchs der Viehbestand wieder auf 109 Stück an. 1817 erhöhte der Weiler die Zahl der Zuchtfarren auf zwei. Ein stärkerer zahlenmäßiger Anstieg der Haustiere war erst damals zu verzeichnen. In Heslach gab es 1841 18 Pferde, 249 Kühe, 113 Schweine und 18 Ziegen. Ihre Milch brachten die Heslacher schon im 18. Jahrhundert zum Verkauf nach Stuttgart. Allerdings mißfiel dem Kirchenkonvent 1741 sehr, daß Frauen und Männer während des Gottesdienstes (wohl an Sonn- und Feiertagen) in die Stadt »liefen«, um dort ihre Milch zu veräußern[2031].

Im Bestreben, Waldexzesse zu unterbinden, gewährte die Stadt den unter chronischem Holzmangel leidenden Heslachern zwei Holztage in der Woche im Pfaffenwald. Sie durften dort Holz für den Hausgebrauch sammeln, es war ihnen aber verboten, »Waffen«, d. h. Sägen, Äxte, Beile usw., dabei zu benutzen[2032].

Alljährlich entrichtete die Stadt Stuttgart an die herzogliche Kastkellerei 571 fl

26 kr Rauchzins, also eine bestimmte Geldabgabe von allen Häusern, in denen Rauch gehalten wurde, die mit Herden und Öfen versehen waren. An dieser Abgabe, die mit dem Stadtschaden umgelegt wurde, waren die Weiler Heslach und Gablenberg im Verhältnis zu ihrer Häuserzahl beteiligt. Als nun die Herrschaft 1747 von den beiden Weilern noch Rauchhennen, eine Henne von jedem Haus, in dem Rauch gehalten wurde, verlangte, erhob der Stadtvogt mit Erfolg Einspruch. Dies, so stellte er fest, käme einer Doppelbesteuerung der ohnehin nicht mit irdischen Gütern gesegneten Heslacher und Gablenberger gleich[2033]. Dankbar begrüßten die Heslacher Einwohner 1763 die Stiftung der Nachkommen des Johann Christoph Weckherlin aus Stuttgart in Höhe von 200 fl zugunsten der Hausarmen, der Kirche und der Schule des Weilers. Von den Zinsen aus diesem Kapital wurden hinfort Schulbücher für arme Kinder angeschafft[2034]. In den letzten Jahrzehnten des 18. Jahrhunderts nahm die Armut in Heslach bedrückende Ausmaße an. Zu der Not der Ortsansässigen kam das Elend Fremder. Oft war der Weiler von Bettlern geradezu überschwemmt. Das 1791 neu herausgekommene Gesangbuch fand nur wenige Käufer, konnte es doch ein Großteil der Bürger wegen seiner Armut nicht erwerben. Die Bevölkerung wuchs, wie wir gehört haben, stetig an, die landwirtschaftliche Nutzfläche blieb jedoch dieselbe[2035].

Blick auf Berg vom Kahlenstein zu Beginn des 19. Jahrhunderts.

Berg

Von kriegerischen Ereignissen im 18. und zu Beginn des 19. Jahrhunderts wurde Berg nur einmal in Mitleidenschaft gezogen, und zwar am 21. Juli 1796 während es Kampfes zwischen Franzosen und Österreichern um die Neckarbrücke bei Cannstatt. Bei der Beschießung des Ortes mit Haubitzen gingen vier Häuser in Flammen auf, zuvor schon war das kleine Dorf ausgeplündert worden[2036].

Als herzoglicher Kammerort unterstand Berg unmittelbar der Rentkammer, nach der Erhebung Württembergs zum Königreich 1806 der Finanzkammer. Seine Verwaltung leitete ein vom Herzog ernannter Amtmann. Dieser war zugleich Verwalter des 1734 neuangelegten herrschaftlichen Holzgartens[2037]. Nach dem herzoglichen Reskript vom 19. August 1750 besaß er dieselben Befugnisse wie jeder andere Unteramtmann im Herzogtum Württemberg. Zu seinen Obliegenheiten gehörte auch die Vornahme von Inventuren und Teilungen, doch mußte er hierbei Teilrichter und Urkundspersonen von Stuttgart oder Cannstatt zuziehen, je nachdem, auf welcher der beiden Gemarkungen die Häuser und Güter lagen, über die zu befinden war. Dagegen hatte er keine Gerichtskompetenzen. Diese lagen bei den Stadtgerichten Stuttgart und Cannstatt. Da dies jedoch ein sehr unbefriedigender Zustand war, stattete ihn das herzogliche Reskript vom 5. November 1754 mit beschränkten Gerichtsbefugnissen aus. Er durfte nunmehr Strafen in demselben rechtlichen Rahmen wie jeder andere Amtmann verhängen. Ebenso durfte er Legalstrafen wegen »Floßholzabtrags« aussprechen, die ihm untergebenen Flößer, Schiffer und Laboranten in herrschaftlichen Werken, ausgenommen die Seidenfabrikanten, die sich »in officialibus« (dienstlich) verfehlten, bestrafen. Über Delikte, die nach der Landesverfassung vor die Oberämter gehörten, hatten indessen die Oberämter Stuttgart und Cannstatt zu entscheiden[2038].

Zu den Fällen, in denen der Berger herrschaftliche Amtmann eindeutig seine Kompetenzen überschritt, gehörte die Zucht-

Berg um 1835.

häusleinstrafe, die der Amtmann Ruoff im Juni 1790 über den Berger Bürger Gottlieb Näher wegen eines »Falsum«-Vergehens (eines Fälschungsdelikts) verhängt hatte. Die Angelegenheit zog schon deshalb weitere Kreise, weil Näher aus dem Zuchthäuslein entfloh, in den Neckar sprang und ertrank. Allem Anschein nach war Näher nicht in selbstmörderischer Absicht in den Neckar gesprungen, zumal er sich schon einmal zwei Jahre früher durch einen Sprung in den Fluß der Strafe wegen eines anderen »Falsums« zu entziehen gesucht hatte. Ein ehrliches Begräbnis sollte ihm deshalb nicht verweigert werden. Auf herzoglichen Befehl hatte ihn der Totengräber nachts in der Stille an einem »abgesonderten Ort« auf dem »Kirchhof« zu begraben. Weil aber Amtmann Ruoff die Strafsache Näher widerrechtlich an sich gezogen und nicht dem Stuttgarter Stadtoberamtmann zur Untersuchung übergeben hatte, sollte er, wie es das herzogliche Reskript für ihn recht schonend formulierte, darauf hingewiesen werden, daß er solches künftig zu unterlassen habe[2039].

Auch im 18. Jahrhundert war Berg noch eine sehr kleine Siedlung. Im Häuserprotokoll von 1724 wurden aufgeführt: »oben zu Berg Mühlgebäude, die Bähn-(Bann-)Mühle genannt, unten zu Berg am Neckar im ganzen zwei Wohnhäuser, in Berg ufm [auf dem] Rain im ganzen vier Wohnhäuser«. 1753 wies der Ort rund 20 Haupt- und Nebengebäude auf, unter ihnen neun durch Wasserkraft betriebene Werke. 1784 lebten in Berg 53 Familien[2040]. 1757 zählte man hier 234, 1795 337, 1813 406 und 1836 783 Einwohner[2041]. Bei den Erwerbstätigen herrschte 1784 das Gewerbe vor: 28 Handwerker, vier Gastwirte, zehn Weingärtner und Bauern sowie elf Taglöhner. Die landwirtschaftlich genutzten Güter, die sich in die Gemarkungen von Cannstatt und Gaisburg hineinzogen und ergiebige Ernten an Getreide, Obst und Wein lieferten, befanden sich auf der mit Reben bestockten Anhöhe »Höllschenbühl« (später Villa und Park Berg), im Raitelsbergareal sowie auf dem Gelände der späteren unteren Anlagen[2042].

Im Jahr 1800 skizzierte Stuttgart aus seiner Sicht die Rechtsverhältnisse des Kammerorts Berg. Dieser, so steht in dem Gutachten zu lesen, habe als Filial stets zu Stuttgart und Cannstatt gehört. Soweit die Gebäude und Grundstücke auf der Gemarkung von Stuttgart lägen, besitze Stuttgart die Steuerhoheit, für die übrigen Gebäude und Grundstücke, die sich auf der Cannstatter Gemarkung befänden, Cannstatt. Eine dritte rentkammerliche Gemarkung existiere nicht, doch habe die herzogliche Rentkammer bereits 1663 einen Distrikt von knapp 7 Morgen, den Rain bei der Kirche auf der Stuttgarter Gemarkung, an sich gebracht und auf der Cannstatter Gemarkung einen Holzgarten angelegt. Auch habe sie ihren Schultheißen oder Amtleuten in Berg die Aufsicht über den Holzgarten, über die Flößer, Schiffer, Laboranten sowie über sämtliche »kammerlichen Gewerkschaften« übertragen. Damit habe sie keineswegs die Gemarkungs- und sonstigen Rechte Stuttgarts und Cannstatts antasten wollen. Dennoch hätten sich die Amtleute manche Rechte angemaßt, die dann den Anstoß zu Streitigkeiten gegeben hätten. Stuttgart besitze das Recht, in seinem Gemarkungsbereich sämtliche Bürger und Beisitzer anzunehmen. Nachdem aber die Herrschaft 1663 in Berg Gewerbebetriebe angesiedelt habe, seien die Amtleute bald dazu übergegangen, herrschaftliche Laboranten, Taglöhner und dergleichen Leute ohne Vorwissen der Stadt anzustellen und ihnen das Beisitzgeld abzuverlangen. Andere Rechtsanmaßungen durch die herrschaftlichen Beamten seien hinzugekommen. Dies habe zu Spannungen und Streitigkeiten geführt, die jedoch nach und nach hätten bereinigt werden können. 1739 habe die Herrschaft anerkannt, daß Stuttgart die Steuerhoheit über die auf dem Rain in Berg erbauten sechs Häuser zukomme. Bei Berg handle es sich keineswegs um einen dem Herzogtum nicht inkorporierten Kammer- oder Kammerschreibereiort. Die Rentkammer beziehe lediglich gewisse »Revenuen« (Einkünfte) von dort betriebenen »Faktorien« (Gewerbeunternehmen). Deshalb habe sie für Berg auch einen Beamten bestellt, dessen Hauptaufgabe die herrschaftlichen Geschäfte seien. Die Befugnisse dieses Beamten hätten herzogliche Reskripte von 1739 und 1750 exakt festgelegt. Die herzogliche Regierungsratsresolution vom 9. August 1770 habe dem Amtmann Leyrer einseitige Berichte an die Regierung gänzlich untersagt. Vielmehr sei er angewiesen worden, sich mit »Injuriensachen« (Beleidigungsangelegenheiten) an das zuständige Oberamt zu wenden. An sich hätte Stuttgart Anspruch auf das Beisitzgeld der vom herrschaftlichem Amtmann angenommenen Laboranten und Taglöhner gehabt. Da dies jedoch meist arme Leute gewesen seien, habe die Stadt wegen des anfallenden geringen Beisitzgeldes keinen Streit anfangen wollen, zumal sie so auch der Unterhaltspflicht enthoben sei, wenn diese Menschen über kurz oder lang wegen gänzlicher Mittellosigkeit auf öffentliche Almosen angewiesen seien[2043].

Der Berger herrschaftliche Amtmann Ruoff stellte zur gleichen Zeit die Rechtsverhältnisse des größtenteils auf Stuttgarter Gemarkung gelegenen Kammerorts in ähnlicher Weise dar, machte aber einige wesentliche ergänzende Angaben: »Die Rentkammer nimmt alle herrschaftlichen Beisitzer und Untertanen allein an, ohne daß das Stuttgarter Oberamt oder Stadtgericht etwas dazu zu sagen hätte, bezieht auch das jährliche Beisitzgeld von 113 fl allein. Hingegen ist der vermögliche Teil der Inwohner zu Stuttgart wegen des Güterkaufs und des Weggelds verbürgert. Die Stadt bezieht die Steuern, hingegen erhält die Herrschaft Brücken, Weg, Steg, Bronnen, leidet die Vorspannkosten und andere Lasten eines Bürgermeisteramts. Bei den Quartierlasten sind die Berger ohnedies doppelt schlimm dran, weil sie an den Quartieren zu Stuttgart und Cannstatt in Geld auf die Steuern umgelegt und noch mit Naturalquartieren mitgenommen werden«[2044]. 1803 wurde nochmals ausdrücklich festgelegt, daß Gesuche um die Aufnahme in das Beisitzrecht in Berg an die Rentkammer zu richten seien. Aufgenommen werde ein Gesuchsteller, gleichgültig, ob er ein Fremder oder ein Bewohner von Berg sei, dann, wenn er der Herrschaft nicht lästig falle und wenigstens als Taglöhner zu gebrauchen sei. Wer allerdings in Berg

Haus oder Güter besitzen wolle, müsse, je nachdem, auf welcher Gemarkung seine Grundstücke lägen, das Bürgerrecht von Stuttgart oder Cannstatt erwerben[2045].

Die Herrschaft unterhielt am Kiesweg in Berg einen Zoller. 1798 hatte dieses Amt des »Kieswegzollers« Christian Näher inne. Nach dem am 4. September jenes Jahres mit ihm abgeschlossenen Pachtakkord (Pachtvertrag) hatte er jährlich an die Herrschaft 1 810 fl zu entrichten. Dafür war ihm die neuerbaute Zollbehausung mit Stallung und Hofraite zur Benutzung eingeräumt. Mit dieser Behausung war ein Weinausschank verbunden. Es wurde dem Zoller aber zur Pflicht gemacht, niemand über »die gewohnte Zeit« hinaus, vor allem keine verdächtigen Personen, im Haus zu dulden. Von dem ausgeschenkten Wein mußte er Umgeld und Akzise an die Herrschaft abführen[2046].

Die Berger Kirche war nach wie vor Filialkirche von Gaisburg. Ihre Unterhaltung oblag dem Stuttgarter Stift, dem Eigentümer des Gotteshauses[2047]. 1713 wies ein herzoglicher Befehl die Berger und Gablenberger an, sich an den Aufzugskosten des für sie zuständigen Pfarrers von Gaisburg zu beteiligen. Ihre Behauptung, hierzu seien sie nicht verpflichtet, ließ die Regierung nicht gelten[2048]. 1772 war das »Pium Corpus«, das Vermögen der Heiligenpflege, »gänzlich zerfallen«. Leider erfahren wir nicht, ob bzw. auf welche Weise dieser daraufhin eine finanzielle Basis, wie es die Regierung verlangte, verschafft werden konnte[2049]. Im November 1733 erhielten die Angehörigen des Generalmajors von Graevenitz die Erlaubnis, den verstorbenen General in der Berger Kirche bestatten zu dürfen. Dieselbe Genehmigung wurde im September des folgenden Jahres der Anna Mitta von Arnim für ihren Mann, den Obristwachtmeister im Müfflingischen Regiment August Friedrich von Arnim, erteilt, der im Andreäbad gestorben war[2050].

Ähnlich schlimm wie in Heslach war es in der Mitte des18. Jahrhunderts um die Unterbringung der Schule in Berg bestellt. 1764 nannte der zuständige Prälat und Generalsuperintendent das Berger Schulhaus eine elende Hütte. Der Schulmeister habe, so legte er dar, sein Heu und Öhmd auf der Kirche liegen, obwohl ihm dies »um der Ohnanständigkeit, teils um der Gefahr willen« verboten sei. Er entschuldige sich jedoch damit, daß er seine Futtervorräte nirgendwo anders unterbringen könne, und Vieh müsse er halten, wolle er bei seinem schlechten Gehalt nicht bitteren Hunger leiden. Der Prälat stellte dem Schulmeister ein gutes Zeugnis aus: »Tut sein Amt redlich.« Deshalb trat er auch nachdrücklich dafür ein, daß dem kümmerlich Besoldeten geholfen werde. Johann Jakob Winckler, der Schulmeister, gab in seinem Bericht vom 10. November 1764 eine drastische Schilderung von seiner baufälligen Behausung. Sie habe, schrieb er, den »notablen Fehler«, daß sie nur elf Schuh breit sei. Er könne in ihr keine Magd halten, kein Simri Frucht (Getreide) oder Gemüse aufbewahren, ja nicht einmal ein Stück Vieh stellen. Das Häuslein habe keinen Backofen, keine rechte Küche und »überhaupt keinen Platz zu der geringsten Haushaltung«. Eine Kirchenratsdeputation habe die von ihm geschilderten Verhältnisse schon vor vier Jahren bei einer Ortsbesichtigung festgestellt, ihn aber zur Geduld verwiesen. Seitdem habe er sich kümmerlich beholfen. Sein Futter habe er auf den einfachen Bretterboden der Kirche legen müssen, und er lebe in der ständigen Angst und Sorge, der schwache Boden könnte durchbrechen oder es könnte sonst ein Schaden entstehen. Bei dem Häuslein, das er mit seiner Familie bewohne, handle es sich um ein uraltes Gebäude, das wie kein anderes im Ort dem Wetter ausgesetzt sei. Manche Balken seien vom Holzwurm völlig zerfressen, das Wohnen in dem Häuslein, das jeder Sturm zum Einsturz bringen könne, sei lebensgefährlich. Der Stuttgarter Stiftsverwalter bestätigte am 1. Februar 1765 die Angaben Wincklers. Seiner Ansicht nach würde eine Reparatur des vom Stift baulich zu unterhaltenden Hauses nichts bessern. Da ihm ein Neubau zu teuer erschien, schlug er vor, im Tauschweg das Schulhaus durch ein stabileres und größeres Gebäude zu ersetzen. Indes geschah nichts. Immer wieder mahnte der Schulmeister eine Reparatur des Schulhauses an, zuletzt am 14. Mai 1767. In seiner letzten Eingabe verschwieg er nicht, daß er angesichts des baulichen Zerfalls das Haus schon vor einem Jahr hätte räumen müssen; allein, sein Einkommen sei so gering, daß er, wenn er in ein anderes Haus umziehe, den ihm abverlangten Hauszins nicht werde bezahlen können. Endlich im Herbst 1767 entschloß man sich zu einem Neubau. Baumeister Gross bezifferte die Kosten für das neue Schulhaus, das 46 Schuh lang und 30 Schuh breit sein sollte, auf 1 284 fl 54 kr. Das Haus wurde dann 1768 gebaut[2051].

Wie schon im 17. Jahrhundert wurden in Berg auch im 18. Jahrhundert und zu Beginn des 19. Jahrhunderts größere Gewerbebetriebe ins Leben gerufen. Die von den Kommerzienräten Rheinwald und Fink 1751 errichtete Seidenfabrik ging bald wieder ein; ihre Gebäude wurden 1822 verkauft. 1798 gründete ein Unternehmer Faber eine Lederfabrik mit einer Lohgeberei; sie entwickelte sich in den folgenden Jahrzehnten recht gut, lieferte um 1845 vor allem Sohlenleder und wies einen starken Absatz auf. Im Jahr 1808 legten Kylius und Kompanie beim alten Zollhaus eine Türkische Garnfärberei und Wollspinnerei an. Nachdem diese den Betrieb eingestellt hatte, erwarb die Gebäude 1818 König Wilhelm I. und gestaltete das Areal zum »Pavillon Berg« um[2052]. Bedeutsam war die Gründung der mechanischen Baumwollspinnerei in Berg durch den Stuttgarter Kaufmann Karl Bockshammer im Jahr 1810. Bockshammer hatte während der napoleonischen Kontinentalsperre, wie bereits in anderem Zusammenhang erwähnt[2053], eine englische mechanische Baumwollspinnmaschine ins Land geschmuggelt und hier aufgestellt. Die Maschine lief von 1811 an mit 3 660 Spindeln und beschäftigte von Anfang an 190 Arbeiter. Diese mechanische Baumwollspinnerei, mit der eine Garnfärberei und eine chemische Bleiche verbunden waren, steht neben einer gleichzeitig errichteten mechanischen Baumwollspinnerei in Esslingen, an der Bockshammer beteiligt war, sowie zwei 1813 eröffneten mechanischen Baumwollspinnereien in Salach bei Göppingen und in Heidenheim am Anfang des Maschinenzeitalters, der Industrialisierung, in Württemberg[2054].

Die Mühlen behielten auch im 18. Jahrhundert ihre große wirtschaftliche Bedeutung für Berg. Der Inhaber der Bachmühle, der in ständiger Geschäftsverbindung zu seinen Stuttgarter Kunden stand, hatte das Recht, den Kiesweg zollfrei zu benutzen. Als jedoch dieser Weg 1733 mit erheblichen Kosten wieder in einen gut befahrbaren Zustand gebracht worden war, verlangte der herrschaftliche Amtmann von dem Müller eine jährliche Benutzungsgebühr von 10 fl. Der Müller protestierte – mit Erfolg. Die Zollfreiheit wurde ihm erneuert. Im beginnenden 19. Jahrhundert stellte die Mühle ihren Betrieb ein[2055]. Die drei Herrschaftsmühlen am Neckarkanal, jede mit fünf Mahlgängen und einem Gerbgang, wurden gewöhnlich auf drei, später auf vier Jahre verpachtet. Es waren dies die Vordere Mühle, die Neumühle und die Hintere Mühle. Die Pächter oder Beständer waren – so nach dem Pachtvertrag vom 17. März 1795 – von allen »Ordinari- und Extraordinaristeuern« befreit, ebenso von Fron- und Jagddiensten sowie von anderen dergleichen Beschwerden[2056]. 1708 wurde bei Abbruch und Neuaufbau der zwei »Mühlwassergebäu« bei der Vorderen Mühle die hölzerne Wand in der Floßgasse durch eine solche aus Steinquadern ersetzt[2057]. Mit den Herrschaftsmühlen, die bis zur Mitte des 19. Jahrhunderts Mehl für den herzoglichen, seit 1806 königlichen Hof herstellten, waren 1738 eine Weißgerber- und Tuchwalk-, eine Säg-, Loh- und Gewürzmühle verbunden. 1757 wurde außerdem eine herrschaftliche Gipsmühle erwähnt[2058]. 1789/99 pachteten Handelsmann Zahn & Co. den seit längerem hier betriebenen Kupferhammer mit Wohnung und sonstigem Zubehör[2059].

Ende des 18. Jahrhunderts waren einige Handwerke überbesetzt. So waren die vier Schuhmacher, die es damals hier gab, für einen Ort mit 300 Einwohnern zuviel; sie hatten völlig unzureichende Existenzmöglichkeiten, zumal auch Stuttgarter Schuhmacher für Berg arbeiteten. In dem doppelt so großen Gablenberg läßt sich in jener Zeit lediglich ein Schuhflicker nachweisen. 1803 betätigten sich in Berg zwei Schneidermeister in ihrem Beruf. Gegen die beabsichtigte Niederlassung eines dritten Schneiders als Beisitzer gab es starke Widerstände. Mit guten Gründen bezweifelte man, daß hier ein dritter Schneider sein Auskommen finde; auch mußte damit gerechnet werden, daß zwei Berger Schneidersöhne heirateten und dadurch die Zahl der Schneider im Ort vergrößerten, zudem hatte ein in Berg lebender Schneider – wohl kein Meister – zwei Söhne, die gleichfalls Schneider waren[2060].

Eine seit dem 17. Jahrhundert bekannte Sauerbrunnenquelle auf der Berger Neckarinsel wurde erst seit dem zweiten Jahrzehnt des 18.Jahrhunderts in ihrer Bedeutung erkannt und entsprechend genutzt. Man versah sie mit einer hölzernen Fassung, so daß sie bequem zugänglich war. 1740 wurde dem Amtmann Johann Andreas Belling die Errichtung eines Badhauses gestattet. Er kaufte das Wirtshaus zum Goldenen Schiff, stattete es mit Wohn- und Badezimmer aus. Anfänglich lockte er zahlreiche Kurgäste an, doch geriet die Einrichtung später in Verfall, und auch die Quelle wurde baulich nicht mit der erforderlichen Sorgfalt erhalten. Die Bewohner der umliegenden Orte und insbesondere die Stuttgarter schätzten das Wasser auch weiterhin sehr und tranken es gerne. Alljährlich brachte man deshalb große Mengen von ihm in Krügen zum Verkauf in die württembergische Haupt- und Residenzstadt[2061].

Gablenberg

Gablenberg war im 18. Jahrhundert und noch zu Beginn des 19. Jahrhunderts ein sehr kleiner Weiler. Seine Einwohnerzahl lag unter der von Heslach. 1734 hatte Heslach 96, Gablenberg 76 Bürger[2062]. 1770 wohnten in dem Weiler 469, 1790 569 Menschen[2063]. Mit Heslach hatte Gablenberg, wie wir gehört haben, manches gemein. Landwirtschaft und Weinbau bildeten den Haupterwerb der recht armen Einwohner. In den offenen kleinen Ort kamen immer wieder Fremde, Bettler, Nichtseßhafte. 1703 gebar eine auf der Durchreise befindliche Schweizerin hier Zwillinge. Sie brachte die Kinder auf der Bühne eines Hauses, in dem sie Zuflucht gefunden hatte, ohne fremde Hilfe zur Welt. Eines der Kinder starb bei der Geburt, das andere konnte durch herbeieilende Hausbewohner am Leben erhalten und vom zuständigen Geistlichen dann auch getauft werden. Die Schweizerin wurde nach Stuttgart gebracht[2064]. Im August desselben Jahres heiratete ein ehemaliger Soldat aus Sachsen eine hiesige Weingärtnerstochter. Der Pfarrer befürchtete, die Ehe zwischen dem ungebärdigen Kriegsmann und dem Gablenberger Mädchen werde böse enden. Dies war offensichtlich nicht der Fall. Doch schon nach anderthalb Jahren starb der frühere Soldat[2065]. In den 1750er Jahren hielten sich in Gablenberg eine savoyische Seidenweberfamilie und ein Seidenfärber auf[2066].

Zum Sprengel des Pfarrers von Gaisburg gehörte, wie bereits erwähnt, neben Berg auch Gablenberg. Nach dem Visitationsbericht von 1712 verband Gablenberg und Gaisburg ein guter Weg, die Entfernung zur Mutterkirche betrug lediglich eine Viertelstunde Fußmarsch. Sonntags gingen deshalb die Gablenberger nach Gaisburg in die Kirche[2067]. 1758 aber kam es zwischen den Bewohnern beider Orte zum Streit. Die Gablenberger boykottierten den Gottesdienstbesuch in Gaisburg, weil sie über die Einteilung der Kirchstühle unzufrieden waren. Die gesamten Bürger des Weilers wurden zusammengerufen und ihnen von der geistlichen Obrigkeit »ihre Ungebühr in Liebe« vorgehalten. Über mehrere Einwohner, die sich halsstarrig zeigten, verhängte der Kirchenkonvent Geldstrafen. Nach Meinung des Gaisburger Pfarrers beruhte der Streit über die Kirchenstuhlzuweisung auf einem bloßen Mißverständnis. Er berichtete: Die Unordnung, die einige Gablenberger Bürger, besonders aber die Gablenberger ledigen Burschen, dadurch verursacht hätten, daß sie sich auf der Emporkirche an das Vordergeländer gedrängt und die Gaisburger Mann-

Gablenberg um 1820.

schaft mit Gewalt aus ihren schon vor neun Jahren gekauften Kirchstühlen verdrängt hätten, namentlich aber die »Exzesse«, die von der größtenteils mutwilligen Jugend gegen die Mädchen vom Emporengeländer aus durch das Hinabwerfen von Nußschalen, Obstbutzen und dergleichen begangen worden seien, habe auf die vielfältigen Klagen der gesamten Gaisburger Bürgerschaft den Kirchenkonvent genötigt, in der Kirche eine gewisse Ordnung herzustellen. Den Gablenbergern sei nun angeboten worden, das halbe Gotteshaus, d. h. die Hälfte der Stühle, à 8 bis 10 kr zu kaufen. Dies hätte bedeutet, daß sie sich gleichberechtigt mit den Gaisburgern in die Kirchstühle geteilt hätten. Doch damit seien die Bürger von Gablenberg nicht einverstanden gewesen. Daraufhin habe man zunächst die Angehörigen der Mutterkirche, also die Gaisburger, mit Stühlen versehen. Zugleich habe man verfügt, es dürfe niemand mehr einem anderen »in den Stuhl stehen«, d. h. ihn von seinem Platz verdrängen, die ledigen Burschen aber müßten sich vom Geländer fernhalten; wer weiterhin gegen die Ordnung verstoße, werde nach dem Gottesdienst ins Zuchthäuslein gesperrt. Diese Strafandrohung habe sich aber ausschließlich gegen die ledigen Burschen gerichtet. »Etliches unartige Volk« in Gablenberg habe nun die neue Ordnung zum Anlaß genommen, den Aufstand zu proben. Es habe für mehrere Wochen den Gottesdienst in Gaisburg boykottiert, habe dafür die Morgenpredigt in Stuttgart besucht oder aber sei überhaupt zu Hause geblieben. Er, der Pfarrer, habe nach vier Wochen die Geduld verloren, zumal die Gablenberger Männer, die vorher die fleißigsten Hörer des Wortes gewesen seien, mit einem Schlag in ihrem Eifer gänzlich erlahmt seien. Die Beschuldigung der Gablenberger, er habe sie übel zurückgesetzt, sei unberechtigt. Gemeinsam mit den Gablenberger Gemeindevorstehern habe er sich um die Aufklärung der Mißverständnisse bemüht. Beim »Durchgang« durch die Bürgerschaft, beim Gespräch, habe sich dann auch der größte Teil einsichtig gezeigt. Nur wenige seien unbelehrbar geblieben[2068]. Die beinahe grotesk anmutende Geschichte macht deutlich, welch hoher Stellenwert damals dem Gottesdienstbesuch zukam; sie vermittelt aber auch eine Vorstellung davon, wie empfindlich man auf jede wirkliche oder vermeintliche Zurücksetzung – und dies besonders im kirchlichen Bereich – reagierte. Kurz zuvor war übrigens Alt Johannes Krämer von Gablenberg um ein halbes Pfund Heller bestraft worden, weil er während eines feiertäglichen Gottesdienstes Birnen geerntet hatte. Dies war ohne Zweifel für ein harmloses Delikt ein recht schmerzliches Auf-die-Finger-Klopfen[2069]. 1798 erhielt die Filialkirche in Gablenberg einen Turm[2070].

Der erste namentlich bekannte Gablenberger Schulmeister war Johann Georg Knauss, dessen berufliches Wirken sehr gerühmt wurde; er starb 1706[2071]. Weniger Glück hatte der Weiler mit einem der Nachfolger von Knauss rund hundert Jahre später: Am 11. Oktober 1803 befahl ein kurfürstliches Reskript, den Schulmeister Bertsch wegen »subordinationswidrigen Handlungen« zweimal 24 Stunden bei Wasser und Brot »einzutürmen«. Zugleich wurde Bertsch angedroht, er werde, falls er sich fernerhin der Völlerei ergebe und sich aufs neue ein subordinationswidriges Verhalten erlaube, unfehlbar »kassiert«, d. h. seines Amtes enthoben. Der Schulmeister war beispielsweise am Tag vor der Visitation »berauscht« vor dem Pfarrer erschienen. Nach der Angabe des Ortsvorstehers war er beim Ablesen der »Rotten zur Kinderlehre« gleichfalls öfters betrunken gewesen[2072].

Im 19. Jahrhundert wuchs die Einwohnerzahl des Weilers Gablenberg stetig: 1800 lebten hier 600, 1822 965, 1826 1006 und 1839 1116 Menschen[2073]. 1834 wurde die kirchliche Gemeinschaft mit Gaisburg aufgelöst, Gablenberg erhielt einen Pfarrvikar. 1845 wurde es zur ständigen Pfarrverweserei, 1853 zur selbständigen Pfarrei erhoben. In den Jahren 1836 und 1837 erbaute der Weiler ein Schulhaus. Zuvor waren die Kinder in einem angemieteten Raum unterrichtet worden, zuletzt im Privathaus des Schulmeisters Johann Kaspar Konzelmann. Nach dem Kataster von 1839 umfaßte der Gebäudebestand Gablenbergs neben Kirche, Schulhaus und zwei weiteren öffentlichen Gebäuden 132 Wohnhäuser und 77 Wirtschaftsgebäude[2074].

Gablenberg 1835.

ANHANG

ANMERKUNGEN

1 StAS: Depot B: C XIX Bd. 11 Nr. 32; HStAS: A 202; Bü 867; Karl *Pfaff,* Geschichte der Stadt Stuttgart Bd. II S. 311.
2 StAS: Depot B: C XIX Bd. 11 Nr. 32.
3 Jürgen *Hagel,* Stuttgart im Spiegel S. 95.
4 HStAS: A 404 L Bü 16.
5 Karl *Pfaff,* Geschichte der Stadt Stuttgart Bd. II S. 312–329.
6 Siegfried *Bassler*/Stefan *Hammer,* Heslach S. 173.
7 Karl *Pfaff,* Geschichte der Stadt Stuttgart Bd. II S. 321–325.
8 Max *Klemm,* Wolff Friedrich Lindenspür S. 46.
9 Karl *Pfaff,* Geschichte der Stadt Stuttgart Bd. II S. 325 und 327.
10 HStAS: A 202 Bü 867.
11 Ebd. Karl *Pfaff,* Geschichte der Stadt Stuttgart Bd. II S. 321 ff.
12 Ebd. S. 330 f.
13 Ebd. S. 339 ff. Auf den möglichen Zusammenhang zwischen den extremen Witterungsverhältnissen 1816/17 und dem Ausbruch des Vulkans Tambora wurde der Verfasser von Herrn Reinhard Mahle, Leibnizstraße 18, Stuttgart, hingewiesen.
14 Johann Jakob *Gabelkhofer,* Chronik S. 246 b; Karl *Pfaff,* Geschichte der Stadt Stuttgart Bd. II S. 313.
15 HStAS: A 210 III Bü 96.
16 HStAS: A 210 III Bü 276.
17 Karl *Pfaff,* Geschichte der Stadt Stuttgart Bd II S. 319.
18 Ebd. S. 319 f.; Gustav *Wais,* Alt-Stuttgart S. 119 f.
19 HStAS: A 210 III Bü 160.
20 Gustav *Wais,* Alt-Stuttgart S. 120.
21 HStAS: A 210 II Bü 357.
22 Gustav *Wais,* Alt-Stuttgarts Bauten S. 343; Karl *Pfaff,* Geschichte der Stadt Stuttgart Bd. II S. 65.
23 Ebd. S. 320; Gustav *Wais,* Alt-Stuttgarts Bauten S. 423.
24 Kurt *Leipner,* Stuttgart-Daten S. 71.
25 Karl *Pfaff,* Geschichte der Stadt Stuttgart Bd. II S. 314–330.
26 Ebd. S. 321.
27 Ebd. S. 329.
28 Eugen *Schneider,* Württembergische Geschichte S. 322 ff.
29 HStAS: A 210 II Bü 153.
30 HStAS: A 210 II Bü 158.
31 HStAS: A 210 II Bü 157.
32 HStAS: A 202 Bü 816.
33 HStAS: A 210 II Bü 160.
34 HStAS: A 210 II Bü 114.
35 Eugen *Schneider,* Württembergische Geschichte S. 326 f.; Kurt *Leipner,* Stuttgart-Daten S. 56 f.
36 Karl *Pfaff,* Geschichte der Stadt Stuttgart Bd. II S. 268; Geschichte der Stadt Stuttgart (1905) S. 28.
37 Karl *Pfaff,* Geschichte der Stadt Stuttgart Bd. II S. 268.
38 Walter *Grube,* Haupt- und Residenzstädte in Alt-Württemberg S. 11 f.
39 HStAS: A 210 II Bü 394.
40 Ebd.
41 Geschichte der Stadt Stuttgart (1905) S. 29.
42 Lebens-Geschichte Johann Jakob Mosers S. 37.
43 Eugen *Schneider,* Geschichte der Stadt Stuttgart S. 50.
44 Julius *Hartmann,* Chronik S. 137.
45 Geschichte der Stadt Stuttgart (1905) S. 30.
46 Karl *Pfaff,* Geschichte der Stadt Stuttgart Bd. II S. 120.
47 HStAS: A 210 II Bü 432.
48 Eugen *Schneider,* Geschichte der Stadt Stuttgart S. 51; HStAS: A 282 Bü 2954.
49 Karl *Pfaff,* Geschichte der Stadt Stuttgart Bd. II S. 270 ff.
50 Julius *Hartmann,* Chronik S. 150 f.; Eugen *Schneider,* Württembergische Geschichte S. 357 f.
51 Karl *Pfaff,* Geschichte der Stadt Stuttgart Bd. II S. 274.
52 Walter *Grube,* Der Stuttgarter Landtag S. 430.
53 Geschichte der Stadt Stuttgart (1905) S. 34.
54 Karl *Pfaff,* Geschichte der Stadt Stuttgart Bd. II S. 187.
55 Geschichte der Stadt Stuttgart (1905) S. 37 f.; StAS: U 108.
56 Geschichte der Stadt Stuttgart (1905) S. 38.
57 Karl *Pfaff,* Geschichte der Stadt Stuttgart Bd. II S. 280; Schwäbischer Merkur 1901 Nr. 504 S. 2.
58 Hegel-Katalog (1970) S. 21.
59 Karl *Pfaff,* Geschichte der Stadt Stuttgart Bd. II S. 280.
60 Rudolf *Krauß,* Das Stuttgarter Hoftheater S. 92.
61 Geschichte der Stadt Stuttgart (1905) S. 38 f.; HStAS: A 202 Bü 822.
62 Gustav *Wais,* Alt-Stuttgarts Bauten S. 309.
63 Rudolf *Krauß,* Das Stuttgarter Hoftheater S. 96 f.; Robert *Uhland,* Die Hohe Karlsschule S. 101 f.
64 HStAS: A 404 Bü 3.
65 HStAS: A 202 Bü 841.
66 Karl *Pfaff,* Geschichte der Stadt Stuttgart Bd. II S. 158.
67 HStAS: A 202 Bü 841.
68 Geschichte der Stadt Stuttgart (1905) S. 40 f.; Revolutionsbegeisterung S. 33. – Die Jahreszahl 1790 in der »Geschichte« ist sicher falsch, es war aller Wahrscheinlichkeit nach 1791.
69 Revolutionsbegeisterung S. 33.
70 Ebd. S. 35–46 und 60–72.
71 Ebd. S. 79–88.
72 Ebd. S. 33, 90 und 168.
73 Ebd. S. 143 ff.; Monika *Neugebauer-Wölk,* Revolution S. 135 f.; ADB Bd. 4 S. 518 ff.
74 Revolutionsbegeisterung S. 135 f.
75 Ebd. S. 152 ff. und 158 f.
76 Ebd. S. 142.
77 Walter *Grube,* Der Stuttgarter Landtag S. 451.
78 Revolutionsbegeisterung S. 137 ff.
79 Ebd. S. 141 f.
80 ADB Bd. 32 S. 103–108; Revolutionsbegeisterung S. 166 f.
81 Vgl. S. 290 f.
82 Revolutionsbegeisterung S. 169; HStAS: A 202 Bü 842.
83 Geschichte der Stadt Stuttgart (1905) S. 44 f.
84 Eugen *Schneider,* Württembergische Geschichte S. 390 ff.; *von Göz,* Schwere Tage für Stuttgart und Cannstatt S. 201–207.
85 Ebd. S. 204 ff.; Karl *Pfaff,* Geschichte der Stadt Stuttgart Bd. II S. 282 f.
86 Paul *Sauer,* Napoleons Adler S. 27 f.
87 Julius *Hartmann,* Chronik S. 187.
88 *von Göz* S. 203; Karl *Pfaff,* Geschichte der Stadt Stuttgart Bd. II S. 283.
89 Julius *Hartmann,* Chronik S. 191.
90 Karl *Pfaff,* Geschichte der Stadt Stuttgart Bd. II S. 283; Julius *Hartmann,* Chronik S. 191; Paul *Sauer,* Der schwäbische Zar S. 156 f.
91 HStAS: A 404 Bü 6.
92 Ebd.; Freiherr von *Brusselle-Schaubeck,* Feier bei Annahme der Kurfürstenwürde S. 129 ff.; Paul *Sauer,* Der schwäbische Zar S. 192 f.
93 Julius *Hartmann,* Chronik S. 195.
94 Ebd. S. 196; Paul *Sauer,* Der schwäbische Zar S. 221 f.
95 Julius *Hartmann,* Chronik S. 197 f.
96 HStAS: A 404 Bü 7; Paul *Sauer,* Der schwäbische Zar S. 233 f.
97 Julius *Hartmann,* Chronik S. 198 f.; Paul *Sauer,* Der schwäbische Zar S. 242 f.
98 StAS: Depot A: B XI 1 Nr. 1.
99 Paul *Sauer,* Der schwäbische Zar S. 248 f.; StAS: Depot A: B XI 1 Nr. 1.
100 Julius *Hartmann,* Chronik S. 200; Karl-Johannes *Grauer,* Wilhelm I. S. 12 f.
101 Paul *Sauer,* Der schwäbische Zar S. 287 f. und 299 f.
102 Karl *Pfaff,* Geschichte der Stadt Stuttgart Bd. II S. 188; Max *Bach*/Carl *Lotter,* Bilder aus Alt-Stuttgart S. 71.
103 Julius *Hartmann,* Chronik S. 207.
104 Siegfried *Bassler*/Stefan *Hammer,* Heslach S. 106.
105 Paul *Sauer,* Der schwäbische Zar S. 301 ff. und 310 ff.
106 Ebd. S. 313 f.
107 Robert von *Mohl,* Lebenserinnerungen Bd. I S. 72.
108 Julius *Hartmann,* Chronik S. 207.
109 Ebd.; Karl *Pfaff,* Geschichte der Stadt Stuttgart Bd. II S. 286 f.
110 Ebd. S. 288; Julius *Hartmann,* Chronik S. 209.
111 Ebd. S. 217 f.; Karl *Pfaff,* Geschichte der Stadt Stuttgart Bd. II S. 288.
112 Ebd. S. 288 f.; Julius *Hartmann,* Chronik S. 219; Rudolf *Krauß,* Das Stuttgarter Hoftheater S. 54.
113 Werner *Fleischhauer,* Der Barock S. 129.
114 Bernd *Wunder,* Herzog Eberhard Ludwig S. 211 f.
115 HStAS: A 210 III Bü 80.
116 HStAS: A 202 Bü 816.
117 Geschichte Württembergs in Bildern S. 170 f.
118 Ebd. S. 171.
119 Schwäbischer Merkur 1893 S. 647.
120 Geschichte der Stadt Stuttgart (1905) S. 29.
121 HStAS: A 210 III Bü 101.
122 Geschichte der Stadt Stuttgart (1905) S. 30.
123 Geschichte Württembergs in Bildern S. 172.
124 StAS: Bürgermeisterrechnung 1713/14.
125 HStAS: A 202 Bü 818.
126 HStAS: A 404 Bü 39; Geschichte der Stadt Stuttgart (1905) S. 29.
127 350 Jahre Württembergisches Staatsorchester S. 45 f.
128 Rudolf *Krauß,* Das Stuttgarter Hoftheater S. 17 ff.

129 350 Jahre Württembergisches Staatsorchester S. 46.
130 Rudolf *Krauß*, Das Stuttgarter Hoftheater S. 31–35.
131 Ebd. S. 37 ff.
132 Geschichte Württembergs in Bildern S. 172 f.
133 Geschichte der Stadt Stuttgart (1905) S. 30.
134 Ebd.
135 Ebd. S. 31.
136 Geschichte Württembergs in Bildern S. 173 f.
137 HStAS: A 210 III Bü 108.
138 Rudolf *Krauß*, Das Stuttgarter Hoftheater S. 20 f.; 350 Jahre Württembergisches Staatsorchester S. 46.
139 Rudolf *Krauß*, Das Stuttgarter Hoftheater S. 36.
140 Ebd. S. 21, 36 und 39; 350 Jahre Württembergisches Staatsorchester S. 46.
141 Geschichte Württembergs in Bildern S. 174 f.
142 HStAS: A 210 II Bü 492.
143 Geschichte Württembergs in Bildern S. 175.
144 HStAS: A 249 Bü 2466.
145 Walter *Grube*, Der Stuttgarter Landtag S. 424.
146 Geschichte Württembergs in Bildern S. 175 f.
147 HStAS: A 202 Bü 821; Hans Andreas *Klaiber*, Der württembergische Oberbaudirektor Philippe de la Guêpière S. 32.
148 HStAS: A 202 Bü 822.
149 Hans Andreas *Klaiber*, S. 16; Stuttgart-Handbuch S. 335 f.
150 Karl *Pfaff*, Geschichte der Stadt Stuttgart Bd. II S. 270 f.
151 Gerhard *Storz*, Herzog Carl Eugen S. 237–247.
152 HStAS: A 403 Bü 31.
153 HStAS: A 404 Bü 2 und 3.
154 Herzog Karl und seine Zeit Bd. II S. 45.
155 Ebd. S. 61.
156 HStAS: A 210 III Bü 155.
157 HStAS: A 202 Bü 827.
158 HStAS: A 404 Bü 40.
159 Karl *Pfaff*, Geschichte der Stadt Stuttgart Bd. II S. 274.
160 Geschichte Württembergs in Bildern S. 176 f.
161 Hans Andreas *Klaiber* S. 34.
162 Geschichte Württembergs in Bildern S. 177 f.
163 Eugen *Schneider*, Württembergische Geschichte S. 368.
164 Karl *Pfaff*, Geschichte der Stadt Stuttgart Bd. II S. 280.
165 Hans Andreas *Klaiber* S. 116; Paul *Nägele*, Bürgerbuch der Stadt Stuttgart 2. Bd. S. 4; Karl *Weidle*, Der Grundriß von Alt-Stuttgart S. 61.
166 Hans Andreas *Klaiber* S. 117 ff.
167 Geschichte Württembergs in Bildern S. 178.
168 Oskar *Widmann*, Reinhart Ferdinand Heinrich Fischer S. 37.
169 Ebd. S. 38; Gustav *Wais*, Alt-Stuttgarts Bauten S. 428; Stuttgart-Handbuch S. 335 f.
170 350 Jahre Württembergisches Staatsorchester S. 47 f.
171 Rudolf *Krauß*, Das Stuttgarter Hoftheater S. 70–97.
172 Werner *Fleischhauer*, Die Geschichte der Kunstkammer S. 136 ff.
173 Geschichte Württembergs in Bildern S. 178.
174 HStAS: A 404 Bü 30.
175 HStAS: A 404 Bü 42.
176 Geschichte Württembergs in Bildern S. 178 f.
177 Ebd. S. 179.
178 HStAS: A 249 Bü 2425.
179 HStAS: A 403 Bü 31 b.
180 Geschichte Württembergs in Bildern S. 179 f.
181 Ebd. S. 222.
182 Christian *Kolb*, Zur Kirchlichen Geschichte Stuttgarts im 18. Jahrhundert S. 46.
183 Gustav *Wais*, Alt-Stuttgarts Bauten S. 374.
184 Kurt *Leipner*, Stuttgart-Daten S. 73.
185 Friedrich *Nicolai*, Unter Bayern und Schwaben S. 166 ff.
186 Geschichte Württembergs in Bildern S. 222 f.
187 Paul *Sauer*, Der württembergische Hof in der ersten Hälfte des 19. Jahrhunderts S. 93 ff.
188 Ebd. S. 97.
189 Ebd. S. 99.
190 HStAS: A 404 Bü 46.
191 Paul *Sauer*, Der württembergische Hof in der ersten Hälfte des 19. Jahrhunderts S. 110–115.
192 Paul *Sauer*, Der schwäbische Zar S. 385 ff. und 434 ff.
193 Paul *Sauer*, Der württembergische Hof in der ersten Hälfte des 19. Jahrhunderts S. 112 f.
194 Margarete *Henninger*, Friedrich Jakob Philipp Heim S. 50 ff.
195 Geschichte Württembergs in Bildern S. 223 f.
196 Kurt *Leipner*, Stuttgart-Daten S. 73 f.
197 Paul *Sauer*, Das Werden einer Großstadt S. 14 f.
198 Gustav *Wais*, Alt-Stuttgarts Bauten S. 494.
199 Karl *Pfaff*, Geschichte der Stadt Stuttgart Bd. II S. 59; Gustav *Wais*, Alt-Stuttgarts Bauten S. 244.
200 Geschichte Württembergs in Bildern S. 224 f.
201 Ebd. S. 225 f.
202 Otto-Heinrich *Elias*, König Wilhelm I. S. 311; Kurt *Leipner*, Stuttgart-Daten S. 78 ff.
203 Paul *Sauer*, Der württembergische Hof in der ersten Hälfte des 19. Jahrhunderts S. 118 f.
204 Geschichte Württembergs in Bildern S. 226–229.
205 Kurt *Leipner*, Stuttgart-Daten S. 80.
206 Eugen *Schneider*, Geschichte der Stadt Stuttgart S. 32.
207 HStAS: A 210 II Bü 248.
208 HStAS: A 210 II Bü 295.
209 Siegfried *Bassler*/Stefan *Hammer* S. 105.
210 HStAS: A 210 II Bü 432.
211 HStAS: A 210 II Bü 423.
212 StAS: Bürgermeisterrechnung 1713/14.
213 HStAS: A 404 Bü 10.
214 Gustav *Wais*, Alt-Stuttgart S. 117 und Alt-Stuttgarts Bauten S. 356; Karl *Weidle* S. 65.
215 HStAS: A 210 II Bü 442.
216 Gustav *Wais*, Alt-Stuttgarts Bauten S. 358; Karl *Weidle* S. 65.
217 Gustav *Wais*, Alt-Stuttgart S. 117 und Alt-Stuttgarts Bauten S. 77.
218 Karl *Pfaff*, Geschichte der Stadt Stuttgart Bd. II S. 420.
219 Gustav *Wais*, Alt-Stuttgarts Bauten S. 360.
220 Ebd. S. 359.
221 Ebd. S. 368; Gustav *Wais*, Alt-Stuttgart S. 117.
222 Gustav *Wais*, Alt-Stuttgarts Bauten S. 361.
223 Karl *Pfaff*, Geschichte der Stadt Stuttgart Bd. II S. 186 f.
224 Ebd. S. 186.
225 HStAS: A 202 Bü 856; Gustav *Wais*, Alt-Stuttgarts Bauten S. 78 und Alt-Stuttgart S. 117 f.
226 HStAS: A 210 II Bü 149.
227 Gustav *Wais*, Alt-Stuttgart S. 127.
228 Ebd.; Gustav *Wais*, Alt-Stuttgarts Bauten S. 363; Max *Bach*/Carl *Lotter* S. 40.
229 HStAS: A 202 Bü 854.
230 Robert *Uhland*, Die Hohe Karlsschule S. 16.
231 Friedrich *Nicolai*, Unter Bayern und Schwaben S. 163 f.
232 Paul *Sauer*, Das württembergische Heer S. 40.
233 HStAS: A 210 II Bü 277.
234 Karl *Pfaff*, Geschichte der Stadt Stuttgart Bd. II S. 268.
235 HStAS: A 202 Bü 867.
236 HStAS: A 403 Bü 17 a.
237 Siegfried *Bassler*/Stefan *Hammer* S. 106.
238 Ebd. S. 106.
239 HStAS: A 210 II Bü 385.
240 Karl *Pfaff*, Geschichte der Stadt Stuttgart Bd. II S. 504 f.
241 Ebd. S. 89 f.; Gustav *Wais*, Alt-Stuttgart S. 118 und Alt-Stuttgarts Bauten S. 370.
242 Ebd. S. 371.
243 Ebd. S. 366; Gustav *Wais*, Alt-Stuttgart S. 118; Karl *Pfaff*, Geschichte der Stadt Stuttgart Bd. II S. 90.
244 Gustav *Wais*, Alt-Stuttgart S. 117 und Alt-Stuttgarts Bauten S. 364.
245 Polizeigesetze S. 31 f.
246 Ebd. S. 95 f.
247 Carl August *Fischer*, Geschichte der Stuttgarter Stadtgarde zu Pferd S. 9.
248 Ebd.
249 Ebd. S. 10 f.
250 Ebd. S. 11; HStAS: A 210 II Bü 262.
251 Carl August *Fischer* S. 11.
252 Ebd. S. 11 f.
253 Ebd. S. 12 f.
254 Ebd. S. 13.
255 HStAS: A 210 II Bü 262 (lt. Vorlage 13, wahrscheinlich aber 16 Tage).
256 Ebd.; A 210 II Bü 263.
257 HStAS: A 404 Bü 10.
258 HStAS: A 202 Bü 817.
259 HStAS: A 404 Bü 10.
260 Ebd.
261 Ebd.
262 Ebd.
263 HStAS: A 210 III Bü 116.
264 Gustav *Wais*, Alt-Stuttgarts Bauten S. 352.
265 HStAS: A 210 III Bü 246.
266 Ebd.
267 Karl *Pfaff*, Geschichte der Stadt Stuttgart Bd. II S. 235; Carl August *Fischer* S. 13; HStAS: A 404 Bü 10.
268 Ebd.
269 HStAS: A 210 III Bü 16.
270 HStAS: A 210 II Bü 362.
271 HStAS: A 210 II Bü 363.
272 HStAS: A 210 III Bü 116.
273 HStAS: A 210 II Bü 443.
274 HStAS: A 210 III Bü 122.
275 HStAS: A 210 II Bü 356.
276 Gustav *Wais*, Alt-Stuttgarts Bauten S. 359.
277 Carl August *Fischer* S. 13.
278 Ebd. S. 14 ff.
279 Ebd. S. 14.
280 Ebd. S. 15 f.
281 HStAS: A 404 Bü 10.
282 Karl *Pfaff*, Geschichte der Stadt Stuttgart Bd. II S. 235.

283 Ebd. S. 235 f.
284 HStAS: A 404 Bü 10.
285 Ebd.
286 Paul *Nägele*, Bürgerbuch 3. Bd. S. 61.
287 HStAS: A 404 Bü 10.
288 HStAS: A 404 Bü 34.
289 Ebd.
290 HStAS: A 404 Bü 10.
291 Karl *Pfaff*, Geschichte der Stadt Stuttgart Bd. II S. 236.
292 HStAS: A 404 L Bü 12.
293 Carl August *Fischer* S. 16.
294 HStAS: A 210 III Bü 175.
295 Ebd.
296 Ebd.
297 Carl August *Fischer* S. 17.
298 Ebd. S. 18 f.
299 HStAS: A 202 Bü 861; A 249 Bü 2477.
300 Carl August *Fischer* S. 18 f.
301 Paul *Sauer*, Revolution und Volksbewaffnung S. 18–24.
302 Carl August *Fischer* S. 20 f.
303 Ebd. S. 20 ff.; HStAS: A 404 Bü 5.
304 Carl August *Fischer* S. 22–25.
305 Ebd. S. 23 ff.
306 HStAS: E 146 Bü 4146.
307 Ebd.
308 HStAS: E 146 Bü 4120.
309 Paul *Sauer*, Revolution und Volksbewaffnung S. 36 ff.
310 Geschichte der Stadt Stuttgart (1905) S. 29; Beilage zum Amtsblatt der Landeshauptstadt Stuttgart Nr. 32/1983.
311 Karl *Pfaff*, Geschichte der Stadt Stuttgart Bd. II S. 8, Anmerkung.
312 *Rümelin*, Altwürttemberg im Spiegel fremder Beobachter S. 291.
313 Friedrich *Nicolai*, Unter Bayern und Schwaben S. 164 f.; Amtsblatt der Landeshauptstadt Stuttgart Nr. 32/1983.
314 Hegel-Katalog 1970 S. 11 f.
315 Stuttgart. Dichter sehen eine Stadt S. 49.
316 Amtsblatt der Landeshauptstadt Stuttgart Nr. 32/1983.
317 Alt-Stuttgart und Württemberg am Ausgang des 18. Jahrhunderts S. 136 ff.
318 Amtsblatt der Landeshauptstadt Stuttgart Nr. 32/1983.
319 Ebd.
320 Eugen *Schneider*, Geschichte der Stadt Stuttgart S. 53.
321 Stuttgart. Dichter sehen eine Stadt S. 81.
322 Ebd. S. 87.
323 HStAS: A 261 Bü 1280.
324 Karl *Pfaff*, Geschichte der Stadt Stuttgart Bd. II S. 13.
325 Ebd.
326 Jürgen *Hagel*, Johann Adam Riediger S. 11 und 18.
327 Ebd.
328 Jürgen *Hagel*, Stuttgart und seine Umgebung S. 30.
329 Karl *Weidle* S. 71 f.; Jürgen *Hagel*, Stuttgart im Spiegel alter Karten S. 41.
330 Gustav *Wais*, Alt-Stuttgart S. 12 und 140.
331 Ebd. S. 105 f.
332 Ebd. S. 126.
333 Ebd. S. 12.
334 Kurt *Leipner*, Stuttgart-Daten S. 65.
335 Gustav *Wais*, Alt-Stuttgart S. 73; Karl *Pfaff*, Geschichte der Stadt Stuttgart Bd. II S. 97 f.
336 Ebd. S. 91.
337 Gustav *Wais*, Alt-Stuttgarts Bauten S. 462.
338 Max *Bach*/Carl *Lotter* S. 112.
339 Karl *Pfaff*, Geschichte der Stadt Stuttgart Bd. II S. 24.
340 StAS: Depot B: C IV A 6 Bd. 1.
341 StAS: Depot B: C IV A 4 Bd. 9; Karl *Weidle* S. 74; Otto *Borst*, Stuttgart S. 176 f.
342 StAS: Depot B: C IV A 4 Bd. 9.
343 Karl *Weidle* S. 74 f.
344 Jürgen *Hagel*, Stuttgart im Spiegel alter Karten S. 114.
345 Karl *Weidle* S. 78 f.
346 StAS: Depot B: C IV A 4 Bd. 9.
347 Kurt *Leipner*, Stuttgart-Daten S. 73.
348 StAS: Depot B: C IV A 4 Bd. 9.
349 StAS: Depot B: C IV A 4 Bd. 1.
350 Polizeigesetze S. 79.
351 Ebd. S. 100.
352 Beschreibung des Stadtdirektionsbezirks Stuttgart S. 199 f.
353 G. *Cless* und G. *Schübler* S. 21.
354 StAS: Depot B: C IV A 4 Bd. 26.
355 Max *Bach*/Carl *Lotter* S. 75 f.
356 Karl *Weidle* S. 79.
357 Gustav *Wais*, Alt-Stuttgart S. 20 f.
358 HStAS: A 210 II Bü 459 und A 282 Bü 2947.
359 Schwäbischer Merkur 1906 Nr. 170 S. 6.
360 HStAS: A 210 III Bü 99.
361 HStAS: A 405 Bü 6.
362 Gustav *Wais*, Alt-Stuttgart S. 13 und 17.
363 Gustav *Wais*, Alt-Stuttgarts Bauten S. 111.
364 Ebd. S. 139; Gustav *Wais*, Alt-Stuttgart S. 17; HStAS: A 282 Bü 824.
365 Gustav *Wais*, Alt-Stuttgart S. 17 f.
366 Paul *Faerber* S. 187 ff.; Gustav *Wais*, Alt-Stuttgarts Bauten S. 143.
367 Gustav *Wais*, Alt-Stuttgart S. 13.
368 Max *Bach*/Carl *Lotter* S. 82.
369 Polizeigesetze S. 78; Gustav *Wais*, Alt-Stuttgart S. 13 ff. und Alt-Stuttgarts Bauten S. 119.
370 Gustav *Wais*, Alt-Stuttgart S. 13 f. und 20 f.
371 Max *Bach*/Carl *Lotter* S. 75.
372 Gustav *Wais*, Alt-Stuttgart S. 14 ff.
373 Ebd. S. 15 f.; Max *Bach*/Carl *Lotter* S. 82.
374 Gustav *Wais*, Alt-Stuttgarts Bauten S. 108.
375 Max *Bach*/Carl *Lotter* S. 41; Gustav *Wais*, Alt-Stuttgarts Bauten S. 92 und Alt-Stuttgart S. 22.
376 Paul *Faerber* S. 176–182; Karl *Weidle* S. 77.
377 HStAS: A 202 Bü 816.
378 HStAS: A 210 II Bü 181.
379 HStAS: A 210 II Bü 184.
380 HStAS: A 210 II Bü 440.
381 Geschichte der Stadt Stuttgart (1905) S. 34.
382 A. *Willmann*, Der Glanz S. 128; Jürgen *Hagel*, Stuttgart und Umgebung S. 29 f.; Karl *Pfaff*, Geschichte der Stadt Stuttgart Bd. II S. 12 f.
383 HStAS: A 210 III Bü 144.
384 HStAS: A 236 Bd. 221 fol. 367.
385 Otto *Borst* S. 144 f.
386 HStAS: A 249 Bü 2464.
387 Oskar *Widmann* S. 52 ff.
388 Gustav *Wais*, Alt-Stuttgart S. 273.
389 G. *Cless* und G. *Schübler* S. 23.
390 StAS: Depot B: C IV A 4 Bd. 9.
391 Paul *Faerber* S. 172.
392 Polizeigesetze S. 47.
393 Ebd. S. 63.
394 Ebd. S. 66 f.
395 Ebd. S. 68 ff.
396 Ebd. S. 102 ff.
397 Ebd. S. 104 ff.
398 Julius *Hartmann*, Chronik S. 212.
399 Ebd. S. 216.
400 Wohl eine eigens dazu ausgeschachtete Grube am Nord- und Nordwesthang des Reinsburghügels (Helmut *Dölker*, Die Flurnamen der Stadt Stuttgart S. 122 f.).
401 HStAS: A 210 II Bü 262.
402 HStAS: A 403 Bü 52 a.
403 HStAS: A 210 II Bü 294.
404 HStAS: A 403 Bü 52 a.
405 HStAS: A 210 II Bü 180.
406 StAS: Depot B: C XIX Bd. 14.
407 HStAS: A 210 II Bü 301.
408 HStAS: A 210 II Bü 309.
409 HStAS: A 249 Bü 2421.
410 HStAS: A 404 L Bü 13.
411 HStAS: A 210 II Bü 326.
412 HStAS: A 210 II Bü 317.
413 Karl *Pfaff*, Geschichte der Stadt Stuttgart Bd. II S. 137.
414 HStAS: A 210 II Bü 562.
415 HStAS: A 210 II Bü 449.
416 Jürgen *Hagel*, Zur sozialen und funktionalen Viertelgliederung von Stuttgart um 1795 S. 295 f.
417 Jürgen *Hagel*, Johann Adam Riediger S. 20.
418 HStAS: A 403 Bü 31.
419 Ebd.
420 StAS: Depot B: C XIV C Bd. 4.
421 Ebd. Bd. 5.
422 Karl *Pfaff*, Geschichte der Stadt Stuttgart Bd. II S. 12.
423 HStAS: A 202 Bü 847 und A 282 Bü 1351.
424 StAS: Depot B: C IV A 4 Bd. 9.
425 Polizeigesetze S. 42.
426 Ebd. S. 79–91.
427 Ebd. S. 151 ff.
428 G. *Cless* und G. *Schübler* S. 22.
429 StAS: Depot B: C XIV C Bd. 4.
430 Jürgen *Hagel*, Stuttgarter Wasser- und Umweltprobleme S. 226.
431 StAS: Depot B: C XIX Bd. 14.
432 Ebd.
433 Ebd.
434 Ebd.
435 StAS: Depot B: C XIX Bd. 11 Nr. 32; Jürgen *Hagel*, Stuttgart und Umgebung S. 33.
436 Karl *Pfaff*, Geschichte der Stadt Stuttgart Bd. II S. 101.
437 StAS: Depot B: C XIX C Bd. 4.
438 Jürgen *Hagel*, Stuttgarter Wasser- und Umweltprobleme S. 227.
439 Mensch und Wasser S. 42 f.; Jürgen *Hagel*, Stuttgart und Umgebung S. 33; StAS: Depot B: C XIX Bd. 14.
440 Jürgen *Hagel*, Stuttgarter Wasser- und Umweltprobleme S. 234.
441 StAS: Depot B: C XIX Bd. 11 Nr. 32.
442 Mensch und Wasser S. 42 f.
443 StAS: Depot B: C XIX Bd. 11 Nr. 32.
444 G. *Cless* und G. *Schübler* S. 25.

445 Ebd.
446 StAS: Depot B: C XIX Bd. 11 Nr. 32.
447 Paul *Sauer,* Das Werden einer Großstadt S. 127 f.
448 HStAS: A 403 Bü 52 a.
449 HStAS: A 404 Bd. 31.
450 HStAS: A 403 Bü 52 a; Mensch und Wasser S. 129.
451 HStAS: A 249 Bü 2460.
452 HStAS: A 403 Bü 17.0
453 HStAS: A 403 Bü 52 a und A 210 II Bü 281.
454 HStAS: A 403 Bü 52 a.
455 HStAS: A 210 II Bü 286.
456 HStAS: A 249 Bü 2458.
457 HStAS: A 210 II Bü 370.
458 HStAS: A 249 Bü 2458 und 2459.
459 HStAS: A 210 II Bü 370.
460 HStAS: A 404 Bü 31.
461 HStAS: A 404 Bü 30.
462 HStAS: A 403 Bü 52 a.
463 Ebd.
464 Gustav *Wais,* Alt-Stuttgart S. 234; Werner *Fleischhauer,* Der Barock S. 170.
465 HStAS: A 210 II Bü 326.
466 Ebd.
467 HStAS: A 210 II Bü 281.
468 HStAS: A 404 Bü 31.
469 HStAS: A 403 Bü 31 und A 251 Bü 27.
470 Polizeigesetze S. 11 ff.
471 HStAS: A 249 Bü 2460.
472 Ebd.
473 Karl *Pfaff,* Geschichte der Stadt Stuttgart Bd. II S. 108.
474 Gustav *Wais,* Alt-Stuttgart S. 218.
475 Gustav *Wais,* Kunst- und Kulturdenkmale S. 60.
476 HStAS: A 282 Bü 2955.
477 Julius *Hartmann,* Chronik S. 207; Jürgen *Hagel,* Stuttgart im Spiegel alter Karten S. 105.
478 G. *Cless* und G. *Schübler* S. 26 f.
479 Karl *Pfaff,* Geschichte der Stadt Stuttgart Bd. II S. 106
480 Fritz *Bürkle,* Karl August Friedrich von Duttenhofer S. 34 f.
481 HStAS: A 404 Bü 13.
482 Julius *Hartmann,* Chronik S. 216 f.; Karl *Weidle* S. 81; Fritz *Bürkle* S. 93–112.
483 HStAS: A 210 III Bü 79.
484 HStAS: A 403 Bü 31.
485 Ebd.
486 Mensch und Wasser S. 13.
487 Gustav *Wais,* Alt-Stuttgart S. 105.
488 HStAS: A 403 Bü 52 a; Gustav *Wais,* Alt-Stuttgarts Bauten S. 242; Jürgen *Hagel,* Stuttgart im Spiegel alter Karten S. 106 f.; Mensch und Wasser S. 134.
489 HStAS: A 403 Bü 52 a.
490 Gustav *Wais,* Alt-Stuttgarts Bauten S. 536.
491 HStAS: A 210 II Bü 173.
492 HStAS: A 210 II Bü 306.
493 HStAS: A 210 II Bü 333.
494 HStAS: A 210 III Bü 114.
495 Ebd.
496 HStAS: A 210 II Bü 534.
497 HStAS: A 210 III Bü 140.
498 HStAS: A 210 II Bü 501.
499 HStAS: A 210 III Bü 170.
500 HStAS: A 202 Bü 867.
501 Julius *Hartmann,* Chronik S. 172.
502 HStAS: A 210 III Bü 180.
503 Julius *Hartmann,* Chronik S. 172.
504 Polizeigesetze S. 15 f.
505 Ebd. S. 50 f.
506 Ebd. S. 58.
507 Ebd. S. 127–143.
508 Ebd. S. 155–168.
509 Ebd. S. 168 f.
510 StAS: Bürgermeisterrechnungen 1638/39.
511 StAS: Bürgermeisterrechnungen 1640/41.
512 Richard *Breitling,* Die Anfänge der Stuttgarter Straßenbeleuchtung.
513 HStAS: A 210 II Bü 262; Richard *Breitling,* Die Anfänge der Stuttgarter Straßenbeleuchtung; Karl *Pfaff,* Geschichte der Stadt Stuttgart Bd. II S. 29–32. In den Akten (A 210 II Bü 263) findet sich ein Pasquill vom 26. März 1730. Es scheint, daß dieses Pasquill mit dem zitierten identisch ist und Pfaff sich nur im Datum vertan hat.
514 HStAS: A 404 Bü 10; Karl *Pfaff,* Geschichte der Stadt Stuttgart Bd. II S. 32 ff.; Friedrich *Nicolai,* Unter Bayern und Schwaben S. 164.
515 HStAS: A 202 Bü 853.
516 Karl *Pfaff,* Geschichte der Stadt Stuttgart Bd. II S. 34.
517 HStAS: A 249 Bü 2457.
518 HStAS: A 210 II Bü 159.
519 HStAS: A 202 Bü 852; Karl *Pfaff,* Geschichte der Stadt Stuttgart Bd. II S. 250.
520 HStAS: A 249 Bü 2457.
521 HStAS: A 249 Bü 2454 und 2473; Karl *Pfaff,* Geschichte der Stadt Stuttgart Bd. II S. 250.
522 Ebd.
523 Ebd.
524 HStAS: A 202 Bü 852.
525 HStAS: A 249 Bü 2473.
526 Ebd.
527 StAS: Depot B: C X A 5 Bd. 19 a.
528 Polizeigesetze S. 22.
529 Vgl. S. 124.
530 Polizeigesetze S. 25.
531 Ebd. S. 30.
532 Ebd. S. 114.
533 Ebd. S. 59.
534 Jürgen *Hagel,* Stuttgart im Spiegel alter Karten S. 134.
535 Ulrich Schülke, Stuttgarter Weinsteige S. 103.
536 HStAS: A 210 II Bü 159.
537 Ebd.
538 HStAS: A 249 Bü 2457; Ulrich *Schülke* S. 99.
539 HStAS: A 249 Bü 2443.
540 HStAS: A 210 II Bü 159 und A 249 Bü 2457; Ulrich *Schülke* S. 105.
541 Gustav *Wais,* Alt-Stuttgarts Bauten S. 132.
542 HStAS: A 249 Bü 2451.
543 HStAS: A 403 Bü 25.
544 Beschreibung des Stadtdirektionsbezirks Stuttgart S. 279.
545 HStAS: A 249 Bü 2459.
546 Gustav *Wais,* Alt-Stuttgart S. 18.
547 HStAS: A 249 Bü 2441.
548 HStAS: A 210 II Bü 185.
549 HStAS: A 249 Bü 2444.
550 HStAS: A 249 Bü 2457.
551 Friedrich Haaß, Verkehrswesen S. 406.
552 Herzog Karl Eugen und seine Zeit Bd. I S. 336 f.
553 Karl *Pfaff,* Geschichte der Stadt Stuttgart Bd. II S. 251
554 Paul *Sauer,* Der schwäbische Zar S. 362.
555 StAS: Depot B: C X A 5 Bd. 17.
556 HStAS: A 249 Bü 2442.
557 Julius *Hartmann,* Chronik S. 203.
558 Gustav *Wais,* Alt-Stuttgarts Bauten S. 513.
559 Friedrich *Haaß* S. 316.
560 Schwäbischer Merkur 19./20. Oktober 1929.
561 Friedrich *Haaß* S. 315–321.
562 Schwäbischer Merkur 19./20. Oktober 1929.
563 Ebd.
564 Friedrich *Haaß* S. 320 f.
565 Ebd. S. 321 ff.
566 Schwäbischer Merkur 19./20. Oktober 1929.
567 Gustav *Wais,* Alt-Stuttgart S. 140; Kurt *Leipner,* Stuttgart-Daten S. 59.
568 Friedrich *Haaß* S. 403.
569 Herzog Karl Eugen und seine Zeit Bd. I S. 338.
570 Gustav *Barth,* Stuttgarter Handel S. 67.
571 Friedrich *Haaß* S. 322–327.
572 Ebd. S. 330 f.; Herzog Karl Eugen und seine Zeit Bd. I S. 338 f.; Karl *Pfaff,* Geschichte der Stadt Stuttgart Bd. II S. 415 ff.
573 Julius *Klaiber,* Stuttgart vor 100 Jahren S. 16.
574 Robert von *Mohl,* Lebenserinnerungen Bd. I S. 16 f.
575 Julius *Klaiber,* Stuttgart vor 100 Jahren S. 16; Gustav *Barth* S. 72 ff.
576 Schwäbischer Merkur 19./20. Oktober 1929.
577 Alfred *Druckenmüller,* Buchhandel in Stuttgart S. 124.
578 HStAS: A 210 III Bü 468 und A 404 Bü 40.
579 Friedrich *Haaß* S. 403.
580 HStAS: A 404 Bü 30.
581 HStAS: A 249 Bü 2466.
582 Beschreibung des Oberamts Cannstatt (1895) S. 506.
583 Mensch und Wasser S. 133.
584 HStAS: A 210 II Bü 533.
585 Herzog Karl Eugen und seine Zeit Bd. I S. 339 f.; Gustav *Barth* S. 76 ff.
586 Ebd.
587 HStAS: A 249 Bü 2465.
588 HStAS: A 202 Bü 816.
589 HStAS: A 404 Bü 32.
590 HStAS: A 210 II Bü 295.
591 HStAS: A 202 Bü 817.
592 HStAS: A 404 Bü 32.
593 Ebd.
594 HStAS: A 210 II Bü 289.
595 HStAS: A 210 II Bü 281.
596 HStAS: A 210 II Bü 294.
597 Ebd.
598 HStAS: A 404 Bü 32.
599 HStAS: A 249 Bü 2465.
600 HStAS: A 249 Bü 2466.
601 HStAS: A 210 II Bü 421.
602 HStAS: A 210 II Bü 32.
603 HStAS: A 249 Bü 2466.
604 Julius *Hartmann,* Chronik S. 201; Schwäbischer Merkur 19./20. Oktober 1929.
605 Friedrich *Haaß* S. 368 f.
606 Karl *Pfaff,* Geschichte der Stadt Stuttgart Bd. II S. 417 f.
607 Schwäbischer Merkur 19./20. Oktober 1929.
608 Ebd.
609 Karl *Pfaff,* Geschichte der Stadt Stuttgart Bd. II S. 418.
610 Ebd. S. 191 f.

611 Ebd. S. 196; StAS: Bürgermeisterrechnungen 1713/14.
612 Walter *Grube*, Der Stuttgarter Landtag S. 385.
613 HStAS: A 202 Bü 849.
614 HStAS: A 210 II Bü 327.
615 A. *Marquart*, Zur Geschichte der Registratur S. 481.
616 HStAS: A 210 II Bü 487.
617 HStAS: A 210 II Bü 417.
618 HStAS: A 210 II Bü 420.
619 HStAS: A 210 II Bü 513.
620 HStAS: A 404 Bü 21.
621 A. *Willmann* S. 100 f.
622 HStAS: A 282 Bü 2948.
623 HStAS: A 404 Bü 23.
624 HStAS: A 210 II Bü 416.
625 HStAS: A 210 II Bü 508; Karl *Pfaff*, Geschichte der Stadt Stuttgart Bd. II S. 377 f.
626 HStAS: A 210 II Bü 461.
627 Kurt *Leipner*, Stuttgart-Daten S. 62.
628 HStAS: A 210 III Bü 107.
629 Ebd.; A 210 II Bü 402 und A 210 III Bü 163; A. *Marquart* S. 477–483.
630 HStAS: A 210 III Bü 102.
631 HStAS: A 210 II Bü 371.
632 Geschichte der Stadt Stuttgart (1905) S. 113.
633 HStAS: A 210 III Bü 102.
634 HStAS: A 210 II Bü 420.
635 HStAS: A 282 Bü 78.
636 HStAS: A 210 II Bü 536.
637 HStAS: A 210 III Bü 108.
638 HStAS: A 210 II Bü 329 und A 404 Bü 25.
639 Ebd.
640 HStAS: A 210 III Bü 157.
641 HStAS: A 210 II Bü 364.
642 Karl *Pfaff*, Geschichte der Stadt Stuttgart Bd. II S. 258.
643 Ebd. S. 199 f.
644 Ebd. S. 200 f.; HStAS: A 282 Bü 1353.
645 Karl *Pfaff*, Geschichte der Stadt Stuttgart Bd. II S. 192.
646 Paul *Faerber* S. 172 f.
647 Karl *Pfaff*, Geschichte der Stadt Stuttgart Bd. II S. 192.
648 HStAS: A 404 L Bü 8.
649 StAS: Depot B: C IV A 4 Bd. 9.
650 Julius *Hartmann*, Chronik S. 202.
651 Karl *Pfaff*, Geschichte der Stadt Stuttgart Bd. II S. 190.
652 Ebd. S. 192 f.; Geschichte der Stadt Stuttgart (1905) S. 140.
653 Ebd. S. 140 f.
654 Ebd. S. 141; Karl *Pfaff*, Geschichte der Stadt Stuttgart Bd. II S. 195 f.
655 Ebd. S. 256.
656 Ebd. S. 119; Geschichte der Stadt Stuttgart (1905) S. 27.
657 HStAS: A 210 III Bü 90.
658 Geschichte der Stadt Stuttgart (1905) S. 27; Württembergisches Städtebuch S. 229; Paul *Sauer*, Das Werden einer Großstadt S. 16.
659 Karl *Pfaff*, Geschichte der Stadt Stuttgart Bd. II S. 121 f.
660 Ebd. S. 188 f.
661 HStAS: A 202 Bü 816.
662 Ebd.
663 HStAS: A 202 Bü 817.
664 HStAS: A 403 Bü 31.
665 HStAS: A 404 Bü 50.
666 HStAS: A 210 II Bü 465.
667 HStAS: A 210 III Bü 90 und A 403 Bü 31.
668 Paul *Nägele*, Bürgerbuch Bd. 3 S. 27 f.
669 HStAS: A 210 II Bü 374.
670 HStAS: A 210 II Bü 578.
671 Karl *Pfaff*, Geschichte der Stadt Stuttgart Bd. II S. 188
672 Paul *Nägele*, Bürgerbuch Bd. 3 S. 28 ff. und 48.
673 HStAS: A 210 III Bü 159.
674 HStAS: A 210 III Bü 172.
675 HStAS: A 202 Bü 843.
676 Vgl. S. 95 ff.
677 HStAS: A 404 Bü 10.
678 HStAS: A 202 Bü 816.
679 HStAS: A 210 II Bü 262.
680 HStAS: A 404 Bü 10; Karl *Pfaff*, Geschichte der Stadt Stuttgart Bd. II S. 185 f.
681 Jürgen *Hagel*, Zur sozialen und funktionalen Viertelgliederung von Stuttgart um 1795 S. 286.
682 Karl *Pfaff*, Geschichte der Stadt Stuttgart Bd. II S. 249.
683 G. *Cless* und G. *Schübler* S. 36.
684 Bis 1771 sind die Totgeborenen besonders gezählt, dann aber in die Zahl der Geburten eingerechnet.
685 Karl *Riecke*, Meine Voreltern S. 31.
686 Reinhard *Wittmann* S. 105.
687 HStAS: A 202 Bü 818.
688 Jürgen *Hagel*, Zur sozialen und funktionalen Viertelgliederung von Stuttgart um 1795 S. 297.
689 G. *Cless* und G. *Schübler* S. 58 f. und 81.
690 Karl *Pfaff*, Geschichte der Stadt Stuttgart Bd. II S. 125.
691 G. *Cless* und G. *Schübler* S. 51 f.
692 Ebd. S. 54 f.
693 HStAS: A 403 Bü 52 b.
694 G. *Cless* und G. *Schübler* S. 56.
695 Ebd. S. 54 ff.
696 Ebd. S. 49, 51, 67 f.
697 StAS: Stuttgarter Kirchenregister 1772–1820.
698 Ebd.
699 G. *Cless* und G. *Schübler* S. 69.
700 Karl Pfaff, Geschichte der Stadt Stuttgart Bd. II S. 313.
701 StAS: Stuttgarter Kirchenregister 1772–1820.
702 Siegfried *Bassler*/Stefan *Hammer* S. 171.
703 StAS: Stuttgarter Kirchenregister 1772–1820; G. *Cless* und G. *Schübler* S. 63 f.; Karl *Pfaff*, Geschichte der Stadt Stuttgart Bd. II S. 334, 339 und 472 f.
704 Hegel-Katalog 1970 S. 38.
705 G. *Cless* und G. *Schübler* S. 67.
706 Beschreibung des Stadtdirektionsbezirks Stuttgart S. 77; Stuttgarter Morgenpost 22./27. September 1906.
707 StAS: Stuttgarter Kirchenregister 1772–1820; Siegfried *Bassler*/Stefan *Hammer* S. 42.
708 Karl *Pfaff*, Geschichte der Stadt Stuttgart Bd. II S. 337; Stuttgarter Morgenpost 22./27. September 1906.
709 G. *Cless* und G. *Schübler* S. 70.
710 Ebd. S. 84.
711 Ebd. S. 85 f.
712 Bei der Auszählung waren geringfügige Fehlerquellen nicht zu eliminieren (sie liegen unter 1 %): unrichtige Angaben über das Geschlecht, das Alter, verschriebene Angaben (zwei Jahreszahlen übereinander), Fehler beim Auszählen (falsche Zuordnung zur betreffenden Altersgruppe und zum Geschlecht).
713 Schwäbischer Merkur 1908 Nr. 499 S. 5.
714 Gustav *Wais*, Alt-Stuttgart S. 248.
715 Max *Bach*/Carl *Lotter* S. 85 ff.
716 G. *Cless* und G. *Schübler* S. 36 ff.
717 Stuttgart. Dichter sehen eine Stadt S. 98.
718 Johann Jakob *Häßlin* S. 103.
719 P. *Rosenwall*, Malerische Ansichten S. 279.
720 G. *Cless* und G. *Schübler* S. 38 f.
721 HStAS: A 236 Bd. 187 fol. 372 K r.
722 Ebd. Bd. 188 fol. 89 r, 152 v, 229 v, 231 v, 311 r und 314 r.
723 HStAS: A 210 II Bü 238.
724 HStAS: A 236 Bd. 188 fol. 144 r, 165 v und 239 r.
725 Ebd. Bd. 187 fol. 41 v.
726 HStAS: A 404 Bü 26.
727 Ebd. Bü 51.
728 HStAS: A 236 Bd. 212 fol. 266 v/267 r.
729 HStAS: A 404 Bü 51; Martin *Jung*, Die Württembergische Kirche und die Juden S. 306.
730 HStAS: A 404 Bü 51.
731 Heinrich *Schnee*, Die Hoffinanz und der moderne Staat Bd. IV S. 88.
732 HStAS: A 404 Bü 26.
733 Heinrich *Schnee* S. 88 f.
734 HStAS: A 210 II Bü 268.
735 HStAS: A 210 II Bü 351. – Die Behauptung von Karl *Pfaff* (Geschichte der Stadt Stuttgart Bd. II S. 413 f.), daß Christlieb tatsächlich mit herzoglicher Billigung den Juden ein Bad eingerichtet habe, findet in den Akten keine Stütze. Vgl. auch Martin *Jung* S. 160 ff.
736 Maria *Zelzer*, Weg und Schicksal der Stuttgarter Juden S. 19.
737 HStAS: A 210 II Bü 351.
738 Hermann *Tüchle*, Herzog Carl Alexander S. 230–236.
739 Theodor *Kroner*, Festschrift Synagoge S. 11.
740 Schwäbischer Merkur 1893 S. 657; Gustav *Wais*, Alt-Stuttgarts Bauten S. 189 und 271.
741 Paul *Sauer*, Die jüdischen Gemeinden in Württemberg und Hohenzollern S. 166.
742 Theodor *Kroner* S. 11.
743 Paul *Sauer*, Die jüdischen Gemeinden in Württemberg und Hohenzollern S. 166.
744 HStAS: A 210 III Bü 134.
745 HStAS: A 210 II Bü 492.
746 HStAS: A 210 III Bü 141.
747 HStAS: A 404 L Bü 36 und A 404 Bü 26.
748 Theodor *Kroner* S. 8; Paul *Sauer*, Die jüdischen Gemeinden in Württemberg und Hohenzollern S. 78 f.
749 HStAS: A 404 Bü 26.
750 Ebd.
751 HStAS: A 210 II Bü 366.
752 HStAS: A 404 Bü 26.
753 HStAS: A 404 L Bü 36.
754 HStAS: A 404 Bü 26.
755 Ebd. und Bü 27; Theodor *Kroner* S. 8.
756 HStAS: A 404 Bü 26.
757 Ebd.
758 HStAS: A 404 L Bü 36.
759 HStAS: A 404 Bü 27; Paul *Sauer*, Die jüdischen Gemeinden in Württemberg und Hohenzollern S. 80. Wenn sich in den Protokollen des Regierungsrats (HStAS: A 236 Bd. 213 fol. 585 r)

der Vermerk findet, der in Stuttgart verstorbene Jud Levi sei zur Beerdigung nach »Caldenthal« überführt worden, so liegt hier zweifellos eine Verwechslung mit Freudental vor.
760 HStAS: A 404 Bü 27.
761 HStAS: A 236 Bd. 214 fol. 464.
762 HStAS: A 404 L Bü 36.
763 Ebd.
764 HStAS: A 404 L Bü 22.
765 HStAS: A 404 Bü 27.
766 HStAS: A 404 Bü 26.
767 Ebd.
768 HStAS: A 404 Bü 28.
769 HStAS: A 404 Bü 26 und A 404 Bü 36.
770 HStAS: A 404 Bü 26.
771 HStAS: A 404 Bü 28.
772 Ebd. und Bü 27.
773 HStAS: A 404 Bü 26.
774 Ebd.
775 HStAS: A 404 Bü 27.
776 Ebd.
777 HStAS: A 404 L Bü 22; Martin *Jung* S. 159.
778 HStAS: A 404 Bü 26 und 28.
779 HStAS: A 404 Bü 26.
780 Maria *Zelzer* S. 19.
781 HStAS: A 404 Bü 26.
782 Ebd.
783 HStAS: A 404 Bü 29.
784 HStAS: A 404 Bü 28.
785 HStAS: A 404 Bü 27.
786 HStAS: A 404 L Bü 36.
787 HStAS: A 404 Bü 27.
788 Ebd.
789 Ebd.
790 Ebd.; Theodor *Kroner* S. 8
791 HStAS: A 404 Bü 28.
792 HStAS: A 404 Bü 27.
793 Ebd.
794 Ebd.
795 HStAS: A 404 Bü 44.
796 HStAS: A 404 L Bü 32.
797 HStAS: A 404 Bü 27.
798 Ebd.
799 Ebd.
800 HStAS: A 404 Bü 44.
801 HStAS: A 404 Bü 22.
802 HStAS: A 404 Bü 27.
803 Ebd.
804 HStAS: A 404 L Bü 36.
805 HStAS: A 404 Bü 44.
806 HStAS: A 404 Bü 27; Paul *Sauer,* Die jüdischen Gemeinden in Württemberg und Hohenzollern S. 166.
807 HStAS: A 404 Bü 27.
808 HStAS: A 404 L Bü 36.
809 HStAS: A 404 Bü 27.
810 HStAS: A 404 Bü 36.
811 Theodor *Kroner* S. 12; Heinrich *Schnee* S. 158 ff.; HStAS: A 404 Bü 27.
812 Theodor *Kroner* S. 12.
813 Ebd.; Heinrich *Schnee* S. 160; Paul *Sauer,* Die jüdischen Gemeinden in Württemberg und Hohenzollern S. 167.
814 Heinrich *Schnee* S. 159 ff.
815 HStAS: A 404 Bü 27.
816 Ebd.
817 HStAS: A 404 L Bü 36.
818 Ebd.
819 Ebd.
820 Ebd.
821 Ebd.
822 Ebd.
823 Paul *Sauer,* Die jüdischen Gemeinden in Württemberg und Hohenzollern S. 3.
824 HStAS: A 404 Bü 51.
825 HStAS: A 404 Bü 27.
826 Theodor *Kroner* S. 8 und 12.
827 HStAS: A 404 Bü 27.
828 Theodor *Kroner* S. 8.
829 Paul *Sauer,* Die jüdischen Gemeinden in Württemberg und Hohenzollern S. 167.
830 Paul *Sauer,* Im Namen des Königs S. 13 ff.
831 Das Stuttgarter Malefizglöcklein. Gustav *Wais,* Alt-Stuttgart S. 158.
832 Christoph *Kolb,* Zur kirchlichen Geschichte Stuttgarts S. 62.
833 HStAS: A 210 II Bü 138.
834 HStAS: A 210 II Bü 177.
835 HStAS: A 210 II Bü 293.
836 HStAS: A 210 II Bü 427.
837 HStAS: A 210 II Bü 279.
838 HStAS: A 210 II Bü 142.
839 HStAS: A 210 II Bü 233.
840 HStAS: A 210 II Bü 349. – Für eine Hinrichtung mit dem Schwert wurde ihm (1740) etwa dieselbe Summe ausgezahlt: 5 fl 30 kr. HStAS: A 210 II Bü 523.
841 HStAS: A 210 II Bü 386.
842 HStAS: A 210 II Bü 430.
843 HStAS: A 210 II Bü 363.
844 HStAS: A 210 III Bü 118.
845 HStAS: A 210 II Bü 396.
846 HStAS: A 210 II Bü 577.
847 HStAS: A 202 Bü 867; Karl *Pfaff,* Geschichte der Stadt Stuttgart Bd. II S. 199; Gustav *Wais,* Alt-Stuttgart S. 80 (Wais gibt allerdings an, der eiserne Galgen sei bereits 1782 entfernt worden).
848 Julius *Hartmann,* Chronik S. 141 und 205.
849 Max *Bach*/Carl *Lotter* S. 112.
850 Paul *Sauer,* Im Namen des Königs S. 23 und 46.
851 HStAS: A 210 III Bü 185.
852 HStAS: A 210 II Bü 545.
853 Ebd.
854 Paul *Sauer,* Im Namen des Königs S. 22.
855 HStAS: A 210 II Bü 132.
856 HStAS: A 210 II Bü 133.
857 HStAS: A 210 II Bü 141.
858 HStAS: A 210 II Bü 146.
859 HStAS: A 210 II Bü 148.
860 HStAS: A 210 II Bü 165.
861 HStAS: A 210 II Bü 216.
862 HStAS: A 210 II Bü 229.
863 HStAS: A 210 II Bü 255.
864 HStAS: A 210 II Bü 441.
865 HStAS: A 210 II Bü 257.
866 HStAS: A 210 II Bü 305.
867 HStAS: A 210 II Bü 335.
868 HStAS: A 210 II Bü 338.
869 HStAS: A 210 II Bü 331.
870 HStAS: A 210 II Bü 366.
871 HStAS: A 210 II Bü 368.
872 HStAS: A 210 II Bü 383.
873 HStAS: A 210 II Bü 386.
874 HStAS: A 210 II Bü 365.
875 HStAS: A 210 II Bü 482.
876 HStAS: A 210 II Bü 409.
877 HStAS: A 210 II Bü 489.
878 HStAS: A 210 II Bü 493.
879 HStAS: A 210 II Bü 521.
880 HStAS: A 210 II Bü 529.
881 HStAS: A 210 II Bü 535.
882 Karl *Pfaff,* Geschichte der Stadt Stuttgart Bd. II S. 231 f.
883 Polizeigesetze S. 1 ff.
884 Paul *Sauer,* Im Namen des Königs S. 17.
885 HStAS: A 202 Bü 843.
886 Ebd.
887 Polizeigesetze S. 111 f.
888 HStAS: A 202 Bü 860.
889 HStAS: A 210 II Bü 453.
890 HStAS: A 210 II Bü 555.
891 HStAS: A 202 Bü 843.
892 Gustav *Wais,* Alt-Stuttgart S. 158. Nach Karl *Pfaff* (Geschichte der Stadt Stuttgart Bd. II S. 72) soll der Pranger aber schon 1775 abgebrochen worden sein.
893 G. *Cless* und G. *Schübler* S. 177 f.
894 Ebd. S. 194 ff.
895 Vgl. S. 166–170.
896 Johann Jakob *Gabelkhofer,* Chronik S. 254 b; Karl *Pfaff,* Geschichte der Stadt Stuttgart Bd. II S. 313.
897 Beschreibung des Stadtdirektionsbezirks Stuttgart S. 85.
898 Stuttgarter Morgenpost vom 22./27. September 1906.
899 G. *Cless* und G. *Schübler* S. 72–82.
900 Stuttgarter Morgenpost vom 22./27. September 1906.
901 Hermann *Ziegler,* Friedhöfe S. 156 f.
902 G. *Cless* und G. *Schübler* S. 169 f.
903 Hermann *Ziegler,* Friedhöfe S. 70.
904 Th. *Schön,* Zur Geschichte der Stuttgarter Stadtärzte.
905 Karl *Riecke,* Meine Voreltern S. 16.
906 Ebd. S. 7–22.
907 HStAS: A 282 Bü 234.
908 Karl *Riecke* S. 23–32.
909 Ebd. S. 103–109.
910 Ebd. S. 118 und 121.
911 Ebd. S. 121 f.; Bibliographie der Württembergischen Geschichte Bd. IV S. 405.
912 Karl *Pfaff,* Geschichte der Stadt Stuttgart Bd. II S. 471 f.; Stuttgarter Morgenpost vom 22./27. September 1906.
913 HStAS: A 210 III Bü 161.
914 Karl *Pfaff,* Geschichte der Stadt Stuttgart Bd. II S. 504; Paul *Sauer,* Im Namen des Königs S. 24.
915 Karl *Pfaff,* Geschichte der Stadt Stuttgart Bd. II S. 504.
916 Ebd. S. 518 f.
917 Stuttgarter Morgenpost vom 22./27. September 1906.
918 G. *Cless* und G. *Schübler* S. 142 und 145.
919 Ebd. S. 147.
920 HStAS: A 210 III Bü 194.
921 G. *Cless* und G. *Schübler* S. 133 ff.
922 Ebd. S. 145 f.
923 Ebd. S. 146.
924 Ebd. S. 148.
925 StAS: Stuttgarter Steuerbuch 1800/01.
926 G. *Cless* und G. *Schübler* S. 148 f.
927 HStAS: A 210 II Bü 200.

928 HStAS: A 202 Bü 843; Armin *Wankmüller,* Die Internationale Apotheke in zwei Jahrhunderten S. 8–13.
929 G. *Cless* und G. *Schübler* S. 144.
930 Armin *Wankmüller,* Chronik der Kreuser'schen Apotheke S. 12.
931 StAS: Steuerbücher.
932 G. *Cless* und G. *Schübler* S. 155 f.; Stuttgarter Morgenpost vom 22./27. September 1906.
933 HStAS: A 210 II Bü 136.
934 HStAS: A 210 II Bü 194.
935 HStAS: A 210 II Bü 228; Christoph *Kolb,* Zur kirchlichen Geschichte Stuttgarts S. 165 f.
936 Ebd. S. 166.
937 HStAS: A 210 II Bü 258.
938 HStAS: A 210 II Bü 310.
939 HStAS: A 210 II Bü 322.
940 Christoph *Kolb,* Zur kirchlichen Geschichte Stuttgarts S. 167.
941 HStAS: A 210 II Bü 242.
942 HStAS: A 210 II Bü 322.
943 HStAS: A 210 II Bü 560.
944 G. *Cless* und G. *Schübler* S. 143 ff.
945 HStAS: A 210 II Bü 150.
946 HStAS: A 210 III Bü 176.
947 Ebd.
948 HStAS: A 210 II Bü 511.
949 HStAS: A 210 III Bü 176.
950 Christoph *Kolb,* Zur kirchlichen Geschichte Stuttgarts S. 70.
951 HStAS: A 210 II Bü 575.
952 HStAS: A 210 III Bü 176.
953 Ebd.
954 Gustav *Wais,* Alt-Stuttgart S. 81.
955 HStAS: A 210 III Bü 176.
956 Amtsblatt der Stadt Stuttgart 7. 9. 1950.
957 HStAS: A 210 III Bü 176.
958 Ebd.
959 StAS: Seelenregister 1798.
960 HStAS: A 210 III Bü 183.
961 G. *Cless* und G. *Schübler* S. 166 ff.
962 Stuttgarter Nachrichten 23. Januar 1964.
963 G. *Cless* und G. *Schübler* S. 165 f.
964 Ebd. S. 167.
965 Ebd. S. 164 ff.
966 Ebd. S. 176 f.
967 Ebd. S. 148.
968 HStAS: A 249 Bü 2479.
969 Karl *Pfaff,* Geschichte der Stadt Stuttgart Bd. II S. 475.
970 HStAS: A 210 II Bü 386.
971 Max *Bach*/Carl *Lotter* S. 103; Gustav *Wais,* Alt-Stuttgart S. 74.
972 G. *Cless* und G. *Schübler* S. 160 f.
973 Gustav *Wais,* Alt-Stuttgart S. 74.
974 Polizeigesetze S. 66 und 97.
975 G. *Cless* und G. *Schübler* S. 157 f.
976 HStAS: A 261 Bü 1480.
977 Ebd.
978 HStAS: A 261 Bü 1280.
979 HStAS: A 261 Bü 1480.
980 HStAS: A 261 Bü 1489.
981 Ebd.
982 HStAS: A 261 Bü 1480.
983 HStAS: A 261 Bü 1489.
984 StAS: Stuttgarter Steuerbuch 1750/51.
985 StAS: Stuttgarter Steuerbuch 1800/01.
986 Ebd.
987 Alphabetisches Verzeichnis der Besitzer derjenigen Gebäude, welche in dem am Ende 1794 über die Herzogliche Residenzstadt Stuttgart verfertigten Grundriß vorkommen.
988 HStAS: A 210 II Bü 456.
989 HStAS: A 403 Bü 53.
990 Reinhard *Wittmann* S. 254 f.
991 Karl *Pfaff,* Geschichte der Stadt Stuttgart Bd. II S. 373.
992 StAS: Depot B: C X A 5 Bd. 19 a.
993 Karl *Pfaff,* Geschichte der Stadt Stuttgart Bd. II S. 390.
994 Julius *Hartmann,* Chronik S. 218.
995 Max *Bach*/Carl *Lotter* S. 118.
996 Gustav *Barth,* Geschichte des Stuttgarter Handels S. 103.
997 HStAS: A 236 Bd. 221; Geschichte der Stadt Stuttgart (1905) S. 197.
998 HStAS: A 210 II Bü 516; Werner *Fleischhauer,* Der Barock S. 313 ff.
999 Stuttgarter Steuerbuch 1750/51 S. 387 b.
1000 HStAS: A 210 II Bü 252.
1001 HStAS: A 210 II Bü 415.
1002 HStAS: A 236 Bd. 212 fol. 212 v.
1003 StAS: Seelenregister der Esslinger Vorstadt 1798.
1004 Polizeigesetze S. 173–176.
1005 Ebd. S. 20.
1006 Karl *Pfaff,* Geschichte der Stadt Stuttgart Bd. II S. 64.
1007 Friedrich *Nicolai* S. 165.
1008 Beschreibung des Stadtdirektionsbezirks Stuttgart S. 227.
1009 Gustav *Barth,* Geschichte des Stuttgarter Handels S. 23.
1010 HStAS: A 210 II Bü 170.
1011 HStAS: A 210 II Bü 146.
1012 HStAS: A 403 Bü 17a.
1013 Paul *Kärcher,* Gablenberg S. 19.
1014 HStAS: A 210 II Bü 566.
1015 Julius *Hartmann,* Chronik S. 166.
1016 HStAS: A 249 Bü 2459.
1017 Karl *Pfaff,* Geschichte der Stadt Stuttgart Bd. II S. 371 f.
1018 Ebd. S. 365 f.
1019 Ebd. S. 364 ff.; Beschreibung des Stadtdirektionsbezirks Stuttgart S. 206.
1020 StAS: Depot B: C XIX Bü 14.
1021 StAS: Depot A: C IV 2 c Bd. 3.
1022 HStAS: A 210 II Bü 318.
1023 HStAS: A 210 II Bü 139.
1024 HStAS: A 202 Bü 817.
1025 HStAS: A 210 II Bü 289.
1026 Ebd.
1027 Kurt *Leipner,* Stuttgart-Daten S. 71.
1028 Polizeigesetze S. 101.
1029 Gustav *Wais,* Alt-Stuttgarts Bauten S. 453.
1030 Karl *Pfaff,* Geschichte der Stadt Stuttgart Bd. II S. 378.
1031 Ebd. S. 379.
1032 Kurt *Leipner,* Stuttgart-Daten S. 80.
1033 Ebd.
1034 HStAS: A 236 Bü 217; Siegfried *Bassler*/ Stefan *Hammer* S. 70.
1035 HStAS: A 249 Bü 2472.
1036 HStAS: A 202 Bü 867.
1037 Karl *Pfaff,* Geschichte der Stadt Stuttgart Bd. II S. 366 (in der Vorlage nur 2883 Morgen).
1038 Johann Jakob *Häßlin* S. 194.
1039 HStAS: A 249 Bü 2949.
1040 Karl *Pfaff,* Geschichte der Stadt Stuttgart Bd. II S. 376.
1041 Siegfried *Bassler*/Stefan *Hammer* S. 70.
1042 HStAS: A 249 Bü 2472.
1043 HStAS: A 249 Bü 2471.
1044 Herzog Karl Eugen und seine Zeit Bd. I S. 343.
1045 Otto *Borst* S. 119.
1046 HStAS: A 405 Bü 6.
1047 HStAS: A 210 II Bü 561.
1048 Julius *Hartmann,* Chronik S. 124 f.
1049 *Volz,* Weinbau S. 110; Karl *Pfaff,* Geschichte der Stadt Stuttgart Bd. II S. 312.
1050 Ebd. und S. 338.
1051 HStAS: A 210 I Bü 279.
1052 Ebd.
1053 Ebd.
1054 HStAS: A 210 II Bü 265.
1055 HStAS: A 210 I Bü 278.
1056 HStAS: A 210 II Bü 401; Karl *Pfaff,* Geschichte der Stadt Stuttgart Bd. II S. 372.
1057 Gustav *Wais,* Alt-Stuttgart S. 56.
1058 HStAS: A 210 II Bü 561.
1059 Ebd.
1060 *Volz* S. 112.
1061 Julius *Hartmann,* Chronik S. 157.
1062 *Volz* S. 159 ff.
1063 Beschreibung des Stadtdirektionsbezirks Stuttgart S. 113.
1064 Karl *Pfaff,* Geschichte der Stadt Stuttgart Bd. II S. 374.
1065 HStAS: A 202 Bü 843.
1066 *Volz* S. 170.
1067 HStAS: A 210 III Bü 73.
1068 Julius *Hartmann,* Chronik S. 177 f. – 1 fl zu wenig gerechnet, Gesamtsumme 13 fl!
1069 Ein Hofrat reist nach Amerika S. 86 ff.
1070 Ebd. S. 82.
1071 Karl *Pfaff,* Geschichte der Stadt Stuttgart Bd. II S. 172.
1072 StAS: Stuttgarter Steuerbuch 1800/01.
1073 Vgl. S. 212.
1074 Gustav *Wais,* Alt-Stuttgarts Bauten S. 203.
1075 Reinhard *Wittmann* S. 326.
1076 Karl *Pfaff,* Geschichte der Stadt Stuttgart Bd. II S. 375.
1077 Ebd. S. 565 (Beilage Nro. 5); Herzog Karl Eugen und seine Zeit Bd. I S. 343.
1078 Jürgen *Hagel,* Stuttgart im Spiegel S. 120; Mensch und Wasser S. 131.
1079 HStAS: A 210 II Bü 162.
1080 Karl *Pfaff,* Geschichte der Stadt Stuttgart Bd. II S. 133.
1081 HStAS: A 210 II Bü 197.
1082 Werner *Fleischhauer,* Der Barock S. 296.
1083 HStAS: A 249 Bü 2468.
1084 HStAS: A 202 Bü 861.
1085 Vgl. S. 79.
1086 Polizeigesetze S. 28.
1087 Karl *Pfaff,* Geschichte der Stadt Stuttgart Bd. II S. 391.
1088 Polizeigesetze S. 110.
1089 Ebd. S. 116 f.
1090 Ebd. S. 122 f.
1091 HStAS: A 210 II Bü 319.
1092 HStAS: A 210 II Bü 214.
1093 HStAS: A 210 II Bü 319.
1094 Julius *Hartmann,* Chronik S. 142.

1095 StAS: Depot A: C VIII 1 Bd. 1.
1096 HStAS: A 236 Bd. 188 fol. 225 r.
1097 HStAS: A 202 Bü 817.
1098 Julius *Klaiber,* Stuttgart vor hundert Jahren S. 29.
1099 HStAS: A 202 Bü 817.
1100 R. *Link,* Die Geschichte des Stuttgarter Schuhmacherhandwerks.
1101 Ebd.; Gustav *Wais,* Alt-Stuttgart S. 126.
1102 Karl *Pfaff,* Geschichte der Stadt Stuttgart Bd. II S. 391.
1103 HStAS: A 202 Bü 816.
1104 HStAS: A 202 Bü 861.
1105 HStAS: A 404 Bü 37.
1106 StAS: Stuttgarter Steuerbuch 1800/01.
1107 HStAS: A 236 Bd. 212 fol. 649 v.
1108 HStAS: A 210 III Bü 172.
1109 HStAS: A 202 Bü 861.
1110 HStAS: A 236 Bd. 224 fol. 338 r.
1111 Werner *Fleischhauer,* Der Barock S. 310.
1112 HStAS: A 236 Bd. 188 fol. 413 r.
1113 Werner *Fleischhauer,* Der Barock S. 316.
1114 HStAS: A 404 Bü 41.
1115 HStAS: A 404 Bü 44.
1116 Seine Möbel sind heute wieder modern.
1117 Gustav *Barth,* Stuttgarter Handel S. 16 f.
1118 HStAS: A 236 Bd. 188 fol. 72 v und 103 r.
1119 HStAS: A 202 Bü 816.
1120 Gustav *Wais,* Die Schillerstadt Stuttgart S. 35 f.
1121 Karl *Pfaff,* Geschichte der Stadt Stuttgart Bd. II S. 133.
1122 Ebd. S. 565.
1123 Max *Bach*/Carl *Lotter* S. 118.
1124 HStAS: A 236 Bd. 217 fol. 169.
1125 HStAS: A 202 Bü 861; Karl *Pfaff,* Geschichte der Stadt Stuttgart Bd. II S. 565.
1126 HStAS: A 249 Bü 2460.
1127 Karl *Pfaff,* Geschichte der Stadt Stuttgart Bd. II S. 391.
1128 HStAS: A 236 Bd. 224 fol. 390 r.
1129 HStAS: A 202 Bü 861.
1130 HStAS: A 404 Bü 35.
1131 HStAS: A 210 II Bü 289.
1132 HStAS: A 210 II Bü 320.
1133 Karl *Pfaff,* Geschichte der Stadt Stuttgart Bd. II S. 386.
1134 Rudolf *Krauß,* Alt-Stuttgarts Jahrmärkte S. 53.
1135 Polizeigesetze S. 117 f.
1136 Karl *Pfaff,* Geschichte der Stadt Stuttgart Bd. II S. 381.
1137 Ebd. S. 380.
1138 Erich *Bader,* Stuttgarter Bergwerks- und Steinbruchbetriebe S. 31 ff.
1139 HStAS: A 210 II Bü 474.
1140 Gustav *Wais,* Alt-Stuttgarts Bauten S. 558 und Alt-Stuttgart S. 176.
1141 Julius *Hartmann,* Chronik S. 179.
1142 Ebd. S. 132; Karl *Pfaff,* Geschichte der Stadt Stuttgart Bd. II S. 390. (Die Angabe von Pfaff, daß der Neubau der Ziegelhütte beim Seegassentor erst nach 1743 erfolgt sei, dürfte nicht zutreffen.)
1143 HStAS: A 202 Bü 861.
1144 Karl *Pfaff,* Geschichte der Stadt Stuttgart Bd. II S. 391.
1145 HStAS: A 202 Bü 813.
1146 Beschreibung des Stadtdirektionsbezirks Stuttgart S. 227.
1147 Herzog Karl Eugen und und seine Zeit Bd. I S. 354.
1148 Beschreibung des Stadtdirektionsbezirks Stuttgart S. 226; Karl *Pfaff,* Geschichte der Stadt Stuttgart Bd. II S. 391.
1149 Beschreibung des Stadtdirektionsbezirks Stuttgart S. 227.
1150 HStAS: A 210 I Bü 259.
1151 Karl *Pfaff,* Geschichte der Stadt Stuttgart Bd. II S. 391 f.; *Giefel,* Die Seidenzucht in Stuttgart und Ludwigsburg.
1152 HStAS: A 282 Bü 1579.
1153 HStAS: A 202 Bü 843 und A 210 II Bü 531.
1154 Karl *Pfaff,* Geschichte der Stadt Stuttgart Bd. II S. 392 und 395; Gustav *Barth* S. 17.
1155 HStAS: A 282 Bü 1579.
1156 HStAS: A 282 Bü 1578.
1157 Karl *Pfaff,* Geschichte der Stadt Stuttgart Bd. II S. 392; Jürgen *Hagel,* Johann Adam Riediger S. 17 f.
1158 HStAS: A 210 II Bü 478.
1159 Karl *Pfaff,* Geschichte der Stadt Stuttgart Bd. II S. 392 f.
1160 Ebd. S. 393.
1161 HStAS: A 282 Bü 1579 und 3246.
1162 Ebd.; A 282 Bü 1581; Karl *Pfaff,* Geschichte der Stadt Stuttgart Bd. II S. 393 f.
1163 Gustav *Barth* S. 17.
1164 Ebd. S. 17 f.; Karl *Pfaff,* Geschichte der Stadt Stuttgart Bd. II S. 394 f.; Herzog Karl Eugen und seine Zeit Bd. I S. 350 ff.; HStAS: A 282 Bü 1581.
1165 HStAS: A 202 Bü 860; Karl *Pfaff,* Geschichte der Stadt Stuttgart Bd. II S. 395.
1166 HStAS: A 210 II Bü 400; Karl *Pfaff,* Geschichte der Stadt Stuttgart Bd. II S. 395.
1167 HStAS: A 210 II Bü 531.
1168 Die Lebensgeschichte Johann Jakob Mosers S. 106 und 111.
1169 Karl *Pfaff,* Geschichte der Stadt Stuttgart Bd. II S. 396.
1170 Robert *Uhland,* Industrie S. 251 f.
1171 Karl *Pfaff,* Geschichte der Stadt Stuttgart Bd. II S. 546.
1172 Gustav *Wais*/Adolf *Diehl,* Die Stuttgarter Stiftskirche S. 97.
1173 Robert *Uhland,* Industrie S. 251 f.
1174 Karl *Pfaff,* Geschichte der Stadt Stuttgart Bd. II S. 546.
1175 Julius *Hartmann,* Chronik S. 203.
1176 Karl *Pfaff,* Geschichte der Stadt Stuttgart Bd. II S. 397.
1177 Paul *Sauer,* Napoleons Adler S. 251 f.
1178 Ebd. S. 252.
1179 Gustav *Barth,* S. 19 ff.
1180 HStAS: A 202 Bü 816.
1181 HStAS: A 202 Bü 817.
1182 HStAS: A 202 Bü 860 und A 236 Bd. 212 fol. 669 r.
1183 HStAS: A 210 II Bü 220.
1184 HStAS: A 210 II Bü 324.
1185 HStAS: A 210 II Bü 454.
1186 HStAS: A 210 III Bü 141.
1187 HStAS: A 210 III Bü 146.
1188 HStAS: A 210 II Bü 366.
1189 Ebd.
1190 HStAS: A 404 L Bü 32.
1191 Ebd.
1192 Ebd.
1193 HStAS: A 261 Bü 1280.
1194 HStAS: A 210 II Bü 298.
1195 HStAS: A 210 II Bü 366.
1196 Ebd.
1197 HStAS: A 210 III Bü 171.
1198 HStAS: A 202 Bü 860; Karl *Pfaff,* Geschichte der Stadt Stuttgart Bd. II S. 400; Gustav *Barth* S. 32 ff. – Die von Pfaff angegebene Gründungszeit »um 1780« trifft wohl kaum zu.
1199 Karl *Pfaff,* Geschichte der Stadt Stuttgart Bd. II S. 77; Jürgen *Hagel,* Johann Adam Riediger S. 17.
1200 Gustav *Barth* S. 31 ff. und 41 ff.
1201 Kurt *Leipner,* Stuttgart-Daten S. 58; Gustav *Wais,* Alt-Stuttgart S. 32 und 127; Gustav *Wais,* Alt-Stuttgarts Bauten S. 679.
1202 Karl *Pfaff,* Geschichte der Stadt Stuttgart Bd. II S. 400 f.
1203 Beschreibung des Stadtdirektionsbezirks Stuttgart S. 237.
1204 Max *Bach*/Karl *Lotter* S. 85.
1205 Polizeigesetze S. 17.
1206 HStAS: A 202 Bü 861.
1207 Karl *Pfaff,* Geschichte der Stadt Stuttgart Bd. II S. 401 f.
1208 HStAS: A 210 II Bü 172; Rudolf *Krauß,* Alt-Stuttgarts Jahrmärkte S. 48 f.
1209 StAS: Bürgermeisterrechnungen 1713/14.
1210 HStAS: A 210 II Bü 239.
1211 HStAS: A 210 II Bü 454.
1212 Hermann *Remppis,* Die württembergischen Intelligenzblätter S. 9.
1213 Rudolf *Krauß,* Alt-Stuttgarts Jahrmärkte S. 49.
1214 Ebd. S. 53–60.
1215 HStAS: A 210 II Bü 372.
1216 Ebd.
1217 HStAS: A 404 L Bü 94.
1218 HStAS: A 210 II Bü 234.
1219 Polizeigesetze S. 17.
1220 Karl *Pfaff,* Geschichte der Stadt Stuttgart Bd. II S. 27; Max *Bach*/Carl *Lotter* S. 87; Gustav *Wais,* Alt-Stuttgarts Bauten S. 471.
1221 Ebd. S. 411.
1222 HStAS: A 202 Bü 817.
1223 HStAS: A 404 L Bü 34.
1224 Roland *Schlegel,* Die Entwicklung der Stuttgarter Buchdruckereien S. 28.
1225 Gustav *Barth* S. 24.
1226 StAS: Depot A: C VIII Bd. 5.
1227 Ebd.
1228 HStAS: A 404 Bü 32.
1229 Polizeigesetze S. 106 f.
1230 Karl *Pfaff,* Geschichte der Stadt Stuttgart Bd. II. S. 407.
1231 HStAS: A 202 Bü 848.
1232 Karl *Pfaff,* Geschichte der Stadt Stuttgart Bd. II S. 411 f.
1233 Polizeigesetze S. 92–96.
1234 Ebd. S. 121 f.
1235 Ebd. S. 67 f.
1236 Ebd. S. 72 f. und 123.
1237 Ebd. S. 98.
1238 HStAS: A 202 Bü 816.
1239 HStAS: A 210 I Bü 278.
1240 Jürgen *Hagel,* Johann Adam Riediger S. 18.
1241 HStAS: A 210 II Bü 536.
1242 Max *Bach*/Carl *Lotter* S. 113.

1243 HStAS: A 210 II Bü 536.
1244 Reinhard *Wittmann* S. 170.
1245 HStAS: A 404 L Bü 28; A 210 II Bü 385; A 404 Bü 13.
1246 HStAS: A 210 II Bü 536.
1247 HStAS: A 210 II Bü 385.
1248 HStAS: A 210 II Bü 479.
1249 HStAS: A 210 II Bü 385.
1250 HStAS: A 210 II Bü 527 und 536.
1251 Gustav *Wais,* Alt-Stuttgarts Bauten S. 569.
1252 Max *Bach*/Carl *Lotter* S. 105 f.
1253 Ebd. S. 113; Gustav *Wais,* Alt-Stuttgarts Bauten S. 570.
1254 Ebd. S. 576.
1255 Max *Bach*/Carl *Lotter* S. 97 und 100.
1256 Ebd. S. 103; Gustav *Wais,* Alt-Stuttgarts Bauten S. 578.
1257 Stuttgart. Dichter sehen eine Stadt S. 86.
1258 Max *Bach*/Carl *Lotter* S. 105.
1259 Johann Jakob *Häßlin* S. 182; Gustav *Wais,* Alt-Stuttgarts Bauten S. 300.
1260 HStAS: A 404 Bü 59.
1261 Max *Bach*/Carl *Lotter* S. 99; Schwäbischer Merkur (1905) Nr. 542 S. 5.
1262 HStAS: A 404 Bü 59.
1263 Ebd.
1264 Schwäbischer Merkur (1905) Nr. 542 S. 5.
1265 HStAS: A 210 II Bü 543.
1266 HStAS: A 210 II Bü 536.
1267 HStAS: A 210 II Bü 543.
1268 HStAS: A 210 II Bü 536.
1269 HStAS: A 210 II Bü 561.
1270 HStAS: A 210 II Bü 521.
1271 Zur Geschichte der Bierbrauerei in Stuttgart; Max *Bach*/Carl *Lotter* S. 95; Gustav *Wais,* Alt-Stuttgarts Bauten S. 573.
1272 HStAS: A 403 Bü 31.
1273 Zur Geschichte der Bierbrauerei in Stuttgart.
1274 Gustav *Wais,* Alt-Stuttgarts Bauten S. 575.
1275 Zur Geschichte der Bierbrauerei in Stuttgart; Paul *Wiedenmann,* Der Stuttgarter Bierstreit Anno 1795; Max *Bach*/Carl *Lotter* S. 95; Walter *Grube,* Der Stuttgarter Landtag S. 465.
1276 Willy *Widmann,* Stuttgart als Kaffeestadt.
1277 HStAS: A 210 II Bü 287; Stuttgarts erste Kaffeehäuser.
1278 HStAS: A 210 II Bü 477.
1279 HStAS: A 210 II Bü 567; Willy *Widmann,* Stuttgart als Kaffeestadt.
1280 Ebd.; Reinhard *Wittmann* S. 87.
1281 Eduard Lempp, Das Stuttgarter Waisenhaus S. 87.
1282 Willy *Widmann,* Stuttgart als Kaffeestadt.
1283 Vgl. S. 346.
1284 Gustav *Wais,* Alt-Stuttgarts Bauten S. 489.
1285 Willy *Widmann,* Stuttgart als Kaffeestadt.
1286 Karl *Pfaff,* Geschichte der Stadt Stuttgart Bd. II S. 401.
1287 HStAS: A 210 II Bü 481.
1288 Lebensgeschichte Johann Jakob Mosers S. 113 f.
1289 Julius *Hartmann,* Chronik S. 62.
1290 Paul *Sauer,* Württembergische Gebäudebrandversicherungsanstalt 1773–1973.
1291 Julius *Hartmann,* Chronik S. 157 und 173; Karl *Pfaff,* Geschichte der Stadt Stuttgart Bd. II S. 143 f.
1292 Polizeigesetze S. 21 f.
1293 Ein Hofrat reist nach Amerika S. 35.
1294 Robert *Uhland,* Industrie S. 253; Beschreibung des Stadtdirektionsbezirks Stuttgart S. 237.
1295 Vgl. S. 184 f.
1296 Max *Rehm,* Königin Katharina von Württemberg S. 36–39.
1297 HStAS: A 210 II Bü 166.
1298 HStAS: A 214 Bü 314 und A 202 Bü 867.
1299 HStAS: A 210 II Bü 314.
1300 HStAS: A 210 II Bü 437.
1301 Ebd.
1302 Christoph *Kolb,* Zur kirchlichen Geschichte Stuttgarts im 18. Jahrhundert S. 65.
1303 HStAS: A 210 II Bü 521.
1304 HStAS: A 202 Bü 849.
1305 Ebd.
1306 Siegfried *Bassler*/Stefan *Hammer* S. 71.
1307 Robert *Uhland,* Geschichte der Hohen Karlsschule S. 40.
1308 Paul *Kärcher* S. 16 f.
1309 HStAS: A 404 Bü 63.
1310 Ebd.
1311 Ebd.
1312 HStAS: A 404 L Bü 12.
1313 HStAS: A 404 L Bü 29.
1314 Polizeigesetze S. 20 f.; Karl *Pfaff,* Geschichte der Stadt Stuttgart Bd. II S. 228.
1315 Polizeigesetze S. 23.
1316 Karl *Pfaff,* Geschichte der Stadt Stuttgart Bd. II S. 228 ff.
1317 HStAS: A 249 Bü 2479.
1318 HStAS: A 210 II Bü 460; Karl *Pfaff,* Geschichte der Stadt Stuttgart Bd. II S. 453 f.
1319 Christoph *Kolb,* Zur kirchlichen Geschichte Stuttgarts S. 38 f.
1320 Ebd. S. 36.
1321 HStAS: A 202 Bü 818.
1322 HStAS: A 249 Bü 2479.
1323 Ebd.
1324 Karl *Pfaff,* Geschichte der Stadt Stuttgart Bd. II S. 456 f.; Adolf *Seible,* Die Armenpolitik der Stadt Stuttgart S. 32 f.
1325 HStAS: A 210 III Bü 154.
1326 HStAS: A 249 Bü 2479.
1327 HStAS: A 404 L Bü 38.
1328 Christoph *Kolb,* Zur kirchlichen Geschichte Stuttgarts S. 50.
1329 HStAS: A 249 Bü 2479.
1330 Vgl. S. 202–209.
1331 HStAS: A 210 III Bü 176.
1332 Ebd.
1333 HStAS: A 249 Bü 2479.
1334 Karl *Pfaff,* Geschichte der Stadt Stuttgart Bd. II S. 458.
1335 HStAS: A 249 Bü 2479.
1336 Ebd.
1337 Karl *Pfaff,* Geschichte der Stadt Stuttgart Bd. II S. 458 f.
1338 StAS: Almosenverzeichnis 1800.
1339 Polizeigesetze S. 7–11.
1340 Kurt *Leipner,* Stuttgart-Daten S. 58.
1341 Ebd. S. 67 ff.
1342 StAS: Depot A: C VIII 1. Bd. 1.
1343 Schwäbische Chronik 1801 S. 127, 155, 161 f.; Karl *Pfaff,* Geschichte der Stadt Stuttgart Bd. II S. 458 ff.
1344 Paul *Nägele,* Bürgerbuch 2. Bd. S. 130 f.
1345 HStAS: A 404 L Bü 38.
1346 HStAS: A 282 Bü 1175.
1347 HStAS: A 404 L Bü 38.
1348 Karl *Pfaff,* Geschichte der Stadt Stuttgart Bd. II S. 463 ff.; Gustav *Wais,* Alt-Stuttgart S. 260; Adolf *Seible* S. 35 ff. StAS: Nachlaß Tobias Lotter (Leichenpredigt); Stuttgarter Armenanstalt, Rechenschaftsbericht 1806.
1349 G. *Cless* und G. *Schübler* S. 171.
1350 Ebd. S. 178 ff.
1351 Ebd. S. 188.
1352 Ebd.
1353 Julius *Hartmann,* Chronik S. 78.
1354 Max *Rehm,* Königin Katharina von Württemberg S. 26–31.
1355 Karl *Pfaff,* Geschichte der Stadt Stuttgart Bd. II S. 464 f.; Adolf *Seible* S. 39–50.
1356 Karl *Pfaff,* Geschichte der Stadt Stuttgart Bd. II S. 179.
1357 Christoph *Kolb,* Zur kirchlichen Geschichte Stuttgarts S. 51 ff.
1358 Ebd. S. 56.
1359 Ebd. S. 52.
1360 Ebd. S. 60.
1361 Karl *Pfaff,* Geschichte der Stadt Stuttgart Bd. II S. 423.
1362 Christoph *Kolb,* Zur kirchlichen Geschichte Stuttgarts S. 53; Blätter für Württ. Kirchengeschichte 1907 S. 177.
1363 HStAS: A 202 Bü 824.
1364 Christoph *Kolb,* Zur kirchlichen Geschichte Stuttgarts S. 55.
1365 HStAS: A 210 II Bü 134; Blätter für Württ. Kirchengeschichte 1907 S. 179.
1366 HStAS: A 210 II Bü 549.
1367 HStAS: A 210 II Bü 551.
1368 HStAS: A 210 II Bü 134; Blätter für Württ. Kirchengeschichte 1907 S. 179.
1369 HStAS: A 210 II Bü 303.
1370 Blätter für Württ. Kirchengeschichte 1907 S. 174 f.; Christoph *Kolb,* Zur kirchlichen Geschichte Stuttgarts S. 55.
1371 HStAS: A 210 II Bü 346; Christoph *Kolb,* Zur kirchlichen Geschichte Stuttgarts S. 54 f.
1372 HStAS: A 249 Bü 2438; Julius *Hartmann,* Chronik der Hospitalkirche S. 23; Christoph *Kolb,* Zur kirchlichen Geschichte Stuttgarts S. 53 f.; Julius *Hartmann,* Chronik S. 144.
1373 HStAS: A 404 Bü 60; Das Königreich Württemberg Bd. I S. 405, 409, 443 und 472.
1374 Karl *Pfaff,* Geschichte der Stadt Stuttgart Bd. II S. 420 und 543; Gustav *Wais,* Alt-Stuttgarts Bauten S. 78 f.
1375 *Hartmann*/*Kolb,* Geschichte der Stiftskirche S. 24.
1376 Ebd. S. 26; Karl *Pfaff,* Geschichte der Stadt Stuttgart Bd. II S. 424 ff.; Julius *Hartmann,* Chronik S. 199.
1377 Ebd. S. 203; Max *Bach*/Carl *Lotter* S. 67.
1378 Gustav *Wais,* Alt-Stuttgarts Bauten S. 73.
1379 August *Bopp,* Stiftsmusik S. 235.
1380 Evangelisches Gemeindeblatt für Württemberg 3. September 1989 (Hermann *Knapp*); Württembergische Kirchengeschichte S. 486, 488 und 508.
1381 Christoph *Kolb,* Zur kirchlichen Geschichte Stuttgarts S. 79 ff.
1382 Geschichte der Stadt Stuttgart (1905) S. 29.
1383 Württembergische Kirchengeschichte S. 489; Gustav *Wais,* Samuel Urlspergers Entlassung S. 4–27.

1384 Württembergische Kirchengeschichte S. 496.
1385 Christoph *Kolb,* Zur kirchlichen Geschichte Stuttgarts S. 74 und 81 f.
1386 Ebd. S. 83; Württembergische Kirchengeschichte S. 500.
1387 Christoph *Kolb,* Zur kirchlichen Geschichte Stuttgarts S. 84 f.
1388 Reinhard *Wittmann* S. 254.
1389 Julius *Klaiber,* Stuttgart vor 100 Jahren S. 15.
1390 HStAS: A 405 Bü 6.
1391 *Hartmann/Kolb,* Geschichte der Stiftskirche S. 24 f.
1392 Ebd. S. 25; Christoph *Kolb,* Zur kirchlichen Geschichte Stuttgarts S. 145 ff.; Karl *Pfaff,* Geschichte der Stadt Stuttgart Bd. II S. 419 und 426; Julius *Klaiber,* Stuttgart vor 100 Jahren S. 14.
1393 Christoph *Kolb,* Zur kirchlichen Geschichte Stuttgarts S. 153.
1394 Ebd. (1899) S. 34 f.
1395 Ebd. (1899) S. 36 ff.
1396 *Hartmann/Kolb,* Geschichte der Stiftskirche S. 25.
1397 Christoph *Kolb,* Zur kirchlichen Geschichte Stuttgarts (1898) S. 161.
1398 Ebd. (1898) S. 162 f.
1399 Ebd. (1898) S. 149.
1400 HStAS: A 404 Bü 54.
1401 Christoph *Kolb,* Zur kirchlichen Geschichte Stuttgarts (1899) S. 39.
1402 Karl *Pfaff,* Geschichte der Stadt Stuttgart Bd. II S. 423.
1403 *Hartmann/Kolb,* Geschichte der Stiftskirche S. 25; Christoph *Kolb,* Zur kirchlichen Geschichte Stuttgarts (1899) S. 43 ff.
1404 Ebd. (1899) S. 46 f.
1405 Ebd. (1899) S. 169.
1406 Ebd. (1899) S. 47 f.
1407 HStAS: A 210 II Bü 167.
1408 Christoph *Kolb,* Zur kirchlichen Geschichte Stuttgarts S. 151.
1409 Karl *Pfaff,* Geschichte der Stadt Stuttgart Bd. II S. 423 f. und 426 f.
1410 August *Bopp,* Stiftsmusik S. 230–236.
1411 HStAS: A 404 Bü 2.
1412 Karl *Pfaff,* Geschichte der Stadt Stuttgart Bd. II S. 226.
1413 HStAS: A 210 II Bü 503; A 404 Bü 56 und 58; Christoph *Kolb,* Zur kirchlichen Geschichte Stuttgarts S. 163 ff.
1414 HStAS: A 404 Bü 56 und 58.
1415 HStAS: A 210 II Bü 503.
1416 Christoph *Kolb,* Zur kirchlichen Geschichte Stuttgarts (1899) S. 161.
1417 HStAS: A 404 L Bü 29.
1418 Polizeigesetze S. 124 f.
1419 Christoph *Kolb,* Zur kirchlichen Geschichte Stuttgarts (1899) S. 162.
1420 Ebd.
1421 HStAS: A 210 II Bü 360.
1422 Christoph *Kolb,* Zur kirchlichen Geschichte Stuttgarts S. 170.
1423 HStAS: A 404 Bü 56.
1424 Blätter für Württ. Kirchengeschichte 1907 S. 175 f.
1425 HStAS: A 210 II Bü 506.
1426 HStAS: A 404 Bü 56; Christoph *Kolb,* Zur kirchlichen Geschichte Stuttgarts (1898) S. 161.
1427 Ebd. S. 159.
1428 Otto *Borst* S. 136.
1429 Christoph *Kolb,* Zur kirchlichen Geschichte Stuttgarts (1899) S. 164 f. und 169.
1430 Ebd. S. 165.
1431 Ebd. S. 160 f.
1432 G. *Cless* und G. *Schübler* S. 44 f.
1433 Karl *Pfaff,* Geschichte der Stadt Stuttgart Bd. II S. 427 f.
1434 Ebd. S. 428.
1435 Ebd. S. 80.
1436 HStAS: A 202 Bü 816.
1437 HStAS: A 202 Bü 817.
1438 HStAS: A 202 Bü 831.
1439 Julius *Hartmann,* Chronik der Hospitalkirche S. 23 und 33; Karl *Pfaff,* Geschichte der Stadt Stuttgart Bd. II S. 80 f.
1440 Julius *Hartmann,* Chronik der Hospitalkirche S. 14.
1441 Christoph *Kolb,* Die Anfänge des Pietismus S. 107.
1442 Ebd. S. 108–117.
1443 HStAS: A 404 Bü 49.
1444 Christoph *Kolb,* Die Anfänge des Pietismus S. 107–124; Gustav *Lang,* Geschichte der Stuttgarter Gelehrtenschule S. 200; Reinhard *Wittmann* S. 103 f.
1445 HStAS: A 404 Bü 49.
1446 Ebd.
1447 Christoph *Kolb,* Die Anfänge des Pietismus S. 124.
1448 HStAS: A 404 Bü 49.
1449 Ebd.
1450 Ebd.
1451 Ebd.
1452 Wilhelm *Gußmann,* August Hermann Francke in Stuttgart S. 110–119; *Hartmann/Kolb,* Geschichte der Stiftskirche S. 21.
1453 Gustav *Wais,* Die St. Leonhards- und Hospitalkirche S. 16 f.
1454 Christoph *Kolb,* Zur kirchlichen Geschichte Stuttgarts S. 168 f.
1455 Lebensgeschichte Johann Jakob Mosers S. 63.
1456 Christoph *Kolb,* Die Anfänge des Pietismus S. 2.
1457 HStAS: A 210 III Bü 91.
1458 HStAS: A 404 Bü 51.
1459 HStAS: A 210 II Bü 422.
1460 HStAS: A 210 II Bü 444.
1461 HStAS: A 210 II Bü 423.
1462 HStAS: A 404 Bü 51.
1463 HStAS: A 202 Bü 1579; Th. *Hoch,* Aus der zweihundertjährigen Geschichte der Reformierten Gemeinde in Stuttgart S. 273 ff.; Carl Hermann *Klaiber,* Urkundliche Geschichte der Reformierten Gemeinde S. 24 f.
1464 Julius *Rauscher,* Die Hugenotten in Stuttgart.
1465 HStAS: A 210 II Bü 182.
1466 HStAS: A 404 Bü 50.
1467 Carl Hermann *Klaiber* S. 30 und 39; Julius *Rauscher,* Die Hugenotten in Stuttgart.
1468 HStAS: A 404 Bü 4; Carl Hermann Klaiber S. 31.
1469 Ebd. S. 31–35; Th. *Hoch* S. 275.
1470 Ebd. S. 276 f.; Julius *Rauscher,* Die Hugenotten in Stuttgart; Carl Hermann *Klaiber* S. 35–54.
1471 HStAS: A 210 II Bü 144; Carl Hermann *Klaiber* S. 55–72.
1472 Ebd. S. 72 f.; HStAS: A 210 III Bü 145.
1473 HStAS: A 210 III Bü 145.
1474 Ebd.
1475 HStAS: A 210 II Bü 478.
1476 HStAS: A 210 III Bü 144 – Die herzogliche Entscheidung ist nicht bei den Akten.
1477 HStAS: A 210 III Bü 145.
1478 HStAS: A 404 Bü 21.
1479 HStAS: A 404 Bü 50.
1480 HStAS: A 210 III Bü 172.
1481 Carl Hermann *Klaiber* S. 78–82.
1482 Ebd. S. 82–94; HStAS: A 210 III Bü 174.
1483 HStAS: A 404 Bü 53.
1484 Carl Hermann *Klaiber* S. 95–103.
1485 Ebd. S. 190–194 und 238–251; Th. *Hoch* S. 278 f.
1486 HStAS: A 202 Bü 856.
1487 HStAS: A 404 L Bü 19.
1488 Ebd.
1489 Paul *Kärcher* S. 19; Siegfried *Bassler*/Stefan *Hammer* S. 171.
1490 HStAS: A 404 L Bü 19.
1491 Ebd.
1492 Ebd.
1493 Ebd.
1494 HStAS: A 404 L Bü 20.
1495 HStAS: A 403 Bü 31.
1496 HStAS: A 404 L Bü 20.
1497 Hermann *Tüchle,* Herzog Carl Alexander; Gustav *Wais,* Alt-Stuttgarts Bauten S. 73; Tagebuch der Gräfin Franziska von Hohenheim S. 487.
1498 HStAS: A 404 L Bü 20.
1499 Ebd.
1500 Ebd.
1501 Ebd.
1502 Ebd.
1503 Ebd.
1504 Karl *Pfaff,* Geschichte der Stadt Stuttgart Bd. II S. 431; Herzog Karl Eugen und seine Zeit 1. Bd. S. 375 f.; *Brinzinger,* Die ehemalige herzogliche Hofkapelle S. 23.
1505 ADB Bd. 32 S. 103–108; Stuttgart. Dichter sehen eine Stadt S. 64.
1506 HStAS: A 210 III Bü 181.
1507 HStAS: A 404 L Bü 20.
1508 HStAS: A 404 Bü 24.
1509 Julius *Hartmann,* Chronik S. 198.
1510 Ebd.; Gustav *Wais,* Alt-Stuttgarts Bauten S. 79.
1511 Ebd. S. 80; Karl *Pfaff,* Geschichte der Stadt Stuttgart Bd. II S. 89.
1512 *Brinzinger,* Die Einweihung der St. Eberhardskirche zu Stuttgart S. 36 f.
1513 *Brinzinger,* Die Gründung der St. Eberhardsstadtpfarrei zu Stuttgart S. 24.
1514 Emil *Maier,* Geschichte der Volksschule S. 13.
1515 *Schmid,* Das Volksschulwesen in Stuttgart S. 118.
1516 Emil *Maier* S. 10 und 15.
1517 *Schmid,* Das Volksschulwesen in Stuttgart S. 118.
1518 Ebd. S. 113–117.
1519 HStAS: A 282 Bü 2949.
1520 *Schmid,* Das Volksschulwesen in Stuttgart S. 115 ff.
1521 Ebd. S. 118 f.
1522 Ebd. S. 119.
1523 HStAS: A 404 Bü 65.
1524 HStAS: A 282 Bü 2952.
1525 HStAS: A 282 Bü 2951; *Schmid,* Das Volksschulwesen in Stuttgart S. 113.
1526 HStAS: A 404 Bü 65.
1527 *Schmid,* Das Volksschulwesen in Stuttgart S. 119 ff.

1528 Ebd. S. 121.
1529 HStAS: A 282 Bü 2952.
1530 *Schmid,* Das Volksschulwesen in Stuttgart S. 123.
1531 Ebd. S. 124.
1532 HStAS: A 404 Bü 56.
1533 *Schmid,* Das Volksschulwesen in Stuttgart S. 124 f.
1534 Ebd. S. 125.
1535 Ebd. S. 125 f.
1536 Ebd. S. 126; HStAS: A 282 Bü 2797.
1537 HStAS: A 282 Bü 2794; Karl *Pfaff,* Geschichte der Stadt Stuttgart Bd. II S. 126.
1538 *Schmid,* Das Volksschulwesen in Stuttgart S. 126.
1539 Ebd. S. 126 f.
1540 Ebd. S. 127 ff.
1541 HStAS: A 282 Bü 2955.
1542 HStAS: A 404 L Bü 38.
1543 Emil *Maier* S. 22 f.
1544 Ebd. S. 24; *Schmid,* Das Volksschulwesen in Stuttgart S. 129 ff.
1545 Ebd. S. 132 f.
1546 Ebd. S. 133 ff.
1547 Emil *Maier* S. 24 f.
1548 G. *Cless* und G. *Schübler* S. 46.
1549 Kurt *Leipner,* Stuttgart-Daten S. 79.
1550 Emil *Maier* S. 32.
1551 Gustav *Lang,* Geschichte der Stuttgarter Gelehrtenschule S. 190–198.
1552 Ebd. S. 203 f.
1553 HStAS: A 210 II Bü 379; Geschichte der Stadt Stuttgart (1905) S. 37.
1554 Gustav *Lang,* Geschichte der Stuttgarter Gelehrtenschule S. 206.
1555 HStAS: A 210 III Bü 110; Gustav *Lang,* Geschichte der Stuttgarter Gelehrtenschule S. 141, 271 und 273.
1556 HStAS: A 202 Bü 834.
1557 Gustav *Lang,* Geschichte der Stuttgarter Gelehrtenschule S. 197 f.
1558 Ebd. S. 203.
1559 Ebd. S. 204.
1560 Ebd. S. 223 f.
1561 Ebd. S. 247.
1562 HStAS: A 282 Bü 1085.
1563 Gustav *Lang,* Geschichte der Stuttgarter Gelehrtenschule S. 203.
1564 Ebd. S. 223.
1565 Ebd. S. 135.
1566 HStAS: A 404 Bü 6.
1567 HStAS: A 202 Bü 833.
1568 Gustav *Lang,* Geschichte der Stuttgarter Gelehrtenschule S. 221; Friedrich *Nicolai* S. 165.
1569 Gustav *Lang,* Geschichte der Stuttgarter Gelehrtenschule S. 228 ff. und 340.
1570 Ebd. S. 258.
1571 Friedrich *Nicolai* S. 184.
1572 Gustav *Lang,* Geschichte der Stuttgarter Gelehrtenschule S. 254.
1573 Ebd. S. 264.
1574 Ebd. S. 272 ff.; Johann Jakob *Häßlin* S. 53; HStAS: A 403 Bü 54.
1575 HStAS: A 282 Bü 1093.
1576 Friedhelm *Nicolin,* Von Stuttgart nach Berlin. Die Lebensstationen Hegels S. 5 ff.
1577 Gustav *Lang,* Geschichte der Stuttgarter Gelehrtenschule S. 284.
1578 Ebd. S. 284–308; Robert *Uhland,* Geschichte der Hohen Karlsschule S. 270 f.; HStAS: A 282 Bü 1095/1 (Nachricht von der in dem Stuttgarter Gymnasium neu eingerichteten höheren Lehranstalt...).
1579 Gustav *Lang,* Geschichte der Stuttgarter Gelehrtenschule S. 276 und 343 f.
1580 HStAS: A 282 Bü 1087 und A 405 Bü 6.
1581 HStAS: A 282 Bü 1087; Gustav *Lang,* Geschichte der Stuttgarter Gelehrtenschule S. 344 ff.
1582 Ebd. S. 339.
1583 Robert von *Mohl,* Lebenserinnerungen Bd. I S. 73 ff.
1584 Robert *Uhland,* Geschichte der Hohen Karlsschule S. 270 f.; Harald *Görlich,* Die Handelsschulen in Stuttgart S. 26 und 41.
1585 Gustav *Lang,* Geschichte der Stuttgarter Gelehrtenschule S. 313 ff.
1586 Karl *Pfaff,* Geschichte der Stadt Stuttgart Bd. II S. 487; Julius *Hartmann,* Chronik S. 187 und 218. Beschreibung des Stadtdirektionsbezirks Stuttgart S. 381.
1587 HStAS: A 210 II Bü 292.
1588 Vgl. S. 66.
1589 Herzog Karl Eugen und seine Zeit Bd. II S. 115 ff.
1590 Ebd. S. 116–121.
1591 Ebd. S. 122 ff.
1592 Robert *Uhland,* Geschichte der Hohen Karlsschule S. 91.
1593 Herzog Karl Eugen und seine Zeit Bd. II S. 117.
1594 Ebd. S. 118; Robert *Uhland* (Geschichte der Hohen Karlsschule S. 255) nennt dagegen 1790 als Jahr der endgültigen Auflösung.
1595 Karl *Pfaff,* Geschichte der Stadt Stuttgart Bd. II S. 498 f.
1596 Ebd. S. 499 f.
1597 HStAS: A 202 Bü 1029.
1598 Karl *Pfaff,* Geschichte der Stadt Stuttgart Bd. II S. 500.
1599 Ebd. S. 500 f.
1600 Ebd. S. 501; Julius *Hartmann,* Chronik S. 204.
1601 G. *Cless* und G. *Schübler* S. 47.
1602 Karl *Pfaff,* Geschichte der Stadt Stuttgart Bd. II S. 501 ff.; Max *Rehm* S. 31 f.
1603 Gustav *Wais,* Alt-Stuttgarts Bauten S. 273.
1604 Robert *Uhland,* Geschichte der Hohen Karlsschule S. 54–57; Franz Quarthal, Die Hohe Carlsschule S. 41.
1605 Ebd.
1606 Robert *Uhland,* Geschichte der Hohen Karlsschule S. 104 f.
1607 Franz *Quarthal* S. 42.
1608 Robert *Uhland,* Geschichte der Hohen Karlsschule S. 129 und 138.
1609 Ebd. S. 137 f.; Gustav *Wais,* Die Schillerstadt Stuttgart S. 19.
1610 Robert *Uhland,* Geschichte der Hohen Karlsschule S. 140–148.
1611 Ebd. S. 162 und 176.
1612 Franz *Quarthal* S. 42 und 44; Harald *Görlich* S. 22 ff.
1613 Franz *Quarthal* S. 44.
1614 Friedrich *Nicolai* S. 177 ff.
1615 Robert *Uhland,* Geschichte der Hohen Karlsschule S. 94.
1616 Ebd. S. 103.
1617 Ebd. S. 179.
1618 Ebd. S. 127 und 176; Gustav *Wais,* Die Schillerstadt Stuttgart S. 22.
1619 Robert *Uhland,* Geschichte der Hohen Karlsschule S. 130, 132, 136 und 224.
1620 Herzog Karl Eugen und seine Zeit Bd. II S. 47 f.
1621 Robert *Uhland,* Geschichte der Hohen Karlsschule S. 190 ff.; Gustav *Wais,* Die Schillerstadt Stuttgart S. 22.
1622 Robert *Uhland,* Geschichte der Hohen Karlsschule S. 192 f.
1623 Ebd. S. 198; Hegel-Katalog 1970 S. 17.
1624 Robert *Uhland,* Geschichte der Hohen Karlsschule S. 197; Gustav *Wais,* Die Schillerstadt Stuttgart S. 30.
1625 Hegel-Katalog 1970 S. 16 f.
1626 Robert *Uhland,* Geschichte der Hohen Karlsschule S. 205 f. und 210.
1627 Ebd. S. 207 (in der Vorlage versehentlich 356 statt 355).
1628 Ebd. S. 208 f.
1629 Ebd. S. 246.
1630 Franz *Quarthal* S. 44 f.
1631 Robert *Uhland,* Geschichte der Hohen Karlsschule S. 246.
1632 Ebd. S. 256.
1633 Hegel-Katalog 1970 S. 27.
1634 Robert *Uhland,* Geschichte der Hohen Karlsschule S. 244.
1635 Robert von *Mohl,* Lebenserinnerungen Bd. I S. 18.
1636 Vgl. S. 36 f.
1637 Robert *Uhland,* Geschichte der Hohen Karlsschule S. 249.
1638 Ebd. S. 257.
1639 Gustav *Wais,* Die Schillerstadt Stuttgart S. 53.
1640 Ebd. S. 57; Reinhard *Wittmann* S. 262.
1641 Robert *Uhland,* Geschichte der Hohen Carlsschule S. 259–265; Gustav *Wais,* Die Schillerstadt Stuttgart S. 57.
1642 Franz *Quarthal* S. 48.
1643 Gustav *Wais,* Die Schillerstadt Stuttgart S. 68.
1644 Ebd. S. 63 f.; Robert *Uhland,* Geschichte der Hohen Karlsschule S. 266–269.
1645 Gustav *Wais,* Alt-Stuttgarts Bauten S. 340.
1646 Eduard *Lempp,* Geschichte des Stuttgarter Waisenhauses S. 7–10.
1647 Ebd. S. 11 ff.
1648 Ebd. S. 14–18.
1649 Karl *Pfaff,* Geschichte der Stadt Stuttgart Bd. II S. 448.
1650 Eduard *Lempp* S. 18 ff.
1651 Ebd. S. 23 ff.
1652 Ebd. S. 26–29.
1653 Ebd. S. 29 f.
1654 Ebd. S. 31 f.
1655 Ebd. S. 32–40 und 43.
1656 Ebd. S. 40–47.
1657 Ebd. S. 48.
1658 Ebd. S. 48–55.
1659 Ebd. S. 55 f.
1660 Ebd. S. 53 f.
1661 Ebd. S. 57–62.
1662 Ebd. S. 62 ff.
1663 Ebd. S. 46 und 65–68.
1664 Vgl. S. 296 f.
1665 Eduard Lempp S. 72–87; Karl *Riecke,* Meine Voreltern S. 57 ff.
1666 Ebd. S. 60–65; Eduard *Lempp* S. 87–91.
1667 Ebd. S. 91–96.
1668 Ebd. S. 38 f.; Rudolf *Krauß,* Das Stuttgarter

Hoftheater S. 134 f.; Karl *Pfaff*, Geschichte der Stadt Stuttgart Bd. II S. 452.
1669 Eduard *Lempp* S. 97.
1670 HStAS: A 210 II Bü 475.
1671 Karl *Pfaff*, Geschichte der Stadt Stuttgart Bd. II S. 506.
1672 Ebd. S. 505.
1673 Ebd. S. 506; Harald *Görlich* (Die Handelsschule S. 36 und S. 159) bezweifelt, daß diese Anstalt errichtet worden ist. Nach *Pfaff* kann es aber darüber kaum einen Zweifel geben.
1674 Kurt *Leipner*, Stuttgart-Daten S. 79.
1675 Vgl. S. 64.
1676 ADB Bd. 22 S. 372–382 (Hermann Schulze); Karl Siegfried *Bader*, Johann Jakob Moser S. 92–121.
1677 ADB D. 30 S. 409 f. (Eugen *Schneider*).
1678 ADB Bd. 2 S. 634 f.
1679 Robert *Uhland*, Geschichte der Hohen Karlsschule S. 335 f.
1680 Ebd. S. 231 und 351 f.
1681 Ebd. S. 322 und 354 ff.; ADB Bd. 29 S. 159 ff.
1682 Robert *Uhland*, Geschichte der Hohen Karlsschule S. 333.
1683 Ebd. S. 94 f.; ADB Bd. 1 S. 12 f.
1684 Hegel-Katalog 1970 S. 18.
1685 Robert *Uhland*, Geschichte der Hohen Karlsschule S. 56, 118 und 148; Gustav *Wais*, Alt-Stuttgart S. 236.
1686 Hermann *Haering*, Ludwig Timotheus Spittler S. 514–538; Gustav *Wais*, Alt-Stuttgarts Bauten S. 399.
1687 Karl *Pfaff*, Geschichte der Stadt Stuttgart Bd. II S. 519.
1688 Neues Tagblatt 1904 Nr. 103 S. 1; Gustav *Wais*, Alt-Stuttgarts Bauten S. 480.
1689 ADB Bd. 10 S. 102 ff.; P. *Faerber* S. 25 f.; Hans Andreas *Klaiber* S. 37 f.
1690 ADB Bd. 10 S. 607; P. *Faerber* S. 26.
1691 *Thieme-Becker*, Künstlerlexikon Bd. XVI S. 259 ff.
1692 ADB Bd. 11 S. 299 f.; *Thieme-Becker* Bd. XVI S. 259.
1693 ADB Bd. 11 S. 299 f.; *Thieme-Becker* Bd. XVI S. 259.
1694 ADB Bd. 40 S. 431–434; August *Wintterlin* S. 142–171.
1695 ADB Bd. 33 S. 576 ff.
1696 ADB Bd. 31 S. 161–166; August *Wintterlin* S. 203–221.
1697 ADB Bd. 36 S. 256 ff.; August *Wintterlin* S. 257–262.
1698 ADB Bd. 4 S. 741–744; August *Wintterlin* S. 97–121.
1699 ADB Bd. 30 S. 672–676; August *Wintterlin* S. 57–89.
1700 ADB Bd. 22 S. 610–615; Berthold *Pfeiffer*, Die Kupferstecher Johann Gotthart Müller und Friedrich Müller S. 162–178 und 257–267.
1701 Robert *Uhland*, Geschichte der Hohen Karlsschule S. 170.
1702 Berthold *Pfeiffer* S. 261.
1703 Ebd. S. 267–280; ADB Bd. 22 S. 615 f.
1704 August *Wintterlin* S. 232–241.
1705 *Thieme-Becker* Bd. XXX S. 117; Karl *Pfaff*, Geschichte der Stadt Stuttgart Bd. II S. 518.
1706 Ebd.; Paul *Sauer*, Der schwäbische Zar S. 363 f.
1707 ADB Bd. 7 S. 81; August *Wintterlin* S. 29–32; Oskar *Widmann*, Reinhard Ferdinand Heinrich Fischer; Paul *Sauer*, Das Werden einer Großstadt S. 13.
1708 ADB Bd. 38 S. 121 ff.; August *Wintterlin* S. 172–178.
1709 Wolfgang *Wiese*, Johannes Klinckerfuß.
1710 Werner *Fleischhauer*, Die Geschichte der Kunstkammer S. 102 ff.
1711 Ebd. S. 111–120; Karl *Pfaff*, Geschichte der Stadt Stuttgart Bd. II S. 513.
1712 Ebd.
1713 Vgl. S. 69.
1714 Werner *Fleischhauer*, Die Geschichte der Kunstkammer S. 141.
1715 Karl *Pfaff*, Geschichte der Stadt Stuttgart Bd. II S. 513 f.; Gustav *Wais*, Alt-Stuttgarts Bauten S. 549.
1716 Karl *Pfaff*, Geschichte der Stadt Stuttgart Bd. II S. 523 f.; Johann Jakob *Häßlin* S. 124.
1717 ADB Bd. 3 S. 87–90; Gustav *Wais*, Alt-Stuttgart S. 139 f.
1718 Rudolf *Krauß*, Zur Geschichte des Schauspiels S. 382.
1719 Ebd. S. 379.
1720 Rudolf *Krauß*, Das Stuttgarter Hoftheater S. 21.
1721 Ebd. S. 82.
1722 Rudolf *Krauß*, Alt-Stuttgarts Jahrmärkte und Messen S. 57–60.
1723 Rudolf *Krauß*, Das Stuttgarter Hoftheater S. 41.
1724 Rudolf *Krauß*, Alt-Stuttgarts Jahrmärkte und Messen S. 57 f.
1725 HStAS: A 404 Bü 43; Gustav *Wais*, Alt-Stuttgarts Bauten S. 337.
1726 Stuttgart. Dichter sehen eine Stadt S. 49.
1727 Rudolf *Krauß*, Das Stuttgarter Hoftheater S. 94.
1728 Ebd. S. 88 und 98 ff.
1729 Ebd. S. 101–105; Bernhard *Zeller*, Rapp und Stuttgart S. 291.
1730 StAS: Bericht über eine Reise nach Stuttgart.
1731 Rudolf *Krauß*, Das Stuttgarter Hoftheater S. 105 ff.
1732 Ebd. S. 107–110.
1733 Ebd. S. 116 f.; Karl *Pfaff*, Geschichte der Stadt Stuttgart Bd. II S. 152 f.
1734 Gustav *Wais*, Alt-Stuttgarts Bauten S. 338; Rudolf *Krauß*, Das Stuttgarter Hoftheater S. 119.
1735 Ebd. S. 113 f.; Gustav *Wais*, Alt-Stuttgarts Bauten S. 339 f.
1736 Ebd. S. 322; P. *Faerber* S. 244; Rudolf *Krauß* Das Stuttgarter Hoftheater S. 120 f.
1737 Ebd. S. 110–115 und 122.
1738 Polizeigesetze S. 65.
1739 Rudolf *Krauß*, Das Stuttgarter Hoftheater S. 122.
1740 Ebd. S. 116–119.
1741 Schwäbischer Merkur 1907 Nr. 233 S. 5.
1742 Rudolf *Krauß*, Das Stuttgarter Hoftheater S. 123 f. und 158 f.
1743 Ebd. S. 125–129.
1744 Ebd. S. 133 ff.
1745 Ebd. S. 136–149; P. *Rosenwall*, Malerische Ansichten S. 276 f.
1746 G. *Cless* und G. *Schübler* S. 44.
1747 Rudolf *Krauß*, Das Stuttgarter Hoftheater S. 150–157.
1748 Karl *Pfaff*, Geschichte der Stadt Stuttgart Bd. II S. 153 f.
1749 Geschichte Württembergs in Bildern S. 211; Friedrich *Nicolai* S. 147.
1750 Robert *Uhland*, Geschichte der Hohen Karlsschule S. 173
1751 Johann Jakob *Häßlin* S. 152.
1752 Rudolf *Krauß*, Das Stuttgarter Hoftheater S. 138; Schwäbischer Merkur 1936 Nr. 297 S. 9 f.; Stuttgart. Dichter sehen eine Stadt S. 85.
1753 Lebensgeschichte Johann Jakob Mosers S. 115 f.
1754 Karl *Pfaff*, Geschichte der Stadt Stuttgart Bd. II S. 508–511.
1755 Friedrich *Nicolai* S. 175 ff.
1756 HStAS: A 249 Bü 2436.
1757 Gustav *Wais*, Alt-Stuttgarts Bauten S. 547.
1758 Karl *Pfaff*, Geschichte der Stadt Stuttgart Bd. II S. 157.
1759 G. *Cless* und G. *Schübler* S. 48.
1760 Karl *Pfaff*, Geschichte der Stadt Stuttgart Bd. II S. 523.
1761 Ebd. S. 511.
1762 Reinhard *Wittmann* S. 173.
1763 Ebd. S. 231.
1764 Ebd. S. 191.
1765 Geschichte der Stadt Stuttgart (1905) S. 37.
1766 Rudolf *Krauß*, Schwäbische Literaturgeschichte Bd. I S. 138 f. und 178 f.
1767 Ebd. S. 147 f.; ADB Bd. 8 S. 557.
1768 Ebd. S. 151 f.; Hegel-Katalog 1970 S. 46 f.
1769 Rudolf *Krauß*, Schwäbische Literaturgeschichte Bd. I S. 229 f.; Julius *Hartmann*, Chronik S. 166; Karl *Stempfle*, Geschichte der Freimaurerloge zu den 3 Cedern S. 10–24.
1770 Robert *Uhland*, Geschichte der Hohen Karlsschule S. 160–163.
1771 Rudolf *Krauß*, Schwäbische Literaturgeschichte Bd. I S. 230; Julius *Hartmann*, Chronik S. 162; Gustav *Wais*, Alt-Stuttgart S. 123.
1772 Ebd.; Rudolf *Krauß*, Schwäbische Literaturgeschichte Bd. I S. 230 f.
1773 Karl *Pfaff*, Geschichte der Stadt Stuttgart Bd. II S. 147.
1774 Nach Karl *Pfaff* (Ebd. S. 155) ging die Lesegesellschaft 1784 aus der Freimaurerloge »zu den 3 Cedern«, die 1784 aufgelöst wurde, hervor. Dies ist nicht auszuschließen, läßt sich aber auch nicht nachweisen. Sehr wahrscheinlich aber sind zahlreiche bisherige Mitglieder der Loge in die Gesellschaft übergetreten, zumal diese zum Teil ähnliche Ziele verfolgte.
1775 Reinhard *Wittmann* S. 250.
1776 Karl *Pfaff*, Geschichte der Stadt Stuttgart Bd. II S. 155 f.
1777 Ebd. S. 156 f.; Reinhard *Wittmann* S. 250.
1778 Ebd. S. 250 und 313 f.
1779 StAS: Sammlungen; Karl *Pfaff*, Geschichte der Stadt Stuttgart Bd. II S. 157; Gustav *Wais*, Die Schillerstadt Stuttgart S. 57.
1780 Reinhard *Wittmann* S. 251.
1781 Ebd. S. 346 f.; Carl *Lotter*, Geschichte der Museums-Gesellschaft S. 1–4.
1782 Karl *Pfaff*, Geschichte der Stadt Stuttgart Bd. II S. 156 f.; Julius Hartmann, Chronik S. 179; Willy *Widmann*, Stuttgart als Kaffeestadt.
1783 Julius *Hartmann*, Chronik S. 177.
1784 Gustav *Wais*, Die Schillerstadt Stuttgart S. 17–30.
1785 Ebd. S. 31.
1786 Ebd. S. 34–39.

1787 Ebd. S. 40.
1788 Ebd. S. 40–44.
1789 Ebd. S. 50 ff.
1790 Ebd. S. 53–59.
1791 Ebd. S. 57 f.
1792 Ebd. S. 61.
1793 Hegel-Katalog 1970 S. 22 f.
1794 Karl *Pfaff*, Geschichte der Stadt Stuttgart Bd. II S. 154 f.; Rudolf *Krauß*, Schwäbische Literaturgeschichte Bd. I S. 166 ff.
1795 Gustav *Wais*, Die Schillerstadt Stuttgart S. 58 f.; Bernhard *Zeller*, Gottlob Heinrich Rapp S. 294–302.
1796 Ebd. S. 303–307; Max *Rehm* S. 44.
1797 Paul *Nägele*, Bürgerbuch 2. Bd. S. 285.
1798 Bernhard *Zeller*, Gottlob Heinrich Rapp S. 291 und 297; Vgl. S. 331.
1799 Ebd. S. 292 f.; Gustav *Wais*, Die Schillerstadt Stuttgart S. 58; Johann Jakob *Häßlin* S. 99.
1800 Gustav *Wais*, Die Schillerstadt Stuttgart S. 58.
1801 Goethe in Schwaben S. 84.
1802 Julius *Hartmann*, Chronik S. 204 und 206; Gustav *Wais*, Alt-Stuttgart S. 124; Hegel-Katalog 1970 S. 16; Bernhard *Zeller*, Gottlob Heinrich Rapp S. 299; Kerner, Uhland, Mörike. Marbacher Kataloge Nr. 34 S. 48–69.
1803 Bernhard *Zeller*, Gottlob Heinrich Rapp S. 300; Gustav *Wais*, Alt-Stuttgart S. 142 und Alt-Stuttgarts Bauten S. 597.
1804 Ebd. S. 412; Bernhard *Zeller*, Gottlob Heinrich Rapp S. 300; Max *Rehm* S. 45 f.; Julius *Hartmann*, Chronik S. 220.
1805 Ebd. S. 199; Rudolf *Krauß*, Schwäbische Literaturgeschichte Bd. I S. 526.
1806 Karl *Pfaff*, Geschichte der Stadt Stuttgart Bd. II S. 526.
1807 Alfred *Druckenmüller* S. 12 ff.
1808 HStAS: A 210 II Bü 191 und 196.
1809 Alfred *Druckenmüller* S. 14.
1810 HStAS: A 210 II Bü 429.
1811 HStAS: A 210 II Bü 377; Karl *Pfaff*, Geschichte der Stadt Stuttgart Bd. II S. 526; Alfred *Druckenmüller* S. 15.
1812 Ebd.
1813 HStAS: A 210 II Bü 377.
1814 Ebd.
1815 HStAS: A 210 II Bü 395.
1816 Es spricht einiges dafür, daß Müller den Anspruch, Hof- und Kanzleibuchdrucker zu sein, zu Unrecht erhob.
1817 HStAS: A 210 II Bü 450.
1818 Alfred *Druckenmüller* S. 67.
1819 Roland *Schlegel* S. 18; Alfred *Druckenmüller* S. 59.
1820 Ebd. S. 19; Roland *Schlegel* S. 18 ff.
1821 Alfred *Druckenmüller* S. 15 f.
1822 Gustav *Wais*, Alt-Stuttgart S. 236.
1823 Kurt *Leipner*, Stuttgart-Daten S. 63.
1824 Alfred *Druckenmüller* S. 19 f.; Roland *Schlegel* S. 20.
1825 Ebd. S. 20 f.; Alfred *Druckenmüller* S. 21 f.; Robert *Uhland*, Geschichte der Hohen Karlsschule S. 244; Rudolf *Krauß*, Buch- und Notendruckerei der Hohen Karlsschule S. 209–234.
1826 Alfred *Druckenmüller* S. 22–25; Roland *Schlegel* S. 21–32; Reinhard *Wittmann* S. 317–321.
1827 Alfred *Druckenmüller* S. 25.
1828 Karl *Pfaff*, Geschichte der Stadt Stuttgart Bd. II S. 518.
1829 HStAS: A 210 II Bü 155.
1830 Ebd.
1831 HStAS: A 210 II Bü 435.
1832 HStAS: A 210 II Bü 496.
1833 HStAS: A 210 II Bü 495.
1834 Herrmann *Remppis*, S. 22.
1835 Ebd.
1836 Alfred *Druckenmüller* S. 144–147.
1837 Ebd. S. 51 ff.
1838 Ebd. S. 56.
1839 Ebd. S. 54.
1840 Ebd. S. 31.
1841 Reinhard *Wittmann* S. 77.
1842 Alfred *Druckenmüller* S. 31.
1843 Ebd.; Reinhard *Wittmann* S. 106.
1844 Ebd. S. 111 ff.; Alfred *Druckenmüller* (S. 31) nennt als Jahr der Geschäftsübernahme 1718.
1845 Reinhard *Wittmann* S. 111 ff.
1846 Ebd. S. 115–124; HStAS: A 210 II Bü 515.
1847 Alfred *Druckenmüller* S. 32.
1848 Liselotte *Lohrer*, Cotta S. 43.
1849 Reinhard *Wittmann* S. 130–137.
1850 Alfred *Druckenmüller* S. 33.
1851 Ebd.; Reinhard *Wittmann* S. 148–158; HStAS: A 210 II Bü 515.
1852 Reinhard *Wittmann* S. 155–166.
1853 HStAS: A 210 II Bü 515.
1854 Reinhard *Wittmann* S. 256.
1855 Ebd. S. 174 und 257.
1856 HStAS: A 210 II Bü 429.
1857 Alfred *Druckenmüller* S. 48.
1858 HStAS: A 404 Bü 2.
1859 HStAS: A 210 II Bü 509.
1860 Alfred *Druckenmüller* S. 33–36; Reinhard *Wittmann* S. 148–168 und 223–252.
1861 Alfred *Druckenmüller* S. 36; Reinhard *Wittmann* S. 315–330.
1862 Ebd. S. 229.
1863 Alfred *Druckenmüller* S. 36 f.
1864 Karl *Pfaff*, Geschichte der Stadt Stuttgart Bd. II S. 525.
1865 Kurt *Leipner*, Stuttgart-Daten S. 69.
1866 Karl *Pfaff*, Geschichte der Stadt Stuttgart Bd. II S. 525 f.; Alfred *Druckenmüller* S. 37–40.
1867 Roland *Schlegel* S. 22 f.
1868 StAS: Sammlungen zur Personengeschichte: Johann Friedrich *Cotta*
1869 Reinhard *Wittmann* S. 351.
1870 Alfred *Druckenmüller* S. 54.
1871 Ebd. S. 203 f.
1872 Karl *Pfaff*, Geschichte der Stadt Stuttgart Bd. II S. 427 f.
1873 HStAS: A 210 II Bü 227; Rudolf *Krauß*, Die ältesten Stuttgarter Zeitungen S. 371 ff. Aufgrund sorgsamer archivischer Studien korrigiert *Krauß* die stark abweichenden Schilderungen von *Pfaff* und *Widmann* über das Stuttgarter Zeitungswesen in den ersten Jahrzehnten des 18. Jahrhunderts.
1874 Rudolf *Krauß*, Die ältesten Stuttgarter Zeitungen S. 373 f.; Karl *Pfaff*, Geschichte der Stadt Stuttgart Bd. II S. 530 f.
1875 W. *Widmann*, Die Stuttgarter Presse; Roland *Schlegel* S. 16.
1876 Ebd.; Otto *Elben*, Geschichte des Schwäbischen Merkur S. 3–14; Robert *Uhland*, Geschichte der Hohen Karlsschule S. 244.
1877 W. *Widmann*, Die Stuttgarter Presse.
1878 Ebd.; Hermann *Remppis* S. 7, 11 und 28.
1879 Alfred *Druckenmüller* S. 37; W. *Widmann*, Die Stuttgarter Presse.
1880 Ebd.
1881 Ebd.
1882 Karl *Pfaff*, Geschichte der Stadt Stuttgart Bd. II S. 533 f.
1883 W. *Widmann*, Die Stuttgarter Presse.
1884 Lexikon der deutschen Geschichte S. 31.
1885 Alfred *Druckenmüller* S. 74 f.
1886 HStAS: A 210 II Bü 393.
1887 HStAS: A 202 Bü 841.
1888 Alfred *Druckenmüller* S. 75.
1889 HStAS: A 202 Bü 841.
1890 Paul *Sauer*, Napoleons Adler S. 179 f.
1891 Julius *Hartmann*, Chronik S. 214.
1892 Werner *Fleischhauer*, Der Barock S. 262.
1893 Ebd. S. 313 f.; Julius *Hartmann*, Chronik S. 134.
1894 HStAS: A 210 II Bü 225.
1895 Karl *Pfaff*, Geschichte der Stadt Stuttgart Bd. II S. 132 f.
1896 HStAS: A 210 II Bü 341.
1897 Otto *Borst* S. 155.
1898 Max *Bach*/Carl *Lotter* S. 114.
1899 Karl *Pfaff*, Geschichte der Stadt Stuttgart Bd. II S. 163.
1900 Ebd. S. 154.
1901 HStAS: A 210 III Bü 150.
1902 J(ulius) *H(artmann)*, Zur Lebenshaltung in Stuttgart vor 200 Jahren.
1903 Hegel-Katalog 1970 S. 39.
1904 Max *Bach*/Carl *Lotter* S. 117.
1905 Lebenserinnerungen von Robert von Mohl Bd. I S. 16 f.
1906 Ebd. S. 81.
1907 Ebd. S. 27 f. und 68.
1908 HStAS: A 210 II Bü 146.
1909 Julius *Klaiber*, Stuttgart vor 100 Jahren S. 18.
1910 HStAS: A 210 II Bü 111.
1911 Siegfried *Bassler*/Stefan *Hammer* S. 163.
1912 Friedrich *Nicolai* S. 189 f.
1913 Beilage zum Amtsblatt 1983 Nr. 32.
1914 Stuttgart. Dichter sehen eine Stadt S. 85.
1915 G. *Cless* und G. *Schübler* S. 41–44.
1916 Ebd. S. 28 f.
1917 Ebd. S. 30–34.
1918 Ebd. S. 34 f.
1919 Eugen *Schneider*, Württembergische Geschichte S. 280; HStAS: A 210 II Bü 357.
1920 Polizeigesetze S. 49; Julius *Hartmann*, Chronik S. 202.
1921 Polizeigesetze S. 97; Julius *Hartmann*, Chronik S. 207.
1922 G. *Cless* und G. *Schübler* S. 35.
1923 Ebd. S. 23 f.
1924 Vgl. S. 121–127.
1925 Polizeigesetze S. 57.
1926 Karl *Pfaff*, Geschichte der Stadt Stuttgart Bd. II S. 233.
1927 Polizeigesetze S. 71.
1928 Karl *Pfaff*, Geschichte der Stadt Stuttgart Bd. II S. 207.
1929 Max *Bach*/Carl *Lotter* S. 97.

1930 Gustav *Wais*, Alt-Stuttgart S. 135; Stuttgarter Adreßbücher von 1800 und 1804.
1931 Christoph *Kolb*, Zur kirchlichen Geschichte Stuttgarts (1899) S. 161.
1932 Max *Bach*/Carl *Lotter* S. 96.
1933 Karl *Pfaff*, Geschichte der Stadt Stuttgart Bd. II S. 154 f.
1934 Robert von *Mohl*, Lebenserinnerungen Bd. I S. 81.
1935 Karl *Pfaff*, Geschichte der Stadt Stuttgart Bd. II S. 388.
1936 Carl *Lotter*, Geschichte der Stuttgarter Museumsgesellschaft S. 5 – 34.
1937 Stuttgarter Neues Tagblatt 1892 Nr. 137.
1938 G. *Cless* und G. *Schübler* S. 43.
1939 Ebd. S. 43.
1940 Ein Hofrat reist nach Amerika S. 52.
1941 P. *Rosenwall* S. 278 f.
1942 Rudolf *Krauß*, Alt-Stuttgarts Jahrmärkte S. 49 f.
1943 HStAS: A 202 Bü 816.
1944 Ebd.
1945 HStAS: A 236 Bd. 216 fol. 514.
1946 HStAS: A 210 II Bü 217.
1947 HStAS: A 210 II Bü 498.
1948 Rudolf *Krauß*, Alt-Stuttgarts Jahrmärkte S. 51.
1949 Ebd. S. 52 f.; HStAS: A 210 II Bü 580.
1950 HStAS: A 210 II Bü 548.
1951 Karl *Pfaff*, Geschichte der Stadt Stuttgart Bd. II S. 142 f.
1952 Ebd. S. 143.
1953 Ebd.; Herzog Karl Eugen und seine Zeit Bd. I S. 355.
1954 Karl *Pfaff*, Geschichte der Stadt Stuttgart Bd. II S. 143 f.; HStAS: A 400 L Bü 52.
1955 Karl *Pfaff*, Geschichte der Stadt Stuttgart Bd. II S. 143.
1956 Polizeigesetze S. 113 f.
1957 Siegfried *Bassler*/Stefan *Hammer* S. 161.
1958 Willy *Widmann*, Weihnachten im alten Stuttgart.
1959 Beschreibung des Stadtdirektionsbezirks Stuttgart S. 39.
1960 HStAS: A 210 II Bü 282.
1961 HStAS: A 210 II Bü 340; Willy *Widmann*, Stuttgarter Neujahrsfeier.
1962 HStAS: A 210 II Bü 348.
1963 Karl *Pfaff*, Geschichte der Stadt Stuttgart Bd. II S. 139.
1964 HStAS: A 202 Bü 816; Willy *Widmann*, Stuttgarter Neujahrsfeier.
1965 Karl *Pfaff*, Geschichte der Stadt Stuttgart Bd. II S. 142; Hansmartin *Decker-Hauff*, Ein Neujahrspfennig aus dem alten Stuttgart.
1966 HStAS: A 210 II Bü 568; Robert *Uhland* Neujahrsbräuche S. 3.
1967 Willy *Widmann*, Stuttgarter Neujahrsfeier. – Bei dem königlichen Gesandten handelte es sich vermutlich um den englischen Gesandten.
1968 HStAS: A 404 L Bü 28.
1969 HStAS: A 210 II Bü 263, A 404 L Bü 28; Karl *Pfaff*, Geschichte der Stadt Stuttgart Bd. II S. 138 und 148; Beschreibung des Stadtdirektionsbezirks Stuttgart S. 95; A. *Willmann* S. 28 f.; Schwäbischer Merkur 1922 Nr. 33 S. 7; Willy *Widmann*, Der Stuttgarter Karneval.
1970 Redouten in Stuttgart am Ende des 18. Jahrhunderts.
1971 Schwäbischer Merkur 1922 Nr. 33 S. 7.
1972 Willy *Widmann*, Der Stuttgarter Karneval.
1973 Ebd.; Polizeigesetze S. 110 f.
1974 Karl *Pfaff*, Geschichte der Stadt Stuttgart Bd. II S. 133.
1975 Christoph *Kolb*, Zur kirchlichen Geschichte Stuttgarts S. 48 und 50.
1976 Siegfried *Bassler*/Stefan *Hammer* S. 165.
1977 Beschreibung des Stadtdirektionsbezirks Stuttgart S. 98.
1978 HStAS: A 210 II Bü 1.
1979 HStAS: A 210 II Bü 414.
1980 Siegfried *Bassler*/Stefan *Hammer* S. 166.
1981 Karl *Pfaff*, Geschichte der Stadt Stuttgart Bd. II S. 138 f.
1982 Beschreibung des Stadtdirektionsbezirks Stuttgart S. 98.
1983 Karl *Pfaff*, Geschichte der Stadt Stuttgart Bd. II S. 138 ff.
1984 HStAS: A 210 II Bü 341.
1985 Christoph *Kolb*, Zur kirchlichen Geschichte Stuttgarts S. 50 ff.
1986 HStAS: A 210 II Bü 538.
1987 Karl *Klöpping*, Historische Friedhöfe Alt-Stuttgarts S. 54 – 74.
1988 HStAS: A 210 III Bü 121.
1989 Karl *Klöpping* S. 62 – 69.
1990 Christoph *Kolb*, Zur kirchlichen Geschichte Stuttgarts S. 52.
1991 Max *Bach*/Carl *Lotter* S. 118.
1992 Karl *Pfaff*, Geschichte der Stadt Stuttgart Bd. II S. 138 f.; Karl *Klöpping* S. 74.
1993 HStAS: A 236 Bd. 221 fol. 226; Karl *Pfaff*, Geschichte der Stadt Stuttgart Bd. II S. 273.
1994 Siegfried *Bassler*/Stefan *Hammer* S. 177.
1995 HStAS: A 210 II Bü 201.
1996 HStAS: A 210 II Bü 230 und 222.
1997 HStAS: A 210 II Bü 225.
1998 Johann Jakob *Gabelkhofer* S. 246 b.
1999 HStAS: A 210 II Bü 537.
2000 HStAS: A 236 Bd. 212 fol. 397 v.
2001 HStAS: A 210 II Bü 581.
2002 Christoph *Kolb*, Zur kirchlichen Geschichte Stuttgarts (1899) S. 166 f.
2003 Siegfried *Bassler*/Stefan *Hammer* S. 40.
2004 Ebd. S. 43 und 172.
2005 Ebd. S. 40 f.
2006 HStAS: A 210 II Bü 432.
2007 Siegfried *Bassler*/Stefan *Hammer* S. 43.
2008 Ebd. S. 32 und 41.
2009 Ebd. S. 71.
2010 Ebd.
2011 HStAS: A 210 II Bü 388.
2012 StAS: Depot B: C IV A 4 Bd. 1.
2013 Ebd.
2014 Ebd.
2015 Ebd.
2016 Ebd.
2017 Siegfried *Bassler*/Stefan *Hammer* S. 97.
2018 Ebd. S. 105, 111 und 69 f.
2019 Jürgen *Hagel*, Stuttgart im Spiegel S. 107.
2020 HStAS: A 249 Bü 2472.
2021 StAS: Depot B: C X A 5 Bd. 10.
2022 Siegfried *Bassler*/Stefan *Hammer* S. 41 – 44; Gustav *Wais*, Alt-Stuttgarts Bauten S. 83.
2023 Siegfried *Bassler*/Stefan *Hammer* S. 41 – 43.
2024 HStAS: A 202 Bü 816.
2025 Siegfried *Bassler*/Stefan *Hammer* S. 41.
2026 Ebd. S. 42.
2027 HStAS: A 404 Bü 61.
2028 Siegfried *Bassler*/Stefan *Hammer* S. 41.
2029 Ebd. S. 41 und 55 f.
2030 Ebd. S. 53.
2031 Ebd. S. 96.
2032 HStAS: A 405 Bd. 6.
2033 StAS: Depot B: C IV A 4 Bü 1.
2034 Siegfried *Bassler*/Stefan *Hammer* S. 57.
2035 Ebd. S. 76.
2036 HStAS: A 404 Bü 37; Karl *Pfaff*, Geschichte der Stadt Stuttgart Bd. II S. 544; E. *Brösamlen* S. 25.
2037 HStAS: A 404 Bü 30.
2038 HStAS: A 404 Bü 36.
2039 Ebd.
2040 E. *Brösamlen* S. 25.
2041 Ebd. S. 46.
2042 Ebd. S. 25.
2043 HStAS: A 404 Bü 38.
2044 Ebd.
2045 HStAS: A 404 Bü 37.
2046 HStAS: A 404 Bü 38.
2047 HStAS: A 404 Bü 59.
2048 HStAS: A 210 II Bü 256.
2049 HStAS: A 404 Bü 59.
2050 Ebd.
2051 HStAS: A 282 Bü 2953.
2052 Karl *Pfaff*, Geschichte der Stadt Stuttgart Bd. II S. 546.
2053 Vgl. S. 238.
2054 Karl *Pfaff*, Geschichte der Stadt Stuttgart Bd. II S. 546; Gerhard *Seybold*, Württembergs Industrie und Außenhandel S. 5.
2055 HStAS: A 210 II Bü 522.
2056 HStAS: A 404 Bü 38.
2057 E. *Brösamlen* S. 22.
2058 Ebd. S. 24; Karl *Pfaff*, Geschichte der Stadt Stuttgart Bd. II S. 545.
2059 HStAS: A 404 Bü 38.
2060 HStAS: A 404 Bü 37.
2061 Karl *Pfaff*, Geschichte der Stadt Stuttgart Bd. II S. 547.
2062 HStAS: A 210 II Bü 432.
2063 Paul *Kärcher* S. 19.
2064 Ebd. S. 17.
2065 Ebd.
2066 Ebd. S. 19.
2067 HStAS: A 210 II Bü 256.
2068 HStAS: A 404 Bü 60.
2069 Ebd.
2070 Paul *Kärcher* S. 20.
2071 Ebd. S. 18.
2072 HStAS: A 404 Bü 65.
2073 Württembergische Staatshandbücher von 1824, 1828 und 1839; Paul *Kärcher* S. 22.
2074 Karl *Pfaff*, Geschichte der Stadt Stuttgart Bd. II S. 544; Paul *Kärcher* S. 26 f., 29 und 31.

QUELLEN UND LITERATUR

Archivische Quellen

Hauptstaatsarchiv Stuttgart (HStAS)

A 202 Geheimer Rat (1640–1806)
Rubrik 24 Stadt Stuttgart

A 210 Oberrat: Stadt und Amt Stuttgart (1529–1804)
Abteilung I: Akten vorwiegend des 16. und 17. Jahrhunderts, gegliedert nach Stadt, Amtsorten und Malefizsachen (1529–1803)
Abteilung II: Chronologisch gegliederte Akten (1680–1746)
Abteilung III: Akten vorwiegend des 17. und 18. Jahrhunderts, chronologisch geordnet (1572–1804)

A 249 Rentkammer: Ämterakten (Spezialakten) (1557–1807)
Rubrik Stuttgart mit Kellerei Nellingen

A 259 a Kastkellerei Stuttgart (1572–1815)

A 261 Steuereinschätzung (1480, 1522–1807)

A 281 Kirchenvisitationsakten (1601–1806)

A 282 Kirchenrat: Verschlossene Registratur (1539–1806)
Nebenrubrik 29 Residenzstadt Stuttgart
Nebenrubrik 32 Waisenhaus Stuttgart

A 284 Kirchenrat: Ämterregistratur (um 1530–1806)
90. Stuttgart: Stift und Geistliche Verwaltung
91. Stuttgart:Bebenhäuser Klosterpflege
92. Stuttgart: Holzverwaltung
92a. Stuttgart: Waisenhaus

A 302 Weltliche Ämterrechnungen (1519–1807)
Rechnungen des Stadt- und Amtsoberamts Stuttgart

A 303 Geistliche Ämterrechnungen
Rechnungen des Stifts und der Geistlichen Verwaltung Stuttgart

A 306 Amtsprotokolle 17. Jahrhundert Stuttgart. Stadt und Stift

A 403 Stuttgart Weltlich (1501–1805)
Urkunden und Akten vorwiegend aus dem 16. und 17. Jahrhundert

A 404 Stuttgart, Stadtoberamt (1628–1806)
Akten des 17. Jahrhunderts

A 404 L Stuttgart, Stadtoberamt (1601–1805)
Akten des 17. Jahrhunderts

A 525 Stift Stuttgart (1501–1708)
Urkunden und Akten des 16. und 17. Jahrhunderts

A 525 L Stiftsverwaltung Stuttgart (1536–1806)
Akten des 16. und 17. Jahrhunderts

A 564 Forstamt Stuttgart (1611–1804)
Akten des 17. Jahrhunderts

Staatsarchiv Ludwigsburg (StAL)

D 51 Polizeisachen (1806– um 1810, Vorakten ab 1785), (Oberpolizeidepartement, Residenzpolizeiministerium)

D 52 Residenzpolizeiministerium (1808–1821)

D 53 a Oberpolizeidirektion Stuttgart (1808–1817)

F 201 Stadtdirektion Stuttgart (1806–1821)

Stadtarchiv Stuttgart (StAS)

Depot A:
Städtische Verwaltungsregistratur vor 1945
(Akten des 19. und 20. Jahrhunderts, vereinzelt Akten aus dem 17. und 18. Jahrhundert)

Depot B:
Städtische Bauregistratur vor 1945
(Akten des 19. und 20. Jahrhunderts, vereinzelt Akten aus dem 17. und 18. Jahrhundert)

Bürgermeisterrechnungen 1700–1744,
Rechnungsbeilagen 1700–1751

Steuerbücher 1700–1820

Kirchenregister der Herzoglich bzw. Königlich Württembergischen Haupt- und Residenzstadt Stuttgart 1700–1820, 11 Bände

Seelenregister Esslinger Vorstadt 1798
Seelenregister Reiche Vorstadt 1799
Seelenregister Innere Stadt 1801

Nägele, Paul:
Stuttgarter Familienregister 1700–1820, 68 Bände

Urkunden des 18. und 19. Jahrhunderts

Nachlaß Tobias Heinrich *Lotter* (1772–1834)

Stadtgeschichtliche Dokumentation, insbesondere Zeitungsausschnittsammlung und Zeitungen

Gedruckte Quellen und Literatur

Vorbemerkung: Nicht berücksichtigt werden in dem Verzeichnis kleine Zeitungs- und Zeitschriftenartikel sowie Kurzbiographien aus der ADB (Allgemeinen Deutschen Biographie), sie sind aber im Anmerkungsapparat im einzelnen nachgewiesen.

Adam, Albert Eugen:
Johann Jakob Moser als Württembergischer Landschaftskonsulent. Stuttgart 1887.

ADB = Allgemeine Deutsche Biographie 55 Bde. Leipzig 1875–1910.

Alt-Württemberg und Stuttgart am Ausgang des 18. Jahrhunderts. In: Besondere Beilage des Staatsanzeigers 1911 S. 136–141, 145–149 und 161–167.

Alphabetisches Verzeichnis der Besitzer derjenigen Gebäude, welche in dem am Ende 1794 über die Herzoglich Wirtembergische Residenzstadt Stuttgart verfertigten Grundriß vorkommen und in demselben nach Nummern angezeigt sind. Von Christian Friedrich *Roth*. Stuttgart 1795.

Bach, Max und *Lotter*, Carl:
Bilder aus Alt-Stuttgart. Stuttgart 1896.

Bader, Erich:
Stuttgarter Bergwerk- und Steinbruchbetriebe in alter Zeit (Veröffentlichungen des Archivs der Stadt Stuttgart Heft 5). Stuttgart 1939.

Bader, Karl Siegfried:
Johann Jakob Moser, Staatsrechtslehrer und Landschaftskonsulent. In: Lebensbilder aus Schwaben und Franken Bd. 7 (1960) S. 92–101.

Barth, Gustav:
Stuttgarter Handel und Handlungshäuser in vergangener Zeit. Stuttgart 1896.

Bassler, Siegfried und *Hammer*, Stefan:
Heimatbuch Heslach. o. J. (1984).

Beck:
Die Geistlichen an der ehemaligen Katholischen Hofkapelle zu Stuttgart. In: Diözesan-Archiv aus Schwaben 19. Jg. (1901) S. 113–117.

Beschreibung des Oberamts Cannstatt. Hg. im Auftrag der Regierung von Ober-Steuerrath von Memminger. Stuttgart 1832.

Beschreibung des Oberamts Cannstatt. Hg. von dem Königlichen Statistischen Landesamt. Stuttgart 1895.

Beschreibung des Oberamts Stuttgart. Hg. von dem Königlichen topographischen Bureau. Stuttgart 1851.

Beschreibung des Stadtdirektionsbezirks Stuttgart. Hg. vom Königlichen statistisch-topographischen Bureau. Stuttgart 1856.

Bopp, August:
Beiträge zur Geschichte der Stuttgarter Stiftsmusik. In: Württ. Jahrbücher für Statistik und Landeskunde 1910 S. 211–250.

Borst, Otto:
Stuttgart. Die Geschichte der Stadt. Stuttgart [2]1986.

Breitling, Richard:
Die Anfänge der Stuttgarter Straßenbeleuchtung. In: Neues Tagblatt (Stuttgart) 1928. Nr. 517. S. 5.

Brinzinger:
Die ehemalige herzogliche Hofkapelle und die Gründung der St. Eberhardsstadtpfarrei in Stuttgart. In: Diözesan-Archiv aus Schwaben 1. Jg. (1884) S. 22–24.

Brinzinger:
Die Einweihung der St. Eberhardskirche zu Stuttgart. In: Diözesan-Archiv aus Schwaben 1. Jg. (1884) S. 36–37.

Brösamlen, E.:
Das schöne Stuttgart-Berg. Ein Heimatbuch.
Stuttgart 1939.

Brusselle-Schaubeck, Freiherr von:
Feier bei Annahme der Kurfürsten-Würde am Hofe in Stuttgart den 6., 7. und 8. Mai 1803. In: Literarische Beilage des Staatsanzeigers 1903 S. 129–134.

Bürgerbuch der Stadt Stuttgart s. *Nägele,* Paul

Bürkle, Fritz:
Karl August Friedrich von Duttenhofer (1758–1836). Pionier des Wasserbaus in Württemberg (Veröffentlichungen des Archivs der Stadt Stuttgart Bd. 41). Stuttgart 1988.

Cless, G. und *Schübler,* G:
Versuch einer medicinischen Topographie der Königlichen Haupt- und Residenzstadt Stuttgart. Stuttgart 1815.

Decker-Hauff, Hansmartin:
Ein Neujahrspfennig aus dem alten Stuttgart. In: Stuttgarter Zeitung 1955 Nr. 301 S. 17.

Dessauer, Lothar:
Die Industrialisierung von Groß-Stuttgart. Tübinger staatswissenschaftliche Dissertation 1916.

Dölker, Helmut:
Die Flurnamen der Stadt Stuttgart in ihrer sprachlichen und siedlungsgeschichtlichen Bedeutung (Tübinger germanistische Arbeiten Bd. 16). Stuttgart 1933.

Druckenmüller, Alfred:
Der Buchhandel in Stuttgart seit Erfindung der Buchdruckerkunst bis zur Gegenwart. Stuttgart 1908.

Ein Hofrat reist nach Amerika. Briefe und Berichte Jakob Friedrich Autenrieths und seiner Familie von 1794/95. Zusammengestellt und bearbeitet von Bernd Friedrich *Autenrieth* (Lebendige Vergangenheit. Zeugnisse und Erinnerungen. Schriftenreihe des Württembergischen Geschichts- und Altertumsvereins 11. Bd.). Stuttgart 1988.

Elben, Otto:
Geschichte des Schwäbischen Merkurs 1785–1885. Stuttgart 1885.

Elias, Otto-Heinrich:
König Wilhelm I. (1816–1864). In: 900 Jahre Haus Württemberg (Stuttgart 1984) S. 306–327.

Faerber, Paul:
Nikolaus Thouret. Ein Baumeister des Klassizismus. Stuttgart 1949.

Festschrift des Eberhard-Ludwigs-Gymnasiums 1686–1886. Stuttgart 1886.

Fischer, Hermann:
Schwäbisches Wörterbuch Bd. I–VI, 2. Tübingen 1904–1936.

Fleischhauer, Werner:
Der Barock im Herzogtum Württemberg (Sonderband der Veröffentlichungen der Kommission für geschichtliche Landeskunde in Baden-Württemberg). Stuttgart 1958.

Fleischhauer, Werner:
Fasnacht und Maskerade am Stuttgarter Herzogshof. In: Schwäbische Heimat 1953 S. 3–6.

Fleischhauer, Werner:
Die Geschichte der Kunstkammer der Herzöge von Württemberg in Stuttgart (Veröffentlichungen der Kommission für geschichtliche Landeskunde in Baden-Württemberg Reihe B 87. Bd.). Stuttgart 1976.

Friz, J.:
Sammlung der Polizeigesetze und Verordnungen für die Residenzstadt Stuttgart. Stuttgart 1829. (Zitiert: Polizeigesetze).

Gabelkhofer, Johann Jakob:
Geschichte der Stadt Stuttgart von 1624... Teil 1 und 2. Stuttgart 1942 (maschinenschriftlich vervielfältigt).

Geschichte der Stadt Stuttgart. Auf die Einweihung ihres neuen Rathauses hg. von den Bürgerlichen Kollegien im April 1905. Stuttgart 1905.

Giefel, J.:
Redouten in Stuttgart am Ende des 18. Jahrhunderts. In: Neues Tagblatt (Stuttgart) 1904 Nr. 103 S. 1.

Giefel, J.:
Die Seidenzucht in Stuttgart und Ludwigsburg. In: Neues Tagblatt (Stuttgart) 1904 Nr. 103 S. 1.

Giefel, J.:
Das Stuttgarter Malefizglöcklein 1776. In: Neues Tagblatt (Stuttgart) 1904 Nr. 103 S. 1.

Görlich, Harald:
Die Handelsschulen in Stuttgart. Vorgeschichte, Einrichtung und Ausbau des kaufmännischen Schulwesens in Württemberg von 1770 bis 1945 (Veröffentlichungen des Archivs der Stadt Stuttgart Bd. 52). Stuttgart 1991.

Goethe in Schwaben. Aus Goethes Tagebüchern und Briefen hg. von Peter *Herwig.* Göppingen o. J.

Göz, von:
Schwere Tage für Stuttgart und Cannstatt (1796). In: Literarische Beilage des Staatsanzeigers 1911 S. 201–207.

Grauer, Karl-Johannes:
Wilhelm I., König von Württemberg. Ein Bild seines Lebens und seiner Zeit. Stuttgart 1960.

Grube, Walter:
Haupt- und Residenzstädte in Altwürttemberg. In: Zeitschrift für Württ. Landesgeschichte 25 (1966) S. 9*–13*.

Grube, Walter:
Stuttgart als herzogliche Residenzstadt. In: Schwäbische Heimat 17 (1966) S. 113–121.

Grube, Walter:
Der Stuttgarter Landtag. 1557–1957. Von den Landständen zum demokratischen Parlament. Stuttgart 1957.

Gußmann, Wilhelm:
August Hermann Francke in Stuttgart. In: Besondere Beilage des Staatsanzeigers 1928 S. 110–119.

Haaß, Friedrich:
Beiträge zur Geschichte des altwürttembergischen Verkehrswesens. In: Württ. Vierteljahreshefte für Landesgeschichte 1917 S. 307–407.

Häßlin, Johann Jakob:
Stuttgart. München 1958.

Haering, Theodor:
Ludwig Timotheus Spittler. In: Schwäbische Lebensbilder Bd. I S. 514–538.

Hagel, Jürgen:
Generalbauplan für die Residenzhauptstadt Stuttgart. Thourets verschollener Plan aus dem Jahre 1818 ist wiedergefunden. In: Beiträge zur Landeskunde 1985 Nr. 1 S. 1–5.

Hagel, Jürgen:
Johann Adam Riediger und der älteste Grundrißplan von Stuttgart. In: Schwäbische Heimat 1989 S. 11–21.

Hagel, Jürgen:
Mensch und Wasser in der alten Stadt. Stuttgart als Beispiel und Modell. In: Die alte Stadt Bd. 2/1987. S. 126–139.

Hagel, Jürgen:
Mensch und Wasser s. auch Mensch und Wasser.

Hagel, Jürgen:
Stuttgart im Spiegel alter Karten und Pläne s. Stuttgart im Spiegel.

Hagel, Jürgen:
Stuttgart und seine Umgebung als Lebensraum vom Mittelalter bis gegen 1800. In: Jahrbuch 1982 der Universität Stuttgart S. 27–36 und 69.

Hagel, Jürgen:
Stuttgarter Wasser- und Umweltprobleme in der frühen Neuzeit. In: Zeitschrift für Württ. Landesgeschichte 42 (1983) S. 217–254.

Hagel, Jürgen:
Zur sozialen und funktionalen Viertelsgliederung in Stuttgart um 1795. Ein Beitrag zur historischen Stadtgeographie der württembergischen Landeshauptstadt. Festschrift für Christoph Borcherdt. Hg. von K. *Kulinat* und H. *Pachner* (Stuttgarter Geographische Studien Bd. 110, 1989) S. 283–299.

Hartmann, Julius:
Chronik der Stadt Stuttgart. Sechshundert Jahre nach der ersten denkwürdigen Nennung der Stadt (1286). Stuttgart 1886.

Hartmann, Julius:
Chronik der Stuttgarter Hospitalkirche. Stuttgart 1888.

Hartmann, J[ulius]:
Zur Lebenshaltung in Stuttgart vor 200 Jahren.
In: Literarische Beilage des Staatsanzeigers 1914 S. 80.

Hartmann, Julius und *Kolb,* Christoph:
Geschichte der Stuttgarter Stiftskirche. Stuttgart 1895.

Hegel 1770–1970. Leben. Werk. Wirkung. Ausstellungskatalog von Friedhelm *Nicolin* (Veröffentlichungen des Archivs der Stadt Stuttgart 2. Sonderband). Stuttgart 1970 [Zitiert: Hegel-Katalog 1970].

Henninger, Margarete:
Friedrich Jakob Philipp Heim. Gründer der Paulinenpflege Winnenden. Ein Beitrag zur Frühgeschichte der Diakonie in Württemberg. Winnenden 1990.

Herzog Karl Eugen und seine Zeit. Hg. vom Württ. Geschichts- und Altertumsverein Bd. I und II. Esslingen 1907 und 1909.

Hoch, Th[eophil]:
Aus der zweihundertjährigen Geschichte der Reformierten Gemeinde in Stuttgart. In: Besondere Beilage des Staatsanzeigers 1924 S. 273–279.

350 Jahre Württembergisches Staatsorchester. Eine Festschrift hg. von den Württ. Staatstheatern. Stuttgart 1967.

900 Jahre Haus Württemberg. Leben und Leistung für Land und Volk. Hg. von Robert *Uhland.* Stuttgart 1984.

Jung, Martin:
Die württembergische Kirche und die Juden in der Zeit des Pietismus (1675–1780)
(Studien zu Kirche und Israel Bd. 13. Hg. von Peter von der Osten-Sacken). Berlin 1992.

Kärcher, Paul:
Chronik der Gemeinde Gablenberg und seiner [!] Gemarkung. Bearbeitet und zusammengestellt aus Pfarr- und Kirchenbüchern, des Statistischen Landes- und Friedhofsamts und nach Angaben einer Anzahl älterer Gablenberger Bürger. 1275–1960. 3 Bände (maschinenschriftlich) o. J. (1960).

Kellen, Tony:
Casanovas Abenteuer in Stuttgart. In: Schwäbischer Merkur/Schwäbische Chronik 22./23. September 1928.

Kerner, Uhland, Mörike. Schwäbische Dichtung im 19. Jahrhundert. Marbacher Kataloge hg. von Bernhard *Zeller* Nr. 34. Marbach 1980.

Klaiber, Carl Hermann:
Urkundliche Geschichte der Reformierten Gemeinden Cannstatt – Stuttgart – Ludwigsburg, von den ältesten Zeiten bis zur Gegenwart. Stuttgart 1884.

Klaiber, Hans-Andreas:
Der württembergische Oberbaudirektor Philippe de la Guêpière. Ein Beitrag zur Kunstgeschichte der Architektur am Ende des Spätbarock (Veröffentlichungen der Kommission für geschichtliche Landeskunde in Baden-Württemberg Reihe B Bd. 9). Stuttgart 1959.

Klaiber, Julius:
Stuttgart vor 100 Jahren. Stuttgart 1870.

Klemm, Max:
Wolff Friedrich Lindenspür. Stuttgart o. J. 1893.

Klöpping, Karl:
Historische Friedhöfe Alt-Stuttgarts – Sankt Jakobus bis Hoppenlau – Ein Beitrag zur Stadtgeschichte mit Wegweiser zu den Grabstätten des Hoppenlaufriedhofs. Stuttgart 1991.

Kolb, Christoph:
Die Anfänge des Pietismus und Separatismus in Württemberg. Stuttgart 1902.

Kolb, Christoph:
Zur kirchlichen Geschichte Stuttgarts im 18. Jahrhundert. In: Blätter für Württ. Kirchengeschichte 1898 S. 49–85, 145–163 und 1899 S. 34–52, 160–170.

Krauß, Rudolf:
Alt-Stuttgarter Jahrmärkte und Messen. In: Württ. Vierteljahreshefte für Landesgeschichte 1918 S. 45–60.

Krauß, Rudolf:
Das Stuttgarter Hoftheater von den ältesten Zeiten bis zur Gegenwart. Stuttgart 1908.

Krauß, Rudolf:
Die ältesten Stuttgarter Zeitungen. In: Württ. Vierteljahreshefte für Landesgeschichte 1914 S. 365–374.

Krauß, Rudolf:
Die Buch- und Notendruckerei der Hohen Karlsschule. In: Württ. Vierteljahreshefte für Landesgeschichte 1911 S. 209–234.

Krauß, Rudolf:
Schwäbische Literaturgeschichte Bd. I und II. Freiburg 1897 und 1899.

Krauß, Rudolf:
Stuttgarter Fastnacht in alter Zeit. In: Schwäbischer Merkur 1922 Nr. 33 S. 7.

Krauß, Rudolf:
Zur Geschichte des Schauspiels am württembergischen Hof bis zum Tode Karl Alexanders. In: Württ. Vierteljahreshefte für Landesgeschichte 1907 S. 377–411.

Kroner, Theodor:
Festschrift zum 50jährigen Jubiläum der Synagoge in Stuttgart. Stuttgart 1911.

Kyriss, Ernst:
Stuttgarter Buchbinder von der Mitte des 16. bis zum Anfang des 19. Jahrhunderts. In: Zeitschrift für Württ. Landesgeschichte 12 (1953) S. 310–326.

Lang, Gustav:
Geschichte der Stuttgarter Gelehrtenschule von ihren ersten Anfängen bis zum Jahre 1806.
In: Geschichte des humanistischen Schulwesens in Württemberg. Bd. 3 Halbbd. 2, Tl. I. Stuttgart 1928.

Lebensgeschichte Johann Jakob Mosers, von ihme selbst beschrieben. (Offenbach) 1768.

Leipner, Kurt:
Stuttgart. Daten zur Geschichte. Von den Anfängen bis zum Ausgang des 18. Jahrhunderts. Stuttgart 1987.

Lempp, Eduard:
Geschichte des Stuttgarter Waisenhauses 1710–1910. Stuttgart 1910.

Lexikon der deutschen Geschichte. Personen, Ereignisse, Institutionen. Von der Zeitwende bis zum Ausgang des Zweiten Weltkriegs. Unter Mitarbeit von Historikern und Archivaren hrsg. von Gerhard *Taddey.* Stuttgart 1977.

Link, R.:
Die Geschichte des Stuttgarter Schuhmacherhandwerks. In: Neues Tagblatt (Stuttgart) 1928 Nr. 214 S. 13.

Lohrer, Liselotte:
Cotta. Geschichte eines Verlags 1659–1959. Stuttgart 1959.

Lotter, Carl:
Geschichte der Museums-Gesellschaft in Stuttgart. Zur Feier des 100jährigen Bestehens im Auftrag des Verwaltungsrats verfaßt. Stuttgart 1907.

Mack, Christa und *Neidiger,* Bernhard:
Hoffest – Bürgerfeier – Volksbelustigung. 700 Jahre öffentliche Festkultur. Stuttgart 1988.

Maier, Emil:
Geschichte der Volksschule in Stuttgart (Veröffentlichungen des Archivs der Stadt Stuttgart Bd. 10). Stuttgart 1951.

Marquart, A.:
Zur Geschichte der Registratur der Stadt Stuttgart. In: Württ. Vierteljahreshefte für Landesgeschichte 1906 S. 477–483.

Maurer, Hans-Martin/*Sauer,* Paul/*Fleischhauer,* Werner/*Himmelein,* Volker/*Klein,* Ulrich:
Geschichte Württembergs in Bildern 1083–1918. Stuttgart 1992.

Mohl, Robert von:
Lebenserinnerungen 1799 bis 1875. Bd. 1 und 2. Stuttgart und Leipzig 1902.

Moser, Johann Jakob s. Lebensgeschichte

Memminger, J[ohann] D[avid] G[eorg]:
Stuttgart und Ludwigsburg mit ihren Umgebungen. Stuttgart und Tübingen 1817.

Mensch und Wasser in der Geschichte. Dokumente zu Umwelt, Technik und Alltag vom 16. bis zum 19. Jahrhundert. Ausstellung des Hauptstaatsarchivs Stuttgart. Katalog bearbeitet von Jürgen *Hagel.* Stuttgart 1989.

Müller:
Die geschichtliche Entwicklung des Stuttgarter Krankenhauswesens. In: Zeitschrift für das gesamte Krankenhauswesen XXIII. Jg (1927) Heft 20 S. 559–569.

Nachricht an das Publikum die Stuttgartische Privat-Armen-Anstalt betreffend, nebst der ersten öffentlichen Rechenschaft über ihre Einnahmen und Ausgaben von der Gesellschaft freywilliger Armen-Freunden. Stuttgart 1806.

Nägele, Paul:
Stuttgarter Scharfrichter durch drei Jahrhunderte. In: Südwestdeutsche Blätter für Familien- und Wappenkunde 9 (1957) S. 482–483.

Nägele, Paul:
Bürgerbuch der Stadt Stuttgart 1660–1706. 1. bis 3. Band (Veröffentlichungen des Archivs der Stadt Stuttgart Bd. 11–13). Stuttgart 1956.

Nau, Elisabeth:
Gold und Silber – geprägt für Württemberg. Stuttgart 1959.

Neugebauer-Wölk, Monika:
Revolution und Constitution. Die Brüder Cotta. Berlin 1989.

Nicolai, Friedrich:
Unter Bayern und Schwaben. Meine Reise im deutschen Süden 1781. Hg. von Ulrich *Schlemmer.* Stuttgart-Wien 1989.

Nicolin, Friedhelm:
Von Stuttgart nach Berlin. Die Lebensstationen Hegels (Marbacher Magazin, Sonderheft 56/1991). Marbach 1991.

Osterburg, A.:
s. Tagebuch …

Pfaff, Karl:
Geschichte der Stadt Stuttgart. Bd. II. Stuttgart 1846.

Pfeiffer, Berthold:
Die Kupferstecher Johann Gotthard Müller und Friedrich Müller. In: Württ. Vierteljahreshefte für Landesgeschichte 1881 S. 161–179 und 257–281.

Polizeigesetze s. *Friz,* J.

Polizeiverordnungen für die Herzogliche Residenz-Stadt Stuttgart. Stuttgart 1790.

Quarthal, Franz:
Die Hohe Carlsschule. In: »O Fürstin der Heimath! Glükliches Stutgard«. Politik, Kultur und Gesellschaft im deutschen Südwesten um 1800. (Stuttgart 1988) S. 35–54.

Rauscher, Julius:
Die Hugenotten in Stuttgart. In: Schwäbischer Merkur 1935 Nr. 281 Sonntagsbeilage.

Redouten in Stuttgart s. *Giefel*

Rehm, Max:
Königin Katharina von Württemberg. Stuttgart 1968.

Remppis, Hermann:
Die württembergischen Intelligenzblätter von 1736–1849 (Tübinger Staatswissenschaftliche Abhandlungen. Hg. von Carl Johannes Fuchs Heft 24). 1922.

Revidierte herzogliche Gassen-Säuberungs- und Brunnen-Ordnung anno 1774. Stuttgart 1774.

Revolutionsbegeisterung an der Hohen Carlsschule. Ein Bericht von Axel *Kuhn* … Stuttgart 1989.

Riecke, Karl:
Meine Voreltern. Stuttgart 1896.

Rosenwall, P.:
Malerische Ansichten und Bemerkungen auf einer Reise durch Holland, die Rheinlande, Baden, die Schweiz und Württemberg. Mainz 1818.

Rümelin, Gustav:
Altwürttemberg im Spiegel fremder Beobachtung. In: Württ. Jahrbücher für Statistik und Landeskunde 1864 Tl. I S. 262–355.

Rürup, Reinhard:
Johann Jakob Moser. Pietismus und Reform. Wiesbaden 1965.

Sauer, Paul:
Das Werden einer Großstadt. Stuttgart zwischen Reichsgründung und Erstem Weltkrieg 1871 bis 1914. Stuttgart 1988.

Sauer, Paul:
Das württembergische Heer in der Zeit des Deutschen und des Norddeutschen Bundes (Veröffentlichungen der Kommission für geschichtliche Landeskunde in Baden-Württemberg Reihe B Bd. 5). Stuttgart 1958.

Sauer, Paul:
Der schwäbische Zar. Friedrich – Württembergs erster König. Stuttgart [2]1986.

Sauer, Paul:
Der württembergische Hof in der ersten Hälfte des 19. Jahrhunderts. In: Hof und Hofgesellschaft in den deutschen Staaten im 19. und beginnenden 20. Jahrhundert (Büdinger Forschungen zur Sozialgeschichte hg. von Karl Möckl. Boppard 1991) S. 93–127.

Sauer, Paul:
Die jüdischen Gemeinden in Württemberg und Hohenzollern (Veröffentlichungen der Staatlichen Archivverwaltung Baden-Württemberg Bd. 18). Stuttgart 1966.

Sauer, Paul:
Die Württembergische Gebäudebrandversicherungsanstalt 1773–1973. Stuttgart 1973.

Sauer, Paul:
Im Namen des Königs. Strafgesetzgebung und Strafvollzug im Königreich Württemberg von 1806 bis 1871. Stuttgart 1984.

Sauer, Paul:
König Friedrich (1797–1816). In: 900 Jahre Haus Württemberg (Stuttgart 1984) S. 279–305.

Sauer, Paul:
Napoleons Adler über Württemberg, Baden und Hohenzollern. Südwestdeutschland in der Rheinbundzeit. Stuttgart 1987.

Sauer, Paul:
Revolution und Volksbewaffnung. Die württembergischen Bürgerwehren im 19. Jahrhundert, vor allem während der Revolution von 1848/49. Ulm 1976.

Sauer, Paul:
Biographische Abrisse über württembergische Regenten (Herzog Eberhard Ludwig bis König Wilhelm I.) s. *Maurer,* Hans-Martin … Geschichte Württembergs in Bildern.

Schlegel, Roland:
Die Entstehung der Buchdruckereien in Stuttgart. Stuttgart 1964.

Schmid, (Eugen):
Das Volksschulwesen in Stuttgart von der Reformation bis zum Anfang des XIX. Jahrhunderts. In: Württ. Jahrbücher für Statistik und Landeskunde S. 102–134.

Schnee, Heinrich:
Die Hoffinanz und der moderne Staat. Vierter Band: Hoffaktoren an süddeutschen Fürstenhöfen nebst Studien zur Geschichte des Hoffaktorentums in Deutschland. Berlin 1963.

Schneider, Eugen:
Geschichte der Stadt Stuttgart. Stuttgart 1927.

Schneider, Eugen:
Württembergische Geschichte. Stuttgart 1896.

Schnell, Friedrich:
Das Stuttgarter bürgerliche Wohnhaus in seiner Entwicklung von 1500 bis 1740. Stuttgart 1924.

Schön, Th.:
Zur Geschichte der Stuttgarter Stadtärzte. In Neues Tagblatt (Stuttgart) 1896 Nr. 67 S. 2.

Schülke, Ulrich:
Zur Geschichte der Stuttgarter Weinsteige. In: Esslinger Studien 27 (1988) S. 95–112.

Seible, Adolf:
Die Armenpolitik der Stadt Stuttgart. Eine historisch-kritische Betrachtung. Tübinger Dissertation (maschinenschriftlich) 1923.

Seine Möbel sind heute wieder modern. Monographie über Leben und Werk des Johannes Klinckerfuß. In: Staatsanzeiger 19. April 1989.

Seybold, Gerhard:
Württembergs Industrie und Außenhandel vom Ende der Napoleonischen Kriege bis zum Deutschen Zoll-verein (Veröffentlichungen der Kommission für geschichtliche Landeskunde in Baden-Württemberg Reihe B Bd. 74). Stuttgart 1974.

Stempfle, Karl:
Geschichte der Freimaurerloge zu den 3 Cedern i. O. Stuttgart. Stuttgart 1974.

Stenzel, Karl:
Christkindleinsmarkt und Weihnachtsmesse in Stuttgart. In: Amtsblatt der Stadt Stuttgart 1935 S. 955.

Storz, Gerhard:
Karl Eugen. Der Fürst und das »alte gute Recht«. Stuttgart 1981.

Storz, Gerhard:
Herzog Carl Eugen (1737–1793). In: 900 Jahre Haus Württemberg (Stuttgart 1984) S. 237–266.

Stuttgart. Dichter sehen eine Stadt. Texte und Bilder aus 250 Jahren. Hg. von Horst *Brandstätter* und Jürgen *Holwein.* Stuttgart 1989.

Stuttgart im Spiegel alter Karten und Pläne. Ausstellung des Hauptstaatsarchivs Stuttgart. Katalog bearbeitet von Jürgen *Hagel.* Stuttgart 1984.

Stuttgarter Adreßbücher 1800 und 1804.

Das Stuttgarter Malefizglöcklein s. *Giefel,* J.

Stuttgart-Handbuch. Hg. von Hans *Schleuning.* Stuttgart 1985.

Stuttgarts Bevölkerungsverhältnisse einst und jetzt. In: Neues Tagblatt (Stuttgart) 1901 Nr. 3 S. 1.

Stuttgarts erste Kaffeehäuser. In: Neues Tagblatt (Stuttgart) 1903 Nr. 83 S. 2 Beilage 9.

Tänzer, Aaron:
Die Geschichte der Juden in Württemberg. Frankfurt 1937.

Tagebuch der Gräfin Franziska von Hohenheim, späteren Herzogin von Württemberg. Hg. von A. *Osterberg.* Stuttgart 1913.

Thieme-Becker:
Allgemeines Lexikon der bildenden Künstler von der Antike bis zur Gegenwart. Unter Mitwirkung von 300 Fachgenossen des In- und Auslandes hg. von Ulrich *Thieme* und Felix *Becker.* Bd. 1–37. Leipzig 1907–1950.

Tüchle, Hermann:
Herzog Carl Alexander (1733–1737). In: 900 Jahre Haus Württemberg (Stuttgart 1984) S. 227–236.

Uhland, Robert:
Alte Stuttgarter Neujahrsbräuche. In: Stuttgarter Leben 38 (1963), 2 S. 2–3.

Uhland, Robert:
Die Anfänge der Industrie in Stuttgart. In: Schwäbische Heimat 30 (1979) S. 248–255.

Uhland, Robert:
Geschichte der Hohen Karlsschule in Stuttgart (Darstellungen aus der württ. Geschichte Bd. 37). Stuttgart 1950.

Volz, Karl Wilhelm:
Beiträge zur Geschichte des Weinbaus in Württemberg. Von den ältesten bis auf die neuesten Zeiten aus zum Teil noch ungedruckten Quellen. In: Württ. Jahrbücher für Statistik und Landeskunde 1850, 2. Heft S. 16–209.

Wais, Gustav:
Alt-Stuttgart. Die ältesten Bauten, Ansichten und Stadtpläne bis 1800 mit stadtgeschichtlichen, baugeschichtlichen und kunstgeschichtlichen Erläuterungen. Stuttgart 1954.

Wais, Gustav:
Alt-Stuttgarts Bauten im Bild. 640 Bilder, darunter zwei farbige mit stadtgeschichtlichen und kunstgeschichtlichen Erläuterungen. Stuttgart 1951.

Wais, Gustav:
Die St. Leonhards- und die Hospitalkirche zu Stuttgart. Eine Darstellung der beiden gotischen Kirchen mit baugeschichtlichen und kunstgeschichtlichen Erläuterungen. Stuttgart 1956.

Wais, Gustav:
Die Schiller-Stadt Stuttgart. Eine Darstellung der Schiller-Stätten in Stuttgart. Stuttgart 1955.

Wais, Gustav:
Samuel Urlspergers Entlassung. In: Blätter für Württ. Kirchengeschichte 1940 S. 4–27.

Wais, Gustav:
Stuttgarts Kunst- und Kulturdenkmale o. J. (1954).

Wais, Gustav und *Diehl,* Adolf:
Die Stuttgarter Stiftskirche. Hg. von Gustav *Wais* mit einer Baugeschichte von Adolf *Diehl.* Stuttgart 1952.

Wankmüller, Armin:
Beiträge zur Württembergischen Apothekengeschichte. Bd. 1 ff. 1950 ff.

Wankmüller, Armin:
Chronik der Kreuzer'schen Apotheke. 140 Jahre im Familienbesitz. Stuttgart 1957.

Wankmüller, Armin:
Über 200 Jahre Internationale Apotheke. Stuttgart 1961.

Weidle, Karl:
Der Grundriß von Alt-Stuttgart. Seine Gliederung, seine Ausgangsform und sein Wachstum von den Anfängen bis zur Gegenwart. Zwei Teile (Veröffentlichungen des Archivs der Stadt Stuttgart Bd. 14 und 15). Stuttgart 1961.

Widmann, Oskar:
Reinhard Ferdinand Heinrich Fischer 1746–1812. Ein Beitrag zur Geschichte des Louis XVI. in Württemberg. Stuttgart 1928.

Widmann, Willy:
Stuttgart als Kaffeestadt. In: Neues Tagblatt (Stuttgart) 1902, Nr. 63 und 68, je S. 9.

Widmann, Willy:
Der Stuttgarter Karneval in alter und neuer Zeit. In: Neues Tagblatt (Stuttgart) 1900 Nr. 48 und 49, jeweils S. 1.

Widmann, Willy:
Die Stuttgarter Presse im 18. Jahrhundert. In: Schwäbischer Merkur 1903 Nr. 4 S. 9–10.

Widmann, Willy:
Stuttgarter Neujahrsfeier in alter und neuer Zeit. In: Schwäbischer Merkur 1910 Nr. 608 S. 9–10.

Widmann, Willy:
Weihnachten im alten Stuttgart. In: Neues Tagblatt (Stuttgart) 1904 Nr. 302 S. 1–3.

Widmann, Willy:
Zur Geschichte der Stuttgarter Polizei. In: Schwäbischer Merkur 1910 Nr. 310 S. 5–6.

Wiedenmann, Paul:
Der Stuttgarter Bierstreit Anno 1795. Amtsblatt der Stadt Stuttgart vom 3. Juni 1954.

Wiese, Wolfgang:
Johannes Klinckerfuß. Ein württembergischer Ebenist (1770–1831). Sigmaringen 1988.

Willmann, Anni:
Der Glanz von Jahr und Tagen. Ernstes und Heiteres aus Stuttgart von gestern und heute. Stuttgart 1989.

Wintterlin, August:
Der Stuttgarter Kaufmann Gottlob Heinrich Rapp. In: Württ. Vierteljahreshefte für Landesgeschichte 1892 S. 141–174.

Wintterlin, August:
Württembergische Künstler in Lebensbildern. Stuttgart 1895.

Wittmann, Reinhard:
Ein Verlag und seine Geschichte. 300 Jahre J. B. Metzler Stuttgart. Stuttgart 1982.

Württembergische Kirchengeschichte hg. vom Calwer Verlagsverein. Stuttgart 1893.

Württembergisches Städtebuch. Hg von Erich *Keyser* (Deutsches Städtebuch IV 2,2). Stuttgart 1962.

Wunder, Bernd:
Herzog Eberhard Ludwig (1677–1832). In: 900 Jahre Haus Württemberg (Stuttgart 1984) S. 210–226.

Zeller, Bernhard:
Gottlob Heinrich Rapp (1761–1832). Ein Beitrag zur Geschichte des Stuttgarter Bürgertums. In: Natur und Idee. Festschrift Andreas B. Wachsmuth (1966) S. 298–327.

Zeller, Bernhard:
Gottlob Heinrich Rapp und das kulturelle Leben in Stuttgart. In: Zeitschrift für Württ. Landesgeschichte 31 (1972) S. 290–311.

Zelzer, Maria:
Weg und Schicksal der Stuttgarter Juden. Ein Gedenkbuch (Veröffentlichungen des Archivs der Stadt Stuttgart, Sonderband). Stuttgart o. J. (1964).

Ziegler, Hermann:
Der Hoppenlaufriedhof in Stuttgart. In: Schwäbische Heimat 8 (1957) S. 203–209.

Ziegler, Hermann:
Wo wurde Schubart begraben? Die Benennung der Kirchhöfe in den Totenbüchern vom 17. bis zum 19. Jahrhundert. In: Amtsblatt der Stadt Stuttgart vom 1. März 1962 (Zitiert: *Ziegler,* Friedhöfe).

Zur Geschichte der Bierbrauerei in Stuttgart. In: Neues Tagblatt (Stuttgart) 1929 Nr. 138 S. 13.

ALTE MASSE, GEWICHTE UND MÜNZEN

Zusammengestellt nach »Die Archivpflege in den Kreisen und Gemeinden« (Heft 5 der Veröffentlichungen der Württembergischen Archivverwaltung. 1952) S. 79 ff.

Längen- und Flächenmaße

1 Linie = 0,197 cm.
1 Zoll = 12 Linien = 2,375 cm.
1 Fuß = 12 Zoll = 28,65 cm.
1 Rute = 16 Fuß oder Werkschuh = 4,58 m.
1 Elle = 61,4 cm.
1 Quadratfuß = 0,082 qm.
1Quadratrute = 256 Quadratfuß = 21,01 qm.
1 Morgen = 150 Quadratruten = 31,52 Ar.
1 Jauchert, 1 Mannsmahd, 1 Tagwerk =
1 1/2 Morgen = 47,27 Ar.

Gewichte

1 Richtpfennig = 0,913 g.
1 Quentle = 4 Richtpfennig = 3,65 g.
1 Lot = 4 Quentle = 14,61 g.
1Pfund = 32 Lot = 467,59 g.
1 (leichter) Zentner = 100 Pfund = 46,76 kg.

Seit 1833 bürgerte sich das »Zollpfund« zu 500 g ein. 1857 wurde es gesetzlich vorgeschrieben. Damit wurde
1 Lot = 15,625 g.
1 Quentle = 3,906 g.
1 Richtpfennig = 0,977 g.

Hohlmaße

Getreide:
1 Scheffel = 8 Simri = 1,772 hl.
1 Simri = 4 Vierling (oder Imi) = 22,153 l.
1 Vierling = 2 Achtel = 5,538 l.
1 Achtel = 2 Meßle = 2,769 l.
1 Meßle = 2 Eckle = 1,384 l.
1 Eckle = 4 Viertele = 0,692 l.
1 Viertele = 0,173 l.

Flüssigkeiten:
1 Fuder = 6 Eimer = 17,635 hl.
1 Eimer = 16 Imi = 2,939 hl.
1 Imi = 10 Maß = 18,370 l.
1 Maß = 4 Schoppen = 1,837 l.
1 Schoppen = 0,459 l.

Münzen

Hellerwährung:
1Pfund (℔) Heller = 20 Schilling (ß) = 240 Heller (h).

Guldenwährung:
1 Gulden (fl) = 15 Batzen = 60 Kreuzer (kr);
1 Pfund Heller = 43 Kreuzer (kr).

FOTO- UND BILDQUELLEN-VERZEICHNIS

Abkürzungen

HStAS	Hauptstaatsarchiv Stuttgart.
Labi	Landesbildstelle Württemberg, Stuttgart.
StAS	Stadtarchiv Stuttgart.
StG	Staatsgalerie Stuttgart.
WLB	Württembergische Landesbibliothek, Stuttgart.
WLM	Württembergisches Landesmuseum, Stuttgart.
Wais 1	Gustav Wais, Alt-Stuttgarts Bauten im Bild: 640 Bilder, darunter zwei farbige mit stadtgeschichtlichen, baugeschichtlichen und kunstgeschichtlichen Erläuterungen, Stuttgart 1951
Wais 2	Gustav Wais, Alt-Stuttgart. Die ältesten Bauten, Ansichten und Stadtpläne bis 1800 mit stadtgeschichtlichen, baugeschichtlichen und kunstgeschichtlichen Erläuterungen, Stuttgart 1954

Umschlag: Kupferstich von Friedrich Müller, 1809/10. Original und Foto: StAS.

Seite

14/15	Kupferstich von Jeremias Wolff, um 1730. Original und Foto: StG, Graphische Sammlungen.
16	Original und Foto: HStAS A 403 Bü 31a.
17	WLM, Münzkabinett.
18	Lithographie von Friedrich Müller. Original und Foto: StAS.
19	Original und Foto: HStAS A 210 III Bü 96.
20	Original und Foto: HStAS A 210 II Bü 275.
21	Zeichnung von Johann Ludwig Roth. Aus: Wais 2, Tafel 46. Original und Foto: StAS.
22	Druck von etwa 1820. Original und Foto: StAS.
23	Ölgemälde um 1680. Original: WLM Inv. Nr. E 2273. Foto: Volker Himmelein, Stuttgart.
24	Original und Foto: HStAS A 210 II Bü 157.
25 oben	Gemälde von August Querfurt o. J. Original und Foto: WLM, Schloß Ludwigsburg.
25 unten	Zeichnung von Andreas Kieser 1685. Original und Foto: HStAS H 107/15 Nr. 7.
26	Kolorierte Radierung von Ebner, um 1820. Original und Foto: StAS.
28	Original und Foto: HStAS A 210 II Bü 394.
30	Original und Foto: HStAS A 282 Bü 2954.
31/32	Original und Foto: StAS U 108.
33 oben	Kupferstich um 1775. Original und Foto: StAS.
33 unten	Kupferstich von Reinhard Ferdinand Heinrich Fischer, 1785. Original und Foto: StAS.
34	Original: Schloß Gatschina bei Petersburg. Aus: Maurer/Sauer/Fleischhauer/Himmelein/Klein, Geschichte Württembergs in Bildern 1083–1918, Stuttgart 1992, S. 214.
35	Original und Foto: StG, Graphische Sammlungen.
37	Kupferstich, 1796. Original und Foto: StAS.
38/39	Lithographie um 1830 nach Aquarell, angeblich von Maleck. Original: WLB. Foto: Labi.
42 oben	Kolorierter Kupferstich von D. Fietta, 1806. Original und Foto: StAS.
42 unten	Entwurf von Nikolaus Friedrich Thouret. Original und Foto: Staatliche Museen Preußischer Kulturbesitz, Kunstbibliothek, Berlin.
43	Kolorierter Kupferstich von D. Fietta, 1806. Original und Foto: StAS.
44	Zeichnung von Christian Wilhelm Faber du Faur, 1812. Original und Foto: Bayerisches Armeemuseum, Ingolstadt.
45	Aquatinta von 1814, Original verbrannt. Foto: Labi.
46	Original und Foto: HStAS A 34 U 42.
47 oben links	Schabkunstblatt von G. Kilian 1706/07. Original und Foto: StAS.
47 oben Mitte	Ölgemälde von F. Stenglin, um 1710. Original und Foto: StAS.
47 unten	Medaille 1705 von Philipp Heinrich Müller, Nürnberg. Original und Foto: Badisches Landesmuseum, Karlsruhe.
48	Miniatur von Laurentius von Sandrart, um 1724. Original und Foto: WLM.
49	Öl auf Kupfer. Original: Privatbesitz. Foto: StAS.
50	Holzstich von W. Murschel o. J. Original und Foto: StAS.
51	Original und Foto: HStAS A 404 Bü 39.
53 links	Kupferstich von Stapf, o. J. Original und Foto: StAS.
53 Mitte	Ölgemälde, zugeschrieben Jan Philipp van der Schlichten, um 1735. Original und Foto: WLM, Schloß Ludwigsburg, Inv. Nr. 2435 E.
54	Schabkunstblatt o. J. Original und Foto: StAS.
55	Medaille von Christoph Schmeltz, Stuttgart 1737. Original und Foto: WLM, Münzkabinett.
56	Kupferstich von L. C. Pfandzelt, 1738. Original und Foto: StAS.
57 links	Kupferstich, 1738. Original und Foto: StAS.
57 rechts	Schabkunstblatt von Joh. Jakob Haid. Original und Foto: StAS.
58	Kupferstich von C. Müller, 1704. Original und Foto: StAS.
59	Ölgemälde von Pompeo Batoni 1753/54. Original und Foto: WLB (Ausschnitt).
60 links	Ölgemälde, 1741. Original und Foto: StAS.
60/61	Original und Foto: WLM, Inv. Nr. 1953-128.

61 rechts oben	Gemälde von Peter Krafft d. Ä. Original und Foto: Schwedisches Nationalmuseum, Stockholm.
62	Kupferstich von Johann Andreas Thill. Original: Privatbesitz. Foto: Magnus, Friedrichshafen.
63	Kupferstich von Jacob Wangner, 1748. Original: Städt. Museum, Ludwigsburg. Foto: Labi.
64 unten Mitte	Porzellan bemalt um 1780. Original: Privatbesitz. Foto: WLM, Inv. Nr. L 1969/777.
64 oben rechts	Gemälde von Jakob Christian Schlotterbeck, um 1780. Original: WLM. Foto: Labi.
65 links	Kupferstich von Fr. Keller, um 1835. Original und Foto: StAS.
65 rechts unten	Ölgemälde von Jakob Friedrich Weckherlin, um 1790. Original und Foto: WLM, Schloß Ludwigsburg, Inv. Nr. E 2103.
66 links oben	Kolorierter Stich von Viktor Heideloff, um 1790 (Ausschnitt). Original und Foto: StAS.
66 unten	Kolorierte Radierung, um 1820. Original und Foto: StAS.
67 links	Aquarell. Original und Foto: StAS.
67 rechts	Kupferstich von Friedrich Müller, 1809/10. Original und Foto: StAS.
68	Gemälde von August Friedrich Oelenheinz. Original: Schiller-National-Museum, Marbach am Neckar. Foto: Labi.
69 links	Original und Foto: HStAS A 202 Bü 847.
69 rechts oben	Miniaturbildnis (Aquarell) von Christoph Friedrich, 1812. Original und Foto: StAS.
70	Ölgemälde von Philipp Friedrich Hetsch. Original und Foto: WLM, Schloß Ludwigsburg.
71	Beide Ölgemälde von Joh. Lorenz Kreul, um 1791/95. Original und Foto: WLM, Inv. Nr. 1973-144/145.
72 oben Mitte	Ölgemälde von Philipp Friedrich Hetsch. Original und Foto: StAS.
72 unten Mitte	Ölgemälde von Karl Jakob Theodor Leybold, 1835. Original und Foto: WLM, Schloß Ludwigsburg, Inv. Nr. 2443 E.
72 oben rechts	Kupferstich von J. H. Ramberg, 1789. Original und Foto: StAS.
73	Ölgemälde. Selbstbildnis, ca. 1830. Original: Privatbesitz. Foto: StAS.
74	Original und Foto: StAS Sign. 550 – 552.
76/77	Ölgemälde von Joh. Baptist Seele, 1813/14. Original und Foto: WLM, Schloß Ludwigsburg, Inv. Nr. 1499 E/02.
78	Lavierte Federzeichnung von Nikolaus F. Thouret, 1806. Original und Foto: WLM, Inv. Nr. 1953-408.
79	Lavierte Federzeichnung von M. Bach und W. Nilson. Original und Foto: StAS.
80/81	Ölgemälde o. J. Original und Foto: StAS.
81 oben Mitte	Gemälde o. J. Original und Foto: Landesgirokasse Stuttgart.
81 unten Mitte	Lithographie von Charles Louis Bazin. Original und Foto: StAS.
82	Kolorierter Stich, 1824. Original und Foto: StAS.
83	Kolorierte Lithographie, um 1860. Original und Foto: StAS.
84/85	Kolorierte Aquatinta von Friedrich Müller, um 1810. Original und Foto: StAS.
87 links unten	Aquarellierte Federzeichnung von A. Federer. Original und Foto: StAS.
87 oben rechts	Ölgemälde o. J. Original und Foto: StAS.
88 oben rechts	Lithographie von G. Renz. Original und Foto: StAS.
88 unten rechts	Aquarell von K. Eisenlohr, um 1820. Original und Foto: StAS.
91 oben	Druck nach Zeichnung von Eugen Macholdt, 1885. Original und Foto: StAS.
91 unten	Kolorierte Lithographie von Zimmermann, 1863. Original und Foto: StAS.
92/93	Original und Foto: StAS, Sign. SO 383.
94	Kolorierte Lithographie von L. F. Federer. Original und Foto: StAS.
96	Original und Foto: HStAS A 210 Bü 116.
99	Kupferstich (Guckkastenbild), um 1785. Original: Unibibliothek Tübingen. Foto: Labi.
102	Original und Foto: HStAS A 202 Bü 863.
105	Kupferstich, Wais 2, Tafel 19, Original und Foto: StAS.
106	Bleistiftzeichnung von Anna von Phull, September 1863. Original und Foto: StAS.
108	Kupferstich von Matthäus Seutter, Augsburg, 1720. Aus: Wais 2, Tafel 3. Original und Foto: StAS.
111	Kupferstich von Chr. Friedrich Roth, 1807. Original und Foto: StAS.
112/113	Kolorierte Aquatinta von Christian von Martens, um 1840. Original und Foto: StAS.
114	Gouache um 1790. Original StG. Foto: Labi.
115 oben	Lichtdruck von Lambert und Stahl, aus: »Architektur von 1750 – 1850«, Berlin. Original und Foto: StAS.
115 Mitte	Aquarellierte Federzeichnung von A. Federer, um 1890. Original und Foto: StAS.
117	Kolorierte Umrißradierung von W. J. E. Nilson, um 1812. Original und Foto: StAS.
121	Original und Foto: HStAS A 210 II Bü 262.
124	Original und Foto: HStAS A 403 Bü 31b.
127	Lithographie von C. Müller. Original und Foto: StAS.
128/129	Farbige Zeichnung. Nach: Strindbeck-Bodenehr. Aus: Wais 1, Nr. 501. Original und Foto: StAS.
131	Druck nach Federzeichnung, aus: Max Bach/Carl Lotter, Bilder aus Alt-Stuttgart, Stuttgart 1896, S. 25. Original und Foto: StAS.
132	Original und Foto: HStAS A 210 III Bü 79.
133	Original und Foto: HStAS A 403 Bü 31.

135	Aus: Wais 1, Nr. 501. Original und Foto: StAS.
139	Aus: Wais 1, Nr. 106. Original und Foto: StAS.
145	Skizze von J. G. Lawmayer, 1720. Original und Foto: HStAS N1 Nr. 25.
146	Fotografie. Original: StAS.
147	Spickelbilder, Stuttgart, um 1725. Originale und Fotos: Badisches Landesmuseum, Karlsruhe, Inv. Nr. 70/533 und 70/534.
148	Druck aus: »Alt-Stuttgart: Schiller und seine Zeit«, Kumpf und Reis, Frankfurt/M. Original und Foto: StAS (Ausschnitt).
153	Lithographie von Ebner, 1821. Aus: Wais 1, Nr. 480. Original und Foto: StAS.
154	Aquarell von C. Obach, ehemals Hofbibliothek. Foto: Labi.
156	Ölgemälde von H. Gaugler, 1951. Kopie nach Ph. G. Lohbauer. Original und Foto: StAS.
157	Original und Foto: HStAS A 210 II Bü 402.
162	Original und Foto: HStAS A 282 Bü 1579.
167	Kupferstich von Ferdinand Stenglin. Original und Foto: HStAS A 403 Bü 52b.
172	Original und Foto: StAS, Sign. 99.
174	Ausschnitt aus einem Kupferstich von Ludwig C. Pfandzelt, 1738. Original und Foto: StAS.
183	Goldradierung von Goog, 1795. Original und Foto: StAS.
184	Original und Foto: HStAS A 404 Bü 27.
190	Regierungsblatt von 1809, S. 169 f. Original und Foto: StAS.
195	Bleistiftzeichnung von E. Wolff-Haug, 1902. Original und Foto: StAS.
196 links	Schabkunstblatt von Ferdinand Stenglin, um 1710. Original und Foto: StAS.
196 rechts	Original und Foto: HStAS A 282 Bü 234.
197	Lithographie von H. Pons, um 1825. Original und Foto: StAS.
198	Ölgemälde. Original: Privatbesitz. Foto: StAS.
199	Aquarell von 1751 im Stammbuch des Halberstaedter Apothekers C. F. Kratz. Original und Foto: Deutsches Apotheken-Museum, Heidelberg.
200	Kolorierter Kupferstich von J. J. Stelzer, Frankreich, um 1700. Original und Foto: Deutsches Apotheken-Museum, Heidelberg.
202	Aus: Wais 1, Nr. 227. Original und Foto: StAS.
204	Original und Foto: HStAS A 210 III Bü 176.
205	Original und Foto: HStAS A 210 III Bü 176.
207	Lithographie von Friedrich Keller, um 1840. Original und Foto: StAS.
209	Aus: Victor Heinrich Riecke: »Kurtzer und deutlicher Unterricht, für die Hebammen des löblichen Hertzogthums Würtenberg«, Stuttgart 1746. Original: Institut für Geschichte der Medizin der Robert Bosch Stiftung, Stuttgart.
214	Aus: August Ludwig Reyscher, Sammlung altwürttembergischer Statutarrechte, Stuttgart 1834. Original und Foto: StAS.
215	Farbige Skizze von Kreisrat Wechter, 1719. Original und Foto: HStAS A 403 Bü 179a.
216	Kolorierte Radierung von Friedrich Müller, um 1810. Original und Foto: StAS.
219	Ausschnitt aus: Kupferstich von F. B. Werner aus: »Europae Ornamentum et Monumenta«, um 1730. Original: WLB. Foto: Labi.
220	Aus: M. Balthasar Sprenger »Praxis des Weinbaues«, 1778. Original und Foto: Universitätsbibliothek Tübingen.
224	Original und Foto: HStAS A 210 II Bü 394.
225	Original und Foto: StAS, Sign. Z 53.
226/227	Original und Foto: StAS
228 oben	Original und Foto: StAS.
228 unten	Original und Foto: StAS. Verordnungen und Erlasse, 79.
229 links oben	Zunftkanne von Johann Georg Meyer, Stuttgart 1770. Original und Foto: WLM, Inv. Nr. 9474.
229 rechts oben	Schreinerarbeit von Matthias Müller, 1796. Original und Foto: WLM, Inv. Nr. 1991-1530
230	Original und Foto: HStAS A 202 Bü 841.
231	Gouache von Walter (?), um 1845/50. Original und Foto: StAS.
232	Ausschnitt aus Aquarell von C. Finckh, 1851. Original und Foto: StAS.
234/235	Original und Foto: HStAS A 282 Bü 1578.
236	Original und Foto: HStAS A 282 Bü 1579.
237	Fotografie eines Ölgemäldes aus Privatbesitz. Foto: StAS.
238 links unten	Lithographie. Original und Foto: StAS.
238 rechts oben	Holzschnitt aus »Über Land und Meer«, 1869. Original und Foto: StAS.
241	Fotografie. Original: StAS.
242	Federzeichnung von P. S. (?). Original und Foto: StAS.
243	Foto: StAS.
245	Druck nach Zeichnung von L. Becher, 1848. Original und Foto: StAS.
246/247	Stadtplan von Johann Adam Riediger, 1745. Original und Foto: StAS.
248 links unten	Druck nach Federzeichnung von G. Hübler. Aus: Max Bach/Carl Lotter, Bilder aus Alt-Stuttgart. Stuttgart 1896. Original und Foto: StAS.
248 Mitte oben	Druck nach Federzeichnung von G. Hübler, s. o.
248 Mitte unten	Bleistiftzeichnung von Fr. Müller. Original und Foto: StAS.

249	Original und Foto: HStAS A 202 Bü 847.
250 unten links	Kupferstich von Ch. Herz, um 1780. Original und Foto: StAS.
250 oben	Kolorierte Lithographie. Original und Foto: StAS.
251	Kolorierte Radierung von Ebner. Original und Foto: StAS.
253	Lavierte Federzeichnung von A. Federer. Original und Foto: StAS.
254	Lithographie, um 1820. Original und Foto: StAS.
255	Original: Staatsarchiv Ludwigsburg E 193 Bü 1. Foto: HStAS.
256	Original: Schloß Favorite bei Rastatt. Foto: Badisches Landesmuseum Karlsruhe, Inv. Nr. G 2802, 2803.
262	Original und Foto: HStAS A 210 III Bü 176.
266	Lithographie von C. Obach, um 1835. Original und Foto: StAS.
267	Stahlstich von Friedrich Keller, um 1847. Original und Foto: StAS.
268 oben	Aquarellierte Federzeichnung, 1885. Original und Foto: StAS.
268 unten	Kolorierte Lithographie von Ebner, um 1800. Original und Foto: StAS.
269 unten	Foto: Labi.
269 oben	Aquarell von A. Federer, um 1870. Original und Foto: StAS.
270 oben	Druck nach Federzeichnung von Max Bach. Aus: Max Bach/Carl Lotter, Bilder aus Alt-Stuttgart. Stuttgart 1896. Original und Foto: StAS.
270 rechts Mitte	Kupferstich von E. List, 1706. Original und Foto: StAS.
271 oben Mitte	Kupferstich von J. L. Lieffkoop, 1742. Original und Foto: StAS.
271oben rechts	Kupferstich von Th. Poll, 1794. Original und Foto: StAS.
273	Originale und Fotos: WLM, Inv. Nr. E 2110, 2112, 2115, 2116.
276	Ölgemälde von Joh. Baptist Seele, um 1798–1805. Original und Foto: StAS.
278	Druck nach Federzeichnung. Original und Foto: StAS.
280	Schabkunstblatt von G. Eichler d. Ä., 1723. Original und Foto: StAS.
282	Radierung von C. U. Keller, 1802. Original und Foto: StAS.
283	Aus: Theo Kiefner, Die Privilegien der nach Deutschland gekommenen Waldenser, Teil 2, S. 914, Stuttgart 1990. Original: HStAS A 240, 27 Nr. 35.
288	Kolorierte Federzeichnung von C. Bürger. Original und Foto: StAS.
289	Aquarell von G. Halmhuber, 1880. Original und Foto: StAS.
290 Mitte oben	Kupferstich von L. Simanowitz. Original und Foto: StAS.
290 unten rechts	Kupferstich von Ph. G. Lohbauer. Original und Foto: StAS.
291 oben	Lithographie von F. Schnorr, 1828. Original und Foto: StAS.
291 unten	Stahlstich von Friedrich Keller, um 1847. Original und Foto: StAS.
293	Aus: Gustav Wais 1, Nr. 151. Original und Foto: StAS.
297	Aquarell von C. Conz, 1868. Original und Foto: StAS.
298	Original und Foto: HStAS A 403 Bü 54.
299 oben	Original und Foto: WLM, Münzkabinett.
299 unten	Zeichnung von Friedrich Keller, Stich von Ebner. Aus: Gustav Wais 1, Nr. 239. Original und Foto: StAS.
301	Stich von C. Barth. Original und Foto: StAS.
302	Stahlstich von F. Dörr, 1820. Original und Foto: StAS.
303	Stahlstich von Friedrich Keller, um 1847. Original und Foto: StAS.
305	Foto. Original: StAS.
306	Lithographie, um 1833. Original und Foto: StAS.
307 Mitte unten	Kupferstich von Ch. J. Schlotterbeck. Original und Foto: StAS.
307 rechts oben	Medaille von Adam Rudolph Werner, Stuttgart 1770. Original und Foto: WLM, Münzkabinett.
308	Stahlstich von Conz, um 1840. Original: Städt. Museum, Ludwigsburg. Foto: Labi.
309	Ölgemälde von Akademist van de Luke, 1775. Original: WLM. Foto: Labi.
310	Original und Foto der Münzen: WLM, Münzkabinett. Es handelt sich um ein Exemplar einer Preismedaille für Geschichte. Urkunde: Original und Foto: HStAS Q 1/36 Nr. 38. Abgebildet ist die Preisurkunde für Ulrich Lebrecht von Mandelsloh (1760–1827), den späteren Minister König Friedrichs I., im Fach Geschichte.
311	Radierung von Viktor Heideloff, 1782. Original und Foto: StAS.
312	Foto: StAS.
313	Gemälde von Jakob Friedrich Weckherlin, um 1780. Original: Schiller-National-Museum, Marbach am Neckar. Foto: Labi.
314	Scherenschnitt. Original und Foto: Schiller-National-Museum, Marbach am Neckar.
315	Gemälde von G. Gaupp, 1794. Original und Foto: Schiller-National-Museum, Marbach am Neckar.
316 obere Reihe links	Ölgemälde von Philipp Friedrich Hetsch (?), um 1790. Original: Privatbesitz. Foto: StAS.
316 Mitte	Kupferstich von Ernst Morace, 1773. Original: Privatbesitz. Foto: StAS.
316 rechts	Stahlstich von K. J. Leybold. Original und Foto: StAS.
316 mittlere Reihe links	Ölgemälde von Johann Baptist Seele, um 1810. Original und Foto: WLM. Inv. Nr. 14453
316 Mitte	Selbstporträt. Original: Privatbesitz. Foto: StAS.
316 rechts	Ölgemälde von Philipp Friedrich Hetsch, 1782/83. Original: Privatbesitz. Foto: StAS.
316 untere Reihe links	Lithographie von H. E. Wintter, 1816. Original und Foto: StAS.

316 rechts	Elfenbeinminiatur, um 1790. Original: Privatbesitz. Foto: StAS.
318/319	Original und Foto: Staatsarchiv Ludwigsburg F 420 Bü 4.
320	Foto: StAS.
324	Original und Foto: StAS.
326	Druck. Original und Foto: StAS.
327	Kupferstich von J. E. Schenau. Original und Foto: StAS.
328	Ölgemälde von Adolf Friedrich Harper. Original und Foto: StG.
329	Kupferstich von Bittheuser nach einem Gemälde von Johann Baptist Seele, 1800. Original und Foto: StAS.
331	Lichtdruck aus: »Die Architektur 1750–1850, Berlin«.Original und Foto: StAS.
332 oben	Kolorierte Lithographie. Original und Foto: StAS.
332 unten	Kolorierte Lithographie nach Ebner, nach 1837. Original und Foto: StAS.
333 Mitte	Stahlstich nach Friedrich Keller. Original und Foto: StAS.
333 oben rechts	Autographiedruck nach G. Renz, 1924. Original und Foto: StAS.
334	Aquarellfarbdruck nach Ebner, 1912. Original und Foto: StAS.
335	Foto: StAS.
337 links oben	Kupferstich. Original und Foto: StAS.
337 links unten	Original und Foto: WLB.
337 Mitte unten	Aus: H. A. Klaiber, Philippe de la Guêpière, Stuttgart 1959, Tafel 52.
337 rechts oben	Aus: H. A. Klaiber, Philippe de la Guêpière, Stuttgart 1959, Tafel 48.
338	Kolorierte Lithographie, um 1830. Original und Foto: StAS.
339 links oben	Lithographie von Heinrich E. von Wintter, 1817. Original und Foto: StAS.
339 links unten	Stahlstich von J. Schubert. Original und Foto: StAS.
339 Mitte	Lithographie. Original und Foto: StAS.
339 rechts	Lithographie von Th. Wagner nach einer Zeichnung von Franz Seraph Stirnbrand, um 1819. Original und Foto: StAS.
340 links oben	Original und Foto: WLB.
340 rechts unten	Holzstich von A. Closs. Original und Foto: StAS.
341	Original und Foto: WLB.
342 oben	Ölgemälde von Philipp Friedrich Hetsch, 1788. Original: StG. Foto: Labi.
342 rechts unten	Embleme-Sepia-Zeichnung, 1777. Original und Foto: StAS.
343	Foto: StAS.
345	Lithographie nach einem Ölgemälde von Weißbrodt. Original und Foto: StAS.
347	Holzschnitt von E. Hilpert und M. Lämmel, 1882. Original und Foto: StAS.
348	Druck nach Foto: Original: StAS.
349 links oben	Lithographie um 1830. Original und Foto: StAS.
349 Mitte unten	Druck nach Lithographie. Original und Foto: StAS.
350	Scherenschnitt von Luise Duttenhofer, 1797. Original und Foto: Schiller-National-Museum, Marbach am Neckar (Inv. Nr. 1526).
351	Kolorierte Lithographie von G. Morlock, um 1842. Original und Foto: StAS.
352 links oben	Aquarell von M. Zoeppritz. Original und Foto: StAS.
352 rechts	Original und Foto: Schiller-National-Museum, Marbach am Neckar.
353	Druck nach Federzeichnung von M. Bach. Original und Foto: StAS.
354	Original und Foto: StAS, Sign. Z 55.
355	Gouache. Original und Foto: StAS.
359	Antiquariatskatalog von 1992. Original und Foto: StAS.
361	Holzstich von R. Aßmus. Original und Foto: StAS.
362	Original und Foto: StAS.
363	Original und Foto: StAS.
366	Aus: »Alt-Stuttgart«, Schiller und seine Zeit. Druck von Kumpf und Reis. Original und Foto: StAS
373	Beide Abbildungen: Ölgemälde von Johannes Zick, um 1750. Original: Schloß Bruchsal. Foto: Badisches Landesmuseum, Karlsruhe.
374 links unten	Original und Foto: StAS, Sign. 434.
374 Mitte	Original und Foto: WLM.
375	Original und Foto: WLM, Inv. Nr. 9262.
377	Druck nach Federzeichnung von M. Bach. Original und Foto: StAS.
379 links unten	Original und Foto: HStAS A 210 II Bü 228.
379 rechts oben	Ausschnitt aus: »Melancholie« (1532) von Lucas Cranach. Reproduktion nach Vorlage StAS.
380	Original und Foto: StAS.
381 oben	Lithographie. Original und Foto: StAS.
381 unten	Original und Foto: StAS.
385 Mitte oben	Aquatinta von Jacob Gauermann. Original und Foto: StAS.
385 unten	Kolorierte Lithographie von C. Obach, um 1835. Original und Foto: StAS.
389 oben	Lithographie von C. U. Keller, um 1820. Original und Foto: StAS.
389 unten	Bleistiftzeichnung von J. Steinkopf, 1835. Original und Foto: StAS.

Die Bildproduktionen weichen in Einzelfällen farblich von den Originalvorlagen ab; ursprüngliche Schwarzweiß-Vorlagen werden farbig wiedergegeben.

Einige der Fotoaufnahmen für das Stadtarchiv Stuttgart wurden vom Fotoatelier Weishaupt in Stuttgart gemacht.

ORTS- UND PERSONENREGISTER

Abkürzungen

Bm	Bürgermeister
Ezhzg	Erzherzog
Fst, Fstn	Fürst, Fürsten
Gde	Gemeinde
Gf, Gfn	Graf, Grafen
Gfschaft	Grafschaft
Hzg, Hztm	Herzog, Herzogtum
Kg, Kgreich	König
Kurfst, Kurfstm	Kurfürst, Kurfürstentum
Krs	Kreis
Ks	Kaiser
Mkgf, Mkgfn	Markgraf, Markgrafen
Mkgfschaft	Markgrafschaft

Der Autor

Prof. Dr. Paul Sauer ist seit Juli 1986 Leiter des Archivs der Landeshauptstadt Stuttgart.

Geboren am 22. Juli 1931 als Sohn eines Landwirts in Wolfsölden, Gemeinde Affalterbach, Landkreis Ludwigsburg, begann er nach dem Abitur am Friedrich-Schiller-Gymnasium in Ludwigsburg 1951 im Wintersemester 1951/52 an der Eberhard-Karls-Universität in Tübingen das Studium der Fächer Geschichte, Deutsch, Englisch und Philosophie, das er an der Albert-Ludwigs-Universität Freiburg fortsetzte. 1956 promovierte er bei Prof. Dr. Gerhard Ritter mit einer Arbeit zum Thema »Das Württembergische Heer in der Zeit des Deutschen und des Norddeutschen Bundes« und schloß 1957 sein Hochschulstudium mit der wissenschaftlichen Staatsprüfung für das Lehramt an höheren Schulen ab.

Am 1. September 1957 trat Paul Sauer zunächst als Angestellter in den Archivdienst des Landes Baden-Württemberg und wurde dem Hauptstaatsarchiv Stuttgart zugewiesen. Ab 1. August 1959 Staatsarchivreferendar, nahm er von April 1960 bis September 1961 am fünften wissenschaftlichen Lehrgang der Archivschule Marburg teil, den er mit der Prüfung für den höheren Archivdienst abschloß. Nach vorübergehender Tätigkeit im Staatsarchiv Sigmaringen und im Generallandesarchiv Karlsruhe wurde er zum 1. April 1962 an das Hauptstaatsarchiv Stuttgart zurückversetzt. Hier wurde ihm im Mai 1969 die Leitung der Abteilung »Dokumentation und Sammlungen« übertragen, im Mai 1973 sodann die Leitung der Abteilung »Ministerialarchiv«. Von 1979 bis 1986 war er zugleich stellvertretender Direktor des Hauptstaatsarchivs.

Beruflich von großem Gewinn war für ihn Anfang 1964 die Teilnahme an einem dreimonatigen internationalen Archivlehrgang am Französischen Nationalarchiv in Paris. Im Oktober 1964 führte er im Rahmen der der Archivdirektion Stuttgart übertragenen Dokumentation der Judenschicksale 1933–1945 Nachforschungen in israelischen Archiven und Dokumentationszentren in Jerusalem durch. Im Juli 1967 weilte er dienstlich in London, um in der Wiener Library Unterlagen zur Judenverfolgung in Baden-Württemberg durch das NS-Regime einzusehen. Für sein 1984 veröffentlichtes Buch »Uns rief das Heilige Land. Die Geschichte der Tempelgesellschaft« unternahm er in den Jahren 1982 und 1983 Archivreisen nach Jerusalem (Israelisches Staatsarchiv, Zionistisches Zentralarchiv, Dokumentationszentrum Yad Vashem) und nach Melbourne (Australisches Staatsarchiv, Archiv der Tempelgesellschaft Australien).

Im Juli 1972 erhielt Paul Sauer von seiner Heimatgemeinde Affalterbach, 1993 von der Gemeinde Tamm, in der er schon seit über 28 Jahren mit seiner Familie lebt, das Ehrenbürgerrecht, im September 1988 verlieh ihm der Ministerpräsident des Landes Baden-Württemberg den Professorentitel. Die Gesellschaft für Christlich-Jüdische Zusammenarbeit in Stuttgart ernannte ihn im März 1991 zum Ehrenmitglied. Für sein Buch »Württemberg in der Zeit des Nationalsozialismus« erhielt er 1977 den Schillerpreis der Stadt Marbach.

Paul Sauer hat sich durch zahlreiche Publikationen zu Themen der Landesgeschichte einen Namen gemacht. Zu seinen wichtigsten Veröffentlichungen zählen:

»Die Schicksale der jüdischen Bürger Baden-Württembergs während der nationalsozialistischen Verfolgungszeit 1933–1945« (1969); »Affalterbach 972–1972«; »Württemberg in der Zeit des Nationalsozialismus« (1975); »Revolution und Volksbewaffnung. Die württembergischen Bürgerwehren im 19. Jahrhundert« (1976); »Die Entstehung des Bundeslandes Baden-Württemberg 1945–1952« (1977); »Demokratischer Neubeginn in Not und Elend. Das Land Württemberg-Baden 1945–1952« (1978); »Tamm. Die Geschichte einer Gemeinde« (1980); »Baden-Württemberg. Bundesland mit parlamentarischen Traditionen« (1982); »Der schwäbische Zar. Friedrich – Württembergs erster König« (1984, 2. Aufl. 1986); »Uns rief das Heilige Land. Die Tempelgesellschaft im Wandel der Zeit« (1985); »Napoleons Adler über Württemberg, Baden und Hohenzollern. Südwestdeutschland in der Rheinbundzeit« (1987); »Das Werden einer Großstadt. Stuttgart zwischen Reichsgründung und Erstem Weltkrieg 1871 bis 1914« (1988); »In stürmischer Zeit. Lebensbild des Menschen und Politikers Reinhold Maier (1899–1971)« (1989); »Reinhold Maier. Briefwechsel mit der Familie 1930–1946« (1989); »Kleine Geschichte Stuttgarts. Von der Reichsgründung bis heute« (1991); »Württembergs letzter König. Das Leben Wilhelms II.« (1994).

Hospital Kirch
REI CHE VOR
Rothe Bild Thor
Französische Kirche
Seil Thor
D I E S T A D T
Die Müntz Gassen
Das Herren Haus
Rath Haus
Hauptstätter Thor
S. Leonhards Kirch
ES LIN GER
V OR